国家出版基金项目
NATIONAL PUBLICATION FOUNDATION

中國少數民族家譜叢刊

上海圖書館 編　陳建華 主編

中國少數民族家譜總目

上

上海古籍出版社

2012年國家社會科學基金項目（12BTQ029）

2011年上海市哲學社會科學規劃重大項目
"中國少數民族家譜整理與研究"（2011DLS002）

"十三五"國家重點圖書出版規劃項目

2017年度國家出版基金資助項目

本書主要責任者名單

主編：陳建華

主要編撰者（以姓氏筆劃爲序）：

王水喬　吳建偉　周秋芳　宗亦耘　許淑傑　顧　燕

序

　　這部目錄，已是我近十幾年來從事家譜整理與研究工作所編的第三部有關家譜的目錄了。第一部是 2000 年出版的《上海圖書館館藏家譜提要》，第二部是 2008 年付梓的稍具名聲的《中國家譜總目》，兩部書目花了整整十年時間。長期的實踐與積累，於家譜編目輕車熟路，不以爲難。但始料未及的是，這部規模較小的目錄，編纂過程卻最爲艱難。

　　大致來説，其難有二。其一是資料搜集難。少數民族多聚集於偏遠之地，其家譜又散落各處，採集殊爲不便。而新刊家譜，在圖書館浩瀚的文獻中猶如滄海一粟，篩選所需，實非易事。其二是文字辨識難。中國爲多民族國家，有的民族有自己的文字，辨識必需專門之才。解決之道，無非是勤於走訪、仔細爬梳，以廣集資料，延請精通少數民族文字的有關專家翻譯或編目，以突破文字瓶頸。方法不難想到，行之則大費周折，個中甘苦，唯親歷者自知。

　　業内皆知，編纂一部家譜專題聯合目錄，以有限的力量欲將所有的相關文獻一網打盡幾無可能，必須有所側重。從技術層面上講，編纂的着力點某種程度上決定了這部目錄質量的優劣。爲此我們首先確立了以資料搜集爲重的原則，並把注意力聚焦於與此密切相關的公共藏書單位。將公藏單位列爲搜集著録重點有明顯的益處，一則收藏者屬公共機構，面向公衆服務，查閱便利，二則其藏譜相對集中，且收藏穩定，不易流失。換一個視角，由正規出版社出版的家譜資料同樣值得高度關注。1949 年之後，尤其是改革開放以來，經濟騰飛，國泰民安，譜牒文化進入新一輪繁榮期，大量塵封多年的少數民族家譜文獻以及通過口授心記方式傳承的少數民族口述家譜得以搶救與整理，以叢書或單行本的形式刊印問世，其中不乏珍稀之本，成績斐然。這些公藏譜和新刊譜本身就是現存少數民族家譜的主體，因藏於公家的緣故，搜集又有迹可循，按圖索驥，較易掌控。做好這兩方面家譜資料的搜集工作，也就意味着搭建起目録的基本架構，解決了主要問題。散藏於民間的家譜與民間非正式出版物，數量無法估計，而且收藏星散，大都茫無頭緒，無從着手，以後借閱利用更是難於實現，只能盡力而爲。

　　本目錄共收録中國五十五個少數民族中的四十二個少數民族的家譜，約有家譜條目一萬二百條，所録家譜多爲我們新近尋訪所得，未見於其他書目。但客觀而言，目録本身並不完美，尚有許多不足。如果説收録不盡完備是可以理解並寬容的話，那麼一些著録上的缺陷，卻可爲許多專業人士所詬病。本目錄極大部分條目都爲編者直接閱讀原書著録，也就是説編目的信息來自於原始的第一手材料——原譜。但是，其中有部分條目卻是依據其他文獻資料上的信息編製，如或從詞典類書籍中改編而來，或從資料選集與論文的記載中摘録撰寫而成，它們也許缺少某一著録項，與目録通常的體例不合。可是這些我們確信存在的家譜，雖爲數較少，然棄之委實可惜，斟酌再三，最終決定録入，以資讀者利用，但於條目下皆標注"本條目據某某文獻著録”字樣,以符學術規範。本書各條目的内容提要也有詳有略,不盡一致。其原因有多種,其中有一部分係轉録於我們之前編製的《中國家譜總目》,“母版”内容原本或就簡略,今受人力、經費的鉗制,無力赴原書收藏地一一查閲補充,深感遺憾。

這個項目,我們有幸邀請到吉林師範大學滿族文化研究所和雲南省圖書館,作爲我們的合作夥伴。吉林師範大學滿族文化研究所是我國研究滿族文化的重鎮,經數十年的採集積累,所藏滿族家譜已達五六百部之多,中國少出其右者。雲南則是中國少數民族最多的省份,歷史文化底藴深厚。毫無疑問,他們的加盟,爲本項目增色不少。

本項目實施過程中,我們得到了社會各界方方面面的支持,令人難以忘懷。爲搜集更多的舊譜,我們幾乎造訪了所知的所有重要收藏單位,並得到了這些單位的熱心幫助,在本書告成之際,謹致以深深的謝意。爲收入更多的家譜,我們系統地查閲了近數十年出版的大量相關刊物,吸取了其中部分成果,特此申明並對相關著作責任者順達謝忱。最後,我要向我的團隊成員表達我的感激之情,正是由於你們辛勤而無私的付出,本項目才得以順利完成,感謝你們的相伴與相助。

陳建華

2016 年 9 月

凡　　例

　　1. 本目録爲中國少數民族家譜專題聯合目録,收録中外藏書機構所藏及散見於民間的中國少數民族家譜,包括單一世系表、宗族源流等圖籍。朝鮮族家譜收録範圍以纂修時居於中國境内者爲限。藏於中國的喀爾喀蒙古各部家譜附於蒙古族條目之末。

　　2. 本目録除收録漢文家譜外,兼收用少數民族文字記載的家譜。用少數民族文字記載的家譜,著録時譯爲漢文,並予注明。

　　3. 本目録以收録紙質家譜爲主,兼收碑譜等特殊載體之譜。

　　4. 每個條目基本格式分三段,第一段爲基本信息項,第二段爲内容提要,第三段爲收藏者信息。若是叢書本,第三段則著録爲"本譜載於某叢書",以示出處。本目録中大部分條目爲編者直接查閲原譜著録,少量條目係據其他文獻摘要改編,凡此則另設一段注明本條目據某書(或某報刊)著録。

　　5. 凡爲紙質家譜,省略載體形態項。若爲膠卷、光盤等,則分別注明。

　　6. 本目録不著録裝訂形式。

　　7. 綫裝家譜著録實有册數。若爲散頁,則記頁數。譜單以幅計。

　　8. 本目録撰有内容提要,主要對始祖、始遷祖、遷徙源流以及卷次内容進行描述。同一宗系諸譜,於第一條條目上記載始祖和始遷祖的名字及遷徙情況,其後各條目題"先祖同上"。因編纂情形各異,内容提要或詳或略,並不一致。

　　9. 1949 年以後正式公開出版發行的家譜不注收藏單位。

　　10. 本目録條目先以民族類集,各民族下再依地區排序。

　　11. 錫伯族、蒙古族、朝鮮族條目單列,有入八旗者,其譜亦不與滿族合編。漢軍旗人家譜則入滿族之列。

　　12. 若數個民族合於一譜,則其條目分列於各族。例:《[湖南城步]楊氏通譜》爲漢、侗、苗、土家族通譜,此條目於侗、苗、土家族下同列。

目　　録

滿　　族

[全國]八旗滿洲氏族通譜八十卷　（清）呂熾等
纂修　清乾隆九年（1744）武英殿刻本　二十
六冊

　　是譜爲清八旗滿洲族姓之集成，凡滿洲六百四
十姓氏。除滿人姓氏外，於末附蒙古、高麗、尼堪、
臺尼堪、撫順尼堪等久隸八旗之姓氏，共一千一百
一十四個姓氏。每一姓中，取其勳勞茂著者冠冕
於首，各繫小傳以示旌異，其子孫世系官爵，以次
綴書。詳見《四庫全書總目》卷五十八。卷首載
清乾隆九年《御製八族滿洲氏族通譜序》、雍正十
三年敕纂修八旗滿洲氏族通譜諭旨、凡例、總目、
任事職名，卷一至八十錄滿洲族各姓氏。《四庫全
書》錄其本。

　　國家圖書館　上海圖書館　中央民族大學圖
書館

[全國]八旗滿洲氏族通譜八十卷　（清）呂熾等
纂修　1989年遼瀋書社據清乾隆九年（1744）
武英殿刻本影印　九百八十六頁

　　參見前條。

[全國]八旗滿洲氏族通譜八十卷　（清）呂熾等
纂修　2001年天津圖書館據清乾隆九年（1744）
武英殿刻本影印　二十冊

　　參見前條。

[全國]八旗滿洲氏族通譜八十卷　（清）呂熾等
纂修　稿本　八十冊

　　參見前條。
　　國家圖書館

[全國]八旗滿洲氏族通譜八十卷　（清）呂熾等
纂修　2003年北京圖書館出版社據稿本影印
五冊

　　參見前條。
　　本譜載於《北京圖書館藏家譜叢刊·民族卷》
第二至六冊

[全國]八旗滿洲氏族通譜八十卷　（清）呂熾等
纂修　清抄本　八十二冊

　　參見前條。
　　國家圖書館

[全國]八旗滿洲氏族通譜八十卷　（清）呂熾等
纂修　清武英殿刻本　二十六冊　滿文

　　參見前條。
　　中央民族大學圖書館
　　本條目據2008年第1期《滿族研究》載李婷《中
央民族大學圖書館藏古籍滿族家譜綜述》一文
著錄

[全國]八旗滿洲氏族通譜不分卷附滿洲旗分內
之蒙古高麗尼堪姓氏不分卷　清抄本　五十九冊

　　參見前條。
　　國家圖書館

[全國]八旗滿洲氏族通譜不分卷　2003年北京
圖書館出版社據清抄本影印　四冊

　　參見前條。
　　本譜載於《北京圖書館藏家譜叢刊·民族卷》
第七至十冊

[全國]欽定八旗氏族通譜輯要二卷　（清）阿桂
等纂修　清乾隆五十七年（1792）武殿本刻本
二冊

　　此譜爲《八旗滿洲氏族通譜》簡本。爲訂正八
旗滿洲姓氏中錯誤所作。

　　國家圖書館　上海圖書館　中央民族大學圖

書館

[全國]欽定八旗氏族通譜輯要二卷 （清）阿桂
等纂修 2003年北京圖書館出版社據清乾隆五
十七年(1792)武殿本刻本影印 合冊
　　參見前條。
　　本譜載於《北京圖書館藏家譜叢刊·民族卷》
第十一冊

[全國]欽定八旗滿蒙氏族通譜二卷 （清）阿桂、
和珅編 清抄本 二冊
　　內容同上。
　　國家圖書館

[全國]欽定八旗滿蒙氏族通譜二卷 （清）阿桂、
和珅編 2003年北京圖書館出版社據清抄本影
印 合冊
　　參見前條。
　　本譜載於《北京圖書館藏家譜叢刊·民族卷》
第十一冊

[全國]滿洲姓氏世居譜不分卷 纂修者不詳
清抄本 五冊 滿漢雙文
　　是書記述滿洲姓氏源流。其中一冊記載旗分內
之高麗姓氏。
　　遼寧省大連市圖書館

[全國]巴雅勒氏宗族統系譜 纂修者不詳 據
二十世紀五十年代纂修本抄 一冊
　　巴雅勒氏世居虎爾哈、卦勒察、庫穆努、扎庫塔、
寧古塔、長白山等地。錫伯族亦有此姓。後改漢
姓白、巴、拜等。始祖夸哈達,明末輔佐清太祖,遂
西遷。族人分駐北京、瀋陽、鐵嶺、北鎮等地。巴
雅勒氏至第七代(清乾嘉時期)始用漢姓巴。族
人散居北京、瀋陽、鐵嶺、北鎮等地。載譜序、世
系等。
　　遼寧省北鎮滿族自治縣巴姓家

[全國]巴雅勒氏宗族統系譜 纂修者不詳 據
二十世紀五十年代纂修本抄本複印

參見前條。
吉林師範大學滿族文化研究所

[全國]欽氏宗譜十卷 （清）欽作舟等纂修 清
光緒十三年(1887)敦睦堂木活字本 十一冊 書
名據版心題
　　始遷祖高一,原名宜也吉都,宋代人。譜載散居
浙江杭州、湖州、江蘇無錫等數十支後裔。清人欽
揖出於此族。
　　國家圖書館

[全國]欽定八旗滿蒙氏族通譜二卷 （清）阿桂、
和珅編 清乾隆間抄本 二冊
　　是書爲訂正八旗滿洲姓氏中錯誤而作。
　　國家圖書館

[全國]欽定八旗滿蒙氏族通譜二卷 （清）阿桂、
和珅編 2003年北京圖書館出版社據清乾隆間
抄本影印 合冊
　　參見前條。
　　本譜載於《北京圖書館藏家譜叢刊·民族卷》
第十一冊

[全國]八旗滿洲氏族通譜(納喇氏) （清）德成
額等輯 清道光間抄本
　　納喇氏爲滿洲著姓。是譜係從《八旗滿洲氏族
通譜》中鈔錄有關納喇氏資料匯編而成,記散居在
烏喇、哈達、輝發、葉赫及那木都魯、綏芬、琿春等
地的納喇氏。
　　國家圖書館

[全國]八旗滿洲氏族通譜(納喇氏) （清）德成
額等輯 2003年北京圖書館出版社據清道光間
抄本影印 合冊
　　參見前條。本譜即據前本影印,書名誤題爲《八
旗滿蒙氏族通譜(納喇氏)》。
　　本譜載於《北京圖書館藏家譜叢刊·民族卷》
第三十七冊

[北京]石氏家譜不分卷 （清）德保等纂修 清

抄本 一册 書名據譜序題 記事至清嘉慶間
　始遷祖原係滿洲里索綽絡氏,清初賜姓石,後遷
居北京。
　國家圖書館

[北京]他塔喇氏家譜三卷首一卷末一卷 （清）
秀堃纂修 清道光十五年（1835）抄本 五册
書名據版心題
　始祖巴達巴顔,明代人。始遷祖西圖庫,清
代人。
　遼寧省大連市圖書館

[北京]李氏近房宗譜不分卷 （清）李延强纂修
清乾隆二十八年（1763）刻本 一册 書名據版
心、書衣題 佚名遞補至清道光間
　先祖世居奉天鐵嶺郡（今屬遼寧）。始遷祖延
禧,號綿芝,行一,清初入關,移居北京,子孫散入
八旗中。載譜序、凡例、宗系圖説、命名五十字、支
一世至九世宗系圖、雄支一世至十一世宗系圖。
　國家圖書館

[北京]李氏近房宗譜不分卷 （清）李延强纂修
據清乾隆二十八年（1763）刻本拍攝 膠卷 書
名據版心、書衣題 佚名遞補至清道光間
　參見前條。
　美國猶他州家譜學會

[北京]李氏近房宗譜不分卷 （清）李延强纂修
2002年綫裝書局據清乾隆二十八年（1763）刻本
影印 一册 書名據版心、書衣題 佚名遞補至
清道光間
　參見前條。
　本譜載於《中國國家圖書館藏早期稀見家譜叢
刊》第一百三十三册

[北京]高佳氏家譜一卷 纂修者不詳 清抄本
一册 書名據書簽題 書衣右題一户記録 左題
雍正拾三年八月二十五日
　始祖高名遠,世居遼陽,清太祖時率族人投歸,
原隸盛京内務府,族人高斌之女被册立貴妃後,賜

隸滿洲鑲黄旗。譜載述明第四子晉（字昭德）及
其九子、三孫小傳。
　中國科學院圖書館

[北京]高佳氏家譜一卷 （清）伊桑阿纂修 清
乾隆間刻朱墨套印本 一册 書名據版心題 書
衣手書奉天高佳氏家譜
　先祖同上。是譜主記三世衍中之三子述明、斌、
鈺三房世系,附三世執中之二子晛、詳二房世系。
　中國科學院圖書館

[北京]高佳氏家譜不分卷 纂修者不詳 抄本
暨石印本 一册 書名據封面題
　先祖同上。是譜據清雍正十三年（1735）譜續
修。譜載一户記録、續修紀略、宗支總圖、宗支譜
（人物傳）及跋語。
　遼寧省遼陽市高氏

[北京]高佳氏家譜不分卷 纂修者不詳 據抄
本暨石印本複印 一册 書名據封面題
　參見前條。
　吉林師範大學滿族文化研究所

[北京]赫舍里氏家譜不分卷 （清）赫舍里·長
豐等纂修 清同治十三年（1874）木活字本 一册
　赫舍里氏清初歸附,隸滿洲廂藍旗二甲喇佐領
下。後裔散居北京。
　日本東洋文庫

[北京]赫舍里氏家譜不分卷 （清）赫舍里·長
豐等纂修 據清同治十三年（1874）木活字本拍攝
膠卷
　參見前條。
　美國猶他州家譜學會

[北京]輝發薩克達氏家譜不分卷 纂修者不詳
清光緒間刻本 一册 書名據封面題
　薩克達氏源出於巴雅拉氏,覺羅氏一支,以地爲
氏,世居薩克達、輝發、吉林烏拉、瀋陽、寧古塔、葉
赫等地。所冠漢姓多爲里、翁、祖、查、麻、駱、蒼等

氏。該族始祖伊拉達,原居輝發。四世巴薩理爲始遷祖,入北京。自第五世隸入内務府。後世撥回盛京。譜載世系、祭祀、塋地和誥封書。

　　吉林省長春市趙東升

[北京]輝發薩克達氏家譜不分卷　纂修者不詳　據清光緒間刻本複印　一册　書名據封面題

　　參見前條。

　　吉林師範大學滿族文化研究所

[北京]輝發薩克達氏家譜不分卷　纂修者不詳　清光緒二十四年(1898)隆釗寫本　一册

　　先祖同上。載世系、表、例載等。譜中有祭祀、換鎖等滿族風俗的記載。

　　國家圖書館

[北京]輝發薩克達氏家譜不分卷　纂修者不詳　2003年北京圖書館出版社據清光緒二十四年(1898)隆釗寫本影印　合册

　　參見前條。

　　本譜載於《北京圖書館藏家譜叢刊·民族卷》第三十八册

[北京]帝系(大)不分卷　(清)宗人府玉牒館纂修　清乾隆三十一年(1766)内府紅欄橫格朱墨寫本　二册　首殘　書名據書簽題

　　本譜載肇祖原皇帝孟特穆至高宗純皇帝弘曆之世系。

　　中國第一歷史檔案館

[北京]帝系(大)不分卷　(清)宗人府玉牒館纂修　清乾隆四十一年(1776)内府紅欄直格朱墨寫本　一册　書名據書簽題　黃綾書衣

　　本譜載肇祖原皇帝孟特穆至高宗純皇帝弘曆之世系。

　　中國第一歷史檔案館

[北京]帝系(大)不分卷　(清)宗人府玉牒館纂修　清乾隆五十一年(1786)内府紅欄直格朱墨寫本　一册　書名據書簽題　黃綾書衣

　　本譜載肇祖原皇帝孟特穆至高宗純皇帝弘曆之世系。

　　中國第一歷史檔案館

[北京]帝系(大)不分卷　(清)宗人府玉牒館纂修　清嘉慶元年(1796)内府紅欄橫格朱墨寫本　一册　書名據書簽題　黃綾書衣

　　本譜載太祖高皇帝努爾哈赤至仁宗睿皇帝顒琰之世系。

　　中國第一歷史檔案館

[北京]帝系(大)不分卷　(清)宗人府玉牒館纂修　清嘉慶元年(1796)内府紅欄直格朱墨寫本　一册　書名據書簽題　黃綾書衣

　　本譜載太祖高皇帝努爾哈赤至仁宗睿皇帝顒琰之世系。

　　中國第一歷史檔案館

[北京]帝系(大)不分卷　(清)宗人府玉牒館纂修　清嘉慶二十二年(1817)内府紅欄直格朱墨寫本　一册　書名據書簽題　黃綾書衣

　　本譜爲太祖高皇帝努爾哈赤至仁宗睿皇帝顒琰位下男册。

　　中國第一歷史檔案館

[北京]帝系(大)不分卷　(清)宗人府玉牒館纂修　清道光七年(1827)内府紅欄直格朱墨寫本　一册　書名據書簽題　黃綾書衣

　　本譜載肇祖原皇帝孟特穆至宣宗成皇帝旻寧之世系。

　　中國第一歷史檔案館

[北京]帝系(大)不分卷　(清)宗人府玉牒館纂修　清道光十七年(1837)内府紅欄直格朱墨寫本　一册　書名據書簽題　黃綾書衣

　　本譜載肇祖原皇帝孟特穆至宣宗成皇帝旻寧之世系。

　　中國第一歷史檔案館

[北京]帝系(大)不分卷　(清)宗人府玉牒館纂

修　清光緒三年(1877)内府紅欄直格朱墨寫本
一册　書名據書簽題　黄綾書衣
　本譜載太祖高皇帝努爾哈赤至德宗景皇帝載湉
之世系。
　中國第一歷史檔案館

[北京]帝系(大)不分卷　(清)宗人府玉牒館纂
修　清光緒十三年(1887)内府紅欄直格朱墨寫
本　一册　書名據書簽題　黄綾書衣
　本譜載肇祖原皇帝孟特穆至德宗景皇帝載湉之
世系。
　中國第一歷史檔案館

[北京]帝系(小)不分卷　(清)宗人府玉牒館纂
修　清道光間内府黑欄横格朱墨寫本　一册　書
名據書簽題　黄綾書衣
　本譜載肇祖原皇帝孟特穆至宣宗成皇帝旻寧之
世系。
　中國第一歷史檔案館

[北京]帝系(小)不分卷　(清)宗人府玉牒館纂
修　清光緒間内府紅欄直格朱墨寫本　一册　書
名據目録題
　本譜載肇祖原皇帝孟特穆至德宗景皇帝載湉之
世系。
　中國第一歷史檔案館

[北京]帝系(小)不分卷　(清)宗人府玉牒館纂
修　清光緒間内府紅欄横格朱墨寫本　一册　書
名據目録題
　本譜載肇祖原皇帝孟特穆至德宗景皇帝載湉之
世系。
　中國第一歷史檔案館

[北京]帝系不分卷　(清)宗人府玉牒館纂修
清光緒二十三年(1897)内府紅欄直格朱墨寫本
一册　書名據書簽題　黄綾書衣
　本譜載太祖高皇帝努爾哈赤至德宗景皇帝載湉
之世系。
　中國第一歷史檔案館

[北京]帝系不分卷　(清)宗人府玉牒館纂修
清光緒間内府直格朱墨寫本　一册　書名據目録
題　黄綾書衣　滿漢雙文　初稿本
　本譜載聖祖仁皇帝玄燁至德宗景皇帝載湉之
世系。
　中國第一歷史檔案館

[北京]帝系不分卷　(清)宗人府玉牒館纂修
清光緒間内府直格朱墨寫本　一册　書名據目録
題　滿漢雙文　初稿本
　本譜載聖祖仁皇帝玄燁至德宗景皇帝載湉之
世系。
　中國第一歷史檔案館

[北京]帝系不分卷　(清)宗人府玉牒館纂修
清光緒間内府直格朱墨寫本　一册　書名據目録
題　滿漢雙文　初稿本
　本譜載聖祖仁皇帝玄燁至德宗景皇帝載湉之
世系。
　中國第一歷史檔案館

[北京]帝系不分卷　(清)宗人府玉牒館纂修
清光緒間内府直格朱墨寫本　一册　書名據目録
題　滿漢雙文　初稿本(較上本爲詳)
　本譜載聖祖仁皇帝玄燁至德宗景皇帝載湉之
世系。
　中國第一歷史檔案館

[北京]帝系不分卷　(清)宗人府玉牒館纂修
清光緒間内府横格朱墨寫本　一册　書名據目録
題　滿漢雙文　初稿本
　本譜載聖祖仁皇帝玄燁至德宗景皇帝載湉之
世系。
　中國第一歷史檔案館

[北京]玉牒宗室(大)不分卷　(清)宗人府玉牒
館纂修　清順治十七年(1660)内府紅欄横格朱墨
寫本　一册　書名據書簽題　黄綾書衣
　本譜爲太祖高皇帝努爾哈赤位下男册。
　中國第一歷史檔案館

[北京]玉牒宗室(大)不分卷　(清)宗人府玉牒館纂修　清順治十七年(1660)内府紅欄直格朱墨寫本　一册　書名據書簽題　黃綾書衣
　　本譜爲太祖高皇帝努爾哈赤位下男册。
　　中國第一歷史檔案館

[北京]玉牒宗室(大)不分卷　(清)宗人府玉牒館纂修　清順治十七年(1660)内府紅欄直格朱墨寫本　一册　書名據書簽題　黃綾書衣
　　本譜爲太祖高皇帝努爾哈赤位下女册。
　　中國第一歷史檔案館

[北京]玉牒宗室(大)不分卷　(清)宗人府玉牒館纂修　清康熙九年(1670)内府紅欄橫格朱墨寫本　一册　書名據書簽題　黃綾書衣
　　本譜爲太祖高皇帝努爾哈赤位下男册。
　　中國第一歷史檔案館

[北京]玉牒宗室(大)不分卷　(清)宗人府玉牒館纂修　清康熙九年(1670)内府紅欄橫格朱墨寫本　一册　書名據書簽題　黃綾書衣
　　本譜爲太祖高皇帝努爾哈赤位下女册。
　　中國第一歷史檔案館

[北京]玉牒宗室(大)不分卷　(清)宗人府玉牒館纂修　清康熙九年(1670)内府紅欄直格朱墨寫本　一册　書名據書簽題　黃綾書衣
　　本譜爲太祖高皇帝努爾哈赤位下女册。
　　中國第一歷史檔案館

[北京]玉牒宗室(大)不分卷　(清)宗人府玉牒館纂修　清康熙十八年(1679)内府紅欄直格朱墨寫本　一册　書名據書簽題　黃綾書衣
　　本譜爲太祖高皇帝努爾哈赤位下男册。
　　中國第一歷史檔案館

[北京]玉牒宗室(大)不分卷　(清)宗人府玉牒館纂修　清康熙十八年(1679)内府紅欄直格朱墨寫本　一册　書名據書簽題　黃綾書衣
　　本譜爲太祖高皇帝努爾哈赤位下女册。

中國第一歷史檔案館

[北京]玉牒宗室(大)不分卷　(清)宗人府玉牒館纂修　清康熙二十七年(1688)内府紅欄橫格朱墨寫本　一册　書名據書簽題　黃綾書衣
　　本譜爲太祖高皇帝努爾哈赤位下男册。
　　中國第一歷史檔案館

[北京]玉牒宗室(大)不分卷　(清)宗人府玉牒館纂修　清康熙二十七年(1688)内府紅欄直格朱墨寫本　一册　書名據書簽題　黃綾書衣
　　本譜爲太祖高皇帝努爾哈赤位下男册。
　　中國第一歷史檔案館

[北京]玉牒宗室(大)不分卷　(清)宗人府玉牒館纂修　清康熙二十七年(1688)内府紅欄直格朱墨寫本　一册　書名據書簽題　黃綾書衣
　　本譜爲太祖高皇帝努爾哈赤位下女册。
　　中國第一歷史檔案館

[北京]玉牒宗室(大)不分卷　(清)宗人府玉牒館纂修　清康熙三十六年(1697)内府紅欄橫格朱墨寫本　一册　書名據書簽題　黃綾書衣
　　本譜爲太祖高皇帝努爾哈赤位下男册。
　　中國第一歷史檔案館

[北京]玉牒宗室(大)不分卷　(清)宗人府玉牒館纂修　清康熙三十六年(1697)内府紅欄橫格朱墨寫本　一册　書名據書簽題　黃綾書衣
　　本譜爲太祖高皇帝努爾哈赤位下男册。
　　中國第一歷史檔案館

[北京]玉牒宗室(大)不分卷　(清)宗人府玉牒館纂修　清康熙三十六年(1697)内府紅欄直格朱墨寫本　一册　書名據書簽題　黃綾書衣
　　本譜爲太祖高皇帝努爾哈赤位下男册。
　　中國第一歷史檔案館

[北京]玉牒宗室(大)不分卷　(清)宗人府玉牒館纂修　清康熙三十六年(1697)内府紅欄直格朱

墨寫本　一册　書名據書籤題　黄綾書衣
　　本譜爲太祖高皇帝努爾哈赤位下女册。
　　中國第一歷史檔案館

[北京]玉牒宗室(大)不分卷　(清)宗人府玉牒
館纂修　清康熙四十五年(1706)内府紅欄横格
朱墨寫本　一册　書名據書籤題　黄綾書衣
　　本譜爲太祖高皇帝努爾哈赤位下男册。
　　中國第一歷史檔案館

[北京]玉牒宗室(大)不分卷　(清)宗人府玉牒
館纂修　清康熙四十五年(1706)内府紅欄直格
朱墨寫本　一册　書名據書籤題　黄綾書衣
　　本譜爲太祖高皇帝努爾哈赤位下男册。
　　中國第一歷史檔案館

[北京]玉牒宗室(大)不分卷　(清)宗人府玉牒
館纂修　清雍正二年(1724)内府紅欄横格朱墨
寫本　一册　書名據書籤題　黄綾書衣
　　本譜爲太祖高皇帝努爾哈赤位下男册。
　　中國第一歷史檔案館

[北京]玉牒宗室(大)不分卷　(清)宗人府玉牒
館纂修　清雍正二年(1724)内府紅欄直格朱墨
寫本　一册　書名據書籤題　黄綾書衣
　　本譜爲太祖高皇帝努爾哈赤位下男册。
　　中國第一歷史檔案館

[北京]玉牒宗室(大)不分卷　(清)宗人府玉牒
館纂修　清雍正二年(1724)内府紅欄直格朱墨
寫本　一册　書名據書籤題　黄綾書衣
　　本譜爲太祖高皇帝努爾哈赤位下女册。
　　中國第一歷史檔案館

[北京]玉牒宗室(大)不分卷　(清)宗人府玉牒
館纂修　清雍正十一年(1733)内府紅欄横格朱
墨寫本　一册　書名據書籤題　黄綾書衣
　　本譜爲太祖高皇帝努爾哈赤位下男册。
　　中國第一歷史檔案館

[北京]玉牒宗室(大)不分卷　(清)宗人府玉牒
館纂修　清雍正十一年(1733)内府紅欄直格朱墨
寫本　一册　書名據書籤題　黄綾書衣
　　本譜爲太祖高皇帝努爾哈赤位下男册。
　　中國第一歷史檔案館

[北京]玉牒宗室(大)不分卷　(清)宗人府玉牒
館纂修　清雍正十一年(1733)内府紅欄直格朱墨
寫本　一册　書名據書籤題　黄綾書衣
　　本譜爲太祖高皇帝努爾哈赤位下女册。
　　中國第一歷史檔案館

[北京]玉牒宗室(大)不分卷　(清)宗人府玉牒
館纂修　清乾隆七年(1742)内府紅欄直格朱墨寫
本　一册　書名據書籤題　黄綾書衣
　　本譜爲太祖高皇帝努爾哈赤位下男册。
　　中國第一歷史檔案館

[北京]玉牒宗室(大)不分卷　(清)宗人府玉牒
館纂修　清乾隆七年(1742)内府紅欄横格朱墨寫
本　一册　書名據書籤題　黄綾書衣
　　本譜爲太祖高皇帝努爾哈赤位下女册。
　　中國第一歷史檔案館

[北京]玉牒宗室(大)不分卷　(清)宗人府玉牒
館纂修　清乾隆七年(1742)内府紅欄直格朱墨寫
本　一册　書名據書籤題　黄綾書衣
　　本譜爲太祖高皇帝努爾哈赤位下女册。
　　中國第一歷史檔案館

[北京]玉牒宗室(大)不分卷　(清)宗人府玉牒
館纂修　清乾隆十一年(1746)内府紅欄横格朱墨
寫本　一册　殘　書名據書籤題　黄綾書衣
　　本譜爲太祖高皇帝努爾哈赤位下男册。
　　中國第一歷史檔案館

[北京]玉牒宗室(大)不分卷　(清)宗人府玉牒
館纂修　清乾隆十一年(1746)内府紅欄直格朱墨
寫本　一册　殘　書名據書籤題　黄綾書衣
　　本譜爲太祖高皇帝努爾哈赤位下男册。

中國第一歷史檔案館

[北京]玉牒宗室(大)不分卷　(清)宗人府玉牒館纂修　清乾隆十一年(1746)內府紅欄直格朱墨寫本　一册　書名據書籤題　黄綾書衣
　　本譜爲太祖高皇帝努爾哈赤位下女册。
　　中國第一歷史檔案館

[北京]玉牒宗室(大)不分卷　(清)宗人府玉牒館纂修　清乾隆二十一年(1756)內府紅欄横格朱墨寫本　二册　書名據書籤題　黄綾書衣
　　本譜爲太祖高皇帝努爾哈赤位下男册。
　　中國第一歷史檔案館

[北京]玉牒宗室(大)不分卷　(清)宗人府玉牒館纂修　清乾隆二十一年(1756)內府紅欄直格朱墨寫本　三册　書名據書籤題　黄綾書衣
　　本譜爲太祖高皇帝努爾哈赤位下男册。
　　中國第一歷史檔案館

[北京]玉牒宗室(大)不分卷　(清)宗人府玉牒館纂修　清乾隆二十一年(1756)內府紅欄直格朱墨寫本　二册　書名據書籤題　黄綾書衣
　　本譜爲太祖高皇帝努爾哈赤位下女册。
　　中國第一歷史檔案館

[北京]玉牒宗室(大)不分卷　(清)宗人府玉牒館纂修　清乾隆三十一年(1766)內府紅欄横格朱墨寫本　二册　書名據書籤題　黄綾書衣
　　本譜爲太祖高皇帝努爾哈赤位下男册。
　　中國第一歷史檔案館

[北京]玉牒宗室(大)不分卷　(清)宗人府玉牒館纂修　清乾隆三十一年(1766)內府紅欄直格朱墨寫本　三册　書名據書籤題　黄綾書衣
　　本譜爲太祖高皇帝努爾哈赤位下男册。
　　中國第一歷史檔案館

[北京]玉牒宗室(大)不分卷　(清)宗人府玉牒館纂修　清乾隆三十一年(1766)內府紅欄直格

朱墨寫本　二册　書名據書籤題　黄綾書衣
　　本譜爲太祖高皇帝努爾哈赤位下女册。
　　中國第一歷史檔案館

[北京]玉牒宗室(大)不分卷　(清)宗人府玉牒館纂修　清乾隆四十一年(1776)內府紅欄横格朱墨寫本　一册　書名據書籤題　黄綾書衣
　　本譜爲太祖高皇帝努爾哈赤位下男册。
　　中國第一歷史檔案館

[北京]玉牒宗室(大)不分卷　(清)宗人府玉牒館纂修　清乾隆四十一年(1776)內府紅欄直格朱墨寫本　二册　書名據書籤題　黄綾書衣
　　本譜爲太祖高皇帝努爾哈赤位下男册。
　　中國第一歷史檔案館

[北京]玉牒宗室(大)不分卷　(清)宗人府玉牒館纂修　清乾隆四十一年(1776)內府紅欄直格朱墨寫本　二册　書名據書籤題　黄綾書衣
　　本譜爲太祖高皇帝努爾哈赤位下女册。
　　中國第一歷史檔案館

[北京]玉牒宗室(大)不分卷　(清)宗人府玉牒館纂修　清乾隆五十一年(1786)內府紅欄横格朱墨寫本　一册　書名據書籤題　黄綾書衣
　　本譜爲太祖高皇帝努爾哈赤位下男册。
　　中國第一歷史檔案館

[北京]玉牒宗室(大)不分卷　(清)宗人府玉牒館纂修　清乾隆五十一年(1786)內府紅欄直格朱墨寫本　三册　書名據書籤題　黄綾書衣
　　本譜爲太祖高皇帝努爾哈赤位下男册。
　　中國第一歷史檔案館

[北京]玉牒宗室(大)不分卷　(清)宗人府玉牒館纂修　清乾隆五十一年(1786)內府紅欄直格朱墨寫本　二册　書名據書籤題　黄綾書衣
　　本譜爲太祖高皇帝努爾哈赤位下女册。
　　中國第一歷史檔案館

[北京]玉牒宗室(大)不分卷　(清)宗人府玉牒
館纂修　清嘉慶元年(1796)內府紅欄橫格朱墨
寫本　三册　書名據書簽題　黃綾書衣
　　本譜爲太祖高皇帝努爾哈赤位下男册。
　　中國第一歷史檔案館

[北京]玉牒宗室(大)不分卷　(清)宗人府玉牒
館纂修　清嘉慶元年(1796)內府紅欄直格朱墨
寫本　二册　書名據書簽題　黃綾書衣
　　本譜爲太祖高皇帝努爾哈赤位下女册。
　　中國第一歷史檔案館

[北京]玉牒宗室(大)不分卷　(清)宗人府玉牒
館纂修　清嘉慶十一年(1806)內府紅欄橫格朱
墨寫本　一册　書名據書簽題　黃綾書衣
　　本譜爲太祖高皇帝努爾哈赤位下男册。
　　中國第一歷史檔案館

[北京]玉牒宗室(大)不分卷　(清)宗人府玉牒
館纂修　清嘉慶十一年(1806)內府紅欄直格朱
墨寫本　一册　書名據書簽題　黃綾書衣
　　本譜爲太祖高皇帝努爾哈赤位下男册。
　　中國第一歷史檔案館

[北京]玉牒宗室(大)不分卷　(清)宗人府玉牒
館纂修　清嘉慶十一年(1806)內府紅欄直格朱
墨寫本　一册　書名據書簽題　黃綾書衣
　　本譜爲太祖高皇帝努爾哈赤位下女册。
　　中國第一歷史檔案館

[北京]玉牒宗室(大)不分卷　(清)宗人府玉牒
館纂修　清嘉慶二十二年(1817)內府紅欄直格
朱墨寫本　一册　書名據書簽題　黃綾書衣
　　本譜爲太祖高皇帝努爾哈赤位下男册。
　　中國第一歷史檔案館

[北京]玉牒宗室(大)不分卷　(清)宗人府玉牒
館纂修　清嘉慶二十二年(1817)內府紅欄直格
朱墨寫本　一册　書名據書簽題　黃綾書衣
　　本譜爲太祖高皇帝努爾哈赤位下女册。

中國第一歷史檔案館

[北京]玉牒宗室(大)不分卷　(清)宗人府玉牒
館纂修　清嘉慶間內府紅欄橫格朱墨寫本　十六
册　書名據書簽題　黃綾書衣
　　本譜爲太祖高皇帝努爾哈赤位下男册。
　　中國第一歷史檔案館

[北京]玉牒宗室(大)不分卷　(清)宗人府玉牒
館纂修　清嘉慶間內府紅欄橫格朱墨寫本　一册
書名據書簽題　黃綾書衣
　　本譜爲太祖高皇帝努爾哈赤位下男册。
　　中國第一歷史檔案館

[北京]玉牒宗室(大)不分卷　(清)宗人府玉牒
館纂修　清道光七年(1827)內府紅欄橫格朱墨寫
本　一册　書名據書簽題　黃綾書衣
　　本譜爲太祖高皇帝努爾哈赤位下男册。
　　中國第一歷史檔案館

[北京]玉牒宗室(大)不分卷　(清)宗人府玉牒
館纂修　清道光七年(1827)內府紅欄橫格朱墨寫
本　十六册　書名據書簽題　黃綾書衣
　　本譜爲太祖高皇帝努爾哈赤位下男册。
　　中國第一歷史檔案館

[北京]玉牒宗室(大)不分卷　(清)宗人府玉牒
館纂修　清道光七年(1827)內府紅欄直格朱墨寫
本　一册　書名據書簽題　黃綾書衣
　　本譜爲太祖高皇帝努爾哈赤位下男册。
　　中國第一歷史檔案館

[北京]玉牒宗室(大)不分卷　(清)宗人府玉牒
館纂修　清道光七年(1827)內府紅欄直格朱墨寫
本　一册　書名據書簽題　黃綾書衣
　　本譜爲太祖高皇帝努爾哈赤位下女册。
　　中國第一歷史檔案館

[北京]玉牒宗室(大)不分卷　(清)宗人府玉牒
館纂修　清道光十七年(1837)內府紅欄直格朱墨

寫本　一册　書名據書籤題　黄綾書衣
　　本譜爲太祖高皇帝努爾哈赤位下男册。
　　中國第一歷史檔案館

[北京]玉牒宗室(大)不分卷　（清）宗人府玉牒
館纂修　清道光十七年(1837)内府紅欄直格朱
墨寫本　一册　書名據書籤題　黄綾書衣
　　本譜爲太祖高皇帝努爾哈赤位下女册。
　　中國第一歷史檔案館

[北京]玉牒宗室(大)不分卷　（清）宗人府玉牒
館纂修　清道光二十七年(1847)内府紅欄直格
朱墨寫本　一册　書名據書籤題　黄綾書衣
　　本譜爲太祖高皇帝努爾哈赤位下男册。
　　中國第一歷史檔案館

[北京]玉牒宗室(大)不分卷　（清）宗人府玉牒
館纂修　清道光二十七年(1847)内府紅欄直格
朱墨寫本　一册　書名據書籤題　黄綾書衣
　　本譜爲太祖高皇帝努爾哈赤位下女册。
　　中國第一歷史檔案館

[北京]玉牒宗室(大)不分卷　（清）宗人府玉牒
館纂修　清道光間内府紅欄橫格朱墨寫本　二册
書名據書籤題　黄綾書衣
　　本譜爲太祖高皇帝努爾哈赤位下男册。
　　中國第一歷史檔案館

[北京]玉牒宗室(大)不分卷　（清）宗人府玉牒
館纂修　清道光間内府紅欄直格朱墨寫本　一册
殘　書名據書籤題　黄綾書衣
　　本譜爲太祖高皇帝努爾哈赤位下女册。
　　中國第一歷史檔案館

[北京]玉牒宗室(大)不分卷　（清）宗人府玉牒
館纂修　清咸豐三年(1853)内府紅欄直格朱墨
寫本　一册　書名據書籤題　黄綾書衣
　　本譜爲太祖高皇帝努爾哈赤位下男册。
　　中國第一歷史檔案館

[北京]玉牒宗室(大)不分卷　（清）宗人府玉牒
館纂修　清咸豐七年(1857)内府紅欄橫格朱墨寫
本　十八册　書名據書籤題　黄綾書衣
　　本譜爲太祖高皇帝努爾哈赤位下男册。
　　中國第一歷史檔案館

[北京]玉牒宗室(大)不分卷　（清）宗人府玉牒
館纂修　清咸豐七年(1857)内府紅欄直格朱墨寫
本　一册　書名據書籤題　黄綾書衣
　　本譜爲太祖高皇帝努爾哈赤位下男册。
　　中國第一歷史檔案館

[北京]玉牒宗室(大)不分卷　（清）宗人府玉牒
館纂修　清咸豐七年(1857)内府紅欄直格朱墨寫
本　一册　書名據書籤題　黄綾書衣
　　本譜爲太祖高皇帝努爾哈赤位下女册。
　　中國第一歷史檔案館

[北京]玉牒宗室(大)不分卷　（清）宗人府玉牒
館纂修　清同治六年(1867)内府紅欄橫格朱墨寫
本　十九册　書名據書籤題　黄綾書衣
　　本譜爲太祖高皇帝努爾哈赤位下男册。
　　中國第一歷史檔案館

[北京]玉牒宗室(大)不分卷　（清）宗人府玉牒
館纂修　清同治六年(1867)内府紅欄直格朱墨寫
本　一册　書名據書籤題　黄綾書衣
　　本譜爲太祖高皇帝努爾哈赤位下男册。
　　中國第一歷史檔案館

[北京]玉牒宗室(大)不分卷　（清）宗人府玉牒
館纂修　清同治六年(1867)内府紅欄直格朱墨寫
本　一册　書名據書籤題　黄綾書衣
　　本譜爲太祖高皇帝努爾哈赤位下女册。
　　中國第一歷史檔案館

[北京]玉牒宗室(大)不分卷　（清）宗人府玉牒
館纂修　清同治間内府紅欄橫格朱墨寫本　一册
書名據書籤題　黄綾書衣
　　本譜爲太祖高皇帝努爾哈赤位下男册。

中國第一歷史檔案館

[北京]玉牒宗室(大)不分卷　(清)宗人府玉牒館纂修　清同治間内府紅欄直格朱墨寫本　一册　殘　書名據書簽題　黄綾書衣　底本
　　本譜爲太祖高皇帝努爾哈赤位下女册。
　　中國第一歷史檔案館

[北京]玉牒宗室(大)不分卷　(清)宗人府玉牒館纂修　清光緒三年(1877)内府紅欄直格朱墨寫本　一册　書名據書簽題　黄綾書衣
　　本譜爲太祖高皇帝努爾哈赤位下男册。
　　中國第一歷史檔案館

[北京]玉牒宗室(大)不分卷　(清)宗人府玉牒館纂修　清光緒三年(1877)内府紅欄直格朱墨寫本　一册　書名據書簽題　黄綾書衣
　　本譜爲太祖高皇帝努爾哈赤位下女册。
　　中國第一歷史檔案館

[北京]玉牒宗室(大)不分卷　(清)宗人府玉牒館纂修　清光緒十三年(1887)内府紅欄直格朱墨寫本　一册　書名據書簽題　黄綾書衣
　　本譜爲太祖高皇帝努爾哈赤位下男册。
　　中國第一歷史檔案館

[北京]玉牒宗室(大)不分卷　(清)宗人府玉牒館纂修　清光緒十三年(1887)内府紅欄直格朱墨寫本　一册　書名據書簽題　黄綾書衣
　　本譜爲太祖高皇帝努爾哈赤位下女册。
　　中國第一歷史檔案館

[北京]玉牒宗室(大)不分卷　(清)宗人府玉牒館纂修　清光緒二十三年(1897)内府紅欄直格朱墨寫本　一册　書名據書簽題　黄綾書衣
　　本譜爲太祖高皇帝努爾哈赤位下男册。
　　中國第一歷史檔案館

[北京]玉牒宗室(大)不分卷　(清)宗人府玉牒館纂修　清光緒二十三年(1897)内府紅欄直格

朱墨寫本　一册　書名據書簽題　黄綾書衣
　　本譜爲太祖高皇帝努爾哈赤位下女册。
　　中國第一歷史檔案館

[北京]玉牒宗室(大)不分卷　(清)宗人府玉牒館纂修　清光緒三十三年(1907)内府紅欄直格朱墨寫本　一册　書名據書簽題　黄綾書衣
　　本譜爲太祖高皇帝努爾哈赤位下男册。
　　中國第一歷史檔案館

[北京]玉牒宗室(大)不分卷　(清)宗人府玉牒館纂修　清光緒三十三年(1907)内府紅欄直格朱墨寫本　一册　書名據書簽題　黄綾書衣
　　本譜爲太祖高皇帝努爾哈赤位下女册。
　　中國第一歷史檔案館

[北京]玉牒宗室(大)不分卷　(清)宗人府玉牒館纂修　清光緒間内府紅欄横格朱墨寫本　一册　書名據書簽題　黄綾書衣
　　本譜爲太祖高皇帝努爾哈赤位下男册。
　　中國第一歷史檔案館

[北京]玉牒宗室(大)不分卷　(清)宗人府玉牒館纂修　清光緒間内府紅欄横格朱墨寫本　一册　殘　書名據書簽題　黄綾書衣　稿本
　　本譜爲太祖高皇帝努爾哈赤位下男册。
　　中國第一歷史檔案館

[北京]玉牒宗室(大)不分卷　(清)宗人府玉牒館纂修　清光緒間内府紅欄横格朱墨寫本　一册　書名據書簽題　黄綾書衣
　　本譜爲太祖高皇帝努爾哈赤位下男册。
　　中國第一歷史檔案館

[北京]玉牒宗室(大)不分卷　(清)宗人府玉牒館纂修　清光緒間内府紅欄横格朱墨寫本　二十册　書名據書簽題　黄綾書衣
　　本譜爲太祖高皇帝努爾哈赤位下男册。
　　中國第一歷史檔案館

[北京]玉牒宗室(大)不分卷　（清）宗人府玉牒館纂修　清宣統間內府紅欄橫格朱墨寫本　一冊
書名據簽題　黃綾書衣
　　本譜爲太祖高皇帝努爾哈赤位下男册。
　　中國第一歷史檔案館

[北京]玉牒宗室(大)不分卷　（清）宗人府玉牒館纂修　清內府紅欄直格朱墨寫本　一冊　殘
書名據書簽題　黃綾書衣　底稿
　　本譜爲太祖高皇帝努爾哈赤位下男册。
　　中國第一歷史檔案館

[北京]玉牒[宗室](大)不分卷　（清）宗人府玉牒館纂修　清內府紅欄橫格朱墨寫本　一冊　殘
書名據目録題
　　本譜載太祖高皇帝努爾哈赤位下諸子。
　　中國第一歷史檔案館

[北京]玉牒[宗室](大)不分卷　（清）宗人府玉牒館纂修　清內府紅欄橫格朱墨寫本　一冊　殘
書名據目録題
　　本譜載明德宗支。
　　中國第一歷史檔案館

[北京]玉牒宗室(大)不分卷　宗人府玉牒館纂修　民國十年(1921)紅欄直格朱墨寫本　六冊
書名據書簽題　黃綾書衣
　　本譜爲太祖高皇帝努爾哈赤位下男女册。
　　中國第一歷史檔案館

[北京]玉牒宗室(大)不分卷　宗人府玉牒館纂修　民國十年(1921)紅欄直格朱墨寫本　一冊
書名據書簽題　黃綾書衣
　　本譜爲太祖高皇帝努爾哈赤位下男册。
　　中國第一歷史檔案館

[北京]玉牒宗室(大)不分卷　宗人府玉牒館纂修　民國十年(1921)紅欄直格朱墨寫本　一冊
書名據書簽題　黃綾書衣
　　本譜爲太祖高皇帝努爾哈赤位下女册。
　　中國第一歷史檔案館

　　中國第一歷史檔案館

[北京]玉牒宗室(小)不分卷　（清）宗人府玉牒館纂修　清道光間內府紅欄橫格朱墨寫本　十六册　書名據書簽題　黃綾書衣
　　本譜爲太祖高皇帝努爾哈赤位下男册。
　　中國第一歷史檔案館

[北京]玉牒宗室(小)不分卷　（清）宗人府玉牒館纂修　清道光間內府黑欄橫格朱墨寫本　一册
書名據書簽題　黃綾書衣
　　本譜載世宗憲皇帝胤禛位下各子宗支。
　　中國第一歷史檔案館

[北京]玉牒宗室(小)不分卷　（清）宗人府玉牒館纂修　清道光間內府黑欄橫格朱墨寫本　一册
書名據書簽題　黃綾書衣
　　本譜載高宗純皇帝弘曆位下各子宗支。
　　中國第一歷史檔案館

[北京]玉牒宗室(小)不分卷　（清）宗人府玉牒館纂修　清道光間內府黑欄橫格朱墨寫本　一册
書名據書簽題　黃綾書衣
　　本譜載仁宗睿皇帝顒琰位下各子宗支。
　　中國第一歷史檔案館

[北京]玉牒宗室(小)不分卷　（清）宗人府玉牒館纂修　清道光間內府黑欄橫格朱墨寫本　一册
書名據書簽題　黃綾書衣
　　本譜載宣宗成皇帝旻寧位下各子宗支。
　　中國第一歷史檔案館

[北京]玉牒宗室(小)不分卷　（清）宗人府玉牒館纂修　清咸豐間內府黑欄橫格朱墨寫本　一册
書名據書簽題　黃綾書衣
　　本譜載顯祖宣皇帝塔克世位下第三子舒爾哈齊宗支。
　　中國第一歷史檔案館

[北京]玉牒宗室(小)不分卷　（清）宗人府玉牒

館纂修　清咸豐間内府黑欄橫格朱墨寫本　一册
書名據書簽題　黃綾書衣
　　本譜載太祖高皇帝努爾哈赤位下第十四子多爾
袞宗支。
　　中國第一歷史檔案館

[北京]玉牒宗室(小)不分卷　（清）宗人府玉牒
館纂修　清咸豐間内府紅欄橫格朱墨寫本　一册
殘　書名據書簽題　黃綾書衣
　　本譜載世宗憲皇帝胤禛位下宗支。
　　中國第一歷史檔案館

[北京]玉牒宗室(小)不分卷　（清）宗人府玉牒
館纂修　清光緒間内府黑欄橫格朱墨稿本　一册
殘　書名據書簽題　黃綾書衣
　　本譜爲太祖高皇帝努爾哈赤位下第一子褚英名
下男册。
　　中國第一歷史檔案館

[北京]玉牒宗室(小)不分卷　（清）宗人府玉牒
館纂修　清光緒間内府黑欄橫格朱墨稿本　一册
殘　書名據書簽題　黃綾書衣
　　本譜爲太祖高皇帝努爾哈赤位下第二子代善名
下男册。
　　中國第一歷史檔案館

[北京]玉牒宗室(小)不分卷　（清）宗人府玉牒
館纂修　清光緒間内府黑欄橫格朱墨寫本　一册
殘　書名據書簽題　黃綾書衣
　　本譜載太祖高皇帝努爾哈赤位下第六子塔拜
宗支。
　　中國第一歷史檔案館

[北京]玉牒宗室(小)不分卷　（清）宗人府玉牒
館纂修　清光緒間内府黑欄橫格朱墨稿本　一册
殘　書名據書簽題　黃綾書衣
　　本譜載太祖高皇帝努爾哈赤第七子阿巴泰
宗支。
　　中國第一歷史檔案館

[北京]玉牒宗室(小)不分卷　（清）宗人府玉牒
館纂修　清光緒間内府黑欄橫格朱墨寫本　一册
書名據書簽題　黃綾書衣
　　本譜載太祖高皇帝努爾哈赤第九子巴布泰
宗支。
　　中國第一歷史檔案館

[北京]玉牒宗室(小)不分卷　（清）宗人府玉牒
館纂修　清光緒間内府黑欄橫格朱墨寫本　一册
殘　書名據書簽題　黃綾書衣
　　本譜載太祖高皇帝努爾哈赤位下第十四子多爾
袞宗支。
　　中國第一歷史檔案館

[北京]玉牒宗室(小)不分卷　（清）宗人府玉牒
館纂修　清光緒間内府黑欄橫格朱墨寫本　一册
書名據書簽題　黃綾書衣
　　本譜載聖祖仁皇帝玄燁位下各子宗支。
　　中國第一歷史檔案館

[北京]玉牒宗室(小)不分卷　（清）宗人府玉牒
館纂修　清光緒間内府黑欄橫格朱墨寫本　一册
書名據書簽題　黃綾書衣　底本
　　本譜爲綿字輩下男册。
　　中國第一歷史檔案館

[北京]玉牒宗室(小)不分卷　（清）宗人府玉牒
館纂修　清光緒間内府黑欄橫格朱墨寫本　一册
殘　書名據書簽題　黃綾書衣　初稿本
　　本譜爲貝子瑪渾名下男册。
　　中國第一歷史檔案館

[北京]玉牒宗室(小)不分卷　（清）宗人府玉牒
館纂修　清光緒間内府黑欄橫格朱墨寫本　一册
殘　書名據書簽題　黃綾書衣　初稿本
　　本譜載奉恩將軍僧額名下宗支。
　　中國第一歷史檔案館

[北京]玉牒宗室(小)不分卷　（清）宗人府玉牒
館纂修　清宣統間内府黑欄橫格朱墨寫本　一册

殘　書名據書籤題　黃綾書衣　校對本

　　本譜載宣宗成皇帝旻寧位下宗支。

　　中國第一歷史檔案館

[北京]玉牒宗室(小)不分卷　（清）宗人府玉牒館纂修　清内府紅欄直格朱墨寫本　一册　書名據書籤題　黃綾書衣

　　本譜載興祖直皇帝福滿位下第六子寶實宗支。

　　中國第一歷史檔案館

[北京]玉牒宗室(小)不分卷　（清）宗人府玉牒館纂修　清内府紅欄直格朱墨寫本　一册　書名據書籤題

　　本譜載顯祖宣皇帝塔克世至世宗憲皇帝胤禛位下諸子。

　　中國第一歷史檔案館

[北京]玉牒宗室(小)不分卷　（清）宗人府玉牒館纂修　清内府紅欄橫格朱墨寫本　一册　殘書名據書籤題　黃綾書衣

　　本譜載太祖高皇帝努爾哈赤位下第一子褚英宗支。

　　中國第一歷史檔案館

[北京]玉牒宗室(小)不分卷　（清）宗人府玉牒館纂修　清内府黑欄橫格朱墨寫本　一册　書名據書衣題　黃綾書衣　校對本

　　本譜載太祖高皇帝努爾哈赤位下第二子代善宗支。

　　中國第一歷史檔案館

[北京]玉牒宗室(小)不分卷　（清）宗人府玉牒館纂修　清内府紅欄橫格朱墨寫本　一册　殘書名據書籤題　底本

　　本譜載太祖高皇帝努爾哈赤位下第二子代善宗支。

　　中國第一歷史檔案館

[北京]玉牒宗室(小)不分卷　（清）宗人府玉牒館纂修　清内府紅欄橫格朱墨寫本　一册　書名

據書籤題　黃綾書衣

　　本譜載太祖高皇帝努爾哈赤位下第三子阿拜宗支。

　　中國第一歷史檔案館

[北京]玉牒宗室(小)不分卷　（清）宗人府玉牒館纂修　清内府黑欄橫格朱墨寫本　一册　書名據書衣題　黃綾書衣　初校本

　　本譜載太祖高皇帝努爾哈赤位下第七子阿巴泰宗支。

　　中國第一歷史檔案館

[北京]玉牒宗室(小)不分卷　（清）宗人府玉牒館纂修　清内府黑欄橫格朱墨寫本　一册　書名據書籤題　校對本

　　本譜載太祖高皇帝努爾哈赤位下第七子阿巴泰宗支。

　　中國第一歷史檔案館

[北京]玉牒宗室(小)不分卷　（清）宗人府玉牒館纂修　清内府黑欄橫格朱墨稿本　一册　殘書名據書籤題　黃綾書衣

　　本譜載太祖高皇帝努爾哈赤位下第七子阿巴泰宗支。

　　中國第一歷史檔案館

[北京]玉牒宗室(小)不分卷　（清）宗人府玉牒館纂修　清内府黑欄橫格朱墨寫本　一册　書名據書籤題　黃綾書衣

　　本譜載太宗文皇帝皇太極位下一至四子宗支。

　　中國第一歷史檔案館

[北京]玉牒宗室(小)不分卷　（清）宗人府玉牒館纂修　清内府黑欄橫格朱墨寫本　一册　書名據書籤題　黃綾書衣　滿漢雙文

　　本譜載世祖章皇帝福臨位下第一子牛鈕、第二子福全宗支。

　　中國第一歷史檔案館

[北京]玉牒宗室(小)不分卷　（清）宗人府玉牒

館纂修　清內府黑欄橫格朱墨寫本　一册　書名
據書衣題　黃綾書衣　墨筆校對本
　　本譜載世宗憲皇帝胤禎位下各子宗支。
　　中國第一歷史檔案館

[北京]玉牒宗室(小)不分卷　(清)宗人府玉牒
館纂修　清內府黑欄橫格朱墨寫本　一册　書名
據書簽題　黃綾書衣　校對本
　　本譜載世宗憲皇帝胤禎位下宗支。
　　中國第一歷史檔案館

[北京]玉牒宗室(小)不分卷　(清)宗人府玉牒
館纂修　清內府紅欄直格朱墨寫本　一册　書名
據書簽題
　　本譜載高宗純皇帝弘曆及弘字輩諸子。
　　中國第一歷史檔案館

[北京]玉牒宗室(小)不分卷　(清)宗人府玉牒
館纂修　清內府黑欄橫格朱墨寫本　一册　書名
據書簽題　黃綾書衣　校對本
　　本譜載仁宗睿皇帝顒琰位下宗支。
　　中國第一歷史檔案館

[北京]玉牒宗室(小)不分卷　(清)宗人府玉牒
館纂修　清內府黑欄橫格朱墨寫本　一册　書名
據書簽題　黃紙書衣　初稿本
　　本譜載仁宗睿皇帝顒琰位下宗支。
　　中國第一歷史檔案館

[北京]玉牒宗室(小)不分卷　(清)宗人府玉牒
館纂修　清內府紅欄直格朱墨寫本　一册　書名
據目録題
　　本譜載仁宗睿皇帝顒琰及永字輩諸女。
　　中國第一歷史檔案館

[北京]玉牒宗室(小)不分卷　(清)宗人府玉牒
館纂修　清內府紅欄直格朱墨寫本　一册　書名
據目録題
　　本譜載仁宗睿皇帝顒琰及永字輩諸子。
　　中國第一歷史檔案館

[北京]玉牒宗室(小)不分卷　(清)宗人府玉牒
館纂修　清內府紅欄直格朱墨寫本　一册　書名
據書簽題
　　本譜載文宗顯皇帝奕詝及載字輩諸子。
　　中國第一歷史檔案館

[北京]玉牒宗室(小)不分卷　(清)宗人府玉牒
館纂修　清內府紅欄直格朱墨寫本　一册　書名
據目録題
　　本譜載溥字輩諸子。
　　中國第一歷史檔案館

[北京]玉牒宗室(小)不分卷　(清)宗人府玉牒
館纂修　清內府紅欄橫格朱墨寫本　一册　殘
書名據目録題　初稿本
　　中國第一歷史檔案館

[北京]玉牒宗室(小)不分卷　(清)宗人府玉牒
館纂修　清內府紅欄橫格朱墨寫本　一册　殘
書名據目録題　校訂本
　　中國第一歷史檔案館

[北京]玉牒宗室(小)不分卷　(清)宗人府玉牒
館纂修　清內府黑欄橫格朱墨寫本　一册　殘
書名據目録題　初稿本
　　本譜爲正藍四品宗室第六子坦岱宗支男册。
　　中國第一歷史檔案館

[北京]玉牒宗室(小)不分卷　(清)宗人府玉牒
館纂修　清內府黑欄橫格朱墨寫本　一册　殘
書名據目録題　修改本
　　中國第一歷史檔案館

[北京]玉牒宗室(小)第九本不分卷　(清)宗人
府玉牒館纂修　清道光七年(1827)內府黑欄橫格
朱墨寫本　一册　書名據書簽題　黃綾書衣
　　本譜載太祖高皇帝努爾哈赤位下第一子褚英
宗支。
　　中國第一歷史檔案館

[北京]玉牒宗室(小)第十本不分卷　（清）宗人府玉牒館纂修　清道光七年(1827)內府黑欄橫格朱墨寫本　一冊　書名據書籤題　黄綾書衣

本譜載太祖高皇帝努爾哈赤位下第二子代善宗支。

中國第一歷史檔案館

[北京]玉牒宗室(小)第十一本不分卷　（清）宗人府玉牒館纂修　清道光七年(1827)內府黑欄橫格朱墨寫本　一冊　書名據書籤題　黄綾書衣

本譜載太祖高皇帝努爾哈赤位下第三子阿拜宗支。

中國第一歷史檔案館

[北京]玉牒宗室(小)第十二本不分卷　（清）宗人府玉牒館纂修　清道光七年(1827)內府黑欄橫格朱墨寫本　一冊　書名據書籤題　黄綾書衣

本譜載太祖高皇帝努爾哈赤位下第七子阿巴泰宗支。

中國第一歷史檔案館

[北京]玉牒宗室(小)第十三本不分卷　（清）宗人府玉牒館纂修　清道光七年(1827)內府黑欄橫格朱墨寫本　一冊　書名據書籤題　黄綾書衣

本譜載太祖高皇帝努爾哈赤位下第九子巴布泰宗支。

中國第一歷史檔案館

[北京]玉牒宗室(小)第十四本不分卷　（清）宗人府玉牒館纂修　清道光七年(1827)內府黑欄橫格朱墨寫本　一冊　書名據書籤題　黄綾書衣

本譜載太祖高皇帝努爾哈赤位下第十四子多爾袞宗支。

中國第一歷史檔案館

[北京]玉牒宗室(小)第七本不分卷　（清）宗人府玉牒館纂修　清道光七年(1827)內府黑欄橫格朱墨寫本　一冊　書名據書籤題　黄綾書衣

本譜載太宗文皇帝皇太極位下第一子豪格宗支。

中國第一歷史檔案館

[北京]玉牒宗室(小)第八本不分卷　（清）宗人府玉牒館纂修　清道光七年(1827)內府黑欄橫格朱墨寫本　一冊　書名據書籤題　黄綾書衣

本譜載太宗文皇帝皇太極位下第五子碩塞宗支。

中國第一歷史檔案館

[北京]玉牒宗室(小)第十五本不分卷　（清）宗人府玉牒館纂修　清嘉慶二年(1797)內府黑欄橫格朱墨寫本　一冊　書名據書籤題　黄綾書衣

本譜載顯祖宣皇帝塔克世位下第三子舒爾哈齊、第四子雅爾哈齊、第五子巴雅喇宗支。

中國第一歷史檔案館

[北京]玉牒宗室(小)第十六本不分卷　（清）宗人府玉牒館纂修　清嘉慶二年(1797)內府黑欄橫格朱墨寫本　一冊　書名據書籤題　黄綾書衣

本譜載顯祖宣皇帝塔克世位下第二子穆爾哈齊宗支。

中國第一歷史檔案館

[北京]玉牒宗室(小)第十六本不分卷　（清）宗人府玉牒館纂修　清道光七年(1827)內府黑欄橫格朱墨寫本　一冊　殘　無封面　書名據書籤題　黄綾書衣

本譜載顯祖宣皇帝塔克世位下第三子舒爾哈齊宗支。

中國第一歷史檔案館

[北京]玉牒宗室(小)第十八本不分卷　（清）宗人府玉牒館纂修　清光緒間內府黑欄橫格朱墨寫本　一冊　書名據書籤題　黄綾書衣　滿漢雙文

本譜載顯祖宣皇帝塔克世位下第二子穆爾哈齊宗支。

中國第一歷史檔案館

[北京]玉牒宗室(小)第十二本不分卷　（清）宗人府玉牒館纂修　清光緒間內府黑欄橫格朱墨寫

本　一册　書名據書簽題　黄綾書衣　滿漢雙文校對本

　　本譜載太祖高皇帝努爾哈赤位下第一子褚英宗支。
　　中國第一歷史檔案館

[北京]玉牒宗室(小)第十三本不分卷　（清)宗人府玉牒館纂修　清光緒間内府黑欄橫格朱墨寫本　一册　書名據書簽題　黄綾書衣　滿漢雙文
　　本譜載太祖高皇帝努爾哈赤位下第二子代善宗支。
　　中國第一歷史檔案館

[北京]玉牒宗室(小)第十五本不分卷　（清)宗人府玉牒館纂修　清光緒間内府黑欄橫格朱墨寫本　一册　書名據書簽題　黄綾書衣　滿漢雙文
　　本譜載太祖高皇帝努爾哈赤位下第七子阿巴泰宗支。
　　中國第一歷史檔案館

[北京]玉牒宗室(小)第十六本不分卷　（清)宗人府玉牒館纂修　清光緒間内府黑欄橫格朱墨寫本　一册　書名據書簽題　黄綾書衣　滿漢雙文校對本
　　本譜載太祖高皇帝努爾哈赤位下第九子巴布泰宗支。
　　中國第一歷史檔案館

[北京]玉牒宗室(小)第十六本不分卷　（清)宗人府玉牒館纂修　清内府黑欄橫格朱墨寫本　一册　書名據目録題　校對本
　　本譜載太祖高皇帝努爾哈赤第九子巴布泰宗支。
　　中國第一歷史檔案館

[北京]玉牒宗室(小)第十七本不分卷　（清)宗人府玉牒館纂修　清光緒間内府黑欄橫格朱墨寫本　一册　書名據書簽題　黄綾書衣　滿漢雙文校對本
　　本譜載太祖高皇帝努爾哈赤位下第十四子多爾袞宗支。
　　中國第一歷史檔案館

[北京]玉牒宗室(小)第十一本不分卷　（清)宗人府玉牒館纂修　清光緒間内府黑欄橫格朱墨寫本　一册　書名據書簽題　黄綾書衣　滿漢雙文
　　本譜載太宗文皇帝皇太極位下第五至十一子宗支。
　　中國第一歷史檔案館

[北京]玉牒宗室(小)第九本不分卷　（清)宗人府玉牒館纂修　清光緒間内府黑欄橫格朱墨寫本　一册　書名據目録題　校對本
　　本譜載世祖章皇帝福臨位下宗支。
　　中國第一歷史檔案館

[北京]玉牒宗室(小)第七本不分卷　（清)宗人府玉牒館纂修　清光緒間内府黑欄橫格朱墨寫本　一册　書名據書簽題　黄綾書衣　滿漢雙文
　　本譜載世宗憲皇帝胤禛位下各子宗支。
　　中國第一歷史檔案館

[北京]玉牒宗室(小)第六本不分卷　（清)宗人府玉牒館纂修　清光緒間内府黑欄橫格朱墨寫本　一册　書名據書簽題　黄綾書衣　滿漢雙文
　　本譜載高宗純皇帝弘曆位下各子宗支。
　　中國第一歷史檔案館

[北京]玉牒宗室(小)第五本不分卷　（清)宗人府玉牒館纂修　清光緒間内府黑欄橫格朱墨寫本　一册　書名據書簽題　黄綾書衣　滿漢雙文
　　本譜載仁宗睿皇帝顒琰位下各子宗支。
　　中國第一歷史檔案館

[北京]玉牒宗室(小)第四本不分卷　（清)宗人府玉牒館纂修　清光緒間内府黑欄橫格朱墨寫本　一册　書名據書簽題　黄綾書衣　滿漢雙文
　　本譜載宣宗成皇帝旻寧位下各子宗支。
　　中國第一歷史檔案館

[北京]玉牒宗室(小)第十六本不分卷 （清）宗人府玉牒館纂修 清内府紅欄橫格朱墨寫本 一册 書名據書籤題 黃綾書衣

本譜載顯祖宣皇帝塔克世位下第二子穆爾哈齊宗支。

中國第一歷史檔案館

[北京]玉牒宗室(小)第十九本不分卷 （清）宗人府玉牒館纂修 清内府紅欄橫格朱墨寫本 一册 書名據書衣題 黃綾書衣 滿漢雙文

本譜載顯祖宣皇帝塔克世位下第二子穆爾哈齊宗支。

中國第一歷史檔案館

[北京]玉牒宗室(小)第十四本不分卷 （清）宗人府玉牒館纂修 清内府紅欄橫格朱墨寫本 一册 書名據書籤題 黃綾書衣 滿漢雙文

本譜載太祖高皇帝努爾哈赤位下第二子代善宗支。

中國第一歷史檔案館

[北京]玉牒宗室(小)第十五本不分卷 （清）宗人府玉牒館纂修 清内府紅欄橫格朱墨寫本 一册 書名據目錄題

本譜載太祖高皇帝努爾哈赤位下第七子阿巴泰宗支。

中國第一歷史檔案館

[北京]玉牒宗室(小)第十六本不分卷 （清）宗人府玉牒館纂修 清内府紅欄橫格朱墨寫本 一册 書名據書籤題 黃綾書衣 滿漢雙文 正本

本譜載太祖高皇帝努爾哈赤位下第七子阿巴泰宗支。

中國第一歷史檔案館

[北京]玉牒宗室(小)第十七本不分卷 （清）宗人府玉牒館纂修 清内府紅欄橫格朱墨寫本 一册 書名據書籤題 黃綾書衣 滿漢雙文

本譜載太祖高皇帝努爾哈赤位下第九子巴布泰宗支。

中國第一歷史檔案館

[北京]玉牒宗室(小)第十八本不分卷 （清）宗人府玉牒館纂修 清内府紅欄橫格朱墨寫本 一册 首尾殘 書名據書籤題 滿漢雙文

本譜載太祖高皇帝努爾哈赤位下第十四子多爾袞宗支。

中國第一歷史檔案館

[北京]玉牒宗室(小)第八本不分卷 （清）宗人府玉牒館纂修 清内府紅欄橫格朱墨寫本 一册 書名據書籤題 黃綾書衣

本譜載太宗文皇帝皇太極位下宗支。

中國第一歷史檔案館

[北京]玉牒宗室(小)第十一、十二本不分卷 （清）宗人府玉牒館纂修 清内府紅欄橫格朱墨寫本 一册 書名據書籤題 黃綾書衣 滿漢雙文

本譜載太宗文皇帝皇太極位下第一至十一子宗支。

中國第一歷史檔案館

[北京]玉牒宗室(小)第七本不分卷 （清）宗人府玉牒館纂修 清内府紅欄橫格朱墨寫本 一册 書名據書籤題 黃綾書衣

本譜載世祖章皇帝福臨位下宗支。

中國第一歷史檔案館

[北京]玉牒宗室(小)第十本不分卷 （清）宗人府玉牒館纂修 清内府黑欄橫格朱墨寫本 一册 書名據目錄題 滿漢雙文

本譜載世祖章皇帝福臨位下第一子牛鈕、第二子福全宗支。

中國第一歷史檔案館

[北京]玉牒宗室(小)第七本不分卷 （清）宗人府玉牒館纂修 清内府黑欄橫格朱墨寫本 一册 書名據目錄題 黃紙書衣 朱筆校對本

本譜載世宗憲皇帝胤禛位下各子宗支。

中國第一歷史檔案館

[北京]玉牒宗室(小)第八本不分卷　（清）宗人府玉牒館纂修　清內府黑欄橫格朱墨寫本　一册　書名據目錄題　滿漢雙文
　　本譜載世宗憲皇帝胤禛位下各子宗支。
　　中國第一歷史檔案館

[北京]玉牒宗室(小)第六本不分卷　（清）宗人府玉牒館纂修　清內府黑欄橫格朱墨寫本　一册　書名據目錄題
　　本譜載高宗純皇帝弘曆位下各子宗支。
　　中國第一歷史檔案館

[北京]玉牒宗室(小)第七本不分卷　（清）宗人府玉牒館纂修　清內府黑欄橫格朱墨寫本　一册　書名據目錄題　滿漢雙文
　　本譜載高宗純皇帝弘曆位下各子宗支。
　　中國第一歷史檔案館

[北京]玉牒宗室(小)第五本不分卷　（清）宗人府玉牒館纂修　清內府黑欄橫格朱墨寫本　一册　書名據目錄題　校對本
　　本譜載仁宗睿皇帝顒琰位下宗支。
　　中國第一歷史檔案館

[北京]玉牒宗室(小)第六本不分卷　（清）宗人府玉牒館纂修　清內府黑欄橫格朱墨寫本　一册　書名據目錄題　滿漢雙文
　　本譜載仁宗睿皇帝顒琰位下各子宗支。
　　中國第一歷史檔案館

[北京]玉牒宗室(小)第五本不分卷　（清）宗人府玉牒館纂修　清內府黑欄橫格朱墨寫本　一册　書名據目錄題　滿漢雙文
　　本譜載宣宗成皇帝旻寧位下各子宗支。
　　中國第一歷史檔案館

[北京]玉牒宗室(小)第六本不分卷　（清）宗人府玉牒館纂修　清內府紅欄直格朱墨寫本　一册

書名據書籤題　黃綾書衣
　　本譜爲衡旭名下男册。
　　中國第一歷史檔案館

[北京]玉牒宗室第十本不分卷　（清）宗人府玉牒館纂修　清同治間內府黑欄橫格朱墨稿本　一册　書名據書籤題　黃綾書衣　滿漢雙文
　　本譜載太宗文皇帝皇太極位下第一至四子宗支。
　　中國第一歷史檔案館

[北京]玉牒宗室第十本不分卷　（清）宗人府玉牒館纂修　清同治間內府黑欄橫格朱墨寫本　一册　書名據書籤題　黃綾書衣　滿漢雙文　校對本
　　本譜載太宗文皇帝皇太極位下第一至四子宗支。
　　中國第一歷史檔案館

[北京]玉牒宗室第十一本不分卷　（清）宗人府玉牒館纂修　清同治間內府黑欄橫格朱墨寫本　一册　書名據書籤題　黃綾書衣　滿漢雙文
　　本譜載太宗文皇帝皇太極位下第五至十一子宗支。
　　中國第一歷史檔案館

[北京]玉牒宗室第六本不分卷　（清）宗人府玉牒館纂修　清同治間內府黑欄橫格朱墨寫本　一册　書名據書籤題　黃綾書衣　滿漢雙文
　　本譜載世宗憲皇帝胤禛位下各子宗支。
　　中國第一歷史檔案館

[北京]玉牒宗室第五本不分卷　（清）宗人府玉牒館纂修　清同治間內府黑欄橫格朱墨寫本　一册　書名據書籤題　黃綾書衣　滿漢雙文
　　本譜載高宗純皇帝弘曆位下各子宗支。
　　中國第一歷史檔案館

[北京]玉牒宗室第四本不分卷　（清）宗人府玉牒館纂修　清同治間內府黑欄橫格朱墨寫本　一

册　書名據書簽題　黃綾書衣　滿漢雙文
本譜載仁宗睿皇帝顒琰位下各子宗支。
中國第一歷史檔案館

[北京]玉牒宗室第三本不分卷　（清）宗人府玉
牒館纂修　清同治間內府黑欄橫格朱墨寫本　一
册　書名據書簽題　黃綾書衣　滿漢雙文
本譜載宣宗成皇帝旻寧位下各子宗支。
中國第一歷史檔案館

[北京]玉牒宗室第四本不分卷　（清）宗人府玉
牒館纂修　清同治間內府黑欄橫格朱墨寫本　一
册　書名據書簽題　黃綾書衣　滿漢雙文
本譜載宣宗成皇帝旻寧位下各子宗支。
中國第一歷史檔案館

[北京]玉牒宗室第二本不分卷　（清）宗人府玉
牒館纂修　清同治間內府黑欄橫格朱墨寫本　一
册　書名據書簽題　黃綾書衣　滿漢雙文
本譜載文宗顯皇帝奕詝位下各子宗支。
中國第一歷史檔案館

[北京]玉牒宗室第十九本不分卷　（清）宗人府
玉牒館纂修　清光緒間內府紅欄橫格朱墨寫本
一册　書名據書簽題　黃綾書衣　滿漢雙文
本譜載顯祖宣皇帝塔克世位下第三子舒爾哈
齊、第四子雅爾哈齊、第五子巴雅喇宗支。
中國第一歷史檔案館

[北京]玉牒宗室第十二本不分卷　（清）宗人府
玉牒館纂修　清光緒間內府紅欄橫格朱墨寫本
一册　書名據目錄題　滿漢雙文　底本
本譜載太祖高皇帝努爾哈赤位下第一子褚英
宗支。
中國第一歷史檔案館

[北京]玉牒宗室第十三本不分卷　（清）宗人府
玉牒館纂修　清光緒間內府紅欄橫格朱墨寫本
一册　書名據書簽題　黃綾書衣　滿漢雙文
本譜載太祖高皇帝努爾哈赤位下第二子代善

宗支。
中國第一歷史檔案館

[北京]玉牒宗室第十六本不分卷　（清）宗人府
玉牒館纂修　清光緒間內府紅欄橫格朱墨寫本
一册　書名據書簽題　黃綾書衣　滿漢雙文
底本
本譜載太祖高皇帝努爾哈赤位下第九子巴布
泰、第十一子巴布、第十二子阿濟格宗支。
中國第一歷史檔案館

[北京]玉牒宗室第十七本不分卷　（清）宗人府
玉牒館纂修　清光緒間內府紅欄橫格朱墨寫本
一册　書名據書簽題　黃綾書衣　滿漢雙文
底本
本譜載太祖高皇帝努爾哈赤位下第十四子多爾
袞宗支。
中國第一歷史檔案館

[北京]玉牒宗室第十一本不分卷　（清）宗人府
玉牒館纂修　清光緒間內府紅欄橫格朱墨寫本
一册　書名據書簽題　黃綾書衣　滿漢雙文
本譜載太宗文皇帝皇太極位下第五至十一子
宗支。
中國第一歷史檔案館

[北京]玉牒宗室第九本不分卷　（清）宗人府玉
牒館纂修　清光緒間內府紅欄橫格朱墨寫本　一
册　書名據書簽題　滿漢雙文
本譜載世祖章皇帝福臨位下第一子牛鈕、第二
子福全宗支。
中國第一歷史檔案館

[北京]玉牒宗室第八本不分卷　（清）宗人府玉
牒館纂修　清光緒間內府紅欄橫格朱墨寫本　一
册　書名據書簽題　黃綾書衣　滿漢雙文
本譜載聖祖仁皇帝玄燁位下各子宗支。
中國第一歷史檔案館

[北京]玉牒宗室不分卷　（清）宗人府玉牒館纂

修　清道光七年（1827）内府黑欄橫格朱墨寫本
一册　殘　無封面　書名據書籖題　黃綾書衣
　　本譜載顯祖宣皇帝塔克世位下第二子穆爾哈齊
宗支。
　　中國第一歷史檔案館

[北京]玉牒宗室不分卷　（清）宗人府玉牒館纂
修　清道光七年（1827）内府黑欄橫格朱墨寫本
一册　書名據書籖題　黃綾書衣
　　本譜載世祖章皇帝福臨位下第一子牛鈕、第二
子福全宗支。
　　中國第一歷史檔案館

[北京]玉牒宗室不分卷　（清）宗人府玉牒館纂
修　清道光七年（1827）内府黑欄橫格朱墨寫本
一册　書名據書籖題　黃綾書衣
　　本譜載聖祖仁皇帝玄燁位下各子宗支。
　　中國第一歷史檔案館

[北京]玉牒宗室不分卷　（清）宗人府玉牒館纂
修　清道光七年（1827）内府黑欄橫格朱墨寫本
一册　書名據書籖題　黃綾書衣
　　本譜載世宗憲皇帝胤禛位下各子宗支。
　　中國第一歷史檔案館

[北京]玉牒宗室不分卷　（清）宗人府玉牒館纂
修　清道光七年（1827）内府黑欄橫格朱墨寫本
一册　書名據書籖題　黃綾書衣
　　本譜載高宗純皇帝弘曆位下各子宗支。
　　中國第一歷史檔案館

[北京]玉牒宗室不分卷　（清）宗人府玉牒館纂
修　清道光七年（1827）内府黑欄橫格朱墨寫本
一册　書名據書籖題　黃綾書衣
　　本譜載仁宗睿皇帝顒琰位下各子宗支。
　　中國第一歷史檔案館

[北京]玉牒宗室不分卷　（清）宗人府玉牒館纂
修　清同治間内府黑欄橫格朱墨寫本　一册　書
名據書籖題　黃綾書衣　滿漢雙文　校對本

本譜載太祖高皇帝努爾哈赤位下第七子阿巴泰
宗支。
　　中國第一歷史檔案館

[北京]玉牒宗室不分卷　（清）宗人府玉牒館纂
修　清光緒間内府紅欄橫格朱墨寫本　一册　卷
首殘　書名據目録題　滿漢雙文
　　本譜載顯祖宣皇帝塔克世位下第三子舒爾哈齊
宗支。
　　中國第一歷史檔案館

[北京]玉牒宗室不分卷　（清）宗人府玉牒館纂
修　清光緒間内府黑欄橫格朱墨寫本　一册　書
名據目録題　黃綾書衣　滿漢雙文　校對本
　　本譜載顯祖宣皇帝塔克世位下第三子舒爾哈齊
宗支。
　　中國第一歷史檔案館

[北京]玉牒宗室不分卷　（清）宗人府玉牒館纂
修　清光緒間内府紅欄橫格朱墨寫本　一册　殘
書名據目録題
　　本譜載太祖高皇帝努爾哈赤位下第一子褚英
宗支。
　　中國第一歷史檔案館

[北京]玉牒宗室不分卷　（清）宗人府玉牒館纂
修　清光緒間内府黑欄橫格朱墨寫本　一册　書
名據書籖題　黃紙書衣
　　本譜載太祖高皇帝努爾哈赤位下第二子代善
宗支。
　　中國第一歷史檔案館

[北京]玉牒宗室不分卷　（清）宗人府玉牒館纂
修　清光緒間内府紅欄橫格朱墨寫本　一册　殘
書名據目録題　初稿本
　　本譜載太祖高皇帝努爾哈赤位下第二子代善
宗支。
　　中國第一歷史檔案館

[北京]玉牒宗室不分卷　（清）宗人府玉牒館纂

修　清光緒間内府紅欄横格朱墨寫本　一册　書名據目録題

　　本譜載太祖高皇帝努爾哈赤位下第三子阿拜宗支。

　　中國第一歷史檔案館

[北京]玉牒宗室不分卷　（清）宗人府玉牒館纂修　清光緒間内府紅欄横格朱墨寫本　一册　殘書名據目録題　初稿本

　　本譜爲太宗文皇帝皇太極位下第三子洛博會宗支男册。

　　中國第一歷史檔案館

[北京]玉牒宗室不分卷　（清）宗人府玉牒館纂修　清宣統間内府紅欄横格朱墨寫本　一册　書名據目録題

　　本譜載顯祖宣皇帝塔克世位下第二子穆爾哈齊宗支。

　　中國第一歷史檔案館

[北京]玉牒宗室不分卷　（清）宗人府玉牒館纂修　清宣統間内府紅欄横格朱墨寫本　一册　殘書名據目録題　初稿本

　　本譜載太祖高皇帝努爾哈赤位下宗支。

　　中國第一歷史檔案館

[北京]玉牒宗室不分卷　（清）宗人府玉牒館纂修　清宣統間内府紅欄横格朱墨寫本　一册　書名據目録題　初稿本

　　本譜載太祖高皇帝努爾哈赤位下第一子褚英宗支。

　　中國第一歷史檔案館

[北京]玉牒宗室不分卷　（清）宗人府玉牒館纂修　清宣統間内府黑欄横格朱墨寫本　一册　書名據目録題　校對本

　　本譜載太祖高皇帝努爾哈赤位下第一子褚英宗支。

　　中國第一歷史檔案館

[北京]玉牒宗室不分卷　（清）宗人府玉牒館纂修　清宣統間内府紅欄横格朱墨寫本　一册　書名據目録題

　　本譜載太祖高皇帝努爾哈赤位下第二子代善宗支。

　　中國第一歷史檔案館

[北京]玉牒宗室不分卷　（清）宗人府玉牒館纂修　清宣統間内府紅欄横格朱墨寫本　一册　書名據目録題

　　本譜載太祖高皇帝努爾哈赤位下第十四子多爾衮宗支。

　　中國第一歷史檔案館

[北京]玉牒宗室不分卷　（清）宗人府玉牒館纂修　清宣統間内府紅欄横格朱墨寫本　一册　書名據目録題

　　本譜載太宗文皇帝皇太極位下第一至四子宗支。

　　中國第一歷史檔案館

[北京]玉牒宗室不分卷　（清）宗人府玉牒館纂修　清宣統間内府紅欄横格朱墨寫本　一册　書名據目録題

　　本譜載太宗文皇帝皇太極位下第五至十一子宗支。

　　中國第一歷史檔案館

[北京]玉牒宗室不分卷　（清）宗人府玉牒館纂修　清宣統間内府紅欄横格朱墨寫本　一册　書名據目録題

　　本譜載世宗憲皇帝胤禛位下各子宗支。

　　中國第一歷史檔案館

[北京]玉牒宗室不分卷　（清）宗人府玉牒館纂修　清宣統間内府紅欄横格朱墨寫本　一册　書名據目録題

　　本譜載高宗純皇帝弘曆位下各子宗支。

　　中國第一歷史檔案館

[北京]玉牒宗室不分卷　（清）宗人府玉牒館纂修　清宣統間內府紅欄橫格朱墨寫本　一册　書名據目錄題

本譜載仁宗睿皇帝顒琰位下各子宗支。
中國第一歷史檔案館

[北京]玉牒宗室不分卷　（清）宗人府玉牒館纂修　清宣統間內府紅欄橫格朱墨寫本　一册　書名據目錄題　滿漢雙文

本譜載宣宗成皇帝旻寧位下各子宗支。
中國第一歷史檔案館

[北京]玉牒宗室不分卷　（清）宗人府玉牒館纂修　清內府紅欄橫格朱墨寫本　一册

本譜載顯祖宣皇帝塔克世位下第三子舒爾哈齊宗支。
日本東洋文庫

[北京]玉牒宗室不分卷　（清）宗人府玉牒館纂修　據清內府紅欄橫格朱墨寫本拍攝　一册

參見前條。
美國猶他州家譜學會

[北京]玉牒宗室不分卷　（清）宗人府玉牒館纂修　清內府黑欄橫格朱墨寫本　一册　書名據書簽題　黃紙書衣　初稿本

本譜載太祖高皇帝努爾哈赤位下第二子代善宗支。
中國第一歷史檔案館

[北京]玉牒宗室不分卷　（清）宗人府玉牒館纂修　清內府紅欄橫格朱墨寫本　一册　書名據書簽題

本譜載太祖高皇帝努爾哈赤位下第十四子多爾袞宗支。
國家圖書館

[北京]玉牒宗室不分卷　（清）宗人府玉牒館纂修　清內府紅欄橫格朱墨寫本　一册　書名據書簽題

本譜載太宗文皇帝皇太極位下第一子豪格宗支。
國家圖書館

[北京]玉牒宗室不分卷　（清）宗人府玉牒館纂修　清內府黑欄橫格朱墨寫本　一册　書名據書簽題　黃綾書衣　滿漢雙文

本譜載高宗純皇帝弘曆位下第十一子永瑆宗支。
中國第一歷史檔案館

[北京]玉牒宗室不分卷　（清）宗人府玉牒館纂修　清末內府紅欄寫本　一册　書名據書簽題

本譜載聖祖仁皇帝玄燁位下第二子允礽宗支。
國家圖書館

[北京]玉牒覺羅（小）不分卷　（清）宗人府玉牒館纂修　清道光間內府黑欄橫格朱墨寫本　一册　書名據書簽題　紅綾書衣

本譜載興祖直皇帝福滿位下第一子德世庫宗支。
中國第一歷史檔案館

[北京]玉牒覺羅（小）不分卷　（清）宗人府玉牒館纂修　清道光間內府黑欄橫格朱墨寫本　一册　書名據書簽題　紅綾書衣

本譜載興祖直皇帝福滿位下第二子劉闡宗支。
中國第一歷史檔案館

[北京]玉牒覺羅（小）不分卷　（清）宗人府玉牒館纂修　清道光間內府黑欄橫格朱墨寫本　一册　書名據書簽題　紅綾書衣

本譜載興祖直皇帝福滿位下第三子索長阿名下長子履泰宗支。
中國第一歷史檔案館

[北京]玉牒覺羅（小）不分卷　（清）宗人府玉牒館纂修　清道光間內府黑欄橫格朱墨寫本　一册　書名據書簽題　紅綾書衣

本譜載興祖直皇帝福滿位下第三子索長阿名下

第四子龍敦宗支。

中國第一歷史檔案館

[北京]玉牒覺羅(小)不分卷　(清)宗人府玉牒館纂修　清道光間内府黑欄橫格朱墨寫本　一册
書名據書籤題　紅綾書衣

本譜載興祖直皇帝福滿位下第三子索長阿名下第五子飛永敦宗支。

中國第一歷史檔案館

[北京]玉牒覺羅(小)不分卷　(清)宗人府玉牒館纂修　清道光間内府黑欄橫格朱墨寫本　一册
書名據書籤題　紅綾書衣

本譜載興祖直皇帝福滿位下第五子包朗阿宗支。

中國第一歷史檔案館

[北京]玉牒覺羅(小)不分卷　(清)宗人府玉牒館纂修　清道光間内府黑欄橫格朱墨寫本　一册
書名據書籤題　紅綾書衣

本譜載興祖直皇帝福滿位下第六子寶寶宗支。

中國第一歷史檔案館

[北京]玉牒覺羅(小)不分卷　(清)宗人府玉牒館纂修　清道光間内府黑欄橫格朱墨寫本　一册
書名據書籤題　紅綾書衣

本譜載景祖翼皇帝覺昌安位下第一子禮敦巴圖魯、第五子塔察篇古宗支。

中國第一歷史檔案館

[北京]玉牒覺羅(小)不分卷　(清)宗人府玉牒館纂修　清光緒間内府紅欄橫格朱墨寫本　一册
書名據書籤題

本譜載興祖直皇帝福滿位下第一子德世庫宗支。

中國第一歷史檔案館

[北京]玉牒覺羅(小)不分卷　(清)宗人府玉牒館纂修　清光緒間内府紅欄橫格朱墨寫本　一册
書名據書籤題

本譜載興祖直皇帝福滿位下第三子索長阿名下長子履泰宗支。

中國第一歷史檔案館

[北京]玉牒覺羅(小)不分卷　(清)宗人府玉牒館纂修　清光緒間内府黑欄橫格朱墨寫本　一册
書名據書籤題　紅綾書衣

本譜載興祖直皇帝福滿位下第三子索長阿名下長子履泰宗支。

中國第一歷史檔案館

[北京]玉牒覺羅(小)不分卷　(清)宗人府玉牒館纂修　清光緒間内府黑欄橫格朱墨寫本　一册
書名據書籤題　紅綾書衣

本譜載興祖直皇帝福滿位下第三子索長阿名下第四子龍敦宗支。

中國第一歷史檔案館

[北京]玉牒覺羅(小)不分卷　(清)宗人府玉牒館纂修　清光緒間内府紅欄橫格朱墨寫本　一册
書名據書籤題

本譜載興祖直皇帝福滿位下第三子索長阿名下第五子飛永敦宗支。

中國第一歷史檔案館

[北京]玉牒覺羅(小)不分卷　(清)宗人府玉牒館纂修　清光緒間内府黑欄橫格朱墨寫本　一册
書名據書籤題　紅綾書衣

本譜載興祖直皇帝福滿位下第三子索長阿名下第五子飛永敦宗支。

中國第一歷史檔案館

[北京]玉牒覺羅(小)不分卷　(清)宗人府玉牒館纂修　清光緒間内府紅欄橫格朱墨寫本　一册
書名據書籤題

本譜載興祖直皇帝福滿位下第五子包朗阿宗支。

中國第一歷史檔案館

[北京]玉牒覺羅(小)不分卷　(清)宗人府玉牒

館纂修　清光緒間內府黑欄橫格朱墨寫本　一册
書名據書籤題　紅綾書衣
　　本譜載興祖直皇帝福滿位下第六子寶實宗支。
　　中國第一歷史檔案館

[北京]玉牒覺羅(小)不分卷　（清）宗人府玉牒
館纂修　清光緒間內府黑欄橫格朱墨寫本　一册
書名據書籤題　紅綾書衣
　　本譜載景祖翼皇帝覺昌安位下第一子禮敦巴圖
魯、第五子塔察篇古宗支。
　　中國第一歷史檔案館

[北京]玉牒覺羅(小)不分卷　（清）宗人府玉牒
館纂修　清光緒間內府紅欄橫格朱墨寫本　一册
殘　書名據目錄題　正本
　　本譜爲男册。
　　中國第一歷史檔案館

[北京]玉牒覺羅(小)不分卷　（清）宗人府玉牒
館纂修　清光緒間內府紅欄橫格朱墨寫本　一册
殘　書名據目錄題
　　本譜爲男册。
　　中國第一歷史檔案館

[北京]玉牒覺羅(小)不分卷　（清）宗人府玉牒
館纂修　清內府黑欄橫格朱墨寫本　一册　書名
據書籤題　紅綾書衣
　　本譜載興祖直皇帝福滿位下第一子德世庫
宗支。
　　中國第一歷史檔案館

[北京]玉牒覺羅(小)不分卷　（清）宗人府玉牒
館纂修　清內府黑欄橫格朱墨寫本　一册　書名
據書籤題　紅綾書衣　初修本
　　本譜載興祖直皇帝福滿位下第二子劉闡宗支。
　　中國第一歷史檔案館

[北京]玉牒覺羅(小)不分卷　（清）宗人府玉牒
館纂修　清內府黑欄橫格朱墨寫本　一册　書名
據書籤題　紅綾書衣　初稿本

本譜載興祖直皇帝福滿位下第二子劉闡宗支。
　　中國第一歷史檔案館

[北京]玉牒覺羅(小)不分卷　（清）宗人府玉牒
館纂修　清內府黑欄橫格朱墨寫本　一册　書名
據書籤題　紅綾書衣
　　本譜載興祖直皇帝福滿位下第二子劉闡宗支。
　　中國第一歷史檔案館

[北京]玉牒覺羅(小)不分卷　（清）宗人府玉牒
館纂修　清內府黑欄橫格朱墨寫本　一册　書名
據書籤題　紅綾書衣
　　本譜載興祖直皇帝福滿位下第三子索長阿
宗支。
　　中國第一歷史檔案館

[北京]玉牒覺羅(小)不分卷　（清）宗人府玉牒
館纂修　清內府黑欄橫格朱墨寫本　一册　書名
據書籤題　紅綾書衣
　　本譜載興祖直皇帝福滿位下第三子索長阿長子
履泰宗支。
　　中國第一歷史檔案館

[北京]玉牒覺羅(小)不分卷　（清）宗人府玉牒
館纂修　清內府紅欄橫格朱墨寫本　一册　書名
據書籤題　紅綾書衣　初稿本
　　本譜載興祖直皇帝福滿位下第三子索長阿名下
第四子龍敦宗支。
　　中國第一歷史檔案館

[北京]玉牒覺羅(小)不分卷　（清）宗人府玉牒
館纂修　清內府黑欄橫格朱墨寫本　一册　書名
據書籤題　初稿本
　　本譜載興祖直皇帝福滿位下第三子索長阿名下
第四子龍敦宗支。
　　中國第一歷史檔案館

[北京]玉牒覺羅(小)不分卷　（清）宗人府玉牒
館纂修　清內府黑欄橫格朱墨寫本　一册　書名
據書籤題　紅綾書衣

本譜載興祖直皇帝福滿位下第三子索長阿名下第五子飛永敦宗支。

中國第一歷史檔案館

[北京]玉牒覺羅(小)不分卷　(清)宗人府玉牒館纂修　清內府黑欄橫格朱墨寫本　一冊　書名據書簽題　紅綾書衣　正本

本譜載興祖直皇帝福滿位下第五子包朗阿宗支。

中國第一歷史檔案館

[北京]玉牒覺羅(小)不分卷　(清)宗人府玉牒館纂修　清內府黑欄橫格朱墨寫本　一冊　書名據書簽題　紅綾書衣　初稿本

本譜載興祖直皇帝福滿位下第五子包朗阿宗支。

中國第一歷史檔案館

[北京]玉牒覺羅(小)不分卷　(清)宗人府玉牒館纂修　清內府紅欄橫格朱墨寫本　一冊　書名據書簽題　初稿本

本譜載興祖直皇帝福滿位下第五子包朗阿宗支。

中國第一歷史檔案館

[北京]玉牒覺羅(小)不分卷　(清)宗人府玉牒館纂修　清內府黑欄橫格朱墨寫本　一冊　書名據書簽題　紅綾書衣　校對本

本譜載興祖直皇帝福滿位下第五子包朗阿宗支。

中國第一歷史檔案館

[北京]玉牒覺羅(小)不分卷　(清)宗人府玉牒館纂修　清內府黑欄橫格朱墨寫本　一冊　書名據書簽題　初稿本

本譜載興祖直皇帝福滿位下第六子寶寶宗支。

中國第一歷史檔案館

[北京]玉牒覺羅(小)不分卷　(清)宗人府玉牒館纂修　清內府紅欄橫格朱墨寫本　一冊　書名

據書簽題　紅綾書衣　校對本

本譜載興祖直皇帝福滿位下第六子寶寶宗支。

中國第一歷史檔案館

[北京]玉牒覺羅(小)不分卷　(清)宗人府玉牒館纂修　清內府黑欄橫格朱墨寫本　一冊　書名據書簽題　紅綾書衣　朱墨校對本

本譜載興祖直皇帝福滿位下第六子寶寶宗支。

中國第一歷史檔案館

[北京]玉牒覺羅(小)不分卷　(清)宗人府玉牒館纂修　清內府黑欄橫格朱墨寫本　一冊　書名據書簽題　紅綾書衣　校對本　較上本詳

本譜載興祖直皇帝福滿位下第六子寶寶宗支。

中國第一歷史檔案館

[北京]玉牒覺羅(小)不分卷　(清)宗人府玉牒館纂修　清內府黑欄橫格朱墨寫本　一冊　殘　書名據目錄題

本譜爲興祖直皇帝福滿位下子冊。

中國第一歷史檔案館

[北京]玉牒覺羅(小)不分卷　(清)宗人府玉牒館纂修　清內府黑欄橫格朱墨寫本　一冊　書名據書簽題　紅綾書衣　初稿本

本譜載景祖翼皇帝覺昌安位下第一子禮敦巴圖魯、第五子塔察篇古宗支。

中國第一歷史檔案館

[北京]玉牒覺羅(小)不分卷　(清)宗人府玉牒館纂修　清內府紅欄橫格朱墨寫本　一冊　殘　書名據書簽題　紅綾書衣　校對本

本譜載景祖翼皇帝覺昌安位下第一子禮敦巴圖魯宗支。

中國第一歷史檔案館

[北京]玉牒覺羅(小)不分卷　(清)宗人府玉牒館纂修　清內府紅欄橫格朱墨寫本　一冊　殘　書名據書簽題　紅綾書衣　正本

本譜載景祖翼皇帝覺昌安位下第一子禮敦巴圖

魯宗支。
　中國第一歷史檔案館

[北京]玉牒覺羅(小)不分卷　(清)宗人府玉牒
館纂修　清內府黑欄橫格朱墨寫本　一册　書名
據書簽題　黃綾書衣
　本譜載太宗文皇帝皇太極位下第五子碩塞
宗支。
　中國第一歷史檔案館

[北京]玉牒覺羅(小)不分卷　(清)宗人府玉牒
館纂修　清內府黑欄橫格朱墨寫本　一册　書名
據書簽題　紅綾書衣
　本譜載太宗文皇帝皇太極位下第七子常舒
宗支。
　中國第一歷史檔案館

[北京]玉牒覺羅(小)不分卷　(清)宗人府玉牒
館纂修　清內府紅欄橫格朱墨寫本　一册　殘
書名據目錄題　校對本
　本譜爲男册。
　中國第一歷史檔案館

[北京]玉牒覺羅(小)不分卷　(清)宗人府玉牒
館纂修　清內府黑欄橫格朱墨寫本　一册　殘
書名據書簽題
　本譜載輔國將軍伯赫名下宗支。
　中國第一歷史檔案館

[北京]玉牒覺羅(大)不分卷　(清)宗人府玉牒
館纂修　清順治十七年(1660)內府紅欄橫格朱
墨寫本　三册　書名據書簽題
　本譜載興祖直皇帝福滿位下第二子劉闡、第三
子索長阿、第五子包朗阿宗支。
　中國第一歷史檔案館

[北京]玉牒覺羅(大)不分卷　(清)宗人府玉牒
館纂修　清順治十七年(1660)內府紅欄直格朱
墨寫本　五册　書名據書簽題
　本譜載興祖直皇帝福滿位下第二子劉闡、第三

子索長阿、第五子包朗阿子女册。
　中國第一歷史檔案館

[北京]玉牒覺羅(大)不分卷　(清)宗人府玉牒
館纂修　清康熙九年(1670)內府紅欄橫格朱墨寫
本　三册　書名據書簽題
　本譜載興祖直皇帝福滿位下第一子德世庫、第
二子劉闡、第三子索長阿宗支。
　中國第一歷史檔案館

[北京]玉牒覺羅(大)不分卷　(清)宗人府玉牒
館纂修　清康熙九年(1670)內府紅欄直格朱墨寫
本　六册　書名據書簽題
　本譜爲興祖直皇帝福滿位下第一子德世庫、第
二子劉闡、第三子索長阿子女册。
　中國第一歷史檔案館

[北京]玉牒覺羅(大)不分卷　(清)宗人府玉牒
館纂修　清康熙九年(1670)內府紅欄橫格朱墨寫
本　三册　書名據書簽題
　本譜載興祖直皇帝福滿位下第三子索長阿、第
五子包朗阿、第六子寶實宗支。
　中國第一歷史檔案館

[北京]玉牒覺羅(大)不分卷　(清)宗人府玉牒
館纂修　清康熙九年(1670)內府紅欄直格朱墨寫
本　六册　書名據書簽題
　本譜爲興祖直皇帝福滿位下第三子索長阿、第
五子包朗阿、第六子寶實子女册。
　中國第一歷史檔案館

[北京]玉牒覺羅(大)不分卷　(清)宗人府玉牒
館纂修　清康熙十八年(1679)內府紅欄橫格朱墨
寫本　三册　書名據書簽題
　本譜載興祖直皇帝福滿位下第二子劉闡、第三
子索長阿、第六子寶實宗支。
　中國第一歷史檔案館

[北京]玉牒覺羅(大)不分卷　(清)宗人府玉牒
館纂修　清康熙十八年(1679)內府紅欄直格朱墨

寫本　五册　書名據書籤題

本譜爲興祖直皇帝福滿位下第二子劉闡、第三子索長阿、第六子寶寶子女册。

中國第一歷史檔案館

[北京]玉牒覺羅(大)不分卷　（清）宗人府玉牒館纂修　清康熙十八年（1679）内府紅欄横格朱墨寫本　二册　書名據書籤題

本譜載興祖直皇帝福滿位下第三子索長阿、第四子覺昌安宗支。

中國第一歷史檔案館

[北京]玉牒覺羅(大)不分卷　（清）宗人府玉牒館纂修　清康熙十八年（1679）内府紅欄直格朱墨寫本　五册　書名據書籤題

本譜載興祖直皇帝福滿位下第三子索長阿、第四子覺昌安宗支。

中國第一歷史檔案館

[北京]玉牒覺羅(大)不分卷　（清）宗人府玉牒館纂修　清康熙二十七年（1688）内府紅欄横格朱墨寫本　三册　書名據書籤題

本譜載興祖直皇帝福滿位下第三子索長阿、第五子包朗阿、第六子寶寶宗支。

中國第一歷史檔案館

[北京]玉牒覺羅(大)不分卷　（清）宗人府玉牒館纂修　清康熙二十七年（1688）内府紅欄横格朱墨寫本　四册　書名據書籤題

本譜爲興祖直皇帝福滿位下第三子索長阿、第五子包朗阿、第六子寶寶子女册。

中國第一歷史檔案館

[北京]玉牒覺羅(大)不分卷　（清）宗人府玉牒館纂修　清康熙二十七年（1688）内府紅欄横格朱墨寫本　二册　書名據書籤題

本譜載興祖直皇帝福滿位下第二子劉闡宗支。

中國第一歷史檔案館

[北京]玉牒覺羅(大)不分卷　（清）宗人府玉牒

[北京]玉牒覺羅(大)不分卷　（清）宗人府玉牒館纂修　清康熙二十七年（1688）内府紅欄直格朱墨寫本　四册　書名據書籤題

本譜爲興祖直皇帝福滿位下第二子劉闡子女册。

中國第一歷史檔案館

[北京]玉牒覺羅(大)不分卷　（清）宗人府玉牒館纂修　清康熙二十七年（1688）内府紅欄直格朱墨寫本　二册　書名據書籤題

本譜爲興祖直皇帝福滿位下第三子索長阿子女册。

中國第一歷史檔案館

[北京]玉牒覺羅(大)不分卷　（清）宗人府玉牒館纂修　清康熙三十六年（1697）内府紅欄横格朱墨寫本　三册　書名據書籤題

本譜載興祖直皇帝福滿位下第五子包朗阿、第六子寶寶宗支。

中國第一歷史檔案館

[北京]玉牒覺羅(大)不分卷　（清）宗人府玉牒館纂修　清康熙三十六年（1697）内府紅欄直格朱墨寫本　六册　書名據書籤題

本譜爲興祖直皇帝福滿位下第五子包朗阿、第六子寶寶子女册。

中國第一歷史檔案館

[北京]玉牒覺羅(大)不分卷　（清）宗人府玉牒館纂修　清康熙三十六年（1697）内府紅欄横格朱墨寫本　一册　書名據書籤題

本譜載興祖直皇帝福滿位下第一子德世庫宗支。

中國第一歷史檔案館

[北京]玉牒覺羅(大)不分卷　（清）宗人府玉牒館纂修　清康熙三十六年（1697）内府紅欄直格朱墨寫本　二册　書名據書籤題

本譜載興祖直皇帝福滿位下第一子德世庫宗支。

中國第一歷史檔案館

[北京]玉牒覺羅（大）不分卷　（清）宗人府玉牒
館纂修　清康熙三十六年（1697）內府紅欄直格
朱墨寫本　二册　書名據書簽題
　　本譜爲興祖直皇帝福滿位下第三子索長阿宗支
男册。
　　中國第一歷史檔案館

[北京]玉牒覺羅（大）不分卷　（清）宗人府玉牒
館纂修　清康熙四十五年（1706）內府紅欄橫格
朱墨寫本　二册　書名據書簽題
　　本譜載興祖直皇帝福滿位下第二子劉闡、第三
子索長阿宗支。
　　中國第一歷史檔案館

[北京]玉牒覺羅（大）不分卷　（清）宗人府玉牒
館纂修　清康熙四十五年（1706）內府紅欄直格
朱墨寫本　四册　書名據書簽題
　　本譜載興祖直皇帝福滿位下第二子劉闡、第三
子索長阿宗支。
　　中國第一歷史檔案館

[北京]玉牒覺羅（大）不分卷　（清）宗人府玉牒
館纂修　清康熙四十五年（1706）內府紅欄橫格
朱墨寫本　一册　書名據書簽題
　　本譜載興祖直皇帝福滿位下第一子德世庫
宗支。
　　中國第一歷史檔案館

[北京]玉牒覺羅（大）不分卷　（清）宗人府玉牒
館纂修　清康熙四十五年（1706）內府紅欄直格
朱墨寫本　二册　書名據書簽題
　　本譜爲興祖直皇帝福滿位下第一子德世庫子
女册。
　　中國第一歷史檔案館

[北京]玉牒覺羅（大）不分卷　（清）宗人府玉牒
館纂修　清康熙四十五年（1706）內府紅欄橫格
朱墨寫本　一册　書名據書簽題
　　本譜載興祖直皇帝福滿位下第五子包朗阿
宗支。

中國第一歷史檔案館

[北京]玉牒覺羅（大）不分卷　（清）宗人府玉牒
館纂修　清康熙四十五年（1706）內府紅欄直格朱
墨寫本　二册　書名據書簽題
　　本譜載興祖直皇帝福滿位下第五子包朗阿
子女。
　　中國第一歷史檔案館

[北京]玉牒覺羅（大）不分卷　（清）宗人府玉牒
館纂修　清康熙四十五年（1706）內府紅欄橫格朱
墨寫本　二册　書名據書簽題
　　本譜載興祖直皇帝福滿位下第六子寶實宗支。
　　中國第一歷史檔案館

[北京]玉牒覺羅（大）不分卷　（清）宗人府玉牒
館纂修　清康熙四十五年（1706）內府紅欄直格朱
墨寫本　四册　書名據書簽題
　　本譜爲興祖直皇帝福滿位下第六子寶實子
女册。
　　中國第一歷史檔案館

[北京]玉牒覺羅（大）不分卷　（清）宗人府玉牒
館纂修　清雍正二年（1724）內府紅欄橫格朱墨寫
本　一册　書名據書簽題
　　本譜載興祖直皇帝福滿位下第一子德世庫、第
三子索長阿、第五子包朗阿、第六子寶實宗支。
　　中國第一歷史檔案館

[北京]玉牒覺羅（大）不分卷　（清）宗人府玉牒
館纂修　清雍正二年（1724）內府紅欄直格朱墨寫
本　二册　書名據書簽題
　　本譜載興祖直皇帝福滿位下第一子德世庫、第
三子索長阿、第五子包朗阿、第六子寶實宗支。
　　中國第一歷史檔案館

[北京]玉牒覺羅（大）不分卷　（清）宗人府玉牒
館纂修　清雍正二年（1724）內府紅欄橫格朱墨寫
本　一册　書名據書簽題
　　本譜爲興祖直皇帝福滿位下第一子德世庫宗

支册。

中國第一歷史檔案館

[北京]玉牒覺羅(大)不分卷　（清）宗人府玉牒
館纂修　清雍正二年(1724)内府紅欄直格朱墨
寫本　二册　書名據書籤題

　本譜爲興祖直皇帝福滿位下第一子德世庫子
女册。

　中國第一歷史檔案館

[北京]玉牒覺羅(大)不分卷　（清）宗人府玉牒
館纂修　清雍正二年(1724)内府紅欄横格朱墨
寫本　一册　書名據書籤題

　本譜爲興祖直皇帝福滿位下第三子索長阿宗
支册。

　中國第一歷史檔案館

[北京]玉牒覺羅(大)不分卷　（清）宗人府玉牒
館纂修　清雍正二年(1724)内府紅欄直格朱墨
寫本　一册　書名據書籤題

　本譜爲興祖直皇帝福滿位下第三子索長阿子
女册。

　中國第一歷史檔案館

[北京]玉牒覺羅(大)不分卷　（清）宗人府玉牒
館纂修　清雍正二年(1724)内府紅欄横格朱墨
寫本　一册　書名據書籤題

　本譜載興祖直皇帝福滿位下第五子包朗阿
宗支。

　中國第一歷史檔案館

[北京]玉牒覺羅(大)不分卷　（清）宗人府玉牒
館纂修　清雍正二年(1724)内府紅欄直格朱墨
寫本　四册　書名據書籤題

　本譜爲興祖直皇帝福滿位下第五子包朗阿子
女册。

　中國第一歷史檔案館

[北京]玉牒覺羅(大)不分卷　（清）宗人府玉牒
館纂修　清雍正二年(1724)内府紅欄横格朱墨

寫本　一册　書名據書籤題

　本譜載興祖直皇帝福滿位下第二子劉闡宗支。

　中國第一歷史檔案館

[北京]玉牒覺羅(大)不分卷　（清）宗人府玉牒
館纂修　清雍正二年(1724)内府紅欄直格朱墨寫
本　三册　書名據書籤題

　本譜爲興祖直皇帝福滿位下第二子劉闡子
女册。

　中國第一歷史檔案館

[北京]玉牒覺羅(大)不分卷　（清）宗人府玉牒
館纂修　清雍正十一年(1733)内府紅欄横格朱墨
寫本　二册　書名據書籤題

　本譜載興祖直皇帝福滿位下第二子劉闡、第三
子索長阿宗支。

　中國第一歷史檔案館

[北京]玉牒覺羅(大)不分卷　（清）宗人府玉牒
館纂修　清雍正十一年(1733)内府紅欄直格朱墨
寫本　二册　書名據書籤題

　本譜載興祖直皇帝福滿位下第二子劉闡、第三
子索長阿宗支。

　中國第一歷史檔案館

[北京]玉牒覺羅(大)不分卷　（清）宗人府玉牒
館纂修　清雍正十一年(1733)内府紅欄横格朱墨
寫本　一册　書名據書籤題

　本譜載興祖直皇帝福滿位下第一子德世庫
宗支。

　中國第一歷史檔案館

[北京]玉牒覺羅(大)不分卷　（清）宗人府玉牒
館纂修　清雍正十一年(1733)内府紅欄直格朱墨
寫本　二册　書名據書籤題

　本譜爲興祖直皇帝福滿位下第一子德世庫子
女册。

　中國第一歷史檔案館

[北京]玉牒覺羅(大)不分卷　（清）宗人府玉牒

館纂修　清雍正十一年（1733）内府紅欄直格朱墨寫本　二册　書名據書簽題

本譜爲興祖直皇帝福滿位下第三子索長阿子女册。

中國第一歷史檔案館

[北京]玉牒覺羅（大）不分卷　（清）宗人府玉牒館纂修　清雍正十一年（1733）内府紅欄橫格朱墨寫本　一册　書名據書簽題

本譜爲興祖直皇帝福滿位下第五子包朗阿宗支男册。

中國第一歷史檔案館

[北京]玉牒覺羅（大）不分卷　（清）宗人府玉牒館纂修　清雍正十一年（1733）内府紅欄直格朱墨寫本　一册　書名據書簽題

本譜爲興祖直皇帝福滿位下第五子包朗阿宗支女册。

中國第一歷史檔案館

[北京]玉牒覺羅（大）不分卷　（清）宗人府玉牒館纂修　清雍正十一年（1733）内府紅欄橫格朱墨寫本　一册　書名據書簽題

本譜爲男册。

中國第一歷史檔案館

[北京]玉牒覺羅（大）不分卷　（清）宗人府玉牒館纂修　清雍正十一年（1733）内府紅欄直格朱墨寫本　二册　書名據書簽題

本譜爲子女册。

中國第一歷史檔案館

[北京]玉牒覺羅（大）不分卷　（清）宗人府玉牒館纂修　清雍正十一年（1733）内府紅欄直格朱墨寫本　一册　書名據書簽題

中國第一歷史檔案館

[北京]玉牒覺羅（大）不分卷　（清）宗人府玉牒館纂修　清乾隆七年（1742）内府紅欄橫格朱墨寫本　一册　書名據書簽題

本譜爲興祖直皇帝福滿位下第一子德世庫宗支男册。

中國第一歷史檔案館

[北京]玉牒覺羅（大）不分卷　（清）宗人府玉牒館纂修　清乾隆七年（1742）　内府紅欄直格朱墨寫本　二册　書名據書簽題

本譜爲興祖直皇帝福滿位下第一子德世庫子女册。

中國第一歷史檔案館

[北京]玉牒覺羅（大）不分卷　（清）宗人府玉牒館纂修　清乾隆七年（1742）内府紅欄橫格朱墨寫本　一册　書名據書簽題

本譜爲興祖直皇帝福滿位下第二子劉闡宗支男册。

中國第一歷史檔案館

[北京]玉牒覺羅（大）不分卷　（清）宗人府玉牒館纂修　清乾隆七年（1742）内府紅欄直格朱墨寫本　二册　書名據書簽題

本譜爲興祖直皇帝福滿位下第二子劉闡子女册。

中國第一歷史檔案館

[北京]玉牒覺羅（大）不分卷　（清）宗人府玉牒館纂修　清乾隆七年（1742）内府紅欄橫格朱墨寫本　一册　書名據書簽題

本譜爲興祖直皇帝福滿位下第三子索長阿宗支男册。

中國第一歷史檔案館

[北京]玉牒覺羅（大）不分卷　（清）宗人府玉牒館纂修　清乾隆七年（1742）内府紅欄直格朱墨寫本　一册　書名據書簽題

本譜爲興祖直皇帝福滿位下第三子索長阿宗支男册。

中國第一歷史檔案館

[北京]玉牒覺羅（大）不分卷　（清）宗人府玉牒

館纂修　清乾隆七年(1742)内府紅欄直格朱墨寫本　一冊　書名據書籤題

本譜爲興祖直皇帝福滿位下第三子索長阿宗支女册。

中國第一歷史檔案館

[北京]玉牒覺羅(大)不分卷　(清)宗人府玉牒館纂修　清乾隆七年(1742)内府紅欄橫格朱墨寫本　一册　書名據書籤題

本譜爲興祖直皇帝福滿位下第五子包朗阿宗支男册。

中國第一歷史檔案館

[北京]玉牒覺羅(大)不分卷　(清)宗人府玉牒館纂修　清乾隆七年(1742)内府紅欄直格朱墨寫本　二册　書名據書籤題

本譜爲興祖直皇帝福滿位下第五子包朗阿子女册。

中國第一歷史檔案館

[北京]玉牒覺羅(大)不分卷　(清)宗人府玉牒館纂修　清乾隆七年(1742)内府紅欄橫格朱墨寫本　一册　書名據書籤題

本譜爲興祖直皇帝福滿位下第六子寶實宗支男册。

中國第一歷史檔案館

[北京]玉牒覺羅(大)不分卷　(清)宗人府玉牒館纂修　清乾隆七年(1742)内府紅欄直格朱墨寫本　二册　書名據書籤題

本譜爲興祖直皇帝福滿位下第六子寶實子女册。

中國第一歷史檔案館

[北京]玉牒覺羅(大)不分卷　(清)宗人府玉牒館纂修　清乾隆七年(1742)内府紅欄直格朱墨寫本　二册　書名據書籤題

本譜爲景祖翼皇帝覺昌安位下第一子禮敦巴圖魯、第五子塔察篇古子女册。

中國第一歷史檔案館

[北京]玉牒覺羅(大)不分　(清)宗人府玉牒館纂修　清乾隆十一年(1746)内府紅欄橫格朱墨寫本　一册　書名據書籤題

本譜爲興祖直皇帝福滿位下第一子德世庫、第二子劉闡宗支男册。

中國第一歷史檔案館

[北京]玉牒覺羅(大)不分卷　(清)宗人府玉牒館纂修　清乾隆十一年(1746)内府紅欄直格朱墨寫本　二册　書名據書籤題

本譜載興祖直皇帝福滿位下第一子德世庫、第二子劉闡宗支。

中國第一歷史檔案館

[北京]玉牒覺羅(大)不分卷　(清)宗人府玉牒館纂修　清乾隆十一年(1746)内府紅欄直格朱墨寫本　一册　書名據書籤題

本譜載興祖直皇帝福滿位下第一子德世庫宗支。

中國第一歷史檔案館

[北京]玉牒覺羅(大)不分卷　(清)宗人府玉牒館纂修　清乾隆十一年(1746)内府紅欄直格朱墨寫本　一册　書名據書籤題

本譜爲興祖直皇帝福滿位下第一子德世庫宗支女册。

中國第一歷史檔案館

[北京]玉牒覺羅(大)不分卷　(清)宗人府玉牒館纂修　清乾隆十一年(1746)内府紅欄橫格朱墨寫本　一册　書名據書名題

本譜爲興祖直皇帝福滿位下第三子索長阿宗支男册。

中國第一歷史檔案館

[北京]玉牒覺羅(大)不分卷　(清)宗人府玉牒館纂修　清乾隆十一年(1746)内府紅欄直格朱墨寫本　一册　書名據書籤題

本譜爲興祖直皇帝福滿位下第三子索長阿宗支男册。

中國第一歷史檔案館

[北京]玉牒覺羅(大)不分卷 （清）宗人府玉牒館纂修 清乾隆十一年(1746)內府紅欄直格朱墨寫本 一冊 書名據書簽題

本譜爲興祖直皇帝福滿位下第三子索長阿宗支女冊。

中國第一歷史檔案館

[北京]玉牒覺羅(大)不分卷 （清）宗人府玉牒館纂修 清乾隆十一年(1746)內府紅欄橫格朱墨寫本 一冊 書名據書簽題

本譜爲興祖直皇帝福滿位下第五子包朗阿宗支男冊。

中國第一歷史檔案館

[北京]玉牒覺羅(大)不分卷 （清）宗人府玉牒館纂修 清乾隆十一年(1746)內府紅欄直格朱墨寫本 二冊 書名據書簽題

本譜爲興祖直皇帝福滿位下第五子包朗阿宗支男女冊。

中國第一歷史檔案館

[北京]玉牒覺羅(大)不分卷 （清）宗人府玉牒館纂修 清乾隆十一年(1746)內府紅欄橫格朱墨寫本 一冊 書名據書衣題

本譜爲興祖直皇帝福滿位下第六子寶實宗支男冊。

中國第一歷史檔案館

[北京]玉牒覺羅(大)不分卷 （清）宗人府玉牒館纂修 清乾隆十一年(1746)內府紅欄直格朱墨寫本 一冊 書名據書簽題

本譜爲興祖直皇帝福滿位下第六子寶實宗支男女冊。

中國第一歷史檔案館

[北京]玉牒覺羅(大)不分卷 （清）宗人府玉牒館纂修 清乾隆十一年(1746)內府紅欄直格朱墨寫本 一冊 書名據書簽題

本譜爲景祖翼皇帝覺昌安位下第一子禮敦巴圖魯、第五子塔察篇古宗支女冊。

中國第一歷史檔案館

[北京]玉牒覺羅(大)不分卷 （清）宗人府玉牒館纂修 清乾隆二十一年(1756)內府紅欄直格朱墨寫本 一冊 書名據書簽題

本譜爲景祖翼皇帝覺昌安位下第一子禮敦巴圖魯、第五子塔察篇古宗支冊。

中國第一歷史檔案館

[北京]玉牒覺羅(大)不分卷 （清）宗人府玉牒館纂修 清乾隆二十一年(1756)內府紅欄橫格朱墨寫本 二冊 書名據書簽題

本譜爲興祖直皇帝福滿位下第一子德世庫、第二子劉闡宗支男冊。

中國第一歷史檔案館

[北京]玉牒覺羅(大)不分卷 （清）宗人府玉牒館纂修 清乾隆二十一年(1756)內府紅欄直格朱墨寫本 二冊 書名據書簽題

本譜爲興祖直皇帝福滿位下第一子德世庫、第二子劉闡宗支女冊。

中國第一歷史檔案館

[北京]玉牒覺羅(大)不分卷 （清）宗人府玉牒館纂修 清乾隆二十一年(1756)內府紅欄橫格朱墨寫本 一冊 書名據書簽題

本譜載興祖直皇帝福滿位下第一子德世庫、景祖翼皇帝覺昌安位下第五子塔察篇古宗支。

中國第一歷史檔案館

[北京]玉牒覺羅(大)不分卷 （清）宗人府玉牒館纂修 清乾隆二十一年(1756)內府紅欄直格朱墨寫本 二冊 書名據書簽題

本譜爲興祖直皇帝福滿位下第一子德世庫、景祖翼皇帝覺昌安位下第五子塔察篇古宗支男女冊。

中國第一歷史檔案館

[北京]玉牒覺羅（大）不分卷　（清）宗人府玉牒館纂修　清乾隆二十一年（1756）内府紅欄横格朱墨寫本　一册　書名據書簽題

　　本譜載興祖直皇帝福滿位下第一子德世庫宗支。

　　中國第一歷史檔案館

[北京]玉牒覺羅（大）不分卷　（清）宗人府玉牒館纂修　清乾隆二十一年（1756）内府紅欄直格朱墨寫本　一册　書名據書簽題

　　本譜載興祖直皇帝福滿位下第一子德世庫宗支。

　　中國第一歷史檔案館

[北京]玉牒覺羅（大）不分卷　（清）宗人府玉牒館纂修　清乾隆二十一年（1756）内府紅欄直格朱墨寫本　一册　書名據書簽題

　　本譜爲興祖直皇帝福滿位下第一子德世庫宗支女册。

　　中國第一歷史檔案館

[北京]玉牒覺羅（大）不分卷　（清）宗人府玉牒館纂修　清乾隆二十一年（1756）内府紅欄横格朱墨寫本　一册　書名據書簽題

　　本譜爲興祖直皇帝福滿位下第二子劉闡宗支男册。

　　中國第一歷史檔案館

[北京]玉牒覺羅（大）二卷　（清）宗人府玉牒館纂修　清乾隆二十一年（1756）内府紅欄直格朱墨寫本　二册　書名據書簽題

　　本譜爲興祖直皇帝福滿位下第二子劉闡宗支男女册。

　　中國第一歷史檔案館

[北京]玉牒覺羅（大）不分卷　（清）宗人府玉牒館纂修　清乾隆二十一年（1756）内府紅欄横格朱墨寫本　一册　書名據書簽題

　　本譜爲興祖直皇帝福滿位下第三子索長阿宗支男册。

　　中國第一歷史檔案館

[北京]玉牒覺羅（大）不分卷　（清）宗人府玉牒館纂修　清乾隆二十一年（1756）内府紅欄直格朱墨寫本　一册　書名據書簽題

　　本譜爲興祖直皇帝福滿位下第三子索長阿宗支男册。

　　中國第一歷史檔案館

[北京]玉牒覺羅（大）不分卷　（清）宗人府玉牒館纂修　清乾隆二十一年（1756）内府紅欄直格朱墨寫本　一册　書名據書簽題

　　本譜爲興祖直皇帝福滿位下第三子索長阿宗支女册。

　　中國第一歷史檔案館

[北京]玉牒覺羅（大）不分卷　（清）宗人府玉牒館纂修　清乾隆二十一年（1756）内府紅欄横格朱墨寫本　一册　書名據書簽題

　　本譜爲興祖直皇帝福滿位下第五子包朗阿宗支男册。

　　中國第一歷史檔案館

[北京]玉牒覺羅（大）不分卷　（清）宗人府玉牒館纂修　清乾隆二十一年（1756）内府紅欄直格朱墨寫本　二册　書名據書簽題

　　本譜爲興祖直皇帝福滿位下第五子包朗阿宗支男女册。

　　中國第一歷史檔案館

[北京]玉牒覺羅（大）不分卷　（清）宗人府玉牒館纂修　清乾隆二十一年（1756）内府紅欄直格朱墨寫本　一册　書名據書簽題

　　本譜爲興祖直皇帝福滿位下第六子寶寶宗支男册。

　　中國第一歷史檔案館

[北京]玉牒覺羅（大）不分卷　（清）宗人府玉牒館纂修　清乾隆二十一年（1756）内府紅欄横格朱墨寫本　一册　書名據書簽題

本譜爲興祖直皇帝福滿位下第六子寶實宗支男册。

中國第一歷史檔案館

[北京]玉牒覺羅（大）不分卷　（清）宗人府玉牒館纂修　清乾隆二十一年（1756）内府紅欄直格朱墨寫本　四册　書名據書簽題

本譜爲興祖直皇帝福滿位下第六子寶實宗支男女册。

中國第一歷史檔案館

[北京]玉牒覺羅（大）不分卷　（清）宗人府玉牒館纂修　清乾隆三十一年（1766）内府紅欄横格朱墨寫本　一册　書名據書簽題

本譜載興祖直皇帝福滿位下第一子德世庫、第三子索長阿宗支。

中國第一歷史檔案館

[北京]玉牒覺羅（大）不分卷　（清）宗人府玉牒館纂修　清乾隆三十一年（1766）内府紅欄直格朱墨寫本　四册　書名據書簽題

本譜爲興祖直皇帝福滿位下第一子德世庫、第三子索長阿宗支男女册。

中國第一歷史檔案館

[北京]玉牒覺羅（大）不分卷　（清）宗人府玉牒館纂修　清乾隆三十一年（1766）内府紅欄横格朱墨寫本　二册　書名據書簽題

本譜載興祖直皇帝福滿位下第二子劉闡、第三子索長阿宗支。

中國第一歷史檔案館

[北京]玉牒覺羅（大）不分卷　（清）宗人府玉牒館纂修　清乾隆三十一年（1766）内府紅欄直格朱墨寫本　四册　書名據書簽題

本譜爲興祖直皇帝福滿位下第二子劉闡、第三子索長阿宗支男女册。

中國第一歷史檔案館

[北京]玉牒覺羅（大）不分卷　（清）宗人府玉牒

館纂修　清乾隆三十一年（1766）内府紅欄横格朱墨寫本　二册　書名據書簽題

本譜載興祖直皇帝福滿位下第五子包朗阿、第六子寶實宗支。

中國第一歷史檔案館

[北京]玉牒覺羅（大）不分卷　（清）宗人府玉牒館纂修　清乾隆三十一年（1766）内府紅欄直格朱墨寫本　四册　書名據書簽題

本譜爲興祖直皇帝福滿位下第五子包朗阿、第六子寶實子女册。

中國第一歷史檔案館

[北京]玉牒覺羅（大）不分卷　（清）宗人府玉牒館纂修　清乾隆三十一年（1766）内府紅欄横格朱墨寫本　一册　書名據書簽題

本譜載興祖直皇帝福滿位下第一子德世庫宗支。

中國第一歷史檔案館

[北京]玉牒覺羅（大）不分卷　（清）宗人府玉牒館纂修　清乾隆三十一年（1766）内府紅欄直格朱墨寫本　二册　書名據書簽題

本譜爲興祖直皇帝福滿位下第一子德世庫宗支男女册。

中國第一歷史檔案館

[北京]玉牒覺羅（大）不分卷　（清）宗人府玉牒館纂修　清乾隆三十一年（1766）内府紅欄横格朱墨寫本　一册　書名據書簽題

本譜載興祖直皇帝福滿位下第二子劉闡宗支。

中國第一歷史檔案館

[北京]玉牒覺羅（大）不分卷　（清）宗人府玉牒館纂修　清乾隆三十一年（1766）内府紅欄直格朱墨寫本　二册　書名據書簽題

本譜爲興祖直皇帝福滿位下第二子劉闡宗支男女册。

中國第一歷史檔案館

[北京]玉牒覺羅（大）不分卷 （清）宗人府玉牒館纂修 清乾隆三十一年（1766）內府紅欄橫格朱墨寫本 一册 書名據書籤題

本譜載興祖直皇帝福滿位下第三子索長阿宗支。

中國第一歷史檔案館

[北京]玉牒覺羅（大）不分卷 （清）宗人府玉牒館纂修 清乾隆三十一年（1766）內府紅欄直格朱墨寫本 一册 書名據書籤題

本譜爲興祖直皇帝福滿位下第三子索長阿宗支女册。

中國第一歷史檔案館

[北京]玉牒覺羅（大）不分卷 （清）宗人府玉牒館纂修 清乾隆三十一年（1766）內府紅欄橫格朱墨寫本 一册 書名據書籤題

本譜載興祖直皇帝福滿位下第五子包朗阿宗支。

中國第一歷史檔案館

[北京]玉牒覺羅（大）不分卷 （清）宗人府玉牒館纂修 清乾隆三十一年（1766）內府紅欄直格朱墨寫本 二册 書名據書籤題

本譜爲興祖直皇帝福滿位下第五子包朗阿宗支男女册。

中國第一歷史檔案館

[北京]玉牒覺羅（大）不分卷 （清）宗人府玉牒館纂修 清乾隆三十一年（1766）內府紅欄直格朱墨寫本 二册 書名據書籤題

本譜爲興祖直皇帝福滿位下第五子包朗阿子女册。

中國第一歷史檔案館

[北京]玉牒覺羅（大）不分卷 （清）宗人府玉牒館纂修 清乾隆三十一年（1766）內府紅欄橫格朱墨寫本 一册 書名據書籤題

本譜載景祖翼皇帝覺昌安位下第一子禮敦巴圖魯、第五子塔察篇古宗支。

中國第一歷史檔案館

[北京]玉牒覺羅（大）不分卷 （清）宗人府玉牒館纂修 清乾隆三十一年（1766）內府紅欄直格朱墨寫本 二册 書名據書籤題

本譜爲景祖翼皇帝覺昌安位下第一子禮敦巴圖魯、第五子塔察篇古子女册。

中國第一歷史檔案館

[北京]玉牒覺羅（大）不分卷 （清）宗人府玉牒館纂修 清乾隆三十一年（1766）內府紅欄橫格朱墨寫本 一册 書名據書籤題

本譜載景祖翼皇帝覺昌安位下第一子禮敦巴圖魯宗支。

中國第一歷史檔案館

[北京]玉牒覺羅（大）不分卷 （清）宗人府玉牒館纂修 清乾隆三十一年（1766）內府紅欄直格朱墨寫本 一册 書名據書籤題

本譜爲景祖翼皇帝覺昌安位下第一子禮敦巴圖魯子女册。

中國第一歷史檔案館

[北京]玉牒覺羅（大）不分卷 （清）宗人府玉牒館纂修 清乾隆四十一年（1776）內府紅欄橫格朱墨寫本 二册 書名據書籤題

本譜載興祖直皇帝福滿位下第一子德世庫、第二子劉闡宗支。

中國第一歷史檔案館

[北京]玉牒覺羅（大）不分卷 （清）宗人府玉牒館纂修 清乾隆四十一年（1776）內府紅欄直格朱墨寫本 四册 書名據書籤題

本譜爲興祖直皇帝福滿位下第一子德世庫、第二子劉闡子女册。

中國第一歷史檔案館

[北京]玉牒覺羅（大）不分卷 （清）宗人府玉牒館纂修 清乾隆四十一年（1776）內府紅欄橫格朱墨寫本 一册 書名據書籤題 紅綾書衣

本譜載興祖直皇帝福滿位下第三子索長阿宗支。

中國第一歷史檔案館

[北京]玉牒覺羅(大)不分卷　(清)宗人府玉牒館纂修　清乾隆四十一年(1776)内府紅欄直格朱墨寫本　二册　書名據書籤題

本譜爲興祖直皇帝福滿位下第三子索長阿子女册。

中國第一歷史檔案館

[北京]玉牒覺羅(大)不分卷　(清)宗人府玉牒館纂修　清乾隆四十一年(1776)内府紅欄直格朱墨寫本　四册　書名據書籤題

本譜爲興祖直皇帝福滿位下第五子包朗阿子女册。

中國第一歷史檔案館

[北京]玉牒覺羅(大)不分卷　(清)宗人府玉牒館纂修　清乾隆四十一年(1776)内府紅欄橫格朱墨寫本　二册　書名據書籤題

本譜爲興祖直皇帝福滿位下第五子包朗阿子女册。

中國第一歷史檔案館

[北京]玉牒覺羅(大)不分卷　(清)宗人府玉牒館纂修　清乾隆四十一年(1776)内府紅欄橫格朱墨寫本　一册　書名據書籤題

本譜載景祖翼皇帝覺昌安位下第一子禮敦巴圖魯、第五子塔察篇古宗支。

中國第一歷史檔案館

[北京]玉牒覺羅(大)不分卷　(清)宗人府玉牒館纂修　清乾隆四十一年(1776)内府紅欄直格朱墨寫本　二册　書名據書籤題

本譜爲景祖翼皇帝覺昌安位下第一子禮敦巴圖魯、第五子塔察篇古子女册。

中國第一歷史檔案館

[北京]玉牒覺羅(大)不分卷　(清)宗人府玉牒

館纂修　清乾隆五十一年(1786)内府紅欄直格朱墨寫本　二册　書名據書籤題

本譜爲興祖直皇帝福滿位下第一子德世庫、第二子劉闡子女册。

中國第一歷史檔案館

[北京]玉牒覺羅(大)不分卷　(清)宗人府玉牒館纂修　清乾隆五十一年(1786)内府紅欄橫格朱墨寫本　一册　書名據書籤題

本譜載興祖直皇帝福滿位下第二子劉闡、第三子索長阿宗支。

中國第一歷史檔案館

[北京]玉牒覺羅(大)不分卷　(清)宗人府玉牒館纂修　清乾隆五十一年(1786)内府紅欄直格朱墨寫本　三册　書名據書籤題

本譜爲興祖直皇帝福滿位下第二子劉闡、第三子索長阿子女册。

中國第一歷史檔案館

[北京]玉牒覺羅(大)不分卷　(清)宗人府玉牒館纂修　清乾隆五十一年(1786)内府紅欄橫格朱墨寫本　一册　書名據書籤題　紅綾書衣

本譜載興祖直皇帝福滿位下第一子德世庫宗支。

中國第一歷史檔案館

[北京]玉牒覺羅(大)不分卷　(清)宗人府玉牒館纂修　清乾隆五十一年(1786)内府紅欄直格朱墨寫本　二册　書名據書籤題

本譜爲興祖直皇帝福滿位下第一子德世庫子女册。

中國第一歷史檔案館

[北京]玉牒覺羅(大)不分卷　(清)宗人府玉牒館纂修　清乾隆五十一年(1786)内府紅欄橫格朱墨寫本　一册　書名據書籤題

本譜載興祖直皇帝福滿位下第一子德世庫、第二子劉闡宗支。

中國第一歷史檔案館

[北京]玉牒覺羅(大)不分卷　（清）宗人府玉牒
館纂修　清乾隆五十一年(1786)内府紅欄橫格
朱墨寫本　一册　書名據書籤題
　本譜載興祖直皇帝福滿位下第三子索長阿
宗支。
　中國第一歷史檔案館

[北京]玉牒覺羅(大)不分卷　（清）宗人府玉牒
館纂修　清乾隆五十一年(1786)内府紅欄橫格
朱墨寫本　二册　書名據書籤題
　本譜爲興祖直皇帝福滿位下第三子索長阿子
女册。
　中國第一歷史檔案館

[北京]玉牒覺羅(大)不分卷　（清）宗人府玉牒
館纂修　清乾隆五十一年(1786)内府紅欄直格
朱墨寫本　一册　書名據書籤題
　本譜爲興祖直皇帝福滿位下第三子索長阿
女册。
　中國第一歷史檔案館

[北京]玉牒覺羅(大)不分卷　（清）宗人府玉牒
館纂修　清乾隆五十一年(1786)内府紅欄橫格
朱墨寫本　一册　書名據書籤題
　本譜載興祖直皇帝福滿位下第六子寶寶宗支。
　中國第一歷史檔案館

[北京]玉牒覺羅(大)不分卷　（清）宗人府玉牒
館纂修　清乾隆五十一年(1786)内府紅欄直格
朱墨寫本　二册　書名據書籤題
　本譜爲興祖直皇帝福滿位下第六子寶實男
女册。
　中國第一歷史檔案館

[北京]玉牒覺羅(大)不分卷　（清）宗人府玉牒
館纂修　清乾隆五十一年(1786)内府紅欄橫格
朱墨寫本　二册　書名據書籤題
　本譜載景祖翼皇帝覺昌安位下第一子禮敦巴圖
魯、第五子塔察篇古宗支。
　中國第一歷史檔案館

[北京]玉牒覺羅(大)不分卷　（清）宗人府玉牒
館纂修　清乾隆五十一年(1786)内府紅欄直格朱
墨寫本　三册　書名據書籤題
　本譜爲景祖翼皇帝覺昌安位下第一子禮敦巴圖
魯、第五子塔察篇古男女册。
　中國第一歷史檔案館

[北京]玉牒覺羅(大)不分卷　（清）宗人府玉牒
館纂修　清嘉慶元年(1796)内府紅欄橫格朱墨寫
本　一册　書名據書籤題
　本譜載興祖直皇帝福滿位下第二子劉闡、第三
子索長阿宗支。
　中國第一歷史檔案館

[北京]玉牒覺羅(大)不分卷　（清）宗人府玉牒
館纂修　清嘉慶元年(1796)内府紅欄直格朱墨寫
本　二册　書名據書籤題
　本譜載興祖直皇帝福滿位下第二子劉闡、第三
子索長阿宗支。
　中國第一歷史檔案館

[北京]玉牒覺羅(大)不分卷　（清）宗人府玉牒
館纂修　清嘉慶元年(1796)内府紅欄橫格朱墨寫
本　一册　書名據書籤題
　本譜載興祖直皇帝福滿位下第一子德世庫宗支。
　中國第一歷史檔案館

[北京]玉牒覺羅(大)不分卷　（清）宗人府玉牒
館纂修　清嘉慶元年(1796)内府紅欄直格朱墨寫
本　二册　書名據書籤題
　本譜爲興祖直皇帝福滿位下第一子德世庫宗支
男女册。
　中國第一歷史檔案館

[北京]玉牒覺羅(大)不分卷　（清）宗人府玉牒
館纂修　清嘉慶元年(1796)内府紅欄橫格朱墨寫
本　一册　書名據書籤題
　本譜載興祖直皇帝福滿位下第三子索長阿
宗支。
　中國第一歷史檔案館

[北京]玉牒覺羅（大）不分卷　（清）宗人府玉牒
館纂修　清嘉慶元年（1796）内府紅欄直格朱墨
寫本　二册　書名據書簽題
　　本譜爲興祖直皇帝福滿位下第三子索長阿宗支
男女册。
　　中國第一歷史檔案館

[北京]玉牒覺羅（大）不分卷　（清）宗人府玉牒
館纂修　清嘉慶元年（1796）内府紅欄横格朱墨
寫本　一册　書名據書簽題
　　本譜載興祖直皇帝福滿位下第五子包朗阿
宗支。
　　中國第一歷史檔案館

[北京]玉牒覺羅（大）不分卷　（清）宗人府玉牒
館纂修　清嘉慶元年（1796）内府紅欄直格朱墨
寫本　二册　書名據書簽題
　　本譜爲興祖直皇帝福滿位下第五子包朗阿宗支
男女册。
　　中國第一歷史檔案館

[北京]玉牒覺羅（大）不分卷　（清）宗人府玉牒
館纂修　清嘉慶元年（1796）内府紅欄横格朱墨
寫本　一册　書名據書簽題
　　本譜載興祖直皇帝福滿位下第六子寶寶宗支。
　　中國第一歷史檔案館

[北京]玉牒覺羅（大）不分卷　（清）宗人府玉牒
館纂修　清嘉慶元年（1796）内府紅欄直格朱墨
寫本　一册　書名據書簽題
　　本譜爲興祖直皇帝福滿位下第六子寶寶女册。
　　中國第一歷史檔案館

[北京]玉牒覺羅（大）不分卷　（清）宗人府玉牒
館纂修　清嘉慶十一年（1806）内府紅欄横格朱
墨寫本　一册　書名據書簽題
　　本譜載興祖直皇帝福滿位下第一子德世庫、第
二子劉闡、第五子包朗阿宗支。
　　中國第一歷史檔案館

[北京]玉牒覺羅（大）不分卷　（清）宗人府玉牒
館纂修　清嘉慶十一年（1806）内府紅欄直格朱墨
寫本　二册　書名據書簽題
　　本譜爲興祖直皇帝福滿位下第一子德世庫、第
二子劉闡、第五子包朗阿男女册。
　　中國第一歷史檔案館

[北京]玉牒覺羅（大）不分卷　（清）宗人府玉牒
館纂修　清嘉慶十一年（1806）内府紅欄横格朱墨
寫本　二册　書名據書簽題
　　本譜載興祖直皇帝福滿位下第三子索長阿、第
五子包朗阿宗支。
　　中國第一歷史檔案館

[北京]玉牒覺羅（大）不分卷　（清）宗人府玉牒
館纂修　清嘉慶十一年（1806）内府紅欄直格朱墨
寫本　四册　書名據書簽題
　　本譜爲興祖直皇帝福滿位下第三子索長阿、第
五子包朗阿男女册。
　　中國第一歷史檔案館

[北京]玉牒覺羅（大）不分卷　（清）宗人府玉牒
館纂修　清嘉慶十一年（1806）内府紅欄横格朱墨
寫本　一册　書名據書簽題
　　本譜載興祖直皇帝福滿位下第五子包朗阿、第
六子寶寶宗支。
　　中國第一歷史檔案館

[北京]玉牒覺羅（大）不分卷　（清）宗人府玉牒
館纂修　清嘉慶十一年（1806）内府紅欄直格朱墨
寫本　二册　書名據書簽題
　　本譜爲興祖直皇帝福滿位下第五子包朗阿、第
六子寶寶男女册。
　　中國第一歷史檔案館

[北京]玉牒覺羅（大）不分卷　（清）宗人府玉牒
館纂修　清嘉慶十一年（1806）内府紅欄横格朱墨
寫本　一册　書名據書簽題
　　本譜載興祖直皇帝福滿位下第一子德世庫
宗支。

中國第一歷史檔案館

[北京]玉牒覺羅（大）不分卷　（清）宗人府玉牒館纂修　清嘉慶十一年（1806）內府紅欄直格朱墨寫本　二冊　書名據書簽題

本譜爲興祖直皇帝福滿位下第一子德世庫男女冊。

中國第一歷史檔案館

[北京]玉牒覺羅（大）不分卷　（清）宗人府玉牒館纂修　清嘉慶二十二年（1817）內府紅欄橫格朱墨寫本　一冊　書名據書簽題

本譜載興祖直皇帝福滿位下第二子劉闡、第三子索長阿宗支。

中國第一歷史檔案館

[北京]玉牒覺羅（大）不分卷　（清）宗人府玉牒館纂修　清嘉慶二十二年（1817）內府紅欄直格朱墨寫本　四冊　書名據書簽題

本譜爲興祖直皇帝福滿位下第二子劉闡、第三子索長阿男女冊。

中國第一歷史檔案館

[北京]玉牒覺羅（大）不分卷　（清）宗人府玉牒館纂修　清嘉慶二十二年（1817）內府紅欄橫格朱墨寫本　一冊　書名據書簽題

本譜載興祖直皇帝福滿位下第五子包朗阿宗支。

中國第一歷史檔案館

[北京]玉牒覺羅（大）不分卷　（清）宗人府玉牒館纂修　清嘉慶二十二年（1817）內府紅欄直格朱墨寫本　二冊　書名據書簽題

本譜爲興祖直皇帝福滿位下第五子包朗阿男女冊。

中國第一歷史檔案館

[北京]玉牒覺羅（大）不分卷　（清）宗人府玉牒館纂修　清嘉慶二十二年（1817）內府紅欄橫格朱墨寫本　一冊　書名據書簽題

本譜載興祖直皇帝福滿位下第六子寶實宗支冊。

中國第一歷史檔案館

[北京]玉牒覺羅（大）不分卷　（清）宗人府玉牒館纂修　清嘉慶二十二年（1817）內府紅欄直格朱墨寫本　二冊　書名據書簽題

本譜爲興祖直皇帝福滿位下第六子寶實男女冊。

中國第一歷史檔案館

[北京]玉牒覺羅（大）不分卷　（清）宗人府玉牒館纂修　清道光七年（1827）內府紅欄橫格朱墨寫本　一冊　書名據書簽題

本譜爲興祖直皇帝福滿位下第一子德世庫、第五子包朗阿宗支冊。

中國第一歷史檔案館

[北京]玉牒覺羅（大）不分卷　（清）宗人府玉牒館纂修　清道光七年（1827）內府紅欄直格朱墨寫本　二冊　書名據書簽題

本譜爲興祖直皇帝福滿位下第一子德世庫、第五子包朗阿男女冊。

中國第一歷史檔案館

[北京]玉牒覺羅（大）不分卷　（清）宗人府玉牒館纂修　清道光七年（1827）內府紅欄橫格朱墨寫本　一冊　書名據書簽題

本譜載興祖直皇帝福滿位下第二子劉闡、第三子索長阿宗支。

中國第一歷史檔案館

[北京]玉牒覺羅（大）不分卷　（清）宗人府玉牒館纂修　清道光七年（1827）內府紅欄直格朱墨寫本　二冊　書名據書簽題

本譜爲興祖直皇帝福滿位下第二子劉闡、第三子索長阿男女冊。

中國第一歷史檔案館

[北京]玉牒覺羅（大）不分卷　（清）宗人府玉牒

館纂修　清道光七年（1827）內府紅欄橫格朱墨寫本　一冊　書名據書簽題

　本譜載興祖直皇帝福滿位下第三子索長阿宗支。

　中國第一歷史檔案館

[北京]玉牒覺羅（大）不分卷　（清）宗人府玉牒館纂修　清道光七年（1827）內府紅欄直格朱墨寫本　二冊　書名據書簽題

　本譜爲興祖直皇帝福滿位下第三子索長阿男册。

　中國第一歷史檔案館

[北京]玉牒覺羅（大）不分卷　（清）宗人府玉牒館纂修　清道光七年（1827）內府紅欄橫格朱墨寫本　一冊　書名據書簽題

　本譜載興祖直皇帝福滿位下第五子包朗阿宗支。

　中國第一歷史檔案館

[北京]玉牒覺羅（大）不分卷　（清）宗人府玉牒館纂修　清道光七年（1827）內府紅欄直格朱墨寫本　二冊　書名據書簽題

　本譜爲興祖直皇帝福滿位下第五子包朗阿男女册。

　中國第一歷史檔案館

[北京]玉牒覺羅（大）不分卷　（清）宗人府玉牒館纂修　清道光七年（1827）內府紅欄直格朱墨寫本　一冊　書名據書簽題

　本譜爲興祖直皇帝福滿位下第三子索長阿女册。

　中國第一歷史檔案館

[北京]玉牒覺羅（大）不分卷　（清）宗人府玉牒館纂修　清道光七年（1827）內府紅欄橫格朱墨寫本　一冊　書名據書簽題

　本譜載興祖直皇帝福滿位下第六子寶實宗支。

　中國第一歷史檔案館

[北京]玉牒覺羅（大）不分卷　（清）宗人府玉牒館纂修　清道光七年（1827）內府紅欄直格朱墨寫本　二冊　書名據書簽題

　本譜爲興祖直皇帝福滿位下第六子寶實男女册。

　中國第一歷史檔案館

[北京]玉牒覺羅（大）不分卷　（清）宗人府玉牒館纂修　清道光十七年（1837）內府紅欄橫格朱墨寫本　一冊　書名據書簽題

　本譜載興祖直皇帝福滿位下第三子索長阿、第四子覺昌安宗支。

　中國第一歷史檔案館

[北京]玉牒覺羅（大）不分卷　（清）宗人府玉牒館纂修　清道光十七年（1837）內府紅欄橫格朱墨寫本　一冊　書名據書簽題

　本譜載興祖直皇帝福滿位下第二子劉闡、第三子索長阿宗支。

　中國第一歷史檔案館

[北京]玉牒覺羅（大）不分卷　（清）宗人府玉牒館纂修　清道光十七年（1837）內府紅欄直格朱墨寫本　三冊　書名據書簽題

　本譜爲興祖直皇帝福滿位下第二子劉闡、第三子索長阿男女册。

　中國第一歷史檔案館

[北京]玉牒覺羅（大）不分卷　（清）宗人府玉牒館纂修　清道光十七年（1837）內府紅欄橫格朱墨寫本　一冊　書名據書簽題

　本譜載興祖直皇帝福滿位下第一子德世庫宗支。

　中國第一歷史檔案館

[北京]玉牒覺羅（大）不分卷　（清）宗人府玉牒館纂修　清道光十七年（1837）內府紅欄直格朱墨寫本　二冊　書名據書簽題

　本譜爲興祖直皇帝福滿位下第一子德世庫男女册。

中國第一歷史檔案館

[北京]玉牒覺羅(大)不分卷　(清)宗人府玉牒館纂修　清道光十七年(1837)内府紅欄橫格朱墨寫本　一册　書名據書籤題

本譜載興祖直皇帝福滿位下第三子索長阿宗支。

中國第一歷史檔案館

[北京]玉牒覺羅(大)不分卷　(清)宗人府玉牒館纂修　清道光十七年(1837)内府紅欄直格朱墨寫本　一册　書名據書籤題

本譜爲興祖直皇帝福滿位下第三子索長阿女册。

中國第一歷史檔案館

[北京]玉牒覺羅(大)不分卷　(清)宗人府玉牒館纂修　清道光十七年(1837)内府紅欄橫格朱墨寫本　一册　書名據書籤題

本譜載興祖直皇帝福滿位下第五子包朗阿宗支。

中國第一歷史檔案館

[北京]玉牒覺羅(大)不分卷　(清)宗人府玉牒館纂修　清道光十七年(1837)内府紅欄直格朱墨寫本　二册　書名據書籤題

本譜爲興祖直皇帝福滿位下第五子包朗阿子女册。

中國第一歷史檔案館

[北京]玉牒覺羅(大)不分卷　(清)宗人府玉牒館纂修　清道光二十七年(1847)内府紅欄直格朱墨寫本　二册　書名據書籤題

本譜爲興祖直皇帝福滿位下第一子德世庫子女册。

中國第一歷史檔案館

[北京]玉牒覺羅(大)不分卷　(清)宗人府玉牒館纂修　清道光二十七年(1847)内府紅欄直格朱墨寫本　一册　書名據書籤題

本譜爲興祖直皇帝福滿位下第二子劉闡子女册。

中國第一歷史檔案館

[北京]玉牒覺羅(大)不分卷　(清)宗人府玉牒館纂修　清道光二十七年(1847)内府紅欄直格朱墨寫本　一册　書名據書籤題

本譜載興祖直皇帝福滿位下第三子索長阿宗支。

中國第一歷史檔案館

[北京]玉牒覺羅(大)不分卷　(清)宗人府玉牒館纂修　清道光二十七年(1847)内府紅欄橫格朱墨寫本　一册　書名據書籤題

本譜載興祖直皇帝福滿位下第五子包朗阿宗支。

中國第一歷史檔案館

[北京]玉牒覺羅(大)不分卷　(清)宗人府玉牒館纂修　清道光二十七年(1847)内府紅欄直格朱墨寫本　二册　書名據書籤題

本譜爲興祖直皇帝福滿位下第五子包朗阿子女册。

中國第一歷史檔案館

[北京]玉牒覺羅(大)不分卷　(清)宗人府玉牒館纂修　清道光十七年(1837)内府紅欄直格朱墨寫本　二册　書名據書籤題

本譜爲興祖直皇帝福滿位下第六子寶實子女册。

中國第一歷史檔案館

[北京]玉牒覺羅(大)不分卷　(清)宗人府玉牒館纂修　清道光二十七年(1847)内府紅欄橫格朱墨寫本　一册　書名據書籤題

本譜載興祖直皇帝福滿位下第六子寶實宗支。

中國第一歷史檔案館

[北京]玉牒覺羅(大)不分卷　(清)宗人府玉牒館纂修　清道光二十七年(1847)内府紅欄直格朱

墨寫本　一冊　書名據書簽題

　　本譜爲興祖直皇帝福滿位下第六子寶實子女册。

　　中國第一歷史檔案館

［北京］玉牒覺羅　（大）不分卷　（清）宗人府玉牒館纂修　清咸豐七年（1857）内府紅欄橫格朱墨寫本　一冊　書名據書簽題

　　本譜載興祖直皇帝福滿位下第二子劉闡、第三子索長阿宗支。

　　中國第一歷史檔案館

［北京］玉牒覺羅（大）不分卷　（清）宗人府玉牒館纂修　清咸豐七年（1857）内府紅欄直格朱墨寫本　三册　書名據書簽題

　　本譜爲興祖直皇帝福滿位下第二子劉闡、第三子索長阿子女册。

　　中國第一歷史檔案館

［北京］玉牒覺羅（大）不分卷　（清）宗人府玉牒館纂修　清咸豐七年（1857）内府紅欄橫格朱墨寫本　一冊　書名據書簽題

　　本譜載興祖直皇帝福滿位下第五子包朗阿、第六子寶實宗支。

　　中國第一歷史檔案館

［北京］玉牒覺羅（大）不分卷　（清）宗人府玉牒館纂修　清咸豐七年（1857）内府紅欄直格朱墨寫本　二册　書名據書簽題

　　本譜爲興祖直皇帝福滿位下第五子包朗阿、第六子寶實男女册。

　　中國第一歷史檔案館

［北京］玉牒覺羅（大）不分卷　（清）宗人府玉牒館纂修　清咸豐七年（1857）内府紅欄直格朱墨寫本　二册　書名據書簽題

　　本譜爲興祖直皇帝福滿位下第一子德世庫子女册。

　　中國第一歷史檔案館

［北京］玉牒覺羅（大）不分卷　（清）宗人府玉牒館纂修　清咸豐七年（1857）内府紅欄直格朱墨寫本　一冊　書名據書簽題

　　本譜爲興祖直皇帝福滿位下第三子索長阿女册。

　　中國第一歷史檔案館

［北京］玉牒覺羅（大）不分卷　（清）宗人府玉牒館纂修　清咸豐七年（1857）内府紅欄橫格朱墨寫本　一冊　書名據書簽題

　　本譜載景祖翼皇帝覺昌安位下第一子禮敦巴圖魯、第五子塔察篇古宗支。

　　中國第一歷史檔案館

［北京］玉牒覺羅（大）不分卷　（清）宗人府玉牒館纂修　清咸豐七年（1857）内府紅欄直格朱墨寫本　二册　書名據書簽題

　　本譜爲景祖翼皇帝覺昌安位下第一子禮敦巴圖魯、第五子塔察篇古男女册。

　　中國第一歷史檔案館

［北京］玉牒覺羅（大）不分卷　（清）宗人府玉牒館纂修　清同治六年（1867）内府紅欄直格朱墨寫本　二册　書名據書簽題

　　本譜爲興祖直皇帝福滿位下第五子包朗阿、第六子寶實男女册。

　　中國第一歷史檔案館

［北京］玉牒覺羅（大）不分卷　（清）宗人府玉牒館纂修　清同治六年（1867）内府紅欄橫格朱墨寫本　一冊　書名據書簽題

　　本譜載興祖直皇帝福滿位下第一子德世庫宗支。

　　中國第一歷史檔案館

［北京］玉牒覺羅（大）不分卷　（清）宗人府玉牒館纂修　清同治六年（1867）内府紅欄直格朱墨寫本　二册　書名據書簽題

　　本譜爲興祖直皇帝福滿位下第一子德世庫男女册。

中國第一歷史檔案館

[北京]玉牒覺羅(大)不分卷　(清)宗人府玉牒館纂修　清同治六年(1867)內府紅欄橫格朱墨寫本　一册　書名據書籤題
　本譜載興祖直皇帝福滿位下第二子劉闡宗支。
　中國第一歷史檔案館

[北京]玉牒覺羅(大)不分卷　(清)宗人府玉牒館纂修　清同治六年(1867)內府紅欄直格朱墨寫本　二册　書名據書籤題
　本譜爲興祖直皇帝福滿位下第二子劉闡男女册。
　中國第一歷史檔案館

[北京]玉牒覺羅(大)不分卷　(清)宗人府玉牒館纂修　清同治六年(1867)內府紅欄橫格朱墨寫本　一册　書名據書籤題
　本譜載興祖直皇帝福滿位下第三子索長阿宗支。
　中國第一歷史檔案館

[北京]玉牒覺羅(大)不分卷　(清)宗人府玉牒館纂修　清同治六年(1867)內府紅欄直格朱墨寫本　一册　書名據書籤題
　本譜爲興祖直皇帝福滿位下第三子索長阿男女册。
　中國第一歷史檔案館

[北京]玉牒覺羅(大)不分卷　(清)宗人府玉牒館纂修　清同治六年(1867)內府紅欄橫格朱墨寫本　一册　書名據書籤題
　本譜載興祖直皇帝福滿位下第五子包朗阿宗支。
　中國第一歷史檔案館

[北京]玉牒覺羅(大)不分卷　(清)宗人府玉牒館纂修　清同治六年(1867)內府紅欄直格朱墨寫本　二册　書名據書籤題
　本譜爲興祖直皇帝福滿位下第五子包朗阿男女册。
　中國第一歷史檔案館

[北京]玉牒覺羅(大)不分卷　(清)宗人府玉牒館纂修　清光緒三年(1877)內府紅欄直格朱墨寫本　三册　書名據書籤題
　本譜爲興祖直皇帝福滿位下第二子劉闡、第三子索長阿男女册。
　中國第一歷史檔案館

[北京]玉牒覺羅(大)不分卷　(清)宗人府玉牒館纂修　清光緒三年(1877)內府紅欄橫格朱墨寫本　一册　書名據書籤題
　本譜載興祖直皇帝福滿位下第一子德世庫、景祖翼皇帝覺昌安位下第五子塔察篇古宗支。
　中國第一歷史檔案館

[北京]玉牒覺羅(大)不分卷　(清)宗人府玉牒館纂修　清光緒三年(1877)內府紅欄直格朱墨寫本　二册　書名據書籤題
　本譜爲興祖直皇帝福滿位下第一子德世庫、景祖翼皇帝覺昌安位下第五子塔察篇古男女册。
　中國第一歷史檔案館

[北京]玉牒覺羅(大)不分卷　(清)宗人府玉牒館纂修　清光緒三年(1877)內府紅欄直格朱墨寫本　一册　書名據書籤題
　本譜爲興祖直皇帝福滿位下第三子索長阿女册。
　中國第一歷史檔案館

[北京]玉牒覺羅(大)不分卷　(清)宗人府玉牒館纂修　清光緒三年(1877)內府紅欄直格朱墨寫本　一册　書名據書籤題
　本譜爲興祖直皇帝福滿位下第五子包朗阿、第六子寶實女册。
　中國第一歷史檔案館

[北京]玉牒覺羅(大)不分卷　(清)宗人府玉牒館纂修　清光緒三年(1877)內府紅欄直格朱墨寫

本　一册　書名據書簽題

　　本譜載興祖直皇帝福滿位下第五子包朗阿宗支。

　　中國第一歷史檔案館

[北京]玉牒覺羅（大）不分卷　（清）宗人府玉牒館纂修　清光緒十三年（1887）内府紅欄直格朱墨寫本　二册　書名據書簽題

　　本譜爲興祖直皇帝福滿位下第一子德世庫男女册。

　　中國第一歷史檔案館

[北京]玉牒覺羅（大）不分卷　（清）宗人府玉牒館纂修　清光緒十三年（1887）内府紅欄直格朱墨寫本　四册　書名據書簽題

　　本譜爲興祖直皇帝福滿位下第六子寶寶男女册。

　　中國第一歷史檔案館

[北京]玉牒覺羅（大）不分卷　（清）宗人府玉牒館纂修　清光緒二十三年（1897）内府紅欄橫格朱墨寫本　一册　書名據書簽題

　　本譜載興祖直皇帝福滿位下第一子德世庫宗支。

　　中國第一歷史檔案館

[北京]玉牒覺羅（大）不分卷　（清）宗人府玉牒館纂修　清光緒二十三年（1897）内府紅欄直格朱墨寫本　二册　書名據書簽題

　　本譜爲興祖直皇帝福滿位下第一子德世庫男女册。

　　中國第一歷史檔案館

[北京]玉牒覺羅（大）不分卷　（清）宗人府玉牒館纂修　清光緒二十三年（1897）内府紅欄直格朱墨寫本　一册　書名據書簽題

　　本譜載興祖直皇帝福滿位下第六子寶寶宗支。

　　中國第一歷史檔案館

[北京]玉牒覺羅（大）不分卷　（清）宗人府玉牒

館纂修　清光緒三十三年（1907）内府紅欄橫格朱墨寫本　一册　書名據書簽題

　　本譜載興祖直皇帝福滿位下第六子寶寶宗支。

　　中國第一歷史檔案館

[北京]玉牒覺羅（大）不分卷　（清）宗人府玉牒館纂修　清光緒二十三年（1897）内府紅欄橫格朱墨寫本　一册　書名據書簽題

　　本譜載興祖直皇帝福滿位下第一子德世庫、第二子劉闡宗支。

　　中國第一歷史檔案館

[北京]玉牒覺羅（大）不分卷　（清）宗人府玉牒館纂修　清光緒二十三年（1897）内府紅欄直格朱墨寫本　二册　書名據書簽題

　　本譜爲興祖直皇帝福滿位下第一子德世庫、第二子劉闡男女册。

　　中國第一歷史檔案館

[北京]玉牒覺羅（大）不分卷　（清）宗人府玉牒館纂修　清光緒二十三年（1897）内府紅欄橫格朱墨寫本　一册　書名據書簽題

　　本譜載興祖直皇帝福滿位下第五子包朗阿、第六子寶寶宗支。

　　中國第一歷史檔案館

[北京]玉牒覺羅（大）不分卷　（清）宗人府玉牒館纂修　清光緒二十三年（1897）内府紅欄直格朱墨寫本　二册　書名據書簽題

　　本譜爲興祖直皇帝福滿位下第五子包朗阿、第六子寶寶男女册。

　　中國第一歷史檔案館

[北京]玉牒覺羅（大）不分卷　（清）宗人府玉牒館纂修　清光緒二十三年（1897）内府紅欄橫格朱墨寫本　一册　書名據書簽題

　　本譜載興祖直皇帝福滿位下第三子索長阿宗支。

　　中國第一歷史檔案館

[北京]玉牒覺羅（大）不分卷　（清）宗人府玉牒
館纂修　清光緒二十三年（1897）內府紅欄直格
朱墨寫本　二冊　書名據書籤題
　　本譜爲興祖直皇帝福滿位下第三子索長阿男
女冊。
　　中國第一歷史檔案館

[北京]玉牒覺羅（大）不分卷　（清）宗人府玉牒
館纂修　清光緒二十三年（1897）內府紅欄直格
朱墨寫本　二冊　書名據書籤題
　　本譜爲興祖直皇帝福滿位下第五子包朗阿男
女冊。
　　中國第一歷史檔案館

[北京]玉牒覺羅（大）不分卷　（清）宗人府玉牒
館纂修　清光緒二十三年（1897）內府紅欄直格
朱墨寫本　二冊　書名據書籤題
　　本譜爲景祖翼皇帝覺昌安位下第一子禮敦巴圖
魯、第五子塔察篇古男女冊。
　　中國第一歷史檔案館

[北京]玉牒覺羅（大）不分卷　（清）宗人府玉牒
館纂修　清光緒二十三年（1897）內府紅欄橫格
朱墨寫本　一冊　書名據書籤題
　　本譜載景祖翼皇帝覺昌安位下第一子禮敦巴圖
魯、第五子塔察篇古宗支。
　　中國第一歷史檔案館

[北京]玉牒覺羅（大）不分卷　（清）宗人府玉牒
館纂修　清光緒三十三年（1907）內府紅欄直格
朱墨寫本　一冊　書名據書籤題
　　本譜爲興祖直皇帝福滿位下第一子德世庫、第
五子包朗阿男冊。
　　中國第一歷史檔案館

[北京]玉牒覺羅（大）不分卷　（清）宗人府玉牒
館纂修　清光緒三十三年（1907）內府紅欄直格
朱墨寫本　一冊　書名據書籤題
　　本譜爲景祖翼皇帝覺昌安位下第一子禮敦巴圖
魯、第五子塔察篇古女冊。

中國第一歷史檔案館

[北京]玉牒覺羅（大）不分卷　（清）宗人府玉牒
館纂修　清光緒三十三年（1907）內府紅欄橫格朱
墨寫本　二冊　書名據書籤題
　　本譜載興祖直皇帝福滿位下第五子包朗阿、第
六子寶寶宗支。
　　中國第一歷史檔案館

[北京]玉牒覺羅（大）不分卷　（清）宗人府玉牒
館纂修　清光緒三十三年（1907）內府紅欄直格朱
墨寫本　三冊　書名據書籤題
　　本譜爲興祖直皇帝福滿位下第五子包朗阿、第
六子寶寶男女冊。
　　中國第一歷史檔案館

[北京]玉牒覺羅（大）不分卷　（清）宗人府玉牒
館纂修　清光緒三十三年（1907）內府紅欄橫格朱
墨寫本　一冊　書名據書籤題
　　本譜載興祖直皇帝福滿位下第一子德世庫
宗支。
　　中國第一歷史檔案館

[北京]玉牒覺羅（大）不分卷　（清）宗人府玉牒
館纂修　清光緒三十三年（1907）內府紅欄直格朱
墨寫本　二冊　書名據書籤題
　　本譜爲興祖直皇帝福滿位下第一子德世庫男
女冊。
　　中國第一歷史檔案館

[北京]玉牒覺羅（大）不分卷　（清）宗人府玉牒
館纂修　清光緒三十三年（1907）內府紅欄橫格朱
墨寫本　一冊　書名據書籤題
　　本譜爲興祖直皇帝福滿位下第二子劉闡男冊。
　　中國第一歷史檔案館

[北京]玉牒覺羅（大）不分卷　（清）宗人府玉牒
館纂修　清光緒三十三年（1907）內府紅欄直格朱
墨寫本　二冊　書名據書籤題
　　本譜爲興祖直皇帝福滿位下第二子劉闡男

女册。
　中國第一歷史檔案館

[北京]玉牒覺羅（大）不分卷　（清）宗人府玉牒館纂修　清光緒三十三年（1907）內府紅欄直格朱墨寫本　一册　書名據書簽題
　本譜載興祖直皇帝福滿位下第三子索長阿宗支。
　中國第一歷史檔案館

[北京]玉牒覺羅（大）不分卷　（清）宗人府玉牒館纂修　清光緒三十三年（1907）內府紅欄直格朱墨寫本　二册　書名據書簽題
　本譜爲興祖直皇帝福滿位下第三子索長阿宗支女册。
　中國第一歷史檔案館

[北京]玉牒覺羅（大）不分卷　（清）宗人府玉牒館纂修　清光緒三十三年（1907）內府紅欄橫格朱墨寫本　二册　書名據書簽題
　本譜載興祖直皇帝福滿位下第五子包朗阿宗支。
　中國第一歷史檔案館

[北京]玉牒覺羅（大）不分卷　（清）宗人府玉牒館纂修　清光緒三十三年（1907）內府紅欄直格朱墨寫本　三册　書名據書簽題
　本譜爲興祖直皇帝福滿位下第五子包朗阿宗支男女册。
　中國第一歷史檔案館

[北京]玉牒覺羅（大）不分卷　（清）宗人府玉牒館纂修　清光緒三十三年（1907）內府紅欄直格朱墨寫本　二册　書名據書簽題
　本譜爲興祖直皇帝福滿位下第六子寶寶宗支女册。
　中國第一歷史檔案館

[北京]玉牒覺羅（大）不分卷　（清）宗人府玉牒館纂修　清內府紅欄橫格朱墨寫本　八册　書名據書簽題
　本譜載興祖直皇帝福滿位下第一子德世庫、第二子劉闡、第三子索長阿、第五子包朗阿、第六子寶寶宗支。
　中國第一歷史檔案館

[北京]玉牒覺羅（大）不分卷　（清）宗人府玉牒館纂修　清內府紅欄橫格朱墨寫本　二册　書名據書簽題
　本譜載興祖直皇帝福滿位下第五子包朗阿、第六子寶寶宗支。
　中國第一歷史檔案館

[北京]玉牒覺羅（大）不分卷　（清）宗人府玉牒館纂修　清內府紅欄橫格朱墨寫本　二册　書名據書簽題
　本譜載興祖直皇帝福滿位下第三子索長阿宗支。
　中國第一歷史檔案館

[北京]玉牒覺羅（大）不分卷　（清）宗人府玉牒館纂修　清內府紅欄橫格朱墨寫本　三册　書名據書簽題
　本譜載興祖直皇帝福滿位下第三子索長阿宗支。
　中國第一歷史檔案館

[北京]玉牒覺羅（大）不分卷　（清）宗人府玉牒館纂修　清內府紅欄橫格朱墨寫本　一册　書名據書簽題
　本譜載興祖直皇帝福滿位下第三子索長阿宗支。
　中國第一歷史檔案館

[北京]玉牒覺羅（大）不分卷　（清）宗人府玉牒館纂修　清內府紅欄直格朱墨寫本　一册　書名據書簽題
　本譜爲興祖直皇帝福滿位下第三子索長阿子女册。
　中國第一歷史檔案館

[北京]玉牒覺羅（大）不分卷　（清）宗人府玉牒館纂修　清內府紅欄橫格朱墨寫本　一册　書名據書簽題

　　本譜載興祖直皇帝福滿位下第五子包朗阿宗支。

　　中國第一歷史檔案館

[北京]玉牒覺羅（大）不分卷　（清）宗人府玉牒館纂修　清內府紅欄橫格朱墨寫本　二册　書名據書簽題　紅綾書衣

　　本譜載興祖直皇帝福滿位下第六子寶寶宗支。

　　中國第一歷史檔案館

[北京]玉牒覺羅（大）不分卷　（清）宗人府玉牒館纂修　清內府紅欄橫格朱墨寫本　八册　書名據書簽題　紅綾書衣

　　本譜載景祖翼皇帝覺昌安位下宗支。

　　中國第一歷史檔案館

[北京]玉牒覺羅（大）不分卷　（清）宗人府玉牒館纂修　清內府紅欄橫格朱墨寫本　八册　書名據書簽題　黃綾書衣

　　本譜載景祖翼皇帝覺昌安位下宗支。

　　中國第一歷史檔案館

[北京]玉牒覺羅（大）不分卷　（清）宗人府玉牒館纂修　清內府紅欄橫格朱墨寫本　三册　書名據書簽題　紅綾書衣

　　本譜爲景祖翼皇帝覺昌安位下第一子禮敦巴圖魯、第五子塔察篇古宗支册。

　　中國第一歷史檔案館

[北京]玉牒覺羅（大）不分卷　宗人府玉牒館纂修　1921年紅欄橫格朱墨寫本　三册　書名據書簽題

　　本譜爲興祖直皇帝福滿位下第一子德世庫、第二子劉闡、第三子索長阿宗支册。

　　中國第一歷史檔案館

[北京]玉牒覺羅（大）不分卷　宗人府玉牒館纂修　1921年紅欄直格朱墨寫本　四册　書名據書簽題

　　本譜爲興祖直皇帝福滿位下第一子德世庫、第五子包朗阿、第六子寶寶男女册。

　　中國第一歷史檔案館

[北京]玉牒覺羅（大）不分卷　宗人府玉牒館纂修　1921年紅欄橫格朱墨寫本　一册　書名據書簽題

　　本譜爲興祖直皇帝福滿位下第二子劉闡、第三子索長阿、第五子包朗阿、第六子寶寶男册。

　　中國第一歷史檔案館

[北京]玉牒覺羅（大）不分卷　宗人府玉牒館纂修　1921年紅欄直格朱墨寫本　十册　書名據書簽題

　　本譜爲興祖直皇帝福滿位下第二子劉闡、第三子索長阿、第五子包朗阿、第六子寶寶男女册。

　　中國第一歷史檔案館

[北京]玉牒覺羅（大）不分卷　宗人府玉牒館纂修　1921年紅欄橫格朱墨寫本　一册　書名據書簽題

　　本譜載興祖直皇帝福滿位下第五子包朗阿、第六子寶寶宗支。

　　中國第一歷史檔案館

[北京]玉牒覺羅（大）不分卷　宗人府玉牒館纂修　1921年紅欄橫格朱墨寫本　一册　書名據書簽題

　　本譜載興祖直皇帝福滿位下第一子德世庫宗支。

　　中國第一歷史檔案館

[北京]玉牒覺羅（大）不分卷　宗人府玉牒館纂修　1921年紅欄橫格朱墨寫本　二册　書名據書簽題

　　本譜載興祖直皇帝福滿位下第一子德世庫宗支。

　　中國第一歷史檔案館

[北京]玉牒覺羅（大）不分卷　宗人府玉牒館纂

[北京]玉牒覺羅(大)不分卷　宗人府玉牒館纂修　1921年紅欄直格朱墨寫本　二册　書名據書簽題

本譜爲興祖直皇帝福滿位下第一子德世庫宗支男女册。

中國第一歷史檔案館

[北京]玉牒覺羅(大)不分卷　宗人府玉牒館纂修　1921年紅欄直格朱墨寫本　二册　書名據書簽題

本譜爲興祖直皇帝福滿位下第三子索長阿宗支男女册。

中國第一歷史檔案館

[北京]玉牒覺羅(大)不分卷　宗人府玉牒館纂修　1921年紅欄橫格朱墨寫本　一册　書名據書簽題

本譜爲景祖翼皇帝覺昌安位下第一子禮敦巴圖魯、第五子塔察篇古男册。

中國第一歷史檔案館

[北京]玉牒覺羅(大)不分卷　宗人府玉牒館纂修　1921年紅欄直格朱墨寫本　一册　書名據書簽題

本譜爲景祖翼皇帝覺昌安位下第一子禮敦巴圖魯、第五子塔察篇古男女册。

中國第一歷史檔案館

[北京]玉牒覺羅第八本不分卷　(清)宗人府玉牒館纂修　清光緒間内府橫格朱墨寫本　一册　毛裝　書名據目録題

本譜載景祖翼皇帝覺昌安位下第一子禮敦巴圖魯宗支。

中國第一歷史檔案館

[北京]玉牒覺羅第八本不分卷　(清)宗人府玉牒館纂修　清光緒間内府黑欄橫格朱墨寫本　一册　書名據書簽題　滿漢雙文

本譜載景祖翼皇帝覺昌安位下第一子禮敦巴圖魯宗支。

中國第一歷史檔案館

[北京]玉牒覺羅不分卷　(清)宗人府玉牒館纂修　清同治間内府黑欄橫格朱墨寫本　一册　書名據書簽題　紅綾書衣　滿漢雙文

本譜載興祖直皇帝福滿位下第三子索長阿五子飛永敦宗支。

中國第一歷史檔案館

[北京]玉牒覺羅不分卷　(清)宗人府玉牒館纂修　清内府寫本　二册　書名據書簽題　記事至清光緒二十二年(1896)

本譜載景祖翼皇帝覺昌安位下第一子禮敦巴圖魯宗支。

國家圖書館

[北京]玉牒不分卷　(清)宗人府玉牒館纂修　清道光間抄本

遼寧省圖書館

[北京]玉牒摘要　(清)雙喜纂　據抄本複印　記事至清光緒間　一册

本譜第一代自肇祖原皇帝都督特穆位下子始，至二十一代燾旭止。

遼寧省圖書館

[北京]玉牒摘要　(清)雙喜纂　2003年北京圖書館出版社據遼寧省圖書館複印本影印　記事至清光緒間　合册

參見前條。

本譜載於《北京圖書館藏家譜叢刊·民族卷》第三十三册

[北京]列祖子孫玉牒不分卷　(清)宗人府玉牒館纂修　清光緒間内府紅欄直格朱墨寫本　一册　書名據書簽題　黄綾書衣

本譜記永字輩諸子。

中國第一歷史檔案館

[北京]列祖子孫玉牒不分卷　(清)宗人府玉牒

館纂修　清光緒間内府紅欄直格朱墨寫本　一册
書名據書籤題　黃綾書衣　初稿本
　　本譜記奕字輩諸子。
　　中國第一歷史檔案館

[北京]列祖子孫玉牒不分卷　（清）宗人府玉牒
館纂修　清光緒間内府紅欄直格朱墨寫本　一册
書名據書籤題　黃綾書衣　校對本
　　本譜記奕字輩諸子。
　　中國第一歷史檔案館

[北京]列祖子孫玉牒不分卷　（清）宗人府玉牒
館纂修　清光緒間内府紅欄直格朱墨寫本　一册
書名據書籤題　黃綾書衣　初稿本
　　本譜記載字輩諸子。
　　中國第一歷史檔案館

[北京]列祖子孫玉牒不分卷　（清）宗人府玉牒
館纂修　清光緒間内府紅欄直格朱墨寫本　一册
書名據書籤題　黃綾書衣　校對本
　　本譜記載字輩諸子。
　　中國第一歷史檔案館

[北京]列祖子孫玉牒不分卷　（清）宗人府玉牒
館纂修　清光緒間内府紅欄直格朱墨寫本　一册
書名據書籤題　黃綾書衣　初稿本
　　本譜記溥字輩諸子。
　　中國第一歷史檔案館

[北京]列祖子孫玉牒不分卷　（清）宗人府玉牒
館纂修　清光緒間内府紅欄直格朱墨寫本　一册
書名據書籤題　紅綾書衣　初稿本
　　本譜記溥字輩諸子。
　　中國第一歷史檔案館

[北京]列祖子孫玉牒不分卷　（清）宗人府玉牒
館纂修　清光緒間内府紅欄直格朱墨寫本　一册
書名據書籤題　黃綾書衣
　　本譜記毓字輩諸子。
　　中國第一歷史檔案館

[北京]列祖子孫玉牒備查第二本不分卷　（清）
宗人府玉牒館纂修　清光緒間内府紅欄直格朱墨
寫本　一册　書名據書籤題　黃綾書衣
　　本譜記弘字輩諸子。
　　中國第一歷史檔案館

[北京]列祖子孫玉牒備查第三本不分卷　（清）
宗人府玉牒館纂修　清内府紅欄直格朱墨寫本
一册　書名據書籤題　黃綾書衣
　　本譜記永字輩諸子。
　　中國第一歷史檔案館

[北京]列祖子孫玉牒備查第五本不分卷　（清）
宗人府玉牒館纂修　清光緒間内府紅欄直格朱墨
寫本　一册　書名據書籤題　黃綾書衣
　　本譜記奕字輩諸子。
　　中國第一歷史檔案館

[北京]列祖子孫玉牒備查第六本不分卷　（清）
宗人府玉牒館纂修　清光緒間内府紅欄直格朱墨
寫本　一册　書名據書籤題　黃綾書衣
　　本譜記載字輩諸子。
　　中國第一歷史檔案館

[北京]列祖子孫玉牒備查第八本不分卷　（清）
宗人府玉牒館纂修　清光緒間内府紅欄直格朱墨
寫本　一册　書名據書籤題　黃綾書衣
　　本譜記溥字輩諸子。
　　中國第一歷史檔案館

[北京]玉牒列祖子孫（小）備查第一本不分卷
（清）宗人府玉牒館纂修　清内府黑欄直格朱墨
寫本　一册　尾殘　書名據目録題
　　本譜記弘字輩諸子。
　　中國第一歷史檔案館

[北京]玉牒列祖子孫（小）備查第四本不分卷
（清）宗人府玉牒館纂修　清内府黑欄直格朱墨
寫本　一册　書名據目録題
　　本譜記綿字輩諸子。

中國第一歷史檔案館

[北京]玉牒列祖子孫(小)備查第五本不分卷
(清)宗人府玉牒館纂修　清内府黑欄直格朱墨
寫本　一册　尾殘　書名據目録題
　　本譜記奕字輩諸子。
　　中國第一歷史檔案館

[北京]玉牒列祖子孫(小)備查第六本不分卷
(清)宗人府玉牒館纂修　清内府黑欄直格朱墨
寫本　一册　首尾殘　書名據目録題
　　本譜記載字輩諸子。
　　中國第一歷史檔案館

[北京]玉牒列祖子孫(小)備查第七本不分卷
(清)宗人府玉牒館纂修　清内府黑欄直格朱墨
寫本　一册　書名據目録題
　　本譜記溥字輩諸子。
　　中國第一歷史檔案館

[北京]玉牒列祖女孫(小)不分卷　(清)宗人府
玉牒館纂修　清光緒間内府黑欄直格朱墨寫本
一册　書名據目録題
　　本譜記顯祖宣皇帝塔克世至宣宗成皇帝旻寧位
下各朝宗室女孫。
　　中國第一歷史檔案館

[北京]玉牒列祖女孫(小)第四本不分卷　(清)
宗人府玉牒館纂修　清光緒間内府黑欄直格朱墨
寫本　一册　書名據目録題
　　本譜記綿字輩諸女。
　　中國第一歷史檔案館

[北京]列祖子孫玉牒(小)不分卷　(清)宗人府
玉牒館纂修　清光緒間内府紅欄直格朱墨寫本
一册　書名據書簽題　紅綾書衣
　　本譜記顯祖宣皇帝塔克世位下宗支。
　　中國第一歷史檔案館

[北京]列祖子孫玉牒(小)不分卷　(清)宗人府

玉牒館纂修　清光緒間内府紅欄直格朱墨寫本
一册　書名據書簽題　紅綾書衣
　　本譜記太祖高皇帝努爾哈赤位下宗支。
　　中國第一歷史檔案館

[北京]列祖女孫玉牒(小)不分卷　(清)宗人府
玉牒館纂修　清光緒間内府紅欄直格朱墨寫本
一册　書名據書簽題　黄綾書衣　正本
　　本譜爲顯祖宣皇帝塔克世至世宗憲皇帝胤禛位
下各朝宗室女册。
　　中國第一歷史檔案館

[北京]列祖女孫玉牒(小)不分卷　(清)宗人府
玉牒館纂修　清光緒間内府紅欄直格朱墨寫本
一册　書名據書簽題　黄綾書衣　校對本
　　本譜爲顯祖宣皇帝塔克世至世宗憲皇帝胤禛位
下各朝宗室女册。
　　中國第一歷史檔案館

[北京]列祖女孫玉牒(小)不分卷　(清)宗人府
玉牒館纂修　清光緒間内府紅欄直格朱墨寫本
一册　書名據書簽題　黄綾書衣　正本
　　本譜記弘字輩諸女。
　　中國第一歷史檔案館

[北京]列祖女孫玉牒(小)不分卷　(清)宗人府
玉牒館纂修　清光緒間内府紅欄直格朱墨寫本
一册　書名據書簽題　黄綾書衣　校對本
　　本譜記弘字輩諸女。
　　中國第一歷史檔案館

[北京]列祖女孫玉牒(小)不分卷　(清)宗人府
玉牒館纂修　清光緒間内府紅欄直格朱墨寫本
一册　書名據書簽題　黄綾書衣　正本
　　本譜記永字輩諸女。
　　中國第一歷史檔案館

[北京]列祖女孫玉牒(小)不分卷　(清)宗人府
玉牒館纂修　清光緒間内府紅欄直格朱墨寫本
一册　書名據書簽題　黄綾書衣　校對本

本譜記永字輩諸女。
中國第一歷史檔案館

[北京]列祖女孫玉牒(小)不分卷　(清)宗人府玉牒館纂修　清光緒間内府紅欄直格朱墨寫本　一册　書名據書籤題　黃綾書衣
　　本譜記奕字輩諸女。
　　中國第一歷史檔案館

[北京]列祖女孫玉牒(小)不分卷　(清)宗人府玉牒館纂修　清光緒間内府紅欄直格朱墨寫本　一册　書名據書籤題　黃綾書衣
　　本譜記溥字輩諸女。
　　中國第一歷史檔案館

[北京]列祖女孫玉牒備查第一本不分卷　(清)宗人府玉牒館纂修　清光緒間内府紅欄直格朱墨寫本　一册　書名據書籤題　黃綾書衣
　　本譜爲顯祖宣皇帝塔克世至世宗憲皇帝胤禛位下各朝宗室女册。
　　中國第一歷史檔案館

[北京]列祖女孫玉牒備查第二本不分卷　(清)宗人府玉牒館纂修　清光緒間内府紅欄直格朱墨寫本　一册　書名據書籤題　黃綾書衣
　　本譜記弘字輩諸女。
　　中國第一歷史檔案館

[北京]列祖女孫玉牒備查第三本不分卷　(清)宗人府玉牒館纂修　清光緒間内府紅欄直格朱墨寫本　一册　書名據書籤題　黃綾書衣
　　本譜記永字輩諸女。
　　中國第一歷史檔案館

[北京]列祖女孫玉牒備查第四本不分卷　(清)宗人府玉牒館纂修　清光緒間内府紅欄直格朱墨寫本　一册　書名據書籤題　黃綾書衣
　　本譜記綿字輩諸女。
　　中國第一歷史檔案館

[北京]列祖女孫玉牒備查第五本不分卷　(清)宗人府玉牒館纂修　清光緒間内府紅欄直格朱墨寫本　一册　書名據書籤題　黃綾書衣
　　本譜記奕字輩諸女。
　　中國第一歷史檔案館

[北京]列祖女孫玉牒備查第六本不分卷　(清)宗人府玉牒館纂修　清光緒間内府紅欄直格朱墨寫本　一册　書名據書籤題　黃綾書衣
　　本譜記載字輩諸女。
　　中國第一歷史檔案館

[北京]列祖女孫玉牒備查第七本不分卷　(清)宗人府玉牒館纂修　清光緒間内府紅欄直格朱墨寫本　一册　書名據書籤題　黃綾書衣
　　本譜記溥字輩諸女。
　　中國第一歷史檔案館

[北京]列祖女孫玉牒(小)備查第八本不分卷　(清)宗人府玉牒館纂修　清光緒間内府紅欄直格朱墨寫本　一册　書名據書籤題　黃綾書衣
　　本譜記毓字輩諸女。
　　中國第一歷史檔案館

[北京]星源集慶不分卷　(清)宗人府玉牒館纂修　清嘉慶二十三年(1818)内府紅欄橫格朱墨寫本　一册　經折裝　書名據目録題　黃綾書衣
　　是爲仁宗睿皇帝顒琰位下十七支女册。
　　中國第一歷史檔案館

[北京]星源集慶不分卷　(清)宗人府玉牒館纂修　清道光元年(1821)内府紅欄橫格朱墨寫本　一册　經折裝　書名據目録題　黃綾書衣
　　是爲仁宗睿皇帝顒琰位下四支男册。
　　中國第一歷史檔案館

[北京]星源集慶不分卷　(清)宗人府玉牒館纂修　清道光三年(1823)内府紅欄橫格朱墨寫本　一册　經折裝　書名據目録題　黃綾書衣
　　是爲仁宗睿皇帝顒琰位下十七支男册。

中國第一歷史檔案館

[北京]星源集慶不分卷　（清）宗人府玉牒館纂
修　清道光三年（1823）内府紅欄横格朱墨寫本
一册　經折裝　書名據目録題　黄綾書衣
　　是爲宣宗成皇帝旻寧位下五支女册。
　　中國第一歷史檔案館

[北京]星源集慶不分卷　（清）宗人府玉牒館纂
修　清道光四年（1824）内府紅欄横格朱墨寫本
二册　經折裝　書名據目録題　黄綾書衣
　　是爲高宗純皇帝弘曆位下十七支男女册。
　　中國第一歷史檔案館

[北京]星源集慶不分卷　（清）宗人府玉牒館纂
修　清道光四年（1824）内府紅欄横格朱墨寫本
四册　經折裝　書名據套簽題　黄綾書衣
　　是爲高宗純皇帝弘曆、仁宗睿皇帝顒琰位下諸
子男女册。
　　中國第一歷史檔案館

[北京]星源集慶不分卷　（清）宗人府玉牒館纂
修　清道光四年（1824）内府紅欄横格朱墨寫本
二册　經折裝　書名據套簽題　黄綾書衣
　　是爲仁宗睿皇帝顒琰位下五支男女册。
　　中國第一歷史檔案館

[北京]星源集慶不分卷　（清）宗人府玉牒館纂
修　清道光五年（1825）内府紅欄横格朱墨寫本
一册　經折裝　書名據目録題　黄綾書衣
　　是爲仁宗睿皇帝顒琰位下十七支男册。
　　中國第一歷史檔案館

[北京]星源集慶不分卷　（清）宗人府玉牒館纂
修　清道光五年（1825）内府紅欄横格朱墨寫本
一册　經折裝　書名據目録題　黄綾書衣
　　是爲仁宗睿皇帝顒琰位下十七支女册。
　　中國第一歷史檔案館

[北京]星源集慶不分卷　（清）宗人府玉牒館纂

修　清道光五年（1825）内府紅欄横格朱墨寫本
一册　經折裝　書名據目録題　黄綾書衣
　　是爲宣宗成皇帝旻寧位下五支女册。
　　中國第一歷史檔案館

[北京]星源集慶不分卷　（清）宗人府玉牒館纂
修　清道光六年（1826）内府紅欄横格朱墨寫本
二册　經折裝　書名據目録題　黄綾書衣
　　是爲高宗純皇帝弘曆位下十七支男册。
　　中國第一歷史檔案館

[北京]星源集慶不分卷　（清）宗人府玉牒館纂
修　清道光六年（1826）内府紅欄横格朱墨寫本
一册　經折裝　書名據目録題　黄綾書衣
　　是爲仁宗睿皇帝顒琰位下五支男册。
　　中國第一歷史檔案館

[北京]星源集慶不分卷　（清）宗人府玉牒館纂
修　清道光六年（1826）内府紅欄横格朱墨寫本
一册　經折裝　書名據目録題　黄綾書衣
　　是爲仁宗睿皇帝顒琰位下五支女册。
　　中國第一歷史檔案館

[北京]星源集慶不分卷　（清）宗人府玉牒館纂
修　清道光七年（1827）内府紅欄横格朱墨寫本
一册　經折裝　書名據目録題　黄綾書衣
　　是爲仁宗睿皇帝顒琰位下五支男册。
　　中國第一歷史檔案館

[北京]星源集慶不分卷　（清）宗人府玉牒館纂
修　清道光七年（1827）内府紅欄横格朱墨寫本
一册　經折裝　書名據目録題　黄綾書衣
　　是爲仁宗睿皇帝顒琰位下五支女册。
　　中國第一歷史檔案館

[北京]星源集慶不分卷　（清）宗人府玉牒館纂
修　清道光九年（1829）内府紅欄横格朱墨寫本
一册　經折裝　書名據目録題　黄綾書衣
　　本册載高宗純皇帝弘曆位下宗支。
　　中國第一歷史檔案館

[北京]星源集慶不分卷　（清）宗人府玉牒館纂修　清道光九年（1829）內府紅欄橫格朱墨寫本　一册　經折裝　書名據目錄題　黃綾書衣
　　是爲高宗純皇帝弘曆位下親王、郡王十七支男册。
　　中國第一歷史檔案館

[北京]星源集慶不分卷　（清）宗人府玉牒館纂修　清道光九年（1829）內府紅欄橫格朱墨寫本　一册　經折裝　書名據目錄題　黃綾書衣
　　是爲高宗純皇帝弘曆位下十七支女册。
　　中國第一歷史檔案館

[北京]星源集慶不分卷　（清）宗人府玉牒館纂修　清道光九年（1829）內府紅欄橫格朱墨寫本　一册　經折裝　書名據目錄題　黃綾書衣
　　是爲仁宗睿皇帝顒琰位下親王、郡王五支男册。
　　中國第一歷史檔案館

[北京]星源集慶不分卷　（清）宗人府玉牒館纂修　清道光九年（1829）內府紅欄橫格朱墨寫本　一册　經折裝　書名據目錄題　黃綾書衣
　　是爲仁宗睿皇帝顒琰位下親王、郡王五支女册。
　　中國第一歷史檔案館

[北京]星源集慶不分卷　（清）宗人府玉牒館纂修　清道光十一年（1831）內府紅欄橫格朱墨寫本　二册　經折裝　書名據套簽題　黃綾書衣
　　是爲高宗純皇帝弘曆位下十七支男女册。
　　中國第一歷史檔案館

[北京]星源集慶不分卷　（清）宗人府玉牒館纂修　清道光十一年（1831）內府紅欄橫格朱墨寫本　二册　經折裝　書名據套簽題　黃綾書衣
　　是爲仁宗睿皇帝顒琰位下及綿字輩女册。
　　中國第一歷史檔案館

[北京]星源集慶不分卷　（清）宗人府玉牒館纂修　清道光十一年（1831）內府紅欄橫格朱墨寫本　四册　經折裝　書名據套簽題　黃綾書衣

是爲仁宗睿皇帝顒琰、宣宗成皇帝旻寧位下男女册。
　　中國第一歷史檔案館

[北京]星源集慶不分卷　（清）宗人府玉牒館纂修　清道光十二年（1832）內府紅欄橫格朱墨寫本　二册　經折裝　書名據套簽題　黃綾書衣
　　是爲仁宗睿皇帝顒琰位下十七支男女册。
　　中國第一歷史檔案館

[北京]星源集慶不分卷　（清）宗人府玉牒館纂修　清道光十二年（1832）內府紅欄橫格朱墨寫本　一册　經折裝　書名據目錄題　黃綾書衣
　　是爲仁宗睿皇帝顒琰位下親王、郡王五支男册。
　　中國第一歷史檔案館

[北京]星源集慶不分卷　（清）宗人府玉牒館纂修　清道光十二年（1832）內府紅欄橫格朱墨寫本　一册　經折裝　書名據目錄題　黃綾書衣
　　是爲仁宗睿皇帝顒琰位下親王、郡王五支女册。
　　中國第一歷史檔案館

[北京]星源集慶不分卷　（清）宗人府玉牒館纂修　清道光十二年（1832）內府紅欄橫格朱墨寫本　二册　經折裝　書名據套簽題　黃綾書衣
　　是爲宣宗成皇帝旻寧位下男女册。
　　中國第一歷史檔案館

[北京]星源集慶不分卷　（清）宗人府玉牒館纂修　清道光十三年（1833）內府紅欄橫格朱墨寫本　一册　經折裝　書名據目錄題　黃綾書衣
　　是爲仁宗睿皇帝顒琰位下親王、郡王五支女册。
　　中國第一歷史檔案館

[北京]星源集慶不分卷　（清）宗人府玉牒館纂修　清道光十五年（1835）內府紅欄橫格朱墨寫本　一册　經折裝　書名據目錄題　黃綾書衣
　　是爲高宗純皇帝弘曆位下親王、郡王十七支男册。
　　中國第一歷史檔案館

[北京]星源集慶不分卷　（清）宗人府玉牒館纂修　清道光十五年（1835）内府紅欄橫格朱墨寫本　一册　經折裝　書名據目録題　黃綾書衣
　　是爲高宗純皇帝弘曆位下親王、郡王十七支女册。
　　中國第一歷史檔案館

[北京]星源集慶不分卷　（清）宗人府玉牒館纂修　清道光十五年（1835）内府紅欄橫格朱墨寫本　一册　經折裝　書名據目録題　黃綾書衣
　　是爲仁宗睿皇帝顒琰位下親王、郡王五支男册。
　　中國第一歷史檔案館

[北京]星源集慶不分卷　（清）宗人府玉牒館纂修　清道光十五年（1835）内府紅欄橫格朱墨寫本　一册　經折裝　書名據目録題　黃綾書衣
　　是爲仁宗睿皇帝顒琰親王、郡王四支女册。
　　中國第一歷史檔案館

[北京]星源集慶不分卷　（清）宗人府玉牒館纂修　清道光十六年（1836）内府紅欄橫格朱墨寫本　一册　經折裝　書名據目録題　黃綾書衣
　　是爲仁宗睿皇帝顒琰位下親王、郡王五支男册。
　　中國第一歷史檔案館

[北京]星源集慶不分卷　（清）宗人府玉牒館纂修　清道光二十年（1840）内府紅欄橫格朱墨寫本　一册　經折裝　書名據目録題　黃綾書衣
　　是爲宣宗成皇帝旻寧位下男册。
　　中國第一歷史檔案館

[北京]星源集慶不分卷　（清）宗人府玉牒館纂修　清道光二十三年（1843）内府紅欄橫格朱墨寫本　一册　經折裝　書名據目録題　黃綾書衣
　　是爲仁宗睿皇帝顒琰位下親王、郡王五支女册。
　　中國第一歷史檔案館

[北京]星源集慶不分卷　（清）宗人府玉牒館纂修　清道光二十四年（1844）内府寫本　四册　經折裝　書名據書簽題

國家圖書館

[北京]星源集慶不分卷　（清）宗人府玉牒館纂修　清道光二十五年（1845）内府紅欄橫格朱墨寫本　一册　經折裝　書名據目録題　黃綾書衣
　　是爲仁宗睿皇帝顒琰位下四支男册。
　　中國第一歷史檔案館

[北京]星源集慶不分卷　（清）宗人府玉牒館纂修　清道光二十五年（1845）内府紅欄橫格朱墨寫本　一册　經折裝　書名據目録題　黃綾書衣
　　是爲仁宗睿皇帝顒琰位下五支女册。
　　中國第一歷史檔案館

[北京]星源集慶不分卷　（清）宗人府玉牒館纂修　清道光二十五年（1845）内府紅欄橫格朱墨寫本　一册　經折裝　書名據目録題　黃綾書衣
　　是爲宣宗成皇帝旻寧位下八支男册。
　　中國第一歷史檔案館

[北京]星源集慶不分卷　（清）宗人府玉牒館纂修　清道光二十五年（1845）内府紅欄橫格朱墨寫本　一册　經折裝　書名據目録題　黃綾書衣
　　是爲宣宗成皇帝旻寧位下十支女册。
　　中國第一歷史檔案館

[北京]星源集慶不分卷　（清）宗人府玉牒館纂修　清道光二十六年（1846）内府紅欄橫格朱墨寫本　一册　經折裝　書名據目録題　黃綾書衣
　　是爲宣宗成皇帝旻寧位下女册。
　　中國第一歷史檔案館

[北京]星源集慶不分卷　（清）宗人府玉牒館纂修　清道光二十七年（1847）内府紅欄橫格朱墨寫本　一册　經折裝　書名據目録題　黃綾書衣
　　是爲仁宗睿皇帝顒琰位下四支男册。
　　中國第一歷史檔案館

[北京]星源集慶不分卷　（清）宗人府玉牒館纂修　清道光二十八年（1848）内府紅欄橫格朱墨寫

本　一册　經折裝　書名據目録題　黃綾書衣
　　是爲宣宗成皇帝旻寧位下九支男册。
　　中國第一歷史檔案館

[北京]星源集慶不分卷　（清）宗人府玉牒館纂
修　清道光二十八年（1848）内府紅欄橫格朱墨
寫本　一册　經折裝　書名據目録題　黃綾書衣
　　是爲宣宗成皇帝旻寧位下女册。
　　中國第一歷史檔案館

[北京]星源集慶不分卷　（清）宗人府玉牒館纂
修　清道光二十九年（1849）内府紅欄橫格朱墨
寫本　二册　經折裝　書名據套簽題　黃綾書衣
　　是爲宣宗成皇帝旻寧位下男女册。
　　中國第一歷史檔案館

[北京]星源集慶不分卷　（清）宗人府玉牒館纂
修　清道光二十九年（1849）内府紅欄橫格朱墨
寫本　四册　經折裝　書名據套簽題　黃綾書衣
　　是爲宣宗成皇帝旻寧位下及綿字輩男女册。
　　中國第一歷史檔案館

[北京]星源集慶不分卷　（清）宗人府玉牒館纂
修　清道光三十年（1850）内府紅欄橫格朱墨寫
本　一函四册　經折裝　書名據套簽題　黃綾
書衣
　　是爲仁宗睿皇帝顒琰位下十七支男女册、宣宗
成皇帝旻寧位下男女册。
　　中國第一歷史檔案館

[北京]星源集慶不分卷　（清）宗人府玉牒館纂
修　清道光三十年（1850）内府紅欄橫格朱墨寫
本　一册　經折裝　書名據目録題　黃綾書衣
　　是爲宣宗成皇帝旻寧位下宗支册。
　　中國第一歷史檔案館

[北京]星源集慶不分卷　（清）宗人府玉牒館纂
修　清道光三十年（1850）内府紅欄橫格朱墨寫
本　一册　經折裝　書名據目録題　黃綾書衣
　　是爲宣宗成皇帝旻寧位下女册。

中國第一歷史檔案館

[北京]星源集慶不分卷　（清）宗人府玉牒館纂
修　清道光間内府紅欄朱墨寫本　一册　經折裝
書名據書簽題
　　是爲仁宗睿皇帝顒琰位下多羅穆郡王宗支。
　　國家圖書館

[北京]星源集慶不分卷　（清）宗人府玉牒館纂
修　清咸豐元年（1851）内府紅欄橫格朱墨寫本
一册　經折裝　書名據目録題　黃綾書衣
　　是爲仁宗睿皇帝顒琰位下八支男册。
　　中國第一歷史檔案館

[北京]星源集慶不分卷　（清）宗人府玉牒館纂
修　清咸豐二年（1852）内府紅欄橫格朱墨寫本
一册　經折裝　書名據目録題　黃綾書衣
　　是爲仁宗睿皇帝顒琰位下八支男册。
　　中國第一歷史檔案館

[北京]星源集慶不分卷　（清）宗人府玉牒館纂
修　清咸豐二年（1852）内府紅欄橫格朱墨寫本
一册　經折裝　書名據目録題　黃綾書衣
　　是爲宣宗成皇帝旻寧位下女册。
　　中國第一歷史檔案館

[北京]星源集慶不分卷　（清）宗人府玉牒館纂
修　清咸豐三年（1853）内府紅欄橫格朱墨寫本
一册　經折裝　書名據目録題　黃綾書衣
　　是爲宣宗成皇帝旻寧位下九子册。
　　中國第一歷史檔案館

[北京]星源集慶不分卷　（清）宗人府玉牒館纂
修　清咸豐四年（1854）内府紅欄橫格朱墨寫本
一册　經折裝　書名據目録題　黃綾書衣
　　是爲宣宗成皇帝旻寧位下九支男册。
　　中國第一歷史檔案館

[北京]星源集慶不分卷　（清）宗人府玉牒館纂
修　清咸豐四年（1854）内府紅欄橫格朱墨寫本

一册　經折裝　書名據目録題　黄綾書衣
　　是爲宣宗成皇帝旻寧位下十支女册。
　　中國第一歷史檔案館

[北京]星源集慶不分卷　（清）宗人府玉牒館纂
修　清咸豐五年（1855）内府紅欄横格朱墨寫本
一册　經折裝　書名據目録題　黄綾書衣
　　是爲宣宗成皇帝旻寧位下十支女册。
　　中國第一歷史檔案館

[北京]星源集慶不分卷　（清）宗人府玉牒館纂
修　清咸豐七年（1857）内府紅欄横格朱墨寫本
一册　經折裝　書名據目録題　黄綾書衣
　　是爲宣宗成皇帝旻寧位下九支女册。
　　中國第一歷史檔案館

[北京]星源集慶不分卷　（清）宗人府玉牒館纂
修　清咸豐七年（1857）内府紅欄横格朱墨寫本
一册　經折裝　書名據目録題　黄綾書衣
　　是爲宣宗成皇帝旻寧位下十支女册。
　　中國第一歷史檔案館

[北京]星源集慶不分卷　（清）宗人府玉牒館纂
修　清咸豐八年（1858）内府紅欄横格朱墨寫本
一册　經折裝　書名據目録題　黄綾書衣
　　是爲宣宗成皇帝旻寧位下九支女册。
　　中國第一歷史檔案館

[北京]星源集慶不分卷　（清）宗人府玉牒館纂
修　清咸豐十年（1860）内府紅欄横格朱墨寫本
一册　經折裝　書名據目録題　黄綾書衣
　　是爲宣宗成皇帝旻寧位下女册。
　　中國第一歷史檔案館

[北京]星源集慶不分卷　（清）宗人府玉牒館纂
修　清咸豐十年（1860）内府紅欄横格朱墨寫本
一册　經折裝　書名據目録題　黄綾書衣
　　是爲宣宗成皇帝旻寧位下九支女册。
　　中國第一歷史檔案館

[北京]星源集慶不分卷　（清）宗人府玉牒館纂
修　清咸豐十年（1860）内府紅欄横格朱墨寫本
一册　經折裝　書名據目録題　黄綾書衣
　　是爲文宗顯皇帝奕詝位下女册。
　　中國第一歷史檔案館

[北京]星源集慶不分卷　（清）宗人府玉牒館纂
修　清咸豐十年（1860）内府紅欄横格朱墨寫本
一册　經折裝　書名據目録題　黄綾書衣
　　是爲文宗顯皇帝奕詝位下二支男册。
　　中國第一歷史檔案館

[北京]星源集慶不分卷　（清）宗人府玉牒館纂
修　清咸豐十一年（1861）内府紅欄横格朱墨寫本
一册　經折裝　書名據目録題　黄綾書衣
　　是爲文宗顯皇帝奕詝位下女册。
　　中國第一歷史檔案館

[北京]星源集慶不分卷　（清）宗人府玉牒館纂
修　清同治元年（1862）内府紅欄横格朱墨寫本
一册　經折裝　書名據目録題　黄綾書衣
　　是爲宣宗成皇帝旻寧位下九支男册。
　　中國第一歷史檔案館

[北京]星源集慶不分卷　（清）宗人府玉牒館纂
修　清同治元年（1862）内府紅欄横格朱墨寫本
一册　經折裝　書名據目録題　黄綾書衣
　　是爲宣宗成皇帝旻寧位下女册。
　　中國第一歷史檔案館

[北京]星源集慶不分卷　（清）宗人府玉牒館纂
修　清同治元年（1862）内府紅欄横格朱墨寫本
一册　經折裝　書名據目録題　黄綾書衣
　　是爲宣宗成皇帝旻寧位下九支女册。
　　中國第一歷史檔案館

[北京]星源集慶不分卷　（清）宗人府玉牒館纂
修　清同治二年（1863）内府紅欄横格朱墨寫本
一册　經折裝　書名據目録題　黄綾書衣
　　是爲宣宗成皇帝旻寧位下九支男册。

中國第一歷史檔案館

[北京]星源集慶不分卷　（清）宗人府玉牒館纂
修　清同治二年（1863）内府紅欄橫格朱墨寫本
一册　經折裝　書名據目録題　黄綾書衣
　　是爲宣宗成皇帝旻寧位下女册。
　　中國第一歷史檔案館

[北京]星源集慶不分卷　（清）宗人府玉牒館纂
修　清同治二年（1863）内府紅欄橫格朱墨寫本
一册　經折裝　書名據目録題　黄綾書衣
　　是爲文宗顯皇帝奕詝位下女册。
　　中國第一歷史檔案館

[北京]星源集慶不分卷　（清）宗人府玉牒館纂
修　清同治二年（1863）内府紅欄橫格朱墨寫本
一册　書名據目録題　黄綾書衣
　　是爲文宗顯皇帝奕詝位下宗支册。
　　中國第一歷史檔案館

[北京]星源集慶不分卷　（清）宗人府玉牒館纂
修　清同治三年（1864）内府紅欄橫格朱墨寫本
一册　書名據目録題　黄綾書衣
　　是爲宣宗成皇帝旻寧位下九支女册。
　　中國第一歷史檔案館

[北京]星源集慶不分卷　（清）宗人府玉牒館纂
修　清同治四年（1865）内府紅欄橫格朱墨寫本
一册　卷末殘　書名據目録題　黄綾書衣
　　是爲宣宗成皇帝旻寧位下九支男册。
　　中國第一歷史檔案館

[北京]星源集慶不分卷　（清）宗人府玉牒館纂
修　清同治五年（1866）内府紅欄橫格朱墨寫本
一册　書名據目録題　黄綾書衣
　　是爲宣宗成皇帝旻寧位下女册。
　　中國第一歷史檔案館

[北京]星源集慶不分卷　（清）宗人府玉牒館纂
修　清同治六年（1867）内府紅欄橫格朱墨寫本

一册　書名據目録題　黄綾書衣
　　是爲宣宗成皇帝旻寧位下九支女册。
　　中國第一歷史檔案館

[北京]星源集慶不分卷　（清）宗人府玉牒館纂
修　清同治七年（1868）内府紅欄橫格朱墨寫本
一册　書名據目録題　黄綾書衣
　　是爲文宗顯皇帝奕詝位下女册。
　　中國第一歷史檔案館

[北京]星源集慶不分卷　（清）宗人府玉牒館纂
修　清同治八年（1869）内府紅欄橫格朱墨寫本
一册　書名據目録題　黄紙書衣
　　是爲文宗顯皇帝奕詝位下女册。
　　中國第一歷史檔案館

[北京]星源集慶不分卷　（清）宗人府玉牒館纂
修　清同治十一年（1872）内府紅欄橫格朱墨寫本
一册　經折裝　書名據目録題　黄紙書衣
　　是爲宣宗成皇帝旻寧位下九支女册。
　　中國第一歷史檔案館

[北京]星源集慶不分卷　（清）宗人府玉牒館纂
修　清同治十一年（1872）内府紅欄橫格朱墨寫本
一册　經折裝　書名據目録題　黄紙書衣
　　是爲文宗顯皇帝奕詝位下女册。
　　中國第一歷史檔案館

[北京]星源集慶不分卷　（清）宗人府玉牒館纂
修　清同治十二年（1873）内府紅欄橫格朱墨寫本
一册　經折裝　書名據目録題　黄綾書衣
　　是爲宣宗成皇帝旻寧位下九支男册。
　　中國第一歷史檔案館

[北京]星源集慶不分卷　（清）宗人府玉牒館纂
修　清同治十三年（1874）内府紅欄橫格朱墨寫本
一册　書名據目録題　黄紙書衣
　　是爲文宗顯皇帝奕詝位下二支男册。
　　中國第一歷史檔案館

[北京]星源集慶不分卷　（清）宗人府玉牒館纂修　清同治十三年（1874）內府紅欄橫格朱墨寫本　二册　書名據目録題　黄綾書衣
　　是爲宣宗成皇帝旻寧位下九支男册。
　　中國第一歷史檔案館

[北京]星源集慶不分卷　（清）宗人府玉牒館纂修　清光緒元年（1875）內府紅欄橫格朱墨寫本　一册　書名據目録題　黄綾書衣
　　是爲宣宗成皇帝旻寧位下九支親王、郡王男册。
　　中國第一歷史檔案館

[北京]星源集慶不分卷　（清）宗人府玉牒館纂修　清光緒元年（1875）內府紅欄橫格朱墨寫本　一册　書名據目録題　黄紙書衣
　　是爲文宗顯皇帝奕詝位下第一女榮安固倫公主女册。
　　中國第一歷史檔案館

[北京]星源集慶不分卷　（清）宗人府玉牒館纂修　清光緒二年（1876）內府紅欄橫格朱墨寫本　一册　書名據目録題　黄綾書衣
　　是爲宣宗成皇帝旻寧位下九支親王、郡王男册。
　　中國第一歷史檔案館

[北京]星源集慶不分卷　（清）宗人府玉牒館纂修　清光緒二年（1876）內府紅欄橫格朱墨寫本　一册　書名據目録題　黄綾書衣
　　是爲文宗顯皇帝奕詝位下第一女榮安固倫公主女册。
　　中國第一歷史檔案館

[北京]星源集慶不分卷　（清）宗人府玉牒館纂修　清光緒三年（1877）內府紅欄橫格朱墨寫本　一册　書名據目録題　黄綾書衣
　　是爲宣宗成皇帝旻寧位下九支女册。
　　中國第一歷史檔案館

[北京]星源集慶不分卷　（清）宗人府玉牒館纂修　清光緒三年（1877）內府紅欄橫格朱墨寫本

一册　書名據目録題　黄綾書衣　校對本
　　是爲宣宗成皇帝旻寧位下女册。
　　中國第一歷史檔案館

[北京]星源集慶不分卷　（清）宗人府玉牒館纂修　清光緒四年（1878）內府紅欄橫格朱墨寫本　一册　書名據目録題　黄綾書衣　校對本
　　是爲宣宗成皇帝旻寧位下十支女册。
　　中國第一歷史檔案館

[北京]星源集慶不分卷　（清）宗人府玉牒館纂修　清光緒五年（1879）內府紅欄橫格朱墨寫本　一册　書名據目録題　黄綾書衣　校對本
　　是爲宣宗成皇帝旻寧位下九支親王、郡王册。
　　中國第一歷史檔案館

[北京]星源集慶不分卷　（清）宗人府玉牒館纂修　清光緒五年（1879）內府紅欄橫格朱墨寫本　一册　書名據目録題　黄綾書衣
　　是爲宣宗成皇帝旻寧位下九支女册。
　　中國第一歷史檔案館

[北京]星源集慶不分卷　（清）宗人府玉牒館纂修　清光緒五年（1879）內府紅欄橫格朱墨寫本　一册　書名據目録題　黄綾書衣
　　是爲宣宗成皇帝旻寧位下十支女册。
　　中國第一歷史檔案館

[北京]星源集慶不分卷　（清）宗人府玉牒館纂修　清光緒五年（1879）內府紅欄橫格朱墨寫本　一册　書名據目録題　黄綾書衣
　　是爲文宗顯皇帝奕詝位下一子册。
　　中國第一歷史檔案館

[北京]星源集慶不分卷　（清）宗人府玉牒館纂修　清光緒五年（1879）內府紅欄橫格朱墨寫本　一册　書名據目録題
　　是爲文宗顯皇帝奕詝位下一女册。
　　中國第一歷史檔案館

[北京]星源集慶不分卷　（清）宗人府玉牒館纂修　清光緒三十一年（1905）内府紅欄橫格朱墨寫本　三册　書名據套簽題　黄綾書衣

是爲宣宗成皇帝旻寧位下男女册。

中國第一歷史檔案館

[北京]星源集慶不分卷　（清）宗人府玉牒館纂修　清光緒三十一年（1905）内府紅欄橫格朱墨寫本　六册　書名據套簽題　黄綾書衣

是爲宣宗成皇帝旻寧位下男女册、文宗顯皇帝奕詝位下男女册。

中國第一歷史檔案館

[北京]星源集慶不分卷　（清）宗人府玉牒館纂修　清光緒三十一年（1905）内府紅欄橫格朱墨寫本　六册　書名據套簽題　黄綾書衣

是爲宣宗成皇帝旻寧、文宗顯皇帝奕詝位下子女册。

中國第一歷史檔案館

[北京]星源集慶不分卷　（清）宗人府玉牒館纂修　清光緒三十一年（1905）内府紅欄橫格朱墨寫本　二册　書名據套簽題　黄綾書衣

是爲文宗顯皇帝奕詝位下第十二子多羅憫郡王、第一女榮安固倫公主宗支册。

中國第一歷史檔案館

[北京]星源集慶不分卷　（清）宗人府玉牒館纂修　清光緒三十一年（1905）内府紅欄橫格朱墨寫本　一册　書名據套簽題　黄綾書衣

是爲文宗顯皇帝奕詝、德宗景皇帝載湉位下宗支册。

中國第一歷史檔案館

[北京]星源集慶不分卷　（清）宗人府玉牒館纂修　清光緒間内府紅欄橫格朱墨寫本　一册　書名據目録題

是爲宣宗成皇帝旻寧位下九支女册。

中國第一歷史檔案館

[北京]星源集慶不分卷　（清）宗人府玉牒館纂修　清光緒間内府紅欄橫格朱墨寫本　一册　書名據目録題

是爲宣宗成皇帝旻寧位下九支男册。

中國第一歷史檔案館

[北京]星源集慶不分卷　（清）宗人府玉牒館纂修　清内府紅欄橫格朱墨寫本　二册　書名據書衣題

北京大學圖書館

[北京]星源集慶不分卷　（清）宗人府玉牒館纂修　清抄本

遼寧省大連市圖書館

[北京]盛京右翼宗室族長處造報宗室等譜輩分清册不分卷　（清）宗人府玉牒館纂修　清咸豐六年（1856）内府紅欄橫格朱墨寫本　一册　書名據書衣題

本册爲太祖高皇帝努爾哈赤位下第一子褚英宗支朔鼎派下子女册。

中國第一歷史檔案館

[北京]盛京右翼宗室族長處造報宗室等譜宗輩分清册不分卷　（清）宗人府玉牒館纂修　清咸豐六年（1856）内府紅欄橫格朱墨寫本　一册　書名據目録題

本册爲允字輩下子女册。

中國第一歷史檔案館

[北京]盛京右翼廂紅廂藍二旗宗室族長處造報宗室等譜輩分清册不分卷　（清）宗人府玉牒館纂修　清咸豐七年（1857）内府紅欄橫格朱墨寫本　一册　書名據書衣題

本册爲太祖高皇帝努爾哈赤位下第一子褚英宗支朔鼎派下子女册。

中國第一歷史檔案館

[北京]盛京右翼廂紅廂藍二旗宗室族長處造報宗室等譜宗輩分清册不分卷　（清）宗人府玉牒

館纂修　清光緒二年（1876）內府紅欄橫格朱墨寫本　一册　書名據書衣題

　　本册爲太祖高皇帝努爾哈赤位下第一子褚英宗支朔鼎派下子女册。

　　中國第一歷史檔案館

[北京]盛京右翼廂紅廂藍旗宗室等輩分支派譜册不分卷　（清）宗人府玉牒館纂修　清光緒十二年（1886）內府紅欄橫格朱墨寫本　一册　書名據書衣題

　　本册爲太祖高皇帝努爾哈赤位下第一子褚英宗支允字輩下子女册。

　　中國第一歷史檔案館

[北京]盛京右翼廂紅廂藍旗宗室輩分支派譜册不分卷　（清）宗人府玉牒館纂修　清光緒十二年（1886）內府紅欄橫格朱墨寫本　一册　書名據書衣題

　　本册爲太祖高皇帝努爾哈赤位下第一子褚英宗支弘字輩子女册。

　　中國第一歷史檔案館

[北京]盛京右翼廂紅廂藍二旗宗室等輩分支派譜册不分卷　（清）宗人府玉牒館纂修　清光緒十二年（1886）內府紅欄橫格朱墨寫本　一册　殘　書名據書衣題

　　本册爲太祖高皇帝努爾哈赤位下第一子褚英宗支弘字輩下子女册。

　　中國第一歷史檔案館

[北京]盛京右翼正黃正紅二旗宗室族長學長等造報宗室等輩分支派譜册不分卷　（清）宗人府玉牒館纂修　清光緒十二年（1886）內府紅欄橫格朱墨寫本　一册　書名據書衣題

　　本册爲太祖高皇帝努爾哈赤位下第九子巴布泰宗支綿字輩下子女册。

　　中國第一歷史檔案館

[北京]盛京右翼廂紅廂藍二旗宗室等輩分支派譜册不分卷　（清）宗人府玉牒館纂修　清光緒

十二年（1886）內府紅欄橫格朱墨寫本　一册　殘　書名據書衣題

　　本册爲太祖高皇帝努爾哈赤位下第一子褚英宗支春煦佐領派下弘字輩下子女册。

　　中國第一歷史檔案館

[北京]盛京右翼正黃正紅二旗輩分支派譜册不分卷　（清）宗人府玉牒館纂修　清光緒十三年（1887）內府紅欄橫格朱墨寫本　一册　書名據書衣題

　　本册爲太祖高皇帝努爾哈赤位下第九子巴布泰宗支綿字輩下子女册。

　　中國第一歷史檔案館

[北京]盛京右翼鑲紅旗鑲藍旗宗室等輩分支派譜册不分卷　（清）宗人府玉牒館纂修　清光緒二十二年（1896）內府紅欄橫格朱墨寫本　一册　書名據書衣題

　　本册爲太祖高皇帝努爾哈赤位下第一子褚英宗支弘字輩下子女册。

　　中國第一歷史檔案館

[北京]盛京右翼廂紅廂藍宗室等輩分支派譜册不分卷　（清）宗人府玉牒館纂修　清光緒二十二年（1896）內府紅欄橫格朱墨寫本　一册　書名據書衣題

　　本册爲太祖高皇帝努爾哈赤位下第一子褚英宗支赫塞子女册。

　　中國第一歷史檔案館

[北京]盛京右翼廂紅廂藍旗宗室等輩分支派譜册不分卷　（清）宗人府玉牒館纂修　清光緒二十三年（1897）內府紅欄橫格朱墨寫本　一册　書名據書衣題

　　本册爲太祖高皇帝努爾哈赤位下第一子褚英宗支朔鼎派下子女册。

　　中國第一歷史檔案館

[北京]盛京右翼廂紅廂藍旗宗室輩分支派譜册不分卷　（清）宗人府玉牒館纂修　清光緒二十

三年（1897）內府紅欄橫格朱墨寫本　一册　書
名據書衣題

　　本册爲太祖高皇帝努爾哈赤位下第一子褚英宗
支朔鼎派下弘字輩下子女册。

　　中國第一歷史檔案館

[北京]盛京右翼廂紅廂藍旗宗室輩分支派譜册
不分卷　（清）宗人府玉牒館纂修　清光緒二十
三年（1897）內府紅欄橫格朱墨寫本　一册　書
名據書衣題

　　本册爲太祖高皇帝努爾哈赤位下第一子褚英宗
支朔鼎派下弘字輩下子女册。

　　中國第一歷史檔案館

[北京]盛京右翼廂紅廂藍旗宗室輩分支派譜册
不分卷　（清）宗人府玉牒館纂修　清光緒二十
三年（1897）內府紅欄橫格朱墨寫本　一册　書
名據書衣題

　　本册爲太祖高皇帝努爾哈赤位下第一子褚英宗
支朔鼎派下弘字輩下子女册。

　　中國第一歷史檔案館

[北京]盛京右翼正黃正紅旗宗室等輩分支派譜
册不分卷　（清）宗人府玉牒館纂修　清光緒二
十三年（1897）內府紅欄橫格朱墨寫本　一册
書名據書衣題

　　本册爲太祖高皇帝努爾哈赤位下第九子巴布泰
宗支綿字輩下子女册。

　　中國第一歷史檔案館

[北京]盛京右翼正黃正紅二旗宗室等輩分支派
譜册不分卷　（清）宗人府玉牒館纂修　清光緒
三十二年（1906）內府紅欄橫格朱墨寫本　一册
殘　書名據書衣題

　　本册爲載字輩下子女册。

　　中國第一歷史檔案館

[北京]盛京右翼鑲紅鑲藍二旗宗室等輩名册不
分卷　（清）宗人府玉牒館纂修　清光緒三十三
年（1907）內府紅欄橫格朱墨寫本　一册　書名

據書衣題

　　本册爲太祖高皇帝努爾哈赤位下第一子褚英宗
支允字輩下子女册。

　　中國第一歷史檔案館

[北京]盛京右翼廂紅廂藍二旗宗室等輩分支派
譜册不分卷　（清）宗人府玉牒館纂修　清光緒
三十三年（1907）內府紅欄橫格朱墨寫本　一册
書名據書衣題

　　本册爲太祖高皇帝努爾哈赤位下第一子褚英宗
支赫塞子女册。

　　中國第一歷史檔案館

[北京]盛京右翼正黃正紅二旗宗室等輩分支派
譜册不分卷　（清）宗人府玉牒館纂修　清光緒
三十三年（1907）內府紅欄橫格朱墨寫本　一册
書名據書衣題

　　本册爲太祖高皇帝努爾哈赤位下第九子巴布泰
宗支綿字輩下子女册。

　　中國第一歷史檔案館

[北京]盛京右翼宗室等輩分支子女册不分卷
（清）宗人府玉牒館纂修　清內府紅欄橫格朱墨
寫本　一册　殘　書名據書衣題

　　本册爲太祖高皇帝努爾哈赤位下第一子褚英派
下赫塞宗支。

　　中國第一歷史檔案館

[北京]盛京右翼正黃正紅廂藍三旗宗譜輩分清
册不分卷　（清）宗人府玉牒館纂修　清光緒十
三年（1887）內府紅欄橫格朱墨寫本　一册　書名
據書衣題

　　本册爲興祖直皇帝福滿位下第三子索長阿派下
富成宗支。

　　中國第一歷史檔案館

[北京]盛京右翼正黃正紅廂藍三旗覺羅等宗譜
輩分清册不分卷　（清）宗人府玉牒館纂修　清
光緒三十二年（1906）內府紅欄橫格朱墨寫本　一
册　書名據書衣題

本册爲興祖直皇帝福滿位下第三子索長阿宗支奕字輩下子女册。

　　中國第一歷史檔案館

[北京]盛京正黄正紅廂藍三旗覺羅等宗譜名册不分卷　（清）宗人府玉牒館纂修　清光緒三十二年（1906）内府紅欄横格朱墨寫本　一册　書名據書衣題

本册爲興祖直皇帝福滿位下第三子索長阿派下富成宗支永字輩下子女册。

　　中國第一歷史檔案館

[北京]盛京右翼正黄正紅廂藍三旗覺羅等宗譜輩分册不分卷　（清）宗人府玉牒館纂修　清光緒三十三年（1907）内府紅欄横格朱墨寫本　一册　書名據書衣題

本册爲興祖直皇帝福滿位下第三子索長阿宗支永字輩下子女册。

　　中國第一歷史檔案館

[北京]盛京右翼覺羅輩分支派譜册不分卷（清）宗人府玉牒館纂修　清内府紅欄横格朱墨寫本　一册　殘　書名據目録題

本册爲興祖直皇帝福滿位下第三子索長阿宗支永字輩下子女册。

　　中國第一歷史檔案館

[北京]盛京右翼覺羅族長造報覺羅等輩分支派譜册不分卷　（清）宗人府玉牒館纂修　清内府紅欄横格朱墨寫本　一册　書名據書衣題

本册爲興祖直皇帝福滿位下第三子索長阿宗支永字輩下男女册。

　　中國第一歷史檔案館

[北京]右翼近支第四族宗室譜不分卷紅名女册不分卷　（清）宗人府玉牒館纂修　清内府寫本二册　書名自擬　記事至同治四年（1865）

本册每入譜人前冠“右翼近支四族宗室”。自“綿實”始，列清宗室綿、奕、載、溥、毓字輩族子出身、過繼、婚況等。附紅名女册爲綿、奕、載字輩格

格生卒、出身及婚況。

　　中國科學院圖書館

[北京]右翼近支旗第四族宗室黄册不分卷　僞滿洲國宗人府玉牒館纂修　民國寫本　一册　記事至1921年　鈐有“黄檔房”印章

本册自奕字輩行三起，至啓字輩行一止。

　　中國民族圖書館

[北京]盛京左翼廂白正藍二旗宗室族長學長等補造宗室等輩分支派譜册不分卷　（清）宗人府玉牒館纂修　清光緒二年（1876）内府紅欄横格朱墨寫本　一册　書名據書衣題

本册爲宗室額爾僅派下允字輩下子女册。

　　中國第一歷史檔案館

[北京]盛京左翼廂白正藍二旗宗室旗長學長等造報宗室等輩分支派譜册不分卷　（清）宗人府玉牒館纂修　清光緒十二年（1886）内府紅欄横格朱墨寫本　一册　書名據書衣題　黄綾書衣

本册爲宗室額爾僅派下永字輩下子女册。

　　中國第一歷史檔案館

[北京]盛京左翼廂白正藍二旗宗室等輩分支派譜册不分卷　（清）宗人府玉牒館纂修　清光緒二十二年（1896）内府紅欄横格朱墨寫本　一册殘　書名據書衣題

本册載宗室額爾僅宗支。

　　中國第一歷史檔案館

[北京]盛京左翼廂白正藍二旗宗室等輩分支派譜册不分卷　（清）宗人府玉牒館纂修　清光緒十二年（1886）内府紅欄横格朱墨寫本　一册　毛裝　書名據書衣題

本册爲宗室額爾僅派下胤字輩下子女册。

　　中國第一歷史檔案館

[北京]盛京左翼廂白正藍二旗宗室等輩分支派清册不分卷　（清）宗人府玉牒館纂修　清光緒三十二年（1906）内府紅欄横格朱墨寫本　一册

書名據書衣題

本册爲宗室額爾僅派下弘字輩下子女册。

中國第一歷史檔案館

[北京]盛京左翼鑲白正藍二旗宗室譜宗輩分册不分卷　宗人府玉牒館纂修　民國九年(1920)内府紅欄橫格朱墨寫本　一册　書名據書衣題

本册爲太祖高皇帝努爾哈赤位下宗室額爾僅派下永字輩下子女册。

中國第一歷史檔案館

[北京]盛京左翼廂白正藍二旗宗室輩分支派譜册不分卷　(清)宗人府玉牒館纂修　清光緒十三年(1887)内府紅欄橫格朱墨寫本　一册　書名據書衣題

本册載太祖高皇帝努爾哈赤位下宗室額爾僅派下圖桑阿宗支。

中國第一歷史檔案館

[北京]盛京[左翼]廂白正藍二旗宗室等輩分支派譜册不分卷　(清)宗人府玉牒館纂修　清光緒二十二年(1896)内府紅欄橫格朱墨寫本　一册　殘　書名據書衣題

中國第一歷史檔案館

[北京]盛京左翼廂白正藍旗宗室輩分支派譜册不分卷　(清)宗人府玉牒館纂修　清光緒二十三年(1897)内府紅欄橫格朱墨寫本　一册　書名據書衣題

本册爲太祖高皇帝努爾哈赤位下宗室額爾僅派下允字輩下子女册。

中國第一歷史檔案館

[北京]盛京左翼廂白正藍二旗宗室等不分卷　(清)宗人府玉牒館纂修　清光緒三十三年(1907)内府紅欄橫格朱墨寫本　一册　書名據書衣題

本册爲宗室額爾僅派下允字輩下子女册。

中國第一歷史檔案館

[北京]盛京左翼廂白正藍二旗宗室族長處造送宗室等所有卒女數目清册不分卷　(清)宗人府玉牒館纂修　清光緒三十二年(1906)内府紅欄直格朱墨寫本　一册　書名據書衣題

本册載宗室恩常佐領派下。

中國第一歷史檔案館

[北京]盛京左翼廂黃正白二旗宗室族長學長等造送宗室等輩分支派譜册不分卷　(清)宗人府玉牒館纂修　清同治五年(1866)内府紅欄橫格朱墨寫本　一册　書名據書衣題

本册爲允字輩下子女册。

中國第一歷史檔案館

[北京]盛京左翼廂黃正白二旗宗室輩分支派譜册不分卷　(清)宗人府玉牒館纂修　清光緒二年(1876)内府紅欄橫格朱墨寫本　一册　書名據書衣題

本册載宗室什升額派下阿力占宗支。

中國第一歷史檔案館

[北京]盛京左翼廂黃正白二旗宗室族長委署學長委學長等造送宗室等輩分支派譜册不分卷　(清)宗人府玉牒館纂修　清光緒十二年(1886)内府紅欄橫格朱墨寫本　一册　書名據書衣題

本册爲宗室什升額派下永字輩下子女册。

中國第一歷史檔案館

[北京]盛京左翼廂黃正白二旗輩分支派譜册不分卷　(清)宗人府玉牒館纂修　清光緒十三年(1887)内府紅欄橫格朱墨寫本　一册　書名據書衣題

本册載宗室什升額派下阿力占宗支。

中國第一歷史檔案館

[北京]盛京左翼廂黃正白旗宗室等輩分支派譜册不分卷　(清)宗人府玉牒館纂修　清光緒二十二年(1896)内府紅欄橫格朱墨寫本　一册　書名據書衣題

本册爲太祖高皇帝努爾哈赤位下第六子塔拜子

女册。

中國第一歷史檔案館

[北京]盛京左翼廂黃正白二旗宗室等輩分支派
譜册不分卷 （清）宗人府玉牒館纂修　清光緖
三十二年（1906）内府紅欄橫格朱墨寫本　一册
書名據書衣題

　　本册爲太祖高皇帝努爾哈赤位下第六子塔拜派
下允字輩下子女册。

　　中國第一歷史檔案館

[北京]盛京左翼廂黃正白二旗宗室等輩分支派
譜册不分卷 （清）宗人府玉牒館纂修　清光緖
三十二年（1906）内府紅欄橫格朱墨寫本　一册
書名據書衣題

　　本册爲太祖高皇帝努爾哈赤位下第六子塔拜派
下弘字輩下子女册。

　　中國第一歷史檔案館

[北京]盛京左翼廂黃正白二旗宗室等輩子女册
不分卷 （清）宗人府玉牒館纂修　清光緖三十
三年（1907）内府紅欄橫格朱墨寫本　一册　書
名據書衣題

　　本册爲太祖高皇帝努爾哈赤位下第六子塔拜派
下弘字輩下子女册。

　　中國第一歷史檔案館

[北京]盛京左翼廂黃正白二旗輩分支派譜册不
分卷 （清）宗人府玉牒館纂修　清光緖三十三
年（1907）内府紅欄橫格朱墨寫本　一册　書名
據書衣題

　　本册載太祖高皇帝努爾哈赤位下第六子塔拜派
下博濟宗支。

　　中國第一歷史檔案館

[北京]盛京左翼鑲黃正白二旗譜宗輩分册不分
卷 宗人府玉牒館纂修　民國九年（1920）内府
紅欄橫格朱墨寫本　一册　書名據書衣題

　　本册爲太祖高皇帝努爾哈赤位下第六子塔拜派
下允字輩下子女册。

中國第一歷史檔案館

[北京]盛京左翼覺羅輩分次序清檔不分卷
（清）宗人府玉牒館纂修　清光緖二十三年
（1897）内府紅欄橫格朱墨寫本　一册　書名據書
衣題

　　本册爲弘字輩下子女册。

　　中國第一歷史檔案館

[北京]盛京左翼覺羅譜中輩分次序册不分卷
（清）宗人府玉牒館纂修　清光緖三十三年
（1907）内府紅欄橫格朱墨寫本　一册　毛裝　書
名據書衣題

　　本册爲富德派下弘字輩下子女册。

　　中國第一歷史檔案館

[北京]盛京左翼覺羅輩分次序清檔不分卷
（清）宗人府玉牒館纂修　清内府紅欄橫格朱墨
寫本　一册　殘　書名據目錄題

　　本册爲富德派下弘字輩下子女册。

　　中國第一歷史檔案館

[北京]盛京左翼覺羅族長造報覺羅等輩分支派
譜册不分卷 宗人府玉牒館纂修　民國九年
（1920）紅欄橫格朱墨寫本　一册　書名據書衣題

　　本册爲富德派下弘字輩下男女册。

　　中國第一歷史檔案館

[北京]盛京移駐宗室等子女册不分卷 （清）宗
人府玉牒館纂修　清咸豐十年（1860）内府紅欄橫
格朱墨寫本　一册　書名據書衣題

　　本册爲胡爾那派下永字輩下男女册。

　　中國第一歷史檔案館

[北京]盛京移駐宗室新生子女等名册不分卷
（清）宗人府玉牒館纂修　清光緖三年（1877）内
府紅欄直格朱墨寫本　一册　毛裝　書名據書
衣題

　　本册爲胡克陞額派下綿字輩下子女册。

　　中國第一歷史檔案館

[北京]盛京移駐宗室覺羅等分晰字輩名册不分卷　（清）宗人府玉牒館纂修　清光緒十三年（1887）內府紅欄橫格朱墨寫本　一册　書名據書衣題

本册爲胡爾那派下永字輩下子女册。

中國第一歷史檔案館

[北京]盛京移駐宗室覺羅等新生子女名册不分卷　（清）宗人府玉牒館纂修　清光緒三十二年（1906）內府紅欄橫格朱墨寫本　一册　書名據書衣題

本册爲德克精額派下弘字輩下子女册。

中國第一歷史檔案館

[北京]盛京移駐宗室覺羅等分晰字輩譜中紅黑字名册不分卷　（清）宗人府玉牒館纂修　清光緒三十三年（1907）內府紅欄橫格朱墨寫本　一册　書名據書衣題

本册爲胡爾那派下永字輩下子女册。

中國第一歷史檔案館

[北京]盛京宗室等輩分支派譜册不分卷　（清）宗人府玉牒館纂修　清內府紅欄橫格朱墨寫本　一册　書名據目録題　黃綾書衣

本册爲太祖高皇帝努爾哈赤位下第六子塔拜派下允字輩下子女册。

中國第一歷史檔案館

[北京]盛京宗室覺羅等分晰字輩花名譜册不分卷　（清）宗人府玉牒館纂修　清光緒三十二年（1906）內府紅欄橫格朱墨寫本　一册　書名據書衣題

本册爲胡爾那派下奕字輩下子女册。

中國第一歷史檔案館

[北京]盛京宗室營造報移駐宗室覺羅等分晰宗輩譜中紅黑字花名譜册不分卷　宗人府玉牒館纂修　民國四年（1915）紅欄橫格朱墨寫本　一册　書名據書衣題

本册爲胡爾那派下永字輩下男女册。

中國第一歷史檔案館

[北京]盛京宗室營造報移駐宗室覺羅等分晰宗輩譜中紅黑字花名清册不分卷　宗人府玉牒館纂修　民國九年（1920）紅欄橫格朱墨寫本　一册　書名據書衣題

本册爲胡爾那派下永字輩下男女册。

中國第一歷史檔案館

[北京]景祖翼皇帝第五子橫格不分卷　（清）宗人府玉牒館纂修　清內府紅欄朱墨寫本　一册　書名據書衣、書簽題

本譜載景祖翼皇帝覺昌安位下第五子塔察篇古宗支。

中國人民大學圖書館

[北京]景祖翼皇帝第五子竪格不分卷　（清）宗人府玉牒館纂修　清內府紅欄朱墨寫本　一册　書名據書衣、書簽題　記事至清道光二十七年（　　）

本譜載景祖翼皇帝覺昌安位下第五子塔察篇古宗支。

中國人民大學圖書館

[北京]多羅誠毅勇壯貝勒莫爾哈齊子孫譜不分卷　（清）宗人府玉牒館纂修　清內府抄本　一册

本譜載顯祖宣皇帝塔克世位下第二子莫爾哈齊宗支。

日本東洋文庫

[北京]多羅誠毅勇壯貝勒莫爾哈齊子孫譜不分卷　（清）宗人府玉牒館纂修　據清內府抄本拍攝　膠卷

參見前條。

美國猶他州家譜學會

[北京]和碩莊親王舒爾哈齊等子孫譜不分卷（清）宗人府玉牒館纂修　清內府抄本　一册

本譜載顯祖宣皇帝塔克世位下第三子舒爾哈齊宗支。

日本東洋文庫

[北京]和碩莊親王舒爾哈齊等子孫譜不分卷
(清)宗人府玉牒館纂修　據清內府抄本拍攝
膠卷
　　參見前條。
　　美國猶他州家譜學會

[北京]皇清族譜不分卷　(清)宗人府玉牒館纂
修　清初無格抄本　一册　書名自擬
　　本譜載顯祖宣皇帝位下第三子舒爾哈齊及太祖
高皇帝努爾哈赤位下第二子代善、第七子阿巴泰、
第十五子多鐸等世系。譜中用紅筆標注未亡人
(乾隆間人)。
　　法國國家圖書館

[北京]廣略貝勒褚英子孫譜不分卷　(清)宗人
府玉牒館纂修　清內府寫本　一册
　　本譜載太祖高皇帝努爾哈赤位下第一子褚英
宗支。
　　日本東洋文庫

[北京]廣略貝勒褚英子孫譜不分卷　(清)宗人
府玉牒館纂修　據清內府寫本拍攝　膠卷
　　參見前條。
　　美國猶他州家譜學會

**[北京]太祖高皇帝位下和碩禮烈親王之子孫不
分卷**　(清)宗人府玉牒館纂修　清內府寫本
一册　書名據書簽題
　　本譜載太祖高皇帝努爾哈赤位下第二子代善
宗支。
　　北京大學圖書館

[北京]和碩禮烈親王代善子孫譜不分卷　(清)
宗人府玉牒館纂修　清內府寫本　一册
　　本譜載太祖高皇帝努爾哈赤位下第二子代善
宗支。
　　日本東洋文庫

[北京]和碩禮烈親王代善子孫譜不分卷　(清)
宗人府玉牒館纂修　據清內府寫本拍攝　膠卷
　　參見前條。
　　美國猶他州家譜學會

[北京]奉恩鎮國勤敏公阿拜等子孫譜不分卷
(清)宗人府玉牒館纂修　清內府寫本　一册
　　本譜載太祖高皇帝努爾哈赤位下第三子阿拜等
宗支。
　　日本東洋文庫

[北京]奉恩鎮國勤敏公阿拜等子孫譜不分卷
(清)宗人府玉牒館纂修　據清內府寫本拍攝
膠卷
　　參見前條。
　　美國猶他州家譜學會

[北京]和碩饒餘敏親王阿巴泰子孫譜不分卷
(清)宗人府玉牒館纂修　清內府寫本　一册
　　本譜載太祖高皇帝努爾哈赤位下第七子阿巴泰
宗支。
　　日本東洋文庫

[北京]和碩饒餘敏親王阿巴泰子孫譜不分卷
(清)宗人府玉牒館纂修　據清內府寫本拍攝
膠卷
　　參見前條。
　　美國猶他州家譜學會

[北京]和碩睿忠親王多爾袞等子孫譜不分卷
(清)宗人府玉牒館纂修　清內府寫本　一册
　　本譜載太祖高皇帝努爾哈赤位下第十四子多爾
袞宗支。
　　日本東洋文庫

[北京]和碩睿忠親王多爾袞等子孫譜不分卷
(清)宗人府玉牒館纂修　據清內府寫本拍攝
膠卷
　　參見前條。
　　美國猶他州家譜學會

[北京]〔多爾袞〕家譜不分卷 （清）宗人府玉牒館纂修 清內府寫本 一冊

本譜載太祖高皇帝努爾哈赤位下第十四子多爾袞宗支。

美國國會圖書館

[北京]〔多爾袞〕家譜不分卷 （清）宗人府玉牒館纂修 據清內府寫本拍攝 膠卷

參見前條。

美國猶他州家譜學會

[北京]多爾袞家譜 （清）宗人府玉牒館纂修 清寫本 記事至清道光間

載世系等。

南開大學圖書館

[北京]多爾袞家譜 （清）宗人府玉牒館纂修 2003年北京圖書館出版社據清寫本影印 合冊 記事至清道光間

參見前條。

本譜載於《北京圖書館藏家譜叢刊·民族卷》第三十四冊

[北京]玄燁譜録 （清）宗人府玉牒館纂修 清寫本 記事至清道光十二年(1832) 一冊

本譜自太宗文皇帝(玄燁)位下第一子始,至仁宗睿皇帝位下第六子止。

國家圖書館

[北京]玄燁譜録 （清）宗人府玉牒館纂修 2003年北京圖書館出版社據清寫本影印 記事至清道光十二年(1832) 合冊

參見前條。

本譜載於《北京圖書館藏家譜叢刊·民族卷》第三十四冊

[北京]太祖高皇帝位下第十四子和碩睿忠親王之後裔不分卷 （清）宗人府玉牒館纂修 清內府朱墨寫本 一冊 書名據書簽題

本譜載太祖高皇帝努爾哈赤位下第十四子多爾袞宗支。

國家圖書館

[北京]和碩武肅親王豪格等子孫譜不分卷 （清）宗人府玉牒館纂修 清內府寫本 一冊

本譜載太宗文皇帝皇太極位下第一子豪格等宗支。

日本東洋文庫

[北京]和碩武肅親王豪格等子孫譜不分卷 （清）宗人府玉牒館纂修 據清內府寫本拍攝 膠卷

參見前條。

美國猶他州家譜學會

[北京]和碩承澤裕親王碩塞等子孫譜不分卷 （清）宗人府玉牒館纂修 清內府寫本 一冊

本譜載太宗文皇帝皇太極位下第五子碩塞等宗支。

日本東洋文庫

[北京]和碩承澤裕親王碩塞等子孫譜不分卷 （清）宗人府玉牒館纂修 據清內府寫本拍攝 膠卷

參見前條。

美國猶他州家譜學會

[北京]太宗文皇帝支譜不分卷 （清）宗人府玉牒館纂修 清內府寫本 一冊 書名自擬

本譜載太宗文皇帝皇太極位下宗支。

北京大學圖書館

[北京]和碩裕憲親王福全〔子孫譜〕不分卷 （清）宗人府玉牒館纂修 清內府寫本 一冊

本譜載世祖章皇帝福臨位下第二子福全宗支。

日本東洋文庫

[北京]和碩裕憲親王福全〔子孫譜〕不分卷 （清）宗人府玉牒館纂修 據清內府寫本拍攝 膠卷

參見前條。

美國猶他州家譜學會

[北京] 和碩裕憲親王福全等子孫譜不分卷

(清) 宗人府玉牒館纂修　清內府寫本　一冊

本譜載世祖章皇帝福臨位下第二子福全宗支。

日本東洋文庫

[北京] 和碩裕憲親王福全等子孫譜不分卷　(清)

宗人府玉牒館纂修　據清內府寫本拍攝　膠卷

參見前條。

美國猶他州家譜學會

[北京] 允六子譜不分卷　(清) 宗人府玉牒館纂

修　清內府紅欄朱墨寫本　一冊　書名據書籤題

本譜載聖祖仁皇帝玄燁位下第十子允䄉宗支。

國家圖書館

[北京] 多羅恂勤王之家譜不分卷　(清) 宗人府

玉牒館纂修　清內府寫本　一冊　書名據套籤題

記事至光緒間

本譜載聖祖仁皇帝玄燁位下第十四子允禵

宗支。

北京大學圖書館

[北京] 和碩端親王弘暉 [等子孫譜] 不分卷

(清) 宗人府玉牒館纂修　清內府寫本　一冊

書名據書籤題

本譜載世宗憲皇帝胤禛位下第一子弘暉等

宗支。

日本東洋文庫

[北京] 和碩端親王弘暉 [等子孫譜] 不分卷

(清) 宗人府玉牒館纂修　據清內府寫本拍攝

膠卷　書名據書籤題

參見前條。

美國猶他州家譜學會

[北京] 和碩安定親王永璜等子孫譜不分卷

(清) 宗人府玉牒館纂修　清內府寫本　五冊

本譜載高宗純皇帝弘曆第一子永璜等宗支。

日本東洋文庫

[北京] 和碩安定親王永璜等子孫譜不分卷

(清) 宗人府玉牒館纂修　據清內府寫本拍攝

膠卷

參見前條。

美國猶他州家譜學會

[北京] 清高宗十七房子輩後裔女譜不分卷

(清) 宗人府玉牒館纂修　清末民國初寫本　一

冊　書名自擬　記事至清道光六年 (1826)

本譜載高宗純皇帝弘曆位下第十七子永璘

宗支。

首都圖書館

[北京] 和碩惇恪親王等世系不分卷　(清) 宗人

府玉牒館纂修　清內府寫本　一冊　書名自擬

記事至清道光間

本譜載仁宗睿皇帝顒琰第三子綿愷宗支。

國家圖書館

[北京] 和碩惇恪親王綿愷 [等子孫譜] 不分卷

(清) 宗人府玉牒館纂修　清內府寫本　一冊

書名據書籤題

本譜載仁宗睿皇帝顒琰第三子綿愷宗支。

日本東洋文庫

[北京] 和碩惇恪親王綿愷 [等子孫譜] 不分卷

(清) 宗人府玉牒館纂修　據清內府寫本拍攝

膠卷　書名據書籤題

參見前條。

美國猶他州家譜學會

[北京] 仁宗睿皇帝位下第五子和碩惇恪親王家

譜不分卷　(清) 宗人府玉牒館纂修　清光緒間

內府墨筆紅欄寫本　二冊　書名據書籤題

是爲仁宗睿皇帝顒琰位下第三子綿愷宗支譜。

譜自綿愷始，至光緒溥倬止。實乃綿愷第二子奕

詝派下之譜。譜分二冊，一冊簽條書名下題"橫

檔”,相當於一般家譜之世系,另一册簽條書名下題“直檔”,相當於一般家譜之行傳。記事至清光緒三十年(1904)。書簽題“第五子”疑筆誤。

上海圖書館

[北京]仁宗睿皇帝位下第五子和碩惇恪親王家譜不分卷　宗人府玉牒館纂修　民國十年(1921)紅欄寫本　三册　書名據書簽題

是爲仁宗睿皇帝顒琰位下第三子綿愷宗支譜。書簽題“第五子”疑筆誤。記至綿愷玄孫毓峻。譜題“宣統十四年”。譜第一册横格,自肇祖原皇帝至溥僩第二子毓岈。第二册直格,自肇祖原皇帝至宣統十四年溥僩第二子毓岈。第三册直格,記綿愷第一女及綿愷第二子奕訢派下之女,至溥僩之四女。

上海圖書館

[北京]多羅隱志郡王奕緯等子孫譜不分卷　(清)宗人府玉牒館纂修　清内府寫本　一册　書名據書簽題

本譜載宣祖成皇帝旻寧位下第一子奕緯等宗支。

日本東洋文庫

[北京]多羅隱志郡王奕緯等子孫譜不分卷　(清)宗人府玉牒館纂修　據清内府寫本拍攝　膠卷　書名據書簽題

參見前條。

美國猶他州家譜學會

[北京]宣宗成皇帝位下多羅隱志郡王家譜　(清)宗人府玉牒館纂修　清抄本　一册　記事至清宣統二年(1910)

是譜自肇祖原皇帝位下二子始,均爲簡單譜系,自宣宗成皇帝位下第一子奕緯追封爲多羅隱志郡王始,其後裔譜系較詳盡。

遼寧省圖書館

[北京]宣宗成皇帝位下多羅隱志郡王家譜　(清)宗人府玉牒館纂修　2003年北京圖書館出版社據清抄本影印　合册　記事至清宣統二年(1910)

參見前條。

本譜載於《北京圖書館藏家譜叢刊·民族卷》第三十四册

[北京]宣宗成皇帝位下多羅鍾端郡王家譜不分卷　僞滿洲國宗人府玉牒館纂修　民國三十一年(1942)紅格墨筆寫本　三册　書名據書簽題　黄綾書衣

是爲宣宗成皇帝旻寧位下宗支譜。第一、二册自道光至郡王載濤第六子溥仕。第三册專記女性,始於醇賢親王第一女,至花翎頭品頂戴溥�第五女。

陝西師範大學圖書館

[北京]定王府譜牒不分卷　(清)定王府纂修　清道光間定王府寫本　一册　書名自擬

北京大學圖書館

[北京]莊王府譜牒不分卷　(清)莊王府纂修　清莊王府寫本　一册　書名自擬

北京大學圖書館

[北京]愛新覺羅家譜不分卷　(清)宗人府玉牒館纂修　清道光内府寫本　一册　書名自擬　記事至道光二十六年(1846)

北京大學圖書館

[北京]宗譜紀略不分卷　纂修者不詳　清同治間木活字本　二册

本譜記肇祖原皇帝孟特穆位下第一子充善、第二子褚晏宗支。

日本東洋文庫

[北京]宗譜紀略不分卷　纂修者不詳　據清同治間木活字本拍攝　膠卷

參見前條。

美國猶他州家譜學會

[北京] 天家愛新覺羅通譜不分卷　（清）宗人府玉牒館纂修　清抄本　一册　書名據書籤題　記事至清光緒間
　　首都圖書館

[北京] 清國皇室系圖不分卷　（清）宗人府玉牒館纂修　清宣統元年（1909）日本鉛印本　一幅　書名據卷端題
　　本圖載高宗純皇帝乾隆位下宗支。
　　國家圖書館

[北京] 清皇室系譜不分卷　（清）宗人府玉牒館纂修　清抄本　一册
　　遼寧省大連市圖書館

[北京] 清代王公世系不分卷　（清）宗人府玉牒館纂修　清抄本
　　遼寧省圖書館

[北京] 親王宗譜不分卷　（清）宗人府玉牒館纂修　清末内府抄本
　　吉林省圖書館

[北京] 清帝系后妃皇子皇女四考四卷年表一卷　吳昌綬纂　民國六年（1917）排印本　一册
　　國家圖書館　遼寧省圖書館　吉林省圖書館　東北師範大學圖書館　吉林大學圖書館

[北京] 皇裔襲職譜　纂修者不詳　清抄本
　　遼寧省大連市圖書館

[北京] 宗室王公世職章京爵秩襲次全表十卷　（清）宗人府玉牒館纂修　清内府寫本　一册　記事至清光緒三十二年（1906）
　　是表統編宗室親王以下，至奉恩將軍以上。爵秩列表遵照横格定式，直則得其輩分，横則辨其親疏。記事自顯祖宣皇帝位下第二子始，至宣宗成皇帝位下第九子止。
　　國家圖書館

[北京] 宗室王公世職章京爵秩襲次全表十卷　（清）宗人府玉牒館纂修　2003 年北京圖書館出版社據清内府寫本影印　合册　記事至清光緒三十二年（1906）
　　參見前條。
　　本表載於《北京圖書館藏家譜叢刊·民族卷》第三十四册

[北京] 宗室王公世職章京襲次簡明全册　纂修者不詳　清抄本
　　遼寧省圖書館

[北京] 宗室王公章京世系爵秩册　（清）牟其汶纂修　清光緒三十二年（1906）石印本　書口題"黄檔房"　記事至光緒三年（1877）
　　本册自肇祖原皇帝起，至宣宗第九房止。
　　遼寧省圖書館　遼寧省大連市圖書館　吉林省圖書館

[北京] 宗室王公章京世系爵秩册　（清）牟其汶纂修　2002 年四川民族出版社據清光緒三十二年（1906）石印本影印　合册　書口題"黄檔房"　記事至光緒三年（1877）
　　參見前條。
　　本譜載於《中國少數民族古籍集成》第三十四册

[北京] 宗室王公章京世系爵秩册　（清）牟其汶纂修　2003 年北京圖書館出版社據清光緒三十二年（1906）石印本影印　合册　書口題"黄檔房"　記事至光緒三年（1877）
　　參見前條。
　　本譜載於《北京圖書館藏家譜叢刊·民族卷》第三十五册

[北京] 清皇室四譜四卷　唐邦治纂修　民國十二年（1923）聚珍仿宋印書局排印本　四册　初修本　書名據卷端、版心題
　　本譜乃據清實録、本紀、列傳、會典、事例、宮史諸書對勘、旁推編成。卷一列帝，卷二后妃，卷三

皇子,卷四皇女。

　　浙江省圖書館　浙江省嘉興市圖書館　中央民族大學圖書館

[北京]清皇室四譜四卷　唐邦治纂修　2003年北京圖書館出版社據民國十二年(1923)聚珍仿宋印書局排印本影印　合冊　初修本　書名據卷端、版心題

　　參見前條。

　　本譜載於《北京圖書館藏家譜叢刊·民族卷》第三十三冊

[北京]愛新覺羅宗譜附星源集慶不分卷　金松喬等纂修　民國二十七年(1938)排印本　八冊　書名據書脊、書名頁題

　　宗譜以甲、乙、丙、丁、戊、己、庚名冊。甲冊文宗、宣宗、仁宗、高宗、世宗、聖祖、世祖、太宗位下世系,乙、丙二冊太祖位下世系,丁冊顯祖位下世系,戊、己、庚三冊景祖、興祖位下世系。

　　遼寧省圖書館　遼寧省瀋陽市圖書館　遼寧省鳳城市圖書館　上海圖書館　北京大學圖書館　北京師範大學圖書館　中央民族大學圖書館　吉林大學圖書館　遼寧大學圖書館　上海辭書出版社圖書館　陝西師範大學圖書館

[北京]愛新覺羅宗譜附星源集慶不分卷　金松喬等纂修　1998年學苑出版社據民國二十七年(1938)排印本影印　三十一冊

　　參見前條。

[北京]愛新覺羅宗譜附星源集慶不分卷　金松喬等纂修　2003年北京圖書館出版社據民國二十七年(1938)排印本影印　二十二冊

　　參見前條。

　　本譜載於《北京圖書館藏家譜叢刊·民族卷》第十一至三十二冊

[北京]愛新覺羅家族全書十種　李治亭主編　1997年吉林人民出版社排印本　十冊　書名據封面題　記事至1962年

[北京]萬年歷代愛新覺羅宗譜　纂修者不詳　2000年據抄本複印　一冊　書名據書衣題

　　遼寧省本溪市檔案館

[北京]滿洲(愛新覺羅)奕氏家譜　纂修者不詳　清末稿本　記事至清光緒間　四冊

　　譜記綿齊、綿鏞等宗支。

　　國家圖書館

[北京]滿洲(愛新覺羅)奕氏家譜　纂修者不詳　2003年北京圖書館出版社據清末稿本影印　記事至清光緒間　合冊

　　參見前條。

　　本譜載於《北京圖書館藏家譜叢刊·民族卷》第四十六冊

[北京]愛新覺羅氏多爾袞家族譜三卷　纂修者不詳　1982年稿本　一冊　書名據書名頁題

　　始祖多爾袞,清初攝政王,清順治六年(1649)正月繼娶博爾濟吉特氏,生子多爾真,是爲多爾袞獨子,遂存統緒,後裔繁衍,至今已至十二世。譜載序、世系等,附有十餘幅先祖畫像及多爾袞手書滿文遺墨十餘頁。舊譜爲滿文,編修於乾隆初年,燒毀於1966年。本譜是根據旅居香港的州迪叔父所保存的滿文原譜草稿,於1982年重新請人譯編而成。

　　廣東省廣州市州迪

[北京]德賀訥世管佐領接襲家譜　纂修者不詳　抄本　折冊

　　始祖德賀訥,明正德、嘉靖時人。是爲承襲世管佐領之職,呈皇帝御覽的家譜。主要記載慈禧太后父親家庭世系、襲爵、襲職、旗籍、駐防、居地、人口年齡等情況。全譜共載十三世,凡二百一十六名男丁。譜編纂於清末。

　　中國第一歷史檔案館

　　本條目據2009年第2期《滿族研究》載劉慶華著《慈禧太后家世新證——〈德賀訥世管佐領接襲家譜〉研究》一文著録

[北京]石氏家譜　（清）來喜纂修　抄本　滿漢雙文　又稱石克特利哈拉家譜

　　石氏祖居長白山、平矮山、輝嶺等處，後遷移至盛京西南鄉，居住二百五十餘年。高祖倭力和庫，生三子。長子嘎拉鉤、次子景吉那，在北京落户。三子吉巴庫隨同清軍入關，在京都旗務打牲佐下爲將，任佐領，管理鑲紅旗事務，順治時赴烏拉，負責打牲烏拉總管衙門事務，遂定居於此。

　　北京、吉林省永吉縣石氏

　　本條目據 1985 年第 2 期《圖書館學研究》載石光偉著《〈石氏家譜〉對於清代打牲烏拉總管衙門研究史料的新補充》一文著録

[北京宛平]正白旗李氏族譜不分卷　纂修者不詳　清朱格抄本　一册　書名據譜序題

　　始遷祖金葉，明代人。

　　國家圖書館

[北京密雲]彭氏宗譜不分卷　纂修者不詳　稿本　一册　書名據封面題

　　始遷祖成、連，清初人。隸滿洲鑲黄旗。連之六子進京，分别任清廷官職，其後世各代共有八十六人任各類官職，成爲密雲縣名門望族。載世系、名人小傳等。

　　北京市密雲縣莊禾屯彭明遠

[天津]佟氏支譜　佟永强、佟以旺纂修　2007 年排印本　一册　書名據封面題

　　始祖達禮，即巴虎特克慎第五子達爾漢圖謀（或作墨）圖。是爲天津市小王莊已改漢族的佟佳氏譜。爲達爾漢圖謀圖四世孫瑄祖四房梁之後九世孫富年系下支譜。後裔散居於天津市區、大港區等地。載序、世系、範字。

　　天津市小王莊鎮佟以旺

　　本條目據《滿族佟氏家譜總匯》著録

[天津南開]佟氏支譜不分卷　佟阜功纂修　2005 年排印本　一册　書名據封面題

　　始祖巴虎特克慎，明初人，原居松花江上游，生育七子，除第七子無嗣外，餘六子分爲六大支，散居各地，至清太祖起兵後，多投歸隸於滿洲各旗，成爲滿洲八旗的骨幹力量。是爲天津譜。爲始祖第五子達爾漢圖謀圖四世孫瑛祖二房棟之後裕合第四子兆元系下支譜。支祖佟兆元歷任奉天農村學校教務長、奉天議會議長、教務顧問、廠長、奉天交涉署署長、遼瀋兼營口交涉員、遼瀋道戒嚴司令、熱河省財政廳長、東北邊防區司令等。本譜爲其直系支譜。載序、世系。2010 年遼寧民族出版社《滿族佟氏家譜總匯》内有本譜節録。

　　天津市南開區佟阜功

[河北青龍]董氏家譜四卷　（清）董堎纂修　清道光十六年（1836）董鎮抄本

　　河北省青龍滿族自治縣官場鄉文子村董氏

[河北青龍]佟氏世譜不分卷　佟景和纂修　2007排印本　一册　書名據封面題

　　是爲河北省青龍滿族自治縣高麗鋪佟氏譜。始遷祖有貴，正白旗。原籍瀋陽東山，清康熙間落户青龍高麗鋪。譜載總譜與三個分譜。總譜載始祖至五世祖世系；分譜載大佟丈子、小佟丈子和高麗鋪三支世系。2010 年遼寧民族出版社《滿族佟氏家譜總匯》内有本譜節録。

　　河北省青龍滿族自治縣高麗鋪佟景和

[河北青龍]河北省青龍滿族自治縣正白旗楊氏族譜　楊玉田、楊佐瑞主編　2012 年排印本470 頁　記事至 2011 年

　　始遷祖宗保，清順治年間自青龍入關。載世系、圖片、地圖等。

　　國家圖書館

[河北獻縣]佟氏支譜　佟培瑞、佟建忠纂修1999 年排印本　一册　書名據封面題

　　始祖巴虎特克慎，明初人，原居松花江上游，生育七子，除第七子無嗣外，餘六子分爲六大支，散居各地，至清太祖起兵後，多投歸隸於滿洲各旗，成爲滿洲八旗的骨幹力量。是爲河北省獻縣東村已改漢族的佟佳氏族譜。爲巴虎特克慎第五子達爾漢圖謀圖之後七世孫福保系下支譜。福保明末

蒙難,由遼東發配至河北省滄州,出旗爲民,後世遂以滄州爲世居之地。載序言、世系等。1999年撫順市新聞出版局《滿族佟氏史略》、2010年遼寧民族出版社《滿族佟氏家譜總匯》內有本譜節錄。

河北省獻縣東村鄉佟氏

[河北樂亭]佟鐵頭宗譜不分卷　纂修者不詳　民國初年稿本　一冊　書名據封面題　書名頁題直隸樂亭地方佟氏世系宗譜

始遷祖鐵頭,原爲盛京漢軍旗人,居住瀋陽金得勝屯,後遷樂亭永齊寺定居,其後人遂世爲樂亭人。載序言、世系。2010年遼寧民族出版社《滿族佟氏家譜總匯》內有本譜節錄。

河北省樂亭縣永齊寺佟景煥

[河北安平]佟佳氏宗譜　佟樂康纂修　2004年排印本　一冊　書名據封面題

是爲河北省安平縣佟羽林村已改漢族的佟佳氏族譜。始祖巴虎特克慎,明初人,原居松花江上游,生育七子,除第七子無嗣外,餘六子分爲六大支,散居各地,至清太祖起兵後,多投歸隸於滿洲各旗,成爲滿洲八旗的骨幹力量。此爲巴虎特克慎第六子顏圖謀圖之後八世孫薩木什卡(一作薩穆什喀)系下支譜。其長子羅什於清順治時授二等甲喇章京世職。次子羅貸任頭等侍衛,隸滿洲鑲黃旗。曾任外經部副部長佟志廣出於是族。載序、人物小傳、世系等。2010年遼寧民族出版社《滿族佟氏家譜總匯》內有本譜節錄。

河北省安平縣佟羽林村佟樂康

[內蒙古三合]陳滿洲完顏氏譜書不分卷　(清)汪桂詳纂修　清光緒五年(1879)稿本　一冊　書名據封面題　二修本

始祖三仁,原居順天府三合縣下甸村,隸於滿洲正白旗。始遷祖爲三世祖黑色兄弟三人,於清康熙二十六年(1687)奉詔撥至盛京鳳凰城當差,遂家焉。載序、世系等。其譜由汪福明初修於清道光元年(1821)。

遼寧省鳳城市汪氏

[內蒙古三合]陳滿洲完顏氏譜書不分卷　(清)汪桂詳纂修　據清光緒五年(1879)稿本複印　一冊　書名據封面題　二修本

參見前條。

吉林師範大學滿族文化研究所

[遼寧]金氏族譜不分卷　(清)徐嘉炎纂修　清康熙二十七年(1688)稿本　一冊　書名據封面題

始祖文舉,明代人,係奉天東寧衛世襲指揮使,後裔世代居於遼陽、本溪。載序言、世系等,重要人物均有譜注。

遼寧省本溪市張德玉

[遼寧]鑲白旗陳滿洲蘇完瓜爾佳金、橐氏宗譜不分卷　纂修者不詳　手稿本　二冊

蘇完瓜爾佳乃滿族瓜爾佳氏一百零二派支系中最傑出者,即瓜爾佳氏第一望族。是爲清初重臣鼇拜後裔兩支系之家譜:其居於遼寧省莊河市的一支以"金"爲姓,以鼇拜爲一世祖,三世改隸鑲白旗;其居於本溪市南芬區思山嶺鄉二道河子村的一支以"橐"爲姓,以鼇拜之父委奇爲一世祖,隸於正紅旗。莊河金氏譜是譜書,本溪橐氏譜是譜單。瓜爾佳氏爲滿洲巨族,八大家之一,族繁時有"關朝"之說。漢姓多爲關、石、鮑、汪、李、高、顧、白、胡、郭、果、蘇、葉、常、喜、侯、森、佟等。

遼寧省莊河市金氏　遼寧省本溪市橐氏族人

本條目據《遼東滿族家譜選編》著錄

[遼寧]遼東賈鎧家族家譜書　賈廣生纂修　2009年排印本　一冊　書名據封面題

始祖賈鎧,原居山東登州府黃縣,清順治八年(1651)奉詔撥民遷於鞍山市千山區湯崗子鎮靛池溝村新樓子,之後由於人口繁衍而又遷徙於各地。是書六編二十五章,載海城賈氏、岫巖賈氏、人物、族規、範宗、附錄等。

遼寧省海城市賈廣生

[遼寧]遼寧鍾姓族譜　鍾連良纂修　2010年排印本　二冊　書名據封面題

是爲遼寧省鍾姓統宗譜。始祖崗,原居山東小

雲南,清初遷於遼,後裔支系分別定居於瀋陽、遼陽、撫順、鞍山、海城、大連、本溪等地。載序、聖祖肖像、古祠名園、氏族源流、譜系、名人傳等。是書囊括了遼寧省十四個市三十二個縣鍾姓七十六個支脈十二萬餘人。譜書分十章四十節,一百多萬字。

　　遼寧省鞍山市鍾連良

[遼寧]高氏宗譜不分卷　(清)德啓、高國明等纂修　清道光十年(1830)稿本　一冊　書名據封面題

　　始祖文增、文捷、文顯,原居山東登州府蓬萊縣,清初兄弟三人率子侄越海遷至盛京,文增、文捷一支居遼陽高家嶺等地,文顯一支遷海城高湛屯等地。高氏於清康熙二十二年(1683)入盛京鑲白旗漢軍第三佐領下,開占紅冊地,隸於鑲白旗。載序言三篇、墳碑碑文二篇、範字及世系。1988年遼寧民族出版社《滿族家譜選編》內載有本譜節錄。

　　遼寧省海城市唐遠德

[遼寧]高氏宗譜不分卷　(清)德啓、高國明等纂修　據清道光十年(1830)稿本複印　一冊　書名據封面題

　　參見前條。

　　吉林師範大學滿族文化研究所

[遼寧]高氏宗親譜冊不分卷　高恩泰等纂修　民國六年(1917)排印本　一冊　三修本

　　參見前條。本譜奉湛、展、瞻爲始祖,以文增、文捷、文顯爲一世祖。譜載序、排字、墳墓考、世系、顯榮錄等。1988年遼寧民族出版社《滿族家譜選編》內載有本譜節錄。

　　遼寧省遼陽市高氏族人

[遼寧]高氏宗親譜冊不分卷　高奎午等纂修　民國二十七年(1938)石印本　一冊　書名據首序題　四修本

　　先祖同上。2012年遼寧民族出版社《遼東滿族家譜選編》錄有此譜節錄,題名《鑲白旗漢軍第三佐領下高氏宗親譜冊》,記文顯子有增系下世系。

遼寧省鞍山市高氏族人

[遼寧]高氏宗親譜冊不分卷　高奎午等纂修　2000年據民國二十七年(1938)石印本復印　一冊　書名據首序題　四修本

　　先祖同上。

　　遼寧省圖書館

[遼寧]高氏宗譜　高奎仲等纂修　1993年排印本　一冊　書名據封面題　五修本

　　先祖同上。

　　國家圖書館　遼寧省鞍山市鞍鋼計劃部高明德

[遼寧瀋陽]王氏宗族統譜不分卷　纂修者不詳　清光緒二十一年(1895)石印本　一冊　書名據封面題

　　始祖景羔,清初人,原居山東登州府福山縣,清初隸入正黃旗漢軍,二世成龍、成鳳撥盛京鑲紅旗漢軍,是爲始遷祖。載序言、世系。

　　遼寧省瀋陽市王氏

[遼寧瀋陽]王氏宗族統譜不分卷　纂修者不詳　據清光緒二十一年(1895)石印本複印　一冊　書名據封面題

　　參見前條。

　　吉林師範大學滿族文化研究所

[遼寧瀋陽]盛京內務府鑲黃旗漢軍王氏宗譜不分卷　王遠興等纂修　民國十一年(1922)石印本　一冊　二修本

　　王氏祖居山東登州府蓬萊縣大王莊,清順治八年(1651)奉詔撥遷遼東,被編隸於盛京內務府鑲黃旗漢軍。一世祖可成。載修譜通告書、範字、世系。譜初修於清嘉慶四年(1799)。

　　遼寧省瀋陽市王氏族人

　　本條目據《遼東滿族家譜選編》著錄

[遼寧瀋陽]尹氏族譜不分卷　尹鴻儒纂修　民國十八年(1929)稿本　一冊　書名據封面題

　　始祖尹公原居直隸新集,清順治八年(1651)撥

民於奉天,後世遂以今瀋陽爲世居之地。譜載序言、範字、世系。

遼寧省海城市尹鴻章

[遼寧瀋陽]尹氏族譜不分卷　尹鴻儒纂修　據民國十八年(1929)稿本複印　一册　書名據封面題

參見前條。

吉林師範大學滿族文化研究所

[遼寧瀋陽]瀋陽甘氏宗譜一卷　(清)甘運滄等纂修　清乾隆三十六年(1771)木活字本　一册　書名據版心題　二修本

始遷祖鋭,行一,至明永樂年間始以指揮出守,遂遷居瀋陽。世襲瀋陽中衛指揮僉事,誥授明遠將軍,自清入關始隸屬旗籍。清太祖破瀋陽城時,甘氏"從龍出塞,乃爲旗人"。明清兩朝,代有聞人。清代甘文焜、甘國壁出於此族。

遼寧省圖書館

[遼寧瀋陽]瀋陽甘氏宗譜一卷　(清)甘運滄等纂修　清嘉慶九年(1804)甘運濂刻本　一册　書名據版心、書簽、目録、卷端題　三修本

先祖同上。

中國科學院圖書館　遼寧省圖書館　吉林大學圖書館　日本國立國會圖書館

[遼寧瀋陽]瀋陽甘氏宗譜一卷　(清)甘運滄等纂修　據清嘉慶九年(1804)甘運濂刻本拍攝膠卷　書名據版心、書簽、目録、卷端題　三修本

先祖同上。

美國猶他州家譜學會

[遼寧瀋陽]瀋陽旗漢甘氏全譜不分卷　(清)甘書芬纂修　清道光二十六年(1846)甘恪修刻本　一册　書名據目録題　版心題瀋陽甘氏家譜　四修本

先祖同上。

中國科學院圖書館　北京大學圖書館　遼寧省圖書館　日本國立國會圖書館　日本東洋文庫

美國哥倫比亞大學東亞圖書館

[遼寧瀋陽]瀋陽旗漢甘氏全譜不分卷　(清)甘書芬纂修　據清道光二十六年(1846)甘恪修刻本拍攝　膠卷　書名據目録題　版心題瀋陽甘氏家譜　四修本

先祖同上。

美國猶他州家譜學會

[遼寧瀋陽]甘氏家譜不分卷　(清)甘國基等纂修　清抄本　一册　記事至清康熙間　書名自擬

先祖同上。

國家圖書館

[遼寧瀋陽]瀋陽甘氏家譜五卷　纂修者不詳　排印本

先祖同上。譜載序數篇、墓座紀略多篇,及蒙恩記、各支派源流、列傳、祭文、附記、後記、仕宦、忠烈、貞節、科甲題目、世系與範字等。

吉林師範大學滿族文化研究所　遼寧省瀋陽市甘氏

[遼寧瀋陽]遼濱塔處瓜爾佳氏十世譜稿户册不分卷　(清)喀達郎阿纂修　清道光四年(1824)抄本　三册　書名據書名頁題

瓜爾佳氏,爲滿族八大姓氏之一。瓜爾佳氏按不同的地區有蘇完(蘇完尼)、安圖、葉赫、烏喇等分支,入關後又有鳳城、金州等分支。是族始祖珠察,明代人。始遷祖哲力芳額。譜内有《祭儀大略》、《敬神圖像》。

遼寧省新民市公主屯鎮關啓珍

[遼寧瀋陽][瓜爾佳氏]家譜易知録不分卷　(清)慶珍等纂修　民國間朱格抄本　二册　書名據卷端題

瓜爾佳滿洲人世居盛京之安楚拉庫里河瑚芬姑吉里村。譜以廓普托恩爲一世祖,長子奇滿、次子奇馬禪於順治初入關,爲入關一世祖。載世系圖、譜系世代、國史列傳目次、瓜爾佳世系部落、瓜爾佳三孝圖、國史館本傳、瓜爾佳族擇録滿洲源流

考、奏疏、日記(摘録)、塋地及各類雜文等。譜系世代自一世祖廓普托恩始,止於第十一世汝乙。是族於乾隆間由族人六世孫富廉等初修譜,道光時七世孫蘇芳阿等續修。是譜爲慶珍據舊譜抄録並增續部分世系内容等。

　　國家圖書館

[遼寧瀋陽][瓜爾佳氏]家譜易知録不分卷
(清)慶珍等纂修　2003年北京圖書館出版社據民國間朱格抄本影印　二册　書名據卷端題

　　參見前條。

　　本譜載於《北京圖書館藏家譜叢刊‧民族卷》第三十六至三十七册

[遼寧瀋陽]瓜爾佳氏横譜書不分卷　纂修者不詳　民國間稿本　一册　書名據封面頁題　書名頁題鑲黃旗佛滿洲瓜爾佳氏横譜書

　　始祖瑪庫里,明末人,祖居長白山渾同江東訥殷江流域,努爾哈赤時來歸,隸於滿洲鑲黃旗,清初康熙時由京師撥回盛京駐防,後世遂世居瀋陽。載序、祀典圖祀、世系、祭田坐落册及安崇阿誥封碑文。

　　遼寧省瀋陽市關捷

[遼寧瀋陽]瓜爾佳氏祖系考不分卷　關玉峰纂修　1992年抄本　一册　書名據封面題

　　始祖古斯達,子三:九各、三各、額力來,隨其父定居於瀋陽市東陵區李相屯。三子分爲三大門,其後世子孫繁衍甚衆,析居各地,形成爲李相屯支系、新城子區鐵匠營子支系、開原縣支系、關守屯支系、撫順縣英樹溝屯支系。載序、世系、祭祀索羅杆子圖等。

　　遼寧省瀋陽市東陵區李相屯關德璋

[遼寧瀋陽]朱氏家譜續譜　朱維久等纂修　據1997年排印本複印　一册　書名據封面題

　　始遷祖應舉,原籍山東萊州府掖縣大户朱家村,清順治間移居關東奉天府城(今瀋陽市),入鑲黃旗爲閑散壯丁。譜載世系圖。

　　上海圖書館

[遼寧瀋陽]愛新覺羅支派瀋陽伊氏歷史源流不分卷　伊恒勤、李鳳民纂修　排印本　一册　書名據封面題

　　始祖孟特木,原居黑龍江省三姓地方,明初南遷至圖們江下游地區。在此地遭受東海女真人襲侵。其子孫凡察、董山西遷至今遼寧省新賓,至其六世孫清太祖努爾哈赤崛起遼左,建立後金,進軍遼瀋,入主中原,建立了清王朝。十五世富能於道光二十七年(1847)攜其幼子由北京遷返盛京。愛新覺羅氏冠以"伊"字姓,本支子嗣以"伊"爲姓至今。譜載先世溯源、叛明立國、戎馬人生、富貴年華、移民盛京、世系等。

　　吉林師範大學滿族文化研究所　遼寧省瀋陽市伊恒勤

[遼寧瀋陽]伊爾根覺羅氏宗譜不分卷　(清)阿克達纂修　清光緒二十一年(1895)稿本　一册　書名據封面題　書名頁題瓦瑚木地方伊爾根覺羅氏宗譜

　　始祖嘉倫色,原居於長白山,清太祖時歸服,隸於滿洲正白旗。清天聰三年(1629),奉旨守福陵,後世子孫遂世居瀋陽至今。譜載序、四字韻語、範字、世系。該族於清光緒三年(1877)初修譜。

　　遼寧省瀋陽市趙氏

[遼寧瀋陽]伊爾根覺羅氏宗譜不分卷　纂修者不詳　稿本　一册　書名據封面題　書名頁題松花江地方伊爾根覺羅氏宗譜

　　始祖穆克得克,原居松花江地方,有居東、西二寨者,分姓巴雅拉氏、蒙郭洛氏,而本氏則移居近城,仍原姓伊爾根覺羅氏。四世顧喬於國初歸順太祖努爾哈赤,隸鑲黃旗,其支裔遂以顧爲姓。譜載世系及松花江地方伊爾根覺羅氏譜單簡介。

　　遼寧省瀋陽市趙氏

[遼寧瀋陽]伊爾根覺羅氏宗譜不分卷　纂修者不詳　據稿本複印　一册　書名據封面題　書名頁題松花江地方伊爾根覺羅氏宗譜

　　參見前條。

　　吉林師範大學滿族文化研究所

[**遼寧瀋陽**]全氏族譜不分卷　濟丹、鐵毓川纂修
民國二十五年(1936)稿本　一册　書名據封面題
　始遷祖明寰,原籍山東濟南府平陽禹城大全莊,
清乾隆時因貿易遷居瀋陽,遂爲瀋陽人。譜載序
言、範字、世系。
　　遼寧省瀋陽市全堂琪

[**遼寧瀋陽**]全氏族譜不分卷　濟丹、鐵毓川纂修
據民國二十五年(1936)稿本複印　一册　書名
據封面題
　參見前條。
　　吉林師範大學滿族文化研究所

[**遼寧瀋陽**]哈達那拉氏宗譜正册不分卷　(清)
慶德纂修　清咸豐元年(1851)稿本　一册　書
名據封面題
　哈達那拉是明末海西女真龍虎將軍王台(萬)
之後裔,世居今遼寧省開原一帶,時有哈達城,以
及柴河寨、富家兒齊寨等。所冠漢字哈達納喇氏
是滿族姓氏,漢姓主要爲那、萬、王、赫、葉、丁等。
先祖納齊布禄,本姓完顏氏,明帝賜姓那拉,世代
爲海西女真哈達部酋長,至清太祖時,其後裔哈達
部貝勒吳爾古代投歸清太祖,隸於滿洲鑲黄旗。
始遷祖尹泰任内務府上駟院大臣,後裔於康熙年
間由京都駐防盛京,遂世居瀋陽。載序言、祭祖儀
式、世系。
　　遼寧省瀋陽市富氏

[**遼寧瀋陽**]哈達那拉氏宗譜正册不分卷　(清)
慶德纂修　據清咸豐元年(1851)稿本複印　一
册　書名據封面題
　參見前條。
　　吉林師範大學滿族文化研究所

[**遼寧瀋陽**]長白李佳氏家譜不分卷　(清)明安
纂修　清乾隆二十九年(1764)抄本　四册　書
名據版心題　書簽題長白李氏家譜傳
　始遷祖綿密立,清代人。
　　國家圖書館　日本東洋文庫

[**遼寧瀋陽**]何氏家譜　何克詳纂修　2002年排
印本　一册　書名據封面題
　是族祖籍相傳爲雲南永昌府騰越縣(今騰衝
縣)榆樹村。始祖崇善於清初遷遼東,定居於開原
縣何轄堡子屯。其長子騰龍入鑲黄旗,在盛京(今
瀋陽)城西北遼河右岸創業定居,是爲始遷祖。譜
載族史、當代人物、世系表。
　　上海圖書館

[**遼寧瀋陽**]福陵覺爾察氏譜書二卷　纂修者不
詳　抄本　二册　八十七頁　書名據封頁題　三
修本
　是族原住在長白山之東、花臉山迤北、卧莫河必
罕鄂多里和陳(鄂多里城),後遷至長白山覺爾察
地方,踐土而居,因以爲氏。長白山覺爾察地,即
今遼寧省新賓縣境内的覺爾察地方,佛阿拉山城
附近的呼蘭哈達山下覺爾察地即此地。福陵覺爾
察氏子嗣在京都正黄旗、正藍旗、鑲藍旗、鑲紅旗、
正白旗均有。其先世曾與太祖皇帝努爾哈赤毗鄰
而居。據考證,本支福陵覺爾察氏當爲德世庫家
族的後裔,與清太祖努爾哈赤屬同一宗族。始遷
祖索爾火,明代人。清初,因七世孫班布理在木奇
地方攔阻諫諍太祖有功,命班布理長子達喀穆、次
子他察看守福陵,遂世居於此。是族自十八世(光
緒年間)起改用"肇"姓,沿用至今。本譜載有清
八旗制度、土地糾紛案、人物傳記等資料。是族曾
先後三次修譜,始修於清乾隆四年(1739),次修於
嘉慶十二年(1807),三修於光緒三十年(1904)。
1988年遼寧民族出版社《滿族家譜選編》内有本
譜節録。
　　遼寧省新賓滿族自治縣肇姓
　本條目據1993年第3期《滿族研究》載趙維和
等著《〈福陵覺爾察氏譜書〉探微》一文及《滿族家
譜選編》著録

[**遼寧瀋陽**]福陵覺爾察氏譜書二卷　纂修者不
詳　民國十八年(1929)稿本　二册　四修本
　先祖同上。上卷載序、奏章原案、遼陽上瓦溝子
墳説、盛京依家溝墳説;下卷爲世系。其譜於清乾
隆四年(1739)初修,清嘉慶十二年(1807)二修,

清光緒三十年（1904）三修。1994 年中國社會科學出版社《滿族家譜選》內載有本譜節錄。

遼寧省新賓滿族自治縣永陵鎮阿哈夥洛村趙氏族人

［遼寧瀋陽］福陵覺爾察氏譜書二卷　纂修者不詳　據民國十八年（1929）稿本複印　二冊　四修本

參見前條。

吉林師範大學滿族文化研究所

［遼寧瀋陽］福陵覺爾察氏譜書二卷　趙多綸纂修　1994 年排印本　一冊　書名據目錄題

參見前條。

遼寧省撫順市圖書館

［遼寧瀋陽］遼海谷氏宗譜不分卷　谷正寅纂修民國三十年（1941）稿本　一冊　書名據封面題

始祖景福，原居山東萊陽府即墨縣，清順治時奉詔遷奉天，入盛京內務府正黃旗籍，遂世居瀋陽。譜載谷氏宗譜序、重修宗譜序、谷氏重修宗譜序、谷氏淵源歷代世系次序節錄、祖塋碑記二篇、範字、世系。

遼寧省鞍山市谷振波

［遼寧瀋陽］遼海谷氏宗譜不分卷　谷正寅纂修據民國三十年（1941）稿本複印　一冊　書名據封面題

參見前條。

吉林師範大學滿族文化研究所

［遼寧瀋陽］佟氏宗譜不分卷　纂修者不詳　清稿本　一冊　滿文　書名據封面題

始祖阿紐扎布哈喀，明代人，原居長白山，後遷遼東，清起東北後投歸，隸入滿洲正紅旗。其八世常明任布政使，胡密色任佐領。後世由京撥盛京駐防，遂世爲瀋陽人。載序、世系。2010 年遼寧民族出版社《滿族佟氏家譜總匯》內有本譜節錄。

遼寧省瀋陽市佟春輝

［遼寧瀋陽］佟氏宗譜　佟恩燾纂修　民國十二年（1923）修本　二修本

始祖守昌，漢軍正藍旗人，曾從軍在佟養真旗下，鎮江堡事件被害後葬於瀋陽東陵區佟家墳，子孫遂移至瀋陽、撫順等地。後是族出旗爲民，改爲漢族。是爲遼寧省瀋陽市東陵區金德勝村原滿族佟氏族譜。譜載世系等。其譜初修於清光緒五年（1879）。

遼寧省撫順市塔峪鎮佟春華

［遼寧瀋陽］佟氏守昌支系譜不分卷　佟春海纂修　2007 年排印本　一冊　書名據封面題　三修本

先祖同上。載序言四篇、範字、世系。譜初修於清光緒五年（1879）。2010 年遼寧民族出版社《滿族佟氏家譜總匯》內有本譜節錄。

遼寧省瀋陽市東陵區金德勝村佟氏族人

［遼寧瀋陽］佟門世祖家譜不分卷　佟朝富纂修2003 年排印本　一冊　書名據封面題

始祖他巴海，明末人，姓佟佳氏，清太祖創業初，隸於滿洲正白旗。其子森成賀於順治初年奉調回盛京當差，其子孫遂世居盛京等地。譜載序、各世先祖人物傳、世系等。

吉林師範大學滿族文化研究所　吉林省通化市佟朝富

［遼寧瀋陽］瀋陽佟溝地方滿族佟佳氏佟氏世系譜牒　纂修者不詳　版本不詳

始祖達禮，即巴虎忒克申第五子達爾漢圖墨圖。譜載始祖以下凡十七代世系。

遼寧省瀋陽市佟溝村佟禎功

本條目據《滿族佟氏史略》著錄

［遼寧瀋陽］佟佳氏支譜不分卷　佟明仁、佟大勤纂修　1997 年排印本　一冊　書名據封面題

先祖同上。本譜自前譜十五世孫"煜"字輩始續修世系。始祖佟煜撲、佟煜奎，達爾漢圖墨圖十五世孫，隸於滿洲正藍旗，清代撥駐盛京駐防，其子孫遂世居瀋陽佟溝村。載序、世系等。2010 年

遼寧民族出版社《滿族佟氏家譜總匯》內有本譜節錄。

　　遼寧省瀋陽市佟溝村佟大勤

[遼寧瀋陽]范氏瀋陽支譜二卷　范承祚纂修
清順治間稿本　一冊　書名據書名頁題
　　先祖仲淹。始祖景申，明洪武時人，因任雲夢縣丞時失火燒案籍而謫戍瀋陽。清太祖起兵後，嗣孫文程投歸，隸於漢軍旗，是爲始遷祖。載序、世系圖考、世次字號、始祖世系、瀋陽支世系等。
　　遼寧省瀋陽市范世贊

[遼寧瀋陽]范氏瀋陽支譜二卷　范承祚纂修
據清順治間稿本複印　一冊　書名據書名頁題
　　參見前條。
　　吉林師範大學滿族文化研究所

[遼寧瀋陽]范氏家乘不分卷　纂修者不詳　稿本　一冊　書名據封面題　又題單支家乘
　　先祖同上。載序言、世系。
　　遼寧省瀋陽市范世贊

[遼寧瀋陽]范氏家譜不分卷　纂修者不詳　排印本　一冊　書名據封面題
　　先祖同上。載先祖士會傳略、范仲淹傳略、原序、世系圖考、范氏世系圖、范氏譜乘忠直房瀋陽支脈。
　　吉林師範大學滿族文化研究所　遼寧省瀋陽市范世贊

[遼寧瀋陽]范氏宗譜忠宣房瀋陽支脈三卷　范世贊纂修　2007 年排印本　一冊　書名據封面題
　　先祖同上。載淵源、世系、綜合等。
　　遼寧省瀋陽市范世贊

[遼寧瀋陽]盛京內務府鑲黃旗漢軍金府宗譜不分卷　纂修者不詳　清咸豐八年（1858）稿本　一冊
　　始祖汝安、汝科、汝寧，原爲漢人，清康熙間由京師撥來盛京，隸於盛京內務府鑲黃旗漢軍，遂世居遼東。譜載序、範字、二十世排行輩數字詩（三十首）及世系。
　　遼寧省本溪市金家
　　本條目據《遼東滿族家譜選編》著錄

[遼寧瀋陽]金府譜書不分卷　纂修者不詳　清光緒十五年（1889）金泮藻抄咸豐八年（1858）修本　一冊　書名據封面題
　　先祖同上。
　　遼寧省瀋陽市和平區金殿良

[遼寧瀋陽]烏扎拉氏族譜不分卷　福鈞纂修
民國十年（1921）稿本　一冊　書名據封面題
　　烏扎拉氏，漢姓吳，原係長白山滿族人，始祖巴彥因功被賜世襲佐領。始遷祖束勒必罕，原居黑龍江，清康熙四年（1665）隸鑲藍旗，籍居奉天省西昂邦牛录，隸於盛京鑲藍旗新滿洲第二佐領下，其後世子孫遂世代居於瀋陽。譜載序言、範字、世系。
　　遼寧省瀋陽市吳中祥

[遼寧瀋陽]烏扎拉氏族譜不分卷　福鈞纂修
抄本　一冊　書名據封面題
　　參見前條。
　　吉林師範大學滿族文化研究所

[遼寧瀋陽]盛京鑲藍旗西昂邦牛录烏扎拉氏家譜不分卷　纂修者不詳　抄本　一冊　書名據封面題
　　先祖同上。載序、世系等。
　　吉林師範大學滿族文化研究所

[遼寧瀋陽]郭羅絡氏家傳並老八族通譜　纂修者不詳　清光緒三年（1877）抄本　一冊　書名據書籤題
　　郭羅絡氏亦作郭囉羅氏，清滿洲八旗姓。始祖查喀，宋代人。原係科爾沁部落人氏，後入滿洲區域，以地名爲氏。後改姓郭、高等。
　　河北大學圖書館

[遼寧瀋陽]錦州料理莊糧事務衙門陳莊頭家譜不分卷 （清）陳亮師纂修 清咸豐五年（1855）稿本 一册 書名據封面題

始祖應功，隨清入主中原，後於清康熙十三年（1674）奉詔於大凌河墾荒，康熙二十六年（1687）以後始任糧莊莊頭。世襲八次，隸正黄旗。譜載序、世系等。

遼寧省瀋陽市和平區陳玉才

[遼寧瀋陽]陳氏家族譜書 陳恩陰、劉堅白纂修 據民國十三年（1924）石印本複印 一册 書名據書衣題

始遷祖德功，原籍山東，清初隸盛京（今瀋陽）漢軍廂藍旗第三佐領下，遂家焉。譜載序、字派、世系。

上海圖書館

[遼寧瀋陽]鑲藍旗滿洲常氏族譜不分卷 纂修者不詳 清乾隆間抄本 一册 書名據書名頁題

祖居長白山三道溝，姓薩格達氏。始祖牙哈，清太祖起兵後投歸，隸佛滿洲鑲黄旗，"隨龍入京"，康熙二十六年（1687）撥回盛京鳳凰城駐防，其後世遂世居於此。譜載序言、範字、世系與附錄八篇。

遼寧省瀋陽市常裕誠

[遼寧瀋陽]鑲藍旗滿洲常氏族譜不分卷 纂修者不詳 據清乾隆間抄本複印 一册 書名據書名頁題

參見前條。

吉林師範大學滿族文化研究所

[遼寧瀋陽]正白旗滿洲鄂族譜書 鄂裕寶等纂修 民國三十二年（1943）排印本 一册 書名據封面題

始祖牙爾胡達，原居長白山，因屢建功勳被封爲鄂國公，因以爲氏，隸入滿洲正白旗。其五世祖一支後裔自撫順遷瀋陽東靠山屯。載譜序、碑記略圖、世系、祭產管理規程等。

遼寧省撫順市鄂氏族人

[遼寧瀋陽]瀋陽東台鈕祜祿氏家族宗譜 郎吉雙等纂修 1999年排印本 一册 書名據書名頁題

始祖同上。始遷祖燒達子、色克圖、達三，皆清代人。第十五世"志"字輩始改姓郎。

遼寧省瀋陽市郎東旭

[遼寧瀋陽]殷葉赫富察氏宗譜不分卷 纂修者不詳 清末稿本 一册 書名據封面題

始遷祖楚隆阿，明末人，世居葉赫地方，清天聰間與弟投隸於鑲紅旗滿洲，後世駐防盛京，遂爲瀋陽人。載序言、人物列傳、世系。

遼寧省瀋陽市富氏族人

[遼寧瀋陽]滿洲富察氏族譜不分卷 纂修者不詳 民國石印本 一册 書名據封面題

是族清太祖時以軍功徙興京，繼徙瀋陽，復"隨龍入關"。始遷祖阿海，駐防瀋陽南十里河，編入滿洲鑲紅旗，遂家焉。譜載序言、範字、先祖總譜圖、世系。

遼寧省瀋陽市史文彦

[遼寧瀋陽]滿洲富察氏族譜不分卷 纂修者不詳 據民國石印本複印 一册 書名據封面題

參見前條。

吉林師範大學滿族文化研究所

[遼寧瀋陽]欽賜瑚旺濟雅爾氏譜系不分卷 纂修者不詳 清抄本 一册 滿漢雙文 右端題清康熙十三年奉旨歸入鑲藍旗滿洲公中佐領下管轄 左端題原瀋陽三家鋪人哈爾吉彦薛爾氏

始祖松珠克。欽賜瑚旺濟雅爾氏。據"滿福"事迹，爲清乾隆時人。

吉林大學圖書館

[遼寧瀋陽]楊氏家譜不分卷 纂修者不詳 抄本 一册 書名據封面題

始祖生，明洪武初年人，永樂時任錦衣衛指揮使，祖籍南京應天府江寧縣，永樂時遷河間府城東郎官屯，後又遷泊鎮八里莊，九世生真遷奉天府瀋

陽,是爲始遷祖。載世系,重要人物有譜注小傳。

　　遼寧省瀋陽市瀋河莊楊葆祥

[遼寧瀋陽]愛新覺羅宗譜不分卷　纂修者不詳
2008年稿本　一冊　書名據封面題　書名頁題
覺羅雙喜(肇)氏支系家譜

　　始祖密雅納,清太祖五子包朗阿曾孫,清入關時
留駐盛京十里碼頭,子孫散居遼中縣蘇家屯。始
遷祖雙喜,於清乾隆時定居遼中縣黃土坎。子三,
長子富倫布、次子蘇倫布、三子都倫布,都倫布定
居蘇家屯黑牛屯。載序、先世、世系等。

　　遼寧省瀋陽市蘇家屯區黑牛屯肇雙喜

[遼寧瀋陽]愛新覺羅氏雙喜支系宗譜不分卷
溥俊、振濤纂修　排印本　一冊　書名據封面題

　　先祖同上。譜載原序、續修譜序、範字、人物簡
介、一世至十世直系先祖總圖及譜系附録等。

　　遼寧省瀋陽市蘇家屯區肇溥俊

[遼寧瀋陽]福陵肇氏宗譜不分卷　纂修者不詳
稿本　一冊　書名自擬

　　始祖孟特穆,清朝肇祖,其七世孫清世祖(即順
治帝)入主中原。都統德爾邦後裔世守福陵,本譜
即記此支。載序、世系等。

　　遼寧省本溪市張德玉

[遼寧瀋陽]裕親王府世襲莊頭劉氏宗譜不分卷
劉慶惠等纂修　民國十三年(1924)稿本　一冊
書名據封面題

　　一世祖守德,明季由山東遷徙而來,先居撫順塔
灣,至二世時"始隸入裕親王府充莊頭之差",遂
世爲莊頭,並由民籍改爲旗籍。序言中詳敘了歷
任世襲莊頭的情況。譜載序、例言、世系。

　　遼寧省瀋陽市劉氏族人

　　本條目據《遼東滿族家譜選編》著録

[遼寧瀋陽]薩克達氏譜書不分卷　恩選纂修
清光緒二十三年(1897)稿本　一冊　書名據封
面題

　　始祖束武德,原居薩克達。後裔隨駕征至瀋陽,

入正白旗,後奉旨守護清福陵,遂世居瀋陽。譜載
序、範字、世系。

　　遼寧省清原滿族自治縣蒼石村祖瑞豐

[遼寧瀋陽]聖清龍興世代祖譜不分卷　纂修者
不詳　稿本　書名據書名頁題

　　始祖索長阿,清太祖努爾哈赤第三子,居河洛噶
珊地方。本譜是其後裔鄂海宗支,於清代守護福
陵,遂世居瀋陽。載序言、先祖事迹、索長阿宗支
歷世歷代人物小傳、祭天地祝册,及各世代人葬
地、各世人生卒年、各宗支居地、祭祀儀式與世系。

　　遼寧省本溪市張德玉

[遼寧瀋陽]聖清龍興世代祖譜不分卷　纂修者
不詳　1985年遼寧省圖書館據抄本複印　記事
至光緒三十年(1904)

　　先祖同上。

　　遼寧省圖書館

[遼寧瀋陽]聖清龍興世代祖譜不分卷　纂修者
不詳　2003年北京圖書館出版社據1985年遼寧
省圖書館複印本影印　記事至光緒三十年(1904)

　　參見前條。

　　本譜載於《北京圖書館藏家譜叢刊·民族卷》
第三十三册

[遼寧瀋陽]烏雅氏族全譜四卷　纂修者不詳
清稿本　四册　記事至清同治十二年(1873)

　　始祖巴拜,明代人。

　　中國社會科學院經濟研究所圖書館

[遼寧瀋陽]關氏世系譜不分卷　恒昌纂修　民
國九年(1920)石印本　一册

　　始祖名諱不詳。二世祖珠察,明代中葉人,祖居
蘇完。始遷祖索爾果,任蘇完地方部長,率族撥歸
努爾哈赤,被編入滿洲鑲黃旗,入京後又被撥回盛
京,駐防各地。載序言三篇、宗祠規約、範字、墳
圖、世系及光緒三十二年關氏祖墳碑碑文。

　　廣東省深圳市關恒瑛

[遼寧新民]王氏宗譜不分卷　纂修者不詳　排印本　一册　書名據封面題　三修本

始遷祖彥清，原居山東蓬萊小雲南老槐樹下（又一説山東登州府蓬萊縣大王莊），於清順治八年（1651）大移民時遷到東北，落脚在新民府章士臺村，被編入盛京内務府鑲黄旗下充差，遂家焉。後裔散居於瀋陽市章士臺蘇家屯區大菽堡、王秀莊、瀋陽市及遼寧西之淤泥湖、新民馬房、大小太平莊等地。載序、族源、範字、世系等。譜初修於清嘉慶四年（1799），二修於民國十一年（1922），是譜爲近年修本。

遼寧省新民市章士臺村王澤遠

[遼寧新民]瓜爾佳氏宗譜不分卷　（清）喀達郎阿纂修　清道光二十九年（1849）稿本　一册書名據封面題

遠祖爲明初人珠察。至哲力芳額始遷瀋陽市新民縣，爲本支始遷祖。十世索爾果投清太祖，隸滿洲鑲黄旗。載祭祀大略、敬神圖像、譜稿户册等。

遼寧省新民縣公主屯鎮遼濱塔村關啓珍

[遼寧新民]瓜爾佳氏宗譜不分卷　（清）喀達郎阿纂修　據清道光二十九年（1849）稿本複印一册　書名據封面題

參見前條。

吉林師範大學滿族文化研究所

[遼寧新民]滿洲鑲黄旗瓜爾佳氏家譜不分卷關興亞纂修　1997年排印本　一册　書名據封面題

始祖米松、米柏，明代女真人，姓瓜爾佳氏，原居長白山寧古塔錯草溝，投歸清太祖後被編入滿洲鑲黄旗。清順治四年（1647）遷居奉天新民府達都牛録沙河鋪居住，後世遂世居新民。載序、範字、世系等。

吉林師範大學滿族文化研究所　遼寧省新民縣關興亞

[遼寧遼中]年氏家譜不分卷　纂修者不詳　稿本　一册　書名據書衣題

始祖西沙那，明末人，清初隸八旗漢軍，康熙十六年（1677）改隸滿洲正白旗，並撥駐遼中縣肖寨門，乾隆二十五年（1760）"出旗爲民"。三世祖衣林那征吴三桂有功獲"出兵得勝單"一件，七世年國林"出旗爲民"，發給"執照"。年氏遂世居遼中等地。載世系、範字、"出兵得勝單"及"出旗爲民"執照。

遼寧省遼中縣肖寨門鄉媽媽街年慶和

[遼寧遼中]佟氏宗譜不分卷　佟連偉纂修　2009年排印本　一册　書名據封面題

是爲遼寧省遼中縣潘家堡鄉于家臺村後佟家世系譜。始祖守祖、守禮，移居長白山兀拉草溝，清太祖時歸隸爲滿洲正白旗，隨努爾哈赤征戰，後"隨龍入關"，因開鏢局用人不當而致禍。四世哈爾太於咸豐三年（1853）自京徙遷遼中縣落户定居，爲始遷祖。後人有隸滿洲者，有隸漢軍者。載序、範字、世系等。2010年遼寧民族出版社《滿族佟氏家譜總匯》内有本譜節録。

遼寧省遼中縣潘家堡鄉丁家臺村佟連偉

[遼寧遼中]佟氏宗譜　纂修者不詳　排印本

是爲遼寧省遼中縣潘家堡鄉于家臺村前佟家世系譜。先祖同上。該村有前、後兩個佟家，本爲同宗，因前佟家安家前街東南，故稱前佟家；後佟家安家後街，故稱後佟家。一世祖愈。譜載世系等。2010年遼寧民族出版社《滿族佟氏家譜總匯》内有本譜節録。

遼寧省遼中縣潘家堡鄉于家臺村佟連偉

[遼寧遼中]于家臺佟氏宗譜不分卷　纂修者不詳　排印本　一册　書名據封面題

始祖哈爾太，自北京遷新民，又遷遼中，後世遂居於遼中。載世系等。

遼寧省遼中縣佟清旭

[遼寧遼中]瓜爾佳氏世系譜　纂修者不詳　抄本　一頁

始祖尼堪。

遼寧省遼中縣吴榮真

[遼寧淩源]暴氏家譜　暴風潮纂修　1996年稿本　一冊　書名據書名頁題　三修本
　　始遷祖丹津班珠爾,明代人。
　　黑龍江省哈爾濱市暴風潮

[遼寧阜新]清河門張氏漢軍八旗族譜一卷　張貴復纂修　稿本　一冊　書名據封面題
　　始祖進忠,清初山東登州府蓬萊縣張家莊人,順治時奉詔徙遷遼寧,定居今阜新市清河邊門,被編隸於八旗漢軍,在火器營當差。譜載十代世系。
　　遼寧省阜新市清河張氏族人

[遼寧阜新]清河門張氏漢軍八旗族譜一卷　張貴復纂修　據稿本複印　一冊　書名據封面題
　　參見前條。
　　吉林師範大學滿族文化研究所

[遼寧阜新]改氏族譜　清河門改氏族譜撰修協會編　2012年排印本　一冊
　　清河門改氏來自山東。始祖改鳳樓,二世祖改長有、改長發、改長升,後裔遂分爲三支,主要分佈在芹菜溝、五道溝,另趙家窩堡人口不多,形成三個自然村落。是族屬正藍旗。譜載世系表等。
　　國家圖書館

[遼寧鐵嶺]哈達那拉氏卜姓譜系不分卷　纂修者不詳　稿本　一冊　書名據封面題
　　始祖郭禮,任防禦,始改卜姓,隸於盛京正紅旗陳滿洲佐領下,駐防昭陵。是爲遷於鐵嶺泛河之支譜。載墓碑碑文三篇、世系。
　　吉林省長春市趙東升

[遼寧鐵嶺]佟氏族譜不分卷　纂修者不詳　清光緒六年(1880)佟式玉抄本　一冊　書名據封面題　又名佛滿洲佟佳氏全書
　　始祖巴虎特克慎,明初人,原居松花江上游,生育七子,除第七子無嗣外,餘六子分爲六大支,散居各地,至清太祖起兵後,多投歸隸於滿洲各旗,成爲滿洲八旗的骨幹力量。是爲遼寧省鐵嶺市西小河口鄂謀豁索哩滿洲佟佳氏族譜。載始祖位下

各支世系以及祭祀時應備物品、注意事項、禮制、稱謂、祭祀規則等。2010年遼寧民族出版社《滿族佟氏家譜總匯》內有本譜節錄。
　　遼寧省鐵嶺市佟德成

[遼寧鐵嶺]佟氏族譜不分卷　纂修者不詳　據清光緒六年(1880)佟式玉抄本複印　一冊　書名據封面題　又名佛滿洲佟佳氏全書
　　參見前條。
　　吉林師範大學滿族文化研究所

[遼寧鐵嶺]高氏家譜不分卷　高齊棟纂修　民國十年(1921)石印本　一冊　書名據封面題
　　始遷祖成富,於清雍正初年由遼陽遷至鐵嶺南鮑家崗子。其後又一支遷於小泛河、大高麗房,後裔遂世居三地。載序、範字、凡例、世系。
　　遼寧省臺安縣高氏族人

[遼寧鐵嶺]武氏宗譜　武廣文纂修　1997年稿本　一冊　書名據書名頁題
　　始遷祖鼇,清代人。
　　遼寧省鐵嶺縣橫道河子滿族鄉武家溝村武守庫

[遼寧西豐]西豐地方滿族佟氏世系譜牒一卷　纂修者不詳　稿本　一冊
　　始祖七十三,生二子,長申保,次四格。譜記四格系下世系。1999年撫順市新聞出版局《滿族佟氏史略》內載有本譜節錄。
　　遼寧西豐縣成平鄉東城村永和屯佟國榮
　　本條目據《滿族佟氏史略》著錄

[遼寧調兵山]正白旗文奎管領下四等莊頭王恩久家譜不分卷　纂修者不詳　清光緒二十九年(1903)稿本　書名據卷端題
　　始遷祖國棟,清代人。
　　遼寧省檔案館

[遼寧調兵山]正白旗文奎管領下四等莊頭王恩久家譜不分卷　纂修者不詳　清光緒三十二年(1906)稿本　書名據卷端題

先祖同上。

遼寧省檔案館

[遼寧調兵山]正白旗文奎管領下四等莊頭王恩久家譜不分卷　纂修者不詳　清末稿本　書名據卷端題

先祖同上。

遼寧省檔案館

[遼寧調兵山]正白旗清太管領下夾河心四等莊頭王起發家譜　王起發纂修　2000年稿本　一冊　書名據書名頁題

先祖同上。

遼寧省調兵山市曉南鎮景荒地村王世錚

[遼寧調兵山]榮氏家譜　榮世興纂修　1996年稿本　一冊　書名自擬　重修本

始祖犬禮,明代人。清光緒時直隸總督兼北洋大臣榮祿(瓜爾佳氏)出於此族。

遼寧省調兵山市鐵法鎮康泰小區榮儉波

[遼寧調兵山]暴氏譜系　暴占敖纂修　1998年稿本　一冊　書名自擬

始遷祖左富,清代人。

遼寧省調兵山市小青鎮鄧家窩堡村暴占敖

[遼寧開原]納喇(那拉)氏葉赫圖貝勒家乘列傳不分卷　(清)徐乾學纂修　清同治八年(1869)據康熙十一年(1672)修本抄　二冊　書名據書簽、卷端題

那拉氏,又譯納喇氏、納蘭氏。那拉氏以分佈地分爲葉赫那拉和烏拉那拉。葉赫國,即葉赫部,明海西女貞四部之一,俗稱"北關",因分佈於葉赫河(今遼寧開原)得名。始遷祖星懇達爾漢,原係蒙古人,姓土默特氏,明初帶兵入扈倫國招贅,遂有其地,因取姓爲納蘭氏。明宣德初遷於葉赫利河涯建城,曰葉赫國。是譜記述其八世祖傳及葉赫部發展史。

國家圖書館

[遼寧開原]葉赫那蘭氏八旗族譜不分卷　(清)額騰額纂修　清道光三年(1823)抄本　一冊　書名據書簽題

先祖同上。譜載世系表及葉赫那蘭氏後裔分居地。世表自始祖星懇達爾漢始,下載至十五代。清初詞人納蘭性德即爲其族人。

國家圖書館

[遼寧開原]葉赫那蘭氏八旗族譜不分卷　(清)額騰額纂修　2003年北京圖書館出版社據清道光三年(1823)抄本影印　合册　書名據書簽題

參見前條。

本譜載於《北京圖書館藏家譜叢刊·民族卷》第三十八册

[遼寧開原][那拉氏]葉赫國貝勒家乘一卷　(清)徐乾學纂修　清同治四年(1865)葉赫納蘭氏崇秀重訂手抄本　一冊　書名據書簽、卷端題書名頁題葉赫國家乘　卷端下鈐史學家金毓黻印章

先祖同上。始遷祖噶薩哈,清初人,姓扎拉里氏,漢姓張。清初撥伊通駐防,隸滿洲鑲黃旗。是爲遷開原一支。

吉林省圖書館

[遼寧開原]正白旗滿洲葉赫納喇氏宗譜　(清)崇秀等纂修　清同治九年(1870)抄本　一册　滿漢雙文

先祖同上。六世祖雅巴蘭下分入正白旗。譜載葉赫納喇氏於清天命三年(1618)歸順努爾哈赤前之概況。正文譜系,人名爲滿漢對照,名下有任職、子嗣、排行等説明。譜後有附録三種:一爲"正白旗滿洲二甲喇葉赫納喇氏歷任佐領",人名上注有代數和房數;二是康熙十一年(1672)徐乾學纂輯清太祖努爾哈赤征服葉赫等經過;三爲"葉赫納喇氏八旗各處分駐地方",上爲地名,下爲人名。

中央民族大學圖書館

[遼寧開原]正白旗滿洲葉赫納喇氏宗譜　(清)崇秀等纂修　2003年北京圖書館出版社據清同

治九年(1870)抄本影印　合册　滿漢雙文

參見前條。

本譜載於《北京圖書館藏家譜叢刊·民族卷》第三十七册

[遼寧開原]赫舍里氏家譜不分卷　纂修者不詳　民國油印本　一册

是譜據清代晚期的五份譜單修纂而成。赫舍里氏祖居都英額,後遷白河,再遷哈達。由於人口繁衍旺盛,析分多個宗支,後裔再遷移各地。清太祖努爾哈赤崛起遼左後,赫氏族人分隸各滿洲八旗,後世冠爲漢姓“赫”。譜載序言、範字、世系。

遼寧省本溪市、遼陽市等地赫氏族人

本條目據《遼東滿族家譜選編》著録

[遼寧開原]盛京開原關氏宗譜不分卷　纂修者不詳　清同治五年(1866)抄本　一册　書名據封面題

始祖瓮吾順,瓜爾佳氏,世居蘇完。始遷祖五世孫碩木科,清初“從龍入關”,定居北京。康熙四年(1665)到開原駐防,舊隸於滿洲鑲黃旗,改隸鑲藍旗,任開原城守尉,遂世居開原。載序言、世系等。

遼寧省開原縣關氏族人

[遼寧開原]盛京開原關氏宗譜不分卷　纂修者不詳　據清同治五年(1866)抄本複印　一册　書名據封面題

參見前條。

吉林師範大學滿族文化研究所

[遼寧開原]盛京開原關氏宗譜不分卷　纂修者不詳　民國三十二年(1943)據清同治五年(1866)本石印　一册　書名據書衣題

參見前條。1988年遼寧民族出版社《滿族家譜選編》有本譜節録。

遼寧省開原縣關氏族人

[遼寧撫順]赫舍里王氏族譜全書不分卷　王文巖纂修　民國十三年(1924)稿本　一册　書名據封面題

王氏原爲滿洲赫舍里氏,其先祖索尼是清初輔政大臣。始遷祖索羅,原居長白山寧古塔地方,姓赫舍里氏,清太祖時來歸,隸於滿洲鑲藍旗。康熙時遷回遼東,落籍撫順,因入贅王家而隨王姓至今。其後裔世居撫順等地。載原序、再序、宗祠規式、祀先儀文、婚喪節略、墳山詳志、世系、範字等。2012年遼寧民族出版社《遼東滿族家譜選編》内有本譜節録。

遼寧省撫順市王旭九

[遼寧撫順]赫舍里王氏族譜全書不分卷　王文巖纂修　據民國十三年(1924)稿本複印　一册　書名據封面題

參見前條。

吉林師範大學滿族文化研究所

[遼寧撫順]他塔喇氏家譜不分卷　(清)諾敏纂修　清嘉慶十八年(1813)抄本　十册　書名據書名頁題

始遷祖碩啓,清代人。奇寶、穆和聯等初修譜於清乾隆元年(1736)。

遼寧省大連市圖書館

[遼寧撫順]伊爾根覺羅氏譜書不分卷　纂修者不詳　民國二十七年(1938)抄本　一册　書名據封面題

始祖阿爾塔什,清初人,原居長白山穆溪地方,清太祖時被編隸入滿洲正藍旗,其子孫世代皆爲清廷所重。清康熙八年(1669),是族由北京撥來盛京撫順城駐防,遂世居焉。載序言、誥命書、碑文、範字、世系。

遼寧省撫順市高灣白鳳羽

[遼寧撫順]大東川那氏家譜不分卷　纂修者不詳　稿本　一册　書名據封面題

始祖那力太,原居北京,其孫自京都奉旨遷於撫順駐防,遂世居焉。載範字、世系等。

吉林省長春市趙東升

[遼寧撫順] 烏拉那拉氏譜系不分卷　纂修者不詳　清光緒間排印本　一冊　書名據封面題

始祖那齊布祿,原居錫伯,那拉氏,遷烏拉河地方建烏拉國,遂世代爲烏拉國主,至清太祖起兵統一女眞諸部時被滅,那拉氏被編入滿洲正白旗等旗。其後裔於康熙時撥出北京,調至撫順城駐防,遂爲撫順那拉氏。載序、世系等。

吉林省長春市趙東升

[遼寧撫順] 烏拉那拉氏譜系不分卷　纂修者不詳　據清光緒間排印本複印　一冊　書名據封面題

參見前條。

吉林師範大學滿族文化研究所

[遼寧撫順] 烏拉那拉氏譜書不分卷　纂修者不詳　清抄本　一冊　書名據封面題

先祖同上。載先祖事迹、世系、碑文、世系。

遼寧省撫順市那連城

[遼寧撫順] 烏拉那拉氏譜書不分卷　纂修者不詳　據清抄本複印　一冊　書名據封面題

參見前條。

吉林師範大學滿族文化研究所

[遼寧撫順] 烏喇世系不分卷　纂修者不詳　民國初年抄本　一冊　書名據封面題

先祖同上。是譜對九世以後各世人物官爵、身份與移居地記載較詳。

遼寧省撫順市高灣白鳳羽

[遼寧撫順] 吳氏宗譜不分卷　纂修者不詳　抄本　一冊　書名據封面題

始祖功春,清初人,原居山東濟南趵突泉吳家花園,清康熙年間遷撫順,爲隨旗,後入八旗漢軍。載序言、範字、世系。

遼寧省桓仁滿族自治縣新開村吳景華

[遼寧撫順] 滿族佟氏家譜總匯不分卷　佟明寬纂修　2010 年遼寧民族出版社排印本　一冊　書名據封面題

始祖巴虎特克愼,明初人,原居松花江上游,生育七子,除第七子無嗣外,餘六子分爲六大支,散居各地,至清太祖起兵後,多投歸隸於滿洲各旗,成爲滿洲八旗的骨幹力量。入關後,佟佳氏族人多有任官封爵之人,被稱爲"佟半朝"。此總匯將各宗支佟氏的譜單節録彙編成冊。

[遼寧撫順] 佟氏族譜　纂修者不詳　清末抄本

是爲撫順市西小瓦西街鄂謀豁索哩地方滿洲佟佳氏佟氏族譜。始祖巴虎忒克申(漢名佟滿只)。載始祖位下二十代世系。1999 年撫順市新聞出版局《滿族佟氏史略》、2010 年遼寧民族出版社《滿族佟氏家譜總匯》內有本譜節録。

遼寧省撫順市西小瓦西街佟明剛

本條目據《滿族佟氏家譜總匯》著録

[遼寧撫順] 佟佳氏尼堪外蘭譜系不分卷　纂修者不詳　稿本　一冊　書名據封面題

先祖同上。明末,四世尼堪外蘭因嚮導明兵破古勒城,誤殺清太祖父祖而與清太祖努爾哈赤結仇而被殺,其後裔加入滿洲正白旗。載簡短序言、世系。

遼寧省鐵嶺市佟德成

[遼寧撫順] 佟佳地方陳滿洲佟氏宗譜不分卷　纂修者不詳　稿本　一冊　書名據封面題

先祖同上。七世棠,巴虎特克愼第三子額和禮圖墨圖之後,遷居撫順經商,是爲始遷祖。載序、範字、世系等。

遼寧省新賓滿族自治縣新賓鎮佟玉林

[遼寧撫順] 佟氏宗譜　佟金良纂修　2009 年排印本

是爲遼寧撫順石文鎮佟氏譜。爲巴虎特克愼第四子嘎爾漢圖謀(一作墨)圖之子額圖巴彥系下支譜。載世系等。

遼寧省撫順縣石文鎮官山村佟金良

本條目據《滿族佟氏家譜總匯》著録

[遼寧撫順]佟氏世系支譜　佟明有纂修　2007
年排印本

　　是爲遼寧省撫順市佟氏譜。爲巴虎特克慎第五
子達爾漢圖謀圖四世孫瑛祖二房棣、四房森以及
四世孫瑄祖三房棟、五房權系下支譜。載世系等。

　　遼寧省撫順市佟明有等

　　本條目據《滿族佟氏家譜總匯》著錄

[遼寧撫順]佟氏支譜　佟富功纂修　2008 年排
印本　一册　書名據封面題

　　是爲遼寧撫順市大柳鄉佟氏譜。爲巴虎特克慎
第五子達爾漢圖謀圖四世孫瑛之長房棠曾孫養性
次子潑年系下支譜。養性,撫順人,因“潛輸巨
款”支持努爾哈赤起兵而被投入監獄,出獄後舉族
歸金,被授滿漢一等官,隸正藍旗。載世系等。
2010 年遼寧民族出版社《滿族佟氏家譜總匯》内
有本譜節錄。

　　遼寧省撫順市大柳鄉佟德富

[遼寧撫順]佟氏宗譜　佟貴餘纂修　2009 年排
印本

　　是爲撫順市哈達鎮佟氏譜。爲巴虎特克慎第六
子顔圖謀(一作墨)圖系下支譜。載譜序、世系等。

　　遼寧省撫順縣哈達鎮佟貴餘

　　本條目據《滿族佟氏家譜總匯》著錄

[遼寧撫順]撫順小寨地方滿族佟氏世系譜牒
佟慶珠纂修　稿本　一册　滿漢雙文

　　始祖九穆山卡。譜載世系等。1999 年撫順市
新聞出版局《滿族佟氏史略》内載有本譜節錄。

　　遼寧省撫順市電視臺佟丁

　　本條目據《滿族佟氏史略》著錄

[遼寧撫順]撫順上二地方滿族(錫伯族)佟氏世
系譜牒　佟明寬整理　1999 年撫順市新聞出版
局排印本　合册

　　始祖危力太。譜載九世世系。

　　本譜載於《滿族佟氏史略》

[遼寧撫順]佟氏宗譜不分卷　纂修者不詳　清

乾隆年間抄本　一册　書名據封面題

　　始祖巴乎,明初人。祖居松花江上游,始遷祖吞
圖穆圖遷居雅爾虎婆豬江地方,並世居其地,婆豬
江遂以佟家(佳)命名爲佟佳江。後投清太祖,隸
入滿洲正白旗。其後遷居撫順。載序、世系等。

　　遼寧省撫順市佟氏族人

[遼寧撫順]佛滿洲佟佳氏全譜不分卷　纂修者
不詳　清光緒十年(1884)稿本　一册　書名據書
名頁題

　　始祖同上。始遷祖後遷薩木燦。載序言、祭祀、
滿語漢意稱呼、世系等。

　　遼寧省撫順市佟明寬

[遼寧撫順]佟氏宗譜不分卷　(清)佟定安纂修
清同治元年(1862)刻本　一册　書名據封面題

　　本譜爲巴虎特克慎(巴虎式各慎)第五子達爾
漢圖謀(一作墨)圖系下支譜。始祖達禮,即達爾
漢圖謀圖,原居遼東,爲遼東首富。明時與東旺、
王肇洲、索勝格等往來近邊貿易,遂居於開原,繼
遷撫順。天命四年(1619),努爾哈赤兵克撫順城,
養正同弟養性、養材、養澤及族人投歸。後隸於漢
軍,世爲清代重臣。載序、世系等。

　　遼寧省撫順市佟明寬

[遼寧撫順]佟氏宗譜不分卷　(清)佟定安纂修
據清同治元年(1862)刻本複印　一册　書名據封
面題

　　參見前條。

　　吉林師範大學滿族文化研究所

[遼寧撫順]佟氏宗譜十卷　佟兆元纂修　民國
十八年(1929)稿本　五册　書名據封面題　五
修本

　　先祖同上。譜載佟氏譜系之由來、佟佳氏因地
爲氏考、佟佳氏原係滿洲、佟氏祖宗墳墓考、新舊
譜序、凡例、先世傳略、世系、誥命敕書封贈褒揚
等。該譜清康熙十二年(1673)佟國器初修,康熙
四十年(1701)佟國維二修,康熙五十五年(1716)
佟國勳三修,同治元年(1862)佟定安四修,本譜爲

五修。1999 年撫順市新聞出版局《滿族佟氏史略》、2010 年遼寧民族出版社《滿族佟氏家譜總匯》內有本譜節錄。

　　遼寧省撫順市佟明寬

[遼寧撫順]佟氏宗譜十卷　佟兆元纂修　據民國十八年(1929)稿本複印　五冊　殘　書名據封面題　五修本

　　參見前條。

　　上海圖書館

[遼寧撫順]佟氏宗譜不分卷　纂修者不詳　清抄本　書名據封面題

　　始祖顏,明代人,原居長白山,後隨建州女真南遷至婆豬江雅爾瑚地方。七世祖邑拉瑚攜子邑爾漢投歸清太祖,隸於滿洲正白旗,邑爾漢任後金政權五大臣之一。其後裔主要居於撫順、長春、北京、瀋陽等地。載序言、範字、世系。

　　遼寧省撫順市佟氏族人

[遼寧撫順]佟氏宗譜不分卷　纂修者不詳　清抄本　一冊　書名據封面題

　　始祖嘎爾漢,明代人,原居黑龍鄂謀豁索哩地方,後遷多伯庫名旺。清太祖起兵後,其子孫投歸,隸入滿洲正藍旗,定居於撫順石文鎮官山村。載序言、範字、世系。

　　遼寧省撫順縣石文鎮官山村佟氏族人

[遼寧撫順]佟氏宗譜不分卷　纂修者不詳　民國七年(1918)石印本　一冊　書名據封面題

　　先祖同上。載歷次修譜序、人物傳、族源考、範字、墳墓碑文、敕命書、世系。

　　遼寧省撫順市佟氏族人

[遼寧撫順]佟佳氏族譜不分卷　纂修者不詳　清光緒六年(1880)抄本　一冊　書名據封面題

　　始祖額吉勒葛吉勒恩,原居巴虎克地方,明中葉遷居胡雅胡薩木燦地方,遂世居焉,清太祖時投隸滿洲正白旗。載序言、人物傳。

　　遼寧省撫順市佟明寬

[遼寧撫順]佟佳氏族譜不分卷　纂修者不詳　據清光緒六年(1880)抄本複印　一冊　書名據封面題

　　參見前條。

　　吉林師範大學滿族文化研究所

[遼寧撫順]沈門譜書　沈鴻勤纂修　據 1999 年修本複印　一冊　書名據封面題

　　始祖施仕倫,清代人。始遷祖阿哈力,本姓施,自長白山四道溝遷居遼寧岫巖三道林子村,後世改姓沈。

　　遼寧省撫順市沈鴻勤

[遼寧撫順]胡氏家譜不分卷　纂修者不詳　稿本　一冊　書名據封面題

　　始祖三音那沙河額,清初人,伊拉里氏,清康熙三十二年(1693)由黑龍江伯都納移防盛京撫順城,遂世居焉。譜載序言、譜序。

　　遼寧省撫順縣正黃旗堡村胡玉新

[遼寧撫順]正藍旗滿洲果爾勒斯高氏宗譜書不分卷　纂修者不詳　民國二十九年(1940)排印本　一冊　書名據封面題　又名高氏譜書

　　始祖雅什太,明末人,原居長白山五道溝,姓果爾勒斯,清太祖時隸於北京內務府正黃旗,入關後又撥回盛京義州正藍旗,遂世居焉。漢姓高氏。載序、世系、祖宗祭祀規譜等。

　　遼寧省撫順市高灣白鳳羽

[遼寧撫順]赫舍里富姓譜書不分卷　富奇勳等纂修　民國十年(1921)稿本　一冊

　　該富氏原係滿洲赫舍里氏。一世祖虎圖,以索爲姓,世襲公爵,子四。長子索芮於清康熙二十四年(1685)遷撫順護國軍校之職,在鑲藍旗署充差,遂居撫順。有四子:富德明、富德盛、富德有、富德餘。後裔以富爲姓。譜載序、譜圖、範字。

　　遼寧省撫順市富氏族人

　　本條目據《遼東滿族家譜選編》著錄

[遼寧新賓]方氏族譜不分卷　方正新纂修　民

國三十二年（1943）排印本　一册　書名據封面題

始祖伯君，原居山西太原府洪洞縣大槐樹下，清順治八年（1651）遷居遼東奉天府蓋州。至二世祖方得貴出征吳三桂立功，被派駐蓋州，入鑲黄旗漢軍。後世一支遷於新賓。載序、世系等。

遼寧省新賓滿族自治縣大四平鎮東北村方紹賓

[遼寧新賓]方氏族譜不分卷　方正新纂修　據民國三十二年（1943）排印本複印　一册　書名據封面題

參見前條。

吉林師範大學滿族文化研究所

[遼寧新賓]白氏家譜不分卷　白潔纂修　1996年排印本　一册　書名據封面題

始祖巴扎孟額，女真人，姓巴雅拉氏，隸於滿洲正黄旗，清康熙間自京撥往盛京，駐防興京，其後裔遂世居於新賓縣等地。載序、世系等。

吉林師範大學滿族文化研究所　遼寧省新賓滿族自治縣新賓鎮黄旗村白潔

[遼寧新賓]滿洲蘇完瓜爾佳氏全族宗譜不分卷　關寶泰、穆精阿纂修　抄本　一册　書名據封面題

瓜爾佳氏爲清滿族八大姓氏之一，以居蘇完者尤著。其先原居松阿里烏喇達林蘇完沃野阿拉哈哈達。有三子：佛爾和、尼雅哈齊、珠察。長居蘇完，次遷居西斐，三由瓦爾喀遷西爾希昂阿濟哈渡口。始祖珠察，明代中葉人。清崛起遼左後，舉族"來歸"，遂遷居赫圖阿拉，被編隸入滿洲鑲黄旗。本支後改隸鑲白旗，又從京師撥興京駐防，遂世居今新賓。本支係清初五大臣之一費英東支裔。譜載序言四篇、範字、世系、除夕包袱單及編修譜書人員名單。是譜修於民國四年（1915），民國十年（1921）完成。1994年中國社會科學出版社《滿族家譜選》内有本譜節録。

遼寧省新賓滿族自治縣木奇鎮關家喜

[遼寧新賓]滿族蘇完部瓜爾佳氏全族宗譜　關寶泰等纂修　抄本　一册

參見前條。

遼寧大學歷史系

本條目據1992年第3期《滿族研究》載瀛雲萍著《從四部宗譜看錫伯族源》一文著録

[遼寧新賓]滿洲蘇完瓜爾佳氏全族宗譜不分卷　關寶泰、穆精阿纂修　據抄本複印　一册　書名據封面題

參見前條。

吉林師範大學滿族文化研究所

[遼寧新賓]伊爾根覺羅氏譜書不分卷　（清）趙文玉等纂修　清宣統二年（1910）稿本　一册　書名據封面題　創修譜

伊爾根覺羅氏以地名爲氏，爲清滿族八大姓氏之一，後有改爲漢姓趙、伊、佟者。是族於清初由長白山遷居北京，隸京旗，後撥守清永陵，其後嗣遂世居新賓。尊清人乃活、阿敦巴克什、外木布爲始祖，隸於滿洲正白旗，後裔改姓趙。載序言、範字、世系。1994年中國社會科學出版社《滿族家譜選》内載有本譜節録。

遼寧省新賓滿族自治縣新賓鎮趙家堡子村趙承玉

[遼寧新賓]伊爾根覺羅氏譜書不分卷　（清）趙文玉等纂修　據清宣統二年（1910）稿本複印　一册　書名據封面題　創修譜

參見前條。

吉林師範大學滿族文化研究所

[遼寧新賓]伊爾根覺羅氏譜書不分卷　（清）趙文玉等纂修　民國七年（1918）稿本　一册　書名據封面題　二修本

先祖同上。譜載序、範字、世系等。

遼寧省新賓滿族自治縣新賓鎮趙家堡子趙承玉

[遼寧新賓]伊爾根覺羅氏譜書不分卷　（清）趙文玉等纂修　據民國七年（1918）稿本複印　一册　書名據封面題　二修本

參見前條。

吉林師範大學滿族文化研究所

[遼寧新賓]李氏家譜不分卷　李清纂修　民國十三年(1924)稿本　一册　書名據封面題　二修本
　　是族明代居寧遠州,清順治時撥往老城(今新賓縣永陵鎮老城村),子孫遂世代居於新賓。一世祖敬忠,後改名秀。載序文、墳圖、世系等。其譜由李謙初修於清嘉慶元年(1796)。
　　遼寧省新賓滿族自治縣永陵鎮老城村李文喜

[遼寧新賓]李氏家譜不分卷　李清纂修　據民國十三年(1924)稿本複印　一册　書名據封面題　二修本
　　參見前條。
　　吉林師範大學滿族文化研究所

[遼寧新賓]李佳氏家譜　李平纂修　1980年稿本　三修本
　　先祖同上。譜載序、家傳、世系。1994年中國社會科學出版社《滿族家譜選》内載有本譜節錄。
　　遼寧省新賓滿族自治縣永陵鎮老城村李文喜
　　本條目據《滿族家譜選》著錄。

[遼寧新賓]永陵正藍旗原系都京佐領下陳滿洲那拉氏世族同譜不分卷　(清)保春纂修　清道光三十年(1850)稿本　一册　書名據封面題
　　始祖羅黑。載世系。共載九次(輩)人。
　　遼寧省新賓滿族自治縣上夾河鎮上夾河村那鳳山

[遼寧新賓]佟氏家譜不分卷　纂修者不詳　稿本　一册　書名據封面題
　　始祖巴虎忒各慎,明初人,原居長白山鄂謨霍索洛,至九世佟氏投歸清太祖,隸於滿洲正白旗等旗。本支是始祖六子顏圖謀圖的後裔譜。載序言、二世七兄弟傳記、世系等。
　　遼寧省新賓滿族自治縣新賓鎮佟世華

[遼寧新賓]沙濟富察氏闔族譜牒不分卷　(清)公春纂修　清乾隆四十六年(1781)刻本　一册

書名自擬
　　沙濟富察氏世居沙濟城,因以爲姓。國初率族屬來歸,隸鑲黄旗。始遷祖檀都,清代人。
　　遼寧省大連市圖書館

[遼寧新賓]沙濟富察氏宗譜不分卷　(清)寶輪等纂修　清道光七年(1827)刻本　一册　書名據書簽、卷端題
　　先祖同上。本譜編至十五世。
　　國家圖書館　中國歷史博物館　中國社會科學院近代史研究所圖書館　遼寧省圖書館

[遼寧新賓]沙濟富察氏宗譜不分卷　(清)寶輪等纂修　2003年北京圖書館出版社據清道光七年(1827)刻本影印　合册
　　參見前條。
　　本譜載於《北京圖書館藏家譜叢刊·民族卷》第四十五册

[遼寧新賓]肖氏家譜不分卷　纂修者不詳　民國十三年(1924)抄本　一册　書名據封面題
　　始祖仲利,原居山東,清崇德時遷至盛京鐵嶺正白旗界三岔堡,後於該地入隸於正黄旗漢軍,其後人遷於今新賓境内。載序、世系。
　　遼寧省新賓滿族自治縣葦子峪鎮小堡村肖世光

[遼寧新賓]肖氏家譜不分卷　纂修者不詳　據民國十三年(1924)抄本複印　一册　書名據封面題
　　參見前條。
　　吉林師範大學滿族文化研究所

[遼寧新賓]肇氏家譜不分卷　纂修者不詳　民國初稿本　一册　書名據封面題
　　肇祖孟特穆。始祖索長阿,後人世居今新賓。本譜内容主要爲世系,自索長阿起共記十五代,主要人物皆注明生卒時間和在清廷中任職情況。九世前的記載與《愛新覺羅氏宗譜》大致相同,後六世爲《宗譜》所不載。
　　遼寧省新賓滿族自治縣肇文章

[遼寧新賓]吳氏家譜不分卷　纂修者不詳　清代晚期抄本　一冊　書名據封面題

始祖沙力庫,原居瓦爾喀地方,於清康熙時撥回遼陽、新賓駐防永陵,後世遂爲遼陽、新賓人。本支隸鑲滿洲藍旗,世居新賓。

遼寧省新賓滿族自治縣吳萬賓

[遼寧新賓]吳氏譜書不分卷　纂修者不詳　稿本　一冊　書名據封面題

始祖陶那,原居黑龍江,姓烏雅氏,清太宗時來歸,隸於滿洲鑲藍旗。其後裔之一支撥駐永陵,遂爲新賓烏雅氏一支族人。載序言、世系等。

遼寧省新賓滿族自治縣木奇鎮東站村吳金玉

[遼寧新賓]吳氏譜書不分卷　纂修者不詳　據稿本複印　一冊　書名據封面題

參見前條。

吉林師範大學滿族文化研究所

[遼寧新賓]何氏譜系不分卷　纂修者不詳　稿本　一冊　書名據封面題

始祖文,清初人,隸於滿洲正藍旗,駐防永陵。譜載序言、譜系。

遼寧省新賓滿族自治縣永陵鎮大堡村何中倫

[遼寧新賓]何氏譜系不分卷　纂修者不詳　據稿本複印　一冊　書名據封面題

參見前條。

吉林師範大學滿族文化研究所

[遼寧新賓]佟氏族譜　纂修者不詳　清稿本　一冊

始祖巴虎特克慎(或作巴虎忒各慎),明初人,原居松花江上游,生育七子,除第七子無嗣外,餘六子分爲六大支,散居各地,至清太祖起兵後,多投歸隸於滿洲各旗,成爲滿洲八旗的骨幹力量。是爲鄂謀豁索哩地方滿族佟佳氏佟氏譜。爲始祖巴虎特克慎第三子鄂和禮圖墨圖系下支譜。載世系等。1999年撫順市新聞出版局《滿族佟氏史略》、2010年遼寧民族出版社《滿族佟氏家譜總匯》内有本譜節録。

遼寧省新賓滿族自治縣新賓鎮佟景祥

本條目據《滿族佟氏家譜總匯》著録

[遼寧新賓]佟佳氏世譜不分卷　纂修者不詳　稿本　一冊　書名據封面題

先祖同上。二世祖坦圖謀圖移居興京夾河,是爲始遷祖,後世遂世居該地。載序言、世系等。

遼寧省新賓滿族自治縣嘉禾鄉三道堡佟玉實

[遼寧新賓]佟氏宗譜不分卷　纂修者不詳　抄本　一冊　書名據封面題

始祖鄂和禮,佟佳氏,清初人,隸於滿洲正紅旗。三世撥往盛京永陵駐防,遂世居今新賓。載序、世系。

遼寧省新賓滿族自治縣新賓鎮佟氏

[遼寧新賓]佟佳氏譜單　纂修者不詳　清末白絹抄本　一幅

譜單載序言、二十一代世系三百七十三人及是族在明朝遷徙的原因和經過。

遼寧省新賓滿族自治縣佟氏

[遼寧新賓]佟佳氏世系譜不分卷　纂修者不詳　稿本　一幅　書名自擬

始祖巴乎,明初女真人,姓佟佳氏。其三子額赫里,原居通牙,後遷於興京西佟佳地方,是爲始遷祖。其次子後裔投歸清太祖,隸於滿洲鑲黃旗,遂成新賓滿洲大姓。譜載世系等。

遼寧省新賓滿族自治縣新賓鎮前進街佟繼祥

[遼寧新賓]佟佳氏世系譜不分卷　纂修者不詳　稿本　一幅　書名自擬

始祖同上。載世系等。次子母堪後裔記至第二十三世,皆爲滿語人名,第二十四世後以"佟"爲姓。

遼寧省新賓滿族自治縣新賓鎮勝利街佟繼財

[遼寧新賓]佟佳氏林勳支譜　佟德富纂修　2006年排印本

始祖達禮,即巴虎特克慎第五子達爾漢圖謀(一作墨)圖。是爲遼寧省新賓縣永陵鎮滿族佟佳氏譜。爲達爾漢圖謀(一作墨)圖四世孫瑛祖長房棠之後十七世孫林勳系下支譜。載世系等。

本條目據《滿族佟氏家譜總匯》著録

[遼寧新賓]尚氏譜書不分卷　纂修者不詳　民國三十四年(1945)抄本　一册　存卷三　書名據封面題

始祖生,字衍斯,原籍太原府洪洞縣城西十二里老鴰窩,明正德二年(1507)遷居真定府衡水縣城西尚家莊。子繼官,字宷宗,號仰予,明萬曆間遷居遼東海城。繼官孫可喜,字元吉,號震陽,爲清開國功臣,封平南王,隸於八旗漢軍正白旗。遷新賓支爲可喜第三十二房之後裔。譜載序、先王遺訓及世系。1994年中國社會科學出版社《滿族家譜選》内載有本譜節録,題名《尚氏宗譜》。

遼寧省新賓滿族自治縣葦子峪鎮三道關村尚世昌

[遼寧新賓]房氏世譜不分卷　房守直纂修　1985年排印本　一册　書名據封面題

始祖務仁,原居山東河間縣,清咸豐年間遷於遼東,落户於新賓縣新賓鎮火房子屯,子孫遂世代居於該地。載世系、家世等。

遼寧省新賓滿族自治縣新賓鎮大房身村房守直

[遼寧新賓]薩克達哈拉英氏宗譜不分卷　塔爾峪、鴻恩纂修　民國二十四年(1935)石印本　一册　書名據封面題

始祖富白虎,祖居長白山,清太祖時來歸,隸於滿洲鑲黃旗,遷今新賓縣,子孫遂世居新賓等地。載序、範字、世系。

遼寧省新賓滿族自治縣新賓鎮英國棟

[遼寧新賓]薩克達哈拉英氏宗譜不分卷　塔爾峪、鴻恩纂修　據民國二十四年(1935)石印本複印　一册　書名據封面題

參見前條。

吉林師範大學滿族文化研究所

[遼寧新賓]索綽羅氏譜書二卷　(清)慶春纂修清光緒十五年(1889)稿本　一册　書名據封面題初修本

索綽羅氏以地名爲氏,清末以曹、索爲姓。始祖松吾突(或作松果托),索綽羅氏,海西女真人,世居輝發,清初投歸努爾哈赤,入鑲紅旗,因功賜巴圖魯號,授騎都尉。是族原居長白山一帶,清康熙年間遷居岫巖,後又遷新賓。其族散居遼寧省岫巖、新賓、鳳城、東溝等地。譜載序、始祖索綽羅氏、高祖、安祖宗方位章程、祭祀應用器具、土墳祭祀、春節禮儀、根源、(漢俗)五服圖説、範字、世系。

遼寧省新賓滿族自治縣新賓鎮華平

[遼寧新賓]索綽羅氏譜書二卷　(清)慶春纂修據清光緒十五年(1889)稿本複印　一册　書名據封面題　初修本

參見前條。

吉林師範大學滿族文化研究所

[遼寧新賓]索綽羅氏宗譜不分卷　丕榮纂修民國三十八年(1949)稿本　一册　書名據封面題

先祖同上。是爲上譜續譜。載滿洲源流、範字、世系等。其中滿洲源流等内容爲續修時所增。

遼寧省新賓滿族自治縣新賓鎮華平

[遼寧新賓]索綽羅氏宗譜不分卷　丕榮纂修據民國三十八年(1949)稿本複印　一册　書名據封面題

參見前條。

吉林師範大學滿族文化研究所

[遼寧新賓]索綽羅氏統宗不分卷　纂修者不詳稿本　一册　書名據封面題

先祖同上。始遷祖蒙古。譜載自始世系、範字等。

遼寧省新賓滿族自治縣新賓鎮華平

[遼寧新賓]索綽羅氏統宗不分卷　纂修者不詳據稿本複印　一册　書名據封面題

參見前條。

吉林師範大學滿族文化研究所

[遼寧新賓]索綽羅氏譜書統宗 纂修者不詳
民國十八年(1929)修本 二修本

先祖同上。譜載滿洲根由、序、安祖宗方位章程、喪事及譜系等。1988年遼寧民族出版社《滿族家譜選編》內有本譜節錄。

遼寧省新賓滿族自治縣曹家

本條目據《滿族家譜選編》、《滿族宗譜研究》著錄

[遼寧新賓]索綽羅氏譜書二卷 華平等纂修
1986年排印本

先祖同上。譜載序、安祖宗方位章程、滿洲根源及世系。1994年中國社會科學出版社《滿族家譜選》內載有本譜節錄。

遼寧省新賓滿族自治縣曹家

本條目據《滿族家譜選》著錄

[遼寧新賓]華氏族譜分五卷 纂修者不詳 石印本 五冊 書名據書衣題

始祖士誠,明初人。祖居山東登州府萊陽縣,清順治八年(1651)徙遷於遼寧桓仁八里甸子村,民國間再遷於新賓縣大四平村。載序言十一篇、凡例、祖居遷徙地、祖祠祭田、範字、功名錄、跋及世系。其譜初修於明宣德二年(1427)。

遼寧省新賓滿族自治縣大四平鎮大四平村華澤南

[遼寧新賓]馬氏譜書 馬鳳林等纂修 民國間修本

馬氏原籍山西太原府太鼓縣馬家村,後遷興京古樓處。清雍正八年(1730)撥民入旗。載譜序、世序等。

遼寧省新賓滿族自治縣馬家

本條目據《滿族宗譜研究》著錄

[遼寧新賓]馬佳氏譜書不分卷 馬飛五纂修
稿本 一冊 書名據封面題

始祖馬四,原籍山西太原府太鼓縣馬家村,"初隨龍到關東",落戶興京界古樓處。三世祖成龍改民爲旗,隸盛京戶部鑲黃旗,始得莊缺,承領官地。其子孫遂世居於新賓。載序言、世系等。是譜修於清末。1994年中國社會科學出版社《滿族家譜選》內有本譜節錄。

遼寧省新賓滿族自治縣上夾河鎮古樓村荒地屯馬世國

[遼寧新賓]馬佳氏譜書不分卷 馬飛五纂修
據稿本複印 一冊 書名據封面題

參見前條。

吉林師範大學滿族文化研究所

[遼寧新賓]永陵駐防正白旗舒淩阿佐領徐氏家譜不分卷 徐福臣等纂修 民國十一年(1922)稿本 一冊 書名據書名頁題

始祖尼喀里,原居北京,清順治八年(1651)由戶部員外郎奉旨放管駐清永陵掌關防官,其後世八次襲職,徐氏遂爲今新賓、撫順等地滿洲人。載尼喀里等八世襲職永陵掌關防官的任職情況、世系及範字等。

遼寧省新賓滿族自治縣永陵鎮徐氏

[遼寧新賓]永陵駐防正白旗舒淩阿佐領徐氏家譜不分卷 徐福臣等纂修 據民國十一年(1922)稿本複印 一冊 書名據書名頁題

參見前條。

吉林師範大學滿族文化研究所

[遼寧新賓]徐家家譜不分卷 徐教三纂修 民國三十八年(1948)抄本 一冊 書名據封面題

始祖頂國,祖居江蘇揚州府,任明廷吏部天官、兵部尚書。清順治間赴新賓老城定居,其子克成任清廷官員,並娶皇族之女爲妻,隸入鑲紅旗,後代遂以新賓爲世居之地。載序、範字及世系。

遼寧省新賓滿族自治縣永陵鎮老城村徐教三

[遼寧新賓]徐家家譜不分卷 徐教三纂修 據民國三十八年(1948)抄本複印 一冊 書名據封

面題

　　參見前條。

　　吉林師範大學滿族文化研究所

[遼寧新賓] 正藍旗滿洲烏蘇哈拉家譜不分卷
纂修者不詳　清嘉慶二十一年(1816)稿本　一
册　書名據封面題　滿漢雙文

　　烏蘇氏先世始於元代中期,以烏蘇里江之名爲
氏。始祖沙力庫,原居瓦爾喀地方,清太祖時投
歸,隸正白旗,後改隸鑲白旗。"隨龍進京",清康
熙時撥回遼陽、新賓駐防永陵。是爲新賓支,滿洲
正藍旗。譜載序、滿漢文對照世系,凡任官職者均
有小傳。

　　遼寧省新賓滿族自治縣木奇鎮穆家村吳德光

[遼寧新賓] 吳氏家譜不分卷　纂修者不詳　清
代晚期抄本　一册　書名據封面題

　　本譜爲上譜支譜,内容與上譜大略同。本支隸
滿洲鑲藍旗,世居新賓。

　　遼寧省新賓滿族自治縣吳家村吳萬賓

[遼寧新賓] 高氏家庭根派不分卷　纂修者不詳
清光緒二十二年(1896)稿本　一册　書名據封
面題

　　始祖壽武,原居山東濟南府張邱縣太平莊,清初
投隸禮親王麾下。"爵尉,正紅旗佐領",其子孫
占地於瀋陽城東白旗偏嶺居住,清末遷居新賓縣
大四平村。載序、範字、世系。

　　遼寧省新賓滿族自治縣大四平鎮大四平村高
世君

[遼寧新賓] 陸氏譜書不分卷　陸盛春纂修
1999年排印本　一册　書名據封面題

　　始祖清,祖居山東登州府海洋縣三甲社五甲新
莊,約於清道光後期遷於遼寧新賓縣平頂山龍王
廟,再遷大東溝里老禿頂子腳下四道溝門,遂成爲
今平頂山地區陸氏大户。載序、家族史略、墓誌
銘、世系等。

　　遼寧省新賓滿族自治縣平頂山鎮陸家村陸繼業

[遼寧新賓] 章佳哈拉宗譜二卷　纂修者不詳
民國二十六年(1937)稿本　二册　三修本　書名
據封面題

　　章佳氏本係地名,因以爲姓。其族甚繁,散處於
費雅郎阿、馬兒敦章佳等地方。始祖穆都巴顏,明
朝末年,初居長白山鄂磨索洛處(今吉林省敦化縣
額穆),後子孫繁衍,遷瓦爾夏西羅爾金,生子五
人,分居五處。次子章庫居佛扎蘭處,又遷馬兒墩
章佳地方(馬兒墩在今遼寧新賓滿族自治縣永陵
鎮西、蘇子河北岸),再遷穆奇倭赫昂巴(穆奇在
今永陵鎮西、蘇子河北岸)等地方。章佳氏後裔的
漢姓有張、尹、章、車、英、寧等。清太祖起兵後投
歸,始遷祖遷今新賓,隸正藍旗。載序言、範字、世
系、後序。其譜於清雍正間初修,爲滿文譜,清乾
隆二十三年(1758)重修,保留原滿文譜,翻譯漢文
譜,並增補世系、序言及後記。1994年中國社會
科學出版社《滿族家譜選》内載有本譜節錄。

　　遼寧省清原滿族自治縣南口前鎮南口前村章
繼堂

[遼寧新賓] 黃氏譜册　纂修者不詳　清光緒二
十七年(1901)抄本　一册

　　始祖原籍雲南,爲複姓白王氏,名璜,裔孫因以
改黃氏。後裔遷居山東萊州府濰縣,清順治時撥
遷至興京,入正黃旗漢軍,在永陵充差,後世遂世
居該地。譜載序言、範字及世系。世系凡九代九
十人。

　　遼寧省新賓滿族自治縣木奇鎮下營子黃家屯黃
玉英

[遼寧新賓] 黃氏譜册　纂修者不詳　據清光緒
二十七年(1901)抄本複印　一册

　　參見前條。

　　吉林師範大學滿族文化研究所

[遼寧新賓] 商氏譜書不分卷　纂修者不詳　稿
本　一册　書名據封面題

　　始祖自福,原居山東登州府萊陽縣小雲南,清初
撥民來福陵當差,日俄戰爭時,從盛京奉天遷新賓
縣葦子峪西甸子定居。載序、世系等。

遼寧省新賓滿族自治縣葦子峪鎮西甸子村商成林

[遼寧新賓]扈什哈里氏宗譜不分卷 纂修者不詳 清嘉慶二十二年(1817)稿本 一幅 譜名自擬

始祖呢卡達,姓扈什哈里氏,明末人,原居長白山瓜里察,清天命十年(1625)隨清太祖征戰。清兵入關後,是族駐防京師,隸於滿洲正紅旗四甲喇。後於永陵駐防,遷居興京(今新賓)下夾河。是族後改漢姓關。載序、世系等。

遼寧省新賓滿族自治縣榆樹鄉孤山子屯關中漢

[遼寧新賓]扈什哈里氏宗譜不分卷 纂修者不詳 據清嘉慶二十二年(1817)稿本複印 一幅 譜名自擬

參見前條。

吉林師範大學滿族文化研究所

[遼寧新賓]扈什哈里氏家譜不分卷 (清)明善纂修 清咸豐八年(1858)稿本 一冊 書名據封面題

先祖同上。譜載序、世系、祭祀儀制書,及敕書十三份、誥命書二份。1994年中國社會科學出版社《滿族家譜選》內載有本譜節錄。

遼寧省新賓滿族自治縣榆樹村孤山子屯關中漢

[遼寧新賓]扈什哈里氏家譜不分卷 (清)明善纂修 據清咸豐八年(1858)稿本複印 一冊 書名據封面題

參見前條。

吉林師範大學滿族文化研究所

[遼寧新賓]扈什哈里氏宗譜 纂修者不詳 清光緒三十二年(1906)修本

先祖同上。載譜序、世系十二代、滿漢文敕命、誥命等。

遼寧省撫順市關家

本條目據《滿族宗譜研究》著錄

[遼寧新賓]張氏譜系不分卷 纂修者不詳 稿本 一冊 書名據封面題

始祖張承業,原居直隸省永平府臨渝縣石門寨東部落。清咸豐年間是族遷於遼東興京廳南的草帽頂山下大四平村墾荒耕作,世代為農。隸於鑲藍旗漢軍。譜載世系等。

遼寧省本溪滿族自治縣張德玉

[遼寧新賓]張氏譜系不分卷 纂修者不詳 據稿本複印 一冊 書名據封面題

參見前條。

吉林師範大學滿族文化研究所

[遼寧新賓]永陵喜塔臘氏譜書不分卷 (清)恒孚、寶春纂修 清光緒二十三年(1897)抄本 一冊 滿文封面題喜塔臘哈拉舅孫家譜

始祖昂武都理巴彥德,明中葉遷居長白山喜塔臘山,以地為氏。五世阿古都督係努爾哈赤外祖父。十世圖黑,清康熙二十六年(1687)任永陵防禦,遂家焉。清末,族裔改姓漢姓圖。譜載序言、世系、墳說、後記。1994年中國社會科學出版社《滿族家譜選》內載有本譜節錄。

遼寧新賓滿族自治縣夏園鄉阿夥洛村圖英復

[遼寧新賓]永陵喜塔臘氏譜書不分卷 (清)恒孚、寶春纂修 據清光緒二十三年(1897)抄本複印 一冊 滿文封面題喜塔臘哈拉舅孫家譜

參見前條。

吉林師範大學滿族文化研究所

[遼寧新賓]永陵喜塔臘氏譜書不分卷 (清)依惠等纂修 清光緒二十三年(1897)抄本 一冊

參見前條。本譜纂修者題十六世孫依惠,與前者有異。1988年遼寧民族出版社《滿族家譜選編》內載有本譜節錄,所輯內容不及《滿族家譜選》本詳。

遼寧省新賓滿族自治縣圖家

本條目據1988年遼寧民族出版社《滿族家譜選編》著錄

[遼寧新賓]棟鄂氏宗譜不分卷　纂修者不詳
稿本　一册　書名據封面題

　　始遷祖諾喀愛塔,原居瓦爾喀地方。明末,同建
州女真人一起南遷至今桓仁縣,又遷新賓縣。隨
清太祖努爾哈赤建功立業,成爲滿洲重要家族。
其七世孫何禾里爲清太祖駙馬,名列五大臣之首,
隸於滿洲正紅旗。載序、世系等。
　　遼寧省瀋陽市趙家

[遼寧新賓]棟鄂氏宗譜不分卷　纂修者不詳
據稿本複印　一册　書名據封面題

　　參見前條。
　　吉林師範大學滿族文化研究所

[遼寧新賓](傅氏)魁花堂譜書册不分卷　纂修
者不詳　稿本　一册　書名據封面題

　　始祖傅金全,祖居浙江金華府義烏縣傅家花樓,
後遷居奉天府承德縣,再遷興京正黃旗界雙嶺居
住,至四世析分爲傅天乙、傅經乙、傅榮乙、傅興
乙、傅貴乙五大支,各支已至十世,分居五地。載
世系等。
　　遼寧省本溪滿族自治縣張德玉

[遼寧新賓](傅氏)魁花堂譜書册不分卷　纂修
者不詳　據稿本複印　一册　書名據封面題

　　參見前條。
　　吉林師範大學滿族文化研究所

[遼寧新賓]富察氏宗譜不分卷　纂修者不詳
清末排印本　一册　書名據封面題

　　始祖富卡,蜚悠城富察氏,明初女真人。後世於
清太祖時投歸,隸鑲紅旗滿洲。入京後,於康熙時
撥至永陵當差。後裔改姓富,多居新賓夏園、永
陵、上夾河、新賓鎮等地。譜載世系。1994年中
國社會科學出版社《滿族家譜選》内載有本譜
節錄。
　　遼寧省新賓滿族自治縣上夾河鎮勝利村富成榮

[遼寧新賓]富氏族譜不分卷　纂修者不詳　石
印本　一册　書名據封面題

　　始祖富卡,姓富察氏,原居長白山沙濟,隨建州
左衛南遷至冬古河畔,清太祖起兵後,又遷於蘇子
河北岸沙濟城,隸於滿洲鑲紅旗。載序、人物小
傳、世系等。
　　遼寧省新賓滿族自治縣上夾河鎮勝利村富連餘

[遼寧新賓]富氏族譜不分卷　纂修者不詳　據
石印本複印　一册　書名據封面題

　　參見前條。
　　吉林師範大學滿族文化研究所

[遼寧新賓]富察氏宗譜不分卷　纂修者不詳
排印本　一册　書名據封面題

　　先祖同上。載世系等。
　　遼寧省新賓滿族自治縣新賓鎮富氏

[遼寧新賓]查爾都譜系不分卷　纂修者不詳
稿本　一册　書名據封面題

　　始祖查爾都,姓愛新覺羅氏,隸鑲藍旗明善佐領
下,在永陵(今新賓)當差,遂家焉。載序、世系
等,任職者均有小傳。
　　遼寧省新賓滿族自治縣肇毓恒

[遼寧新賓]蔡氏世系不分卷　纂修者不詳　稿
本　一册　書名自擬

　　世祖文仙,原居小黑山,清初投歸,隸於正紅旗
漢軍,撥派興京副都統衙門。世代爲獸醫。後世
居於今新賓縣永陵鎮二道河子村。載世系等。
　　遼寧省新賓滿族自治縣新賓鎮蔡國華

[遼寧新賓]趙氏宗譜不分卷　纂修者不詳　清
宣統二年(1910)稿本　一册　書名據封面題

　　始祖外木布,伊爾根覺羅氏,隸於正白旗賡音佐
領下,"先祖於國初時沿長白而來",原歸京旗,後
有撥守永陵者,遂世居新賓。載序言、世系等。
　　遼寧省新賓滿族自治縣上夾河鎮上夾河村趙
錄玉

[遼寧新賓]趙氏宗譜不分卷　纂修者不詳　據
清宣統二年(1910)稿本複印　一册　書名據封

面題

　　參見前條。

　　吉林師範大學滿族文化研究所

[遼寧新賓]阿塔(肇氏)宗譜不分卷　纂修者不詳　1994年稿本　一册　書名據封面題

　　始遷祖阿塔,愛新覺羅氏,漢姓肇。清康熙二十九年(1690)任清永陵副尉,攜五子赴任,定居於新賓縣上夾河鎮腰站村,遂世居新賓。載世系、範字及人物小傳。

　　遼寧省新賓滿族自治縣上夾河鎮腰站村肇祥禎

[遼寧新賓]愛新覺羅氏譜書　纂修者不詳　版本不詳

　　是族隸屬滿洲鑲黄旗,爲清代滿洲三旗之一。清代中期以前,以愛新覺羅氏爲姓,十八世紀以後改漢姓"肇"。是族爲興祖直皇帝福滿第三子索長阿後裔。索長阿是清太祖努爾哈赤祖父覺昌安的三兄,爲清前寧古塔六貝勒之一,生五子。五子清前曾參與迫害努爾哈赤。譜載清肇祖原皇帝猛哥帖木兒以下二十四代世系。

　　遼寧省新賓滿族自治縣上夾河鎮肇姓

　　本條目據1995年第1期《北方民族》載趙維和著《滿洲故地的〈愛新覺羅氏譜書〉》一文著録

[遼寧清原]哈達那拉氏宗譜不分卷　纂修者不詳　清末稿本　二册　書名據封面題

　　先祖納齊布禄,本姓完顔氏,明帝賜姓那拉。世代爲海西女真哈達部酋長。至清太祖時,其後裔哈達部貝勒吳爾古代投歸清太祖,隸於滿洲鑲黄旗。始遷祖尹泰任内務府上駟院大臣。後裔於康熙年間由京都駐防盛京,遂家焉。是爲居清原一支。譜書一册記誥命碑文、祖塋墓誌、敕書及先祖事迹等;另册爲世系。

　　遼寧省清原滿族自治縣土口子鎮那慶振

[遼寧清原]哈達那拉氏宗譜不分卷　纂修者不詳　據清末稿本複印　二册　書名據封面題

　　參見前條。

　　吉林師範大學滿族文化研究所

[遼寧清原]沈氏家譜不分卷　(清)王朝文纂修　清道光三十年(1850)抄本　一册　書名據封面題　二修本

　　始祖江、剛,明代世居遼東襄平(今遼陽)。後金崇德時,剛入京籍正黄旗當差,江則在盛京内務府鑲黄旗任皇糧莊頭。清康熙四十一年(1702)江奉旨撥入聖祖十皇子敦郡王門下當差,改隸京都滿洲正紅旗。譜載序、譜式經緯自序、原譜式、重訂世系序、考信條辨、凡例及世系。清嘉慶二十四年(1819)泮海初修是譜。

　　遼寧省清原滿族自治縣沈家

[遼寧清原]苗氏譜書不分卷　纂修者不詳　稿本　一册　書名據封面題

　　始遷祖成佳,清初人,原籍山東黄縣,清順治時率妻子至關東,出民隨旗,隸入鑲黄旗,後撥於商家臺爲臺丁,修駐皇邊(清代柳條邊)爲役,後世遷居今清原縣至今。譜載序、範字、苗氏籍貫及苗門世系。

　　遼寧省清原滿族自治縣蒼石村苗力壯

[遼寧清原]高氏譜書　高德勳主修　2012年黑石木高氏修譜委員會排印本　244頁

　　是爲遼寧清原滿族自治縣北三家滿族鄉黑石木村高氏所修譜。一世祖我力馬。載世系、圖片、地圖等。

　　國家圖書館

[遼寧本溪]王氏族譜不分卷　(清)王毓秀纂修　清嘉慶二十五年(1820)稿本　一册　書名據封面題

　　始祖慧昶,原居山東蓬萊,後赴關東盛京,落居今本溪縣磨石峪地方。清康熙朝入隸滿洲鑲紅旗第一佐領,子孫遂世居該地。載序、例義、世系、世傳、譜訓。

　　遼寧省本溪滿族自治縣磨石峪王家

[遼寧本溪]王氏族譜不分卷　(清)王毓秀纂修　據清嘉慶二十五年(1820)稿本複印　一册　書名據封面題

參見前條。

吉林師範大學滿族文化研究所

[遼寧本溪]王氏族譜不分卷　（清）王毓秀纂修
抄本　一册　佚名增補至清咸豐五年（1855）

先祖同上。譜載序、例義、世系、世傳、譜訓。
1988年遼寧民族出版社《滿族家譜選編》、1988年
遼寧民族出版社《本溪縣滿族家譜研究》内載有
本譜節録。

遼寧省本溪滿族自治縣山城子鄉朱石峪王家

[遼寧本溪]王氏族譜不分卷　（清）王玉彦纂修
清抄本　一册　書名據封面題

先祖王公，清初人，原居山東蓬萊，後遷遼陽城
東磨石峪地方，築室啓土而居，投入鑲紅旗漢軍，
授田入册，後世遂居於此。載序言、範字、世系。

遼寧省本溪滿族自治縣小市鎮王福林

[遼寧本溪]王氏族譜不分卷　（清）王玉彦纂修
據清抄本複印　一册　書名據封面題

參見前條。

吉林師範大學滿族文化研究所

[遼寧本溪]王氏家族譜不分卷　王奎仁纂修
民國二十八年（1939）排印本　一册　二修本
書名據封面題

始祖秉忠，原居山東青州府諸城縣大王莊，清順
治八年（1651）離魯遷遼，投正白旗漢軍第三佐領
下喜純牛彔爲丁，先居海城白雲塞。康熙時再遷
遼陽南完甲山落户，後世遂居於該地。載序三篇、
詩十首、王述訓傳、王述訓哀啓、吊王希古文、碑
誌、世系。其譜於民國十八年（1929）初修。

遼寧省本溪滿族自治縣連山關鎮王奎朗

[遼寧本溪]王氏家族譜不分卷　王奎仁纂修
據民國二十八年（1939）排印本複印　一册　二
修本　書名據封面題

參見前條。

吉林師範大學滿族文化研究所

[遼寧本溪]艾氏族譜一卷　纂修者不詳　清光
緒五年（1879）抄本

遼寧省本溪滿族自治縣草河城滿族鄉白水寺村
艾家

[遼寧本溪]田氏家譜不分卷　纂修者不詳　抄
本　一册　書名據封面題

始祖養民，明代人，原居山東省。清順治年間，
四世祖弘亮遷遼陽大湯溝（今屬本溪市）鑲紅旗
界城廠堡子，是爲始遷祖。田氏此後世代生活在
該處，至今已有十餘世。載自序、世系等。1988
年遼寧民族出版社《本溪縣滿族家譜研究》内載
有本譜節録。

遼寧本溪滿族自治縣山城子鄉城廠堡村田家

[遼寧本溪]田氏家譜不分卷　纂修者不詳　據
抄本複印　一册　書名據封面題

參見前條。

吉林師範大學滿族文化研究所

[遼寧本溪]正紅旗滿洲哈達瓜爾佳氏家譜不分
卷　（清）恩齡纂修　清道光二十九年（1849）稿
本　一册

始祖尼雅濟布，清代人，姓瓜爾佳氏，世居哈達
地方，清太祖時來歸，隸於正紅旗滿洲。載譜系、
凡例、譜原、六大門支系及傳記。譜後附有本族重
要人物傳記。大學士桂良、怡良等清廷要員出自
本族。

遼寧省本溪市關氏族人

本條目據《遼東滿族家譜選編》著録

[遼寧本溪]正紅旗滿洲哈達瓜爾佳氏家譜不分
卷　（清）恩齡纂修　清道光二十九年（1849）刻
本　八册　書名據書籤題　版心題瓜爾佳氏家譜

本譜以上譜爲底本刊刻。

國家圖書館　中國科學院圖書館　中國社會科
學院歷史研究所　中國民族圖書館　北京大學圖
書館　中央民族大學圖書館　河北張家口市圖書
館　遼寧省大連市圖書館　日本東洋文庫　美國
哈佛大學哈佛燕京圖書館

[遼寧本溪]正紅旗滿洲哈達瓜爾佳氏家譜不分卷　（清）恩齡纂修　據清道光二十九年（1849）刻本拍攝　膠卷　書名據書簽題　版心題瓜爾佳氏家譜

參見前條。

山西省社會科學院中國家譜資料研究中心　美國猶他州家譜學會

[遼寧本溪]正紅旗滿洲哈達瓜爾佳氏家譜不分卷　（清）恩齡纂修　2002年四川民族出版社據清道光二十九年（1849）刻本影印　一册　書名據書簽題　版心題瓜爾佳氏家譜

參見前條。

本譜載於《中國少數民族古籍集成》第三十五册

[遼寧本溪]正紅旗滿洲哈達瓜爾佳氏家譜不分卷　（清）恩齡纂修　2003年北京圖書館出版社據清道光二十九年（1849）刻本影印　一册　書名據書簽題　版心題瓜爾佳氏家譜

參見前條。

本譜載於《北京圖書館藏家譜叢刊·民族卷》第三十六册

[遼寧本溪]本溪滿族瓜爾佳氏宗譜書　（清）關體倫纂修　清光緒三十年（1904）稿本　一册　書名據書名頁題

始祖珠察，明代人。始遷祖阿木欽。

遼寧省本溪滿族自治縣關義鳳

[遼寧本溪]瓜爾佳氏先遠九族共譜不分卷　纂修者不詳　民國二十五年（1936）稿本　一册　書名據封面頁題

始祖穆哈達，明末人，原居蘇完安褚拉庫長白山愛河鄉居付色克，其子歪他、岳爾他投盛京將軍，歪他入鑲紅旗滿洲毓英佐領下當差，岳爾他入鑲藍旗當差。清乾隆年間，七世哈占奉命撥調回盛京駐防，率子佟柱、福昌定居於本溪思山嶺鄉思山嶺村，是爲始遷祖。載序、世系、清代墓碑、碑文、家族罰單等。

遼寧省本溪滿族自治縣關玉懷

[遼寧本溪]瓜爾佳氏宗譜書不分卷　關文明纂修　2000年排印本　一册　書名據封面題

先祖同上。載序、世系等。

遼寧省本溪滿族自治縣圖書館　吉林師範大學滿族文化研究所　遼寧省本溪滿族自治縣關文明

[遼寧本溪]嘉木瑚瓜爾佳氏宗譜不分卷　纂修者不詳　抄本　一册　書名據封面題

始祖嘉滿，明末人，原居長白山嘉木湖。清太祖起兵後來歸，隸於鑲白旗滿洲，隨清軍進遼瀋、入北京，後撥回遼陽，世居於遼陽東南北臺。譜載序言、譜圖等。

遼寧省本溪滿族自治縣平山區關玉恒

[遼寧本溪]嘉木瑚瓜爾佳氏宗譜不分卷　纂修者不詳　據抄本複印　一册　書名據封面題

參見前條。

吉林師範大學滿族文化研究所

[遼寧本溪]八旗滿洲嘉木胡地方鑲白旗瓜爾佳氏譜書不分卷　纂修者不詳　稿本　一册　書名據書名頁題

先祖同上。載人物傳、世系。

遼寧省本溪滿族自治縣北臺街關玉懷

[遼寧本溪]八旗滿洲嘉木胡地方鑲白旗瓜爾佳氏譜書不分卷　纂修者不詳　抄本　一册　書名據書名頁題

參見前條。

吉林師範大學滿族文化研究所

[遼寧本溪]石氏瓜爾佳氏廷柱世系譜不分卷　纂修者不詳　稿本　一册　書名據封面題

始祖布哈，明末人，姓瓜爾佳氏。孫石翰，生三子，以其父名石翰，石爲漢姓，後裔基本以石爲姓。載世系等。

遼寧省本溪滿族自治縣張德玉

[**遼寧本溪**]**石氏瓜爾佳氏廷柱世系譜不分卷**
纂修者不詳　據稿本複印　一册　書名據封面題
　　參見前條。
　　吉林師範大學滿族文化研究所

[**遼寧本溪**]**蘇完瓜爾佳氏世譜**　纂修者不詳
抄本　一册
　　始遷祖圖什八、都什八。
　　遼寧省本溪滿族自治縣城廠鎮關喜國

[**遼寧本溪**]**仝氏族譜二卷**　灝亭纂修　排印本
一册　書名據封面題
　　始祖福新,元代人,原居關外遼東,至正時遷沂
水。洪武初遷郫北。至清初,佟氏入隸八旗漢軍,
後世遂居遼東。譜中内容主要有序言十篇、碑文
數篇、範字、世系。清康熙五十九年(1720)是族初
修譜。
　　吉林師範大學滿族文化研究所　遼寧省本溪滿
族自治縣張德玉

[**遼寧本溪**]**花氏譜書不分卷**　花錫光纂修　民
國二十八年(1939)石印本　一册　書名據封面
題　初修本
　　始祖白穆哈,穆舒氏,原居吉林省三姓地方,隸
正白旗滿洲,後金進入遼瀋後,花氏占據遼東花家
嶺(今本溪縣張其塞鄉)落户定居。清入關時,花
氏部分族人留居花家嶺,世居該地。載序、祖祠
序、墳山圖、世系。1988年遼寧民族出版社《本溪
縣滿族家譜研究》内有本譜節錄。
　　遼寧省本溪滿族自治縣張其塞鄉東花嶺村花家

[**遼寧本溪**]**花氏譜書不分卷**　花錫光纂修　據
民國二十八年(1939)石印本複印　一册　書名
據封面題
　　參見前條。
　　吉林師範大學滿族文化研究所

[**遼寧本溪**]**李氏世譜不分卷**　李德芬纂修　民
國三十一年(1942)稿本　一册　二修本　書名
據封面題

始祖李詳,原籍順天永平府昌隸縣楊柳上莊,清
順治間徙居關外錦州街。始遷祖玉寶,再徙遼東
思山嶺北塔溝居住。載序、範字、世系等。其譜於
民國十三年(1924)初修。
　　遼寧省本溪滿族自治縣李溪

[**遼寧本溪**]**李氏世譜不分卷**　李德芬纂修　據
民國三十一年(1942)稿本複印　一册　二修本
書名據封面題
　　參見前條。
　　吉林師範大學滿族文化研究所

[**遼寧本溪**]**李氏宗譜**　李溪纂修　2009年排印
本　一册　書名據封面題
　　始遷祖玉寶,原居錦州,遷居遼陽思山嶺北塔溝
(今本溪縣思山嶺鄉),生有五子,分爲五大支。
譜載五大支世系等。
　　吉林師範大學滿族文化研究所　遼寧省本溪滿
族自治縣李溪

[**遼寧本溪**]**吳俄爾格氏家乘不分卷**　(清)吳宗
阿纂修　清康熙四十三年(1704)稿本　一册　書
名據封面題　初修本
　　始祖雲朱。吳氏先世原居英峨(今遼寧省清原
縣東北英額門一帶),清初"隨龍征討",自東北遷
燕,後世分隸正白旗、鑲藍旗,以吳爲姓。本譜纂
修者吳宗阿爲康熙四十五年(1706)進士,後因誣
受挫,遭歸故里,於康熙末回遷遼東,定居於今本
溪滿族自治縣山城子鎮,其後世遂家於本溪、新賓
等地。載序、捐單、會試朱卷、滿文貞節碑文、御試
詩作、哀矜録、房租奏單、滿漢文合璧潘氏總論以
及牌位、仕宦。
　　遼寧省本溪滿族自治縣山城子鄉山城子村吳家

[**遼寧本溪**]**吳俄爾格氏家乘不分卷**　(清)吳宗
阿纂修　據清康熙四十三年(1704)稿本複印　一
册　書名據封面題　初修本
　　參見前條。
　　吉林師範大學滿族文化研究所

[遼寧本溪]吳氏譜書不分卷　（清）吳宗阿纂修
據清康熙四十三年（1704）修本增補　一冊

先祖同上。譜內詳述五世孫宗阿生平傳錄。譜
載序、牌位、捐納監單、會試朱卷、哀誄錄、呈狀等。
1988年遼寧民族出版社《滿族家譜選編》、1988年
遼寧民族出版社《本溪縣滿族家譜研究》內載有
本譜節錄。

遼寧省本溪滿族自治縣吳家

本條目據《本溪縣滿族家譜研究》著錄

[遼寧本溪]吳俄爾格氏家乘不分卷　（清）吳宗
阿纂修　清雍正間稿本　一冊　二修本

先祖同上。載譜序、牌位、官名錄、捐納監生收
結單、會試朱卷、試卷正文、御試詩文、旌表貞節碑
文、哀誄錄、呈文、潘氏總論（滿漢文合璧）及奉天
敕命。

遼寧省本溪滿族自治縣吳家

本條目據《遼東滿族家譜選編》著錄

[遼寧本溪]佟氏宗譜不分卷　佟兆元纂修　民
國十一年（1912）稿本　一冊　書名據封面題

始祖巴虎，明初人，原居鄂穆，後人遷至遼東。
裔孫胡拉虎投清太祖，隸於正白旗滿洲。其子扈
爾漢爲清初五大臣之一。載祭祖儀式及世系。

遼寧省本溪滿族自治縣張德玉

[遼寧本溪]佟氏宗譜不分卷　佟兆元纂修　據
民國十一年（1912）稿本複印　一冊　書名據封
面題

參見前條。

吉林師範大學滿族文化研究所

[遼寧本溪]金氏宗譜　金氏合族纂修　1960年
稿本　一冊　書名據封面題

金氏祖籍山東登州府蓬萊縣。清順治十三年
（1656），撥民至東北瀋陽北王世耀屯落户。四世
祖榮、華、璋兄弟三人，受盛京內務府指派，來遼陽
東太子河南大湯溝小市（今本溪）當差落户，入漢
軍正紅旗。譜載宗譜説明及世系等。1988年遼
寧民族出版社《本溪縣滿族家譜研究》內載有本
譜節錄。

遼寧省本溪滿族自治縣小市鎮金家

[遼寧本溪]金氏宗譜　金氏合族纂修　據1960
年稿本複印　一冊　書名據封面題

參見前條。

吉林師範大學滿族文化研究所

**[遼寧本溪]盛京內務府鑲黃旗滿洲金氏家譜不
分卷**　纂修者不詳　稿本　一冊

是譜據民國初年譜單續修而成。抄自其祖墳
"老太太"墓碑（立於清雍正時期）。金氏據傳原
爲索綽羅氏，盛京內務府鑲黃旗滿洲。清康熙年
間因獲罪由北京遷居泥岔臺溝（今本溪滿族自治
縣偏嶺鎮泥塔村），雍正時入盛京內務府當差。一
世祖譜題老太太，生子二，曰朗頭、愛頭。譜載序
言、世系。

遼寧省本溪滿族自治縣金氏族人

本條目據《遼東滿族家譜選編》著錄

[遼寧本溪]金氏家譜不分卷　金慶普纂修　2002
年排印本　一冊　書名據封面題

先祖同上。載序、碑文、世系等。

吉林師範大學滿族文化研究所　遼寧省本溪滿
族自治縣泥塔村金慶彥

[遼寧本溪]金氏族譜不分卷　纂修者不詳　排
印本　一冊　書名據封面題

始祖林玉，子三，次子無嗣，長支愷定居於本溪，
是爲始遷祖。載世系等。

遼寧省本溪滿族自治縣金世烈

[遼寧本溪]屈氏萬聚源先人神書不分卷　纂修
者不詳　民國二十八年（1939）稿本　一冊　二修
本　書名據封面題　書名頁題草河城屈姓家族
譜書

始祖桂安，祖籍山東登州府。清初渡遼，隸盛京
正紅旗第三佐領下，後遂世居本溪。譜載序二篇、
範字、世系。其譜於清宣統元年（1909）初修。

遼寧省本溪滿族自治縣草河城鎮屈廣興

[遼寧本溪]東北屈氏源流史譜不分卷　屈廣興
纂修　2004年排印本　一册　書名據封面題
書名頁題草河城屈姓家族譜書
　　始遷祖元、貳、三、肆,清順治時由山東登州府黃
縣鞠家莊遷於遼東草河,編入盛京漢軍正紅旗第
三佐領下,其後世子孫遂以本溪草河等地爲居地。
載族源、家史、宗支、人物等。
　　遼寧省本溪滿族自治縣草河城鎮屈廣興

[遼寧本溪]正白旗滿洲葉赫納喇氏宗譜不分卷
(清)裕彬等纂修　清同治九年(1870)抄本　一
册　書名據封面題
　　始祖章嘉,清代人。始遷祖概吉,清代人。是爲
遷本溪支譜。載序、世系等。
　　遼寧省本溪滿族自治縣那世垣

[遼寧本溪]正白旗滿洲葉赫納喇氏宗譜不分卷
(清)裕彬等纂修　據清同治九年(1870)抄本複
印　一册　書名據封面題
　　參見前條。
　　吉林師範大學滿族文化研究所

[遼寧本溪]都氏譜書不分卷　都壽仁纂修　民
國十年(1921)稿本　一册　書名據封面題
　　始祖必里海,元朝宗室。元末明初,後世隱居於
鄉,明太祖賜姓都,都氏自此始。清中期,都氏後
裔有遷居盛京者,其一支又徙於本溪,本溪遂有都
氏一族。載序、世系等。
　　遼寧省本溪滿族自治縣都家

[遼寧本溪]馬氏族譜不分卷　(清)馬洪賓纂修
清道光年間抄本　一册　書名據封面題
　　馬氏原籍山東登州府棲霞縣馬家營。始祖連
通、連達,清順治十三年(1656)來盛京城北八里窰
子居住。始遷祖爲二世祖國庶,撥至本溪觀音閣,
隸入盛京内務府正黃旗當漁差,其子孫遂世居本
溪縣小市鎮等地。譜載序、世系。
　　遼寧省本溪滿族自治縣小市鎮馬家

[遼寧本溪]馬氏族譜不分卷　(清)馬洪賓纂修

據清道光年間抄本複印　一册　書名據封面題
　　參見前條。
　　吉林師範大學滿族文化研究所

[遼寧本溪]馬氏族譜　馬燕山續修　1984年稿
本　一册　書名據封面題
　　先祖同上。是譜由馬燕山據清道光間馬洪賓修
本續修而成。載譜序、世系等。1988年遼寧民族
出版社《本溪縣滿族家譜研究》内載有本譜節錄。
　　遼寧省本溪滿族自治縣小市鎮馬家

[遼寧本溪]馬氏族譜不分卷　纂修者不詳　石
印本　一册　書名據封面題
　　先祖同上。載序、範字、世系。
　　遼寧省本溪滿族自治縣小市鎮王氏

[遼寧本溪]馬氏族譜不分卷　纂修者不詳　據
石印本複印　一册　書名據封面題
　　先祖同上。載序、範字、世系。
　　吉林師範大學滿族文化研究所

[遼寧本溪]馬佳氏曾祖烏瓜世系譜不分卷　纂
修者不詳　稿本　一幅　書名自擬
　　始祖烏瓜,馬佳氏,生有四子,長子伯德那巴克
什,隸於滿洲正白旗。後世遷居於今本溪。載世
系等。
　　遼寧省本溪滿族自治縣張德玉

[遼寧本溪]馬佳氏金姓世系譜不分卷　纂修者
不詳　稿本　一册　書名據封面題
　　始祖馬穆敦,明末人,馬佳氏。至十五世金啓,
其子孫以金爲姓。是譜記本溪金姓一支。載世
系等。
　　遼寧省本溪滿族自治縣張德玉

[遼寧本溪]翁氏家譜續譜不分卷　翁寶萊纂修
2000年排印本　一册　書名據封面題
　　始祖雅鼐,姓薩克達氏,由寧古塔率族衆投歸清
太祖,隸於滿洲鑲黃旗。始遷祖松西,定居於遼陽
東南今思山嶺村,其子孫世居於此。載序言、範

字、碑文及世系。

吉林師範大學滿族文化研究所　遼寧省鞍山市翁寶萊

[遼寧本溪] 翁氏家族宗譜不分卷　翁連茂纂修
2010 年排印本　一册　書名據封面題

始祖愛，姓薩克達氏，原居長白山，鑲黄旗滿洲，曾任提督，後任職遼陽，其子孫遂落居於今本溪思山嶺村。其後分爲兩大支：東街支、西街支。載序、碑文及各支世系。

遼寧省本溪滿族自治縣思山嶺鄉思山嶺村翁連第

[遼寧本溪] 清河城孫氏宗譜不分卷　孫儒賢纂修　2010 年排印本　一册　書名據封面題

始祖福旺，原居山東小雲南，清初遷於遼東城之東清河城定居，後世遂世代居於清河等地。

吉林師範大學滿族文化研究所　遼寧省本溪滿族自治縣孫儒賢

[遼寧本溪] 黄氏族譜書不分卷　纂修者不詳
1998 年排印本　一册　書名據封面題

始祖鳳强、鳳楊，原居山東萊州府即墨縣大黄莊橡樹。始遷祖甲善，清初遷奉天府海城縣牛莊鑲藍旗管下黄土堡落腳居住，隸於茜土墨門下壯丁，投領内務府正黄旗當差，子孫後代遂居於該地。載序、範字、世系等。是譜乃據 1953 年抄本續修而成。

吉林師範大學滿族文化研究所　遼寧省本溪滿族自治縣張德玉

[遼寧本溪] 焉哲勒氏家譜不分卷　纂修者不詳
清光緒二十年(1894)稿本　一册　書名據封面題

盛京正藍旗滿洲。始祖胡什他，誥封刑部侍郎。三世哈什圖任防禦，四世永安任贊禮郎，後裔子孫世代居遼陽東南的阿家村。後世冠漢姓"閆"、"阿"。載序言、胡什他墓碑碑文、世系等。2012年遼寧民族出版社《遼東滿族家譜選編》内有本譜節録。

遼寧省本溪滿族自治縣閆家

[遼寧本溪] 焉哲勒氏家譜不分卷　纂修者不詳
據清光緒二十年(1894)稿本複印　一册　書名據封面題

參見前條。

遼寧省本溪市平山區北臺街道辦事處王硯

[遼寧本溪] 崔氏族譜不分卷　(清)崔赫纂修
清光緒三十年(1904)稿本　一册　初修本　又題正紅旗漢軍威寧營崔氏族譜

崔氏祖籍山東登州府萊陽縣崔家莊。一世祖明相，於清順治年間由山東遷遼陽威寧營安家，入正紅旗漢軍，世居今本溪威寧營。譜載同治三年祖墳碑文、宗譜册序、世系、範字。2012 年遼寧民族出版社《遼東滿族家譜選編》内有本譜節録。

遼寧省本溪市明山區高樓子鎮崔恩顔

[遼寧本溪] 崔氏族譜不分卷　(清)崔赫纂修
據清光緒三十年(1904)稿本複印　一册　初修本又題正紅旗漢軍威寧營崔氏族譜

參見前條。

吉林師範大學滿族文化研究所

[遼寧本溪] 崔氏族譜不分卷　崔成峰等纂修
2005 年稿本　一册　書名據封面題

先祖同上。載序、墓碑碑文、世系等。

遼寧省本溪市明山區高樓子鎮崔恩顔

[遼寧本溪] 崔氏族譜不分卷　崔成峰等纂修
據 2005 年稿本複印　一册　書名據封面題

參見前條。

吉林師範大學滿族文化研究所

[遼寧本溪] 張氏祖譜不分卷　張天閣等纂修
民國二十三年(1934)稿本　一册　二修本

始祖成功，籍居山東省登州府蓬萊縣。二世祖有財，清順治八年(1651)遷居本溪縣分水嶺落户，是爲始遷祖。至四世祖永清，雍正四年(1726)詔令放荒，領得紅册地，遂世居於此，隸於正藍旗漢軍下。譜載祖譜引、世系譜條、碑文三篇、塋墓圖例、詮譜詩句及範字。其譜初修於清光緒二十四年(1898)。1988 年遼寧民族出版社《本溪縣滿族家譜研究》內有本譜節錄。

遼寧省本溪滿族自治縣城廠鎮張氏

[遼寧本溪]張氏宗譜二十九卷　纂修者不詳　民國間石印本　一冊　書名據封面題

始祖能用，明初人，祖居江西饒州府鄱陽縣瓦屋基漢子房。譜載五修宗譜序、目錄、凡例、格言、家訓族規、祭儀、宗派、五服圖、修譜書後、張氏原贊、傳、墓圖、田約及世系。本譜爲五修譜，之前於清康熙十九年（1680）、康熙四十八年（1709）、雍正六年（1728）、道光二十二年（1842）凡四次纂修。

遼寧省本溪滿族自治縣張光政

[遼寧本溪]百世堂張氏譜册不分卷　張天御纂修　民國間稿本　一冊　書名據封面題

先祖朝，祖籍“小雲南”，明洪武年間遷山東登州府蓬萊縣。清初，後裔遷至遼寧廣寧府，又遷今新賓縣聶爾庫，最後遷居本溪“受田入册”，隸於正紅旗漢軍和碩禮親王府第一佐領下，任撥什庫，遂世居本溪縣至今。譜載序（詩）、續譜詩、族譜序及世系。每大支派世系前均有短序。1988 年遼寧民族出版社《本溪縣滿族家譜研究》內有本譜節錄。

遼寧省本溪滿族自治縣城廠鎮田師府張天成

[遼寧本溪]張氏宗譜不分卷　合族纂修　1997 年排印本　一冊　書名據封面題　四修本

始祖期愔，原居山東諸城縣，清順治八年（1651）奉詔徙遷遼東，後世遂世居本溪等地。載序、墓碑碑文、範字及世系。

遼寧省本溪滿族自治縣張丹

[遼寧本溪]本溪縣草河掌鎮崔家房村草甸地方滿族葉赫那拉氏佟氏世系譜牒　佟成富纂修　2000 年排印本　一冊　書名據封面題

始祖那郎阿，明代海西女真人，姓葉赫氏，原居於吉林梨樹縣葉赫古城，清太祖統一女真各部後，隸於鑲黃旗滿洲。始遷祖二各，清時遷本溪縣草

河掌鎮崔家房村草甸。

遼寧省圖書館

[遼寧本溪]富姓譜書　纂修者不詳　清同治十年(1871)抄本　一冊

富氏發祥於長白山，後遷葉赫城住。一世祖富當阿，“從龍入關”居北京，授世襲佐領。六世祖拉色力遷興京正黃旗界三家子（今本溪富家樓鄉三家子村），是爲始遷祖。載序言、世系、德論等。1988 年遼寧民族出版社《本溪縣滿族家譜研究》內載有本譜節錄。

遼寧省本溪滿族自治縣富家樓鄉三家子村富家

[遼寧本溪]富姓譜書　纂修者不詳　據清同治十年(1871)抄本複印　一冊

參見前條。

吉林師範大學滿族文化研究所　遼寧省本溪滿族自治縣民族志辦公室

[遼寧本溪]賈氏譜書不分卷　賈純芳等纂修　清光緒三十二年(1906)稿本　一冊　書名據封面題

賈氏原周姓，山東省登州府萊陽縣周家疃人。始祖復周、宗周、祖周。宗周、祖周奉詔於順治八年(1651)撥遷遼東，遂更姓爲賈氏。二世祖文學遷興京小峪（今本溪南甸鎮小峪），領得紅册地，是爲始遷祖。隸鑲紅旗漢軍。譜載孝友堂譜序、範字、根派紀念及世系。

遼寧省本溪滿族自治縣南甸鎮賈之忠

[遼寧本溪]賈氏譜書　賈純芳纂修　據民國十六年(1927)稿本複印

先祖同上。載譜序、賈氏根派紀念、世系等。1988 年遼寧民族出版社《本溪縣滿族家譜研究》載有本譜節錄。

遼寧省本溪滿族自治縣南甸鎮溝口村賈家

[遼寧本溪]解氏族譜不分卷　纂修者不詳　清光緒三十三年(1907)稿本　一冊　書名據封面題

始遷祖烏拉氣，清代人，先祖居吉林省烏拉街，

以地名得姓。清雍正四年(1726)奉命開荒來到遼
陽東山(本溪縣境內)。至六世祖始冠以漢姓解。
載祖居、族籍、來溪時間、原因及職業、世系等。
1988年遼寧民族出版社《本溪縣滿族家譜研究》
內有本譜節錄。
　　遼寧省本溪滿族自治縣小市鎮香磨村解家

[遼寧本溪]解氏族譜不分卷　纂修者不詳　據
清光緒三十三年(1907)稿本複印　一册　書名
據封面題
　　參見前條。
　　吉林師範大學滿族文化研究所

[遼寧本溪]趙氏追遠分清册不分卷　纂修者不
詳　清宣統二年(1910)排印本　一册　書名據
封面題　版心題趙氏族譜　初修本
　　始遷祖沂,金贈奉訓大夫,原居登州府蓬萊縣迎
仙鄉外九甲房疃社,清康熙平定吳三桂叛亂後,趙
氏由江右移山左,之後越海而東,遷於盛京遼陽東
南之城廠邊門駐防。雍正時隸入盛京鑲白旗漢
軍,趙氏子孫遂居於本溪城廠、鳳凰城雪裏站等
地。載序言三篇、範字及世系等。
　　遼寧省本溪滿族自治縣城廠鎮趙家堡子趙寶田

[遼寧本溪]趙氏追遠分清册不分卷　纂修者不
詳　據清宣統二年(1910)排印本複印　一册
書名據封面題　版心題趙氏族譜　初修本
　　參見前條。
　　吉林師範大學滿族文化研究所

[遼寧本溪]趙氏族譜不分卷　纂修者不詳　清
宣統二年(1910)排印本　一册　書名據封面題
書名頁題萊陽天水郡趙氏族譜　又題趙氏追遠分
清册　四修本
　　先祖同上。載序、世系、範字等。其譜於清嘉慶
十二年(1807)初修,咸豐十年(1860)二修,光緒
八年(1882)三修。
　　遼寧省本溪滿族自治縣城廠鎮趙家村趙永順

[遼寧本溪]趙氏族譜不分卷　纂修者不詳　據

清宣統二年(1910)排印本複印　一册　書名據封
面題　書名頁題萊陽天水郡趙氏族譜　又題趙氏
追遠分清册　四修本
　　參見前條。
　　吉林師範大學滿族文化研究所

[遼寧本溪]趙氏族譜二卷　趙存禪等纂修　排
印本　一册　書名據封面題
　　先祖同上。譜載追遠分清譜册、惇敘一本九族
序、追遠分清序、範字及世系。重要人物有譜注。
　　遼寧省本溪滿族自治縣清河城鎮趙鐵範

[遼寧本溪]陳滿洲趙氏家譜不分卷　纂修者不
詳　民國間稿本　一册　書名據封面題
　　始遷祖富喜阿,姓伊爾根覺羅氏,清康熙三十三
年(1694)撥盛京城廠邊門當差,隸入鑲藍旗滿洲,
其子孫遂世居於本溪縣城廠等地。載序言、世系。
　　遼寧省本溪滿族自治縣城廠鎮九龍村趙家

[遼寧本溪]陳滿洲趙氏家譜不分卷　纂修者不
詳　據民國間稿本複印　一册　書名據封面題
　　參見前條。
　　吉林師範大學滿族文化研究所

[遼寧本溪]趙氏家譜通卷不分卷　趙永順纂修
1998年排印本　一册　書名據封面題
　　始祖草升阿,姓伊爾根覺羅氏。祖居長白山烏
拉街,國初歸順清太祖,編隸於正紅旗滿洲。清順
治十二年(1655),後裔自吉林烏拉街撥至本溪打
漁樓村薅草開林,築室啓土,遂世居於此。載序、
範字、世系等。
　　吉林師範大學滿族文化研究所　遼寧省本溪滿
族自治縣城廠鎮趙家堡子趙寶田

[遼寧本溪]本溪大峪趙氏家族全書不分卷　趙
寶田等纂修　2010年排印本　一册　書名據封
面題
　　始祖陶國太,明末人,姓伊爾根覺羅氏,原居吉
林烏拉街,清初投歸,隸於正紅旗滿洲,被撥至遼
陽太子河打漁樓地方(今本溪大峪)充打漁差,其

後世遂世居大峪。載序、範字、族源、世系等。

　　吉林師範大學滿族文化研究所　遼寧省本溪滿族自治縣城廠鎮趙家堡子趙寶田

[遼寧本溪]陳滿洲趙氏譜不分卷　纂修者不詳　稿本　一冊　書名據封面題　有滿文封面　書名頁題趙氏族譜

　　始祖色勒,姓伊爾根覺羅氏,清康熙三十三年(1694)撥本溪城廠邊門駐防,爲陳滿洲,旗屬不詳。後世子孫世代居於城廠等地。載世系等。

　　遼寧省本溪滿族自治縣張德玉

[遼寧本溪]陳滿洲趙氏譜不分卷　纂修者不詳　據稿本複印　一冊　書名據封面題　有滿文封面　書名頁題趙氏族譜

　　參見前條。

　　吉林師範大學滿族文化研究所

[遼寧本溪]陳滿洲趙氏譜不分卷　纂修者不詳　抄本　一冊

　　先祖同上。1988年遼寧民族出版社《本溪縣滿族家譜研究》內有本譜節錄。

　　遼寧省本溪滿族自治縣城廠鎮九龍村趙家

[遼寧本溪]趙氏譜書不分卷　趙廣信纂修　抄本　一冊　書名據封面題

　　始祖趙公,姓伊爾根覺羅氏,原居吉林烏拉街,隸於正藍旗滿洲,清康熙年間居盛京,在本溪達貝溝定居,遂世代居此地。載序言、世系。本譜修於1983年。1988年遼寧民族出版社《本溪縣滿族家譜研究》內有本譜節錄。

　　遼寧省本溪滿族自治縣張其寨鄉達貝溝村趙家

[遼寧本溪]趙氏譜書不分卷　纂修者不詳　據抄本複印　一冊　書名據封面題

　　參見前條。

　　吉林師範大學滿族文化研究所

[遼寧本溪]趙氏譜書　趙廣信纂修　1983年排印本　一冊　書名據封面題

先祖同上。載序文、世系等。

　　吉林師範大學滿族文化研究所　遼寧省本溪滿族自治縣張其寨鄉達貝溝村趙家

[遼寧本溪]趙氏族譜不分卷　纂修者不詳　稿本　一冊

　　始遷祖國寧,撥駐本溪城廠邊門,其後世遂居此地。譜載序言、世系等。據滿文譜譯寫。主要人物皆有小傳。

　　遼寧省本溪滿族自治縣清河城鎮趙鐵範

[遼寧本溪]清河城趙氏譜不分卷　纂修者不詳　稿本　一冊　書名據封面題

　　始祖兄弟三人:長準艾,落腳柳河子;次扎爾圖,遷居棉花堡子;三準泰,投清太祖,居於遼陽東清河城興京正黃旗界,"隨龍創業",隸入滿洲,是爲清河城支。載序言、範字、世系等。

　　遼寧省本溪滿族自治縣清河城鎮趙鐵範

[遼寧本溪]趙氏族譜不分卷　纂修者不詳　稿本　一冊　書名據封面題　滿文封面

　　始遷祖色勒,清康熙三十三年(1694)撥城廠駐防邊門,後遂世居於此,爲滿族老戶。譜載世系等。

　　遼寧省本溪滿族自治縣城廠鎮趙家村趙永連

[遼寧本溪]趙氏族譜不分卷　纂修者不詳　據稿本複印　一冊　書名據封面題　滿文封面

　　參見前條。

　　吉林師範大學滿族文化研究所

[遼寧本溪]鑲紅旗滿洲鄧氏族譜二卷　鄧魯等纂修　民國三十二年(1943)稿本　二冊　三修本

　　鄧氏原爲明代遼東漢人,清太祖努爾哈赤起兵遼左後,一世祖朝忠投入麾下,"遂入滿洲旗,屬鑲紅"。至二世遷居今本溪市威寧營。後世繼遷牛心臺、磨石峪等地,世代爲滿洲八旗旗田的莊丁。抗日民族英雄鄧鐵梅即爲此鄧氏族人。譜載各次修的序三篇、範字、世系。其譜初修於清道光十年(1830),次修於民國元年(1912),是爲三修本。

1988 年遼寧民族出版社《本溪縣滿族家譜研究》、2012 年遼寧民族出版社《遼東滿族家譜選編》內有本譜節錄。

遼寧省本溪滿族自治縣磨石峪村鄧家

[遼寧本溪]鑲紅旗滿洲鄧氏族譜二卷　鄧魯等纂修　據民國三十二年(1943)稿本複印　二册　三修本

參見前條。

吉林師範大學滿族文化研究所

[遼寧本溪]劉氏譜書不分卷　纂修者不詳　民國十九年(1930)稿本　一册　書名據封面題

始祖守禮,原籍山東,清順治時遷遼東,定居岫巖縣,子孫遂世代居此。載序、範字、世系等。其譜於清宣統三年(1911)初修。

遼寧省本溪滿族自治縣張德玉

[遼寧本溪]劉氏譜書不分卷　纂修者不詳　據民國十九年(1930)稿本複印　一册　書名據封面題

參見前條。

吉林師範大學滿族文化研究所

[遼寧本溪]薩克達氏宗譜不分卷　吉慶恩等纂修　民國初年稿本　一册　三修本　書名據封面題

始祖松西,原居薩克達,後世入鑲黃旗滿洲,駐防遼陽,後世遂居今本溪思山嶺。譜載範字、世系、墓碑碑文等。其譜初修於清初,吉慶恩等二修於清同治八年(1869)。

遼寧省本溪滿族自治縣思山嶺鄉思山嶺村翁連第

[遼寧本溪]薩克達氏宗譜不分卷　吉慶恩等纂修　據民國初年稿本複印　一册　三修本　書名據封面題

參見前條。

吉林師範大學滿族文化研究所

[遼寧本溪]囊氏譜書不分卷　纂修者不詳　抄本　一册　書名據封面題

始祖委奇,姓瓜爾佳氏,隸鑲黃旗滿洲。其三子鼇拜係清初輔政大臣。鼇拜之子多吉里,爲本支囊氏始祖。多吉里曾孫鼇塞,鼇塞之子囊謹任蓋州城守尉,後世遂以"囊"爲姓,遷本溪市南芬區。載序、世系等。

遼寧省本溪市南芬區思山嶺鄉三道河村囊鵬飛

[遼寧本溪]囊氏譜書不分卷　纂修者不詳　據抄本複印　一册　書名據封面題

參見前條。

吉林師範大學滿族文化研究所

[遼寧本溪]鮑氏譜書不分卷　張忠業纂修　1957年稿本　一册　書名據封面題

始遷祖從先、從儀,隸滿洲鑲紅旗,撥於本溪縣城廠邊門駐防,後代遂世居於本溪城廠等地。載序言、範字、世系等。

遼寧省本溪滿族自治縣張德玉

[遼寧本溪]鮑氏譜書不分卷　張忠業纂修　據1957年稿本複印　一册　書名據封面題

參見前條。

吉林師範大學滿族文化研究所

[遼寧本溪]即墨藍氏族譜不分卷　纂修者不詳　清光緒三十年(1904)刻本　四册　書名據書衣題　五修本

一世祖昇山,祖居昌陽昇山,南宋時遷居山東即墨。始祖珍,仕元武義將軍。始遷祖養仁,清代遷於遼東,落户本溪縣南甸子,後世遂世代居於本溪等地。載元代世系碑記、元碑世譜、世譜總圖、各支世譜、各支附譜、命名定式、塋域志、公産志及譜例。其譜於明萬曆四十二年(1615)初修,清康熙二十一年(1682)二修,康熙二十六年(1687)三修,道光二十五年(1845)四修。

遼寧省本溪滿族自治縣南甸子鎮北甸村藍家

[遼寧本溪]即墨藍氏族譜不分卷　纂修者不詳　據清光緒三十年(1904)刻本複印　四册　書名據

書衣題　五修本
　　參見前條。
　　吉林師範大學滿族文化研究所

[遼寧本溪]即墨藍氏族譜五卷　纂修者不詳
民國初年石印本　五冊　書名據書衣題
　　先祖同上。譜載歷次修譜序、跋、範字、族規家
訓及各宗支世系等。
　　遼寧省本溪滿族自治縣藍家

[遼寧本溪]即墨藍氏族譜五卷　纂修者不詳
據民國初年石印本複印　五冊　書名據書衣題
　　參見前條。
　　吉林師範大學滿族文化研究所

[遼寧本溪]戴氏族譜不分卷　戴永鑲纂修　民
國十四年(1925)石印本　一冊　書名據封面題
　　始祖景松,祖居廣陵,明洪武二年(1369)遷山東
萊州府平度州西南鄉豬毛村。其後於清順治八年
(1651)復遷遼東本溪湖南石河寨,戴氏子孫遂世
居於本溪等地。陸軍中將戴廣勝即此戴氏十一世
孫。載序言五篇、範字、世系等。
　　遼寧省本溪市南芬區思山嶺鄉思山嶺村翁連節

[遼寧本溪]閭陽驛鑲藍旗兵差邊氏家譜不分卷
纂修者不詳　稿本　一冊
　　始祖廉。祖居山西洪洞,後遷山東河間府任丘
縣小雲南朱衛社四甲邊家莊,清順治八年(1651)
撥民遷居奉天遼陽麻村,後又移徙遼陽城東鑲紅
旗界本溪湖西太子河南的白石砬子等地。載序、
範字、世系。
　　遼寧省本溪滿族自治縣邊氏族人
　　本條目據《遼東滿族家譜選編》著錄

[遼寧本溪]譚氏族譜不分卷　纂修者不詳　清
同治三年(1864)稿本　一冊　書名據封面題
初修本
　　始祖守曾,原居山東登州府蓬萊縣,清順治十三
年(1656)奉詔遷來遼陽大東山堡,康熙朝授田入
册,隸於鑲紅旗敬謹親王府當差,雍正四年(1726)

投領紅册地大東山堡,因以改名"譚家堡子"。載
譜序、世系。
　　遼寧省本溪滿族自治縣小市鎮譚家堡子譚景貴

[遼寧本溪]譚氏族譜　纂修者不詳　1958年續
修稿本
　　先祖同上。是族於清同治三年(1864)修譜,此
譜據民國九年(1920)重抄本續修。載譜序、世系
等。1988年遼寧民族出版社《本溪縣滿族家譜研
究》内有本譜節錄。
　　遼寧本溪滿族自治縣小市鎮譚家堡子村譚家

[遼寧本溪]關氏譜系不分卷　關仁喜纂修　2003
年排印本　一冊　書名據封面題
　　始遷祖圖什八、部什八,蘇完地方瓜爾佳氏。其
後現已繁衍至第十一世,居於遼寧省本溪縣城廠
鎮。譜中還記載了尼堪一支,現居於遼中縣潘家
堡關家窩棚,阿木欽一支現居於本溪市,都智撥一
支現居於撫順縣。譜載圖什八、部什八後世徙居
各地的世系。
　　遼寧省撫順市關仁喜

[遼寧本溪]古勝黃氏族譜九卷　(清)黃之琴纂
修　清光緒十五年(1889)刻本　十二冊　書名據
書衣題　四修本
　　始祖玘,祖居山東滕縣,後裔於1958年因滕縣
修大型水庫遷至本溪市南芬莊。載卷首、敘文、列
名、凡例、條約、宸章、部改、世系。其譜由黃天良
初修於清雍正十年(1732),黃延時二修於嘉慶十
三年(1808),黃來晨三修於咸豐元年(1851)。
　　遼寧省本溪滿族自治縣開册莊黃啓環

[遼寧本溪]古滕黃氏啓環支家譜不分卷　纂修
者不詳　2006年排印本　一冊　書名據封面題
　　始遷祖黃英章,民國時遷於遼寧省本溪市。載
世系、範字。
　　遼寧省本溪滿族自治縣開册莊黃啓環

[遼寧桓仁]重修王氏族譜五卷　纂修者不詳
民國二十四年(1935)石印本　五冊　書名據書衣

題　七修本

始祖忠紀,原居山東登州府萊陽縣大王莊,清初奉詔遷至奉天省興京界,咸豐時又遷桓仁,後裔遂世居於此。載歷次修譜序、跋、範字、碑文、家規及世系。其譜初修於清康熙十三年(1674),二修於雍正三年(1725),三修於乾隆六十年(1795),四修於道光十四年(1834),五修於光緒十四年(1888),六修於宣統元年(1909)。

遼寧省桓仁滿族自治縣二棚甸子村王氏

[遼寧桓仁]桓仁地方滿族葉赫氏佟氏世系譜牒　纂修者不詳　抄本

始祖那郎阿,有三子。本譜記次子佟代一支十四代世系。

遼寧省桓仁滿族自治縣桓仁鎮佟聖良

本條目據《滿族佟氏史略》著錄

[遼寧桓仁]方氏族譜不分卷　纂修者不詳　清同治三年(1864)抄本　一册　書名據封面題

始祖君伯,清順治八年(1651)遷居遼寧蓋平縣。二世祖德貴奉諭分派在蓋州鑲黃旗馬召公佐領下當兵,為漢軍旗人。其後裔遷居今桓仁。載序、範字及世系。

遼寧省桓仁滿洲自治縣二棚甸子村方正新

[遼寧桓仁]方氏族譜不分卷　纂修者不詳　據清同治三年(1864)抄本複印　一册　書名據封面題

參見前條。

吉林師範大學滿族文化研究所

[遼寧桓仁]肖春一家譜不分卷　纂修者不詳　清光緒十八年(1892)抄本　一册　書名據封面題

始祖冠群,清初人,崇德四年(1639)入福陵當差,隸於漢軍正黃旗。始遷祖肖萬里於光緒時遷至桓仁拐磨子,後世居住至今。載序、範字、譜系。

遼寧省桓仁滿洲自治縣拐磨子鄉西古城子村肖洪泉

[遼寧桓仁]張氏家譜不分卷　張敬乙纂修　稿

本　一册　書名據封面題

始祖承業,原居直隸省永平府臨渝縣東部落村,清咸豐年間遷於遼寧桓仁縣窟窿榆樹村四平街,遂家焉。載序、範字、世系等。

遼寧省新賓滿族自治縣大四平鎮大四平村張德生

[遼寧桓仁]趙氏家譜不分卷　纂修者不詳　抄本　一册　書名據封面題

始祖依力格,清初人,隸於正黃旗滿洲,駐防遼陽清河城,後人因避官司於清同治二年(1863)自清河城遷居桓仁四河子。載序言、範字、世系等。

遼寧省桓仁滿洲自治縣四河子村趙玉田

[遼寧桓仁]趙氏家譜不分卷　纂修者不詳　據抄本複印　一册　書名據封面題

參見前條。

吉林師範大學滿族文化研究所

[遼寧遼陽]王氏宗族譜書　王炳辰等纂修　民國十八年(1929)稿本　一册　書名據封面題

始遷祖秉忠,清順治八年(1651)從山東青州諸城縣大王莊遷至遼寧省海城縣白雲寨,康熙年間再遷遼陽南亮甲山,隸漢軍正白旗第三佐領喜純牛录下為丁,遂家焉。載譜序、訓傳、碑誌、世系等。

遼寧省遼陽市王炳辰

[遼寧遼陽]王氏宗族譜書　王炳辰等纂修　據民國十八年(1929)稿本複印　一册　書名據封面題

參見前條。

吉林師範大學滿族文化研究所　遼寧省遼陽市民委

[遼寧遼陽]王氏宗譜不分卷　王福平纂修　2002年排印本　一册　書名據封面題

始祖征,原居山東濟南府東平陵社四甲,遷河北永平府玉田社大王莊。清順治八年(1651),三世忠堯、忠舜、忠禹、忠昌四兄弟再自大王莊遷至遼東遼陽縣西八里莊。清乾隆三十三年(1768)又分別遷至遼陽縣沙嶺范家屯、首山大趙臺及鞍山櫻桃園等地。是譜記其四兄弟後裔在各定居地的情況,載序、範字、世系等。

　　吉林師範大學滿族文化研究所　遼寧省遼陽縣西八里莊王福平

[遼寧遼陽]巴雅拉氏族譜不分卷　白永貞等纂修　民國十二年(1923)石印本　一册　書名據封面題　二修本

　　始遷祖希德庫,其先祖原居長白山,"清初從龍入關",隸鑲白旗,後駐防遼陽,遂世居至今。譜載白永貞序、依綿序和世系、範字。其譜初修於清光緒二十一年(1895)。

　　遼寧省遼陽市白殿奎

[遼寧遼陽]巴雅拉氏族譜不分卷　白永貞等纂修　據民國十二年(1923)石印本複印　一册　書名據封面題　二修本

　　參見前條。

　　吉林師範大學滿族文化研究所

[遼寧遼陽]石氏族譜續稿不分卷　石寶貴纂修　1996年排印本　一册　書名據封面題　二修本

　　始遷祖朝輔,原居河北省永平府樂亭縣石家莊,清順治八年(1651)遷至遼陽縣千山上華巖寺村定居,石氏子孫遂世居於該地。載前言、墳圖、世系、範字等。其譜由石寶真於1988年初修。

　　遼寧省遼陽市華巖村石恒淳

[遼寧遼陽]那姓家譜不分卷　纂修者不詳　稿本　一册　書名據封面題

　　先祖居長白山烏拉地方,姓那拉氏。哈蘇力、哈蘇虎兄弟二人,原居北京,後奉撥遷至盛京。三世祖海杭遷居遼陽界小紅旗,係遼陽鑲紅旗陳滿洲,是爲始遷祖。其後人遂世居遼陽等地。載序、世系及祭祖儀注等。

　　遼寧省燈塔市那永旭

[遼寧遼陽]那姓家譜不分卷　纂修者不詳　據

稿本複印　一册　書名據封面題

　　參見前條。

　　吉林師範大學滿族文化研究所

[遼寧遼陽]那氏家譜不分卷　纂修者不詳　稿本　一册　書名據封面題

　　先祖同上。譜載序、祭祀儀式及世系。

　　吉林省長春市趙東升

[遼寧遼陽]吳氏族譜不分卷　(清)吳斯琳纂修　清道光十四年(1834)刻本　一册　書名據封面題

　　始祖仲良,明永樂二年(1404)由雲南遷居山東即墨東王村。裔孫清順治間遷至奉天遼陽州,子孫遂世居焉。載序、範字及世系等。

　　遼寧省遼陽市吳氏

[遼寧遼陽]吳氏族譜不分卷　(清)吳斯琳纂修　據清道光十四年(1834)刻本複印　一册　書名據封面題

　　參見前條。

　　吉林師範大學滿族文化研究所

[遼寧遼陽]吳氏宗譜不分卷　纂修者不詳　2002年排印本　一册　書名據封面題　二修本

　　始遷祖滿,原居山東登州府八棵樹小雲南,清初奉詔撥民遷至奉天遼陽縣吳家臺村落户,遂居於此,後裔散居遼南、遼東各地。載序言三篇、範字、族源、塋園及世系等。其譜初修於1954年。

　　吉林師範大學滿族文化研究所　遼寧省遼陽市吳紹良

[遼寧遼陽]豫親王依惠佐領下何氏家譜不分卷　何慶年等纂修　民國三十年(1941)石印本　一册　初修本

　　始遷祖養鳳,祖居山東德州,後遷河北省樂亭縣閆各莊鎮何新莊,清順治八年(1651)奉詔移遷至遼陽南的北古樹子村落腳定居,被編入豫親王依惠佐領下拓田殖產,後世子孫遂世居於此地。譜載序、譜例、督修宗譜人名錄和世錄。2012年遼寧民族出版社《遼東滿族家譜選編》內有本譜節錄。

遼寧省鞍山市何氏族人

[遼寧遼陽]何氏宗譜不分卷 何傳生等纂修
2006年排印本 一册 書名據封面題 二修本
先祖同上。載原序、續譜序、範字、祖墳墓碑碑
文與世系。
吉林師範大學滿族文化研究所 遼寧省鞍山市
何傳生

[遼寧遼陽]佟氏宗譜 (清)佟國勳等纂修 清
康熙五十五年(1716)刻本 二册 存卷上 書
名據卷端題 重修本
始祖達禮,世居遼寧,明洪武二十一年(1388)以
總旗招安有功升百户。
國家圖書館

[遼寧遼陽]佟氏宗譜八卷 (清)佟斌纂修 清
康熙五十九年(1720)刻本 一册 存卷三至八
書名據版心、卷端題
始祖景禄,明代人。
吉林大學圖書館

[遼寧遼陽]襄平佟佳氏佟氏族譜 佟炳章纂修
民國八年(1919)石印本 五册
先祖巴虎特克慎,明初人,原居松花江上游,生
育七子,除第七子無嗣外,餘六子分爲六大支,散
居各地,至清太祖起兵後,多投歸隸於滿洲各旗,
成爲滿洲八旗的骨幹力量。是爲遼寧省鞍山市襄
平地區已改漢族的佟佳氏族譜。爲巴虎特克慎第
五子達爾漢圖謀圖七世孫養性曾孫"行六"系下
支譜。行六,清康熙間由直隸永平府遷遼陽北,後
移居城西南六十里溝家寨,爲本支始祖。載凡例、
遼陽市等地的佟氏前序、清光緒十六年敘、民國八
年敘、最後調查敘、墳圖序、墳圖解義、墳圖説、佟
氏各院居廬紀略、佟姓考、佟氏人物,以及世系、重
修族譜跋、書後七律二首等。
遼寧省遼陽市、鞍山市、撫順市等地的佟氏族人
本條目據《滿族佟氏家譜總匯》著録

[遼寧遼陽]遼海谷氏宗譜十四卷 纂修者不詳

民國三十年(1941)排印本 一册 書名據書衣題
二修本
始祖谷景福,祖居山東萊州府即墨縣,清順治年
間遷於奉天海城,入盛京内務府正黄旗。二世谷
大功又由海城遷徙至遼陽南沙河、陳家臺、魏家屯
等地,谷氏後人遂世居於遼陽各地。載白永貞(民
國遼東名人)序、茂材序、光緒時墓碑碑文二篇、墳
圖、世系及範字。其譜於民國二年(1913)初修。
遼寧省鞍山市谷振波

[遼寧遼陽]專圖呢嗎察氏族譜不分卷 榆文清
等纂修 民國二十年(1931)遼陽致和山房排印本
三册 書名據封面題
呢嗎察原係地名,因以爲姓。是族祖居長白山
榆樹溝,故漢姓爲榆。始祖阿書,清順治間入關,
居北京,編入正白旗滿洲。其孫額特量,清康熙初
調任遼陽,隸入盛京鑲藍旗,其他兄弟四人隨居遼
陽,後額特量遷回北京,餘四兄弟仍居遼陽。"專
圖"漢譯爲"第十扎蘭"。載譜序、譜例、序言、祖
塋碑文與世系等。1988年遼寧民族出版社《滿族
家譜選編》内載有本譜節録。
遼寧省遼陽市榆家

[遼寧遼陽]專圖呢嗎察氏族譜不分卷 榆文清
等纂修 據民國二十年(1931)遼陽致和山房排印
本複印 三册 書名據封面題
參見前條。
吉林師範大學滿族文化研究所

[遼寧遼陽]金氏宗譜 金殿浩等主編 2000年
排印本 一册
祖先屬西大沙嶺鑲黄旗。始祖有財,清代人。
始遷祖重國,清代人。
遼寧省遼陽市圖書館

[遼寧遼陽]周氏宗譜書不分卷 周鳳環纂修
民國二十八年(1939)稿本 一册 書名據封面題
二修本
始遷祖千太,原籍直隸順天府定興縣周家莊,清
順治八年(1651)移居奉天省遼陽縣城東周家溝。

後裔有遷瀋陽縣南板橋鋪者,周氏後裔遂世居二地。載序三篇、範字、世系等。民國二十四年(1935)周鳳岐初修是譜。

遼寧省遼陽縣周家溝周鳳吉

[遼寧遼陽]胡氏家族譜書抄本不分卷　胡振瑞纂修　2010年排印本　一冊　書名據封面題

始遷祖彦,滿洲正黄旗陳牛录,於清順治八年(1651)攜家定居遼陽。其長子進孝駐防遼陽南大甸子,次子進表駐守梨花峪,三子進忠定居於寧遠州,三支遂於駐地生息繁衍。載序、世系等。

遼寧省遼陽市梨花峪胡振瑞

[遼寧遼陽]遼陽馬氏族譜　纂修者不詳　清抄本　六册　記事至清乾隆間　書名據第六册譜序題

始祖英。始遷祖越,又名重德。第一册至五册載清初漢軍鑲紅旗兩江總督馬鳴佩、廣西巡撫馬雄鎮(殉難,諡文毅)、總督馬世濟、江南江常鎮道公議貞庵公馬國楨事迹,第六册爲族譜。

美國國會圖書館

[遼寧遼陽]正藍旗陳滿洲第一佐領長白山烏蘇氏宗譜不分卷　纂修者不詳　清嘉慶初年稿本一册　書名據封面題　滿漢雙文　二修本

烏蘇氏先世始於元代中期,以烏蘇里江之名爲氏。始祖沙力庫,原居瓦爾喀地方,清太祖時投歸,隸正白旗,後改隸鑲白旗。"隨龍進京",清康熙初年撥回遼陽駐防,後世遂居此至今。譜載序、滿漢文對照世系,主要人物均有譜注。其譜於清乾隆時初修。

遼寧省遼陽市吴金福

[遼寧遼陽]遼陽滿族烏蘇氏宗譜七卷　穆彦威纂修　2002年排印本　一冊　書名據封面題

始祖銜恭列以,明初人,姓烏蘇氏,原居長白山烏蘇里江上游地方,後南遷於温突嶺地方的族人改姓温突氏,留居於瓦爾喀地方的仍姓烏蘇氏。八世祖渣努,率族衆歸入滿族八旗。遼陽、本溪地方烏蘇氏後改爲穆、吴、戴、柏、烏、達等姓。譜載

序言、大事記、族源、名人事迹、塋園、範字及世系等。

國家圖書館　吉林師範大學滿族文化研究所
遼寧省遼陽市穆志敏

[遼寧遼陽]滿族烏蘇氏宗譜八卷　穆彦威纂修　2010年遼陽市滿族聯誼會排印本　一冊

先祖同上。卷一大事記實,卷二族源簡史,卷三世系名録,卷四古今人物,卷五文獻資料,卷六塋園墓誌,卷七民族習俗,卷八其他附録。

國家圖書館

[遼寧遼陽]正藍旗佛滿洲第一佐領長白山烏蘇氏家譜不分卷　穆成威纂修　民國五年(1916)稿本　一册　書名據封面題

始祖銜恭列以。原居長白山地方,國初來歸,入正藍旗,"從龍入京",後於清初撥回遼陽駐防,遂籍遼陽。譜載世系、範字、祭田與碑文等。主要人物均有小傳。

遼寧省遼陽市穆天喜

[遼寧遼陽]正藍旗佛滿洲第一佐領長白山烏蘇氏家譜不分卷　穆成威纂修　據民國五年(1916)稿本複印　一册　書名據封面題

參見前條。

吉林師範大學滿族文化研究所

[遼寧遼陽]滿洲烏蘇氏家族譜册不分卷　穆熙麟等纂修　民國間稿本　一册　書名據封面題二修本

先祖同上。載世系等。

遼寧省遼陽市文聖區穆志峰

[遼寧遼陽]滿洲烏蘇氏家族譜册不分卷　穆熙麟等纂修　據民國間稿本複印　一册　書名據封面題　二修本

參見前條。

吉林師範大學滿族文化研究所

[遼寧遼陽]徐家宗譜書不分卷　纂修者不詳

清光緒十二年(1886)稿本　一册　書名據封面題

　　始遷祖勒崇氏,姓瓜爾佳氏,原居長白山扶餘地方,清初撥遼陽城駐防,遂家於遼陽城東吾魯木火洛地方,隸於鑲紅旗哆羅克勤郡王下當差,至六世始冠以徐姓。載祖墓碑文、範字、世系等。

　　遼寧省本溪市徐長江

[遼寧遼陽] 徐家宗譜書不分卷　纂修者不詳據清光緒十二年(1886)稿本複印　一册　書名據封面題

　　參見前條。

　　吉林師範大學滿族文化研究所

[遼寧遼陽] 徐家宗譜書不分卷　徐春岫纂修2003年排印本　一册　書名據封面題

　　先祖同上。載墓碑碑文、序言、世系等。

　　吉林師範大學滿族文化研究所　遼寧省本溪市徐長江

[遼寧遼陽] 高氏譜書不分卷　高富有纂修　民國三十五年(1946)稿本　一册　書名據封面題

　　始祖世全,世居山東,清順治八年(1651)遷遼陽,入盛京內務府黃旗充綫差,遂世居遼陽。譜載序、世系、範字。

　　遼寧省遼陽市佟二堡高氏族人

[遼寧遼陽] 高氏宗族譜書不分卷　高雲集、高雲嵒纂修　民國三十五年(1946)石印本　一册　書名據封面題

　　始祖攀雨,原居山東萊州府掖縣大槐樹下,清順治八年(1651)遷至奉天省遼陽城西南鑲白旗劉二堡,隸入盛京奉天內務府鑲黃旗充綫差,遂世居於劉二堡。載序、世系等。

　　遼寧省遼陽縣劉二堡高富有

[遼寧遼陽] 高氏宗族譜書不分卷　高雲集、高雲嵒纂修　據民國三十五年(1946)石印本複印一册　書名據封面題

　　參見前條。

　　吉林師範大學滿族文化研究所

[遼寧遼陽] 張氏宗譜三卷　張純煆纂修　清光緒三十年(1904)稿本　一册　書名據封面題

　　始遷祖張起霧,清初"投誠來歸",居京師之外城,入隸正黃旗漢軍,順治八年(1651)撥往盛京駐防,隨鑲紅旗,擇居遼陽城徐家屯,遂世居該地。載譜序、譜例、世系及墳圖。

　　遼寧省遼陽市張氏族人

[遼寧遼陽] 張氏宗譜三卷　張純煆纂修　據清光緒三十年(1904)稿本複印　一册　書名據封面題

　　參見前條。

　　吉林師範大學滿族文化研究所

[遼寧遼陽] 張氏宗譜二卷　張純煆纂修　民國十八年(1929)稿本　一册

　　先祖同上。譜載序、譜例、世系及墳圖。1988年遼寧民族出版社《滿族家譜選編》內載有本譜節錄。

　　遼寧省遼陽市張姓家族

[遼寧遼陽] 張氏族譜不分卷　張子彦等纂修2001年排印本　一册　書名據封面題

　　始遷祖有德,原居山東永亭府樂陵縣,清順治八年(1651)遷至奉天府遼陽縣風水溝。嘉慶初年後裔再遷至遼陽縣侯家屯,即今靈山村定居,其後遂世居遼陽等地方。載序、世系、懿行、流芳、藝文及附錄。

　　遼寧省鞍山市千山區沙河鎮吳山村張子彦

[遼寧遼陽] 張進禄家譜不分卷　張紹維等編纂2005年排印本　一册　書名據封面題

　　始祖進禄,祖居直隸省永平府樂州押渾橋張家莊。清順治八年(1651),始遷祖張自貴攜家人遷至遼陽州向化社十甲落户,定居於柳林子,墾荒種地。子孫遂以遼陽爲世居之地。載序、墳墓碑碑文、世系等。

　　吉林師範大學滿族文化研究所　遼寧省遼陽縣下達河鄉下達河村張紹維

[遼寧遼陽]舒穆禄氏家譜不分卷　雙萊等纂修
民國十年(1921)排印本　一册　書名據書衣題
　　始遷祖達海,姓舒穆禄氏,世居朱舍里地方。清
太祖起兵後來歸,編入正黄旗滿洲。康熙四十一
年(1702)因事降職,謫往遼陽駐防,於正白旗充
差,遂家焉。譜載序、人物傳及世系等。
　　遼寧省鞍山市温德輝

[遼寧遼陽]舒穆禄氏家譜不分卷　雙萊等纂修
據民國十年(1921)排印本複印　一册　書名據
書衣題
　　參見前條。
　　吉林師范大學滿族文化研究所

[遼寧遼陽]滿族舒穆禄(徐)氏宗譜不分卷　雙
萊等纂修　1999年據民國十年(1921)排印本抄
一册　書名據封面題
　　參見前條。本譜題雙璧纂修。
　　遼寧省本溪滿族自治縣張德玉

[遼寧遼陽]滿族舒穆禄(徐)氏宗譜不分卷　雙
萊等纂修　據1999年抄本複印　一册　書名據
封面題
　　參見前條。
　　吉林師範大學滿族文化研究所

[遼寧遼陽]南武房遼陽曾氏家譜不分卷　曾繁
俊等纂修　2003年排印本　一册　書名據封
面題
　　始遷祖聞四,原居山東嘉祥縣,清順治八年
(1651)遷居遼陽府新劉堡(今劉二堡鎮後堡村),
遂家焉。載序、世系等。
　　遼寧省遼陽市劉二堡鎮曾紹先

[遼寧遼陽]富察氏譜本不分卷　富察奎倫纂修
民國抄本　一册　書名據書衣、書名頁題
　　始祖啦哈嗎,明末人,原居長白山葉赫溝,後遷
嘉理庫城。孫川男借地爲姓,名爲葉赫富察氏,清
時投太祖後編入正黄旗滿洲。川男子順泰,於康
熙三十年(1691)至遼陽駐防,改隸鑲黄旗,遂爲始

遷祖。譜載序、先祖牌位、祭祀儀注、墳圖式樣、詠
祖宗發祥地等。
　　遼寧省遼陽市富氏

[遼寧遼陽]富察氏譜本不分卷　富察奎倫纂修
據民國抄本複印　一册　書名據書衣、書名頁題
　　參見前條。
　　吉林師範大學滿族文化研究所

[遼寧遼陽]遼陽富察氏族譜不分卷　富察奎倫
纂修　抄本　一册
　　先祖同上。1987年夏孫文良得此譜於遼陽
王冰。
　　遼寧大學歷史系孫文良

[遼寧遼陽]遼陽富察氏族譜不分卷　富察奎倫
纂修　據孫文良所藏抄本複印　一册
　　參見前條。
　　中央民族大學圖書館

[遼寧遼陽]遼陽富察氏族譜不分卷　富察奎倫
纂修　2003年北京圖書館出版社據中央民族大
學圖書館藏本影印　合册
　　參見前條。
　　本譜載於《北京圖書館藏家譜叢刊・民族卷》
第四十五册

[遼寧遼陽]富察氏譜本不分卷　富慶徵等纂修
1962年稿本　一册
　　先祖同上。譜載序言、世系、祭祀儀注等。1988
年遼寧民族出版社《滿族家譜選編》内載有本譜
節録。
　　遼寧省遼陽市富家

[遼寧遼陽]富察氏譜本不分卷　富慶徵等纂修
1962年排印本　一册　書名據封面題
　　此譜以上譜爲底本排印,内容參見上條。
　　遼寧省遼陽市富家

[遼寧遼陽]富察氏譜本不分卷　富慶徵等纂修

據 1962 年排印本複印　一册　書名據封面題
參見前條。
吉林師範大學滿族文化研究所

[遼寧遼陽]富家窩棚富察氏家譜不分卷　纂修
者不詳　稿本　一册　書名據封面題
　　先祖同上。是爲富家窩棚支,隸鑲紅旗滿洲,本
譜書四世以下子嗣隸於正白旗滿洲。駐防遼陽,
後世即世居遼陽、鞍山等地。譜載序言、世系等。
　　遼寧省鞍山市富永業

[遼寧遼陽]富家窩棚富察氏家譜不分卷　纂修
者不詳　據稿本複印　一册　書名據封面題
　　先祖同上。是爲富家窩棚支,隸鑲紅旗滿洲,本
譜書四世以下子嗣隸於正白旗滿洲。駐防遼陽,
後世即世居遼陽、鞍山等地。譜載序言、世系等。
　　吉林師範大學滿族文化研究所

[遼寧遼陽]閔氏家譜不分卷　閔振鐸纂修
2001 年排印本　一册　書名據封面題
　　始遷祖政國,原居山東曲阜閔家莊,清順治八年
(1651)應詔遷至遼陽西北王家村。次子遷民生
村,後世子孫遂居兩地。載序、跋、範字、世系。其
譜於民國三十三年(1944)初修。
　　遼寧省遼陽市洪家窩棚閔振鐸

[遼寧遼陽]楊氏宗譜不分卷　楊德成等纂修
2005 年排印本　一册　書名據封面題
　　始遷祖貴仁、忠義兄弟,原居於河北永平府樂亭
縣新澤村,清順治八年(1651)奉詔遷徙遼東半島
至遼陽縣接堡村,遂世代居於遼陽等地。至修譜
時已歷十七世,人口繁衍至二千五百餘人。載序、
祖源、範字、人物傳、世系等。
　　吉林師範大學滿族文化研究所　遼寧省鞍山市
楊德武

[遼寧遼陽]解氏族譜不分卷　解永源等纂修
民國二十七年(1938)排印本　四册　書名據封
面題
　　始祖慶達,明嘉靖時人,原居山東登州府黃縣。

始遷祖爲五世國亮,於清順治八年(1651)至遼陽,
康熙六年(1667)報荒投旗,隸於奉天内務府正白
旗,後嗣遂世居遼陽等地。譜載祖訓、範字、序、世
派源起、解氏源考、祝禱詩、譜系及閨訓千字文。
　　遼寧省鞍山市解生柱

[遼寧遼陽]解氏族譜不分卷　解永源等纂修
據民國二十七年(1938)排印本複印　四册　書名
據封面題
　　參見前條。
　　吉林師範大學滿族文化研究所

[遼寧遼陽]解氏族譜不分卷　解生柱纂修　2001
年排印本　一册　書名據封面題
　　先祖同上。載序言、族源遷徙、範字、世系等。
　　遼寧省海城市解生柱

[遼寧遼陽]詹姓宗譜録不分卷　詹仲燕纂修
民國十二年(1923)抄本　一册　書名據封面題
　　始祖文舉,祖籍山東省登州府蓬萊縣,清順治八
年(1651)移居遼寧蓋平縣(今遼寧蓋州)。二世
應周,清初再徙遼陽縣雙廟子,是爲始遷祖。後裔
投奉天鑲紅旗佐領下,入籍爲旗人。1988 年遼寧
民族出版社《本溪縣滿族家譜研究》内載有本譜
節録。
　　遼寧省本溪滿族自治縣草河掌鄉詹家

[遼寧遼陽]詹姓宗譜録不分卷　詹仲燕纂修
據民國十二年(1923)抄本複印　一册　書名據封
面題
　　參見前條。
　　遼寧省遼陽市圖書館　吉林師範大學滿族文化
研究所

[遼寧遼陽]赫舍里氏宗族譜書不分卷　煜新等
纂修　民國十一年(1922)稿本　一册
　　赫舍里氏係盛京鑲黃旗滿洲,其始祖烏海自投
歸清太祖努爾哈赤,三征九伐,建有豐功,賜號巴
圖魯。次子根圖。始遷祖賀德,根圖孫,於清乾隆
中葉移駐盛京,便居遼陽西北胡家窩棚。後世冠

漢姓赫等。譜載序、範字及世系。

　　遼寧省本溪市赫氏族人

　　本條目據《遼東滿族家譜選編》著録

[遼寧遼陽] 赫舍里氏宗族譜書不分卷　　煜新等
纂修　民國十一年(1922)石印本　一册
　　此譜據上譜石印,内容參見上條。
　　遼寧省本溪滿族自治縣張德玉

[遼寧遼陽] 赫舍里氏宗族譜書不分卷　　煜新等
纂修　據民國十一年(1922)石印本複印　一册
　　參見前條。
　　吉林師範大學滿族文化研究所

[遼寧遼陽] 赫舍里氏宗族譜書不分卷　　赫舍里
作新等纂修　據民國抄本複印　一册　記事至民
國二十二年(1933)
　　始祖烏海,清代人。始遷祖永興,清代人。
　　遼寧省圖書館

[遼寧遼陽] 赫舍里氏宗族譜書不分卷　　赫舍里
作新等纂修　2003年北京圖書館出版社據遼寧
省圖書館複印本影印　合册　記事至民國二十二
年(1933)
　　參見前條。
　　本譜載於《北京圖書館藏家譜叢刊·民族卷》
第四十三册

[遼寧遼陽] 赫舍里氏赫氏家譜不分卷　　纂修者
不詳　1989年排印本　一册　書名據封面題
　　始遷祖吞達里,姓赫舍里氏,隸於正紅旗滿洲,
原居都英額,後遷白河,再遷哈達,清康熙時又遷
回遼東。吞達里第四子費揚武、第五子良吾遷於
遼陽燈塔縣西大窰的前黑英村等地。載序及世
系等。
　　遼寧省本溪滿族自治縣赫洪波

[遼寧遼陽] 赫舍里氏赫氏家譜不分卷　　纂修者
不詳　據1989年排印本複印　一册　書名據封
面題

　　參見前條。
　　遼寧省本溪滿族自治縣赫洪波

[遼寧遼陽] 聞氏宗譜不分卷　　聞長久纂修　民
國三十四年(1945)排印本　一册　書名據封面題
　　始祖二省,原籍雲南,明永樂年間遷山東,清順
治八年(1651)復遷奉天省遼陽縣陶官屯相宅而
居,後代子孫遂世居遼陽。載序、凡例、範字及
世系。
　　遼寧省鞍山市聞氏

[遼寧遼陽] 聞氏宗譜不分卷　　聞長久纂修　據
民國三十四年(1945)排印本複印　一册　書名據
封面題
　　參見前條。
　　吉林師範大學滿族文化研究所

[遼寧遼陽] 盛京内務府鑲黄旗劉氏家譜不分卷
纂修者不詳　清光緒三十二年(1906)抄本　一册
書名據書名頁題
　　始祖仰成,原居山西洪洞,明洪武時撥民至山
東。清順治八年(1651)奉詔移民遼東遼陽劉二
堡,編入盛京内務府鑲黄旗任綫差,子孫遂世居遼
陽。載序、範字及世系。
　　遼寧省遼陽縣劉二堡劉氏

[遼寧遼陽] 盛京内務府鑲黄旗劉氏家譜不分卷
纂修不詳　據清光緒三十二年(1906)抄本複印
一册　書名據書名頁題
　　參見前條。
　　吉林師範大學滿族文化研究所

[遼寧遼陽] 劉氏家譜不分卷　　劉漢鐸等纂修
1997年排印本　一册　書名據封面題
　　始遷祖仰成,原居山西省洪洞縣小雲南,明初遷
山東登州府槐樹坵,清順治八年(1651)遷移遼東
半島,於遼陽劉二堡落腳定居,編入内務府鑲紅旗
當綫差,子孫遂世居於此。載序言、範字、世系等。
　　吉林師範大學滿族文化研究所　遼寧省遼陽市
劉二堡劉漢鐸

[遼寧遼陽]劉氏宗譜不分卷　劉洪儒纂修
2006年抄本　一册　書名據封面題

始遷祖天璽、天爵兄弟,原居河北省永平府千安縣南莊社五甲劉家莊,清順治八年(1651)遷至奉天府遼陽縣,兄弟二人一落户邱家,一落户瓦子溝,遂世代居於該地。載序、範字、世系等。

吉林師範大學滿族文化研究所

[遼寧遼陽]戴氏家譜不分卷　戴鴻義纂修
1997年排印本　一册　書名據封面題

始遷祖雲龍,原居山東小雲南,清順治八年(1651)自山東遷入盛京遼陽州峨眉莊定居,子孫遂世居該地。載序言、凡例、人物傳、範字及世系等。

吉林師範大學滿族文化研究所　遼寧省遼陽市戴文財

[遼寧遼陽]譚氏族譜三卷　纂修者不詳　清光緒三年(1877)排印本　一册　書名據封面題三修本

始祖雲,原籍山東青州府諸城縣六里村,明初以昭信校尉世職協防山海。至清初,後裔又被撥遷至奉天遼陽南,遂世代居於遼陽、鞍山等地。載原序、鄧氏序、黄氏序、敘、規約、家祭禮、範字、附録及世系。其譜於清康熙三十四年(1695)初修,康熙四十九年(1710)二修。

遼寧省鞍山市譚玉玲

[遼寧遼陽]譚氏族譜三卷　纂修者不詳　據清光緒三年(1877)排印本複印　一册　書名據封面題　三修本

參見前條。

吉林師範大學滿族文化研究所

[遼寧遼陽]譚氏族譜三卷　譚引古纂修　民國二十五年(1936)排印本　一册　書名據封面題書名頁題重訂譚氏族譜稿

先祖同上。卷首載歷次修譜名人序言、姓氏考源、規約、家祭禮、世代字範、附録,卷一爲世表,卷二爲世録。

遼寧省鞍山市譚引古

[遼寧遼陽]譚氏族譜三卷　譚引古纂修　據民國二十五年(1936)排印本複印　一册　書名據封面題　書名頁題重訂譚氏族譜稿

參見前條。

吉林師範大學滿族文化研究所

[遼寧遼陽]譚氏家譜不分卷　譚家政等纂修
2002年排印本　一册　書名據封面題

始遷祖世貴兄弟,明末時生於山海衛,清順治八年(1651)徙遷奉天府遼陽州立山屯,後世子孫遂世代居於遼陽、鞍山等地。載序、凡例、家規、溯源、範字及世系。

吉林師範大學滿族文化研究所　遼寧省鞍山市譚學斌

[遼寧燈塔]楊氏家譜不分卷　(清)楊延芳纂修
清嘉慶二十四年(1819)抄本　一册　書名據封面題

始祖際龍,明末人,祖籍山東武定府陽信縣。始遷祖二世貴爲謀生遷關東,後嗣子孫遂世居潘陽。譜載家譜本源(序)、自序、範字、全門先生家譜重訂序、世系。

遼寧省潘陽市燈塔縣西馬峰鄉大紙房村楊隆山

[遼寧燈塔]楊氏家譜不分卷　(清)楊延芳纂修
據清嘉慶二十四年(1819)抄本複印　一册　書名據封面題

參見前條。

吉林師範大學滿族文化研究所

[遼寧鞍山]鑲白旗漢軍王氏家譜不分卷　纂修者不詳　抄本　一册　書名據封面題

始祖成貫,清初人,原居山東青州府壽光縣大王莊,清順治八年(1651)應詔撥民遷居奉天府遼陽州雞王屯,隸入鑲白旗漢軍,後世遂世居於此。載序言、世系。

遼寧省鞍山市周正堡村王家

[遼寧鞍山]鑲白旗漢軍王氏家譜不分卷　纂修者不詳　據抄本複印　一册　書名據封面題
　　參見前條。
　　吉林師範大學滿族文化研究所

[遼寧鞍山]李家世譜不分卷　纂修者不詳　清同治九年(1870)稿本　一册　書名據封面題
　　始祖和,元代人,祖居雲南烏沙衛,因遭紅巾之亂,而徙居長清大河迤西五里許之地,相土而居,以姓名莊。始遷祖李公,清初又遷遼左,定居鞍山,遂世居焉。載序、世系、範字等。
　　遼寧省鞍山市李家

[遼寧鞍山]何氏宗譜不分卷　纂修者不詳　排印本　一册　書名據封面題
　　始遷祖養鳳,祖居河北省樂亭縣閏各莊鎮,清順治八年(1651)移民至古榆樹屯落户。載世系、各宗各派世系至第十四世。
　　遼寧省鞍山市何氏族人

[遼寧鞍山]佟氏宗譜不分卷　纂修者不詳　民國八年(1919)抄本　二册　書名據封面題
　　始祖行天,世居遼陽,係清初重臣佟養性後裔。清康熙初年由京師先遷至永平,後遷遼陽,於北皇寺當差,其祖投禮親王,入盛京工部正黃旗漢軍。後世遂居鞍山。載序多篇、凡例、墳説、範字、世系。其譜於清光緒六年(1880)初修。
　　遼寧省鞍山市佟溥仁

[遼寧鞍山]鞍山馬驛屯滿族佟氏宗譜不分卷　佟炳章纂修　民國八年(1919)排印本　一册　書名據封面題
　　始遷祖新年,原居遼陽,隸於正紅旗滿洲。清初入關,先後駐防京都、河北等地,後撥回遼陽禮親王屬下當差,其後世遂遷居鞍山等地。載序、範字、世系。
　　遼寧省鞍山市馬驛屯佟銘

[遼寧鞍山]鞍山馬驛屯滿族佟氏宗譜不分卷　佟炳章纂修　據民國八年(1919)排印本複印一册　書名據封面題
　　參見前條。
　　吉林師範大學滿族文化研究所

[遼寧鞍山]忠宣房遼東支范氏宗譜三卷　范紅鋼纂修　2006年排印本　三册　書名據封面題
　　始遷祖文程,其父於明末遷至瀋陽。清太祖努爾哈赤統一女真各部,被任用爲謀士,成爲清初的重臣。清入關後,其一子留居瀋陽,遂爲范氏瀋陽發脈,文程遷至海城,經營范氏莊園,於是鞍山有范氏一族。載歷次修譜序言、帝王將相序、詞、跋、範字、族規家訓、人物傳及各宗支譜系。
　　遼寧省鞍山市范紅鋼

[遼寧鞍山]侯氏家譜十三卷　侯鵬霄纂修　2003年排印本　一册　書名據封面題
　　始遷祖華有,原居山東,清順治八年(1651)遷至遼州侯家屯,自始遷祖至振字輩歷十三世。載總詮、尋根溯源、祖訓族規、世系支派、族人世録、榮譽獎勵、感悟留言、懿行懿德、民風習俗、村史族記、宗族文物、藝文書畫及附録。
　　遼寧省鞍山市鐵西區侯鵬霄

[遼寧鞍山]郭氏族譜不分卷　纂修者不詳　1994年排印本　一册　書名據封面題
　　始祖通,晉代人。始遷祖殿元,祖居山西徐溝城,遷於山東,清乾隆三十四年(1769)再東遷盛京,居於海城八岔溝。載原序續序六篇、範字、人物小傳、知名録、山西原譜系表、東遷後世系。其譜於民國二十二年(1933)初修。
　　遼寧省鞍山市檔案館　吉林師範大學滿族文化研究所　遼寧省鞍山市郭氏

[遼寧鞍山]唐氏宗譜不分卷　唐繼勤、唐繼奎纂修　2008年排印本　一册　書名據封面題
　　始遷祖啓鳴、啓鳳兄弟,祖居山東登州府,清順治八年(1651)遷遼寧鞍山前三家峪村落脚,遂世代居於該地。載序言、尋根溯源、支脈世系、人物、範字及家訓族規。
　　遼寧省鞍山市千山區前三家峪村唐繼勤

[遼寧鞍山]鞍山前三家峪陳氏宗譜不分卷　陳振生纂修　排印本　一冊　書名據封面題

始祖有孝,原居山東登州府蓬萊縣,清代遷至遼南熊岳白石砬子落腳。後裔遷至鞍山前三家峪,遂家焉。載序、族源及世系。

遼寧省鞍山市陳振生

[遼寧鞍山]黃氏家族人員名録譜不分卷　黃克興纂修　2002 年排印本　一冊　書名據封面題

始祖世禎,祖居山東諸城,清順治八年(1651)大移民時遷徙營口,再遷海城,後定居鞍山。載序、祖先任職考證、祖居地考證、範字及世系等。

遼寧省鞍山市黃克興

[遼寧鞍山]雷家堡曹氏續家譜不分卷　曹其全纂修　2000 年排印本　一冊　書名據封面題

始祖毓才,原居山西省汾陽市肖家莊鎮東雷家堡村,明初遷河北省。清初是族奉召移民奉天省鞍山,後裔散居各地。載世系、族源考證、人物傳記及範字等。

吉林師範大學滿族文化研究所　遼寧省鞍山市曹其全

[遼寧鞍山]張氏宗譜不分卷　張永厚纂修　2004 年排印本　一冊　書名據封面題　書名頁題宗族情

始遷祖爾順,原居山東小雲南登州府黃縣張各莊,清初"隨龍北上",遷今鞍山市千山區唐家房鎮英家堡子村普峪溝定居,隸鑲白旗漢軍當差,子孫遂世居鞍山等地。載序、張姓族源、範字及世系等。

遼寧省鞍山市張永厚

[遼寧鞍山]汪家峪村張氏族譜不分卷　張甲齡纂修　2006 年排印本　一冊　書名據封面題

始祖常武、寬和,原籍山東萊州府掖縣永華大街張家槐樹底下,清初移民關東遼陽州城南廟爾臺村安家落戶。康熙四十九年(1710),三世德清攜家遷至下汪家峪,是爲始遷祖,遂家焉。載序、範字、世系等。

吉林師範大學滿族文化研究所　遼寧省鞍山市張甲齡

[遼寧鞍山]調兵臺村張氏家譜不分卷　張生啓纂修　2007 年排印本　一冊　書名據封面題

先祖同上。是爲調兵臺村支譜。載序、範字、世系等。

吉林師範大學滿族文化研究所　遼寧省鞍山市調兵臺村張生啓

[遼寧鞍山]楊氏家族下石橋貴系傳承譜不分卷　楊在芳纂修　2004 年排印本　一冊　書名據封面題

始祖貴,原居山西晉中,初轉遷山東、河北等地,後徙居河北省正定縣鳴鶴莊鳳樂社三甲,清初再遷關東鞍山上石橋,遂家焉。載序、凡例、姓氏族源、傳承圖及世系。

吉林師範大學滿族文化研究所　遼寧省鞍山市楊在芳

[遼寧鞍山]聞氏宗譜不分卷　聞長久纂修　民國三十四年(1945)排印本　一冊　書名據封面題

始祖二有,原籍雲南,明永樂時遷居山東,清順治八年(1651)復遷於奉天遼陽縣陶官屯村,相宅而居。載序、世系等。

遼寧省鞍山市聞福祥

[遼寧鞍山]聞氏宗譜不分卷　聞長久纂修　據民國三十四年(1945)排印本複印　一冊　書名據封面題

參見前條。

吉林師範大學滿族文化研究所

[遼寧鞍山]洞庭東蔡湘潭小霞系八修族譜不分卷　纂修者不詳　1997 年排印本　一冊　書名據封面題

始遷祖子明,原居河南汝寧新蔡縣,因工作於鞍山鋼鐵廠,遂居於鞍山。載歷次修譜序、跋、範字及各宗派世系。

遼寧省鞍山市蔡子明

［遼寧鞍山］劉氏宗譜不分卷　劉慶楠纂修
2001年排印本　一册　書名據封面題
　　始祖廣榮,原居山東小雲南,清順治八年(1651)
遷至鞍山筆管堡,編入漢軍正黃旗,其後裔分遷至
三家峪、高坨子、名甲山、周小屯等地。載序、先祖
祖籍考、遷徙路綫、範字、世系等。
　　吉林師範大學滿族文化研究所　遼寧省鞍山市
千山區前三家峪村劉慶和

［遼寧鞍山］蘇氏族譜續不分卷　蘇德音等纂修
2002年排印本　一册　書名據封面題
　　始遷祖良友、良玉兄弟,原籍山東登州府蓬萊縣
東鄉塌底橋,清順治八年(1651)奉旨撥奉天府遼
陽南鞍山筆管堡落户。康熙二十二年(1683)再遷
鞍山,隸内務府鑲黃旗内管佐領下,爲漢軍旗人,
子孫遂世居鞍山等地。載序、氏族遷徙、範字及世
系等。
　　遼寧省鞍山市筆管堡蘇德音

［遼寧海城］卜氏族譜不分卷　纂修者不詳　排
印本　一册　書名據封面題
　　始遷祖甲禄,原居山西大同洪洞大槐樹小雲南,
明初遷於山東登州府,清初奉詔撥遷遼東奉天海
州界内,落腳於馬風鎮腰嶺村,後人遂世居海城等
地。載序、族源、範字及世系等。
　　遼寧省海城市卜氏族人

［遼寧海城］三道溝才氏族譜不分卷　纂修者不
詳　2001年排印本　一册　書名據封面題　書
名頁題三道溝才門十氏族譜
　　始祖賀美,原居河北永平府昌黎縣泥井鎮才家
莊,清初遷遼寧海城。子四,列爲四門,是爲三道
溝支譜。載四門後世至第十世。載序、範字及世
系等。
　　遼寧省海城市瓦子溝才振興

［遼寧海城］瓦子溝才氏族譜不分卷　才振興纂
修　2002年排印本　一册　書名據封面題
　　先祖同上。是爲瓦子溝支譜。載序、才姓探源、
世系等。

遼寧省海城市瓦子溝才振興

［遼寧海城］王氏家乘不分卷　合族纂修　1993
年排印本　一册　書名據封面題　八修本
　　始遷祖子用,原居山東即墨縣石原社三甲南葛
村,清順治八年(1651)遷至海城朱紅峪東崴子。
載歷次修譜序言、考證、凡例、範字、世系等。其譜
清康熙六年(1667)王國光初修,乾隆七年(1742)
王廷璵二修,乾隆四十八年(1783)王坊垣三修,嘉
慶七年(1802)四修,道光十三年(1833)五修,光
緒五年(1879)六修,民國十年(1921)七修。
　　遼寧省海城市王氏族人

［遼寧海城］王氏族譜拾遺本不分卷　王乃武纂
修　2001年排印本　一册　書名據封面題
　　先祖同上。載序、源流、範字及世系等。
　　遼寧省海城市王乃武

［遼寧海城］王氏族譜不分卷　王兆國纂修　1999
年排印本　一册　書名據封面題
　　始祖爾,原居山東登州府萊陽縣小雲南,清順治
八年(1651)徒步遷徙東北,衍生三支系,一支落户
遼陽下馬塘,一支落户海城市東孔勒馬峪,一支落
户海城市東北的大坎子南溝。宣統三年(1911),
九世祖德福攜子移居今海城市王石鎮邦石堡下窪
子,是爲始遷祖。載序、世系等。
　　遼寧省海城市王石鎮邦石堡下窪子村王肖冰

［遼寧海城］王氏家譜不分卷　王福民纂修　2003
年排印本　一册　書名爲編者擬。
　　始遷祖王喜,子三,分爲三大支,三支皆居於海
城。載世系等。
　　遼寧省海城市王福民

［遼寧海城］周正堡支系王氏家譜不分卷　王守
政纂修　2004年排印本　一册　書名據封面題
　　始祖成賢,原居山東青州府壽光縣,清順治八年
(1651)奉詔攜家遷奉天府遼陽州環山峪,即今鞍
山雞王屯。後裔兩支留居雞王屯,一支遷遼陽縣
黃泥窪,兩支落腳海城縣周正堡,並皆編入鑲白旗

漢軍。是爲周正堡支系。載序、族源遷徙、範字、世系等。

　　吉林師範大學滿族文化研究所　遼寧省海城市周正堡王守政

[遼寧海城]鑲藍旗漢軍王氏家譜不分卷　纂修者不詳　民國二十九年(1940)石印本　一册　二修本

　　始祖世英,原居山西太原縣,明初遷山東萊陽縣南十里小雲南村,清順治八年(1651)撥民至遼寧海城縣,被編隸於牛莊鑲藍旗漢軍。清代,其十世王朋飛任二品朝官,王朋舉任金州副都統,爲遼南大户。譜載序、族源、範字、世系及人物小傳。2012年遼寧民族出版社《遼東滿族家譜選編》内有本譜節録。

　　遼寧省瀋陽市王氏族人

[遼寧海城]海北王氏宗族譜書不分卷　王忠謀、王仁厚纂修　2006年排印本　一册　書名據封面題

　　先祖同上。載序、族源、範字、世系、人物小傳等。

　　遼寧省海城市王忠謀

[遼寧海城]大三道溝王氏族譜不分卷　王昌元纂修　2006年排印本　一册　書名據封面題

　　始遷祖繼,祖居太原,明代遷於山東,清代又遷於海城王石鎮廟宇嶺金坑村、大三道溝等地,遂家焉。載序、範字、族源、族規家訓、名人等。

　　遼寧省海城市王石鎮金坑村王昌元

[遼寧海城]史氏族譜二卷　纂修者不詳　清乾隆六年(1741)稿本　一册　書名據封面題

　　始祖維良,元代至正年間爲中書右丞相、集賢院大學士,先居亳州,後徙鄆城縣,其子孫於清初遷居奉天府海城定居,遂世代居於此地。載序、墳墓碑文、世系等。

　　遼寧省海城市史氏

[遼寧海城]白氏宗譜書不分卷　纂修者不詳　

民國三十年(1941)排印本　一册　書名據封面題

　　始遷祖盡忠,原居直隸永平府盧龍縣四個莊子白家花園,清順治八年(1651)攜子徙遷海城東南八岔溝上三道溝,後世遂居焉。載序、範字、墓碑圖、墓碑碑文、世系等。

　　遼寧省鞍山市白志忠

[遼寧海城]白氏宗譜書不分卷　纂修者不詳　據民國三十年(1941)排印本複印　一册　書名據封面題

　　參見前條。

　　吉林師範大學滿族文化研究所

[遼寧海城]白氏宗譜不分卷　白志忠纂修　2008年排印本　一册　書名據封面題

　　先祖同上。載序、範字、世系等。

　　遼寧省海城市白志忠

[遼寧海城]瓜爾佳氏譜書不分卷　纂修者不詳　民國九年(1920)石印本　一册　書名據封面題

　　始祖碩達,姓瓜爾佳氏,祖居長白山蘇完,歸於清太祖,隸鑲黄旗滿洲。至康熙、雍正年間,本支關氏撥回盛京,駐防牛莊,其子孫遂世居焉。載序、宗祠譜書序、宗祠規約、範字、墳圖及世系。

　　廣州省深圳市關錫瑛

[遼寧海城]瓜爾佳氏譜書不分卷　纂修者不詳　據民國九年(1920)石印本複印　一册　書名據封面題

　　參見前條。

　　吉林師範大學滿族文化研究所

[遼寧海城]佛滿洲蘇完瓜爾佳氏家譜　關春來等主編　2000年排印本　一册　書名據封面、書名頁題　四修本

　　"蘇完",今吉林雙陽縣境内。瓜爾佳氏,乾隆以後改爲關姓。始祖素爾達,明前期人,部落酋長,清初隨龍入關。康熙二十六年(1687)後,裔孫胡錫任騎都尉,受命撥往盛京,復奉派到海城牛莊城駐防,後又有胡錫之弟古太、林太以及碩達先後

到牛莊城駐防。是譜即爲居海城者後裔所修。譜分前言、正文兩部分。前言載修家譜組織表、聯絡員名單、集資贊助人名單、家譜前言序言、編者的話、出版説明，正文載瓜爾佳氏簡述（附現代人物表）、世系源流歌（行輩排字）、譜圖、原家譜再版名人傳略、滿族族源、八旗制度簡介、滿族民俗、我國歷代紀元表、後記、待續家譜用紙、通訊録。譜初修於清雍正十三年（1735），二修於光緒六年（1880），三修於民國九年（1920）。

上海圖書館　遼寧省圖書館　遼寧省海城市圖書館　吉林師範大學滿族文化研究所　遼寧省海城市關春來

[遼寧海城] 他塔喇氏宗譜不分卷　唐遠德等纂修　2005 年排印本　八册　書名據封面題　三修本

始祖阿努特拉赤，明朝晚期人，原居瓦爾喀部安楚拉庫訥阿路，清太祖時投歸，隸鑲紅旗滿洲。先進京，後於康熙十年（1671）奉命移駐吉林，二十九年（1690）移防齊齊哈爾，五十年（1711）移駐三姓地區，雍正三年（1725）再移駐阿勒楚喀。始遷祖華色阿里、索挪於清雍正三年（1725）遷遼南牛莊、海城。載序例、淵源、譜圖、譜表、家訓、移駐、祠宗墓圖、恩榮、跋。清嘉慶十五年（1810）初修其譜。

遼寧省圖書館　吉林師範大學滿族文化研究所　遼寧省海城市唐遠德

[遼寧海城] 李氏譜書不分卷　李殿禄纂修　2005 年排印本　書名據封面題　三修本

始遷祖文耀，原居河北省保定村東鹿縣小李家莊，清順治八年（1651）應詔遷移至海城縣騰鰲鎮保安村，其後人遂世代居於遼東。載引言、李姓起源、譜序四篇及世系。其譜於民國三十五年（1946）初修，1999 年二修。

遼寧省海城市騰鰲鎮保安村李海林

[遼寧海城] 何氏家譜不分卷　何永湘纂修　民國三十年（1941）稿本　一册　書名據封面題

始遷祖養鳳，祖居關内樂亭縣何新莊，清順治年間攜二子耀龍、化龍，並家丁肖、曹、車、夏、田、閆、石、黄八姓，"毅然出關而東"，居於海城縣西古樹子村，編入豫親王依惠佐領下當差。康熙八年（1669），兄弟二人析居，耀龍遷於水寨子村，化龍仍居古樹子村，其後世遂世居海城等地。載宗譜序、譜例發凡、範字、世系。

遼寧省海城市何氏族人

[遼寧海城] 佟氏族譜不分卷　纂修者不詳　民國三十年（1941）排印本　一册　書名據封面題

始祖佟世，原姓佳爾達氏，清初隸鑲紅旗滿洲。清崇德四年（1639）奉命駐守牛莊，遂築室置田，世代居住於此。載序、世系。

遼寧省海城市佟氏族人

[遼寧海城] 佟氏族譜　佟成昌纂修　2007 年排印本

先祖同上。譜載序、世系等。

本條目據《滿族佟氏家譜總匯》著録

[遼寧海城] 佟佳氏宗譜　佟明忠纂修　2007 年排印本　一册　書名據封面題

先祖巴虎特克慎，明初人，原居松花江上游，生育七子，除第七子無嗣外，餘六子分爲六大支，散居各地，至清太祖起兵後，多投歸隸於滿洲各旗，成爲滿洲八旗的骨幹力量。始祖達爾漢圖謀（一作墨）圖，漢名達禮，巴虎特克慎第五子。是爲遼寧省海城市前剪村已改漢族的佟佳氏族譜。爲達爾漢圖謀圖四世孫瑄祖五房權次子懃系下的世系支譜。清代遷居於海城，出旗爲民，在此地以農爲業，世代居於海城等地。載簡單序言、範字、世系。2010 年遼寧民族出版社《滿族佟氏家譜總匯》内有本譜節録。

遼寧省海城市前剪村佟明忠

[遼寧海城] 佟氏宗譜　佟明凱纂修　2008 年排印本　一册　書名據封面題

先祖同上。是爲遼寧省海城市鐵西開發區已改漢族的佟佳氏族譜。爲達爾漢圖謀圖四世孫瑛祖五房楷八世孫"澤"字輩世系支譜。始遷祖澤守，原隸正藍旗，於清代後期出旗爲民，遷於海城縣鐵西定居,其子孫遂世居於海城。載序、範字、世系。2010年遼寧民族出版社《滿族佟氏家譜總匯》內有本譜節錄。

遼寧省海城市鐵西開發區佟氏族人

[遼寧海城]邵氏族譜不分卷　邵永芳纂修 2008年排印本　一冊　書名據封面題

始祖玉明,原居山東小雲南,清順治八年(1651)舉家跨海,東渡遼東半島。衍生二支,一支落腳於海城耿莊雙屯子村,一支則又北行至撫順定居。是爲海城支。載序、世系、範字、舊譜序(錄)及家訓。

吉林師範大學滿族文化研究所　遼寧省海城市邵永芳

[遼寧海城]三韓尚氏族譜三卷　(清)尚可喜纂修　清康熙十四年(1675)刻本　一冊　書名據版心、書簽、卷端題　初修本

始祖生,字衍斯,原籍太原府洪洞縣城西十二里老鴰窩,明正德二年(1507)遷居真定府衡水縣城西尚家莊。子繼官,字案宗,號仰予,明萬曆間遷居遼東海城,是爲始遷祖。繼官孫可喜,字元吉,號震陽,爲清開國功臣,封平南王,隸於八旗漢軍正白旗。

國家圖書館　北京大學圖書館　遼寧省圖書館

[遼寧海城]尚氏宗譜　(清)尚之隆等纂修　清康熙五十三年(1714)刻本　二冊　書名據版心題　二修本

先祖同上。

遼寧省圖書館

[遼寧海城]尚氏宗譜四卷　(清)尚玉成等纂修　清乾隆十七年(1752)刻本　四冊　書名據版心、書簽題　三修本

先祖同上。

北京大學圖書館

[遼寧海城]尚氏宗譜六卷　(清)尚玉德等纂修 清乾隆五十六年(1791)刻本　六冊　書名據版

心、書簽題　四修本

先祖同上。

國家圖書館　遼寧省圖書館　美國國會圖書館

[遼寧海城]尚氏宗譜六卷　(清)尚玉德等纂修 據清乾隆五十六年(1791)刻本拍攝　膠卷　書名據版心、書簽題　四修本

先祖同上。

美國猶他州家譜學會

[遼寧海城]尚氏宗譜六卷　(清)尚玉德等纂修 清乾隆五十六年(1791)刻本　六冊　存卷一至四 書名據版心、書簽題　四修本

先祖同上。

吉林大學圖書館

[遼寧海城]尚氏宗譜十一卷附元垂功範二卷 尚其憲等纂修　民國二十八年(1939)稿本　一冊 五修本　書名據封面題

先祖同上。譜載序、先王遺訓及世系。

遼寧省新賓滿族自治縣永陵鎮頭道村尚世海

[遼寧海城]尚氏宗譜十一卷附元垂功範二卷 尚其憲等纂修　據民國二十八年(1939)稿本複印 一冊　五修本　書名據封面題

參見前條。

吉林師範大學滿族文化研究所

[遼寧海城]尚氏宗譜十一卷附元垂功範二卷 尚其憲等纂修　民國二十九年(1940)石印本　十二冊　書名據版心、書簽題

本譜以上譜爲底本。内容參見上條。

國家圖書館　中國社會科學院經濟研究所圖書館　吉林省社會科學院圖書館

[遼寧海城]尚氏宗譜十一卷附元垂功範二卷 尚其憲等纂修　據民國二十九年(1940)石印本複印　十二冊　書名據版心、書簽題

參見上條。

遼寧大學圖書館　吉林大學圖書館　廣東省社

會科學院圖書館

[遼寧海城] 第六次重修尚氏宗譜二十一章　尚久蘊等纂修　1994 年稿本　十六册　書名據目錄、譜序題

先祖同上。是譜載歷代譜序、先祖及祠墓圖像、尚可喜傳及墓誌、清代以來族中名人録、尚可喜之後三十二房之宗支圖與世傳。

遼寧省圖書館

[遼寧海城] 第六次重修尚氏宗譜二十一章　尚久蘊等纂修　1994 年排印本　一册　書名據封面、書名頁題

是譜據上譜排印,内容參見上條。

上海圖書館　遼寧省遼陽市圖書館　遼寧省鞍山市圖書館　遼寧大學圖書館　香港公共圖書館　美國國會圖書館　遼寧省鞍山市鐵東區尚世海　河南省安陽市委尚紅軍

[遼寧海城] 尚氏宗譜五卷補遺一卷　尚久蘊等主修　1997 年排印本　一册　書名據封面、版權頁題

先祖同上。本譜收入六修譜未收之吉林省九臺市、遼寧省遼陽市、鞍山市,以及散居黑龍江、甘肅、寧夏、河南等省尚氏各支。卷一載尚可喜等影像等四十九幅、六修序、孫文良等序、六修前言、例言、續修譜章程、職司分工、捐款人員名單、目録、元功垂範序、續元功垂範序、元功垂範上下、元功垂範續、平南敬親王(傳)、宗祠祖訓、修譜序言五篇及五修例言等,卷二載長房至十二房世系,卷三載十三房世系,卷四載十四房至三十一房世系,卷五載三十二房及各地尚氏宗友世系,附文獻彙編等。

遼寧省遼陽市圖書館　遼寧大學圖書館　吉林師範大學滿族文化研究所　上海圖書館

[遼寧海城] 金氏宗譜不分卷　金魁泰纂修　2001 年排印本　一册　書名據封面題

始遷祖之能,原居河北省唐山市豐潤縣泉河頭鎮團山子村,清順治八年(1651)遷至遼寧海城創墾落户。其子孫先後分遷於海城市的騰鰲鎮前甘溝、馬駕子,東四方臺鎮一堵牆,高坨子鎮小馬泡等地。載序、世系等。

吉林師範大學滿族文化研究所　遼寧省海城市金魁泰

[遼寧海城] 金氏宗譜不分卷　纂修者不詳　2006 年排印本　一册　書名據封面題

始遷祖惠成,明末人,原籍山東黃城縣大金家疃子,明天啓二年(1622)遷關東奉天府海城縣牛莊金家屯。後世散居蓋州、遼陽、丹東等東北各地。載序、重修序、範字。譜民國二年(1913)初修。

吉林師範大學滿族文化研究所　遼寧省鞍山市金九齡

[遼寧海城] 胡氏族譜不分卷　胡忠奎纂修　1991 年排印本　一册　書名據封面題

始祖自安,原居山東登州府蓬萊縣,清順治八年(1651)奉詔移民遷遼寧,隸入奉天户部鑲黃旗漢軍,定居於遼陽新樁子與海城甘谷屯,後代遂世居此二地,是爲海城一支。載序、氏族來源、範字、世系。

吉林師範大學滿族文化研究所　遼寧省鞍山市胡忠奎

[遼寧海城] 侯家世譜不分卷　侯象九纂修　民國元年(1912)石印本　一册　書名據封面題

始遷祖來珠兄弟三人,原居關里永平府樂亭縣,清順治八年(1651)撥民遷至遼南,一支在蓋平縣張官屯落户,一支在海城温家溝,一支在侯家油坊。是爲海城支譜。載序、侯氏家話、世系等。

遼寧省鞍山市鐵西區侯鵬霄

[遼寧海城] 侯家世譜不分卷　侯象九纂修　據民國元年(1912)石印本複印　一册　書名據封面題

參見前條。

吉林師範大學滿族文化研究所

[遼寧海城] 侯家宗譜不分卷　侯鵬霄纂修　2006

年排印本　一册　書名據封面題

始祖安,原籍山西汾州府介休縣四通橋侯家堡。長子時虎任遼東東寧衛都指揮使,於明萬曆年間遷於遼東海州析木城缸窯嶺定居,是爲始遷祖。清太祖進佔遼瀋地區,侯氏族人分別被編入鑲藍旗、鑲白旗等漢軍,侯氏自此世代居於遼寧。載序、族源、各宗支譜系、族規家訓及範字。

　　遼寧省鞍山市鐵西區侯鵬霄

[遼寧海城]姜氏宗族譜書不分卷　姜廷振等纂修　1995年稿本　一册　書名據封面題　二修本

始遷祖相,原居山東登州府蓬萊縣,清順治八年(1651)遷海城縣甘泉鄉蘇馬臺,其子孫遂世居海城等地。載序、範字、世系等。民國二十三年(1934)初修其譜。

　　遼寧省海城市姜廷振

[遼寧海城]海城黄氏宗譜不分卷　黄其倫纂修　2004年排印本　一册　書名據封面題

始遷祖萬山,原居山東登州府黄縣,清順治八年(1651)遷奉天府海城縣黄單屯。二世祖於順治十八年(1661)再遷板子屯,隸於正黄旗漢軍,遂世代居於該地。載序、凡例、名人、大事、範字、世系。

　　吉林師範大學滿族文化研究所　遼寧省瀋陽市大東臣黄其倫

[遼寧海城]愛新覺羅海氏宗譜不分卷　海載濤纂修　民國二十六年(1937)排印本　一册　書名據封面題

始祖八音布,清中期人,愛新覺羅氏。其遠祖舒爾哈赤,清太祖努爾哈赤胞弟,授封和碩莊親王,按清代宗族法,本支族人亦爲宗室,屬黄帶子,隸於鑲藍旗滿洲。愛新覺羅氏冠以“海”字姓者唯此一支。譜載序、重修譜序、範字、人物傳略、一世至十世先祖總圖、譜系、附錄等。

　　遼寧省瀋陽市海啓發

[遼寧海城]孫氏家譜不分卷　纂修者不詳　2004年排印本　一册　書名據封面題

始遷祖尚義,原居山東登州府福山縣孫家坦村,清順治八年(1651)詔撥民移至奉天省海城縣牛莊城北孫家望定居。載序、族源、範字、世系等。

　　遼寧省海城市孫家望孫氏

[遼寧海城]黄氏支譜不分卷　黄克利纂修　2004年排印本　一册　書名據封面題

始祖雲龍,原居山東青州府諸城縣大黄莊,清順治八年(1651)奉詔遷來遼東,先落居於白石寨,後遷海城,後世遂居此。載序、範字、世系等。

　　吉林師範大學滿族文化研究所　遼寧省海城市黄克利

[遼寧海城]黄氏禮和堂譜書不分卷　纂修者不詳　稿本　一册　書名自擬

始祖黄養氏,原居山東小雲南,清代遷於海城,子孫遂世居焉。譜載世系等。

　　遼寧省海城市黄殿甲

[遼寧海城]章佳氏哈拉譜本不分卷　纂修者不詳　稿本　一册　書名據封面題

始祖穆都巴彦,原居長白山鄂謀索洛,又遷居瓦爾戞西羅爾金,子六,分六處居住。至三世,各宗支分隸各滿洲八旗中任職。後裔撥至牛莊駐防,遂世居焉。載序言、世系等。人物均小傳注。

　　遼寧省本溪滿族自治縣張德玉

[遼寧海城]張氏宗譜不分卷　張連枝纂修　民國三十年(1941)石印本　一册　書名據封面題

始祖富國,原居山東登州府黄縣,清順治初年奉朝廷之命率家族遷錦州,又遷海城縣三角山地,後代遂世居焉。載序、範字、世系等。

　　遼寧省海城市三角山張連枝

[遼寧海城]張氏宗譜不分卷　張連枝纂修　據民國三十年(1941)石印本複印　一册　書名據封面題

參見前條。

　　吉林師範大學滿族文化研究所

[遼寧海城] 張氏宗譜不分卷　張永厚纂修
2004 年排印本　一册　書名自擬

始遷祖爾順,原居山東登州府張各莊小雲南,清初遷奉天海城縣温香鎮普峪溝新立屯,遂家焉。後裔人口繁衍衆多,析遷各地。載序、範字、世系。

遼寧省海城市文洞溝張永厚

[遼寧海城] 張氏宗譜不分卷　纂修者不詳
2004 年排印本　一册　書名據封面題

始祖茂,原居山東青州府壽光縣小楊村,清兵進關,應徵入伍,隸入鑲藍旗漢軍。清順治八年(1651)奉旨攜家鎮守奉天城。始遷祖爲二世雲登、雲科,授封海城縣西果子園村,後代遂世居海城。載序、先祖傳略、範字、世系等。

吉林師範大學滿族文化研究所　遼寧省海城市張潤財

[遼寧海城] 張氏家譜不分卷　纂修者不詳
2005 年排印本　一册　書名據封面題

始遷祖武臣,原居於直隸省保定府,清順治八年(1651)移民到遼南海州衛鴨子泡屯定居。乾隆二十五年(1760)前後,可富、可寬兄弟二支又從鴨子泡遷至夏家堡居住,張氏後人遂居於此兩地。載籍貫沿革、範字、世系、墳墓等。

遼寧省海城市張士讓

[遼寧海城] 南臺張氏族譜不分卷　張永恒、張永華纂修　2007 年排印本　一册　書名據封面題

始祖自亮、自發、自明兄弟,原居山東登州府萊陽縣張家小樓,清順治八年(1651)渡海遷至奉天府海州衛(今鞍山海城)土城子墾荒耕作,遂家焉。載序、族源遷徙考證、範字、世系等。

遼寧省鞍山市張永恒　遼寧省潘陽市張永華

[遼寧海城] (蔡氏) 家志大略　蔡英和纂修
1996 年複印本　一册　書名據書名頁題

始祖來非那,滿族人,後改蔡姓。

遼寧省海城市圖書館

[遼寧海城] 劉氏譜書不分卷　纂修者不詳　清

末抄本　一册　書名據封面題

始祖夔,祖居山東登州府蓬萊縣劉家溝。始遷祖爲八世承勳兄弟三人,奉詔遷至臨溟縣(今海城)艾塔堡,編入鑲黄旗漢軍,後代遂世居焉。載序、範字、功德碑文及世系等。

遼寧省海城市艾塔堡劉漢宗

[遼寧海城] 劉氏譜書不分卷　纂修者不詳　據清末抄本複印　一册　書名據封面題

參見前條。

吉林師範大學滿族文化研究所

[遼寧海城] 東湯河劉氏宗譜不分卷　劉樹桐纂修　2003 年排印本　一册　書名據封面題

始祖國茂,祖籍山東登州府蓬萊縣劉家溝,清道光末年遷徙至遼寧海城周正堡定居。後裔再遷東湯溝村,遂家焉。載序、世系等。

遼寧省海城市東湯溝村劉樹桐

[遼寧海城] 劉氏宗譜不分卷　劉維庫纂修　2005 年排印本　一册　書名據封面題

始遷祖茂松、茂林兄弟,原居山東登州府即墨縣,清順治八年(1651)奉詔遷於遼寧海城,在牛莊安家落户,子孫遂世居焉。載序、族源尋根、範字、世系等。

遼寧省海城市牛莊鎮劉維庫

[遼寧海城] 劉氏族譜不分卷　劉明贊纂修　2010 年排印本　一册　書名據封面題

始遷祖承林、承翰兄弟,原居山東登州府蓬萊縣劉家溝,清順治八年(1651)奉詔北渡渤海至遼東,先至東豐縣,最後定居在海城艾塔堡子,後世子孫遂以海城爲中心,居於遼南各地。載序、劉氏源流考、範字、世系等。

遼寧省海城市劉明贊

[遼寧海城] 正藍旗滿洲薩克達氏宗譜不分卷
(清)百川纂修　清光緒四年(1878)稿本　一册
書名據書名頁題

始祖舒富,明末人,姓薩克達氏,原居寧古塔東,

明萬曆八年(1580)投歸清太祖,入正藍旗滿洲,任
護軍統領。重孫里富哈奉命駐防牛莊,遂家焉,是
爲始遷祖。後裔以里爲姓。載序言和各支世系
等。其族六世烏征厄之妻爲宣皇太后(清太祖努
爾哈赤之父塔克世之妻)之妹。
　　遼寧省莊河市桂雲花鄉里氏族人

[遼寧海城]正藍旗滿洲薩克達氏宗譜不分卷
(清)百川纂修　據清光緒四年(1878)稿本複印
一册　書名據書名頁題
　　參見前條。
　　吉林師範大學滿族文化研究所

[遼寧海城]薩克達里氏宗譜不分卷　里廣居纂
修　民國二十四年(1935)稿本　一册　書名據
封面題
　　先祖同上。載序、人物傳、世系等。
　　遼寧省營口市里嵌

[遼寧海城]薩克達氏譜書不分卷　里廣居纂修
民國二十四年(1935)修本
　　先祖同上。本譜以里富哈爲祖始。譜載序、世
系、墳地圖等。
　　遼寧省海城市里氏族人
　　本條目據《滿族宗譜研究》著録

[遼寧海城]牛莊薩克達氏族譜不分卷　俊長纂
修　民國二十四年(1935)稿本　一册　書名封
面題
　　始祖里富哈,原居寧古塔,清太祖時率衆歸投,
入正藍旗,其後世子孫分別隸於正白、正紅、正藍
旗滿洲。後世撥駐清福陵,世代爲守陵官員。譜
載序、先祖考及世系。
　　遼寧省營口市里嵌

[遼寧海城]牛莊薩克達氏族譜不分卷　俊長纂
修　據民國二十四年(1935)稿本複印　一册
書名封面題
　　參見前條。
　　吉林師範大學滿族文化研究所

[遼寧海城]魏氏宗譜不分卷　魏長春等纂修
2003年排印本　一册　書名據封面題
　　始遷祖有德、智德兄弟,原居山東,清初遷徙海
城騰鰲,遂家焉。載序、族源、範字、世系。
　　遼寧省海城市騰鰲鎮魏長春

[遼寧海城]騰鰲支系鍾氏族譜不分卷　鍾連希
纂修　1997年排印本　一册　書名據封面題
　　始遷祖起有、起明兄弟,原居山東青州府藍都縣
普通鎮鍾家莊,清順治八年(1651)徙居奉天海城
縣騰鰲堡名甲山,遂家焉。載序、名人録、世系等。
　　遼寧省海城市騰鰲鎮鍾連希

[遼寧海城]名甲山鍾氏族譜不分卷　纂修者不
詳　1998年排印本　一册　書名據封面題
　　始遷祖國福,原居山東小雲南,清順治八年
(1651)遷至遼寧海城名家村定居,遂世居焉,至今
已歷十四世,人口達四百餘。載範字、世系等。
　　遼寧省海城市鍾氏

[遼寧海城]顧氏家譜不分卷　顧中文纂修　1993
年排印本　一册　書名據封面題
　　始遷祖迎春,原居山東小雲南,清順治八年
(1651)遷居穆家堡。康熙二十年(1681),三世顧
公又舉族遷居雞王屯村,是爲始遷祖。同時,又有
一支遷至霍石火、王柏莊兩地。載序、範字、世
系等。
　　遼寧省海城市雞王屯村顧中文

[遼寧海城]顧氏族譜不分卷　顧時清纂修　2003
年排印本　一册　書名據封面題
　　始遷祖盛儒,原居山東登州府即墨縣三塊石,清
乾隆十四年(1749)遷遼東半島旅順口,卜居奉天
府海州衛安仁里五甲下房身村,遂家焉。載序言、
祖源、範字、世系等。
　　遼寧省海城市顧岔溝鎮房身村顧時清

[遼寧海城]牛莊顧氏支譜不分卷　顧文巨等纂
修　2008年排字本　一册　書名據封面題
　　始祖克明、克宏,原居山東即墨鰲山衛鎮盤龍

莊,清初隨撥民大潮闖關東至遼南牛莊東的耿莊子落腳,搭窩棚爲居,此地遂名之爲顧家窩棚,顧氏族人遂以種地和打魚爲業,世代居於牛莊等地。載序、例、姓氏源流及世系總圖等。

遼寧省海城市牛莊顧文舟

[遼寧臺安] 張氏家譜不分卷　張新武纂修 2006 年排印本　一册　書名據封面題

始祖文忠,原居順天府豐潤縣九甲木花社張家老者莊,清乾隆十一年(1746)遷居遼南臺安,隸於八旗漢軍。其後世遂世居於臺安縣達牛鎮大田村張家窰子。載序言、世系等。

遼寧省臺安縣張家窰子張新武

[遼寧臺安] 劉氏家譜不分卷　纂修者不詳 1997 年排印本　一册　書名據封面題

始遷祖全德,原居山東,清順治八年(1651)遷遼寧臺安縣黃沙坨,遂家焉。後裔散居於鞍山、遼陽等地。載序、範字、世系等。

吉林師範大學滿族文化研究所　遼寧省鞍山市劉德國

[遼寧岫巖] 鑲黃旗佛滿洲哲爾全佐領下王氏譜書不分卷　王甲魁纂修　民國十六年(1927)稿本　一册　書名據封面題

始祖達寧阿,清初人,由京撥盛京岫巖城鑲黃旗當差,後世遂居於此。譜載序言二篇、範字、世系等。

遼寧省岫巖滿族自治縣岫巖鎮寇德峻

[遼寧岫巖] 王氏譜書不分卷　王春芳纂修 1958 年稿本　一册　書名據封面題

始祖王公,原居山東小雲南大榆樹,清順治八年(1651)遷居岫巖,入旗籍,子孫遂世居岫巖等地。載譜序、世系。

遼寧省岫巖滿族自治縣王房興

[遼寧岫巖] 王氏譜書不分卷　王春芳纂修　據 1958 年稿本複印　一册　書名據封面題

參見前條。

吉林師範大學滿族文化研究所

[遼寧岫巖] 白氏源流族譜不分卷　白瑜瑞、白瑜瑞等纂修　民國十年(1921)稿本　一册　書名據封面題

先世原居長白,於清太祖時歸隸正黃旗滿洲,"從龍入關"。始祖崇厄力,康熙二十六年(1687)撥至盛京岫巖駐防。清嘉道間,族姓改爲白。譜載序、範字、祭祖上規矩、祭天地規矩及世系等。

遼寧省撫順市高灣白鳳羽

[遼寧岫巖] 白氏源流族譜　白瑜瑞、白瑜瑞等纂修　民國間永裕堂石印本　三册

先祖同上。前二册爲《文秀公子子孫孫圖譜》(共二卷),第三册爲《淩雲堂白氏事宜録》。載序、世系、傳記、大事記、祭祖、祖墓等。1988 年遼寧民族出版社《滿族家譜選編》內載有本譜節録。

遼寧省岫巖滿族自治縣白姓族人

[遼寧岫巖] 瓜爾佳氏合族譜册　關保安纂修 民國十二年(1923)稿本　一册　書名據封面題

是族原居長白山,清康熙二十六年(1687)始遷祖額爾博撥民到岫巖,遂家焉,隸於正黃旗滿洲。載譜序、世系、祭祀典要,另附生意經。

遼寧省岫巖滿族自治縣關姓族人

[遼寧岫巖] 瓜爾佳氏合族譜册　關保安纂修 據民國十二年(1923)稿本複印　一册　書名據封面題

參見前條。

吉林師範大學滿族文化研究所

[遼寧岫巖] 正白旗滿洲瓜爾佳氏家譜不分卷 纂修者不詳　民國三十二年(1943)稿本　一册 書名據封面題

始祖關泰、關岱,姓瓜爾佳氏,幼時即從北京遷至岫巖,後裔遂世居焉。載序、祭祀儀式、範字、世系等。

遼寧省本溪滿族自治縣張德玉

[遼寧岫巖] 佟氏宗譜　佟本信等纂修　2006 年排印本　一冊　書名據封面題

是爲遼寧省岫巖滿族自治縣石灰窰鎮佟氏譜。始祖阿翰,清初人,原籍長白山七道溝,屬正黃旗。清康熙二十六年(1687)五世祖朱蘭泰由京城撥岫巖駐防,其次子吾力泰占籍石灰窰房木溝佟家堡子,是爲始遷祖。譜載世系等。2010 年遼寧民族出版社《滿族佟氏家譜總匯》内有本譜節録。

遼寧省岫巖滿族自治縣石灰窰鎮佟本信、佟本言、佟本岐

[遼寧岫巖] 佟氏宗譜不分卷　佟守奎纂修　2008 年排印本　一冊　書名據封面題

是爲遼寧省岫巖滿族自治縣雅河鄉滿族佟氏譜。始遷祖八加,原居長白山,清康熙二十四年(1685)遷來遼東岫巖,隸於正黃旗滿洲胡班太佐領下,後人世居於岫巖。載序、世系。2010 年遼寧民族出版社《滿族佟氏家譜總匯》内有本譜節録。

遼寧省岫巖滿族自治縣雅河鄉佟守奎

[遼寧岫巖] 岫巖徹木兗沈氏宗譜不分卷　(清)沈世勳纂修　清光緒三十二年(1906)稿本　一冊　書名據封面題

始祖那力突,清康熙二十六年(1687)撥往奉天省岫巖城南三道林子居住,子孫遂世居焉。載序、世系等。

廣東省廣州市沈林

[遼寧岫巖] 岫巖沈佳氏宗譜不分卷　纂修者不詳　民國間稿本　一冊　書名據封面題

始祖三他哈,姓沈佳氏,原居瓦爾喀地方,清初來投,隸於鑲紅旗滿洲弘申布牛彔,康熙二十六年(1687)自京奉旨撥至岫巖城駐防,定居於三道村子,其子孫遂世居於岫巖等地。載立分家單及世系。

廣東省廣州市沈林

[遼寧岫巖] 岫巖沈佳氏宗譜不分卷　纂修者不詳　據民國間稿本複印　一冊　書名據封面題

參見前條。
吉林師範大學滿族文化研究所

[遼寧岫巖] 汪氏宗譜　汪允剛等纂修　民國七年(1918)修本　三修本

汪氏祖居直隸順天府三河縣。清康熙二十六年(1687)三世祖八爾被於鳳城白旗堡當差,入正白旗。載十二代世系等。是譜清道光元年(1821)初修。

遼寧省岫巖滿族自治縣汪姓族人
本條目據《滿族宗譜研究》著録

[遼寧岫巖] 汪氏宗譜　汪允剛等纂修　據民國七年(1918)修本複印　三修本

參見前條。
遼寧省鳳城市圖書館

[遼寧岫巖] 汪氏宗族譜書不分卷　汪世業纂修　民國三十二年(1943)排印本　一冊　書名據封面題

汪氏原爲女真完顏氏。始祖吾藍泰,初居鐵嶺,歸附清太祖努爾哈赤後,被編入鑲藍旗滿洲,"隨龍入京"。後於康熙二十六年(1687)撥至岫巖駐防,遂世居焉。譜載原序、祭田沿革、範字、汪貞女傳、重修支譜序、紀念詩、重刊譜書序、續序、例言及世系。其譜由永升額初修於清嘉慶七年(1802)。2012 年遼寧民族出版社《遼東滿族家譜選編》内有本譜節録。

遼寧省岫巖滿族自治縣汪姓族人

[遼寧岫巖] 汪氏宗族譜書不分卷　汪世業纂修　據民國三十二年(1943)排印本複印　一冊　書名據封面題

參見前條。
吉林師範大學滿族文化研究所

[遼寧岫巖] 沙岔氏千秋記不分卷　纂修者不詳　石印本　一冊　書名據封面題

謝氏滿姓沙岔氏,爲長白山望族,清太祖時投隸鑲藍旗滿洲,御賜謝姓。始遷祖達色,清初人,初

撥遷奉,又徙燕京,康熙二十六年(1687)遷岫巖鑿池築城,遂家焉。載序、範字、世系。

遼寧省岫巖滿族自治縣寇德峻

[遼寧岫巖]謝氏族譜　纂修者不詳　1984年謝鍾文抄本　又名沙岔氏千秋記

先祖同上。載譜序、世系等。

遼寧省岫巖滿族自治縣謝氏族人

本條目據《滿族宗譜研究》著録

[遼寧岫巖]沙岔氏[謝氏]家譜　謝中石纂修　1992年排印本　一册

先祖同上。

遼寧省遼陽市圖書館

[遼寧岫巖]易穆查氏宗譜書不分卷　(清)楊際春纂修　清光緒十年(1884)抄本　一册　書名據封面題　初修本

易穆查氏本女真人。始祖名柒,明末人,與子德於清太祖時投歸,隸於正黃旗滿洲。清康熙時,三世祖黑色攜侄撥兵奉省,於岫巖南大甸子圈地占荒,子嗣遂世居此地。後世冠漢姓爲楊。載序言六篇、跋、範字、世系。

遼寧省岫巖滿族自治縣楊成勇

[遼寧岫巖]易穆查氏宗譜不分卷　纂修者不詳　清光緒二十六年(1900)稿本　一册　四修本

先祖同上。譜載原序、又序、再序、序、跋、範字及世系。譜初修於清光緒十年(1884),後於光緒十六年(1890)、光緒二十四年(1898)兩次續修,是爲四修本。

遼寧省岫巖滿族自治縣楊氏族人

本條目據《遼東滿族家譜選編》著録

[遼寧岫巖]洪氏譜書二卷　洪文翰等纂修　民國二十五年(1936)排印本　一册　書名據版心題　三修本

始祖名洪雅,乃更洪姓。先世隨清入關,居京紫竹林胡同,隸正藍旗滿洲。清康熙二十六年(1687)洪雅夫人包氏奉旨攜子偏思哈、歪思哈來

岫駐防,遂家焉。載譜序、先人典型、世系册、世系表、墳山祭田規條等。譜初修於清道光十七年(1837)。

遼寧省新賓滿族自治縣趙維和

[遼寧岫巖]洪氏譜書二卷　洪文翰等纂修　據民國二十五年(1936)排印本複印　一册　書名據版心題　三修本

參見前條。

吉林師範大學滿族文化研究所　遼寧省岫巖滿洲自治縣圖書館　遼寧省本溪滿族自治縣張德玉

[遼寧岫巖]徐氏譜書不分卷　纂修者不詳　稿本　一册　書名據封面題

始遷祖英,原居山東登州府萊陽縣,清乾隆四十四年(1779)遷徙至岫巖,後世遂世居岫巖等地。載序言、範字、世系等。

遼寧省岫巖滿族自治縣徐興使

[遼寧岫巖]唐氏譜書不分卷　唐貴才纂修　2000年排印本　一册　書名據封面題

始祖阿吉古,女真人,姓他塔臘氏,原居於長白山四道溝八木地,投歸清太祖後,編隸於正藍旗滿洲。清康熙二十六年(1687),始遷祖由京盔甲場撥往盛京岫巖城駐防,後世遂世居焉。載序、世系、祭祀儀式等。

遼寧省瀋陽市唐貴才

[遼寧岫巖]鑲黃旗漢軍張氏宗譜不分卷　纂修者不詳　民國六年(1917)稿本　一册　書名自擬

始祖始作,原籍山東濟南府歷城縣張家花園,清初投軍,隸屬奉天鑲黃旗漢軍當差,撥至岫巖城駐防,後世子孫遂世居岫巖。載序言、世系等。

遼寧省岫巖滿族自治縣岫巖鎮寇德峻

[遼寧岫巖]鑲黃旗漢軍張氏宗譜不分卷　纂修者不詳　據民國六年(1917)稿本複印　一册　書名自擬

參見前條。

吉林師範大學滿族文化研究所

[遼寧岫巖]傅氏譜書　纂修者不詳　1962年抄本

傅氏原籍長白山二道溝人,滿姓富察,屬佛滿洲。始遷祖三泰,清康熙二十六年(1687)遷遼寧省開原縣。同年,又撥往岫巖,遂家焉。載譜序、例言、世系等。

遼寧省岫巖滿族自治縣傅姓族人

本條目據《滿族宗譜研究》著録

[遼寧岫巖]傅氏譜書不分卷　纂修者不詳　抄本　一册　書名據封面題

始祖阿布里,原居長白山,清康熙中期撥駐岫巖,遂舉家世居岫巖。載序、世系。

遼寧省岫巖滿族自治縣鎮富氏族人

[遼寧岫巖]傅氏譜書不分卷　纂修者不詳　據抄本複印　一册　書名據封面題

參見前條。

吉林師範大學滿族文化研究所

[遼寧岫巖]大寧趙氏族譜不分卷　纂修者不詳　民國初年排印本　一册　書名據封面題　書名頁題趙氏族譜

始祖常明,伊爾根覺羅氏,祖居長白山,清太祖時來歸,隸於鑲藍旗滿洲,初駐興京,繼至奉天,旋居北京,康熙二十六年(1687)奉命駐防岫巖,擇大小虎嶺之土字而定居,後世遂世居岫巖。載譜序三篇、世系等。

遼寧省本溪滿族自治縣張德玉

[遼寧岫巖]富氏譜書不分卷　富奇勳纂修　民國十年(1921)稿本　一册　書名據封面題

始祖虎閣,明末人,原居長白赫舍里,並以之爲姓,隸於鑲藍旗滿洲。裔孫富德盛,清初撥遷岫巖駐防,是爲始遷祖。載序言、世系。

遼寧省岫巖滿族自治縣富氏族人

[遼寧岫巖]費氏譜書不分卷　纂修者不詳　稿本　一册　書名據封面題

始祖巴力虎,費莫氏,明末人,原居長白山二道

溝,清太祖時投歸,隸正黃旗滿洲,入關後駐防承德,清康熙二十六年(1687)奉旨撥至盛京岫巖駐防,子嗣遂世居岫巖。載序言、範字、世系。

遼寧省岫巖滿族自治縣費玉山

[遼寧岫巖]費氏譜書不分卷　纂修者不詳　據稿本複印　一册　書名據封面題

參見前條。

吉林師範大學滿族文化研究所

[遼寧岫巖]楊氏宗譜不分卷　纂修者不詳　清道光七年(1827)稿本　一册　書名據封面題

始祖虎山,清初人,原居山東小雲南。清康熙間,二世祖自貴兄弟三人被撥至盛京岫巖養馬當差,入鑲藍旗漢軍,遂居岫巖,是爲始遷祖。載序、範字、世系等。

遼寧省岫巖滿族自治縣楊氏族人

[遼寧岫巖]楊氏宗譜不分卷　纂修者不詳　據清道光七年(1827)稿本複印　一册　書名據封面題

參見前條。

吉林師範大學滿族文化研究所

[遼寧岫巖]楊氏譜書不分卷　纂修者不詳　清咸豐三年(1853)稿本　一册　書名據封面題

始遷祖虎山,祖籍山東小雲南。清康熙二十六年(1687)隸於八旗漢軍,奉旨撥駐岫巖,後世遂世居岫巖。載序、領紅册地、世系等。

遼寧省岫巖滿族自治縣岫巖鎮楊成山

[遼寧岫巖]楊氏譜書不分卷　纂修者不詳　據清咸豐三年(1853)稿本複印　一册　書名據封面題

參見前條。

吉林師範大學滿族文化研究所

[遼寧岫巖]劉氏譜書不分卷　劉吉升纂修　民國十九年(1930)抄本　一册　書名據封面題　二修本

始遷祖守禮,祖居雲南,清初入關。居遼寧岫巖,隸正黃旗山壽佐領下當差,後裔遂世居岫巖等地。載序言五篇、範字、世系及跋四篇。譜初修於清光緒十八年(1892)。

遼寧省岫巖滿族自治縣哨子河劉氏族人

[遼寧岫巖]劉氏譜書不分卷　劉吉升纂修　據民國十九年(1930)抄本複印　一册　書名據封面題　二修本

參見前條。

吉林師範大學滿族文化研究所

[遼寧岫巖]叢氏族譜不分卷　纂修者不詳　稿本　一册　書名據封面題

始祖金日磾,西漢人,裔孫德佑於西晉時冠以叢姓。後裔於清乾隆二十六年(1761)由山東遷移岫巖,遂居於此。載序、世系等。

遼寧省岫巖滿族自治縣叢氏族人

[遼寧岫巖]羅姓家譜不分卷　羅樹普纂修　稿本　一册　書名據封面題

始祖武宜,原居長白山,姓薩格達氏。裔孫廣太"從龍入京",隸於正紅旗滿洲。始遷祖固三太於清康熙二十六年(1687)撥岫巖駐防,遂家焉。載序言、墳墓碑文、世系等。

遼寧省岫巖滿族自治縣寇德峻

[遼寧岫巖]正藍旗佛滿洲關氏譜書不分卷　纂修者不詳　清道光間稿本　一册

始祖賽花,瓜爾佳氏,原居長白山五道溝,清太祖崛起遼東後,投隸於正藍旗佛滿洲,進京後住壽比胡同。清康熙二十六年(1687),三世羅壁奉調到盛京,駐防岫巖,是爲始遷祖。本支遂世居岫巖。譜載範字、世系、世系總表及各世官兵人員名單。2012年遼寧民族出版社《遼東滿族家譜選編》內有本譜節錄。

遼寧省岫巖滿族自治縣關氏族人

[遼寧岫巖]佛滿洲正藍旗瓜爾佳氏關氏譜書不分卷　關景琨纂修　2005年排印本　一册　書名據封面題　書名頁題佛滿洲瓜爾佳氏家譜

先祖同上。載序、範字、世系等。

吉林師範大學滿族文化研究所　遼寧省岫巖滿族自治縣關景琨

[遼寧岫巖]關氏家譜不分卷　關玉厚、關宏玉纂修　排印本　一册　書名據封面題

始遷祖烏突隆阿,明末人,原居長白山大道溝,發詳於興兵堡,隸於鑲黃旗滿洲。清康熙年間撥駐岫巖,後裔遂世居焉。載序、範字及世系。

吉林師範大學滿族文化研究所　遼寧省岫巖滿族自治縣關氏族人　遼寧省鞍山市馬驛屯關氏族人

[遼寧丹東]富察氏譜書不分卷　富肖榮纂修　民國初年稿本　一册　書名據封面題

始祖檀都。始遷祖興順,原居嘉理庫城富察地方,因以爲氏。後"隨王到京",撥遷丹東,遂家焉。譜載慎重保存譜書寄語、略識祀文錄、滿彩格式、祭祀儀注序、大祭祀六篇、原序、姓氏原因、範字、更正名義通告、撥遷原因、修譜人員名單、附言二篇、富察氏譜及任職官者名單。

遼寧省丹東市富氏

[遼寧丹東]富察氏譜書不分卷　富肖榮纂修　據民國初年稿本複印　一册　書名據封面題

參見前條。

吉林師範大學滿族文化研究所

[遼寧鳳城]王氏族譜不分卷　纂修者不詳　民國七年(1918)排印本　一册　書名據封面題　三修本

始祖三仁,姓完顏氏,台尼堪人,其後遷居於直隸省順天府三合縣下店村。始遷祖黑色兄弟三人,於清康熙二十六年(1687)撥兵入奉天省鳳凰城白旗堡,隸正白旗滿洲當差,遂世居鳳城。載序、範字、世系等。譜初修於清道光元年(1821),二修於光緒五年(1879)。

遼寧省鳳城市王萬邦

[遼寧鳳城]岫巖陳滿洲巴雅喇氏宗譜不分卷
纂修者不詳　抄本　一册　書名據封面題
　　始遷祖巴扎力,明末人,原居長白山,清太祖時
來歸,隸入正黄旗滿洲,其後於康熙二十六年
(1687)奉調至盛京鳳凰城駐防。譜載世系、範
字等。
　　遼寧省撫順市高灣白鳳羽

[遼寧鳳城]岫巖陳滿洲巴雅喇氏宗譜不分卷
纂修者不詳　據抄本複印　一册　書名據封面題
　　參見前條。
　　吉林師範大學滿族文化研究所

[遼寧鳳城]卡克他氏譜書不分卷　　(清)康風財
等纂修　清光緒三十一年(1905)稿本　一册
書名據封面題
　　始祖圖美、圖奈,清初人。"從龍入京",隸正白
旗。於清康熙二十六年(1687)奉旨派駐鳳凰城,
遂世居焉。譜載序、範字、世系等。
　　遼寧省鳳城市康氏

[遼寧鳳城]卡克他氏譜書不分卷　　(清)康風財
等纂修　據清光緒三十一年(1905)稿本複印
一册　書名據封面題
　　參見前條。
　　遼寧省鳳城市檔案館　吉林師範大學滿族文化
研究所

[遼寧鳳城]田氏家譜不分卷　　田維霖等纂修
1999年排印本　一册　書名據封面題
　　始遷祖二哥,原居山東中東部小雲南,清康熙二
十六年(1687)遷鳳城新民村,投入正白旗漢軍,後
代子孫遂世代居於鳳城。載序、範字、世系、民族
源流等。
　　吉林師範大學滿族文化研究所　遼寧省鳳城市
田維霖

**[遼寧鳳城]長白山東安褚拉庫地方瓜爾佳氏宗
譜不分卷**　　(清)奎俊纂修　清光緒十三年
(1887)稿本　一册　書名據封面頁題　四修本

　　始祖卡布力圖,明代中後期人,祖居安褚拉庫内
河城廠。努爾哈赤時來歸,編隸於鑲藍旗滿洲,於
清康熙朝撥回盛京鳳凰城駐防,遂世居至今。載
序言、世系、闔族公墳塋林管理十條、祭祀歌、新祭
歌及祝願歌。該譜由朱魯初修於清嘉慶元年
(1796),德春二修於道光十二年(1832),音德住
三修於清光緒二年(1876)。
　　遼寧省鳳城市鳳城鎮關世明

**[遼寧鳳城]長白山東安褚拉庫地方瓜爾佳氏宗
譜不分卷**　　(清)奎俊纂修　據清光緒十三年
(1887)稿本複印　一册　書名據封面頁題　四
修本
　　參見前條。
　　吉林師範大學滿族文化研究所

[遼寧鳳城]瓜爾佳氏宗譜不分卷　　蘇世榮纂修
民國三十年(1941)稿本　一册　又題關氏譜書
三修本
　　始祖松阿力,清順治元年(1644)自蘇克蘇滸河
(今蘇子河)部牙爾滸入關至北京臭皮胡同,編隸
正紅旗滿洲。清康熙二十六年(1687),八世翁窩
圖調任鳳城,為始遷祖。今鳳城市北紅旗關氏,即
其後裔。載敍、貢獻祭祀儀節、祭文、原序、墳圖十
幅及世系。其譜由蘇得力初修於清乾隆四十四年
(1779),蘇鵬志續修於清光緒九年(1883)。1988
年遼寧民族出版社《滿族家譜選編》内載有本譜
節録。
　　遼寧省鳳城市北紅旗村關氏族人

[遼寧鳳城]北紅旗瓜爾佳氏宗譜不分卷　　蘇世
榮纂修　民國三十年(1941)排印本　一册　書名
據封面題　三修本
　　先祖同上。載序言、祭祀儀式、供品製作、範字、
祭文、滿語十二月及世系。
　　遼寧省本溪滿族自治縣張德玉

[遼寧鳳城]北紅旗瓜爾佳氏宗譜不分卷　　蘇世
榮纂修　據民國三十年(1941)排印本複印　一册
書名據封面題　三修本

參見前條。
吉林師範大學滿族文化研究所

[遼寧鳳城] 瓜爾佳氏宗譜書不分卷　關鵬志等纂修　民國間排印本　一冊　書名據封面題
　　先祖同上。譜載原序、譜序、三次修譜序、謹序、序、範字、祭祀儀式、總譜圖、譜系及附錄。
　　遼寧省瀋陽市關廣清

[遼寧鳳城] 瓜爾佳氏宗譜書不分卷　關鵬志等纂修　據民國間排印本複印　一冊　書名據封面題
　　參見前條。
　　吉林師範大學滿族文化研究所

[遼寧鳳城] 鳳城瓜爾佳氏四修宗譜不分卷　關繼賢纂修　1988年抄本　一冊　書名據封面題又題北紅旗關姓宗譜書　四修本
　　先祖同上。載綜述、譜序、世系表等。
　　遼寧省鳳城市關繼賢

[遼寧鳳城] 鳳城瓜爾佳氏四修宗譜不分卷　關繼賢纂修　據1988年抄本複印　一冊　書名據封面題　又題北紅旗關姓宗譜書　四修本
　　參見前條。
　　吉林師範大學滿族文化研究所

[遼寧鳳城] 鳳城瓜爾佳氏四修宗譜不分卷　關繼賢纂修　1988年瀋陽農業大學排印本　一冊
　　參見前條。
　　國家圖書館　故宮博物院　中國民族圖書館　遼寧省圖書館　遼寧省鳳城市圖書館　遼寧省鳳城市檔案館

[遼寧鳳城] 伊姓宗譜不分卷　伊德彥纂修　2004年排印本　一冊　書名據封面題
　　始遷祖伊貳，原居山東登州府棲霞縣，清初遷至鳳凰城，入旗投地，隸鳳凰城正白旗漢軍。後裔析分八支，分居大堡、楊木、雞冠山、劉家河等地。載序、範字、墳墓碑文、世系等。

吉林師範大學滿族文化研究所　遼寧省鳳城市伊德彥

[遼寧鳳城] 那氏族譜不分卷　那壽山等纂修　民國三十二年(1943)石印本　一冊
　　始祖奇瑪瑚，原係葉赫部納喇氏，清初入關，生九子。第九子羊山於清康熙中葉駐防鳳城，遂與次子那郎阿居於城西南六十里石柱子東溝，隸正藍旗滿洲。清光緒末改那姓。載敘言、序言、世系、羊公墓表、那氏老墳圖、大祭物品、祭祀禮節、孝順範例。1988年遼寧民族出版社《滿族家譜選編》內載有本譜節錄。
　　遼寧省鳳城縣那家　遼寧省本溪滿族自治縣那世垣　遼寧省岫巖滿族自治縣寇德峻

[遼寧鳳城] 那氏族譜不分卷　那壽山等纂修　據民國三十二年(1943)石印本複印　一冊
　　參見前條。
　　吉林師範大學滿族文化研究所

[遼寧鳳城] 葉赫那拉宗族譜不分卷　那世垣纂修　2001年排印本　一冊　書名據封面、書名頁題　三修本
　　先祖同上。本譜以《那氏族譜》爲底本，對其他支系多有銜接與添補，並加入了有關葉赫家族史的考述。譜載始祖奇瑪瑚其人其事。
　　遼寧省圖書館

[遼寧鳳城] 那氏族譜不分卷　那慶奎纂修　民國間石印本　一冊　書名據封面題
　　先祖同上。譜載序三、世系、祖塋圖、祭祀用具圖、祭祀規則、範字、孝思篇及世系，另有《羊公墓表》，記述了羊山撥回鳳城駐防的經過。
　　遼寧省鳳城市那慶鎮

[遼寧鳳城] 那氏族譜不分卷　那慶奎纂修　據民國間石印本複印　一冊　書名據封面題
　　參見前條。
　　吉林師範大學滿族文化研究所

[遼寧鳳城]盛京鑲白旗漢軍第三佐領下李朝文子孫宗譜册不分卷　纂修者不詳　民國二十七年（1938）排印本　一册　二修本

始遷祖朝文、朝武兄弟，原居山東登州府萊陽縣野桃園，明時遷遼寧鳳城蒿子溝，子孫遂世居鳳城等地。是族清順治間曾投鑲黄旗漢軍第三佐領下當差。譜載序、範字及世系。譜初修於清光緒二十五年（1899），是爲二修本。2012年遼寧民族出版社《遼東滿族家譜選編》内有本譜節録。

遼寧省鞍山市李氏族人

[遼寧鳳城]李朝文子孫宗譜書不分卷　李公良纂修　1997年排印本　一册　書名據封面題　三修本

先祖同上。載序、族源尋根、範字、世系。

吉林師範大學滿族文化研究所　遼寧省鳳城市李公良

[遼寧鳳城]吳西勒氏譜書不分卷　春融等纂修　民國十八年（1929）稿本　一册　書名據封面題　二修本

吳西勒又爲敖奇勒。漢姓爲敖等。始祖烏本代。始遷祖安達力。清康熙三十一年（1692）入巴爾虎旗，派駐鳳凰城。色毅任駐鳳凰城巴爾虎旗佐領，其子嗣遂世居於此。載序三篇、範字、吳敖族譜全書略銘、例言、祖墳碑文二篇、誥命書、世系圖考及世系。譜初修於清乾隆五十八年（1793）。

遼寧省鳳城市敖瑞元

[遼寧鳳城]吳西勒氏譜書不分卷　春融等纂修　據民國十八年（1929）稿本複印　一册　書名據封面題　二修本

參見前條。

吉林師範大學滿族文化研究所

[遼寧鳳城]佟氏族譜不分卷　纂修者不詳　清末抄本　一册　書名據封面題

始祖那郎阿，明代海西女真人，姓葉赫氏，原居於吉林梨樹縣葉赫古城，清太祖統一女真各部後，隸鑲黄旗滿洲。本支始遷祖於清康熙二十六年

（1687）奉旨駐防鳳凰城，任城守尉，子孫遂世居焉。載序、世系。

遼寧省鳳城市靉陽鎮靉陽城村佟聖英

[遼寧鳳城]葉赫佟氏宗譜不分卷　佟聖英纂修　2007年排印本　一册　書名據封面題

先祖同上。載序、世系、人物録等。2010年遼寧民族出版社《滿族佟氏家譜總匯》内有本譜節録。

吉林師範大學滿族文化研究所　遼寧省鳳城市靉陽鎮靉陽城村佟聖英

[遼寧鳳城]佟氏家族族譜不分卷　纂修者不詳　抄本　一册　書名據封面題

始祖那郎阿，明代人，原居長白山梨樹溝葉赫阿邊，稱爲葉赫那拉氏。始遷祖阿力崩阿遷居鳳城，過繼於佟佳氏，遂姓佟佳氏，子孫世居鳳城至今。載序、範字、世系。

遼寧省鳳城市靉陽鎮佟明哲

[遼寧鳳城]鳳城市秋嶺子地方滿族葉赫氏佟氏世系譜牒　纂修者不詳　稿本　一幅

始祖那郎阿，有三子，長索色，次佟代，三佟色。譜載十二代世系。

遼寧省鳳城市草河鄉佟明順等

本條目據《滿族佟氏史略》著録

[遼寧鳳城]鳳城市通遠堡地方滿族葉赫氏佟氏世系譜牒　纂修者不詳　1983年佟文汗抄本　一册

始祖那郎阿。譜載十二代世系。

遼寧省鳳城市煤礦佟文秀

本條目據《滿族佟氏史略》著録

[遼寧鳳城]鳳城市發箭嶺地方滿族葉赫氏佟氏世系譜牒　佟文家纂修　二十世紀九十年代初稿本　一册

始祖那郎阿。譜載十四代世系。

遼寧省瀋陽市佟文彬

本條目據《滿族佟氏史略》著録

[遼寧鳳城]鳳城市青城子地方滿族佟氏世系譜牒一卷　佟恒清、佟宗成纂修　1990年代稿本一册

是爲遼寧省鳳城市青城子鎮佟氏譜。始祖彦公、彦清,清代人,原籍瀋陽市蘇家屯區紅菱堡,後裔散居各地。鳳城青城子佟氏立盛京内務府正白旗都統七世祖達爲中始祖。

遼寧省撫順市佟宗成

本條目據《滿族佟氏史略》著錄

[遼寧鳳城]佟氏宗譜不分卷　佟朝志等纂修　1998年排印本　一册　書名據封面題

先祖同上。是爲上譜續修譜。譜載序、範字、世系。2010年遼寧民族出版社《滿族佟氏家譜總匯》内有本譜節錄。

遼寧省鳳城市青城子鎮永勝村大石門溝佟朝志
遼寧省鳳城市青城鉛礦中學佟恒清

[遼寧鳳城]汪氏家譜不分卷　汪允剛纂修　據民國七年(1918)排印本複印　一册　書名據版心題。

原籍爲北滿臺尼堪人,歷元、明二代,賜姓汪氏,世居直隸順天府三河縣下店村(今屬北京),始遷祖三仁於清康熙二十六年(1687)遷入鳳城。

遼寧省鳳城市圖書館

[遼寧鳳城]汪氏家譜不分卷　纂修者不詳　2001年排印本　一册　書名據封面題　書名頁題汪氏家譜鳳城北湯分支實錄

始祖維成,原居山東登州府文東縣,遷入關東,投入盛京鑲紅旗漢軍第三佐領下充差,遂居鳳城北三城子正白旗界汪家堡。載家族淵源、祖墳、範字、世系等。

吉林師範大學滿族文化研究所　遼寧省鳳城市汪貴辰

[遼寧鳳城]沈氏族譜不分卷　(清)沈世勳纂修　清光緒三十二年(1906)抄本　一册　書名據扉頁題　書名頁題沈氏户口册

始祖那力突,明末人,原居瓦爾喀地方,明末投

清太祖,隸入鑲紅旗滿洲。始遷祖三他哈,於清康熙二十六年(1687)撥防鳳凰城,遂家焉。譜載簡序、世系及範字。

廣東省廣州市沈林

[遼寧鳳城]沈氏族譜不分卷　(清)沈世勳纂修　據清光緒三十二年(1906)抄本複印　一册　書名據扉頁題　書名頁題沈氏户口册

參見前條。

吉林師範大學滿族文化研究所

[遼寧鳳城]完顔氏譜書不分卷　明福纂修　民國七年(1918)排印本　一册　三修本　書名據封面題

完顔,女真族姓,以地爲氏。是族始祖三仁,原居直隸省順天府,清康熙二十六年(1687)撥兵入關東,駐防鳳凰城,隸正白旗,遂世居鳳城。譜載序言二篇及世系。譜初修於清道光元年(1821),二修於清光緒五年(1879)。完顔氏多改漢姓爲王或汪。

遼寧省鳳城市汪氏族人

[遼寧鳳城]完顔氏譜書不分卷　明福纂修　據民國七年(1918)排印本複印　一册　三修本　書名據封面題

參見前條。

吉林師範大學滿族文化研究所

[遼寧鳳城]姜爾佳氏族譜不分卷　姜書信、姜書瑞纂修　民國三十一年(1942)稿本　一册　書名據封面題　二修本

始祖佑恭,原居山東登萊,清太宗時航海來歸,隸於正黃旗滿洲。三世伊什太於清康熙二十六年(1687)撥鳳城出差,遂家於鳳城,是爲始遷祖。其後人亦有隸於正藍旗者。漢姓姜等。載原序、人物略傳、墓誌表、紀念碑文、祭田坐落、碑文、世系等。

遼寧省鳳城市姜氏族人

[遼寧鳳城]姜爾佳氏族譜不分卷　合族纂修　1991年排印本　一册　書名據封面題　三修本

先祖同上。載序、碑文、人物錄、範字、世系等。其譜於清光緒三十三年(1907)初修,民國三十一年(1942)二修。

遼寧省鳳城市姜氏族人

[遼寧鳳城]章佳氏族譜不分卷　慶芳等纂修　民國初年稿本　一冊　書名據封面題

章佳氏本係地名,因以爲姓。其氏族甚繁,散處於費雅郎阿、馬兒敦章佳等地方。始祖穆都巴顏,明朝末年,初居長白山鄂磨合索洛處(今吉林省敦化縣額穆),生子五人,分居五處。次子章庫居佛扎蘭處,又遷馬兒墩章佳地方(馬兒墩在今遼寧省新賓滿族自治縣永陵鎮西,蘇子河北岸),再遷穆奇倭林昂巴(穆奇在今永陵鎮西,蘇子河北岸)等地方。章佳氏後裔的漢姓有張、尹、章、車、英、寧等。清康熙四十年(1701),始遷祖撥回盛京,駐防鳳凰城,後世居於鳳城、本溪至今。今冠漢字車姓。譜載序言、世系、墓地分佈、上墳規則、祭費、重修族譜記、仕宦摘記。是譜補充了《通譜》中的章佳氏的遷徙、分佈以及人口變化內容。

遼寧省本溪滿族自治縣草河城鎮草河城村車氏族人

[遼寧鳳城]章佳氏族譜不分卷　慶秀纂修　民國十一年(1922)抄本

先祖同上。譜載章佳氏源流、事迹、世系、墓地分佈、上墳規則、重修族譜記。

遼寧省本溪滿族自治縣車家

本條目據《滿族家譜選編》著錄

[遼寧鳳城]赫舍里康族世譜不分卷　康明良、康得廣纂修　民國十一年(1922)奉天太古山房鉛印本　一冊　書名據版心題　書衣題康族世譜。

赫舍里爲清滿洲八旗姓,源出金代女真人紇石烈氏。後改爲康、高、赫、張等姓。始祖康奇郎,原居赫舍里地方,投歸努爾哈赤,隸正黃旗滿洲,入京後於清康熙間撥至盛京鳳凰城駐防,後裔遂世居鳳城等地至今。載序、跋、人物傳、墓誌、墓碑圖、旌表坊聯、誥命書、世系及範字。

遼寧省鳳城滿族自治縣康姓族人

[遼寧鳳城]赫舍里康族世譜不分卷　康明良、康得廣纂修　據民國十一年(1922)奉天太古山房鉛印本複印　一冊　書名據版心題　書衣題康族世譜

參見前條。

遼寧省鳳城市圖書館　遼寧省鳳城市檔案館

[遼寧鳳城]赫舍里氏宗譜書三卷　(清)赫墨林等纂修　清光緒五年(1879)石印本　一冊　書名據封面題

始祖諱無考,祖居赫舍里地方,清太祖時“來歸”,隸正黃旗滿洲,“隨龍入關”後居京師,生九子。第九子罕督將軍窪爾達於清康熙二十六年(1687)由京師撥往鳳凰城駐防,遂家焉,是爲始遷祖。卷一序言、範字、總辦纂修人和纂修校閱人,卷二、三爲窪爾達之二子世系。1988年遼寧民族出版社《本溪縣滿族家譜研究》內有本譜節錄。

遼寧本溪滿族自治縣草河城鄉黑峪村赫氏族人

[遼寧鳳城]赫舍里氏宗譜書三卷　(清)赫墨林等纂修　據清光緒五年(1879)石印本複印　一冊　書名據封面題

參見前條。

遼寧省本溪市檔案館　吉林師範大學滿族文化研究所

[遼寧鳳城]薩嘛喇氏族譜不分卷　蔡運升纂修　民國十三年(1924)稿本　一冊　書名據封面題

始遷祖邦牛,世居寧古塔地方,清康熙二十六年(1687)撥至鳳城駐防,隸屬滿洲鑲藍旗。薩嘛喇氏,後改姓蔡。譜載序、塋圖、例言、世系、住址略表、存疑六部分,較詳細地記載了薩嘛喇氏族從康熙年間到民國間的人口繁衍、兵丁數目、各支分佈、墳塋圖冊等史迹。

遼寧省本溪滿族自治縣草河口鄉蔡金升

[遼寧鳳城]薩嘛喇氏族譜不分卷　蔡運升纂修　據民國十三年(1924)稿本複印　一冊　書名據封面題

參見前條。

吉林師範大學滿族文化研究所

[遼寧鳳城]薩嘛喇氏族譜不分卷　蔡運生纂修
民國十三年(1924)石印本　一册
　　是譜以上譜爲底本石印。内容參見上條。
　　遼寧省丹東市圖書館

[遼寧鳳城]薩嘛喇氏族譜不分卷　蔡運升纂修
版本不詳
　　先祖同上。1988年遼寧民族出版社《滿族家譜
選編》内載有本譜節録。
　　遼寧省鳳城滿族自治縣蔡家　遼寧省岫巖滿族
自治縣蔡家　遼寧省大連市蔡家
　　本條目據《滿族家譜選編》著録

[遼寧鳳城]蔡氏家譜一卷　蔡運升纂修　據民
國十三年(1924)排印本複印　一册　卷端題滿
洲薩嘛喇氏族譜
　　先祖同上。
　　遼寧省鳳城滿族自治縣溪里寨鄉蔡氏　遼寧省
鳳城市圖書館　遼寧省鳳城市檔案館

[遼寧鳳城]趙府譜書不分卷　趙文光纂修　民
國二年(1913)稿本　一册　書名據封面題
　　是族原姓蘇某力氏,賜姓衣力根覺羅,隸於正藍
旗滿洲。始祖布扎拉。始遷祖鳳太,原籍長白山
二道溝,清康熙二十五年(1686)由京奉命撥回盛
京,調至鳳凰城駐防,其後裔遂世居鳳城。漢姓
趙。譜載序、範字、世系。
　　遼寧省鳳城市趙萬興

[遼寧鳳城]趙府譜書不分卷　趙文光纂修　據
民國二年(1913)稿本複印　一册　書名據封面題
　　參見前條。
　　吉林師範大學滿族文化研究所

[遼寧鳳城]趙府譜書不分卷　趙文光纂修　民
國二年(1913)抄本　一册　書名據封面題
　　參見前條。
　　遼寧省丹東市趙華

[遼寧鳳城]齊家譜書不分卷　纂修者不詳　稿
本　一册　書名據封面題
　　始祖清阿,滿洲人,原居長白山五龍崗。始遷祖
龍阿,遷居奉天省鳳城縣,後世遂世居鳳城等地。
譜載序言、範字及世系。
　　遼寧瀋陽市齊守中

[遼寧鳳城]齊家譜書不分卷　纂修者不詳　據
稿本複印　一册　書名據封面題
　　參見前條。
　　吉林師範大學滿族文化研究所

[遼寧鳳城]齊家譜書不分卷　纂修者不詳　1994
年排印本　一册　書名據封面題
　　先祖同上。内容有序、範字、世系。
　　吉林師範大學滿族文化研究所　遼寧省鳳城市
齊氏族人

[遼寧鳳城]鑲黃旗滿洲齊氏譜書不分卷　纂修
者不詳　稿本　一册　書名據封面題　記事至民
國初年
　　始祖萬順兄弟,原居長白山地方,太祖時投歸,
入鑲黃旗,後被撥至鳳凰城駐防,清乾隆二十四年
(1759)再遷臺溝,遂世居於此。譜載序言、範字、
墓碑碑文及世系。
　　遼寧省鳳城市齊寶民

[遼寧鳳城]鑲黃旗滿洲齊氏譜書不分卷　纂修
者不詳　據稿本複印　一册　書名據封面題　記
事至民國初年
　　參見前條。
　　吉林師範大學滿族文化研究所

[遼寧鳳城]樊氏宗譜不分卷　(清)樊起奎纂修
清光緒二年(1876)稿本　一册　書名據封面題
　　始遷祖有功,原籍山東,清初遷遼寧興京縣葦子
峪,清雍正四年(1726)隸鑲黃旗漢軍,後遷居鳳城
西北靉陽,遂世居該地。譜載序、範字、墓碑碑文
及世系。
　　遼寧省鳳城市靉陽樊成盛

[遼寧鳳城]樊氏宗譜不分卷　（清）樊起奎纂修
據清光緒二年（1876）稿本複印　一册　書名據
封面題
　　參見前條。
　　吉林師範大學滿族文化研究所

[遼寧鳳城]盧氏家譜不分卷　纂修者不詳　民
國初年稿本　一册　書名據封面題
　　始祖性悟。是族原居雲南,遷至山東,清順治時
撥駐鳳凰城,隸鑲黃旗漢軍,遂世居於此。譜載原
序、範字、碑文、世系。著名民主人士盧廣績即爲
盧氏族人。2012年遼寧民族出版社《遼東滿族家
譜選編》內有本譜節錄。
　　遼寧省鳳城市盧氏

[遼寧鳳城]盧氏家譜不分卷　纂修者不詳　據
民國初年稿本複印　一册　書名據封面題
　　參見前條。
　　吉林師範大學滿族文化研究所

[遼寧鳳城]盧氏譜書不分卷　纂修者不詳
1986年排印本　一册　書名據封面題
　　始遷祖有禮、有義兄弟,原居於山東登州府蓬萊
縣,清康熙年間移徙鳳凰城西大四檯子,報領民地
墾荒維生,遂家焉。載序、範字、世系等。
　　遼寧省鳳城市盧雲寬

[遼寧鳳城]盧氏譜書不分卷　纂修者不詳　據
1986年排印本複印　一册　書名據封面題
　　參見前條。
　　吉林師範大學滿族文化研究所

[遼寧鳳城]鳳城盧氏家譜不分卷　盧盛彬等纂
修　1998年排印本　一册　書名據封面題
　　始遷祖植,原爲山東登州府棲霞縣盧家大夼人,
清順治八年（1651）自山東逃荒到遼寧海城縣析
木城,後遷至遼陽雞鳴寺,又遷鳳凰城通遠堡,隸
入盛京鑲黃旗漢軍,盧氏後裔遂世居於通遠堡等
地。載前言、源流、世系、人物、碑文及墓園。
　　吉林師範大學滿族文化研究所　遼寧省鳳城市

通遠堡盧盛彬

[遼寧鳳城]盧氏家族不分卷　盧盛久等纂修
1998年排印本　一册　書名據封面題
　　始遷祖性悟,原居山東濟南章丘,清順治八年
（1651）撥入奉天鑲黃旗漢軍,駐防鳳凰城通遠堡,
守護清代柳條邊,後世遂世居鳳城。載墓碑碑
文、人物傳、世系、範字等。
　　吉林師範大學滿族文化研究所　遼寧省鳳城市
盧盛久

[遼寧鳳城]盧氏宗譜不分卷　盧廣碩纂修　2004
年排印本　一册　書名自擬
　　先祖同上。載原籍溯祖、遷徙、序、範字、世
系等。
　　吉林師範大學滿族文化研究所　遼寧省鳳城市
盧廣碩

[遼寧鳳城]戴氏宗族統譜不分卷　纂修者不詳
清光緒三十四年（1908）稿本　一册　書名據封
面題
　　始遷祖達克德,原居長白山,隨清定鼎燕京,入
鑲藍旗蒙古五甲喇巴拜佐領下,清康熙四年
（1665）撥盛京鑲藍旗,駐防鳳凰城,後世子孫遂世
居於鳳城。載序、世系等。
　　遼寧省本溪滿族自治縣張德玉

[遼寧鳳城]正紅旗滿洲戴氏宗譜不分卷　纂修
者不詳　稿本　一册　書名據封面題
　　始遷祖五壯,原居長白山九道溝,清初人,隸於
正紅旗滿洲,駐防於鳳凰城,子孫遂世居於鳳凰城
等地。載序、範字、世系等。
　　遼寧省鳳城市戴氏

[遼寧鳳城]正紅旗滿洲戴氏宗譜不分卷　纂修
者不詳　據稿本複印　一册　書名據封面題
　　參見前條。
　　吉林師範大學滿族文化研究所

[遼寧鳳城]關氏家譜一卷　（清）蘇德力纂修

清乾隆四十四年(1779)刻本

　遼寧省鳳城市檔案館

[遼寧鳳城]關氏宗譜不分卷　鬥辰纂修　民國三十年(1941)石印本　一册　書名據封面題　三修本

　是爲滿族瓜爾佳氏(關氏)遼東支系譜。始祖松阿力,明末人。原居蘇子河安圖寨,清太祖時投歸,隸於正紅旗滿洲。始遷祖瑛布、翁窩圖自北京撥遷奉天府鳳凰城襄紅旗界之卡巴嶺紅旗堡(古名樂善屯,今鳳城市寶山鎮)。此爲翁窩圖支系。譜載序、範字、譜系。譜題纂修者爲"鬥辰","鬥"疑爲"關"之誤。

　遼寧省鳳城市關慶紅

[遼寧鳳城]關氏宗譜不分卷　鬥辰纂修　據民國三十年(1941)石印本複印　一册　書名據封面題　三修本

　是參見前條。

　吉林師範大學滿族文化研究所　遼寧省鳳城市圖書館

[遼寧鳳城]關氏宗譜不分卷　纂修者不詳　1994排印本　一册　書名據封面題　五修本

　始遷祖卡布力圖,瓜爾佳氏,原居長白山東安楮拉庫內河地方,投歸清太祖後隸於鑲紅旗滿洲,康熙二十六年(1687)分撥盛京鳳城,其後代遂世居鳳城。後人改爲關姓。載序、範字、碑文、世系等。其譜於清嘉慶元年(1796)初修。

　吉林師範大學滿族文化研究所　遼寧省鳳城市關景木

[遼寧鳳城]鳳城佛滿洲鑲紅旗關氏宗譜　關景年主編　1998年排印本　一册　五修本

　先祖同上。是爲清人胡什他、拉巴、窩合支譜。

　遼寧鳳城市輕紡化學工業局關景年

[遼寧東港]滿族鑲藍旗常氏族譜　常裕鋮等纂修　1999年瀋陽排印本　一册　書名據書衣題　初修本

始祖牙哈,始遷祖蘇各,皆清代人。

　遼寧省本溪滿族自治縣王喜珠

[遼寧寬甸]李氏家譜不分卷　纂修者不詳　清光緒三十三年(1907)抄本　一册　書名據封面題

　始祖玉先,原居山東登州,清初奉詔遷遼左寬甸石哈寨,加八旗籍,分佐領投地當差,後世遂居該地。載序、墳墓碑文、範字、世系等。

　遼寧省寬甸滿族自治縣上河口村李恒財

[遼寧寬甸]李氏家譜不分卷　纂修者不詳　據清光緒三十三年(1907)抄本複印　一册　書名據封面題

　參見前條。

　吉林師範大學滿族文化研究所

[遼寧寬甸]孟氏家譜不分卷　纂修者不詳　清光緒三十四年(1908)抄本　一册　書名據封面題

　始祖升繡額,明末人,原居長白山南處,清崇德五年(1640)投歸隸於鑲藍旗陳滿洲,駐防鳳凰城。後裔於同治五年(1866)遷寬甸,遂世居該地。載序、範字、世系等。

　遼寧省寬甸滿族自治縣長甸鄉蒲石河村孟昭勤

[遼寧寬甸]孟氏家譜不分卷　纂修者不詳　據清光緒三十四年(1908)抄本複印　一册　書名據封面題

　參見前條。

　吉林師範大學滿族文化研究所

[遼寧寬甸]關氏家譜不分卷　纂修者不詳　抄本　一册　書名據扉頁題

　始祖彌克善,清初人,瓜爾佳氏,正紅旗滿洲。其八世祖自岫巖遷寬甸。載序、範字、世系。

　遼寧省寬甸滿族自治縣大川頭鄉三道溝村關世民

[遼寧寬甸]關氏家譜不分卷　纂修者不詳　據抄本複印　一册　書名據扉頁題

　參見前條。

吉林師範大學滿族文化研究所

[遼寧寬甸]侯氏家譜不分卷　纂修者不詳　抄本　一册　書名據封面題

始祖侯公,清初人,正白旗滿洲,清康熙六十年(1721)撥駐岫巖。清光緒十一年(1885)後裔遷居寬甸步達遠落户,遂居寬甸。載序、範字、世系。

遼寧省寬甸滿族自治縣步達遠鄉周家屯村侯如喜

[遼寧寬甸]席氏家譜不分卷　纂修者不詳　抄本　一册　書名據封面題

始祖福泰,原居鷗鷯溝,"隨龍世居京都",隸正紅旗滿洲,清康熙三十九年(1700)奉旨移徙岫巖駐防。後世一支遷居寬甸至今。譜載序、範字、世系等。

遼寧省寬甸滿族自治縣灌水木多二道河子村席林海

[遼寧大連]瓜爾佳氏譜書不分卷　纂修者不詳　清道光二十七年(1847)稿本　一册　書名自擬　初修本

始祖桑悟吉,姓瓜爾佳氏,原居長白山三道溝,清太祖時來歸,隸於宗城鑲紅旗扎蘭卧善佐領下。清康熙二十六年(1687)其子托太遷盛京金州城東古山前大關家屯,隸於鑲白旗滿洲,遂家焉。嘉慶二十五年(1820)開墾雙城堡,此族有撥往者。載序、範字、世系等。

遼寧省桓仁滿族自治縣桓仁鎮關惠喜

[遼寧大連]瓜爾佳氏譜書不分卷　纂修者不詳　據清道光二十七年(1847)稿本複印　一册　書名自擬　初修本

參見前條。
吉林師範大學滿族文化研究所

[遼寧大連]關氏宗族之派譜不分卷　纂修者不詳　民國初年抄本　一册　書名據封面頁題

先祖同上。其譜初修於清道光二十七年(1847)。

遼寧省桓仁滿族自治縣桓仁鎮關惠喜

[遼寧大連]關氏宗譜不分卷　纂修者不詳　稿本　一册　書名據封面題

先祖同上。是譜爲中共早期革命家關向應的家譜。載序、範字、世系等。

遼寧省金州區向應鎮大關家屯關氏

[遼寧大連]關氏家譜　纂修者不詳　複印本　一幅

遼寧省金州區檔案館

[遼寧大連]鑲白旗佛滿洲金城東門外瓜爾佳氏宗譜不分卷　纂修者不詳　民國初年稿本　一册　書名據封面題

始祖雅思哈,祖居長白山五道溝,原隸於京師鑲白旗滿洲第三甲喇第九牛彔,清康熙二十六年(1687)奉調出關,隸於盛京金州副都統衙門鑲白旗滿洲第三甲喇第九牛彔。撥駐金州後,其部分族人又改隸正籃旗滿洲。後世冠漢姓關。本譜即鑲白旗關氏各支之譜。譜載序言、前言、範字、草帽胡同方位圖、先祖總圖、世系、附録及跋。2012遼寧民族出版社《遼東滿族家譜選編》內有本譜節録。

遼寧省大連市關運鵬

[遼寧大連]鑲白旗佛滿洲金城東門外瓜爾佳氏宗譜不分卷　纂修者不詳　據民國初年稿本複印　一册　書名據封面題

參見前條。
吉林師範大學滿族文化研究所

[遼寧大連]佛滿洲鑲白旗瓜爾佳氏宗譜　關運鵬主編　2009年排印本　一册　二修本　記事至2009年

先祖同上。載世系、圖片、地圖等
國家圖書館　遼寧省大連市關運鵬

[遼寧大連]唐族譜書不分卷　唐玉書等纂修　1936年稿本　一册　書名據封面題　二修本

始祖山敦,滿族他塔喇氏,清初被編隸入正紅旗滿洲,清乾隆時撥盛京金州城駐防。係城守尉雅圖之後裔。譜載誥命碑文、譜序、範字及世系。譜初修於清道光二十五年(1845)。

遼寧省大連市唐氏族人

[遼寧大連]陳氏家譜書不分卷　(清)陳安仁纂修　清道光二十六年(1846)稿本　一冊　書名據封面題　書名頁題旅順旗人陳氏宗譜

始遷祖炤,明中葉人,原居山東登州府,明正德間攜眷避難北渡,至旅順口西鐵山後相宅而居。後避亂於山洞,死於洞中一百餘人,清入關後始出洞投旗。後代子孫世居旅順。載序、範字、世系。

遼寧省大連市陳氏族人

[遼寧大連]陳氏家譜書不分卷　纂修者不詳　民國十年(1921)抄清道光二十六年(1846)修本　一冊　書名據封面題　初修本

始祖義升,原居山東登州府城內,明正德末因戰亂遷至關東旅順口西鐵山後相宅而居。清入主中原後,投於旗下,後嗣有遷復州、熊嶽者。譜載範字、序、世系。

遼寧省大連市陳氏族人

[遼寧大連]大連韓氏族譜三編　韓行方纂修　2006年排印本　一冊　書名據封面題　二修本

始祖召,祖居山東登州府文登,明代因避兵燹而遷至廣鹿島。召子仲魁、仲文、仲武,魁生子成恩,遠遷不詳,仲文、仲武兄弟之子成訓、成良在廣鹿島承繼祖業,成訓、成良子顯貴、顯承、顯儒三人由廣鹿島遷至金州,隸於鑲紅旗漢軍,其後世六大支在遼南形成韓氏六大門。本譜即記此六大宗支。載序言、範字、世系等。譜初修於民國三年(1914)。

遼寧省大連市韓行方

[遼寧瓦房店]遼寧省瓦房店市楊家鄉大王屯王氏譜書　王家坪纂修　2002年排印本　一冊　書名據封面、書名頁題

始遷祖名諱失考,相傳係直隸順天府燕京城內草帽胡同人,清康熙初年移居奉天府復州城南大王屯(今遼寧省瓦房店市楊家滿族鄉新農村大王屯)。譜載世系圖、世系傳、遷徙、榮譽、墓圖、附錄鑲黃旗冊名。

遼寧省圖書館　上海圖書館

[遼寧瓦房店]王學義族譜不分卷　王廷詳纂修　2005年排印本　一冊　書名據封面題

始遷祖學義,原居山東萊州府膠縣,清雍正初年,後裔渡海北上,卜居復州東老古峪地方,占產落戶,創立家業,遂世代居於復州等地。載序言、範字、世系等。

吉林師範大學滿族文化研究所　遼寧省瓦房店市王廷詳

[遼寧瓦房店]吳氏族譜不分卷　纂修者不詳　清初稿本　一冊　書名據封面題　初修本

是族為吳穆氏。始祖吳索琿,明末人。原居長白山三道溝,清太祖時投隸於正藍旗滿洲,順治時進京。其六世祖任領催,於康熙二十六年(1687)撥往復州(今瓦房店)。其後世一支又撥往吉林雙城堡。載序四篇、志文、傳單、世系、跋。

遼寧省瓦房店市吳氏族人

[遼寧瓦房店]吳氏族譜　吳安居纂修　民國三十四年(1945)稿本　三修本

先祖同上。載編者之話、譜序四篇、修譜志文、祖先傳單、世系譜單、祖先志文、世系及跋後等。其譜於清初始修,西郎阿續修於光緒二年(1876),本譜為三修。

遼寧省瓦房店市老虎屯鄉吳姓族人

本條目據《滿族宗譜研究》著錄

[遼寧瓦房店]吳氏譜書　吳家楷纂修　清光緒二十七年(1901)抄本　一冊　書名據封面題

是族原籍長白山,為陳滿洲。清順治時進關,入順天籍。康熙二十六年(1687)始祖烏達力被撥往奉天入復州正藍旗駐防,其後人遂留居復州。載序、世系、祭祀禮節。

遼寧省瓦房店市老虎屯鄉吳家

[遼寧瓦房店]吳氏譜書　吳家楷纂修　據清光緒二十七年(1901)抄本複印　一冊　書名據封面題

參見前條。

吉林師範大學滿族文化研究所

[遼寧瓦房店]烏扎拉氏世系書　吳蔭麟纂修　民國十三年(1924)抄本　一冊　書名據封面題

始祖巴彥,明末人,原居長白山,清太祖時歸隸於正白旗滿洲,因功賜世襲佐領。康熙二十一年(1682),其次子松衣納撥駐復州(今瓦房店市),後世即以此爲居地。載序言、世系等。

遼寧省瓦房店市楊家鄉吳家

[遼寧瓦房店]烏扎拉氏世系書　吳蔭麟纂修　據民國十三年(1924)抄本複印　一冊　書名據封面題

參見前條。

吉林師範大學滿族文化研究所

[遼寧瓦房店]孫氏家譜不分卷　纂修者不詳　2010年排印本　一冊　書名據封面題

始遷祖洪洲,原居山東登州府罘山縣孫家花園,清初舉家遷居遼東,其子分別居於復州城孫家子、大營子、孫家溝等地。載序、範字、世系。

遼寧省瓦房店市孫忠厚

[遼寧瓦房店]溫氏家譜不分卷　溫宸丙纂修　清光緒二十三年(1897)稿本　一冊　書名據封面題　二修本

始祖進賢,祖居山西太原府祁縣瓦屋村。清康熙年間,裔孫赴遼東經商,攜家遷居五十里寨。雍正時再遷復州,子孫世代遂居於復州等地。載序、敕命書、範字、世系等。清嘉慶十年(1805)溫軒初修族譜。

遼寧省鞍山市溫德輝

[遼寧瓦房店]溫氏家譜不分卷　溫宸丙纂修　據清光緒二十三年(1897)稿本複印　一冊　書名據封面題　二修本

參見前條。

吉林師範大學滿族文化研究所

[遼寧瓦房店]滿洲八旗富察氏支脈富家窩棚富氏譜書不分卷　富永業纂修　2006年稿本　一冊　書名據封面題

始祖托璞嘉。始遷祖你牙哈,清初隸正白旗滿洲,遷至富家窩棚定居。載序、凡例、族史、世系等。

遼寧省瓦房店市富氏族人

[遼寧瓦房店]滿洲八旗富察氏支脈富家窩棚富氏譜書不分卷　富永業纂修　據2006年稿本複印　一冊　書名據封面題

參見前條。

吉林師範大學滿族文化研究所

[遼寧瓦房店]趙氏譜書不分卷　趙玉臣等纂修　民國三十年(1941)稿本　一冊

趙氏滿姓伊爾根覺羅氏,係鑲藍旗馬魯佐領下陳滿洲。始祖阿起,清初北京鑲藍旗人。始遷祖束陳、束來,阿起孫,清康熙二十六年(1687)移居復州(今瓦房店市)西南。譜載序、祭祀、世系。1988年遼寧民族出版社《滿族家譜選編》內載有本譜節錄。

遼寧省瓦房店市趙家

[遼寧瓦房店]趙氏譜書不分卷　趙玉臣等纂修　據民國三十年(1941)稿本複印　一冊

參見前條。

吉林師範大學滿族文化研究所

[遼寧瓦房店]鑲藍旗滿洲馬魯佐領下趙氏宗譜不分卷　趙昌智纂修　民國三十年(1941)排印本　一冊　書名據封面題

先祖同上。載序、範字、祭祀儀制、世系等。

遼寧省本溪滿族自治縣張德玉　遼寧省瓦房店市趙氏族人

[遼寧瓦房店]鑲藍旗滿洲馬魯佐領下趙氏宗譜不分卷　趙昌智纂修　據民國三十年(1941)排印

本複印　一册　書名據封面題

　　參見前條。

　　吉林師範大學滿族文化研究所

[遼寧瓦房店]鑲藍旗馬魯佐領下陳滿洲趙氏家譜不分卷　趙玉臣、趙得潤纂修　民國三十年(1941)排印本　一册　書名據封面題

　　先祖同上。清道光三年(1823)，其族人有半數奉命移居吉林雙城堡，子孫遂世居兩地。載序、祭祀事項、世系。

　　遼寧省瓦房店市趙氏族人

[遼寧瓦房店]鑲藍旗馬魯佐領下陳滿洲趙氏家譜不分卷　趙玉臣、趙得潤纂修　據民國三十年(1941)排印本複印　一册　書名據封面題

　　參見前條。

　　吉林師範大學滿族文化研究所

[遼寧瓦房店]正白旗滿洲沙哈達哈拉羅氏宗譜不分卷　羅福德纂修　民國二十一年(1932)稿本　一册　書名據封面題

　　始遷祖催牤牛，原居長白山，太祖時投歸，"隨龍入關"，入京後居玉石胡同，賜姓羅，隸正白旗滿洲。清順治時歸隱遼寧大連瓦房店市羅家溝，後世遂世居於此。譜載序、附記、家史紀略、範字及世系。

　　遼寧省瓦房店市羅氏族人

[遼寧瓦房店]正白旗滿洲沙哈達哈拉羅氏宗譜不分卷　羅福德纂修　1992年稿本　一册　書名據書名頁題

　　先祖同上。此爲續修譜。載重修家譜序、附記、家史紀略、世系。

　　遼寧省瓦房店市羅氏族人

[遼寧瓦房店]正白旗滿洲沙哈達哈拉羅氏宗譜不分卷　羅福德纂修　據1992年稿本複印　一册　書名據書名頁題

　　參見前條。

　　吉林師範大學滿族文化研究所

[遼寧瓦房店]鍾氏譜書不分卷　纂修者不詳　2003年排印本　一册　書名據封面題

　　始祖九雲，原居山東登州府寧海州青山鄉古來社鍾家堡，清康熙初年遷遼寧海城，後一支落腳於復州八里莊，一支落腳於鍾家樓，遂世居二地。載序、族源、凡例、世系、範字、人物。

　　遼寧省瓦房店市李官鎮鍾文治

[遼寧莊河]瓜爾佳氏黿拜支譜不分卷　纂修者不詳　排印本　一册　書名據封面題

　　始祖黿拜，姓瓜爾佳氏，鑲黃旗滿洲。其祖索爾果任蘇完部長，清太祖時舉族來歸。其伯父費英東爲清初五大臣之一。黿拜自幼入伍，屢立戰功，受封公爵，後因事獲罪，其子孫遂遷遼寧莊河金家堡子，後世遂以金爲姓。載序、世系等。

　　遼寧省莊河市金福源

[遼寧莊河]金氏譜書不分卷　金耀庭纂修　1987年抄本　一册　書名據封面題

　　先祖同上。載序、世系等。

　　廣東省廣州市金玉防

[遼寧營口]鑲黃旗滿洲瓜爾佳氏宗譜不分卷　關奎升等纂修　清光緒三十三年(1907)抄本　一册　書名據扉頁題　滿漢雙文

　　始祖所拉坌，明代中後期人，祖居蘇完，努爾哈赤起兵後來歸，被編入鑲黃旗滿洲，"隨龍進京"，後於清康熙朝被撥回盛京將軍下之營口駐防，後世遂居至今。後裔漢姓爲關等。譜書前半部分爲滿漢雙文世系，後半部分爲漢文世系譜。

　　遼寧省營口市關氏

[遼寧營口]鑲黃旗陳滿洲瓜爾佳氏譜書不分卷　纂修者不詳　民國二十五年(1936)稿本　一册

　　是爲上書續修本。載所拉坌長子萤英東值日公墳與世系。譜前部分爲滿文，後部分爲漢文。

　　遼寧省瀋陽市關氏族人

　　本條目據《遼東滿族家譜選編》著録

[遼寧營口]鑲黃旗滿洲蘇完瓜爾佳氏宗譜(熊嶽城南馬屯支系)不分卷　纂修者不詳　稿本　一冊　書名據書名頁題

先祖同上。爲上譜之支譜。是族先祖於清康熙時被撥回盛京將軍下熊嶽城駐防,後世遂世居至今。載序、世系等。

遼寧省營口市熊嶽關運鵬

[遼寧營口]鑲黃旗滿洲蘇完瓜爾佳氏宗譜(熊嶽城南馬屯支系)不分卷　纂修者不詳　據稿本複印　一冊　書名據書名頁題

參見前條。

吉林師範大學滿族文化研究所

[遼寧營口]營口鑲黃旗瓜爾佳氏宗譜不分卷(清)關奎生纂修　清光緒三十三年(1907)抄本　一冊　滿漢雙文　書名自擬

始祖所拉坌,姓瓜爾佳氏,滿洲鑲黃旗。清康熙二十二年(1683),始遷祖大各自北京奉旨撥調熊嶽駐防,後世遂世居熊嶽等地。載序、世系等。

遼寧省瀋陽市關捷

[遼寧營口]營口鑲黃旗瓜爾佳氏宗譜不分卷(清)關奎生纂修　據清光緒三十三年(1907)抄本複印　一冊　滿漢雙文　書名自擬

參見前條。

吉林師範大學滿族文化研究所

[遼寧營口]完顏哈拉宗譜不分卷　纂修者不詳　清光緒三十四年(1908)抄本　一冊　書名據封面題

始祖付立丹,明末人,原居長白山,女真人崛起遼東後來歸,隸於鑲黃旗滿洲,"從龍入關",後住帽兒胡同,清康熙年間撥回盛京熊嶽城,遂世居熊嶽。載序言、世系。

遼寧省蓋州市關恒軍

[遼寧營口]完顏哈拉宗譜不分卷　纂修者不詳　據清光緒三十四年(1908)抄本複印　一冊　書名據封面題

參見前條。

吉林師範大學滿族文化研究所

[遼寧營口]完顏哈喇宗譜不分卷　纂修者不詳　稿本　一冊　書名據封面題

先祖同上。譜載簡序、範字及世系。

遼寧省營口市王鋼

[遼寧營口]完顏哈喇宗譜不分卷　纂修者不詳　據稿本複印　一冊　書名據封面題

參見前條。

吉林師範大學滿族文化研究所

[遼寧大石橋]滿洲佟佳氏世系宗譜不分卷　佟秀夫纂修　2009年排印本　一冊　書名據封面題

是族祖居長白山佟佳江,隸於鑲白旗滿洲。入關後,其先祖被派往雲南、山東等地爲官。清順治末年,族人有諱自建者遷回佟家窩堡,圈地開墾,世代業農,遂世居於大石橋。載序、範字、世系等。2010年遼寧民族出版社《滿族佟氏家譜總匯》內有本譜節錄。

遼寧省大石橋市官屯鎮佟秀夫

[遼寧蓋州]瓜爾佳氏花名冊不分卷關姓族宗譜書不分卷　纂修者不詳　清乾隆五十九年(1794)抄清雍正七年(1729)本　一冊　書名據封面題

始祖薩木哈,隸於盛京正紅旗,駐防蓋州及熊嶽。遂世爲蓋州、熊嶽關氏。載關氏各世各支人丁撥往各地駐防的花名冊、宗譜冊、範字、祭祀。

遼寧省蓋州市關恒軍

[遼寧蓋州]瓜爾佳氏花名冊不分卷關姓族宗譜書不分卷　纂修者不詳　據清乾隆五十九年(1794)抄清雍正七年(1729)本複印　一冊　書名據封面題

參見前條。

吉林師範大學滿族文化研究所

[遼寧蓋州]瓜爾佳氏宗譜書不分卷　纂修者不詳　1963年抄本　一册　書名據封面題

始祖依拉氣,姓瓜爾佳氏,原居長白山,隸於鑲黃旗滿洲,"隨龍入關",後遷至興京,又遷盛京,再遷興京,清康熙二十四年(1685)奉旨遷蓋州駐防,本支遂世居蓋州。載序、範字、世系等。

遼寧省蓋州市熊嶽城南西關屯關盛全

[遼寧蓋州]瓜爾佳氏宗譜書不分卷　纂修者不詳　據1963年抄本複印　一册　書名據封面題

參見前條。

吉林師範大學滿族文化研究所

[遼寧蓋州]瓜爾佳氏宗譜不分卷　纂修者不詳　稿本　一册　書名據封面題

始祖成會,姓瓜爾佳氏,原居蘇完,清開國元勳費英東四子托海之四子噶達混,自北京遷熊嶽駐防,本支後裔即世居熊嶽、蓋州等地。載世系等。

遼寧省蓋州市九寨鎮小馬屯關興喬

[遼寧蓋州]瓜爾佳氏宗譜不分卷　纂修者不詳　據稿本複印　一册　書名據封面題

參見前條。

吉林師範大學滿族文化研究所

[遼寧蓋州]瓜爾佟氏家譜書不分卷　纂修者不詳　稿本　一册　書名據封面題

始祖福哈詔,姓瓜爾佳氏,隸鑲黃旗滿洲。子二：木立薩、木立賓。木立薩駐防熊嶽城,是爲始遷祖。木立賓駐防鳳凰城。其後世遂分居兩地。載祭祀天地之式、序言及世系等。

遼寧省蓋州市關恒軍

[遼寧蓋州]瓜爾佟氏家譜書不分卷　纂修者不詳　據稿本複印　一册　書名據封面題

參見前條。

吉林師範大學滿族文化研究所

[遼寧蓋州]伊爾根覺羅氏宗譜不分卷　纂修者不詳　2007年排印本　一册　書名據封面題

始祖烏雲春,任頭等侍衛,清康熙二十六年(1687)由盛京撥至蓋州駐防,遂世代居於蓋州。載世系、範字等。其譜初修於民國初年。

吉林師範大學滿族文化研究所　遼寧省蓋州市關恒軍

[遼寧蓋縣]伊拉李哈拉譜書　合族纂修　1984年抄本

伊拉李氏原居東北長白山天池腳下四道溝銀河。始遷祖卡拉,清太祖時投隸於正藍旗滿洲,順治時調往京師,康熙時被調派至盛京古辰州(今遼寧蓋州)。子孫遂世居蓋州等地方。載序言、世系。是族本姓伊拉李氏,副姓何。

遼寧省蓋州市關恒軍

[遼寧蓋州]完顏哈喇宗譜不分卷　王寶成纂修　2002年排印本　一册　書名據封面題　又名熊嶽城前火山村鑲黃旗完顏哈喇宗譜

始遷祖付立丹,原居於長白山雙城,投歸清太祖後遷入今新賓,隸入鑲黃旗滿洲,"隨龍進京",後又撥回盛京熊嶽城駐防,其後世子孫遂居於火山村。漢姓王。載序、世系等。

吉林師範大學滿族文化研究所　遼寧省蓋州市熊嶽城王寶成

[遼寧蓋州]郎氏宗譜不分卷　纂修者不詳　民國初年稿本　一册　書名據封面題　三修本

始祖索和吉巴顏,明代晚期人,原居都英額。始遷祖額亦都,清初遷於嘉木瑚,後與其表兄噶哈善同歸清太祖努爾哈赤,爲後金五大臣之一,隸於鑲黃旗滿洲。載序言、世系。吳申初修譜於清康熙二十九年(1690)。

遼寧省蓋州市郎斌泰

[遼寧蓋州]郎氏宗譜不分卷　纂修者不詳　據民國初年稿本複印　一册　書名據封面題　三修本

參見前條。

吉林師範大學滿族文化研究所

[遼寧蓋州]郎氏宗譜不分卷　郎斌太、郎秀廷纂修　1985 年修本

先祖同上。所載世系凡十九代。

遼寧省蓋州市郎氏族人

本條目據《滿族宗譜研究》著錄

[遼寧蓋州]馬氏家譜不分卷　馬德吉纂修 2002 年排印本　一冊　書名據封面題

始祖君福,原居山東聊城,明崇禎年間遷至遼東半島,棲於復州灣與普蘭店間之鳳鳴島,後再遷蓋州市九寨鄉大馬屯,遂家焉。載序、遷徙考、世系等。

吉林師範大學滿族文化研究所　遼寧省蓋州市馬德吉

[遼寧蓋州]熊嶽滿族赫舍里氏女性家譜　王火纂修　1999 年排印本　一冊　書名據封面題

始遷祖何於氏,滿族人。

遼寧省圖書館

[遼寧蓋州]劉氏宗譜不分卷　劉名憲纂修 2008 年排印本　一冊　書名據封面題

始遷祖一忠,祖居山東登州府棲霞縣山後莊,明隆慶五年(1571)遷至遼東蓋州西十里海山寨莊落戶,遂家焉。載序、功德、榮譽、英才、遷徙、世系、族規、範字等。

遼寧省海城市劉名憲

[遼寧蓋州]熊嶽城南正黃旗韓氏宗譜不分卷 纂修者不詳　民國二十一年(1932)稿本　一冊 書名據封面題

始祖花段代。世居於蓋州、熊嶽等地。載世系等。記各宗支世派至十代。於族人生卒、妻、子、職務皆記載詳細。

遼寧省蓋州市關恒軍

[遼寧蓋州]熊嶽城南正黃旗韓氏宗譜不分卷 纂修者不詳　據民國二十一年(1932)稿本複印 一冊　書名據封面題

參見前條。

吉林師範大學滿族文化研究所

[遼寧蓋州]關姓族宗譜書不分卷　纂修者不詳 抄本　一冊　書名據封面題

始遷祖内厄號,明末人,清雍正七年(1729)撥往熊嶽城,隸於正紅旗滿洲,後代遂世居熊嶽。載序、世系。任官職者均有小傳。本譜纂修於清光緒間。1988 年遼寧民族出版社《滿族家譜選編》有本譜節錄。

遼寧省蓋州市關恒軍

[遼寧蓋州]關姓族宗譜書不分卷　纂修者不詳 據抄本複印　一冊　書名據封面題

參見前條。

吉林師範大學滿族文化研究所

[遼寧蓋州]關氏宗譜不分卷　纂修者不詳　清宣統元年(1909)抄本　一冊　書名據封面題

始祖珠察,蘇完瓜爾佳氏,原居蘇完。七世索爾果任蘇完部長舉族投歸清太祖,其子費英東係後金政權五大臣之一,其四世孫瓦爾達於康熙二十六年(1687)自順天移奉天熊岳城駐防,後世遂世代居於蓋州等地。譜載序、費英東墓碑文、人物傳記及世系。

遼寧省蓋州市關恒軍

[遼寧蓋州]關氏宗譜不分卷　纂修者不詳　據清宣統元年(1909)抄本複印　一冊　書名據封面題

參見前條。

吉林師範大學滿族文化研究所

[遼寧蓋州]關氏宗譜駐防熊嶽城關氏支譜不分卷　關福海等纂修　民國十三年(1924)稿本　一冊　書名據書名頁題　封面題關氏宗譜

始遷祖福哈詔,亦即始遷鳳城之祖,清初人,隸於正黃旗滿洲,入京後於清初撥回盛京駐防熊嶽城。載序、範字、世系、祭祀規則。

遼寧省蓋州市關恒軍

[遼寧蓋州]關氏宗譜駐防熊嶽城關氏支譜不分卷　關福海等纂修　據民國十三年(1924)稿本複印　一冊　書名據書名頁題　封面題關氏宗譜
　　參見前條。
　　吉林師範大學滿族文化研究所

[遼寧盤錦]盤錦黃氏族譜不分卷　黃紹明纂修　2005年排印本　一冊　書名據封面題
　　始遷祖黃公,原居山東,清康熙間闖關東落居盤錦,遂家焉。載前言、譜序、先世考、族規、世系等。
　　遼寧省盤錦市黃紹明

[遼寧淩海]翟氏家譜不分卷　翟鳳桐纂修　2006年排印本　一冊　書名據封面題
　　始遷祖發恒、發有,清乾隆間自河北樂亭縣牛樣子莊遷至淩海市劉二屯落戶,發有支裔後遷至李家店,翟氏後裔世居於淩海市等地。載翟氏族源考證、翟姓考證、族規家法、範字、世系等。
　　遼寧省淩海市翟鳳桐

[遼寧北鎮]滿洲巴雅喇氏宗族統系譜不分卷　纂修者不詳　抄本　一冊　書名據封面題
　　始祖夸哈達,薩克達氏,祖居長白山,隨清太祖進軍遼瀋,又“從龍入京”,康熙年間奉調北鎮駐防,遂世居北鎮。載序言、範字、世系。
　　遼寧省北鎮滿族自治縣溝幫子巴恩光

[遼寧北鎮]滿洲巴雅喇氏宗族統系譜不分卷　纂修者不詳　據抄本複印　一冊　書名據封面題
　　參見前條。
　　吉林師範大學滿族文化研究所

[遼寧北鎮]李氏族譜　李恩溥纂修　民國九年(1920)稿本　一冊　書名據封面題
　　李氏原係山東德州人,清雍正十年(1732)撥民前往山海關寧遠州,隸漢軍鑲白旗。四世祖任小黑山驍騎校,後遷廣寧(今北鎮),是爲始遷祖。載譜序、譜例、世系、誥命四篇、墓誌、傳記、移居人名、地名等。
　　遼寧省北鎮滿族自治縣李姓族人

[遼寧北鎮]李氏族譜　李恩溥纂修　據民國九年(1920)稿本複印　一冊　書名據封面題
　　參見前條。
　　吉林師範大學滿族文化研究所

[遼寧北鎮]李氏譜書不分卷　李軼臣纂修　1984年抄本　一冊　書名據封面題
　　始祖尚福,姓瓜爾佳氏,世居長白山安圖瓜爾佳城,隸入正黃旗滿洲。三世祖天印,遷盛京錦州府廣寧縣,是爲始遷祖。四世李茂之女選入宮中爲秀女,成爲皇族綿榜福晉,皇封“美女莊頭之戶”。載序、世系、宗室奕書家書、範字、譜例、誥命書等。
　　遼寧省北鎮滿族自治縣鮑家鄉李氏族人

[遼寧北鎮]佟氏系譜不分卷　劉桂琴纂修　2007年排印本　一冊　書名據封面題
　　始祖常福,清雍正初年任兵部左侍郎。其後世定居於遼寧省北鎮縣正安鄉,隸於正紅旗滿洲。載序、世系。2010年遼寧民族出版社《滿族佟氏家譜總匯》內有本譜節錄。
　　遼寧省北鎮滿族自治縣正安鄉四方臺村劉桂琴

[遼寧北鎮]宋氏家乘　纂修者不詳　民國二十二年(1933)抄本　一冊　書名據封面題
　　始遷祖國柱,原居山東德州,清順治八年(1651)遷廣寧縣(今北鎮)東門外。四世祖蕭乾隆初充任內務府領催,八世永照曾任內務府管主。載序、世系、人物生卒年,於職務記載詳細。
　　遼寧省北鎮滿族自治縣宋姓族人
　　本條目據《滿族宗譜研究》著錄

[遼寧北鎮]林氏宗譜十卷　纂修者不詳　清刻本　五冊　書名據封面題
　　是族始遷祖爲清康熙間總兵本直父,原居關東,皇太極時入漢軍旗,順治時出旗爲民。本直曾任副將,擢爲太原總兵,後因不白之冤退而爲民。載譜序、周武王銘文、孔子手書、唐宋御賜詩文、唐太宗皇帝追贈詔、岳飛題字、宋仁宗御書題譜、譜額、朱熹手書、范純仁手書、奏章、諭旨、敕書、墓記、寺記、碑文、祠堂記、文人筆記、族人小傳、遺像、墓

圖等。

遼寧省北鎮滿族自治縣林姓族人

本條目據《滿族宗譜研究》著錄

[遼寧北鎮]陀闊洛氏世代系册不分卷　陶鳳瑞
纂修　民國十一年(1922)抄本　一册　書名據
封面題

始祖洪阿里,姓陀闊洛,世居長白山。二世祖於
康熙十三年(1674)來歸,隸入正白旗新滿洲。始
遷祖古爾胡那駐防廣寧,遂世居焉。漢姓爲陶。
載序、世系。

遼寧省北鎮滿族自治縣陶氏族人

[遼寧北鎮]胡氏祖先古今家譜不分卷　(清)胡
廣柱等纂修　清咸豐五年(1855)稿本　一册
書名據封面題

始遷祖鶯,原居山東濟南府武川縣,清順治
八年(1651)由北京撥往盛京漢軍正黃旗,在廣
寧城(今北鎮)守尉門下當差,遂家焉。載序、
世系等。

遼寧省北鎮滿族自治縣羅羅堡鄉胡氏族人

[遼寧北鎮]胡氏祖先古今家譜不分卷　(清)胡
廣柱等纂修　1962年胡慶善據清咸豐五年
(1855)稿本抄　一册

參見前條。

遼寧省北鎮滿族自治縣胡姓家族人

本條目據《滿族宗譜研究》著錄

[遼寧北鎮]陳氏族譜録　陳錦波纂修　民國二
十年(1931)稿本　一册　二修本

一世祖安邊,原籍山東董縣,任登州鎮千總,隨
參將孔有德歸清,入正黃旗漢軍,定居海城,清康
熙八年(1669)以協領歸旗當差。二世祖受地,遷
廣寧縣(今北鎮),是爲始遷祖。本譜是在民國三
年(1914)陳榮璧修本上續修而成。載譜序、敍事
詩、世系、柳邊記事(殘)。

遼寧省北鎮滿族自治縣陳姓族人

本條目據《滿族宗譜研究》著錄

[遼寧北鎮]張氏長房次房未定粗譜不分卷　纂
修者不詳　清道光間抄本　四册　書名據書衣題
記事至清道光二年(1822)

本譜所録爲明廣寧巡撫中軍守備張士彥之子朝
璘(長房)、朝瑞(次房)、朝珍(五房)三支後裔。
漢軍正藍旗人。奉明初留注爲始遷祖。

中國人民大學圖書館

[遼寧北鎮]張氏家譜不分卷　纂修者不詳　清
咸豐間抄本　八册　書名據版心題　六修本

先祖同上。

遼寧省圖書館

[遼寧北鎮]張氏家譜不分卷　(清)張任在纂修
清光緒間稿本　一册　書名據卷端題　書衣題張
氏三房家譜

先祖同上。

復旦大學圖書館

[遼寧北鎮]張氏家譜不分卷　(清)張承恩纂修
清同治四年(1865)抄本　三册　書名據卷端題
書簽分别題三韓張氏長次三房總譜世系全圖、三
韓張氏次房世系全譜(茄蔭堂)、三韓張氏三房世
系全譜(椿蔭堂)

先祖同上。譜中附有錦州、鐵嶺同族之圖。

遼寧省大連市圖書館

[遼寧北鎮]趙氏家譜　纂修者不詳　民國間石
印本

始祖爲努爾哈赤第十三子賴穆布,愛新覺羅氏,
封輔國公。其子來祜襲封奉恩將軍。據傳,來祜
被奪爵十年後遷居關外,落户廣寧(今北鎮)李家
窩堡屯,窩堡屯因之改名爲賴公堡。是族民國間
改爲漢姓肇(趙)、金等。譜載序言、人物傳、範
字、世系。

遼寧省北鎮滿族自治縣趙姓族人

[遼寧北鎮]劉氏宗譜不分卷　劉思鑒纂修　民
國三十年(1941)抄本　一册　書名據封面題

始祖俊,山東登州府棲霞縣山後莊人,明末遷遼

東蓋州,家於海山寨,隸於正黃旗漢軍。後裔再遷北鎮。載序、族系述略、範字、世系。是譜初修於清嘉慶八年(1803)。

遼寧省北鎮滿族自治縣大屯鄉劉氏族人

[遼寧北鎮]劉氏宗譜不分卷 劉思鑒纂修 據民國三十年(1941)抄本複印 一冊 書名據封面題

參見前條。

吉林師範大學滿族文化研究所

[遼寧北鎮]劉氏家譜不分卷 劉學古等纂修 民國三十年(1941)排印本 一冊 書名據封面題 三修本

始祖忠,原籍山東登州府棲霞縣山後莊,明隆慶五年(1571)遷遼寧蓋州。清初被編入正黃旗漢軍,在鑲紅旗當差。清康熙四十年(1701)遷居海城縣,一支遷北鎮,即是族。載歷次修譜序、例言、宗祠述略、族系述略、宗族公約、後記、世系。其譜於清嘉慶八年(1803)初修,咸豐七年(1857)續修,是爲三修本。

遼寧省北鎮滿族自治縣劉氏族人

[遼寧黑山]續修江家宗譜 江樹森纂修 2000年稿本 一冊

本族祖籍河北獻縣,清順治元年(1644)撥入鑲紅旗漢軍,移居關東錦州城西江家屯,康熙初年轉遷北鎮縣城北江家溝,雍正四年(1726)再轉遷黑山縣城北江家臺。本支奉寬(行二)爲始遷江家臺祖。譜載序、世系表。

遼寧省黑山縣糧食局江樹森

[遼寧黑山]續修江家宗譜 江樹森纂修 據2000年稿本複印 一冊

參見前條。

上海圖書館

[遼寧義縣]瑯琊王氏族譜不分卷 王恒德纂修 民國三十年(1941)石印本 一冊 書名據封面題

始祖王公,原籍山東青州府諸城縣,另一宗支居登州府蓬萊縣,清順治年間浮海至閭山淩水之陽落居,

康熙年間義州設城守尉,王氏投旗編爲正黃旗漢軍,後世遂世居此地。載序言二篇、世系源流考、世系。

遼寧省義縣王氏族人

[遼寧義縣]瑯琊王氏族譜不分卷 王恒德纂修 據民國三十年(1941)石印本複印 一冊 書名據封面題

參見前條。

吉林師範大學滿族文化研究所

[遼寧義縣]遼東千山腳下吳氏宗譜不分卷 纂修者不詳 1991年排印本 一冊 書名據封面題

始遷祖忠孔,原居山東青州府壽光縣洱河側畔吳家營子,清順治八年(1651)徙居遼東,卜居義縣。載序、遷徙源流、祠碑碑文、各宗支世系、範字等。

遼寧省鞍山市吳寶琪

[遼寧義縣]吳氏宗譜不分卷 吳慶齡等纂修 民國十七年(1928)抄本 一冊 書名據封面題 二修本

始祖德水、德行、德傳三兄弟,於清崇德年間自河北省灤縣來關外"投效大清",編入正紅旗滿洲包衣當差,崇德四年(1639)隨崇貴公主下嫁至義州,其後世遂爲包衣世居於此。譜載序言、範字、譜圖。譜於民國四年(1915)初修。

遼寧省義縣吳氏族人

[遼寧義縣]吳氏宗譜不分卷 吳慶齡等纂修 據民國十七年(1928)抄本複印 一冊 書名據封面題 二修本

參見前條。

吉林師範大學滿族文化研究所

[遼寧義縣]張紹家譜不分卷 張殿元纂修 2009年排印本 一冊 書名據封面題

始遷祖紹,祖居河南省濮陽地區,後遷山西,再遷山東登州府小雲南,清順治八年(1651)遷至遼寧省義縣頭檯子村,遂世居至今。載遷徙、世系、

族規、人物等。

遼寧省義縣頭檯子村張殿元

[遼寧葫蘆島]佟氏宗譜　佟誠永纂修　2008 年排印本　一册　書名據封面題

始祖達禮，即達爾漢圖墨圖，巴虎特克慎第五子。清順治間，國字輩族人遷錦西（今葫蘆島）。居於葫蘆島佟氏主要分瑛祖和璘祖兩大支系。譜載世系等。2010 年遼寧民族出版社《滿族佟氏家譜總匯》内有本譜節録。

遼寧省葫蘆島市佟誠永

[遼寧]鑲藍旗滿洲章佳氏家譜不分卷　纂修者不詳　清抄本　四册　書名據書名頁題

受姓祖爲清代人馬康阿。

中國科學院圖書館

[遼寧]章佳氏族譜二卷　車文魁、車世榮纂修　民國十六年（1927）石印本

内容不詳。

遼寧省本溪滿族自治縣草河口鎮雲盤村

[遼寧]都英額地方赫舍里氏一等公索尼家族世系表補録　馮其利、楊海山著　1998 年排印本　一册

譜載世系表、圖等。

國家圖書館

[遼寧]佛滿洲瓜爾佳氏宗譜不分卷　纂修者不詳　稿本　一幅　書名據書眉題

世祖素爾達，姓瓜爾佳氏。原居長白山蘇完地方，其父珠察兄弟三人，一入錫伯，爲錫伯瓜爾佳氏。素爾果舉族投清太祖，編爲鑲黄旗滿洲，“隨龍從征”，卓立戰功。其後巨卿名公輩出，成爲滿族大姓。譜載世系。

廣東省深圳市關錫瑛

[遼寧]正白旗常桂管領下四等莊頭王兆吉家譜不分卷　纂修者不詳　清光緒二十九年（1903）稿本　書名據卷端題

始遷祖洪明、洪祝、洪元、洪安、洪保，皆清代人。

遼寧省檔案館

[遼寧]正白旗常桂管領下頭等莊頭王兆吉家譜不分卷　纂修者不詳　清光緒二十九年（1903）稿本　書名據卷端題

先祖同上。

遼寧省檔案館

[遼寧]正白旗常桂管領下四等莊頭王兆吉家譜不分卷　纂修者不詳　清光緒三十二年（1906）稿本　書名據卷端題

先祖同上。

遼寧省檔案館

[遼寧]正白旗吉海管領下頭等莊頭王恩俊家譜不分卷　纂修者不詳　清光緒二十九年（1903）稿本　書名據卷端題

始遷祖朝佐、朝相、朝禄，皆清代人。

遼寧省檔案館

[遼寧]正白旗吉海管領下四等莊頭王恩俊家譜不分卷　纂修者不詳　清光緒三十二年（1906）稿本　書名據卷端題

先祖同上。

遼寧省檔案館

[遼寧]正白旗吉海管領下頭等莊頭王恩俊家譜不分卷　纂修者不詳　清末稿本　書名據卷端題

先祖同上。

遼寧省檔案館

[遼寧]廂黄旗禄增管下四等莊頭王萬年家譜不分卷　纂修者不詳　清光緒二十九年（1903）稿本　書名據卷端題

始遷祖得明，清代人。

遼寧省檔案館

[遼寧]廂黄旗禄增管下四等莊頭王萬年家譜不分卷　纂修者不詳　清光緒三十二年（1906）稿本

書名據卷端題
　先祖同上。
　遼寧省檔案館

[遼寧]鑲黃旗積廣管領下四等莊頭王正典家譜
不分卷　纂修者不詳　清光緒二十九年(1903)
稿本　書名據卷端題
　始遷祖國仲,清代人。
　遼寧省檔案館

[遼寧]廂黃旗積廣管領下四等莊頭王正典家譜
不分卷　纂修者不詳　清光緒三十二年(1906)
稿本　書名據卷端題
　先祖同上。
　遼寧省檔案館

[遼寧]廂黃旗積廣管領下四等莊頭王正典家譜
不分卷　纂修者不詳　清末稿本　書名據卷端題
　先祖同上。
　遼寧省檔案館

[遼寧]廂黃旗積廣管領下四等莊頭王福仕家譜
不分卷　纂修者不詳　清光緒二十九年(1903)
稿本　書名據卷端題
　先祖同上。
　遼寧省檔案館

[遼寧]廂黃旗積廣管領下四等莊頭王福仕家譜
不分卷　纂修者不詳　清光緒三十二年(1906)
稿本　書名據卷端題
　先祖同上。
　遼寧省檔案館

[遼寧]廂黃旗積廣管領下四等莊頭王福仕家譜
不分卷　纂修者不詳　清末稿本　書名據卷端題
　先祖同上。
　遼寧省檔案館

[遼寧]鑲黃旗豐年管領下四等莊頭牛永喜家譜
纂修者不詳　清光緒二十二年(1896)稿本　一

幅　書名據卷端題
　始遷祖禄登,清代人。雲舉,清代人。
　遼寧省檔案館

[遼寧]鑲黃旗豐年管領下四等莊頭牛永喜家譜
纂修者不詳　清光緒二十九年(1903)稿本　二幅
書名據卷端題
　先祖同上。
　遼寧省檔案館

[遼寧]鑲黃旗豐年管領下四等莊頭牛永喜家譜
纂修者不詳　清光緒三十二年(1906)年稿本　一
幅　書名據卷端題
　先祖同上。
　遼寧省檔案館

[遼寧]鑲黃旗豐年管領下四等莊頭牛永喜家譜
纂修者不詳　清末稿本　二幅　書名據卷端題名
　先祖同上。
　遼寧省檔案館

[遼寧]正黃旗常桂管領下四等莊頭方樹仁家譜
纂修者不詳　清光緒二十九年(1903)稿本　二幅
書名據卷端題
　始遷祖文陞,清代人。
　遼寧省檔案館

[遼寧]正黃旗常桂管領下四等莊頭方樹仁家譜
纂修者不詳　清光緒三十二年(1906)稿本　二幅
書名據卷端題
　先祖同上。
　遼寧省檔案館

[遼寧]正黃旗常桂管領下三等莊頭方殿卿家譜
纂修者不詳　清末稿本　二幅　書名據卷端題名
　先祖同上。
　遼寧省檔案館

[遼寧]廂黃旗積廣管領下頭等莊頭申天恩家譜
纂修者不詳　清光緒二十九年(1903)稿本　二幅

書名據卷端題

　始遷祖密遂,清代人。

　遼寧省檔案館

[遼寧]鑲黃旗積廣管領下頭等莊頭申天恩家譜

纂修者不詳　清光緒三十二年(1906)稿本　二幅　書名據卷端題

　先祖同上。

　遼寧省檔案館

[遼寧]鑲黃旗積廣管領下頭等莊頭申紹啓家譜

纂修者不詳　清末稿本　二幅　書名據卷端題
版本年代應在清光緒二十九年(1903)之後

　先祖同上。

　遼寧省檔案館

[遼寧]正白旗世裕管領下四等莊頭田雨公家譜

纂修者不詳　清光緒二十九年(1903)稿本　二幅　書名據卷端題

　始遷祖士英,清代人。

　遼寧省檔案館

[遼寧]正白旗世裕管領下四等莊頭田雨公家譜

纂修者不詳　清光緒三十二年(1906)稿本　二幅　書名據卷端題

　先祖同上。

　遼寧省檔案館

[遼寧]正白旗世裕管領下四等莊頭田雨公家譜

纂修者不詳　清末稿本　二幅　書名據卷端題
版本年代應在清光緒三十二年(1906)之後

　先祖同上。

　遼寧省檔案館

[遼寧]瓜爾佳氏家傳　(清)榮祿纂修　2003
年北京圖書館出版社據清同治間刻本影印
合冊

　是譜載該聖諭六條、御賜祭文、御賜碑文、列傳、
別傳等。

　本譜載於《北京圖書館藏家譜叢刊·民族卷》

第三十五册

[遼寧]八旗滿洲氏族瓜爾佳氏嘉滿支譜不分卷

纂修者不詳　清抄本　一册　書名自擬

　始遷祖嘉滿,清代人。

　遼寧省檔案館

[遼寧]正黃旗福海管領下四等莊頭朴連銀家譜

纂修者不詳　清光緒二十九年(1903)稿本　二幅
書名據卷端題

　始遷祖殿元,清代人。

　遼寧省檔案館

[遼寧]正黃旗福海管領下四等莊頭朴連銀家譜

纂修者不詳　清光緒三十二年(1906)稿本　二幅
書名據卷端題

　先祖同上。

　遼寧省檔案館

[遼寧]正黃旗福海管領下四等莊頭朴連銀家譜

纂修者不詳　清末稿本　書名據卷端題

　先祖同上。

　遼寧省檔案館

[遼寧]鑲黃旗吉興管領下四等莊頭全詳業家譜

纂修者不詳　清光緒二十九年(1903)稿本　二幅
書名據卷端題

　始遷祖仲儒,清代人。

　遼寧省檔案館

[遼寧]鑲黃旗吉興管領下四等莊頭全詳業家譜

纂修者不詳　清光緒三十二年(1906)稿本　二幅
書名據卷端題

　先祖同上。

　遼寧省檔案館

[遼寧]鑲黃旗吉興管領下四等莊頭全詳業家譜

纂修者不詳　清末稿本　二幅　書名據卷端題

　先祖同上。

　遼寧省檔案館

[遼寧]正白旗那齡阿管領下乾河子頭等莊頭祁恒福家譜　纂修者不詳　清道光二十三年(1843)稿本　一幅　書名據卷端題
始遷祖岱功,清代人。
遼寧省檔案館

[遼寧]正白旗善禄管領下頭等莊頭祁玉璽家譜　纂修者不詳　清光緒二十九年(1903)稿本　二幅　書名據卷端題
先祖同上。
遼寧省檔案館

[遼寧]正白旗善禄管領下頭等莊頭祁玉璽家譜　纂修者不詳　清光緒三十二年(1906)稿本　二幅　書名據卷端題
先祖同上。
遼寧省檔案館

[遼寧]正白旗善禄管領下頭等莊頭祁文錦家譜　纂修者不詳　清末稿本　二幅　書名據卷端題
先祖同上。
遼寧省檔案館

[遼寧]廂黃旗積廣管領下四等莊頭祁永福家譜　纂修者不詳　清光緒二十九年(1903)稿本　二幅　書名據卷端題
始遷祖進孝,清代人。
遼寧省檔案館

[遼寧]廂黃旗積廣管領下四等莊頭祁永福家譜　纂修者不詳　清光緒三十二年(1906)稿本　二幅　書名據卷端題
先祖同上。
遼寧省檔案館

[遼寧]廂黃旗積廣管領下四等莊頭祁永福家譜　纂修者不詳　清末稿本　二幅　書名據卷端題
先祖同上。
遼寧省檔案館

[遼寧]鑲黃旗積廣管領下頭等莊頭李作常家譜　纂修者不詳　清光緒二十九年(1903)稿本　二幅　書名據卷端題
始遷祖有庫,清代人。
遼寧省檔案館

[遼寧]鑲黃旗積廣管領下頭等莊頭李作常家譜　纂修者不詳　清光緒三十二年(1906)稿本　二幅　書名據卷端題
先祖同上。
遼寧省檔案館

[遼寧]鑲黃旗積廣管領下頭等莊頭李作常家譜　纂修者不詳　清末稿本　二幅　書名據卷端題。
先祖同上。
遼寧省檔案館

[遼寧]正白旗義秀管領下四等莊頭李海山家譜　纂修者不詳　清光緒二十九年(1903)稿本　二幅　書名據卷端題
始遷祖彥得、彥會,清代人。
遼寧省檔案館

[遼寧]正白旗義秀管領下四等莊頭李海山家譜　纂修者不詳　清光緒三十二年(1906)稿本　二幅　書名據卷端題
先祖同上。
遼寧省檔案館

[遼寧]正白旗義秀管領下四等莊頭李海山家譜　纂修者不詳　清末稿本　書名據卷端題
先祖同上。
遼寧省檔案館

[遼寧]李氏世系譜不分卷　李國洪纂修　1999年稿本　一册　書名據封面題
始祖圖門,明代東海女真人。五世孫投歸清太祖,隸入正藍旗滿洲,任佐領。後世皆有任官職者,傳至今已二十一世。載世系等。

遼寧省瀋陽市李國洪

[遼寧]李氏族譜不分卷　李宣春纂修　2004年排印本　一册　書名據封面題

始遷祖守功、守義兄弟，原居山東青州府掖縣萊州珍珠鎮大李家集，清順治八年（1651）遷徙遼寧海城和蓋州，子孫遂世居二地。載序、世系等。

遼寧省海城市李宣春

[遼寧]那氏宗譜不分卷　纂修者不詳　清抄本一册　書名據封面題

始祖納齊布，明初人，原居長白山，居於納喇河濱，遂以納喇爲姓，後移居扈爾奇山以東啓爾薩河，再遷於烏拉河，建烏拉國（部），自爲國主。烏拉國傳至九世失國，其後裔融入滿洲。載序言、先祖世系、扈倫四部的姻親關係、清太祖吞滅扈倫、誥命書、墓碑碑文及世系。1994年中國社會科學出版社《滿族家譜選》内有本譜節錄。

遼寧省清原縣大孤家鎮那恩波

[遼寧]那氏宗譜不分卷　纂修者不詳　據清抄本複印　一册　書名據封面題

參見前條。

吉林師範大學滿族文化研究所

[遼寧]正白旗防禦那增阿家譜不分卷　纂修者不詳　稿本　一册　書名據封面題

始祖都爾喜，明代扈任四部烏拉部主。本譜爲那齊布禄第四世孫之七世孫阿英古魯支下之宗譜。載世系等。

吉林省長春市趙東升

[遼寧]交羅哈拉不分卷　纂修者不詳　民國五年（1916）抄本　一册　書名據封面題

始遷祖扈拉瑚，原居遼東雅爾古寨，清太祖起兵後，舉族投歸，隸於正白旗滿洲。譜記自始祖巴虎特克慎及其六子的後裔支系（一子絶嗣外）。清初以後的世系僅載扈爾漢本支。

吉林省長春市佟明綱

[遼寧]交羅哈拉不分卷　纂修者不詳　據民國五年（1916）抄本複印　一册　書名據封面題

參見前條。

吉林師範大學滿族文化研究所

[遼寧]廂黃旗豐年管領下四等莊頭何鳳九家譜　纂修者不詳　清光緒二十九年（1903）稿本　三幅　書名據卷端題

始遷祖天明、天榮、天昌，清代人。

遼寧省檔案館

[遼寧]廂黃旗豐年管領下四等莊頭何鳳九家譜　纂修者不詳　清光緒三十二年（1906）稿本　二幅　書名據卷端題

先祖同上。

遼寧省檔案館

[遼寧]廂黃旗豐年管領下四等莊頭何鳳九家譜　纂修者不詳　清末稿本　二幅　書名據卷端題

先祖同上。

遼寧省檔案館

[遼寧]廂黃旗豐年管領下頭等莊頭汪寶貴家譜　纂修者不詳　清光緒二十九年（1903）稿本　二幅　書名據卷端題

始遷祖守富、守貴、守榮、守華、守庫，皆清代人。

遼寧省檔案館

[遼寧]廂黃旗豐年管領下頭等莊頭汪寶貴家譜　纂修者不詳　清光緒三十二年（1906）稿本　二幅　書名據卷端題

始遷祖同上。

遼寧省檔案館

[遼寧]廂黃旗豐年管領下頭等莊頭汪寶貴家譜　纂修者不詳　清末稿本　二幅　書名據卷端題　世系記至清光緒三十二年（1906）譜之後

始遷祖同上。

遼寧省檔案館

[遼寧]廂黃旗豐年管領下頭等莊頭宋德林家譜
纂修者不詳　清光緒二十九年(1903)稿本　一册　書名據卷端題
　　始遷祖文得,清代人。
　　遼寧省檔案館

[遼寧]廂黃旗豐年管領下頭等莊頭宋德林家譜
纂修者不詳　清光緒三十二年(1906)稿本　一册　書名據卷端題
　　先祖同上。
　　遼寧省檔案館

[遼寧]廂黃旗豐年管領下頭等莊頭宋德林家譜
纂修者不詳　清末稿本　一册　書名據卷端題
　　先祖同上。
　　遼寧省檔案館

[遼寧]阿什達爾漢家譜　(清)那顔台等纂修
清乾隆五年(1740)抄,嘉慶十八年(1813)補譯漢文本　一摺　滿漢雙文　初修本
　　阿什達爾漢,姓那拉氏,葉赫貝勒金台什之同宗兄弟,滿洲正白旗人。曾從太祖、太宗伐明及朝鮮,授世管佐領、三等輕車都尉世職,卒於清崇德六年(1641)。顔台、奇台、哈台三兄弟係阿什達爾漢玄孫。載前序後表。表列八代三十七人。
　　國家圖書館

[遼寧]阿什達爾汗家譜　(清)富珠隆阿纂修
清乾隆五年(1740)抄本　一册　滿漢雙文
　　是爲葉赫那拉氏宗譜。譜序爲滿文,後人於嘉慶十八年(1813)旁注漢文。世系滿文,記至十七世,凡二十三人。
　　國家圖書館

[遼寧]薩克達英氏譜系不分卷　纂修者不詳　稿本　一幅　書名自擬
　　一世祖夸哈達,明末人,姓薩克達氏。譜載一世至十二世世系,其中九世以上多爲滿語人名,十世、十一世、十二世皆漢語人名。

遼寧省新賓滿族自治縣新賓鎮英國珍

[遼寧]薩克達英氏譜系不分卷　纂修者不詳　據稿本複印　一幅　書名自擬
　　參見前條。
　　吉林師範大學滿族文化研究所

[遼寧]佛滿洲瓜爾佳氏宗譜不分卷　纂修者不詳　稿本　一幅　書名據書眉題
　　始祖素爾果,姓瓜爾佳氏,原居長白山蘇完,清初隸清太祖,編爲鑲黃旗滿洲。載世系等。
　　廣東省深圳市關錫瑛

[遼寧]正黃旗三保管領下四等莊頭周岐山家譜
纂修者不詳　清光緒二十九年(1903)稿本　二幅　書名據卷端題
　　始遷祖富安,清代人。
　　遼寧省檔案館

[遼寧]正黃旗三保管領下四等莊頭周岐山家譜
纂修者不詳　清光緒三十二年(1906)稿本　二幅　書名據卷端題
　　先祖同上。
　　遼寧省檔案館

[遼寧]正黃旗三保管領下四等莊頭周岐山家譜
纂修者不詳　清末稿本　二幅　書名據卷端題
　　先祖同上。
　　遼寧省檔案館

[遼寧]正白旗太管領下八卦頭等莊頭莊文焕家譜　纂修者不詳　清咸豐二年(1852)稿本　一册　書名據卷端題
　　始遷祖登第、登賢、登科,皆清代人。
　　遼寧省檔案館

[遼寧]正白旗福濬管領下頭等莊頭莊玉昌家譜
纂修者不詳　清光緒二十九年(1903)稿本　一册　書名據卷端題
　　先祖同上。

遼寧省檔案館

[遼寧]正白旗福濬管領下頭等莊頭莊玉昌家譜
纂修者不詳　清光緒三十二年(1906)稿本　一
冊　書名據卷端題
　先祖同上。
　遼寧省檔案館

[遼寧]正白旗福濬管領下頭等莊頭莊玉昌家譜
纂修者不詳　清末稿本　一冊　書名據卷端題
　先祖同上。
　遼寧省檔案館

**[遼寧]正白旗世裕管理下頭等莊頭夏恩銘家譜
不分卷**　纂修者不詳　清光緒二十九年(1903)
稿本　書名據卷端題
　始遷祖雲滕,清代人。
　遼寧省檔案館

**[遼寧]正白旗世裕管理下頭等莊頭夏恩銘家譜
不分卷**　纂修者不詳　清光緒三十二年(1906)
稿本　書名據卷端題
　先祖同上。
　遼寧省檔案館

**[遼寧]正白旗世裕管理下頭等莊頭夏恩銘家譜
不分卷**　纂修者不詳　清宣統二年(1910)稿本
書名據卷端題
　先祖同上。
　遼寧省檔案館

**[遼寧]廂黃旗積廣管領下紙房頭等莊頭馬光明
家譜**　纂修者不詳　清咸豐二年(1852)稿本
一幅　書名據卷端題
　始遷祖藤遠、藤富、藤貴、藤榮兄弟,清代人。
　遼寧省檔案館

[遼寧]廂黃旗積廣管領下頭等莊頭馬光明家譜
纂修者不詳　清光緒二十九年(1903)稿本　二
幅　書名據卷端題

　先祖同上。
　遼寧省檔案館

[遼寧]廂黃旗積廣管領下頭等莊頭馬光明家譜
纂修者不詳　清末稿本　一幅　書名據卷端題
　先祖同上。
　遼寧省檔案館

[遼寧]廂黃旗積廣管領下頭等莊頭馬光明家譜
纂修者不詳　清光緒三十二年(1906)稿本　三幅
書名據卷端題
　先祖同上。
　遼寧省檔案館

[遼寧]廂黃旗吉興管領下四等莊頭馬士承家譜
纂修者不詳　清光緒二十九年(1903)稿本　二幅
書名據卷端題
　始祖有科,清代人。
　遼寧省檔案館

[遼寧]廂黃旗吉興管領下四等莊頭馬士承家譜
纂修者不詳　清末稿本　二幅　書名據卷端題
　先祖同上。
　遼寧省檔案館

[遼寧]廂黃旗吉興管領下四等莊頭馬士承家譜
纂修者不詳　清光緒三十二年(1906)稿本　二幅
書名據卷端題
　先祖同上。
　遼寧省檔案館

[遼寧]正黃旗全盛管領下四等莊頭徐永勤家譜
纂修者不詳　清光緒二十九年(1903)稿本　二幅
書名據卷端題
　始遷祖應會、明忠,清代人。
　遼寧省檔案館

[遼寧]正黃旗全盛管領下四等莊頭徐永勤家譜
纂修者不詳　清末稿本　一幅　書名據卷端題
　先祖同上。

遼寧省檔案館

[遼寧]正黃旗全盛管領下四等莊頭徐永勤家譜
纂修者不詳　清光緒三十二年(1906)稿本　二
幅　書名據卷端題
　　先祖同上。
　　遼寧省檔案館

[遼寧]正黃旗世裕管領下四等莊頭徐維璽家譜
纂修者不詳　清光緒二十九年(1903)稿本　二
幅　書名據卷端題
　　始遷祖有禄,清代人。
　　遼寧省檔案館

[遼寧]正黃旗世裕管領下四等莊頭徐維璽家譜
纂修者不詳　清末稿本　二幅　書名據卷端題
　　先祖同上。
　　遼寧省檔案館

[遼寧]正黃旗世裕管領下四等莊頭徐維璽家譜
纂修者不詳　清光緒三十二年(1906)稿本　二
幅　書名據卷端題
　　先祖同上。
　　遼寧省檔案館

[遼寧]廂黃旗積廣管領下四等莊頭徐得萃、廂
黃旗豐年管領下四等莊頭徐寶文、正黃旗三保
管領下四等莊頭徐寶恩家譜　纂修者不詳　清
光緒二十九年(1903)稿本　二幅　書名據卷
端題
　　始遷祖有才,清代人。
　　遼寧省檔案館

[遼寧]廂黃旗積廣管領下四等莊頭徐得萃、廂
黃旗豐年管領下四等莊頭徐寶文、正黃旗三保
管領下四等莊頭徐寶恩家譜　纂修者不詳　清
光緒三十二年(1906)稿本　二幅　書名據卷
端題
　　先祖同上。
　　遼寧省檔案館

[遼寧]廂黃旗積廣管領下四等莊頭徐得萃、廂黃
旗豐年管領下四等莊頭徐寶文、正黃旗三保管領
下四等莊頭徐寶恩家譜　纂修者不詳　清末稿本
二幅　書名據卷端題
　　先祖同上。
　　遼寧省檔案館

[遼寧]廂黃旗豐年管領下四等莊頭徐廣珍家譜
纂修者不詳　清光緒二十九年(1903)稿本　一幅
書名據卷端題
　　始遷祖孟成、孟孔、孟銀,清代人。
　　遼寧省檔案館

[遼寧]廂黃旗豐年管領下四等莊頭徐廣珍家譜
纂修者不詳　清末稿本　二幅　書名據卷端題
　　先祖同上。
　　遼寧省檔案館

[遼寧]廂黃旗豐年管領下四等莊頭徐廣珍家譜
纂修者不詳　清光緒三十二年(1906)稿本　二幅
書名據卷端題
　　先祖同上。
　　遼寧省檔案館

[遼寧]廂黃旗瑞豐管領下四等莊頭徐德春家譜
纂修者不詳　清光緒二十九年(1903)稿本　二幅
書名據卷端題
　　始遷祖應登、應舉、應奎,清代人。
　　遼寧省檔案館

[遼寧]廂黃旗瑞豐管領下四等莊頭徐德春家譜
纂修者不詳　清末稿本　二幅　書名據卷端題
　　先祖同上。
　　遼寧省檔案館

[遼寧]廂黃旗瑞豐管領下四等莊頭徐德春家譜
纂修者不詳　清光緒三十二年(1906)稿本　二幅
書名據卷端題
　　先祖同上。
　　遼寧省檔案館

[遼寧]廂黄旗豐年管領下四等莊頭高書林家譜
廂黄旗豐年管領下頭等莊頭高維藩家譜　纂修者
不詳　清光緒二十九年(1903)稿本　二幅　書
名據卷端題
　始遷祖士熊,清代人。
　遼寧省檔案館

[遼寧]廂黄旗豐年管領下四等莊頭高書林家譜
廂黄旗豐年管領下頭等莊頭高維藩家譜　纂修者
不詳　清光緒三十二年(1906)稿本　二幅　書
名據卷端題
　先祖同上。
　遼寧省檔案館

[遼寧]廂黄旗豐年管領下四等莊頭高書林家譜
廂黄旗豐年管領下頭等莊頭高維藩家譜　纂修者
不詳　清末稿本　一幅　書名據卷端題
　先祖同上。
　遼寧省檔案館

[遼寧]廂黄旗積廣管領下四等莊頭陳德興家譜
纂修者不詳　清光緒二十九年(1903)稿本　二
幅　書名據卷端題名
　始遷祖有昌、有庫、有良,清代人。
　遼寧省檔案館

[遼寧]廂黄旗積廣管領下四等莊頭陳德興家譜
纂修者不詳　清光緒三十二年(1906)稿本　二
幅　書名據卷端題名
　先祖同上。
　遼寧省檔案館

[遼寧]廂黄旗積廣管領下四等莊頭陳德興家譜
纂修者不詳　清末稿本　二幅　書名據卷端題名
　先祖同上。
　遼寧省檔案館

[遼寧]廂黄旗積廣管領下頭等莊頭陳玉龍正白
旗成祥管領下頭等莊頭陳玉文家譜　纂修者不詳
清光緒二十九年(1903)稿本　二幅

始遷祖明義,清代人。
　遼寧省檔案館

[遼寧]廂黄旗積廣管領下頭等莊頭陳玉龍正白
旗成祥管領下頭等莊頭陳玉文家譜　纂修者不詳
清光緒三十二年(1906)稿本　二幅
　先祖同上。
　遼寧省檔案館

[遼寧]廂黄旗積廣管領下頭等莊頭陳玉龍正白
旗成祥管領下頭等莊頭陳玉文家譜　纂修者不詳
清末稿本　二幅
　先祖同上。
　遼寧省檔案館

[遼寧]陶氏譜單　纂修者不詳　民國十一年
(1922)修本
　陶氏原居長白山,清康熙十三年(1674)來歸,駐
京師、盛京、廣寧、義州等地,編爲新滿洲正白旗第
三佐領。載世系、世代録考等。
　遼寧省北鎮滿族自治縣陶家
　本條目據《滿族宗譜研究》著録

[遼寧]廂黄旗積廣管領下頭等莊頭孫廷珍家譜
纂修者不詳　清光緒二十九年(1903)稿本　二幅
書名據卷端題
　始遷祖道聖,清代人。
　遼寧省檔案館

[遼寧]廂黄旗積廣管領下頭等莊頭孫廷珍家譜
纂修者不詳　清光緒三十二年(1906)稿本　書名
據卷首題
　先祖同上。
　遼寧省檔案館

[遼寧]廂黄旗積廣管領下頭等莊頭孫廷珍家譜
纂修者不詳　清末稿本　書名據卷端題
　先祖同上。
　遼寧省檔案館

[遼寧]鑲黄旗全德管領下康大石屯頭等莊頭黄天元家譜　纂修者不詳　清道光二十三年(1843)稿本　一幅　書名據卷端題

始遷祖得禄、得功,清代人。

遼寧省檔案館

[遼寧]廂黄旗豐年管領下頭等莊頭黄守奎家譜　纂修者不詳　清光緒二十九年(1903)稿本　二幅　書名據卷端題

先祖同上。

遼寧省檔案館

[遼寧]廂黄旗豐年管領下頭等莊頭黄守奎家譜　纂修者不詳　清光緒三十二年(1906)稿本　二幅　書名據卷端題

先祖同上。

遼寧省檔案館

[遼寧]正黄旗常桂管領下頭等莊頭黄保安家譜　纂修者不詳　清光緒二十九年(1903)稿本　二幅　書名據卷端題

始遷祖成仙,清代人。

遼寧省檔案館

[遼寧]正黄旗常桂管領下頭等莊頭黄保安家譜　纂修者不詳　清末稿本　二幅　書名據卷端題世系記至清光緒三十二年(1906)譜之後

先祖同上。

遼寧省檔案館

[遼寧]正白旗恒喜管領下三等莊頭黄敍德家譜　纂修者不詳　清光緒二十九年(1903)稿本　二幅　書名據卷端題

始遷祖達子,清代人。

遼寧省檔案館

[遼寧]正白旗恒喜管領下三等莊頭黄自齡家譜　纂修者不詳　清光緒三十二年(1906)稿本　書名據卷端題

先祖同上。

遼寧省檔案館

[遼寧]正白旗恒喜管領下三等莊頭黄自齡家譜　纂修者不詳　清末稿本　書名據卷端題　世系記至清光緒三十二年(1906)譜之後

先祖同上。

遼寧省檔案館

[遼寧]廂黄旗豐年管領下四等莊頭黄平家譜　纂修者不詳　清光緒二十九年(1903)稿本　二幅書名據卷端題

始遷祖玉,清代人。

遼寧省檔案館

[遼寧]廂黄旗豐年管領下四等莊頭黄平家譜　纂修者不詳　清光緒三十二年(1906)稿本　二幅書名據卷端題

先祖同上。

遼寧省檔案館

[遼寧]廂黄旗豐年管領下四等莊頭黄平家譜　纂修者不詳　清末稿本　二幅　書名據卷端題世系記至清光緒三十二年(1906)譜之後

先祖同上。

遼寧省檔案館

[遼寧]正黄旗常桂管領下頭等莊頭黄保安家譜　纂修者不詳　清光緒三十二年(1906)稿本　二幅書名據卷端題

始遷祖成仙,清代人。

遼寧省檔案館

[遼寧]廂黄旗豐年管領下頭等莊頭黄守奎家譜　纂修者不詳　清末稿本　二幅　書名據卷端題世系記至清光緒三十二年(1906)譜之後

始遷祖得禄、得功,清代人。

遼寧省檔案館

[遼寧]崔氏族譜　崔大綸、崔大宏等纂修　2003年鐵嶺堂排印本　一百二十八頁　記事至2003年

始祖原屬遼東東寧衛,漢軍正白旗。二世祖有福公奉調駐防廣州。載世系、圖片、地圖等。

　國家圖書館

[遼寧]正白旗世裕管領下頭等莊頭張國興家譜　纂修者不詳　清光緒二十九年(1903)稿本　二幅　書名據卷端題

　始遷祖仲傑,清代人。

　遼寧省圖書館

[遼寧]正白旗世裕管領下頭等莊頭張國興家譜　纂修者不詳　清末稿本　二幅　書名據卷端題　應在清光緒三十二年(1906)譜之後

　先祖同上。

　遼寧省檔案館

[遼寧]廂黃旗吉興管領下四等莊頭張紹良家譜　纂修者不詳　清光緒二十九年(1903)稿本　二幅　書名據卷端題

　始遷祖雲官,清代人。

　遼寧省檔案館

[遼寧]廂黃旗吉興管領下四等莊頭張紹良家譜　纂修者不詳　清光緒三十二年(1906)稿本　一幅　書名據卷端題

　先祖同上。

　遼寧省檔案館

[遼寧]廂黃旗吉興管領下四等莊頭張紹良家譜　纂修者不詳　清末稿本　二幅　書名據卷端題　應在清光緒三十二年(1906)譜之後

　先祖同上。

　遼寧省檔案館

[遼寧]正白旗世裕管領下四等莊頭張德緒正黃旗慶裕管領下頭等莊頭張德恩家譜　纂修者不詳　清光緒二十九年(1903)稿本　二幅　書名據卷端題

　始遷祖二、三、五,皆清代人。

　遼寧省檔案館

[遼寧]正白旗世裕管領下四等莊頭張得緒正黃旗慶裕管領下頭等莊頭張得恩家譜　纂修者不詳　清光緒三十二年(1906)稿本　二幅　書名據卷端題

　先祖同上。

　遼寧省檔案館

[遼寧]正白旗世裕管領下四等莊頭張得緒正黃旗慶裕管領下頭等莊頭張得恩家譜　纂修者不詳　清宣統二年(1910)稿本　二幅　書名據卷端題

　先祖同上。

　遼寧省檔案館

[遼寧]章佳氏祖譜不分卷　纂修者不詳　稿本　一冊　書名據封面題

　始祖穆都巴彥,初居長白山俄穆和蘇魯地方,後遷瓦爾喀什羅錦,再遷穆喜。清初投清太祖,隸於正藍旗滿洲,其子孫分駐各地。載序、人物傳等。

　遼寧省清原縣南口前鎮章繼唐

[遼寧]章佳氏祖譜不分卷　纂修者不詳　據稿本複印　一冊　書名據封面題

　參見前條。

　吉林師範大學滿族文化研究所

[遼寧]鑲黃旗鈕祜祿氏弘毅公家譜不分卷　(清)覺羅阿里袞纂修　清乾隆三十年(1765)抄本　十冊

　始祖索和吉巴顏,明初人。原居長白山都英額,至七世孫額亦都投歸清太祖後,隸鑲黃旗滿洲。額亦都爲清初五大臣之一。

　日本東洋文庫

[遼寧]鑲黃旗鈕祜祿氏弘毅公家譜不分卷　(清)覺羅阿里袞纂修　據清乾隆三十年(1765)抄本拍攝　膠卷

　參見前條。

　美國猶他州家譜學會

［遼寧］開國佐運功臣［鈕祜禄氏］弘毅公家譜不
分卷　（清）特成額等纂修　清乾隆四十六年
（1781）抄本　十六册　書名據書簽、卷端題　版
心題鈕祜禄氏家譜
　　先祖同上。
　　國家圖書館　中國社會科學院歷史研究所

［遼寧］開國佐運功臣［鈕祜禄氏］弘毅公家譜不
分卷　（清）特成額等纂修　2003 年北京圖書館
出版社據清乾隆四十六年（1781）抄本影印　一册
　　參見前條。
　　本譜載於《北京圖書館藏家譜叢刊·民族卷》
第三十九册

［遼寧］鑲黄旗滿洲鈕祜禄氏弘毅公家譜不分卷
纂修者不詳　清乾隆年間抄本　一册　書名據封
面題
　　先祖同上。
　　遼寧省鐵嶺市郎氏

［遼寧］鑲黄旗滿洲鈕祜禄氏弘毅公家譜不分卷
弘毅公勳績二卷　纂修者不詳　清嘉慶三年
（1798）抄本　十六册　書名據書簽題　版心題
鈕祜禄氏家譜　卷端題開國佐運功臣弘毅公家譜
　　先祖同上。
　　國家圖書館　中國社會科學院歷史研究所　遼
寧省圖書館　美國哈佛大學哈佛燕京圖書館

［遼寧］鑲黄旗滿洲鈕祜禄氏弘毅公家譜不分卷
弘毅公勳績二卷　纂修者不詳　據清嘉慶三年
（1798）抄本拍攝　膠卷　書名據書簽題　版心
題鈕祜禄氏家譜　卷端題開國佐運功臣弘毅公
家譜
　　參見前條。
　　美國猶他州家譜學會

［遼寧］鑲黄旗滿洲鈕祜禄氏弘毅公家譜不分卷
弘毅公勳績二卷　纂修者不詳　2002 年四川民
族出版社據清嘉慶三年（1798）抄本影印　合册
書名據書簽題　版心題鈕祜禄氏家譜　卷端題開

國佐運功臣弘毅公家譜
　　參見前條。
　　本譜載於《中國少數民族古籍集成》第三十
五册

［遼寧］鑲黄旗滿洲鈕祜禄氏弘毅公家譜不分卷
弘毅公勳績二卷　纂修者不詳　2003 年北京圖
書館出版社據清嘉慶三年（1798）抄本影印　二册
書名據書簽題　版心題鈕祜禄氏家譜　卷端題開
國佐運功臣弘毅公家譜
　　參見前條。
　　本譜載於《北京圖書館藏家譜叢刊·民族卷》
第四十至四十一册

［遼寧］鑲黄旗滿洲鈕祜禄氏弘毅公家譜不分卷
譜圖一卷　纂修者不詳　清抄本　十五册　書名
據書簽題　版心題鈕祜禄氏家譜　記事至清嘉慶
二十二年（1817）
　　先祖同上。
　　國家圖書館

［遼寧］鑲黄旗滿洲鈕祜禄氏弘毅公家譜不分卷
譜圖一卷　纂修者不詳　2003 年北京圖書館出
版社據清抄本影印　二册　書名據書簽題　版心
題鈕祜禄氏家譜　記事至清嘉慶二十二年（1817）
　　參見前條。
　　本譜載於《北京圖書館藏家譜叢刊·民族卷》
第四十一至四十二册

［遼寧］鑲黄旗鈕祜禄氏弘毅公家譜不分卷
（清）訥親纂修　清抄本　十册　書名據卷端題
記事至清乾隆十二年（1747）
　　先祖同上。
　　國家圖書館

［遼寧］鑲黄旗鈕祜禄氏弘毅公家譜不分卷
（清）訥親纂修　2003 年北京圖書館出版社據清
抄本影印　合册
　　參見前條。
　　本譜載於《北京圖書館藏家譜叢刊·民族卷》

第四十三冊

[遼寧][鈕祜禄氏]弘毅公第十房家譜不分卷
纂修者不詳　清稿本　一册　書名據書衣題　記
事至清嘉慶八年(1803)
　　先祖同上。
　　北京大學圖書館

[遼寧]鑲黄旗滿洲鈕祜禄氏弘毅公家譜二卷
纂修者不詳　清抄本　二册　書名據書簽題　版
心題鈕祜禄氏家譜　卷端題開國佐運功臣弘毅公
家譜
　　先祖同上。是書系十三房、十五房之譜。
　　遼寧省圖書館

[遼寧]鑲黄旗滿洲鈕祜禄氏弘毅公家譜二卷
纂修者不詳　抄本
　　先祖同上。
　　中央民族大學圖書館

[遼寧][鈕祜禄氏]額宜都巴圖魯世系譜一卷
纂修者不詳　清抄本　一册　記事至清嘉慶間
　　先祖同上。
　　國家圖書館

[遼寧]正白旗文奎管理下頭等莊頭施復積家譜
纂修者不詳　清光緒二十九年(1903)稿本　書
名據卷端題
　　始遷祖洪仁、洪義、洪兆,清代人。
　　遼寧省檔案館

[遼寧]正白旗文奎管領下頭等莊頭施復積家譜
纂修者不詳　清光緒三十二年(1906)稿本　書
名據卷端題
　　先祖同上。
　　遼寧省檔案館

[遼寧]正白旗文奎管領下頭等莊頭施復積家譜
纂修者不詳　清稿本　書名據卷端題
　　先祖同上。

　　遼寧省檔案館

[遼寧]富察氏世系表一卷　纂修者不詳　民國
抄本
　　遼陽市燈塔市張書農場撥立寨

[遼寧]富察氏族譜　富察奎纂修　據孫文良藏
本拍攝　膠卷
　　中央民族大學圖書館

[遼寧]正黄旗三保管領下頭等莊頭蔡德俊家譜
纂修者不詳　清光緒二十九年(1903)稿本　二幅
書名據卷端題
　　始遷祖文學、蔡二。
　　遼寧省檔案館

[遼寧]正黄旗三保管領下頭等莊頭蔡德俊家譜
纂修者不詳　清光緒三十二年(1906)稿本　二幅
書名據卷端題
　　先祖同上。
　　遼寧省檔案館

[遼寧]正黄旗三保管領下頭等莊頭蔡德俊家譜
纂修者不詳　清末稿本　二幅　書名據卷端題
　　先祖同上。
　　遼寧省檔案館

[遼寧]趙氏宗譜不分卷　纂修者不詳　排印本
一册　書名據封面題
　　始祖義春,原居山東黄縣趙家樓,何時遷關東、居
於何地未予記載。譜載族内箴言和十四世世系。
　　遼寧省海城市趙氏族人

[遼寧]厢黄旗明光管領下四等莊頭劉鳳喜家譜
纂修者不詳　清末稿本　二幅　書名據卷端題
　　始祖進孝、進忠,皆清代人。
　　遼寧省檔案館

[遼寧]厢黄旗明光管領下四等莊頭劉興元家譜
纂修者不詳　清光緒二十九年(1903)稿本　二幅

書名據卷端題

　　先祖同上。

　　遼寧省檔案館

[遼寧]廂黃旗明光管領下四等莊頭劉興元家譜
纂修者不詳　清光緒三十二年(1906)稿本　二
幅　書名據卷端題

　　先祖同上。

　　遼寧省檔案館

[遼寧]輝和氏籍圖源流考不分卷　纂修者不詳
清抄本　一冊　滿漢雙文

　　始祖輝和氏,世居長白山。是書記載輝和氏世
居地,並輯録《八旗滿洲氏族通譜》内爲本族人所
立小傳,以及《御製清文鑒》、《大清開國方略》等
書中有關輝和氏資料。

　　遼寧省大連市圖書館

[遼寧]廂黃旗文齡管領下四等莊頭蘇政韜正黃
旗滿裕管領下頭等莊頭蘇政化廂黃旗豐年管領下
頭等莊頭蘇政緒廂黃旗豐年管領下頭等莊頭蘇德
宣家譜　纂修者不詳　清光緒二十九年(1903)
稿本　二幅　書名據卷端題

　　始遷祖學禮。

　　遼寧省檔案館

[遼寧]廂黃旗文齡管領下四等莊頭蘇政韜正黃
旗滿裕管領下頭等莊頭蘇政化廂黃旗豐年管領下
頭等莊頭蘇政緒廂黃旗豐年管領下頭等莊頭蘇德
宣家譜　纂修者不詳　清光緒三十二年(1906)
稿本

　　先祖同上。

　　遼寧省檔案館

[遼寧]廂黃旗文齡管領下四等莊頭蘇政韜正黃
旗滿裕管領下頭等莊頭蘇政化廂黃旗豐年管領下
頭等莊頭蘇政緒廂黃旗豐年管領下頭等莊頭蘇德
宣家譜　纂修者不詳　清末稿本　二幅　書名據
卷端題

　　先祖同上。

遼寧省檔案館

[遼寧]關氏宗親世系表一卷　（清）富奎倫纂修
據清光緒二十八年(1902)抄本複印

　　遼寧省遼陽市檔案館

[遼寧]正黃旗永慶管領下三等莊頭顧克勤家譜
纂修者不詳　清光緒二十九年(1903)稿本　二幅
書名據卷端題

　　始遷祖成得,清代人。

　　遼寧省檔案館

[遼寧]正黃旗永慶管領下三等莊頭顧克勤家譜
纂修者不詳　清光緒三十二年(1906)稿本　二幅
書名據卷端題

　　先祖同上。

　　遼寧省檔案館

[遼寧]正黃旗永慶管領下三等莊頭顧克勤家譜
纂修者不詳　清末稿本　二幅　書名據卷端題

　　先祖同上。

　　遼寧省檔案館

[吉林]京都吉林寧古塔三姓等處廂黃旗陳滿洲
關姓譜書　傅榮恒等纂修　民國十九年(1930)石
印本

　　吉林省社會科學院圖書館

[吉林]郭辰瓜爾佳家譜不分卷　纂修者不詳
稿本　一冊　書名據封面題

　　始祖尼雅哈齊,明代中葉人。始遷祖郎珠。祖
居長白山郭城山。三世郎海於後金時來歸,隸於
鑲藍旗滿洲。"隨龍進京",後於康熙時撥回吉
林、寧古塔駐防,後世遂世居吉林、寧古塔等地。
載序、世系等。

　　吉林省吉林市關氏

[吉林]郭辰瓜爾佳家譜不分卷　纂修者不詳
據稿本複印　一冊　書名據封面題

　　參見前條。

吉林師範大學滿族文化研究所

[吉林]他塔喇氏家譜九卷　魁陞纂修　民國二年(1913)石印本　八册　書名據書衣、書名頁、卷端題　四修本

始遷祖貝楞額,太祖朝隨穆坤達羅屯來歸,遂散布寧古塔。清康熙十年(1671)移駐吉林,隸滿洲鑲紅旗第二佐領,居吉林省城西北七十五里大唐家屯。是族後裔遍及東北。載序例篇、淵源篇、譜圖篇、譜表篇、家訓篇、移駐篇、祠宇篇、墓圖篇、恩榮篇,末附《名賢譜説》和譜跋。族譜由第七世孫勝柱始修於清嘉慶十五年(1810),道光十八年(1838)二修,光緒六年(1880)富清阿三修,此爲四修譜。

中國人民大學圖書館　遼寧省圖書館　黑龍江省齊齊哈爾市檔案館　美國哈佛大學哈佛燕京圖書館

[吉林]吉林他塔喇氏家譜九卷　魁陞纂修　1989年中國社會科學出版社據民國二年(1913)石印本影印　一册　書名據書衣、書名頁、卷端題　四修本

參見前條。

[吉林]吉林他塔喇氏家譜　魁陞纂修　2003年北京圖書館出版社據清末抄本影印　合册　四修本　誤題程德全輯

參見前條。此本僅收録《吉林他塔喇氏家譜》九篇中的《序例篇》。

本譜載於《北京圖書館藏家譜叢刊·民族卷》第四十三册

[吉林]吉林他塔喇氏家譜　魁陞纂修　2003年北京圖書館出版社據民國二年(1913)石印本影印　合册　四修本

參見前條。此本僅收録《吉林他塔喇氏家譜》九篇中的《序例篇》。

本譜載於《北京圖書館藏家譜叢刊·民族卷》第四十三册

[吉林]他塔喇氏家譜九卷　魁陞纂修　據民國二年(1913)石印本拍攝　膠卷　書名據書衣、書名頁、卷端題　四修本

參見前條。

美國猶他州家譜學會

[吉林]摘抄吉林他塔喇氏譜書不分卷　纂修者不詳　民國十七年(1928)紅格抄本　一册　書名據書簽題

參見前條。此爲摘抄本。

國家圖書館

[吉林]摘抄吉林他塔喇氏譜書不分卷　纂修者不詳　2003年北京圖書館出版社據民國十七年(1928)紅格抄本影印　合册　書名據書簽題

參見前條。

本譜載於《北京圖書館藏家譜叢刊·民族卷》第四十三册

[吉林]他塔喇氏家譜淵源篇　魁陞纂修　2003年北京圖書館出版社據民國二年(1913)石印本影印　合册

參見前條。此本係從《吉林他塔喇氏家譜》中輯録,實際收録《淵源篇》和《譜圖篇》兩篇。

本譜載於《北京圖書館藏家譜叢刊·民族卷》第四十三册

[吉林]烏拉那拉氏八旗族譜　(清)德成額纂修　清道光二十年(1840)稿本　一册　書名據封面題

始祖那齊布禄,錫伯地方人,後遷烏拉,立烏拉國,世代爲烏拉國部長,清太祖統一女真諸部後,烏拉氏被編隸入正白旗滿洲。烏喇那拉氏源自那拉氏(納喇氏、納蘭氏),爲那拉氏分支。因部落得名。烏喇納喇氏是明朝末期海西女真烏喇部遺族,與哈達納喇同祖,即納齊布禄之裔、烏喇部長之後。世居今吉林省永吉縣烏拉街至輝發河口松花江流域、拉發河流域以及吉林市至雙陽縣境,其時轄境還包括烏喇烏喇(今吉林永吉)、宜罕和林(今吉林市東北十五公里處)、金州(今吉林永吉烏拉街至輝發河口、拉發河流域、雙陽縣境)、孫扎

泰（今吉林市南部）、鄂漠（今吉林市東北部）、優哈爾（今吉林市松花江上游）、蜚優城（今吉林琿春三家子鄉高麗城村）等城寨。明萬曆十一年（1613），清太祖親征，烏喇部被徹底兼併。其後多冠漢姓趙氏。載序、世系等。

　　吉林省長春市趙東升

[吉林]烏拉納喇氏八旗族譜不分卷　（清）德成額纂修　清道光間抄本　一册　書名據封面題

　　先祖同上。譜載序言、烏拉氏各代人丁爵職，並有分隸八旗滿洲的記載。

　　吉林省長春市趙東升

[吉林]烏拉納喇氏八旗族譜不分卷　（清）德成額纂修　據清道光間抄本複印　一册　書名據封面題

　　參見前條。

　　吉林師範大學滿族文化研究所

[吉林]烏拉那拉氏譜系不分卷　纂修者不詳　清光緒間排印本　一册　書名據封面題

　　先祖同上。載序、世系等。

　　吉林省長春市趙東升

[吉林]烏拉那拉氏譜系不分卷　纂修者不詳　據清光緒間排印本複印　一册　書名據封面題

　　參見前條。

　　吉林師範大學滿族文化研究所

[吉林]烏拉哈薩虎貝勒後輩檔册不分卷　纂修者不詳　民國三年（1914）稿本暨排印本　一册　書名據封面題

　　先祖同上。載序言、世系等。

　　吉林省長春市趙東升

[吉林]烏拉哈薩虎貝勒後輩檔册不分卷　纂修者不詳　據民國三年（1914）稿本暨排印本複印　一册　書名據封面題

　　參見前條。

　　吉林師範大學滿族文化研究所

[吉林]烏拉那拉氏宗族不分卷　纂修者不詳　稿本　一册　書名據封面題

　　先祖同上。載序、世系等。

　　吉林省長春市趙東升

[吉林]烏拉那拉氏宗族不分卷　纂修者不詳　據稿本複印　一册　書名據封面題

　　參見前條。

　　吉林師範大學滿族文化研究所

[吉林]烏喇哈薩虎貝勒後輩檔册不分卷　纂修者不詳　二册　抄本　書名據封面題　滿文

　　先祖同上。載序言二篇及世系。

　　吉林省長春市趙東升

[吉林]烏喇哈薩虎貝勒後輩檔册不分卷　纂修者不詳　二册　據抄本複印　書名據封面題　滿文

　　參見前條。

　　吉林師範大學滿族文化研究所

[吉林]烏拉納喇氏原始譜圖不分卷　纂修者不詳　排印本　一册　書名據封面題

　　先祖同上。載序、世系等。

　　吉林師範大學滿族文化研究所　吉林省長春市趙東升

[吉林]烏拉那拉氏譜書不分卷　纂修者不詳　排印本　一册　書名據封面題

　　先祖同上。是爲盛京湯牛录溝那家街、張家街二支闔族共立此譜。載序、世系等。

　　吉林師範大學滿族文化研究所　吉林長春市趙東升

[吉林]烏拉納喇氏家譜全書不分卷　趙東升纂修　2011年排印本　一册　書名據封面題

　　先祖同上。是爲烏拉那拉氏總譜。載前言、譜序、族史、榮哀録、譜牒、附録等。

　　上海圖書館　吉林師範大學滿族文化研究所　吉林省長春市趙東升

[吉林]哈達那拉氏宗譜正册不分卷　纂修者不詳　清咸豐元年(1851)稿本　一册　書名據封面題

始祖孟格布禄,明代哈達部主,係那拉氏老祖那齊布禄六世孫,其五世孫音泰(尹泰),隸鑲黄旗滿洲,清入關後,任上駟院大臣。子孫後代皆在朝中任文武高官,後世遷於吉林。載序、世系等。

吉林省長春市趙東升

[吉林]羅族關氏宗譜志不分卷　關雲德纂修1986年排印本　一册　書名據封面題

始祖烏達胡,祖居長白山,後遷輝發擇得界内窩集口子安居,以呼倫瓜勒佳氏爲姓,後入鑲紅旗滿洲。烏達胡生有二子翁薩、東薩,後不斷遷徙,散居於吉林永吉縣、九臺等地至今。譜載序三、清代名人恩榮録、滿洲鑲紅旗呼倫瓜爾佳氏羅關家族組織表、族訓、輩分詩、家(族)規、家族居住地示意圖、家族世系表等。

吉林省九臺市其塔木鎮關雲德

[吉林]羅族關氏宗譜志不分卷　關雲德纂修據1986年排印本複印　一册　書名據封面題

參見前條。

吉林師範大學滿族文化研究所

[吉林]葉赫那拉氏族譜　纂修者不詳　鉛印本六十六頁

葉赫部始祖氏族酋長星根達爾漢,來自蒙古,本姓土默特。是族在星根達爾漢率領下遷至葉璋地方。十六世紀初,南遷到開原北部(今黑龍江東寧縣東大城子古城),再遷葉赫河流域,形成扈倫四部中的葉赫部,並以地爲氏。譜載敘言、世系、氏族祭祀、墳圖等。世系自奇瑪瑚以下又記有十一代。此譜是在老譜基礎上於1940年重修。

遼寧省鳳城市藍旗鄉那氏族人

本條目據2005年第2期《滿族研究》載趙維和著《滿洲八旗〈葉赫那拉氏族譜〉研究》一文著録

[吉林]滿族石姓家族全書　尹鬱山、許淑傑編著2015年吉林人民出版社排印本　一册

本書記吉林石氏。吉林石氏集中分居在今吉林省吉林市、九臺市所屬,地處第二松花江中游的小韓、東哈、土城子、富爾、蒼石等五屯(村)。小韓石姓的始遷祖是吉巴庫,東哈石姓的始祖是麻音批,土城子石姓的始祖是古魯泰、古魯穆、古魯布三人,富爾石姓(含安達木石姓)的始祖是石玉祥、石成玉二人,蒼石石姓(含小韓另户石姓)的始遷祖是杜岱。其中僅有吉巴庫一人出自佛滿洲正黄旗錫克特哩氏,冠漢字單姓石,其他石姓都各有所出。因此各奉其祖,各立宗譜。在上述"五宗(族)"之中,只有吉巴庫所在宗族祖先出自明代弗提衛女真人,後加入海西女真扈倫四部之一的輝發部部主旺機努所在益克得哩氏的旁系,其餘麻音批、杜岱、古魯泰(兄弟三人)三宗均出自明長白山女真三部之一的納單部,而石玉祥、石成玉一宗則出自後金時期的漢人。由於當初"五族(五姓)"自願重組,合而爲一,因而"五族(五姓)"均奉祭錫克特哩氏祖先,並形成了前後承繼的龐大薩滿傳承系統。本書上篇爲"家族史:族源·家譜·人物",有族源與遷徙、家族世系、宗族組織與禮制儀規、家族活動與古今人物四章,下篇爲"薩滿文化:薩滿·神靈·神歌",有薩滿傳承與神靈結構、請送神神歌、家神神歌、瞞尼神與太爺神神歌、自然神神歌五章。後爲附録,爲滿文譜單、家神案等影印件。上篇"家族世系"章具體内容爲:小韓村一宗世系,小韓村二宗世系,小韓村二宗蒼石支族世系,東哈村宗族世系,富爾村、土城子村宗族世系。

[吉林長春]嘉木瑚地方瓜爾佳氏宗譜不分卷　纂修者不詳　清光緒間抄本　一册　書名據封面題

始祖嘉滿,明末人,原居長白山嘉木瑚,清太祖起兵後來歸,隸於鑲白旗滿洲,隨清軍進遼瀋、入北京,後撥回遼陽。清康熙時是族始遷祖由科爾沁撥回長春駐防,後裔遂世居長春。載序、人物傳、世系等。

吉林省長春市關氏

[吉林長春] 嘉木瑚地方瓜爾佳氏宗譜不分卷
纂修者不詳 據清光緒間抄本複印 一冊 書名
據封面題
  參見前條。
  吉林師範大學滿族文化研究所

[吉林長春] 哈達那拉氏宗譜不分卷 纂修者不
詳 稿本 一冊 書名據封面題
  先祖納齊布祿,本姓完顏氏,明帝賜姓那拉,世
代爲海西女真哈達部酋長,至清太祖時,其後裔哈
達部貝勒吳爾古代投歸清太祖,隸於鑲黃旗滿洲。
始遷祖尹泰任内務府上駟院大臣,後裔於康熙年
間由京都駐防盛京,遂居瀋陽。其一支遠遷於吉
林烏拉街,世居於此。載序、世系等。
  吉林省長春市趙東升

[吉林長春] 哈達那拉氏宗譜不分卷 纂修者不
詳 抄本 一冊 書名據封面題
  參見前條。
  吉林師範大學滿族文化研究所

[吉林九臺] 石姓列祖名諱檔 富倫纂修 清道
光十六年(1836)稿本 一冊 書名自擬 書名
頁題道光十六年二月初一記述家族列祖名諱檔
滿文
  始遷祖烏拉泰。譜載烏拉泰以來本支十代族人
名諱及該族清初以來到打牲烏拉投旗落户的
情況。
  吉林省九臺市石姓族人

[吉林九臺] 石姓列祖名諱檔 富倫纂修 據清
道光十六年(1836)稿本複印 一冊 書名自擬
書名頁題道光十六年二月初一記述家族列祖名諱
檔 滿文
  參見前條。
  吉林師範大學滿族文化研究所

[吉林九臺] 錫克特哩石氏(吉巴庫支)滿文譜單
不分卷 (清)纂修者不詳 清咸豐六年(1856)
麻紙抄本 一幅 滿文 書名自擬

始遷祖吉巴庫。載九代世系。
  吉林省九臺市石姓族人

[吉林九臺] 錫克特哩石氏(吉巴庫支)滿文譜單
不分卷 (清)纂修者不詳 據清咸豐六年
(1856)麻紙抄本複印 一幅 滿文 書名自擬
  參見前條。
  吉林師範大學滿族文化研究所

[吉林九臺] 九臺錫克特里(石氏)譜檔不分卷
纂修者不詳 1984年稿本 七冊 書名據封
面題
  始祖倭利和庫。祖居長白山,後遷居輝發,清初
從龍入關,爲清皇室督辦烏拉打牲事宜,至順治時
期告老還鄉,回烏拉投旗落户,遂散居於今吉林市
及九臺市各地。載譜序、十二代族人名諱。
  吉林省九臺市石姓族人

[吉林九臺] 九臺錫克特里(石氏)譜檔不分卷
纂修者不詳 據1984年稿本複印 七冊 書名
據封面題
  參見前條。
  吉林師範大學滿族文化研究所

[吉林九臺] 滿洲尼馬察氏宗譜不分卷 纂修者
不詳 稿本 一冊 書名據封面題
  始祖代書,姓尼馬察氏,原居長白山麓尼馬察,
以地爲氏,清太祖時來歸,編隸於鑲紅旗滿洲。長
吐疋吉林充差,次阿吉利黑龍江莫爾艮充差,代書
派充烏拉,領兵鎮守,後世子孫遂世居松花江。載
序、世系等。
  吉林省九臺市楊氏族人

[吉林九臺] 滿洲尼馬察氏宗譜不分卷 纂修者
不詳 據稿本複印 一冊 書名據封面題
  參見前條。
  吉林師範大學滿族文化研究所

[吉林九臺] 佟佳氏滿都哩宗譜不分卷 佟蔭堂
纂修 1991年佟蔭堂排印本 一冊 書名據封

面題

始祖巴虎特克新,明中葉人,居於茫野以北額穆赫索落,生七子。五世孫滿都哩(一作力),巴虎特克新第三子顏之後,清初"隨龍入關",居於北京順天府,後世自京遷於吉林省九臺市,子孫遂世居九臺。載序、世系。2010年遼寧民族出版社《滿族佟氏家譜總匯》內有本譜節錄。

　　吉林省九臺市蟒卡鄉佟蔭堂

[吉林九臺]戩族遺書不分卷　戩維綸纂修　1964年抄本　一冊　書名據封面題　三修本

始祖不詳。該家族自清乾隆時期遷至瀋西十里碼頭,繼之奉旨移駐吉林,散居於吉林九臺等地。載譜序、世系等。譜初修於1928年,二修於1946年。

　　吉林省九臺市戩氏族人

[吉林吉林]成氏家譜十卷　成榮泰纂修　清光緒間稿本　一冊　書名據封面題　初修本

始遷祖鳳鳴,原籍山西洪洞縣,明代遷於河南碻山,康熙時隸入正黃旗漢軍,以八旗實邊,駐防吉林烏拉。世多武宦。後人多祿,號爲"吉林三傑"。載鄭孝胥序、湯尋潛序、張謇序、程德全序、朱以增序、張朝墉序、宋小濂序、徐鼐霖序、榮泰自序、目錄、世系、家書、詩、府君行狀、墓誌、敕書、封贈、序例、譜後序、跋等。

　　吉林省九臺市成氏族人

[吉林吉林]成氏譜書不分卷　成多祿纂修　清宣統二年(1910)石印本　一冊　書名據封面題　書名頁題正黃旗漢軍吉林成氏家譜　二修本

先祖同上。

　　吉林省九臺市成氏

[吉林吉林]成氏譜書不分卷　成多祿纂修　據清宣統二年(1910)石印本複印　一冊　書名據封面題　書名頁題正黃旗漢軍吉林成氏家譜　二修本

參見前條。

　　吉林師範大學滿族文化研究所

[吉林吉林]八旗滿洲氏族通譜(費莫氏)　(清)鄂爾泰等撰　(清)費莫氏輯　清抄本　一冊

費莫氏原爲馬佳氏,世居瓦爾喀地方,後因擇地立業,遷居烏拉地方。譜載傳記。

　　國家圖書館

[吉林吉林]八旗滿洲氏族通譜(費莫氏)　(清)鄂爾泰等撰　(清)費莫氏輯　2003年北京圖書館出版社據清抄本影印　合冊

參見前條。

本譜載於《北京圖書館藏家譜叢刊·民族卷》第三十八冊

[吉林吉林]瓜爾佳氏宗譜不分卷　纂修者不詳　清光緒三十年(1904)稿本　一冊　書名據封面題　二修本

始祖烏達胡,祖居長白山,後移至烏拉,清代世爲吉林打牲烏拉牲丁,隸於正黃旗滿洲,後世世居吉林省吉林市。載序言二篇、世系。清光緒六年(1880)初修其譜。

　　吉林省吉林市關氏族人

[吉林吉林]瓜爾佳氏宗譜不分卷　纂修者不詳　據清光緒三十年(1904)稿本複印　一冊　書名據封面題　二修本

參見前條。

　　吉林師範大學滿族文化研究所

[吉林吉林]鑲藍旗佛滿洲打牲烏拉伊爾根覺羅氏宗譜不分卷　(清)富森纂修　清同治五年(1866)稿本　一冊

伊爾根覺羅氏祖居長白山北分水嶺之西,後遷至輝發川內呼蘭哈達山下。始祖安耐,清太祖時與弟安泰、安達隨征,後遷於瀋陽南伊吉福屯,順治三年(1646)撥至打牲烏拉。二弟安泰"隨龍進京",三弟安達駐防瀋陽。居打牲烏拉支,爲盛京內務府充打漁、採珠差,其後世遂世居打牲烏拉。2012年遼寧民族出版社《遼東滿族家譜選編》內有本譜節錄。

　　遼寧省本溪滿族自治縣趙氏族人

[吉林吉林]鑲藍旗佛滿洲打牲烏拉伊爾根覺羅氏宗譜不分卷　（清）富森纂修　據清同治五年（1866）稿本排印　一冊　書名據封面題

先祖同上。載序、世系等。

吉林省長春市趙明朗

[吉林吉林]李氏譜書不分卷　李常聚纂修　2008年排印本　一冊　書名據封面題

始祖常,祖籍山東省濟南府歷城縣,投歸清太祖後隸入鑲黃旗滿洲陳漢軍。其後世於乾隆十九年（1754）"隨龍出京",落户吉林省吉林市龍潭區江密峰鎮五家子,後世遂居於吉林市等地。載序、範字、旗籍考證、先祖生平、譜書世系、洪水調查等。

吉林省吉林市李氏族人

[吉林吉林]佟氏焦山支譜不分卷　纂修者不詳　民國三十年（1941）稿本　一冊　書名據書名頁題

始祖焦山,滿洲佟佳氏,祖居雅爾瑚地方。清崛起後,固守祖業,看守祖墳,以射獵採集農耕爲業,未隸八旗滿洲,直至清中葉。後世遷居吉林等地,遂世居焉。載序、範字、世系。

吉林省吉林市烏拉街鎮佟氏族人

[吉林吉林]佟趙全書二卷　佟鼎勳纂修　民國三十年（1941）稿本　二冊　書名據封面題

始祖巴虎特克新（一作甚）,佟佳氏,原居三姓地方,明代中葉人。清初,扈爾漢與其父胡拉呼率族衆投歸清太祖努爾哈赤,被太祖收爲義子,賜姓愛新覺羅氏,隸正白旗。扈爾漢子孫爲不忘本姓,遂將佟佳氏改爲佟趙氏。譜書上卷爲《佟趙全書》,載本氏族祭祀薩滿神詞四十餘首,及篆字、收族序、譜訓、修譜人員名單、範字、編輯宗旨和祭祀擺供圖二十幅。下卷爲《交羅哈拉》,載有清代"佟半朝"諸人物傳和譜檔。2010年遼寧民族出版社《滿族佟氏家譜總匯》内有本譜節錄。

吉林省吉林市烏拉街鎮佟書文

[吉林吉林]佟趙全書二卷　佟鼎勳纂修　據民國三十年（1941）稿本複印　二冊　書名據封面題

參見前條。

吉林師範大學滿族文化研究所

[吉林吉林]馬氏宗譜不分卷　纂修者不詳　民國初年石印本　一冊　書名據封面題

始祖阿蘭泰。馬氏滿語姓氏爲馬希哈拉,隸於鑲黃旗滿洲,清順治時由盛京撥遷蒲輝,終遷吉林烏拉街,任打牲烏拉採珠丁。譜載家規十條及世系,家規對家族人丁及族長許可權規定嚴格。譜初修於清乾隆六年（1741）。

吉林省吉林市馬氏族人

[吉林吉林]常氏宗譜不分卷　纂修者不詳　清咸豐四年（1854）稿本　一冊　書名據封面題

始遷祖邦國,乃大明開平王常遇春九代孫、南安王常郎之後裔。清順治時貿易吉林打牲烏拉,被編隸於正白旗漢軍,另一支隸正黃旗,後世遂世居吉林各地。譜載序及世系。

吉林省吉林市常氏族人

[吉林吉林]常氏宗譜不分卷　纂修者不詳　據清咸豐四年（1854）稿本複印　一冊　書名據封面題

參見前條。

吉林師範大學滿族文化研究所

[吉林吉林]葛哲勒氏家譜　纂修者不詳　民國十一年（1922）抄本　一幅　書名據圖表頁題

始遷祖特穆,後改姓葛,清代人。

黑龍江省齊齊哈爾市葛經信

[吉林吉林]楊氏譜書不分卷　楊開泰纂修　民國二十三年（1934）稿本　一冊　三修本　書名據封面題

始遷祖榮,原籍雲南貴州府,遷徙至山東登州府萊陽縣。清康熙年間攜眷移居永吉州,並隸於烏槍營鑲黃旗漢軍管下,遂家焉。譜載序、祖訓、範字、統系宗支、楊氏譜書年代考、續譜新章序、續譜新章、楊氏譜書、楊氏家約、重立族長章程、凡例、北墳碑文、祭田碑記、規章十六條、族類當辨序、榮典擬載、立過繼證書、承繼證書、通告、過繼證書、祭祖新章、重修譜書志序及世系等。其譜於清嘉慶七年(1802)初修,咸豐年間二修。

　　吉林省吉林市昌邑區楊姓族人

[吉林吉林]陳屯趙氏大太支(伯支)滿文譜單不分卷　纂修者不詳　清光緒二十六年(1900)修本　一幅　書名自擬　滿文

　　始遷祖烏穆普。本譜爲趙氏伯支支譜,載自趙姓始祖至第十二世趙氏伯支譜系,對家族重要人物事迹,如四世薩克喜長子阿楊阿江西出征任參領、四子瑪薩他巴里坤出征等,均有清晰記述。

　　吉林省吉林市金珠陳屯趙氏族人

[吉林吉林]陳屯趙氏大太支(伯支)滿文譜單不分卷　纂修者不詳　據清光緒二十六年(1900)修本複印　一幅　書名自擬　滿文

　　參見前條。

　　吉林師範大學滿族文化研究所

[吉林吉林]金珠陳屯趙氏大太支(伯支)譜單不分卷　纂修者不詳　民國三年(1914)抄本　一幅　滿文　譜名自擬

　　先祖同上。載始祖至第十五世趙氏伯支譜系,其中十一世以前爲漢字標滿語語音。

　　吉林省吉林市金珠陳屯趙氏族人

[吉林吉林]金珠陳屯趙氏大太支(伯支)譜單不分卷　纂修者不詳　據民國三年(1914)抄本複印　一幅　滿文　譜名自擬

　　參見前條。

　　吉林師範大學滿族文化研究所

[吉林吉林]楊氏譜書不分卷　纂修者不詳　民國十七年(1928)稿本　一册　書名據封面題

　　始遷祖代書,清初"隨龍"後,隸正藍旗。兄弟三人分別駐防各地,代書充差烏拉。譜載序言、範字及世系。

　　吉林省九臺市莽卡滿族鄉楊氏族人

[吉林吉林]楊氏譜書不分卷　纂修者不詳　據民國十七年(1928)稿本複印　一册　書名據封面題

　　參見前條。

　　吉林師範大學滿族文化研究所

[吉林吉林]關氏宗譜不分卷　纂修者不詳　清光緒三十年(1904)抄本　一册　書名據封面題

　　始遷祖烏達胡,姓瓜爾佳氏,原居長白山,徙居烏拉,隸鑲紅旗滿洲,後奉旨撥派吉林烏拉充差,其支裔遂世居吉林烏拉等地。載序、範字、人物小傳、世系等。

　　吉林省九臺市關雲德

[吉林吉林]關氏宗譜不分卷　纂修者不詳　據清光緒三十年(1904)抄本複印　一册　書名據封面題

　　參見前條。

　　吉林師範大學滿族文化研究所

[吉林吉林]京都吉林寧古塔三姓等處鑲黃旗陳滿洲關姓宗譜書不分卷　吉福等纂修　民國二十三年(1934)稿本　一册　書名據封面題　三修本

　　始祖海都,明末人,祖居訥殷地方,後金時撥隸鑲黃旗滿洲,清康熙時由北京撥吉林駐防,後世遂世居吉林等地,至今已傳十五世。載序九篇、祖塋圖、族長名單、宗族規約及世系。其族譜隆福初修於清同治十一年(1872),蘊祥二修於民國三年(1914)。

　　吉林省吉林市關氏

[吉林永吉]伊爾根覺羅氏譜書不分卷　富森布纂修　民國五年(1916)稿本　一册　書名據封面題　書名頁題打漁樓屯伊爾根覺羅氏譜書

　　始遷祖安耐、安泰、安達,原居於長白山地分水嶺之西,清太祖時投歸,隸於鑲藍旗滿洲,遷瀋陽南,後"從龍入京",再於順治二年(1645)撥防吉林烏拉,兄弟三人各占地而居。載序、世系。

　　吉林省永吉縣趙氏族人

[吉林永吉]伊爾根覺羅氏譜書不分卷　富森布
纂修　據民國五年(1916)稿本複印　一册　書
名據封面題　書名頁題打漁樓屯伊爾根覺羅氏
譜書

　　參見前條。
　　吉林師範大學滿族文化研究所

[吉林永吉]那氏譜單　(清)卧和訥等纂修　稿
本　牛皮紙兩張　滿文

　　是族先祖來自於滿族發源地之一長白山木排
溝,後遷徙到葉赫地方,改姓葉赫那拉氏。1619
年葉赫滅亡後投降努爾哈赤,隨軍遷至建州,入籍
編旗,屬正藍旗第五牛录,並輾轉到北京,康熙年
間又從北京調遣回吉林口前。譜單有兩張牛皮
紙,稍新者記録八代人名,皆附記官職;略舊者譜
單與稍新者譜單內容重複,但僅記録第一代至第六
代,未記官職,且第五代與第六代人名不全,可能爲
最早的藍本。此譜由第四代卧和訥於乾隆三十七
年(1772)開始修纂,經道光十年(1830)繪譜,咸豐
元年(1851)、光緒二年(1876)續譜,始得以告成。
　　吉林師範大學滿族文化研究所

[吉林永吉]金府宗族譜書不分卷　(清)金平喜
纂修　清光緒十一年(1885)抄本　一册　書名
據封面題

　　始遷祖繼高、繼善,原籍山東萊州府昌邑縣城北
柳灘金家莊,清雍正二年(1724)遷至吉林省城東
關居住,入正白旗陳滿洲當差,其子孫遂世居吉
林。譜載序、譜例、範字及世系。
　　吉林省永吉市金氏族人

[吉林永吉]馬氏宗譜　馬雙春等纂修　民國二
十九年(1940)朱墨套印本　一册　書名據版心、
卷端、書簽題

　　馬氏原籍盛京,清順治元年(1644)穆敦遷居蒲
輝。清季阿蘭泰再遷永吉烏拉街,是爲始遷祖。
　　吉林省圖書館

[吉林永吉]滿洲正黃旗烏雅氏本支譜一卷家傳
一卷　纂修者不詳　清光緒間稿本　三册

　　烏雅氏世居東北一帶,以地爲氏。始祖巴拜,明
代人。是族歸清後编入正黃旗滿洲。
　　吉林大學圖書館

[吉林永吉]愛新覺羅哈拉佟趙氏家族譜書不分
卷　纂修者不詳　排印本　一册　書名據封面題

　　始祖滿都理,生二子,長子遷永吉縣土城子鄉口
欽村,是爲始遷祖。載序言、世系等。
　　吉林師範大學滿族文化研究所　吉林省永吉縣
土城子鄉口欽村趙佩喜

[吉林永吉]付察哈拉家譜　纂修者不詳　抄本

　　付察哈拉氏,原籍琿春。始祖代先兄弟二人,兄
代先蒙恩放訥音缺分,由琿春移居訥音,弟佗雲仍
住琿春。代先兩房妻室,生四子:倭珠、倭和訥、
鈕恒額、托西訥。倭珠、倭和訥授爲正紅旗缺分,
鈕恒額、托西訥授爲鑲黃旗缺分,落户於訥音。後
三傳至鈕恒額之孫邁圖,清太宗天聰三年(1629)
授爲烏拉地方嘎善達之缺,遂帶眷移居烏拉,烏之
有付氏始於此。後又授打牲烏拉地方六品總管之
職。是譜修於民國初年。
　　吉林永吉縣土城子鄉打漁樓村
　　本條目據1989年第2期《圖書館學研究》載張
曉光著《從〈付察哈拉家譜〉談打牲烏拉總管衙門
的形成》一文著録

[吉林永吉]付察哈拉家譜　纂修者不詳　版本
不詳

　　先祖同上。是爲續修譜,修於1983年。
　　吉林永吉縣烏拉街滿族鎮官通村
　　本條目據1989年第2期《圖書館學研究》載張
曉光著《從〈付察哈拉家譜〉談打牲烏拉總管衙門
的形成》一文著録

[吉林伊通]佛滿洲扎拉里氏宗譜不分卷　(清)
伊克唐阿纂修　清光緒二十一年(1895)稿本　一
册　書名據封面題　滿文　有漢文落款

　　始祖噶薩哈,清初人。姓扎拉里氏,漢姓張。本
支清初撥伊通駐防,隸鑲黃旗滿洲。其後世伊克
唐阿爲咸豐朝名臣,初因剿捻有功,補防禦,後以

抗擊日、俄侵略功績卓著,授頭品頂戴、鎮守盛京
等處將軍等職,清光緒二十一年(1895)授鑲黄旗
漢軍都統,出任盛京將軍,有"虎將軍"之譽。載
簡略序、世系。

吉林省伊通滿族自治縣張氏族人

[吉林伊通]佛滿洲扎拉里氏宗譜不分卷　(清)
伊克唐阿纂修　據清光緒二十一年(1895)稿本
複印　一册　書名據封面題　滿文　有漢文落款
參見前條。

吉林省伊通滿族自治縣博物館　吉林師範大學
滿族文化研究所

[吉林伊通]葉赫那拉氏族譜一卷　(清)祥安纂
修　清道光二十九年(1849)九思堂朱格欄稿本
一册　書名據版心、書簽題　四修本

始祖概吉,誥封儒林郎,順治元年(1644)入京,
職授親軍。譜載目録、序、世系圖、齒序圖、墓圖、
墓志、世系年表等。世系編至九世。

國家圖書館

[吉林伊通]葉赫那拉氏族譜一卷　(清)祥安纂
修　2003年北京圖書館出版社據清道光二十九
年(1849)九思堂朱格欄稿本影印　合册　書名
據版心、書簽題　四修本

參見前條。

本譜載於《北京圖書館藏家譜叢刊·民族卷》
第三十八册

[吉林伊通]葉赫那拉氏族譜不分卷　(清)祥安
纂修　(清)那謙增補　清同治元年(1862)九思
堂稿本　存一册　書名據版心題　清光緒間那謙
手寫增補　七修本

先祖同上。譜載前十世表、始祖墓圖等。族籍
葉赫部在今吉林伊通縣境。

北京市東城區圖書館

[吉林伊通]葉赫那拉氏宗譜源流考一卷　葉淩
雲纂修　民國三十二年(1943)稿本　一册　書
名據書簽題

先祖同上。

遼寧省圖書館

[吉林伊通]葉赫那拉氏宗譜源流考一卷　葉淩
雲纂修　2003年北京圖書館出版社據民國三十
二年(1943)稿本影印　合册　書名據書簽題

參見前條。

本譜載於《北京圖書館藏家譜叢刊·民族卷》
第三十八册

[吉林撫松]訥音富察氏譜傳不分卷　(清)恒敬、
富棟纂修　清嘉慶十二年(1807)抄本　一册　書
名據書簽題

富察本係地名,取以爲氏。富察氏爲女真最古
老的姓氏之一,所冠漢姓有富、傅、禮、石、譚、馬、
沙、付、慶、寧、李等,支派繁衍,分散於訥音、沙濟、
訥莫赫、葉赫、額宜湖等地。因年代久遠,譜系難
於聯接,支派也無考。是譜由恒敬等按其先人所
遺記及世居訥音地方譜系可考者,修繕而成。始
祖穆當阿,明代人,居訥音伊哈蘇村,父母早亡,由
其姑父輝發貝勒教養成人。康熙五十二年(1713)
以曾孫哈山有功,因得封典,追贈太子太保、光禄
大夫。譜奉穆當阿爲一世祖,而其上代還有魯義
喀喇、塔哈納、太尚阿、善圖等人,皆事迹無考,於
穆當阿小傳中僅録其名。譜載序、世系。世系自
一世祖穆當阿至吉拉康阿共十一世。

國家圖書館

[吉林撫松]訥音富察氏譜傳不分卷　(清)恒敬、
富棟纂修　2003年北京圖書館出版社據嘉慶十
二年(1807)抄本影印　書名據書簽題　合册

參見前條。

本譜載於《北京圖書館藏家譜叢刊·民族卷》
第四十五册

[吉林撫松]訥音富察氏增修支譜不分卷　(清)
德馨等纂修　清稿本　二册　書名據版心題　卷
端題訥音富察氏譜傳　書簽題富察氏增修支譜溯
源記　記事至清光緒十六年(1890)

先祖同上。

中國科學院圖書館

[吉林琿春]富察氏家譜不分卷　纂修者不詳　民國五年(1916)抄本　一册　書名據封面題

始祖兄弟二人，兄岱仙由琿春移居訥音，弟佗雲仍居琿春。後裔分隸正紅旗、鑲黃旗。載序言、世系及家譜輩分。

吉林省琿春縣富氏族人

[吉林琿春]富察氏家譜不分卷　纂修者不詳　據民國五年(1916)抄本複印　一册　書名據封面題

參見前條。

吉林師範大學滿族文化研究所

[吉林汪清]瓜爾佳侯關宗譜不分卷　纂修者不詳　清抄本　一册　書名據封面題

是譜據黑龍江寧安縣總譜摘録。始祖康古里，姓瓜爾佳氏，原居東海窩集部噶善達，與清太祖努爾哈赤爲換帖兄弟，隸於鑲白旗滿洲，後遷居吉林省汪清縣百草溝，因功封貝子，天聰初因罪貶爲奴。乾隆、嘉慶時，其裔額爾登保因戰功受封爲侯，其後代遂以"侯關"爲姓。載序言、世系。

吉林省永吉縣烏拉街關氏族人

[吉林]輝發那拉氏宗譜不分卷　纂修者不詳　清道光間稿本　一册　書名據書名頁題　滿文

那拉氏原籍長白山，居輝發。始祖兄弟原爲九人，各以貝勒稱。始遷祖蘇巴太，清太祖時歸服，順治初攜子覺黟托等入燕京，隸正白旗，其子孫充内務府包衣。譜載序、世系及人物小傳。

吉林省長春市趙東升

[吉林]輝發那拉氏宗譜不分卷　纂修者不詳　據清道光間稿本複印　一册　書名據書名頁題　滿文

參見前條。

吉林師範大學滿族文化研究所

[吉林]那拉氏宗譜不分卷　(清)延陞纂修　清

抄清道光二十五年(1845)修本　一册　書名據書簽題

先祖同上。此譜編至第十一世連璧。

國家圖書館

[吉林]那拉氏宗譜不分卷　(清)延陞纂修　2003年北京圖書館出版社據清抄本影印　合册

參見前條。

本譜載於《北京圖書館藏家譜叢刊·民族卷》第三十七册

[吉林]輝發納喇氏族次房三房宗譜正册　纂修者不詳　清光緒間抄本　二册　又題輝發納喇氏宗譜

先祖同上。是譜僅存次房和三房，未有長房。第一册載延庚至曾孫續科世系，第二册載延齡至曾孫存厚世系。

國家圖書館

[吉林]輝發納喇氏族次房三房宗譜正册　纂修者不詳　2003年北京圖書館出版社據清光緒間抄本影印　合册　又題輝發納喇氏宗譜

參見前條。

本譜載於《北京圖書館藏家譜叢刊·民族卷》第三十七册

[吉林]依(伊)爾根覺羅氏家譜不分卷　鍾岐纂修　民國十八年(1929)石印本　一册　書名據書名頁題

始祖宣，清滿洲鑲藍旗人，世居吉林鴨緑江以西。

吉林省吉林市圖書館

[吉林]伊爾根覺羅譜書　趙慶喜纂修　民國二十九年(1940)修本　四册

是族始祖在明末歸順清廷後，由瓦爾喀遷阿拉楚喀再遷吉林。載譜序、歷次創修宗譜原序、伊爾根覺羅氏族通譜、國初地名部落移居考、創修支譜名目、家訓篇、纂古家訓、族長執行規則、宗派篇、祭祀規則、五服圖、省屬族居表、阿城族居表、譜注釋例、譜圖篇、譜注篇等。

　　吉林省吉林市龍潭區趙姓族人

　　本條目據《滿族宗譜研究》著錄

[吉林]長白山本支完顏氏宗譜十卷　（清）完顏
麟慶纂修　佚名續修　清道光間修、民國續修稿
本　三冊　書名據卷端題　版心題完顏氏宗譜

　　始祖守祥，號愛紳貝子，金世宗曾孫。始遷祖魯
克素，守祥十四世孫，居長白山下，清太祖天命初
年舉族來歸，隸鑲藍旗。卷一溯源，卷二宗圖，卷
三譜牒，卷四墓誌，卷五傳紀，卷六恩榮，卷七遺
型，卷八清芬，卷九家禮，卷十雜錄。清末通商大
臣崇厚出於此族。

　　上海圖書館

[吉林]長白郭（羅絡）氏家譜不分卷　（清）連印
纂修　清同治九年（1870）稿本　一冊　書名據
書衣題

　　始遷祖察庫，姓郭羅絡氏，明代人。

　　北京大學圖書館

[吉林]訥音富察氏增修支譜不分卷　德愷等纂
修　清光緒間稿本　一冊　書名據封面題　四
修本

　　始祖穆當阿，原居訥音，後遷輝發。清太祖征輝
發後，隸鑲白旗。載序言八篇、譜傳、世系。其譜
於清初首修，乾隆時二修，嘉慶間三修。

　　吉林省長春市富氏族人

[吉林]訥音富察氏增修支譜不分卷　德愷等纂
修　據清光緒間稿本複印　一冊　書名據封面題
四修本

　　參見前條。

　　吉林師範大學滿族文化研究所

[吉林]正藍旗趙姓家譜不分卷　纂修者不詳
民國二十九年（1940）稿本　一冊　書名據封面
題　書名頁題長白山滿洲訥音部伊爾根覺羅氏
家譜

　　始祖愛喜，居長白山訥音地方。始遷祖杭舒舉

族遷於遼東，投歸清太祖，隸正藍旗，編有《學古屯
譜》；另支人隸於鑲白旗，爲羅古屯支。本譜書爲
《羅古屯譜》。載各地本氏族長名單、範字、譜序
及世系。

　　吉林省長春市趙氏族人

[吉林]正藍旗趙姓家譜不分卷　纂修者不詳
據民國二十九年（1940）稿本複印　一冊　書名據
封面題　書名頁題長白山滿洲訥音部伊爾根覺羅
氏家譜

　　參見前條。

　　吉林師範大學滿族文化研究所

[吉林]傅察哈拉譜書　纂修者不詳　民國初修
本暨1983年修本

　　該族於明末從訥音遷居烏拉。清代設於吉林烏
拉打牲烏拉總管衙門，最初幾任總管爲傅察氏族
世襲，有邁圖、希特庫、滿達爾漢、穆克登等人。本
譜對他們的經歷作了較詳細的記載。傅察哈拉後
改漢姓傅、郭等。本譜有世系兩份，分別修於民國
初和1983年。

　　吉林省永吉縣傅姓族人

　　本條目據《滿族宗譜研究》著錄

[吉林]圖門世譜不分卷　纂修者不詳　清乾隆
間稿本　一冊　書名據書簽題

　　始遷祖珠禄，世居烏喇地方，清初入正白旗。譜
載宗族規條、宦迹題名、科甲題名、世系。

　　國家圖書館

[吉林]圖門世譜不分卷　纂修者不詳　清咸豐
間稿本　一冊　書名據書簽題

　　先祖同上。世系載至第十二世培元止。

　　國家圖書館

[吉林]圖門世譜不分卷　纂修者不詳　2003年
北京圖書館出版社據清咸豐間稿本影印　合冊
書名據書簽題

　　參見前條。

　　本譜載於《北京圖書館藏家譜叢刊·民族卷》

第四十五册

[吉林]圖門世譜不分卷　（清）延昌纂修　清末
朱格抄本　二册　書名自擬
　　先祖同上。第一册首爲宗譜規條，次爲宦迹題
名，有圖一，編至第十二世崇雯止。第二册爲祭祀
婚喪禮節。延昌爲第十一世，道光二十一年
（1841）進士，歷任國子監祭酒、湖北巡撫等職，著
有《古愚軒全集存稿》等。譜於第十二世崇雯下，
記有剪髮及呈請冠姓更名改籍之事。
　　國家圖書館

[吉林]圖門世譜不分卷　（清）延昌纂修　2003
年北京圖書館出版社據清末朱格抄本影印　合册
　　參見前條。
　　本譜載於《北京圖書館藏家譜叢刊·民族卷》
第四十五册

[吉林]重修圖門世譜不分卷　（清）延昌纂修
清抄本　二册　書名據書簽題　原本記事至清光
緒六年（1880）　佚名增補至宣統三年（1911）
　　先祖同上。
　　北京大學圖書館

[吉林]正白旗滿洲三甲喇公中佐領圖門氏家譜
（清）圖門氏纂修　清乾隆五十八年（1793）稿本
一册
　　先祖同上。譜載始祖珠禄三子長房碩洛、次房
烏魯、三房穆模派下世系，至第十世寶善止。寶善
長子即延昌。
　　國家圖書館

[吉林]正白旗滿洲三甲喇公中佐領圖門氏家譜
（清）圖門氏纂修　2003年北京圖書館出版社據
清乾隆五十八年（1793）滿洲圖門氏稿本影印
合册
　　參見前條。
　　本譜載於《北京圖書館藏家譜叢刊·民族卷》
第四十五册

[吉林]瓜爾佳納音關氏譜書四卷　關榮軍等纂
修　民國二十六年（1937）排印本　一册　書名據
封面題
　　始祖都喀那，原居安圖，清康熙十五年（1676）歸
於吉林鑲藍旗滿洲，後又改隸於北京正黃旗滿洲，
後裔居吉林。譜載通序、宗派、移駐、祭祀規則、世
系等。
　　遼寧省本溪滿族自治縣張德玉

[吉林]瓜爾佳納音關氏譜書四卷　關榮軍等纂
修　據民國二十六年（1937）排印本複印　一册
書名據封面題
　　參見前條。
　　吉林師範大學滿族文化研究所

[吉林]瓜爾佳納音關氏譜書四卷　關榮階纂修
排印本　一册　書名據封面題
　　始祖爲第三世索爾霍多。原居寧安牡丹江，
於清天命初年率衆來歸，到第四世分爲五支，
長、二、三、四支分居於松花江東、蛟河、富太
河、永吉縣西阿拉街以及吉林城西春登河等
處，第五支第四世祖"隨龍入都"，隸屬北京正
黃旗應差。載譜序二則、宗派篇、瓜爾佳氏納
音姓氏區別考、國初各部落移駐考、宗族致祭
規則、創修發起人像、第一始祖至第三世祖像、
各支譜注篇、御賜碑文考等。
　　吉林師範大學滿族文化研究所　吉林省永吉市
關氏族人

[黑龍江]衛善堂果氏宗譜　榮繡等撰修　民國
十三年（1924）黑龍江省會信義石印局石印本　十
五册　三修譜　又名黑龍江衛善堂果氏宗譜
　　果氏祖籍山東省登州府蓬萊縣，自明代中葉以
來，世守耕讀，兼習武備，多有隸本鎮行伍者。明
崇禎間族人隨孔有德投靠清太祖努爾哈赤，隨同
清軍征戰於大淩河、松山、杏山、塔山、連山關、錦
州衛、寧遠城、十三站等地。太宗皇太極時，以先
烈從征有功，編入漢軍旗。康熙二十二年（1683），
果氏族人參加抗俄戰爭，多有陣亡者。之後，在黑
龍江邊境戰守六年。康熙三十八年（1699）隨黑龍

江將軍薩布素移駐省城齊齊哈爾,在城北門外興建果氏住宅。民國十年(1921),族人集資在城北門外修建奉先祠。是族從五世祖有功、晉功、德功、成功、建功起分爲五房,爲黑龍江果氏始遷祖。族人歷代爲官者衆多,僅在黑龍江省内,文武官員一共有一百一十六人。譜載原序、第二次修譜序、第三次修譜序及字輩等。字輩爲:奕世承先澤,崇融福壽昌,永存仁孝志,富貴定徵祥。自第十一世起以奕字命名。

　　黑龍江省齊齊哈爾市圖書館

　　本條目據 2008 年第 2 期《黑龍江史志》載李淑清著《〈黑龍江衛善堂果氏宗譜〉考略》一文著録

[黑龍江阿城]他塔喇氏宗譜不分卷　魁陞纂修　抄本　一册　書名據封面題

　　始祖阿努特拉赤,明末人,原居瓦爾喀部安楚拉庫訥阿路,清太祖時投歸,隸於鑲紅旗滿洲,進京後於康熙十年(1671)奉命移駐吉林,二十九年(1690)移防齊齊哈爾,五十年(1711)移駐三姓地區,雍正三年(1725)再移駐阿勒楚喀,遂家焉。載世系、任差職者名録、祭祀禮節。

　　吉林省永吉縣旺起鎮唐氏族人

[黑龍江阿城]阿勒楚喀東正黃旗吳氏家譜　吳況愉纂修　1996 年排印本　書名據版心、書名頁題

　　始遷祖德,行一,清乾隆九年(1744)自北京故宮西北角外鐘鼓樓下之朝帽胡同遷居黑龍江阿城料甸滿族鄉東溝(今阿城紅星鄉海尖村)。

　　黑龍江大學滿語研究所黃錫惠

[黑龍江阿城]富察氏增修支譜溯源記不分卷　德馨纂修　清光緒十六年(1890)稿本　一册　書名據封面題

　　始祖富當阿,歸附清太祖後入鑲藍旗。後裔富明安任清乾隆朝湖廣總督、太子太保。其孫曾任兵部尚書、都察院右都御使、陝甘總督等,是爲滿洲名門。譜載序言、溯源記、東亭碑文、西亭碑文、海帆公墓誌銘、重修核桃園先塋記及增修支譜跋。其譜於清嘉慶十二年(1807)

初修。

　　黑龍江省阿城市富氏族人

[黑龍江阿城]富察氏增修支譜溯源記不分卷　德馨纂修　據清光緒十六年(1890)稿本複印　一册　書名據封面題

　　參見前條。

　　吉林師範大學滿族文化研究所

[黑龍江阿城]趙氏宗族譜書不分卷　趙文清纂修　2005 年排印本　一册　書名據封面題　三修本

　　始祖旦故義,清初人,伊爾根覺羅氏,正白旗滿洲,"隨龍入京",居於河北省宛平縣文字街朝帽胡同,清乾隆九年(1744)奉詔與京畿八旗五百户遷徙於黑龍江阿拉楚喀,屯田西溝,趙氏遂世居於阿拉楚喀等地方。載清光緒四年(1878)滿文譜照片六幅、譜例、譜序、詮注、譜表、籍考、詒訓、世系。其譜於清光緒四年(1878)用滿文初修,民國十六年(1927)二修。

　　黑龍江省阿城市趙文清

[黑龍江雙城]佟大達色宗譜不分卷　佟有才纂修　2008 年排印本　一册　書名據封面題

　　雙城佟氏舊屬滿洲正白旗,世居長白山六道溝、九道溝建州女真人長白部。清太祖努爾哈赤統一建州女真後,佟氏先祖入伍建州女真軍,繼而編入八旗。跟隨後金、清軍初駐興京(今新京),再進駐盛京(今瀋陽),後定居北京草帽胡同(今西草市東街)。清康熙二十六年(1687)回遷岫巖,定居城西九里外趴虎嶺,嘉慶二十二年(1817)又遷往黑龍江雙城堡。一世祖大達色,花馬太爺、霍萬之後。是譜主要記載了東官鎮、聯興鄉、市區承旭門長支世系。2010 年遼寧民族出版社《滿族佟氏家譜總匯》内有本譜節録。

　　黑龍江省雙城市聯興鄉安家村佟勝德

[黑龍江齊齊哈爾]哈拉公社十三方大隊鄒氏家族　(清)奇達纂修　據清乾隆三十三年(1768)

抄本複印　八頁　書名據封面題

　　始遷祖登選,清代人。

　　黑龍江省齊齊哈爾市檔案館

[黑龍江齊齊哈爾]齊齊哈爾蒼氏家譜　蒼萬富
纂修　1997年齊齊哈爾排印本　一册　書名據
書名頁題

　　蒼姓爲黑龍江齊齊哈爾八旗滿洲正白旗二佐薩
克達氏,漢姓蒼。始祖塔瑪,明代人。始遷祖克木
弩,明代人。

　　黑龍江省齊齊哈爾市圖書館

[黑龍江訥河]佟氏宗譜不分卷　纂修者不詳
清末抄本　一册　書名據封面題

　　始祖翁額達,原居長白山。清初歸隸於滿洲,其
子孫後於清晚期遷於黑龍江,遂成爲訥河地方佟
佳氏。載序、世系。

　　黑龍江省訥河市學田鄉佟氏族人

[黑龍江訥河]訥河地方滿族佟佳氏世系宗譜
纂修者不詳　民國末年稿本

　　始祖巴虎特克申,生七子。本譜記第四子翁額
達系下世系。載世系等。1999年撫順市新聞出
版局《滿族佟氏史略》、2010年遼寧民族出版社
《滿族佟氏家譜總匯》內載有本譜節録。

　　黑龍江省訥河市學田鄉佟文惠

　　本條目據《滿族佟氏家譜總匯》著録

[黑龍江綏芬河]馬佳氏族譜不分卷　馬延喜等
纂修　民國十六年(1927)稿本　三修本

　　始祖馬穆敦,明代人。馬佳氏原與費莫氏同屬
一族,元明之際,遷居嘉理庫馬佳地方,因以爲
氏。清太祖時歸順,爲八旗正黃旗,居綏芬河。
清道光二年(1822)馬氏族人合漢,從十四代始,
按輩行命名,正式改用漢姓馬。後裔散居黑龍江
綏化縣,遼寧之遼陽、鳳城、瀋陽,北京等地。清
代人圖海即出於是族。載譜序、多起譜單照片、
祭文、列傳、世系等。其譜於清道光二年(1822)
由升寅等初修,清光緒十三年(1887)二修。
1988年遼寧民族出版社《本溪縣滿族家譜研究》

內載有本譜節録。

　　遼寧省本溪市西湖區姚家灣子馬姓族人

[黑龍江綏芬河]馬佳氏族譜不分卷　馬延喜等
纂修　民國十六年(1927)石印本　一册　書名據
封面題　三修本

　　參見前條。

　　遼寧省本溪滿族自治縣姚家村馬姓族人

[黑龍江綏芬河]馬佳氏族譜不分卷　馬延喜等
纂修　據民國十六年(1927)石印本複印　一册
書名據封面題　三修本

　　參見前條。

　　吉林師範大學滿族文化研究所

[黑龍江綏芬河]馬佳氏族譜四卷首一卷　馬延
喜等纂修　民國十七年(1928)京華印書局排印本
五册　書名據版心、目録題

　　是譜乃以民國十六年(1927)稿本爲底本整理
而成。

　　國家圖書館　中國社會科學院近代史研究所
圖書館　北京大學圖書館　中國人民大學圖書
館　中央民族大學圖書館　南開大學圖書館
遼寧省鳳城市圖書館　吉林大學圖書館　哈爾
濱師範大學圖書館　日本東京大學東洋文化研
究所圖書館　日本東洋文庫　美國哥倫比亞大
學東亞圖書館

[黑龍江綏芬河]馬佳氏族譜四卷首一卷　馬延
喜等纂修　民國十七年(1928)京華印書局排印本
五册　存卷首、二至四　書名據版心、目録題

　　參見前條。

　　中國社會科學院歷史研究所

[黑龍江綏芬河]馬佳氏族譜四卷首一卷　馬延
喜等纂修　據民國十七年(1928)京華印書局排印
本拍攝　膠卷　書名據版心、目録題

　　參見前條。

　　山西省社會科學院中國家譜資料研究中心　美
國猶他州家譜學會

[黑龍江綏芬河]馬佳氏族譜四卷首一卷　馬延喜等纂修　2003年北京圖書館出版社據民國十七年(1928)京華印書局排印本影印　書名據版心、目錄題　二冊

參見前條。

本譜載於《北京圖書館藏家譜叢刊·民族卷》第四十四至四十五冊

[黑龍江綏芬河]馬佳氏族譜四卷首一卷　馬延喜等纂修　據民國十七年(1928)京華印書局排印本複印　五冊　存卷首、二至四　書名據版心、目錄題

參見前條。

遼寧省本溪市檔案館

[黑龍江綏芬河]馬佳氏宗譜一卷　馬廣棻纂修　民國二十五年(1936)抄本　一冊

先祖同上。

日本國立國會圖書館

[黑龍江綏芬河]馬佳氏宗譜一卷　馬廣棻纂修　據民國二十五年(1936)抄本拍攝　膠卷

參見前條。

美國猶他州家譜學會

[黑龍江綏芬河]馬佳氏宗譜文獻彙編甲編二十卷乙編十卷首一卷　馬熙運纂修　1995年排印本暨影印本　一冊　書名據版心題　五修本

先祖同上。是編排印部分爲1994年四修本。卷首題詞、序文及圖片照片,甲編卷一八旗滿洲氏族通譜卷之七、卷二至卷二十馬佳氏宗譜;乙編卷一族源、卷二居地、卷三恩榮、卷四傳記、卷五譜牒、卷六祠墓、卷七碑刻、卷八紀事、卷九藝文、卷十附錄。

故宮博物院圖書館　中國民族圖書館　遼寧省圖書館　遼寧省鞍山市圖書館　吉林省長春市圖書館

[黑龍江海林]正黃旗富察氏族譜　纂修者不詳　民國二十四年(1935)油印本

黑龍江省海林市長汀鎮哈達村傅國庫

[黑龍江寧安]扎庫塔氏家譜不分卷　纂修者不詳　稿本　一冊　書名據封面題　滿漢雙文

扎庫塔,又作查庫塔,世居瓦爾喀、噶哈里必漢額里村、扎庫塔、哈達、薩楚庫、松花江沿岸及長白山等地,漢姓爲吳、張、包、石、朱等。該族始祖查瑪達,原居寧古塔,清初來歸,入鑲紅旗。譜載世系等。

遼寧省燈塔市吳豐玉

[黑龍江寧安]寧古塔地方正黃旗朱姓全譜不分卷　纂修者不詳　民國初年稿本　一冊　書名據封面題

始祖議翁,明太祖朱元璋十七子寧獻王朱權十世孫,順治十五年(1658)降清,授拜他喇布勒哈番(騎都尉)。康熙朝撥遣寧古塔駐防,子嗣於此當差,隸漢軍正黃旗。譜載序、世系。

黑龍江省寧安市朱氏族人

[黑龍江寧安]寧古塔那穆都魯氏家譜不分卷　纂修者不詳　清末據嘉慶二十五年(1820)修本抄　一冊　書名據封面題

始祖博雲,明中葉人,原居綏芬地方,清太祖時來歸,隸正白旗。其七世孫康果禮爲額駙、户部尚書。譜載序、世系、先祖列傳。那穆都魯氏,於清末民國初改爲漢姓那、南等。那穆都魯氏的子孫散居全國各地。

黑龍江省寧安市那氏族人

[黑龍江寧安]寧古塔那穆都魯氏家譜不分卷　纂修者不詳　據清末抄嘉慶二十五年(1820)修本複印　一冊　書名據封面題

參見前條。

吉林師範大學滿族文化研究所

[黑龍江寧安]滿洲阿克扎拉氏家譜不分卷　纂修者不詳　據清道光六年(1826)抄本抄　滿漢雙文　一冊　書名據封面頁題

始祖萬達哩,祖居鄂敏地方。姓阿克扎拉氏,漢

姓雷。入正藍旗,駐防寧古塔。載序、世系等。

　　黑龍江省牡丹江市雷氏族人

[黑龍江寧安]寧古塔吳氏家譜不分卷　吳連勝等纂修　民國二十六年(1937)稿本　一册　書名據封面題

　　始祖吳賽,明末人。本族清代任官職者多人。譜載序、範字、世系。

　　黑龍江省寧安市吳景詳

[黑龍江寧安]寧古塔吳氏家譜不分卷　吳連勝等纂修　據民國二十六年(1937)稿本複印　一册　書名據封面題

　　參見前條。

　　吉林師範大學滿族文化研究所

[黑龍江寧安]滿洲莫爾哲勒氏家譜不分卷　纂修者不詳　稿本　一册　書名據封面題　滿文

　　始祖岡集、格斯和兄弟,原居黑龍江,歸服清太祖後隸鑲白旗,"隨龍入京",後又被撥回黑龍江寧古塔駐防,其後世居到今。漢姓孟。譜載簡序、世系。

　　黑龍江省牡丹江市孟氏族人

[黑龍江寧安]寧古塔地方陳滿洲正黃旗第二牛录徐户之家譜不分卷　纂修者不詳　抄本　一册　書名據封面題

　　始祖甕阿達,明代末葉人,祖居長白山吉林西南地方,清順治十三年(1656)從輝南縣輝發城遷至寧古塔,被編隸於正黃旗滿洲,其後世遂世居於此。載序言及世系。

　　黑龍江省寧安縣徐氏族人

[黑龍江寧安]寧古塔地方陳滿洲正黃旗第二牛录徐户之家譜不分卷　纂修者不詳　據抄本複印一册　書名據封面題

　　參見前條。

　　吉林師範大學滿族文化研究所

[黑龍江寧安]章佳氏世譜不分卷　纂修者不詳

民國初年抄本　一册　佚名續人丁　書名據封面題

　　章佳氏本係地名,因以爲姓。其族甚繁,散處於費雅郎阿、馬兒敦章佳等地。始祖穆都巴顔,明朝末年,初居長白山鄂磨合索洛處(今吉林省敦化縣額穆),生子五人,分居五處。次子章庫居佛扎蘭處,又遷馬兒敦章佳地方(馬兒敦在今遼寧省新賓滿族自治縣永陵鎮西,蘇子河北岸),再遷穆奇倭赫昂巴(穆奇在今永陵鎮西,蘇子河北岸)等地。章佳氏後裔的漢姓有張、尹、章、車、英、寧等。始遷祖依惠,於清初自京師撥遷黑龍江寧古塔駐防。譜載簡序、範字及世系。

　　吉林省長春市章明

[黑龍江寧安]章佳氏世譜不分卷　纂修者不詳據民國初年抄本複印　一册　佚名續人丁　書名據封面題

　　參見前條。

　　吉林師範大學滿族文化研究所

[黑龍江寧安]滿洲富察氏家譜不分卷　纂修者不詳　抄本　一册　書名據封面題　書名頁題覺羅窪子滿洲富察氏家譜　滿漢雙文

　　始祖濤佳,投歸後隸正白旗。始遷祖恩都,於清道光年間遷居寧古塔,子孫遂世居至今。譜載滿文譜系、漢文世系。

　　黑龍江省寧安市富氏族人

[黑龍江寧安]富察氏家譜不分卷　纂修者不詳民國初年抄本　一册　書名據封面題　書名頁題石縫溝富察氏家譜　滿漢雙文

　　始祖沙爾瑚珊,原居於愛通阿漂城,清乾隆二十六年(1761)隨軍遷居寧古塔,世居至今。原隸正白旗,其愛通阿支改隸鑲黃旗。譜世系等。

　　黑龍江省寧安市富氏族人

[黑龍江寧安]富察氏家譜不分卷　纂修者不詳據民國初年抄本複印　一册　書名據封面題　書名頁題石縫溝富察氏家譜　滿漢雙文

參見前條。
吉林師範大學滿族文化研究所

[黑龍江寧安]京都吉林寧古塔三姓等處廂黃旗陳滿洲關姓宗譜書不分卷　傅榮恒等纂修　民國十九年（1930）石印本　一册　書名據書簽題卷端題寧古塔鑲黃旗滿洲訥殷瓜勒佳氏族譜圖三修本
始遷祖瑚沙穆、海都,皆爲清代人。
吉林省社會科學院圖書館

[黑龍江寧安]梅和勒氏宗譜不分卷　纂修者不詳　民國五年（1916）稿本　一册　書名據封面題　二修本
始祖發勒東額,原係那木達拉氏部落,居寧古塔西南延扎河地方,被清太祖努爾哈赤招安,從征當差,遷至京都,编在正黃旗貴成佐領下當差,後賜姓梅和勒。大始祖赴盛京當差,二始祖赴打牲烏拉當差,四始祖方泰回寧古塔當差,是爲始遷祖。各支後世遂世居各地。載序三篇、世系。其譜初修於清代,滿文本,民國五年（1916）二修,將滿文譯爲漢文。
遼寧省本溪滿族自治縣張德玉

[黑龍江寧安]梅和勒氏宗譜不分卷　纂修者不詳　據民國五年（1916）稿本複印　一册　書名據封面題　二修本
參見前條。
吉林師範大學滿族文化研究所

[黑龍江寧安]寧古塔正黃旗梅和勒氏宗譜不分卷　慶山等纂修　民國二十六年（1937）稿本一册　二修本　書名據封面題
先祖同上。譜載前序、重修家譜序、世系及附序。
黑龍江省哈爾濱市梅氏族人

[黑龍江寧安]寧古塔正黃旗梅和勒氏宗譜不分卷　慶山等纂修　據民國二十六年（1937）稿本複印　一册　二修本　書名據封面題

參見前條。
吉林師範大學滿族文化研究所

[黑龍江寧安]梅和勒氏宗譜　梅廣貴等主編1996年排印本　一册　平裝　書名據封面題舊譜題寧古塔正黃旗梅和勒氏宗譜
先祖同上。譜録序、方泰以下世系。
上海圖書館

[黑龍江]庫雅喇氏宗譜不分卷　明海纂修　民國十四年（1925）抄本　四册　書名據封面題　五修本
始遷祖濟祜訥,姓庫雅喇氏,漢姓胡,明末人,原爲窩集部綏芬路人,清太祖時歸順,隸於正白旗滿洲。康熙時其四世孫巴齊那征羅刹有功,賞戴翎頂,任爲世管佐領。後世歷任官員,並分遷各地。譜載序例、淵源、譜圖、譜表、家訓、世人移駐、祠宇、墓圖、恩榮等。其譜由安圖始修於清康熙十五年（1676）,後又續修於雍正元年（1723）、嘉慶二十五年（1820）、道光二十年（1840）,本譜爲第五次纂修。
遼寧省圖書館

[黑龍江]黑龍江庫雅喇氏宗譜九卷　明海纂修民國十四年（1925）鉛印本　四册　書名據書簽、書名頁題　五修本
先祖同上。載黑龍江齊齊哈爾正紅旗滿洲第二佐、都京正白旗滿洲第五參領第十二佐、吉林寧古塔琿春等處庫雅喇氏十六世世系總圖。
遼寧省圖書館

[黑龍江]黑龍江庫雅喇氏宗譜九卷　明海纂修2003年北京圖書館出版社據民國十四年（1925）鉛印本影印　書名據書簽、書名頁題　五修本合册
參見前條。
本譜載於《北京圖書館藏家譜叢刊·民族卷》第四十六册

[江蘇徐州]佟爾寧族譜八卷　纂修者不詳　1993

年排印本　書名據封面題　内頁題燕録堂・佟氏族譜

始祖元興爲元朝國親,元亡退隱徐韓莊,三子分别姓童、仝、佟。十一世孫輔治,乃遼東滿族人,清康熙年間由佟村遷居狼山脚下(現名賀村);爾寧與兄長遷居邳州;後族人又分遷佟場、佟臺等地。譜載爾寧支下世系。卷一碑影、祠堂、譜序、譜規、名人題字及表格後記等,卷二至七爲佟村、賀村、佟場、佟窪、佟橋及佟臺等六支分譜,卷八載多村(多支)合譜。2010年遼寧民族出版社《滿族佟氏家譜總匯》内有本譜節録。

　　江蘇省徐州市佟廷昶

[安徽和縣]仝小橋世系支譜不分卷　仝道榮纂修　2004年排印本　一册　書名據封面題

先祖巴虎特克慎,明初人,原居松花江上游,生育七子,除第七子無嗣外,餘六子分爲六大支,散居各地,至清太祖起兵後,多投歸隸於滿洲各旗,成爲滿洲八旗的骨幹力量。是爲已改回族的安徽省和縣歷陽鎮佟佳氏譜。爲巴虎特克慎第五子達爾漢圖謀圖之後八世孫養真(正)長孫佟國紀(仝小橋)系下支譜。支祖仝小橋曾在清室皇家任御教師,在教練習武中因誤傷太子,發配和州,遂入籍。譜載序、例則、族源考、範字、人物傳略、世系。2010年遼寧民族出版社《滿族佟氏家譜總匯》内有本譜節録。

　　安徽省和縣歷陽鎮仝道榮

[福建晉江]潯江粘氏家譜一卷　(清)粘傳庫纂修　清光緒二十九年(1903)抄本　一册　書名據書衣題

始祖粘没喝,字宗翰,號恒忠,姓完顔,金人,後世以其名爲姓氏。始遷祖博温察兒,元代人。

　　福建省泉州市圖書館

[福建晉江]潯江粘氏家譜一卷　(清)粘傳庫纂修　據清光緒二十九年(1903)抄本複印　一册　書名據書衣題

參見前條。

　　福建省晉江市圖書館

[福建晉江]南潯粘氏皆山家譜二卷附續修秉珂公派下私譜一卷　粘友文纂修　據民國二十三年(1934)抄本複印　三册　書名據封面、目録題

始祖同上。始遷祖細,字尚欽,明代人。

　　福建省圖書館

[福建晉江]南潯粘氏皆山家譜二卷附續修秉珂公派下私譜一卷　粘友文纂修　據民國二十三年(1934)抄本複印　存卷上　書名據封面、目録題

參見前條。

　　福建省晉江市圖書館

[福建晉江]晉江粘氏族譜不分卷　粘友文纂修　據民國二十七年(1938)修本抄　一册　書名據書衣題　版心、目録題粘氏族譜

先祖同上。

　　福建省圖書館　福建師範大學圖書館

[福建晉江]晉江粘氏族譜不分卷　粘友文纂修　據抄民國二十七年(1938)修本拍攝　膠卷　書名據書衣題　版心、目録題粘氏族譜

參見前條。

　　山西省社會科學院中國家譜資料研究中心　美國猶他州家譜學會

[福建晉江]潯江粘氏家譜　麻健敏校點　2004年民族出版社排印本　合册

先祖同上。本譜據《南潯粘氏皆山家譜》點校,並從1985年臺灣粘氏宗親會編纂的《粘氏源流渡臺開基族譜》輯録部分内容。

本譜載於《福建省少數民族古籍叢書・滿族卷》

[山東濰坊]安邱王氏族譜不分卷　纂修者不詳　民國二十年(1931)稿本　一册　七修本

始祖良臣,先世本岳姓,宋武穆鄂王岳飛之後,河南彰德府湯陰縣人,自南宋時避害逃出,遷青州府安邱縣解護莊,改爲王姓。長子士賢入軍籍,後人多居城西;次子士能入民籍,後人多居城東。後裔有遷遼寧新賓者。譜載歷次

修譜序、訓誡、墳墓、世系、世表、條例、岳忠武王遺印記、警戒訓辭、祖宗昌厥後裔詞、詩、志、傳、凡例、跋詞和世系等。譜初修於清初，次修於乾隆二十五年（1760），三修於道光二年（1822），四修於道光三十年（1850），五修於光緒十四年（1888），六修於民國十五年（1926），是爲七修本。2012年遼寧民族出版社《遼東滿族家譜選編》內有本譜節錄。

遼寧省撫順市新賓滿族自治縣王氏族人

［山東濰坊］安邱王氏族譜不分卷　纂修者不詳　抄本　一册　七修本

參見前條。本譜據民國二十年（1931）稿本抄錄。

遼寧省本溪滿族自治縣張德玉

［山東臨沂］佟氏支譜　佟永國纂修　2006年排印本　一册　書名據封面題

始祖達禮，即巴虎特克慎第五子達爾漢圖墨圖。是爲山東省臨沂市羅莊區佟氏譜。爲達爾漢圖謀圖四世孫瑛祖長房棠之後十一世孫世慶系下支譜。是族後世出旗爲民。譜載世系等。2010年遼寧民族出版社《滿族佟氏家譜總匯》內有本譜節錄。

山東省臨沂市羅莊區佟永國

［山東臨沂］佟氏世系支譜　佟德前、佟德廣纂修　2006年排印本

先祖同上。是爲山東省臨沂市蘭山區已改漢族的佟佳氏族譜。爲達爾漢圖謀圖四世孫瑛祖二房棣之後十二世孫世征支下世系譜。世征，原籍遼東鐵嶺，屬漢軍正藍旗，乾隆間任沂州營協鎮。譜載世系等。

山東省臨沂市蘭山區佟氏族人

本條目據《滿族佟氏家譜總匯》著錄

［山東沂水］佟氏世系支譜　佟士允、佟克勝纂修　2007年排印本

始祖達禮，即巴虎特克慎第五子達爾漢圖謀圖。是爲山東省沂水縣四十里鎮已改漢族的佟佳氏族譜。爲達爾漢圖謀圖四世孫瑛之二房桂系下世系支譜。是族五世孫桂（一作貴）自明初隨軍遷移，安居於莒北佟家莊。譜載世系等。2010年遼寧民族出版社《滿族佟氏家譜總匯》內有本譜節錄。

山東省沂水縣四十里鎮佟氏族人

［河南鄭州］牛胡魯哈拉家譜不分卷　（清）蔣廷錫纂修　清光緒間稿本　一册　書名據封面題　二修本

始祖玉，明末人，原居盛京之廣寧縣，漢姓朗氏。以佐命獲封，遂隸鑲黃旗漢軍，遂家京都。其後遷河南省鄭州。譜載序、凡例、姓氏、宗譜、總圖、分圖、述傳、家規、外戚、譜藏及世系。其譜於清康熙四十五年（1706）初修。

河南省鄭州市郎氏

［河南方城］佟氏世系支譜　佟心田、佟朝印纂修　2007年排印本

該族系出巴虎特克慎。是爲河南省方城縣廣陽鎮已改漢族的佟佳氏族譜。爲達爾漢圖謀圖四世孫瑛祖四房森之後十一世孫世愚支下世系譜。該族原籍遼東，後"從龍入關"，於清朝初年定居廣陽地區。譜載世系等。

河南省方城縣廣陽鎮佟氏族人

本條目據《滿族佟氏家譜總匯》著錄

［湖北江陵］新修富察氏支譜二卷首一卷附二卷　（清）札勒哈哩纂修　清光緒三十三年（1907）木活字本　四册

始遷祖岱清，清代人。譜載魁果蕭公榮哀錄、額公國史列傳、神道碑等。

日本國立國會圖書館　美國哥倫比亞大學圖書館

［湖北江陵］新修富察氏支譜二卷首一卷附二卷　（清）札勒哈哩纂修　據清光緒三十三年（1907）木活字本拍攝　膠卷

參見前條。

美國猶他州家譜學會

[廣東深圳]關氏家族世系譜不分卷　纂修者不詳　清末稿本　一册　書名據封面頁題

始遷祖泰,清康熙朝撥往廣東省廣州市駐防,隸於正藍旗滿洲。譜載譜序、出京後之原籍隸屬、祭祀儀節、祭祖常禮、範字、範字歌及世系。

　　廣東省深圳市關氏

[廣西防城港]佟氏族譜　防城佟氏族譜續修小組纂修　2009年排印本　一册　書名據封面題

始祖令亮,清初自遼東遷居靈邑,其三子列爲三房,長房遷欽州,二房、三房遷防城,隸鑲白旗滿洲。本譜記三房必華長子葉輝一支。譜載序、範字、人物、佟氏神龕、祖訓、世系。2010年遼寧民族出版社《滿族佟氏家譜總匯》內有本譜節錄。

　　廣西壯族自治區防城港市防城鎮佟德齊

[貴州開陽]佟氏族譜不分卷　佟德智纂修2009年排印本　一册　書名據封面題

始祖佟倫,生於江西臨江府火燒焰,移居四川煤(眉)州,清康熙十年(1681)後再移居貴州遵義五龍溪,後遷開州(今開陽)冷水灣(今毛力村水口寺對面宿姓屋基),遂家焉。或謂康熙初年倫在御林軍當差,因事被發配至開陽。載序、範字、世系。2010年遼寧民族出版社《滿族佟氏家譜總匯》內有本譜節錄。

　　貴州省開陽縣佟德智

[甘肅靖遠]隴南王氏族譜三編　(清)王堉德等纂修　清咸豐三年(1853)抄本　三册　書名據書衣題

始遷祖廷掌,明季自山西太原移居隴南。支祖可臣,字鳳山,行一,諡襄敏,清順治年間入正白旗漢軍。後裔進寶,字顯吾,清季寄籍甘肅蘭州靖遠縣。是譜首載序、凡例、世次合考,後分三編:前編"隴南王氏原籍族譜",正編"隴南王氏旗籍族譜",後編"隴南王氏寄籍族譜"。

　　北京大學圖書館

[甘肅靖遠]隴南王氏族譜三編　(清)王堉德等

纂修　抄本　三册　存旗籍譜　書名據書衣題

　　國家圖書館

[臺灣]粘氏源流渡臺開基族譜一卷　臺灣粘姓宗親會主編　據1985年臺灣粘姓宗親會鉛印本複印　一册　書名據封面題

始祖粘没喝,字宗翰,號恒忠,姓完顔,金人,後世以其名爲姓氏。博温察兒,元代人,遷晉江。清乾隆五十三年(1788),二十二世粵、恩兄弟自晉江渡臺開基。載世系等。

　　福建省晉江市圖書館

[臺灣彰化]潯江粘氏敦業公派下家譜　粘傳仁纂修　粘忠泉增補　據民國二十二年(1933)修1951年增補稿本影印　一册　卷端題潯江粘氏家譜

先祖同上。後裔移居臺灣省彰化縣福興鄉。

　　臺灣省粘忠泉

[臺灣彰化]潯江粘氏敦業公派下家譜　粘傳仁纂修　粘忠泉增補　據民國二十二年(1933)修1951年增補稿本拍攝　膠卷　卷端題潯江粘氏家譜

參見前條。

　　美國猶他州家譜學會

[葉赫那拉氏]世系生辰譜不分卷　(清)那淳纂修　清敦厚堂抄本　一册　書名據版心題　佚名手補至清嘉慶間　有"達林"、"梅臣"兩印

始遷祖胡錫布。纂修者那淳,號清若,字樸岑,堂號敦厚,乾隆十五年(1750)文舉人,十六年(1751)繙譯進士,官貴州開泰縣知縣,卒於乾隆四十七年(1782)。此譜名爲世系生辰譜,所載生年月日時較詳,均注有八字,然於生平事迹,亦有記載。譜中人名用朱筆記者,係編譜時生存之人。凡乾隆四十七年(1782)以後所記,係後人補記,非出那淳之手。達林爲那淳長子,字梅臣。

　　國家圖書館

葉赫那拉氏世系生辰譜不分卷　（清）那淳纂修
2003年北京圖書館出版社據清敦厚堂抄本影印
合冊　佚名手補至清嘉慶間
　　參見前條。
　　本譜載於《北京圖書館藏家譜叢刊·民族卷》
第三十八冊

伊爾根覺羅氏家譜不分卷　（清）和欽纂修　清
道光元年（1821）刻本　一冊　書名據書衣題
　　始祖沙魯。始遷祖赫臣，清時由瓦爾喀地方挈
族來朝太祖高皇帝。
　　遼寧省大連市圖書館　北京大學圖書館

伊爾根覺羅氏家傳不分卷　（清）鄂恒撰　清咸
豐四年（1854）刻本　一冊
　　本傳載該家族的傳記。
　　國家圖書館

伊爾根覺羅氏家傳不分卷　（清）鄂恒撰　2003
年北京圖書館出版社據清咸豐四年（1854）刻本
影印　合冊
　　參見前條。
　　本家傳載於《北京圖書館藏家譜叢刊·民族
卷》第三十七冊

烏拉那拉氏宗譜原序不分卷　纂修者不詳　稿本
一冊　書名據封面題
　　本序詳細記載了烏拉那拉氏氏族的源流、發展
及明代海西女真四部（國）之一烏拉國的建立。
譜載序等。
　　遼寧省清原滿族自治縣土口子鎮那慶振

吳雅氏通譜不分卷　合族纂修　清光緒十九年
（1893）抄本　一冊　書名據書衣題
　　吳雅氏爲滿洲一姓，又譯烏雅氏。其支系分爲
正黃旗、正藍旗、正紅旗、鑲黃旗等。
　　北京大學圖書館

郭羅洛氏各處地方遠近世宗同譜使典　纂修者不
詳　清同治三年（1864）抄本　一冊

郭羅洛，係地名，因以爲姓，其氏族散處於沽河
地方。譜載傳記。
　　中央民族大學圖書館

郭羅洛氏各處地方遠近世宗同譜使典　纂修者不
詳　2003年北京圖書館出版社據清同治三年
（1864）抄本影印　合冊
　　參見前條。
　　本譜載於《北京圖書館藏家譜叢刊·民族卷》
第三十八冊

鑲黃旗滿洲鈕祜祿氏弘毅公家譜　纂修者不詳
清抄本
　　遼寧省圖書館

沙金傅察氏宗譜　（清）倭克精額、西拉布纂修
清道光十六年（1836）抄本　滿文
　　中央民族大學圖書館

碧魯氏通譜　（清）碧魯崇俊纂修　清光緒二十
二年（1896）鉛印本　一冊
　　碧魯爲滿洲一姓，其氏族散處葉赫等地。譜前
爲譜序，後爲祝瑪拉、薩蘭泰等七人傳（或事迹），
附載烏努布等十四人小傳（或事迹）。所載人物
居葉赫、烏喇、松花江等地方。
　　國家圖書館

碧魯氏通譜　（清）碧魯崇俊纂修　2003年北京
圖書館出版社據清光緒二十二年（1896）排印本影
印　合冊
　　參見前條。
　　本譜載於《北京圖書館藏家譜叢刊·民族卷》
第三十八冊

[覺爾察]宗勳世系備考二卷　（清）恩明纂修
清嘉慶間抄本　一冊　書名據書衣題
　　覺爾察氏爲滿洲八旗姓，鑲藍旗中有此姓。後
有改爲趙氏者。始祖完布祿，明代人。其子安費
揚古，爲後金五大臣之一。
　　中央民族大學圖書館

滿洲西林覺羅氏祭祀書　鄂爾泰氏修　民國十七年(1928)嚴奉寬抄本　一冊

　　是書記滿洲西林覺羅氏各祭祀條規。卷內載序、祭祀定期、祭家祖宗神條規、背燈祭祀條規、祭天還原條規、祭星條規、祭馬神條規、祭老柳枝福祿媽媽神條規、祭新柳枝福祿媽媽神條規。

　　國家圖書館

滿洲西林覺羅氏祭祀書　鄂爾泰氏修　2003年北京圖書館出版社據民國十七年(1928)嚴奉寬抄本影印　合冊

　　參見前條。

　　本書載於《北京圖書館藏家譜叢刊‧民族卷》第四十四冊

恩封宗室王公表　(清)永瑢等纂修　清寫本一冊

　　本表載上始世祖章皇帝第二子,下至太宗文皇帝孫。

　　中央民族大學圖書館

恩封宗室王公表　(清)永瑢等纂修　2003年北京圖書館出版社據清寫本影印　合冊

　　參見前條。

　　本表載於《北京圖書館藏家譜叢刊‧民族卷》第三十五冊

宗勳世系備考　(清)恩明纂修　清嘉慶間抄本合冊

　　是爲覺爾察氏之宗勳世系。載一世完布祿至九世孫之功勳人物事迹。

　　中央民族大學圖書館

宗勳世系備考　(清)恩明纂修　2003年北京圖書館出版社據清嘉慶間抄本影印　合冊

　　參見前條。

　　本冊載於《北京圖書館藏家譜叢刊‧民族卷》第三十五冊

正黃旗滿洲已故世管佐領富勒敏泰接襲宗譜　纂修者不詳　民國間寫本　一冊

　　譜載富勒敏泰派下支系。

　　國家圖書館

正黃旗滿洲已故世管佐領富勒敏泰接襲宗譜　纂修者不詳　2003年北京圖書館出版社據民國間寫本影印　合冊

　　參見前條。

　　本譜載於《北京圖書館藏家譜叢刊‧民族卷》第四十五冊

穆爾哈齊譜錄　纂修者不詳　清抄本　一冊

　　載清太祖高皇帝之子系下世表。

　　國家圖書館

穆爾哈齊譜錄　纂修者不詳　2003年北京圖書館出版社據清抄本影印　合冊

　　參見前條。

　　本譜載於《北京圖書館藏家譜叢刊‧民族卷》第三十三冊

穆爾哈齊譜錄　纂修者不詳　清抄本　一冊

　　載清顯祖宣皇帝之子系下世表。

　　國家圖書館

穆爾哈齊譜錄　纂修者不詳　2003年北京圖書館出版社據清抄本影印　合冊

　　參見前條。

　　本譜載於《北京圖書館藏家譜叢刊‧民族卷》第三十三冊

禮府家傳　纂修者不詳　清乾隆四十三年(1778)刻本　二冊　版心又題康府家傳

　　是譜以禮烈親王(諱代善)爲一世,至六世禮親王(諱永恩)止。

　　遼寧省圖書館

禮府家傳　纂修者不詳　2003年北京圖書館出版社據清乾隆四十三年(1778)刻本影印　合冊

版心又題康府家傳

　　參見前條。

　　本譜載於《北京圖書館藏家譜叢刊‧民族卷》第三十三册

赫舍里氏滿漢合璧家譜　　（清）穆精額纂修　清道光三年（1823）抄本　二册　滿漢雙文

　　赫舍里氏，即金之紇石烈氏。金没，避居遼海東北，黑龍江之赫系赫塞沁，遂氏曰赫舍里。始祖名斡達善，原居烏拉赫系赫塞沁，明弘治、嘉靖間人。二世祖貝勒色勒，始率弟沃赫等遷於愛仁哈噠，故又曰哈噠赫舍里。是譜有二册，第一册用漢文書寫，第二册爲滿文。第一册卷首爲敘，説明編譜用意和修譜資料依據。

　　國家圖書館

朝　鮮　族

[全國]朝鮮氏族統譜一卷附中國姓氏考一卷
尹昌鉉纂修　1985年據民國十二年(1923)排印
本複印　一冊
　　遼寧省圖書館

[遼寧瀋陽]潁陽千氏處士公派譜二卷　纂修者
不詳　1996年排印本　二冊　書名據封面題
　　始祖千萬里,明隆慶武狀元,萬曆以總節使出鎮
北路,召爲内衛鎮撫使,入爲太清殿守衛使兼總督
五軍帥,以調兵領軍使兼總督將奉命救朝鮮,遂與
其子留居朝鮮,是爲朝鮮千氏始祖,後裔遍佈朝鮮
半島。其三支後裔於二十世紀二三十年代遷入中
國,遂入籍中國,爲中國朝鮮族。本譜内容有序、
宗訓、先代遺迹、派譜、後記及附錄。
　　遼寧省瀋陽市千萬松

[遼寧鐵嶺]李氏譜系二卷　(清)李樹德纂修
清康熙六十一年(1722)刻本　一冊　書名據封
面題　二修本
　　始祖純由,朝鮮新羅朝宰相。始遷祖李英,明初
自朝鮮内附,授世職鐵嶺指揮僉事,遂世居鐵嶺。
其五世孫李成梁爲遼東總兵、太子太保、寧遠伯,
鎮遼四十餘年。清入主中原後,李氏隸鑲紅旗漢
軍,文臣武將,代不乏人,爲遼東望族。譜載序、修
譜附記、李氏前三世圖系、世次原始及世系。每個
人物均有譜注小傳。
　　遼寧省鐵嶺縣催陣堡鄉小屯村李澤棉

[遼寧鐵嶺]李氏譜系二卷　(清)李樹德纂修
據清康熙六十一年(1722)刻本複印　一冊　書
名據封面題　二修本
　　參見前條。
　　吉林師範大學滿族文化研究所

[遼寧鐵嶺]李氏譜系四卷　(清)李樹德纂修
據清康熙六十一年(1722)刻本抄　二冊　書名據
版心、書名頁題　二修本
　　參見前條。
　　遼寧省圖書館　遼寧省鐵嶺市圖書館　遼寧省
鐵嶺市博物館　吉林大學圖書館　日本東洋文庫

[遼寧鐵嶺]李氏譜系四卷　(清)李樹德纂修
據抄清康熙六十一年(1722)刻本複印　二冊　書
名據版心、書名頁題　二修本
　　參見前條。
　　遼寧大學圖書館

[遼寧鐵嶺]李氏譜系四卷　(清)李樹德纂修
據抄清康熙六十一年(1722)刻本拍攝　膠卷　書
名據版心、書名頁題　二修本
　　參見前條。
　　美國猶他州家譜學會

[遼寧新賓]潭陽田氏族譜　(清)田根植纂修
民國三十七年(1948)抄本　一冊　二修本
　　始祖得時。載二十九代世系。載有該族遷入中
國定居於興京等史料。其譜創修於清咸豐十年
(1860)。
　　遼寧省新賓滿族自治縣南雜木鎮田德力
　　本條目據《中國少數民族古籍總目提要·朝鮮
族卷》著録

[遼寧新賓]居昌劉氏世系　纂修者不詳　清光
緒二十九年(1903)抄本　一冊
　　始祖堅規。清光緒年間遷入中國遼寧興京(今
新賓滿族自治縣)。譜載二十六代世系。
　　遼寧省新賓滿族自治縣金順子
　　本條目據《中國少數民族古籍總目提要·朝鮮

族卷》著録

[遼寧新賓] 慶州鄭氏世譜不分卷　纂修者不詳
1991 年排印本　一册　書名據封面題

　始祖智伯虎,古朝鮮六部人,世居觜山珍支,封
樂浪侯,世代繁衍,修譜時已至第七十二世。至七
十世時,其一支遷入中國,爲中國朝鮮族。本譜内
容有重刊序、重刊跋、舊序、慶州鄭氏事迹、山論、
凡例、有司録及世譜。

　遼寧省新賓滿族自治縣新賓鎮鄭錫崇

[遼寧本溪] 慶州鄭氏世譜不分卷　纂修者不詳
民國十六年(1927)鉛印本　一册　書名據封面題

　始遷祖德行,在日本侵佔朝鮮時遷入中國,其弟
德三、德濟仍居原籍平安北道龜城郡黎峴面院倉
洞。德行遷中國桓仁縣,爲渾江水電工程工人,後
家屬遷來,入中國籍。本譜内容主要有序、範字及
世系。

　遼寧省桓仁滿族自治縣鄭元京

[遼寧桓仁] 義城金氏贊成事公派家譜不分卷
金鍾纂修　1949 年鉛印本　一册

　始祖關智。是族於十九世紀末因朝鮮半島動亂
遷入中國,先入吉林省柳河鎮太平屯,民國十五年
(1926)遷桓仁縣泡子沿,遂世代居於桓仁。譜載
關智以下二十五代世系。

　遼寧省本溪滿族自治縣張德玉

[遼寧桓仁] 義城金氏贊成事公派家譜不分卷
纂修者不詳　1987 年排印本　一册　書名據封
面題

　先祖同上。譜載序、世系及範字等。

　遼寧省本溪滿族自治縣張德玉

[遼寧桓仁] 延日承氏族譜不分卷　纂修者不詳
民國七年(1918)鉛印本　一册　書名據封面題
三修本

　始祖宮,原爲中國琅琊人,漢王莽之亂時東渡朝
鮮半島雞林,遂於延日之慶州、定州等地世居。日
本侵佔朝鮮後,承氏遷居中國,後爲中國朝鮮族,

其後世子孫多居於遼寧桓仁等地。本譜内容主要
有序、範字及世系。其譜始修於乾隆十二年
(1747),次修於光緒五年(1879),三修於民國七
年(1918)。

　遼寧省桓仁滿族自治縣承雲鐵

[遼寧桓仁] 義城金氏贊成公派家譜不分卷　纂
修者不詳　民國四年(1915)鉛印本　一册　書名
據封面題

　始遷祖金元國,日本侵佔朝鮮後舉家渡江,遷到
遼寧省桓仁縣鳳鳴村居住,後幾經遷徙,最終定居
於業主溝鄉城廠溝村,入中國籍,子孫後代遂以桓
仁等地爲世居地。本譜内容主要有序、範字及世
系。其譜於嘉靖三十八年(1559)、萬曆八年
(1580)、萬曆四十七年(1619)、民國四年(1915)
多次續修。

　遼寧省桓仁滿族自治縣業主溝鄉城廠溝村金
永鎮

[遼寧桓仁] 昌原黃氏族譜不分卷　黃先容纂修
民國二十四年(1935)石印本　一册　書名據封
面題

　始祖忠俊,朝鮮人,原居慶尚道熊川人,高麗侍
中,封昌原伯。黃氏約於上世紀二三十年代遷中
國,並入中國籍。載序、跋、世系等。世系記至第
二十世,時清末民國初,所記約爲六百餘年的昌原
黃氏族人事迹。

　遼寧省桓仁滿族自治縣黃氏族人

[遼寧桓仁] 水原白氏族譜二卷　白利善纂修
民國二十五年(1936)抄本　一册

　始祖松溪。載始祖下三十二代世系。第三十一
代於清光緒十五年(1889)從朝鮮遷入中國,居於
遼寧省桓仁縣四平鄉。

　遼寧省桓仁滿族自治縣沙尖子鎮白氏族人
　本條目據《中國少數民族古籍總目提要·朝鮮
族卷》著録

[遼寧丹東] 文氏宗譜不分卷　纂修者不詳　稿
本　一册　書名據封面題

始祖有德,高祖廷弼,其下至第十一世,居於丹東地方。譜載世系。

遼寧省丹東市文氏族人

[遼寧鳳城]文佳氏譜書不分卷　世哲纂修　民國十四年(1925)稿本　一册　書名據封面題

始祖文多省,新羅慈悲王朝封南平伯。始遷祖文瑞,清順治間自朝鮮來盛京(今瀋陽)習滿語,居譯館當職,後派回鳳城邊門任朝鮮與中國翻譯官,入新滿洲鑲白旗,落户於城東三官廟,後撥於城西二檯子處。三世後分徙於北山、紅花峪、唐家溝及北京等處。後世以文佳爲氏。載祖塋碑文、序二篇、範字及房園坐落。

遼寧省丹東市文彩

[遼寧鳳城]文佳氏譜書不分卷　世哲纂修　據民國十四年(1925)稿本複印　一册　書名據封面題

參見前條。

吉林師範大學滿族文化研究所

[遼寧鳳城]文佳氏譜書不分卷　世哲纂修　民國十四年(1925)刻本　一册　書名據書衣題

參見前條。

遼寧省鳳城市蘇永勳

[遼寧鳳城]文佳氏譜書不分卷　世哲纂修　據民國十四年(1925)刻本複印　一册　書名據書衣題

參見前條。

遼寧省鳳城市檔案館

[遼寧鳳城]慶州金氏世譜　金履郁纂修　排印本　一册　存卷上

始祖于智。始遷祖崇齡。

遼寧省鳳城市圖書館

[遼寧盤山]咸陽朴氏世譜(選録)三卷　朴世焕主修　1990年遼寧民族出版社據民國二十八年(1939)刻本排印　合册　書名據書名頁、目録題

六修本

是譜爲《遼寧朝鮮族家譜選》選譜二種之一。始祖善,約於北宋哲宗時居朝鮮慶尚南道咸陽(今韓國慶尚南道咸陽郡)。始遷祖二十七世雲(譜名象焕),民國八年(1919)自朝鮮黄海邊碧城郡遷居遼寧新賓縣旺清門鎮中江道村,後輾轉多地,於1975年定居於盤山縣吳家鄉。1986年朴雲將該譜捐獻於盤山縣人民政府。譜節録譜序、朴氏源派考、新羅始祖事實、八大君事實疑辯、凡例、世系。

本譜載於《遼寧朝鮮族家譜選》

[遼寧大連]旅大韓氏成和後家譜　韓行方纂修　1999年排印本　一册　書名據封面題

是族唐代遷入遼陽,明嘉靖間移居金州(今大連)東南之廣禄島,世業農耕。清順治間,成和與其孫志璋始定居金州城之西南隅,是爲始遷祖。後裔分佈於遼寧旅順土城、三澗堡、龍塘,大連甘井子區、金州區等處。譜載三世祖志璋家譜原序、本族名人録、旅大韓氏家族淵源考、各處家譜選。

上海圖書館

[遼寧營口]崔氏譜書不分卷　崔承禮纂修　據民國三十二年(1943)排印本複印　一册　書名據書名頁題

始祖元進,原籍朝鮮東寧衞,明萬曆四十五年(1617)遷至遼寧。始遷祖潤玉、務南。

遼寧省營口市圖書館

[遼寧營口]營口崔氏家譜　崔承營主編　2000年排印本　一册

先祖同上。

遼寧省營口市圖書館　遼寧省營口市崔承營

[遼寧]金氏通譜　(清)金朝傑纂修　清末稿本　十一幅

始遷祖蒲甲,清代自朝鮮來遼東,入漢軍旗。

遼寧省錦州市圖書館

[吉林]間琿萬姓大同譜　姜運球、梁承武編著

2003年北京圖書館出版社據日本昭和四年(1929)排印本影印　合册

　　本譜爲朝鮮族姓氏大統譜。内有三部分内容：第一部分爲歷代編,録朝鮮歷代名人;第二部分爲萬姓始祖編,載朝鮮各地各姓之始祖及其官職等;第三部分記遷居中國吉林延吉、汪清、琿春、和龍四縣朝鮮族人,内分李氏部、金氏部、朴氏部、鄭氏部、尹氏部、崔氏部、柳氏部、洪氏部、申氏部、權氏部、趙氏部、韓氏部、吳氏部、姜氏部、白氏部、沈氏部、安氏部、許氏部、張氏部、任氏部、南氏部、徐氏部、具氏部、俞氏部、元氏部、黃氏部、曹氏部、林氏部、呂氏部、孫氏部、盧氏部、魚氏部、梁氏部、蔡氏部、辛氏部、丁氏部、裴氏部、全氏部、嚴氏部、高氏部、田氏部、玄氏部、文氏部、池氏部、吉氏部、延氏部、朱氏部、周氏部、廉氏部、方氏部、薛氏部、劉氏部、太氏部、馬氏部、都氏部、車氏部、石氏部、董氏部、片氏部,最後爲孝子部和烈女部,每人均有小傳。

　　本譜載於《北京圖書館藏家譜叢刊·民族卷》第一百册

[吉林延邊]朝鮮族統譜　尹昌鉉纂修　民國十四年(1925)排印本　一册

　　是爲朝鮮族姓氏統譜。作者以當時吉林省延邊地區的朝鮮族一百五十种姓氏爲基礎,詳細介紹各個姓氏的淵源,各姓氏中歷代出現的著名文人、愛國名將等。還載有年號、譜序及作者自序。

　　吉林省延邊朝鮮族自治州龍井朝鮮族民俗博物館

　　本條目據《中國少數民族古籍總目提要·朝鮮族卷》著録

赫 哲 族

[黑龍江依蘭]葛依克勒氏宗譜　葛文煥纂修
1943 年寫本　一册

　　葛依克勒氏,漢姓葛。先祖居烏蘇里江德新等
處,清康熙五十三年(1714)遷三姓,入右翼正黃旗
第一佐領下當差。譜載譜序、族譜例言(實際是族
規)、世系表。世系記至十二世。

　　黑龍江省依蘭縣檔案館

　　本條目據 1991 年第 1 期《黑龍江民族叢刊》載
張嘉賓著《依蘭赫哲族三姓考》一文與《中國少數
民族古籍總目提要・赫哲族卷》著録

[黑龍江依蘭]三姓正紅旗滿洲舒穆魯氏宗譜
纂修者不詳　民國三年(1914)寫本　一册

　　舒穆魯氏原係欽訥臨人,始遷祖嘎山達沖吉喀,
清康熙間帶領族人二十一户六十五人,卜居小瓦
丹(今依蘭境内),朝貢清朝廷貂皮。康熙五十三
年(1714)被任爲正紅旗世管佐領,隨遷三姓居住。
雍正十年(1732),嘎山達沖吉喀胞弟那爾琇鈕那
之嗣亦由欽訥臨來姓,添入本旗充差。譜載譜序、
祖塋圖、世系表。世系記至十五世。

　　黑龍江省依蘭縣檔案館

　　本條目據 1991 年第 1 期《黑龍江民族叢刊》載
張嘉賓著《依蘭赫哲族三姓考》一文與《中國少

民族古籍總目提要・赫哲族卷》著録

[黑龍江依蘭]三姓鑲黃旗滿洲盧氏宗譜　雙魁
纂修　民國十三年(1924)寫本　一册　滿漢雙文

　　努業勒氏,漢爲盧姓。其先世居於混同江欽德
藺(今黑龍江勤得利)。清代崛起於挹婁。始祖
吉爾蘇,清康熙年間率族人編入八旗,遷於烏斯渾
河(牡丹江西)。載譜序、祖塋圖、世系表、行輩名
字。世系記至十六世。

　　黑龍江省依蘭縣檔案館

　　本條目據 1991 年第 1 期《黑龍江民族叢刊》載
張嘉賓著《依蘭赫哲族三姓考》一文與《中國少數
民族古籍總目提要・赫哲族卷》著録

[黑龍江依蘭]鈕祜禄氏譜書　纂修者不詳　版
本不詳　一册

　　始祖法特哈,原居長白山,後遷英額峪,清順治
十四年(1657)撥歸打牲烏拉。康熙年間,四世烏
通保一支因抗俄而調至三姓(黑龍江省依蘭縣)。
烏通保官至三姓總管,遂定居三姓,是爲始遷祖。
後入赫哲族。

　　吉林省舒蘭縣郎姓家族

　　本條目據《滿族宗譜研究》著録

蒙 古 族

[全國]兩廣薩氏宗譜　薩義柔等纂修　民國三十八年(1949)香港福星印務公司排印本　一册書名據書衣、書名頁題　二修本

始祖潮宗，清代人。是譜主要載廣州(含番禺)、肇慶、香港等地族裔。

廣東省立中山圖書館　香港大學馮平山圖書館　美國猶他州家譜學會

[全國]薩氏宗譜　薩兆熙等纂修　1980年排印本　一册

先祖同上。

美國猶他州家譜學會

[全國]西南地區蒙古族後裔鐵改余氏宗譜志譜余廷達編纂　2014年雲南民族出版社排印本

載西南余氏家族起源、歷史見證、研考余氏族源、祖源、祖人根脈等史料。

[河北新河]脱氏家譜書一卷　(清)王培纂修抄本　一册　書名據書衣題　卷端題元太師右丞相脱公家傳　記事至清乾隆四十八年(1783)

始祖脱脱，元代至正宰相，蒙古篾兒吉特氏，原籍歸化省托克托縣(今內蒙古呼和浩特市)。二世祖周彬，遷至河北省新河縣，是爲始遷祖。

北京大學圖書館

[河北新河]脱氏家譜　脱樹廷總校　1991年排印本　一册

先祖同上。

遼寧省瀋陽市西關脱寶興

本條目據《回族譜序與宗源考略》著録

[內蒙古]黃金家族二十九代家譜　纂修者不詳清同治十二年(1873)抄本　一幅　蒙古文

是爲成吉思汗家族譜。內載：自成吉思汗至尹湛納希二十八代世系；成吉思汗及其長子尤赤、次子察哈台、三子窩闊台、四子拖雷，及下至十三代繼承汗位子孫的世系；巴圖蒙克達延汗的十一個博羅特兒子，及下至後代扎薩克貝子衮布扎布的世系。

內蒙古社會科學院圖書館

[內蒙古]慧明燭不分卷　(清)班第達羅布桑隆如布撰　舊抄本　一册　蒙古文

該書由三部分組成：一、藏傳佛教流傳至蒙古地區的狀況；二、蒙古可汗世系録；三、鄂爾多斯扎薩克官員史料。2007年內蒙古人民出版社《鄂爾多斯古籍文獻叢書》載有此書。

內蒙古自治區鄂爾多斯市烏審旗檔案局

本條目據《中國少數民族古籍總目提要·蒙古族卷》著録

[內蒙古]博爾濟吉特世譜不分卷　(清)博清額纂修　清乾隆四十六年(1781)文琳堂抄本　四册書名據書籤題

博爾濟吉特氏又譯作博爾濟錦，原爲孛兒只今氏，蒙古皇族姓氏。譜稱始祖成吉思汗，始遷祖忽必烈。明末，元室後裔降附清朝，與清皇室聯姻。清乾隆末，子孫蕃衍爲九支，分居各地。

國家圖書館　北京大學圖書館

[內蒙古]博爾濟吉特世譜不分卷　(清)博清額纂修　據清乾隆四十六年(1781)文琳堂抄本曬藍四册　書名據書籤題

參見前條。

中國社會科學院歷史研究所　中央民族大學圖書館

[内蒙古]蒙古博爾濟錦氏族譜不分卷　纂修者不詳　清抄本　二册　書名據譜序題

是族初居西域額納特克國。始祖爲嘛哈薩嘛諦汗，八傳至爾特齊諾，北至浙戒而居，遞傳乃至博丹察爾。博丹察爾之後，乃以博爾濟根爲姓，清康熙帝御筆欽定名作博爾濟錦。譜載譜序、世系。

福建省圖書館　日本東京大學東洋文化研究所圖書館

[内蒙古]蒙古博爾濟錦氏族譜不分卷　纂修者不詳　據清抄本拍攝　膠卷　書名據譜序題

參見前條。

山西省社會科學院中國家譜資料研究中心　上海圖書館　美國猶他州家譜學會

[内蒙古]蒙古博爾濟吉忒氏族譜三種　（清）羅密纂修　抄本　三册

是譜内有三種族譜：一、《蒙古博爾濟吉忒氏族譜》二卷，一名《蒙古家譜》，清羅密纂修，清博清額補纂，一册；二、《蒙古世譜圖考》不分卷，清博清額纂修，一册；三、《格勒博羅特譜傳》不分卷，清得坤纂修，一册。《蒙古博爾濟吉忒氏族譜》以天竺國嘛哈薩嘛諦汗爲鼻祖，嘛哈薩嘛諦汗爲天竺國開創之君，蒙古之始祖。傳二十二世至元太祖成吉思汗忒木津（鐵木真），剪滅十二國，擁有天下。子窩闊台汗繼位，是爲太宗。上卷自嘛哈薩嘛諦汗記至順帝拖歡忒睦爾烏哈噶圖汗。下卷自順帝子蒙古必力克圖汗記至林丹呼圖克圖汗，附成吉思汗後裔世系、達延汗後裔世系、喀喇沁部世系等。此譜所載從成吉思汗至林丹呼圖克圖汗世系，凡三十二汗二十二世，共四百零九年。所記人物下都有小傳。《蒙古世譜圖考》爲《蒙古博爾濟吉忒氏族譜》之續作，載《元朝秘史》譜系、《輟耕譜》元朝世系、《元史》世系圖、《蒙古族譜》所載世系、蒙古國主世系圖、蒙古子姓分派圖。每圖之後，均有博清額考訂文字。《格勒博羅特譜傳》記達延汗第九子格勒博羅特後裔世系，爲《蒙古黄金史》等所缺載。内有明安、昂洪、多爾濟、郎蘇等人小傳，其内容較《清史稿》詳實。《蒙古博爾濟吉忒氏族譜》今有抄本數種，以内蒙古自治區圖書館藏本最爲詳盡，1956年夏由張萬仁購於北京舊書肆。

内蒙古自治區圖書館

本條目據1996年第1期《内蒙古社會科學》載納古單夫著《關於〈蒙古博爾濟吉忒氏族譜〉之版本》等著録

[内蒙古]蒙古博爾濟吉忒氏族譜三種　（清）羅密纂修　1957年抄本　三册

參見前條。此爲1957年内蒙古歷史研究所任金友據内蒙古自治區圖書館抄本抄録而成。

内蒙古社會科學院圖書館

本條目據1996年第1期《内蒙古社會科學》載納古單夫著《關於〈蒙古博爾濟吉忒氏族譜〉之版本》著録

[内蒙古]蒙古家譜二卷　（清）羅密纂修　（清）博清額補纂　抄本　一册　一名《蒙古博爾濟吉忒氏族譜》　存卷下

參見前條。此本爲較早版本，僅存卷下，爲蒙古必力克圖汗至林丹汗譜系小傳。

國家圖書館

本條目據1996年第1期《内蒙古社會科學》載納古單夫著《關於〈蒙古博爾濟吉忒氏族譜〉之版本》著録

[内蒙古]蒙古家譜二卷　（清）羅密纂修　（清）博清額補纂　抄本　一册　一名《蒙古博爾濟吉忒氏族譜》　蒙古文

此爲蒙古文舊抄本，極爲珍稀。

内蒙古社會科學院圖書館

[内蒙古]蒙古博爾濟吉忒氏族譜二卷　（清）羅密纂修　（清）博清額補纂　清朱墨抄本　三册

前爲《蒙古家譜》二卷，後附《元朝秘史》譜系、《元史》世系圖、《蒙古族譜》所載世系、蒙古國主世系圖、蒙古子姓分派圖，以及皇帝賜明安、郎蘇等人制誥等，也即《蒙古世譜圖考》、《格勒博羅特譜傳》中的内容，但未題譜名。

國家圖書館

[內蒙古]蒙古博爾濟吉忒氏族譜二卷　（清）羅密纂修　（清）博清額補纂　2003年北京圖書館出版社據清朱墨抄本影印　合冊

參見前條。

本譜載於《北京圖書館藏家譜叢刊·民族卷》第一冊

[內蒙古]蒙古家譜二卷　（清）羅密纂修　（清）博清額補纂　1985年內蒙古人民出版社排印本　一冊　又名《蒙古博爾濟吉忒氏族譜》

參見前條。本譜爲《蒙古家譜》二卷本，收入《漢譯蒙古黃金史綱》中。

[內蒙古]蒙古博爾濟吉忒氏族譜二卷　（清）羅密纂　（清）博清額補纂　1956年曬藍本　四冊

前爲《蒙古家譜》兩卷，後附《蒙古世譜圖考》及《格勒博羅特譜傳》中的部分內容，所載不及內蒙古自治區圖書館藏本詳盡。

中央民族大學圖書館

[內蒙古]蒙古博爾濟吉忒氏族譜二卷　（清）羅密纂　（清）博清額補纂　2003年北京圖書館出版社據1956年曬藍本影印　合冊

參見前條。

本譜載於《北京圖書館藏家譜叢刊·民族卷》第一冊

[內蒙古]蒙古博爾濟吉忒氏族譜二卷　（清）羅密纂修　（清）博清額補纂　2014年內蒙古大學出版社排印本　合冊　又名《蒙古博爾濟吉忒氏族譜》　蒙漢雙文

參見前條。此譜與《蒙古黃史》合於一冊。前載《蒙古博爾濟吉忒氏族譜》上下兩卷，附錄爲《蒙古世譜圖考》、《格勒博羅特譜傳》中所載內容。附蒙文影印件。爲內容較完整之版本。

[內蒙古]蒙古家譜二卷　（清）羅密纂修　扎嚕特奉寬校閱　1937年地昌抄本　一冊　又題蒙古博爾濟錦氏族譜

先祖同上。此爲羅本蒙古文原著漢譯傳抄本。

前有江瀚、奉寬兩人前言，以及羅密雍正十三年序。奉寬前言曰："（此譜）人、地名字，傳統事迹，多與內府所刊蒙古翻譯本《蒙古源流》大致略同。""此譜向無刊本，沈曾植、張爾田作《蒙古源流箋證》多取材於此，即其所稱之世系譜是也。"

中國第一歷史檔案館

[內蒙古]蒙古家譜二卷　（清）羅密纂修　扎嚕特奉寬校閱　1996年排印本　合冊　又題蒙古博爾濟錦氏族譜

此本據中國第一歷史檔案館藏1937年抄本《蒙古家譜》排印。

本譜載於1996年第3期《歷史檔案》載李保文編選《蒙古博爾濟錦氏族譜》

[內蒙古]恩榮奕葉不分卷　（清）德坤等纂修　清抄本　一冊

載明安、納穆僧格、鄂齊爾、綽爾吉等人之碑文，以及各類圖表與制誥敕諭等，有爲《格勒博羅特譜傳》所缺載者。

國家圖書館

[內蒙古]恩榮奕葉不分卷　（清）德坤等纂修　2003年北京圖書館出版社據清抄本影印　合冊

參見前條。

本譜載於《北京圖書館藏家譜叢刊·民族卷》第一冊

[內蒙古]正藍旗滿洲博爾濟吉特氏支譜不分卷　（清）葆亨纂修　清同治十年（1871）教經堂刻本　一冊　書名據版心題

始祖瑙諾木，清封兀魯特貝勒。後人有居大連等地。譜載譜序、世系。

上海圖書館

[內蒙古]博爾濟吉特氏支譜不分卷　（清）葆亨纂修　清光緒十三年（1887）教經堂刻本　一冊　書名據版心題

先祖同上。

北京大學圖書館

[内蒙古] 正藍旗博爾濟吉特氏支譜不分卷
(清)子强纂修　據 1953 年排印本複印　一册
書名據書名頁題

　先祖同上。譜載譜序、世系、慕園記。
　上海圖書館

[内蒙古] 敖漢部貝子府王公家族史孛兒只今氏
世系譜　鮑楓珊纂修　2009 年排印本

　先祖同上。該書收録了從成吉思汗始元朝十五
帝至三十代貝子府德王世系等。
　國家圖書館　内蒙古自治區圖書館　内蒙古自
治區赤峰市圖書館　内蒙古自治區敖漢旗圖書館

[内蒙古] 蒙古滿洲諸汗源流不分卷　纂修者不
詳　清末抄本　一册　蒙古文　書名自擬

　譜載自印度瑪哈薩瑪迪汗到孛兒帖赤那、也速
該把阿禿兒止的汗王源流,與自成吉思汗到妥歡
帖睦爾的諸汗源流。該譜還載妥歡帖睦爾汗失
國北走、自必力克圖汗起至林丹汗的蒙古諸汗源
流,以及清帝王源流等。
　内蒙古社會科學院圖書館

[内蒙古] 内蒙古四十九旗王公系圖表不分卷
纂修者不詳　清抄本　一册　蒙古文

　是書所載内容:從成吉思汗起,詳細記述蒙古
諸旗,尤詳内四十九旗的管理、根源;從大元起至
大清朝一百六十年的歷史,簡述從必里格圖汗起
至林丹汗之歷史;歸附清朝廷的蒙古各旗、蘇木、
區域、地方名稱及氏族、輩分等。
　内蒙古自治區錫林郭勒盟東烏珠穆沁旗圖書館
　本條目據《中國少數民族古籍總目提要·蒙古
族卷》著録

[内蒙古] 内蒙古四十九旗王公表傳不分卷　纂
修者不詳　據清末抄本複印　一册　蒙古文

　是表載歸附清廷的蒙古旗、蘇木的史料,以及哲
里木、昭烏達、卓索圖、烏蘭察布、錫林郭勒、伊克
昭等内六盟之官員世系、承襲、革職官銜等。
　内蒙古社會科學院圖書館　内蒙古大學圖書館

[内蒙古] 蒙古王公世系源流不分卷　纂修者不
詳　清中期抄本　一册　蒙古文

　是爲哈布圖合撒兒後裔之世系。
　内蒙古社會科學院圖書館

[内蒙古] 蒙古王公世系源流不分卷　纂修者不
詳　抄本　一册　蒙古文

　參見前條。
　内蒙古社會科學院圖書館

[内蒙古] 蒙古世系譜五卷　纂修者不詳　民國
二十八年(1939)排印本　一册

　本譜第一卷爲天竺國嘛哈薩嘛諦汗至大賫蘇賓
阿爾灘三搭里圖汗世系傳記,第二卷爲巴泰察漢
至元順帝世系傳記,第三卷爲蒙古必力克圖汗至
滿都古爾汗世系傳記,第四卷爲巴圖孟克大衍汗
至靈丹呼圖克圖汗世系傳記,第五卷雜記各旗人
與事。
　中央民族大學圖書館

[内蒙古] 蒙古世系譜五卷　纂修者不詳　2003
年北京圖書館出版社據民國二十八年(1939)排印
本影印　合册

　參見前條。
　本譜載於《北京圖書館藏家譜叢刊·民族卷》
第一册

[内蒙古] 帝王世系録不分卷　纂修者不詳　民
國間抄本　一册　蒙古文

　譜載蒙古地區佛教傳播和蒙古汗王世系,並概
述華夏黄帝起至清光緒皇帝止的世系等。
　内蒙古自治區圖書館

[内蒙古] 王公世襲與旗界不分卷　纂修者不詳
民國間抄本　一册　蒙古文

　載宇宙起源至成吉思汗及其後代世系等。
　内蒙古自治區錫林郭勒盟東烏珠穆沁旗圖書館
　本條目據《中國少數民族古籍總目提要·蒙古
族卷》著録

[内蒙古]内蒙古旗蘇木沿革不分卷　纂修者不詳　民國間抄本　一册　蒙古文

譜載妥歡帖睦爾汗失國後來巴爾思城，至巴圖蒙克達延汗止共十二代一百五十年的歷史，以及歸附清朝概況、地名、汗王世系、氏族等史料。

内蒙古社會科學院圖書館

[内蒙古]内蒙古旗蘇木沿革不分卷　纂修者不詳　據民國間抄本複印　一册　蒙古文

參見前條。

中國民族圖書館　内蒙古教育出版社資料室

本條目據《中國少數民族古籍總目提要·蒙古族卷》著錄

[内蒙古]内蒙古旗蘇木沿革不分卷　纂修者不詳　抄本　一册　蒙古文

參見前條。

内蒙古自治區錫林郭勒盟東烏珠穆沁旗圖書館

本條目據《中國少數民族古籍總目提要·蒙古族卷》著錄

[内蒙古]蒙古布里亞等源流史略不分卷　纂修者不詳　民國間排印本　一册　蒙古文

譜載古代蒙古汗王世系、成吉思汗統一以及妥歡帖睦爾汗之失國北走林丹汗史和布里亞等史略。

德國馬爾堡圖書館

本條目據《中國少數民族古籍總目提要·蒙古族卷》著錄

[内蒙古]蒙古布里亞等源流史略不分卷　纂修者不詳　據民國間排印本拍攝　一册　蒙古文

參見前條。

内蒙古大學圖書館

本條目據《中國少數民族古籍總目提要·蒙古族卷》著錄

[内蒙古]土默特諸諾顔譜系　纂修者不詳　清末抄本　一幅　蒙古文　殘損嚴重　書名自擬

是爲土默特諸諾顔家族譜。譜載主要内容：成

吉思汗的四個兒子及四子拖雷之子忽必烈，以及其後裔至巴圖蒙克達延汗的十三位可汗；巴圖蒙克達延汗的十一個博羅特兒子；三子巴爾蘇博羅特的六個兒子，次子阿勒坦汗的八個兒子；長子僧克都棱汗的六個兒子，次子噶勒圖諾顔的三個兒子；長子鄂木布楚瑚爾的三個兒子；長子貝子固穆諾顔的八個兒子；七子貝子衮津扎布的四個兒子的承襲者名字，及左土默特貝子哈穆克巴雅思瑚朗圖幾代子孫的名字等。

内蒙古自治區圖書館

[内蒙古]土默特臺吉譜系　纂修者不詳　民國間抄本　一幅　蒙古文　書名自擬

是爲土默特諸臺吉家族的家譜。載呼和浩特土默特臺吉舒米爾岱青洪臺吉及其獨子四世達賴喇嘛的兩代譜系及第二位噶拉圖諾顔往下十二代子孫譜系。

内蒙古自治區圖書館

[内蒙古達爾罕茂明安聯合旗]烏蘭察布盟喀爾喀右翼札薩克旗索特納木多爾濟家譜　纂修者不詳　抄本　蒙古文

是爲烏蘭察布盟喀爾喀右翼札薩克旗索特納木多爾濟家族譜，所載世系不詳。

德國馬爾堡圖書館

[内蒙古達爾罕茂明安聯合旗]烏蘭察布盟喀爾喀右翼札薩克旗索特納木多爾濟家譜　纂修者不詳　據德國馬爾堡圖書館所藏抄本拍攝　膠卷　蒙古文

參見前條。

内蒙古大學圖書館

本條目據《中國蒙古文古籍總目》著錄

[内蒙古達爾罕茂明安聯合旗]烏蘭察布盟喀爾喀右翼旗臺吉阿穆古郎家譜　纂修者不詳　抄本　蒙古文

是爲烏蘭察布盟喀爾喀右翼旗臺吉阿穆古郎家族譜，世系不詳。

德國馬爾堡圖書館

[內蒙古達爾罕茂明安聯合旗]烏蘭察布盟喀爾喀右翼旗臺吉阿穆古郎家譜　纂修者不詳　據德國馬爾堡圖書館所藏抄本拍攝　膠卷　蒙古文

參見前條。

內蒙古大學圖書館

本條目據《中國蒙古文古籍總目》著録

[內蒙古達爾罕茂明安聯合旗]烏蘭察布盟茂明安旗二等臺吉桑傑札布家譜　纂修者不詳　抄本　蒙古文

是爲烏蘭察布盟茂明安旗二等臺吉桑傑札布家族譜,世系不詳。

德國馬爾堡圖書館

[內蒙古達爾罕茂明安聯合旗]烏蘭察布盟茂明安旗二等臺吉桑傑札布家譜　纂修者不詳　據德國馬爾堡圖書館所藏抄本拍攝　膠卷　蒙古文

參見前條。

內蒙古大學圖書館

本條目據《中國蒙古文古籍總目》著録

[內蒙古達爾罕茂明安聯合旗]烏蘭察布盟喀爾喀右翼雲端旺楚克旗察布丹家譜　纂修者不詳　抄本　蒙古文

是爲烏蘭察布盟喀爾喀右翼雲端旺楚克旗察布丹家族譜,世系不詳。

德國馬爾堡圖書館

[內蒙古達爾罕茂明安聯合旗]烏蘭察布盟喀爾喀右翼雲端旺楚克旗察布丹家譜　纂修者不詳　據德國馬爾堡圖書館所藏抄本拍攝　膠卷　蒙古文

參見前條。

內蒙古大學圖書館

本條目據《中國蒙古文古籍總目》著録

[內蒙古赤峰]昭烏達盟翁牛特旗王公臺吉等家譜　纂修者不詳　清光緒元年(1875)抄本　一幅　蒙古文

譜載昭烏達盟翁牛特旗王公臺吉支下的世系和有關史料。

國家圖書館

本條目據《中國少數民族古籍總目提要·蒙古族卷》著録

[內蒙古赤峰]昭烏達盟輔助理事軍部扎薩克、翁牛特扎薩克和碩親王銜多羅都凌郡王贊布勒淖爾布旗王公輔國臺吉等家譜　纂修者不詳　清光緒間抄本　一幅　蒙古文

是爲王公輔國臺吉族譜。內載昭烏達盟輔助理事軍部扎薩克、翁牛特扎薩克和碩親王銜多羅都凌郡王贊布勒淖爾布旗王公輔國臺吉等世系和有關史料。

國家圖書館

本條目據《中國少數民族古籍總目提要·蒙古族卷》著録

[內蒙古赤峰]克什克騰旗昌義鄉元房子西溝門趙氏家譜　趙知文纂修　1998年排印本　一册

始遷祖趙玉成,清道光十年(1830)遷居內蒙古赤峰克什克騰旗昌義鄉元房子。載論、記、志、圖(照片)等。

國家圖書館

[內蒙古赤峰]喀喇沁旗牛家營子鎮濰縣營子村張氏家譜　張曉輝主編　2012年排印本　一册

始祖山東省登州府文登縣人。始遷祖先約,清乾隆十五年(1750)遷居喀喇沁旗濰縣營子村。載照片、地圖、世系等。

國家圖書館

[內蒙古通遼]哲里木盟與阿魯科爾沁部家譜不分卷　纂修者不詳　清抄本　一册　蒙古文

是爲哲里木盟與阿魯科爾沁部家族譜,載哲里木盟與阿魯科爾沁部家譜的擴展圖,及茂明安旗、青海厄魯特扎薩克旗、烏拉特扎薩克旗、四子王扎薩克旗的世系和有關史料。

內蒙古社會科學院圖書館

[內蒙古通遼]哲里木盟與阿魯科爾沁部家譜不分卷　纂修者不詳　清抄本　一册　蒙古文

參見前條。
中國國家圖書館
本條目據《中國蒙古文古籍總目》著錄

[内蒙古通遼]哲里木盟奎蒙克塔斯哈喇諾顔始十六代家譜　纂修者不詳　民國間抄本　二幅　蒙古文　書名自擬

是爲哲里木盟奎蒙克塔斯哈喇族譜。譜以奎蒙克塔斯哈喇諾顔爲始祖,載奎蒙克塔斯哈喇諾顔與其長子布達達喇珠爾古勒諾顔、次子納穆達喇噶拉扎古諾顔,及下至第一任管旗土謝圖親王雅什哈克遜、第二任管旗扎薩克圖郡王烏岱、第三任管旗扎薩克和碩達爾罕親王納穆扎勒色棱、第四任管旗扎薩克和碩寶都勒噶泰親王阿莫爾棱貴、第五任管旗扎薩克冰圖郡王袞其克蘇嚨、第六任管旗盟長郭爾羅斯扎薩克輔國公齊默特贊丕勒、第七任管旗扎薩克臺吉布延楚克、第八任管旗杜爾伯特扎薩克旗貝子希喇布羅布斯勒、第九任管旗扎萊特扎薩克貝勒喇什喇布坦、第十任管旗扎薩克鎮國公喇什敏珠爾的科爾沁共十旗之世系。
内蒙古社會科學院圖書館

[内蒙古通遼]薩爾圖氏家乘三卷首一卷　（清）薩爾圖英壽纂修　抄本　二册　存卷首、卷上、下　記事至清光緒二十四年(1898)
始遷祖庫察,清代人。
中國民族圖書館

[内蒙古新巴爾虎右旗]新巴爾虎右旗巴爾虎世譜　新巴爾虎右旗政協文史資料委員會編　1990年内蒙古文化出版社排印本　一册　蒙古文

[内蒙古鄂爾多斯]參領巴延楚克轄下諸臺吉家譜　纂修者不詳　清同治四年(1865)抄本　一幅　蒙古文

是爲參領巴延楚克轄下臺吉瓦齊爾圖雅勒登和碩齊家族譜。譜載瓦齊爾圖雅勒登和碩齊、額爾德尼和碩齊、拜拜色棱、三等臺吉額濟、密扎特、巴延鄂勒齋、巴雅爾莽蕭、阿窩賓桑等八代世系。另記有四等臺吉額濟於清康熙十四年(1675)因立

功被封爲三等臺吉事迹。
内蒙古社會科學院圖書館

[内蒙古鄂爾多斯]參領巴延楚克轄下諸臺吉家譜　纂修者不詳　抄本　一幅　蒙古文
參見前條。
内蒙古社會科學院圖書館

[内蒙古鄂爾多斯]參領伊丹扎布轄下諸臺吉家譜　纂修者不詳　清光緒十一年(1885)抄本　一幅　蒙古文

先祖同上。譜載瓦齊爾圖雅勒登和碩齊長子額爾德尼和碩齊,額爾德尼和碩齊獨子拜拜色棱,拜拜色棱長子額濟、三子琳沁,及下傳九代至巴素之世系。
内蒙古社會科學院圖書館

[内蒙古鄂爾多斯]參領圖門巴雅爾轄下諸臺吉家譜　纂修者不詳　清光緒二十一年(1895)抄本　二幅　蒙古文　鈐有滿文"信章"方形朱砂印章

先祖同上。譜載瓦齊爾圖雅勒登和碩齊長子額爾德尼和碩齊,額爾德尼和碩齊獨子拜拜色棱,拜拜色棱長子額濟、三子琳沁,及下傳九代至巴素之世系。
内蒙古社會科學院圖書館

[内蒙古鄂爾多斯]參領圖門巴雅爾轄下諸臺吉家譜　纂修者不詳　清光緒二十一年(1895)抄本　二幅　蒙古文　鈐有滿文"信章"方形朱砂印章

先祖同上。譜載瓦齊爾圖雅勒登和碩齊長子額爾德尼和碩齊,額爾德尼和碩齊獨子拜拜色棱,拜拜色棱長子額濟、三子琳沁,及下傳十代至巴延多爾濟、巴延托克托瑚、巴延蒙克等世系。
内蒙古社會科學院圖書館

[内蒙古鄂爾多斯]參領章京臺吉巴延多爾濟轄下諸臺吉家譜　纂修者不詳　民國四年(1915)抄本　一幅　蒙古文

先祖同上。譜載瓦齊爾圖雅勒登和碩齊長子額爾德尼和碩齊、額爾德尼和碩齊獨子拜拜色棱、拜

拜色棱長子額濟,及下傳十一代至獨子巴蘇的長子巴延多爾濟、三子巴延孟克的長子旺沁多爾濟之世系。

　　內蒙古社會科學院圖書館

[內蒙古鄂爾多斯]臺吉參領錫倫多爾濟轄下諸臺吉家譜　纂修者不詳　民國十四年(1925)抄本　一幅　蒙古文　鈐有滿文"信章"方形朱砂印章

　　先祖同上。譜載瓦齊爾圖雅勒登和碩齊長子額爾德尼和碩齊,額爾德尼和碩齊獨子拜拜色棱,拜拜色棱長子鄂濟、三子琳沁,及下至後代布延多爾濟、布延托克托瑚、布延蒙克、阿爾色郎、恩克納遜、布延畢里克、圖布信等十餘代之世系。

　　內蒙古社會科學院圖書館

[內蒙古鄂爾多斯]參領臺吉巴延多爾濟轄下諸臺吉家譜　纂修者不詳　民國四年(1915)抄本　一幅　蒙古文

　　先祖同上。譜載瓦齊爾圖雅勒登和碩齊長子額爾德尼和碩齊,額爾德尼和碩齊獨子拜拜色棱,拜拜色棱長子額濟、三子琳沁,及下傳十一代至旺沁多爾濟之世系。

　　內蒙古社會科學院圖書館

[內蒙古鄂爾多斯]參領臺吉巴延多爾濟轄下諸臺吉家譜　纂修者不詳　民國三十四年(1945)抄本　二幅　蒙古文

　　先祖同上。譜載瓦齊爾圖雅勒登和碩齊長子額爾德尼和碩齊,額爾德尼和碩齊獨子拜拜色棱,拜拜色棱長子額濟、三子琳沁,及下傳十一代至旺沁多爾濟之世系。

　　內蒙古社會科學院圖書館

[內蒙古鄂爾多斯]額爾德尼和碩齊之獨子白白斯仁後裔家譜　纂修者不詳　民國間抄本　一幅　蒙古文　譜表缺開頭和左邊部分　書名自擬

　　先祖同上。譜載額爾德尼和碩齊獨子白白斯仁(拜拜色棱)的長子墨特多爾濟、次子旺沁旺楚克、三子琳沁多爾濟,下至後代巴延多爾濟、巴延

蒙克之世系。

　　內蒙古社會科學院圖書館

[內蒙古鄂爾多斯]杭錦旗家譜　纂修者不詳　清光緒十一年(1885)抄本　一幅　蒙古文

　　是爲伊克昭盟鄂爾多斯右翼後旗臺吉家族譜。譜載巴圖蒙克達延汗三子巴爾蘇博羅特、巴爾蘇博羅特長子袞弼哩克圖墨爾根濟農、袞弼哩克圖三子威德爾瑪諾木罕諾顏、威德爾瑪諾木罕諾顏長子塔黑賽音和碩齊,及下至扎薩克旗貝子阿爾賓巴雅爾(1880年承襲扎薩克貝勒爵位,1902年升爲盟長)、次子鄂勒齋胡圖克、三子鄂勒齋巴雅思古朗等十餘代之世系。

　　內蒙古社會科學院圖書館

[內蒙古鄂爾多斯]扎薩克臺吉家譜　纂修者不詳　清光緒十年(1884)抄本　一幅　蒙古文

　　先祖同上。譜載巴圖蒙克達延汗、巴圖蒙克達延汗三子巴爾蘇博羅特、巴爾蘇博羅特長子袞弼哩克圖墨爾根濟農、袞弼哩克圖五子賁呼賴圖格爾岱青,下至後代特古斯巴雅爾、達瑪璘扎布、齊墨特巴勒巴爾、索諾木巴勒巴爾、伊什喇布坦等十餘代之世系。

　　內蒙古社會科學院圖書館

[內蒙古鄂爾多斯]伊克昭盟盟長鄂爾多斯左翼前旗扎薩克固山貝子扎納吉哩第家譜　纂修者不詳　清末抄本　六十六幅　蒙古文　鈐有滿文、蒙古文"鄂爾多斯左翼前旗管旗扎薩克印"朱砂印章

　　先祖同上。譜載巴圖蒙克達延汗三子巴爾蘇博羅特,巴爾蘇博羅特長子袞弼哩克圖墨爾根濟農,袞弼哩克圖六子巴扎(或譯作薩)爾衛征洪臺吉,巴扎爾衛征洪臺吉長子多爾濟達爾罕岱青、次子准都賴衛征,及下至後代等外臺吉袞布扎布等世系。

　　內蒙古社會科學院圖書館

[內蒙古鄂爾多斯]伊克昭盟盟長鄂爾多斯左翼前旗扎薩克固山貝子扎納吉哩第家譜　纂修者不詳　清末抄本　二十一幅　蒙古文　鈐有滿文、

蒙古文"鄂爾多斯左翼前旗管旗扎薩克印"朱砂印章

先祖同上。譜載巴圖蒙克達延汗三子巴爾蘇博羅特,巴爾蘇博羅特長子袞弼哩克圖墨爾根濟農,袞弼哩克圖六子巴扎爾衛征洪臺吉,巴扎爾衛征洪長子多爾濟達罕岱青、次子准都賴衛征,下至後代等外臺吉塔賓泰、等外臺吉旺沁多爾濟、等外臺吉垂濟勒扎布、等外臺吉綽克巴達爾和、等外臺吉濟克墨特色楞等十位等外臺吉十餘代之世系。在最後數人名下貼有"14 年上報"、"17 年上報"字樣的簽條。

內蒙古社會科學院圖書館

[內蒙古鄂爾多斯]巴圖蒙克達延汗三子巴爾蘇博羅特始十五代家譜　纂修者不詳　清末抄本二十幅　譜左側缺損　蒙古文　書名自擬

先祖同上。譜載巴圖蒙克達延汗三子巴爾蘇博羅特,巴爾蘇博羅特長子袞弼哩克圖墨爾根濟農,袞弼哩克圖六子巴薩爾衛征洪臺吉,巴薩爾衛征洪臺吉長子多爾濟達爾罕岱青、次子准都賴衛征,下至後代等外臺吉喇什棟囉布、等外臺吉拉爾吉特、等外臺吉色登扎布、等外臺吉色登喇什、等外臺吉薩克嚕布、等外臺吉寶翰呼爾等凡十五代世系。

內蒙古社會科學院圖書館

[內蒙古鄂爾多斯]巴圖蒙克達延汗三子巴爾蘇博羅特始十六代家譜　纂修者不詳　清光緒十年(1884)抄本　一幅　蒙古文　書名自擬

先祖同上。譜載巴圖蒙克達延汗三子巴爾蘇博羅特、巴爾蘇博羅特長子袞弼哩克圖墨爾根濟農、袞弼哩克圖三子威德爾瑪諾木罕諾顏、威德爾瑪諾木罕諾顏三子納奇雅琿德林岱青、納奇雅琿德林岱青長子桑齋楚琥爾、桑齋楚琥爾獨子扎薩克固山貝子沙克扎(1650 年被封爲固山貝子,1657年去世),下至後代長子素寧素特凡十六代世系。

內蒙古社會科學院圖書館

[內蒙古鄂爾多斯]巴圖蒙克達延汗三子巴爾蘇博羅特始十六代家譜　纂修者不詳　清末抄本

七十一幅　蒙古文　鈐有滿文、蒙古文"鄂爾多斯左翼前旗管旗扎薩克印"朱砂印章　書名自擬

先祖同上。譜載巴圖蒙克達延汗三子巴爾蘇博羅特,巴爾蘇博羅特長子袞弼哩克圖墨爾根濟農,袞弼哩克圖六子巴薩爾衛征洪臺吉,巴薩爾衛征洪臺吉長子多爾濟達爾罕岱青、次子准都賴衛征,下至四等臺吉布延德勒格爾、四等臺吉沙津德勒格爾、四等臺吉布林瑪、等外臺吉德勒格爾巴圖、等外臺吉巴延德勒格爾、長子薩琳德勒格爾、等外臺吉額爾奇木巴圖等共十六代世系。

內蒙古社會科學院圖書館

[內蒙古鄂爾多斯]巴圖蒙克達延汗三子巴爾蘇博羅特始十六代家譜　纂修者不詳　清末抄本四幅　首頁上、下方和第二頁下方有殘損　蒙古文　書名自擬

先祖同上。譜載巴圖蒙克達延汗三子巴爾蘇博羅特、巴爾蘇博羅特長子袞弼哩克圖墨爾根濟農、袞弼哩克圖六子巴薩爾衛征洪臺吉,下至後代等外臺吉袞布等共十六代世系。

內蒙古社會科學院圖書館

[內蒙古鄂爾多斯]巴圖蒙克達延汗三子巴爾蘇博羅特始十六代家譜　纂修者不詳　清末抄本四十三幅　蒙古文　書名自擬

先祖同上。譜載巴圖蒙克達延汗三子巴爾蘇博羅特,巴爾蘇博羅特長子袞弼哩克圖墨爾根濟農,袞弼哩克圖六子巴扎爾衛征洪臺吉,巴扎爾衛征洪臺吉長子多爾濟達爾罕岱青、次子准都賴衛征、三子恩克和碩齊,下至後代等外臺吉袞布、等外臺吉瑪克索爾等共十六代世系。

內蒙古社會科學院圖書館

[內蒙古鄂爾多斯]巴圖蒙克達延汗三子巴爾蘇博羅特始十六代家譜　纂修者不詳　清道光十五年(1835)抄本　十一幅　蒙古文　鈐有滿文、蒙古文"鄂爾多斯右翼後旗管旗扎薩克印"朱砂印章　書名自擬

先祖同上。譜載巴圖蒙克達延汗三子巴爾蘇博羅特,巴爾蘇博羅特長子袞弼哩克圖墨爾根濟農,

衮弼哩克圖三子威德爾瑪諾木罕諾顏，威德爾瑪諾木罕諾顏長子塔黑賽音和碩齊，塔黑賽音和碩齊長子鄂齊爾圖雅勒登和碩齊、次子薩呼奇塔特洪臺吉、三子圖門達哩色沁和碩齊，下至後代諾爾薩勒、納素克、丹巴、額爾德尼綽克圖、瑪噶巴喇、齊勞岱、諾爾布共十六代世系。

　　內蒙古社會科學院圖書館

[內蒙古鄂爾多斯] 巴圖蒙克達延汗三子巴爾蘇博羅特始十六代家譜　纂修者不詳　清光緒二十三年(1897)抄本　四幅　蒙古文　鈐有滿文、蒙古文"鄂爾多斯左翼前旗管旗扎薩克印"朱砂印章　書名自擬

　　先祖同上。譜載巴圖蒙克達延汗三子巴爾蘇博羅特、巴爾蘇博羅特長子衮弼哩克圖墨爾根濟農、衮弼哩克圖三子威德爾瑪諾木罕諾顏、威德爾瑪諾木罕諾顏三子納奇雅琿德林岱青、納奇雅琿德林位岱青長子臺吉楚琥爾、楚琥爾獨子扎薩克旗貝子沙克扎(1650年被封爲固山貝子，1657年去世)，下至後代布林巴雅爾、鄂勒齋巴雅爾、楚克素沁、呼布棟呼、扎薩克固山貝子素寧素特圖、森布林巴圖、青格勒巴圖、諾門巴圖、納琳巴圖、布琳巴圖等凡十六代世系。

　　內蒙古社會科學院圖書館

[內蒙古鄂爾多斯] 巴圖蒙克達延汗三子巴爾蘇博羅特始十七代家譜　纂修者不詳　清末抄本四十六幅　蒙古文　鈐有滿文、蒙古文"鄂爾多斯左翼前旗管旗扎薩克印"朱砂印章　書名自擬

　　先祖同上。譜載巴圖蒙克達延汗三子巴爾蘇博羅特，巴爾蘇博羅特長子衮弼哩克圖墨爾根濟農，衮弼哩克圖六子巴扎爾衛征洪臺吉，巴扎爾衛征洪長子多爾濟達爾罕岱青、次子准都賴衛征，下至後代等外臺吉布延德勒格爾、等外臺吉沙津德勒格爾、等外臺吉布喇、等外臺吉額爾奇木畢里克、等外臺吉色棱德勒格爾等凡十七代世系。

　　內蒙古社會科學院圖書館

[內蒙古鄂爾多斯] 巴圖蒙克達延汗三子巴爾蘇博羅特始十七代家譜　纂修者不詳　清末抄本

五十幅　蒙古文　鈐有滿文、蒙古文"鄂爾多斯左翼前旗管旗扎薩克印"朱砂印章　書名自擬

　　先祖同上。譜載巴圖蒙克達延汗三子巴爾蘇博羅特，巴爾蘇博羅特長子衮弼哩克圖墨爾根濟農，衮弼哩克圖六子巴扎爾衛征洪臺吉，巴扎爾衛征洪臺吉長子多爾濟達爾罕岱青、次子准都賴衛征，下至後代等外臺吉青巴圖、等外臺吉禄拉扎布、等外臺吉巴圖瓦齊爾、等外臺吉帕爾布、四等臺吉布延德勒格爾、等外臺吉沙津德勒格爾、等外臺吉布喇、等外臺吉德勒格爾巴圖、等外臺吉巴延德勒格爾、等外臺吉格爾德琳沁、等外臺吉綽克圖巴雅爾等凡十七代世系。

　　內蒙古社會科學院圖書館

[內蒙古鄂爾多斯] 巴圖蒙克達延汗三子巴爾蘇博羅特始十八代家譜　纂修者不詳　清咸豐五年(1855)抄本　二十八幅　蒙古文　鈐有滿文、蒙古文"鄂爾多斯右翼後旗管旗扎薩克印"朱砂印章　書名自擬

　　先祖同上。譜載巴圖蒙克達延汗三子巴爾蘇博羅特、巴爾蘇博羅特長子衮弼哩克圖墨爾根濟農、衮弼哩克圖三子威德爾瑪諾木罕諾顏、威德爾瑪諾木罕諾顏長子塔黑賽音和碩齊，下至後代察克都爾色棱、布延德勒格爾、綽勒們等共十八代世系。

　　內蒙古社會科學院圖書館

[內蒙古鄂爾多斯] 巴圖蒙克達延汗三子巴爾蘇博羅特始十八代家譜　纂修者不詳　清同治四年(1865)抄本　二十八幅　蒙古文　鈐有滿文、蒙古文"鄂爾多斯右翼後旗管旗扎薩克印"朱砂印章　書名自擬

　　先祖同上。譜載巴圖蒙克達延汗三子巴爾蘇博羅特、巴爾蘇博羅特長子衮弼哩克圖墨爾根濟農、衮弼哩克圖三子威德爾瑪諾木罕諾顏、威德爾瑪諾木罕諾顏長子塔黑賽音和碩齊，下至後代察克都爾色棱、布延德勒格爾、納遜楚克圖、綽勒們等共十八代世系。

　　內蒙古社會科學院圖書館

[内蒙古鄂爾多斯]巴圖蒙克達延汗三子巴爾蘇博羅特始十八代家譜　纂修者不詳　清光緒元年(1875)抄本　二十八幅　蒙古文　鈐有滿文、蒙古文"鄂爾多斯右翼後旗管旗扎薩克印"朱砂印章　書名自擬

先祖同上。譜載巴圖蒙克達延汗三子巴爾蘇博羅特、巴爾蘇博羅特長子袞弼哩克圖墨爾根濟農、袞弼哩克圖三子威德爾瑪諾木罕諾顏、威德爾瑪諾木罕諾顏長子塔黑賽音和碩齊，下至後代察克都爾色棱、布延德勒格爾、鄂勒齋巴圖、綽勒們等共十八代世系。

　　内蒙古社會科學院圖書館

[内蒙古鄂爾多斯]巴圖蒙克達延汗三子巴爾蘇博羅特始十八代家譜　纂修者不詳　清光緒三十三年(1907)抄本　五十幅　存第二十一至第五十幅　蒙古文　鈐有滿文、蒙古文"鄂爾多斯左翼前旗管旗扎薩克印"朱砂印章　書名自擬

先祖同上。譜載巴圖蒙克達延汗三子巴爾蘇博羅特、巴爾蘇博羅特長子袞弼哩克圖墨爾根濟農、袞弼哩克圖六子巴薩爾衛征洪臺吉、巴薩爾衛征洪臺吉長子多爾濟達爾罕岱青、次子准都賴衛征，下至後代等外臺吉巴勒濟特諾爾布、等外臺吉旺扎勒諾爾布等凡十八代世系。

　　内蒙古社會科學院圖書館

[内蒙古鄂爾多斯]巴圖蒙克達延汗三子巴爾蘇博羅特始十八代家譜　纂修者不詳　清末抄本　六十七幅　蒙古文　鈐有滿文、蒙古文"鄂爾多斯左翼前旗管旗扎薩克印"朱砂印章　書名自擬

先祖同上。譜載巴圖蒙克達延汗三子巴爾蘇博羅特、巴爾蘇博羅特長子袞弼哩克圖墨爾根濟農、袞弼哩克圖六子巴薩爾衛征洪臺吉、巴薩爾衛征洪長子多爾濟達爾罕岱青、次子准都賴衛征，下至後代等外臺吉旺沁多爾濟、等外臺吉納遜濟爾噶勒、等外臺吉阿爾色楞、等外臺吉額爾德尼達賴、等外臺吉楚克圖巴雅爾、等外臺吉巴特瑪喀爾布、等外臺吉巴特瑪色棱等凡十八代世系。

　　内蒙古社會科學院圖書館

[内蒙古鄂爾多斯]巴圖蒙克達延汗三子巴爾蘇博羅特始十九代家譜　纂修者不詳　民國十三年(1924)抄本　二十三幅　譜左側缺失、最後一幅有殘損　蒙古文　鈐有滿文、蒙古文"鄂爾多斯左翼前旗管旗扎薩克印"朱砂印章　書名自擬

先祖同上。譜載巴圖蒙克達延汗三子巴爾蘇博羅特、巴爾蘇博羅特長子袞弼哩克圖墨爾根濟農、袞弼哩克圖六子巴薩爾衛征洪臺吉、巴薩爾衛征洪長子多爾濟達爾罕岱青、次子准都賴衛征，下至後代等外臺吉濟琳都爾布、等外臺吉巴延多爾濟、等外臺吉克什克達賴、等外臺吉克什克圖等二十四位等外臺吉等凡十九代世系。

　　内蒙古社會科學院圖書館

[内蒙古鄂爾多斯]巴圖蒙克達延汗三子巴爾蘇博羅特始十九代家譜　纂修者不詳　民國間抄本　七十八幅　蒙古文　鈐有滿文、蒙古文"鄂爾多斯左翼前旗管旗扎薩克印"朱砂印章　書名自擬

先祖同上。譜載巴圖蒙克達延汗三子巴爾蘇博羅特、巴爾蘇博羅特長子袞弼哩克圖墨爾根濟農、袞弼哩克圖六子巴薩爾衛征洪臺吉、巴薩爾衛征洪長子多爾濟達爾罕岱青、次子准都賴衛征，下至後代等外臺吉嚕爾瑪色棱、等外臺吉納遜德勒格爾、等外臺吉特古斯阿穆古郎、等外臺吉納遜特古斯、等外臺吉布延阿爾畢嘴呼、等外臺吉納遜德勒格爾、等外臺吉納遜巴雅爾等共十九代世系。

　　内蒙古社會科學院圖書館

[内蒙古鄂爾多斯]巴圖蒙克達延汗三子巴爾蘇博羅特始十九代家譜　纂修者不詳　民國間抄本　六十八幅　蒙古文　鈐有滿文、蒙古文"鄂爾多斯左翼前旗管旗扎薩克印"朱砂印章　書名自擬

先祖同上。譜載巴圖蒙克達延汗三子巴爾蘇博羅特、巴爾蘇博羅特長子袞弼哩克圖墨爾根濟農、袞弼哩克圖六子巴薩爾衛征洪臺吉、巴薩爾衛征洪長子多爾濟達爾罕岱青、次子准都賴衛征，下至後代二等臺吉旺都特哩克僧、等外臺吉布延巴圖、等外臺吉德勒格爾巴圖、等外臺吉拉旺諾爾布、等外臺吉納遜巴雅爾、等外臺吉克什克都棱等二百零七名臺吉凡十九代世系。

内蒙古社會科學院圖書館

[内蒙古鄂爾多斯]巴圖蒙克達延汗三子巴爾蘇博羅特始二十代家譜　纂修者不詳　民國二十四年(1935)抄本　五十九幅　蒙古文　鈐有滿文、蒙古文"鄂爾多斯左翼前旗管旗扎薩克印"朱砂印章　書名自擬

　　先祖同上。譜載巴圖蒙克達延汗三子巴爾蘇博羅特,巴爾蘇博羅特長子袞弼哩克圖墨爾根濟農,袞弼哩克圖六子巴薩爾衛征洪臺吉,巴薩爾衛征洪長子多爾濟達爾罕岱青、次子准都賴衛征,下至等外臺吉蒙克博羅特、等外臺吉旺扎勒諾爾布、等外臺吉旺扎勒色棱、等外臺吉阿爾賓克什克、等外臺吉阿爾色愣、等外臺吉蒙袞寶、等外臺吉阿勒坦寶等共二十代世系。

　　内蒙古社會科學院圖書館

[内蒙古鄂爾多斯]巴圖蒙克達延汗三子巴爾蘇博羅特始二十代家譜　纂修者不詳　民國三十四年(1945)抄本　二十一幅　鈐有滿文、蒙古文"鄂爾多斯右翼後旗管旗扎薩克印"朱砂印章　書名自擬

　　先祖同上。譜載巴圖蒙克達延汗三子巴爾蘇博羅特、巴爾蘇博羅特長子袞弼哩克圖墨爾根濟農、袞弼哩克圖三子威德爾瑪諾木罕諾顏、威德爾瑪諾木罕諾顏長子塔黑賽音和碩齊,下至後代色登多爾濟、奇勞溫巴圖、額爾德尼巴圖爾、咱喀爾扎布、色登等共二十代世系。

　　内蒙古社會科學院圖書館

[内蒙古鄂爾多斯]伊克昭盟鄂爾多斯扎薩克多羅貝勒阿勒坦鄂齊爾左翼前旗家譜　纂修者不詳　民國間抄本　七十二幅　蒙古文　鈐有滿文、蒙古文"鄂爾多斯左翼前旗管旗扎薩克印"朱砂印章

　　先祖同上。譜載巴圖蒙克達延汗三子巴爾蘇博羅特,巴爾蘇博羅特長子袞弼哩克圖墨爾根濟農,袞弼哩克圖六子巴薩爾衛征洪臺吉,巴薩爾衛德洪臺吉長子多爾濟達爾罕岱青、次子准都賴衛征,下至後代等外臺吉布克濟雅、等外臺吉蒙克博羅特、等外臺吉沙祿呼、等外臺吉旺津色棱等世系。

内蒙古社會科學院圖書館

[内蒙古鄂爾多斯]鄂爾多斯右翼中旗臺吉家譜(伊克公盟)　纂修者不詳　民國三十四年(1945)稿本　一幅。

　　譜以巴圖孟和(1472—1517)爲始祖。載其第三子巴日斯寶力德(1490—1519)以下之世系。其後裔分爲七旗,此爲右翼中旗譜系。

　　内蒙古自治區圖書館

[内蒙古鄂爾多斯]鄂爾多斯右翼中旗管旗章京諾爾布家譜　纂修者不詳　抄本　蒙古文

　　是爲諾爾布家族譜,所載世系不詳。

　　德國馬爾堡圖書館

[内蒙古鄂爾多斯]鄂爾多斯右翼中旗管旗章京諾爾布家譜　纂修者不詳　據德國馬爾堡圖書館所藏抄本拍攝　膠卷　蒙古文

　　參見前條。

　　内蒙古大學圖書館

　　本條目據《中國蒙古文古籍總目》著録

[内蒙古鄂爾多斯]鄂爾多斯左翼中旗首授二等臺吉巴特瑪始八代家譜　纂修者不詳　清末抄本　一幅　蒙古文　鈐有滿文、蒙古文"鄂爾多斯左翼中旗管旗扎薩克印"朱砂印章　書名自擬

　　是爲伊克昭盟鄂爾多斯左翼中旗臺吉巴特瑪家族譜。譜載鄂爾多斯左翼中旗首授二等臺吉巴特瑪及其長子珠勒扎噶支下凡八代之世系。

　　内蒙古社會科學院圖書館

[内蒙古鄂爾多斯]伊克昭盟鄂爾多斯左翼中旗巴特瑪家譜　纂修者不詳　抄本　蒙古文

　　先祖同上。譜載世系。

　　德國馬爾堡圖書館

[内蒙古鄂爾多斯]伊克昭盟鄂爾多斯左翼中旗巴特瑪家譜　纂修者不詳　據德國馬爾堡圖書館所藏抄本拍攝　膠卷　蒙古文

　　參見前條。

内蒙古大學圖書館

本條目據《中國蒙古文古籍總目》著錄

[内蒙古鄂爾多斯]鄂爾多斯左翼中旗首授二等
臺吉瓦巴始十一代家譜　纂修者不詳　清末抄本
一幅　蒙古文　鈐有滿文、蒙古文"鄂爾多斯左翼
中旗管旗扎薩克印"朱砂印章　書名自擬

　　是爲伊克昭盟鄂爾多斯左翼中旗臺吉瓦巴家族
譜。譜載鄂爾多斯左翼中旗首授二等臺吉瓦巴、
瓦巴之子袞布,及下至後代額爾奇木濟爾噶勒等
共十一代之世系。

　　内蒙古社會科學院圖書館

[内蒙古鄂爾多斯]伊克昭盟鄂爾多斯左翼中旗
瓦巴家譜　纂修者不詳　抄本　蒙古文

　　先祖同上。是爲瓦巴家族譜,所載世系不詳。

　　德國馬爾堡圖書館

[内蒙古鄂爾多斯]伊克昭盟鄂爾多斯左翼中旗
瓦巴家譜　纂修者不詳　據德國馬爾堡圖書館所
藏抄本拍攝　膠卷　蒙古文

　　參見前條。

　　内蒙古大學圖書館

　　本條目據《中國蒙古文古籍總目》著錄

[内蒙古鄂爾多斯]伊克昭盟鄂爾多斯左翼中旗
輔國公色布騰諾爾布家譜　纂修者不詳　抄本
蒙古文

　　是爲色布騰諾爾布家族譜,所載世系不詳。

　　德國馬爾堡圖書館

[内蒙古鄂爾多斯]伊克昭盟鄂爾多斯左翼中旗
輔國公色布騰諾爾布家譜　纂修者不詳　據德國
馬爾堡圖書館所藏抄本拍攝　膠卷　蒙古文

　　參見前條。

　　内蒙古大學圖書館

　　本條目據《中國蒙古文古籍總目》著錄

[内蒙古鄂爾多斯]伊克昭盟鄂爾多斯左翼中旗
郡王薩克巴次子家譜　纂修者不詳　抄本　蒙
古文

　　是爲伊克昭盟鄂爾多斯左翼中旗郡王薩克巴次
子家族譜,所載世系不詳。

　　德國馬爾堡圖書館

[内蒙古鄂爾多斯]伊克昭盟鄂爾多斯左翼中旗
郡王薩克巴次子家譜　纂修者不詳　據德國馬爾
堡圖書館所藏抄本拍攝　膠卷　蒙古文

　　參見前條。

　　内蒙古大學圖書館

　　本條目據《中國蒙古文古籍總目》著錄

[内蒙古鄂爾多斯]伊克昭盟鄂爾多斯左翼中旗郡王
薩克巴第四子家譜　纂修者不詳　抄本　蒙古文

　　是爲伊克昭盟鄂爾多斯左翼中旗郡王薩克巴第
四子家族譜,所載世系不詳。

　　德國馬爾堡圖書館

[内蒙古鄂爾多斯]伊克昭盟鄂爾多斯左翼中旗
郡王薩克巴第四子家譜　纂修者不詳　據德國馬
爾堡圖書館所藏抄本拍攝　膠卷　蒙古文

　　參見前條。

　　内蒙古大學圖書館

　　本條目據《中國蒙古文古籍總目》著錄

[内蒙古鄂爾多斯]伊克昭盟鄂爾多斯左翼中旗
沙克素爾家譜　纂修者不詳　抄本　蒙古文

　　是爲伊克昭盟鄂爾多斯左翼中旗沙克素爾家族
譜。所載世系不詳。

　　德國馬爾堡圖書館

[内蒙古鄂爾多斯]伊克昭盟鄂爾多斯左翼中旗
沙克素爾家譜　纂修者不詳　據德國馬爾堡圖書
館所藏抄本拍攝　膠卷　蒙古文

　　參見前條。

　　内蒙古大學圖書館

　　本條目據《中國蒙古文古籍總目》著錄

[内蒙古鄂爾多斯]伊克昭盟鄂爾多斯左翼中旗
郡王札木揚家譜　纂修者不詳　抄本　蒙古文

是爲伊克昭盟鄂爾多斯左翼中旗郡王札木揚家族譜,所載世系不詳。

德國馬爾堡圖書館

[内蒙古鄂爾多斯]伊克昭盟鄂爾多斯左翼中旗郡王札木揚家譜　纂修者不詳　據德國馬爾堡圖書館所藏抄本拍攝　膠卷　蒙古文

參見前條。

内蒙古大學圖書館

本條目據《中國蒙古文古籍總目》著録

[内蒙古鄂爾多斯]章京丹巴多爾濟蘇木諸臺吉家譜　纂修者不詳　民國四年(1915)抄本　一幅　蒙古文　鈐有蒙古文"信章"方形朱砂印章

是爲鄂爾多斯章京丹巴多爾濟家族譜。譜載鄂爾多斯章京丹巴多爾濟蘇木諸臺吉世系。

内蒙古社會科學院圖書館

[内蒙古鄂爾多斯]章京恩克納遜蘇木諸臺吉家譜　纂修者不詳　清同治四年(1865)抄本　一幅　蒙古文

是爲伊克昭盟鄂爾多斯右翼後旗鎮國公扎木素家族譜。譜以伊克昭盟鄂爾多斯右翼後旗首任鎮國公扎木素(1649年被封爲扎薩克鎮國公,1670年去世)爲始祖,載扎木素、扎木素三子三等臺吉琿第、琿第獨子協理二等臺吉朋素克,下至後代德垺克、阿爾賓桑、索諾木多爾濟、布延濟爾噶勒、貢格、巴圖、巴扎爾、德勒格爾桑等凡八代世系。另記述協理三等臺吉朋素克於清康熙五十一年(1712)效力阿勒泰路軍時被封爲二等臺吉之事。

内蒙古社會科學院圖書館

[内蒙古鄂爾多斯]章京瑪尼巴達爾蘇木家譜　纂修者不詳　清光緒元年(1875)抄本　一幅　蒙古文

先祖同上。譜載伊克昭盟鄂爾多斯右翼後旗首任鎮國公扎木素(1649年被封爲扎薩克鎮國公,1670年去世)、扎木素三子三等臺吉琿第、琿第獨子協理二等臺吉朋素克,及下至後代素特巴雅爾、蒙克博羅特、圖布登達爾濟、布延桑、瓦齊爾、瑪什

巴雅爾、色棱棟囉布、布延察罕、巴達爾瑚、特古斯、色棱多爾濟等共九代世系。另記述協理三等臺吉朋素克於清康熙五十一年(1712)效力阿勒泰路軍時被封爲二等臺吉之事。

内蒙古社會科學院圖書館

[内蒙古鄂爾多斯]章京哈達蘇木諸臺吉家譜　纂修者不詳　清光緒二十一年(1895)抄本　一幅　蒙古文

先祖同上。譜載伊克昭盟鄂爾多斯右翼後旗首任鎮國公扎木素(1649年被封爲扎薩克鎮國公,1670年去世)、扎木素三子三等臺吉琿第、琿第獨子協理臺吉朋素克,及下至後代特古斯的長子圖布登達爾濟與色棱道爾吉的長子朋素克琳沁、次子袞布等共十代世系。另記述協理三等臺吉朋素克於清康熙五十一年(1712)效力阿勒泰路軍時被封爲二等臺吉之事。

内蒙古社會科學院圖書館

[内蒙古鄂爾多斯]章京哈達蘇木諸臺吉家譜　纂修者不詳　清光緒三十一年(1905)抄本　一幅　蒙古文

先祖同上。譜載伊克昭盟鄂爾多斯右翼後旗首任鎮國公扎木素(1649年被封爲扎薩克鎮國公,1670年去世)、鎮國公扎木素三子三等臺吉琿第、琿第獨子協理臺吉朋素克,及下至後代朋素克琳沁的長子恩克孫布林等共十一代世系。另記述協理三等臺吉朋素克於清康熙五十一年(1712)效力阿勒泰路軍時被封爲二等臺吉之事。

内蒙古社會科學院圖書館

[内蒙古鄂爾多斯]章京哈達蘇木諸臺吉家譜　纂修者不詳　抄本　一幅　蒙古文

參見前條。

内蒙古社會科學院圖書館

[内蒙古鄂爾多斯]章京烏克雲蘇木諸臺吉家譜　纂修者不詳　清光緒十一年(1885)抄本　一幅

先祖同上。譜載伊克昭盟鄂爾多斯右翼後旗首任鎮國公扎木素(1649年被封爲扎薩克鎮國

公，1670 年去世）、鎮國公扎木素三子三等臺吉琿第、琿第獨子協理臺吉朋素克，及下至後代色稜道爾吉的長子朋素克琳沁、次子袞布等共十代世系。另記述協理三等臺吉朋素克於清康熙五十一年（1712）效力阿勒泰路軍時被封爲二等臺吉之事。

　　内蒙古社會科學院圖書館

[内蒙古鄂爾多斯] 鄂爾多斯右翼後旗臺吉章京朋素克琳沁蘇木諸臺吉家譜　纂修者不詳　民國四年（1915）抄本　一幅　鈐有滿文“信章”方形朱砂印章

　　先祖同上。譜載鄂爾多斯右翼後旗首任鎮國公扎木素（1649 年被封爲扎薩克鎮國公，1670 年去世）、扎木素三子三等臺吉琿第、琿第獨子協理二等臺吉朋素克，及下至後代袞布、恩克森布林凡十一代世系。另記述協理三等臺吉朋素克於清康熙五十一年（1712）效力阿勒泰路軍時被封爲二等臺吉之事。

　　内蒙古社會科學院圖書館

[内蒙古鄂爾多斯] 二等臺吉朋素克家譜　纂修者不詳　抄本　蒙古文

　　先祖同上。是爲二等臺吉朋素克家族譜，所載世系不詳。

　　德國馬爾堡圖書館

[内蒙古鄂爾多斯] 二等臺吉朋素克家譜　纂修者不詳　據德國馬爾堡圖書館所藏抄本拍攝　膠卷　蒙古文

　　參見前條。

　　内蒙古大學圖書館

　　本條目據《中國蒙古文古籍總目》著錄

[内蒙古鄂爾多斯] 鄂爾多斯右翼後旗三等臺吉琿第始九代家譜　纂修者不詳　民國十三年（1924）抄本　一幅　蒙古文　鈐有滿文、蒙古文“鄂爾多斯右翼後旗管旗扎薩克印”方形朱砂印章　書名自擬

　　先祖同上。譜載伊克昭盟鄂爾多斯右翼後旗首

任鎮國公扎木素（1649 年被封爲扎薩克鎮國公，1670 年去世）、扎木素三子三等臺吉琿第、琿第獨子協理二等臺吉朋素克，及下傳六代至四等臺吉博羅特巴圖爾之世系。另記有協理三等臺吉朋素克於清康熙五十一年（1712）效力阿勒泰路軍時被封爲二等臺吉之事。

　　内蒙古社會科學院圖書館

[内蒙古鄂爾多斯] 章京巴延寶日蘇木諸臺吉家譜　纂修者不詳　清同治四年（1865）抄本　一幅　蒙古文

　　先祖同上。譜載伊克昭盟鄂爾多斯右翼後旗首任鎮國公扎木素（1649 年被封爲扎薩克鎮國公，1670 年去世）、扎木素四子三等臺吉額葉齊圖喇勒班第，及下傳七代至長子布延都棱之世系。

　　内蒙古社會科學院圖書館

[内蒙古鄂爾多斯] 鄂爾多斯右翼後旗鎮國公札木蘇始九代家譜　纂修者不詳　清光緒四年（1878）抄本　一幅　蒙古文　書名自擬

　　先祖同上。譜載伊克昭盟鄂爾多斯右翼後旗首任鎮國公札木蘇（即扎木素。1649 年被封爲扎薩克鎮國公，1670 年去世）、札木蘇長子鎮國公蘇納木、蘇納木長子貝子都棱，及下傳六代至三等臺吉德力格爾巴圖的長子阿爾賓巴雅爾、次子烏力吉瑚圖克之世系。

　　内蒙古社會科學院圖書館

[内蒙古鄂爾多斯] 鄂爾多斯右翼後旗鎮國公扎木素始九代家譜　纂修者不詳　清光緒四年（1878）抄本　一幅　蒙古文　鈐有滿文、蒙古文“鄂爾多斯右翼後旗管旗扎薩克印”朱砂印章　書名自擬

　　先祖同上。譜載伊克昭盟鄂爾多斯右翼後旗首任鎮國公扎木素（1649 年被封爲扎薩克鎮國公，1670 年去世）、扎木素長子索諾木（一作蘇納木。1670 年被封爲鎮國公，1672 年去世），及下至後代阿爾賓巴雅爾、鄂勒齋胡圖克等凡九代世系。

　　内蒙古社會科學院圖書館

[内蒙古鄂爾多斯]章京莽鼐蘇木諸臺吉家譜
纂修者不詳　清光緒十一年(1885)抄本　一幅
　　先祖同上。譜載伊克昭盟鄂爾多斯右翼後旗首
任鎮國公扎木素(1649 年被封爲扎薩克鎮國公,
1670 年去世)、扎木素四子三等台吉額葉齊圖喇
勒班第,及下至後代協理臺吉恩克圖魯的長子巴
延都棱、次子巴延特古斯、三子唐蘇克然德納、四
子德力格爾朝格圖凡十一代世系。
　　内蒙古社會科學院圖書館

[内蒙古鄂爾多斯]章京桑傑寶力德蘇木諸臺吉
家譜　纂修者不詳　清光緒二十一年(1895)抄
本　一幅　蒙古文
　　先祖同上。譜載伊克昭盟鄂爾多斯右翼後旗首
任鎮國公扎木素(1649 年被封爲扎薩克鎮國公,
1670 年去世)、扎木素四子三等臺吉額葉齊圖喇
勒班第,及下至後代布延都棱、布延特古斯、唐素
克喇特納、德勒格爾綽克圖、諾門巴雅爾、圖門鄂
勒齋等凡九代世系。
　　内蒙古社會科學院圖書館

[内蒙古鄂爾多斯]章京巴雅爾莽鼐蘇木諸臺吉
家譜　纂修者不詳　民國四年(1915)　抄本
一幅　蒙古文　鈐有滿文"信章"方形朱砂印章
　　先祖同上。譜載伊克昭盟鄂爾多斯右翼後旗第
一代鎮國公扎木素以其四子班迪支下之世系。
　　内蒙古社會科學院圖書館

[内蒙古鄂爾多斯]章京巴雅爾莽鼐蘇木諸臺吉
家譜　纂修者不詳　抄本　一幅　蒙古文
　　内容同上。
　　内蒙古社會科學院圖書館

[内蒙古鄂爾多斯]鄂爾多斯右翼後旗鎮國公札
木蘇始十一代家譜　纂修者不詳　民國十年
(1921)抄本　一幅　蒙古文　書名自擬
　　先祖同上。譜載伊克昭盟鄂爾多斯右翼後旗首
任鎮國公札木蘇(即扎木素。1649 年被封爲扎薩
克鎮國公,1670 年去世)、札木蘇長子鎮國公蘇納
木、蘇納木長子札薩克固山貝子都棱,及下至後代

三等臺吉阿密坦的獨子等外臺吉多爾濟拉布丹等
凡十一代世系。
　　内蒙古社會科學院圖書館

[内蒙古鄂爾多斯]鄂爾多斯右翼後旗鎮國公扎
木素始十一代家譜　纂修者不詳　民國十年
(1921)抄本　一幅　蒙古文　書名自擬
　　先祖同上。譜載伊克昭盟鄂爾多斯右翼後旗首
任鎮國公扎木素、扎木素長子鎮國公索諾木(1670
年被封爲鎮國公,1672 年去世)與其四子三等臺
吉班第,及下至後代多爾濟喇布坦等凡十一代
世系。
　　内蒙古社會科學院圖書館

[内蒙古鄂爾多斯]章京阿勒坦格日勒蘇木諸臺
吉家譜　纂修者不詳　民國三十四年(1945)抄本
一幅　蒙古文
　　先祖同上。譜載伊克昭盟鄂爾多斯右翼後旗首
任鎮國公扎木素(1649 年被封爲扎薩克鎮國公,
1670 年去世)、扎木素四子三等臺吉額葉齊圖喇
勒班第,下至後代巴圖爾色棱、袞布扎布、綽勒們
巴圖爾凡十一代世系。
　　内蒙古社會科學院圖書館

[内蒙古鄂爾多斯]鄂爾多斯右翼後旗章京布嚕
齊禄蘇木諸臺吉家譜　纂修者不詳　民國三十四
年(1945)抄本　一幅　蒙古文
　　先祖同上。譜載鄂爾多斯右翼後旗首任鎮國公
扎木素(1649 年被封爲扎薩克鎮國公,1670 年去
世)、扎木素三子三等臺吉珲第、珲第獨子協理二
等臺吉朋素克,下至後代鄂勒齋德勒格爾、巴延多
爾吉、烏嫩額勒布哩勒、拉克嚕布薩寧布凡十二代
世系。
　　内蒙古社會科學院圖書館

[内蒙古鄂爾多斯]鄂爾多斯左翼前旗扎薩克固
山貝子色棱始十一代家譜　纂修者不詳　清光緒
十年(1884)抄本　一幅　蒙古文　鈐有滿文、蒙
古文"鄂爾多斯左翼前旗管旗扎薩克印"朱砂印
章　書名自擬

是爲伊克昭盟鄂爾多斯左翼前旗貝子色棱（郡王額琳臣侄子，1649 年被封爲旗扎薩克貝子，1676 年去世）家族譜。譜以貝子色棱爲始祖，載色棱、色棱長子多羅貝勒袞布喇什（1677 年承襲旗扎薩克貝子，1680 年被封爲多羅貝勒，1684 年去世），及下至後代二等臺吉旺都特里克藏凡十一代世系。

　　内蒙古社會科學院圖書館

[内蒙古鄂爾多斯] 鄂爾多斯左翼前旗扎薩克貝子寶音巴達喇呼之親屬諸臺吉家譜　纂修者不詳　民國三十五年（1946）抄本　一幅　蒙古文　鈐有蒙古文"鄂爾多斯左翼前旗扎薩克府印"朱砂印章

　　是爲鄂爾多斯左翼前旗扎薩克貝子寶音巴達喇呼之親屬諸臺吉家譜。譜所載諸貝子和臺吉世系，起自伊克昭盟盟長那木吉勒道爾吉，止於民國三十五年（1946）。

　　内蒙古自治區圖書館

[内蒙古鄂爾多斯] 鄂爾多斯左翼中旗首授二等臺吉托音始九代家譜　纂修者不詳　清末抄本　一幅　蒙古文　鈐有滿文、蒙古文"鄂爾多斯左翼中旗管旗扎薩克印"朱砂印章　書名自擬

　　是爲伊克昭盟鄂爾多斯左翼中旗首授二等臺吉托音家族譜。譜以二等臺吉托音爲一世祖，載托音，托音三子素永、四子協理達爾瑪，及下至後代察罕奇勞等共九代世系。

　　内蒙古社會科學院圖書館

[内蒙古鄂爾多斯] 鄂爾多斯左翼中旗臺吉伊什丹巴始九代家譜　纂修者不詳　清末抄本　一幅　蒙古文　鈐有滿文、蒙古文"鄂爾多斯左翼中旗管旗扎薩克印"朱砂印章　書名自擬

　　是爲伊克昭盟鄂爾多斯左翼中旗臺吉伊什丹巴家族譜。譜以伊什丹巴臺吉爲一世祖，載伊什丹巴、伊什丹巴長子阿南達，及下至後代巴圖察罕、察克都爾色棱、納遜巴圖等凡九代世系。

　　内蒙古社會科學院圖書館

[内蒙古鄂爾多斯] 鄂爾多斯左翼中旗臺吉伊什丹巴始九代家譜　纂修者不詳　抄本　一幅　蒙古文　書名自擬

　　内容同上。

　　内蒙古社會科學院圖書館

[内蒙古鄂爾多斯] 伊克昭盟鄂爾多斯左翼中旗臺吉伊什丹巴家譜　纂修者不詳　抄本　蒙古文

　　先祖同上。所載世系不詳。

　　德國馬爾堡圖書館

[内蒙古鄂爾多斯] 伊克昭盟鄂爾多斯左翼中旗臺吉伊什丹巴家譜　纂修者不詳　據德國馬爾堡圖書館所藏抄本拍攝　膠卷　蒙古文

　　參見前條。

　　内蒙古大學圖書館

　　本條目據《中國蒙古文古籍總目》著録

[内蒙古鄂爾多斯] 鄂爾多斯左翼前旗沙達塔楚胡爾臺吉始十代家譜　纂修者不詳　清末抄本　四十幅　蒙古文　譜第四十幅破損　書名自擬

　　是爲伊克昭盟鄂爾多斯左翼前旗臺吉沙達塔楚胡爾家族譜。譜以沙達塔楚胡爾臺吉爲一世祖，載沙達塔楚胡爾及其支下四等臺吉達濟特、四等臺吉濟克嚕勒、四等臺吉津木巴等凡十代一百一十八名臺吉之世系。

　　内蒙古社會科學院圖書館

[内蒙古鄂爾多斯] 三等臺吉沙達塔垂庫爾始十一代家譜　纂修者不詳　民國間抄本　一幅　蒙古文　書名自擬

　　先祖同上。沙達塔垂庫爾，又作沙達塔楚胡爾。譜載三等臺吉沙達塔垂庫爾、沙達塔垂庫爾獨子三等臺吉協理丹巴、丹巴長子三等臺吉協理旺楚克，及下至後代四等臺吉喇克丹巴布多爾濟凡十一代世系。

　　内蒙古社會科學院圖書館

[内蒙古鄂爾多斯] 鄂爾多斯左翼中旗首授二等臺吉沙克蘇爾始九代家譜　纂修者不詳　清末抄

本　一幅　蒙古文　鈴有滿文、蒙古文“鄂爾多斯左翼中旗管旗扎薩克印”朱砂印章　書名自擬

是爲伊克昭盟鄂爾多斯左翼中旗臺吉沙克蘇爾家族譜。譜以首授二等臺吉沙克蘇爾爲一世祖，載沙克蘇爾、沙克蘇爾長子索諾木，及下至後代察罕通等凡九代世系。

內蒙古社會科學院圖書館

[內蒙古鄂爾多斯] 阿雅泰墨爾根阿海始十二代家譜　纂修者不詳　清末抄本　三幅　蒙古文　書名自擬

是爲伊克昭盟鄂爾多斯右翼後旗阿雅泰墨爾根阿海家族譜。譜以阿雅泰墨爾根阿海爲一世祖，載阿雅泰墨爾根阿海、阿海長子鎮國公扎木素（1649年被封爲扎薩克鎮國公，1670年去世）、扎木素長子鎮國公索諾木（1670年承襲扎薩克鎮國公，1672年去世）、索諾木長子扎薩克固山貝子都棱（1672年被封爲扎薩克鎮國公，1698年被封爲固山貝子，1707年去世），下至後代阿勒坦索特圖及其長子齊墨特多爾濟、次子布克多爾濟、三子哈斯巴圖爾、四子喇格沙特多爾濟等共十二代之世系。

內蒙古社會科學院圖書館

[內蒙古鄂爾多斯] 鄂爾多斯右翼後旗三等臺吉阿巴勒始七代家譜　纂修者不詳　清光緒二十七年（1901）抄本　一幅　蒙古文　書名自擬

是爲伊克昭盟鄂爾多斯右翼後旗臺吉阿巴勒家族譜。譜以三等臺吉阿巴勒爲始祖，載阿巴勒與其獨子三等臺吉伊什，下至後代三等臺吉齊勞泰等凡七代世系。四等臺吉阿巴勒於清康熙十四年（1675）以功被封爲三等臺吉。譜上題有蒙古文“軍功於光緒廿七年分抄造冊上報部裏”字樣。

內蒙古社會科學院圖書館

[內蒙古鄂爾多斯] 鄂爾多斯右翼後旗三等臺吉阿巴勒始八代家譜　纂修者不詳　民國十三年（1924）抄本　一幅　蒙古文　書名自擬

先祖同上。譜載伊克昭盟鄂爾多斯右翼後旗三等臺吉阿巴勒、阿巴勒獨子三等臺吉伊什，及下至

後代三等臺吉齊勞泰的獨子四等臺吉伊丹扎布凡八代世系。又記有四等臺吉阿勒於清康熙十四年（1675）在天帆、花馬池等地出現叛亂時，因立功被封爲三等臺吉之事迹。

內蒙古社會科學院圖書館

[內蒙古鄂爾多斯] 鄂爾多斯左翼中旗首授二等臺吉阿南達始九代家譜　纂修者不詳　清末抄本　一幅　蒙古文　鈴有滿文、蒙古文“鄂爾多斯左翼中旗管旗扎薩克印”朱砂印章　書名自擬

是爲伊克昭盟鄂爾多斯左翼中旗臺吉阿南達家族世系譜。譜以首授二等臺吉阿南達爲始祖，載阿南達、阿南達長子什古爾泰，及下至後代德勒格爾楚克圖凡九代世系。

內蒙古社會科學院圖書館

[內蒙古鄂爾多斯] 鄂爾多斯左翼中旗臺吉阿必什格始九代家譜　纂修者不詳　清末抄本　一幅　蒙古文　鈴有滿文、蒙古文“鄂爾多斯左翼中旗管旗扎薩克印”朱砂印章　書名自擬

是爲伊克昭盟鄂爾多斯左翼中旗臺吉阿必什格家族譜。譜以阿必什格爲始祖，載阿必什格、阿必什格長子勞彰，及下至後代袞畢里克凡九代世系。

內蒙古社會科學院圖書館

[內蒙古鄂爾多斯] 伊克昭盟鄂爾多斯左翼中旗臺吉阿必什格家譜　纂修者不詳　抄本　蒙古文

先祖同上。所載世系不詳。

德國馬爾堡圖書館

[內蒙古鄂爾多斯] 伊克昭盟鄂爾多斯左翼中旗臺吉阿必什格家譜　纂修者不詳　據德國馬爾堡圖書館所藏抄本拍攝　膠卷　蒙古文

參見前條。

內蒙古大學圖書館

本條目據《中國蒙古文古籍總目》著錄

[內蒙古鄂爾多斯] 鄂爾多斯左翼中旗協理四等臺吉阿玉什始七代家譜　纂修者不詳　清末抄本　一幅　蒙古文　鈴有滿文、蒙古文“鄂爾多斯左翼

中旗管旗扎薩克印"朱砂印章　書名自擬

是爲伊克昭盟鄂爾多斯左翼中旗協理四等臺吉阿玉什家族譜。譜以阿玉什爲始祖,載阿玉什及其長子協理索諾木、次子根敦,下至後代阿爾色郎凡七代世系。

内蒙古社會科學院圖書館

[内蒙古鄂爾多斯]鄂爾多斯左翼前旗固嚕岱青始八代家譜　纂修者不詳　清末抄本　十一幅蒙古文　書名自擬

是爲伊克昭盟鄂爾多斯左翼前旗固嚕岱青家族譜。譜以固嚕岱青爲始祖,載固嚕岱青、固嚕岱青獨子貝子色棱(郡王額琳臣的侄子,1649年被封爲旗扎薩克貝子,1676年去世),及下至後代四等臺吉西喇布扎穆蘇的長子等外臺吉雲登、次子等外臺吉薩尼德等凡八代世系。

内蒙古社會科學院圖書館

[内蒙古鄂爾多斯]鄂爾多斯左翼前旗固嚕岱青始十代家譜　纂修者不詳　清末抄本　二十一幅蒙古文　書名自擬

先祖同上。譜載伊克昭盟鄂爾多斯左翼前旗固嚕岱青、固嚕岱青獨子貝子色棱(郡王額琳臣的侄子,1649年被封爲旗扎薩克貝子,1676年去世),及下至後代長子等外臺吉蒙德噶瓦、次子等外臺吉車臣噶瓦、三子等外臺吉扎納迪凡十代世系。

内蒙古社會科學院圖書館

[内蒙古鄂爾多斯]鄂爾多斯左翼前旗固嚕岱青始十代家譜　纂修者不詳　清末抄本　十八幅蒙古文　書名自擬

先祖同上。譜載伊克昭盟鄂爾多斯左翼前旗固嚕岱青、固嚕岱青獨子貝子色棱(郡王額琳臣的侄子,1649年被封爲旗扎薩克貝子,1676年去世),及下至後代貝子額爾德尼桑的獨子貝子察克都爾色棱等凡十代世系。

内蒙古社會科學院圖書館

[内蒙古鄂爾多斯]鄂爾多斯左翼前旗固嚕岱青始十二代家譜　纂修者不詳　清末抄本　存一至

二十、五十一至五十六幅　蒙古文　書名自擬

先祖同上。譜載伊克昭盟鄂爾多斯左翼前旗固嚕岱青、固嚕岱青獨子貝子色棱(郡王額琳臣的侄子,1649年被封爲旗扎薩克貝子,1676年去世),及下至後代長子等外臺吉拉德納斯迪、次子等外臺吉扎拉東嘎等凡十二代世系。

内蒙古社會科學院圖書館

[内蒙古鄂爾多斯]鄂爾多斯左翼前旗固嚕岱青始十三代家譜　纂修者不詳　清末抄本　五十六幅　蒙古文　缺二十一至五十幅　鈐有滿文、蒙古文"鄂爾多斯左翼前旗管旗扎薩克印"朱砂印章　書名自擬

先祖同上。譜載伊克昭盟鄂爾多斯左翼前旗固嚕岱青、固嚕岱青獨子貝子色棱(郡王額琳臣的侄子,1649年被封爲旗扎薩克貝子,1676年去世),及下至後代等外臺吉和什克都棱、等外臺吉喇嘛扎布、等外臺吉袞布扎布、等外臺吉阿穆爾薩納、等外臺吉阿穆固郎、等外臺吉喇布坦、等外臺吉克什克都棱等凡十三代世系。

内蒙古社會科學院圖書館

[内蒙古鄂爾多斯]鄂爾多斯左翼中旗和碩親王固嚕始八代家譜　纂修者不詳　清末抄本　一幅蒙古文　鈐有滿文、蒙古文"鄂爾多斯左翼中旗管旗扎薩克印"朱砂印章　書名自擬

是爲伊克昭盟鄂爾多斯左翼中旗和碩親王固嚕家族譜。譜以固嚕爲始祖,載固嚕、固嚕三子色旺,及下至後代圖門巴雅爾凡八代世系。固嚕,1679年由郡王晉爲和碩親王,1692年去世。

内蒙古社會科學院圖書館

[内蒙古鄂爾多斯]鄂爾多斯左翼中旗和碩親王固嚕始十代家譜　纂修者不詳　清末抄本　一幅蒙古文　鈐有滿文、蒙古文"鄂爾多斯左翼中旗管旗扎薩克印"朱砂印章　書名自擬

先祖同上。譜載伊克昭盟鄂爾多斯左翼中旗和碩親王固嚕及其四子協理喇什色棱,及下至後代海爾圖凡十代世系。

内蒙古社會科學院圖書館

[内蒙古鄂爾多斯]伊克昭盟鄂爾多斯左翼中旗和碩親王固嚕長子家譜　纂修者不詳　抄本　蒙古文

先祖同上。是爲和碩親王固嚕長子家譜。

德國馬爾堡圖書館

[内蒙古鄂爾多斯]伊克昭盟鄂爾多斯左翼中旗和碩親王固嚕長子家譜　纂修者不詳　據德國馬爾堡圖書館所藏抄本拍攝　膠卷　蒙古文

參見前條。

内蒙古大學圖書館

本條目據《中國蒙古文古籍總目》著録

[内蒙古鄂爾多斯]伊克昭盟鄂爾多斯左翼中旗和碩親王固嚕第三子家譜　纂修者不詳　抄本　蒙古文

先祖同上。是爲和碩親王固嚕第三子家譜。

德國馬爾堡圖書館

[内蒙古鄂爾多斯]伊克昭盟鄂爾多斯左翼中旗和碩親王固嚕第三子家譜　纂修者不詳　據德國馬爾堡圖書館所藏抄本拍攝　膠卷　蒙古文

參見前條。

内蒙古大學圖書館

本條目據《中國蒙古文古籍總目》著録

[内蒙古鄂爾多斯]章京布延察幹蘇木諸臺吉家譜　纂修者不詳　清道光二十五年(1845)抄本　一幅　蒙古文

是爲元太祖成吉思汗鐵木真的二弟合撒爾第十四代侄子布里海家族譜。譜載布里海,布里海長子烏爾圖奎布延圖、次子孟克布魯瑚、三子伊什博羅特、四子托密濟雅其、五子巴當海太師、六子阿畢泰洪瑚爾、七子托魯根、八子烏瑪薩里,下至後代朋素克的長子多爾濟色棱、次子齋桑等凡十七代世系。

内蒙古社會科學院圖書館

[内蒙古鄂爾多斯]章京巴吉扎布蘇木家譜　纂修者不詳　清同治五年(1866)抄本　一幅　蒙古文

先祖同上。譜載合撒爾第十四代侄子布里海,布里海長子烏爾圖奎布延圖、次子蒙克布魯瑚、三子伊什博羅特、四子濟雅其托密、五子巴當海太師、六子阿畢泰洪瑚爾、七子托魯根、八子烏瑪薩里,下至後代貝黑扎布的長子烏諾爾瑚等十七代世系。

内蒙古社會科學院圖書館

[内蒙古鄂爾多斯]章京賽音濟雅蘇木家譜　纂修者不詳　清光緒四年(1878)抄本　一幅　蒙古文

先祖同上。譜載合撒爾第十四代至十六代之世系。

内蒙古社會科學院圖書館

[内蒙古鄂爾多斯]章京德勒格爾蘇木諸臺吉家譜　纂修者不詳　清光緒二十一年(1895)抄本　一幅　蒙古文

先祖同上。譜載合撒爾第十四代侄子布里海,布里海長子烏爾圖奎布延圖、次子蒙克布魯瑚、三子伊什博羅特、四子托密濟雅其、五子巴當海太師、六子阿畢泰洪瑚爾、七子托魯根、八子烏瑪薩里,下至後代華賴長子濟琳塔布、布延阿爾畢德瑚子伊德穆色棱、額爾德尼達賴獨子哈斯畢里克等凡十九代世系。

内蒙古社會科學院圖書館

[内蒙古鄂爾多斯]哈布圖哈薩爾後裔家譜　纂修者不詳　清光緒三十四年(1908)抄本　一幅　蒙古文　書名自擬

先祖同上。哈布圖哈薩爾即合撒爾。本譜爲哈布圖哈薩爾後裔譜,包括富魯鼐的長子烏爾圖海布延圖傳下的現茂明安旗,窩闊臺呼拉其洪巴圖爾諾顔的長子土謝圖汗奧巴傳下的扎薩克和碩土謝圖親王雅什海遜,忠誠親王齋桑布和諾顔的長子扎薩克和碩卓哩克圖親王烏善、次子察罕額布根、三子郡王索諾木布和諾顔、四子巴圖爾,達爾罕親王滿珠習禮四位傳下的扎薩克和碩達爾罕親王納穆扎勒色棱,明安達爾罕巴圖爾諾顔的長子

鎮國公棟果爾伊拉都其諸延傳下的扎薩克和碩寶
都拉泰親王阿莫爾棱貴等十七旗。

　　内蒙古社會科學院圖書館

[内蒙古鄂爾多斯]蒙古王公世系源流不分卷

纂修者不詳　清抄本　一册　蒙古文

　　先祖同上。是爲哈布圖合撒爾後裔之世系。

　　内蒙古社會科學院圖書館

[内蒙古鄂爾多斯]烏拉特西公旗公與臺吉譜系

纂修者不詳　民國間抄本　一幅　蒙古文　書名
自擬

　　先祖同上。譜載合撒爾第十五代侄子托邁濟雅
至十八代子孫烏拉特西公和諸臺吉後代之世系。

　　内蒙古自治區圖書館

[内蒙古鄂爾多斯]三等臺吉班扎爾始七代家譜

纂修者不詳　清光緒二十七年（1901）抄本　一
幅　蒙古文　書名自擬

　　是爲三等臺吉班扎爾家族譜。譜以三等臺吉班
扎爾爲始祖，載班扎爾及其長子三等臺吉尼都，下
至後代獨子三等臺吉散吉獨子呼日嘎岱、長子三
等臺吉德力爾莽蕭的長子三等臺吉特古斯吉日嘎
拉等凡七代世系。四等臺吉班扎爾於清康熙十四
年（1675）天帆、花馬池等地叛亂時，因立功被封爲
三等臺吉。

　　内蒙古社會科學院圖書館

**[内蒙古鄂爾多斯]鄂爾多斯右翼後旗章京察罕
齊禄蘇木諸臺吉家譜**　纂修者不詳　民國十四年
（1925）抄本　一幅　蒙古文　鈐有蒙古文"信
章"方形朱砂印章

　　是爲伊克昭盟鄂爾多斯右翼後旗章京察罕齊禄
蘇木諸臺吉家族譜。譜載袞畢里克圖墨爾根濟農
的第二代侄子洪臺吉、洪臺吉五子額斯根卓哩克
圖，及下至後代納遜伊嚕格勒等十餘代之世系。

　　内蒙古社會科學院圖書館

**[内蒙古鄂爾多斯]鄂爾多斯右翼後旗章京色登
扎布蘇木諸臺吉家譜**　纂修者不詳　民國二十年

（1931）抄本　一幅　蒙古文　鈐有滿文、蒙古文
"鄂爾多斯右翼後旗管旗扎薩克印"朱砂印章

　　是爲伊克昭盟鄂爾多斯右翼後旗臺吉班扎爾家
族譜。譜載鄂爾多斯右翼後旗袞畢里克圖墨爾根
吉農的第二代侄子沙喇齊塔特洪臺吉、沙喇齊塔
特洪六子阿穆斯凱喇、阿穆斯凱喇長子四等臺吉
丹巴扎勒森等七代世系。又記有臺吉班扎爾於清
康熙十四年（1675）因立功被封爲三等臺吉之
事迹。

　　内蒙古社會科學院圖書館

**[内蒙古鄂爾多斯]鄂爾多斯右翼後旗扎薩克固
山貝子都棱始七代家譜**　纂修者不詳　清光緒二
十七年（1901）抄本　一幅　蒙古文　書名自擬

　　是爲伊克昭盟鄂爾多斯右翼後旗第二代鎮國公
索諾木長子貝子都棱家族譜。譜以貝子都棱
（1672年被封爲鎮國公，1707年去世）爲始祖，載
都棱、都棱七子三等臺吉多爾濟色布騰，及下至後
代三等臺吉莽蕭凡七代世系。譜上題有蒙古文
"以貝子之名於光緒廿七年分抄造册上報部裏"
字樣。

　　内蒙古社會科學院圖書館

**[内蒙古鄂爾多斯]鄂爾多斯右翼後旗扎薩克固
山貝子都棱始八代家譜**　纂修者不詳　清光緒二
十七年（1901）抄本　一幅　蒙古文　書名自擬

　　先祖同上。譜載伊克昭盟鄂爾多斯右翼後旗第
二代鎮國公索諾木長子貝子都棱（1672年被封爲
鎮國公，1707年去世）、都棱六子三等臺吉納旺，
及下至後代三等臺吉圖門巴雅爾凡八代世系。譜
上題有蒙古文"以貝子之名於光緒廿七年分抄造
册上報部裏"字樣。

　　内蒙古社會科學院圖書館

**[内蒙古鄂爾多斯]鄂爾多斯右翼後旗貝子都棱
始八代家譜**　纂修者不詳　民國九年（1920）抄本
一幅　蒙古文　鈐有滿文、蒙古文"鄂爾多斯右翼
後旗管旗扎薩克印"朱砂印章　書名自擬

　　先祖同上。譜載伊克昭盟鄂爾多斯右翼後旗第
二代鎮國公索諾木長子貝子都棱（1672年被封爲

扎薩克鎮國公,1707 年去世)、都棱七子三等臺吉多爾濟色布騰,及下至後代桑齋奥特斯爾凡八代世系。

内蒙古社會科學院圖書館

[内蒙古鄂爾多斯]鄂爾多斯右翼後旗扎薩克固山貝子都棱始九代家譜　纂修者不詳　民國十年(1921)抄本　一幅　蒙古文　書名自擬

先祖同上。譜載伊克昭盟鄂爾多斯右翼後旗第二代鎮國公索諾木長子貝子都棱(1672 年被封爲鎮國公,1707 年去世)、都棱六子三等臺吉納旺,及下至後代多爾濟喇布坦共計九代世系。

内蒙古社會科學院圖書館

[内蒙古鄂爾多斯]鄂爾多斯右翼後旗臺吉五代家譜　纂修者不詳　清光緒二十一年(1895)抄本　二幅　蒙古文　鈐有滿文、蒙古文"鄂爾多斯右翼後旗管旗扎薩克印"朱砂印章　書名自擬

先祖同上。譜載伊克昭盟鄂爾多斯右翼後旗第三代扎薩克鎮國公都棱長子色棱喇什(1707 年被封爲旗貝子,1712 年去世)、次子倫布(1712—1717 年爲貝子)、三子色棱納木扎勒,色棱納木扎勒的長子副上等貝勒齊旺班竹爾(1717 年被封爲扎薩克貝子,1754 年被封爲貝勒,1772 年去世)等共五代世系。

内蒙古社會科學院圖書館

[内蒙古鄂爾多斯]鄂爾多斯右翼後旗貝子色棱喇什始六代家譜　纂修者不詳　清光緒二十七年(1901)抄本　一幅　蒙古文　書名自擬

先祖同上。譜載伊克昭盟鄂爾多斯右翼後旗盟首任貝子色棱喇什(1707 年被封爲貝子,1712 年去世)、次子三等臺吉吹忠,及下至後代三等臺吉瓦奇爾巴圖共六代世系。譜上題有蒙古文"以貝子之名於光緒廿七年分抄造册上報部裏"字樣。

内蒙古社會科學院圖書館

[内蒙古鄂爾多斯]鄂爾多斯右翼後旗貝子色棱納木扎始六代家譜　纂修者不詳　清光緒二十年(1894)抄本　一幅　蒙古文　鈐有滿文、蒙古文

"鄂爾多斯右翼後旗管旗扎薩克印"朱砂印章　書名自擬

先祖同上。譜載伊克昭盟鄂爾多斯右翼後旗扎薩克貝子都棱(1672 年被封爲扎薩克鎮國公,1698 年被封爲貝子,1707 年去世)的三子貝子色棱納木扎、色棱納木扎四子三等臺吉贊布,下至後代扎薩克旗貝子阿爾賓巴雅爾(1880 年承襲扎薩克貝勒爵位,1902 年升爲盟長)、鄂勒齋胡圖克共六代世系。

内蒙古社會科學院圖書館

[内蒙古鄂爾多斯]鄂爾多斯右翼後旗貝子色棱納木扎始六代家譜　纂修者不詳　抄本　一幅　蒙古文　書名自擬

内容同上。

内蒙古社會科學院圖書館

[内蒙古鄂爾多斯]鄂爾多斯右翼後旗貝子色棱納木扎始七代家譜　纂修者不詳　民國二十四年(1935)抄本　一幅　蒙古文　鈐有滿文、蒙古文"鄂爾多斯右翼後旗管旗扎薩克印"朱砂印章　書名自擬

先祖同上。譜載伊克昭盟鄂爾多斯右翼後旗扎薩克貝子都棱(1672 年被封爲扎薩克鎮國公,1698 年被封爲貝子,1707 年去世)的三子貝子色棱納木扎、色棱納木扎四子三等臺吉贊布,下至後代扎木色棱扎布、納木扎勒多爾濟凡七代世系。

内蒙古社會科學院圖書館

[内蒙古鄂爾多斯]鄂爾多斯右翼後旗鎮國公索諾木始承襲爵位之八代家譜　纂修者不詳　清光緒二十七年(1901)抄本　一幅　蒙古文　書名自擬

是爲伊克昭盟鄂爾多斯右翼後旗鎮國公索諾木家族譜。譜以第二任扎薩克鎮國公索諾木(1670 被封爲鎮國公,1672 年去世)爲始祖,載索諾木及其三子三等臺吉額墨根,下至後代三等臺吉索諾木色棱的額墨根單系世系。譜上題有蒙古文"以貝子之名於光緒廿七年分抄造册上報部裏"字樣。

内蒙古社會科學院圖書館

[内蒙古鄂爾多斯]鄂爾多斯右翼後旗鎮國公索諾木始承襲爵位之九代家譜　纂修者不詳　民國十年(1921)抄本　一幅　蒙古文　書名自擬

先祖同上。譜載伊克昭盟鄂爾多斯右翼後旗第二任扎薩克鎮國公索諾木(1670被封爲鎮國公,1672年去世)、索諾木三子三等臺吉額墨根,及下至後代四等臺吉蒙克納遜凡九代世系。

内蒙古社會科學院圖書館

[内蒙古鄂爾多斯]鄂爾多斯右翼後旗鎮國公索諾木始九代家譜　纂修者不詳　民國十年(1921)抄本　一幅　蒙古文　書名自擬

先祖同上。譜載伊克昭盟鄂爾多斯右翼後旗第二任扎薩克鎮國公索諾木(1670被封爲鎮國公,1672年去世),及其三子三等臺吉額墨根,下至後代四等臺蒙克納遜凡九代世系。

内蒙古社會科學院圖書館

[内蒙古鄂爾多斯]鄂爾多斯右翼後旗鎮國公索諾木始十代家譜　纂修者不詳　清光緒二十六年(1900)抄本　一幅　蒙古文　鈐有滿文、蒙古文"鄂爾多斯右翼後旗管旗扎薩克印"朱砂印章書名自擬

先祖同上。譜載伊克昭盟鄂爾多斯右翼後旗第二任扎薩克鎮國公索諾木(1670年被封爲鎮國公,1672年去世),及其次子三等臺吉協理丹津,下至後代德勒格爾巴圖凡十代世系。

内蒙古社會科學院圖書館

[内蒙古鄂爾多斯]鄂爾多斯右翼後旗鎮國公索諾木始十代家譜　纂修者不詳　抄本　一幅　蒙古文　書名自擬

内容同上。

内蒙古社會科學院圖書館

[内蒙古鄂爾多斯]鄂爾多斯左翼前旗諸臺吉十一代家譜　纂修者不詳　清咸豐五年(1855)抄本　二十五幅　蒙古文　鈐有滿文、蒙古文"鄂爾多斯左翼前旗管旗扎薩克印"朱砂印章　書名自擬

是爲伊克昭盟鄂爾多斯左翼前旗恩克和碩齊家族譜。譜載伊克昭盟鄂爾多斯左翼前旗恩克和碩齊、恩克和碩齊獨子沙達塔楚胡爾臺吉,及下至後代等外臺吉巴圖凡十一代世系。

内蒙古社會科學院圖書館

[内蒙古鄂爾多斯]鄂爾多斯左翼前旗諸臺吉十二代家譜　纂修者不詳　清末抄本　二十四幅　蒙古文　鈐有滿文、蒙古文"鄂爾多斯左翼前旗管旗扎薩克印"朱砂印章　書名自擬

先祖同上。譜載伊克昭盟鄂爾多斯左翼前旗恩克和碩齊、恩克和碩齊獨子沙達塔楚胡爾臺吉,及下至等外臺吉濟琳塔布、等外臺吉濟爾噶勒、等外臺吉阿勒金阿、等外臺吉賽春阿、等外臺吉賽尚阿、等外臺吉達青阿、等外臺吉達春阿、等外臺吉薩豐阿、等外臺吉納木扎勒等十餘代世系。

内蒙古社會科學院圖書館

[内蒙古鄂爾多斯]鄂爾多斯左翼前旗諸臺吉十二代家譜　纂修者不詳　清末抄本　六十八幅　蒙古文　鈐有滿文、蒙古文"鄂爾多斯左翼前旗管旗扎薩克印"朱砂印章　書名自擬

先祖同上。譜載伊克昭盟鄂爾多斯左翼前旗恩克和碩齊、恩克和碩齊獨子沙達塔楚胡爾臺吉,及下至後代等外臺吉濟琳塔布、等外臺吉阿伊尚阿、等外臺吉鄂勒齋、等外臺吉特克什、等外臺吉巴雅爾、等外臺吉察克都爾色棱、等外臺吉隆呼等十餘代世系。

内蒙古社會科學院圖書館

[内蒙古鄂爾多斯]恩克和碩奇始十二代家譜纂修者不詳　清末抄本　五幅　蒙古文　鈐有滿文、蒙古文"鄂爾多斯左翼前旗管旗扎薩克"朱砂印章　書名自擬

先祖同上。譜載伊克昭盟鄂爾多斯左翼前旗恩克和碩奇、恩克和碩奇獨子沙達塔楚胡爾臺吉,下至後代等外臺吉綽克濟勒扎布、等外臺吉綽克圖凡十二代世系。恩克和碩奇或譯作恩克和碩齊。

内蒙古社會科學院圖書館

［内蒙古鄂爾多斯］三子恩克和碩奇始十二代家譜　纂修者不詳　民國十七年（1928）抄本　三十八幅　蒙古文　書名自擬

先祖同上。譜載伊克昭盟左翼前旗三子恩克和碩奇、三子恩克和碩奇獨子沙達塔垂庫爾臺吉、沙達塔垂庫爾獨子達穆仁臺吉，下至後代獨子二等記臺吉巴圖等凡十二代世系。恩克和碩奇或譯作恩克和碩齊。沙達塔垂庫爾即沙達塔楚呼爾。

内蒙古社會科學院圖書館

［内蒙古鄂爾多斯］鄂爾多斯左翼前旗諸臺吉十三代家譜　纂修者不詳　清末抄本　二十六幅　蒙古文　鈐有滿文、蒙古文"鄂爾多斯左翼前旗管旗扎薩克印"朱砂印章　書名自擬

先祖同上。譜載伊克昭盟鄂爾多斯左翼前旗恩克和碩齊、恩克和碩齊獨子沙達塔楚胡爾臺吉，下至後代等外臺吉丹達爾、等外臺吉格布松、四等臺吉色登扎布、等外臺吉色登喇什、等外臺吉旺楚克喇什、四等臺吉色嚕布凡十三代世系。

内蒙古社會科學院圖書館

［内蒙古鄂爾多斯］三子恩克和碩奇始十三代家譜　纂修者不詳　民國間抄本　五幅　蒙古文　書名自擬

先祖同上。譜載伊克昭盟左翼前旗三子恩克和碩奇、恩克和碩奇獨子沙達塔垂庫爾臺吉、沙達塔垂庫爾臺吉獨子達穆仁臺吉，下至後代長子等外臺吉綽克濟勒扎布等凡十三代世系。恩克和碩奇或譯作恩克和碩齊。沙達塔垂庫爾即沙達塔楚呼爾。

内蒙古社會科學院圖書館

［内蒙古鄂爾多斯］鄂爾多斯左翼前旗諸臺吉十五代家譜　纂修者不詳　民國十七年（1928）抄本　三十八幅　蒙古文　鈐有滿文、蒙古文"鄂爾多斯左翼前旗管旗扎薩克印"朱砂印章　書名自擬

先祖同上。譜載伊克昭盟鄂爾多斯左翼前旗恩克和碩齊、恩克和碩齊獨子沙達塔楚胡爾臺吉，及下至後代等外臺吉巴延、等外臺吉瑪什德勒格爾、等外臺吉塔賓道洛、等外臺吉和什克都棱、等外臺吉納遜濟爾噶勒、等外臺吉蒙克濟爾噶勒、等外臺吉博延圖、等外臺吉和什克都棱等凡十五代世系。

内蒙古社會科學院圖書館

［内蒙古鄂爾多斯］鄂爾多斯左翼前旗莽鼐岱青始九代家譜　纂修者不詳　清末抄本　存後部十一幅　蒙古文　書名自擬

是爲伊克昭盟鄂爾多斯左翼前旗莽鼐岱青家族譜。譜以莽鼐岱青爲始祖，載莽鼐岱青、莽鼐岱青長子固嚕岱青、固嚕岱青獨子貝子色棱（1649年被封爲扎薩克旗貝子，1649年去世），及下至後代薩爾禄克、鄂勒齋呼圖克、伊烏密、巴勒丹多爾濟、扎穆桑德勒格爾、喇特納巴扎爾、齊墨特多爾濟、色旺忠嚨、拉布克等十四位等外臺吉凡九代世系。

内蒙古社會科學院圖書館

［内蒙古鄂爾多斯］鄂爾多斯左翼中旗臺吉納穆僧格始七代家譜　纂修者不詳　清末抄本　一幅　蒙古文　鈐有滿文、蒙古文"鄂爾多斯左翼中旗管旗扎薩克印"朱砂印章　書名自擬

是爲伊克昭盟鄂爾多斯左翼中旗臺吉納穆僧格家族譜。譜以伊克昭盟鄂爾多斯左翼中旗臺吉納穆僧格爲始祖，載納穆僧格、納穆僧格長子薩達瓦尼，及下至後代額爾德尼達賴凡七代世系。

内蒙古社會科學院圖書館

［内蒙古鄂爾多斯］鄂爾多斯左翼中旗納穆僧格始九代家譜　纂修者不詳　清末抄本　一幅　書名自擬

先祖同上。譜載鄂爾多斯左翼中旗納穆僧格、納穆僧格長子薩達瓦尼，及下至後代布格呼凡九代世系。

内蒙古社會科學院圖書館

［内蒙古鄂爾多斯］伊克昭盟鄂爾多斯左翼中旗臺吉納穆僧格家譜　纂修者不詳　抄本　蒙古文

先祖同上。是譜所載世系不詳。

德國馬爾堡圖書館

[内蒙古鄂爾多斯]伊克昭盟鄂爾多斯左翼中旗
臺吉納穆僧格家譜　纂修者不詳　據德國馬爾堡
圖書館所藏抄本拍攝　膠卷　蒙古文

　　參見前條。

　　内蒙古大學圖書館

　　本條目據《中國蒙古文古籍總目》著録

[内蒙古鄂爾多斯]伊克昭盟鄂爾多斯右翼後旗
三等臺吉鄂吉始九代家譜　纂修者不詳　清末抄
本　十一幅　蒙古文　鈐有滿文、蒙古文"鄂爾多
斯右翼後旗管旗扎薩克印"長方形朱砂印章　書
名自擬

　　是爲伊克昭盟鄂爾多斯右翼後旗臺吉鄂吉家族
譜。譜以三等臺吉鄂吉爲始祖,載鄂吉及下至恩
克濟爾噶勒、喇什多爾濟、沙呼呼、莽呼岱、喇布
坦、朋素克達爾濟等凡九代世系。

　　内蒙古社會科學院圖書館

[内蒙古鄂爾多斯]鄂爾多斯右翼後旗諸臺吉家
譜　纂修者不詳　清末抄本　十幅　蒙古文　缺
第九代世系前的譜表和譜的上部分　鈐有滿文、
蒙古文"鄂爾多斯右翼後旗管旗扎薩克印"朱砂
印章　書名自擬

　　先祖同上。譜載三等臺吉鄂吉、次子善巴、三子
琳沁、四子布濟,下至後代密濟特、巴延鄂勒齋、
巴雅爾莽鼐、莽鼐等十二位臺吉之世系。

　　内蒙古社會科學院圖書館

[内蒙古鄂爾多斯]鄂爾多斯右翼後旗三等臺吉
義傑始九代家譜　纂修者不詳　民國十三年
(1924)抄本　一幅　蒙古文　鈐有滿文、蒙古文
"鄂爾多斯右翼後旗管旗扎薩克印"朱砂印章
書名自擬

　　先祖同上。譜載伊克昭盟鄂爾多斯右翼後旗三
等臺吉義傑(即鄂吉)及其長子三等臺吉阿喇布
達勒,下至後代四等臺吉特古斯凡九代世系。另
記有臺吉義傑於清康熙十四年(1675)因立功被
封三等臺吉的事迹。

　　内蒙古社會科學院圖書館

[内蒙古鄂爾多斯]鄂爾多斯右翼後旗諸臺吉家
譜　纂修者不詳　清道光二十五年(1845)抄本
三十幅　蒙古文　缺第三、四幅　鈐有滿文、蒙古
文"鄂爾多斯右翼後旗管旗扎薩克印"朱砂印章
書名自擬

　　是爲伊克昭盟鄂爾多斯右翼後旗諸臺吉家族
譜。譜以袞弼哩克圖墨爾根濟農爲始祖,載袞弼
哩克圖墨爾根濟農,袞弼哩克圖三子威德爾瑪諾
木罕諾顔,威德爾瑪諾木罕諾顔長子塔黑賽音和
碩齊,塔黑賽音和碩齊長子鄂齊爾圖雅勒登和碩
齊、次子薩呼奇特特洪臺吉、三子色沁圖門達哩和
碩齊,下至後代瑪濟特、莽呼岱、喇布坦、朋素克達
爾濟、巴布呼、鄂勒齋圖等凡十四代世系。

　　内蒙古社會科學院圖書館

[内蒙古鄂爾多斯]鄂爾多斯左翼前旗諸臺吉家
譜　纂修者不詳　民國間抄本　十三幅　蒙古文
鈐有滿文、蒙古文"鄂爾多斯左翼前旗管旗扎薩克
印"朱砂印章　書名自擬

　　是爲伊克昭盟鄂爾多斯左翼前旗諸臺吉家族
譜。譜以達賴宰桑臺吉爲始祖,載達賴宰桑臺吉、
達賴宰桑獨子洪臺吉,及下傳十二代至等外臺吉
彰楚克色棱、等外臺吉克什克都棱之世系。

　　内蒙古社會科學院圖書館

[内蒙古鄂爾多斯]鄂爾多斯左翼中旗臺吉達爾
扎始七代家譜　纂修者不詳　清末抄本　一幅
蒙古文　鈐有滿文、蒙古文"鄂爾多斯左翼中旗管
旗扎薩克印"朱砂印章　書名自擬

　　是爲伊克昭盟鄂爾多斯左翼中旗臺吉達爾扎家
族譜。譜以達爾扎臺吉爲始祖,載達爾扎,達爾扎
的長子巴雅斯噶布、次子班第,及下至後代沙呼勒
岱凡七代世系。

　　内蒙古社會科學院圖書館

[内蒙古鄂爾多斯]伊克昭盟鄂爾多斯左翼中旗
臺吉達爾扎家譜　纂修者不詳　抄本　蒙古文

　　先祖同上。是爲左翼中旗臺吉達爾扎家族譜,
所載世系不詳。

　　德國馬爾堡圖書館

[内蒙古鄂爾多斯]伊克昭盟鄂爾多斯左翼中旗
臺吉達爾扎家譜　纂修者不詳　據德國馬爾堡圖
書館所藏抄本拍攝　膠卷　蒙古文
　　參見前條。
　　内蒙古大學圖書館
　　本條目據《中國蒙古文古籍總目》著録

[内蒙古鄂爾多斯]三等臺吉達爾扎家譜　纂修
者不詳　抄本　蒙古文
　　先祖同上。所載世系不詳。
　　德國馬爾堡圖書館

[内蒙古鄂爾多斯]三等臺吉達爾扎家譜　纂修
者不詳　據德國馬爾堡圖書館所藏抄本拍攝　膠
卷　蒙古文
　　參見前條。
　　内蒙古大學圖書館
　　本條目據《中國蒙古文古籍總目》著録

[内蒙古鄂爾多斯]鄂爾多斯左翼中旗臺吉多爾
濟始九代家譜　纂修者不詳　清末抄本　一幅
蒙古文　鈐有滿文、蒙古文"鄂爾多斯左翼中旗管
旗扎薩克印"朱砂印章　書名自擬
　　是爲伊克昭盟鄂爾多斯左翼中旗臺吉多爾濟
家族譜。譜以多爾濟爲始祖,載多爾濟及其長
子納木忠,及下至後代布延德勒格爾凡九代
世系。
　　内蒙古社會科學院圖書館

[内蒙古鄂爾多斯]鄂爾多斯左翼中旗臺吉揚罕
始九代家譜　纂修者不詳　清末抄本　一幅　蒙
古文　鈐有滿文、蒙古文"鄂爾多斯左翼中旗管旗
扎薩克印"朱砂印章　書名自擬
　　是爲伊克昭盟鄂爾多斯左翼中旗臺吉揚罕家族
譜。譜以臺吉揚罕爲始祖,載揚罕及其長子阿玉
什,及下至後代巴圖瓦齊爾凡九代世系。
　　内蒙古社會科學院圖書館

[内蒙古鄂爾多斯]鄂爾多斯右翼後旗諸臺吉家
譜　纂修者不詳　清光緒二十一年(1895)抄本

十二幅　蒙古文　缺第七代世系前譜表　鈐有滿
文、蒙古文"鄂爾多斯右翼後旗管旗扎薩克印"朱
砂印章　書名自擬
　　是爲伊克昭盟鄂爾多斯右翼後旗貝子喇什達爾
濟家族譜。譜以上等貝子喇什達爾濟(1772年被
封爲旗扎薩克貝子,1806年去世)爲始祖,載喇什
達爾濟、次子額爾德尼岱青、三子貝子喇什丕勒
(1812年承襲扎薩克之職,次年去世)、四子三等
臺吉色棱扎布、獨子盟次上等貝子圖都布色棱等,
下傳六代至色旺之世系。
　　内蒙古社會科學院圖書館

[内蒙古鄂爾多斯]鄂爾多斯右翼後旗諸臺吉家
譜　纂修者不詳　民國二十四年(1935)抄本　一
幅　蒙古文　缺第七代世系前譜表　鈐有滿文、
蒙古文"鄂爾多斯右翼後旗管旗扎薩克印"朱砂
印章　書名自擬
　　先祖同上。譜載上等貝子喇什達爾濟(1772年
被封爲旗扎薩克貝子,1806年去世)、次子額爾德
尼岱青、三子貝子喇什丕勒(1812年承襲扎薩克
之職,次年去世)、四子三等臺吉色棱扎布、獨子盟
次上等貝子圖都布色棱等,及下至後代額爾德尼
巴圖爾、咱喀爾扎布、色旺等的六代世系。
　　内蒙古社會科學院圖書館

[内蒙古鄂爾多斯]鄂爾多斯右翼後旗諸臺吉家
譜　纂修者不詳　清末抄本　九幅　蒙古文　缺
第六代世系前譜表　鈐有滿文、蒙古文"鄂爾多斯
右翼後旗管旗扎薩克印"朱砂印章　書名自擬
　　先祖同上。譜載上等貝子喇什達爾濟(1772年
被封爲旗扎薩克貝子,1806年去世)、次子額爾德
尼岱青、三子貝子喇什丕勒(1812年承襲扎薩克
之職,次年去世)、四子三等臺吉色棱扎布、獨子盟
次上等貝子圖都布色棱等,下傳五代至圖門桑之
世系。
　　内蒙古社會科學院圖書館

[内蒙古鄂爾多斯]鄂爾多斯右翼後旗諸臺吉家
譜　纂修者不詳　抄本　九幅　蒙古文　缺第六
代世系前譜表　書名自擬

内容同前。

内蒙古社會科學院圖書館

[内蒙古鄂爾多斯]鄂爾多斯右翼後旗諸臺吉家
譜　纂修者不詳　抄本　九幅　蒙古文　缺第六
代世系前譜表　書名自擬

内容同前。與前爲不同抄本。

内蒙古社會科學院圖書館

[内蒙古鄂爾多斯]鄂爾多斯左翼中旗臺吉善巴
始九代家譜　纂修者不詳　清末抄本　一幅　蒙
古文　鈐有滿文、蒙古文"鄂爾多斯左翼中旗管旗
扎薩克印"朱砂印章　書名自擬

是爲伊克昭盟鄂爾多斯左翼中旗臺吉善巴家族
譜。譜以臺吉善巴爲始祖,載善巴及其長子阿喇
什將軍,及下至後代布格呼凡九代世系。

内蒙古社會科學院圖書館

[内蒙古鄂爾多斯]伊克昭盟鄂爾多斯左翼中旗
臺吉善巴家譜　纂修者不詳　抄本　蒙古文

先祖同上。是譜所載世系不詳。

德國馬爾堡圖書館

[内蒙古鄂爾多斯]伊克昭盟鄂爾多斯左翼中旗
臺吉善巴家譜　纂修者不詳　據德國馬爾堡圖書
館所藏抄本拍攝　膠卷　蒙古文

參見前條。

内蒙古大學圖書館

本條目據《中國蒙古文古籍總目》著録

[内蒙古鄂爾多斯]鄂爾多斯左翼中旗郡王棟羅
布始九代家譜　纂修者不詳　清末抄本　一幅
書名自擬

是爲伊克昭盟鄂爾多斯左翼中旗郡王棟羅布家
族譜。譜以鄂爾多斯左翼中旗郡王棟羅布爲始
祖,載棟羅布、棟羅布三子袞楚格,及下至後代春
呼魯的長子巴圖察幹、次子察克都爾色棱、三子納
孫巴圖等凡九代世系。

内蒙古社會科學院圖書館

[内蒙古鄂爾多斯]鄂爾多斯左翼中旗首授二等
臺吉瑪里始九代家譜　纂修者不詳　清末抄本
一幅　蒙古文　鈐有滿文、蒙古文"鄂爾多斯左翼
中旗管旗扎薩克印"朱砂印章　書名自擬

是爲伊克昭盟鄂爾多斯左翼中旗臺吉瑪里家族
譜。譜以首授二等臺吉瑪里爲始祖,載瑪里、瑪里
長子索諾木,及下至察罕多爾濟凡九代世系。

内蒙古社會科學院圖書館

[内蒙古鄂爾多斯]鄂爾多斯左翼中旗二等臺吉
圖巴什始九代家譜　纂修者不詳　清末抄本　一
幅　蒙古文　鈐有滿文、蒙古文"鄂爾多斯左翼中
旗管旗扎薩克印"朱砂印章　書名自擬

是爲伊克昭盟鄂爾多斯左翼中旗臺吉圖巴什家
族譜。譜以清康熙間二等臺吉圖巴什爲始祖,載
圖巴什及其長子二等臺吉寶勒孫,及下至後代
二等臺吉圖布吉日嘎拉的長子二等臺吉巴勒布林
凡九代世系。另外記録圖巴什七子蘇納木,及下
傳五代至次子二等臺吉喬吉勒之世系。譜記録了
清康熙十四年(1975)在山西、定邊、花馬池等地出
現叛亂時,三等臺吉圖巴什與貝勒達爾扎一同效
力,在康熙十六年(1677)受獎升一級、被封爲二等
臺吉的事迹。

内蒙古社會科學院圖書館

[内蒙古鄂爾多斯]鄂爾多斯左翼中旗臺吉察罕
始八代家譜　纂修者不詳　清末抄本　一幅　蒙
古文　鈐有滿文、蒙古文"鄂爾多斯左翼中旗管旗
扎薩克印"朱砂印章　書名自擬

是爲伊克昭盟鄂爾多斯左翼中旗臺吉察罕家族
譜。譜以臺吉察罕爲始祖,載察罕、察罕次子管旗
巴勒丹,及下至後代琳沁納穆扎勒凡八代世系。

内蒙古社會科學院圖書館

[内蒙古鄂爾多斯]鄂爾多斯右翼後旗綽勒們蘇
木諸臺吉家譜　纂修者不詳　民國二十四年
(1935)抄本　一幅　蒙古文　鈐有蒙古文"信
章"方形朱砂印章

是爲伊克昭盟鄂爾多斯右翼後旗綽勒們蘇木諸
臺吉家族譜。載鄂爾多斯右翼後旗綽勒們蘇木諸

臺吉支下之世系。下代有人名缺失者。

　　内蒙古社會科學院圖書館

[内蒙古鄂爾多斯]鄂爾多斯右翼後旗諸臺吉五
代家譜　纂修者不詳　清光緒二十一年(1895)
抄本　三幅　蒙古文　鈐有滿文、蒙古文"鄂爾多
斯右翼後旗管旗扎薩克印"朱砂印章　書名自擬
　　是爲伊克昭盟鄂爾多斯右翼後旗臺吉諾爾布家
族譜。譜以臺吉諾爾布爲始祖,載諾爾布、諾爾布
長子袞布、袞布長子恩克森布林、恩克森布林長子
素瓦第等凡五代世系。

　　内蒙古社會科學院圖書館

[内蒙古鄂爾多斯]鄂爾多斯左翼前旗諸臺吉家
譜　纂修者不詳　民國九年(1920)抄本　二幅
蒙古文　首頁及左右兩側有缺損　鈐有滿文、蒙
古文"鄂爾多斯左翼前旗管旗扎薩克印"朱砂印
章　書名自擬
　　是爲伊克昭盟鄂爾多斯左翼前旗臺吉額爾克布
什家族譜。譜以臺吉額爾克布什爲始祖,載額爾
克布什及其支下十代之世系。

　　内蒙古社會科學院圖書館

[内蒙古鄂爾多斯]伊克昭盟二等臺吉勞揚始七
代家譜　纂修者不詳　清光緒間抄本　一幅　蒙
古文　書名自擬
　　是爲伊克昭盟鄂爾多斯右翼前旗二等臺吉勞揚
家族譜。譜以二等臺吉勞揚爲始祖,載勞揚、勞揚
長子一等臺吉扎米揚、扎米揚長子一等臺吉勇扎
布,及下至後代巴達拉夫次子一等臺吉袞楚格扎
布、袞楚格扎布獨子一等臺吉薩音烏其日拉凡七
代世系。

　　内蒙古社會科學院圖書館

[内蒙古鄂爾多斯]張氏宗族家譜　張增義等主
編　2013年排印本　一册
　　是爲内蒙古准格爾旗馬柵張齡度家族譜。一世
祖張齡度,原籍山西省河曲縣寺墕村,清初遷居内
蒙古准格爾旗馬柵。載照片、圖、地圖、世系表等。

　　國家圖書館

[内蒙古錫林郭勒盟]阿巴噶阿巴哈納爾左右旗
諸顏源流不分卷　纂修者不詳　清末抄本　一册
蒙古文　書尾殘缺　書名自擬
　　是爲阿巴噶、阿巴哈納爾左右旗諸顏源流的史
書。載"印藏王統"、蒙古諸汗之源流、蒙古史略、
元朝諸汗世系、左右浩齊特王公源流、左右阿巴
噶、阿巴哈納爾旗諸顏源流等。封面題有蒙古文
"印藏蒙滿歷史資料"字樣。

　　内蒙古社會科學院圖書館

[内蒙古]疊膺芝誥　(清)花沙納纂修　清道光
二十四年(1844)稿本　一册
　　内載該族歷朝所受的朝廷誥命。

　　中央民族大學圖書館

[内蒙古]疊膺芝誥　(清)花沙納纂修　2003年
北京圖書館出版社據清道光二十四年(1844)稿本
影印　合册
　　參見前條。
　　本書載於《北京圖書館藏家譜叢刊·民族卷》
第三十五册

[内蒙古]兀良哈氏諾顏家譜　纂修者不詳　據
清末抄本複印　一幅　蒙古文
　　世系内容不詳。
　　遼寧省阜新蒙古族自治縣蒙古語文辦公室
　　本條目據《中國蒙古文古籍總目》、伯蘇金高娃
撰《蒙古族家譜的收藏與特點》著錄

[内蒙古]巴圖蒙克達延汗之子巴爾斯博羅特家
譜　纂修者不詳　清末寫本　一册　蒙古文
　　世系内容不詳。
　　内蒙古自治區錫林郭勒盟蘇尼特左旗檔案館
　　本條目據《中國蒙古文古籍總目》、伯蘇金高娃
撰《蒙古族家譜的收藏與特點》著錄

[内蒙古]哈爾固蘇木哈爾固嘎查寶山家譜　纂
修者不詳　民國間抄本　一册　蒙古文
　　世系内容不詳。
　　内蒙古自治區哲理木盟庫倫旗檔案館

本條目據《中國蒙古文古籍總目》、伯蘇金高娃撰《蒙古族家譜的收藏與特點》著錄

[内蒙古]蒙古孛兒只斤氏家族史　纂修者不詳
據清末抄本複印　一册　蒙古文
　　所記内容不詳。
　　遼寧省阜新蒙古族自治縣蒙古語文辦公室
　　本條目據《中國蒙古文古籍總目》、伯蘇金高娃撰《蒙古族家譜的收藏與特點》著錄

[内蒙古]罕圖特氏家史與譜系　纂修者不詳
版本不詳　蒙古文
　　所記内容不詳。
　　遼寧省阜新蒙古族自治縣蒙古語文辦公室
　　本條目據《中國蒙古文古籍總目》著錄

[内蒙古]烏圖爾氏家譜　纂修者不詳　版本不詳　蒙古文
　　世系内容不詳。
　　遼寧省阜新蒙古族自治縣蒙古語文辦公室
　　本條目據《中國蒙古文古籍總目》著錄

[内蒙古]烏喇特東公旗臺吉家譜　纂修者不詳
版本不詳　蒙古文
　　世系内容不詳。
　　内蒙古自治區圖書館
　　本條目據《中國蒙古文古籍總目》著錄

[内蒙古]博爾濟根察罕什巴古家譜　纂修者不詳　版本不詳　蒙古文
　　世系内容不詳。
　　黑龍江省杜爾伯特蒙古族自治縣博物館
　　本條目據《中國蒙古文古籍總目》著錄

[内蒙古]喀喇沁左旗王爺烏梁海氏家譜　纂修者不詳　民國間抄本　一幅　蒙古文
　　譜載自天聰九年(1635)至道光十一年(1831)世系,共十四代。
　　遼寧省喀喇沁左翼蒙古族自治縣檔案館
　　本條目據《中國蒙古文古籍總目》、伯蘇金高娃

撰《蒙古族家譜的收藏與特點》著錄

[内蒙古]喀喇沁左翼旗烏梁海氏家譜　楊豐陌主編　2003年遼寧民族出版社排印本　一册　蒙漢雙文
　　此譜與前譜爲同一族譜,由遼寧省少數民族古籍辦和喀喇沁左翼蒙古族自治縣檔案館組織人員,對原譜進行整理抄寫與漢譯,以蒙漢兩體文印行出版。在《序》和《後記》中對家譜的主要内容和來歷做了説明。書前附有《喀喇沁左翼旗烏梁海氏家譜》的部分照片,以及喀喇沁左翼旗扎薩克印(卧虎印)、原喀喇沁左翼旗王府院落示意圖、清代喀喇沁左翼旗(行政)區域圖等圖版。書後還附有《喀喇沁左翼旗歷任扎薩克世襲表》、《清代蒙古盟旗行政組織表》。

[内蒙古]哈薾諾顏洪古爾至瑪哈巴拉家譜　纂修者不詳　清嘉慶二十年(1815)朱墨寫本　一幅　蒙古文
　　世系内容不詳。
　　内蒙古自治區阿拉善盟阿拉善左旗檔案館
　　本條目據《中國蒙古文古籍總目》、伯蘇金高娃撰《蒙古族家譜的收藏與特點》著錄

[内蒙古]哈薾諾顏洪古爾長兄二子家譜　纂修者不詳　清嘉慶間朱筆寫本　一幅　蒙古文
　　世系内容不詳。
　　青海民族學院少數民族語言文學系才仁巴厙
　　本條目據《中國蒙古文古籍總目》、伯蘇金高娃撰《蒙古族家譜的收藏與特點》著錄

[内蒙古]黄金家族哈薩爾世系譜　纂修者不詳　清寫本　一册　蒙古文
　　世系内容不詳。
　　内蒙古自治區檔案館
　　本條目據《中國蒙古文古籍總目》、伯蘇金高娃撰《蒙古族家譜的收藏與特點》著錄

[内蒙古]諸臺吉家族史　纂修者不詳　清同治五年(1866)寫本　一册　蒙古文

所記内容不詳。

内蒙古自治區錫林郭勒盟蘇尼特左旗檔案館

本條目據《中國蒙古文古籍總目》、伯蘇金高娃撰《蒙古族家譜的收藏與特點》著録

[内蒙古] 許兀慎氏世系表　（清）繆荃孫訂正
清光緒二十七年（1901）刻本　合册

許兀慎爲元博爾忽許兀慎氏，一作許慎氏，一作旭申氏，一作忽神氏，爲元初四傑之一。本表據《襄懋公神道碑》、《八撒兒德政碑》、《洞霞觀記》、《景福院記》訂正，可糾《元史》之誤。

本譜載於《藝風堂文集》卷四

[内蒙古] 許兀慎氏世系表　（清）繆荃孫訂正
2003年北京圖書館出版社據清光緒二十七年（1901）刻本影印　合册

參見前條。本表即據清光緒二十七年《藝風堂文集》本影印，首三行文字爲前篇《國朝爲縣如故仍屬常州府》内容，末二行文字爲後篇《宜興蔣氏世表》内容。

本譜載於《北京圖書館藏家譜叢刊·民族卷》第一册

[内蒙古] 家乘紺珠　（清）花沙納纂修　清光緒間稿本　一册

此家族爲蒙古正黄旗人，姓伍彌特氏。是譜記該家族的喪事及墳塋等。上至康熙間的高祖，下至道光間四叔祖的裔孫。

中央民族大學圖書館

[内蒙古] 家乘紺珠　（清）花沙納纂修　2003年北京圖書館出版社據清光緒間稿本影印　合册

參見前條。

本譜載於《北京圖書館藏家譜叢刊·民族卷》第三十五册

[内蒙古] 圖琳固英族譜　清宣統間寫本　一幅
蒙古文　又名梁哈族譜

本譜係元朝末代駙馬圖琳固英的家譜。成吉思汗在統一蒙古諸部過程中，圖琳固英的十二世祖

濟拉瑪累建戰功，成爲成吉思汗的九名愛將之一，於是將公主下嫁給濟拉瑪之子吉布其其格，並下旨成吉思汗家族與濟拉瑪家族世代聯姻。本譜記載了天聰九年（1635）至宣統元年（1909）十四代之世系。譜中能辨認的子孫一千九百二十名，記述頗詳。譜原存於清代喀左旗王府，故又稱喀左旗王府家譜，俗稱"王府家譜"。

遼寧省喀喇沁左翼蒙古族自治縣檔案館

本條目據《中國少數民族家譜研究》與1997年第8期《蘭臺世界》載包大力、王曉梅的《成吉思汗家族末代駙馬〈圖琳固英族譜〉》著録

[内蒙古] 多爾濟等諾顏家譜　纂修者不詳　抄本　蒙古文

是爲多爾濟等諾顏家族譜。世系不詳。

德國馬爾堡圖書館

[内蒙古] 多爾濟等諾顏家譜　纂修者不詳　據德國馬爾堡圖書館所藏抄本拍攝　膠卷　蒙古文

參見前條。

内蒙古大學圖書館

本條目據《中國蒙古文古籍總目》著録

[内蒙古] 察哈爾某人家譜不分卷　纂修者不詳
清抄本　一册　蒙古文　有殘缺

是譜載自成吉思汗至察哈爾某人家族之世系及史料。

丹麥哥本哈根皇家圖書館

[内蒙古] 察哈爾某人家譜不分卷　纂修者不詳
據丹麥哥本哈根皇家圖書館所藏清抄本拍攝　膠卷　蒙古文　殘

參見前條。

内蒙古大學圖書館

本條目據《中國少數民族古籍總目提要·蒙古族卷》著録

[内蒙古] 成吉思汗九駿之一太師孛斡兒出家譜
纂修者不詳　清末抄本　一幅　蒙古文

是爲孛斡兒出家族譜。載成吉思汗時期克烈部

阿兒剌氏孛斡兒出諾顏,孛斡兒出長子慧聰車爾畢威都瓦其爾、次子謹聰太師斡克倫、三子威畢里克圖洪津伊拉古森,及下至後代額爾德尼陶格陶之子庫那瑪第、烏日圖納遜之子布琳特古斯等十餘代世系。

　　内蒙古社會科學院圖書館

[内蒙古]三等臺吉多爾濟斯克布家譜　纂修者不詳　抄本　蒙古文

　　是爲多爾濟斯克布家族譜。所載世系不詳。

　　德國馬爾堡圖書館

[内蒙古]三等臺吉多爾濟斯克布家譜　纂修者不詳　據德國馬爾堡圖書館所藏抄本拍攝　膠卷蒙古文

　　參見前條。

　　内蒙古大學圖書館

　　本條目據《中國蒙古文古籍總目》著録

[内蒙古]三等臺吉垂勒泰家譜　纂修者不詳抄本　蒙古文

　　是爲垂勒泰家族譜。所載世系不詳。

　　德國馬爾堡圖書館

[内蒙古]三等臺吉垂勒泰家譜　纂修者不詳據德國馬爾堡圖書館所藏抄本拍攝　膠卷　蒙古文

　　參見前條。

　　内蒙古大學圖書館

　　本條目據《中國蒙古文古籍總目》著録

[内蒙古]馬氏家乘十二卷　馬焕然纂修　1991年稿本　十二冊　書名據版心、書簽題　六修本

　　始遷祖禿塔兒,元朝蒙古人。

　　河南省平頂山市荆山村馬焕然

[内蒙古]馬氏家乘十二卷　馬焕然纂修　據1991年稿本複印　十二冊　書名據版心、書簽題六修本

　　參見前條。

　　國家圖書館

[内蒙古]蒙古世系譜五卷　張爾田纂修　民國二十八年(1939)排印本

　　所載内容不詳。

　　哈爾濱師範大學圖書館

[内蒙古]蒙古王公譜　纂修者不詳　清内府寫本　滿文

　　所載内容不詳。

　　中央民族大學圖書館

[遼寧瀋陽]脱氏宗譜不分卷　纂修者不詳　民國十九年(1930)鉛印本　一冊　書名據封面題

　　始祖脱脱,元代至正宰相,蒙古篾兒吉特氏,原籍歸化省托克托縣(今内蒙古呼和浩特市)。二世祖周彬,遷至河北省新河縣。第十七世祖光明、光顯,清康熙二十四年(1685)由原籍河北省新河縣脱家疃村遷於盛京小西關,是爲始遷祖。自明至清,脱氏世世代代多有聞人,成爲世代勳閥。譜載譜書序五篇、凡例、先祖世系、伯顏傳、馬札兒臺傳、脱脱傳、世系等。

　　遼寧省瀋陽市脱洪儒　河北省新河縣脱鴻賓

[遼寧瀋陽]脱氏宗譜不分卷　脱萬慶纂修　民國三十三年(1944)石印本　一冊　書名據版心題

　　參見前條。1992年天津古籍出版社排印本《遼寧回族家譜選編》、2006年河北人民出版社排印本《河北回族家譜選編》内有本譜節録。

　　遼寧省瀋陽市圖書館

[遼寧瀋陽]脱氏宗譜　脱寶興纂修　2001年據1984年修本排印　一冊　書名據書衣、版心、書名頁題

　　先祖同上。譜載題跋、譜序、凡例、世系、瀋陽脱氏塋地沿革、家祠匾聯、傳、墓碑、脱氏譜書等。

　　遼寧省圖書館　上海圖書館

[遼寧朝陽]寶氏家譜　纂修不詳　清光緒間修本　蒙滿雙文

是譜載世系,凡五百八十人。

遼寧省朝陽市寶廣文

[遼寧朝陽]遼寧省北票市孛爾只斤氏家譜　寶
昶恭纂修　寶晶(朝格圖)增補　寶興文續修
據1995年排印本複印　一冊　書名據書名頁題
天頭題寶氏五十五代宗族譜

外紀始祖孛爾帖赤那。唐大和五年(840)攜部
屬由額爾古那河域西遷至斡難河源頭孛爾罕山。
始遷祖鄂木布楚琥爾,清代遷居遼寧北票縣下府
鄉。載世系、傳。

上海圖書館　遼寧省北票市寶昶恭

[遼寧撫順]正藍旗蒙古孔臥洛特氏族譜不分卷
纂修者不詳　民國初年抄本　一冊　書名據封
面題

始祖巴朗,原居黑龍江,後遷徙長白山,清太祖
時投歸,隸正紅旗滿洲。巴朗隨太祖征界凡、攻薩
爾滸、破撫順。第八世改爲漢姓金。載序、世系命
名、範字、世系、祖塋、祭祀、塋園。

遼寧省撫順市金氏族人　甘肅省蘭州市金明

[遼寧撫順]金氏宗譜不分卷　金恩元纂修　民
國初年石印本　一冊　書名據封面題　書名頁題
蒙古正藍旗孔臥洛特氏宗譜

先祖同上。譜載序、盧墓、世系、命名、宗支等。

遼寧省撫順市金寶成

[遼寧撫順]金氏宗譜不分卷　金恩元纂修　據
民國初年石印本複印　一冊　書名據封面題　書
名頁題蒙古正藍旗孔臥洛特氏宗譜

參見前條。

吉林師範大學滿族文化研究所

[遼寧撫順]正藍旗蒙古孔臥洛特氏族譜不分卷
纂修者不詳　民國十五年(1926)抄本　一冊

先祖同上。載譜序、再序、世系命名。譜序記述了
金氏的起源和族人在蒙古高原上的流傳情況,再序
記述了孔臥洛特氏在撫順演武溝居住遷徙的情況。

甘肅省蘭州市金明

[遼寧撫順]金氏宗譜(蒙古正藍旗孔臥洛特氏)
金玉峰等纂修　2000年排印本　一冊　書名據
封面題　二修本

先祖同上。

遼寧省圖書館

[遼寧遼陽]哈扎力氏族譜不分卷　韓英斌、韓國
斌纂修　稿本　一冊　書名據封面題

始遷祖唐塞,太祖時投歸,隸鑲黃旗蒙古,隨後
金政權克瀋陽、定燕京,入主華夏,旋駐防遼陽,子
孫遂居城西麥山子村。漢姓爲韓等。譜載序、範
字、世系。

遼寧省鞍山市麥山子村韓澤斌

[遼寧遼陽]哈扎力氏族譜不分卷　韓英斌、韓國
斌纂修　據稿本複印　一冊　書名據封面題

參見前條。

吉林師範大學滿族文化研究所

[遼寧遼陽]新疆蒙古撒哈拉氏宗譜不分卷　合
族纂修　1995年排印本　四修本　一冊　書名
據封面題

始遷祖慧,蒙古族,姓撒哈拉氏,原居新疆省天
山北路撒哈拉。兄弟四人於清太祖時遷遼東,受
盛京內務府正黃旗嗎爾達佐領代管,駐防遼陽。
清順治八年(1651)報領紅冊地耕種,遂世代居於
遼陽。漢姓爲許。載序、墓碑碑文、墳圖、世系等。
其譜於清嘉慶二十四年(1819)初修,宣統三年
(1911)二修,民國三十五年(1946)三修。

吉林師範大學滿族文化研究所　遼寧省鞍山市
立山區許平江

[遼寧遼陽]撒哈拉氏宗譜不分卷　合族纂修
1999年排印本　一冊　書名據封面題　書名頁
題新疆蒙古撒哈拉氏宗譜　五修本

先祖同上。是族以開荒耕墾爲業。譜載序三
篇、碑記三篇、譜例、世系、範字。該譜於清嘉慶二
十四年(1819)初修,光緒四年(1878)二修,光緒
三十四年(1908)三修,民國二十九年(1940)
四修。

吉林師範大學滿族文化研究所　遼寧省鞍山市圖書館　遼寧省鞍山市立山區許平江

[遼寧岫巖]何氏譜書　何世清纂修　1990年排印本　一册　書名據封面題　二修本

其先祖爲蒙古人,清初入鑲紅旗滿洲,賜何姓。始遷祖班的,清康熙二十六年(1687),因朝廷之命移居岫邑(今岫巖)。

遼寧省鞍山市岫巖縣圖書館　遼寧省岫巖滿族自治縣哈達碑鎮徐卜村何德福

[遼寧岫巖]翁闊特氏(寇氏)譜書不分卷　纂修者不詳　民國初稿本　一册　書名據封面題　二修本

始祖突莫肯,蒙古喀爾喀部人,因屢受噶爾丹侵擾而遷徙。清康熙三十一年(1692)被編爲巴爾虎旗,派駐岫巖,隷屬岫巖鑲黄旗蒙古。漢姓爲寇等。譜載序、範字、世系、哲雷碑文及各世任職人員小傳。其譜於清嘉慶十六年(1811)初修。

遼寧省岫巖滿族自治縣岫巖鎮寇德峻

[遼寧岫巖]岫巖巴爾虎旗蒙古翁闊特寇氏譜系二編不分卷　寇德峻纂修　排印本　一册　書名據封面頁題

先祖同上。譜載九代世系。

吉林師範大學滿族文化研究所　遼寧省岫巖滿族自治縣岫巖鎮寇德峻

[遼寧鳳城]陳氏譜書不分卷　陳堯三纂修　民國十五年(1926)排印本　一册　書名據封面題　書名頁題鳳凰城蒙古新式譜書

始祖華堂,原爲蒙古翁牛特部人,清太祖時投歸,後"隨龍入京",於清康熙二十六年(1687)由京撥鳳城駐防,隷於正白旗蒙古,其後嗣遂世居至今。譜載蒙古族源流考、序、新序、範字、新式圖譜自修詳解、新章祭文式、凡例、統系表等。

遼寧省鳳城市陳氏族人

[遼寧鳳城]陳氏譜書不分卷　陳堯三纂修　據民國十五年(1926)排印本複印　一册　書名據

封面題　書名頁題鳳凰城蒙古新式譜書

參見前條。

吉林師範大學滿族文化研究所

[遼寧鳳城]關氏宗譜不分卷　纂修者不詳　清道光六年(1826)稿本　一册　書名據封面題

始祖科思圖,原居蒙古楊什木地方,清太祖時歸隷於鑲紅旗蒙古,康熙二十六年(1687)奉旨入盛京鳳凰城駐防,後世遂世居於此。載家事録、祖墓碑文、範字等。

遼寧省岫巖滿族自治縣張春生

[遼寧寬甸]陳氏家譜不分卷　纂修者不詳　清光緒年間抄本　一册　書名據封面題

始祖巴海,原爲蒙古翁牛特部人,清天聰時歸隷於正白旗蒙古,康熙二十六年(1687)撥往鳳城駐防,後世遷於今寬甸縣。譜載世系、範字、序跋等。

遼寧省寬甸滿洲自治縣楊木川鄉陳聖明

[遼寧寬甸]陳氏家譜不分卷　纂修者不詳　據清光緒年間抄本複印　一册　書名據封面題

參見前條。

吉林師範大學滿族文化研究所

[遼寧蓋州]韓氏譜書不分卷　纂修者不詳　民國三十四年(1945)抄本　一册　書名據封面題

始祖唐四海,正黄旗蒙古,清康熙年間撥蓋州駐防,後世遂世居蓋州。載世系等。

遼寧省蓋州市關恒軍

[遼寧蓋州]韓氏譜書不分卷　纂修者不詳　據民國三十四年(1945)抄本複印　一册　書名據封面題

參見前條。

吉林師範大學滿族文化研究所

[遼寧鳳城]吳西勒氏譜書不分卷　吳融纂修　據民國十九年(1930)排印本複印　一册　書名據譜序題

吳西勒氏又譯敖奇勤,係巴爾虎蒙古族。始遷祖安達力,清代人。譜載譜序、碑文。

　　遼寧省鳳城市圖書館　　遼寧省鳳城市檔案館

[吉林前郭爾羅斯蒙古族自治縣]哲里木盟郭爾羅斯部烏巴什鄂特罕諾顔家譜　纂修者不詳　抄本　蒙古文

　　是爲哲里木盟郭爾羅斯部烏巴什鄂特罕諾顔家族譜。所載世系不詳。

　　德國馬爾堡圖書館

[吉林前郭爾羅斯蒙古族自治縣]哲里木盟郭爾羅斯部烏巴什鄂特罕諾顔家譜　纂修者不詳　據德國馬爾堡圖書館所藏抄本拍攝　膠卷　蒙古文

　　參見前條。

　　内蒙古大學圖書館

　　本條目據《中國蒙古文古籍總目》著録

[黑龍江]薩氏族譜二卷　蔡運升纂修　民國十四年(1925)刻本　一册　存上卷

　　黑龍江省綏化市檔案館

[江蘇江陰]李氏宗譜　纂修者不詳　清光緒三十三年(1907)衍慶堂木活字本　三册　存卷首、卷二十九、三十二　書名據版心、卷端題

　　始祖嘉那,元代人。始遷祖八撒,字伯察,蒙古族人,元季以父霑柯守鎮江、江陰,遂留居砂山。卷首序文、先代譜略、格言,卷二十九傳,卷三十二詩。

　　上海圖書館

[江蘇無錫]廉氏宗譜　(清)廉聖培等纂修　清嘉慶十四年(1809)孔戒堂木活字本　一册　書名據版心題

　　始祖布魯海牙,一名卜魯凱雅,中山人,年輕時即歸附成吉思汗,隨蒙古軍西征,官廉訪使,其子遂改姓廉氏。八世孫允中,占籍蘇州。始遷祖序,字士正,第十二世孫,元明之際移居無錫。十九世孫煌,開派沈瀆。二十世孫之後,或遷無錫鄉里,或徙江陰,支分派衍。

　　江蘇省無錫市圖書館

[浙江平陽]濟陽郡丁氏宗譜　丁學税主修　丁學揚纂修　1968年木活字本　一册

　　始祖賽典赤瞻思丁,元代蒙古人。始遷祖圓,明代自福建長溪縣(今霞浦縣)赤岸村遷居浙江平陽縣。譜載譜序、世系圖。

　　浙江省平陽縣圖書館

[福建閩侯]薩氏族譜不分卷　(清)薩國霖纂修　清嘉慶五年(1800)抄本　二册　書名據版心、書衣、卷端題　二修本

　　薩氏肇基於西北,受姓於雁門。始祖薩拉布哈(一譯爲思蘭不花),輔佐元世祖忽必烈打天下,累建功勳。其子阿魯赤受命鎮守雁門,孫薩都剌爲元英宗賜姓薩。薩都剌弟野芝之子仲禮,字守仁,授福建行中書省檢校,遂卜居閩侯,是爲始遷祖。載譜序、條例、記、像贊、傳記、世系等。2007年福州海風出版社排印本《福建省少數民族古籍叢書‧蒙古族卷》内載有本譜節録。

　　福建省圖書館

[福建閩侯]薩氏族譜不分卷　(清)薩國霖纂修　據清嘉慶五年(1800)抄本拍攝　膠卷　書名據版心、書衣、卷端題　二修本

　　參見前條。

　　山西省社會科學院中國家譜資料研究中心　美國猶他州家譜學會

[福建閩侯]雁門薩氏族譜四卷　(清)薩知時纂修　清道光三年(1823)刻本　五册　書名據書名頁、目録題　版心題雁門薩氏家譜　書衣題雁門家譜

　　先祖同上。卷一原序、祖像、祠圖、色目始祖世系圖、入閩始祖宗支圖,卷二雁門集序跋,卷三會試、鄉試録,卷四傳記。有明馬森序。

　　中國科學院圖書館　上海圖書館　福建省圖書館

[福建閩侯]雁門薩氏族譜四卷　(清)薩知時纂修　據清道光三年(1823)刻本拍攝　膠卷　書名據書名頁、目録題　版心題雁門薩氏家譜　書衣

題雁門家譜

參見前條。

山西省社會科學院中國家譜資料研究中心　美國猶他州家譜學會

[福建閩侯]雁門薩氏族譜四卷　（清）薩知時纂修　2008年甘肅文化出版社、寧夏人民出版社據清道光三年（1823）刻本影印　二冊　書名據書名頁、目錄題　版心題雁門薩氏家譜　書衣題雁門家譜

參見前條。

本譜載於《回族典藏全書》第一百十五至一百十六冊

[福建閩侯][薩氏]先芬集一卷　（清）薩嘉曦纂修　清宣統三年（1911）福州薩氏蒔花吟館刻本一冊

先祖同上。是書收録福州薩氏先祖之像贊、墓誌銘、墓表、畫像記、家傳、行狀、祭文。正文前還輯有"題詞"欄，收録了薩氏親朋好友爲本族所作之題詠。

福建省圖書館

[福建閩侯]雁門薩氏家族通訊録三卷　薩氏家譜編委會纂修　1986年福州薩氏影印本　三冊　七修本

先祖同上。譜内有馬森、林嵋、薩希亮、薩知時、薩嘉曦等撰序，又有歷代祖先像贊。

福建省圖書館

[福建閩侯]雁門薩氏家譜八卷首一卷　薩鎮冰等纂修　民國二十四年（1935）排印本　八冊　書名據版心、書名頁題

先祖同上。卷一恩綸録，卷二賜塋，卷三世録，卷四科名，卷五敘贈，卷六榮哀，卷七吉録，卷八傳信。2007年福州海風出版社排印本《福建省少數民族古籍叢書·蒙古族卷》内載有本譜節録。

國家圖書館　中國民族圖書館　福建省圖書館　福建師範大學圖書館　香港大學馮平山圖書館

[福建閩侯]雁門薩氏家譜八卷首一卷　薩鎮冰等纂修　據民國二十四年（1935）排印本拍攝　膠卷　書名據版心、書名頁題

參見前條。

山西省社會科學院中國家譜資料研究中心　美國猶他州家譜學會

[福建閩侯]雁門薩氏族譜六卷　薩本敦主編　2007年雁門薩氏族譜編委會排印本　一冊　記事至二十二世　書名據封面題　八修本

先祖同上。卷前爲目録、譜序、像贊，卷一綜述（概述民族本源、歷次譜牒、宗祠祖塋、重要祖居），卷二世系，卷三人物（歷代科名、先賢傳略），卷四文物，卷五研究、附録，卷六圖集、編後語、薩氏要事補録。

湖北省圖書館　福建省閩侯市薩氏

[福建南安]燕山八房占奎黄氏族譜　纂修者不詳　民國十六年（1927）修本

始祖答剌真，燕之大興人（河北燕山一帶，屬古燕國之地），傳二世，明初時賜姓爲黄。後移民福建南安。譜載序、十房分佈、族約等。2007年福州海風出版社排印本《福建省少數民族古籍叢書·蒙古族卷》内載有本譜節録。

福建省南安市黄氏

本條目據《福建省少數民族古籍叢書·蒙古族卷》著録

[福建南安]（豐州）燕山黄氏族譜概要　黄威廉主編　據1994年排印本複印　一冊　書名據封面題

先祖同上。

福建省泉州市圖書館

[福建]出姓蒙古族三房分派私譜三卷　出懋甫纂修　民國五年（1916）稿本

遠祖木華黎，扎剌兒氏，世居阿難水東，蒙古族四大傑出人物之一。始遷祖不歸，元太尉納哈出之後，明洪武中屯田福建，授指揮使，遂以出爲姓。譜載修譜凡例、世系、三房敦夫、五房舉夫、六房顯

夫支派。2007 年福州海風出版社排印本《福建省少數民族古籍叢書·蒙古族卷》內載有本譜節録。

本條目據《福建省少數民族古籍叢書·蒙古族卷》著録

[江西贛州]月氏族譜　月茂順纂修　1995 年晉陽堂排印本　一册　七修本

始祖滄南,蒙名月闊察兒,元代人。始遷祖月華,字本彩,號國庵,明代人。族裔後散居至江西龍南、全南等地。

浙江省龍南縣龍南鎮紅巖村月光榮

[山東青州]脱氏宗譜　脱恩鑄纂修　2003 年排印本　一册

始祖脱脱,元丞相,原籍歸化省托克托縣(今屬內蒙古呼和浩特市)。後裔一支遷河北新河,另一支於明代自甘肅蘭州定陽縣脱家溝遷青州,任阿訇而落户,譜即記此支系。載譜序、世系等。

山東省青州市脱恩鑄

本條目據《青州回族溯源》著録

[河南唐河]唐河縣大河屯蒙古族王氏家譜　王氏合族纂修　1997 年排印本　一册　書名據書名頁題

始祖成吉思汗,元代人。始遷祖輅,六世祖。明代人王怡出於此族。

河南省南陽市圖書館

[河南洛陽]李氏家譜二卷　李世貞纂修　民國二十三年(1934)石印本　二册　書名據書名頁題

始祖孔温窟哇,亦名孔温得,元蒙古族人。始遷祖可用,行四,明洪武初易姓李,謫戍河南,世居洛陽之南關。

河南省洛陽市瀍河區新街新房家園李洪治

[河南洛陽]洛陽蒙古族李氏家譜　李世傑纂修　2000 年稿本　一册　書名據書衣題　三修本

先祖同上。

河南省洛陽市瀍河區新街新房家園李洪治

[河南洛陽]洛陽蒙古族李氏家譜　李緒馨纂修　2005 年排印本　八百六十四頁　記事至 2005 年

先祖同上。載世系、圖片、地圖等。

國家圖書館

[河南內黃]五姓宗譜　纂修者不詳　清乾隆間修本

是爲蒙古族在河南內黃縣馬次範村一支系。始祖忽必烈,五世孫河南行省豫王鐵木黎爲逃避明兵追捕,隱居至今河南內黃等地,令五子改姓,隨妻姓,鐵木清改董清,鐵木明改李明,鐵木能改馬能,鐵木傑改關傑,鐵木俊改陳俊,分居五處,此後便有了今日之《五姓宗譜》。

河南省內黃縣卜城鄉馬次範村關昌龍

本條目據《少數民族譜牒研究》載高素芬著《淺議鄂爾多斯蒙古族家譜的作用》一文著録

[河南清豐][關氏]族史"元皇世系"家譜一卷　關昌竹等纂修　據 1986 年稿本複印　一册　書名據封面題

始祖孛兒只斤鐵木黎,元末隱居內黃縣馬次範村。其子關傑,行四,明初自內黃縣遷居清豐。

河南省圖書館　河南省司法廳燕莊家屬院關憲策

[湖北洪湖]陸宦宗譜　纂修者不詳　清咸豐七年(1857)刻、光緒三十二年(1906)印行　八册

陸氏派系,自始祖陸奕始,二世祖通明,三世祖榮甫,歷六百餘年,傳二十餘代。卷首有左宗棠、張之洞與當時名流所作序言。是族自蒙古草原遷至江漢平原,"終元之世,諱莫如深。迨及有明,元裔既爲勝國,而又世爲邊患。以致三百來之譜牒,未能秉筆直書"。據考,始祖陸奕爲阿里不哥曾孫、乃速忽不花之孫、冀王孛羅之子,至正間,官沔陽府同知。譜創修於清康熙五年(1666)。

湖北省洪湖市陸氏

本條目據 2005 年第 4 期《內蒙古社會科學(漢文版)》載李幹著《洪湖〈陸宦宗譜〉考辨:阿里不哥後裔落籍洪湖》一文著録

[湖北黄岡]庫李宗譜二十五卷首五卷　庫仁簪編修　民國二十五年（1936）敦本堂木活字本三十册

是族始祖義通,字道源,原籍江西饒州府樂平縣泥兒灣瓦屑壩,於明洪武初奉父仲祥、叔太祖萬彝,攜弟義益遷湖廣黄州府。萬彝居廣濟縣長樂村張店,義益遷麻城楊柳河,仲祥復歸江西壽終。故譜以義通爲始祖。義通子以文,無子,立舅兄李茂容三子爲嗣,名以明。然今庫氏後裔則云,本族原姓庫,後改姓李,因家境貧寒由蒙古草原流落遷徙至湖北黄岡。黄岡庫李後裔,至今有姓庫者,也有姓李者。其族譜初修於清雍正八年（1730）。是爲中國著名地質學家、中國地質力學創立者李四光家譜。

浙江省慈谿市環城南路勵雙傑

本條目據勵雙傑撰《名人家譜摭談》著錄

[湖北鶴峰]部氏家譜　纂修者不詳　民國四年（1915）修本

是族爲元太祖之後鎮南王的後裔,始祖斡離兀,以部爲姓。後裔幾經遷徙,來到鶴峰三家臺。載世系、家規等。

湖北省鶴峰縣三家臺部腺瑞

[湖南湘潭]梁氏世譜不分卷　纂修者不詳　據民國四年（1915）木活字本複印　存二册

始祖也先帖木兒,官名公本,仕元,世居河南汝寧府汝陽縣。五傳至鑒,明洪武間自汝陽遷居江寧（今南京）葛仙鄉。再四傳至絲,遷湖墅村。後子孫再徙臨桂。始遷祖寶善,一名朝儀,字楚珩,號子明,清咸豐初避金田之亂,遷居湘潭雨湖。清光緒三十一年（1905）建長沙梁氏家廟"敦恕堂"於長沙明道都一甲五區五里牌,民國間建湘潭家廟"五橘堂"於湘潭二都四甲大葉塘。該族名人梁焕奎,清末創建華昌銻業公司,創辦湖南實業學堂及湖南圖書館。字派自十九世始:增錫（寶）承本焕,培欽法懋光。

湖南省圖書館

[湖南常德]甯氏族譜十二卷　甯堯甫纂修

2000年忠濟堂膠印本　存一册　六修本

始遷祖蒙格,江西臨江府清江縣人,仕元太祖爲大將,賜名忙哥鐵木耳,擁兵南征,遂家湖南常德衛武陵關外七丘村之石板灘。後裔分居湖田洲、雷公洞等處。一說該族原籍遼陽,明永樂初因靖難之變遷武陵。字派:蒙佛言示系,希汝中有正,龍必如學永,昌之光宗廷。新增字派:敦誠輝道德,宏茂振文明,厚澤傳家遠,良才啓運新。鐵氏字派:戈興俊勳添,世廷應士時,作文中秉正,大學有光明。新增字派:紹敦先德,佑啓仁英,寬宏孝道,家國永興。其族譜於清道光七年（1827）初修,光緒二年（1876）二修,光緒二十八年（1902）三修,民國六年（1917）四修,民國三十一年（1942）五修,此爲六修本。

湖南省圖書館

[重慶]尹氏敦睦堂家譜　尹榮福主纂修　1993年排印本　一册　書名據封面題

是族本蒙古人,元末紹祖與妻尹氏避難於川蜀巴縣（今重慶市巴南區）石裹洞荔枝坪,所生三子皆改母姓,後裔分佈於今重慶市區、巴南、江津等地。譜載世系圖。

上海圖書館

[重慶]尹氏族譜　尹朝淮纂修　2001年排印本一册　書名據封面題

先祖同上。譜載世系表、元代大事年表。

上海圖書館

[重慶]鐵改余氏宗譜第一集　江巴綦南銅大余氏續譜委員會纂修　2003年排印本　九百八十二頁

是爲余氏重慶市江巴綦南銅大等地區分支合譜。該姓氏爲鐵本真（成吉思汗）的後裔,係九子十進士入川避禍鐵改余而來。載余氏史料選錄,秀一公後裔、秀二公後裔及根六公後裔各支系分佈等。

國家圖書館

[四川瀘州]李兒只斤鐵改余氏宗譜　余廷富、余

開禮主編　2007 年排印本

是爲《孛兒只斤鐵改余氏宗譜》全國統譜第十六卷,四川瀘州地區第一卷支譜。是族源本蒙古族,爲乞丐顏氏,孛兒只斤鐵本真(成吉思汗)的後裔。譜載溯源、世序、頌祖、考證、風情、系譜等。

國家圖書館

[四川合江] 余氏族譜　纂修者不詳　清道光間刻本　一册　殘

譜記合江焦灘余氏。是族與《[四川西昌]余氏族譜》、《[四川犍爲]蒙族源流》譜主,皆爲元皇室鐵木見(建)後裔,參見《[四川西昌]余氏族譜》條目。元末逃至瀘州鳳橋頭邊兄弟分手。所列歷朝帝系起於洪武,迄於道光。此譜或爲道光年間纂修。

四川省合江縣焦灘鄉六角村余錫齡

本條目據胡昭曦撰《巴蜀歷史考察研究·〈余氏族譜〉摘録》、1988 年第 4 期《四川文物》載李紹明著《傳爲蒙古族之西昌〈余氏族譜〉考辨》著録

[四川犍爲] 蒙族源流　纂修者不詳　抄本　一册　四十四頁

譜記四川犍爲城關鎮余氏。犍爲余氏與四川西昌余氏、四川合江余氏係出同源,皆爲元皇室鐵木見(建)之後,參見《[四川西昌]余氏族譜》條目。犍爲余氏爲根七公(余德意)、根九公(余德興)兩支後代,其中主要一支是余德意後裔。本譜所記始自元末,迄於 1966 年。本譜內容大致可分譜序與宗支繁衍兩部分,與《[四川西昌]余氏族譜》所載多有相同。

四川省犍爲縣城關鎮余氏

本條目據胡昭曦撰《巴蜀歷史考察研究·〈蒙族源流〉》、1988 年第 4 期《四川文物》載李紹明著《傳爲蒙古族之西昌〈余氏族譜〉考辨》著録

[四川長寧] 蒙古族皇室後裔鐵改余姓宗譜　中華余姓歷史文化研究中心四川省長寧縣續修譜委員會編纂　2003 年排印本　一册

是爲四川長寧縣支譜。譜內又分各支系。載世系、傳記等。始遷祖禿魯,又名鐵木楗(建),明初

其九子一婿被迫西遷,入川瀘縣鳳頸橋,改鐵爲余姓。後裔散居各地。

上海圖書館

[四川瀘定] 余氏歷代家譜　纂修者不詳　清乾隆五十九年(1794)抄本

是譜記四川省瀘定縣興隆鄉沈村蒙古族余氏。始祖鐵木建,元成宗皇帝鐵穆耳二弟,封兩平王,食邑湖廣麻城。生秀一、秀二、秀三、秀四、庚五、庚六、庚七、庚八、庚九九子。一女名金蓮,贅一婿,賜姓鐵名弦。十人皆中進士。是族係成吉思汗四子拖雷後裔,爲成吉思汗黃金家族,有"奇渥温"蒙古之稱。元末明初,劉福通、朱元璋起兵,殺蒙古皇族後代,爲避禍,保留"奇渥温氏"之根,遂改姓余。譜稱祖籍本江西吉安府吉水縣十二都人,學者以爲此説不可信,其祖籍當爲麻城。元末,鐵木建子、婿十人向西逃奔。有名伯錫者,明洪武二年(1369)隨明軍攻入康區,以功受封爲"沈邊(即沈村)百户",爲一方土司。

本條目據 2004 年第 3 期《中國藏學》載寶山著《康區余氏蒙古族初探》一文著録

[四川西昌] 俞氏宗譜不分卷　俞德勳纂修　民國二十七年(1938)抄本　一册　書名據譜序題

是族相傳爲元朝東路蒙古帥不花鐵木兒後裔,實爲元朝欽察人玉里伯牙吾氏,後因宗黨之獄謫居安徽壽縣,紅巾軍起義時,攜家逃至合肥,更姓爲余。始祖廷玉,行秀一,隨明太祖征戰,又改爲俞。其四世孫海,字聰,因軍功封建昌(今西昌)。始遷祖鼎臣,清康熙八年(1669)偕弟卜居西昌東門外姜坡村。

四川省西昌市博物館

[四川西昌] 俞氏宗譜不分卷　俞德勳纂修　據民國二十七年(1938)抄本複印　一册　書名據譜序題

參見前條。

國家圖書館

[四川西昌]西昌姜坡玉里伯牙吾氏家乘　俞世剛纂修　2004 年排印本　一册　書名據書名頁題　封面題玉里伯牙吾氏家乘

先祖同上。譜録前言、序、世家源流、西昌姜坡俞氏字派五十一六字、西昌姜坡俞氏現存家譜文獻四種、大宗世系譜、大族宗枝譜、傳爲蒙古族之西昌《余氏族譜》考辨、西南鐵余氏是元朝欽察人後裔、成吉思汗後裔隱居雙流等。

上海圖書館

[四川西昌]余氏族譜　纂修者不詳　民國初抄本　一册　六十五頁

是譜記西昌禮州余氏。始祖爲元皇室鐵木見（或作建），忽必烈之後，東路不花元帥，敕贈兩平王，謚曰顯宗皇帝，祖籍江西，元世祖封殖湖廣省。與妻洪氏生四子，名秀一、秀二、秀三、秀四；後娶張氏，生五子，名根五、根六、根七、根八、根九；一女名金蓮，招婿金氏，名根十。此十人皆中進士。元末紅巾軍起義，十人畏懼，逃往西川，改鐵爲金，又改爲余姓。行至瀘州衣錦鄉鳳錦橋，因人口衆多，難以一路而行，乃聯詩合對，分散四方，永以爲記。其中秀一公遷歸江南。本支爲秀四公後裔，由内江而遵義，繼而由遵義至龍安，由龍安移居嘉定，最終輾轉遷至西昌禮州。譜分譜序和宗支兩部分。譜序包括寶慶府拔貢余正祥《族譜遺囑》、明代余之綱《余氏起祖序》、明進士余之紀《九子十進士記》、明庠生余泰《一女打荆棺記》、佚名《改鐵爲余序》、瀘州拔貢余永啓《新華（化）縣祠堂序》。宗支部分題爲《木見祖諸子州縣遺序》，世系以秀一公爲一世祖，載至民國初的第二十三代。另有標名爲"世祖皇帝忽必烈"、"太子真金裕宗"等墨繪插圖十二幅，分插於譜中。本譜與《[四川犍爲]蒙族流源》所載多有相同。

四川涼山彝族自治州西昌縣禮州鎮余氏族人

本條目據 1988 年第 4 期《四川文物》載李紹明著《傳爲蒙古族之西昌〈余氏族譜〉考辨》一文著録

[四川西昌]余氏族譜　纂修者不詳　據民國初抄本複印　一册　六十五頁

參見前條。

四川省民族研究所

本條目據 1988 年第 4 期《四川文物》載李紹明著《傳爲蒙古族之西昌〈余氏族譜〉考辨》一文著録

[貴州石阡]余氏譜牒　余有錕纂修　1984 年據民國二十六年（1937）修本抄　一册

是族原係南京九華山桂村人，始祖鐵世義，乃遼東鐵龍山鐵甲將軍。至元順帝時，爲避族誅，改爲余姓。明初，有一支移居江西臨江府清江縣，其餘八支均遷居四川。入蜀重慶長壽縣的一支，後遷貴州遵義，之後又一支遷石阡縣中壩河西村至今。此譜首載舊譜清咸豐十一年（1861）七世孫余卓然《書録鐵改余原由》、八世孫余錫光《協修譜序》，其餘依次爲春秋祭始祖文、族規六則、續修譜敘等。

貴州省石阡縣民族委員會

本條目據《文獻》1998 年第 4 期孫昊著《貴州民間珍藏家譜提要》著録

[雲南]保氏族譜　保佑泰等纂修　2008 年排印本

是譜記録了自元代忽必烈入滇後歷代保姓的族況，經七百多年的歷史變遷，現保（含寶）氏後裔已由單一的蒙古族演變爲漢、蒙古、回、傣、白、彝等族。本譜所記保姓以回族爲主，於成吉思汗、忽必烈等有詳細記録，圖文並茂。

雲南省保永康

[雲南宣威]鐵改余氏宗譜第一卷　余慶珊主編　1999 年排印本　一册　書名據封面、書名頁題

始祖鐵木真，元代人。鐵木真六世孫庚七，官吏部尚書，更姓爲余。始遷祖懷德，明代人。後裔散居雲南、重慶、貴州、河北等地。譜載序、族源、家訓家規、世系篇、祭祖篇、頌祖篇、捐資篇、附録等。

上海圖書館

[雲南昭通]保氏族譜四卷首一卷　纂修者不詳　民國二十一年（1932）修本

是族源於蒙古,初以特莫爾爲氏。元代時庫庫台特莫爾遵號保保,入滇後以阿保名,遂改保氏。後裔也有改姓馬氏者。卷首載序、凡例、總目,卷一爲系圖,卷二爲世記,卷三爲家傳,卷四爲雜著。

本條目據《回族譜序與宗源考略》著録

[雲南鎮雄]鐵佘(余)氏大族譜不分卷 (清)余明達纂修　清光緒三十二年(1906)抄本　一册書名據書衣題　卷端題佘氏族譜

始祖鐵世義,宋代人。始遷祖余肇廷,明代人。是族明時因避禍改姓,初改"鐵"爲"金",金乃鐵字之旁,恐相似爲害,又將"金"字去下畫而爲"佘"。譜内因書寫之故,"余"或寫爲"佘"。

中央民族大學圖書館

[雲南鎮雄]鐵佘(余)氏大族譜不分卷 (清)余明達纂修　2003年北京圖書館出版社據清光緒三十二年(1906)抄本影印　合册　卷端題佘氏族譜

參見前條。

本譜載於《北京圖書館藏家譜叢刊·民族卷》第二册

[西藏]霍爾王家譜　纂修者不詳　2004年中國藏學出版社排印本　合册

始遷祖古潤烏倫臺吉,元文宗之弟,元代攜蒙古兵去後藏薩迦寺途中,定居索縣、巴青縣交界的强曲河,成爲當地的統治者,爲第一代"霍爾王"。本譜記録了古潤烏倫臺吉至旺丹增共二十一代霍爾王世系,時間跨度從十四世紀中葉至1916年。

本譜載於《藏北牧民:西藏那曲地區社會歷史調查》

[甘肅]把氏廣譜·甘肅卷三編十四章　把志先編著　2010年陝西未來出版社排印本

把姓始祖自明洪武十二年(1379)隨軍到甘肅,前八代均爲職業軍户,軍職至正四品指揮同知,長期守備永登魯土司所轄區的"紅野四旗"。其支系子孫成爲魯土司土民,大多被安置於紅野地區,後遷布於永登及周邊各地。是書以尚存族譜及史料爲佐證,確認甘肅把姓源自蒙古人帖木兒之子把都,並梳理甘肅五十八部把氏家譜,探討把氏的祖源、族屬、得姓時間、始祖事述及始居發祥之地,考證甘肅把氏的世系、各系字輩,甚或詳列各世系乃至支、房的字輩排序名録及當代甘肅全省把氏名録。

甘肅省圖書館

[甘肅]他氏族譜(甘肅卷)七卷首一卷　他德成等編纂　2009年武威市華文印刷有限責任公司排印本

他氏源自蒙古族。一世祖爲成吉思汗(鐵木真),五世祖不答失里爲鎮南王脱歡第六子,六世祖爲不答失里次子他喇都,後裔因以爲姓。是族先居雲南。據史家考證,因雲南動亂,他氏家族大部分在明末崇禎年間遷徙到遠離戰亂的祖先原居地甘肅河州地區。陸續移至河州以北的他家河灘定居,後在今臨夏州東鄉族自治縣考勒鄉三原村定居二百六十餘年。光緒二十一年(1895),受地方動亂、旱災影響,他氏族人不斷外出謀生,先後遷居永靖縣的劉家峽鎮、鹽鍋峽鎮及積石山、天祝、古浪、民和、蘭州等地。卷首編修説明、凡例、前言,第一卷開篇志,第二卷議事志,第三卷地理志,第四卷人物志,第五卷藝文志,第六卷瓜瓞志,第七卷啓後志。

甘肅省圖書館　甘肅省武威市檔案館　甘肅省永靖縣檔案館

[甘肅永登]河橋鎮把氏宗譜 (清)把有文等纂修　清嘉慶間抄本

始祖帖木兒,明洪武間,以軍功獲武官總旗之職,定居永登野狐城。其子都,改姓把,升正千户,其孫把榮,升指揮同知,世襲八世。始遷祖應養,生於天啓,卒於康熙,子五。載序、世系等。

甘肅省永登縣河橋鎮把常録

[甘肅永登]河橋鎮把氏宗譜 (清)把存根等纂修　清光緒間抄本

先祖同上。載序、世系等。

甘肅省永登縣河橋鎮把常録

[甘肅永登]古山把氏家譜　（清）把先緯等纂修
清道光十二年（1832）抄本

先祖同上。始遷祖營山,任莊浪世襲指揮使頭旗軍馬千總,遂居於西敖深溝口。載序、傳、世系總圖等。

甘肅省永登縣古山鄉把光偉

[甘肅永登]古山把氏家譜　（清）把挺秀等纂修
清光緒間抄本

先祖同上。載序、傳、世系總圖等。

甘肅省永登縣古山鄉把光偉

[甘肅永登]把氏家譜簡略本　把志先輯　2008年複印本暨排印本　一冊　書名自擬

作者選輯以上四種家譜的部分內容,並複印民國二十七年（1938）把連科的《把氏源流譜序》,合自撰《永登把氏淵源考》而爲一書。

上海圖書館

[甘肅永登]把氏光譜五十八卷　纂修者不詳
清末木活字本　五十八冊

甘肅省蘭州市把志先

[甘肅永登]重續魯氏家譜三卷　（清）魯瑤纂修
據清乾隆五十二年（1787）抄本複印　三冊　書名據序題

始祖脫歡,元宗室,封安定王,明洪武三年（1370）附明。長子阿寶篤,嗣職百户,明初由蘭州移居莊浪衛（今永登縣）。始遷祖賢,脫歡三世孫,明代改姓魯。魯土司是明清以來安多地區最顯赫家族之一。

甘肅省圖書館　甘肅省永登縣圖書館　甘肅省永登縣文化館

[甘肅永登]魯氏世譜不分卷　（清）魯紀勳纂修
清咸豐元年（1851）刻本　二冊　書名據版心題

先祖同上。全譜由兩部分組成:其一爲世系譜,載魯土司家族傳承世系表;其二爲年譜,以年月爲序,記錄魯氏家譜之事迹。年譜部分約占全譜的百分之九十五,魯氏家族興亡盛衰之迹莫不

備載其中。

國家圖書館　遼寧省圖書館　甘肅省圖書館
甘肅省永登縣圖書館　甘肅省永登縣檔案館　青海省圖書館　香港大學馮平山圖書館

[甘肅永登]魯氏世譜不分卷　（清）魯紀勳纂修
2003年北京圖書館出版社據清咸豐元年（1851）刻本影印　合冊　書名據版心題

參見前條。

本譜載於《北京圖書館藏家譜叢刊·民族卷》第一冊

[甘肅永登]魯氏世譜不分卷　（清）魯紀勳纂修
據清咸豐元年（1851）刻本拍攝　膠卷　書名據版心題

參見前條。

美國猶他州家譜學會

[甘肅秦川]野泉把氏分支家譜　纂修者不詳
民國間木活字本

甘肅省永登縣上川鎮下古山村把多智

[甘肅]把氏九修祀譜記源　把立軍主編　2009年排印本　一冊

江蘇省溧陽市把立軍

[青海西寧]湟南世德祁氏列祖家乘譜不分卷
祁昌緒、祁永邦纂修　據稿本複印　一冊　書名據書簽題

是爲青海土司家譜。始祖貢哥星吉,元代人,甘肅理間所土官,明太祖洪武二年（1369）投誠,世襲千户。子鎖南由千户升爲指揮使,累功晉級,賜姓爲祁。載目錄、世次功勞履歷考、敘、原世系紀略、續世系、世系圖、世譜、祖塋考、祖遺產業考、歷世藝文。

青海省圖書館

[青海西寧]湟南世德祁氏列祖家乘譜　纂修者不詳　2000年民族出版社據1950年續修稿排印合冊

先祖同上。

本譜載於《安多藏區土司家族譜輯録研究》（節録）

[青海西寧]湟東祁氏宗譜寶清牒不分卷　祁維薛等纂修　稿本　一册　書名據書籤題

先祖同上。是譜爲西祁土司祁英之二子祁寶之譜。上限起於明洪武元年（1368），下限止於1963年，續至十七世孫。載譜序、祁氏接輩承替世官紀略、蘇建邦序、祁氏簡易接輩表、祁氏先遠三代宗親之神位。

青海省圖書館

[青海西寧]祁氏家譜不分卷　（清）祁良斗等纂修　佚名增補　稿本　一册　書名據書籤題　譜序題祁氏族譜

先祖同上。是譜爲西祁土司之分支祁氏三房之譜系，上限起於清康熙五十四年（1715），下限止於1957年，續至十世孫。載凡例、宗法論、五服制、大宗小宗圖、正寢時祭圖、每位設饌圖、本宗五服之圖、祁氏前二世譜系總圖、祁氏三房譜系圖考、祁氏三房譜系通考。

青海省圖書館

[青海樂都]阿氏先世事略不分卷　阿鍾琮等纂修　青海省檔案館據1984年鍾其福抄本複印　二册　書名據書籤題

始祖失喇，祖籍寧夏平羅，元季官甘肅行省郎中。元明鼎革之時，辭官歸隱，攜帶親屬朝佛西土，寓於湟中，明洪武四年（1371）歸附。孫阿吉，以功授百户，並以阿爲姓。始遷祖珍，第十四世孫，襲職後移居青海樂都老鴉堡。後裔再徙西寧東硤、小南川及大通阿家堡等地。

青海省檔案館　青海省圖書館（一册）

[青海]青海省厄魯特部前頭旗札薩克多羅郡王巴勒珠爾喇布坦家族史　纂修者不詳　清光緒十四年（1888）寫本　四頁　蒙古文

所記內容不詳。

江蘇省南京市檔案館

本條目據伯蘇金高娃撰《蒙古族家譜的收藏與特點》著録

[青海]青海省厄魯特部前頭旗札薩克多羅郡王巴勒珠爾喇布坦家族史　纂修者不詳　據清光緒十四年（1888）寫本複印　四頁　蒙古文

參見前條。

青海省黃南州州志辦公室

本條目據《中國蒙古文古籍總目》、伯蘇金高娃撰《蒙古族家譜的收藏與特點》著録

[青海]青海省札薩克一等臺吉索諾木多爾濟家族史　纂修者不詳　清光緒三十二年（1906）抄本　四頁　蒙古文

所記內容不詳。

江蘇省南京市檔案館

本條目據伯蘇金高娃撰《蒙古族家譜的收藏與特點》著録

[青海]青海省札薩克一等臺吉索諾木多爾濟家族史　纂修者不詳　據清光緒三十二年（1906）抄本複印　四頁　蒙古文

參見前條。

青海省黃南州州志辦公室

本條目據《中國蒙古文古籍總目》、伯蘇金高娃撰《蒙古族家譜的收藏與特點》著録

[青海]青海省札薩克一等臺吉車棱達哩家族史　纂修者不詳　清宣統三年（1911）抄本　四頁　蒙古文

所記內容不詳。

江蘇省南京市檔案館

本條目據伯蘇金高娃撰《蒙古族家譜的收藏與特點》著録

[青海]青海省札薩克一等臺吉車棱達哩家族史　纂修者不詳　據清宣統三年（1911）抄本複印　四頁　蒙古文

參見前條。

青海省黃南州州志辦公室

本條目據《中國蒙古文古籍總目》、伯蘇金高娃撰《蒙古族家譜的收藏與特點》著錄

[新疆]土爾扈特諸汗諾顏源流不分卷　纂修者不詳　清光緒十三年(1887)抄本　一册　托忒文

是爲土爾扈特部的汗王源流及有關史料。

内蒙古社會科學院圖書館

[新疆]新舊土爾扈特罕諾顏世譜不分卷　纂修者不詳　清末抄本　一册　托忒文

是爲新舊土爾扈特部世系。主要記述從西遷伏爾加河回歸的土爾扈特部王公世系,並記録舊土爾扈特王公世系。

新疆維吾爾自治區少數民族古籍搜集出版規劃領導小組辦公室

[新疆]舊土爾扈特與新土爾扈特譜系　纂修者不詳　清末抄本　一册　蒙古文

是譜從元代成吉思汗時期的王汗開始,詳盡記載了土爾扈特部的歷史和王漢譜系。譜内土爾扈特部的歷史人物、與四衛拉特的内部關係、與周邊民族的關係,尤顯珍貴。

新疆巴州民族宗教委員會古籍整理辦公室

[新疆]土爾扈特諸汗諾顏源流不分卷　纂修者不詳　清末抄本　一册　托忒文

載蒙古地區出現佛教之理、蒙古諸汗源流、土爾扈特諸汗源流、喀爾喀和内四十九旗諸王公之信仰佛教高僧的史實。

内蒙古社會科學院圖書館

[新疆]烏訥素株克土土爾扈特北路盟王公札薩克臺吉源流清册不分卷　纂修者不詳　清末抄本一册　托忒文

是册載舊土爾扈特北路王公與札薩克臺吉之源流、功勞及其官爵之史實。

内蒙古社會科學院圖書館

[新疆]土爾扈特部譜系一卷　纂修者不詳1992年新疆人民出版社據巴岱、金峰、額爾德尼等整理注釋二十世紀五十年代油印本排印　合册

是書追溯土爾扈特部封建首領至克烈部王罕,王罕祖先則來自印度、唐古特和乞塔等。對土爾扈特諾顏、哈噸名稱記述極爲詳盡,特别是對於十四世紀末十五世紀初綽羅斯衛拉特聯盟的活動中心地帶的敍述爲其他史料所不見。

本譜載於《衛拉特史迹》

[新疆]新舊土爾扈特汗諾顏世譜一卷　纂修者不詳　1985年内蒙古文化出版社據巴岱、金峰、額爾德尼等整理注釋二十世紀五十年代油印本排印　合册

是譜末有"土爾扈特人、比丘格隆楚勒丹編輯"等字樣。講述自印度來的格日勒達拉可汗起,經過很多代逐漸形成土爾扈特,後變爲四衛拉特之一之史事。載有王汗、和鄂爾勒克、羅卜吉雅、准王錫拉、永欽、貝薩·熱布久爾、臺布·東日布、碰楚格堅贊、汗·東日布熱希、汗·摩合巴孜爾、巴圖、道爾吉·阿拉希、公扎布、親王·恩和吉日嘎勒、公·阿吉拉、公·貢故次仁、布格希日故、貢布伊勒登、額尼德尼、孟克鐵木爾、關布伊勒登等諸多歷史人物。

本譜載於《衛拉特歷史文獻》

博爾濟根蔡罕什巴古家譜　纂修者不詳　清咸豐間寫本　十頁　蒙古文

所載内容不詳。

黑龍江省杜爾伯特蒙古族自治縣博物館

本條目據伯蘇金高娃撰《蒙古族家譜的收藏與特點》著錄

碑文及家譜　纂修者不詳　清末刻本暨據寫本複印本　十册　蒙古文

所載内容不詳。

内蒙古日報社蒙古文資料室

本條目據《中國蒙古文古籍總目》、伯蘇金高娃撰《蒙古族家譜的收藏與特點》著錄

多羅額駙家譜　纂修者不詳　版本不詳　蒙古文

所載内容不詳。

遼寧省喀喇沁左翼蒙古族自治縣檔案館

本條目據《中國蒙古文古籍總目》著録

附　錄

喀爾喀札薩克圖汗部右翼後旗鎮國公衛札薩克一等臺吉巴札爾巴尼家譜　纂修者不詳　清光緒二十七年（1901）抄本　一幅　蒙古文　鈐有管旗章京滿文、蒙古文方形朱砂印章兩枚

是爲喀爾喀札薩克圖汗部格呼森札札賚爾琿臺吉家族譜。譜以格呼森札札賚爾琿臺吉爲始祖，載格呼森札札賚爾琿臺吉、格呼森札札賚爾琿長子阿什海達爾汗琿臺吉、阿什海達爾汗琿長子巴延達喇，及下傳十三代至三子鎮國公衛札薩克等臺吉巴札爾巴尼等世系。

國家圖書館

本條目據《中國少數民族古籍總目提要・蒙古族卷》著録

喀爾喀札薩克圖汗部札薩克圖汗兼多羅郡王索特諾木喇布坦旗三等臺吉色熱寧家譜　纂修者不詳　清光緒二十七年（1901）抄本　一幅　蒙古文　鈐有管旗章京滿文、蒙古文方形朱砂印章兩枚

先祖同上。載格呼森札札賚爾琿臺吉、格呼森札札賚爾琿長子阿什海達爾汗琿臺吉、阿什海達爾汗琿長子巴延達喇，及下傳十一代至次子公品級三等臺吉色熱寧等世系。

國家圖書館

本條目據《中國少數民族古籍總目提要・蒙古族卷》著録

喀爾喀札薩克圖汗部右翼右末旗札薩克輔國公巴札爾喇克察家譜　纂修者不詳　清光緒二十七年（1901）抄本　一幅　蒙古文　鈐有管旗章京滿文、蒙古文方形朱砂印章兩枚

先祖同上。載格呼森札札賚爾琿臺吉、格呼森札札賚爾琿長子阿什海達爾汗琿臺吉、阿什海達爾汗琿之子圖捫達喇岱青和圖固爾、圖捫達喇岱青和圖固爾子碩壘烏巴什琿臺吉，及下傳九代至長子輔國公巴札爾喇克察等世系。

國家圖書館

本條目據《中國少數民族古籍總目提要・蒙古族卷》著録

喀爾喀札薩克圖汗部中左翼右旗札薩克輔國公巴延濟爾嘎勒家譜　纂修者不詳　清光緒二十七年（1901）抄本　一幅　蒙古文　鈐有管旗章京滿文、蒙古文方形朱砂印章兩枚

先祖同上。載格呼森札札賚爾琿臺吉、格呼森札札賚爾琿長子阿什海達爾汗琿臺吉、阿什海達爾汗琿之子圖捫達喇岱青和圖固爾、圖捫達喇岱青和圖固爾子碩壘烏巴什琿臺吉，及下傳十一代至札薩克輔國公巴延濟爾嘎勒等世系。

國家圖書館

本條目據《中國少數民族古籍總目提要・蒙古族卷》著録

喀爾喀札薩克圖汗部副盟長中左翼右旗郡王銜札薩克多羅貝勒職阿爾達薩噶喇家譜　纂修者不詳　清光緒二十七年（1901）抄本　一幅　蒙古文　鈐有管旗章京滿文、蒙古文方形朱砂印章兩枚

先祖同上。載格呼森札札賚爾琿臺吉、格呼森札札賚爾琿長子阿什海達爾汗琿臺吉、阿什海達爾汗琿之子圖捫達喇岱青和圖固爾、圖捫達喇岱青和圖固爾子碩壘烏巴什琿臺吉，及下傳七代至次子旗郡王銜札薩克多羅貝勒職阿爾達薩噶喇等世系。

國家圖書館

本條目據《中國少數民族古籍總目提要・蒙古族卷》著録

喀爾喀札薩克圖汗部札薩克那木開道爾濟家譜　纂修者不詳　清光緒二十七年（1901）抄本　一幅　蒙古文　鈐有管旗章京滿文、蒙古文方形朱砂印章兩枚

先祖同上。載格呼森札札賚爾琿臺吉、格呼森札札賚爾琿長子阿什海達爾汗琿臺吉、阿什海達爾汗琿之子圖捫達喇岱青和圖固爾、圖捫達喇岱青和圖固爾子碩壘烏巴什琿臺吉，及下

傳九代至次子札薩克一等臺吉那木開道爾濟
等世系。

國家圖書館

本條目據《中國少數民族古籍總目提要·蒙古
族卷》著錄

喀爾喀札薩克圖汗部左翼右旗札薩克遜索倫家譜

纂修者不詳　清光緒二十七年(1901)抄本　一
幅　蒙古文　鈐有管旗章京滿文、蒙古文方形朱
砂印章兩枚

先祖同上。載格呼森札札賚爾琿臺吉、格呼森
札札賚爾琿長子阿什海達爾汗琿臺吉、阿什海達
爾汗琿長子巴延達喇,及下傳十三代至長子札薩
克遜索倫等世系。

國家圖書館

本條目據《中國少數民族古籍總目提要·蒙古
族卷》著錄

喀爾喀札薩克圖汗部中右翼末次旗鎮國公銜札薩克一等臺吉達木丹薩畢沙家譜

纂修者不詳　清
光緒二十七年(1901)抄本　一幅　蒙古文　鈐
有管旗章京滿文、蒙古文方形朱砂印章兩枚

先祖同上。載格呼森札札賚爾琿臺吉、格呼森
札札賚爾琿長子阿什海達爾汗琿臺吉、阿什海達
爾汗琿之子圖捫達喇岱青和圖固爾、圖捫達喇岱
青和圖固爾子碩壘烏巴什琿臺吉,及下傳十餘代
至長子鎮國公銜札薩克一等臺吉達木丹薩畢沙等
世系。此支繁衍發展,其間數人因無子,宗系由
叔、兄、弟承祧而延續。

國家圖書館

本條目據《中國少數民族古籍總目提要·蒙古
族卷》著錄

喀爾喀札薩克圖汗部左翼後末旗札薩克鎮國公達木定索倫家譜

纂修者不詳　清光緒二十七年
(1901)抄本　一幅　蒙古文　鈐有管旗章京滿
文、蒙古文方形朱砂印章兩枚

先祖同上。載格呼森札札賚爾琿臺吉、格呼森
札札賚爾琿長子阿什海達爾汗琿臺吉、阿什海達
爾汗琿長子巴延達喇,及下至長子札薩克鎮國公

達木定索倫等世系。此支傳至第十一代獨子札
薩克鎮國公噶勒桑端多布,因無子,由侄子鎮國
公密帕布三布承祧。達木定索倫即密帕布三布
之子。

國家圖書館

本條目據《中國少數民族古籍總目提要·蒙古
族卷》著錄

喀爾喀札薩克圖汗部左翼後末旗札薩克阿克旺車凌家譜

纂修者不詳　清光緒二十七年(1901)抄
本　一幅　蒙古文　鈐有管旗章京滿文、蒙古文
方形朱砂印章兩枚

先祖同上。載格呼森札札賚爾琿臺吉、格呼森
札札賚爾琿次子諾顏泰哈坦巴圖爾、諾顏泰哈坦
巴圖爾長子土伯特哈坦巴圖爾,及下傳九代至三
子札薩克阿克旺車凌等世系。此支傳至第十世札
薩克巴圖爾,無子,由其侄札薩克額凌清丕勒承
祧。阿克旺車凌爲額凌清丕勒三子。

國家圖書館

本條目據《中國少數民族古籍總目提要·蒙古
族卷》著錄

喀爾喀札薩克圖汗部札薩克車凌多爾濟家譜

纂
修者不詳　清光緒二十七年(1901)抄本　一幅
蒙古文　鈐有管旗章京滿文、蒙古文方形朱砂
章兩枚

先祖同上。載格呼森札札賚爾琿臺吉、格呼森
札札賚爾琿次子諾顏泰哈坦巴圖爾、諾顏泰哈坦
巴圖爾長子土伯特哈坦巴圖爾,及下傳十二代至
五子札薩克一等臺吉車凌多爾濟等世系。

國家圖書館

本條目據《中國少數民族古籍總目提要·蒙古
族卷》著錄

喀爾喀札薩克圖汗部欠子衛輔國公雲敦多爾濟旗二等臺吉洪垂札布家譜

纂修者不詳　清光緒二
十七年(1901)抄本　一幅　蒙古文　鈐有管旗章
京滿文、蒙古文方形朱砂印章兩枚

先祖同上。載格呼森札札賚爾琿臺吉、格呼森
札札賚爾琿次子諾顏泰哈坦巴圖爾、諾顏泰哈坦

巴圖爾長子土伯特哈坦巴圖爾,及下傳十一代至長子二等臺吉洪垂札布等世系。

國家圖書館

本條目據《中國少數民族古籍總目提要·蒙古族卷》著録

喀爾喀札薩克圖汗部札薩克圖汗兼多羅郡王索特諾木喇布坦家譜　纂修者不詳　清光緒二十七年(1901)抄本　一幅　蒙古文　鈐有管旗章京滿文、蒙古文方形朱砂印章兩枚

先祖同上。載格呼森札札賫爾琿臺吉、格呼森札札賫爾琿次子諾顔泰哈坦巴圖爾、諾顔泰哈坦巴圖爾長子土伯特哈坦巴圖爾,及下傳十二代至札薩克圖汗兼多羅郡王索特諾木喇布坦等世系。

國家圖書館

本條目據《中國少數民族古籍總目提要·蒙古族卷》著録

喀爾喀札薩克圖汗部右翼札薩克輔國公衮布索倫家譜　纂修者不詳　清光緒二十七年(1901)抄本　一幅　蒙古文　鈐有管旗章京滿文、蒙古文方形朱砂印章兩枚

先祖同上。載格呼森札札賫爾琿臺吉、格呼森札札賫爾琿次子諾顔泰哈坦巴圖爾、諾顔泰哈坦巴圖爾長子土伯特哈坦巴圖爾,及下傳十代至次子輔國公衮布索倫等世系。

國家圖書館

本條目據《中國少數民族古籍總目提要·蒙古族卷》著録

喀爾喀札薩克圖汗部貝子銜輔國公雲敦多爾濟家譜　纂修者不詳　清光緒二十七年(1901)抄本　一幅　蒙古文　鈐有管旗章京滿文、蒙古文方形朱砂印章兩枚

先祖同上。載格呼森札札賫爾琿臺吉、格呼森札札賫爾琿次子諾顔泰哈坦巴圖爾、諾顔泰哈坦巴圖爾長子土伯特哈坦巴圖爾,及下傳十一代至次子貝子銜輔國公雲敦多爾濟等世系。

國家圖書館

本條目據《中國少數民族古籍總目提要·蒙古族卷》著録

喀爾喀札薩克圖汗部車淩多爾濟旗輔國公達什車林家譜　纂修者不詳　清光緒二十七年(1901)抄本　一幅　蒙古文　鈐有管旗章京滿文、蒙古文方形朱砂印章兩枚

先祖同上。載格呼森札札賫爾琿臺吉、格呼森札札賫爾琿次子諾顔泰哈坦巴圖爾、諾顔泰哈坦巴圖爾長子土伯特哈坦巴圖爾,及下傳九代至四子輔國公達什車林等世系。

國家圖書館

本條目據《中國少數民族古籍總目提要·蒙古族卷》著録

喀爾喀札薩克圖汗部中右翼末旗札薩克圖布多爾濟家譜　纂修者不詳　清光緒二十七年(1901)抄本　一幅　蒙古文

先祖同上。載格呼森札札賫爾琿臺吉、格呼森札札賫爾琿次子諾顔泰哈坦巴圖爾、諾顔泰哈坦巴圖爾長子土伯特哈坦巴圖爾,及下傳十餘代至長子札薩克一等臺吉圖布多爾濟等世系。此支宗系,或因無子,其祧由侄或弟相承。

國家圖書館

本條目據《中國少數民族古籍總目提要·蒙古族卷》著録

札薩克圖汗部統領喀爾喀右翼軍副將軍左翼前旗札薩克輔國公羅布桑敦多布家譜　纂修者不詳　清光緒二十七年(1901)抄本　一幅　蒙古文　鈐有管旗章京滿文、蒙古文方形朱砂印章兩枚

先祖同上。載格呼森札札賫爾琿臺吉、格呼森札札賫爾琿次子諾顔泰哈坦巴圖爾、諾顔泰哈坦巴圖爾長子土伯特哈坦巴圖爾,及下傳十代至三子將軍札薩克羅布桑敦多布哈坦巴圖爾等世系。此支傳至第八世長子輔國公策嚕布,因無子,以多岳特多爾濟承祧,多岳特多爾濟無子,由敏丕木多爾濟哈坦巴圖爾繼嗣。

國家圖書館

本條目據《中國少數民族古籍總目提要·蒙古

族卷》著録

喀爾喀札薩克圖汗部鎮國公銜札薩克一等臺吉納遜布延濟爾噶勒家譜

纂修者不詳　清光緒二十七年(1901)抄本　一幅　蒙古文　鈐有管旗章京滿文、蒙古文方形朱砂印章兩枚

先祖同上。載格呼森札札賚爾琿臺吉、格呼森札札賚爾琿四子德勒登昆都倫、德勒登昆都倫長子鍾圖岱巴圖爾琿臺吉,及下傳十代至三子貝子銜鎮國公札薩克一等臺吉納遜布延濟爾噶勒等世系。

國家圖書館

本條目據《中國少數民族古籍總目提要·蒙古族卷》著録

喀爾喀札薩克圖汗部御前侍衛札克河源畢都哩雅諾爾盟盟長中右翼末旗貝子銜札薩克輔國公達什喇布坦家譜

纂修者不詳　清光緒二十七年(1901)抄本　一幅　蒙古文　鈐有管旗章京滿文、蒙古文方形朱砂印章兩枚

先祖同上。載格呼森札札賚爾琿臺吉、格呼森札札賚爾琿七子薩穆鄂特歡諾顔、薩穆鄂特歡諾顔四子車臣諾顔青達瑪尼默濟克,及下傳九代至六子貝子銜札薩克輔國公達什喇布坦等世系。此支傳至第九世札薩克輔國公格哩克,未生子,由札薩克輔國公車登多爾濟繼嗣。達什喇布坦爲車登多爾濟之孫。

國家圖書館

本條目據《中國少數民族古籍總目提要·蒙古族卷》著録

喀爾喀札薩克圖汗部達什喇布坦旗輔國公圖布多爾濟家譜

纂修者不詳　清道光二十七年(1847)抄本　一幅　蒙古文　鈐有管旗章京滿文、蒙古文方形朱砂印兩枚

先祖同上。載格呼森札札賚爾琿臺吉、格呼森札札賚爾琿七子薩穆鄂特歡諾顔、薩穆鄂特歡諾顔四子車臣諾顔青達瑪尼默濟克,及下傳九代至長子達什喇布坦旗輔國公圖布多爾濟、二等臺吉札勒沁札布等世系。

國家圖書館

本條目據《中國少數民族古籍總目提要·蒙古族卷》著録

喀爾喀札薩克圖汗部右翼左旗鎮國公銜札薩克一等臺吉瑪尼巴札爾家譜

纂修者不詳　清光緒二十七年(1901)抄本　一幅　蒙古文　鈐有管旗章京滿文、蒙古文方形朱砂印章兩枚

先祖同上。載格呼森札札賚爾琿臺吉、格呼森札札賚爾琿七子薩穆鄂特歡諾顔、薩穆鄂特歡諾顔六子海勒圖吹胡爾,及下傳十一代至次子鎮國公札薩克一等臺吉瑪尼巴札爾等世系。

國家圖書館

本條目據《中國少數民族古籍總目提要·蒙古族卷》著録

喀爾喀札薩克圖汗部達什喇布坦旗世襲一等臺吉噶勒當凌札布家譜

纂修者不詳　清光緒二十七年(1901)抄本　一幅　蒙古文　鈐有管旗章京滿文、蒙古文方形朱砂印章兩枚

先祖同上。載格呼森札札賚爾琿臺吉、格呼森札札賚爾琿七子薩穆鄂特歡諾顔、薩穆鄂特歡諾顔四子車臣諾顔青達瑪尼默濟克,及下傳八代至世襲長子圖如巴圖等世系。

國家圖書館

本條目據《中國少數民族古籍總目提要·蒙古族卷》著録

喀爾喀札薩克圖汗部札薩克輔國公巴札爾喇察旗世襲恩騎尉札勒楚布家譜

纂修者不詳　清光緒二十七年(1901)抄本　一幅　蒙古文　鈐有管旗章京滿文、蒙古文方形朱砂印章兩枚

是爲喀爾喀札薩克圖汗部和特惠特布延圖家族譜。譜以和特惠特布延圖爲始祖,載和特惠特布延圖、和特惠特布延圖子特固勒德爾、特固勒德爾長子巴圖蒙克,及下傳三代至獨子恩騎尉札勒楚布等世系。

國家圖書館

本條目據《中國少數民族古籍總目提要·蒙古族卷》著録

喀爾喀札薩克圖汗部輝特旗札薩克色德布濟當索倫札布家譜　纂修者不詳　清光緒二十七年(1901)抄本　一幅　蒙古文

是爲喀爾喀札薩克圖汗部茂魯卓哩克圖家族譜。譜以茂魯卓哩克圖爲始祖,載茂魯卓哩克圖、茂魯卓哩克圖子巴巴岱、巴巴岱長子圖魯齊,及下傳九代至三子色德布濟當索倫札布等世系。

國家圖書館

本條目據《中國少數民族古籍總目提要·蒙古族卷》著録

喀爾喀賽音諾顔部王公源流清册不分卷　纂修者不詳　清光緒十六年(1890)抄本　四册　鈐有"策策爾力格盟盟長"朱砂印章

是册載喀爾喀策策爾力格盟王公後裔承襲品級及對清廷所立之功勳。

國家圖書館

本條目據《中國少數民族古籍總目提要·蒙古族卷》著録

達 斡 爾 族

[内蒙古、黑龍江]布特哈鄂嫩氏總族譜　纂修者不詳　寫本　一幅　滿漢雙文

始祖額穆蓋。載十六代世系人名。譜始修於清順治年間,於民國十二年(1923)、二十八年(1939)續譜。

内蒙古自治區呼倫貝爾市莫力達瓦達斡爾族自治旗民族事務局古籍整理辦公室

本條目據《中國少數民族古籍總目提要·達斡爾族卷》著録

[内蒙古呼倫貝爾]布特哈莫日登哈拉族譜　纂修者不詳　民國七年(1918)寫本　一幅　滿文

始祖薩吉哈,生二子:阿爾廷,庫斜(無嗣)。布特哈莫日登哈拉人均屬沖羅莫昆。清康熙六年(1667)四世羅卜碩迪率衆南遷嫩江,以今内蒙古自治區呼倫貝爾市莫力達瓦達斡爾族自治旗尼爾基鎮爲中心建立村落,是爲始遷祖。初被置爲莫日登扎蘭,後編入布特哈八旗正黄旗。譜創修於清康熙六年(1667),本譜爲續修譜。

内蒙古自治區呼倫貝爾市莫力達瓦達斡爾族自治旗民族事務局古籍整理辦公室

[内蒙古呼倫貝爾]布特哈莫日登哈拉族譜　孟希舜等纂修　1954年寫本　一幅　滿文

先祖同上。此譜在民國七年(1918)譜基礎上續修,增加了民國七年(1918)之後新生男丁世系。

内蒙古自治區呼倫貝爾市莫力達瓦達斡爾族自治旗民族事務局古籍整理辦公室

[内蒙古呼倫貝爾]布特哈莫日登哈拉族譜　莫德爾圖主編　1998年寫本　一册　滿漢雙文

先祖同上。此譜於1998年續修。全譜由滿文資料、綜述、族譜、人物録及文獻等部分組成。滿文家譜資料置於前面,保留了莫日登哈拉早期用滿文書寫的家族世系表,横表列出了自第一代至十八代的部分族人名單。第一編"綜述",分族稱族源、歷史沿革、社會組織、生産生活、文化藝術、科技教育、衛生醫療、體育娱樂、風俗習慣、宗教信仰、歷史古迹、村屯簡介、大事記等方面介紹莫日登哈拉情況。第二編"族譜",以横表形式,記載阿爾哈淺尼爾基等十四個村屯的十幾代譜系(個別至二十代),並附録布特哈地區莫日登哈拉尚未接續族譜者和新疆地區莫日登哈拉尚未接續族譜者。第三編"人物録",入選人物共七百三十人,多爲官員、名人、專家學者等。第四編"文獻",收録1954年孟希舜起草的《孟氏重修家譜序》、1997年關於達斡爾族布特哈莫日登哈拉續修族譜事宜告骨肉同胞書等有關莫日登哈拉編修家譜的重要文獻資料。

内蒙古自治區呼倫貝爾市莫力達瓦達斡爾族自治旗民族事務局古籍整理辦公室

[内蒙古呼倫貝爾]達斡爾族布特哈莫日登哈拉族譜　莫德爾圖主編　2002年内蒙古文化出版社據1998年本影印暨排印　一册　滿漢雙文

參見前條。

[内蒙古呼倫貝爾]莫日登姓氏族譜　莫德爾圖主編　2004年民族出版社影印本　合册

參見前條。此爲節録本。

本譜載於《達斡爾資料集》(第五集)

[内蒙古呼倫貝爾]登特科(南屯部分)姓氏族譜　纂修者不詳　2004年民族出版社據寫本影印　合册　滿漢雙文

1763年,是族由布特哈八旗抽調至呼倫貝爾地方駐防。登特科原是黑龍江北反抗後金征伐的四個城砦之一,爲多金莫昆一支,遷到納文江西岸建

登特科屯,並分立莫昆。此譜係登特科在南屯的部分。載始祖呼力爾肯及以下世系凡十一代。崇德間呼力爾肯歸附於清。本譜由碧利德、碧力格節錄縮編。

本譜載於《達斡爾資料集》(第五集)

[内蒙古鄂温克族自治旗]綽爾哈蘇都日哈拉家譜　纂修者不詳　2004年民族出版社據2000年蘇定理、蘇鐵鋼抄本影印　合册　滿漢雙文　六修本

一世祖奇卿。本譜所載皆爲世系,前爲滿文,後爲漢文。本譜修於2000年,由第十二代蘇定理、蘇鐵鋼執筆敬抄。

本譜載於《達斡爾資料集》(第五集)

[黑龍江]布特哈達斡爾德都勒氏家譜　纂修者不詳　1985年寫本　一幅　滿漢雙文

清順治六年(1649)德都勒氏家族從黑龍江北部遷至嫩江支流訥莫爾河上游,建德都勒、温察爾二屯。譜載德都勒氏十九代人名。譜始修年代不詳,民國二十七年(1938)曾續修。

内蒙古自治區呼倫貝爾市莫力達瓦達斡爾族自治旗民族事務局古籍整理辦公室

本條目據《中國少數民族古籍總目提要·達斡爾族卷》著録

[黑龍江]布特哈德都勒姓氏族譜　纂修者不詳　2005年民族出版社據寫本影印　合册　滿漢雙文

本譜内容爲世系圖表與各代任官職表。官職表末題"資料提供者:德文林"。編者按:疑本譜與前譜爲同一族譜。

本譜載於《達斡爾資料集》(第六集)

[黑龍江]達斡爾德都勒氏族譜　德都勒氏族家譜會編譜組纂修　2008年排印本　一册

德都勒氏於十七世紀自黑龍江北岸遷至訥莫爾河上游的德都勒村。始祖那熱古勒,子三,長子溥伊寶率七子至訥莫爾河流域定居。譜載前言、世系圖及地形分佈簡圖。

國家圖書館

[黑龍江]布特哈郭布羅氏塔温淺族譜　纂修者不詳　寫本　一幅　滿漢雙文

郭布羅氏世居精奇里江下游北岸郭布羅阿彦地方。先祖烏莫台率七百餘人,於清順治六年(1649)遷居嫩江支流訥莫爾河。載第一代霍皮拉至十九代世系人名。

内蒙古自治區呼倫貝爾市莫力達瓦達斡爾族自治旗民族事務局古籍整理辦公室。

本條目據《中國少數民族古籍總目提要·達斡爾族卷》著録

[黑龍江]布特哈達斡爾蘇都爾氏家譜　纂修者不詳　民國二十七年(1938)寫本　一幅　滿漢雙文　五修本

蘇都爾氏於清順治八年(1651)由精奇里江口東側遷至嫩江支流諾敏河,建立綽日哈、查哈陽、霍勒托輝、畢臺、烏爾科五屯。載十七代人名。其中知名人物有參加中俄《尼布楚條約》簽訂及其前期中俄談判的外交官孟額德、齊齊哈爾建城總管瑪布岱、庫倫辦事大臣安住(又名安德)等。其譜始修於清雍正元年(1723),道光二十八年(1848)二修,光緒四年(1878)三修,光緒三十四年(1908)四修。

内蒙古自治區呼倫貝爾市莫力達瓦達斡爾族自治旗民族事務局古籍整理辦公室

本條目據《中國少數民族古籍總目提要·達斡爾族卷》著録

[黑龍江]黑水郭氏家乘六種　郭克興纂修　民國十四至十五年(1925—1926)鉛印本　七册　書名據版心題

始祖莫勤察,姓郭博勒,黑龍江達斡爾籍。遠祖自松漠從部族軍鎮邊圉,徙黑水之濱郭博勒屯,民國後以郭爲氏。是譜爲叢書,原分《黑龍江鄉土録》、《大賀氏世系録》(又名《達斡爾源流考》)、《黑水郭氏世德録》、《黑水郭氏揚芬録》、《黑水郭氏先塋録》、《黑水郭氏舊聞録》、《黑水郭氏藝文録》、《黑水郭氏濟美録》八篇,《黑水郭氏藝文

録》、《黑水郭氏濟美録》二篇未見行世。

黑龍江鄉土録 一册。論述黑龍江方輿沿革與民族源流。作者在每一專題之下,分門別類地輯録成編,凡論點不同或互相矛盾者,均出按語或己作,闡明自己所持的看法。特別是在達斡爾族源流考證上,提出是契丹大賀氏一支之説。

大賀氏世系録初集一卷二集一卷 二册。又名《達斡爾源流考》。分東胡時代、鮮卑時代、契丹時代、達斡爾部落時代四個歷史時期,以翔實的史料並附考證及大賀氏世系表,説明黑龍江達斡爾部郭博勒氏系出契丹大賀氏。

黑水郭氏世德録二集 一册。分初集(近支碑傳)、二集(遠支碑傳),輯録史書方志、碑文墓銘中黑水郭氏祖先傳記資料六十篇。

黑水郭氏揚芬録 一册。專記五世祖穆騰阿事迹,其中言行録分武功、政略、介壽、榮哀、録遺,内容與《黑水郭氏世德録》略有重合。

黑水郭氏先塋録 一册。先塋録分初集黑龍江塋志、二集京兆塋志兩部分。内中附録多幅墳塋圖。

黑水郭氏舊聞録六集 一册。舊聞録分爲八集:初集曰謚法匯考,賜祭儀式附之;次集曰祠宇紀實;三集曰舊牘殘存;四集曰先考挽詞;五集曰征存録遺;六集曰修譜始末(實爲六集而非八集)。

　　國家圖書館　中央民族大學圖書館

[黑龍江]黑水郭氏家乘六種　郭克興纂修 2002年四川民族出版社據民國十四至十五年(1925—1926)排印本影印　書名據版心題　合册
　　參見前條。
　　本譜載於《中國少數民族古籍集成》第四十一册

[黑龍江]黑水郭氏家乘六種　郭克興纂修 2003年北京圖書館出版社據民國十四至十五年(1925—1926)排印本影印　書名據版心題　合册
　　參見前條。
　　本譜載於《北京圖書館藏家譜叢刊·民族卷》第四十七册

[黑龍江]黑水郭氏家乘六種　郭克興纂修　民國十四至十五年(1925—1926)排印本　一册　書名據版心題　存黑水郭氏世系録
　　參見前條。
　　首都圖書館　中國科學院圖書館　遼寧省丹東市文物考古研究所　北京大學圖書館　中國人民大學圖書館

[黑龍江]黑水郭氏家乘六種　郭克興纂修　民國十四至十五年(1925—1926)排印本　四册　書名據版心題　存黑水郭氏世德録二集、黑水郭氏揚芬録、黑水郭氏先塋録、黑水郭氏舊聞録六集
　　參見前條。
　　中國社會科學院近代史研究所圖書館

[黑龍江]黑水郭氏家乘六種　郭克興纂修　民國十四至十五年(1925—1926)排印本　一册　書名據版心題　存黑水郭氏世德録二集
　　參見前條。
　　北京師範大學圖書館　中國歷史博物館　上海圖書館　南京大學圖書館

[黑龍江]黑水郭氏家乘六種　郭克興纂修　民國十四至十五年(1925—1926)排印本　一册　書名據版心題　存黑水郭氏先塋録
　　參見前條。
　　吉林大學圖書館

[黑龍江]黑水郭氏家乘六種　郭克興纂修　民國十四至十五年(1925—1926)排印本　一册　書名據版心題　存黑水江鄉土録
　　參見前條。
　　日本東京大學東洋文化研究所圖書館

[黑龍江]黑水郭氏家乘六種　郭克興纂修　民國十四至十五年(1925—1926)排印本　存五册　書名據版心題
　　參見前條。
　　黑龍江省齊齊哈爾市圖書館

[黑龍江]黑水郭氏家乘六種　郭克興纂修　民國十四至十五年（1925—1926）排印本　存四冊　書名據版心題

參見前條。

美國國會圖書館

[黑龍江]黑水郭氏家乘六種　郭克興纂修　據民國十四至十五年（1925—1926）排印本（美國國會圖書館存四冊）拍攝　膠卷　書名據版心題

參見前條。

美國猶他州家譜學會

[黑龍江]黑水郭氏家乘六種　郭克興纂修　據民國十四至十五年（1925—1926）排印本拍攝　膠卷　書名據版心題　存黑龍江鄉土錄

參見前條。

上海圖書館

[黑龍江]黑水郭氏家乘六種　郭克興纂修　據民國十四至十五年（1925—1926）排印本拍攝　膠卷　書名據版心題　存黑水郭氏世德錄二集、黑水郭氏舊聞錄六集

參見前條。

山西省社會科學院中國家譜資料研究中心

[黑龍江訥河]郭布羅氏莽乃莫昆族譜　纂修者不詳　寫本　一幅　滿漢雙文

郭布羅氏十七世紀前在精奇里江郭布羅河（阿彥）一帶生息。十七世紀曾反抗後金征伐並自發抗擊沙俄羅剎入侵。始祖薩拉達庫，因朝廷內遷之令，清順治六年（1649）遷居嫩江支流訥莫爾河兩岸，分兩支建屯居住，一支是塔溫淺各屯，一支是莽乃、莫熱、莽乃伯爾科、倭都臺四屯。此即莽乃姓氏族譜。本譜載始祖薩拉達庫以下凡二十代世系。譜於清順治間由布特哈烏莫合創修。

內蒙古自治區呼倫貝爾市鄂溫克族自治旗莫日根布和

本條目據《中國少數民族古籍總目提要·達斡爾族卷》、《達斡爾資料集》（第五集）著錄

[黑龍江訥河]郭布羅氏莽乃姓氏族譜　纂修者不詳　2004年民族出版社據寫本影印　合冊　滿漢雙文

參見前條。

本譜載於《達斡爾資料集》（第五集）

[新疆]新疆達斡爾族哈拉莫昆總族譜　郭·巴爾登搜集編纂　郭·丁立夫整理編譯　郭·丁石慶審訂　2011年民族出版社排印本　合冊

清乾隆二十八年（1763），從我國東北地區遷至新疆戍邊的達斡爾族族人由十個哈拉四十個莫昆組成：一、鄂嫩哈拉，名稱來自黑龍江支流鄂嫩河，該哈拉在新疆有都爾本淺、提古拉淺、開闊淺、博庫爾淺、宜斯爾淺、達嘎淺、霍日里淺、博蘇克（可）淺、郭恩淺共九個莫昆；二、敖拉（勒）哈拉，"敖拉"係達斡爾語aol，原意爲"山"，據傳敖拉哈拉的祖先曾居住在黑龍江上游的一條支流精奇里江沿岸的地區，後將aol作爲哈拉名，該哈拉在新疆有奎力淺、庫熱淺、白雅格爾淺、拉力淺、多金（多根）淺、登特克淺、哈列日特淺、拉日布斯淺共八個莫昆；三、郭布勒哈拉，其祖先原居住在黑龍江以北精奇里江岸的郭布勒阿彥一帶，後遂取名爲郭布勒哈拉，該哈拉在新疆有滿那淺、塔文淺、那音淺、博爾德伯爾科淺、布爾格淺、怪勒淺、孔果爾金淺七個莫昆；四、沃熱（日）哈拉，其祖先曾居住在黑龍江沿岸雅克薩城以西的沃日迪河一帶，"沃日"（weer）本義爲"上源"，哈拉之名即由此而來，該哈拉在新疆有西拉爾金淺、米勒特格爾淺、博榮淺、優爾淺、薩瑪格爾淺五個莫昆；五、莫日登哈拉，其祖先原居住在黑龍江上游的得日莫爾登河沿岸，"莫爾登"係達斡爾語，義爲河岸甩灣處或河水灣流處，該哈拉在新疆有西臥奇、莫爾登淺、尼爾基（尼日格）淺、西瓦爾圖淺、槐垠西瓦爾圖淺五個莫昆；六、蘇都日哈拉，其祖先曾居住在黑龍江中游的一條支流蘇都日河一帶，後遂以此爲名，該哈拉在新疆有烏日科淺、克殷淺二個莫昆；七、金克日哈拉，"金克日"爲"精奇里"諧音，因其祖先曾居住於精奇里江沿岸而得哈拉之名，該哈拉在新疆僅有色布克（澤布克）梅斯勒淺莫昆；八、德都勒哈拉，其祖先原居住在黑龍江北部

精奇里江畔德都勒地方,清順治初年遷居嫩江一帶,後遂以先祖古居之地命名新定居的村屯,清時該莫昆歸屬於索倫營右翼白旗柯淺蘇木,該哈拉僅有德都勒淺一個莫昆;九、托木哈拉,其祖先曾居住在位於璦琿以北約二百華里的精奇里江的一條稱爲脱木河的沿岸,歸屬該哈拉的莫昆爲固榮托木、瓦仍托木、圖澔托木等,在新疆僅有圖澔(沁)托木莫昆;十、原雅庫斯哈拉,在古居它曾隷屬於敖拉哈拉,在新疆則爲獨立哈拉,下有杜拉爾都勒莫昆。本譜即載上述各哈拉莫昆之世系,並敘述其祖源及遷徙情況,於族内優秀人物均有簡介,後附有《新疆達斡爾族村屯名稱》。本譜纂修前後歷時半個世紀,經反復修訂始告成,所記所録涵蓋新疆境内所有的達斡爾族各支各部,爲新疆達斡爾族譜集大成者。

本譜載於《達斡爾資料集》(第十集上册)

布特哈敖拉氏多新(多金)莫昆族譜　布和等審定　1988年寫本　一幅　滿漢雙文

多金莫昆祖輩原居黑龍江北。十七世紀四十年代至二十世紀初,爲保衛家園,他們自發組織,以愛里、城砦、莫昆、畢爾吉、哈拉爲營,反抗沙俄入侵。崇禎間反抗後金征伐。入清,承朝廷旨意,南渡黑龍江遷至納文江畔。後又先後去黑河、呼倫貝爾及伊犁等地屯田戍邊。本族始祖克里熱肯號安古拉,東國(左)德篤勒愛里額斤汗,崇德年間率九子歸附後金。譜載多金莫昆氏族的宜赫奎力

淺、博木果爾奎力淺、庫莫奎力淺、庫圖熱奎力淺、郭尼五屯共二十代世系人名。譜始修於奉天城,曾於清康熙三十六年(1687)、道光三十年(1850)、民國十六年(1927)三次修譜。

内蒙古自治區呼倫貝爾市莫力達瓦達斡爾族自治旗民族事務局古籍整理辦公室

本條目據《中國少數民族古籍總目提要·達斡爾族卷》、《達斡爾資料集》(第五集)著録

敖拉氏多金·奎力淺姓氏族譜　布和等審定　2004年民族出版社據1988年寫本影印　合册　滿漢雙文

參見前條。

本譜載於《達斡爾資料集》(第五集)

庫莫那彦、杜波塔本淺、阿彦塔本淺姓氏族譜　那順達來整理　2008年民族出版社據抄本影印　合册　滿漢雙文

本譜所載僅爲世系,載自始祖順台以下凡十六代世系。

本譜載於《達斡爾資料集》(第八集)

科伊古熱杜拉爾姓氏族譜　那順達來整理　2004年民族出版社影印本　合册　滿漢雙文

本譜所載僅爲世系,載一世祖薩勒巴哈至二十代之世系人名。譜創修於2003年。

本譜載於《達斡爾資料集》(第五集)

鄂 温 克 族

[内蒙古鄂温克族自治旗]索倫右翼正紅旗阿日本欽氏族家譜　纂修者不詳　抄本　一百三十六字　蒙古文

是譜第一代爲唉心道爾基。記載凡五代。

内蒙古自治區鄂温克族自治旗民族事務局古籍整理辦公室

本條目據《中國少數民族古籍總目提要·鄂温克族卷》著録

[内蒙古鄂温克族自治旗]阿榮旗查巴奇鄉索倫杜拉爾氏世襲章京吳禄西家譜　纂修者不詳　版本不詳

是譜第一代爲吳禄西。記載凡十三代。

中國民族圖書館

本條目據《中國少數民族古籍總目提要·鄂温克族卷》著録

[内蒙古鄂温克族自治旗]鑲白旗索倫塗克冬氏世襲章京背三故後有權繼承人的家譜　纂修者不詳　版本不詳

是譜第一代爲背三其大兒子于合米。記載凡十二代。

中國民族圖書館

本條目據《中國少數民族古籍總目提要·鄂温克族卷》著録

[内蒙古鄂温克族自治旗]索倫右翼正黄旗蒙高達圖家譜　纂修者不詳　抄本　一百六十四字　蒙古文

是譜第一代爲唉順。記載凡十代。

内蒙古自治區鄂温克族自治旗民族事務局古籍整理辦公室

本條目據《中國少數民族古籍總目提要·鄂温克族卷》著録

[内蒙古鄂温克族自治旗]索倫右翼正黄旗謝潘杜拉爾氏家譜　纂修者不詳　抄本　蒙古文

是譜第一代爲謝潘。記載凡七代。

内蒙古自治區鄂温克族自治旗民族事務局古籍整理辦公室

本條目據《中國少數民族古籍總目提要·鄂温克族卷》著録

[内蒙古鄂温克族自治旗]索倫右翼正黄旗雅魯哈皖氏族家譜　抄本　蒙古文

是譜第一代爲金德。記載凡七代。

内蒙古自治區鄂温克族自治旗民族事務局古籍整理辦公室

本條目據《中國少數民族古籍總目提要·鄂温克族卷》著録

回　族

[全國]聚真堂馬氏宗譜　馬良等纂修　據民國
十八年(1929)大測堂本抄　一册

是爲北方、南京、紹興統譜。始祖係阿拉伯清真
嫡派,一世祖德魯丁,字彥明,明代人。二世祖分
三支:長支馬沙亦黑,字仲德,爲北方祖;次支馬
哈麻,字仲良,爲江蘇南京祖;三支馬哈沙,字仲
義,爲浙江紹興祖。

中國民族圖書館

[全國]馬氏宗譜不分卷　馬鳳洲纂修　複印本
一册　書名據書名頁題

是爲河南南陽、新野與陝西西安統譜。南陽始
遷祖哈宜,新野始遷祖乾玠,西安始遷祖依澤。

河南省南陽市檔案館

[北京]北平忠恕堂馬氏族譜　馬有馨等纂修
民國二十年(1931)石印本　一册

始祖馬依澤。其後三門後裔第十四世有名良
者,清乾隆十年(1745)由山東德州恩縣白家莊遷
居北平地安門外後門橋,並創立什刹海清真寺,是
爲始遷祖。

北京忠恕堂馬氏後裔馬有增

本條目據《回族譜序與家源考略》著錄

[天津北辰]高氏族譜　高耀寬等纂修　1991年
排印本

高氏先人由山東臨清府遷至天津穆家莊(今天
穆村)。譜奉穆家莊高氏祖塋居墓穴之首的振鐘
夫婦爲始遷祖。載序、墓塋、世系及附錄等。

天津市北辰區天穆鎮高耀寬

本條目據《回族譜序與宗源考略》著錄

[天津北辰]穆氏族譜　纂修者不詳　清光緒三
十一年(1905)修本

始遷祖重和,自浙江杭州錢塘遷至天津城北十
二里穆家莊(今天穆村)。載世系等。

河北省遷安市民政局穆懷敏

本條目據《河北回族家譜選編》著錄

[河北張家口]丁氏家譜　丁錫清纂修　2006年
河北人民出版社排印本　合册

始遷祖丁明魁,原籍寧夏吳忠堡大寨村,於清光
緒間遷來。載世系等。

本譜載於《河北回族家譜選編》(節錄)

[河北張家口]玉氏家譜　玉大中口述　2006年
河北人民出版社排印本　合册

玉氏現居宣化區,先祖傳說不一,有曰清帝賜
姓,有曰從雲南遷來,有曰從山東戍邊而來。載世
系、傳記等。

本譜載於《河北回族家譜選編》(節錄)

[河北張家口]李氏家譜　李寶珍纂修　2006年
河北人民出版社排印本　合册

李姓原籍爲寧夏吳忠市杜家灘。先祖爲避戰
亂,於清同治二年(1863)遷張家口下堡深溝(古
稱黑韃子溝,現爲新華街)。載世系等。

本譜載於《河北回族家譜選編》(節錄)

[河北張家口]佟氏家譜　纂修者不詳　2006年
河北人民出版社排印　合册

始遷祖登,清同治八年(1869)自陝西彬州遷張
家口。載序、世系等。

本譜載於《河北回族家譜選編》(節錄)

[河北張家口]馬氏家譜　馬福祥纂修　2006年
河北人民出版社排印本　合册

始遷祖經川,清同治間自陝西西安高陵縣縣南

村遷來。載世系、傳記等。本譜修於 1986 年。

　　本譜載於《河北回族家譜選編》(節録)

[河北張家口]鄭氏家譜　鄭泰金口述　2006 年河北人民出版社排印　合册

　　鄭氏係陝西人氏,明末清初遷河北懷來縣,再遷張家口宣化。載序、世系等。

　　本譜載於《河北回族家譜選編》(節録)

[河北張家口]劉氏家譜　劉文博口述　2006 年河北人民出版社排印　合册

　　祖籍應天府上元縣,明永樂間遷河北滄州。始遷祖玉成,清乾隆末年遷張家口宣化。載世系、傳記等。

　　本譜載於《河北回族家譜選編》(節録)

[河北承德]孔氏家譜　孔廣華纂修　1985 年抄本　一册

　　是譜尊孔子爲始祖。始遷祖自明,清乾隆間攜毓禄、毓山二子自河北河間果子窪經北京轉遷承德。載序、傳記、排行、世系等。2006 年河北人民出版社排印本《河北回族家譜選編》内有本譜節録。

　　河北省承德市孔廣華

　　本條目據《回族譜序與宗源考略》著録

[河北正定]馬氏族譜　白鳴岐等纂修　2006 年河北人民出版社據民國二十九年(1940)抄本排印　合册

　　是族始祖名諱無考,於明代遷居正定,世奉伊斯蘭教。載譜序等。

　　本譜載於《河北回族家譜選編》(節録)

[河北唐山]沙氏家譜　纂修者不詳　2006 年河北人民出版社排印本　合册

　　始遷祖文祥,原籍山東臨清州炭廠莊,清康熙初年遷唐山遵化馬蘭峪居住,另有部分遷至河北興隆縣。

　　本譜載於《河北回族家譜選編》(節録)

[河北大廠]何氏家譜　(清)何景才纂修　清光緒二十三年(1897)稿本　一册

　　何氏先祖長門阿顔沙、次門阿匝丁、三門失兀喇兄弟三人,世居金陵上元,於明永樂二年(1404)隨燕王北征,落籍京東大廠。長門無嗣。載譜序、記、世系等。2006 年河北人民出版社排印本《河北回族家譜選編》内有本譜節録。

　　河北省廊坊市民族宗教事務局宛金萍

　　本條目據《河北回族家譜選編》、《回族譜序與宗源考略》著録

[河北大廠]海氏家承　海洋纂修　二十世紀末排印本　一册

　　譜以海賽(一說海達兒或海答兒)後裔海南悉爲始祖。是族於明永樂初由南京紫金山麓遷大廠。載譜序、世系、附録等。本譜於 1985 年完成初稿,二十世紀末經考證充實後付梓。

　　河北省大廠回族自治縣民族宗教事務局楊寶軍

　　本條目據《回族譜序與宗源考略》著録

[河北大廠]海氏家譜　海洋纂修　2006 年河北人民出版社排印本　合册

　　先祖同上。六世立忠曾撰寫譜一卷,十一世德賢修定,1955 年十一世海洋亦曾修譜,但三種稿本均毁於文革。載譜序、附録等。

　　本譜載於《河北回族家譜選編》(節録)

[河北保定]馬氏五代宗親　馬耀宗纂修　2006年河北人民出版社據民國二十二年(1934)抄本排印　合册

　　始祖諱秀,世代信奉伊斯蘭教,清康熙間由安肅縣空城村遷居保定城内,入籍清苑縣鄰德社二甲。載譜序、世系等。

　　本譜載於《河北回族家譜選編》(節録)

[河北滄州]羊三木王氏家族　王永慶等纂修1994 年排印本　一册

　　始遷祖銘盤,字沐浴,號新齋,江寧府(今南京)上元縣鐵犁壩村人。明永樂二年(1404)奉詔北遷,落籍滄縣城東北羊三木莊。載譜序、凡例、墓

碑表、世系等。

河北省滄州市羊三木回族鄉王氏

本條目據《回族譜序與宗源考略》著錄

[河北滄州] 買氏家譜　買瑞祥等纂修　1996 年排印本　一册

始遷祖光裕,明永樂間由河南懷慶府二龍崗遷滄。載序、行狀、世系等。

河北省滄州市買瑞祥

本條目據《回族譜序與宗源考略》著錄

[河北滄州] 李氏譜書　(清)李茂松等纂修 1991 年排印本　十册

始祖天保,原籍西秦咸陽,子四:仁俊、仁傑、仁善、仁美。第四子仁美於明永樂十五年(1417)隨父奉駕從山東而來滄,贅於曹門,遂家焉,被滄州回族曹、李二姓尊爲始遷祖。其譜初修於明萬曆八年(1580),後清康熙二十年(1681)、光緒十三年(1887)、光緒二十九年(1903)、民國七年(1918)、民國三十六年(1947)多次續修。其中民國期間修本,因戰亂未能付印。載譜序、凡例、明清誥命、世系等。2006 年河北人民出版社《河北回族家譜選編》內有本譜節錄。

本條目據《河北回族家譜選編》、《回族譜序與宗源考略》著錄

[河北滄州] 曹氏家譜　曹氏續譜領導小組纂修 1991 年排印本　一册

先祖同上。始祖曹義美。義美即仁美,原爲李氏宗裔,贅於曹門。載序、世系等。

河北省秦皇島市山海關清真寺曹國明

本條目據《回族譜序與宗源考略》著錄

[河北滄州] 滄縣吳氏家譜　吳學程等纂修 2006 年河北人民出版社據民國三十一年(1942)民生堂木活字本排印　合册

始祖諱凱,字祚永,明永樂初授河間府滄州鹽運分司運判,攜眷自安徽徽州府歙縣遷滄州。子三:智、榮、禮。智遷陝西西安府;禮遷永平府遷安縣,後再遷山東武定府海豐縣(今無棣);榮繼任鹽運

司職,定居滄州,是爲始遷祖。載譜序、凡例、家規、碑記、世系等。

本譜載於《河北回族家譜選編》(節錄)

[河北滄州] 海興時氏族譜一卷　纂修者不詳 2006 年河北人民出版社據清康熙五十七年(1718)抄本排印　合册

始祖諱紳,漢族,祖居東安縣義柳屯,明時因被權奸參奏,其子逃至滄州城南萬家莊,贅回族萬氏,遂世代爲回族。載輩份排字、世系等。

本譜載於《河北回族家譜選編》(節錄)

[河北滄州] 萬氏族譜　萬正明等纂修　2000 年排印本　一册

始遷祖仁義,明永樂二年(1404)自江寧府上元縣二郎崗遷滄,創立萬家莊。譜載前言、譜序、世次字序、墳譜、世系等。

河北省滄州縣委黨校萬正明

本條目據《回族譜序與宗源考略》著錄

[河北河間] 白氏古譜　白萬倉口述　哈鳳麟整理　版本不詳

始祖野僥,明初山後人。三世名准柱,後更名白全,子孫遂以白爲姓。後裔清初遷河間忠順屯。載序、引言、世系等。本譜修於 1963 年。

河北省河間市瀛洲鎮哈鳳麟

本條目據《回族譜序與宗源考略》著錄

[河北河間] 哈氏宗譜　哈鳳麟等纂修　二十世紀九十年代排印本　一册

哈姓得源於始祖哈喇卜丁,因首音爲哈,後裔遂爲姓。哈氏原居沙漠山後,即山西大同盆地桑乾河流域,明初爲雲中九州之地。因保駕有功,正統帝賞“哈喇卜丁等二十三家首領”,奉賞安置河間。載譜敘、墓碑銘、續譜式議九條、傳記等。

河北省河間市瀛洲鎮哈鳳麟

本條目據《回族譜序與宗源考略》著錄

[河北滄縣] 回氏宗譜　回登亮等纂修　2001 年排印本　一册

始遷祖有德,於明永樂二年(1404)自應天府上元縣二郎崗落籍青邑(今滄縣)褚村。載序、家訓、世系等。

　　河北省滄縣褚村回登亮

　　本條目據《回族譜序與宗源考略》著錄

[河北青縣]孫氏家譜　孫吉慶等纂修　2002年排印本　一冊

始遷祖從禮,明永樂二年(1404)遷於青邑城北柳村,遂家焉。載序、世系等。

　　河北省青縣丁莊子村孫志慶

　　本條目據《回族譜序與宗源考略》著錄

[河北青縣]馬氏門譜　纂修者不詳　版本不詳

始祖依澤,宋初以天文曆法受職於宋朝廷,後定居陝西西安府涇陽縣永安鎮,十餘世後遷居金陵(今南京)。始遷祖仲良,字性慈,明初因佐明室有功,任彭城衛指揮,永樂二年(1404)北遷清州(今河北青縣)落戶。仲良後代五人分爲五門,散居於北方各省。是爲目前所知中國回族家族中最古老而傳派有序的家族。青縣崇倫堂馬氏家譜由五世孫思聰初修於明成化二十二年(1486),是現存修纂最早的回族家譜之一。或云本譜即成化間刻。

　　收藏者不詳

　　本條目據《中國少數民族古籍集解》、《河北回族家譜選編》著錄

[河北青縣]崇倫堂馬氏宗譜二十三卷首一卷
馬步瀛纂修　清宣統三年(1911)排印本　二十四冊　書名據版心題　書籤題崇倫堂馬氏家乘八修本

　　先祖同上。

　　吉林大學圖書館

[河北青縣]崇倫堂馬氏宗譜二十三卷首一卷
馬步瀛等纂修　民國十年(1921)年排印本　二十四冊　書名據版心題

　　先祖同上。

　　中國社會科學院歷史研究所

[河北青縣]崇倫堂馬氏宗譜二十三卷首一卷
馬步瀛等纂修　據民國十年(1921)鉛印本拍攝膠卷　書名據版心題

　　參見前條。

　　山西省社會科學院中國家譜資料研究中心　美國猶他州家譜學會

[河北青縣]滄州戴氏家譜　(清)戴香圃纂修　2006年河北人民出版社據清咸豐九年(1859)抄本排印　合冊　四修本

滄州戴氏原籍浙江紹興,後移居山西晉陽洪洞石門寨母子村。明建文元年(1399),誠、誌、諗、諧、信兄弟五人遷居南京二郎崗,越數年又遷回山西。永樂間,誌、諗守故里,誠攜弟諧、信隨軍入直,屯駐青邑。後諧赴保定立邑。誠、信二支“出佛門而入古教,稱西域回回”。後裔有遷遼寧鞍山等地者。本譜即記誠、信系下世系。載譜序、法則、軼聞、紀文、凡例、世系等。譜初修於明嘉靖十一年(1532)。

　　本譜載於《河北回族家譜選編》(節錄)

[河北青縣]戴氏宗譜　戴得邦纂修　1985年抄本　書名據書名頁題　七修本

先祖同上。載譜序、凡列、世系等。1992年天津古籍出版社排印本《遼寧回族家譜選編》內載有本譜節錄。

　　遼寧省鞍山市戴克敏、戴凌霄

[河北青縣]戴氏宗譜　戴得邦纂修　抄本　七修本

先祖同上。

　　中國民族圖書館

　　本條目據2005年第4期《北方民族》載王華北著《回族家譜與文化》一文著錄

[河北青縣]戴氏宗譜　戴樹德主編　1999年排印本　八修本

先祖同上。載序、世系等。

　　河北省青縣大孝子墓鄉綫莊戴樹德

　　本條目據《回族譜序與宗源考略》著錄

[河北海興]從氏家譜　從振榮等纂修　1992年抄本　一册

從氏本漢相金文靖之後。因避曹丕之亂,改姓叢氏,後又改從氏。始遷祖英,明永樂二年(1404)遷海興。載序、世系等。

山東省無棣縣從恩禮

本條目據《回族譜序與宗源考略》著録

[河北孟村]丁氏總譜一卷　丁清第等纂修　2003年排印本　一册

遠祖凱馬倫迪尼,魯穆蘇丹人,宋末元初隨蒙古大軍移入中土,落籍安徽定遠。始遷祖士賢,應天府上元縣二郎崗人,明永樂十六年(1418)落籍孟村丁莊子。載前言、總序、譜例、輩份等。

河北省孟村回族自治縣丁明孝

本條目據《回族譜序與宗源考略》著録

[河北孟村]丁氏長支五門族譜三卷　丁氏五門族譜編輯委員會纂修　1998年排印本　一册

先祖同上。載譜序、世系、全國移民相關資料、家史等。

河北省孟村回族自治縣丁明才

本條目據《回族譜序與宗源考略》著録

[河北孟村]張氏族譜　張興漢等纂修　1989年抄本　一册

是爲孟村回族自治縣高寨鎮泊北村譜。始遷祖士能,原籍南京應天府上元縣人,明永樂間遷孟村。載序、世系等。

河北省孟村回族自治縣張忠和

本條目據《回族譜序與宗源考略》著録

[河北孟村]滄縣西趙河莊劉氏族譜　劉慶凱等纂修　2006年河北人民出版社據民國二十四年(1935年)刻本排印　八修本　合册

始祖諱天錫,祖籍南京江寧縣二郎崗,明洪武間鎮守山海關時陣亡。永樂二年(1404),其三子命遠、命長、命蘭,由南京遷滄。命蘭定居西趙河(今屬孟村回族自治縣),是爲始遷祖。譜創於明成化年間,是爲八修本。著名女革命家劉清揚、民族英

雄渤海回民支隊隊長劉震寰皆出於此族。

本譜載於《河北回族家譜選編》(節録)

[河北孟村]劉氏族譜　劉長智等纂修　1993年排印本　五册　九修本

先祖同上。載序、凡例、編輯概要、歷史名人、世系等。

河北省滄縣韓石橋清真寺劉同芳

本條目據《回族譜序與宗源考略》著録

[河北孟村]韓氏家譜八卷　韓序岳等纂修　1999年據民國二十六年(1937)抄本排印

韓氏原籍西陲,移鎮東路。初卜居於山東禹城縣城西三十五里之黑龍王廟。後裔兄弟三人,一遷山東禹城韓家寨,一遷河南柘城,一遷滄州孟村韓家石橋。是譜爲孟村韓家石橋一支。載譜序、歷世職銜表、歷世各支遷徙表、凡例、世系等。2006年河北人民出版社排印本《河北回族家譜選編》内載有本譜節録。

河北省孟村回族自治縣韓石橋韓氏族人　河北省滄州市民委吳丕清

[河北新河]脱氏家譜書一卷　(清)王培纂修抄本　一册　書名據書衣題　卷端題元太師右丞相脱公家傳　記事至清乾隆四十八年(1783)

始祖脱脱,元丞相,原籍歸化省托克托縣(今屬内蒙古呼和浩特市)。二世祖周彬,遷至河北省新河縣,是爲始遷祖。

北京大學圖書館

[河北新河]脱氏家譜　脱樹廷總校　1991年排印本　一册

先祖同上。

遼寧省瀋陽市西關脱寶興

本條目據《回族譜序與宗源考略》著録

[河北威縣]黃氏族譜　黃正邦等纂修　民國三年(1914)抄本

先祖本西域人,入中國,朝廷賜黃姓,占籍山東濟南,又移居臨清。元至正十年(1350),爲弘揚伊

斯蘭教義,威州參知政事王伯大親請黃氏阿訇(名諱失考)來威州執教,創建清真寺。明嘉靖間,鳳、鸞入威籍,布教傳道,是爲始遷祖。載譜略引、世系等。2006年河北人民出版社排印本《河北回族家譜選編》内有本譜節錄。

河北省威縣黃自珍

本條目據《回族譜序與宗源考略》著錄

[河北威縣]黃氏族譜　黃海清、黃成俊纂修 2003年排印本

先祖同上。載序、世系等。

河北省威縣經協辦黃海清

本條目據《回族譜序與宗源考略》著錄

[遼寧瀋陽]白氏家譜不分卷　纂修者不詳 抄本

始遷祖萬亮,原籍山東白家集,清道光年間遷熱河,再遷瀋陽,後世代居瀋陽。族人白奉有爲著名武術家。載序、世系等。1992年天津古籍出版社排印本《遼寧回族家譜選編》内有本譜節錄。

遼寧省瀋陽市白奉賢

本條目據《遼寧回族家譜選編》著錄

[遼寧瀋陽]金氏族譜不分卷　鐵毓川纂修　民國二十五年(1936)抄本　一册

金氏原爲山東濟南府平陽禹城大金府人氏。清乾隆間,其先祖因經商於瀋陽而定居。是譜以明寰爲一世。載世系、譜序等。

遼寧省遼寧美術出版社金堂祺

本條目據《遼寧回族家譜選編》著錄

[遼寧瀋陽]金府宗譜不分卷　纂修者不詳 2000年據清光緒間抄本複印　一册　書名據履歷序題　初修本　記事至清光緒十五年(1889)

始遷祖汝安,清代人。

遼寧省圖書館

[遼寧瀋陽]哈氏家譜　哈增華纂修　1988年排印本

哈姓得源於始祖哈喇卜丁,因首音爲哈,後裔遂

爲姓。哈氏原居沙漠山後,即山西大同盆地桑乾河流域,明初爲雲中九州之地。因保駕有功,正統帝賞"哈喇卜丁等二十三家首領",奉賞安置河間。後裔有一支爲謀生計而卜居瀋陽,即爲此支。載序、世系等。

遼寧省瀋陽市西關清真北寺後胡同哈增華

本條目據《回族譜序與宗源考略》著錄

[遼寧瀋陽]脱氏宗譜不分卷　纂修者不詳　民國十九年(1930)鉛印本　一册　書名據封面題

始祖脱脱,元代至正宰相,蒙古篾兒吉特氏,原籍歸化省托克托縣(今屬内蒙古呼和浩特市)。二世祖周彬,遷至河北省新河縣。第十七世祖光明、光顯,清康熙二十四年(1685)由原籍河北省新河縣脱家疃村遷於盛京小西關,是爲始遷祖。自明至清,脱氏世世代代多有聞人,成爲世代勳閥。譜載譜書序五篇、凡例、先祖世系、伯顔傳、馬札兒台傳、脱脱傳、世系等。

遼寧省瀋陽市脱洪儒　河北省新河縣脱鴻賓

[遼寧瀋陽]脱氏宗譜不分卷　脱萬慶纂修　民國三十三年(1944)石印本　一册　書名據版心題

參見前條。1992年天津古籍出版社排印本《遼寧回族家譜選編》、2006年河北人民出版社排印本《河北回族家譜選編》内有本譜節錄。

遼寧省瀋陽市圖書館

[遼寧瀋陽]脱氏宗譜　脱寶興纂修　2001年據1984年修本排印　一册　書名據書衣、版心、書名頁題

先祖同上。譜載題跋、譜序、凡例、世系、瀋陽脱氏塋地沿革、家祠匾聯、傳、墓碑、脱氏譜書等。

遼寧省圖書館　上海圖書館

[遼寧瀋陽]馮氏家譜不分卷　纂修者不詳　清末刻本　一册　書名據封面題

是族原籍安徽定遠。始祖寵,明洪武時柱國官,生二子:長子國勇,次子國勝。國勇官至總鎮,明洪武三年(1370)追封郳國公。國勇去世,國勝襲兄職,中原平定後封宋國公。明洪武二十至二十

四年(1387—1391)間國勝任征虜大將軍,率師二十萬來東北。後裔於清康熙間移居瀋陽。載清乾隆、光緒序與世系等。

　　遼寧省瀋陽市馮景田

[遼寧瀋陽]馮氏家譜不分卷　纂修者不詳　據清末刻本複印　一册　書名據封面題

　　參見前條。

　　吉林師範大學滿族文化研究所

[遼寧瀋陽]馮氏家譜　馮永貴等纂修　民國三十一年(1942)抄本

　　先祖同上。載譜序、世系等。1992年天津古籍出版社《遼寧回族家譜選編》内載有本譜節録

　　遼寧省瀋陽市馮景田

　　本條目據《回族譜序與宗源考略》、2005年第4期《北方民族》載王華北著《回族家譜與文化》一文著録

[遼寧瀋陽]楊氏家譜不分卷　(清)楊廷柱等纂修　民國二年(1913)抄本　一册

　　始祖成,號德庵,生於明洪武元年(1368),曾任明錦衣衛指揮使,祖籍應天府江寧縣(今屬江蘇南京市),明永樂間移居河北河間府城東,復遷泊鎮八里莊。後裔再徙瀋陽,散居錦州、哈爾濱、新民等地。作者於民國二年(1913)從《楊氏家譜》中單獨輯出本支,續修而成此譜。載序、世系等。1992年天津古籍出版社排印本《遼寧回族家譜選編》内有本譜節録。

　　遼寧省瀋陽市瀋河區楊葆祥

　　本條目據《遼寧回族家譜選編》著録

[遼寧瀋陽]楊氏家譜　(清)楊廷柱等纂修　抄本　十二頁

　　先祖同上。記十六世。

　　中國民族圖書館

　　本條目據2005年第4期《北方民族》載王華北著《回族家譜與文化》一文著録

[遼寧瀋陽]楊氏家譜　(清)楊廷芳等纂修　清

嘉慶二十四年(1819)抄本　一册

　　始祖際龍、際虎,祖籍山東武定府陽信縣西營。二世祖世貴,清康熙間爲謀生先到關東,落户瀋陽小西關,之後族人隨往。後裔散居遼寧本溪、撫順、遼陽等地。載家譜本源、譜序、世系等。1992年天津古籍出版社排印本《遼寧回族家譜選編》内有本譜節録。

　　遼寧省遼陽市燈塔縣西馬峰鄉大紙房村楊隆山

　　本條目據《遼寧回族家譜選編》著録

[遼寧瀋陽]楊氏家譜不分卷　楊朝珍等纂修　民國間抄本　一册　書名據書衣題　記事至民國三十二年(1943)　三修本

　　先祖同上。1992年天津古籍出版社排印本《遼寧回族家譜選編》内有本譜節録。

　　遼寧省遼陽市燈塔縣馬峰鄉大紙房村楊隆山

[遼寧瀋陽]鐵氏家譜不分卷　(清)鐵國興等纂修　清道光二年(1822)刻本　一册　書名據書衣題　二修本

　　鐵氏原爲波斯(伊朗)人,本姓Hardisa,漢意譯爲鐵,遂以鐵爲姓。元代被征入中國,經多次遷徙定居於鄧(今河南鄧縣)。先祖鉉明洪武中爲官,後因朝廷内争受牽,族中一支逃至遼寧定居廣寧(今遼寧北鎮縣)。清初,始遷祖福自廣寧遷居瀋陽。譜載序文、題文、鐵氏遺迹考、祖訓、世系等。鐵氏譜初修於清康熙間,於道光二年(1822)續修。1992年天津古籍出版社排印本《遼寧回族家譜選編》内有本譜節録。

　　遼寧省海城市牛莊鎮回族村鐵廣春

[遼寧瀋陽]瀋陽鐵氏族譜　鐵廣潤等纂修　1997年六藝堂鉛印本暨影印本　一册　書名據封面、書名頁題

　　先祖同上。譜載兩部分與附録,第一部分是新修之世系表,第二部分《鐵氏祖譜》,爲影印清道光二年(1822)《鐵氏家譜》;附録載墓碑、名世阿訇,末爲譜系索引。

　　遼寧省圖書館　上海圖書館

[遼寧瀋陽]瀋陽鐵氏族譜　鐵大謙主編　2002
年六藝堂排印本　一册　書名據版心、封面、書名
頁題

先祖同上。譜録歷届譜序、干支圖、個人譜傳,
附録中有考證、補遺、瀋陽鐵氏祖塋概況、瀋陽鐵
氏族人的外遷、分佈概述、歷届家譜題後等。

上海圖書館

[遼寧遼陽]白氏族譜　白殿奎等纂修　1991年
排印本　一册　書名據封面題

始遷祖希德庫,清代人。載序、世系等。

遼寧省遼陽市圖書館　遼寧省鞍山市圖書館
遼寧省鞍山市鋼城辦事處白殿奎

[遼寧遼陽]甜水鄉哈氏家族祖先名諱世系　纂
修者不詳　抄本　一幅

始遷祖仲成、仲利兩兄弟。甜水哈氏先世爲漢
族,後信奉伊斯蘭教,所居地成立甜水滿族鄉。

遼寧省遼陽市甜水滿族鄉甜水村哈玉環
本條目據《回族譜序與宗源考略》著録

[遼寧海城]尹氏族譜　尹鴻儒纂修　民國十八
年(1929)抄本

始祖原籍南京二郎崗,明永樂間遷天津府青縣
馬家橋(後取名爲辛集)。清道光初年,有名大成
者,遷海城毛祁小河,是爲始遷祖。載序、世系、事
略、歷録等。

遼寧省鞍山市尹久賀
本條目據《回族譜序與家源考略》著録

[遼寧海城]尹氏家譜　尹德生等纂修　2001年
排印本

先祖同上。此爲海城尹氏另一支。載序、世
系等。

遼寧省海城市伊斯蘭教協會尹德盈
本條目據《回族譜序與宗源考略》著録

[遼寧海城]馬麟家志　馬福章等纂修　2004年
排印本

祖居西域,先人越沙漠至河北滄縣,定居馬家

橋。始遷祖麟,由冀遷遼,定居海城。載序、傳、世
系等。

遼寧省鞍山市馬福才等
本條目據《回族譜序與家源考略》著録

[遼寧海城]韓氏家譜　韓景超纂修　2002年排
印本　一册

是族祖籍山東濟南禹城韓家寨。始遷祖世麟,
嘉慶五年(1800),時年十六歲,闖關東至遼東岫巖
落腳,後移居海城騰鰲堡保安村。載譜序、世系。

遼寧省海城市騰鰲堡韓景超
本條目據《回族譜序與宗源考略》著録

[遼寧岫巖]韓氏家譜　韓景新纂修　抄本
一册

一世祖仁忠,生四子:養醇、養浩、養量、養光。
本譜記長子醇一支。載祖塋碑文、孝行銘文、世系
表等。

遼寧省岫巖滿族自治縣北街韓景新
本條目據《回族譜序與宗源考略》著録

[遼寧岫巖]劉氏家譜　劉玉義主編　2001年複
印本　一册　書名據封面題

始祖整。載序、世系等。

遼寧省岫巖滿族自治縣圖書館　遼寧省岫巖滿
族自治縣新甸鎮石山村小學劉玉義

[遼寧丹東]洪氏家譜　纂修者不詳　油印本
一册

洪氏先祖由南方江浙經商至山東濟南禹城。始
祖瑞,清乾隆間闖關東入鳳城。光緒初,清政府置
安東縣,洪家是最早由鳳入安的開拓者之一。載
譜序、世系等。

遼寧省鞍山市洪興武
本條目據《回族譜序與宗源考略》著録

[遼寧丹東]洪氏家譜　洪家善等纂修　1990年
排印本

先祖同上。載譜序、世系等。

遼寧省丹東市民族事務委員會洪行一

本條目據《回族譜序與宗源考略》著錄

[遼寧丹東]洪氏家譜　洪行一等纂修　2003 年排印本　一冊

先祖同上。載譜序、世系等

遼寧省丹東市洪氏族人

本條目據《回族譜序與宗源考略》著錄

[遼寧黑山]遼寧黑山新立屯鎮趙氏譜單　纂修者不詳　2003 年排印本　一冊

黑山趙氏原係山東青州府益都人。清乾隆末年有諱信者，下關東遷黑山縣城北新立屯小鎮落户，是爲始遷祖。載世系簡表。

遼寧省黑山縣黑氏族人

本條目據《回族譜序與宗源考略》著錄

[遼寧西豐]楊氏家譜　楊占儉等纂修　1994 年排印本

西豐楊氏祖籍雲南，後隨移民流徙山東德平縣（今陵縣）。始遷祖太升，清光緒二十三年（1897）攜子闖關東，輾轉落籍東北“逃鹿”小鎮（今西豐縣城）。譜由開拓篇、徘徊篇、壯大篇等組成，附以前言、後記、索引等。

吉林省九臺市營成街道楊占僉

本條目據《回族譜序與宗源考略》著錄

[吉林九臺]唐氏族譜　唐廣林等纂修　2000 年排印本　一冊

唐氏世居吉林九臺胡家回族鄉蜂蜜村。鄉內有段、唐、尤、邵、丁五姓，是吉林省最早的回民之一。載世系、族源、義地、結語等。

吉林省九臺市蘆家鄉段村林東立

本條目據《回族譜序與宗源考略》著錄

[吉林集安]都氏譜書　都本德纂修　據民國二十年（1931）修本複印

始祖係元宗室必里海，元亡，後裔隱居於鄉，後被明太祖賜姓都。都氏七世祖由山東牟平縣遷居遼寧岫巖，八世祖又遷至本溪。至清光緒九年（1883），裔孫悦榮又遷居輯安縣（今集安縣）活

龍蓋。

山東省民族志編纂委員會王樹理

本條目據《回族譜序與宗源考略》著錄

[江蘇南京]虎姓家族譜　虎世祥主編　1998 年排印本　一冊　書名據封面、書名頁題

得姓始祖爲唐王封虎威將軍，賜邑陝西西安府紅灣子，子孫遂以虎爲姓。後裔散居於西北和成都、南京、洛陽等地。始祖嵩林，祖籍甘肅，後移居四川成都市新都縣。始遷祖雲山，於清同治間移居江蘇南京。載虎姓來源探究，第一至五代世系圖、大事紀年表及一至五代世系人物、事件等。

上海圖書館

[江蘇六合]常氏家譜　常福亮主編　1999 年排印本　一冊　書名據封面題

譜稱本族爲明初大將常遇春後代。始遷六合者稱太公，因老譜散失，不知其爲常遇春幾世孫。六世以前世系錯亂，故譜所載荆茂堂、懷德堂、誠益堂、樹德堂、北順堂、安仁堂等支，世系表皆自第七世始。

上海圖書館

[江蘇六合]達氏宗譜八卷　纂修者不詳　抄本八册　八修本

達氏於元代由西域遷入中國。始祖母把勒沙，元朝大德年間以進士第入仕途，歷青田知縣、台州府錄事判官等，罷官後落居江蘇鎮江，生志大、志厚、志善、志公、志道五子，有白野書屋。始遷祖善（志厚之後），於明朝自鎮江遷居六合。其族譜自明至民國八年（1919）凡八次纂修，有譜序十六篇、記事三篇、雜記等文十九篇。譜系自一世祖母把勒沙記至二十五世“明”字輩，譜中名字旁多有號、妻氏、學歷、功名，有顯赫事迹者亦詳記名下。自十七世開始字輩爲：文、采、倫、彩、鳳、應、式、慶、明、良、孝、順、隆、家、道、忠、貞、載、典、章等。

江蘇省六合市達應忠、達應鑫

本條目據《回族譜序與宗源考略》、2005 年第 4 期《上海穆斯林》載劉聖道著《七百年前家譜今面世　達姓子孫皆爲回族人——六合達氏家族研討

會上海座談會記實》一文著録

[江蘇六合]達氏宗譜九卷　合族纂修　2006 年排印本

　　先祖同上。

　　江蘇省六合市達氏族人

　　本條目據《回族譜序與宗源考略》著録

[江蘇鎮江]城南米氏重修宗譜二卷　（清）米俊明纂修　清光緒二十九年（1903）忠孝堂木活字本　二册　書名據卷端題　版心、書簽題米氏宗譜

　　始祖穆罕默德·挽個士，唐代人。始遷祖國玉，清康熙年間自山東濟南米家大莊遷古潤京口。卷一天開地闢全圖、西來宗譜、譜序、教門根源、凡例、家規、世系總圖等，卷二年表等。

　　中央民族大學圖書館　日本國立國會圖書館美國哥倫比亞大學東亞圖書館

[江蘇鎮江]城南米氏重修宗譜二卷　（清）米俊明纂修　據清光緒二十九年（1903）忠孝堂木活字本拍攝　膠卷　書名據卷端題　版心、書簽題米氏宗譜

　　參見前條。

　　尋源姓氏文化研究中心　美國猶他州家譜學會

[江蘇鎮江]古潤金氏宗譜六卷　（清）金全漢等纂修　清光緒十六年（1890）世耕堂木活字本六册　書名據書簽題　版心題金氏宗譜

　　是族先祖居於西域，唐貞觀間始入中原。始遷祖錫爵，字公言，明初以軍功賜姓金，隸籍鎮江。卷一爲誥命、序、凡例、家訓、祭譜修墓説、名氏録、事略類、節婦類、執譜録、馬鞍山圖説、新墳圖附、附馬鞍山圖説、歷修宗譜前賢考次，卷二爲世系引、宗派説、世系，卷三至卷六爲年表，分十二分支引、世表引、一世至八世年表及九世至十三世各自年表等部分。

　　中國民族圖書館

[江蘇鎮江]古潤金氏宗譜六卷　金喜等纂修

民國二十五年（1936）世耕堂木活字本　七册

　　先祖同上。載金氏家誥命、凡例、家訓、名氏録、世系引、第一世至十三世世系等。

　　中國民族圖書館

[江蘇鎮江]古潤金氏宗譜六卷　（清）金喜等纂修　2008 年甘肅文化出版社、寧夏人民出版社據民國二十五年（1936）世耕堂木活字本影印　三册

　　參見前條。

　　本譜載於《回族典藏全書》第一百十一至第一百十三册

[江蘇鎮江]明德堂夏氏家譜　夏承厚等纂修2004 年排印本　一册

　　始遷祖志古，原籍揚州，後占籍鎮江。載譜序、紀略。

　　江蘇省鎮江市夏承厚

　　本條目據《回族譜序與宗源考略》著録

[江蘇鎮江]古潤城南外號踞坊蘆花橋貢氏重修宗譜二卷　（清）貢正坤等纂修　清光緒二十九年（1903）積善堂木活字本　二册　書名據卷二卷端題　版心、書名頁、書簽題貢氏宗譜　第二册用民國二十二年（1933）版本配補

　　始祖穆罕默德·挽個士，唐代人。始遷祖文清，清康熙間由陽邑遷居鎮江城南門外虎踞坊蘆花橋。

　　中國民族圖書館

[江蘇鎮江]古潤城南外號踞坊蘆花橋貢氏重修宗譜二卷　貢大受等纂修　民國二十二年（1933）積善堂木活字本　二册　書名據卷二卷端題　版心、書名頁、書簽題貢氏宗譜

　　先祖同上。

　　中國民族圖書館

[江蘇常州]毘陵沙氏宗譜六卷　（清）沙永貞等纂修　清道光九年（1829）百壽堂木活字本　六册版心題沙氏族譜　三修本

　　沙氏本天方回部，隋開皇中始與中國通好，自唐

歷宋漸來中夏,厥後散處華夏四方。始遷祖世榮,字襲甫,號了塵,元至正間自陝西長安避難移居江蘇晉陵縣(今常州市武進區)。

　　日本國立國會圖書館

[江蘇常州]毘陵沙氏宗譜六卷　(清)沙永貞等纂修　據清道光九年(1829)百壽堂木活字本拍攝　膠卷　版心題沙氏族譜　三修本

　　參見前條。

　　美國猶他州家譜學會

[江蘇常州]毘陵沙氏族譜二十卷首一卷尾一卷續刊一卷　(清)沙壽年等纂修　清咸豐九年(1859)百壽堂木活字本　八冊　書名據卷端題　四修本

　　先祖同上。

　　南京圖書館　日本東洋文庫

[江蘇常州]毘陵沙氏族譜二十卷首一卷尾一卷續刊一卷　(清)沙壽年等纂修　據清咸豐九年(1859)百壽堂木活字本拍攝　膠卷　書名據卷端題　四修本

　　參見前條。

　　美國猶他州家譜學會

[江蘇常州]毘陵沙氏族譜二十卷　(清)沙仲沅纂修　清光緒十一年(1885)百壽堂木活字本　十冊　書名據卷端題　版心題沙氏族譜　書名頁題毘陵沙氏宗譜　五修本

　　先祖同上。卷首序、凡例,卷一誥敕,卷二遺訓,卷三簪纓誌、耆壽誌、貞節誌,卷四統宗世系、統宗世表,卷五至十一世系,卷十二列贊、續贊,卷十三、十四傳,卷十五行述,卷十六孺人傳,卷十七墓表、墓誌銘,卷十八至十九壽序,卷二十詩抄,卷末修譜記。

　　中國科學院圖書館　浙江省圖書館　美國哥倫比亞大學東亞圖書館

[江蘇常州]毘陵沙氏族譜二十卷　(清)沙仲沅纂修　據清光緒十一年(1885)百壽堂木活字本

拍攝　膠卷　書名據卷端題　版心題沙氏族譜書名頁題毘陵沙氏宗譜　五修本

　　參見前條。

　　美國猶他州家譜學會

[江蘇常州]法氏宗譜四卷　(清)法慶祥等纂修清光緒二十六年(1900)錦輝堂木活字本　二冊存卷一至二　書名據版心、目錄題　書名頁題法氏家乘

　　始祖若正,又名都喇,明代人。四世韶之後有世美者,字省愚,號少雲(更名恕),隱居常州,是爲始遷祖。卷一序、誥敕、像贊、源流記、傳記、墓誌,卷二傳贊、壽文、跋。有清劉倫序。

　　上海圖書館

[江蘇常州]法氏宗譜四卷　(清)法慶祥等纂修據清光緒二十六年(1900)錦輝堂木活字本拍攝膠卷　存卷一至二　書名據版心、目錄題　書名頁題法氏家乘

　　參見前條。

　　山西省社會科學院中國家譜資料研究中心　美國猶他州家譜學會

[江蘇常州]法氏宗譜四卷　(清)法慶祥等纂修清光緒二十六年(1900)錦輝堂木活字本　二冊存卷三至四　書名據版心、目錄題　書名頁題法氏家乘

　　參見前條。

　　江蘇省常州市圖書館

[江蘇丹陽]丹陽柳茹貢氏宗譜　纂修者不詳清宣統三年(1911)木活字本　四十九冊　存卷首上、卷一至十六、四十五至六十六、六十八至七十三　書名據卷端題　版心、書籤題貢氏宗譜

　　先祖同上。卷首上載藝文志,餘卷均爲世系、年表。

　　上海圖書館

[江蘇丹陽]貢氏宗譜七十三卷首十卷卷首續編二卷　貢銓等纂修　民國十二年(1923)木活字本

十二冊　存卷首十卷、續編二卷　書名據版心、書名頁題　卷端題丹陽柳茹貢氏宗譜　十五修本

先祖同上。

中國社會科學院歷史研究所

[江蘇丹陽]貢氏宗譜七十三卷首十卷卷首續編二卷　貢銓等纂修　據民國十二年(1923)木活字本拍攝　膠卷　存卷首十卷、續編二卷　書名據版心、書名頁題　卷端題丹陽柳茹貢氏宗譜十五修本

參見前條。

山西省社會科學院中國家譜資料研究中心　美國猶他州家譜學會

[安徽懷遠]常氏家譜　常氏集古修譜委員會1990年排印本

是爲雲南、貴州、四川等地常氏共同修纂的聯譜之一,此爲懷遠支。常氏先祖宋南渡後自南陽遷懷。明開國功臣常遇春出於是族。載序、世系等。

雲南省鎮雄縣常氏族人

本條目據《回族譜序與宗源考略》著録

[安徽懷寧]懷寧馬氏宗譜十五卷首一卷　(清)馬宏久等纂修　清光緒二年(1876)敦悦堂木活字本　十六冊

始祖依澤,號漁叟,西域魯穆國人,宋間築居陝西西安府涇陽縣永安鎮。裔孫哈直,字天方,明季由河南遷懷寧,遂爲始遷祖。譜載目録、序(明清重臣二十二人所作)、聖旨(明憲宗、清高宗、清穆宗)、贊與傳四十八篇、科甲(自宋建隆至清光緒共九十九人)、先宗系考與考妣序章、考、記、碑文、規約、字輩等。宋建隆四年太祖敕撰《應天曆》,譜稱此族馬依澤參與其中,然《宋史》未載馬依澤與編修事,可補正史之闕。香港學者羅香林對此有所考證。是爲我國回族家譜中記事時間跨度最大、篇幅最多、支系最爲完整一譜。

美國哥倫比亞大學東亞圖書館

[安徽懷寧]懷寧馬氏宗譜十五卷首一卷　(清)馬宏久等纂修　據清光緒二年(1876)敦悦堂木

活字本拍攝　膠卷

參見前條。

美國猶他州家譜學會

[安徽懷寧]懷寧馬氏宗譜十五卷首一卷　(清)馬宏久等纂修　清光緒二年(1876)敦悦堂木活字本　十五冊　存卷首、卷一至十二

參見前條。

北京大學圖書館

[安徽懷寧]懷寧馬氏宗譜十五卷首一卷　(清)馬宏久等纂修　2008年甘肅文化出版社、寧夏人民出版社據清光緒二年(1876)敦悦堂木活字本影印　七冊

參見前條。

本譜載於《回族典藏全書》第九十五冊至一百零一冊

[安徽潛山]清真敦悦堂馬氏宗譜十六卷首一卷馬肇曾等纂修　1997年排印本暨據清光緒二年(1876)敦悦堂木活字本影印　一冊　書名據封面題

始祖同上。始遷祖義,字明道,明代人。譜載譜序、世系及近現代部分知名後人等。

上海圖書館

[安徽和縣]全小橋世系支譜不分卷　全道榮纂修　2004年排印本　一冊　書名據封面題

先祖巴虎特克慎,明初人,原居松花江上游,生育七子,除第七子無嗣外,餘六子分爲六大支,散居各地,至清太祖起兵後,多投歸隸於滿洲各旗,成爲滿洲八旗的骨幹力量。是爲已改回族的安徽省和縣歷陽鎮佟佳氏譜。爲巴虎特克慎第五子達爾漢圖謀圖之後八世孫養真(正)長孫佟國紀(全小橋)系下支譜。支祖全小橋曾在清室皇家任教師,在教練習武中因誤傷太子,發配和州,遂入籍。譜載序、例則、族源考、範字、人物傳略、世系。2010年遼寧民族出版社《滿族佟氏家譜總匯》內有本譜節録。

安徽省和縣歷陽鎮全道榮

[福建泉州]榮山李氏族譜不分卷　（明）林奇才修　（明）林志輝纂　1980年據明抄本油印　合冊　記事至明萬曆間　書名據書名頁題

　　始祖字君穌，明代人。始遷祖駕，行一，明永樂二十八年（1430）從福建晉江遷入泉州新車二橋，改姓林；端，行二，明永樂二十年（1422）遷入福建南安三十都，仍李姓。載垂戒論、壙志、世系圖等。

　　本譜載於《泉州回族譜牒資料選編》

[福建泉州]清源林李宗譜　纂修者不詳　清乾隆間抄本　書名據書衣題

　　先祖同上。

　　福建省泉州市文物管理辦公室

[福建泉州]清源林李宗譜　纂修者不詳　據清乾隆間抄本拍攝　書名據書衣題

　　參見前條。

　　山西省社會科學院中國家譜資料研究中心　美國猶他州家譜學會

[福建泉州]清源林李宗譜擇録　蘇大山輯録1979年福建省圖書館據民國二十四年（1935）晉江文獻會抄本抄　一冊　書名據封面題

　　先祖同上。

　　福建省圖書館

[福建泉州]清源林李宗譜擇録　蘇大山輯録據1979年福建省圖書館抄本複印　一冊　書名據封面題

　　先祖同上。

　　福建省泉州市圖書館

[福建泉州]清源林李宗譜草創　纂修者不詳據民國抄本抄　一冊　存卷三　書名據書衣題版心題林李年表　記事至民國二十五年（1936）

　　先祖同上。

　　福建師範大學圖書館

[福建泉州]清源金氏族譜一卷　（明）金瓊衛、江一鯉纂修　1980年福建省圖書館據明抄本抄　一冊　書名據譜序題　記事至明嘉靖三十四年（1555）

　　始遷祖吉，號一庵，元文宗時將軍，至順間奉命入閩，居泉州西街雙門前。載世系等。

　　福建省圖書館

[福建泉州]清源金氏族譜一卷　（明）金瓊衛、江一鯉纂修　據1980年福建省圖書館抄明抄本拍攝　膠卷　書名據譜序題　記事至明嘉靖三十四年（1555）

　　參見前條。

　　山西省社會科學院中國家譜資料研究中心　美國猶他州家譜學會

[福建泉州]清源金氏族譜一卷　（明）金瓊衛、江一鯉纂修　據1980年福建省圖書館抄本複印一冊　書名據譜序題　記事至明嘉靖三十四年（1555）

　　參見前條。

　　福建省晉江市圖書館　福建省泉州市圖書館

[福建泉州]清源金氏族譜一卷　（明）金瓊衛、江一鯉纂修　1980年據明抄本油印　合冊

　　參見前條。

　　本譜載於《泉州回族譜牒資料選編》

[福建泉州]官州郭氏族譜不分卷　（清）郭肇汾纂修　1963年據福建泉州郭氏抄本抄　一冊書名據書衣題　版心、目録題郭氏族譜　記事至清嘉慶年間

　　始遷祖德廣，元代移居泉州。明正統元年（1436）郭萌初修。

　　福建師範大學圖書館

[福建泉州]官州郭氏族譜不分卷　（清）郭肇汾纂修　據1963年抄福建泉州郭氏抄本拍攝　一冊　書名據書衣題　版心、目録題郭氏族譜　記事至清嘉慶年間

　　參見前條。

　　山西省社會科學院中國家譜資料研究中心　美

國猶他州家譜學會

[福建泉州]官州郭氏族譜不分卷　（清）郭肇汾
纂修　1980年福建省圖書館據福建泉州郭氏抄
本抄　一册
　　參見前條。
　　福建省圖書館

[福建泉州]燕支蘇氏族譜十五卷　（清）蘇纘轍
纂修　抄本　一册　書名據書衣、目録題　記事
至清同治七年(1868)
　　始遷祖厝，譜稱唐舍公，又名阿合抹。宋末元初
因“至大之變”自銀固遷至泉州燕支里。該譜爲
後人據舊譜摘抄。
　　福建省圖書館

[福建泉州]燕支蘇氏族譜十五卷　（清）蘇纘轍
纂修　1980年據舊譜摘抄本油印　合册
　　參見前條。
　　本譜載於《泉州回族譜牒資料選編》

[福建泉州]燕支蘇氏族譜三卷　（明）陳睿纂修
1980年油印本　合册
　　先祖同上。譜述元成宗大德七年(1303)至清嘉
慶十二年(1807)蘇門一族遷居、繁衍歷史，載世系
表、世祀志、祭祀儀式、祠宇等。
　　本譜載於《泉州回族譜牒資料選編》

[福建廈門]同安丁氏族譜不分卷　合族纂修
2008年甘肅文化出版社、寧夏人民出版社據抄本
影印　合册　記事至民國末年
　　始祖謹，字慎思，號節齋，原籍洛陽，宋咸淳間自
姑蘇行賈於福建泉州，卜居城南文山里。七世祖郡
安，爲避難遷到同安周溪曾林埔，是爲該譜一世祖。
載世系至二十四世。其族至十三世又派分三系。
　　本譜載於《回族典藏全書》第九十四册

[福建惠安]惠安百奇郭氏族譜　（清）郭純甫等
纂修　清嘉慶間抄本
　　始祖德廣，元末來泉州，明洪武初卜居晉水法

石，子諱洪。洪有三子：和卿、仲遠、季淵。仲遠
移居惠安百奇村，後裔分爲五支。譜分述兩部分，
其一爲譜序、題辭、跋序、拾遺、世系圖、世系説明，
其二爲世系、遷泉郡通淮街支派圖、墓誌銘、百奇
大宗祠要用聯文、詩回辨、汾陽郭氏歷代忌辰、祖
教説、重修清真寺碑記、像贊等。2006年民族出
版社排印本《中國南方回族古籍資料選編補遺》
內有本譜節録。
　　福建省泉州海外交通史博物館
　　本條目據《中國南方回族古籍資料選編補遺》
著録

[福建惠安]百奇郭氏回族宗譜　郭國波等纂修
2000年排印本　三册　書名據書衣題
　　先祖同上。譜載序言、凡例、風俗志、文物志、人
物志、世系圖、後記。譜初修於明正統元年
(1436)。
　　浙江省蒼南縣圖書館　福建省泉州市圖書館

[福建惠安]郭氏族譜　廈門大學圖書館人類研
究所資料室纂修　抄本　二册
　　先祖同上。載譜序、世系等。
　　廈門大學圖書館人類研究所資料室

[福建晉江]陳江聚書丁氏譜牒　（明）丁衍夏纂
修　明萬曆十五年(1587)修本
　　始祖謹，字慎思，號節齋，原籍洛陽，宋咸淳間自
姑蘇行賈於福建泉州，卜居城南文山里。始遷祖
夔，字大皋，號碩德，謹孫，元至正間遷陳江。載譜
序、族譜記略引、本支世表、一至十一世開支圖表、
遷墓碑記、六至十一世各支世系圖表、雪成説、扳
譜説、祀約、槐江公祭約引、祖墳圖、墓記、證誤説、
三宗祀議、祭文、本房世派引言等。晉江丁氏是福
建省最有影響力的回族家族。2006年民族出版
社排印本《中國南方回族古籍資料選編補遺》內
有本譜節録。
　　福建省泉州海外交通史博物館

[福建晉江]陳江聚書丁氏譜牒不分卷　（清）丁
淑儀等纂修　2008年甘肅文化出版社、寧夏人民

出版社據清抄本影印　合册

先祖同上。載譜序、族譜記略引、本支世表、一至十一世開支圖表、六至十一世各支世系圖表、祖墳圖、墓記、訴訟記録、人物傳記、像贊、詩詞、祭文、本房世派引言,以及《泉州府志·人物傳》中丁氏家族人物摘録與證誤説、感紀舊聞、雪成説、三宗祀議、扳譜説、祀約、祖教説、槐江公祭約引等文章。其中"感紀舊聞"援引《元史》進行記述,"祖教説"詳細記録了丁氏家族十六世紀時的信仰和風俗情況。

本譜載於《回族典藏全書》第八十三册

[福建晉江]晉江縣南關外二十七都陳江雁溝里丁氏族譜　(清)丁鶴年纂修　清光緒十一年(1885)抄本　一册

先祖同上。載凡例、譜序、纂述世謨、人物傳記、感紀舊聞、本支世表、雪成説、祖教説、著感年表、譜揭雜説、歷代世系、墓圖、丈量畝數、證誤説、祖像與像贊、文契、碑記、各憲會勘審語及批審語、祠堂碑記、宗圖説、祝文、祭祀規約、産蕩海圖等。

福建省泉州海外交通史博物館

本條目據《中國南方回族古籍資料選編補遺》著録

[福建晉江]丁氏族譜　(明)丁儀纂修　據1954年丁爲成傳抄本抄　二册　書名據書衣題

先祖同上。載世系等。

福建省圖書館　福建師範大學圖書館

[福建晉江]丁氏族譜　(明)丁儀纂修　據1954年丁爲成傳抄本拍攝　膠卷　書名據書衣題

先祖同上。載世系等。

山西省社會科學院中國家譜資料研究中心

[福建晉江]丁氏譜牒　(明)丁儀纂修　1980年油印本　合册

先祖同上。載世系等。

本譜載於《泉州回族譜牒資料選編》

[福建晉江]陳江丁氏族譜　丁維禧等纂修　據

1981年稿本拍攝　膠卷

先祖同上。載世系等。

美國猶他州家譜學會

[福建晉江]陳埭丁氏回族宗譜十二卷附録一卷　莊景輝纂修　1996年香港綠葉教育出版社排印本　一册　書名據封面題

先祖同上。卷一序、跋、譜例,卷二紀説、表,卷三傳記、批狀,卷四像贊、圖贊、壽序,卷五墓紀、壙志,卷六祭祀規約,卷七契約文書,卷八訟稿、行語,卷九碑銘牌匾、楹聯詩文,卷十繪圖、畫像,卷十一世系、譜圖,卷十二拾遺。此譜是由纂修者搜集二三十部不同時代、不同房支的丁氏譜牒資料,然後進行細心分類和校勘標點,分類輯録而成。此外,還收録了譜牒以外的如出土墓誌銘、民間契約文書、碑匾、宗祠柱聯等,並兼收稀見的有關資料,附有重要文物史迹、族人重大活動的照片。

上海圖書館　福建省泉州市圖書館　福建省泉州市文物管理辦公室　福建省晉江市圖書館　廈門大學圖書館　廈門大學圖書館人類研究所資料室

[福建永春]龍溪蒲氏支譜一卷　(清)蒲詩焕纂修　據清同治九年(1870)刻本複印　一册　書名據書衣題

始祖毓保,號誠齋,明代人。清順治三年(1646),裔孫世茂,號瑞寰,由晉江東石遷居永春卓埔後溪寨(又稱龍溪寨,現達埔鎮漢口村),是爲始遷祖。載譜序、世系等。

福建省檔案館　福建省泉州市圖書館

[福建永春]龍溪蒲氏支譜一卷　纂修者不詳　據清抄本複印　一册　書名據書衣題　記事至清道光間

先祖同上。

福建省晉江市圖書館

[江西都昌]左蠡馬氏家譜十卷　馬傳纂修　清光緒二十六年(1890)刻本

始遷祖仲良,明初任直隷北平府,後謫巡司左里,乃卜築都昌,別稱一宗。譜載序、凡例、刻祖像引、毁譽、舉援廣會、厘布、爵謚、姓氏。2006 年民族出版社排印本《中國南方回族古籍資料選編補遺》有此譜節録。

江西省都昌縣多寶鄉仁義上舍馬村馬銀山

本條目據《中國南方回族古籍資料選編補遺》著録

[山東濟南]劉家村王氏家譜　王字林等纂修 2010 年濟南市伊斯蘭教協會據 2006 年修本排印 合册

始遷祖三陽,清初自山西汾陽府洪洞縣遷居濟南府歷城縣西南鄉,在黨西村修成大阿訇。載序、家訓、家傳、歷代先祖名諱、世系等。

本譜載於《濟南回族家譜選輯》第二輯(節録)

[山東濟南]商河王氏家譜　王樹理等纂修 2010 年濟南市伊斯蘭教協會排印本　合册

始祖爲西域人。明時卜居北京花市,復有王琯、王璐兄弟落籍商河,是爲始遷祖。載譜序、世系等。

本譜載於《濟南回族家譜選輯》第二輯(節録)

[山東濟南]成德黨左氏家譜　左紹德等纂修 2010 年濟南市伊斯蘭教協會排印本　合册

左氏家族原籍山東齊河縣左三里村,後遷濟南市區。一世祖鎮雲,清道光間人。載譜序、照片、家族大事記、世系、家傳、濟南慘案檔案史料等。

本譜載於《濟南回族家譜選輯》第二輯(節録)

[山東濟南]左氏家譜　左金祐纂修　2004 年濟南市伊斯蘭教協會排印本　合册

始遷祖鳳盛,清同治三年(1864)來濟南。譜載現存於濟陽馬家營清真寺禮拜殿内先祖捐立的石碑碑文、碑記、寺記、世系等。

本譜載於《濟南回族家譜選輯》(節録)

[山東濟南]黨家莊白氏家譜　白玉廣等纂修 2010 年濟南市伊斯蘭教協會排印本　合册

其族舊譜未留世,據老人口傳,元代時有白姓兄弟三人,由秦安西界逃荒北來,一人留居濟南,遂成白家莊,再成黨家莊。載祖墓地示圖、説明、世系等。

本譜載於《濟南回族家譜選輯》第二輯(節録)

[山東濟南]重修朱氏家譜不分卷　朱仲寬等纂修　2010 年濟南市伊斯蘭教協會排印本　合册

先祖明末由京城遷居濟南歷城,成爲濟南歷城著名的朱氏花園家族中一支。

本譜載於《濟南回族家譜選輯》第二輯(節録)

[山東濟南]米氏五枝三世祖碑記　(清)米鴻恩撰　清光緒十一年(1885)立　一塊

是碑記老寨村米氏。碑文云米苔爲回族,老寨村米姓由鄒縣遷來,後裔散居江、浙及山東鄒、滕一帶,世守清真教規等。碑蔭列述老寨村、歷城洛口鎮、小寨村、濼口鎮米姓世系人名。

山東省濟南市天橋區桑梓店鎮老寨村

本譜載於《濟南回族家譜選輯》(節録)

[山東濟南]黨家李氏家譜　李福雙等纂修　2010 年濟南市伊斯蘭教協會據 2007 年修本排印 合册

黨家李氏爲黨家莊回族諸多姓氏之一。始遷祖先春,明代人。由山西洪洞縣來濟任千總,築居李家樓(今黨家鎮一隅)。載譜序、家訓、贊、碑文考釋、世系等。

本譜載於《濟南回族家譜選輯》第二輯(節録)

[山東濟南]黨家莊何氏族譜　何德元等纂修 2010 年濟南市伊斯蘭教協會排印本　合册

明永樂初,何氏先祖隨燕王北征,遷來燕京,定居於河北廠村。後裔散居山東、河南、河北、東北各地。山東何氏落籍於黨家莊何家胡同,原有老三支,後析分十三支。載序、輩字、世系等。

本譜載於《濟南回族家譜選輯》第二輯(節録)

[山東濟南]黨家莊法氏族譜　法全殿等纂修 2010 年濟南市伊斯蘭教協會排印本　合册

先祖法都拉,其子爲明威武將軍,世鎮濟南。始祖典,字文質,明成化後來膠州。七世落户党家莊。載序、輩字、世系、家源考等。

本譜載於《濟南回族家譜選輯》第二輯(節錄)

[山東濟南]小金莊金氏族譜　金衍彬等纂修
2010年濟南市伊斯蘭教協會排印本　合册

明弘治三年(1490),有金花兄弟從山西洪洞縣棋盤街瓦門樓大槐樹遷居濟南彭家莊(原屬長清縣)落户,是爲始遷祖。清順治間彭家莊更名小金莊。載序、沿革、傳記、世系等。

本譜載於《濟南回族家譜選輯》第二輯(節錄)

[山東濟南]小金村回族周氏族譜　周傳韜纂修
2004年濟南市伊斯蘭教協會排印本　合册

小金莊周氏祖先來自南京水西門大街。載序、世系等。

本譜載於《濟南回族家譜選輯》(節錄)

[山東濟南]杜家廟村周氏家譜　周傳福纂修
2004年濟南市伊斯蘭教協會排印本　合册

周氏先祖於清乾隆間自濟南府西郊小金莊遷杜家廟村西首。載世系等。

本譜載於《濟南回族家譜選輯》(節錄)

[山東濟南]周氏簡譜　周全德纂修　2004年濟南市伊斯蘭教協會排印本　合册

是爲党家莊周氏譜。明嘉靖間先世自南京大槐樹(水西門)遷濟南府党家莊。始祖名諱無考,生子璋。璋有三子:起奎、起望、起倫。本譜記起倫支。載世系等。

本譜載於《濟南回族家譜選輯》(節錄)

[山東濟南]藥山周氏家譜　周曙明纂修　2004年濟南市伊斯蘭教協會排印本　合册

始遷祖爲錦濤,於清末自党家莊遷居藥山村。載世系等。

本譜載於《濟南回族家譜選輯》(節錄)

[山東濟南]濼口回族周氏簡譜　纂修者不詳
2004年濟南市伊斯蘭教協會排印本　合册

濼口分南、北,明代北濼口爲南京大槐村遷來的周氏回民居住。1976年黃河水患,北濼口周氏遷南濼口。載世系等。

本譜載於《濟南回族家譜選輯》(節錄)

[山東濟南]青北村回族周氏簡譜　纂修者不詳
2004年濟南市伊斯蘭教協會排印本　合册

該村原名梅花村,據傳當朝皇帝南巡至此地,在村頭古楊樹下納涼時遺一物,後失而復得,即賜該村爲青楊村。始遷祖名諱無考,萬曆間自小金莊遷來。載世系等。

本譜載於《濟南回族家譜選輯》(節錄)

[山東濟南]鳳凰莊回族周氏簡譜　纂修者不詳
2004年濟南市伊斯蘭教協會排印本　合册

該族約有四百年歷史,始遷祖來自濟南府西郊,落籍鳳凰莊(原名雞窩村)。載世系等。

本譜載於《濟南回族家譜選輯》(節錄)

[山東濟南]杜家廟周氏一支簡譜　纂修者不詳
2004年濟南市伊斯蘭教協會排印本　合册

始遷祖德榮,民國時自鳳凰隨軍閥韓復榘當兵,陣亡後埋在杜家廟,其子憲廷遂家焉。衍續五代十八人。載世系等。

本譜載於《濟南回族家譜選輯》(節錄)

[山東濟南]濟南周清家族宗譜　纂修者不詳
2004年濟南市伊斯蘭教協會排印本　合册

始遷祖鴻昌,由南京遷來濟南府。載世系等。

本譜載於《濟南回族家譜選輯》(節錄)

[山東濟南]周氏一支簡譜　周正來纂修　2004年濟南市伊斯蘭教協會排印本　合册

是族明代由南京大槐樹遷濟南西關(濼源小區)。一世祖大發,至今已有七代。譜載七代共一百四十六人(包括女性)世系。

本譜載於《濟南回族家譜選輯》(節錄)

[山東濟南]周懷清家族簡譜　纂修者不詳　2004年濟南市伊斯蘭教協會排印本　合册

遷徙情況不詳。一世祖懷清,民國時曾任濟南清真南大寺教長。有二子：仲仁、仲義。載世系。

本譜載於《濟南回族家譜選輯》(節錄)

[山東濟南]賽氏家譜　賽元達纂修　2004年濟南市伊斯蘭教協會排印本　合册

濟南賽氏爲賽典赤‧贍思丁之後裔。據《咸陽族譜》載,留居濟南的賽姓爲六世三支：長支得元,僅傳三世;次支得亨,至十世時有二十餘人,之後逐漸減少,現今不知所終;三支得貞,子諱賢,濟南賽氏大都係賢之後,今已達二十四世。本譜輯錄《咸陽族譜》中的部分資料,並續補濟南賽氏世系及人物小傳。

本譜載於《濟南回族家譜選輯》(節錄)

[山東濟南]濟南瑞遠堂宛氏家譜　宛志宏纂修2004年濟南市伊斯蘭教協會排印本　合册

始祖號梅庵,原籍通州,清同治末年舉人,官至江蘇松江縣候補,病死松江,安葬於當地一處"掃瑪"内。後人由松江返通州,路費殆盡,遂家濟南。載簡史、世系、跋等。

本譜載於《濟南回族家譜選輯》(節錄)

[山東濟南]胡氏家譜　胡振榮纂修　2004年濟南市伊斯蘭教協會據2001年修本排印　合册

是族祖籍淄博市臨淄區金嶺回族鎮,遷山東濟南。一世祖興業,至今已傳七世。載序、世系、主要成員情況等。

本譜載於《濟南回族家譜選輯》(節錄)

[山東濟南]靈芝馬氏家乘十二卷　纂修者不詳清咸豐間刻本　八册

始遷祖扶風,明永樂二年(1404)奉旨舉家遷山東臨邑縣北門内鳴珂里。十世祖起山,清乾隆間遷居濟南小金莊,是爲始遷祖。載譜序、家訓、世系圖、傳記、封誥等。2010年山東省濟南市伊斯蘭教協會排印本《濟南回族家譜選輯》第二輯内有本譜節錄。

山東省臨邑縣老馬家莊馬傳安

本條目據《濟南回族家譜選輯》第二輯著錄

[山東濟南]馬氏家乘　馬傳安等主編　2009年排印本

先祖同上。載譜序、詩文、世系等。2010年濟南市伊斯蘭教協會排印本《濟南回族家譜選輯》第二輯内有本譜節錄。

山東省濟南市小金莊馬氏續編委員會

本條目據《濟南回族家譜選輯》第二輯著錄

[山東濟南]党家莊馬氏家譜　馬智符等纂修2010年濟南市伊斯蘭教協會據1989年修本排印合册

先祖原籍河北棗强馬家寨子,元代時兄弟三人逃荒來濟南,其一落户党家府西村。載党西馬氏居處示意圖、世系圖表等。

本譜載於《濟南回族家譜選輯》第二輯(節錄)

[山東濟南]趙家營馬氏家譜　馬洪德纂修　2010年濟南市伊斯蘭教協會據2007年修本排印合册

趙家營馬氏先祖爲天字輩,有清宣統三年(1911)墓碑爲證,而後爲松、成、玉、榮、洪五世。載輩字、世系等。

本譜載於《濟南回族家譜選輯》第二輯(節錄)

[山東濟南]馬氏宗譜　馬振亭等纂修　2004年排印本

始遷祖文炳,清雍正六年(1728)遷山東濟南金嶺鎮,遂家焉。載序、世系等。

山東省濟南市金嶺鎮馬振亭

[山東濟南]党家莊党氏家譜　党延魁等纂修2010年濟南市伊斯蘭教協會排印本　合册

始遷祖明初由山西洪洞遷濟南歷城,定居於此。載序、家傳、世系等。

本譜載於《濟南回族家譜選輯》第二輯(節錄)

[山東濟南]崔氏族譜　纂修者不詳　清同治三年(1864)抄本

始遷祖崗,原籍順天西三里河莊人,明正德間遷濟南堤口莊。生有十子,三子乏嗣,餘七子衍爲七支:一支回三里河莊原籍;一支遷北大槐樹莊;五支在堤口莊,已知三支始祖名爲安、進、岱。是爲進支譜。載譜序、世系等。

山東省濟南市堤口莊崔長魁

本條目據《回族譜序與宗源考略》著錄

[山東濟南]崔氏族譜　纂修者不詳　清光緒三十四年(1908)抄本

先祖同上。是爲安支譜。載譜序、世系等。

山東省濟南市堤口莊崔昌玉

本條目據《回族譜序與宗源考略》著錄

[山東濟南]崔氏族譜　纂修者不詳　民國間稿本

先祖同上。是爲岱支譜。載譜序、世系等。

山東省濟南市堤口莊崔民泉

本條目據《回族譜序與宗源考略》著錄

[山東濟南]崔氏族譜　崔長魁等纂修　二十世紀八十年代修本

先祖同上。譜載堤口莊和北大槐樹莊等六支系。

山東省濟南市堤口莊崔長魁

本條目據《回族譜序與宗源考略》著錄

[山東濟南]崔氏家譜　崔長魁纂修　2004年濟南市伊斯蘭教協會排印本　合册

先祖同上。本譜爲六支合譜。載序、源流考析、世系等。

本譜載於《濟南回族家譜選輯》(節錄)

[山東濟南]濟南崔姓回族宗譜初探　崔明遜撰　2004年濟南市伊斯蘭教協會排印本　合册

先祖同上。是文載西關一支。據考,西關崔姓屬北大槐樹支中的分支。載概況、世系等。原載2003年第4期《濟南穆斯林》。

本譜載於《濟南回族家譜選輯》(節錄)

[山東濟南]保文党張氏家譜　張文瑋等纂修　2010年濟南市伊斯蘭教協會據2009年修本排印

合册

始祖宛葛素,係穆罕默德母舅,最早皈依伊斯蘭教。於隋開皇七年(587)入中華。其後裔有一支移居泉州。元末遷湖南安居(今邵陽市)。始改姓張。明永樂間遷居河北滄州孟村趙河莊。後裔衍爲十門,有五門於明成化間移居青州。明末清初,有名鴻倫者,從青州遷至濟南府,是爲始遷祖。載序、史治、世系等。

本譜載於《濟南回族家譜選輯》第二輯(節錄)

[山東濟南]濟陽張氏家譜不分卷　張振黨等纂修　2010年濟南市伊斯蘭教協會據2009年修本排印　合册

始祖同上。後裔有一支於明永樂二年(1404)自直隸孟村居趙河莊,三世分爲十門。十世遷移濟南城西,居丁家莊及大路等莊。是譜載十四世祖秀之支系。載祖塋、碑文、序、世系等。

本譜載於《濟南回族家譜選輯》第二輯(節錄)

[山東濟南]小寨村彭氏家譜　彭守柏等纂修　2010年濟南伊斯蘭教協會排印本　合册

彭氏未見舊家譜傳世,據墓碑載,約在明萬曆前後始遷祖落戶濟南。是族居住在濟南天橋區桑梓店鎮小寨村。除外遷支派外,村內共有回族彭氏姓六十餘户二百三十多人。載序、世系等。

本譜載於《濟南回族家譜選輯》第二輯(節錄)

[山東濟南]濟南黑氏族譜　黑際國、黑月恒纂修　2010年濟南市伊斯蘭教協會排印本　合册

先世黑資哩,由西域而來,唐貞觀時御賜黑姓。大祖百讓,護駕明太祖入成都。二祖百可,不願進川,入清源縣(後被水淹立臨清縣)創業。後裔有一支遷濟南,即爲此譜譜主。載序、世系等。

本譜載於《濟南回族家譜選輯》第二輯(節錄)

[山東濟南]濟南欽天監楊氏家譜　楊松福纂修　2004年濟南市伊斯蘭教協會排印本　合册

是爲清初山東濟陽欽天監楊光先之後譜系。光先原爲安徽歙縣人,清康熙間任欽天監監正,康熙八年(1669)革職回鄉,途中卒,葬濟陽,後人遂留

居於濟陽。載傳、四十字輩秩、碑記等。

本譜載於《濟南回族家譜選輯》(節録)

[山東濟南]楊氏系序圖　纂修者不詳　清抄本

載世系等。2010年濟南市伊斯蘭教協會排印本《濟南回族家譜選輯》第二輯有本譜節録。

山東省濟陽縣孫耿鎮孫家莊楊鳳元

本條目據《濟南回族家譜選輯》第二輯著録

[山東濟陽]丁氏族譜二卷　丁紹德纂修　據民國三十一年(1942)刻本複印　一册

始祖可馬魯丁,明洪武初年入中原,先居南京二龍崗,後遷燕京,再移徙滄州孟村。始遷祖士賢,遷山東濟陽丁家莊。首載十六、十七世孫遺像五幅;卷一載清乾隆六年至道光二十八年(1741—1848)的碑文、宣統二年(1910)濟邑武庠生十六世孫紹誠跋、民國三十一年(1942)十六世孫紹德撰譜序、清康熙十五年(1676)諭贈對聯,與咸豐五年(1855)、同治十一年(1872)、光緒元年(1875)帝詔及賀單、賀章、頌辭,族譜凡例和一世至四十世輩字、一世至十五世世系表;卷二爲十六世至二十一世世系表。2004年濟南市伊斯蘭教協會排印本《濟南回族家譜選輯》内有本譜節録。

山東省濟南市濟南大學丁文方

本條目據《山東省回族古籍輯録》著録

[山東濟陽]濟陽楊氏族譜　楊化軍、楊化黨纂修　2010年濟南市伊斯蘭教協會排印本　合册

是爲濟陽楊氏總譜。始遷祖己仁、己義、己禮、己信,自河北棗强縣遷至濟陽小營村,後長子己仁支遷楊家村,己義支自居小營村,己禮支遷孫家莊,己信支遷糧食口村。載序、碑文、世系等。

本譜載於《濟南回族家譜選輯》第二輯(節録)

[山東商河]王氏族譜　王樹理等纂修　2003年排印本

始遷祖琯、璐兄弟,明間自北京花市落籍商河,是爲始遷祖。

山東省民族事務委員會王樹理

本條目據《回族譜序與宗源考略》著録

[山東商河]白氏家譜　合族纂修　1993年排印本

商河白氏乃元代伯篤魯丁後裔,於明建文四年(1402)由應天府上元縣水西門外二郎崗遷商河縣城西北十五里地建莊。一説於明萬曆間由南京二郎崗遷居商河。

山東省商河縣白朝陽

本條目據《回族譜序與宗源考略》著録

[山東陵縣]馮氏家譜不分卷　馮文學等纂修　2004年濟南市伊斯蘭教協會排印本　合册

是爲陵縣三里河譜。始祖宏,原籍安徽定遠人,子二,長國用,次國勝(後改名勝)。元末在妙山投奔朱元璋。勝被封宋國公,其子名直,曾爲柏鄉知縣,後定居陵縣,是爲始遷祖。載序、附録五則、世系、與瀋陽馮氏譜之比較、對馮氏家譜的補正與存疑等。

本譜載於《濟南回族家譜選輯》(節録)

[山東德州]温安家乘要録不分卷　温壽文纂修　民國二十三年(1934)排印本　一册

明永樂十五年(1417),蘇禄國(今菲律賓西南部蘇禄群島一帶)東王巴都葛叭答剌與該國西王、峒王一起到北京訪問,回國途中在德州病逝。王妃葛木寧與二位王子爲其守墓,長期留居中國。清雍正八年(1730)其後裔以温、安二姓入籍德州。該譜是温、安二姓的簡要記載,分文録與附録兩部分。文録有明永樂諭祭文、永樂御製蘇禄國東王碑文、清史蘇禄國恭定東王傳、清朝歷年諭祭文,以及陵墓、祠廟、恤典、恩蔭、州志遺載與先賢詩録。附録有明宣德年德州帖文、明崇禎禮部禮符、清雍正年蘇禄國王蘇老丹諭文、清雍正年禮部執照及清朝諭祭典册。

山東省博物館

本條目據《山東省回族古籍輯録》著録

[山東寧津]六箴堂張氏宗譜不分卷　張長尊等纂修　抄本　二册　記事至清乾隆三十二年(1767)

其先西籍。唐代之季,天方教徒罕默德遣門生

膺詔東來,傳伊斯蘭教,播於神州。後裔而陝而
汴,以訖江垣之地。明初,伯韞、仲韞兄弟於金陵
開設藥鋪,名曰"六箴堂",遂在此勵精圖治,繁衍
生息。"靖難之役",家道中落,明永樂間伯韞再
遷山東寧津縣長官鎮,仲韞輾轉入燕東(東北)。
載譜序、世系等。記事至清乾隆三十二年(1767),
記長門、二門二十代。1992年天津古籍出版社排
印本《遼寧回族家譜選編》內載有張長尊增補本
(節錄)。
　　遼寧省鞍山市張長尊

[山東寧津]六箴堂張氏宗譜不分卷　張長尊等
纂修　2008年甘肅文化出版社、寧夏人民出版社
據抄本影印　合冊
　　參見前條。
　　本譜載於《回族典藏全書》第一百十三冊

[山東淄博]王氏家譜　金嶺回族王氏續譜籌委
會纂修　2002年排印本
　　王氏先祖宛葛斯,唐貞觀三年(629)護攜天經
至長安,受賜王姓。唐中期後裔遷入山西太原,明
洪武間由太原遷應天府上元縣二郎崗,永樂間再
遷山東臨清州碎皮巷。始遷祖嘉寶,明正德初年
遷益都金嶺。載歷代序、家訓等。
　　山東省淄博市馬明
　　本條目據《回族譜序與宗源考略》著錄

[山東青州]益都丁氏族譜不分卷　丁文藻、丁瀛
基纂修　民國三十年(1941)益都新時代印刷社
排印本　四冊
　　始祖德興,原籍定遠縣,明開國功臣。後裔於萬
曆間遷金嶺鎮,至十六世始遷青州居住。載序、敕
文、傳記、世系等。
　　山東省濟南市圖書館　山東省青州市東關丁
昌美

[山東青州]王氏族譜　王根立纂修　民國三十
一年(1942)稿本　一冊
　　王氏本漢族。始遷祖正一,於清乾隆十二年
(1747)由金嶺鎮之南侯膏莊遷東關昭德街王家

巷。乾隆三十五年(1770)卜居雲峽河莊東北虎頭
崖,越二年入伊斯蘭教。載譜序、世系等。
　　山東省青州市趙潛
　　本條目據《青州回族溯源》著錄

[山東青州]王氏族譜　合族纂修　2005年排
印本
　　先祖同上。載譜序、世系等。
　　山東省青州市王氏族人
　　本條目據《青州回族溯源》著錄

[山東青州]沙氏家乘不分卷　(清)沙清正等纂
修　清光緒三十二年(1906)馬象乾抄本　一冊
　　沙氏自元世祖時入中華,其先世無可考,隸於青
州者有榮、瑾昆仲。本譜記榮支系。載譜序、世
系等。
　　山東省青州市趙潛
　　本條目據《青州回族溯源》著錄

[山東青州]沙氏族譜世系圖　(清)沙福昌等纂
修　清光緒三十二年(1906)抄本　一幅
　　參見前條。是爲瑾派下世系。載世系。
　　山東省青州市趙潛
　　本條目據《青州回族溯源》著錄

[山東青州]查氏族譜　(清)查應和等纂修　清
同治二年(1863)抄本
　　始遷祖爲西域天臣國人,明天順間,因保駕有
功,被封青州衛,賜姓查,遂家焉。載譜序、世
系等。
　　山東省青州市趙潛
　　本條目據《青州回族溯源》著錄

[山東青州]青郡馬氏族譜不分卷　(清)馬兆鵬
等纂修　清嘉慶三年(1798)抄本　一冊
　　始遷祖德,元代人,守宦金陵。明太祖即位,遂
攜家隱居臨淄。因世奉伊斯蘭教,遂遷益都金嶺
鎮。載譜序、世系等。
　　山東省青州市馬忠恕
　　本條目據《青州回族溯源》、《山東省回族古籍

輯録》著録

［山東青州］馬氏族譜　馬忠建等纂修　2004 年
排印本　四修本

先祖同上。載譜序、世系等。本譜於 1993 年開
始纂修,歷三載告成。

山東省青州市馬忠建

本條目據《青州回族溯源》著録

［山東青州］青州馬氏支譜　合族纂修　2009 年
排印本

是族先祖原爲明衡王府御醫,本姓麻。衡王府
被抄,由麻改馬姓,皈依伊斯蘭教,遂於青州城内
遷至東關。此譜僅修馬氏十四世元修支系。

山東省青州市趙潛

本條目據《青州回族溯源》著録

［山東青州］張氏族譜　（清）張寶玉等纂修　清
光緒二十二年（1896）修本

始遷祖爲明監察御史劉瓚之孫讓,入贅其舅父
張家,遂改張姓。載譜序、世系等。

山東省青州市趙潛

本條目據《青州回族溯源》著録

［山東青州］張氏族譜不分卷　張瀛階等纂修
民國三十一年（1942）鉛印本　八册

一世祖兄弟五人,長曰文,次曰武,三曰英,四曰
洪,五曰象,於明成化年間移居青州。載譜序、世
系等。

山東省青州市昭德街張仲傑

本條目據《青州回族溯源》、《山東省回族古籍
輯録》著録

［山東青州］脱氏宗譜　脱恩鑄纂修　2003 年排
印本　一册

始祖脱脱,元丞相,原籍歸化省托克托縣（今屬
内蒙古呼和浩特市）。後裔一支遷河北新河,另一
支於明代自甘肅蘭州定陽縣脱家溝遷青州,任阿
訇而落户,譜即記此支。載譜序、世系等。

山東省青州市脱恩鑄

本條目據《青州回族溯源》著録

［山東青州］益都楊氏世譜不分卷　（清）楊泃等
纂修　清道光二十四年（1844）遺德堂朱墨套印本
四册

是族爲咸陽王賽典赤・贍思丁後裔伯顔察爾之
後。其後莫蘇,元代居大都羊市角頭,遂以楊爲
姓。至明洪武元年（1368）,兵取大都,都人南遷。
六世祖曾爲山東臨朐中尉,遺有田宅於青州,遂攜
五世祖莫蘇及二女奔青州,是爲始遷祖。載譜序、
世系等。

山東省青州市南營街楊寶辰

本條目據《青州回族溯源》、《山東省回族古籍
輯録》著録

［山東青州］楊氏家譜　楊金輝等纂修　1997 年
排印本

始遷祖天爵,原籍臨朐縣西北鄉,清康熙五十五
年（1716）遷益都城内南營街路西居住,始入清真
教。載序、世系等。

山東省青州市楊氏

本條目據《青州回族溯源》著録

［山東青州］青郡趙氏宗譜四卷　（清）趙銀纂修
清抄乾隆十六年（1751）修本　四册　書名據書
籤題

鼻祖謨罕默德。始祖賽氏,諱伯顔,爲元太師中
書上柱國大丞相,賜姓趙,特贈宣忠佐命開濟功
臣,官歷太師、開府儀同三司,追封淮王,諡忠武。
始遷祖明遠,明太祖敕來青州府益都縣南柳社下
户爲民。卷一譜序,卷二至四世系。

國家圖書館　中央民族大學圖書館

［山東青州］青郡趙氏宗譜四卷　（清）趙銀纂修
據清抄乾隆十六年（1751）修本複印　四册　書名
據書籤題

參見前條。

上海圖書館

［山東青州］青郡趙氏宗譜四卷　（清）趙銀纂修

2003 年北京圖書館出版社據清抄乾隆十六年
(1751)修本影印　合册

　參見前條。

　本譜載於《北京圖書館藏家譜叢刊·民族卷》
第四十八册

[山東青州]青郡趙氏宗譜四卷　（清）趙銀纂修
據清抄乾隆十六年(1751)修本複印

　參見前條。

　中國民族圖書館　上海圖書館

[山東青州]劉氏族譜　（清）劉玉桂、劉懷德等纂
修　清光緒八年(1882)青州王岱璐抄本　二册

　始遷祖惠,字海涯,明永樂間自彭城遷居於齊,
爲臨淄西隅社民。成化六年(1470)卜居青州。邑
人稱是族爲"淄京儀賓劉氏"。載序、世系等。

　山東省青州市後坡村劉正林

　本條目據《青州回族溯源》、《山東省回族古籍
輯録》著録

[山東青州]青州劉氏支譜　合族纂修　1996 年
排印本

　本譜據河北、天津等地資料纂修。始祖命蘭,官
居明錦衣衛都指揮,永樂二年(1404)由應天府北
遷橫海,居郡城東西趙河莊,至三世析爲十門。八
門六世祖銘,自滄州遷青州,是爲始遷祖。後人將
此支稱爲"滄州御史劉氏"。載序、世系等。其譜
創修於清乾隆四十二年(1777),民國十二年
(1923)再修,均已散失。

　山東省青州市劉氏族人

　本條目據《青州回族溯源》著録

[山東臨清]黑氏家譜不分卷　黑鍾凱等纂修
抄本　二件

　始祖黑資哩,由西域而來,唐貞觀時御賜黑姓。
大祖百讓,護駕明太都入成都。二祖百可,不願進
川,入清源縣(後被水淹立臨清縣)創業。後裔有
遷天津、大連等地者。譜有兩件,一爲譜單,一爲
譜本。譜單經黑氏後人多次"謄録"、"重録"、"又
録"、"再録",而譜序除首序之外,再未作序,譜系

自一世至十四世。譜本接十四世續下,但只列士
玉一支以後世系,另有兩篇序文。1992 年天津古
籍出版社排印本《遼寧回族家譜選編》内有本譜
節録。

　天津市黑延緒

[山東臨清]黑氏家譜不分卷　黑鍾凱等纂修
據抄本複印　二册

　參見前條。

　中國民族圖書館　遼寧省大連市民委

[山東臨清]黑氏家譜不分卷　黑鍾凱等纂修
2008 年甘肅文化出版社、寧夏人民出版社據抄本
影印　合册

　參見前條。

　本譜載於《回族典藏全書》第一百十三册

[山東膠州]法氏宗譜不分卷　（清）法若正、法若
貞纂修　據清嘉慶六年(1801)抄本複印　二册
書名據書名頁題

　始祖若正,又名都喇,明代人。始遷祖文質,明
代人。

　山西省社會科學院中國家譜資料研究中心李吉

[山東平邑]左寶貴世家　廉成燦撰

　本譜實爲論文,在第十三次全國回族學研討會
上發表。載名士、家族世系表等。

　山東省濟寧市廉成燦

　本條目據《回族譜序與宗源考略》著録

[山東平邑]清真周氏宗譜　周傳斌等纂修　1999
年排印本

　始遷祖相林,原籍濟南長清縣小金莊,後來遷平
邑地方鎮,遂家焉。載序、世系等。

　山東省平邑市周傳斌

　本條目據《回族譜序與宗源考略》著録

[山東費縣]米氏七家世次碑　（清）米又苨撰文
清光緒十二年(1886)立　一塊

　是族原籍齊河縣,清乾隆間同一宗系七家相繼

遷至臨沂費縣梁邱鎮安家。碑載米氏家族遷梁邱始末及家族世系,並附其家族當時的土地數量及其四界。

山東省臨沂市費縣梁邱鎮清真寺

本條目據《中國少數民族古籍總目提要·回族·銘刻》著録

[山東濟寧]文氏宗譜　文永和纂修　2003年排印本

始遷祖仲弘,明嘉靖間人。載序、碑文、名録、世系等。

山東省濟寧市文永和

本條目據《回族譜序與宗源考略》著録

[山東濟寧]金氏族譜　金鏞等纂修　1992年排印本

是爲金馬二氏合譜。金馬二氏源於一祖,爲金鐸。鐸,唐貞觀間由西域來長安進貢,事畢東遊,定居於山東汶上縣唐陽村(濟寧城北四十里)。載譜序、世系等。

山東省濟寧市馬秉新

本條目據《回族譜序與宗源考略》著録

[山東濟寧]馬氏宗譜　馬駿琪纂修　民國三十年(1941)抄本　一幅

是譜又名"金馬合譜"。明弘治年間,馬氏乏嗣,過繼金姓外甥爲子,爲防後代不明上輩關係而通婚,特修此譜。

山東省濟寧市航運局馬長安

本條目據《山東省回族古籍輯録》著録

[山東濟寧]賽氏家譜　賽書元纂修　2004年排印本

始遷祖賢。

山東省泰山醫學院賽書元

[山東曲阜]王氏宗譜不分卷　王鴻緒纂修　民國二十八年(1939)篤厚堂、崇德堂抄本　一冊

始祖良山,明嘉靖年間由陝西鳳翔縣來濟寧東大寺任阿訇,落居濟寧。良山之長子天啓遷嶧縣

(今棗莊市嶧城區)澗頭集。三子天貞留居濟寧柳行。次子天爵居曲阜,是爲始遷祖。

山東省泗水縣城關鎮清真街王道坤

本條目據《山東省回族古籍輯録》著録

[山東曲阜]王氏宗譜不分卷　王鴻緒纂修　據民國二十八年(1939)篤厚堂、崇德堂抄本排印

參見前條。

山東省曲阜市西關大街王齡幹

本條目據《山東省回族古籍輯録》著録

[山東泰安]米氏家譜　米青仁纂修　民國二十五年(1936)泰安大陸書社排印本

米氏出自古西域康居國,祖居昭武城(今甘肅高臺縣)。始遷祖世禄,字天錫,清康熙間自濟河縣米家寨到泰安,主持清真寺事務,遂家焉。載序、世系、名人、略傳、沿續始末等。

山東省趙錦鐸

本條目據《回族譜序與宗源考略》著録

[山東泰安]第三支馬氏譜碑記　(清)王逢寅撰文　清光緒二十九年(1903)立　一塊

始祖資,原籍濟寧州馬家營,遷泰邑岱陽下旺莊。碑記馬家院馬氏幾代輾轉遷徙的歷史軌迹。

山東省泰安市岱嶽區夏張鎮馬家院清真寺

本條目據《中國少數民族古籍總目提要·回族·銘刻》著録

[山東寧陽]王氏族譜序　(清)王國祐等纂修　拓印本　一冊

是譜爲碑文,清乾隆三年(1738)由十三代孫國環資修,王國祐重修。王氏祖係回紇,唐貞觀間來中原,後又遷居通州三河,再至河南虞城。始祖璿,號回瀾,元朝僉書樞密院事。有後裔大組者,明成化間遷寧陽,是爲始遷祖。載譜序、家訓等。

山東省濟寧市順河東大寺王清鑄　山東省泰安市寧陽縣土罡城西臺里王氏族人

本條目據《山東省回族古籍輯録》著録

[山東寧陽]王氏族譜　(清)王清泉等纂修　清

光緒二十六年（1900）抄本

先祖同上。載序、世系等。

山東省寧陽縣王清鑄

本條目據《回族譜序與家源考略》著録

[山東菏澤]曹州馬氏家譜　馬玉藴等纂修　民國二十二年（1933）刻本　一册

始祖鑒，明太祖洪武十年（1377）遷曹州東北五十里馬垓村。載世系、訓約等。

山東省菏澤市牡丹區西馬垓村馬得武

本條目據《山東省回族古籍輯録》著録

[山東曹縣]寧陵馬氏宗譜不分卷　馬兆麟主修民國二十一年（1932）抄本　一册

始遷祖九成，明萬曆間自寧陵遷至今山東曹縣，始住東關，後居南關。後裔散居各地。

山東省曹縣南關馬昌志

本條目據《山東省回族古籍輯録》著録

[山東定陶]定陶沙氏族譜不分卷　沙聯玉主修1951年抄本　一册

相傳始祖來自河北沙莊，夫婦二人先遷山東菏澤東南百里西沙樓，再遷菏澤東三十里前沙海。

山東省定陶縣中沙海村沙道朝

本條目據《山東省回族古籍輯録》著録

[山東定陶]定陶郭氏族譜不分卷　郭世英纂修民國二十八年（1939）刻本　四册

是族明初遷居曹郡（今菏澤定陶）。載譜序、世系等。

山東省定陶縣中沙海村郭茂建

本條目據《山東省回族古籍輯録》著録

[山東定陶]定陶南關楊氏宗譜不分卷　楊建中纂修　民國二十年（1931）抄本　一册

楊氏於明永樂間自山西洪洞縣遷居濟寧南關柳行，後在三箇碑街開瓷器店。至七世祖，明嘉靖年間遷居定陶東十里楊杭，八世祖遷西門里城西二里餘，九世祖再遷南關，是爲始遷祖。

山東省定陶縣南關楊萬武

本條目據《山東省回族古籍輯録》著録

[山東]咸陽（賽氏）族譜不分卷　（清）賽隆慶纂修　清三色抄本　一册　回文　殘

賽氏爲穆罕默德至聖後裔。賽典赤·贍思丁於元世祖時入中原，爲賽氏始祖。族譜爲回文，載譜序、世系等。顏色有金、墨、朱三色。譜文寫於棉紙，並裱在硬紙頁上。譜中有十五頁空白紙，以備續編用。

山東省博物館

[河南開封]柳園趙氏家譜　趙蘭河等纂修　2001年排印本　三修本

是族原籍應天府柳樹灣。明朝末年有裔孫琦字藴甫者，遷祥符柳園村，是爲始遷祖。載序、世系、凡例、族法規、支譜記等。

河南省開封市趙蘭河等

本條目據《回族譜序與宗源考略》著録

[河南偃師]偃師鐵氏家譜　纂修者不詳　版本不詳

始祖鐵瑞，字時寶，元代人，始居於潁，後遷於鄧。四世祖鐵鉉，字鼎石，英武明斷，官職迭升，任兵部尚書時遇難。生二子，長子福安，次子福書。福安因父遇難，初隱匿於馬家，變姓更名潛逃偃師。至仁宗時赦文下，乃復其原姓，遷往偃師魏家寨定居。第二十世釗爲進士，由魏家寨遷至西北一里許地區，子孫繁衍，因成村落，始有鐵村之稱。是族已傳二十四世，自二十二世以後，家門日益昌隆，文風甚熾，監生頗多，而育才教人、習醫救世者，也不乏其人。本譜修於清光緒十年（1884），有二十一世孫鐵銘勳序。

本條目據2001年第1期《回族研究》載鐵鴻業著《回族鐵姓起源及其分佈》一文著録

[河南濟源]袁氏家譜　（清）袁鳳湘纂修　清咸豐元年（1851）寶善堂刻本　二百一十四頁　記事至清道光三十年（1850）

譜載袁氏譜略序、宗譜弁言、派次六十四字、派次字樣説、袁氏譜略例言，依次從始至道光三十年

(1850)分四門家譜。

　　河南省濟源市下街袁乃譜

　　本條目據《河南省回族古籍總目提要》著録

[河南濟源]袁姓家譜　袁乃麟撰刻　民國十一年(1922)立　一塊

　　碑文載濟源廟道下街袁氏輩分聯字二十輩。

　　河南省濟源市下街清真寺

　　本條目據《中國少數民族古籍總目提要·回族·銘刻》著録

[河南濟源]程氏家譜　程連惠纂修　2004年排印本

　　始遷祖有貴,字元榮,行四,清乾隆間由真定遷居河南濟源廟道下街。載譜序、家族簡史、名人、世系等。

　　河南省濟源市下街程連慧

　　本條目據《回族譜序與宗源考略》著録

[河南孟州]丁氏家譜　丁潤傑主編　1993年排印本

　　始祖貴,明景泰間由山西遷懷慶府(孟州)桑坡村。是譜奉廷璋爲始遷祖,清康熙間人。載前言、序、記、家範、傳略、世系、輩序用字表等。

　　河南省濟源市下街程連慧

　　本條目據《回族譜序與宗源考略》著録

[河南新野]焦氏家譜碑　岳之琮撰文　民國三十五年(1946)立　一塊

　　碑載焦氏四支派的祖譜序、列表、墳地所在和遷移過程。

　　河南省新野縣沙堰鎮焦樓村姚屯水渠

　　本條目據《中國少數民族古籍總目提要·回族·銘刻》著録

[河南民權]張氏家譜不分卷　(清)張崇德撰　清康熙五十年(1711)抄本　一冊

　　譜載張氏族人的來源及發展。

　　河南省民權縣胡集回族鄉張氏族人

　　本條目據《河南省回族古籍總目提要》著録

[河南睢縣]馬氏族譜不分卷　馬振波等纂修　2008年甘肅文化出版社、寧夏人民出版社據民國三十年(1941)石印本影印　合册

　　先祖居河南開封,明朝末年因避水災遷至考城。始祖諱凝,字九峰,年輕時曾補考城庠生,子三:國瑞、國泰、國良。清乾隆間,國良因避水患舉家遷往睢州伯黨集,是爲始遷祖。而國瑞、國泰兩家仍居考縣。譜載序、碑銘、家傳、世系、世傳等。碑銘依次收有鄉賢馬九峰先生墓表、清贈通奉大夫二品封存典馬公墓、清故白夫人墓表、睢州馬公容庵墓碑、清封夫人以母楊太夫人墓誌銘、清封夫人馬母武夫人墓表、清賜封存中憲大夫馬公達路墓碑文碑銘等七篇碑文,家傳收先曾祖家傳等八篇。世傳後附遺訓、宗派。卷末有馬佛樵《附記》,詳細注明參與本譜編寫的人員及加工等情況。

　　本譜載於《回族典藏全書》第一百十四册

[河南周口]馬氏宗譜　纂修者不詳　清咸豐間稿本

　　馬氏世居山西洪洞,後裔有九豐者,明隆慶六年(1572)遷至河南沈丘(今周口)南頓石橋口,爲始遷祖。故是族馬姓又曰"石橋口馬"。載譜序、世系等。

　　河南省項城市南頓鎮馬義魁

　　本條目據《回族譜序與宗源考略》著録

[湖北]馬氏族譜三卷　馬光頤等纂修　民國九年(1920)懷遠堂木活字本　三册　六修本　存卷一

　　是爲武昌、仙桃馬氏統譜。始祖鎮,安徽鳳陽府泗州盱眙縣人,以戰功歷任萬户。三世祖俊,明宣德間襲調楚省,遂居江夏焉。卷一序、祖塋墓誌、世紀、訓約、族規、派說、傳記,卷二至三世系、分佈、遷徙、事迹等。譜中有涉及廣東、廣西、湖北、貴州等省少數民族起義、明末農民起義和太平天國起義軍在湖北活動情況之資料。内有諸多馬氏後裔有關政治、經濟、軍事、文化、教育、宗教活動的記載。2007年寧夏人民出版社排印本《湖北回族古籍資料輯要》内載有本譜節録。

　　武漢市圖書館

[湖北]馬氏族譜三卷　馬光頤等纂修　據民國九年(1920)懷遠堂木活字本拍攝　膠卷　存卷一　六修本

參見前條。

山西省社會科學院中國家譜資料研究中心　美國猶他州家譜學會

[湖北]答氏宗譜不分卷　(清)答世昆等纂修　2007年寧夏人民出版社據清道光二十五年(1845)古郢德馨堂刻本排印　合冊

始祖刺罕、刺海,原籍西域,於元至元年間,向元世祖獻大珠,賜姓答氏,留官於朝廷。四世祖失蠻,明洪武時隨郢王分封而至楚。答氏後裔主要分佈在湖北郢城(今江陵)答家湖一帶,荆、襄、漢、沔、宜城等地爲數也甚多,外省則以江蘇六合、四川成都、陝西平涼、湖南長沙、河南南陽等地爲多。譜載序、字派、條例、墓葬、遷徙、子裔的軍職戰功等。譜內有關明代軍户、清代丁户的記載,爲他譜少見。

本譜載於《湖北回族古籍資料輯要》(節錄)

[湖北武昌]定氏宗譜不分卷　(清)定向明等纂修　2007年寧夏人民出版社據清同治十二年(1873)敦本堂刻本排印　合冊

始祖定(又作定定),字伯安,明初山西人。子寶禄,於洪武十三年(1380)護藩來楚,授武昌衛指揮,而世其家,是爲始遷祖。載譜序、凡例、家訓、家規、家派、墓誌、傳記、契約、源流、世系、遷徙、分佈、子孫事迹等。

本譜載於《湖北回族古籍資料輯要》(節錄)

[湖北武昌]定氏宗譜不分卷　定保忠等纂修　2007年寧夏人民出版社據清光緒三十年(1904)敦本堂刻本排印　合冊

先祖同上。

本譜載於《湖北回族古籍資料輯要》(節錄)

[湖北武昌]定氏族譜　定正申纂修　1991年湖北省仙桃市通海口印刷廠排印本　一冊

先祖同上。載譜序、世系等。

湖北省武昌市定氏族人

本條目據《中國南方回族古籍資料選編》著録

[湖北鄖西]魏氏宗譜　纂修者不詳　清宣統二年(1910)修本

魏氏祖籍陝西臨潼魏城灣,明洪武八年(1375)遷湖北武昌鄖陽府鄖西縣紅巖保老水泉。

湖北省鄖西縣紅巖回族村魏登雲

[湖北仙桃]馬氏宗譜　馬鴻禧纂修　民國十三年(1924)武昌大朝街王博雅刻字店刻本

是爲馬氏銅柱堂家譜。一世祖南安,陝西西安府長安縣籍,明萬曆間人。子岱。岱有三子,第三子儀,字中所,卜居沔陽,爲始遷祖。載譜序、世系等。

本條目據《中國南方回族古籍資料選編》、《湖北回族古籍資料輯要》著録

[湖北仙桃]魏氏宗譜　合族纂修　1994年排印本

始祖實,生於西域,籍於北京順天府順義縣石槽村,明洪武間調授湖廣常德、荆州衛所仕百户,卒葬於常德。長子拜柱遷居沔陽,是爲始遷祖。載譜序、世系等。

湖北省仙桃市魏氏

本條目據《中國南方回族古籍資料選編》著録

[湖北]王氏族譜　王子培等纂修　2007年寧夏人民出版社據民國八年(1919)三槐堂刻本排印　合冊

始祖某,明代人,原籍山西大同府定安縣一都里,有三子。第二子武,於洪武間職受護衛指揮都督,奉命保藩來楚,是爲始遷祖。譜載帖文準照、家約十二則、家規、派系、傳記、土地契約、世系、分佈、遷徙、事迹等。民國八年(1919)本凡八冊。

本譜載於《湖北回族古籍資料輯要》(節錄)

[湖南]馬氏續修族譜九卷首一卷　馬大驤等纂修　民國十四年(1925)扶風堂木活字本

是爲湖南常德、桃源馬氏統譜。常德祖德成,明代人;桃源祖定,明代人。

湖南省檔案館 湖南省桃源縣檔案館

[湖南]馬氏續修族譜九卷首一卷 馬大驤等纂修 民國十四年(1925)扶風堂木活字本 存卷首、卷一

參見前條。

湖南省圖書館

[湖南邵陽]楚邵蔡氏宗譜 (清)蔡守模纂修 抄本

始祖澄遠,來自江寧,洪武間平寶慶,授指揮僉事,落籍城内,生四子。長子英世襲父職,至七八傳父子兄弟伯姪同時出仕,一時稱盛。明末清初,後裔多人遷至四川各地。本譜於清乾隆三十四年(1769)修於邵陽,至清乾隆四十三年(1778)告成。

本條目據《中國南方回族古籍資料選編》、《中國南方回族古籍資料選編補遺》著録

[湖南邵陽]馬氏續修族譜 (清)馬永柏等纂修 清道光五年(1825)修本

始遷祖成,世居南京,曾仕元爲樞密院使,明洪武初宦遊楚南,卜居寶郡西關外。生子五,仁、義、智、芳派衍四房,信遷滇。

本條目據《中國南方回族古籍資料選編補遺》著録

[湖南常德]黃氏家譜 黃尚泠等纂修 民國六年(1917)江夏堂木活字本 一册 存卷首 書名據版心、書名頁題

始遷祖有德,明代人。原籍北直順天府固安縣蘭麝鄉人,因出鎮苗民,宦遊南楚,永樂二年(1404),落籍常郡武陵馬路官溝東西兩坪。

湖南省圖書館

[湖南常德]黃氏家譜 黃尚泠等纂修 據民國六年(1917)江夏堂木活字本拍攝 膠卷 存卷首 書名據版心、書名頁題

參見前條。

美國猶他州家譜學會

[湖南常德]黃氏五修支譜□□卷首二卷 黃純宣等纂修 民國三十五年(1946)固安堂木活字本二册 存卷首上 書名據版心、書名頁、書衣題 書名頁題注詩堂梓

始祖隆興,明代人,世籍幽燕,北直順天府固安縣團舍村人,信奉伊斯蘭教。子德忠、德信,落籍常郡武陵之笑藤巷,是爲始遷祖。

湖南省圖書館

[湖南常德]黃氏五修支譜□□卷首二卷 黃純宣等纂修 據民國三十五年(1946)固安堂木活字本拍攝 膠卷 存卷首上 書名據版心、書名頁、書衣題 書名頁題注詩堂梓

參見前條。

美國猶他州家譜學會

[湖南常德]劉氏三修族譜 纂修者不詳 民國四年(1915)刻本

是族原籍陝西西安府高陵縣合口。始遷祖信(字天相),明時宦遊來常,見常郡爲魚米之鄉,遂家於此。其後生齒日繁,分居三邑。

本條目據《中國南方回族古籍資料選編補遺》著録

[湖南常德]資陽李氏五修族譜 纂修者不詳 民國二十年(1931)木活字本

據譜序所記,是族原爲漢族,宋時始信伊斯蘭教。至明初,先祖化生子五:長宗秩遷安徽省城;次子宗勳居順天府固安縣;三子宗法爲湖北沔陽參將,落業鍋鐺灣;四子宗文遷江西南昌府;五子宗燕,原居北京,明太祖時任雲南副將,永樂間調遷湖南常德,落業府東關外,居住沙河街,是爲楚南始祖。宗燕生有四子,名身端、身貿、身方、身正,兄弟各擇地而居。其譜創修於清乾隆十五年(1750),經嘉慶二十年(1845)二修、咸豐八年(1858)三修、光緒二十年(1894)四修,本譜爲第五次纂修。

本條目據《中國南方回族古籍資料選編補遺》著錄

[湖南桃源]薛氏家乘五卷首一卷　（清）薛新悦纂修　清光緒十五年（1889）三鳳堂木活字本一册　存卷首　書名據版心、書名頁題　書名頁題曹斐文堂梓

始遷祖廷車,字守仁,明洪武間宦籍常郡,後落業於桃源鄗旗營,遂家焉。

湖南省圖書館

[湖南桃源]薛氏家乘五卷首一卷　（清）薛新悦纂修　據清光緒十五年（1889）三鳳堂木活字本拍攝　膠卷　存卷首　書名據版心、書名頁題　書名頁題曹斐文堂梓

參見前條。

美國猶他州家譜學會

[湖南]丁氏宗譜　（清）丁自得纂修　清乾隆二十八年（1763）木活字本

一世祖漢沙公由大食落籍金陵,助朱元璋起兵,以軍功授武德將軍,生子禿。禿子福,奉命南征楚境,因功賜姓丁,是爲遷楚始祖。時朝廷以苗民出没不常,爲屯田之計,遂家焉。子孫至四世分爲四大房。譜載序、家訓、字派、世系。

本條目據《中國南方回族古籍資料選編補遺》著錄

[廣東廣州]羽氏族譜　羽昶鎏纂修　1952年抄本

始遷祖士夫,明初籍居南京。明成化間以功授官鎮守廣州,遂家焉。載序、世系、祖塋圖、略傳、志文、贊詞等。

香港柴灣東區羽祖志

本條目據《回族譜序與宗源考略》著錄

[廣東廣州]羽氏族譜　羽昶鎏纂修　據1952年抄本複印

參見前條。

新疆維吾爾族自治區烏魯木齊市鐵路局魏德新

本條目據《回族譜序與宗源考略》著錄

[廣東廣州]保馬氏合譜總會世系圖　保宗蔭等纂修　民國十一年（1922）修本

始遷祖馬承驥,原名保天驥,原籍遼東瀋陽人,清康熙間由京分旗到廣東駐防,遂家焉。2006年民族出版社排印本《中國南方回族古籍資料選編補遺》內有本譜節錄。

廣東省廣州市保延忠

本條目據《中國南方回族古籍資料選編補遺》著錄

[廣東廣州]保慶善堂族譜　保延忠纂修　1995年排印本

先祖同上。馬承驥子二,長有忠仍爲馬姓,次有德復爲保姓。清康熙間有德隨父至廣東。保慶善堂以到廣東後恢復保姓的有德爲一世祖。2006年民族出版社排印本《中國南方回族古籍資料選編》內有本譜節錄。

廣東省廣州市保延忠

本條目據《中國南方回族古籍資料選編》著錄

[廣東廣州]馬氏族譜（馬敏慎堂）　（清）馬長俊纂修　清光緒十年（1884）抄本

始遷祖廷龍,清康熙間自山東濟南府歷城縣遷粵東省城。載譜序、世系等。

本條目據《中國南方回族譜牒選編》著錄

[廣東廣州]馬氏族譜（馬證誼堂）　馬廷亮纂修　民國八年（1919）觀蓮街奇文印務局刻本

始遷祖攀鳳,瀋陽人,清康熙二十年（1681）奉調駐防廣州,遂家焉。載譜序、世系等。

本條目據《中國南方回族譜牒選編》著錄

[廣東廣州]徐氏族譜　徐義輝等纂修　民國八年（1919）刻本

始祖志禮,明季攜子文燦、文煌、文元遷廣東,文燦、文煌籍於西村,文元籍居廣州。載譜序、世系等。本譜是在清咸豐間修本上續修。

本條目據《中國南方回族譜牒選編》著錄

[廣東廣州]陳氏族譜　陳應章等纂修　民國三十八年(1949)修本

始遷祖榮華,江南陽州府江都縣人,清康熙三十五年(1696)因商入粵,卜居羊城小北十九洞。載譜序、世系等。

本條目據《中國南方回族古籍資料選編》著録

[廣東廣州]粵城傅氏家譜不分卷　(清)傅文起等纂修　清同治四年(1865)稿本　二册　書名據版心題　佚名增補至民國四年(1915)

始遷祖希,字雲峰,號逸民,浙江金華府浦寧縣人,因入粵經營,遂卜居於羊城大新街。

廣東省立中山圖書館

[廣東廣州]楊氏家譜　楊道於纂修　民國八年(1919)刻本　一册

楊氏先祖由閩省遷寓雄州,後復落籍順邑岳步鄉。始祖文聚,再遷南邑佛山鎮,遂入籍南海。歷五世至約軒,遷居省城晏公街,六世至藝圃公,卜居於城西十一甫。載譜序、世系等。

廣東省立中山圖書館

[廣東廣州]正定楊氏家譜一卷　楊國清等纂修　民國二十三年(1934)香港永祥印務公司排印本一册　書名據版心、書衣題

始遷祖日魁,字斗南,原籍河北正定縣,明萬曆間駐防廣州,授千户指揮之職,遂家焉。譜載世系。據《中國南方回族族譜選編》記載,是族有清光緒三十四年(1908)抄本及民國五年(1916)省城西湖于寶珍樓刻本傳世。

廣東省立中山圖書館　日本東京大學　美國哈佛大學哈佛燕京圖書館

[廣東廣州]正定楊氏家譜一卷　楊國清等纂修　據民國二十三年(1934)香港永祥印務公司排印本拍攝　膠卷　書名據版心、書衣題

參見前條。

上海圖書館　美國猶他州家譜學會

[廣東廣州]劉氏族譜　劉廣頤等纂修　民國二十年(1931)修本　六修本

始遷祖帝臣,清初自陝西來東粵。載譜序、世系等。

本條目據《中國南方回族古籍資料選編》著録

[廣東佛山]南海甘蕉蒲氏家譜不分卷　(清)蒲群昭等纂修　民國二年(1913)刻清光緒三十三年(1907)修本　三册　書名據書名頁題　版心題蒲氏本立堂家譜　牌記題光緒三十三年丁未中秋本立堂重修　五修本

初太祖嗎哈阿,號魯尼氏,宋時蒙古色目人,先世居西域,籍本于闐(新疆和田),居於闐蔥嶺間蒲昌湖上,因以蒲爲姓。宋時慕孔道入山東,後次子迎養粵署,家於羊城玳瑁巷。始祖蒲勝,字宗達,號秋濤,爲魯尼氏八世孫,於元季由蒲盧徙西鴉,復於明洪武二年(1369)由西鴉遷沙丸堡甘蕉鄉,以成今族。首載目録、歷代敘文七篇、凡例,正文内容包括姓族源流考、遠近宗支圖、遠近世系譜、遠近恩榮譜、祠宇譜(圖及碑記附)、甘蕉蒲族村場圖(本族鵝鴨埠附)、墳塋譜(圖及墓誌附)、歷代家傳譜、藝文譜、雜録譜、蒲氏家譜書後文、跋。

廣東省博物館　廣東省民族研究所

[廣東佛山]南海甘蕉蒲氏家譜不分卷　(清)蒲群昭等纂修　據民國二年(1913)刻清光緒三十三年(1907)修本油印　三册　書名據書名頁題　版心題蒲氏本立堂家譜　牌記題光緒三十三年丁未中秋本立堂重修　五修本

參見前條。

廣東省立中山圖書館

[廣東佛山]南海甘蕉蒲氏家譜不分卷　(清)蒲群昭等纂修　據民國二年(1913)刻清光緒三十三年(1907)修本複印　三册　書名據書名頁題　版心題蒲氏本立堂家譜　牌記題光緒三十三年丁未中秋本立堂重修　五修本

參見前條。

廣東省社會科學院　廣東省立中山圖書館　廣東省佛山市南海區檔案館

[廣東佛山]南海甘蕉蒲氏家譜不分卷　（清）蒲群昭等纂修　據民國二年（1913）刻清光緒三十三年（1907）修本拍攝　膠卷　書名據書名頁題　版心題蒲氏本立堂家譜　牌記題光緒三十三年丁未中秋本立堂重修　五修本

參見前條。

美國猶他州家譜學會

[廣東佛山]南海甘蕉蒲氏家譜不分卷　（清）蒲群昭等纂修　1987年天津古籍出版社據民國二年（1913）刻清光緒三十三年（1907）修本排印　一册

參見前條。丁國勇標點本。

[廣東佛山]南海甘蕉蒲氏家譜不分卷　（清）蒲群昭等纂修　2008年甘肅文化出版社、寧夏人民出版社據民國二年（1913）刻清光緒三十三年（1907）修本影印　合册

參見前條。

本譜載於《回族典藏全書》第一百十四册

[廣東肇慶]肇慶市羅積源家族譜　羅士佑纂修　1996年排印本

據傳其族源出浙江省宣平縣，清乾隆年間南下東粵，定居端州（今肇慶）。載序、世系等。

廣州省肇慶市羅氏族人

本條目據《中國南方回族譜牒選編》著録

[廣西南寧]楊氏族譜　纂修者不詳　民國七年（1918）刻本

始祖爲湖南衡州清泉縣人。清乾隆初年，來廣西貿易，後在南寧清真寺執教，遂置業於北城。載敘、辨疑、世系等。

廣西壯族自治區南寧市伊斯蘭教協會楊普珊

本條目據《中國南方回族譜牒選編》著録

[廣西南寧]蘇氏族譜　合族纂修　1994年排印本　一册

始遷祖啓雲，陝西省西安府西安縣人，清乾隆初年來廣西，卜居南寧府宣化縣城内。載譜序、世系等。

廣西壯族自治區南寧市蘇氏族人

[廣西鹿寨]鹿寨海姓簡略族譜　海逢雄纂修　1989年油印本

始遷祖國雍，湖南寶慶桃花坪人，後南下定居於鹿寨。

廣西壯族自治區桂林市第一糧庫海萬忠

本條目據《中國南方回族古籍資料選編》著録

[廣西桂林]桂林以氏族譜　以體强主編　2000年鉛印本　一册　書名據封面題

先祖以卜拉欣爲阿拉伯人，唐代由西域沿絲綢之路入中國。始遷祖以撫宸，字簡堂，陝西渭南人，明朝武官，入廣西平亂有功，遂家於桂林。

廣西壯族自治區圖書館　廣西壯族自治區桂林市圖書館　廣西壯族自治區臨桂縣圖書館　廣西壯族自治區柳州市圖書館

[廣西桂林]白氏族譜　纂修者不詳　清同治八年（1869）　抄本　一幅　九修本

始祖伯篤魯丁，元朝進士，原籍江南江寧府上元縣水門内内橋灣。至元三年（1337）以廉訪副使任職西粵，入回籍。後裔改白姓。其孫永令，於明弘治十三年（1500）宦遊粵西，遂落籍桂林，是爲始遷祖。譜初修於明永樂十六年（1418），二修於嘉靖四十二年（1563），三修於萬曆四十五年（1617），四修於清順治十一年（1654），五修於康熙三十九年（1700），六修於乾隆三十二年（1767），七修於嘉慶十八年（1813），八修於嘉慶二十五年（1820），九修於同治八年（1869）。載始祖簡歷、圖譜世系總表及附録等。1939年白壽彝在廣西收集資料並撰寫《柳州伊斯蘭與馬雄》一文時曾論及此譜。民國名將白崇禧即出於是族。

廣西壯族自治區民政廳白先經

本條目據《回族譜序與宗源考略》、2001年第3期《回族研究》載翁乾麟著《論廣西回族的族譜及其史料價值》一文著録

[廣西桂林]白氏族譜　纂修者不詳　民國鉛印本　一册

先祖同上。是譜記述桂林白氏回族的來源、遷徙、姓氏演變等。載譜序、世系、附錄等。

廣西壯族自治區民族研究所

本條目據《中國少數民族古籍集解》著錄

[廣西桂林]白氏族譜　纂修者不詳　據民國二十二年(1933)刻本抄

先祖同上。載序、世系等。

廣西壯族自治區民政廳白先經

本條目據《回族譜序與宗源考略》著錄

[廣西桂林]白氏族譜　《桂林白氏族譜》續修編寫組　2001年排印本

先祖同上。載序、遺訓、小傳、世系等。

廣西壯族自治區桂林市白繼雲

本條目據《回族譜序與宗源考略》著錄

[廣西桂林]司馬氏宗譜　纂修者不詳　民國二十一年(1932)司馬懷瑜、司馬懷瓊刻本

先世原籍山西大同府大同縣臥虎山人氏。始遷祖係兄弟二人，長諱剛，次諱振，均出任朝官，職授千户。明洪武十三年(1380)奉命來粤管修城垣，遂定居桂林。載世系等。後附八幅圖，分別繪有有關祖先的墳塋與清真寺位置。内又載有清代廣西回族畫家馬榮升若干事迹。是族民國年間有部分人改爲馬姓，現通用馬姓。是族之前曾於清道光七年(1827)修譜。

廣西壯族自治區宜州民族師範學校馬民芳

本條目據《中國南方回族譜牒選編》、2001年第3期《回族研究》載翁乾麟著《論廣西回族的族譜及其史料價值》一文著錄

[廣西桂林]宋氏族譜　纂修者不詳　清乾隆十六年(1751)抄本　一册

始遷祖福元，山東泰安縣宋家莊人。清順治六年(1649)隨護安南王奉使來粤，居於桂垣西門外，遂籍焉。子四，長曰泰時，次曰泰來，三曰泰宇，四曰泰禎。

廣西壯族自治區政協宋光明

本條目據《中國南方回族譜牒選編》著錄

[廣西桂林]宋氏族譜　(清)宋文瑞等纂修　清光緒十八年(1892)刻本

先祖同上。載世系、傳記等。譜初修於清乾隆十六年(1751)，光緒十八年(1892)增修。

廣西壯族自治區政協宋光詡

本條目據《回族譜序與宗源考略》、2001年第3期《回族研究》載翁乾麟著《論廣西回族的族譜及其史料價值》一文著錄

[廣西桂林]宋氏兆遠堂族譜　合族纂修　民國十七年(1928)刻本

是族原籍山東，明崇禎末來粤，清順治間遷桂林山尾。是爲兆遠堂支譜。載譜序、世系等。

廣西壯族自治區臨桂縣宋承舉

本條目據《中國南方回族譜牒選編》著錄

[廣西桂林]馬氏宗譜　訓堃等纂修　1996年排印本

始祖利克，西域古里馬國人，元朝時定居桂林。是族二十代字輩爲"祖訓從兹啓，家聲定遠揚。承先須竭力，奕世效賢良"。

本條目據《回族譜序與宗族考略》著錄

[廣西桂林]李氏宗譜　(清)李柱勳纂修　清光緒二十四年(1898)抄本

始祖永健，江南江寧府上元縣人，清康熙間攜家眷至湖南衡州府貿易。數年，繼祖母楊太君攜其子來粤西，擇居省垣，遂家焉。載譜序、世系等。

廣西壯族自治區靈川縣大圩鎮李光璞

本條目據《中國南方回族譜牒選編》著錄

[廣西桂林]常氏族譜　常昌榮等纂修　2000年排印本

桂林常氏系出明開國大將常遇春之後。始祖大有爲遇春長子茂後裔，清乾隆間遷桂林。載譜序、世系等。

廣西壯族自治區桂林市常啓明

本條目據《回族譜序與宗源考略》著録

[廣西桂林]張氏族譜　（清）張福恩纂修　據清同治六年（1867）刻本油印

始遷祖諱架爾,直隸順天府良鄉縣人,明洪武間遊宦廣西梧州,永樂間改調桂林,遂家焉。載譜序、世系等。

廣西壯族自治區桂林市清真古寺張競

本條目據《中國南方回族古籍資料選編》著録

[廣西桂林]張氏家譜　纂修者不詳　2002年排印本

先祖同上。載序、世系等。

廣西壯族自治區桂林市常啓明

本條目據《回族譜序與宗源考略》著録

[廣西桂林]傅氏宗譜　懷德堂族衆纂修　民國二十七年（1938）懷德堂刻本

是族先世於唐貞觀年間受聘由阿拉伯來中國,征服安禄山後留駐中國。始祖弘烈由江西進賢縣宦遊來粵,爲廣西提督軍門,與廣西巡撫馬雄鎮於明末同時殉難。其子起高在桂林城南距五十里之滚獅嶺宅岁安葬,遂居於此。載譜序、世系、族規等。

廣西壯族自治區桂林市傅任勇

本條目據《中國南方回族譜牒選編》著録

[廣西臨桂]桂林馬氏族譜　（清）馬國楨等纂修　清光緒三十一年（1905）刻本　四修本

是爲池頭馬。始遷祖明德,原籍江寧府上元縣,明嘉靖年間宦遊來桂,卜居於桂林西門外。二世祖妣龔氏隨三子士驤、士駿、士繡遷臨桂縣四塘鄉池頭。載序、傳、世系等。是族曾於清乾隆五十八年（1793）、道光二十二年（1842）兩次修譜。

廣西壯族自治區桂林市大圩鎮馬榮生

本條目據《中國南方回族譜牒選編》、2001年第3期《回族研究》載翁乾麟著《論廣西回族的族譜及其史料價值》一文著録

[廣西桂林]桂林馬氏族譜　馬德釗纂修　民國

二十九年（1940）刻本　五修本

先祖同上。載序、世系等。

廣西壯族自治區桂林市大圩鎮馬榮生

本條目據《中國南方回族古籍資料選編》著録

[廣西臨桂]桂林馬氏族譜　馬德鄰等纂修　1992年排印本　六修本

先祖同上。載序、傳、世系等。

廣西壯族自治區桂林市馬良法

本條目據《回族譜序與宗源考略》著録

[廣西臨桂]臨桂六塘以恭正族譜　以體謀等纂修　1999年油印本　一册　書名據封面題

始祖撫宸,號簡堂,明代人。始遷祖邦舒,號翹軒,清代人。

廣西壯族自治區桂林市圖書館

[廣西臨桂]馬氏宗譜　（清）馬錫恩纂修　清道光十五年（1835）刻本

是譜爲忠恕堂馬氏。始祖福肇,原籍四川成都府漢州石子地,明永樂初年入籍湖廣寶慶府邵陽縣。始遷祖承樂,明萬曆十年（1582）卜居廣西桂林府臨桂縣。載譜序、世系等。

廣西壯族自治區桂林市馬正威

本條目據《中國南方回族譜牒選編》、2001年第3期《回族研究》載翁乾麟著《論廣西回族的族譜及其史料價值》一文著録

[廣西臨桂]翁氏宗譜　翁健纂修　民國二十三年（1934）刻本

始祖諱世昌,江南江寧府上元縣人。清康熙六年（1667）,避難來粵,寄寓桂林省城,既而遷居臨桂西鄉太平圩,遂落業焉。載祭祀、家訓族規等。本譜是以清光緒三十二年（1906）修本爲底本增補而成。

廣西壯族自治區桂林市六塘鎮翁小元

本條目據《中國南方回族譜牒選編》著録

[廣西臨桂]馬氏族譜　（清）馬賡鑒纂修　清同治間順一堂刻本

是族馬姓通稱"宛平馬"。原籍直隸省順天府宛平縣。清順治九年(1652),昆岡攜弟尉岑來遊,喜桂林山水,遂卜居臨桂縣南鄉之柏村。後尉岑遷羊城。

廣西壯族自治區南寧市馬駿駉

本條目據《中國南方回族古籍資料選編》著錄

[海南]通屯宗譜全書　劉賢遵纂修　二十世紀三十年代抄本

此譜是二十世紀三十年代由海南三亞羊欄鎮(現鳳凰鎮)回輝村小學校長劉賢遵將散藏於羊欄地區各村的回族家譜匯集,編爲一部回族統宗譜。此譜共收錄民國時期三亞羊欄地區所有回族共二十一個姓氏、三十二家人的世系圖,其中蒲姓有六家爲最多,哈姓有三家居其次,金、李、江、楊各二家,高、莊、陳、劉、海、付、米、馬、張、趙、苗、汪、林、于、許各一家。譜中於"蒲"變其他諸姓及當地回民赴麥加朝聖、移民東南亞等事都有記載。

香港中文大學圖書館

本條目據2007年第1期《廣東技術師範學院學報》載王獻軍著《失而復得的海南回族族譜——〈通屯宗譜全書〉探研》一文著錄

[海南]通屯宗譜全書　劉賢遵纂修　據二十世紀三十年代抄本複印

參見前條。

海南省三亞市鳳凰鎮回輝村蒲桂才　海南師範大學王獻軍

本條目據2007年第1期《廣東技術師範學院學報》載王獻軍著《失而復得的海南回族族譜——〈通屯宗譜全書〉探研》一文著錄

[海南海口]海氏族譜傳　纂修者不詳　抄本一册

海氏廣東始祖海俅,南宋時從福建遷廣東番禺。始遷祖海答兒,明洪武七年(1374)從軍自番禺移至海南,落籍海口。海瑞爲其五世孫。

海南省海口市白龍區坡道鄉道客新村海對賢

本條目據《中國少數民族古籍集解》、《中國南方回族古籍資料選編》著錄

[四川大竹]四川省大竹縣回族王氏　王氏家譜編纂小組纂修　2013年排印本

始祖恩遠,寧夏固原縣人,清乾隆後期移居四川。載世系表等。

國家圖書館

[貴州盤縣]瓦氏家譜　(清)瓦北海等纂修　民國三十三年(1944)修本

相傳是族始祖與戈斯教主於唐初同入中華,在隴東平涼府華亭縣傳教講學,結廬而居。明洪武元年(1368),其先祖欽、科、玉奉朱元璋命,以都指揮隨沐英入黔,平定夜郎諸"蠻",奉旨不准回籍,遂家焉。

本條目據《中國南方回族古籍資料選編補遺》著錄

[貴州大方]下壩馬氏家譜　(清)印文榮等纂修　清咸豐十一年(1861)修本

先世居西域,唐貞觀間中國西安。始遷祖某,於明時補烏撒衛千總缺,自西安遷貴州大定府(原屬威寧州),紮營於城北門外下壩獅子等處,遂家焉。載譜序、世系等。

本條目據《中國南方回族古籍資料選編補遺》著錄

[貴州威寧]虎姓家譜　纂修者不詳　據清光緒年間修本抄

是族祖居陝西。始祖自强(一作自祥),明洪武間宦貴州,後裔於清雍正六年(1728)落籍威寧城。

貴州省威寧彝族回族苗族自治縣爛溝虎姓族人

本條目據《回族譜序與宗源考略》著錄

[貴州威寧]蔡家地馬姓家譜　(清)馬迎沛、馬開科纂修　清咸豐九年(1859)修本

始遷祖澤源,明天啓二年(1622)由陝西固原柳樹巷遷威寧。其譜創修於清乾隆四十年(1775)。載序、世系等。

本條目據《中國南方回族古籍資料選編補遺》著錄

[**貴州威寧**]**蔡家地馬姓家譜**　（清）馬迎沛、馬開科纂修　1987年雲南省昭通市民族委員會據清咸豐九年（1859）抄本排印

參見前條。

本譜載於《昭通回族社會歷史資料》（節錄）

[**貴州威寧**]**劉氏家譜**　（清）劉國民纂修　清光緒十九年（1893）懷遠堂抄本

始祖諱吉,字瑞祥,爲陝西西安府長安縣人,清順治八年（1651）遷滇。載譜序、世系。

本條目據《中國南方回族古籍資料選編補遺》著録

[**貴州威寧**]**鎖氏家譜**　纂修者不詳　版本不詳

始遷祖明德、新德,於明洪武間奉旨調派威寧城,卜居楊旺橋。2013年廣西人民出版社排印本《中國南方回族古籍資料選編》內輯有此譜總序。

貴州省威寧彝族回族苗族自治縣楊旺橋鎖國鈞

本條目據《中國南方回族古籍資料選編》著録

[**雲南**]**傀氏宗譜考略**　傀映飛編撰　2004年排印本　一册

全書分爲八部分:一、西域傀氏華化史略;二、傀氏先祖史籍節録;三、傀氏先祖世系簡表;四、海內外傀氏分佈概略;五、沙溪傀氏續修宗譜序;六、雲南回族傀氏宗譜考略;七、雲南省內回族傀氏分支概略;八、姚氏傀氏先賢詩文、傳記資料匯輯宗族。本書依次敘述了古西域高昌回紇傀氏自唐歷宋,迄於蒙元,逐漸內遷江南溧陽、南昌等地,最終"華化",並於元末明初之際,以色目人身份演化爲回、漢兩支。其中於明洪武時遷徙進入雲南滇西重鎮姚安的明代學士傀斯後代,則全部皈依了伊斯蘭教,成爲雲南回族中的旺姓之一。本書重點考述了進入雲南的回族傀斯家族及其後裔。

本條目據2004年第3期《回族研究》載姚繼德著《〈傀氏宗譜考略〉序》一文著録

[**雲南晉寧**]**鄭氏家譜**　纂修者不詳　抄本

是爲鄭和家譜。

北京市民族文化宫

[**雲南晉寧**]**鄭和家譜彙編（一）**　向燕淩等纂修1984年雲南晉寧縣鄭和紀念館籌備組排印本一册　書名據封面題

福建省圖書館

[**雲南晉寧**]**鄭和家世資料**　李士厚等纂修　1985年人民交通出版社鉛印本　一册　書名據封面、書名頁題

始祖馬哈只,鄭爲賜姓,鄭和父,明代人。始遷祖鄭和,明代人。

遼寧省圖書館　遼寧省大連市圖書館　吉林大學圖書館　復旦大學圖書館　安徽省圖書館

[**雲南晉寧**]**鄭和家譜考釋**　李士厚著　民國二十六年（1937）雲南崇文印書館排印本　一册

是書爲明代回族航海家鄭和家譜。不僅記載了鄭和的家世和後裔,而且記載了鄭和的出使、出使官兵、下洋船舶、所到國家等情況,以及明代永樂、宣德兩帝給鄭和的敕書。通過與《元史》等正史資料對比和考證,是書認爲鄭和是元代中亞布哈拉籍的回族政治家賽典赤的第六世孫。卷首有《鄭和父馬哈只墓誌銘》拓片圖及鄭和、王景弘等所立《天妃靈應碑》圖等四幅圖片。除正文外,還有五個附録,分別是《昆陽馬哈只碑跋》（録自袁樹五師《臥雪堂文集》）、明史《鄭和傳》以及梁啓超的《祖國大航海家鄭和傳》、《西洋諸國宗教匯覽》、《集説》。

中國人民大學圖書館　中央民族大學圖書館北京師範大學圖書館　吉林大學圖書館　浙江省圖書館　福建省圖書館

[**雲南晉寧**]**鄭和家譜考釋**　李士厚著　2008年甘肅文化出版社、寧夏人民出版社據民國二十六年（1937）雲南崇文印書館排印本影印　合册

參見前條。

本書載於《回族典藏全書》第一百十册

[**雲南晉寧**]**鄭和家譜考釋**　李士厚著　2003年

北京圖書館出版社據民國二十六年（1937）正中書局排印本影印　合冊

　　參見前條。

　　本譜載於《北京圖書館藏家譜叢刊·民族卷》第四十七册

[雲南晉寧]影印原本鄭和家譜校注　李士厚著 2005年晨光出版社影印本　一册

　　參見前條。

[雲南通海]合氏宗譜　合士昌纂修　1963年抄本

　　是族爲元代咸陽王賽典赤·贍思丁後裔。裔孫哈政，明正統間落籍河西縣（今通海縣）之下回村，是爲始遷祖。其族十六代字輩："羣生先裕，世紹其榮。文明增進，家興國隆"。

　　雲南省昆明市沙儒誠

　　本條目據《中國南方回族譜牒選編》著錄

[雲南通海]海通納姓（納速拉丁）二房族譜　通海縣納家營二房合族纂修　1996年排印本

　　河西（今屬通海）納氏家族，源出天方麥加城，乃穆罕默德嫡系後裔。納姓系以納速拉丁名字首音爲姓，家族爲三十四祖納璞一系所傳。納璞原名納數魯，元至正年間任臨安、沅江宣尉司都元帥，鎮守曲陀關，建有元帥府，至今遺址猶存。明永樂間，幾經輾轉，最終定居於河西獅山下。

　　雲南省通海縣納家營二房族人

　　本條目據《中國南方回族譜牒選編》著錄

[雲南保山]世世昌[蔣氏]家譜不分卷　（清）蔣世芳主修　據清光緒三十三年（1907）本複印　一册　書名據書名頁題

　　始祖姓阿名王，後代改姓莽、蔣。是譜爲蔣姓。

　　雲南省保山市圖書館

[雲南騰衝]朱姓族譜　明瑞華纂修　1985年雲南民族出版社據1960年抄本排印　合冊

　　先祖不詳，籍騰越八保街大山脚。載序、世系等。

　　本譜載於《雲南回族社會歷史調查》（節錄）

[雲南騰衝]明姓族譜　明瑞華纂修　1985年雲南民族出版社據民國三十年（1941）修本排印　合冊

　　始遷祖恭，原籍南京應天府七溪縣，明洪武三年（1370）奉調南征，卜居騰衝。載序、世系等。

　　本譜載於《雲南回族社會歷史調查》（節錄）

[雲南龍陵]梅氏龍潞支系族譜　梅氏龍潞支系族譜纂修組主編　1994年排印本　一册　書名據版心、書簽題　三修本

　　梅氏原籍湖廣長沙府。本譜是由騰衝遷到龍陵象達常安寨和潞西猛戛的梅氏族人所修。始遷祖成龍，清代人。

　　雲南省龍陵縣檔案館

[雲南魯甸]陝西馬家譜　魯甸縣少數民族志編纂委員會纂修　2005年雲南民族出版社排印本　合冊

　　來滇始祖相乾，清初遷魯甸拖姑，娶菜家地馬姓祖婆，遂家焉。載序、世系等。

　　本譜載於《雲南民族古籍叢書》（節錄）

[雲南昭通]保氏族譜四卷首一卷　纂修者不詳 民國二十一年（1932）修本

　　是族源於蒙古，初以特莫爾爲氏。元代時庫庫台特莫爾尊號保保，入滇後以阿保名，遂改保氏。後裔也有改姓馬氏者。卷首載序、凡例、總目，卷一爲系圖，卷二爲世記，卷三爲家傳，卷四爲雜著。

　　本條目據《回族譜序與宗源考略》著錄

[雲南昭通]李氏家程　纂修者不詳　1987年雲南省昭通市民族委員會排印本

　　始遷祖國安，原籍陝西省西安府長安縣蒼門口，後遷固原平涼縣，明洪武間卜居海子屯。該譜流傳在昭通守望、李家灣，魯甸縣的巖洞、龍頭山、小沖、新沖，以及貴州威寧嘎利坪和畢節張淑寨等地李姓回族中。

　　本譜載於《昭通回族社會歷史資料》（節錄）

[雲南昭通]魯甸賽家營(賽氏)支系譜　李仕輝纂修　1987年雲南省昭通市民族委員會據1963年稿本排印

是族爲賽典赤後裔,落籍石屏。清初開闢烏蒙,賽林隨軍來昭,居魯甸,是爲始遷祖,其住地便以賽家營命名。

本譜載於《昭通回族社會歷史資料》(節錄)

[雲南昭通]鐵氏宗譜　(清)鐵耀宗纂修　1987年雲南省昭通市民族委員會據清光緒十二年(1886)修本排印

鐵氏先祖明代來滇。是譜爲民國九年(1920)八世孫鐵安品在曲靖清真寺抄得。

本譜載於《昭通回族社會歷史資料》(節錄)

[雲南墨江]古滇馬氏宗譜不分卷　纂修者不詳　民國間稿本　一冊　書名據書名頁題　封面題馬氏宗譜

始遷祖明心,字復性,一字真衛,清康熙、乾隆間人。原籍甘肅階州,自先世移居鞏昌府,族人多散居於内關營、關川小馬坡等地。清雍正八年(1730),明心九歲,從叔父去麥加朝拜,得道東來,爲宗教開一新紀元,世稱道祖。十二歲時因難遷至雲南他郎,遂家於此。娶納氏,生五子:長少亡,次聖皋,三聖麟,四聖龍,五聖禄。譜載聖皋及其弟四支之世系。

甘肅省天水市檔案館

[雲南雲縣]馬小妹家譜　馬明孝、馬立忠纂修　版本不詳

始祖饒成春。

本條目據《雲南回族社會歷史調查》著録

[雲南大理]沙氏宗譜不分卷　沙玉春等纂修　民國十五年(1926)刻本

始祖贍思丁,元至正時以平章政事撫雲南,其子納速剌丁官大理路宣慰使、都元帥,第六子沙迪遂卜居大理,是爲始遷祖。載譜序、世系等。

雲南省昆明市原《清真鐸報》主編沙德珍

本條目據《回族譜序與宗源考略》著録

[雲南大理]珂里莊馬氏家譜　馬壽康纂修　1997年排印本　一冊

是爲大理喜洲鎮珂里莊馬譜。始祖馬名,任阿訇,穆罕默德第五十三代孫,賽典赤第二十二代孫,清咸豐八年(1858)曾參加杜文秀回民起義。

雲南省大理州圖書館

[雲南楚雄]楚雄馬石鋪姚氏宗譜　姚繼德等纂修　1995年排印本　一冊

姚氏先民源出西域。元末由安徽遷南京,明洪武十五年(1382)隨成入滇,占籍楚雄市蒼嶺鎮馬石鋪村。雲南回族姚氏宗親的源頭即在馬石鋪,及楚雄市鄰鄉的錢糧橋村、塔普村、保山村、楚雄城區。省内分佈地有昆明市、大理巍山三家村、個舊市沙甸與開遠市大莊回族鄉,均從楚雄分宗出去。

雲南大學國際關係研究院姚繼德

本條目據《中國南方回族譜牒選編》著録

[雲南]張氏家譜　張仕定等纂修　清光緒三十年(1904)修本

是族先祖唐時自西域來中國,卜居陝西平涼府固原州柳樹灣,後裔散居全國。後長、次、三房遊宦雲貴。長房在清雍正間遷貴州威寧北門外下壩上官屯;次房遷貴州興義府大合鋪,再遷大定府,後又遷雲南昭通府;三房子孫則遷雲南臨安府居住。

本條目據《中國南方回族古籍資料選編補遺》著録

[雲南]保氏族譜　保佑泰等纂修　2008年排印本

是譜記録了自元代忽必烈入滇後歷代保姓的族況,經七百多年的歷史變遷,現保(含寶)氏後裔以由單一的蒙古族演變爲漢、蒙古、回、傣、白、彝等族。本譜所記保姓以回族爲主,於成吉思汗、忽必烈等也有詳細記録,圖文並茂。

雲南省保永康

[雲南]賽典赤家譜不分卷　(清)賽義特馬注纂

修　馬雲華增補　1983年據民國二十八年(1939)抄本複印　一冊　書名據書籤題　書名頁題元咸陽王賽典赤家譜

始祖納只悶的你所非爾,西域阿思補花喇國王,宋神宗熙寧三年(1070)歸宋,授本部總管,後加封寧彝國公。始遷祖賽典爾·瞻思丁,所非爾五世孫,佐元太祖西征,駐鎮咸陽,爲都招討大元帥,封咸陽王。官雲南行省中書平章,家雲南。賽氏第五子爲馬速忽,入明後裔孫遵中國制,始以"馬速忽"三字爲姓。賽赤典後裔散居全國各地,滇西各支爲馬速忽後裔,至三十七世賽哈智始改姓馬。是譜續修至五十四世,保存了賽氏第五子馬速忽世系,其中其七世孫馬文明、馬文英支系尤詳。明初鄭和(原名馬和,明成祖賜姓鄭)係賽典赤長子納速喇丁之五世孫。譜摘錄天方正學之上統元圖、罕格運元圖、回教婚姻大禁圖、天方詩經統讀贊、聖人五十世傳宗支圖、天方國統源流圖、十八位大聖儀容紀,及咸陽王祧紀、敕賜、咸陽王撫滇績、譜跋。附錄清真寺楹聯、中外時務新策、勸教規諭示、陝西清真寺匾額、蒙化志稿人類志、蒙化府志沿革等。間有阿拉伯文。1985年人民交通出版社排印本《鄭和家世資料》內載有本譜節錄。

中國民族圖書館

[雲南]賽典赤家譜不分卷　(清)賽義特馬注纂修　馬雲華增補　2004年中國書店出版社據民國二十八年(1939)抄本影印　一冊

參見前條。

[雲南]賽典赤家譜不分卷　(清)賽義特馬注纂修　馬雲華增補　2008年甘肅文化出版社、寧夏人民出版社據民國二十八年(1939)抄本影印　合冊

參見前條。

本譜載於《回族典藏全書》第九十四冊

[雲南]咸陽王世譜　(清)納巨賢纂修　民國二十九年(1940)抄本　一冊

始祖所非爾,乃西域天方國普氏力國王西方教主,至聖穆罕默德二十六世孫,後裔以納氏爲姓。

是譜爲咸陽王賽赤典入滇後的子裔世表。是本校後記云:"原本假自白壽彝先生,而白假自王之後裔納氏者。"定原本爲"清季寫本"。

國家圖書館

[雲南]咸陽王世譜　(清)納巨賢纂修　2003年北京圖書館出版社據民國二十九年(1940)抄本影印　合冊

參見前條。

本譜載於《北京圖書館藏家譜叢刊·民族卷》第二冊

[雲南]咸陽家乘四卷　纂修者不詳　寫本　又作大理馬姓家譜

第一卷爲大理馬姓宗祧紀,第二卷載咸陽王祧紀(一世至四十七世及子孫分布)、明洪武封卜羅添賽哈智聖旨、咸陽王賽忠惠公(賽音諤德齊·沙木斯鼎)列傳,第三、第四卷爲尼雅斯拉鼎(納速刺丁)、呼遜(忽辛)、奕赫抵雅爾丁、巴延(伯顏)、滿濟勒噶台(馬扎兒台)、托克托列傳。此譜與巍山馬尚文藏本《馬氏家乘》同屬一個源流,但相較兩本,所記各有側重。譜中對鄭和祖父、父親有所涉筆。

雲南省大理市馬元

本條目據2004年第2期《回族研究》載馬穎生著《孤本〈咸陽家乘〉(〈大理馬姓家譜〉)研究》一文著錄

[雲南]賽氏總族牒　(清)賽嶼纂修　賽鴻賓補錄　1985年人民交通出版社排印本　合冊　又名南滇賽氏族譜

是爲賽典赤家族譜考。作者賽嶼爲賽氏第三十四世孫,於清乾隆二十八年(1763)依"姓異而宗同"原則纂修。譜載西宗源流、爵位圖考、咸陽世系、五服圖列、藝文彙集等篇目。是書後由賽鴻賓於民國十二年(1923)校閱,補錄至第三十九世。

本譜載於《鄭和家世資料》(節錄)

[雲南]忠惠咸陽王賽氏家傳不分卷　(元)潘東明纂修　(清)賽宣、賽灼續修　元大德三年

（1299）、清康熙間、光緒八年（1882）遞修寫本
一册　漢回雙文

　　是爲賽典赤家族纂修的家譜之一。後人將其改
爲《咸陽族譜》。是譜記瞻思丁孫納速剌之子烏
馬兒一支譜系，有回文和漢文兩部分。前有元聖
旨兩頁。回文部分有序言二篇、世系圖。漢文部
分有元至清序跋、譜贊、"賽氏古今宗派"、世系
圖、職官表。

　　山東省博物館

[甘肅天水]吳氏家譜　纂修者不詳　民國二十
五年（1936）吳尚賢抄清光緒十年（1884）修本

　　先祖唐朝時入中國，建功於朝廷，在南宋時建業
於江寧府。明洪武二年（1369），有諱珍、亮立功於
朝廷，封將軍於秦州（今天水），遂家焉，是爲始
遷祖。

　　甘肅省蘭州市吳連富

　　本條目據《回族譜序與宗源考略》著録

[甘肅隴西]鮮氏家譜不分卷　（清）鮮貞鱗纂修
清繼述堂抄本　二册　書名據書名頁題

　　始遷祖世傑，字孟綸，明代人。全書僅存序、家
訓、南安鮮氏墓表。書名頁題康熙壬辰纂修。

　　甘肅省圖書館

**[甘肅臨夏]馬氏族譜初集四卷二集三卷三集三
卷四集三卷**　馬福祥纂修　民國三十五年
（1946）鉛印本　四册　初修本

　　始遷祖玉璽，字國寶，清代人。初集端本四卷載
發凡、家訓、家法，二集正位三卷載一至十世系、長
長圖，三集正位三卷載圖、榮典、傳、序、狀、志，四
集藝文三卷載公文、尺牘、雜類。是爲馬福祥、馬
鴻賓、馬鴻逵家譜。

　　甘肅省圖書館　寧夏回族自治區圖書館　寧夏
回族自治區銀川市圖書館

**[甘肅臨夏]馬氏族譜初集四卷二集三卷三集三
卷四集三卷**　馬福祥纂修　2008年甘肅文化出
版社、寧夏人民出版社據民國三十五年（1946）鉛
印本影印　二册

參見前條。

　　本譜載於《回族典藏全書》第一百三十三至一
百三十四册

[甘肅臨夏]臨夏武昌馬氏族譜　馬明忠纂修
2004年排印本　一册　封面題漢口馬家續譜、臨
夏仁厚堂馬明忠家譜　扉頁題武昌馬氏族譜、臨
夏漢口馬氏續譜

　　"漢口馬家"者，當地人由於音轉，俗稱之爲"巷
口馬家"，乃清初從湖北漢口一代隨伊斯蘭教師祖
華哲·阿卜董拉希來河州，並落居臨夏八方之馬
氏家族之稱謂。據史料記載，"漢口馬家"祖籍安
徽鳳陽、盱眙，以武功見稱於江南。明初，其一世
祖馬鎮，隨明太祖朱元璋征戰，屢著奇功，歷任萬
戶長。二世祖馬旺，調太寧中衛供職，授指揮僉
事，以功賜明威將軍。三世祖馬俊，明永樂皇帝朱
棣授予指揮僉事，隨征有功，於宣德六年（1413）調
任湖廣都司，勳封懷遠侯（懷遠將軍）。爲官武
昌，而落居焉。"漢口馬家"遷居河州，取"仁厚
堂"爲號。第一代後裔名朝佐。自康熙初年移居
河州，"漢口馬家"迄今已有三百餘年歷史，在河
州已傳十代，家族繁衍生息，人丁興旺，族衆日益
龐大，僅臨夏約有二百餘戶，並散居於甘南、新疆
等地。

　　甘肅省圖書館

[甘肅臨潭]洮州丁氏族譜一卷　（清）丁裕謙纂
修　清光緒間稿本　一册　書名自擬

　　始祖麟，字玉書，甘肅鞏昌府隴西縣人，因宦遷
洮。該家譜上限起於明天啓六年（1626），下限至
於清光緒二十八年（1902），續至九世孫。

　　青海省圖書館

[寧夏固原]馬氏家志　纂修者不詳　1995年電
腦打印本

　　是爲寧夏固原三營鎮馬氏家譜。始祖隱德，明
洪武年間受朝廷派遣，由山西洪洞移居河南偃師
開荒，初居於鞏縣魯莊，後遷至與魯莊相鄰的偃師
馬屯村。是族十三代普字輩族人，1941年因日軍
入侵，自河南偃師馬屯遷至寧夏固原三營鎮。譜

載序言、增續家志説明、世系圖、後記。譜中有回漢通婚事例。

寧夏回族自治區固原縣三營鎮馬氏

本條目據 2007 年第 6 期《思想戰綫》載王建新著《兩個父系社會家譜的編撰和利用——歷史記憶、族群關係及傳統建構的人類學研究》一文著録

[寧夏固原] 姚氏家志　纂修者不詳　1995 年電腦打印本

是爲寧夏固原三營鎮姚氏家譜。是族先祖可追溯到南北朝陳代的征東大將軍姚宣業。原爲世居鞏縣魯莊的漢族大户，後遷馬屯，始信奉伊斯蘭教。1985 年河南鞏縣魯莊姚氏修譜，因遷居馬屯姚氏已成回民，未將之修入譜中。馬屯姚氏爲釐清族源，遂自編《姚氏家志》，認爲自身起源於漢族。姚氏家族從第三十八代開始從偃師馬屯移居固原，目前已至四十一代。譜載序言、續志説明、譜系圖、後記。

寧夏回族自治區固原縣三營鎮姚氏

本條目據 2007 年第 6 期《思想戰綫》載王建新著《兩個父系社會家譜的編撰和利用——歷史記憶、族群關係及傳統建構的人類學研究》一文著録

[臺灣彰化] 世氏族譜一卷　（清）世德昌纂修

據清光緒十九年（1893）抄本複印　一册　書名據書衣題

譜稱始祖係明時錫蘭國（今斯里蘭卡）王儲巴來那。始遷祖振治，字宗漢，號星垣，清代自福建泉州遷居臺灣彰化。

福建省圖書館　福建省泉州市圖書館　福建省晉江市圖書館

[臺灣] 陳江丁氏分派東石世系旅臺族譜　丁錦書纂修　據 2000 年排印本複印　一册　書名據封面題

始祖謹，字慎思，號節齋，原籍洛陽，宋咸淳間自姑蘇行賈於福建泉州，卜居城南文山里。始遷祖善，字彦仁，號仁庵，元至正末遷陳江。七世祖郡安爲避難遷到同安周溪曾林埔，是爲該譜一世祖。裔孫東石遷臺灣，爲遷臺始遷祖。

福建省晉江市圖書館

土 族

[青海]李氏世襲宗譜 （清）李天俞纂修 清順治間稿本 一冊 書名據卷端題 封面題世襲宗譜

是族（李氏）係安木多地區土族中最爲顯赫家族。譜稱其族源自古沙陀，先世事唐，賜姓李，唐李克用爲其先祖。據考證，李土司源於沙陀族一説係僞托。始祖賞哥，西夏末帝睍之子，曾任西寧州同知，肇基西寧。始遷祖南哥，明洪武初率部衆附明朝廷，授西寧衛世襲指揮使。譜載譜序、太宗世襲圖（列祖畫像用工筆彩繪）等。卷末有居正、于佑任等人題跋。是譜記載了土族李土司自始祖賞哥至末代土司的承襲次序、文治武功及其遠祖在唐宋時期的活動。纂修者李天俞爲第九世土司，於順治十四年（1657）重新建祠修譜。2000 年民族出版社排印本《安多藏區土司家族譜輯録研究》內載有本譜節録。

青海省民和回族土族自治縣檔案館

[青海]李氏世襲宗譜 （清）李天俞纂修 據清順治間稿本節抄 一冊

參見前條。

青海省圖書館

[青海西寧]西夏李氏世譜八卷附録一卷 李鴻儀纂修 李培業整理 1998 年遼寧民族出版社排印本 一冊

先祖同上。始祖賞哥，西夏末帝睍之子，曾任西寧州同知，肇基西寧。後裔派衍爲東府十三門、西府十門、中府一支、樂都卯寨溝新莊一支、慧隆寺一支。卷一序跋，卷二碑誌，卷三敕誥，卷四典册，卷五藝文，卷六編年，卷七列傳，卷八世系。

[青海樂都]阿氏先世事略不分卷 阿鍾琮等纂修 據鍾其福抄本複印 一冊 書名據書名頁題

是爲青海土司家譜。始祖失剌，元代人，爲甘肅省郎中之職，原籍爲寧夏平羅縣蒙古部人。元明鼎革之時，辭官歸隱，攜親屬朝佛西土，寓於湟中。至明洪武四年（1371）歸附明朝，爲韋總制處。奉命調遣樂都之阿鸞堡，後繼奉調於老鴉城。清乾隆間，數户移居於大通縣之北川，因名阿家堡，其後散居於清水谷、流水溝及湟中之西川、柳樹莊等處。自三世祖始，以阿爲姓。譜載二十一代世系、阿氏先世事略、附録族內已故僧俗有才德者、自敘是族明清二代宗祖墳墓之地址、桃樓池山地新卜吉穴、附録先祖歷代世系略節一則、歷代土司職銜名諱等。

青海省圖書館

[青海民和]辛氏家譜 （清）辛必正纂修 清嘉慶三年（1798）修本

始遷祖朵力乩，元末人，西寧州土人，世居西寧衛碾伯所雙塔溝辛家莊。明洪武四年（1371）率衆歸明，調至三川地區（今民和縣東南）守衛黄河渡口。載世系等。

青海省樂都縣蒲臺鄉辛氏後裔

本條目據《少數民族譜牒研究》載辛宇玲著《〈辛氏家譜〉與河湟辛氏土司研究》一文著録

[青海民和]辛氏家譜 （清）辛德成纂修 清同治十二年（1873）修本

先祖同上。

青海省樂都縣阿鸞堡辛氏後裔

本條目據《少數民族譜牒研究》載辛宇玲著《〈辛氏家譜〉與河湟辛氏土司研究》一文著録

[青海互助]湟中李氏四門世系宗譜不分卷 （清）李承範纂修 佚名增補 1988 年青海省檔案館據 1986 年抄本複印 一冊 書名據書簽題

參見李天俞纂修《[青海]李氏世襲宗譜》條。此譜爲賞哥六世孫四房宗譜,後裔初居互助縣西山泉灣莊,後分居東和鄉、李爾家堡、大莊村、朵壽加等處。

青海省檔案館

[青海大通]李氏六門家譜四卷　（清）李芳時等

纂修　佚名增補　據抄本複印　四册　書名據書簽題　記事至 1984 年

先祖同上。始遷祖鑄,明成化十五年(1479)析居大通縣景陽川甘樹灣。

青海省檔案館

裕　固　族

[**甘肅肅南**] **楊氏家譜**　楊氏家譜編委會編纂
2006 年排印本　一册

　　是爲甘肅肅南裕固族自治縣明花鄉裕固族楊氏
家譜。本譜記録楊氏四代人,介紹楊家第三代兄
妹九人組成的三十個家庭、八十五人基本情况。
全書具體分爲祖輩篇、父輩篇、母輩篇、兄妹篇、兄
弟五人家庭成員及簡歷、第四代家庭、家庭組成基
本情况等。其中祖輩篇"爺爺輩以上的祖先無從

考知。爺爺輩共三男二女五人";母親篇"母親輩
共有兄妹八人,六男二女"。所記内容篇幅,母親
篇多於父親篇,此與裕固族"帳房杆戴頭婚"習俗
有關。

　　本條目據 2013 年第 6 期《河西學院學報》載鍾
進文著《裕固族民俗中的興建家譜現象探析》一
文著録

維 吾 爾 族

[湖南桃源] 翦氏族志七卷首一卷補遺一卷　翦
凝義纂修　1996年鎮南堂排印本　十四册　書
名據版心、書衣題。

湖南翦氏是明時從新疆吐魯番、哈密一帶遷到
湖南的軍事移民。始祖哈勒八士,新疆維吾爾族
人,以軍功受明太祖賜姓翦。始遷祖常黎,明代
人。《翦氏族志》初由十三代孫翦如楫以九代孫
翦應舉遺稿爲本而主修,是爲創修本。嘉慶十九
年(1814)十八代孫翦恒發等續修,於光緒十五年
(1889)完成,此爲二修本。民國十一年(1922)敦
頌、恒炳、萬效(翦伯贊父,晚清秀才)三修。四修
於1996年。本譜載二十四世瓜瓞圖,其中有關民
族通婚資料頗受學者關注。翦伯贊、翦天聰出於
此族。

湖南省圖書館

[新疆澤普] 穆罕默德·尼牙孜家史　穆罕默
德·尼牙孜編撰　2013年排印本　一册　維吾
爾文

是族世居新疆維吾爾自治區喀什地區澤普縣古
麗巴格鄉。全書約四十萬字,由三部分組成:第
一部分爲家族簡史;第二部分爲穆罕默德·尼牙
孜本人簡歷;第三部分爲穆罕默德·尼牙孜家族
主要成員簡介。世系以編撰者祖父穆沙·阿洪爲
一世祖,下至第六代。本書融家史與家譜爲一體。

上海圖書館

[新疆烏蘇] 海依若拉巴尤夫家譜族譜　克依木
別克編撰　現代排印本　一册

一世祖海依若拉巴尤夫居阿圖什,生一子名麥
斯來。1867年,十五歲的麥斯來隨商旅隊從阿圖
什出發,走古商道,經阿克蘇到達伊犁,同年至烏
蘇西湖鎮,在巴依家當長工,遂定居於烏蘇。本譜
載該族五代共五百六十九人,其中有一百餘人生
活在哈薩克斯坦阿拉木圖、烏兹別克斯坦、白俄羅
斯及阿拉伯諸國。1960年麥斯來之孫吾布立·
海日·阿吉·麥斯來舉家至阿拉木經商,遂居焉,
衍出一分支。此譜編撰歷時十四年,初用維文撰
寫,後由帕哈爾丁翻譯成漢文,凡四萬字。

本條目據2006年7月14日《都市消費晨報》載
孫虹傑等著《退休教師14年編撰完成我區第一本
維吾爾族家譜》一文著録

哈 薩 克 族

[新疆、甘肅]阿巴克克列部落譜　阿斯哈爾·塔塔乃等多人講唱　哈德斯·加納布林等記錄整理　抄本　一册　哈薩克文

本譜流傳於新疆和甘肅省阿克塞哈薩克族自治縣境內。主要講述哈薩克族中玉兹克列部落十二姓阿巴克克列部落(主要分佈在中國境內和蒙古國克布多省境內)系譜,以及主要歷史事件、歷史人物等。

新疆維吾爾自治區民宗委少數民族古籍辦

[新疆、甘肅]阿巴克克列部落譜　阿斯哈爾·塔塔乃等多人講唱　哈德斯·加納布林等記錄整理　1990年伊犁人民出版社排印本　合册　哈薩克文

參見前條。

本譜載於《哈薩克族譜》

[新疆]馬依合(哈薩克)族譜　毛斯木拜、卡熱拜·唐阿塔爾創作　拜山哈力·薩德汗記錄整理　抄本　一册　哈薩克文

本譜流傳於新疆哈薩克族聚集區和哈薩克斯坦東部。主要內容爲:哈薩克族、烏孜別克族和其他突厥語民族的歷史;哈薩克族草原法典,其中包括刑法、婚姻法、土地法以及盜竊等一些行爲的懲罰;一些古城的歷史;哈薩克族皈依伊斯蘭教的經過;阿拉伯人侵入中亞以及哈薩克族"阿拉西"口號的來歷等一些歷史事件。創作者毛斯木拜是近代著名的哈薩克族史學家,卡熱拜·唐阿塔爾(1872—1931)爲詩人和社會活動家。本譜記錄整理於1979年。

新疆維吾爾自治區民宗委少數民族古籍辦

[新疆]馬依合(哈薩克)族譜　毛斯木拜、卡熱拜·唐阿塔爾創作　拜山哈力·薩德汗記錄整理

1990年伊犁人民出版社排印本　合册　哈薩克文

參見前條。

本譜載於《哈薩克族譜》

[新疆]中玉兹乃滿部落譜　吐爾斯別克·瑪滿創作　素賚滿·別克別爾地補修　吾買爾江·沙丹講唱　杜散別克·吐爾勒霍加記錄整理　抄本一册　哈薩克文

本譜流傳於新疆哈薩克族聚集區。講述哈薩克族中玉兹乃滿(蠻)部系譜。內分乃滿部落總譜、江胡勒分支、拜森分支、吐瑪—托合馬克分支、斯班分支、拜吉格特分支、導林分支、布蘭溪分支、薩德爾分支、馬泰分支、托合馬克—吐瑪分支和烏孫分支等共十二部分。主要講述哈薩克族乃滿部落及其各分支的歷史及其有關的傳說。創作者吐爾斯別克·瑪滿爲近代哈薩克族史學家。本譜1903年由素賚滿·別克別爾地補修,記錄整理於1979年。

新疆維吾爾自治區民宗委少數民族古籍辦

[新疆]中玉兹乃滿部落譜　吐爾斯別克·瑪滿創作　素賚滿·別克別爾地補修　吾買爾江·沙丹講唱　杜散別克·吐爾勒霍加記錄整理　1990年伊犁人民出版社排印本　合册　哈薩克文

參見前條。

本譜載於《哈薩克族譜》

[新疆]三大玉兹系譜　佚名講唱　努爾波拉提·烏斯滿記錄整理　抄本　一册　哈薩克文

本譜流傳於新疆哈薩克族聚集區。主要講述哈薩克族的遠古歷史,魏晉南北朝時與中原聯姻過程,古代烏孫部落的族源,哈薩克族三大玉兹的來歷,以及他們管轄區域的邊界和各自的系譜。本

譜記録整理於 1979 年。

新疆維吾爾自治區民宗委少數民族古籍辦

[新疆] 三大玉兹系譜　佚名講唱　努爾波拉提・烏斯滿記録整理　1990 年伊犁人民出版社排印本　合册　哈薩克文

参見前條。

本譜載於《哈薩克族譜》

[新疆] 哈薩克族總譜　佚名講唱　克塔甫拜・阿克毛拉記録整理　抄本　一册　哈薩克文

本譜流傳於新疆哈薩克族聚集區。主要講述諾亞方舟傳説,烏古斯、烏孫、契丹、轄戛、突厥等古代氏族和部落的歴史,哈薩克族的來歴及其部族結構,哈薩克汗國的建立以及各可汗執政情况,各種重要的歴史事件,哈薩克汗國對外關係,蒙古準噶爾部之侵略,阿布賚汗時期與清朝藩屬關係之建立情况,各部落簡譜等。本譜由克塔甫拜・阿克毛拉記録整理於 1955 年。

新疆維吾爾自治區民宗委少數民族古籍辦

[新疆] 哈薩克族總譜　佚名講唱　克塔甫拜・阿克毛拉記録整理　1990 年伊犁人民出版社排印本　合册　哈薩克文

参見前條。

本譜載於《哈薩克族譜》

[新疆] 夏克力木族譜　夏克力木・胡南拜創作　抄本　一册　哈薩克文

本譜流傳於新疆哈薩克族聚集區和哈薩克斯坦東部。主要内容爲:組建哈薩克族古代氏族部落的歴史、哈薩克族祖先、大玉兹史、小玉兹史、中玉兹史(三大玉兹史内分康居部落史、欽察部落史、弘吉喇特部落史、吉爾吉斯部落史、克列部落史、塔拉克特部落史、阿兒渾部落史等章節)、中玉兹阿兒渾部落譜、可汗系譜、成吉思汗系譜、土耳其及其蘇坦們、伊朗和高加索地區的突厥人、維吾爾族源、烏孜別克族源、諾蓋族源、巴什基爾族源、卡爾米克族源、土庫曼族源和亞庫特族源等。創作者夏克力木・胡南拜爲近代著名的哈薩克族史學

家、思想家、詩人。

新疆維吾爾自治區民宗委少數民族古籍辦

[新疆] 夏克力木族譜　夏克力木・胡南拜創作　1990 年伊犁人民出版社排印本　合册　哈薩克文

参見前條。

本譜載於《哈薩克族譜》

[新疆] 夏克里木家譜　夏克里木・胡達衣別爾根著　拉普哈提・尼格麥提口述　哈力都拉・努爾塔扎記録　抄本　一册

本譜流傳於新疆維吾爾自治區阿勒泰地區。主要講述哈薩克族歴史(内容同《夏克力木族譜》)。

新疆維吾爾自治區民宗委少數民族古籍辦

[新疆塔城、阿勒泰] 杜爾吐額勒部落譜　阿斯哈爾・伊根等搜集整理　2003 年伊寧市排印本　一册　哈薩克文

本譜係中玉兹乃曼部落托勒格太支部落杜爾吐額勒子部落譜。主要内容是杜爾吐額勒部落人物譜系,著名的歴史人物以及現代科學技術和文化藝術領域有一定貢獻的人物之簡介。非公開出版物。

新疆維吾爾自治區民宗委少數民族古籍辦　新疆塔城地區民宗委少數民族古籍辦　新疆阿勒泰地區民宗委少數民族古籍辦

[新疆塔城、阿勒泰] 賈斯塔班部落譜　巴依特克・杜薩拜、烏爾列吾・贊贊木等搜集整理　2001 年烏魯木齊市排印本　一册　哈薩克文

本譜爲中玉兹阿巴克克列之賈斯塔班部落譜。主要内容是賈斯塔班部落人物譜系,著名的歴史人物及現代科學技術和文化藝術領域有一定貢獻的人物之簡介。非公開出版物。

新疆維吾爾自治區民宗委少數民族古籍辦　新疆塔城地區民宗委少數民族古籍辦　新疆阿勒泰地區民宗委少數民族古籍辦

[新疆塔城、阿勒泰] 契巴拉依厄爾部落譜　巴達克・特列吾拜等搜集整理　2015 年烏魯木齊市

排印本　一册　哈薩克文

本譜爲中玉兹阿巴克克列之契巴拉依厄爾部落譜。主要內容是契巴拉依厄爾部落人物譜系,著名的歷史人物及現代科學技術和文化藝術領域有一定貢獻的人物之簡介。非公開出版物。

新疆維吾爾自治區民宗委少數民族古籍辦　新疆塔城地區民宗委少數民族古籍辦　新疆阿勒泰地區民宗委少數民族古籍辦

[新疆阿勒泰、哈密巴里坤]契依莫因部落譜　托勒根·哈力亞等搜集整理　2012年烏魯木齊市排印本　一册　哈薩克文

本譜爲中玉兹阿巴克克列之契依莫因部落譜。主要內容是契依莫因部落人物譜系,著名的歷史人物及現代科學技術和文化藝術領域有一定貢獻的人物之簡介。非公開出版物。

新疆維吾爾自治區民宗委少數民族古籍辦　新疆阿勒泰地區民宗委少數民族古籍辦

[新疆阿勒泰、哈密巴里坤]昆沙達克部落譜　加帕爾·奧哈迪等搜集整理　2010年烏魯木齊市排印本　一册　哈薩克文

本譜爲中玉兹阿巴克克列之昆沙達克部落譜。主要內容是昆沙達克部落人物譜系,著名的歷史人物及現代科學技術和文化藝術領域有一定貢獻的人物之簡介。非公開出版物。

新疆維吾爾自治區民宗委少數民族古籍辦　新疆阿勒泰地區民宗委少數民族古籍辦

[新疆伊犁]族譜對唱　杜斯皮爾·薩吾熱克創作　佚名講唱　朱瑪律特·庫熱拜記錄整理　抄本　一册　哈薩克文

本譜流傳於新疆伊犁地區。這是一部用哈薩克族特有的藝術形式"阿肯彈唱"來講述民族歷史的詩歌作品,主要講述伊斯蘭教世界的一些歷史事件、哈薩克族的來歷以及乃滿部落的系譜。其特點就是把哈薩克族歷史與阿拉伯人聯繫起來解釋族源歷史。創作者杜斯皮爾·薩吾熱克爲近代著名的哈薩克族詩人。

新疆維吾爾自治區民宗委少數民族古籍辦

[新疆伊犁]族譜對唱　杜斯皮爾·薩吾熱克創作　佚名講唱　朱瑪律特·庫熱拜記錄整理　1990年伊犁人民出版社排印本　合册　哈薩克文

參見前條。
本譜載於《哈薩克族譜》

[新疆伊犁]朱素甫別克·霍加·夏依合斯拉木族譜　朱素甫別克·霍加·夏依合斯拉木創作　霍加納扎爾講唱　阿布力孜·夏力甫記錄整理　抄本　一册　哈薩克文

本譜流傳於新疆伊犁地區。主要敘述哈薩克族源以及大玉兹族譜。創作者朱素甫別克·霍加·夏依合斯拉木爲近代著名的哈薩克族詩人。本譜記錄整理於1979年。

新疆維吾爾自治區民宗委少數民族古籍辦

[新疆伊犁]朱素甫別克·霍加·夏依合斯拉木族譜　朱素甫別克·霍加·夏依合斯拉木創作　霍加納扎爾講唱　阿布力孜·夏力甫記錄整理　1990年伊犁人民出版社排印本　合册　哈薩克文

參見前條。
本譜載於《哈薩克族譜》

[新疆伊犁]吾熱斯拜族譜　吾熱斯拜講唱　哈孜加特·德根記錄整理　抄本　一册　哈薩克文

本譜流傳於新疆伊犁地區。主要敘述哈薩克族源以及三大玉兹族譜。本譜記錄整理於1979年。

新疆維吾爾自治區民宗委少數民族古籍辦

[新疆伊犁]吾熱斯拜族譜　吾熱斯拜講唱　哈孜加特·德根記錄整理　1990年伊犁人民出版社排印本　合册　哈薩克文

參見前條。
本譜載於《哈薩克族譜》

[新疆伊犁]托勒格台系譜　佚名講唱　阿布勒滿金毛拉記錄整理　抄本　一册　哈薩克文

本譜流傳於新疆伊犁地區。主要講述哈薩克族

源、中玉茲各部落系譜,以及乃滿部落支部托勒格台大支的系譜。本譜由阿布勒滿金毛拉記錄整理於 1979 年。

新疆維吾爾自治區民宗委少數民族古籍辦

[新疆伊犁]托勒格台系譜　佚名講唱　阿布勒滿金毛拉記錄整理　1990 年伊犁人民出版社排印本　合冊　哈薩克文

參見前條。

本譜載於《哈薩克族譜》

[新疆伊犁]乃蠻部落托勒克塔依支部落馬塔依子部落黑宰氏族譜　賈合浦·朱尼斯等搜集整理 2008 年烏魯木齊市排印本　一冊　哈薩克文

本譜爲中玉茲乃蠻部落托勒克塔依支部落馬塔依子部落黑宰氏族人物譜系,著名的歷史人物以及現代科學技術和文化藝術領域有一定貢獻的人物之簡介。非公開出版物。

新疆維吾爾自治區民宗委少數民族古籍辦　新疆伊犁哈薩克自治州民宗委少數民族古籍辦

[新疆塔城]四大支部落和克列、瓦克(汪古)部落譜　阿斯力別克·哈依爾額木創作　阿斯力別克·哈依爾額木講唱　托合江·阿斯力別克記錄整理　抄本　一冊　哈薩克文

本譜流傳於新疆塔城地區。主要講述伊斯蘭教有關人類的創造過程的神話、哈薩克族源、烏孫與漢朝之間的聯姻關係、"阿拉西"口號的來歷、三大玉茲的劃分及其分佈情況,托布克特(屬阿爾渾部)、葉爾格尼克特(屬乃滿部)、拜吉格特和阿克乃滿等哈薩克族四大支部落的族源,乃滿、克列和瓦克(汪古)部落譜,古代著名哈薩克族思想家阿山·薩比特傳,十二支阿巴克克列部落的系譜。編撰者阿斯力別克·哈依爾額木是近代哈薩克族史學家。記錄整理者托合江·阿斯力別克係講唱者阿斯力別克·哈依爾額木之子。本譜記錄整理於 1979 年。

新疆維吾爾自治區民宗委少數民族古籍辦

[新疆塔城]四大支部落和克列、瓦克(汪古)部落譜　阿斯力別克·哈依爾額木創作　阿斯力別克·哈依爾額木講唱　托合江·阿斯力別克記錄整理　1990 年伊犁人民出版社排印本　合冊　哈薩克文

參見前條。

本譜載於《哈薩克族譜》

[新疆塔城]乃曼部落加爾波勒德支部落譜　霍斯泰等搜集整理　2013 年烏魯木齊市排印本一冊　哈薩克文

本譜爲中玉茲乃曼部落加爾波勒德支部落譜。主要內容是乃曼部落加爾波勒德支部落人物譜系,著名的歷史人物及現代科學技術和文化藝術領域有一定貢獻的人物之簡介。非公開出版物。

新疆維吾爾自治區民宗委少數民族古籍辦　新疆塔城地區民宗委少數民族古籍辦

[新疆塔城]乃曼部落哈拉泰支部落譜　波拉提汗·哈泰等搜集整理　2014 年烏魯木齊市排印本　一冊　哈薩克文

本譜爲中玉茲乃曼部落哈拉泰支部落譜。主要內容是乃曼部落哈拉泰支部落人物譜系,著名的歷史人物及現代科學技術和文化藝術領域有一定貢獻的人物之簡介。非公開出版物。

新疆維吾爾自治區民宗委少數民族古籍辦　新疆塔城地區民宗委少數民族古籍辦

[新疆塔城]乃曼部落麼斯哈勒支部落譜　阿汗等搜集整理　2014 年烏魯木齊市排印本　一冊哈薩克文

本譜爲中玉茲乃曼部落麼斯哈勒支部落譜。主要內容是乃曼部落麼斯哈勒支部落人物譜系,著名的歷史人物及現代科學技術和文化藝術領域有一定貢獻的人物之簡介。非公開出版物。

新疆維吾爾自治區民宗委少數民族古籍辦　新疆塔城地區民宗委少數民族古籍辦

[新疆塔城]木仁部落譜　蘇勒坦·江博拉托夫等搜集整理　2005 年烏魯木齊市排印本　一冊

哈薩克文

本譜爲中玉茲乃曼部落哈拉克列支部落木仁部落譜。主要内容是木仁部落人物譜系,著名的歷史人物以及現代科學技術和文化藝術領域有一定貢獻的人物之簡介。非公開出版物。

新疆維吾爾自治區民宗委少數民族古籍辦　新疆塔城地區民宗委少數民族古籍辦

[新疆阿勒泰]毛勒凱族譜　毛勒凱創作　賽甫勒馬力克·加米講唱　阿爾根·哈納皮亞記録整理　抄本　一册　哈薩克文

本譜流傳於新疆阿勒泰地區。主要敘述哈薩克族源、哈薩克族各部落分成三大玉茲之過程,以及克列、瓦克(汪古)和乃蠻部落歷史。本譜由近代著名的哈薩克族史學家毛勒凱創作於 1870 年,阿爾根·哈納皮亞記録整理於 1979 年。

新疆維吾爾自治區民宗委少數民族古籍辦

[新疆阿勒泰]毛勒凱族譜　毛勒凱創作　賽甫勒馬力克·加米講唱　阿爾根·哈納皮亞記録整理　1990 年伊犁人民出版社排印本　合册　哈薩克文

參見前條。

本譜載於《哈薩克族譜》

[新疆阿勒泰]克列部落系譜　佚名講唱　鐵木爾拜·司馬胡勒、瓦黑特·哈列勒記録整理　抄本　一册　哈薩克文

本譜流傳於新疆阿勒泰地區。主要講述哈薩克族中玉茲克列部落的來歷、一些歷史名人的豐功偉績,以及克列部落屬地情況。本譜記録整理於 1978 年。

新疆維吾爾自治區民宗委少數民族古籍辦

[新疆阿勒泰]克列部落系譜　佚名講唱　鐵木爾拜·司馬胡勒、瓦黑特·哈列勒記録整理　1990 年伊犁人民出版社排印本　合册　哈薩克文

參見前條。

本譜載於《哈薩克族譜》

[新疆阿勒泰]喀喇卡斯部落譜　巴亞合買提·朱瑪拜等搜集整理　2012 年烏魯木齊市排印本　一册　哈薩克文

本譜爲中玉茲阿巴克克列之喀喇卡斯部落譜。主要内容是喀喇卡斯部落人物譜系,著名的歷史人物及現代科學技術和文化藝術領域有一定貢獻的人物之簡介。非公開出版物。

新疆維吾爾自治區民宗委少數民族古籍辦　新疆阿勒泰地區民宗委少數民族古籍辦

[新疆阿勒泰]依鐵勒部落譜　巴亞合買提·朱瑪拜等搜集整理　2015 年烏魯木齊市排印本　一册　哈薩克文

本譜爲中玉茲阿巴克克列之依鐵勒部落譜。主要内容是依鐵勒部落人物譜系,著名的歷史人物及現代科學技術和文化藝術領域有一定貢獻的人物之簡介。非公開出版物。

新疆維吾爾自治區民宗委少數民族古籍辦　新疆阿勒泰地區民宗委少數民族古籍辦

[新疆阿勒泰]堅鐵克依部落博塔哈拉支部落譜　哈皮帕·加潘等搜集整理　1998 年烏魯木齊市排印本　一册　哈薩克文

本譜爲中玉茲阿巴克克列之堅鐵克依部落博塔哈拉支部落譜。主要内容是堅鐵克依部落博塔哈拉支部落人物譜系,著名的歷史人物及現代科學技術和文化藝術領域有一定貢獻的人物之簡介。非公開出版物。

新疆維吾爾自治區民宗委少數民族古籍辦　新疆阿勒泰地區民宗委少數民族古籍辦

[新疆阿勒泰]堅鐵克依部落夏哈拜支部落譜　賽依提·阿布孜等搜集整理　2000 年烏魯木齊市排印本　一册　哈薩克文

本譜爲中玉茲阿巴克克列之堅鐵克依部落夏哈拜支部落譜。主要内容是夏哈拜部落人物譜系,著名的歷史人物及現代科學技術和文化藝術領域有一定貢獻的人物之簡介。非公開出版物。

新疆維吾爾自治區民宗委少數民族古籍辦　新疆阿勒泰地區民宗委少數民族古籍辦

[新疆阿勒泰] 堅鐵克依部落圖克拜支部落譜
熱斯別克・斯迪克等搜集整理　2004 年烏魯木齊市排印本　一冊　哈薩克文

本譜爲中玉兹阿巴克克列之堅鐵克依部落圖克拜支部落人物譜系,著名的歷史人物及現代科學技術和文化藝術領域有一定貢獻的人物之簡介。非公開出版物。

新疆維吾爾自治區民宗委少數民族古籍辦　新疆阿勒泰地區民宗委少數民族古籍辦

[新疆阿勒泰] 堅鐵克依部落巴扎胡勒支部落譜
蔑爾根拜等搜集整理　2009 年烏魯木齊市排印本　一冊　哈薩克文

本譜爲中玉兹阿巴克克列之堅鐵克依部落巴扎胡勒支部落人物譜系,著名的歷史人物及現代科學技術和文化藝術領域有一定貢獻的人物之簡介。非公開出版物。

新疆維吾爾自治區民宗委少數民族古籍辦　新疆阿勒泰地區民宗委少數民族古籍辦

[新疆阿勒泰] 堅鐵克依部落哈孜別克支部落譜
闊本・阿斯哈爾等搜集整理　2010 年烏魯木齊市排印本　一冊　哈薩克文

本譜爲中玉兹阿巴克克列之堅鐵克依部落哈孜別克支部落人物譜系,著名的歷史人物及現代科學技術和文化藝術領域有一定貢獻的人物之簡介。非公開出版物。

新疆維吾爾自治區民宗委少數民族古籍辦　新疆阿勒泰地區民宗委少數民族古籍辦

[新疆阿勒泰] 堅鐵克依部落闊別克支部落譜
胡瑪爾汗等搜集整理　2011 年烏魯木齊市排印本　一冊　哈薩克文

本譜爲中玉兹阿巴克克列之堅鐵克依部落闊別克支部落人物譜系,著名的歷史人物及現代科學技術和文化藝術領域有一定貢獻的人物之簡介。非公

開出版物。

新疆維吾爾自治區民宗委少數民族古籍辦　新疆阿勒泰地區民宗委少數民族古籍辦

[新疆阿勒泰] 堅鐵克依部落科斯濤拜支部落譜
努爾哈米提等搜集整理　2012 年烏魯木齊市排印本　一冊　哈薩克文

本譜爲中玉兹阿巴克克列之堅鐵克依部落科斯濤拜支部落人物譜系,著名的歷史人物及現代科學技術和文化藝術領域有一定貢獻的人物之簡介。非公開出版物。

新疆維吾爾自治區民宗委少數民族古籍辦　新疆阿勒泰地區民宗委少數民族古籍辦

[新疆阿勒泰] 堅鐵克依部落耶薩哈斯支部落譜
薩黑別克、巨凱西等搜集整理　2014 年烏魯木齊市排印本　一冊　哈薩克文

本譜爲中玉兹阿巴克克列之堅鐵克依部落耶薩哈斯支部落人物譜系,著名的歷史人物及現代科學技術和文化藝術領域有一定貢獻的人物之簡介。非公開出版物。

新疆維吾爾自治區民宗委少數民族古籍辦　新疆阿勒泰地區民宗委少數民族古籍辦

[新疆阿勒泰] 堅鐵克依部落塔斯比克支部落譜
依里亞斯・斯爾西拜等搜集整理　2000 年烏魯木齊市排印本　一冊　哈薩克文

本譜爲中玉兹阿巴克克列之堅鐵克依部落塔斯比克支部落譜。主要內容是塔斯比克部落人物譜系,著名的歷史人物及現代科學技術和文化藝術領域有一定貢獻的人物之簡介。非公開出版物。

新疆維吾爾自治區民宗委少數民族古籍辦　新疆阿勒泰地區民宗委少數民族古籍辦

[新疆阿勒泰] 堅鐵克依部落巴爾合支部落譜
納斯浦汗等搜集整理　2002 年烏魯木齊市排印本　一冊　哈薩克文

本譜爲中玉兹阿巴克克列之堅鐵克依部落巴爾

合支部落譜。主要内容是巴爾合支部落人物譜系,著名的歷史人物及現代科學技術和文化藝術領域有一定貢獻的人物之簡介。非公開出版物。

新疆維吾爾自治區民宗委少數民族古籍辦　新疆阿勒泰地區民宗委少數民族古籍辦

[新疆阿勒泰]堅鐵克依部落巴依什家族譜　黑扎提·加尼木汗等搜集整理　2000 年阿勒泰市排印本　一册　哈薩克文

本譜爲中玉兹阿巴克克列之堅鐵克依部落葉森泰支部落布蘭拜子部落巴依什家族譜。主要内容是堅鐵克依部落葉森泰支部落布蘭拜子部落巴依什家族人物譜系,著名的歷史人物及現代科學技術和文化藝術領域有一定貢獻的人物之簡介。非公開出版物。

新疆維吾爾自治區民宗委少數民族古籍辦　新疆阿勒泰地區民宗委少數民族古籍辦

[新疆阿勒泰]堅鐵克依部落別克阿依達爾家族譜　阿達力·夏買等搜集整理　2006 年阿勒泰市排印本　一册　哈薩克文

本譜爲中玉兹阿巴克克列之堅鐵克依部落葉森泰支部落布蘭拜子部落別克阿依達爾家族譜。主要内容是堅鐵克依部落葉森泰支部落布蘭拜子部落別克阿依達爾家族人物譜系,著名的歷史人物及現代科學技術和文化藝術領域有一定貢獻的人物之簡介。非公開出版物。

新疆維吾爾自治區民宗委少數民族古籍辦　新疆阿勒泰地區民宗委少數民族古籍辦

[新疆阿勒泰]堅鐵克依部落加依勒汗—圖拉拜家族譜　熱依扎別克·哈山等搜集整理　2008 年阿勒泰市排印本　一册　哈薩克文

本譜爲中玉兹阿巴克克列之堅鐵克依部落葉森泰支部落布蘭拜子部落加依勒汗、圖拉拜兄弟家族譜。主要内容是堅鐵克依部落葉森泰支部落布蘭拜子部落加依勒汗、圖拉拜兄弟家族人物譜系,著名的歷史人物及現代科學技術和文化藝術領域有一定貢獻的人物之簡介。非公開出版物。

新疆維吾爾自治區民宗委少數民族古籍辦　新疆阿勒泰地區民宗委少數民族古籍辦

[新疆阿勒泰]堅鐵克依部落托布勒家族譜　馬哈德勒等搜集整理　2016 年阿勒泰市排印本　一册　哈薩克文

本譜爲中玉兹阿巴克克列之堅鐵克依部落合斯濤拜支部落托布勒家族譜。主要内容是堅鐵克依部落合斯濤拜支部落托布勒家族人物譜系,著名的歷史人物及現代科學技術和文化藝術領域有一定貢獻的人物之簡介。非公開出版物。

新疆維吾爾自治區民宗委少數民族古籍辦　新疆阿勒泰地區民宗委少數民族古籍辦

[新疆阿勒泰]堅鐵克依部落葉勒西拜家族譜　扎克汗等搜集整理　2005 年阿勒泰市排印本　一册　哈薩克文

本譜爲中玉兹阿巴克克列之堅鐵克依部落葉勒西拜家族譜。主要内容是堅鐵克依部落葉勒西拜家族人物譜系,著名的歷史人物及現代科學技術和文化藝術領域有一定貢獻的人物之簡介。非公開出版物。

新疆維吾爾自治區民宗委少數民族古籍辦　新疆阿勒泰地區民宗委少數民族古籍辦

[新疆阿勒泰]堅鐵克依部落托布克家族譜　烏聶爾汗·達汗等搜集整理　1998 年阿勒泰市排印本　一册　哈薩克文

本譜爲中玉兹阿巴克克列之堅鐵克依部落葉森泰支部落托布克家族譜。主要内容是堅鐵克依部落葉森泰支部落托布克家族人物譜系,著名的歷史人物及現代科學技術和文化藝術領域有一定貢獻的人物之簡介。非公開出版物。

新疆維吾爾自治區民宗委少數民族古籍辦　新疆阿勒泰地區民宗委少數民族古籍辦

[新疆阿勒泰]堅鐵克依部落波海家族譜　葉爾波勒·哈力木等搜集整理　2009 年阿勒泰市排印本　一册　哈薩克文

本譜爲中玉兹阿巴克克列之堅鐵克依部落葉森

泰支部落波海家族譜。主要內容是堅鐵克依部落葉森泰支部落波海家族人物譜系,著名的歷史人物及現代科學技術和文化藝術領域有一定貢獻的人物之簡介。非公開出版物。

　　新疆維吾爾自治區民宗委少數民族古籍辦　新疆阿勒泰地區民宗委少數民族古籍辦

[新疆阿勒泰] 賈迪克部落霍斯泰支部落譜　阿拜·阿布塔力浦等搜集整理　2005 年烏魯木齊市排印本　一冊　哈薩克文

　　本譜爲中玉兹阿巴克克列之賈迪克部落霍斯泰支部落譜。主要內容是賈迪克部落霍斯泰支部落人物譜系,著名的歷史人物及現代科學技術和文化藝術領域有一定貢獻的人物之簡介。非公開出版物。

　　新疆維吾爾自治區民宗委少數民族古籍辦　新疆阿勒泰地區民宗委少數民族古籍辦

[新疆阿勒泰] 賈迪克部落加哈支部落譜　搜集整理者不詳　2007 年烏魯木齊市排印本　一冊　哈薩克文

　　本譜爲中玉兹阿巴克克列之賈迪克部落加哈支部落譜。主要內容是賈迪克部落加哈支部落人物譜系,著名的歷史人物及現代科學技術和文化藝術領域有一定貢獻的人物之簡介。非公開出版物。

　　新疆維吾爾自治區民宗委少數民族古籍辦　新疆阿勒泰地區民宗委少數民族古籍辦

[新疆阿勒泰] 賈迪克部落木恩阿勒支部落譜　烏塔爾別克等搜集整理　2008 年烏魯木齊市排印本　一冊　哈薩克文

　　本譜爲中玉兹阿巴克克列之賈迪克部落木恩阿勒支部落譜。主要內容是賈迪克部落木恩阿勒支部落人物譜系,著名的歷史人物及現代科學技術和文化藝術領域有一定貢獻的人物之簡介。非公開出版物。

　　新疆維吾爾自治區民宗委少數民族古籍辦　新疆阿勒泰地區民宗委少數民族古籍辦

[新疆阿勒泰] 賈迪克部落巴彥支部落譜　哈尼凱·阿勒江等搜集整理　2009 年烏魯木齊市排印本　一冊　哈薩克文

　　本譜爲中玉兹阿巴克克列之賈迪克部落巴彥支部落譜。主要內容是賈迪克部落巴彥支部落人物譜系,著名的歷史人物及現代科學技術和文化藝術領域有一定貢獻的人物之簡介。非公開出版物。

　　新疆維吾爾自治區民宗委少數民族古籍辦　新疆阿勒泰地區民宗委少數民族古籍辦

[新疆阿勒泰] 賈迪克部落加拉斯拜支部落譜　哈里德尼·阿勒木賽依提、夏依木拉提·胡爾曼拜等搜集整理　2012 年烏魯木齊市排印本　一冊　哈薩克文

　　本譜爲中玉兹阿巴克克列之賈迪克部落加拉斯拜支部落譜。主要內容是賈迪克部落加拉斯拜支部落人物譜系,著名的歷史人物及現代科學技術和文化藝術領域有一定貢獻的人物之簡介。非公開出版物。

　　新疆維吾爾自治區民宗委少數民族古籍辦　新疆阿勒泰地區民宗委少數民族古籍辦

[新疆阿勒泰] 賈迪克部落博海—闊勒拜支部落譜　搜集整理者不詳　2015 年烏魯木齊市排印本　一冊　哈薩克文

　　本譜爲中玉兹阿巴克克列之賈迪克部落博海、闊勒拜兄弟支部落譜。主要內容是賈迪克部落博海、闊勒拜兄弟支部落人物譜系,著名的歷史人物及現代科學技術和文化藝術領域有一定貢獻的人物之簡介。非公開出版物。

　　新疆維吾爾自治區民宗委少數民族古籍辦　新疆阿勒泰地區民宗委少數民族古籍辦

[新疆阿勒泰] 賈迪克部落巴依哈拉支部落譜　哈吉納畢·阿布巴斯等搜集整理　2006 年烏魯木齊市排印本　一冊　哈薩克文

　　本譜爲中玉兹阿巴克克列之賈迪克部落巴依哈拉支部落譜。主要內容是賈迪克部落巴依哈拉支部落人物譜系,著名的歷史人物及現代科學技術

和文化藝術領域有一定貢獻的人物之簡介。非公
開出版物。

　　新疆維吾爾自治區民宗委少數民族古籍辦　新
疆阿勒泰地區民宗委少數民族古籍辦

[新疆阿勒泰]賈迪克部落胡蘭拜支部落譜　胡
爾曼夏力甫等搜集整理　2008 年烏魯木齊市排
印本　一冊　哈薩克文

　　本譜爲中玉兹阿巴克克列之賈迪克部落胡蘭拜
支部落譜。主要内容是賈迪克部落胡蘭拜支部落
人物譜系,著名的歷史人物及現代科學技術和文
化藝術領域有一定貢獻的人物之簡介。非公開出
版物。

　　新疆維吾爾自治區民宗委少數民族古籍辦　新
疆阿勒泰地區民宗委少數民族古籍辦

[新疆阿勒泰]賈迪克部落依鐵木根支部落譜
葉爾肯·馬木爾汗等搜集整理　2005 年烏魯木
齊市排印本　一冊　哈薩克文

　　本譜爲中玉兹阿巴克克列之賈迪克部落依鐵木
根支部落譜。主要内容是賈迪克部落依鐵木根支
部落人物譜系,著名的歷史人物及現代科學技術
和文化藝術領域有一定貢獻的人物之簡介。非公
開出版物。

　　新疆維吾爾自治區民宗委少數民族古籍辦　新
疆阿勒泰地區民宗委少數民族古籍辦

[新疆阿勒泰]托熱部落阿德力家族譜　闊本·
薩曼別克、毛力提·卧吉克等搜集整理　2010 年
烏魯木齊市排印本　一冊　哈薩克文

　　本譜爲托熱部落阿德力家族譜。主要内容是托
熱部落阿德力家族人物譜系,著名的歷史人物及
現代科學技術和文化藝術領域有一定貢獻的人物
之簡介。非公開出版物。

　　新疆維吾爾自治區民宗委少數民族古籍辦　新
疆阿勒泰地區民宗委少數民族古籍辦

[新疆阿勒泰]托熱部落薩曼家族譜　巴圖汗等
搜集整理　2011 年烏魯木齊市排印本　一冊
哈薩克文

　　本譜爲托熱部落薩曼家族譜。主要内容是托熱
部薩曼家族人物譜系,著名的歷史人物及現代科
學技術和文化藝術領域有一定貢獻的人物之簡
介。非公開出版物。

　　新疆維吾爾自治區民宗委少數民族古籍辦　新
疆阿勒泰地區民宗委少數民族古籍辦

[新疆阿勒泰]阿巴克克列之傑魯西部落譜　哈
德斯、塔拉西等搜集整理　2004 年烏魯木齊市排
印本　一冊　哈薩克文

　　本譜爲中國哈薩克族阿巴克克列之傑魯西部落
譜。主要内容是中國境内哈薩克族阿巴克克列之
傑魯西部落人物譜系,著名的歷史人物及現代科
學技術和文化藝術領域有一定貢獻的人物之簡
介。非公開出版物。

　　新疆維吾爾自治區民宗委少數民族古籍辦　新
疆阿勒泰地區民宗委少數民族古籍辦

[新疆阿勒泰]阿巴克克列之傑魯西部落卧吉克
家族譜　哈布丹·哈德爾等搜集整理　2014 年
烏魯木齊市排印本　一冊　哈薩克文

　　本譜爲中國哈薩克族阿巴克克列之傑魯西部落
卧吉克家族譜。主要内容是中國境内哈薩克族阿
巴克克列之傑魯西部落卧吉克家族人物譜系,著
名的歷史人物及現代科學技術和文化藝術領域有
一定貢獻的人物之簡介。非公開出版物。

　　新疆維吾爾自治區民宗委少數民族古籍辦　新
疆阿勒泰地區民宗委少數民族古籍辦

[新疆阿勒泰]阿巴克克列之胡勒泰波拉提部落
譜　馬合扎提等搜集整理　2006 年烏魯木齊市
排印本　一冊　哈薩克文

　　本譜爲中國哈薩克族阿巴克克列之胡勒泰波拉
提部落譜。主要内容是中國境内哈薩克族阿巴克
克列之胡勒泰波拉提部落人物譜系,著名的歷史
人物及現代科學技術和文化藝術領域有一定貢獻
的人物之簡介。非公開出版物。

　　新疆維吾爾自治區民宗委少數民族古籍辦　新
疆阿勒泰地區民宗委少數民族古籍辦

[新疆阿勒泰]阿巴克克列之蔑爾乞提部落托列米斯家族譜　巴勒塔拜等搜集整理　2015 年烏魯木齊市排印本　一冊　哈薩克文

本譜爲中國哈薩克族阿巴克克列之蔑爾乞提部落托列米斯家族譜。主要内容是中國境内哈薩克族阿巴克克列之蔑爾乞提部落托列米斯家族人物譜系,著名的歷史人物及現代科學技術和文化藝術領域有一定貢獻的人物之簡介。非公開出版物。

新疆維吾爾自治區民宗委少數民族古籍辦　新疆阿勒泰地區民宗委少數民族古籍辦

[新疆阿勒泰]阿巴克克列之蔑爾乞提部落譜　黑扎提·奧巴克爾等搜集整理　1999 年烏魯木齊市排印本　一冊　哈薩克文

本譜爲中國哈薩克族阿巴克克列之蔑爾乞提部落譜。主要内容是中國境内哈薩克族阿巴克克列之蔑爾乞提部落人物譜系,著名的歷史人物及現代科學技術和文化藝術領域有一定貢獻的人物之簡介。非公開出版物。

新疆維吾爾自治區民宗委少數民族古籍辦　新疆阿勒泰地區民宗委少數民族古籍辦

[新疆阿勒泰]阿巴克克列—莫勒科部落譜　巴亞合買提·朱瑪拜搜集整理　2009 年烏魯木齊市排印本　一冊　哈薩克文

本譜爲中玉兹阿巴克克列之莫勒科支部落譜。主要内容是莫勒科支部落人物譜系,著名的歷史人物及現代科學技術和文化藝術領域有一定貢獻的人物之簡介。非公開出版物。

新疆維吾爾自治區民宗委少數民族古籍辦　新疆阿勒泰地區民宗委少數民族古籍辦

[新疆阿勒泰]哈薩克部落系譜　佚名講唱　木拉提汗·克列斯記錄整理　一冊　哈薩克文

是譜流傳於新疆阿勒泰哈薩克族聚居區。講述哈薩克民族分爲三個玉兹的過程和相關歷史事件,阿巴克克烈部落的歷史及簡要譜系。介紹三個玉兹的社會形態、分佈區域,以及十二姓阿巴克克烈部落中篾兒乞踢、什巴爾艾格爾、克魯泰波拉特等部落的歷史傳説、簡要部落譜、著名人物等。本譜由木拉提汗·克列斯記錄整理於 1953 年。

新疆維吾爾自治區民宗委少數民族古籍辦

[新疆阿勒泰]哈薩克族部落系譜　佚名講唱哈布德勒哈孜·葉吉尼斯記錄整理　一冊　哈薩克文

是譜流傳於新疆阿勒泰哈薩克族聚居區。講述哈薩克族祖先的傳説及乃蠻部落譜系。前半部分講述有關哈薩克族祖先阿涅斯巴巴等傳説。後半部分講述哈薩克族中玉兹乃蠻部落的簡要系譜。本譜由哈布德勒哈孜·葉吉尼斯記錄整理於 1953 年。

新疆維吾爾自治區民宗委少數民族古籍辦

[新疆阿勒泰]哈薩克族克烈部落譜　佚名講唱比熱克拜·薩黑拉記錄整理　一冊　哈薩克文

是譜流傳於新疆阿勒泰哈薩克族聚居區。講述諾亞方舟的傳説及人類的起源,哈薩克、柯爾克孜、烏兹別克等突厥語民族的分離,哈薩克民族"阿勒特阿熱斯"即六大部落、三大玉兹的來歷,在英雄加尼别克·别爾道列提的率領下阿巴克克列部落來到阿勒泰地區的經過,簡要的部落譜。本譜由比熱克拜·薩黑拉記錄整理於 1955 年。

新疆維吾爾自治區民宗委少數民族古籍辦

[新疆阿勒泰]哈薩克族和卓部落阿唐家族譜圖亞克·阿依塔肯等搜集整理　2016 年烏魯木齊市排印本　一冊　哈薩克文

本譜爲中國哈薩克族和卓部落阿唐家族譜。主要内容是中國境内哈薩克族和卓部落阿唐家族人物譜系,著名的歷史人物及現代科學技術和文化藝術領域有一定貢獻的人物之簡介。非公開出版物。

新疆維吾爾自治區民宗委少數民族古籍辦　新疆阿勒泰地區民宗委少數民族古籍辦

[新疆]中國阿爾根部落譜　烏勒加汗·阿合買提江等搜集整理　2008 年烏魯木齊市排印本一冊　哈薩克文

本譜係中國境內的中玉茲阿爾根部落譜。主要内容是中國境內的阿爾根部落人物譜系,主要的歷史人物和部分在科學技術、文化藝術界成績較突出的現代人物之簡介。非公開出版物。

新疆維吾爾自治區民宗委少數民族古籍辦

[新疆]胡勒莫勒科子部落譜　哈卡爾曼等搜集整理　2011 年烏魯木齊市排印本　一册　哈薩克文

本譜爲中玉茲阿巴克克列之莫勒科支部落中胡勒莫勒科子部落譜。主要内容是胡勒莫勒科子部落人物譜系,著名的歷史人物及現代科學技術和文化藝術領域有一定貢獻的人物之簡介。非公開出版物。

新疆維吾爾自治區民宗委少數民族古籍辦　新疆阿勒泰地區民宗委少數民族古籍辦

[新疆]胡勒莫勒科子部落(哈班拜家族)譜　哈卡爾曼等搜集整理　2011 年烏魯木齊市排印本一册　哈薩克文

本譜爲中玉茲阿巴克克列之莫勒科支部落中胡勒莫勒科子部落哈班拜家族譜。主要内容是胡勒莫勒科子部落哈班拜家族人物譜系,著名的歷史人物及現代科學技術和文化藝術領域有一定貢獻的人物之簡介。非公開出版物。

新疆阿勒泰地區民宗委少數民族古籍辦

[新疆]中國哈薩克族和卓部落譜　哈德爾·烏拉孜等搜集整理　2013 年烏魯木齊市排印本一册　哈薩克文

本譜爲中國哈薩克族和卓部落譜。主要内容是中國境內哈薩克族和卓部落人物譜系,著名的歷史人物及現代科學技術和文化藝術領域有一定貢獻的人物之簡介。非公開出版物。

新疆維吾爾自治區民宗委少數民族古籍辦

[新疆]中國哈薩克族瓦克部落譜　波拉提·哈孜孜等搜集整理　2010 年烏魯木齊市排印本一册　哈薩克文

本譜爲中國哈薩克族中玉茲瓦克部落譜。主要内容是中國境內哈薩克族中玉茲瓦克部落人物譜系,著名的歷史人物及現代科學技術和文化藝術領域有一定貢獻的人物之簡介。非公開出版物。

新疆維吾爾自治區民宗委少數民族古籍辦

[新疆]姜特刻衣氏族世表　中國科學院民族研究所新疆少數民族社會歷史調查組編　1963 年中國科學院民族研究所排印本　合册

先祖巴阿納里,生兩子:巴衣牢,柯衣牢。一世祖姜特刻衣,巴衣牢之孫,生四子:孫德克、孫拜、窩羅斯、徐銀恰拉。孫拜無後。表載孫德克、窩羅斯、徐銀恰拉三子及其後裔之世系,記至第七世。

本表載於《哈薩克族簡史簡志合編》

[新疆]姜特刻衣氏族世表　中國科學院民族研究所新疆少數民族社會歷史調查組編　1987 年新疆人民出版社排印本　合册

參見前條。

本表載於《哈薩克族簡史》

[新疆]賈兑克氏族世系表　中國科學院民族研究所新疆少數民族社會歷史調查組編　1963 年中國科學院民族研究所排印本　合册

一世祖賈兑克,生四子:蒙阿勒、加那特、滿力克、衣特葉木根。長子蒙阿勒生母爲蒙古族,次子加那特生母爲維吾爾族,三子滿力克生母爲柯爾克孜族。蒙阿勒無後。表載加那特、滿力克、衣特葉木根三子及其後裔之世系,記至第五世。

本表載於《哈薩克族簡史簡志合編》

[新疆]賈兑克氏族世系表　中國科學院民族研究所新疆少數民族社會歷史調查組編　1987 年新疆人民出版社排印本　合册

參見前條。

本表載於《哈薩克族簡史》

[新疆]傑魯希氏族世系表　中國科學院民族研究所新疆少數民族社會歷史調查組編　1963 年中國科學院民族研究所排印本　合册

一世祖傑魯布,生三子:薩勒特、阿衣吐汗、恰汗。表載一世祖至第十一世之世系。其中長子薩勒特一支人丁最旺。子孫有與蒙古族通婚者,也有遷居蘇聯者。

　　本表載於《哈薩克族簡史簡志合編》

[新疆]傑魯希氏族世系表　　中國科學院民族研究所新疆少數民族社會歷史調查組編　1987 年新疆人民出版社排印本　合册

　　參見前條。

　　本表載於《哈薩克族簡史》

[新疆]莫爾庫氏族世系表　　中國科學院民族研究所新疆少數民族社會歷史調查組編　1963 年中國科學院民族研究所排印本　合册

　　一世祖莫爾庫,有二子:別克特、阿勒克。別克特無後。阿勒克爲養子。表載阿勒克及其後裔之世系,記至第十一世。

　　本表載於《哈薩克族簡史簡志合編》

[新疆]莫爾庫氏族世系表　　中國科學院民族研究所新疆少數民族社會歷史調查組編　1987 年新疆人民出版社排印本　合册

　　參見前條。

　　本表載於《哈薩克族簡史》

[新疆]莎爾巴斯氏族世系表　　中國科學院民族研究所新疆少數民族社會歷史調查組編　1963 年中國科學院民族研究所排印本　合册

　　一世祖莎爾巴斯,生二子:爵勒力哈斯,熱勒力合斯。本表載世系凡七代。

　　本表載於《哈薩克族簡史簡志合編》

[新疆]莎爾巴斯氏族世系表　　中國科學院民族研究所新疆少數民族社會歷史調查組編　1987 年新疆人民出版社排印本　合册

　　參見前條。

　　本表載於《哈薩克族簡史》

[新疆]喀拉卡斯氏族世系表　　中國科學院民族研究所新疆少數民族社會歷史調查組編　1963

年中國科學院民族研究所排印本　合册

　　一世祖喀拉卡斯,生三子:禾順木、納孜兒、巴衣木。本世系表凡八代。

　　本表載於《哈薩克族簡史簡志合編》

[新疆]喀拉卡斯氏族世系表　　中國科學院民族研究所新疆少數民族社會歷史調查組編　1987 年新疆人民出版社排印本　合册

　　參見前條。

　　本表載於《哈薩克族簡史》

[新疆]加斯他邦氏族世系表　　中國科學院民族研究所新疆少數民族社會歷史調查組編　1963 年中國科學院民族研究所排印本　合册

　　一世祖加斯他邦,生兩子:別根別特、沙爾托亥。表載世系凡三代計九人。

　　本表載於《哈薩克族簡史簡志合編》

[新疆]加斯他邦氏族世系表　　中國科學院民族研究所新疆少數民族社會歷史調查組編　1987 年新疆人民出版社排印本　合册

　　參見前條。

　　本表載於《哈薩克族簡史》

[新疆]依特里氏族世系表　　中國科學院民族研究所新疆少數民族社會歷史調查組編　1963 年中國科學院民族研究所排印本　合册

　　先祖巴阿納里,生兩子:巴衣牢、柯衣牢。一世祖阿合米提艾勒(依特里),柯衣牢曾孫,生三子:特尼別克、阿合巴合提、庫浴克。長子特尼別克與次子阿合巴合提無後。本表所載世系自一世祖至庫浴克之子凡三代九人。

　　本表載於《哈薩克族簡史簡志合編》

[新疆]依特里氏族世系表　　中國科學院民族研究所新疆少數民族社會歷史調查組編　1987 年新疆人民出版社排印本　合册

　　參見前條。

　　本表載於《哈薩克族簡史》

[新疆]丘巴拉衣克爾氏族世系表　中國科學院民族研究所新疆少數民族社會歷史調查組編　1963年中國科學院民族研究所排印本　合冊

一世祖丘巴拉衣克爾,生兩子:巴爾塔、勺特滿。相傳巴爾塔、勺特滿爲養子,以種斑馬換來。表載世系自一世祖至第五代止,計十八人。

本表載於《哈薩克族簡史簡志合編》

[新疆]丘巴拉衣克爾氏族世系表　中國科學院民族研究所新疆少數民族社會歷史調查組編　1987年新疆人民出版社排印本　合冊

參見前條。

本表載於《哈薩克族簡史》

[新疆]蔑兒刻特氏族世系表　中國科學院民族研究所新疆少數民族社會歷史調查組編　1963年中國科學院民族研究所排印本　合冊

一世祖召哈什,從蔑兒刻特(城市)到哈薩克地區,娶賈兌克氏族之女,繁衍爲蔑兒刻特氏族。生有一女一子:阿合柯孜(女)、布額坦。阿合柯孜與鄂爾昆奇(城市)來的吐勒木禾加結婚,所生之子載入世系。本世系表所載凡三代八人。

本表載於《哈薩克族簡史簡志合編》

[新疆]蔑兒刻特氏族世系表　中國科學院民族研究所新疆少數民族社會歷史調查組編　1987年新疆人民出版社排印本　合冊

參見前條。

本表載於《哈薩克族簡史》

[新疆]康沙達克氏族世系表　中國科學院民族研究所新疆少數民族社會歷史調查組編　1963年中國科學院民族研究所排印本　合冊

一世祖康沙達克,生四子:朝連、阿塔和茲、科加別克、拜衣科別克。本表即爲其父子五人之世系。

本表載於《哈薩克族簡史簡志合編》

[新疆]康沙達克氏族世系表　中國科學院民族

研究所新疆少數民族社會歷史調查組編　1987年新疆人民出版社排印本　合冊

參見前條。

本表載於《哈薩克族簡史》

[新疆]胡爾臺布拉特氏族世系表　中國科學院民族研究所新疆少數民族社會歷史調查組編　1963年中國科學院民族研究所排印本　合冊

一世祖幾銀雪拉(胡爾臺布拉特),姜特刻衣外甥,生子特留恩別特。表載世系凡五代十人。

本表載於《哈薩克族簡史簡志合編》

[新疆]胡爾臺布拉特氏族世系表　中國科學院民族研究所新疆少數民族社會歷史調查組編　1987年新疆人民出版社排印本　合冊

參見前條。

本表載於《哈薩克族簡史》

[新疆]乃蠻部落世系表　中國科學院民族研究所新疆少數民族社會歷史調查組編　1963年中國科學院民族研究所排印本　合冊

一世祖乃蠻,生八子,除第八子有子外,其餘七子皆無後。第八子托列格泰生四子:沙兔爾、多爾杜烏里、哈熱克勒、馬太。其中哈熱克勒一支人丁最旺。本世系表載至十一世止,人丁百餘口。

本表載於《哈薩克族簡史簡志合編》

[新疆]乃蠻部落世系表　中國科學院民族研究所新疆少數民族社會歷史調查組編　1987年新疆人民出版社排印本　合冊

參見前條。

本表載於《哈薩克族簡史》

[新疆]黑宰部落世系表　中國科學院民族研究所新疆少數民族社會歷史調查組編　1963年中國科學院民族研究所排印本　合冊

一世祖黑宰,生四子:木額斯、伊特額木幹、別很別特、得爾瓦斯。本表世系凡九代,所載多爲嫡長子一脈。
　本表載於《哈薩克族簡史簡志合編》

[新疆]黑宰部落世系表　中國科學院民族研究所新疆少數民族社會歷史調查組編　1987年新疆人民出版社排印本　合冊
　參見前條。
　本表載於《哈薩克族簡史》

[新疆]表素宛部落世系表　中國科學院民族研究所新疆少數民族社會歷史調查組編　1963年中國科學院民族研究所排印本　合冊
　一世祖素宛,生四子:都司巴格斯、坎巴格斯、托加爾斯坦、拜衣杜格。都司巴格斯、坎巴格斯無後。表載世系凡十一代約五十人。
　本表載於《哈薩克族簡史簡志合編》

[新疆]表素宛部落世系表　中國科學院民族研究所新疆少數民族社會歷史調查組編　1987年新疆人民出版社排印本　合冊
　參見前條。
　本表載於《哈薩克族簡史》

[新疆]阿爾班部落世系表　中國科學院民族研究所新疆少數民族社會歷史調查組編　1963年中國科學院民族研究所排印本　合冊
　一世祖阿爾班,生兩子:沙熱、赤布勒。表載世系自一世至十五世止。
　本表載於《哈薩克族簡史簡志合編》

[新疆]阿爾班部落世系表　中國科學院民族研究所新疆少數民族社會歷史調查組編　1987年新疆人民出版社排印本　合冊
　參見前條。
　本表載於《哈薩克族簡史》

[新疆]杜拉特部落表　中國科學院民族研究所新疆少數民族社會歷史調查組編　1963年中國科學院民族研究所排印本　合冊
　一世祖杜拉特,生四子:加内斯、蘇衣科木、赤

木爾、波特巴衣。本表即爲其父子之世系。
　本表載於《哈薩克族簡史簡志合編》

[新疆]杜拉特部落表　中國科學院民族研究所新疆少數民族社會歷史調查組編　1987年新疆人民出版社排印本　合冊
　參見前條。
　本表載於《哈薩克族簡史》

[新疆]阿巴克·克烈系譜　阿合特撰　1985年排印本　合冊
　内容不詳。阿合特爲詩人。
　本譜載於1985年第4期《緑草》
　本條目據1989年第6期《新疆社會科學》載賈合甫·米爾扎汗著《哈薩克族系譜搜集和歷史研究概述》一文著録

[新疆]克烈史譜　帖米爾巴依·斯瑪古勒、瓦克特·黑力勒撰　1985年排印本　合冊
　内容不詳。
　本譜載於1985年第3期《木拉》
　本條目據1989年第6期《新疆社會科學》載賈合甫·米爾扎汗著《哈薩克族系譜搜集和歷史研究概述》一文著録

[新疆]十二個阿巴克克烈貴族系譜　美來特汗·艾林撰　1985年排印本　合冊
　内容不詳。
　本譜載於1985年第3期《木拉》
　本條目據1989年第6期《新疆社會科學》載賈合甫·米爾扎汗著《哈薩克族系譜搜集和歷史研究概述》一文著録

[新疆]克宰依部族　馬米提·卡依拉克別克記録　庫賽音·胡達拜爾迪整理　1987年排印本　合冊
　内容不詳。
　本譜載於1987年第2期《木拉》
　本條目據1989年第6期《新疆社會科學》載賈合甫·米爾扎汗著《哈薩克族系譜搜集和歷史研

究概述》一文著錄

[新疆]克宰部落史　杜斯帕米·薩吾熱克撰
1982 年排印本　合册
　　内容不詳。此即《額森克力德巴圖爾》長詩。

本譜載於 1982 年第 1 期《伊犁河》(哈文版)

本條目據 1989 年第 6 期《新疆社會科學》載賈
合甫·米爾扎汗著《哈薩克族系譜搜集和歷史研
究概述》一文著錄

錫 伯 族

[遼寧瀋陽]瓜爾佳氏宗譜　關延奎纂修　民國二十三年(1934)抄本　一幅
譜載該族遷盛京時間和世系等。
遼寧省瀋陽市安振泰
本條目據《中國少數民族古籍總目提要·錫伯族卷》著錄

[遼寧瀋陽]瓜爾佳氏宗譜不分卷　關玉琛等纂修　1954年抄本　一冊
譜載內容不詳。
遼寧省瀋陽市安振泰
本條目據《少數民族譜牒研究》載李小文、田歡著《錫伯族家譜概述》一文著錄

[遼寧瀋陽]安氏宗譜不分卷　安文林等纂修　民國三十六年(1947)抄本　一冊
是為新城子區黃家錫伯族鄉嶽士屯譜。載族別、原籍、遷來盛京時間、所編旗佐、宗支世系等。
遼寧省瀋陽市安振泰
本條目據《中國少數民族古籍總目提要·錫伯族卷》、《中國少數民族家譜研究》著錄

[遼寧瀋陽]盛京吳扎拉氏家譜　纂修者不詳　清棉布抄本　一幅　滿文
譜載譜序、源流等。2005年新疆人民出版社《錫伯族古籍資料輯注》內載有肖夫譯成漢文的部分內容。
遼寧省瀋陽市吳扎拉氏族長
本條目據《中國少數民族古籍總目提要·錫伯族卷》著錄

[遼寧瀋陽]盛京城北吳扎拉氏家譜　纂修者不詳　清棉布抄本　一幅　滿文
載譜序、源流等。2005年新疆人民出版社《錫伯族古籍資料輯注》內載有肖夫譯成漢文的該譜序文。
遼寧省瀋陽市吳扎拉氏族長
本條目據《中國少數民族古籍總目提要·錫伯族卷》著錄

[遼寧瀋陽]北營子吳氏宗譜不分卷　吳慶吉纂修　民國二十四年(1935)抄本　一幅
是為瀋陽大淑堡鄉北營子吳氏宗譜。載祖居地、遷徙、旗佐、世系、輩字等。
遼寧省瀋陽市安振泰
本條目據《中國少數民族古籍總目提要·錫伯族卷》著錄

[遼寧瀋陽]吳氏宗譜不分卷　纂修者不詳　抄本　一幅
是譜載吳氏遷來盛京時間、原居地、命名輩字、世系等。
遼寧省瀋陽市安振泰
本條目據《中國少數民族古籍總目提要·錫伯族卷》著錄

[遼寧瀋陽]瀋陽何舍里哩氏譜書不分卷　纂修者不詳　民國二十四年(1935)抄本　一幅
是譜載遷徙時間、地點、宗支世系等。
遼寧省瀋陽市安振泰
本條目據《中國少數民族古籍總目提要·錫伯族卷》著錄

[遼寧瀋陽]完顏家系錄不分卷　民國二十三年(1934)印本　一冊
是譜載族源、原居地、遷來盛京地點、所在旗佐、世系等。
遼寧省瀋陽市王玉藩

本條目據《中國少數民族古籍總目提要·錫伯族卷》著録

[遼寧瀋陽]依爾根覺羅西伯肇宗譜不分卷   吉尚阿等纂修   民國三年(1914)印本   一册

是爲蘇家屯區沙河鋪鄉趙家甸子村家譜。載依爾根覺羅氏先祖遷盛京前的原居地,歸附清廷及遷盛京原因、過程等,及“十規要言”、“八戒要務”、世系表等。

遼寧省瀋陽市安振泰

本條目據《中國少數民族古籍總目提要·錫伯族卷》著録

[遼寧瀋陽]哈斯呼里氏譜書不分卷   纂修者不詳   民國三年(1914)抄本   一册

哈斯呼里氏,漢姓爲韓姓。清同治十一年(1872)的修本爲滿文,民國三年(1914)松巖將其譯爲漢文。載宗族源流、遷徙、世文宗支等。

遼寧省瀋陽市安振泰

本條目據《中國少數民族古籍總目提要·錫伯族卷》著録

[遼寧瀋陽]哈什胡里氏家譜   吉隆阿、永奎纂修   清抄本   譜單一份   滿文

哈什胡里氏,漢姓韓,初定居黑龍江所屬墨爾根城(今嫩江市)和雅魯河流域,時隸屬科爾沁蒙古,清初被努爾哈赤征服,與蒙古人一起編入蒙古八旗,清康熙三十一年(1692)編入滿洲八旗,先後駐齊齊哈爾、伯都訥等地。清康熙三十九年(1700)再由伯都訥遷至盛京,編入牛录當差。始祖雅奇布,有二子,長子名烏蘇布,次子名烏蘇買。烏蘇布一支被分到白旗堡滿洲正白旗佐領衙門當差,在三十里外的遼河邊上的霸牆子落户。烏蘇買一支被編入鑲藍旗,在城西六十里的邊臺落户。是譜修於清同治十年(1871)。烏蘇布一支未入譜。

遼寧省瀋陽市于洪區馬三家鎮邊臺村韓氏

本條目據2001年第1期《瀋陽教育學院學報》載韓啓昆著《邊臺哈什胡里氏(韓)家譜研究》一文著録

[遼寧瀋陽]哈什胡里氏家譜   吉隆阿、永奎纂修   據清抄本複印   譜單一份   滿文

參見前條。

遼寧省瀋陽市檔案館

本條目據2001年第1期《瀋陽教育學院學報》載韓啓昆著《邊臺哈什胡里氏(韓)家譜研究》一文著録

[遼寧瀋陽]哈什胡里氏家譜   纂修者不詳   民國間抄本   譜單一份

此爲民國二年(1913)修本。譜表内六世祖達爾扎名下記“撥往伊犁”,八世祖瓦力海名下記有“祖往伊犁”。清乾隆二十九年(1764)諭令盛京將軍抽調所屬諸城錫伯官兵攜眷遠去伊犁戍邊,是族去了兩支。

本條目據2001年第1期《瀋陽教育學院學報》載韓啓昆著《邊臺哈什胡里氏(韓)家譜研究》一文著録

[遼寧瀋陽]哈什胡里氏家譜   纂修者不詳   據民國間抄本複印   譜單一份

參見前條。

遼寧省瀋陽市檔案館

本條目據2001年第1期《瀋陽教育學院學報》載韓啓昆著《邊臺哈什胡里氏(韓)家譜研究》一文著録

[遼寧瀋陽]錫伯族哈什胡里氏譜書   韓啓岫等纂修   1986年排印本   一册

先祖同上。此爲續修譜,1985年開始纂修,一年後告成。十四世後女子,是譜皆起名進譜。

遼寧省瀋陽市于洪區馬三家鎮邊臺村韓氏

[遼寧瀋陽]錫伯族哈什胡里氏譜書   韓啓岫等纂修   據1986年排印本複印   一册

參見前條。

遼寧省瀋陽市檔案館

[遼寧瀋陽]關氏家譜不分卷   纂修者不詳   舊抄本   一册

是譜載原居地、遷盛京後分駐各地情況、命名輩字、世系等。

遼寧省瀋陽市關明俊

本條目據《中國少數民族古籍總目提要·錫伯族卷》著錄

[遼寧瀋陽] 依拉里氏祖譜　纂修者不詳　抄本一幅

其祖先自依提拉故里遷來，四支合居撫順、瀋陽等四地，冠漢字依、胡兩姓。譜記始祖佛力圖及以下凡八代世系。

遼寧省瀋陽市東陵東深井子方國公

本條目據《中國少數民族古籍總目提要·錫伯族卷》著錄

[遼寧瀋陽] 胡氏宗譜單　纂修者不詳　抄本一幅

一世祖佛力圖，二世祖依博根，三世祖爲粗克、關音保兄弟，至五世祖衍爲和勒、四十九、金寶柱、俊德順四支。四十九長孫恩臨始改爲胡姓，至今已歷十七世。載譜序、世系。

遼寧省瀋陽市韓啓昆

本條目據《中國少數民族古籍總目提要·錫伯族卷》著錄

[遼寧瀋陽] 翰雅拉氏三代匯宗圖　纂修者不詳　版本不詳

是爲興隆臺錫伯族鎮小黑村韓氏譜。

本條目據《中國少數民族家譜研究》著錄

[遼寧瀋陽] 蘇穆祿氏 (徐氏) 家譜不分卷　徐樹萱纂修　民國二十九年(1940)抄本　一册

是譜載命名字、世系等。

遼寧省瀋陽市徐書典

本條目據《中國少數民族古籍總目提要·錫伯族卷》著錄

[遼寧瀋陽] 韓氏家譜不分卷　纂修者不詳　清同治四年(1865)抄本　一册

是譜載韓氏家族世系等。

遼寧省瀋陽市韓伯純

本條目據《中國少數民族古籍總目提要·錫伯族卷》著錄

[遼寧撫順] 依拉里氏宗譜　纂修者不詳　抄本兩幅

依氏與胡氏同祖異宗，自第二世依博根始以漢字"依"爲姓。始祖佛力圖。據序云，本支源出"席北"。譜載譜序、世系等。

遼寧省撫順市拉古鄉陡山村依氏族人

本條目據《中國少數民族古籍總目提要·錫伯族卷》著錄

[遼寧撫順] 何氏家譜單　纂修者不詳　清乾隆八年(1743)抄本　四幅

是族源出"席北"，姓虎爾哈爾。自席北投歸清太宗，駐防撫順。譜記世系、人名、官職等。第三世有兄弟三人，分居三地，譜以三世爲中始祖，往下記至第五世。

遼寧省撫順市順城區黃旗村何氏族人

本條目據《中國少數民族古籍總目提要·錫伯族卷》著錄

[遼寧撫順] 胡氏家譜　纂修者不詳　清抄本四幅

原爲伊拉里氏，改胡姓。譜載序言、始祖佛力圖及以下凡十三代世系，人名均爲錫伯文。

遼寧省撫順市順城區黃旗村胡氏族人

本條目據《中國少數民族古籍總目提要·錫伯族卷》著錄

[遼寧法庫] 葉赫氏宗譜不分卷　連慶、慶善纂修　抄本　一幅　滿漢雙文

是譜載葉赫氏原居地、遷徙、旗佐、旗別、姓氏、世系等。

遼寧省瀋陽市安振泰

本條目據《中國少數民族古籍總目提要·錫伯族卷》著錄

[遼寧阜新] (吳氏) 師錫家書不分卷　纂修者不

詳　民國二十年(1931)抄本　一册

是爲八家子村吳姓家譜。載原居地、遷盛京時間及地點、世系等。

遼寧省瀋陽市安振泰

本條目據《中國少數民族古籍總目提要‧錫伯族卷》、《中國少數民族家譜研究》著録

[遼寧鐵嶺]錫伯族關氏譜系一卷　(清)關蘇文纂修　清咸豐二年(1852)石印本　一册　書名自擬　三修本　錫伯漢雙文

譜奉佛爾果、尼哈奇、朱撤爲始祖。

遼寧省鐵嶺縣鎮西堡鎮心田堡村關德全

[遼寧鐵嶺]鐵嶺縣心田堡關氏宗譜册不分卷　纂修者不詳　民國十二年(1923)抄本　二册　滿漢雙文

是譜載鐵嶺心田堡關氏發源地、世系。

遼寧省瀋陽市安振泰

本條目據《中國少數民族古籍總目提要‧錫伯族卷》著録

[遼寧開原]錫伯族瓜爾佳氏(關)宗譜不分卷　纂修者不詳　民國十一年(1922)排印本　一册　書名據封面題

始祖佛爾果，錫伯瓜爾佳氏，原居多爾吉逼拉束灣哈達，明初遷至伯都那，再遷開原縣大灣屯，後世遂世居於開原等地。錫伯族瓜爾佳氏在清初被編隸於滿洲八旗。載序、世系等。

遼寧省本溪滿族自治縣張德玉

[遼寧開原]錫伯族瓜爾佳氏(關)宗譜不分卷　纂修者不詳　據民國十一年(1922)排印本複印一册　書名據封面題

參見前條。

吉林師範大學滿族文化研究所

[遼寧開原]開原關氏宗譜　纂修者不詳　民國元年(1912)抄本　一幅　滿漢雙文

是譜載發源地、始祖兄弟三人分遷各處情況及第二支世系。

遼寧省瀋陽市安振泰

本條目據《中國少數民族古籍總目提要‧錫伯族卷》著録

[遼寧開原]尼雅哈齊後世宗譜　纂修者不詳　版本不詳

一世祖尼雅哈齊，佛爾和之弟。其族明初遷至伯都訥(今吉林扶餘)，清康熙間再從伯都訥移居開原正西正黃旗界大灣屯，後奉命遷於盛京、遼陽、海城、開原、鐵嶺、鳳凰城、撫順、熊嶽、廣寧、錦州、義州等地。

遼寧省開原市大灣屯關宗緒

本條目據1992年第3期《滿族研究》中瀛雲萍著《從四部宗譜看錫伯族源》一文著録

[遼寧開原]開原市八寶鄉大灣屯村錫伯族瓜爾佳氏宗譜　蘇文纂修　1990年排印本　一册　書名據書名頁題　二修本

始遷祖布林壇，明代人。後裔改姓關。

遼寧省圖書館

[遼寧新賓]吳門中錫伯人氏火火力祖譜　纂修者不詳　稿本　兩份

始祖火火力，長子色克幾、次子夏幾郎。此譜分文字譜和彩繪譜。文字譜爲譜單，記火火力家族兩支四代人，於人名旁標有職務或官銜。彩繪譜爲夏幾郎後裔所編，僅記夏幾郎一支。

遼寧省新賓滿族自治縣永陵鎮大堡村吳玉峰

[遼寧遼陽]瓜爾佳氏家世録不分卷　關貴增纂修　民國二十九年(1940)排印本　一册　書名據封面題

始祖阿爾宏圖，錫伯人。投歸清太祖後隸正白旗滿洲。清順治八年(1651)兄弟五人奉派遼陽駐防，後世遂居遼陽。載序言、世系、範字等。

遼寧省鞍山市白旗堡村關英强

[遼寧鞍山]錫伯瓜爾佳氏譜書　纂修者不詳　清光緒六年(1880)抄本　一册　又題名被撥往各地駐防兵員名録、撥往各地花名册

是譜從檔冊中抄録而成。載自一世祖至光緒二年(1876)譜系。

遼寧省鞍山市關氏族人

本條目據《遼東滿族家譜選編》著録

[遼寧鳳城]鳳城寶山鄉大營子白氏家譜不分卷
纂修者不詳　抄本　一册

是譜載該家族原居地、遷來時間、世系表等。

遼寧省瀋陽市白寶清

本條目據《中國少數民族古籍總目提要·錫伯族卷》著録

[遼寧鳳城]遼寧省鳳城滿族自治縣寶山鄉小四臺子村錫伯族何舍哩氏譜書一卷　何惠春等纂修
據1988年抄本複印　一册　書名據書名頁題三修本

始遷祖勒德黑,清代人。

遼寧省圖書館

[遼寧鳳城]錫伯族吳氏家譜單　纂修者不詳
2000年據抄本複印

始遷祖多必,清代遷寶山鎮小四臺子村。

遼寧省圖書館

[遼寧大連]圖克色里佟氏宗譜宗譜不分卷　纂修者不詳　民國十八年(1929)稿本　一册　書名據封面題

始祖圖克色里,錫伯族。載序言、凡例等。

遼寧省大連市瀛雲萍

[遼寧瓦房店]女真瓦爾佳氏蘇完部一支超·莫勒根衛後裔的譜系不分卷　纂修者不詳　清光緒六年(1880)抄本　一册　書名據封面題

一世祖奉御玉軍汗,原居黑龍江,後世駐防蘇蘇刷覘河扎汗多寬,清太祖時來歸,隸於佛滿洲正黄旗。其後代各世丁員分撥各地駐防。載譜系、介紹本關氏爲錫伯瓜爾佳氏世系及關氏各代人丁撥往各地人員名單。

遼寧省瓦房店市復州城西東崗鄉喇嘛廟村關明乙

[遼寧瓦房店]女真瓦爾佳氏蘇完部一支超·莫勒根衛後裔的譜系不分卷　纂修者不詳　據清光緒六年(1880)抄本複印　一册　書名據封面題

參見前條。

吉林師範大學滿族文化研究所

[遼寧]卜姓三處坐落親脈族内男女家譜册不分卷　(清)喇嘛合薩朗阿纂修　清同治間抄本
一册

是譜載族源、遷徙、宗支世系。

遼寧省瀋陽市安振泰

本條目據《中國少數民族古籍總目提要·錫伯族卷》著録

[遼寧]何氏宗譜不分卷　纂修者不詳　民國三十一年(1942)抄本　一册

是譜初修本爲清乾隆五十五年(1790)滿文本,光緒二十九年(1903)譯爲滿漢雙文,民國三十一年(1942)轉寫爲漢文。記述是族原居地、遷徙、輩字、世系等。

遼寧省瀋陽市安振泰

本條目據《中國少數民族古籍總目提要·錫伯族卷》著録

[遼寧]吳氏世代家譜不分卷　纂修者不詳　清光緒三十四年(1908)吳恩奎據嘉慶十八年(1813)修本抄　一册

譜載是族原居地、遷徙、旗佐、修譜經過等。

遼寧省瀋陽市安振泰

本條目據《中國少數民族古籍總目提要·錫伯族卷》著録

[遼寧]吳氏家譜不分卷　吳安泰等纂修　抄本
一册

是譜載該族族名、遷來盛京時間、世系、官職。

遼寧省瀋陽市吳兆洲

本條目據《中國少數民族古籍總目提要·錫伯族卷》著録

[遼寧]錫伯趙氏家譜不分卷　纂修者不詳　抄

本　一册

是譜載錫伯趙氏族名、原居地、世系等。

遼寧省瀋陽市安振泰

本條目據《中國少數民族古籍總目提要·錫伯族卷》著録

[遼寧]趙氏家譜不分卷　纂修者不詳　抄本一册

是譜載該族族別、旗佐、遷徙、世系等。

遼寧省瀋陽市趙文全

本條目據《中國少數民族古籍總目提要·錫伯族卷》著録

[遼寧]圖克色里氏宗譜不分卷　纂修者不詳清光緒二十六年(1900)抄本　一册

是譜載族源、立譜意義、塋地、十規八戒、世系。

遼寧省瀋陽市安振泰

本條目據《中國少數民族古籍總目提要·錫伯族卷》著録

[遼寧]關姓錫伯調訪録不分卷　纂修者不詳清光緒六年(1880)抄本　一册

是爲遼寧關姓譜書。載族名、原居地、世系及歷世調查訪問記録。

遼寧省瀋陽市安振泰

本條目據《中國少數民族古籍總目提要·錫伯族卷》著録

[遼寧]關氏家譜不分卷　寶山、寶書纂修　1954年抄本　一册

遼寧省瀋陽市安振泰

本條目據《少數民族譜牒研究》載李小文、田歡著《錫伯族家譜概述》一文著録

[遼寧]關姓家譜　纂修者不詳　1959年關繼抄本　一幅

遼寧省瀋陽市安振泰

本條目據《少數民族譜牒研究》載李小文、田歡著《錫伯族家譜概述》一文著録

[遼寧]關氏家譜不分卷　纂修者不詳　1960年抄本　一幅

遼寧省關臻

本條目據《少數民族譜牒研究》載李小文、田歡著《錫伯族家譜概述》一文著録

[遼寧]家譜册不分卷　喜慶、永岭等纂修　民國二年(1913)抄本　一册

是譜載族源、世系等。

遼寧省瀋陽市安振泰

本條目據《中國少數民族古籍總目提要·錫伯族卷》著録

[黑龍江哈爾濱]哈爾濱何葉爾氏家譜　纂修者不詳　抄本　一幅

是族於清康熙年間從嫩江遷至盛京城北嶽士屯駐防。後遷哈爾濱。譜載世系。

黑龍江省哈爾濱市何葉爾氏家族

本條目據《中國少數民族古籍總目提要·錫伯族卷》著録

[黑龍江哈爾濱]哈爾濱吳氏宗譜　纂修者不詳抄本　一幅

是族原居吉林伯都納,清康熙三十八年(1699)遷盛京。後遷哈爾濱。譜載世系。

黑龍江省哈爾濱市吳氏家族

本條目據《中國少數民族古籍總目提要·錫伯族卷》著録

[黑龍江哈爾濱]哈爾濱吳扎拉氏家譜　纂修者不詳　抄本　一幅

是族原居伯都納錯草溝,清康熙三十八年(1699)遷盛京城南北營子。後遷哈爾濱。載世系。

黑龍江省哈爾濱市吳扎拉氏家族

本條目據《中國少數民族古籍總目提要·錫伯族卷》著録

[黑龍江哈爾濱]呼蘭縣傅氏家譜　纂修者不詳抄本　一幅

始祖納布,住黑龍江畔愛輝,清乾隆年間經齊齊哈爾遷至呼蘭河畔西下洼子定居。譜載世系。

黑龍江省哈爾濱市呼蘭區傅氏家族

本條目據《中國少數民族古籍總目提要・錫伯族卷》著録

[黑龍江哈爾濱]韓賡生家譜　纂修者不詳　抄本　一幅

是爲雙城韓賡生譜單。韓氏原居伯都訥外錯草溝,清康熙二十六年(1687)撥復州鑲白旗慶喜佐領下,住城東南三家子,道光二十五年(1845)遷至雙城。載世系等。

黑龍江省哈爾濱市雙城區同心滿族鄉治鄉村韓賡生家族

本條目據《中國少數民族古籍總目提要・錫伯族卷》著録

[黑龍江哈爾濱]吳安平家譜　纂修者不詳　抄本　一幅

是爲雙城吳氏譜單。吳姓第十一世祖納束肯於清嘉慶二十五年(1820)由奉天撥駐雙城堡右屯右翼廂紅旗二甲拉五屯,遂世居於此。載世系。

黑龍江省哈爾濱市雙城區公正滿族鄉康寧村吳安平家族

本條目據《中國少數民族古籍總目提要・錫伯族卷》著録

[黑龍江哈爾濱]于殿全家譜　纂修者不詳　抄本　一幅

是爲雙城于氏譜單。于氏原籍北京順天府,居於郎家胡同,清康熙年間遷移復州,嘉慶二十四年(1849)由復州撥往雙城墾荒。載世系。

黑龍江省哈爾濱市雙城區公正滿族鄉康寧村于殿全家族

本條目據《中國少數民族古籍總目提要・錫伯族卷》著録

[黑龍江哈爾濱]伊興文家譜　纂修者不詳　抄本　一幅

是爲雙城伊氏譜單。高祖必士,錫伯伊拉里氏,

原居伯都訥(新城),代領三子,長子代通,次子孟額,三子興額力,清康熙二十年(1681)奉旨撥駐盛京熊嶽城,隸正黄旗,入冊充差。後遷雙城。載世系。

黑龍江省哈爾濱市雙城區同心滿族鄉福利村伊興文家族

本條目據《中國少數民族古籍總目提要・錫伯族卷》著録

[黑龍江哈爾濱]傅振祥家譜　纂修者不詳　抄本　一幅

是爲雙城傅氏譜單。傅氏原籍伯都訥(新城),移居復州,入正白旗,於後二十里堡壓花屯北溝、南溝開墾。後遷雙城。載世系。

黑龍江省哈爾濱市雙城區同心滿族鄉同德村傅振祥家族

本條目據《中國少數民族古籍總目提要・錫伯族卷》著録

[黑龍江哈爾濱]趙義伍家譜　纂修者不詳　抄本　一幅

是爲雙城中興村進步屯(趙鐵頭窩柵)趙家譜單。趙氏自西伯伯冊諾四道溝撥金州。後遷雙城。譜載十二代世系。

遼寧省大連市金州區華家鄉石砬村趙家元

本條目據《中國少數民族古籍總目提要・錫伯族卷》著録

[黑龍江哈爾濱]趙文全家譜　纂修者不詳　抄本　一幅

是爲雙城趙氏譜單。趙姓前隸廂黄旗雙頂佐領下,清道光十七年(1837)由奉天金州遷至雙城堡。譜載六代世系。

黑龍江省哈爾濱市雙城區幸福滿族鄉久前村趙文全家族

本條目據《中國少數民族古籍總目提要・錫伯族卷》著録

[黑龍江哈爾濱]雙城劉氏宗祖世系譜不分卷　劉治麟纂修　據民國二十七年(1938)抄本複印

一册

　始祖多和,錫伯族人。始遷祖保柱、巴哈娜、達爾扎哈、三保等,清嘉慶二十五年(1820)撥户吉林雙城界,後遷黑龍江。

　中央民族大學圖書館　黑龍江省雙城縣劉國翰

[黑龍江哈爾濱]雙城劉氏宗祖世系譜不分卷
劉治麟纂修　2003年北京圖書館出版社據民國二十七年(1938)抄本影印　合册

　參見前條。

　本譜載於《北京圖書館藏家譜叢刊·民族卷》第四十七册

[黑龍江齊齊哈爾]何葉爾氏家譜　纂修者不詳
民國三十七年(1948)棉布抄本　一幅　滿文

　是譜載齊齊哈爾何葉爾氏十二代男性世表。第十二代四兄弟中三位於清乾隆二十九年(1764)西遷新疆戍邊。

　新疆維吾爾自治區霍城縣伊車嘎善錫伯族鄉何雙福

　本條目據《中國少數民族古籍總目提要·錫伯族卷》著録

[黑龍江龍江]龍江縣何氏家譜　纂修者不詳
抄本　一幅

　是族原籍遼寧法庫縣兒狼洞崗子。後遷龍江。載世系。

　黑龍江省龍江縣泉眼村何氏家族

　本條目據《中國少數民族古籍總目提要·錫伯族卷》著録

[新疆伊犁]扎庫齊牛录石家氏家譜　纂修者不詳　清棉布抄本　一幅　滿文

　是譜載譜序、世系等。譜序記述新疆扎庫齊牛录石家氏分支移駐伊犁的時間、分支始祖及妻兒等。2005年新疆人民出版社《錫伯族古籍資料輯注》内載有肖夫譯成漢文的部分内容。

　新疆維吾爾自治區伊犁哈薩克自治州扎庫齊牛录石家氏族長

　本條目據《中國少數民族古籍總目提要·錫伯族卷》著録

　族卷》著録

[新疆伊犁]扎庫齊牛录伊拉里氏家譜　纂修者不詳　清棉布抄本　一幅　滿文

　是譜載譜序、世系等。譜序記述新疆伊拉里氏分支移駐伊犁的時間、在東北的居住地及始祖等。2005年新疆人民出版社《錫伯族古籍資料輯注》内載有肖夫譯成漢文的部分内容。

　新疆維吾爾自治區伊犁哈薩克自治州扎庫齊牛录伊拉里氏族長

　本條目據《中國少數民族古籍總目提要·錫伯族卷》著録

[新疆伊犁]烏珠牛录圖穆爾奇哈拉家譜　纂修者不詳　棉布彩繪本　一幅　滿文

　是爲伊犁錫伯營鑲黄旗圖穆爾奇哈拉彩繪宗譜。主體爲佛教廟宇形式的彩色圖案,圖案上面以牌位形式標有圖穆爾奇哈拉(姓)三代世系。

　新疆維吾爾自治區察布查爾錫伯自治縣愛新舍里鎮烏珠牛录村春爾

　本條目據《中國少數民族古籍總目提要·錫伯族卷》著録

[新疆霍城]霍城瓜爾佳氏家譜　纂修者不詳
民國二十九年(1940)抄本　一幅　錫伯文

　是譜載霍城縣大西河鄉瓜爾佳家族七代男性世表。

　新疆維吾爾自治區霍城縣大西溝鄉彦成

　本條目據《中國少數民族古籍總目提要·錫伯族卷》著録

[新疆察布查爾]扎庫齊牛录扎斯胡里氏家譜
纂修者不詳　清道光四年(1824)棉布抄本　一幅
滿文

　是譜載扎庫齊牛录扎斯胡里氏家族十代一百三十一位男性世表。

　新疆維吾爾自治區察布查爾錫伯自治縣扎庫齊牛录村英林

本條目據《中國少數民族古籍總目提要·錫伯族卷》著録

[新疆察布查爾]扎庫齊牛録覺羅氏家譜 纂修者不詳 清咸豐五年(1855)棉布抄本 一幅 滿文

是譜載扎庫齊牛録覺羅氏家族十一代一百二十三名男性世表。

新疆維吾爾自治區察布查爾錫伯自治縣扎庫齊牛録村趙如林

本條目據《中國少數民族古籍總目提要·錫伯族卷》著録

[新疆察布查爾]扎庫齊牛録郭爾吉氏家譜 纂修者不詳 清光緒十六年(1890)紅布抄本 一幅 滿文

是譜載扎庫齊牛録郭爾吉氏家族十代男性世表。

新疆維吾爾自治區察布查爾錫伯自治縣扎庫齊牛録村

本條目據《中國少數民族古籍總目提要·錫伯族卷》著録

[新疆察布查爾]扎庫齊牛録富察氏家譜 纂修者不詳 清光緒二十七年(1901)棉布抄本 一幅 滿文

是譜載扎庫齊牛録富察氏八代男性世表。

新疆維吾爾自治區察布查爾錫伯自治縣扎庫齊牛録村富保

本條目據《中國少數民族古籍總目提要·錫伯族卷》著録

[新疆察布查爾]扎庫齊牛録陶霍里氏家譜 纂修者不詳 清光緒二十九年(1903)棉布抄本 一幅 滿文

譜載扎庫齊牛録陶霍里氏家族七代八十七位男性世表。

新疆維吾爾自治區察布查爾錫伯自治縣扎庫齊牛録村陶吉春

本條目據《中國少數民族古籍總目提要·錫伯

族卷》著録

[新疆察布查爾]扎庫齊牛録顧爾佳氏家譜 纂修者不詳 清宣統三年(1911)棉布抄本 一幅 滿文

是譜載扎庫齊牛録顧爾佳氏十代男性世表。

新疆維吾爾自治區察布查爾錫伯自治縣扎庫齊牛録村關孝慶

本條目據《中國少數民族古籍總目提要·錫伯族卷》著録

[新疆察布查爾]扎庫齊牛録富察氏家譜 纂修者不詳 清棉布抄本 一幅 滿文

是譜載譜序、世系等。2005年新疆人民出版社《錫伯族古籍資料輯注》内載有肖夫譯成漢文的部分内容。

新疆維吾爾自治區察布查爾錫伯自治縣扎庫齊牛録富察氏族長

本條目據《中國少數民族古籍總目提要·錫伯族卷》著録

[新疆察布查爾]扎庫齊牛録果爾吉氏家譜 纂修者不詳 清棉布抄本 一幅 滿文

是譜載譜序、世系等。譜序記述錫伯族果爾吉氏新疆分支的源流及始祖等情況。2005年新疆人民出版社《錫伯族古籍資料輯注》内載有肖夫譯成漢文的部分内容。

新疆維吾爾自治區察布查爾錫伯自治縣扎庫齊牛録果爾吉氏族長

本條目據《中國少數民族古籍總目提要·錫伯族卷》著録

[新疆察布查爾]扎庫齊牛録吳扎拉氏家譜 纂修者不詳 清棉布抄本 一幅 滿文

是譜載譜序、世系等。譜序記述新疆吳扎拉氏分支的源流、遷徙時間及始祖等。2005年新疆人民出版社《錫伯族古籍資料輯注》内載有肖夫譯成漢文的部分内容。

新疆維吾爾自治區察布查爾錫伯自治縣扎庫齊牛録吳扎拉氏族長

本條目據《中國少數民族古籍總目提要·錫伯

族卷》著録

[新疆察布查爾]扎庫齊牛录扎斯胡里氏家譜
纂修者不詳　清棉布抄本　一幅　滿文

是譜載譜序、世系等。譜序記述扎斯胡里氏分支的源流及遷徙等。2005年新疆人民出版社《錫伯族古籍資料輯注》内載有肖夫譯成漢文的部分内容。

新疆維吾爾自治區察布查爾錫伯自治縣扎庫齊牛录扎斯胡里氏族長

本條目據《中國少數民族古籍總目提要·錫伯族卷》著録

[新疆察布查爾]扎庫齊牛录托庫爾氏家譜
纂修者不詳　清棉布抄本　一幅　滿文

是譜載譜序、世系等。譜序記述托庫爾氏分支的源流、承襲等。2005年新疆人民出版社《錫伯族古籍資料輯注》内載有肖夫譯成漢文的部分内容。

新疆維吾爾自治區察布查爾錫伯自治縣扎庫齊牛录托庫爾氏族長

本條目據《中國少數民族古籍總目提要·錫伯族卷》著録

[新疆察布查爾]扎庫齊牛录瓜爾佳氏家譜
纂修者不詳　清棉布抄本　一幅　滿文

是譜載譜序、世系等。2005年新疆人民出版社《錫伯族古籍資料輯注》内載有肖夫譯成漢文的部分内容。

新疆維吾爾自治區察布查爾錫伯自治縣扎庫齊牛录瓜爾佳氏族長

本條目據《中國少數民族古籍總目提要·錫伯族卷》著録

[新疆察布查爾]扎庫齊牛录瓜爾佳氏家譜
纂修者不詳　民國二十一年(1932)紅棉布抄本　一幅　錫伯文

是譜載扎庫齊牛录另一支瓜爾佳氏十一代男性世表。

新疆維吾爾自治區察布查爾錫伯自治縣扎庫齊牛录村伊其山

本條目據《中國少數民族古籍總目提要·錫伯族卷》著録

[新疆察布查爾]扎庫齊牛录伊拉里氏家譜
纂修者不詳　民國二十八年(1939)棉布抄本　一幅　錫伯文

是譜載扎庫齊牛录伊拉里家族十三代共一百七十一名男性世表。

新疆維吾爾自治區察布查爾錫伯自治縣扎庫齊牛录村富安太

本條目據《中國少數民族古籍總目提要·錫伯族卷》著録

[新疆察布查爾]扎庫齊牛录永托里氏家譜
民國三十年(1941)棉布抄本　一幅　錫伯文

是譜載扎庫齊牛录永托里氏十二代男性世表。

新疆維吾爾自治區察布查爾錫伯自治縣扎庫齊牛录村舍福

本條目據《中國少數民族古籍總目提要·錫伯族卷》著録

[新疆察布查爾]扎庫齊牛录吳扎拉氏家譜
纂修者不詳　民國間黄布抄本　一幅　錫伯文

是譜載扎庫齊牛录吳扎拉氏十代男性世表。

新疆維吾爾自治區察布查爾錫伯自治縣扎庫齊牛录村吳元保

本條目據《中國少數民族古籍總目提要·錫伯族卷》著録

[新疆察布查爾]堆齊牛录吳扎拉氏家譜
纂修者不詳　民國三十年(1941)棉布抄本　一幅　錫伯文

是譜載堆齊牛录吳扎拉氏八代男性世表。

新疆維吾爾自治區察布查爾錫伯自治縣堆齊牛录村個人

本條目據《中國少數民族古籍總目提要·錫伯族卷》著録

[新疆察布查爾]堆齊牛录顧爾佳氏家譜
纂修者不詳　民國三十年(1941)棉布抄本　一幅

滿文

是譜載堆齊牛录顧爾佳氏家族十二代男性世表。

新疆維吾爾自治區察布查爾錫伯自治縣堆齊牛录村個人

本條目據《中國少數民族古籍總目提要·錫伯族卷》著録

[新疆察布查爾]錫伯瓜爾佳氏宗譜不分卷　纂修者不詳　據清修本抄　一册

始祖名諱無考,滿洲蘇完瓜爾佳氏,生三子析爲三支:長支佛爾果居蘇完;三支珠察由蘇完初遷瓦爾喀,再遷西爾希昂阿濟哈渡口;次支尼亞哈齊遷新疆察布查爾錫伯自治縣,是爲本支始遷祖,後世遂爲錫伯族。三支皆以"關"爲姓。譜載譜圖、誥命書。

遼寧省本溪市關氏族人

本條目據《遼東滿族家譜選編》著録

[新疆察布查爾]依拉齊牛录蘇穆爾氏家譜（清）依拉齊牛录蘇穆爾氏纂修　清光緒五年（1879）抄本　一幅　滿文

是譜載依拉齊牛录蘇穆爾氏家族七代一百四十八名男性世表。

新疆維吾爾自治區察布查爾錫伯自治縣依拉齊牛录村蘇德善

本條目據《中國少數民族古籍總目提要·錫伯族卷》著録

[新疆察布查爾]依拉齊牛录鄂爾克勒氏家譜纂修者不詳　清光緒二十九年（1903）棉布抄本一幅　滿文

譜載依拉齊牛录鄂爾克勒氏十一代共一百六十人男性世表。

新疆維吾爾自治區察布查爾錫伯自治縣依拉齊牛录村春孝

本條目據《中國少數民族古籍總目提要·錫伯族卷》著録

[新疆察布查爾]依拉齊牛录伊拉里氏家譜纂修者不詳　民國三十四年（1945）棉布抄本　一幅　錫伯文

是譜載依拉齊牛录伊拉里氏九代男性世表。

新疆維吾爾自治區察布查爾錫伯自治縣依拉齊牛录村伊林保

本條目據《中國少數民族古籍總目提要·錫伯族卷》著録

[新疆察布查爾]依拉齊牛录佟佳氏墳墓排列譜書　纂修者不詳　民國三十六年（1947）紅布抄本一幅　錫伯文

是譜載佟佳氏家族劃分墳地、按輩分下葬立墓等。

新疆維吾爾自治區察布查爾錫伯自治縣依拉齊牛录村佟興福

本條目據《中國少數民族古籍總目提要·錫伯族卷》著録

[新疆察布查爾]依拉齊牛录安佳氏家譜　纂修者不詳　民國間黃布抄本　一幅　錫伯文

是譜載依拉齊牛录安佳氏六代八十七名男性世表。

新疆維吾爾自治區察布查爾錫伯自治縣依拉齊牛录村安子彬

本條目據《中國少數民族古籍總目提要·錫伯族卷》著録

[新疆察布查爾]孫扎齊牛录吳扎拉氏家譜　纂修者不詳　棉布抄本　一幅　錫伯文

是譜載孫扎齊牛录吳扎拉氏十一代男性世表。

新疆維吾爾自治區察布查爾錫伯自治縣孫扎齊牛录村英山

本條目據《中國少數民族古籍總目提要·錫伯族卷》著録

[新疆察布查爾]孫扎齊牛录阿雅拉氏家譜　纂修者不詳　清光緒十一年（1885）黃布抄本　一幅滿文

是譜載孫扎齊牛录阿雅拉氏八代男性世表。

新疆維吾爾自治區察布查爾錫伯自治縣孫扎齊牛录村文明

本條目據《中國少數民族古籍總目提要·錫伯族卷》著録

［新疆察布查爾］孫扎齊牛录吴扎拉氏家譜　纂修者不詳　民國間棉布抄本　一幅　錫伯文

是譜載孫扎齊牛录吴扎拉氏族六代男性世表。

新疆維吾爾自治區察布查爾錫伯自治縣孫扎齊牛录村朱爾哈阿

本條目據《中國少數民族古籍總目提要·錫伯族卷》著録

［新疆察布查爾］孫扎齊牛录葉赫那拉氏家譜　纂修者不詳　清光緒二十五年（1899）抄本　一幅　滿文

是譜載孫扎齊牛录葉赫那拉氏十代男性世表。

新疆維吾爾自治區察布查爾錫伯自治縣孫扎齊牛录村文明

本條目據《中國少數民族古籍總目提要·錫伯族卷》著録

［新疆察布查爾］孫扎齊牛录顧爾佳氏家譜不分卷　纂修者不詳　民國間抄本　一册　錫伯文

是譜載孫扎齊牛录顧爾佳氏十一代一百四十一人男性世表。

新疆維吾爾自治區察布查爾錫伯自治縣孫扎齊牛录村個人

本條目據《中國少數民族古籍總目提要·錫伯族卷》著録

［新疆察布查爾］烏珠牛录顧爾佳氏家譜　纂修者不詳　清乾隆三十年（1765）棉布抄本　一幅　滿文

是譜載烏珠牛录顧爾佳家族十代男性世表。

新疆維吾爾自治區察布查爾錫伯自治縣烏珠牛录村郭東平

本條目據《中國少數民族古籍總目提要·錫伯族卷》著録

［新疆察布查爾］烏珠牛录胡希哈爾氏族家譜　纂修者不詳　清光緒七年（1881）黄綢抄本　一幅　滿文

是譜載烏珠牛录胡希哈爾氏六代四十八名男性世表。

新疆維吾爾自治區察布查爾錫伯自治縣烏珠牛录村胡文明

本條目據《中國少數民族古籍總目提要·錫伯族卷》著録

［新疆察布查爾］烏珠牛录佟佳氏家譜　纂修者不詳　清棉布抄本　一幅　滿文

是譜載譜序、世系等。2005年新疆人民出版社《錫伯族古籍資料輯注》内載有肖夫譯成漢文的部分内容。

新疆維吾爾自治區察布查爾錫伯自治縣烏珠牛录佟佳氏族長

本條目據《中國少數民族古籍總目提要·錫伯族卷》著録

［新疆察布查爾］烏珠牛录永妥里氏家譜　纂修者不詳　清棉布抄本　一幅　滿文

是譜載譜序、世系等。2005年新疆人民出版社《錫伯族古籍資料輯注》内載有肖夫譯成漢文的部分内容。

新疆維吾爾自治區察布查爾錫伯自治縣烏珠牛录永妥里氏族長

本條目據《中國少數民族古籍總目提要·錫伯族卷》著録

［新疆察布查爾］烏珠牛录郭爾佳氏家譜　纂修者不詳　民國七年（1918）棉布抄本　一幅

是譜載烏珠牛录郭爾佳氏十一代共二百五十名男性世表。

新疆維吾爾自治區察布查爾錫伯自治縣烏珠牛录村

本條目據《中國少數民族古籍總目提要·錫伯族卷》著録

［新疆伊犁］烏珠牛录圖克色里氏家譜　纂修者不詳　民國十八年（1929）棉布抄本　一幅　滿文

譜載譜序、家規等。本譜初修於清光緒二十六年（1900），民國十八年（1929）重修。2005年新疆人民出版社《錫伯族古籍資料輯注》內載有肖夫譯成漢文的部分內容。

新疆維吾爾自治區伊犁哈薩克自治州烏珠牛录圖克色里氏族長

本條目據《中國少數民族古籍總目提要·錫伯族卷》著録

［新疆察布查爾］烏珠牛录鄂爾克勒氏家譜　希布善纂修　民國三十六年（1947）抄本　一幅　錫伯文

是譜載烏珠牛录鄂爾克勒氏八代男性世表。

新疆維吾爾自治區伊寧市連芳

本條目據《中國少數民族古籍總目提要·錫伯族卷》著録

［新疆察布查爾］烏珠牛录永托里氏家譜　纂修者不詳　抄本　一幅　錫伯文

是譜載烏珠牛录永托里氏家族七代一百二十七名男性世表。

新疆維吾爾自治區察布查爾錫伯自治縣烏珠牛录村博爾胡善

本條目據《中國少數民族古籍總目提要·錫伯族卷》著録

［新疆察布查爾］烏珠牛录瓜爾佳氏家譜　纂修者不詳　民國間抄本　一幅　錫伯文

是譜載烏珠牛录瓜爾佳氏五代六十二位男性世表。

新疆維吾爾自治區察布查爾錫伯自治縣烏珠牛录村全禄

本條目據《中國少數民族古籍總目提要·錫伯族卷》著録

［新疆察布查爾］納達齊牛录孔格里氏家譜　纂修者不詳　清咸豐五年（1855）抄本　一幅　滿文

是譜載納達齊牛录孔格里氏家族十代男性世表。

新疆維吾爾自治區察布查爾錫伯自治縣納達齊牛录村

本條目據《中國少數民族古籍總目提要·錫伯族卷》著録

［新疆察布查爾］納達齊牛录艾雅拉氏家譜　纂修者不詳　清光緒十一年（1885）黄布抄本　一幅　滿文

是譜載納達齊牛录艾雅拉氏八代九十二名男性世表。

新疆維吾爾自治區察布查爾錫伯自治縣納達齊牛录村玖元

本條目據《中國少數民族古籍總目提要·錫伯族卷》著録

［新疆察布查爾］納達齊牛录富察氏家譜　纂修者不詳　民國三十三年（1944）棉布抄本　一幅　滿文

是譜載納達齊牛录富察氏以富倫泰和富魯阿爲祖先的九代男性世表。其譜曾於清光緒二十七年（1901）纂修，民國三十三年（1944）重修。

新疆維吾爾自治區察布查爾錫伯自治縣納達齊牛录村金保

本條目據《中國少數民族古籍總目提要·錫伯族卷》著録

［新疆察布查爾］納達齊牛录巴雅拉氏家譜　纂修者不詳　民國末年棉布抄本　一幅　錫伯文

是譜載納達齊牛录巴雅拉氏九代男性世表。

新疆維吾爾自治區察布查爾錫伯自治縣納達齊牛录村個人

本條目據《中國少數民族古籍總目提要·錫伯族卷》著録

［新疆察布查爾］納達齊牛录伊拉里氏家譜　纂修者不詳　棉布抄本　一幅　錫伯文

譜載納達齊牛录伊拉里氏以伊特格爾圖爲祖先的十一代男性世表。

新疆維吾爾自治區察布查爾錫伯自治縣納達齊牛录村阿東阿

本條目據《中國少數民族古籍總目提要·錫伯族卷》著録

[新疆察布查爾]堆齊牛录關氏家譜　纂修者不詳　清同治三年(1864)棉布抄本　一幅　滿文

是譜載關氏家族十二代男性世表。

新疆維吾爾自治區察布查爾錫伯自治縣堆齊牛录村關英成

本條目據《中國少數民族古籍總目提要·錫伯族卷》著录

[新疆察布查爾]堆齊牛录科羅特氏家譜　纂修者不詳　民國二十三年(1934)棉布抄本　一幅　錫伯文

是譜載堆齊牛录科羅特氏八代共五十五名男性世表。

新疆維吾爾自治區察布查爾錫伯自治縣堆齊牛录村玉連

本條目據《中國少數民族古籍總目提要·錫伯族卷》著录

[新疆察布查爾]堆齊牛录瓜爾佳氏家譜　纂修者不詳　民國二十六年(1937)抄本　一册　滿文

是譜載堆齊牛录瓜爾佳氏五代男性世表。

新疆維吾爾自治區察布查爾錫伯自治縣堆齊牛录村雙柳

本條目據《中國少數民族古籍總目提要·錫伯族卷》著录

[新疆察布查爾]堆齊牛录瓜爾佳氏家譜不分卷　纂修者不詳　民國二十九年(1940)抄本　一册　錫伯文

是譜載堆齊牛录瓜爾佳氏十一代共七十二名男性世表。

新疆維吾爾自治區察布查爾錫伯自治縣堆齊牛录村關童信

本條目據《中國少數民族古籍總目提要·錫伯族卷》著录

[新疆察布查爾]堆齊牛录趙氏家族墳墓排列譜書　纂修者不詳　民國三十四年(1945)棉布抄本　一幅　錫伯文

是譜載堆齊牛录趙氏家族劃分墳地、按輩分下

葬立墓等。

新疆維吾爾自治區察布查爾錫伯自治縣堆齊牛录村永昌

本條目據《中國少數民族古籍總目提要·錫伯族卷》著录

[新疆察布查爾]堆齊牛录富察氏家譜　纂修者不詳　棉布抄本　一幅　錫伯文

是譜載堆齊牛录富察氏家族十代男性世表。

新疆維吾爾自治區察布查爾錫伯自治縣堆齊牛录村個人

本條目據《中國少數民族古籍總目提要·錫伯族卷》著录

[新疆察布查爾]堆齊牛录佟佳氏家譜　纂修者不詳　民國間抄本　一幅　錫伯文

是譜載堆齊牛录佟佳氏八代八十一位男性世表。

新疆維吾爾自治區察布查爾錫伯自治縣堆齊牛录村金保

本條目據《中國少數民族古籍總目提要·錫伯族卷》著录

[新疆察布查爾]堆齊牛录郭爾佳氏家譜　纂修者不詳　抄本　一幅　錫伯文

是譜載堆齊牛录郭爾佳家族十代七十七名男性世表。

新疆維吾爾自治區察布查爾錫伯自治縣堆齊牛录村正勤太

本條目據《中國少數民族古籍總目提要·錫伯族卷》著录

[新疆察布查爾]富察氏家譜　纂修者不詳　清光緒六年(1880)抄本　一幅　滿文

是譜載以諾莫其爲第一世的七代男性世表。

新疆維吾爾自治區察布查爾錫伯自治縣城鎮富元壽

本條目據《中國少數民族古籍總目提要·錫伯族卷》著录

[新疆察布查爾]寧固齊牛录巴雅爾氏家譜　纂修者不詳　清同治元年(1862)抄本　一幅　滿文

　　是譜載巴雅爾氏家族九代三十名男性世表。

　　新疆維吾爾自治區察布查爾錫伯自治縣寧固齊牛录村伊克津太

　　本條目據《中國少數民族古籍總目提要·錫伯族卷》著録

[新疆察布查爾]寧固齊牛录富察氏家譜　纂修者不詳　清光緒十八年(1892)棉布抄本　一幅　滿文

　　是譜載以寧固齊牛录富伊魯爲始祖的富察家族七代男性世表。

　　新疆維吾爾自治區察布查爾錫伯自治縣寧固齊牛录村西拉布阿

　　本條目據《中國少數民族古籍總目提要·錫伯族卷》著録

[新疆察布查爾]寧固齊牛录伊拉里氏家譜　纂修者不詳　清光緒二十一年(1895)抄本　一幅　滿文

　　是譜以錫伯營總管額爾古倫爲始祖,載寧固齊牛录伊拉里氏家族七代男性世表。

　　新疆維吾爾自治區察布查爾錫伯自治縣寧固齊牛录村伊少英

　　本條目據《中國少數民族古籍總目提要·錫伯族卷》著録

[新疆察布查爾]寧固齊牛录郭爾佳氏家譜　纂修者不詳　民國二十四年(1935)抄本　一册　錫伯文

　　是爲寧固齊牛录郭爾佳氏家譜。譜載以綽霍泰爲祖先的十代男性世表。

　　新疆維吾爾自治區察布查爾錫伯自治縣寧固齊牛录村舒勒春

　　本條目據《中國少數民族古籍總目提要·錫伯族卷》著録

[新疆察布查爾]寧固齊牛录郭爾佳氏家譜　纂修者不詳　民國二十四年(1935)抄本　一幅　錫伯文

　　是爲寧固齊牛录郭爾佳氏家譜另一抄本。譜載以綽霍泰爲祖先的十代男性世表。

　　新疆維吾爾自治區察布查爾錫伯自治縣寧固齊牛录村舒勒春

　　本條目據《中國少數民族古籍總目提要·錫伯族卷》著録

[新疆察布查爾]寧固齊牛录吳扎拉氏家譜　纂修者不詳　民國三十四年(1945)棉布抄本　一幅　錫伯文

　　是譜載寧固齊牛录吳扎拉家族以達森爲祖先的九代男性世表。

　　新疆維吾爾自治區察布查爾錫伯自治縣寧固齊牛录村吐奇春

　　本條目據《中國少數民族古籍總目提要·錫伯族卷》著録

[新疆察布查爾]寧固齊牛录韓扎氏家譜　纂修者不詳　棉布抄本　一幅　錫伯文

　　是譜載寧固齊牛录韓扎氏十代男性。

　　新疆維吾爾自治區察布查爾錫伯自治縣城鎮寧固齊牛录村慶山

　　本條目據《中國少數民族古籍總目提要·錫伯族卷》著録

[新疆察布查爾]寨牛录扎斯胡里氏家譜　纂修者不詳　民國三十年(1941)棉布抄本　一幅　錫伯文

　　是譜載寨牛录扎斯胡里氏十一代男性世表。

　　新疆維吾爾自治區察布查爾錫伯自治縣寨牛录村個人

　　本條目據《中國少數民族古籍總目提要·錫伯族卷》著録

門 巴 族

[西藏墨脱]基白家譜　纂修者不詳　2009 年民族出版社排印本　合册

本譜所載僅爲世系,記録了自基白至白馬入登凡五代二十四族人。

本譜載於《門巴族社會歷史調查》(二)

珞 巴 族

[西藏米林]薩及氏族家譜　纂修者不詳　2009
年民族出版社排印本　合冊

　　本譜爲父子連名譜系,所載僅爲世系,記錄了九
代四百多族人。

　　本譜載於《珞巴族社會歷史調查》(一)

[西藏米林]東鳥氏族家譜　纂修者不詳　2009
年民族出版社排印本　合冊

　　本譜所載僅爲世系,記錄了普能起十二代四十
族人。

　　本譜載於《珞巴族社會歷史調查》(一)

[西藏米林]另腰氏族家譜　纂修者不詳　2009
年民族出版社排印本　合冊

　　本譜所載僅爲世系,記錄了另木起十三代六十
一族人。

　　本譜載於《珞巴族社會歷史調查》(一)

[西藏米林]海多氏族家譜　纂修者不詳　2009
年民族出版社排印本　合冊

　　本譜所載僅爲世系,記錄了海多起十八代兩百
多族人。

　　本譜載於《珞巴族社會歷史調查》(一)

[西藏米林]布寧氏族家譜　纂修者不詳　2009
年民族出版社排印本　合冊

　　本譜所載僅爲世系,記錄了布寧起九代二十八
族人。

　　本譜載於《珞巴族社會歷史調查》(一)

[西藏隆子]多東氏族家譜　纂修者不詳　2009
年民族出版社排印本　合冊

　　本譜爲父子連名譜系,所載僅爲世系,記錄了多
東起二十一代一百三十九族人。屬崩尼部落。

　　本譜載於《珞巴族社會歷史調查》(二)

[西藏隆子]多崩氏族家譜　纂修者不詳　2009
年民族出版社排印本　合冊

　　本譜爲父子連名譜系,所載僅爲世系,記錄了多
崩起七代二十一族人。屬崩尼部落。

　　本譜載於《珞巴族社會歷史調查》(二)

[西藏隆子]多魯氏族家譜　纂修者不詳　2009
年民族出版社排印本　合冊

　　本譜爲父子連名譜系,所載僅爲世系,記錄了多
魯起八代五十四族人。屬崩尼部落。

　　本譜載於《珞巴族社會歷史調查》(二)

羌　族

[四川北川]長寧廠碉廖氏族譜不分卷　（清）廖永芳纂修　（清）廖昌銘續修　清抄本　一冊

本譜由廖永芳初修於清乾隆十七年(1752)，廖昌銘續修於清嘉慶二十一年(1816)。譜由序、凡例、家規、大宗瓜瓞圖、贊傳、壽幛文、詩等部分組成，較系統地記述了廖氏始祖至十五世孫歷代遷徙、繁衍、立業、建功等情況。

四川省北川羌族自治縣檔案館

本條目據《中國少數民族古籍總目提要·羌族卷》著錄

[四川茂縣]張氏宗支簿一卷　張世元撰　民國手抄本　一冊

記述張氏先祖因戰亂，於明朝末年從湖北黃州府麻城遷入四川茂北。本簿内錄祖籍、遷徙、定居、創業、發展、排行等内容。

四川省茂縣富順鄉團結村

本條目據《中國少數民族古籍總目提要·羌族卷》著錄

[四川汶川]余氏家譜不分卷　余騰芳、尚毓文撰寫　余星其口述　民國十九年(1930)抄本　一冊

本譜内容有序言、世系等，記白水余氏家族發展之事。2006年6月收集抄錄，列印成稿，今藏四川省汶川縣史志辦公室。

四川省汶川縣白水村余登路

本條目據《中國少數民族古籍總目提要·羌族卷》著錄

[四川汶川]趙氏家譜不分卷　（清）趙文才纂修　清光緒九年(1883)趙三吉抄本　一冊

本譜由趙文才纂修於清嘉慶九年(1804)，趙三吉抄錄於清光緒九年(1883)。記述月里趙氏祖籍、遷徙、繁衍等情況。

四川省汶川縣雁門鄉月里村趙思全

本條目據《中國少數民族古籍總目提要·羌族卷》著錄

[四川汶川]趙氏家譜不分卷　（清）趙文才纂修　民國三十三年(1944)排印本　合冊

參見前條。

本譜載於《汶川縣志》

[四川汶川]趙氏家譜不分卷　（清）趙文才纂修　2003年抄本　一冊

參見前條。

四川省汶川縣史志辦公室

本條目據《中國少數民族古籍總目提要·羌族卷》著錄

[四川汶川]汶陽郭氏族譜　郭勇基等纂修　2001年排印本　一冊

是族祖籍陝西，唐末避亂輾轉入川並在川西定居。始祖惠民，明孝宗弘治十三年(1500)，由川西壩區來汶川綿虒定居。内錄始祖惠民至十四代世系表、本先祖入繼史略及嫡嗣、如崇公祖妣簡歷、每個家族重大事件等。

本條目據《中國少數民族家譜通論》載郭勇基著《傳承優良家風的羌族〈汶陽郭氏族譜〉》一文著錄

[四川北川]勒崗山喬氏族譜不分卷　（清）喬安定纂修　清康熙三十八年(1699)手抄本　一冊

始祖納吉納乃西域古城人，職居大夏吏員。北宋末因時局動盪，輾轉南下，入四川茂州疊陵之勒崗隱居。明正德十四年(1519)，疊溪郁姓土司以世祖伯格納西爲僕，並賜喬姓，稱喬伯格，爲喬姓之始。後以伯格公爲喬氏始祖。譜載序言、祖訓、

世系、源流、名録、精英人物傳奇等。

四省北川羌族自治縣喬伯格十五世孫

本條目據《中國少數民族古籍總目提要·羌族卷》著録

[四川茂縣]蹇氏時代宗支簿一卷　蹇尚平纂修

民國手抄本　一册

蹇氏先祖遷徙到土門太安定居。本册由祖先遷徙、定居、排行、支系等内容組成。

四川省茂縣土門鄉太安村

本條目據《中國少數民族古籍總目提要·羌族卷》著録

彝　族

[全國]扯勒家支譜系　纂修者不詳　1999 年雲南大學出版社排印本　合冊　彝漢雙文

扯勒家庭是滇川黔連接地帶彝族芒布、扯勒、烏撒、阿哲等統治家族之一。始祖斗姆尼,傳二十四世至武洛撮,傳四十八世至篤慕。扯勒係篤慕第四子恒氏慕雅臥之裔,稱爲耿恒扯勒。扯勒家族自篤慕所居之洛尼山(位於雲南東川、會澤境内),經可樂(貴州赫章境内)、果底舍垮(位於四川敍永境内)等地,最後定居於柏雅妥洪(今四川省古藺縣城)。

本譜載於《西南彝族歷史檔案》

[全國]演庚惹爾源流——中國彝族譜牒選編·沙馬卷　《演庚惹爾源流》收編委員會編　2007年排印本　一冊　彝漢雙文

演庚惹爾,源於彝族六祖慕齊齊支丘昊部落,是爾苦金慕之裔。"沙馬"是部落聯盟酋長之名。是族最早自雲南會澤逐步遷徙沙馬摸火波(今四川金陽縣),掌管並使用金紅印章,有一對金製花貓(福禄或法寶),管轄地域頭抵沙馬畝姑(即今雷波縣境),尾至特覺拉達(即今布拖縣境),左達古你拉達(即今昭覺縣境),右抵持庫波希(即今昭覺境)。沙馬有三個兒子。其中沙馬阿扎生子阿扎體翁,阿扎體翁有七個兒子,體翁乃古是演庚之父,體翁爾惡後裔稱沙馬兹莫姓,體翁狄寶魯生惹爾。演庚爲惹爾的共祖,約生於北宋景德年間,居住在沙馬摸火波,有四個兒子,即演庚演突、演庚比登、演庚尼節、演庚書布,故名演庚惹爾。演庚的後裔現已傳至三十五代,姓氏也由原來的"沙馬"一姓衍生出六十二個姓氏,主要居住在川、滇、黔三省中的涼山州、甘孜州、阿壩州、樂山市、雅安地區、瀘州市、宜賓地區、攀枝花市、麗江市、迪慶州、怒江州、大理州、楚雄州、東川市、昭通市、曲靖市、畢節地區等十七個地州市。本書前載序、概

述、沙馬譜源,正文皆爲世系人名,分四篇記載:第一篇爲演庚演突茨;第二篇爲演庚比登阿突 2 (布色/馬海)茨;第三篇爲演庚尼節 3(黎史/火火/依翁)茨,内有三章,第一章尼節黎史 3(阿伍/惹古/兩諾)茨,第二章尼節火火昂立尤處布佳勒惹你書昂母 4(魯肯/魯惹/昂甘/昂勒)茨,第三章尼節依翁 2(阿素/阿書)茨;第四篇是演庚書補極基海斯 3(海拉/都拉/菩成)茨,内有三章,第一章海斯海拉(海義/兹義)茨,第二章海斯都拉演丁演耳阿祝 3(肯祝/魄伍/妞抵)茨,第三章海斯菩成 2(金諾/卡抵)茨。後附録《演庚惹爾姓氏》等。

國家圖書館　上海圖書館

[四川、雲南]阿摸惹古家譜——阿邱拉瑪及雲南阿摸斯杜和阿摸斯依支系　邱忠文主編　2009年雲南民族出版社　一冊

本譜客觀記録了阿摸惹古家族大小涼山阿邱拉瑪及雲南阿摸斯杜、阿摸斯依支系產生和發展的歷史,清晰地反映了各組成單元之間的親緣關係,再現了他們在繁衍生息過程中的榮辱興衰。全書内容有前言、源流淺疏、譜系名録、傳統教育、文化習俗、歷史故事與後記七個部分。

[四川、雲南]阿摸惹古家譜——斯杜、斯布、斯兹支系　海來俄洛等主編　2012 年雲南民族出版社排印本　一冊　彝漢雙文

本譜記述了阿摸惹古家族的源流、發展等情況。

[四川、雲南]莫俄俄尼惹古族譜　莫俄俄尼惹古族譜編纂委員會編　2009 排印本　一冊　彝漢雙文

本譜譜系沿用《吉俄魯幾九子譜牒》的譜源,根據涼山彝族經典文獻《勒俄特依》中有關人類起源、進化的章節概略編纂而成。譜源從父系社會

完全形成後石爾俄特的後裔"五冷丘補"開始,從丘補到俄尼惹古有一百七十代。俄尼惹古以下的譜係據四川、雲南兩省收集的口傳族譜記錄而成。

[四川成都]巴胡譜 纂修者不詳 2007 年四川民族出版社排印本 合册 彝漢雙文

始祖吉木,爲聯古八世祖。支祖巴胡,吉木第十七世孫。屬聯古七子譜源支系。僅有世系,記載吉木至史達共二十八代。後裔居四川省成都市。

本譜載於《中國彝族譜牒選編·四川卷》第三册

[四川樂山]阿車譜 纂修者不詳 2007 年四川民族出版社排印本 合册 彝漢雙文

始祖莫俄。支祖阿車,莫俄第四世裔孫。僅有世系。共兩支後裔,散居四川省樂山市峨邊縣、馬邊縣等地。

本譜載於《中國彝族譜牒選編·四川卷》第四册

[四川沐川]悦氏家譜一卷 悦登庸纂修 悦進修整理 1986 年據抄本複印 一册 書名據封面題

該族世居四川沐川。十五代祖德忠,明洪武五年(1372)授武德將軍,鎮守沐川。其前僅存傳説。譜內所載世系圖、世傳,起於第二十四世先民。

上海圖書館

[四川峨邊]王爾譜 纂修者不詳 2007 年四川民族出版社排印本 合册 彝漢雙文

始祖阿莫。支祖王爾,阿莫第十二世孫。後裔居四川省樂山市峨邊縣。譜載六支世系。

本譜載於《中國彝族譜牒選編·四川卷》第二册

[四川峨邊]吉約譜 纂修者不詳 2007 年四川民族出版社排印本 合册 彝漢雙文

始祖木烏。木烏孫烏馬。支祖吉約,烏馬第八世孫。後裔居四川省樂山市峨邊縣。譜載一支二十五代世系。

本譜載於《中國彝族譜牒選編·四川卷》第一册

[四川峨邊]阿史譜 纂修者不詳 2007 年四川民族出版社排印本 合册 彝漢雙文

始祖拉俄。後裔居四川省樂山市峨邊縣。譜載三支世系。

本譜載於《中國彝族譜牒選編·四川卷》第二册

[四川峨邊]阿則譜 纂修者不詳 2007 年四川民族出版社排印本 合册 彝漢雙文

始祖阿莫。支祖阿者(阿則),阿莫第九世孫。後裔居四川省樂山市峨邊縣。譜載六支世系。

本譜載於《中國彝族譜牒選編·四川卷》第二册

[四川峨邊]阿普譜 纂修者不詳 2007 年四川民族出版社排印本 合册 彝漢雙文

始祖嘎爾。樸特(普鐵),嘎爾長子。支祖阿普。後裔居四川省樂山市峨邊縣。譜載十六支世系。

本譜載於《中國彝族譜牒選編·四川卷》第二册

[四川峨邊]沙庫譜 纂修者不詳 2007 年四川民族出版社排印本 合册 彝漢雙文

始祖聯古。僅有世系,記載自聯古至夫體共二十代。後裔居四川省樂山市峨邊縣。

本譜載於《中國彝族譜牒選編·四川卷》第三册

[四川馬邊]孫期譜 纂修者不詳 2007 年四川民族出版社排印本 合册 彝漢雙文

始祖阿莫。支祖省曲(孫期),阿莫第四世孫。後裔居四川省樂山市馬邊縣。譜載一支二十三代世系。

本譜載於《中國彝族譜牒選編·四川卷》第二册

[四川馬邊]吉約譜　纂修者不詳　2007 年四川民族出版社排印本　合册　彝漢雙文

　　始祖莫俄。支祖吉約,莫俄第十四世孫。僅有世系。共四支後裔,散居四川省樂山市馬邊縣。

　　本譜載於《中國彝族譜牒選編・四川卷》第四册

[四川馬邊]吉史惹古譜・嘉拉譜　纂修者不詳 2009 年雲南民族出版社排印本　合册　彝漢雙文

　　始祖慕齊齊。吉史惹古,家支名。嘉拉,人名演化爲姓氏,吉史惹古的分支,畢摩世家。此譜是馬邊縣嘎胡嘉拉大土家的父子連名單綫譜系,共七十二代。居四川省馬邊縣嘎胡。

　　本譜載於《中國彝族譜牒選編・雲南卷》下册

[四川鹽邊]吉扭譜　纂修者不詳　2007 年四川民族出版社排印本　合册　彝漢雙文

　　始祖拉俄。支祖吉扭,拉俄裔孫。後裔居四川省攀枝花市鹽邊縣(寧海)。譜載一支世系。

　　本譜載於《中國彝族譜牒選編・四川卷》第一册

[四川鹽邊]柱依譜　纂修者不詳　2007 年四川民族出版社排印本　合册　彝漢雙文

　　始祖嘎爾。樸鐵(普鐵),嘎爾長子。後裔散居四川省攀枝花市鹽邊縣(洛什)等地。譜載六支世系。

　　本譜載於《中國彝族譜牒選編・四川卷》第二册

[四川鹽邊]布典譜　纂修者不詳　2007 年四川民族出版社排印本　合册　彝漢雙文

　　始祖聯古。支祖布典,聯古第五世孫。僅有世系。共三支後裔,散居四川省攀枝花市鹽邊縣(羅社)等地。

　　本譜載於《中國彝族譜牒選編・四川卷》第三册

[四川鹽邊]格次譜　纂修者不詳　2007 年四川民族出版社排印本　合册　彝漢雙文

　　先祖古侯。始祖木烏。屬那吉三子源譜支系。僅有世系,記載木烏至日古共十九代。後裔居四川省攀枝花市鹽邊縣露坪子。

　　本譜載於《中國彝族譜牒選編・四川卷》第三册

[四川鹽邊]嘎洛譜　纂修者不詳　2007 年四川民族出版社排印本　合册　彝漢雙文

　　始祖吉木。屬爾恩三子源譜支系。僅有世系。共兩支後裔,散居四川省攀枝花市鹽邊縣(洛社)。

　　本譜載於《中國彝族譜牒選編・四川卷》第三册

[四川漢源]皆海譜　纂修者不詳　2007 年四川民族出版社排印本　合册　彝漢雙文

　　始祖木烏。木烏孫烏馬。支祖加海(皆海)。後裔居四川省雅安市漢源縣(蘇子壩)。譜載七支世系。

　　本譜載於《中國彝族譜牒選編・四川卷》第一册

[四川石棉]阿兹譜　纂修者不詳　2007 年四川民族出版社排印本　合册　彝漢雙文

　　始祖聯古。屬聯古七子源譜支系。僅有世系。共兩支後裔,居四川省雅安市石棉縣(扎烏)。

　　本譜載於《中國彝族譜牒選編・四川卷》第三册

[四川石棉]俄爾譜　纂修者不詳　2007 年四川民族出版社排印本　合册　彝漢雙文

　　始祖木伍。支祖噢爾(俄爾),木伍第六世孫。屬吉里八子源譜支系。僅有世系,記載木伍至古哈共十六代。後裔居四川省雅安市石棉縣。

　　本譜載於《中國彝族譜牒選編・四川卷》第四册

[四川涼山]涼山彝族譜系　《涼山彝族譜系》編寫委員會編　2003 年四川民族出版排印本

彝文

本譜載涼山地區彝族各部各支之世系人名。

[四川涼山]涼山彝族譜系　《涼山彝族譜系》編寫委員會編　2014 年四川民族出版排印本　二版　彝文

參見前條。

[四川涼山]涼山白彝曲木氏族世家　曲木約質著　1993 年雲南人民出版社鉛印本　一册　書名據書衣題

始祖曲木都木烏烏。

本書載於《彝族文化研究叢書》

[四川涼山]俄木九子譜源　纂修者不詳　2007 年四川民族出版社排印本　合册　彝漢雙文

始祖古侯。支祖俄木,古侯第三十四世孫,生九子。譜載一支三十五代世系。

本譜載於《中國彝族譜牒選編·四川卷》第一册

[四川涼山]俄木譜　纂修者不詳　2007 年四川民族出版社排印本　合册　彝漢雙文

始祖古侯。支祖俄木,古侯第三十四世孫。裔孫散居四川省涼山州西昌市(西寧、河西、黃聯、大橋、北山、日補加烏、四合)、鹽源縣、德昌縣(小高)、寧南縣(跑馬、保格、六鐵)、普格縣(西洛、特洛、拖史、大坪、洛烏、拖木溝、寸可乃吾、委洛)、布拖縣(吉地拉達、糾堵、地洛、沙洛、爾補、木什波烏)、金陽縣(縣城、顯威、派來、有呷、丙底、熱柯覺、食林俄庫、什林俄庫、阿來爾古、絲窩、呷開海尼、達覺、爾覺、木子地莫、納吉什期、古曲、顯子、以黑木、爾覺西、吉史勒可、諾古、木勒老古、摩夥、馬勒、夥扯、南瓦)、昭覺縣(縣城、城北、日哈、波西、林木地、拉期、齒可波西、古勒、達洛、拉青、期夥、沙崗、地坡、普詩、特布洛、好谷、樹坪、瓦古、嘿澤波、比爾、馬朋老罕)、喜德縣(縣城、北山、小山、東河、西河、鐵路旁、鉛拖、賀波洛、光明、拉達、米市、則莫、拉克)、冕寧縣(扎木、沙壩、比爾)、越西縣(陽長、情地、弄農、吳恩、斯木、申果)、甘洛

縣(爾拖、蘇雄、斯覺、博史)、美姑縣(瓦古、新橋、柳紅、拉馬、洛約、特什、阿撞拉達、平奪、蘭絞色可、機也好呷、日諾拉達)、雷波縣(魯諾遲夥、馬里哄、黃琅、瓦崗、哈曲、連古、夥子、咪姑、卡哈洛、約保、光華、坪頭、西寧、松樹),成都市、樂山市峨邊縣、甘孜州九龍縣,及雲南省寧蒗縣(永寧)等地。譜載二百九十八支世系。

本譜載於《中國彝族譜牒選編·四川卷》第一册

[四川涼山]古蘇譜　纂修者不詳　2007 年四川民族出版社排印本　合册　彝漢雙文

始祖俄木。支祖古蘇,俄木第十六世孫。後裔散居四川省涼山州喜德縣(且拖)、甘洛縣(普昌、斯覺)等地。譜載四支世系。

本譜載於《中國彝族譜牒選編·四川卷》第一册

[四川涼山]吉兒譜　纂修者不詳　2007 年四川民族出版社排印本　合册　彝漢雙文

始祖俄木。支祖吉露(吉兒),俄木第十七世孫。後裔散居四川省涼山州昭覺縣、美姑縣(甲谷)、雷波縣(瓦崗、哈曲、斯紅哈曲、覺俄乃吾)等地。譜載六支世系。

本譜載於《中國彝族譜牒選編·四川卷》第一册

[四川涼山]吉谷譜　纂修者不詳　2007 年四川民族出版社排印本　合册　彝漢雙文

始祖俄木。支祖吉谷,俄木第十七世孫。後裔散居四川省涼山州德昌縣(樂躍)、金陽縣(比抵、爾古)、美姑縣(期黑、什畢齊、覺果、大橋)、雷波縣(瓦崗)等地。譜載十三支世系。

本譜載於《中國彝族譜牒選編·四川卷》第一册

[四川涼山]阿勒譜　纂修者不詳　2007 年四川民族出版社排印本　合册　彝漢雙文

始祖俄木。後裔散居四川省涼山州西昌市(響水、北山)、鹽源縣(縣城)、普格縣、冕寧縣、雷波

縣(阿尼莫紅)等地。譜載十支世系。

本譜載於《中國彝族譜牒選編·四川卷》第一冊

[四川涼山]烏期譜　纂修者不詳　2007 年四川民族出版社排印本　合冊　彝漢雙文

始祖俄木。支祖伍期(烏期)，俄木第十三世孫。後裔散居四川省涼山州西昌市、越西縣(瓦艾、呷夥、爾色、吳恩、俄魯、瑪武、乃拖)等地。譜載十五支世系。

本譜載於《中國彝族譜牒選編·四川卷》第一冊

[四川涼山]魯格譜　纂修者不詳　2007 年四川民族出版社排印本　合冊　彝漢雙文

始祖俄木。支祖魯格，俄木第十三世孫。後裔散居四川省涼山州喜德縣(尼波)、越西縣(縣城、爾色、勒澤、以子首阿莫)等地。譜載六支世系。

本譜載於《中國彝族譜牒選編·四川卷》第一冊

[四川涼山]乃克譜　纂修者不詳　2007 年四川民族出版社排印本　合冊　彝漢雙文

始祖俄木。支祖乃克，俄木第十七世孫。後裔散居四川省涼山州西昌市(四合、北山)、金陽縣(顯威)、昭覺縣(古勒、以黑木)、喜德縣(米市)等地。譜載六支世系。

本譜載於《中國彝族譜牒選編·四川卷》第一冊

[四川涼山]吉目譜　纂修者不詳　2007 年四川民族出版社排印本　合冊　彝漢雙文

始祖俄木。支祖吉目，俄木第十二世孫。後裔散居四川省涼山州昭覺縣(縣城、城北)、喜德縣(紅莫、洛哈、西河、尼波)、雷波縣，及成都市等地。譜載十一支世系。

本譜載於《中國彝族譜牒選編·四川卷》第一冊

[四川涼山]拉依譜　纂修者不詳　2007 年四川

民族出版社排印本　合冊　彝漢雙文

始祖俄木。支祖拉以(拉依)，俄木第十四世孫。後裔散居四川省涼山州西昌市(河西)、昭覺縣(縣城)、冕寧縣(省約、城關)、越西縣(勒莫、嗎拖、里莫、爾覺)等地。譜載十二支世系。

本譜載於《中國彝族譜牒選編·四川卷》第一冊

[四川涼山]惹兹譜　纂修者不詳　2007 年四川民族出版社排印本　合冊　彝漢雙文

始祖俄木。支祖惹子(惹兹)，俄木第十五世孫。後裔散居四川省涼山州西昌市(月華)、德昌縣(前山)、越西縣(各莫)等地。譜載五支世系。

本譜載於《中國彝族譜牒選編·四川卷》第一冊

[四川涼山]俄爾譜　纂修者不詳　2007 年四川民族出版社排印本　合冊　彝漢雙文

始祖俄木。後裔散居四川省涼山州西昌市(民勝、北山)、鹽源縣(史加、農眯、吉朋、老而波什、北林、平川)、金陽縣、昭覺縣(縣城、比爾、拉達、好谷、術批、樹坪)、喜德縣(拉克、拉達、紅莫、尼波、則莫、賀波洛)、冕寧縣(比魯、比爾、山上、森榮、沙壩、夥洛沙壩)、越西縣(縣城、喝紅、日弄、各莫)、甘洛縣，及甘孜州瀘定縣(莫什)、九龍縣等地。譜載八十七支世系。

本譜載於《中國彝族譜牒選編·四川卷》第一冊

[四川涼山]吉史譜　纂修者不詳　2007 年四川民族出版社排印本　合冊　彝漢雙文

始祖俄木。支祖吉史，俄木第十三世孫。後裔散居四川省涼山州美姑縣(以諾拉達、金葉好呷)、雷波縣(莫義覺、莫義洛洛)，及樂山市馬邊縣等地。譜載十四支世系。

本譜載於《中國彝族譜牒選編·四川卷》第一冊

[四川涼山]普波譜　纂修者不詳　2007 年四川民族出版社排印本　合冊　彝漢雙文

始祖俄木。支祖普波,俄木第十六世孫。後裔散居四川省涼山州德昌縣(瓦連、老連、老碾)、會理縣(達抵)、寧南縣(沙樹),及雲南省阿爾溜威等地。譜載十二支世系。

本譜載於《中國彝族譜牒選編·四川卷》第一冊

[四川涼山]阿字譜　纂修者不詳　2007年四川民族出版社排印本　合冊　彝漢雙文

始祖俄木。支祖阿字,俄木第十五世孫。後裔散居四川省涼山州布拖縣、美姑縣(比子乃拖、吉字波斯、哈諾)、雷波縣(蘇術覺、小攻、小溝)等地。譜載十二支世系。

本譜載於《中國彝族譜牒選編·四川卷》第一冊

[四川涼山]吉俄譜　纂修者不詳　2007年四川民族出版社排印本　合冊　彝漢雙文

始祖俄木。支祖吉額(吉俄),俄木第十三世孫。後裔散居四川省涼山州普格縣(先鋒)、昭覺縣(解放溝)、喜德縣(額尼、洛哈、米市)等地。譜載十二支世系。

本譜載於《中國彝族譜牒選編·四川卷》第一冊

[四川涼山]里惹譜　纂修者不詳　2007年四川民族出版社排印本　合冊　彝漢雙文

始祖俄木。支祖里惹,俄木第二十三世孫。後裔散居四川省涼山州西昌市、鹽源(平川)、喜德縣(尼波、拉達)、冕寧縣(比爾、山上)、越西縣(縣城)等地。譜載二十二支世系。

本譜載於《中國彝族譜牒選編·四川卷》第一冊

[四川涼山]吉莫譜　纂修者不詳　2007年四川民族出版社排印本　合冊　彝漢雙文

始祖俄木。支祖吉摩(吉莫),俄木第十九世孫。後裔散居四川省涼山州喜德縣(拉達)、冕寧縣(尼地)、越西縣(各莫、朋紅)等地。譜載八支世系。

本譜載於《中國彝族譜牒選編·四川卷》第一冊

[四川涼山]吉格譜　纂修者不詳　2007年四川民族出版社排印本　合冊　彝漢雙文

始祖俄木。支祖吉格,俄木第十四世孫。後裔散居四川省涼山州西昌市、喜德縣(樂武)、冕寧縣(樹批、曹古)、越西縣(拉普、德吉、洛木拉達、普雄、朋夥洛、斯吉)、甘洛縣(斯覺),及雅安市石棉縣(達顯、澤洛)等地。譜載二十支世系。

本譜載於《中國彝族譜牒選編·四川卷》第一冊

[四川涼山]阿品譜　纂修者不詳　2007年四川民族出版社排印本　合冊　彝漢雙文

始祖俄木。支祖阿品,俄木第十五世孫。後裔散居四川省涼山州西昌市(響水)、普格縣、布拖縣(縣城)、昭覺縣(古勒)、越西縣(普雄、俄洛、瓦勒覺)、美姑縣(縣城、瓦苦)、雷波縣(雷池、莫紅)等地。譜載二十七支世系。

本譜載於《中國彝族譜牒選編·四川卷》第一冊

[四川涼山]阿史譜　纂修者不詳　2007年四川民族出版社排印本　合冊　彝漢雙文

始祖俄木。支祖阿史,俄木第十五世孫。後裔散居四川省涼山州昭覺縣(古勒、期莫)、雷波縣(莫紅),樂山市馬邊縣、攀枝花市鹽邊縣(機露),及雲南省寧蒗縣(永寧)等地。譜載九支世系。

本譜載於《中國彝族譜牒選編·四川卷》第一冊

[四川涼山]摩色譜　纂修者不詳　2007年四川民族出版社排印本　合冊　彝漢雙文

始祖俄木。後裔散居四川省涼山州西昌市(民勝)、德昌縣(次達)、喜德縣(瓦洛、西河),及攀枝花市米易縣等地。譜載六支世系。

本譜載於《中國彝族譜牒選編·四川卷》第一冊

[四川涼山]阿布譜　纂修者不詳　2007 年四川民族出版社排印本　合冊　彝漢雙文

始祖俄木。支祖阿布,俄木第十四世孫。後裔散居四川省涼山州布拖縣、昭覺縣(庫依、斤曲、比爾、則普、沖洛)、喜德縣(則莫、冕山、賀波洛)、冕寧縣(則夥拉達)、越西縣(波安、書古)等地。譜載十四支世系。

本譜載於《中國彝族譜牒選編·四川卷》第一冊

[四川涼山]吉布譜　纂修者不詳　2007 年四川民族出版社排印本　合冊　彝漢雙文

始祖俄木。支祖吉補(吉布),俄木第二十一世孫。後裔散居四川省涼山州喜德縣(北山)、冕寧縣(沙壩),及甘孜州九龍縣(木曲拉達)等地。譜載七支世系。

本譜載於《中國彝族譜牒選編·四川卷》第一冊

[四川涼山]吉特譜　纂修者不詳　2007 年四川民族出版社排印本　合冊　彝漢雙文

始祖俄木。支祖吉特,俄木第二十二世孫。後裔散居四川省涼山州鹽源縣(阿散、瓦俄堵什、平川、甘洛、加民、右所、史加、羅眯、小河、棉椏)、喜德縣(縣城、拉達、拉克)、冕寧縣(阿七比爾、比爾)、越西縣(瓦普莫、上普雄)等地。譜載六十三支世系。

本譜載於《中國彝族譜牒選編·四川卷》第一冊

[四川涼山]皆海譜　纂修者不詳　2007 年四川民族出版社排印本　合冊　彝漢雙文

始祖俄木。支祖繭海(皆海),俄木第十二世孫。後裔散居四川省涼山州昭覺縣(庫依)、越西縣(申普)、雷波縣(西寧)等地。譜載三支世系。

本譜載於《中國彝族譜牒選編·四川卷》第一冊

[四川涼山]皆古譜　纂修者不詳　2007 年四川民族出版社排印本　合冊　彝漢雙文

始祖俄木。支祖繭古(皆古),俄木第二十四世孫。後裔散居四川省涼山州喜德縣(冕山等地,後有改爲阿額吉古氏)、冕寧縣(曹古)、越西縣(什呷以比、四呷、四呷普、曲可地、沙俺)等地。譜載九支世系。

本譜載於《中國彝族譜牒選編·四川卷》第一冊

[四川涼山]阿比譜　纂修者不詳　2007 年四川民族出版社排印本　合冊　彝漢雙文

始祖俄木。支祖阿比,俄木第十七世孫。後裔散居四川省涼山州越西縣(木子洛莫)、甘洛縣(拉莫)等地。譜載四支世系。

本譜載於《中國彝族譜牒選編·四川卷》第一冊

[四川涼山]也低譜　纂修者不詳　2007 年四川民族出版社排印本　合冊　彝漢雙文

始祖俄木。後裔散居四川省涼山州布拖縣(也低)、昭覺縣等地。譜載一支十五代世系。

本譜載於《中國彝族譜牒選編·四川卷》第一冊

[四川涼山]首惹譜　纂修者不詳　2007 年四川民族出版社排印本　合冊　彝漢雙文

始祖俄木。支祖首惹,俄木第十三世孫。後裔散居四川省涼山州昭覺縣(城北、遲夥)、雷波縣等地。譜載四支世系。

本譜載於《中國彝族譜牒選編·四川卷》第一冊

[四川涼山]阿夥譜　纂修者不詳　2007 年四川民族出版社排印本　合冊　彝漢雙文

始祖俄木。支祖阿夥,俄木次子。後裔散居四川省涼山州昭覺縣(庫依)、美姑縣(西呷散)等地。譜載二支世系。

本譜載於《中國彝族譜牒選編·四川卷》第一冊

[四川涼山]比組譜　纂修者不詳　2007 年四川

民族出版社排印本　合册　彝漢雙文

始祖俄木。支祖比組，俄木第六世孫。後裔散居四川省涼山州會理縣、普格縣(孟甘、委洛)、布拖縣(縣城、覺飛、覺坡勒、寺俄、波古、拖覺、樂安、村柯)、金陽縣(派來)等地。譜載二十二支世系。

本譜載於《中國彝族譜牒選編‧四川卷》第一册

[四川涼山]惹連譜　纂修者不詳　2007 年四川民族出版社排印本　合册　彝漢雙文

始祖俄木。支祖惹連，俄木第七世孫。後裔散居四川省涼山州會理縣(大石子)、寧南縣(坡沙)、普格縣(西洛、阿連洛、洛過、小興場、洛甘、實洛哈克、實洛飛克)、布拖縣(拖覺)等地。譜載二十六支世系。

本譜載於《中國彝族譜牒選編‧四川卷》第一册

[四川涼山]熱勒譜　纂修者不詳　2007 年四川民族出版社排印本　合册　彝漢雙文

始祖俄木。後裔散居四川省涼山州會理縣、會東縣(魯南、吉眯)等地。譜載七支世系。

本譜載於《中國彝族譜牒選編‧四川卷》第一册

[四川涼山]瑪俣譜　纂修者不詳　2007 年四川民族出版社排印本　合册　彝漢雙文

始祖俄木。後裔散居四川省涼山州鹽源縣(地實)及攀枝花市鹽邊縣(工平)等地。譜載二支世系。

本譜載於《中國彝族譜牒選編‧四川卷》第一册

[四川涼山]沙惹譜　纂修者不詳　2007 年四川民族出版社排印本　合册　彝漢雙文

始祖俄木。支祖沙惹，俄木第十三世孫。後裔散居四川省涼山州昭覺縣、甘洛縣、美姑縣(阿撑拉達、夥古某、俄只波俄、特喜)、雷波縣(莫紅曲巨)，樂山市金口河區、峨邊縣，及雲南省等地。譜載二十一支世系。

本譜載於《中國彝族譜牒選編‧四川卷》第一册

[四川涼山]烏惹譜　纂修者不詳　2007 年四川民族出版社排印本　合册　彝漢雙文

始祖俄木。支祖伍惹(烏惹)，俄木第十五世孫。後裔散居四川省涼山州金陽縣(木里木久)、甘洛縣、美姑縣(特西帕堵)，樂山市峨邊縣城、馬邊縣(曲巨)等地。譜載六支世系。

本譜載於《中國彝族譜牒選編‧四川卷》第一册

[四川涼山]俄爾譜　纂修者不詳　2007 年四川民族出版社排印本　合册　彝漢雙文

始祖俄木。後裔散居四川省涼山州喜德縣(俄把)、越西縣(瓦巖、來巨、爾賽)等地。譜載五支世系。

本譜載於《中國彝族譜牒選編‧四川卷》第一册

[四川涼山]阿說譜　纂修者不詳　2007 年四川民族出版社排印本　合册　彝漢雙文

先祖古侯。始祖俄木。支祖阿碩(阿說)，俄木第十八世孫。後裔散居四川省涼山州西昌市、普格縣、金陽縣(南瓦)、昭覺縣(縣城、好谷、地坡、乃拖、糾洛、阿碩轄區、則普、俄爾覺、體孔洛、達洛、波洛、谷曲洛)、甘洛縣，及雲南省棉花澱等地。譜載四十一支世系。

本譜載於《中國彝族譜牒選編‧四川卷》第一册

[四川涼山]烏爾譜　纂修者不詳　2007 年四川民族出版社排印本　合册　彝漢雙文

始祖俄木。支祖烏爾，俄木第十二世孫。後裔散居四川省涼山州昭覺縣(特布洛)、越西縣(古二、爾覺、新民、申果莊、瓦里覺、瓦曲覺、四甘普、特西)、甘洛縣(普昌、格古)、美姑縣(巴普)、雷波縣(松樹、莫義低樂喜、曲以、巴寨)，及樂山市峨邊縣等地。譜載六十七支世系。

本譜載於《中國彝族譜牒選編‧四川卷》第

一册

[四川涼山]吉尼譜　纂修者不詳　2007年四川民族出版社排印本　合册　彝漢雙文

始祖俄木。支祖吉里(吉尼),俄木第十五世孫。後裔散居四川省涼山州越西縣(爾覺)、甘洛縣(普昌)、美姑縣(夥泊)等地。譜載三支世系。

本譜載於《中國彝族譜牒選編・四川卷》第一册

[四川涼山]俄史譜　纂修者不詳　2007年四川民族出版社排印本　合册　彝漢雙文

始祖俄木。支祖俄詩(俄史),俄木第十五世孫。後裔散居四川省涼山州西昌市(時約)、德昌縣(前山、鐵爐)等地。譜載六支世系。

本譜載於《中國彝族譜牒選編・四川卷》第一册

[四川涼山]堵尼譜　纂修者不詳　2007年四川民族出版社排印本　合册　彝漢雙文

始祖俄木。支祖堵連(堵尼),俄木第六世孫。譜載二支世系。

本譜載於《中國彝族譜牒選編・四川卷》第一册

[四川涼山]尼乃三子譜源　纂修者不詳　2007年四川民族出版社排印本　合册　彝漢雙文

始祖古侯,傳至三十四世孫俄木。支祖尼乃,俄木第十八世孫。譜載一支五十二代世系。

本譜載於《中國彝族譜牒選編・四川卷》第一册

[四川涼山]尼乃譜　纂修者不詳　2007年四川民族出版社排印本　合册　彝漢雙文

始祖俄木。支祖尼乃,俄木第十六世孫(與《尼乃三子譜源》説法不一)。後裔散居四川省涼山州普格縣(委洛)、布拖縣(沙洛)、喜德縣(縣城、巴久、洛莫)、越西縣(拉白)等地。譜載七支世系。

本譜載於《中國彝族譜牒選編・四川卷》第

一册

[四川涼山]勒爾譜　纂修者不詳　2007年四川民族出版社排印本　合册　彝漢雙文

始祖尼乃。支祖里爾(勒爾),尼乃第六世孫。後裔散居四川省涼山州西昌市、鹽源縣(縣城、元寶)、普格縣(螺髻山)、布拖縣(拖覺)、昭覺縣(縣城、糾格拉達、庫依、拉達、金曲、瑪果、三灣、嘿澤波喜、好谷、蘭坪、竹核、糾洛、拉達)、喜德縣(尼波、兩河口、西河)、越西縣(斯基、拉白、曲可地、四甘普、弄洛、河東、普雄)、甘洛縣(烏惹把庫)、美姑縣(拉馬)、木里縣(縣城、項腳、鴨嘴),及攀枝花市鹽邊縣等地。譜載七十九支世系。

本譜載於《中國彝族譜牒選編・四川卷》第一册

[四川涼山]曲木譜　纂修者不詳　2007年四川民族出版社排印本　合册　彝漢雙文

始祖兹阿俄。後裔散居四川省涼山州寧南縣(跑馬)、昭覺縣(四開)、普格縣(衣比)等地。譜載三支世系。

本譜載於《中國彝族譜牒選編・四川卷》第一册

[四川涼山]説比譜　纂修者不詳　2007年四川民族出版社排印本　合册　彝漢雙文

始祖連乃(尼乃)。支祖首比(説比),尼乃第九世孫。後裔散居四川省涼山州西昌市(則呷)、鹽源縣(白烏)、金陽縣(夥某)、昭覺縣(沙馬覺莫、日哈)、越西縣(爾覺、日澤)、美姑縣(典補、坪頭、柳紅)、雷波縣(沙馬工中、坪頭、小高),及攀枝花市鹽邊縣(瓦史)等地。譜載十八支世系。

本譜載於《中國彝族譜牒選編・四川卷》第一册

[四川涼山]吉胡譜　纂修者不詳　2007年四川民族出版社排印本　合册　彝漢雙文

始祖連乃(尼乃)。支祖吉胡,尼乃第十世孫。後裔散居四川省涼山州西昌市、鹽源縣、昭覺縣(縣城、城北、木特、馬者日烏、拉達、俄爾覺、拉以木、起莫、南坪、糾洛）、喜德縣（縣城、東河、則莫）、冕寧縣（縣城、大橋），甘孜州九龍縣，及雲南省寧蒗縣等地。譜載三十二支世系。

本譜載於《中國彝族譜牒選編·四川卷》第一冊

[四川涼山]阿都譜　纂修者不詳　2007年四川民族出版社排印本　合冊　彝漢雙文

始祖尼乃。支祖阿都，尼乃第九世孫。後裔散居四川省涼山州鹽源縣、昭覺縣（縣城、沙洛、宜牧地、比爾）、雷波縣（巴姑、瓦崗）等地。譜載八支世系。

本譜載於《中國彝族譜牒選編·四川卷》第一冊

[四川涼山]爾彼譜　纂修者不詳　2007年四川民族出版社排印本　合冊　彝漢雙文

始祖連乃（尼乃）。支祖爾品（爾彼），尼乃之孫。後裔散居四川省涼山州西昌市（巴汝）、鹽邊縣（諾布瓦拖）、普格縣（螺髻、特洛）、布拖縣（衣某、委史則果、沙洛、乃安里孔、木實呷烏）、金陽縣（縣城、斯基銻、以繭拉達、夥孔覺積、夥孔洛覺、摩夥）、昭覺縣（散呷、體久拉打、普詩、博洛、拉達、沙洛、地莫、南坪、好古、地坡、三灣），及雲南省等地。譜載五十一支世系。

本譜載於《中國彝族譜牒選編·四川卷》第一冊

[四川涼山]依史譜　纂修者不詳　2007年四川民族出版社排印本　合冊　彝漢雙文

始祖尼乃。支祖以史（依史），尼乃第四世孫。後裔散居四川省涼山州昭覺縣（博洛）、冕寧縣（民勝），及雲南省香格里拉縣等地。譜載三支世系。

本譜載於《中國彝族譜牒選編·四川卷》第一冊

[四川涼山]阿畢譜　纂修者不詳　2007年四川民族出版社排印本　合冊　彝漢雙文

始祖尼乃。支祖阿比（阿畢），尼乃第六世孫。

後裔散居四川省涼山州德昌縣（樂躍）、普格縣（螺髻山）、昭覺縣（地坡、三灣）等地。譜載六支世系。

本譜載於《中國彝族譜牒選編·四川卷》第一冊

[四川涼山]毛覺譜　纂修者不詳　2007年四川民族出版社排印本　合冊　彝漢雙文

始祖尼乃。支祖毛阿覺（毛覺），尼乃第四世孫。後裔散居四川省涼山州昭覺縣（縣城），及攀枝花市鹽邊縣（紅莫）等地。譜載二支世系。

本譜載於《中國彝族譜牒選編·四川卷》第一冊

[四川涼山]齊惹譜　纂修者不詳　2007年四川民族出版社排印本　合冊　彝漢雙文

始祖尼乃。支祖齊惹，尼乃第四世孫。後裔散居四川省涼山州西昌市（巴汝、特洛、安寧河上游）、德昌縣（樂躍、次達）、普格縣（委洛、螺髻山下、莫社）、布拖縣（沙洛）、昭覺縣（縣城、沙洛、好谷、拉達、四開、地莫、達洛、地坡、三灣、瓦努拉達）等地。譜載四十五支世系。

本譜載於《中國彝族譜牒選編·四川卷》第一冊

[四川涼山]吉俄譜　纂修者不詳　2007年四川民族出版社排印本　合冊　彝漢雙文

始祖尼乃。支祖吉額（吉俄），尼乃第十一世孫。後裔散居四川省涼山州布拖縣（九堵）、金陽縣（以繭、夥孔覺基、爾覺、夥孔馬西、馬海夥斤、摩夥）、昭覺縣（比爾）、甘洛縣等地。譜載十四支世系。

本譜載於《中國彝族譜牒選編·四川卷》第一冊

[四川涼山]阿夥譜　纂修者不詳　2007年四川民族出版社排印本　合冊　彝漢雙文

始祖俄木。支祖阿夥，俄木第七世孫。後裔散居四川省涼山州金陽縣（縣城）、昭覺縣（普詩）、喜德縣（則莫）等地。譜載八支世系。

本譜載於《中國彝族譜牒選編・四川卷》第一冊

[四川涼山]尼乃曲莫譜　纂修者不詳　2007 年四川民族出版社排印本　合冊　彝漢雙文

始祖俄木。後裔散居四川省涼山州西昌市(北山)、德昌縣、昭覺縣(金曲、四開、瑪古夥普、三灣)、喜德縣(洛哈、東河)、冕寧縣(瀘沽)、越西縣(縣城、書古、吉武),及攀枝花市鹽邊縣等地。譜載二十一支世系。

本譜載於《中國彝族譜牒選編・四川卷》第一冊

[四川涼山]沙者曲莫譜　纂修者不詳　2007 年四川民族出版社排印本　合冊　彝漢雙文

始祖俄木。支祖沙者,俄木第六世孫。後裔散居四川省涼山州西昌市(北山、安寧、巴汝、西溪)、德昌縣、普格縣(司連各則)、昭覺縣(縣城、金曲、四開、瑪古夥普、撒灣、三灣、解放溝、地坡、吉溜、瓦勒拉達、普詩)、喜德縣(洛哈、東河、西河、則約、冕山、李子)、冕寧縣(瀘沽、罕哈、紅模、比爾、山上、婁委、特俄)、越西縣(縣城、書古、吉武、也甫、跃甫、央普、吉武、大瑞),及攀枝花市鹽邊縣等地。譜載九十一支世系。

本譜載於《中國彝族譜牒選編・四川卷》第一冊

[四川涼山]吉義曲莫譜　纂修者不詳　2007 年四川民族出版社排印本　合冊　彝漢雙文

始祖俄木。支祖吉里(吉義),俄木第十二世孫。後裔散居四川省涼山州西昌市、喜德縣(尼波)、冕寧縣、越西縣(拉達、馬拖、普雄)、甘洛縣等地。譜載二十三支世系。

本譜載於《中國彝族譜牒選編・四川卷》第一冊

[四川涼山]史勒九子譜源　纂修者不詳　2007 年四川民族出版社排印本　合冊　彝漢雙文

始祖古侯。傳至三十四世至俄木。支祖史勒,俄木第十五世孫,生九子。譜載一支四十九代世系。

本譜載於《中國彝族譜牒選編・四川卷》第一冊

[四川涼山]史勒譜　纂修者不詳　2007 年四川民族出版社排印本　合冊　彝漢雙文

始祖俄木。支祖史勒,俄木第十五世孫。後裔散居四川省涼山州西昌市、鹽源縣(樹河)、布拖縣(銀行、阿扎洛果、打薩)、金陽縣(縣城)、越西縣(西山)、甘洛縣(爾覺合、勝利、田壩、普昌),及攀枝花市米易縣(木洛覺古)等地。譜載四十二支世系。

本譜載於《中國彝族譜牒選編・四川卷》第一冊

[四川涼山]地迪譜　纂修者不詳　2007 年四川民族出版社排印本　合冊　彝漢雙文

始祖史勒。支祖地抵(地迪),史勒第十四世孫。後裔散居四川省涼山州西昌市(依抵八嘎)、鹽源縣(阿薩)、寧南縣、布拖縣(木爾、爾波烏)、金陽縣(元寶山、鄉威、北烏)、昭覺縣(縣城、拉一木、色底、庫依、約洛、布約、薩且、瓦渣甲谷、甘租、日哈、格五、嘎柱)、喜德縣(依洛、洛哈、冕山、東河)、冕寧縣(縣城、曹古、瀘沽、森榮、彝海、嘎俄日惹、比爾、鐵廠、歐羅)、越西縣(縣城、中普雄、比史夥普、沙洛、南箐、瓦確、列覺瓦烏、馬伍、板橋、大屯、吳恩、竹阿覺、曲可地、新民)、甘洛縣(依直、比爾如諾)、美姑縣(塔且、爾曲、拉馬、色克阿覺、色克、波伍、巴普、車子、衣沙壩、列哈)、雷波縣(莫紅、瓦洛吉古、拉斯洛、瓦崗、上田壩),成都市、樂山市峨邊縣,及雲南省麗江市、大理市等地。譜載一百八十支世系。

本譜載於《中國彝族譜牒選編・四川卷》第一冊

[四川涼山]阿海譜　纂修者不詳　2007 年四川民族出版社排印本　合冊　彝漢雙文

始祖史勒。支祖阿海,史勒第二十二世孫。後裔散居四川省涼山州布拖縣(縣城)、冕寧縣(臘窩),及成都市等地。譜載七支世系。

本譜載於《中國彝族譜牒選編·四川卷》第一冊

[四川涼山]爾惹譜　纂修者不詳　2007 年四川民族出版社排印本　合冊　彝漢雙文

始祖史勒。支祖爾惹,史勒第二十三世孫。後裔散居四川省涼山州西昌市(馬鞍)、鹽源縣(梅雨)、德昌縣(生生保西)、昭覺縣(補約)、喜德縣(縣城、紅莫)、冕寧縣(沙壩、白馬),成都市,甘孜州九龍縣,及雲南省寧蒗縣等地。譜載十五支世系。

本譜載於《中國彝族譜牒選編·四川卷》第一冊

[四川涼山]賈巴譜　纂修者不詳　2007 年四川民族出版社排印本　合冊　彝漢雙文

始祖史勒。支祖賈巴,史勒第二十三世孫。後裔散居四川省涼山州喜德縣(洛哈)、冕寧縣(瀘沽、金林)等地。譜載八支世系。

本譜載於《中國彝族譜牒選編·四川卷》第一冊

[四川涼山]阿苦譜　纂修者不詳　2007 年四川民族出版社排印本　合冊　彝漢雙文

始祖史勒。支祖阿苦,史勒第十三世孫。後裔散居四川省涼山州西昌市(四合)、寧南縣(阿衣洛階)、普格縣(特洛)、喜德縣(賀波洛),及甘孜州九龍縣等地。譜載五支世系。

本譜載於《中國彝族譜牒選編·四川卷》第一冊

[四川涼山]吉米譜　纂修者不詳　2007 年四川民族出版社排印本　合冊　彝漢雙文

始祖史勒。支祖吉米,史勒第十七世孫。後裔散居四川省涼山州西昌市(大箐)、德昌縣(馬鞍)、寧南縣(新建)、布拖縣(縣城、唐差)、昭覺縣(縣城、波西、好古、赤火)、冕寧縣(大橋)等地。譜載世二十二支系。

本譜載於《中國彝族譜牒選編·四川卷》第一冊

[四川涼山]阿作譜　纂修者不詳　2007 年四川民族出版社排印本　合冊　彝漢雙文

始祖史勒。支祖阿作,史勒第二十九世孫。後裔散居四川省涼山州西昌市(四合)、寧南縣、普格縣(則莫乃拖、則莫、特布)、昭覺縣(撒拉地坡、木特),及攀枝花市鹽邊縣等地。譜載二十支世系。

本譜載於《中國彝族譜牒選編·四川卷》第一冊

[四川涼山]吉幾譜　纂修者不詳　2007 年四川民族出版社排印本　合冊　彝漢雙文

始祖史勒。支祖吉幾,史勒第二十一世孫。後裔散居四川省涼山州西昌(四合)、德昌縣(縣城、鐵爐、小高沙木、馬安、馬扭合)、普格縣、金陽縣(南建吉古、斯基體)、昭覺縣(撒拉地坡)等地。譜載二十三支世系。

本譜載於《中國彝族譜牒選編·四川卷》第一冊

[四川涼山]皆沙譜　纂修者不詳　2007 年四川民族出版社排印本　合冊　彝漢雙文

始祖史勒。後裔散居四川省涼山州西昌市、昭覺縣(波西)、越西縣(大屯、新民),及甘孜州九龍縣(大河邊)等地。譜載九支世系。

本譜載於《中國彝族譜牒選編·四川卷》第一冊

[四川涼山]熱爾譜　纂修者不詳　2007 年四川民族出版社排印本　合冊　彝漢雙文

始祖史勒。支祖熱爾,史勒第四子。後裔散居四川省涼山州西昌市、鹽源縣(白烏)、布拖縣(縣城)等地。譜載十二支世系。

本譜載於《中國彝族譜牒選編·四川卷》第一冊

[四川涼山]波勒譜　纂修者不詳　2007 年四川民族出版社排印本　合冊　彝漢雙文

始祖史勒。支祖波勒,史勒第二十二世孫。後裔散居四川省涼山州昭覺縣(薩嘎)、冕寧縣(森榮)等地。譜載八支世系。

本譜載於《中國彝族譜牒選編·四川卷》第一册

[四川涼山]朴朱譜 纂修者不詳 2007 年四川民族出版社排印本 合册 彝漢雙文

始祖史勒。支祖朴朱,史勒第二十二世孫。後裔散居四川省涼山州寧南縣(跑馬)、越西縣(古二),及雲南省寧蒗縣等地。譜載五支世系。

本譜載於《中國彝族譜牒選編·四川卷》第一册

[四川涼山]海來譜 纂修者不詳 2007 年四川民族出版社排印本 合册 彝漢雙文

始祖史勒。支祖海來,史勒第十九世孫。後裔散居四川省涼山州昭覺縣(特布洛、嘎)、越西縣(樂青地、特西、上普雄、達曲、保安、西山、保洛、拉普)、美姑縣(側嘎)、雷波縣(伍撒),及樂山市馬邊縣、雅安市漢源縣等地。譜載三十一支世系。

本譜載於《中國彝族譜牒選編·四川卷》第一册

[四川涼山]阿扎譜 纂修者不詳 2007 年四川民族出版社排印本 合册 彝漢雙文

始祖史勒。支祖阿扎,史勒第二十二世孫。後裔散居四川省涼山州西昌市(螺吉山)、昭覺縣(縣城、好谷、四開)、冕寧縣(森約),及成都市等地。譜載十三支世系。

本譜載於《中國彝族譜牒選編·四川卷》第一册

[四川涼山]蘇嘎譜 纂修者不詳 2007 年四川民族出版社排印本 合册 彝漢雙文

始祖史勒。支祖蘇嘎,史勒之孫。後裔散居四川省涼山州普格縣(滇約、俄平、特覺)、布拖縣(耶抵牛果、拖覺)、金陽縣(階良格木),及成都市等地。譜載三十六支世系。

本譜載於《中國彝族譜牒選編·四川卷》第一册

[四川涼山]威史譜 纂修者不詳 2007 年四川民族出版社排印本 合册 彝漢雙文

始祖史勒。支祖威史,史勒第六世孫。後裔散居四川省涼山州西昌市、普格縣(特覺、色洛)、布拖縣(西溪河、樂安、衣莫)、昭覺縣(城北),及樂山市峨邊縣等地。譜載十四支世系。

本譜載於《中國彝族譜牒選編·四川卷》第一册

[四川涼山]莫格譜 纂修者不詳 2007 年四川民族出版社排印本 合册 彝漢雙文

始祖史勒。支祖莫格,史勒第二十二世孫。後裔散居四川省涼山州西昌市(木特)、鹽源縣(柏林)、德昌縣、喜德縣(米市),及成都市、鹽邊縣(則薩木迪)、甘孜州九龍縣等地。譜載三十支世系。

本譜載於《中國彝族譜牒選編·四川卷》第一册

[四川涼山]約期譜 纂修者不詳 2007 年四川民族出版社排印本 合册 彝漢雙文

始祖史勒。支祖約期,史勒第十八世孫。後裔散居四川省涼山州阿皆布四、吉古拉達、階良都古等地。譜載七支世系。

本譜載於《中國彝族譜牒選編·四川卷》第一册

[四川涼山]阿壩譜 纂修者不詳 2007 年四川民族出版社排印本 合册 彝漢雙文

始祖史勒。支祖阿壩,史勒第十八世孫。後裔散居四川省涼山州西昌市(四合、民勝)、普格縣(縣城)等地。譜載八支世系。

本譜載於《中國彝族譜牒選編·四川卷》第一册

[四川涼山]阿説譜 纂修者不詳 2007 年四川民族出版社排印本 合册 彝漢雙文

始祖史勒。支祖阿説。後裔散居四川省涼山州鹽源縣(白烏)、冕寧縣(縣城、特俄)、越西縣(縣城、書古、白馬、貢莫、馬伍、拉普、西山)、甘洛縣

（勝利），及樂山市峨邊縣、甘孜州九龍縣等地。譜載十九支世系。

本譜載於《中國彝族譜牒選編·四川卷》第一册

[四川涼山]賈斯譜　纂修者不詳　2007 年四川民族出版社排印本　合册　彝漢雙文

始祖史勒。後裔散居四川省涼山州西昌市（四合、開元、馬道、西溪）、鹽源縣（巴折、柏林）、德昌縣（縣城、馬安、銀鹿、樂躍、茨達、前山、小高）、會東縣、寧南縣（跑馬）、普格縣（縣城、南馬撒史、德育、五隊、委洛）、昭覺縣（薩瓦、撒拉地坡）、喜德縣（縣城、七隊、賀波洛、米市、林場、西河）、冕寧縣（比爾）、越西縣（瓦吉莫、城郊）等地。譜載九十六支世系。

本譜載於《中國彝族譜牒選編·四川卷》第一册

[四川涼山]爾姑譜　纂修者不詳　2007 年四川民族出版社排印本　合册　彝漢雙文

始祖史勒。支祖爾姑，史勒第八世孫。後裔散居四川省涼山州西昌市（四合、螺吉山）、鹽源縣（阿薩）、普格縣（縣城、西洛）、布拖縣（縣城）、昭覺縣（則普、城北、二伍、好谷）、喜德縣（尼波）、越西縣（縣城、申普）、甘洛縣（石海）、美姑縣（納古、扭克、省爾麼）、雷波縣（瓦崗、巴姑），及成都市、雅安市石棉縣（基子）、甘孜州九龍縣等地。譜載三十二支世系。

本譜載於《中國彝族譜牒選編·四川卷》第一册

[四川涼山]阿涼譜　纂修者不詳　2007 年四川民族出版社排印本　合册　彝漢雙文

始祖史勒。支祖阿涼，史勒第十八世孫。後裔散居四川省涼山州西昌市（四合、西溪）、德昌縣、喜德縣（縣城、拉克）、普格縣（文坪、螺吉山拉、特洛、德育、特布洛、拖木溝）、昭覺縣（撒拉地坡、城北、好谷）、喜德縣（縣城、東河、紅莫）、冕寧縣、越西縣，及攀枝花市鹽邊縣等地。譜載六十二支世系。

本譜載於《中國彝族譜牒選編·四川卷》第一册

[四川涼山]吉此譜　纂修者不詳　2007 年四川民族出版社排印本　合册　彝漢雙文

始祖史勒。支祖吉此，史勒第十七世孫。後裔散居四川省涼山州西昌市（阿七）、普格縣（五道青）、昭覺縣（縣城、撒拉地坡、柳且、四開、好谷、解放溝）、喜德縣（米市、紅莫）等地。譜載二十四支世系。

本譜載於《中國彝族譜牒選編·四川卷》第一册

[四川涼山]皆史譜　纂修者不詳　2007 年四川民族出版社排印本　合册　彝漢雙文

始祖史勒。後裔散居四川省涼山州西昌市（禮州、巴汝山下、阿七）、德昌縣、寧南縣（海子）、布拖縣（蘇嘎史德、則洛）、昭覺縣（縣城、城北、好谷、撒拉地坡、達洛、普詩、四開、地莫、哈且）、越西縣（縣城）、甘洛縣（畢爾如諾、四壩、斯覺）、美姑縣（柳洪），樂山市馬邊縣，雅安市漢源縣（理民）、石棉縣，甘孜州九龍縣，及雲南省寧蒗縣（意平）等地。譜載六十六支世系。

本譜載於《中國彝族譜牒選編·四川卷》第一册

[四川涼山]木古九子譜源　纂修者不詳　2007 年四川民族出版社排印本　合册　彝漢雙文

始祖古侯。支祖木古，古侯第二十八世孫。譜載一支二十九代世系。

本譜載於《中國彝族譜牒選編·四川卷》第一册

[四川涼山]格七譜　纂修者不詳　2007 年四川民族出版社排印本　合册　彝漢雙文

始祖木古。支祖格七，木古第十二世孫。後裔散居四川省涼山州西昌市、布拖縣（特木里）、喜德縣（魯基）、美姑縣（新橋、沙支乃烏、哈古依達、金意特西、瓦普乃伍、約洛瓦洛、覺洛、者羅嘎、瓦覺等地，有改姓阿支）、雷波縣（縣城、瓦渣、依曲、帕哈、祖古、拉巴拉達、木過波伍、爛壩子、上田壩、西寧、五官、莫意)、及樂山市峨邊縣、馬邊縣(蘇壩)等地。譜載五十支世系。

本譜載於《中國彝族譜牒選編・四川卷》第一冊

[四川涼山]吉伍譜　纂修者不詳　2007 年四川民族出版社排印本　合冊　彝漢雙文

始祖木古。支祖吉伍,木古第十六世孫。後裔散居四川省涼山州西昌市(大橋)、寧南縣(涼茲)、布拖縣、金陽縣(南坡)、昭覺縣(薩瓦、慶額、拉衣木、都克)、喜德縣(縣城、米市、依洛、魯基、且拖)、冕寧縣(科洛)、越西縣(拉普、四甘普)、甘洛縣(縣城、畢爾如諾)、美姑縣(瓦夥、瓦古、依嘎、則租羅嘎)、雷波縣(縣城、大坪子、莫紅、馬頸子、米基、西寧),及成都市,樂山市峨邊縣、馬邊縣等地。譜載五十八支世系。

本譜載於《中國彝族譜牒選編・四川卷》第一冊

[四川涼山]里苦譜　纂修者不詳　2007 年四川民族出版社排印本　合冊　彝漢雙文

始祖木古。支祖里苦,木古第十九世孫。後裔散居四川省涼山州鹽源縣(右所、白鳥)、昭覺縣(四開)、喜德縣(尼波、木支、則莫、兩河口)、冕寧縣(伍爾覺、麻哈)、美姑縣,及甘孜州九龍縣(唐嘎)等地。譜載二十一支世系。

本譜載於《中國彝族譜牒選編・四川卷》第一冊

[四川涼山]阿生譜　纂修者不詳　2007 年四川民族出版社排印本　合冊　彝漢雙文

始祖木古。支祖阿生,木古第十八世孫。後裔散居四川省涼山州西昌縣(巴汝、給胡)、喜德縣(縣城、紅莫、尼波、西河、賀波洛)、冕寧縣(拉基、沙壩、蘇彼)、越西縣(縣城、拉普、打圖、乃托),雅安市石棉縣(莫莫子、柱莫),及雲南省等地。譜載二十七支世系。

本譜載於《中國彝族譜牒選編・四川卷》第一冊

[四川涼山]吉烏譜　纂修者不詳　2007 年四川民族出版社排印本　合冊　彝漢雙文

始祖木古。支祖吉烏,木古第十五世孫。後裔散居四川省涼山州西昌市(巴汝、四合、吉德木、石塘、鍋蓋、特洛、嘎兒拉達、里布惹、爾洛、打洛、磨盤)、鹽源縣(巴折、衛城)、普格縣(特補)、金陽縣(大約子)、喜德縣(則約、依洛、依茲覺、北山、南壩、紅莫、李子、金兒、尼波、東河、西河、里斯洛)、冕寧縣(南山營),成都市,雅安市石棉縣(李子)、甘孜州九龍縣,及雲南省寧蒗縣等地。譜載八十三支世系。

本譜載於《中國彝族譜牒選編・四川卷》第一冊

[四川涼山]阿蘇譜　纂修者不詳　2007 年四川民族出版社排印本　合冊　彝漢雙文

始祖木古。支祖阿蘇,木古第十七世孫。後裔散居四川省涼山州喜德縣(賀波洛)、冕寧縣(河里、拉達、爾期、絲補爾、生約)、越西縣(縣城、烏恩、普雄、曲可地)等地。譜載十七支世系。

本譜載於《中國彝族譜牒選編・四川卷》第一冊

[四川涼山]古次譜　纂修者不詳　2007 年四川民族出版社排印本　合冊　彝漢雙文

始祖木古。支祖古此(古次),木古第十九世孫。後裔散居四川省涼山州昭覺縣(縣城、色低、竹核、都克、布約、拉衣木)、喜德縣(冕山)、越西縣(貢莫)、美姑縣(沙馬洛烏、依嘎)、雷波縣(阿作瓦烏、西寧、爾薩、爾薩期、坪頭)等地。譜載十九支世系。

本譜載於《中國彝族譜牒選編・四川卷》第一冊

[四川涼山]哈日譜　纂修者不詳　2007 年四川民族出版社排印本　合冊　彝漢雙文

始祖木古。支祖哈日,木古第六世孫。後裔散居四川省涼山州昭覺縣(慶額、拉一木、特布洛)、越西縣(南箐)等地。譜載五支世系。

本譜載於《中國彝族譜牒選編・四川卷》

一册

[四川涼山]吉勒譜　纂修者不詳　2007 年四川民族出版社排印本　合册　彝漢雙文

始祖木古。支祖吉列(吉勒)，木古第十七世孫。後裔散居四川省涼山州越西縣(社普、瓦里覺)、美姑縣(乃嘎)等地。譜載四支世系。

本譜載於《中國彝族譜牒選編·四川卷》第一册

[四川涼山]吉日譜　纂修者不詳　2007 年四川民族出版社排印本　合册　彝漢雙文

始祖木古。支祖吉日。後裔散居四川省涼山州德昌縣(巴洞)、喜德縣(尼波)、冕寧縣(鐵廠)等地。譜載三支世系。

本譜載於《中國彝族譜牒選編·四川卷》第一册

[四川涼山]沙馬譜　纂修者不詳　2007 年四川民族出版社排印本　合册　彝漢雙文

始祖木古。支祖沙馬。後裔散居四川省涼山州昭覺縣(瓦崗布色)、美姑縣(畢兹乃烏、則洛、木覺乃托)、雷波縣(基且吉古、古馬吉古)等地。譜載八支世系。

本譜載於《中國彝族譜牒選編·四川卷》第一册

[四川涼山]吉涼譜　纂修者不詳　2007 年四川民族出版社排印本　合册　彝漢雙文

始祖木古。支祖吉尼(吉涼)，木古次子。後裔散居四川省涼山州鹽源縣(民洛階烏)、德昌縣、普格縣(小興場)、布拖縣(牛角灣、烏科)、喜德縣(光明)、雷波縣(西寧)等地。譜載十二支世系。

本譜載於《中國彝族譜牒選編·四川卷》第一册

[四川涼山]諾邊譜　纂修者不詳　2007 年四川民族出版社排印本　合册　彝漢雙文

始祖木古。支祖諾邊，木古第四世孫。後裔散居四川省涼山州西昌市(禮州、開元、西溪、螺吉山

下)、鹽源縣(縣城、木薩)、德昌縣(瓦列、樂躍)、普格縣(委洛、曲都拉達、月吾)、布拖縣(沙洛)、金陽縣(特兹)、昭覺縣(縣城、特布洛、慶額、日哈、四開、慶恒、過莫依達)、喜德縣(縣城、李子、紅莫)、冕寧縣(沙壩、日果夥鋪、鐵廠)、越西縣(縣城、拉普、特西、下雄普、洛木拉達、拉吉、馬拖、南箐)、美姑縣(牛克妥木)，及樂山市峨邊縣、馬邊縣(階胡)等地。譜載一百支世系。

本譜載於《中國彝族譜牒選編·四川卷》第一册

[四川涼山]諾爾譜　纂修者不詳　2007 年四川民族出版社排印本　合册　彝漢雙文

始祖木古。支祖諾爾，木古第五世孫。後裔散居四川省涼山州昭覺縣(竹核、特布洛)、冕寧縣(漫水灣)、美姑縣(甲谷、新橋)、雷波縣(西寧)等地。譜載八支世系。

本譜載於《中國彝族譜牒選編·四川卷》第一册

[四川涼山]依史譜　纂修者不詳　2007 年四川民族出版社排印本　合册　彝漢雙文

始祖木古。支祖依史，木古子莫恩派下裔孫。後裔散居四川省涼山州普格縣、布拖縣(縣城、九都、拖木里、樂安)等地。譜載七支世系。

本譜載於《中國彝族譜牒選編·四川卷》第一册

[四川涼山]博史譜　纂修者不詳　2007 年四川民族出版社排印本　合册　彝漢雙文

始祖木古。支祖博史，木古第十一世孫。後裔散居四川省涼山州越西縣(縣城)、美姑縣(四民者覺、絲者瓦拖)，及成都市、樂山市峨邊縣等地。譜載八支世系。

本譜載於《中國彝族譜牒選編·四川卷》第一册

[四川涼山]阿俄譜　纂修者不詳　2007 年四川民族出版社排印本　合册　彝漢雙文

始祖木古。支祖阿吴(阿俄)，木古之孫。後裔

散居四川省涼山州昭覺縣(四開、灑拉地坡)、喜德縣(光明)、越西縣(縣城、蘇姑)等地。譜載七支世系。

本譜載於《中國彝族譜牒選編・四川卷》第一冊

[四川涼山]吉郭譜　纂修者不詳　2007年四川民族出版社排印本　合冊　彝漢雙文

始祖木古。支祖吉郭,木古第七世孫。後裔散居四川省涼山州西昌市(牛依火青)、德昌縣(覺林、馬鞍、巴洞、小高)、普格縣(螺髻山、特普、古木洛、和平)、布拖縣(洛哈)、昭覺縣(灑拉地坡、海澤乃階)、喜德縣(光明)等地。譜載十八支世系。

本譜載於《中國彝族譜牒選編・四川卷》第一冊

[四川涼山]阿吉譜　纂修者不詳　2007年四川民族出版社排印本　合冊　彝漢雙文

始祖木古。支祖阿吉,木古第七子。後裔散居四川省涼山州普格縣(阿列馬火、西洛、博史、特恩、階體)、布拖縣(沙洛、蘇嘎)、昭覺縣(特普),及樂山市峨邊縣等地。譜載十八支世系。

本譜載於《中國彝族譜牒選編・四川卷》第一冊

[四川涼山]井伍譜　纂修者不詳　2007年四川民族出版社排印本　合冊　彝漢雙文

先祖古侯。始祖姆古(古木),古侯第二十八世孫。支祖井伍,木古第十四世孫。後裔散居四川省涼山州西昌市(巴汝、馬鞍)、德昌縣(茨達、大陸)、普格縣(縣城、五道箐、橋窩、小興場、拖木溝、特保果)、布拖縣等地。譜載四十三支世系。

本譜載於《中國彝族譜牒選編・四川卷》第一冊

[四川涼山]吉呷譜　纂修者不詳　2007年四川民族出版社排印本　合冊　彝漢雙文

始祖木古。支祖吉呷,木古第四世孫。後裔散居四川省涼山州金陽縣(約洛乃烏)、昭覺縣(莫

火乃烏、瓦嘎、特布洛)、喜德縣(縣城)、美姑縣(克拖木、日出過俄、扭克拖木)、雷波縣(保基)等地。譜載十一支世系。

本譜載於《中國彝族譜牒選編・四川卷》第一冊

[四川涼山]勒史譜　纂修者不詳　2007年四川民族出版社排印本　合冊　彝漢雙文

始祖木古。支祖勒史,木古第五世孫。後裔散居四川省涼山州西昌市、鹽源縣、普格縣、布拖縣(縣城、地洛、拖木里)、昭覺縣(竹核)等地。譜載十五支世系。

本譜載於《中國彝族譜牒選編・四川卷》第一冊

[四川涼山]達吉譜　纂修者不詳　2007年四川民族出版社排印本　合冊　彝漢雙文

始祖木古。支祖達吉,木古第十五世孫。後裔散居四川省涼山州西昌市(蕎地、磨盤)、德昌縣(大灣、子自)、普格縣(五道青)、喜德縣(縣城、米市、洛哈、熱柯、冕山)、雷波縣(故車)等地。譜載十七支世系。

本譜載於《中國彝族譜牒選編・四川卷》第一冊

[四川涼山]拉克譜　纂修者不詳　2007年四川民族出版社排印本　合冊　彝漢雙文

始祖木古。支祖拉克,木古第五世孫。後裔散居四川省涼山州布拖縣(特木里、依莫)、昭覺縣(谷曲),及樂山市馬邊縣等地。譜載五支世系。

本譜載於《中國彝族譜牒選編・四川卷》第一冊

[四川涼山]吉拉譜　纂修者不詳　2007年四川民族出版社排印本　合冊　彝漢雙文

始祖木古。支祖吉拉,木古第四世孫。後裔散居四川省涼山州金陽縣(馬耶)、昭覺縣(古里、哈呷、火羅哈呷、洛克瓦托、馬俄洛克)、喜德縣(且拖)、美姑縣(巴普、典補、吉曲拉達)、雷波縣(瓦崗、木曲瓦西、巖腳),及樂山市馬邊縣、攀枝花市

鹽邊縣等地。譜載二十八支世系。

本譜載於《中國彝族譜牒選編·四川卷》第一冊

[四川涼山]斯惹譜 纂修者不詳 2007年四川民族出版社排印本 合冊 彝漢雙文

始祖木古。後裔散居四川省涼山州美姑縣(列石覺)、雷波縣(博基)等地。譜載二支世系。

本譜載於《中國彝族譜牒選編·四川卷》第一冊

[四川涼山]柬知譜 纂修者不詳 2007年四川民族出版社排印本 合冊 彝漢雙文

始祖木古。支祖柬知,木古之孫。後裔散居四川省涼山州鹽源縣(梅雨)、金陽縣(約合)、昭覺縣(俄爾)、木里縣等地。譜載六支世系。

本譜載於《中國彝族譜牒選編·四川卷》第一冊

[四川涼山]烏馬六子譜源 纂修者不詳 2007年四川民族出版社排印本 合冊 彝漢雙文

始祖古侯。支祖烏馬,古侯第三十四世孫。烏馬各支譜多自烏馬祖父木烏始記。譜載一支三十五代世系。

本譜載於《中國彝族譜牒選編·四川卷》第一冊

[四川涼山]烏馬譜 纂修者不詳 2007年四川民族出版社排印本 合冊 彝漢雙文

始祖木烏。支祖烏馬,木烏孫。後裔散居四川省涼山州西昌市(大興)、鹽源縣(花紅、金河、右所、樹河、海棠、平川〔有改姓博史氏〕、夥者〔有改姓成居乃氏〕、電史見古)、德昌縣(夥各拉達)、普格縣、金陽縣(曲度羅姑、莫夥乃吾、阿補洛哈)、昭覺縣(縣城、糾洛、古里、拉一木、竹核、色底、甘多洛古、慶恒、補約、特布洛、爾古、波西、革吳、洛革、木兹乃吾、瓦威、四開、洛弄依打、普史、柳且、三河、解放溝、斯侯、吉恩機乃、好谷、斯侯、馬絞里孔、體久拉達、地莫)、喜德縣、越西縣(縣城、城橋、板橋、白果、什卡、里澤、乃托)、甘洛縣(俄補、

勝利)、美姑縣(侯播乃拖、依呷、爾合、西甘薩、爾庫、瓦曲、説諾解烏、三崗、子威、瑪木居額、侍比齊、大橋、連華、拉木阿覺、甲谷、瓦苦、阿巨波烏)、雷波縣(則俄波烏、帕哈、上田壩、洛安覺、卡哈洛、約波、瓦崗、莫紅、坪頭、格地爾諾),樂山市峨邊縣、攀枝花市鹽邊縣(夥絞親)、雅安市石棉縣,及雲南省等地。譜載二百四十六支世系。

本譜載於《中國彝族譜牒選編·四川卷》第一冊

[四川涼山]吉潑譜 纂修者不詳 2007年四川民族出版社排印本 合冊 彝漢雙文

始祖木烏。木烏孫烏馬。支祖吉朋(吉潑),烏馬第二十七世孫。後裔散居四川省涼山州西昌市(馬鞍),及攀枝花市鹽邊縣(尼海)、甘孜州九龍縣等地。譜載七支世系。

本譜載於《中國彝族譜牒選編·四川卷》第一冊

[四川涼山]殷兹譜 纂修者不詳 2007年四川民族出版社排印本 合冊 彝漢雙文

始祖木烏。木烏孫烏馬。後裔散居四川省涼山州西昌市(月華、裕龍長村)、喜德縣(縣城、拉克、古爾)、冕寧縣(縣城、曹古、先鋒、煙草壩、麥地、哈哈、鐵廠、瓦來、伍一、河里鄉、回龍、阿都意、瀘沽)、越西縣(南箐鄉),及甘孜州九龍縣(小金)等地。譜載八十九支世系。

本譜載於《中國彝族譜牒選編·四川卷》第一冊

[四川涼山]牛次譜 纂修者不詳 2007年四川民族出版社排印本 合冊 彝漢雙文

始祖木烏。木烏孫烏馬。支祖吉某(牛次),烏馬第二十五世孫。後裔散居四川省涼山州昭覺縣(古里)、美姑縣(巴普)等地。譜載三支世系。

本譜載於《中國彝族譜牒選編·四川卷》第一冊

[四川涼山]繭在譜 纂修者不詳 2007年四川民族出版社排印本 合冊 彝漢雙文

始祖木烏。木烏孫烏馬。支祖繭在,烏馬第十三世孫。後裔散居四川省涼山州西昌市、越西縣(斯各、什山)、甘洛縣(瓦史覺、色達)、美姑縣(依洛拉達、吉木且某、則足、伍而各俄、斯呷乃拖、瓦久乃托、斯則洛、則組爾考、里考拖木、阿扎尼哈、里真洛、佐戈依達、尼可、有工洛、拖木、巴普、伸爾、目朋洛、斯麥乃拖、馬史洛)、雷波縣(哈拉瓦拖),及樂山市峨邊縣、馬邊縣等地。譜載三十九支世系。

本譜載於《中國彝族譜牒選編·四川卷》第一册

[四川涼山]莫孔譜　纂修者不詳　2007 年四川民族出版社排印本　合册　彝漢雙文

始祖木烏。木烏孫烏馬。支祖莫孔,烏馬第二十一世孫。後裔散居四川省涼山州越西縣(特姑、樹姑、波什、爾色、特資甫)、甘洛縣(首紅),及雅安市石棉縣等地。譜載十三支世系。

本譜載於《中國彝族譜牒選編·四川卷》第一册

[四川涼山]依布譜　纂修者不詳　2007 年四川民族出版社排印本　合册　彝漢雙文

始祖木烏。木烏孫烏馬。支祖依布,烏馬第四世孫。後裔居四川省涼山州阿爾地果。譜載一支十五代世系。

本譜載於《中國彝族譜牒選編·四川卷》第一册

[四川涼山]吉扭譜　纂修者不詳　2007 年四川民族出版社排印本　合册　彝漢雙文

始祖木烏。木烏孫烏馬。支祖可溜(吉扭),烏馬第五世孫。後裔居四川省涼山州史洛拉達。譜載一支二十一代世系。

本譜載於《中國彝族譜牒選編·四川卷》第一册

[四川涼山]海惹譜　纂修者不詳　2007 年四川民族出版社排印本　合册　彝漢雙文

始祖木烏。木烏孫烏馬。支祖黑惹,木古第六

世孫。後裔散居四川省涼山州西昌市(健康路、馬鞍喬、蕎地、開元、營長、黃聯、巴汝、大箐、玉龍、響水、磨盤、洛古波、德石、史夥廠、川林五處)、鹽源縣(縣城、水關、紅民、樹河、草坪、黃草、艾孔、白烏鎮、柏林、中所、棉椏、巴折)、德昌縣(小高、樂躍、達羅、鐵爐、鐵路、寬裕、熱河、銀鹿、馬安、達六槽、大陸、點水、德州)、會理縣(太白區、羅橋)、會東縣(南麻、白雲山)、寧南縣(跑馬、大同、紅旗、六鐵)、普格縣(委洛、文坪、特爾果、向陽、拖木溝、特補、西洛、螺髻山)、布拖縣(樂安、四棵、木爾、基只、特木里、美撒、火烈、補洛、九都、覺撒、沙洛)、金陽縣(派來、小銀木、莫扎、馬依組、依達、對坪、蘭瓦、天抵、衣某、孔安、蘭甲、天地、銀木)、昭覺縣(新城、城西、城北、紅星、俄爾、達洛、四開、庫依、地莫、古里、解放溝)、喜德縣(兩河口、東河、西河、魯基、深溝、李子、則莫、洛哈、史古魯、冕山、依洛、拉克、米市、北山、且拖、賀波洛、尼波、沙馬拉達、樂躍、光明、地莫、格里、東河瓦而)、冕寧縣(河里、復興、哈哈、森榮、後山、鐵廠、宏模、瀘沽、沙壩、聯合、大橋、達華、臘窩、里莊、拖烏、羅勒、瓦來)、越西縣(縣城、瓦吉莫、果慶、里久、普雄、上普雄、中普雄、五里、大花、古爾、申果、西三里、日弄蘭七、河東、書古、五星、貢莫、烏托、達説、西山、板橋、瓦巖、南箐、新民)、甘洛縣(城關、字日、波波、普昌、阿斯覺、斯覺拉莫、團結、柳姑)、美姑縣(縣城、竹庫、九口、牛牛壩、候播、巴普、特喜、農作、巴古、洪溪)、雷波縣(拉眯、八寨、錦城、松樹、元寶、瓦崗、巴姑、海灣、卡哈洛、黃琅、西寧爛壩子、山棱崗、)、木里縣(唐央、瓦泊),成都市,樂山市(繭絞)、夾江縣、峨邊縣(西河、達波)、馬邊縣(紅襄、優紅、沙只)、攀枝花市米易縣(勝利、黃山、約峰、玉峰、聯合、普鎮、普威)、鹽邊縣(好角且、加西、江什、愛可、果平、黎民海、俄橋),雅安市漢源縣(蘇子壩)、石棉縣(李子坪、安順場),甘孜州九龍縣(王八),及雲南省永盛縣(坪坪)、寧蒗縣(紅橋、尼里、跑馬坪、新營盤、西川)等地。譜載一千五百五十六支世系。

本譜載於《中國彝族譜牒選編·四川卷》第一册

[四川涼山]吉古譜　纂修者不詳　2007 年四川民族出版社排印本　合册　彝漢雙文

始祖木烏。木烏孫烏馬。支祖吉古,烏馬第十八世孫。後裔散居四川省涼山州昭覺縣(阿露巴古、絞呷)、喜德縣(紅莫)、冕寧縣(曹古)、越西縣(爾覺、四甘普、依比姑、貢莫、乃托)、美姑縣(候古莫)等地。譜載十七支世系。

本譜載於《中國彝族譜牒選編·四川卷》第一册

[四川涼山]吉俄譜　纂修者不詳　2007 年四川民族出版社排印本　合册　彝漢雙文

始祖木烏。木烏孫烏馬。支祖吉額(吉俄),烏馬第十二世孫。後裔散居四川省涼山州普格縣(西洛)、昭覺縣(澤洛、幾曲)、越西縣(普雄)等地。譜載四支世系。

本譜載於《中國彝族譜牒選編·四川卷》第一册

[四川涼山]阿布譜　纂修者不詳　2007 年四川民族出版社排印本　合册　彝漢雙文

始祖木烏。木烏孫烏馬。支祖阿布,烏馬第六世孫。後裔散居四川省涼山州越西縣(梅花)、甘洛縣(勝利)等地。譜載三支世系。

本譜載於《中國彝族譜牒選編·四川卷》第一册

[四川涼山]瑪比譜　纂修者不詳　2007 年四川民族出版社排印本　合册　彝漢雙文

始祖木烏。木烏孫烏馬。後裔散居四川省涼山州西昌市、昭覺縣(洛弄呷基)等地。譜載六支世系。

本譜載於《中國彝族譜牒選編·四川卷》第一册

[四川涼山]依格六子譜源　纂修者不詳　2007 年四川民族出版社排印本　合册　彝漢雙文

始祖古夥(古侯)。傳二十八世至烏馬。支祖依格,烏馬十世孫。譜載一支三十八代世系。

本譜載於《中國彝族譜牒選編·四川卷》第一册

[四川涼山]阿爾譜　纂修者不詳　2007 年四川民族出版社排印本　合册　彝漢雙文

始祖木烏。木烏孫烏馬。烏馬十世孫依格。支祖阿魯(阿爾),依格長子。後裔散居四川省涼山州西昌市(西溪、巴汝、瓦邱、馬鞍、黃連)、鹽源縣(衛城、長白、八站、白烏、甘海、左所)、德昌縣(鐵路)、普格縣(螺髻山下、委洛)、布拖縣(俫哈、委只洛、則洛)、金陽縣(體里南烏、克塔普)、昭覺縣(縣城、城西、城北、日哈、依哈、比爾、散呷、庫莫、爾姑、補約、糾洛、普詩、拉打、竹核、泊怒、博汝、南壩)、喜德縣(縣城、紅莫、東河、米市、博洛、洛哈、依洛、兩河口、波振)、冕寧縣(曹谷)、越西縣(縣城、馬拖、西山、拉白、南箐、魯色)、甘洛縣(沙布、基依)、美姑縣(波斯、林實、尼紅、依批果俄、爾枝乃吾、拉古、俄甫、依呷、天喜、哈姑、美姑拉把、吉以、説諾乃吾、龍門)、雷波縣(西寧、上田壩、波斯、咪姑、志日、乃繭、馬頸子、羅山溪、爛壩子、爾只乃吾、喔覺、丁家坪、卡哈洛)、木里縣(縣城),成都市、樂山市馬邊縣,及山西省、雲南省寧蒗縣(縣城、坡馬、西川、什補合、永寧、章河、西陽)、香格里拉縣等地。譜載二百三十一支世系。

本譜載於《中國彝族譜牒選編·四川卷》第一册

[四川涼山]嘎哈譜　纂修者不詳　2007 年四川民族出版社排印本　合册　彝漢雙文

始祖依格。烏馬十世孫。後裔散居四川省涼山州西昌市、金陽縣(普果)、昭覺縣(慶額)、美姑縣(縣城、耳邱南烏、柳合、候播乃拖、阿子尼哈、吉木且某、扯兹拉達)、雷波縣(縣城、馬頸子、采呷、西寧、大坪子、弄攻以曲、谷堆鄉、瓦則、阿里俄覺、俄斯洛、黃琅、連古、呷哈期色、爾姑依邱、弄依克直、呷哈),成都市、樂山市馬邊縣,及雲南省永善縣等地。譜載九十一支世系。

本譜載於《中國彝族譜牒選編·四川卷》第一册

[四川]麻産譜　纂修者不詳　2007 年四川民族

出版社排印本　合册　彝漢雙文

始祖依格。支祖麻産,依格第十一世孫。後裔散居四川省涼山州普格縣與樂山市馬邊縣等地。譜載十七支世系。

本譜載於《中國彝族譜牒選編·四川卷》第一册

[四川涼山]皆薩譜　纂修者不詳　2007 年四川民族出版社排印本　合册　彝漢雙文

始祖依格。支祖皆薩,依格第九世孫。後裔散居四川省涼山州鹽源縣(顯發、德實)、普格縣、昭覺縣(竹核)、越西縣(縣城)、甘洛縣(志依)、美姑縣(里拉達、扯字魯哈)、雷波縣(山淩崗),樂山市馬邊縣,及雲南省麗江市、寧蒗縣(縣城、永林)等地。譜載十八支世系。

本譜載於《中國彝族譜牒選編·四川卷》第一册

[四川涼山]賈古譜　纂修者不詳　2007 年四川民族出版社排印本　合册　彝漢雙文

始祖依格。支祖賈古,依格第十一世孫。後裔散居四川省涼山州西昌市(四合)、鹽源縣(縣城、北林、大河)、金陽縣(波洛)、昭覺縣(縣城、革伍、比爾、特布洛、格俄健古、庫莫、慶恒、依哈、色底、呷組)、喜德縣(兩河口、尼波、依洛、米市、波振)、冕寧縣、越西縣(縣城、普雄、古二、爾色、把哈乃加、俄足子且、朋合、特子普、乃拖、胡資甫、申普、竹阿覺、爾喜、達大屯)、甘洛縣(阿爾、蘇雄)、美姑縣(尼哈)、雷波縣(拉眯、哈拉瓦武)、木里縣(才市抵),樂山市峨邊縣、馬邊縣,及雲南省寧蒗縣(沙某)等地。譜載一百零七支世系。

本譜載於《中國彝族譜牒選編·四川卷》第一册

[四川涼山]熱里譜　纂修者不詳　2007 年四川民族出版社排印本　合册　彝漢雙文

始祖依格。支祖惹尼(熱里),依格第七世孫。後裔散居四川省涼山州布拖縣(縣城、烏依、耳木史等、木里尼古、丙底、什幹普)、昭覺縣(四開、波喜)、雷波縣(莫合)等地。譜載二十支世系。

本譜載於《中國彝族譜牒選編·四川卷》第一册

[四川涼山]阿比譜　纂修者不詳　2007 年四川民族出版社排印本　合册　彝漢雙文

遠祖木烏。木烏孫烏馬。始祖依格。支祖阿畢(阿比),依格第十世孫。後裔散居四川省涼山州西昌市(西溪、大橋)、普格縣(縣城、馬洪、特莫)、布拖縣(烏科)、金陽縣(木里點古)、昭覺縣(縣城、城北、新城、阿畢拉達、谷邱、地莫、蘭坪、拉哈依烏、比爾、央某組、庫依、竹核、阿畢爾姑)、喜德縣(縣城、巴久、合莫、拉克、東河、沙馬拉達)、冕寧縣(斯補洛、瀘沽、黃龍、瓦補乃拖、瓦補)、越西縣(縣城、布且、主阿覺、南箐、果爾、爾色、中所、蘇姑、貢莫、古二、四呷普、魯赤、馬拖、白果、依洛、五里箐、乃拖、倮木、者普、保石、伸普、樂青地)、甘洛縣(縣城、斯覺)、美姑縣(縣城、莫尼、前進、典補、尼哈、巴普、新橋、蘇洛)等地。譜載一百三十八支世系。

本譜載於《中國彝族譜牒選編·四川卷》第一册

[四川涼山]克惹譜　纂修者不詳　2007 年四川民族出版社排印本　合册　彝漢雙文

始祖依格。支祖克惹,依格第十四世孫。後裔散居四川省涼山州金陽縣(縣城、丙底、木里尼古)、昭覺縣(布西)、喜德縣(縣城、古曲、則約、弄基)、越西縣(縣城)、甘洛縣(縣城)等地。譜載十五支世系。

本譜載於《中國彝族譜牒選編·四川卷》第一册

[四川涼山]爾古譜　纂修者不詳　2007 年四川民族出版社排印本　合册　彝漢雙文

始祖依格。後裔散居四川省涼山州西昌市、德昌縣等地。譜載四支世系。

本譜載於《中國彝族譜牒選編·四川卷》第一册

[四川涼山]牛譜　纂修者不詳　2007 年四川民

族出版社排印本　合冊　彝漢雙文

始祖依格。後裔散居四川省涼山州普格縣（委洛）、布拖縣（沙洛、層克勒烏、糾堵、拉達）、昭覺縣（縣城、柳且、沙洛）等地。譜載十九支世系。

本譜載於《中國彝族譜牒選編·四川卷》第一冊

[四川涼山]阿史譜　纂修者不詳　2007 年四川民族出版社排印本　合冊　彝漢雙文

始祖依格。支祖阿史，依格第十三世孫。後裔散居四川省涼山州德昌縣（農委）、昭覺縣（蘭坪）、喜德縣（博洛、合莫）、越西縣等地。譜載五支世系。

本譜載於《中國彝族譜牒選編·四川卷》第一冊

[四川涼山]阿夥譜　纂修者不詳　2007 年四川民族出版社排印本　合冊　彝漢雙文

始祖依格。支祖阿夥，依格第五世孫。後裔散居四川省涼山州昭覺縣（依哈、沙馬連古）、越西縣（馬拖）、美姑縣（沙馬古主、洛莫、爾實俄苦、吉字博斯、夥基波烏、博俄尼合、俄庫、阿充尼次洛、博斯特克）、雷波縣（西寧、哈體拉達）等地。譜載二十七支世系。

本譜載於《中國彝族譜牒選編·四川卷》第一冊

[四川涼山]吉巴譜　纂修者不詳　2007 年四川民族出版社排印本　合冊　彝漢雙文

始祖依格。支祖解把（吉巴），依格第六世孫。後裔散居四川省涼山州美姑縣（吉字拉木、阿海洛久）、雷波縣（拉眯）等地。譜載三支世系。

本譜載於《中國彝族譜牒選編·四川卷》第一冊

[四川涼山]海期譜　纂修者不詳　2007 年四川民族出版社排印本　合冊　彝漢雙文

始祖依格。支祖海期，依格第七世孫。後裔散居四川省涼山州美姑縣（黃角洛、巴普、吉字拉木）、雷波縣（拉把果俄）等地。譜載四支世系。

本譜載於《中國彝族譜牒選編·四川卷》第一冊

[四川涼山]商日譜　纂修者不詳　2007 年四川民族出版社排印本　合冊　彝漢雙文

始祖依格。後裔散居四川省涼山州昭覺縣、冕寧縣、越西縣（馬拖），及山西省等地。譜載十六支世系。

本譜載於《中國彝族譜牒選編·四川卷》第一冊

[四川涼山]首惹譜　纂修者不詳　2007 年四川民族出版社排印本　合冊　彝漢雙文

始祖依格。支祖首惹，依格次子。後裔散居四川省涼山州昭覺縣（城北、目合乃烏）、甘洛縣（縣城、普昌）等地。譜載六支世系。

本譜載於《中國彝族譜牒選編·四川卷》第一冊

[四川涼山]阿華譜　纂修者不詳　2007 年四川民族出版社排印本　合冊　彝漢雙文

始祖依格。支祖阿華，依格第十世孫。後裔散居四川省涼山州甘洛縣、美姑縣（麻健説華、拉古依達），及樂山市馬邊縣等地。譜載四支世系。

本譜載於《中國彝族譜牒選編·四川卷》第一冊

[四川涼山]友期譜　纂修者不詳　2007 年四川民族出版社排印本　合冊　彝漢雙文

始祖依格。支祖有期（友期），依格第九世孫。後裔散居四川省涼山州昭覺縣（布約）、越西縣（新民），及雲南省大理州（俄普）等地。譜載三支世系。

本譜載於《中國彝族譜牒選編·四川卷》第一冊

[四川涼山]吉史譜　纂修者不詳　2007 年四川民族出版社排印本　合冊　彝漢雙文

始祖依格。支祖吉史，依格第四世孫。後裔散居四川省涼山州西昌市（西溪、扭依）、鹽源縣（長柏、林術、鹽海、陽塔）、德昌縣（文山）、普格縣、金陽縣（縣城）、昭覺縣（縣城、城北、博洛、光民、尼地、布果洛）、喜德縣（兩河口、沙馬拉達、洛哈、米市、拉克、光明、李子、東河）、冕寧縣（沙壩）、木里縣，及雲南省寧蒗縣（永寧）、大理州等地。譜載五十一支世系。

本譜載於《中國彝族譜牒選編·四川卷》第一冊

[四川涼山]吉夥譜　纂修者不詳　2007年四川民族出版社排印本　合冊　彝漢雙文

始祖依格。支祖吉夥，依格第九世孫。後裔散居四川省涼山州布拖縣（拖覺）、昭覺縣（縣城、呷組、特布洛、革伍）、美姑縣（糾克）、雷波縣（普木波烏、呷哈波俄、元寶山、俄目吉夥、莫合、把姑哈諾）等地。譜載二十七支世系。

本譜載於《中國彝族譜牒選編·四川卷》第一冊

[四川涼山]賈寨譜　纂修者不詳　2007年四川民族出版社排印本　合冊　彝漢雙文

始祖依格。支祖賈寨，依格第十一世孫。後裔散居四川省涼山州昭覺縣（縣城、特布洛、依哈、革伍）、美姑縣（吉字拉達、巴普）、雷波縣（縣城），及雲南省香格里拉縣等地。譜載十五支世系。

本譜載於《中國彝族譜牒選編·四川卷》第一冊

[四川涼山]阿依譜　纂修者不詳　2007年四川民族出版社排印本　合冊　彝漢雙文

始祖依格。支祖阿依，依格第七世孫。後裔散居四川省涼山州昭覺縣（縣城、庫依、竹核、波洛、比爾、古曲、四開）、越西縣（乃拖）等地。譜載十支世系。

本譜載於《中國彝族譜牒選編·四川卷》第一冊

[四川涼山]阿古譜　纂修者不詳　2007年四川民族出版社排印本　合冊　彝漢雙文

始祖依格。支祖阿古，依格第十世孫。後裔散

居四川省涼山州布拖縣、昭覺縣（縣城）等地。譜載二支世系。

本譜載於《中國彝族譜牒選編·四川卷》第一冊

[四川涼山]吉格譜　纂修者不詳　2007年四川民族出版社排印本　合冊　彝漢雙文

始祖依格。支祖吉格，依格第十四世孫。後裔散居四川省涼山州西昌市、喜德縣（李子），甘孜州九龍縣等地。譜載五支世系。

本譜載於《中國彝族譜牒選編·四川卷》第一冊

[四川涼山]木破譜　纂修者不詳　2007年四川民族出版社排印本　合冊　彝漢雙文

始祖依格。後裔散居四川省涼山州喜德縣（依洛、博洛、合莫、米市）、木里縣等地。譜載五支世系。

本譜載於《中國彝族譜牒選編·四川卷》第一冊

[四川涼山]吉夥譜　纂修者不詳　2007年四川民族出版社排印本　合冊　彝漢雙文

始祖依格。支祖吉夥，依格第七世孫。後裔散居四川省涼山州昭覺縣（拉依木）、喜德縣（則莫）、越西縣（洛木）等地。譜載五支世系。

本譜載於《中國彝族譜牒選編·四川卷》第一冊

[四川涼山]吉日譜　纂修者不詳　2007年四川民族出版社排印本　合冊　彝漢雙文

始祖依格。後裔散居四川省涼山州西昌市、美姑縣（久洛）等地。譜載三支世系。

本譜載於《中國彝族譜牒選編·四川卷》第一冊

[四川涼山]諾爾譜　纂修者不詳　2007年四川民族出版社排印本　合冊　彝漢雙文

始祖依格。支祖諾爾，依格第六世孫。後裔散居四川省涼山州鹽源縣（阿薩、白烏）、德昌縣、昭

覺縣(拉依木)、喜德縣(合莫、米市、魯基)、冕寧縣(森榮)、越西縣(乃拖、達花)、甘洛縣(斯覺),及甘孜州九龍縣(散陽)等地。譜載二十一支世系。

本譜載於《中國彝族譜牒選編‧四川卷》第一冊

[四川涼山]伸期譜　纂修者不詳　2007 年四川民族出版社排印本　合冊　彝漢雙文

始祖依格。支祖伸期,依格第七世孫。後裔散居四川省涼山州鹽源縣(平川)、昭覺縣(縣城、城北、赤夥)等地。譜載五支世系。

本譜載於《中國彝族譜牒選編‧四川卷》第一冊

[四川涼山]諾洪譜　纂修者不詳　2007 年四川民族出版社排印本　合冊　彝漢雙文

始祖依格。支祖諾洪,依格第八世孫。後裔散居四川省涼山州昭覺縣(糾洛)、越西縣(德吉)、美姑縣(拉古依達)、雷波縣(西寧、羅山溪、桂花、蘭壩子、莫義木諾)等地。譜載十四支世系。

本譜載於《中國彝族譜牒選編‧四川卷》第一冊

[四川涼山]阿子譜　纂修者不詳　2007 年四川民族出版社排印本　合冊　彝漢雙文

始祖依格。支祖阿資(阿子),依格第七世孫。後裔散居四川省涼山州布拖縣(果恩乃伍)、金陽縣(摩夥)、昭覺縣(石油)、喜德縣(北山)、美姑縣(九克、特西布、乃拖、賈古)、雷波縣(乃解、古子),及雲南省寧蒗縣(拉林)等地。譜載十七支世系。

本譜載於《中國彝族譜牒選編‧四川卷》第一冊

[四川涼山]吉爾譜　纂修者不詳　2007 年四川民族出版社排印本　合冊　彝漢雙文

始祖依格。支祖吉爾,依格第八世孫。後裔散居四川省涼山州西昌市(西聖)、昭覺縣(竹核)、喜德縣(西河、李子、弄基、則莫、諾谷)、越西縣

(洛木、吳恩、乃托)、甘洛縣(斯覺)等地。譜載二十三支世系。

本譜載於《中國彝族譜牒選編‧四川卷》第一冊

[四川涼山]諾舉譜　纂修者不詳　2007 年四川民族出版社排印本　合冊　彝漢雙文

始祖依格。支祖諾巨(諾舉),依格第六世孫。後裔散居四川省涼山州西昌市(大橋)、鹽源縣、布拖縣(則洛)、昭覺縣(縣城、城西、城北、拉達、蘭坪、沙洛、庫莫、瓦邱)、喜德縣(拉達)、冕寧縣(縣城)、越西縣(嗎托、格諾拉達)、雷波縣、木里縣(李子坪)等地。譜載四十三支世系。

本譜載於《中國彝族譜牒選編‧四川卷》第一冊

[四川涼山]吉苦爾苦譜　纂修者不詳　2007 年四川民族出版社排印本　合冊　彝漢雙文

始祖依格。支祖吉苦,依格第八世孫。爾苦,依格第十三世孫,吉苦第六世孫。後裔散居四川省涼山州西昌市(扭保乃解、西溪、大橋、吕洛)、鹽源縣(白靈)、德昌縣、普格縣(特洛、馬夥拉達)、布拖縣(布魯)、金陽縣(縣城)、昭覺縣(縣城、城北、樹片、城西、達洛、地莫、拉達、爾姑、龍溝)、喜德縣(兩河口、米市、東河、阿克冷某、拉達、合波洛)、冕寧縣(合林、後山、漢哈、合里)、越西縣(縣城、書古、白果)、甘洛縣、美姑縣(有木烏、爾其、依久、九口、巴普、有木波烏、有木夥、拉馬)、雷波縣(馬里俄、呷俄、地布呷窩),樂山市峨邊縣、馬邊縣,及雲南省麗江市等地。譜載一百六十一支世系。

本譜載於《中國彝族譜牒選編‧四川卷》第一冊

[四川涼山]拉俄五子譜源　纂修者不詳　2007 年四川民族出版社排印本　合冊　彝漢雙文

先祖古侯。三十四世孫烏馬。支祖拉俄,古侯四十七世孫,烏馬十四世孫。譜載一支四十八代世系。

本譜載於《中國彝族譜牒選編‧四川卷》第

一册

[四川涼山]阿牛譜　纂修者不詳　2007 年四川民族出版社排印本　合册　彝漢雙文

始祖木烏。木烏孫烏馬，烏馬十四世孫拉俄。支祖阿扭(阿牛)，拉俄孫。後裔散居四川省涼山州西昌市(農莫地、大橋、阿七、馬史、四合)、鹽源縣(俄古河、柏林、大河、棉樫、達槽、阿薩、申紅、華紅、左所)、德昌縣(波能、洛某、次達、鐵爐)、普格縣(縣城、阿連、以史博克、西洛、馬史、特洛、拖木溝、洛力洛)、布拖縣(則洛)、昭覺縣(竹核、爾姑、格五、色底、巴爾、比爾、木兹南烏、庫莫、特補洛、烏坡、拉以木)、喜德縣(縣城、瓦哈、依洛、則約)、冕寧縣(科洛、吳能扎扎、拉基、阿堵義、繭孔)、越西縣(縣城、阿呷地、書古、馬拖、四甘普、乃托、申果莊、申普、塞達)、甘洛縣(縣城、史烏、海棠、前進、阿爾)、美姑縣(俄曲姑、則俄覺洛、爾嗎見古、瓦夥如哈、波任、柳洪)、雷波縣(哈曲、侍紅很曲、西寧、五官、莫義木洛)、木里縣、樂山市峨邊縣(縣城)、馬邊縣(夫齊、溜紅、依古依瓦)，攀枝花市鹽邊縣，眉山市彭山縣(馬尼塘)，及雲南省大理州等地。譜載一百三十四支世系。

本譜載於《中國彝族譜牒選編·四川卷》第一册

[四川涼山]莫首譜　纂修者不詳　2007 年四川民族出版社排印本　合册　彝漢雙文

始祖拉俄。後裔散居四川省涼山州鹽源縣(緬義)、普格縣、冕寧縣(呷烏、繭孔)等地。譜載四支世系。

本譜載於《中國彝族譜牒選編·四川卷》第一册

[四川涼山]阿巴譜　纂修者不詳　2007 年四川民族出版社排印本　合册　彝漢雙文

始祖拉俄。支祖阿巴，拉俄第八世孫。後裔散居四川省涼山州寧南縣(跑馬、梁子)、普格縣(縣城)、布拖縣(縣城、夥洛機)、昭覺縣(南坪)等地。譜載六支世系。

本譜載於《中國彝族譜牒選編·四川卷》第

一册

[四川涼山]爾古譜　纂修者不詳　2007 年四川民族出版社排印本　合册　彝漢雙文

先祖古侯。古侯第三十四世孫烏馬，烏馬第十三世孫拉俄。後裔散居四川省涼山州西昌市(民勝)、寧南縣(路鐵)、普格縣(特洛、瓦洛、阿力洛)、布拖縣(則洛、布烏乃呷、特木里)、昭覺縣(縣城、竹核、地坡、瓦洛、三崗、熱克覺、大壩、地莫、吉木拉達、解放、瓦西、好古、拉青、巴耳、洛河)、喜德縣(冕山、兩河口、拉克、瓦來)、冕寧縣、越西縣(普雄、保古拉爾、日莫加、新民)、甘洛縣(縣城、阿爾、普昌、機史、呷日、尼爾覺、史木地)、美姑縣(巴普、以諾拉達)、雷波縣(很曲、莫義木、簸箕)，及樂山市峨邊縣(夥洛、久伍、申摩見古)等地。譜載一百五十二支世系。

本譜載於《中國彝族譜牒選編·四川卷》第一册

[四川涼山]繭説譜　纂修者不詳　2007 年四川民族出版社排印本　合册　彝漢雙文

始祖拉俄。支祖繭説，拉俄第十一世孫。後裔散居四川省昭覺縣(竹核)、美姑縣(畢字席閑、積且見古)、雷波縣(特扯夥攻、山淩崗)等地。譜載七支世系。

本譜載於《中國彝族譜牒選編·四川卷》第一册

[四川涼山]解夥譜　纂修者不詳　2007 年四川民族出版社排印本　合册　彝漢雙文

始祖拉俄。支祖解夥，拉俄第八世孫。後裔散居四川省涼山州昭覺縣(四開、好古、達洛、谷曲、阿爾呷加、吉里、進里以、解放)、喜德縣(申古魯、瓦里)、冕寧縣(洛瓦、鐵廠)、越西縣(馬拖)等地。譜載三十三支世系。

本譜載於《中國彝族譜牒選編·四川卷》第一册

[四川涼山]俄的譜　纂修者不詳　2007 年四川民族出版社排印本　合册　彝漢雙文

始祖拉俄。支祖吉很（俄底），拉俄第六世孫。後裔散居四川省涼山州西昌市（木特）、鹽源縣（實瓦紅）、寧南縣（六鐵、伸格、跑馬、日補洛果、洛繭、子孔、則祖波西）、普格縣（西洛、普史、地莫、吉樂、則莫）、布拖縣（縣城、斯基、特果波俄、交覺、夥基、依絲洛、波古、特果、阿省以達、洛久、補格、層克、地格、紅莫、拖覺、吉略、以黑久古、前進、木耳波烏、呷烏、衣某、木且、洛呷、吉恩拉達、衣洛、伍子、繭補拉達、吉泊拉達、麻義泊）、金陽縣（丙俄地、基覺、斯沙彼、南瓦斯窩、洛克、有木夥、繭撞有木、有哈、俄抵如甫、吉恩）、昭覺縣（日哈、波西、特補洛、體久拉達、俄爾覺、安見見古、俄覺甫、阿說堵、體覺）、喜德縣（縣城、額尼、糾洛、紅莫、且拖、米市、依洛、聯合）、冕寧縣（哈哈）、越西縣（上普雄、拉普、馬拖、瑪伍）、美姑縣（瓦拖、洛莫、拉馬、日諾拉達）、雷波縣（縣城、卡哈洛），及雲南省昆明市、寧蒗縣（松新區）等地。譜載一百四十五支世系。

本譜載於《中國彝族譜牒選編‧四川卷》第一冊

[四川涼山]吉布譜　纂修者不詳　2007 年四川民族出版社排印本　合冊　彝漢雙文

始祖拉俄。支祖吉補（吉布），拉俄第六世孫。後裔散居四川省涼山州西昌市（阿七、磨盤、鹽中、民勝）、鹽源縣（棉椏、繭烏、白烏、大河）、德昌縣（格里、次達）、布拖縣（拖覺、居當呷、摩散）、金陽縣（對坪）、昭覺縣（目紅乃烏、木紅繭烏、比爾、城北、拉基洛、金曲、則洛各則、拉哈依烏、南坪、拉哈日烏、四開、德洛、熱堵）、喜德縣（縣城、米市、尼波、紅莫、小山、東河、魯基、拉達、洛哈、馬攻、巴久）、冕寧縣（縣城、繭烏、大石圖、拉積）、越西縣（縣城、中所、南箐、樂青地、瓦古、木的瓦古、樹姑、樹攻、瓦居、書古、上普雄）、美姑縣（機民崗、吉特、哥扎瓦喜、巴普）、雷波縣（拉把）、木里縣（李子），成都市，樂山市峨邊縣，攀枝花市米易縣，甘孜州九龍縣（木處拉達），及雲南省寧蒗縣（尼里）等地。譜載一百四十八支世系。

本譜載於《中國彝族譜牒選編‧四川卷》第一冊

[四川涼山]井達譜　纂修者不詳　2007 年四川民族出版社排印本　合冊　彝漢雙文

始祖拉俄。支祖阿約（井達），拉俄第七世孫。後裔散居四川省涼山州西昌市（響水）、鹽源縣（衛城）、普格縣（特布洛）、昭覺縣（縣城、比爾、補約、爾姑、竹核）、喜德縣（紅莫、魯基）、冕寧縣（沙壩、甫洛、達約、哈哈、比爾、阿呷地）、越西縣（特西、書古、博史，有後裔改姓成阿恩氏）、甘洛縣（縣城、阿爾、哈里克）、美姑縣（拉馬、巴普、果歐波烏、見古），樂山市峨邊縣、馬邊縣，甘孜州九龍縣，及雲南省寧蒗縣等地。譜載四十八支世系。

本譜載於《中國彝族譜牒選編‧四川卷》第一冊

[四川涼山]吉魯譜　纂修者不詳　2007 年四川民族出版社排印本　合冊　彝漢雙文

始祖拉俄。支祖吉魯，拉俄第八世孫。後裔散居四川省涼山州普格縣（俄平）、布拖縣（地洛）、昭覺縣（爾古、拉色洛、比爾、古里）、越西縣（縣城、哈莫、普雄、中普雄、果莫、斯各、瓦曲、日弄、申果莊）、甘洛縣（斯覺、烏古、露旗）、美姑縣（書洛、沙河、莫莫夥格、沙洪依達、西果卡哈）、雷波縣（大坪子、黃琅），及樂山市峨邊縣、馬邊縣（沙齊）等地。譜載四十八支世系。

本譜載於《中國彝族譜牒選編‧四川卷》第一冊

[四川涼山]木從譜　纂修者不詳　2007 年四川民族出版社排印本　合冊　彝漢雙文

始祖拉俄。支祖阿者（木從），拉俄第九世孫。後裔散居四川省涼山州布拖縣（地洛）、喜德縣（紅莫、拉克）、越西縣（縣城、申果莊、瓦里、貢莫、乃居、瓦里覺、普雄、上普雄、諾古、竹阿覺、瓦曲）、甘洛縣（縣城、阿爾、團結）、美姑縣（各歐乃吾、洪溪、拉古以達、依果覺、日格），及樂山市馬邊縣、峨邊縣（斯啓），雅安市石棉縣（基子）等地。譜載四十一支世系。

本譜載於《中國彝族譜牒選編‧四川卷》第一冊

[四川涼山]阿中譜　纂修者不詳　2007年四川民族出版社排印本　合冊　彝漢雙文

始祖拉俄。支祖阿中，拉俄第九世孫。後裔散居四川省涼山州越西縣(申普、瓦里、普雄、采苦南烏、塘普)、甘洛縣(柳谷、伸恒、前進、尼爾覺)、美姑縣(巴普、夥古莫、候播乃拖、峨曲古、補拖)、雷波縣(縣城、瓦史乃拖、莫義瓦史、西寧、約斯巴、處久拉打)等地。譜載三十六支世系。

本譜載於《中國彝族譜牒選編·四川卷》第一冊

[四川涼山]阿坡譜　纂修者不詳　2007年四川民族出版社排印本　合冊　彝漢雙文

始祖拉俄。支祖阿坡，拉俄第九世孫。後裔散居四川省涼山州昭覺縣(特補洛)、越西縣(縣城、申果莊、四甘普)，及樂山市馬邊縣(沙且瓦拖)等地。譜載十八支世系。

本譜載於《中國彝族譜牒選編·四川卷》第一冊

[四川涼山]吉苦譜　纂修者不詳　2007年四川民族出版社排印本　合冊　彝漢雙文

始祖拉俄。支祖吉苦，拉俄第十世孫。後裔居四川省涼山州日俄所直。譜載一支二十五代世系。

本譜載於《中國彝族譜牒選編·四川卷》第一冊

[四川涼山]吉度譜　纂修者不詳　2007年四川民族出版社排印本　合冊　彝漢雙文

始祖拉俄。支祖吉度，拉俄第九世孫。後裔散居四川省西昌市(禮州)、冕寧縣(哈哈、甫洛、達約)、越西縣(特喜)，及甘孜州九龍縣等地。譜載十二支世系。

本譜載於《中國彝族譜牒選編·四川卷》第一冊

[四川涼山]博坡譜　纂修者不詳　2007年四川民族出版社排印本　合冊　彝漢雙文

始祖拉俄。支祖博坡，拉俄第十世孫。後裔散

居四川省涼山州鹽源縣(德實、坡莫)、喜德縣(瓦來)、木里縣(見抵)，成都市，及雲南省寧蒗縣(高義)等地。譜載十七支世系。

本譜載於《中國彝族譜牒選編·四川卷》第一冊

[四川涼山]吉俄譜　纂修者不詳　2007年四川民族出版社排印本　合冊　彝漢雙文

始祖拉俄。支祖吉俄，拉俄第七世孫。後裔散居四川省涼山州昭覺縣(夥洛)、越西縣(瓦曲覺、申果莊、上普雄、河東、普雄、書古、大屯、竹阿覺、鐵西、五里)、美姑縣(龍頭山下)、雷波縣(西寧街上、羅山溪、順河)，及樂山市馬邊縣四里坪等地。譜載三十七支世系。

本譜載於《中國彝族譜牒選編·四川卷》第一冊

[四川涼山]皆莫譜　纂修者不詳　2007年四川民族出版社排印本　合冊　彝漢雙文

始祖拉俄。支祖階莫(皆莫)，拉俄第十世孫。後裔散居四川省涼山州美姑縣(則祖、嘎哈且色、特地)、雷波縣(坪頭、上田壩)等地。譜載三十三支世系。

本譜載於《中國彝族譜牒選編·四川卷》第一冊

[四川涼山]吉古譜　纂修者不詳　2007年四川民族出版社排印本　合冊　彝漢雙文

始祖拉俄。支祖吉古，拉俄第九世孫。後裔散居四川省涼山州越西縣(下普雄、拉普)、甘洛縣、美姑縣(柳洪、爾古)，及樂山市馬邊縣等地。譜載九支世系。

本譜載於《中國彝族譜牒選編·四川卷》第一冊

[四川涼山]曲木譜　纂修者不詳　2007年四川民族出版社排印本　合冊　彝漢雙文

始祖拉俄。後裔散居四川省涼山州昭覺縣(日哈)、美姑縣(柳洪)、雷波縣(山棱崗、坪頭)等地。譜載七支世系。

本譜載於《中國彝族譜牒選編·四川卷》第一册

[四川涼山]皆覺譜 纂修者不詳 2007年四川民族出版社排印本 合册 彝漢雙文

始祖拉俄。支祖解覺(皆覺),拉俄第八世孫。後裔散居四川省涼山州冕寧縣(沙壩)、越西縣(縣城、上普雄、竹阿覺、瓦曲、申果莊、上田壩)、美姑縣(巴普、柳洪、色洛)、雷波縣(小溝、拉咪、曲依)等地。譜載十九支世系。

本譜載於《中國彝族譜牒選編·四川卷》第一册

[四川涼山]説體譜 纂修者不詳 2007年四川民族出版社排印本 合册 彝漢雙文

始祖拉俄。支祖説體,拉俄裔孫。後裔散居四川省涼山州西昌市(齊洛)、喜德縣(紅莫)、冕寧縣(漫水灣)等地。譜載五支世系。

本譜載於《中國彝族譜牒選編·四川卷》第一册

[四川涼山]俄覺譜 纂修者不詳 2007年四川民族出版社排印本 合册 彝漢雙文

始祖拉俄。支祖俄覺,拉俄第八世孫。後裔散居四川省涼山州冕寧縣、美姑縣(阿直、谷林、典補、特地阿莫)、雷波縣(上田壩)等地。譜載十四支世系。

本譜載於《中國彝族譜牒選編·四川卷》第一册

[四川涼山]阿夥譜 纂修者不詳 2007年四川民族出版社排印本 合册 彝漢雙文

始祖拉俄。支祖阿夥,拉俄第六世孫。後裔散居四川省涼山州西昌市(四合)、昭覺縣(古里、慶恒、甘多洛古)、美姑縣(永新、阿直卡哈、達洛、柳洪、巴普、斯俄都拈、利木斯烏)、雷波縣(一車)等地。譜載二十一支世系。

本譜載於《中國彝族譜牒選編·四川卷》第一册

[四川涼山]阿沙譜 纂修者不詳 2007年四川民族出版社排印本 合册 彝漢雙文

始祖拉俄。支祖阿沙,拉俄第九世孫。後裔散居四川省涼山州昭覺縣(比爾拉達)、越西縣(申果莊、申普、上普雄)、美姑縣(永新)、雷波縣(西寧、桂花、莫紅、斯古溪),及樂山市馬邊縣等地。譜載二十二支世系。

本譜載於《中國彝族譜牒選編·四川卷》第一册

[四川涼山]吉瓦譜 纂修者不詳 2007年四川民族出版社排印本 合册 彝漢雙文

始祖拉俄。支祖吉瓦,拉俄第十一世孫。後裔散居四川省涼山州西昌市、鹽源縣(棉椏)、金陽縣(丙底)、昭覺縣(比爾、則普)、喜德縣(兩河口、尼波)、冕寧縣(回坪)、越西縣(普雄)、美姑縣(爾曲乃吾、洛平甲谷、莫紅瓦候),及甘孜州九龍縣等地。譜載十八支世系。

本譜載於《中國彝族譜牒選編·四川卷》第一册

[四川涼山]解則譜 纂修者不詳 2007年四川民族出版社排印本 合册 彝漢雙文

始祖拉俄。支祖解則,拉俄第十一世孫。後裔散居四川省涼山州甘洛縣、美姑縣(典補、特地阿莫、谷雷阿覺、阿直克哈)、雷波縣(千萬貫)等地。譜載十三支世系。

本譜載於《中國彝族譜牒選編·四川卷》第一册

[四川涼山]俄果譜 纂修者不詳 2007年四川民族出版社排印本 合册 彝漢雙文

始祖拉俄。支祖俄果,拉俄孫。後裔散居四川省涼山州西昌城(散紅)、鹽源縣(高馬、鹽塘)、喜德縣(縣城、巴久、博洛、俄魯、夥普、拉克、魯基、洛哈、且拖、則俄、則莫、則約)、越西縣(拉白、新鄉)、冕寧縣(瀘沽、沙壩)、木里縣(李子坪、列瓦),及甘孜州九龍縣等地。譜載九十二支世系。

本譜載於《中國彝族譜牒選編·四川卷》第二册

[四川涼山]吉史譜　纂修者不詳　2007 年四川民族出版社排印本　合册　彝漢雙文

始祖拉俄。支祖吉史,拉俄第七世孫。後裔散居四川省涼山州西昌市(北山)、布拖縣(麻也波、美撒、拖覺)、喜德縣(縣城、博洛、拉克、魯基),及甘孜州九龍縣等地。譜載十二支世系。

本譜載於《中國彝族譜牒選編‧四川卷》第二册

[四川涼山]阿果譜　纂修者不詳　2007 年四川民族出版社排印本　合册　彝漢雙文

始祖拉俄。支祖阿果,拉俄第八世孫。後裔散居四川省涼山州西昌市(北山)、鹽源縣(大槽、大河)、昭覺縣(比爾)、喜德縣(拉克、瓦來、瓦則)、冕寧縣(河邊、曹古)、越西縣(波莫、馬拖、蘇古、依諾覺烏)等地。譜載七十七支世系。

本譜載於《中國彝族譜牒選編‧四川卷》第二册

[四川涼山]阿克譜　纂修者不詳　2007 年四川民族出版社排印本　合册　彝漢雙文

始祖拉俄。支祖阿克,拉俄第七世孫。後裔散居四川省涼山州西昌市(阿七、大橋、當露呷機、拉常、普詩、特洛)、鹽源縣(白烏、馬安、棉椏、坡莫、同子)、德昌縣(前山、瓦牛)、昭覺縣(沙崗)、喜德縣(東河、魯基、瑪攻、米市、且莫、則吳)、冕寧縣(比爾)、甘洛縣、美姑縣(常齊、爾覺)、越西縣(拉曲、依吉)、木里縣(也克),成都市、樂山市馬邊縣,及雲南省寧蒗縣等地。譜載九十二支世系。

本譜載於《中國彝族譜牒選編‧四川卷》第二册

[四川涼山]吉勒譜　纂修者不詳　2007 年四川民族出版社排印本　合册　彝漢雙文

始祖拉俄。支祖吉勒,拉俄第十世孫。後裔散居四川省涼山州西昌市(巴汝、北山、經九、樹夫天、瓦露、西溪)、鹽源縣(搭卡、洛果、棉椏、衛城)、德昌縣(俄足則呷、各巴、六鐵、諾依加、瓦牛、依馬露、依諾馬露、則呷)、普格縣(拖木溝)、布拖縣、金陽縣(馬夥)、昭覺縣(三崗)、喜德縣

(博洛、東河、谷莫、哈魯地坡、拉克、魯基、馬攻、瑪攻、冕山、任尼)、冕寧縣(比爾、斯義、瓦古瓦地)、木里縣(李子)、雅安市石棉縣(李子),及雲南省寧蒗縣等地。譜載九十支世系。

本譜載於《中國彝族譜牒選編‧四川卷》第二册

[四川涼山]吉部譜　纂修者不詳　2007 年四川民族出版社排印本　合册　彝漢雙文

始祖拉俄。支祖吉部,拉俄第十世孫。後裔散居四川省涼山州西昌市(俄久乃繭、特洛、西溪、字哈)、鹽源縣(把折、吉米、吉米拉達、平川)、德昌縣、普格縣(螺髻山鎮、特補拉達、特洛、西洛、拖木溝)、布拖縣、昭覺縣(地坡)、喜德縣(東河、里果、魯基、洛哈、尼波)等地。譜載四十四支世系。

本譜載於《中國彝族譜牒選編‧四川卷》第二册

[四川涼山]黑吉譜　纂修者不詳　2007 年四川民族出版社排印本　合册　彝漢雙文

始祖拉俄。支祖黑吉,拉俄孫。後裔散居四川省涼山州普格縣(依史博克)、昭覺縣(比爾)、喜德縣(則吳)、冕寧縣(常依)、越西縣(縣城、俄魯、貢莫)等地。譜載十八支世系。

本譜載於《中國彝族譜牒選編‧四川卷》第二册

[四川涼山]吉倉譜　纂修者不詳　2007 年四川民族出版社排印本　合册　彝漢雙文

始祖拉俄。支祖吉倉,拉俄第十世孫。後裔散居四川省涼山州冕寧縣(呷俄依惹)、越西縣(縣城、阿呷、阿呷圖、爾覺、角朵、拉普、洛木、洛木拉達、乃托、普雄、四甘普、特西、新民)、甘洛縣(阿爾)等地。譜載九十八支世系。

本譜載於《中國彝族譜牒選編‧四川卷》第二册

[四川涼山]阿莫九子譜源　纂修者不詳　2007 年四川民族出版社排印本　合册　彝漢雙文

始祖古侯。支祖阿莫,古侯第三十六世孫,生九

子。譜載一支三十七代世系。

本譜載於《中國彝族譜牒選編·四川卷》第二冊

[四川涼山]西依譜　纂修者不詳　2007 年四川民族出版社排印本　合冊　彝漢雙文

始祖阿莫。支祖西依，阿莫第五世孫。後裔散居四川省涼山州大河對岸木曲瓦西等地。譜載一支二十五支世系。

本譜載於《中國彝族譜牒選編·四川卷》第二冊

[四川涼山]列乃譜　纂修者不詳　2007 年四川民族出版社排印本　合冊　彝漢雙文

始祖阿莫。後裔散居四川省涼山州西昌市(巴汝、大興、河西、黃聯、馬鞍山、民勝、四合)、鹽源縣(縣城、阿薩、巴折、白烏、北山、得石、棉椏、衛城、鹽塘、右所)、德昌縣(樂躍、洛階)、普格縣(縣城、螺吉山、特布拉達、特洛)、布拖縣(縣城)、金陽縣(縣城、馬果火普、木里列古、木里尼古、木里體科洛、南解、熱克、日打、特兹、體克洛、瓦伍、瓦子攻乃、依達)、昭覺縣(縣城、比爾、比石、補約、城北、赤科、地莫、俄爾覺、爾覺、嘎朱、格五〔格伍〕、古嘎、古里、哈嘎、好古、解放溝、來嘎、瑪木乃吾、乃嘎、慶恒、日哈、撒拉地坡、色底、四開、特布洛、特覺、體覺拉達、體克洛、永樂、則普、者普、竹核)、喜德縣(縣城、巴久、德普、爾賽、賀波洛、李子、兩河口、魯基、米市、尼波、且托、西河、則維)、冕寧縣(比爾、哈哈、森榮、瓦來)、越西縣(縣城、白果、板橋、保石、處科地、次覺、德吉、俄爾、俄爾史伍、俄洛乃側、爾色、貢莫、古爾、河東、拉白、拉吉、拉普、馬拖、莫貢、乃托、乃拖、尼石覺、曲可地、薩嘎、沙米、上普雄、申果莊、申普、史木地、特西、鐵馬、瓦果乃托、瓦里、瓦里覺、瓦曲、瓦曲覺、瓦嚴、瓦子、瓦子來伍、吳恩、吳恩拉達〔改姓拉吉〕、下普雄、新民、依莫階自、意基、意沙拉達、則俄、中普雄、竹阿覺、助阿覺、柱阿覺)、甘洛縣(補布、嘎日、海棠、胡寧、吉米、牛古、色達、斯品覺果、田壩)、美姑縣(阿畢乃托、阿尼平奪、巴普、波洛、布曲拉達、車木滇補、成子撒飛、成自、大橋、典補、俄期、峨曲

古、爾基達伍、嘎多依覺、改仁拉達、格俄哈洛、故補乃伍、過恩來伍、哈洛、合古麼、火博、火布乃拖、夥古麼、拉古依達、甲谷、階覺海馬、井葉依批、覺洛、卡覺、拉古、拉古依打、拉馬、勒石俄苦、里熱洛、里者洛、柳洪、洛卓、馬子洛、民此洛、乃庫、平奪、坪頭、前進、曲補、曲都乃階、熱克赤意、撒比、撒政乃托、薩夥、上上過俄、特且、天洛、瓦古、瓦洛洛、則俄覺洛、則合覺洛、子阿尼子、子威、爾布乃伍)、雷波縣(縣城、巴姑、簸箕、長河、大坪子、頂惹、嘎哈日弄、格的爾洛、谷堆、海灣鄉、很曲、吉自保斯、拉咪、麻爾火、莫紅、莫意洛洛、箐口、山棱崗、書博來烏、順河、斯古溪、瓦崗、瓦薩木爾、西寧、西寧合坪、溪洛渡、主過拉達)，成都市，攀枝花市鹽邊縣，樂山市馬邊縣(木自巴)、峨邊縣，雅安市漢源縣(列民)、石棉縣(夥洛、李子坪)，甘孜州九龍縣(縣城)，及雲南省麗江市、香格里拉縣等地。譜載六百十五支世系。

本譜載於《中國彝族譜牒選編·四川卷》第二冊

[四川涼山]阿夥譜　纂修者不詳　2007 年四川民族出版社排印本　合冊　彝漢雙文

始祖阿莫。支祖阿夥，阿莫第六世孫。後裔散居四川省涼山州鹽源縣與雲南省大理市等地。譜載三支世系。

本譜載於《中國彝族譜牒選編·四川卷》第二冊

[四川涼山]爾克譜　纂修者不詳　2007 年四川民族出版社排印本　合冊　彝漢雙文

始祖阿莫。支祖爾克，阿莫第十二世孫。後裔散居四川省涼山州越西縣(縣城、大屯、華陽、拉普、下普雄、小孤山、中普雄)、甘洛縣(嘎日)等地。譜載八支世系。

本譜載於《中國彝族譜牒選編·四川卷》第二冊

[四川涼山]吉里譜　纂修者不詳　2007 年四川民族出版社排印本　合冊　彝漢雙文

始祖阿莫。支祖吉里，阿莫第九世孫。後裔散

居四川省涼山州越西縣（縣城、白果、河東、會東）、甘洛縣（勒古）等地。譜載七支世系。

本譜載於《中國彝族譜牒選編·四川卷》第二冊

[四川涼山]瓦西譜　纂修者不詳　2007 年四川民族出版社排印本　合冊　彝漢雙文

始祖阿莫。支祖瓦西,阿莫第十一世孫。後裔散居四川省涼山州越西縣（拉吉）、甘洛縣（吉米）、美姑縣（巴普、勒火、薩夥依達）、雷波縣（莫衣洛洛、帕哈、曲依、溪洛渡）,及樂山市馬邊縣、雅安市石棉縣（西措）等地。譜載二十五支世系。

本譜載於《中國彝族譜牒選編·四川卷》第二冊

[四川涼山]阿布譜　纂修者不詳　2007 年四川民族出版社排印本　合冊　彝漢雙文

始祖阿莫。支祖阿布,阿莫第六世孫。後裔散居四川省涼山州越西縣（俄爾、貢莫、馬拖、普雄、順河、瓦巖、新民、中普雄）、甘洛縣（縣城、補布、嘎日、海棠、拉莫、寥坪、田壩、圩田、新市壩、玉田）,及樂山市峨邊縣等地。譜載七十九支世系。

本譜載於《中國彝族譜牒選編·四川卷》第二冊

[四川涼山]阿居譜　纂修者不詳　2007 年四川民族出版社排印本　合冊　彝漢雙文

始祖阿莫。支祖阿居,阿莫第七世孫。後裔散居四川省涼山州美姑縣（格火哈洛、柳洪）、雷波縣（巴覺）等地。譜載五支世系。

本譜載於《中國彝族譜牒選編·四川卷》第二冊

[四川涼山]阿帝譜　纂修者不詳　2007 年四川民族出版社排印本　合冊　彝漢雙文

始祖阿莫。支祖阿地（阿帝）,阿莫第十一世孫。後裔散居四川省涼山州越西縣（木兹洛莫）、美姑縣（乃托）、雷波縣（莫意、瓦崗）等地。譜載四支世系。

本譜載於《中國彝族譜牒選編·四川卷》第二冊

二冊

[四川涼山]孫坡譜　纂修者不詳　2007 年四川民族出版社排印本　合冊　彝漢雙文

始祖阿莫。支祖孫坡,阿莫第十一世孫。後裔散居四川省涼山州昭覺縣（則普）、美姑縣（所洛者朱）、雷波縣（瓦崗）,及樂山市馬邊縣等地。譜載五支世系。

本譜載於《中國彝族譜牒選編·四川卷》第二冊

[四川涼山]阿基譜　纂修者不詳　2007 年四川民族出版社排印本　合冊　彝漢雙文

始祖阿莫。支祖阿基,阿莫第十二世孫。後裔散居四川省涼山州昭覺縣（則普）、越西縣（則普、竹阿覺）、美姑縣（勒莫乃伍、里鐵拉達）,及樂山市峨邊縣等地。譜載七支世系。

本譜載於《中國彝族譜牒選編·四川卷》第二冊

[四川涼山]阿伍譜　纂修者不詳　2007 年四川民族出版社排印本　合冊　彝漢雙文

始祖阿莫。支祖阿伍,阿莫第八世孫。後裔散居四川省涼山州甘洛縣（扭地）、美姑縣（瓦候）,及樂山市馬邊縣（丁曲）等地。譜載四支世系。

本譜載於《中國彝族譜牒選編·四川卷》第二冊

[四川涼山]阿布譜　纂修者不詳　2007 年四川民族出版社排印本　合冊　彝漢雙文

始祖阿莫。支祖阿布,阿莫第十世孫。後裔散居四川省涼山州西昌市（民勝）、鹽源縣、越西縣（上普雄）、美姑縣（巴普、卡妥拉達）、雷波縣（長河、瓦崗、依曲）,及樂山市馬邊縣等地。譜載十四支世系。

本譜載於《中國彝族譜牒選編·四川卷》第二冊

[四川涼山]皆爾譜　纂修者不詳　2007 年四川民族出版社排印本　合冊　彝漢雙文

始祖阿莫。支祖階爾（皆爾），阿莫第十世孫。後裔散居四川省涼山州越西縣（比吉、爾覺、拉普、鐵西）、雷波縣（山棱崗），及樂山市馬邊縣（三楊子）等地。譜載十五支世系。

本譜載於《中國彝族譜牒選編·四川卷》第二冊

[四川涼山]皆則譜　纂修者不詳　2007 年四川民族出版社排印本　合冊　彝漢雙文

始祖阿莫。支祖階則（皆則），阿莫第六世孫。後裔散居四川省涼山州西昌市（月華）、德昌縣、喜德縣（東河、李子、兩河口、魯基、洛哈、且拖、依洛）、冕寧縣（瀘沽、沙壩）等地。譜載二十三支世系。

本譜載於《中國彝族譜牒選編·四川卷》第二冊

[四川涼山]皆皆譜　纂修者不詳　2007 年四川民族出版社排印本　合冊　彝漢雙文

始祖阿莫。支祖階階（皆皆），阿莫第八世孫。後裔散居四川省涼山州越西縣（俄布格則）、美姑縣（扭克拖木）等地。譜載二支世系。

本譜載於《中國彝族譜牒選編·四川卷》第二冊

[四川涼山]木坡譜　纂修者不詳　2007 年四川民族出版社排印本　合冊　彝漢雙文

始祖阿莫。支祖木破（木坡），阿莫第十二世孫。後裔散居四川省涼山州喜德縣（且拖）、越西縣（板橋、貢莫、乃托）、甘洛縣（色達、田壩）、美姑縣（阿畢嘎拖、哈古、覺洛）、雷波縣（莫紅、瓦崗），及雅安市漢源縣（列米）等地。譜載十八支世系。

本譜載於《中國彝族譜牒選編·四川卷》第二冊

[四川涼山]吉爾譜　纂修者不詳　2007 年四川民族出版社排印本　合冊　彝漢雙文

始祖阿莫。支祖吉爾，阿莫第六世孫。後裔散居四川省涼山州冕寧縣（夥洛沙壩）、越西縣（古爾依達）、甘洛縣（嘎多、居史、吉民、居史乃科、居

史乃拉、普昌、斯覺）、美姑縣（達洛、薩苦）等地。譜載二十三支世系。

本譜載於《中國彝族譜牒選編·四川卷》第二冊

[四川涼山]格爾譜　纂修者不詳　2007 年四川民族出版社排印本　合冊　彝漢雙文

始祖阿莫。後裔散居四川省涼山州美姑縣（車自）、雷波縣（縣城、爾果華、果比、斯爾）等地。譜載十四支世系。

本譜載於《中國彝族譜牒選編·四川卷》第二冊

[四川涼山]莫色譜　纂修者不詳　2007 年四川民族出版社排印本　合冊　彝漢雙文

始祖阿莫。後裔散居四川省涼山州西昌市、喜德縣（洛莫）、越西縣（縣城、處苦、河東、拉白、拉吉、坡合洛、普曲、普雄、曲基、曲可地、史的、史木的、依豐勒階）、甘洛縣（嘎日、平壩）、雷波縣（縣城、博哈、古子、洛作、坪頭、曲依）等地。譜載五十五支世系。

本譜載於《中國彝族譜牒選編·四川卷》第二冊

[四川涼山]吉基譜　纂修者不詳　2007 年四川民族出版社排印本　合冊　彝漢雙文

始祖阿莫。支祖吉基。後裔散居四川省涼山州昭覺縣（比爾）、越西縣（給莫、馬拖）等地。譜載八支世系。

本譜載於《中國彝族譜牒選編·四川卷》第二冊

[四川涼山]曲木譜　纂修者不詳　2007 年四川民族出版社排印本　合冊　彝漢雙文

始祖阿莫。後裔散居四川省涼山州鹽源縣（白烏）、昭覺縣、冕寧縣（城廂、大橋、哈哈、回龍）、越西縣（縣城、阿薩、保洛、爾覺、果爾、申果莊、申普、特古伍、鐵西、瓦里、瓦曲覺、下普雄、則普、柱阿覺）、甘洛縣、美姑縣（格夥、候古莫、甲谷、扭洪、前進、蜀洛）、雷波縣（縣城、巴古、雙河、斯爾、西

寧、元寶山）、木里縣（爾曲哈所）等地。譜載五十七支世系。

本譜載於《中國彝族譜牒選編·四川卷》第二冊

[四川涼山]吉潘譜　纂修者不詳　2007年四川民族出版社排印本　合冊　彝漢雙文

始祖阿莫。支祖吉潘，阿莫第四世孫。後裔散居四川省涼山州西昌市（城區、洛莫、民勝）、金陽縣（體科洛）、越西縣（縣城、白果、布哈乃階、都呷爾、爾格、華陽、拉普、民華、乃拖、乃拖鎮、曲階依嘎、曲皆依嘎、瓦巖、西山、中普雄、中普雄樂青地、卓果）、甘洛縣（縣城、南依坪、田壩、玉田）、雷波縣（三嶺崗）、冕寧縣（合沙、保合、合安），及成都市，樂山市峨邊縣、馬邊縣，甘孜州九龍縣等地。譜載二百三十三支世系。

本譜載於《中國彝族譜牒選編·四川卷》第二冊

[四川涼山]莫薩譜　纂修者不詳　2007年四川民族出版社排印本　合冊　彝漢雙文

始祖阿莫。支祖莫薩，阿莫第六世孫。後裔散居四川省涼山州西昌市（城區）、越西縣（縣城、乃拖、新民）等地。譜載十一支世系。

本譜載於《中國彝族譜牒選編·四川卷》第二冊

[四川涼山]皆日譜　纂修者不詳　2007年四川民族出版社排印本　合冊　彝漢雙文

始祖阿莫。支祖階日（皆日），阿莫第十一世孫。後裔散居四川省涼山州越西縣（德吉），及樂山市峨邊縣、馬邊縣（木合拉達）等地。譜載七支世系。

本譜載於《中國彝族譜牒選編·四川卷》第二冊

[四川涼山]阿畢譜　纂修者不詳　2007年四川民族出版社排印本　合冊　彝漢雙文

始祖阿莫。支祖阿別（阿畢），阿莫第八世孫。後裔散居四川省涼山州德昌縣（洛約、小高、意

洛）、普格縣（安哈勒烏）、昭覺縣、越西縣（洛木）等地。譜載十支世系。

本譜載於《中國彝族譜牒選編·四川卷》第二冊

[四川涼山]吉子譜　纂修者不詳　2007年四川民族出版社排印本　合冊　彝漢雙文

始祖阿莫。支祖吉自（吉子、阿吉兵），阿莫第五世孫。後裔散居四川省涼山州西昌市（木特）、鹽源縣（博大）、普格縣（拉達、則克）、金陽縣（縣城、登茲、爾覺、古曲、古曲拉達、夥勒勒烏、砍哈洛、莫夥勒烏、納瓦、牛祖、特茲、體里、瓦曲拖、依達、依涼、依涼舉、依諾、則拉果）、昭覺縣（縣城、癡夥、地莫、地坡、爾姑、哈自依里、久洛、久土木古、洛洛、日阿、薩瓦拉達、沙洛、四開、特布洛、呷祖、祝黑）、喜德縣（拉克）、冕寧縣（布諾吳）、越西縣（坡合）、美姑縣（爾慶、瓦古、耿俄覺、依呷、澤嘎、澤嘎瓦拖）、雷波縣（巴哈、把期覺、長紅、古子、莫意、斯爾、瓦崗）、木里縣（伍爾、納烏），樂山市馬邊縣、甘孜州九龍縣，及雲南省寧蒗縣、香格里拉縣等地。譜載一百二十九支世系。

本譜載於《中國彝族譜牒選編·四川卷》第二冊

[四川涼山]階初譜　纂修者不詳　2007年四川民族出版社排印本　合冊　彝漢雙文

始祖阿莫。支祖階初，阿莫第七世孫。後裔散居四川省涼山州昭覺縣（慶恒、竹核）、美姑縣（爾且階古、省爾莫），及樂山市馬邊縣（約爾巴）等地。譜載五支世系。

本譜載於《中國彝族譜牒選編·四川卷》第二冊

[四川涼山]阿洛譜　纂修者不詳　2007年四川民族出版社排印本　合冊　彝漢雙文

始祖阿莫。支祖阿洛，阿莫第七世孫。後裔散居四川省涼山州西昌市、喜德縣（拉達）、昭覺縣（祝黑）、越西縣（縣城〔改姓吉坡〕、側洛、超傑、爾果、爾覺、洛木拉達、洛坡喜、們烏、坡合、普雄、坡合呷古、曲苦地、四甘普、瓦子來伍、瓦自納烏、下

普雄、意莫、意莫嘎古、中普雄、自莫洛科、自説、自説阿莫)、甘洛縣(斯覺)等地。譜載五十六支世系。

本譜載於《中國彝族譜牒選編·四川卷》第二册

[四川涼山]俄乃譜　纂修者不詳　2007年四川民族出版社排印本　合册　彝漢雙文

始祖阿莫。支祖俄乃,阿莫第四世孫。後裔散居四川省涼山州昭覺縣(比爾)、喜德縣(達普)、越西縣(縣城、阿爾吳勒、拉普、申果莊、四甘普、下普雄)、甘洛縣(嘎日、甘日、吉米拉達、扭姑、普昌、色達)、美姑縣(里熱過俄)等地。譜載二十七支世系。

本譜載於《中國彝族譜牒選編·四川卷》第二册

[四川涼山]阿依譜　纂修者不詳　2007年四川民族出版社排印本　合册　彝漢雙文

始祖阿莫。支祖阿依,阿莫第七世孫。後裔散居四川省涼山州昭覺縣(阿柱艾果、古里、火洛)、越西縣(拉基)、美姑縣(列爾覺)等地。譜載七支世系。

本譜載於《中國彝族譜牒選編·四川卷》第二册

[四川涼山]阿米譜　纂修者不詳　2007年四川民族出版社排印本　合册　彝漢雙文

始祖阿莫。支祖阿米,阿莫第七世孫。後裔散居四川省涼山州普格縣(俄坪)、布拖縣(拖覺)、金陽縣(俄阿茲、古慶、火洛、火洛瓦西、火莫波伍、南瓦)、昭覺(爾古、古里、光明)、冕寧縣、越西縣(縣城、俄爾、乃托、上普雄、瓦巖、吳恩)、美姑縣(撒基拉達、薩基拉達、瓦古、依洛拉達)、雷波縣(波哈、博哈、布舉、爾覺、斯嘎且),及樂山市峨邊縣等地。譜載五十五支世系。

本譜載於《中國彝族譜牒選編·四川卷》第二册

[四川涼山]皆爾譜　纂修者不詳　2007年四川

民族出版社排印本　合册　彝漢雙文

始祖阿莫。支祖皆爾,阿莫第十六世孫。後裔散居四川省涼山州昭覺縣(日哈)、越西縣(普雄)、美姑縣(策嘎瓦拖、拉古、拉古依達)、雷波縣(爾薩齊、亨曲、西寧),及成都市,樂山市峨邊縣、馬邊縣等地。譜載二十五支世系。

本譜載於《中國彝族譜牒選編·四川卷》第二册

[四川涼山]俄者譜　纂修者不詳　2007年四川民族出版社排印本　合册　彝漢雙文

始祖阿莫。支祖俄迪(俄者),阿莫第十二世孫。後裔散居四川省涼山州普格縣(特布洛)、金陽縣(加尼乃拖、勒伍、木尼典古、特兹)、昭覺縣(比爾、布約、俄體、古嘎、古里、柳庫洛、麻加品嘎)等地。譜載二十三支世系。

本譜載於《中國彝族譜牒選編·四川卷》第二册

[四川涼山]阿寨譜　纂修者不詳　2007年四川民族出版社排印本　合册　彝漢雙文

始祖阿莫。支祖阿寨,阿莫第十八世孫。後裔散居四川省涼山州金陽縣(哈子依里、諾子依尼、體克)、昭覺縣(縣城、赤合、爾古、角頂山、慶恒)、越西縣(古二、河東、拉白、拉普、瓦艾、下普雄)、甘洛縣、雷波縣(爾合)等地。譜載三十三支世系。

本譜載於《中國彝族譜牒選編·四川卷》第二册

[四川涼山]阿熱譜　纂修者不詳　2007年四川民族出版社排印本　合册　彝漢雙文

始祖阿莫。支祖阿熱,阿莫第八世孫。後裔散居四川省涼山州西昌市、昭覺縣(地莫、地坡、四開)等地。譜載八支世系。

本譜載於《中國彝族譜牒選編·四川卷》第二册

[四川涼山]賈巴譜　纂修者不詳　2007年四川民族出版社排印本　合册　彝漢雙文

始祖阿莫。支祖階把(賈巴),阿莫第五世孫。後裔散居四川省涼山州西昌市(格惹拉達、河西、四合、西寧)、鹽源縣(德石、瓜底、黃草)、普格縣(西洛)、布拖縣(乃至保喜、則洛)、金陽縣(丙底、布覺、滇古、嘎里、果勒、拉合果、馬依足、馬足、莫火乃伍、木曲俄茲、曲都洛姑、依博、意博)、昭覺縣(縣城、保喜、比爾、補約、布覺、俄爾覺、耿吳、古里、海側山下、久洛、庫莫、木茲勒烏、普詩、色底、沙洛、四開、竹核)、喜德縣(東河、紅莫、樂武、洛烏、沙馬拉達、則果)、冕寧縣(吳勒則莫)、越西縣(板橋、樂青地、中普雄)、雷波縣(縣城、馬尼俄、莫瓦洛洛、莫意洛洛、瓦崗)等地。譜載一百五十四支世系。

本譜載於《中國彝族譜牒選編·四川卷》第二冊

[四川涼山]馬海譜　纂修者不詳　2007 年四川民族出版社排印本　合冊　彝漢雙文

始祖阿莫。後裔散居四川省涼山州西昌市(城區、洛莫、西寧)、喜德縣(紅莫)、昭覺縣(古曲、庫依)、越西縣(中普雄),及成都市、攀枝花市鹽邊縣(大平)、甘孜州九龍縣(縣城)等地。譜載十六支世系。

本譜載於《中國彝族譜牒選編·四川卷》第二冊

[四川涼山]阿拉譜　纂修者不詳　2007 年四川民族出版社排印本　合冊　彝漢雙文

始祖阿莫。支祖阿拉,阿莫第九世孫。後裔散居四川省涼山州西昌市(黃聯)、鹽源縣、德昌縣(縣城、銀鹿)等地。譜載八支世系。

本譜載於《中國彝族譜牒選編·四川卷》第二冊

[四川涼山]克史譜　纂修者不詳　2007 年四川民族出版社排印本　合冊　彝漢雙文

始祖阿莫。後裔散居四川省涼山州金陽縣(木里尼古、尼古、依吉普馬)、雷波縣(坪頭)等地。譜載八支世系。

本譜載於《中國彝族譜牒選編·四川卷》第

二冊

[四川涼山]皆夥譜　纂修者不詳　2007 年四川民族出版社排印本　合冊　彝漢雙文

始祖阿莫。支祖階華(皆夥),阿莫第七世孫。後裔散居四川省涼山州鹽源縣(右所)、普格縣(特洛、特子、子熱、兩河口)、昭覺縣(解放溝)、越西縣(坡合、中所)、甘洛縣(縣城)、美姑縣(拉古)、喜德縣(吉保),雲南省寧蒗縣等地。譜載十六支世系。

本譜載於《中國彝族譜牒選編·四川卷》第二冊

[四川涼山]拉馬譜　纂修者不詳　2007 年四川民族出版社排印本　合冊　彝漢雙文

始祖阿莫。支祖拉馬,阿莫第五世孫。後裔散居四川省涼山州西昌市(城區、安哈、安寧、巴汝、恩哈、河西、勒夥依達、馬鞍、四膈、響水)、鹽源縣(白烏、比基、德石、瓜別、光平、拉子、民米、木洛、木洛覺、新民)、德昌縣(次達、華加壩、馬鞍、鐵爾、瓦爾、意洛、銀鹿)、普格縣(安哈畢烏、博克、德育、幹部木、特布、永安)、昭覺縣(博科、博儒、地坡、爾古、爾夥、解放溝、久洛、普詩、薩瓦、則普)、喜德縣(縣城、東河、格里、紅莫、吉保、拉克、樂武、李子、魯基、洛哈、馬鞍、米史、米市、冕山、尼波、瓦爾、西河、衣洛、扎木、哲木)、冕寧縣(沙壩、彝海)、越西縣(縣城、白果、達華、爾覺、勒澤、洛莫、民華、普雄、書古、唐普、瓦里、瓦曲、西山、新鄉、依諾、則俄)、甘洛縣(勒地、斯覺)、美姑縣(吉布薩、瓦候)、雷波縣(斯爾)、木里縣(果沙、麥地、麥地底洛、喬瓦),成都市、樂山市馬邊縣、攀枝花市鹽邊縣(俄確)甘孜州九龍縣(史巴),及雲南省寧蒗縣等地。譜載一百九十四支世系。

本譜載於《中國彝族譜牒選編·四川卷》第二冊

[四川涼山]則譜　纂修者不詳　2007 年四川民族出版社排印本　合冊　彝漢雙文

始祖阿莫。後裔散居四川省涼山州西昌市(牛依夥吉、斯阿祖、響水)、鹽源縣(縣城、德石、樹合)、德昌縣(麻栗、則嘎)、普格縣(安哈、木且、色羅、特洛、委洛)、布拖縣(九都、特木里、衣某)、金陽縣(尼兹、薩里、約木覺)、昭覺縣(大壩、地莫、薩呷、斯乃、約木拉達、哲惹爾古、果普)、喜德縣(東河),及攀枝花市鹽邊縣等地。譜載五十九支世系。

本譜載於《中國彝族譜牒選編·四川卷》第二册

[四川凉山]曲木譜　纂修者不詳　2007 年四川民族出版社排印本　合册　彝漢雙文

始祖阿莫。後裔散居四川省凉山州西昌市(四合、響水)、昭覺縣(縣城、博洛)、冕寧縣(森榮)等地。譜載八支世系。

本譜載於《中國彝族譜牒選編·四川卷》第二册

[四川凉山]吉博譜　纂修者不詳　2007 年四川民族出版社排印本　合册　彝漢雙文

始祖阿莫。支祖吉博,阿莫第九世孫。後裔散居四川省凉山州西昌市(開元)、德昌縣(則嘎)、金陽縣(阿徒沙洛)、昭覺縣(縣城、布且、特多)等地。譜載六支世系。

本譜載於《中國彝族譜牒選編·四川卷》第二册

[四川凉山]爾古譜　纂修者不詳　2007 年四川民族出版社排印本　合册　彝漢雙文

始祖阿莫。支祖爾古,阿莫第八世孫。後裔散居四川省凉山州普格縣(阿機夥東、安哈、德育)、布拖縣(基勒、階勒、衣某)、金陽縣(對坪)等地。譜載七支世系。

本譜載於《中國彝族譜牒選編·四川卷》第二册

[四川凉山]勒畢譜　纂修者不詳　2007 年四川民族出版社排印本　合册　彝漢雙文

始祖阿莫。支祖勒別(勒畢),阿莫第九世孫。後裔散居四川省凉山州鹽源縣(白鳥)、普格縣(比地、大槽、約階)、昭覺縣(尼地、三崗)、喜德縣

(阿嘎保喜、阿洛、東河、拉普)、冕寧縣(打意兹)、越西縣(中普雄)等地。譜載十六支世系。

本譜載於《中國彝族譜牒選編·四川卷》第二册

[四川凉山]吉波譜　纂修者不詳　2007 年四川民族出版社排印本　合册　彝漢雙文

始祖阿莫。支祖尼波(吉坡),阿莫第九世孫。後裔散居四川省凉山州德昌縣(樂躍)與甘孜州九龍縣(尼土瓦喜)等地。譜載二支世系。

本譜載於《中國彝族譜牒選編·四川卷》第二册

[四川凉山]吉機譜　纂修者不詳　2007 年四川民族出版社排印本　合册　彝漢雙文

始祖阿莫。支祖吉機,阿莫第十一世孫。後裔散居四川省凉山州寧南縣(跑馬)、普格縣(安哈)、布拖縣(勒吉、特木里),及樂山市馬邊縣等地。譜載五支世系。

本譜載於《中國彝族譜牒選編·四川卷》第二册

[四川凉山]威色譜　纂修者不詳　2007 年四川民族出版社排印本　合册　彝漢雙文

始祖阿莫。後裔散居四川省凉山州昭覺縣(縣城)、冕寧縣(城關)、越西縣(爾莫、貢莫、果莫、樂青地、普雄、瓦恩、瓦吉莫、中普雄)、甘洛縣,及雅安市石棉縣(安順、查洛)等地。譜載三十支世系。

本譜載於《中國彝族譜牒選編·四川卷》第二册

[四川凉山]阿説譜　纂修者不詳　2007 年四川民族出版社排印本　合册　彝漢雙文

始祖阿莫。後裔散居四川省凉山州西昌市(四合)、德昌縣(瓦碾)、普格縣(德育)、喜德縣(魯基、米市),及攀枝花市米易縣(華龍)等地。譜載十一支世系。

本譜載於《中國彝族譜牒選編·四川卷》第二册

[四川涼山]依達譜　纂修者不詳　2007 年四川民族出版社排印本　合冊　彝漢雙文

始祖阿莫。後裔散居四川省涼山州昭覺縣(谷曲)、越西縣(縣城、巴古、五里)、甘洛縣(斯覺)等地。譜載十支世系。

本譜載於《中國彝族譜牒選編・四川卷》第二冊

[四川涼山]皆爾譜　纂修者不詳　2007 年四川民族出版社排印本　合冊　彝漢雙文

始祖阿莫。後裔散居四川省涼山州普格縣(扎米)、布拖縣(古吉、沙洛、衣某)、昭覺縣(合覺)等地。譜載六支世系。

本譜載於《中國彝族譜牒選編・四川卷》第二冊

[四川涼山]蘇嘎譜　纂修者不詳　2007 年四川民族出版社排印本　合冊　彝漢雙文

始祖阿莫。支祖蘇嘎,阿莫第十一世孫。後裔散居四川省涼山州布拖縣(則洛),及樂山市峨邊縣等地。譜載四支世系。

本譜載於《中國彝族譜牒選編・四川卷》第二冊

[四川涼山]吉西譜　纂修者不詳　2007 年四川民族出版社排印本　合冊　彝漢雙文

始祖阿莫。支祖吉喜(吉西),阿莫第七世孫。後裔散居四川省涼山州寧南縣(新建)、布拖縣(莫薩、拖覺、瓦拖)、昭覺縣(尼果)等地。譜載七支世系。

本譜載於《中國彝族譜牒選編・四川卷》第二冊

[四川涼山]勒苦譜　纂修者不詳　2007 年四川民族出版社排印本　合冊　彝漢雙文

始祖阿莫。後裔散居四川省涼山州西昌市(四合)、普格縣(拖堵)、昭覺縣(地莫、吉爾)等地。譜載六支世系。

本譜載於《中國彝族譜牒選編・四川卷》第二冊

[四川涼山]孫茲譜　纂修者不詳　2007 年四川民族出版社排印本　合冊　彝漢雙文

始祖阿莫。支祖斯茲(孫茲),阿莫第八子。後裔散居四川省涼山州金陽縣、越西縣(爾覺、拉白)、美姑縣(候播乃拖、柳洪、坪頭、紹諾勒烏、因扎瓦西)、雷波縣(桂花、哈曲、很曲、馬頸子、坪頭、千萬貫、所合),及樂山市峨邊縣、馬邊縣等地。譜載二十七支世系。

本譜載於《中國彝族譜牒選編・四川卷》第二冊

[四川涼山]破能伍子譜源　纂修者不詳　2007 年四川民族出版社排印本　合冊　彝漢雙文

始祖古侯。支祖破能,古侯第二十九世孫,生五子。譜載一支三十代世系。

本譜載於《中國彝族譜牒選編・四川卷》第二冊

[四川涼山]破能譜　纂修者不詳　2007 年四川民族出版社排印本　合冊　彝漢雙文

始祖古侯。支祖破能,古侯第二十九世孫。後裔散居四川省涼山州普格縣(威尼爾什、委洛、西洛、糾洛)、昭覺縣(糾土木古)等地。譜載九支世系。

本譜載於《中國彝族譜牒選編・四川卷》第二冊

[四川涼山]阿都譜　纂修者不詳　2007 年四川民族出版社排印本　合冊　彝漢雙文

始祖古侯。破能爲古侯第二十五世孫(與上譜有異)。支祖阿堵(阿都),破能孫。後裔散居四川省西昌市、普格縣(委洛、西洛)、布拖縣、昭覺縣(日哈而絶),及雲南省等地。譜載十三支世系。

本譜載於《中國彝族譜牒選編・四川卷》第二冊

[四川涼山]阿俄譜　纂修者不詳　2007 年四川民族出版社排印本　合冊　彝漢雙文

始祖地俄。破能爲地俄第八世孫。支祖阿俄,破能第六世孫。後裔散居四川省涼山州德昌縣、會理縣（縣城）、會東縣、昭覺縣（好谷）、喜德縣（拉達）、越西縣（拉達）等地。譜載十一支世系。

本譜載於《中國彝族譜牒選編·四川卷》第二册

［四川涼山］依里譜　纂修者不詳　2007 年四川民族出版社排印本　合册　彝漢雙文

始祖破能。後裔散居四川省涼山州昭覺縣（三崗、俄爾覺而絶）及攀枝花市鹽邊縣等地。譜載三支世系。

本譜載於《中國彝族譜牒選編·四川卷》第二册

［四川涼山］莫所譜　纂修者不詳　2007 年四川民族出版社排印本　合册　彝漢雙文

始祖破能。支祖莫説（莫所），破能第十世孫。後裔散居四川省涼山州普格縣、布拖縣、昭覺縣（俄爾覺）等地。譜載七支世系。

本譜載於《中國彝族譜牒選編·四川卷》第二册

［四川涼山］阿雷譜　纂修者不詳　2007 年四川民族出版社排印本　合册　彝漢雙文

始祖破能。支祖阿來（阿雷），破能孫。後裔散居四川省涼山州金陽縣（南瓦、衣某）、昭覺縣（此夥、實約）、越西縣（竹阿覺）等地。譜載八支世系。

本譜載於《中國彝族譜牒選編·四川卷》第二册

［四川涼山］乃烏譜　纂修者不詳　2007 年四川民族出版社排印本　合册　彝漢雙文

始祖破能。後裔散居四川省涼山州西昌市、越西縣（白果）等地。譜載二支世系。

本譜載於《中國彝族譜牒選編·四川卷》第二册

［四川涼山］依夥譜　纂修者不詳　2007 年四川民族出版社排印本　合册　彝漢雙文

始祖破能。支祖依夥，破能第五世孫。後裔散居四川省涼山州西昌市（阿七、巴汝、黄聯、開元、禮州、洛古波、民勝、磨盤、蕎地、太和、西鄉、響水）、鹽源縣（右所、阿薩、白烏、達坡、德石、蓋租、乾海、黄草、俣社、麥地、梅子坪、平川、前山、蘇很、衛城、縣城）、德昌縣（阿月、茨達、大六槽、大灣、德中、樂躍、麻栗、前山）、寧南縣（跑馬、西瑶）、普格縣（保威、大槽、馬洪、孟呷、眯呷、特補、特補洛、特爾、拖木溝、委洛、文坪、西洛）、金陽縣（阿林海伍）、昭覺縣（比爾、博洛、城北、城西、吃夥、嘀考波什、俄爾覺、好古、嘿澤波西、覺甘、庫莫、來地、蘭壩、龍恩、瑪工、木紅蘭烏、南坪、尼地、普詩、日哈、三崗、樹坪、四開、縣城、宜牧地、竹核）、喜德縣（北山、東河、紅莫、糾樹、拉克、樂武、李子、魯基、洛哈、米市、冕山、且拖、熱柯依達、沙馬拉達、瓦哈、縣城）、冕寧縣（城廂、瀘沽、洛瓦、沙壩）、越西縣（拉普）、甘洛縣（波波）、美姑縣（洪溪、瓦侯）、木里縣，及雲南省寧蒗縣（寧青、南寧期、什補夥、史普散、西義坡）等地。譜載三百六十一支世系。

本譜載於《中國彝族譜牒選編·四川卷》第二册

［四川涼山］吉爾譜　纂修者不詳　2007 年四川民族出版社排印本　合册　彝漢雙文

始祖破能。支祖吉魯（吉爾），破能第二十世孫。後裔散居四川省涼山州昭覺縣（比爾）、喜德縣（縣城、博洛、依洛）、冕寧縣（縣城、後山）等地。譜載十支世系。

本譜載於《中國彝族譜牒選編·四川卷》第二册

［四川涼山］阿蘇譜　纂修者不詳　2007 年四川民族出版社排印本　合册　彝漢雙文

始祖破能。支祖阿蘇，破能第二十二世孫。後裔散居四川省涼山州西昌市（城區、蕎地鄉）、鹽源縣（博大）、德昌縣（銀鹿）、會理縣、會東縣、普格縣（孟呷、文坪）、金陽縣（丙底、蘭瓦、南瓦）、昭覺縣（比爾、附城、甘租、呷組、新民、竹核）、喜德縣（紅莫、拉克、魯基、洛哈、米市）、冕寧縣（哈哈、後山、金來、里莊、麥地、森榮、沙壩、澤遠）、越西縣

（覺莫、乃巨、乃托、鐵西、新民）、雷波縣（爾古、塞連諾），成都市、攀枝花市米易縣（約峰）、雅安市石棉縣（基子），及雲南省寧蒗縣（坡馬、張紅）等地。譜載一百零七支世系。

本譜載於《中國彝族譜牒選編·四川卷》第二冊

[四川涼山]拉爾譜　纂修者不詳　2007 年四川民族出版社排印本　合冊　彝漢雙文

始祖破能。支祖拉爾,破能第二十世孫。後裔散居四川省涼山州西昌市（洛姑坡、民勝）、鹽源縣（白烏、碧基）、德昌縣（樂躍）、普格縣（洛烏）、布拖縣（古平、拉果、洛古、木爾、特木里）、昭覺縣（地坡、爾姑、谷曲、糾洛、南壩、四開）、喜德縣（北山、東河、洛哈）、冕寧縣（哈哈、俵古）、越西縣（伍里箐、依洛）等地。譜載七十八支世系。

本譜載於《中國彝族譜牒選編·四川卷》第二冊

[四川涼山]畢則譜　纂修者不詳　2007 年四川民族出版社排印本　合冊　彝漢雙文

始祖破能。支祖比者（畢則）。後裔散居四川省涼山州美姑縣（瓦侯）及樂山市峨邊縣等地。譜載三支世系。

本譜載於《中國彝族譜牒選編·四川卷》第二冊

[四川涼山]兹莫譜　纂修者不詳　2007 年四川民族出版社排印本　合冊　彝漢雙文

始祖破能。支祖子莫（兹莫）,破能第二十七世孫。後裔散居四川省涼山州昭覺縣（比爾、瓦露）、喜德縣（巴久）、越西縣（巴蕎、波安、達特、河東、伸普）等地。譜載十二支世系。

本譜載於《中國彝族譜牒選編·四川卷》第二冊

[四川涼山]拉畢譜　纂修者不詳　2007 年四川民族出版社排印本　合冊　彝漢雙文

始祖破能。支祖拉比（拉畢）,破能第十七世孫。後裔散居四川省涼山州西昌市、普格縣（紅

莫、甲鐵、特爾果、瓦洛）、布拖縣、昭覺縣（城北、爾西）、喜德縣（東河、拉克）、越西縣（俄洛格莫城、吳恩）、木里縣（縣城、蘭江）等地。譜載二十五支世系。

本譜載於《中國彝族譜牒選編·四川卷》第二冊

[四川涼山]阿來譜　纂修者不詳　2007 年四川民族出版社排印本　合冊　彝漢雙文

始祖破能。後裔散居四川省涼山州西昌市（城區、川興、大箐、民勝、四合）、鹽源縣（縣城、白烏、德石、金河、康曹、麥地、棉椏、收曹、樹河、衛城、鹽井、鹽塘）、德昌縣（大山、寬裕、老碾、前山、鐵爐、銀鹿、永郎）、寧南縣（跑馬坪、西瑶、站紅、站夥）、普格縣（夾鐵、孟呷、蕎窩、特補洛、特洛、拖木溝、西洛）、布拖縣（拖覺）、金陽縣（南瓦、絲窩、子烏）、昭覺縣（比爾、博洛、爾姑、谷曲、蘭壩、莫紅乃吾、四開）、喜德縣（縣城、巴久、博洛、東河、紅莫、魯基、米市、冕山、則約）、冕寧縣（里莊、瀘沽、漫水灣、沙壩、澤遠）、越西縣（里澤、洛木、下普雄）、美姑縣（都魯乃吾、夥字、沙呷甲古、瓦秘、有夥乃吾）、雷波縣（卡哈洛、洛洛、斯古區）、木里縣（里子坪）,樂山市馬邊縣,攀枝花市米易縣（馬婁、普委）、鹽邊縣（洛社、則木洛、澤目）,甘孜州瀘定縣,及雲南省寧蒗縣（克及、來里、站紅）、永勝縣、麗江市等地。譜載二百四十七支世系。

本譜載於《中國彝族譜牒選編·四川卷》第二冊

[四川涼山]能助三子譜源　纂修者不詳　2007 年四川民族出版社排印本　合冊　彝漢雙文

始祖古侯。支祖能助,古侯四十一世孫。譜載一支四十二代世系。

本譜載於《中國彝族譜牒選編·四川卷》第二冊

[四川涼山]底惹譜　纂修者不詳　2007 年四川民族出版社排印本　合冊　彝漢雙文

始祖能助。後裔散居四川省涼山州西昌市（城區、螺髻山、四合）、鹽源縣（白烏、大紅、麥地、鹽

塘)、寧南縣(克機)、布拖縣(衣某)、金陽縣(縣城、白五、高峰、甲依、民林、特科洛、特兹)、昭覺縣(縣城、城北、俄爾覺、格五、古里、光明、目怕拉打、慶恒、日哈、色底、特布洛、烏坡、竹核)、喜德縣(縣城、兩河口、且拖)、冕寧縣(縣城、森榮)、越西縣(縣城、白果、大華、河東、拉普、樂青、樂青地、洛木鐵西、梅花、民華、南箐、普雄、上普雄、四甘普、特西、瓦里覺、瓦普莫、瓦曲覺、依洛、中所)、甘洛縣(阿嘎、尼里拖、石海)、美姑縣(巴普、炳途、補實各我、大橋、爾其、各恩乃烏、各我、哈姑以打、洪溪、侯播乃拖、侯古莫、夥古麼、久洛、覺洛、拉馬、拉木阿覺、樂約、連連瓦西、柳洪、拈連、坪頭、鉛哈、前進、三合以打、沙絞各俄、斯覺拉打、蘇洛、瓦古、瓦侯、依甘、西甘薩、以伯呷姑、則哈、子威)、雷波縣(八哈拉打、長河、處夥、格地爾諾、基日洛哈、卡哈洛、連古、柳久洛、咪姑、莫紅、莫義、乃加、曲依、日古、山棱崗、瓦崗、西寧、竹古)，及樂山市馬邊縣、雅安市石棉縣等地。譜載二百五十一支世系。

本譜載於《中國彝族譜牒選編·四川卷》第二冊

[四川涼山]布典譜　纂修者不詳　2007年四川民族出版社排印本　合冊　彝漢雙文

始祖能助。支祖布典，能助第五世孫。後裔散居四川省涼山州西昌市(城區、北山、河西)、鹽源縣(柏林)、普格縣(安木足、波落坪、特洛)、布拖縣、金陽縣(莫合)、昭覺縣(縣城、比爾、補約、城北、南坪、普詩、特地阿莫、體久拉打、宜牧地)、喜德縣(縣城、巴久、東河、拉克、兩河口、且拖、特地、瓦斯洛、西河、依洛)、雷波縣(西寧史長)、冕寧縣、越西縣(縣城、板橋、保石、大花、南箐、普雄、申普、書古、瓦里覺、瓦普莫、瓦曲)、甘洛縣(縣城、把拉、吉乃約果、前進、林地基打姑、馬里烏)、美姑縣(前進、塔期)等地。譜載一百二十一支世系。

本譜載於《中國彝族譜牒選編·四川卷》第二冊

[四川涼山]克期譜　纂修者不詳　2007年四川民族出版社排印本　合冊　彝漢雙文

始祖能助。支祖克起(克期)，能助第十三世孫。後裔散居四川省涼山州冕寧縣(白嶺)、越西縣(縣城、瓦吉莫、下普雄、四甘普、里洛、普雄、鐵西、扭堵、乃拖、瓦吉莫、鐵西)，及甘孜州瀘定縣等地。譜載二十四支世系。

本譜載於《中國彝族譜牒選編·四川卷》第二冊

[四川涼山]阿爾譜　纂修者不詳　2007年四川民族出版社排印本　合冊　彝漢雙文

始祖能助。後裔散居四川省涼山州西昌市(城區、西溪)、金陽縣(高峰)、昭覺縣(慶恒)、冕寧縣(沙壩)、越西縣(爾賽、古二、甲尼、拉吉、普雄、上普雄、書古、塔普)、甘洛縣(嘎日、斯覺)、美姑縣(縣城、侯播、書洛)、雷波縣(克哈、莫紅)等地。譜載三十四支世系。

本譜載於《中國彝族譜牒選編·四川卷》第二冊

[四川涼山]孫布譜　纂修者不詳　2007年四川民族出版社排印本　合冊　彝漢雙文

始祖能助。後裔散居四川省涼山州布拖縣(采哈、俄里坪、委只洛)、雷波縣(光華、爛壩子)等地。譜載十支世系。

本譜載於《中國彝族譜牒選編·四川卷》第二冊

[四川涼山]布夫譜　纂修者不詳　2007年四川民族出版社排印本　合冊　彝漢雙文

始祖能助。後裔散居四川省涼山州昭覺縣(有夥覺)、喜德縣(北山)、冕寧縣(紅壩)、美姑縣(里真洛)等地。譜載五支世系。

本譜載於《中國彝族譜牒選編·四川卷》第二冊

[四川涼山]請頂譜　纂修者不詳　2007年四川民族出版社排印本　合冊　彝漢雙文

始祖能助。支祖請抵(請頂)，能助第十一世孫。後裔散居四川省涼山州鹽源縣、金陽縣(高峰)、昭覺縣(日哈)、喜德縣(李子)、越西縣(德吉、貢莫、四甘普)、雷波縣(莫紅)等地。譜載十一支世系。

本譜載於《中國彝族譜牒選編·四川卷》第二冊

[四川涼山]另勳譜　纂修者不詳　2007年四川民族出版社排印本　合冊　彝漢雙文

始祖能助。支祖里朵(另勳),能助第九世孫。後裔散居四川省涼山州越西縣(河東、瓦里覺)、美姑縣(巴普、扯字),及雅安市石棉縣(火農)等地。譜載五支世系。

本譜載於《中國彝族譜牒選編·四川卷》第二冊

[四川涼山]烏吉譜　纂修者不詳　2007年四川民族出版社排印本　合冊　彝漢雙文

始祖能助。支祖伍吉(烏吉),能助第十一世孫。後裔散居四川省涼山州越西縣(普雄)、雷波縣(連古),及雅安市石棉縣(瓦孔)、甘孜州瀘定縣等地。譜載五支世系。

本譜載於《中國彝族譜牒選編·四川卷》第二冊

[四川涼山]阿車譜　纂修者不詳　2007年四川民族出版社排印本　合冊　彝漢雙文

始祖能助。支祖阿扯(阿車),能助第七世孫。後裔散居四川省涼山州昭覺縣(波西)、美姑縣(瓦夥)等地。譜載二支世系。

本譜載於《中國彝族譜牒選編·四川卷》第二冊

[四川涼山]帕產譜　纂修者不詳　2007年四川民族出版社排印本　合冊　彝漢雙文

始祖能助。支祖帕產,能助第六世孫。後裔散居四川省涼山州西昌市、金陽縣(典古、古曲、基覺、繭拈拉打、繭撞、批泥、沙馬古主、實期、斯日波西、塔三、體克洛)、昭覺縣(古里、糾洛、體久拉打)、喜德縣(洛哈)、越西縣(民華、普雄、申普)、甘洛、美姑縣(夥古麼、古曲瓦拖、繭絞特洛、拉馬沙紅以打、沙拈夥古麼)、雷波縣(八哈、連古、樹

呷瓦拖、瓦崗),及樂山市馬邊縣等地。譜載五十八支世系。

本譜載於《中國彝族譜牒選編·四川卷》第二冊

[四川涼山]孫子譜　纂修者不詳　2007年四川民族出版社排印本　合冊　彝漢雙文

始祖倫格,能助長子。支祖吉古(孫子),倫格第九世孫。後裔散居四川省涼山州西昌市(城區、北山、平壩)、鹽源縣(白烏)、寧南縣(倮格、武扭)、布拖縣(烏科洛)、金陽縣(特子)、昭覺縣(縣城、塔期)、喜德縣(縣城、花山)、冕寧縣、越西縣(北果、馬拖、南箐、普雄)、美姑縣(阿土、夥古麼、天古夥斯)、雷波縣(縣城、阿土各則、爾阿黑、爾阿絞等、府堵、甲谷、雷池、連古、馬木見古、木哈八見、能期見古、能圖、朴洛見古、色呷工乃、瓦崗、瓦曲拖、呷工乃)等地。譜載九十九支世系。

本譜載於《中國彝族譜牒選編·四川卷》第二冊

[四川涼山]阿期譜　纂修者不詳　2007年四川民族出版社排印本　合冊　彝漢雙文

始祖能助。支祖阿起(阿期),能助第十世孫。後裔散居四川省涼山州昭覺縣(好呷、體久拉打)、美姑縣(巴普、革地拉洛、三河以打、瓦諾見古)、雷波縣(地補呷烏、黑拉阿覺、連古、咪姑、莫義洛洛、瓦崗、委木)等地。譜載二十四支世系。

本譜載於《中國彝族譜牒選編·四川卷》第二冊

[四川涼山]瓦扎譜　纂修者不詳　2007年四川民族出版社排印本　合冊　彝漢雙文

始祖能助。支祖瓦扎,能助第十三世孫。後裔散居四川省涼山州普格縣(委洛)、布拖縣(古資、基只、繭機、西溪河、衣某)、昭覺縣(縣城、特久拉打)、美姑縣(扯字拉打、典補乃吾、柳洪、塔古)、雷波縣(縣城、大坪子、柳洪、馬湖、莫紅、坪頭),及樂山市馬邊縣等地。譜載二十一支世系。

本譜載於《中國彝族譜牒選編·四川卷》第二冊

[四川涼山]阿谷譜 纂修者不詳 2007 年四川民族出版社排印本 合冊 彝漢雙文

始祖能助。支祖阿谷,能助第九世孫。後裔散居四川省涼山州西昌市(北山)、昭覺縣(庫依)、越西縣(拉普)、甘洛縣、美姑縣(部曲拉打、兹木姑)、雷波縣(莫紅、坪頭)等地。譜載十六支世系。

本譜載於《中國彝族譜牒選編·四川卷》第二冊

[四川涼山]阿額譜 纂修者不詳 2007 年四川民族出版社排印本 合冊 彝漢雙文

始祖能助。支祖阿根(阿額),能助第十三世孫。後裔散居四川省涼山州西昌市(北山)、布拖縣(古資)等地。譜載四支世系。

本譜載於《中國彝族譜牒選編·四川卷》第二冊

[四川涼山]曲木譜 纂修者不詳 2007 年四川民族出版社排印本 合冊 彝漢雙文

始祖能助。後裔散居四川省涼山州喜德縣(縣城、北山)、冕寧縣(縣城、呷俄惹)、越西縣(阿呷各、大花、馬拖、南箐、弄洛、絲木、斯絞、鐵西武)等地。譜載二十三支世系。

本譜載於《中國彝族譜牒選編·四川卷》第二冊

[四川涼山]吉爾譜 纂修者不詳 2007 年四川民族出版社排印本 合冊 彝漢雙文

始祖能助。支祖吉魯(吉爾),能助第九世孫。後裔散居四川省涼山州普格縣(東山、馬洪、西洛)、布拖縣(木爾、特木里)、喜德縣(依子洛)、冕寧縣,及成都市等地。譜載十三支世系。

本譜載於《中國彝族譜牒選編·四川卷》第二冊

[四川涼山]且吉譜 纂修者不詳 2007 年四川民族出版社排印本 合冊 彝漢雙文

始祖能助。支祖阿補(齊吉、且吉),能助第七世孫。後裔散居四川省涼山州西昌市(四合)、鹽

源縣(鹽邊)、德昌縣、金陽縣(兵連地、爾則西、谷曲、夥洛、基打、繭拈沙洛、克哈洛、木里典古、尼古、斯孔地史、有洛瓦拖)、昭覺縣(爾絞、古里、糾洛、洛革、特布洛)、冕寧縣(河里)、越西縣(縣城、白果、保安、北果、梅花、乃拖)、甘洛縣(嘎日、海棠、蓼坪、田壩)、美姑縣(夥古麼、拉古也打、拉馬、瓦侯)、雷波縣(莫紅、坪頭、塔親覺、瓦崗),及樂山市峨邊縣、馬邊縣(沙胡苦)等地。譜載一百三十三支世系。

本譜載於《中國彝族譜牒選編·四川卷》第二冊

[四川涼山]賈巴譜 纂修者不詳 2007 年四川民族出版社排印本 合冊 彝漢雙文

始祖能助。支祖繭巴(賈巴),能助第十一世孫。後裔散居四川省涼山州鹽源縣(衛城、香房)、喜德縣(縣城、拉克、兩河口、魯基),及攀枝花市鹽邊縣(澤木洛)等地。譜載十七支世系。

本譜載於《中國彝族譜牒選編·四川卷》第二冊

[四川涼山]吉坡譜 纂修者不詳 2007 年四川民族出版社排印本 合冊 彝漢雙文

始祖能助。支祖吉坡,能助第十世孫。後裔散居四川省涼山州鹽源縣(鹽邊)、昭覺縣(哈呷、四開)、冕寧縣(比爾、呷俄日惹)等地。譜載六支世系。

本譜載於《中國彝族譜牒選編·四川卷》第二冊

[四川涼山]沙馬譜 纂修者不詳 2007 年四川民族出版社排印本 合冊 彝漢雙文

始祖能助。後裔散居四川省涼山州西昌市、雷波縣(縣城、莫義洛洛、上田壩、瓦拖)等地。譜載十三支世系。

本譜載於《中國彝族譜牒選編·四川卷》第二冊

[四川涼山]補吳譜 纂修者不詳 2007 年四川民族出版社排印本 合冊 彝漢雙文

始祖能助。支祖補吴,能助第九世孫。後裔散居四川省涼山州鹽源縣(阿薩、巴折、白烏、達窩、香房)、冕寧縣(大橋、惠安、日惹、樟木)、越西縣(吉武)等地。譜載十五支世系。

本譜載於《中國彝族譜牒選編・四川卷》第二册

[四川涼山]石扎譜 纂修者不詳 2007年四川民族出版社排印本 合册 彝漢雙文

始祖能助。後裔散居四川省涼山州西昌市、昭覺縣(古里)等地。譜載四支世系。

本譜載於《中國彝族譜牒選編・四川卷》第二册

[四川涼山]阿坡譜 纂修者不詳 2007年四川民族出版社排印本 合册 彝漢雙文

始祖能助。支祖阿坡,能助第十一世孫。後裔散居四川省涼山州西昌市(城區、阿七、河西、拉俄)、德昌縣、喜德縣(拉克、魯基、依洛)、冕寧縣(後山、瀘沽、沙壩)、越西縣(加資)等地。譜載三十一支世系。

本譜載於《中國彝族譜牒選編・四川卷》第二册

[四川涼山]俄爾譜 纂修者不詳 2007年四川民族出版社排印本 合册 彝漢雙文

始祖能助。支祖俄爾,能助第八世孫。後裔散居四川省涼山州昭覺縣(縣城)、美姑縣(書拉打)等地。譜載四支世系。

本譜載於《中國彝族譜牒選編・四川卷》第二册

[四川涼山]吉米譜 纂修者不詳 2007年四川民族出版社排印本 合册 彝漢雙文

始祖能助。支祖吉眯(吉米),能助第十世孫。後裔散居四川省涼山州鹽源縣、寧南縣(跑馬)、普格縣、金陽縣(縣城)、昭覺縣(好古、三灣、四開)、喜德縣(東河、拉克、魯基)、越西縣(貢莫、吉武、普雄、依洛)等地。譜載二十六支世系。

本譜載於《中國彝族譜牒選編・四川卷》第二册

[四川涼山]阿生譜 纂修者不詳 2007年四川民族出版社排印本 合册 彝漢雙文

始祖能助。支祖阿省(阿生),能助第十世孫。後裔散居四川省涼山州鹽源縣(白烏)、昭覺縣(地坡、覺甘)、喜德縣(東河、洛哈、米市)、美姑縣(拉馬),及樂山市馬邊縣(瓦夥)等地。譜載二十三支世系。

本譜載於《中國彝族譜牒選編・四川卷》第二册

[四川涼山]皆海譜 纂修者不詳 2007年四川民族出版社排印本 合册 彝漢雙文

始祖能助。支祖藺海(皆海),能助第十一世孫。後裔散居四川省涼山州西昌市(大興)、普格縣(縣城、特布洛、特洛)、昭覺縣(地坡、俄爾覺、搞老阿莫、糾洛、體久拉達)、冕寧縣、越西縣(縣城)等地。譜載十八支世系。

本譜載於《中國彝族譜牒選編・四川卷》第二册

[四川涼山]吴故譜 纂修者不詳 2007年四川民族出版社排印本 合册 彝漢雙文

始祖能助。支祖吴谷(吴故),能助第十一世孫。後裔散居四川省涼山州鹽源縣、普格縣(縣城、安哈、大槽、拖木溝)、金陽縣(古曲)、昭覺縣(比爾、齒可波西、達洛、糾洛、特克洛、體久拉達)、喜德縣(紅莫、李子、則莫)、雷波縣(莫紅、瓦崗)等地。譜載三十八支世系。

本譜載於《中國彝族譜牒選編・四川卷》第二册

[四川涼山]博里譜 纂修者不詳 2007年四川民族出版社排印本 合册 彝漢雙文

始祖能助。支祖博里,能助第十八世孫。後裔散居四川省涼山州西昌市(民勝)、喜德縣(李子、且拖、桃源)、冕寧縣(後山、澤遠)等地。譜載八支世系。

本譜載於《中國彝族譜牒選編・四川卷》第

二册

[四川涼山]孫期譜 纂修者不詳 2007 年四川民族出版社排印本 合册 彝漢雙文

始祖能助。支祖伸齊(孫期),能助第九世孫。後裔散居四川省涼山州越西縣(書古)、雷波縣(八寨、爾基乃吾、馬頸子、五官)等地。譜載十四支世系。

本譜載於《中國彝族譜牒選編‧四川卷》第二册

[四川涼山]菩提三子譜源 纂修者不詳 2007 年四川民族出版社排印本 合册 彝漢雙文

始祖古侯。支祖樸鐵(菩提),古侯第三十二世孫,生三子。譜載一支三十三代世系。

本譜載於《中國彝族譜牒選編‧四川卷》第二册

[四川涼山]甘譜 纂修者不詳 2007 年四川民族出版社排印本 合册 彝漢雙文

始祖嘎爾(甘爾)。支祖樸鐵(普鐵),嘎爾長子。後裔散居四川省涼山州越西縣(大屯)、甘洛縣(烏斯、烏斯大橋)、美姑縣(大風頂、嘎都覺果、古拖、故團、故團波伍、紅期、吉扎嘎拖、所洛來伍、瓦里來伍),及樂山市峨邊縣(依子、嘎都覺果)、馬邊縣等地。譜載一百十五支世系。

本譜載於《中國彝族譜牒選編‧四川卷》第二册

[四川涼山]格渣譜 纂修者不詳 2007 年四川民族出版社排印本 合册 彝漢雙文

始祖嘎爾。支祖樸特,嘎爾子。後裔散居四川省涼山州美姑縣(爾基乃伍、格扎瓦西、夥嘎、吉比俄覺、皆衣夥嘎、拉古、拉古耶達、斯覺拉達、瓦里來伍、西嘎、西嘎薩、則俄)、雷波縣(大路),及樂山市馬邊縣等地。譜載四十支世系。

本譜載於《中國彝族譜牒選編‧四川卷》第二册

[四川涼山]吉胡譜 纂修者不詳 2007 年四川

民族出版社排印本 合册 彝漢雙文

始祖嘎爾。樸鐵(普鐵),嘎爾長子。支祖吉胡,樸鐵(普鐵)第十一世孫。後裔散居四川省涼山州西昌市(大興)、昭覺縣(縣城、比爾、都克波伍、嘎余來伍、嘎約、嘎約乃伍、古里、普詩、且莫、竹核)、喜德縣、冕寧縣(給給、吳勒扭扭、吳威)、越西縣(爾覺、乃托、四甘普、鐵西、瓦里覺、瓦曲)、美姑縣(甲古、拉古、茲木帕古)、雷波縣(西寧),及樂山市峨邊縣、馬邊縣(大院子),甘孜州九龍縣等地。譜載六十四支世系。

本譜載於《中國彝族譜牒選編‧四川卷》第二册

[四川涼山]孫坡譜 纂修者不詳 2007 年四川民族出版社排印本 合册 彝漢雙文

始祖米意,樸鐵(普鐵)五世祖。支祖社坡(孫坡),米意第十三世孫。後裔散居四川省涼山州美姑縣(都洛、納古、瓦候、瓦候覺木),及樂山市馬邊縣(縣城、納瓦、席里古)等地。譜載十七支世系。

本譜載於《中國彝族譜牒選編‧四川卷》第二册

[四川涼山]孫爾譜 纂修者不詳 2007 年四川民族出版社排印本 合册 彝漢雙文

始祖嘎爾。樸鐵(普鐵),嘎爾長子。後裔散居四川省涼山州美姑縣(吉比俄久、瓦衣),及樂山市峨邊縣(嘎都覺果、勒指尼哈、里哈勒科、瓦衣覺果、依卓勒拖、依卓乃拖、依自勒伍、則久覺果)等地。譜載十六支世系。

本譜載於《中國彝族譜牒選編‧四川卷》第二册

[四川涼山]吉比譜 纂修者不詳 2007 年四川民族出版社排印本 合册 彝漢雙文

始祖嘎爾。樸鐵(普鐵),嘎爾長子。支祖吉比,樸鐵(普鐵)第十三世孫。後裔散居四川省涼山州美姑縣(吉比俄覺)等地。譜載四支世系。

本譜載於《中國彝族譜牒選編‧四川卷》第二册

[四川涼山]樸助譜　纂修者不詳　2007 年四川民族出版社排印本　合冊　彝漢雙文

始祖嘎爾。樸鐵(普鐵),嘎爾長子。支祖樸柱(樸助),樸鐵(普鐵)第十四世孫。後裔散居四川省涼山州金陽縣、昭覺縣(瓦科)、木里縣(喜俄)等地。譜載五支世系。

本譜載於《中國彝族譜牒選編‧四川卷》第二冊

[四川涼山]爾特譜　纂修者不詳　2007 年四川民族出版社排印本　合冊　彝漢雙文

始祖嘎爾。樸鐵(普鐵),嘎爾長子。支祖耳特(爾特),樸鐵(普鐵)第十三世孫。後裔散居四川省涼山州各扎瓦西、久堵勒烏、惹夫嘎種等地。譜載七支世系。

本譜載於《中國彝族譜牒選編‧四川卷》第二冊

[四川涼山]地的譜　纂修者不詳　2007 年四川民族出版社排印本　合冊　彝漢雙文

始祖嘎爾。樸鐵(普鐵),嘎爾長子。後裔散居四川省涼山州越西縣(縣城、壩子、大屯)、美姑縣(縣城)等地。譜載六支世系。

本譜載於《中國彝族譜牒選編‧四川卷》第二冊

[四川涼山]夥惹譜　纂修者不詳　2007 年四川民族出版社排印本　合冊　彝漢雙文

始祖米意,樸鐵(普鐵)五世祖。支祖夥惹,米意第二十六世孫。後裔散居四川省涼山州會理縣、布拖縣、金陽縣(洛哈)、昭覺縣(新明)等地。譜載四支世系。

本譜載於《中國彝族譜牒選編‧四川卷》第二冊

[四川涼山]爾惹譜　纂修者不詳　2007 年四川民族出版社排印本　合冊　彝漢雙文

始祖嘎爾。樸鐵(普鐵),嘎爾長子。支祖爾惹,樸鐵(普鐵)第二十四世孫。後裔散居四川省涼山州美姑縣(吉莫)、雷波縣,及樂山市峨邊縣、馬邊縣(大蜀甫)等地。譜載一百二十支世系。

本譜載於《中國彝族譜牒選編‧四川卷》第二冊

[四川涼山]俄勒譜　纂修者不詳　2007 年四川民族出版社排印本　合冊　彝漢雙文

始祖嘎爾。樸鐵(普鐵),嘎爾長子。支祖俄勒,樸鐵(普鐵)第七世孫。後裔散居四川省涼山州越西縣(縣城、白果、爾覺、拉基、拉普、申果莊、四甘普、鐵西、下普雄、依夥洛)、甘洛縣(阿爾、波波、嘎多、嘎日、嘎日拉達、甘日、故吳、吉克俄覺、吉米、吉米拉達、吉史傑古、苦莫拉達、拉莫、乃克、普昌、且莫、斯基、斯覺拉達、特且覺果、依烏)、雷波縣(保基)等地。譜載一百零四支世系。

本譜載於《中國彝族譜牒選編‧四川卷》第二冊

[四川涼山]麻卡譜　纂修者不詳　2007 年四川民族出版社排印本　合冊　彝漢雙文

始祖嘎爾。樸鐵(普鐵),嘎爾長子。支祖阿卡(麻卡),樸鐵(普鐵)第十世孫。後裔散居四川省涼山州越西縣(拉基)、甘洛縣等地。譜載二支世系。

本譜載於《中國彝族譜牒選編‧四川卷》第二冊

[四川涼山]合干譜　纂修者不詳　2007 年四川民族出版社排印本　合冊　彝漢雙文

始祖嘎爾。樸鐵(普鐵),嘎爾長子。後裔散居四川省涼山州甘洛縣(吉米),及樂山市峨邊縣、馬邊縣等地。譜載十八支世系。

本譜載於《中國彝族譜牒選編‧四川卷》第二冊

[四川涼山]阿布譜　纂修者不詳　2007 年四川民族出版社排印本　合冊　彝漢雙文

始祖嘎爾。樸鐵(普鐵),嘎爾長子。支祖阿布,樸鐵(普鐵)第十五世孫。後裔散居四川省涼山州甘洛縣、美姑縣,及樂山市峨邊縣等地。譜載十四支世系。

本譜載於《中國彝族譜牒選編·四川卷》第
二冊

[四川涼山]甘曲木譜　纂修者不詳　2007 年四
川民族出版社排印本　合冊　彝漢雙文

始祖嘎爾。樸鐵(普鐵),嘎爾長子。後裔散居
四川省涼山州西昌市(四合)、金陽縣(古曲)、美
姑縣(井葉夥嘎、里正洛、特喜、瓦喜)、雷波縣(拉
木基日、勒吉、帕哈、山棱崗、西寧、西寧差瓦、祝
爾、祝爾甲谷),及樂山市峨邊縣(法沙、甲瓦勒
伍、庫吃巴、勒依甲谷、馬石嘎、曲久、瓦吉、瓦洛)、
馬邊縣(孫爾伍、吳莫)等地。譜載五十八支
世系。

本譜載於《中國彝族譜牒選編·四川卷》第
二冊

[四川涼山]俄居譜　纂修者不詳　2007 年四川
民族出版社排印本　合冊　彝漢雙文

始祖嘎爾。樸鐵(普鐵),嘎爾長子。後裔散居
四川省涼山州甘洛縣(阿發阿嘎、前進)、雷波縣
(博哈),樂山市峨邊縣、馬邊縣等地。譜載十五
支世系。

本譜載於《中國彝族譜牒選編·四川卷》第
二冊

[四川涼山]地波譜　纂修者不詳　2007 年四川
民族出版社排印本　合冊　彝漢雙文

始祖嘎爾。樸鐵(普鐵),嘎爾長子。支祖地保
(地波),樸鐵(普鐵)第九世孫。後裔散居四川省
涼山州甘洛縣(瓦乃俄、瓦沙)、美姑縣(嘎都、嘎
都覺果、古拖、故團、故團波伍、吉張嘎托、所洛乃
托、瓦里來伍、依果覺),樂山市峨邊縣(縣城、洛
火瓦沙、乃科)、馬邊縣,雅安市石棉縣等地。譜載
六十六支世系。

本譜載於《中國彝族譜牒選編·四川卷》第
二冊

[四川涼山]吉俄譜　纂修者不詳　2007 年四川
民族出版社排印本　合冊　彝漢雙文

始祖嘎爾。樸鐵(普鐵),嘎爾長子。支祖吉

俄,樸鐵(普鐵)第十六世孫。後裔散居四川省涼
山州普格縣(依史博克)、昭覺縣(縣城、比爾、普
書)、喜德縣(巴覺、紅莫)、甘洛縣、美姑縣(吉扎
嘎托、拉古、拉古依達、瓦里來伍)、雷波縣(吉子
拉木),及樂山市馬邊縣等地。譜載十九支世系。

本譜載於《中國彝族譜牒選編·四川卷》第
二冊

[四川涼山]木坡譜　纂修者不詳　2007 年四川
民族出版社排印本　合冊　彝漢雙文

始祖嘎爾。樸鐵(普鐵),嘎爾長子。後裔散居
四川省涼山州西昌市、昭覺縣(格伍、木坡拉、木坡
拉達、慶額、慶恒、日哈、特布洛、特洛、依達)、美姑
縣(俄布則俄、俄勒勒拖、甲古、久洛、覺洛、熱族各
俄、如族地、沙馬馬拖、特期、瓦合、瓦夥、則俄久
洛、則俄覺洛、則偉久洛、澤乃階、茲木帕古)、甘洛
縣、雷波縣(縣城),及樂山市峨邊縣、馬邊縣(瓦
洛、薩苦),甘孜州九龍縣(二區、覺果、蜀期)等
地。譜載一百二十六支世系。

本譜載於《中國彝族譜牒選編·四川卷》第
二冊

[四川涼山]薩古曲木譜　纂修者不詳　2007 年
四川民族出版社排印本　合冊　彝漢雙文

始祖古侯。樸特(樸鐵、普鐵),古侯第三十五
世孫。支祖薩姑(薩古),樸特第十三世孫。後裔
散居四川省涼山州昭覺縣(慶恒)、越西縣(縣城、
些則拉達、格五)、甘洛縣(阿爾、嘎日、故吳、木潘
俄嘎、沙甘特覺莫)、美姑縣(則俄覺洛、茲木帕
古)、雷波縣(斯爾祖華),及成都市,樂山市(市中
區)、峨邊縣、馬邊縣等地。譜載四十七支世系。

本譜載於《中國彝族譜牒選編·四川卷》第
二冊

[四川涼山]破合譜　纂修者不詳　2007 年四川
民族出版社排印本　合冊　彝漢雙文

始祖古侯。支祖破合,米意第七世孫。後裔散
居四川省涼山州越西縣(白果、嘎多、乃拖、新民、
中普雄),及攀枝花市米易縣、鹽邊縣(共紅)等
地。譜載九支世系。

本譜載於《中國彝族譜牒選編・四川卷》第二冊

[四川涼山]姆約譜　纂修者不詳　2007 年四川民族出版社排印本　合冊　彝漢雙文

始祖地俄。支祖破合,地俄十九世孫。後裔散居四川省涼山州左納瓦地等地。譜載一支四十九代世系。

本譜載於《中國彝族譜牒選編・四川卷》第二冊

[四川涼山]姆日譜　纂修者不詳　2007 年四川民族出版社排印本　合冊　彝漢雙文

始祖地俄。破合,地俄第十六世孫。支祖姆日,破合第十七世孫。後裔散居四川省涼山州越西縣(當土爾、魯兹、乃托、塔子普)、甘洛縣(吉米〔改姓格爾〕、色達)、雷波縣等地。譜載八支世系。

本譜載於《中國彝族譜牒選編・四川卷》第二冊

[四川涼山]依諾譜　纂修者不詳　2007 年四川民族出版社排印本　合冊　彝漢雙文

始祖破合。支祖依洛(依諾),破合第九世孫。後裔散居四川省涼山州越西縣(依洛地)、甘洛縣(寥坪)等地。譜載三支世系。

本譜載於《中國彝族譜牒選編・四川卷》第二冊

[四川甘洛]格爾譜　纂修者不詳　2007 年四川民族出版社排印本　合冊　彝漢雙文

始祖破合。支祖格爾,破合第二十二世孫。後裔居四川省涼山州甘洛縣(色達)。譜載一支三十二代世系。

本譜載於《中國彝族譜牒選編・四川卷》第二冊

[四川涼山]吉迪譜　纂修者不詳　2007 年四川民族出版社排印本　合冊　彝漢雙文

始祖破合。支祖結迪(吉迪),破合第十二世孫。後裔散居四川省涼山州普格縣(馬合納達)、

布拖縣(縣城、部烏列幹、地洛、結迪合奇、九都、拉達、羅射居杜、木且、木且列烏、沙洛、烏科、則洛)、昭覺縣(吉額納達、柳且、普詩),及攀枝花市鹽邊縣等地。譜載三十二支世系。

本譜載於《中國彝族譜牒選編・四川卷》第二冊

[四川涼山]蘇嘎譜　纂修者不詳　2007 年四川民族出版社排印本　合冊　彝漢雙文

始祖破合。支祖蘇嘎,破合第五世孫。後裔散居四川省涼山州布拖縣(吉迪姓)、昭覺縣(補約、瓦崗)、越西縣(保石、沽莫、古二、列幹)、美姑縣(巴普、布拖達羅、布拖納達、彩紅、車字、成子、幹窩列烏、列祖庫、尼扎羅、瓦古、瓦普、瓦普列烏),及攀枝花市米易縣(瓦地)等地。譜載一百二十六支世系。

本譜載於《中國彝族譜牒選編・四川卷》第二冊

[四川涼山]海來譜　纂修者不詳　2007 年四川民族出版社排印本　合冊　彝漢雙文

始祖破合。支祖海來,破合第五世孫。後裔散居四川省涼山州金陽縣(瓦子公列、瓦子果乃)、昭覺縣(覺甘、則普)、冕寧縣(沙壩)、越西縣(阿幹突、拉基、普雄、申普、中普雄)、甘洛縣(嘎日)、美姑縣(阿列保庫、阿列夥庫、故補乃拖、合古莫、前進、斯甘洛)、雷波縣等地。譜載三十六支世系。

本譜載於《中國彝族譜牒選編・四川卷》第二冊

[四川涼山]列烏譜　纂修者不詳　2007 年四川民族出版社排印本　合冊　彝漢雙文

始祖破合。支祖列烏,破合第十七世孫。後裔散居四川省涼山州西昌市、越西縣(白果、爾此、新民),及雅安市漢源縣(達術)等地。譜載六支世系。

本譜載於《中國彝族譜牒選編・四川卷》第二冊

[四川涼山]米則七子譜源　纂修者不詳　2007

年四川民族出版社排印本　合冊　彝漢雙文

始祖古侯。破合,古侯第三十五世孫。支祖米則,破合第十一世孫,生七子。譜載一支四十六代世系。

本譜載於《中國彝族譜牒選編・四川卷》第二冊

[四川涼山]阿侯譜　纂修者不詳　2007 年四川民族出版社排印本　合冊　彝漢雙文

始祖地沃(地俄)。破合,地沃第十七世孫。支祖阿侯,破合第五世孫。後裔散居四川省涼山州西昌市(城區、格胡)、鹽源縣、金陽縣(地羅瓦莫)、昭覺縣(比爾、補約、沖羅、則普)、喜德縣(魯基)、冕寧縣(沙壩)、越西縣(阿甘土、板橋、保石、博洛、打土、德吉、爾覺、公俄、古二、拉白、拉畢、樂青地、乃拖、普果、普拉地、曲可地、沙庫、上普雄、申果、石木地、四甘普、塔子埔、鐵西、瓦吉莫、瓦里覺、窩生曲、則普、扎納瓦、中普雄、下普雄、竹阿覺)、甘洛縣(阿嘎、波羅、嘎日、甘日、吉木納達、拉畢爾西、拉莫、拉曲久果、里平、木格覺、日甘、斯覺納達、以今納達)、美姑縣(公臥、公臥列烏、候播、候播乃拖、候補、候補列烏、黃茅梗下、連渣納達、盧曲山下、碾尼瓦西、牛牛壩、四甘洛、蘇洛、臥起、依吉納達、以吉拉達、約羅)、雷波縣(卡哈洛、瓦崗)等地。譜載二百三十三支世系。

本譜載於《中國彝族譜牒選編・四川卷》第二冊

[四川涼山]皆洛譜　纂修者不詳　2007 年四川民族出版社排印本　合冊　彝漢雙文

始祖米則。支祖介洛(皆洛),米則第六世孫。後裔散居四川省涼山州越西縣(拉基、乃拖、申果莊、亞黃、竹阿覺)、甘洛縣(嘎日、拉莫)等地。譜載九支世系。

本譜載於《中國彝族譜牒選編・四川卷》第二冊

[四川涼山]比布譜　纂修者不詳　2007 年四川民族出版社排印本　合冊　彝漢雙文

始祖米則。支祖比布(俄里),米則第六世。

後裔散居四川省涼山州鹽源縣(德石)、寧南縣(跑馬)、普格縣(縣城、安哈、地莫、夾鐵、西洛)、布拖縣(縣城、阿布拉作、補爾、補洛、補莫、地洛、爾雜呷伍、合尼、火烈、夥列、基只、拉果、浪珠、聯合、羅波基井、木爾、木爾嘎伍、木烏拉達、乃哈、特木里、吞都、瓦都、衣莫、則洛)、昭覺縣(皆來、沙瓦、體覺拉達)、金陽縣(博加、布希覺果、布石覺、布石覺果、爾莫波俄、合列、金田石額、井田史哈、勒爾覺莫、暑波傑來、偉爾波伍、西義擇布、則木加乃、則木特科)、木里縣(古爾),及雲南省寧蒗縣等地。譜載九十四支世系。

本譜載於《中國彝族譜牒選編・四川卷》第二冊

[四川涼山]夥補譜　纂修者不詳　2007 年四川民族出版社排印本　合冊　彝漢雙文

始祖米者(米則)。支祖合布(夥補),米則第七世孫。後裔散居四川省涼山州西昌市、普格縣(比尼、東山、甘天地、洛烏溝、田利、瓦雄、委洛、耶底、金洛、雨水、瓦雄)等地。譜載三十二支世系。

本譜載於《中國彝族譜牒選編・四川卷》第二冊

[四川涼山]乃哈譜　纂修者不詳　2007 年四川民族出版社排印本　合冊　彝漢雙文

始祖米扎(米則)。後裔散居四川省涼山州西昌市、普格縣(洛命、孟甘、文坪)、布拖縣(特木里、衣某)、金陽縣、昭覺縣(俄爾、俄爾覺)、冕寧縣(沙壩)、美姑縣等地。譜載三十一支世系。

本譜載於《中國彝族譜牒選編・四川卷》第二冊

[四川涼山]阿格譜　纂修者不詳　2007 年四川民族出版社排印本　合冊　彝漢雙文

始祖米者(米則)。支祖阿合(阿格),米則第四世孫。後裔散居四川省涼山州越西縣(日爾)、美姑縣(拉古、拉古依達)、雷波縣等地。譜載七支世系。

本譜載於《中國彝族譜牒選編・四川卷》第二冊

[四川涼山]吉日譜　纂修者不詳　2007年四川民族出版社排印本　合册　彝漢雙文

　　始祖米扎(米則)。支祖吉日,米則第七世孫。後裔散居四川省涼山州西昌市、甘洛縣(勝利)、越西縣(瓦里、普雄)、雷波縣(斯爾沙沙、西寧、西寧江家坪)等地。譜載六十二支世系。

　　本譜載於《中國彝族譜牒選編·四川卷》第二册

[四川涼山]牛巴譜　纂修者不詳　2007年四川民族出版社排印本　合册　彝漢雙文

　　始祖坡合。米則,坡合第十一世孫。支祖柳巴(牛巴),米則第八世孫。後裔散居四川省涼山州昭覺縣(則普)、越西縣(板橋、洛果、申果莊、瓦曲、瓦曲覺)、美姑縣(侯播、里者洛)、雷波縣(瓦崗),及樂山市峨邊縣(楊河)等地。譜載二十支世系。

　　本譜載於《中國彝族譜牒選編·四川卷》第二册

[四川涼山]尼各譜　纂修者不詳　2007年四川民族出版社排印本　合册　彝漢雙文

　　始祖米則。後裔散居四川省涼山州鹽源縣(德石、跑馬)、德昌縣(阿約)、布拖縣等地。譜載七支世系。

　　本譜載於《中國彝族譜牒選編·四川卷》第二册

[四川涼山]牛里譜　纂修者不詳　2007年四川民族出版社排印本　合册　彝漢雙文

　　始祖米則。支祖牛尼(牛里),米則第七世孫。後裔散居四川省涼山州西昌市、雷波縣(巴姑)等地。譜載十四支世系。

　　本譜載於《中國彝族譜牒選編·四川卷》第二册

[四川涼山]碩體譜　纂修者不詳　2007年四川民族出版社排印本　合册　彝漢雙文

　　始祖米則。支祖碩體,米則孫。後裔散居四川省涼山州美姑縣(典補、年年瓦西、瓦西),及樂山市峨邊縣等地。譜載七支世系。

　　本譜載於《中國彝族譜牒選編·四川卷》第二册

[四川涼山]夥惹譜　纂修者不詳　2007年四川民族出版社排印本　合册　彝漢雙文

　　始祖米則。支祖合惹(夥惹),米則第七世孫。後裔散居四川省涼山州會理縣、布拖縣(交際河)、金陽縣(洛哈)、昭覺縣(新民)等地。譜載四支世系。

　　本譜載於《中國彝族譜牒選編·四川卷》第二册

[四川涼山]依乃譜　纂修者不詳　2007年四川民族出版社排印本　合册　彝漢雙文

　　始祖米則。後裔散居四川省涼山州昭覺縣(沙洛)與攀枝花市鹽邊縣(保史瓦伍)等地。譜載二支世系。

　　本譜載於《中國彝族譜牒選編·四川卷》第二册

[四川涼山]阿爾譜　纂修者不詳　2007年四川民族出版社排印本　合册　彝漢雙文

　　始祖米則。支祖阿爾,米則第十三世孫。後裔散居四川省涼山州西昌市、普格縣(約安)、會理縣、布拖縣(依尺納達)、金陽縣(電機、爾覺、幹開、幹開瓦拖、古曲、固曲、固曲幾達、固曲依石羅、甲依、洛覺、木朵洛、斯幹普、斯甘普、瓦拖、閑畏、依達、正木古體)、昭覺縣(布約、達羅、好谷、四開)、喜德縣(博羅、拉克、冤山、且拖、則莫)、冤寧縣(比魯、後山、瓦部乃托、先鋒)、越西縣(縣城、爾覺、古二、河東、羅目、乃托、塔普、鐵西、新鄉)、美姑縣(俄比吉俄、爾曲列烏、古麻甲谷、谷子、柳洪、依介看哈)、雷波縣(縣城、博幾、爾薩齊、列建、其幹大果、西寧幹谷)、木里縣(三區),及成都市、樂山市馬邊縣、攀枝花市鹽邊縣等地。譜載一百零八支世系。

　　本譜載於《中國彝族譜牒選編·四川卷》第二册

[四川涼山]阿約譜　纂修者不詳　2007 年四川民族出版社排印本　合冊　彝漢雙文

　　始祖米則。支祖阿約,米則第九世孫。後裔散居四川省涼山州西昌市、德昌縣、寧南縣(六鐵、鐵羅)、普格縣(巴金、巴金格色、特洛)、金陽縣(布幹子、達古合齊、達古齊、得古合齊、甲體、檢體、金鐵、金鐵石哈、木里色青、畏石、依席羅、依席羅達)、昭覺縣(地破)等地。譜載三十八支世系。

　　本譜載於《中國彝族譜牒選編・四川卷》第二冊

[四川涼山]阿里譜　纂修者不詳　2007 年四川民族出版社排印本　合冊　彝漢雙文

　　始祖米則。支祖阿里,米則第十世孫。後裔散居四川省涼山州西昌市、寧南縣、昭覺縣(縣城、地坡)等地。譜載五支世系。

　　本譜載於《中國彝族譜牒選編・四川卷》第二冊

[四川涼山]吉期譜　纂修者不詳　2007 年四川民族出版社排印本　合冊　彝漢雙文

　　始祖米責(米則)。支祖里民(吉齊),米則第十一世孫。後裔散居四川省涼山州西昌市(巴汝)、昭覺縣(體覺納達)等地。譜載二支世系。

　　本譜載於《中國彝族譜牒選編・四川卷》第二冊

[四川涼山]介拉譜　纂修者不詳　2007 年四川民族出版社排印本　合冊　彝漢雙文

　　始祖米責(米則)。支祖吉拉,米則第十六世孫。後裔散居四川省涼山州普格縣(縣城、文平)、金陽縣(固得)、昭覺縣(河西)、雷波縣(馬頸子、斯古曲),及攀枝花市鹽邊縣等地。譜載十三支世系。

　　本譜載於《中國彝族譜牒選編・四川卷》第二冊

[四川涼山]吉木譜　纂修者不詳　2007 年四川民族出版社排印本　合冊　彝漢雙文

　　始祖米則。支祖吉木,米則第十四世孫。後裔

散居四川省涼山州西昌市(大菁)、普格縣(拖木溝)、布拖縣(羅惹)、金陽縣(公列、馬石洛、木里、木里幸俄、斯幹普、瓦拖)、昭覺縣(吉牛幹介、糾洛、羅惹、四開、瓦諾、瓦諾列烏)、喜德縣(博羅、紅莫、李子、且拖、則莫)、美姑縣、雷波縣(布色木額、卡哈洛、列鉢格責、上田壩、石羅、依吉)等地。譜載五十四支世系。

　　本譜載於《中國彝族譜牒選編・四川卷》第二冊

[四川涼山]阿火譜　纂修者不詳　2007 年四川民族出版社排印本　合冊　彝漢雙文

　　始祖米則。支祖阿紅(阿火),米則第九世孫。後裔散居四川省涼山州西昌市(巴汝、大興)、德昌縣(此達)、會理縣、普格縣、金陽縣(丙地),及樂山市馬邊縣、雅安市石棉縣(比補西、羅場)等地。譜載十二支世系。

　　本譜載於《中國彝族譜牒選編・四川卷》第二冊

[四川涼山]阿車譜　纂修者不詳　2007 年四川民族出版社排印本　合冊　彝漢雙文

　　始祖米則。支祖阿車,米則第九世孫。後裔散居四川省涼山州西昌市(安哈)、普格縣(縣城、拖木溝)、布拖縣(采羅、羅惹)、昭覺縣(列木夥席、四開、瓦諾)、甘洛縣(普昌)等地。譜載十支世系。

　　本譜載於《中國彝族譜牒選編・四川卷》第二冊

[四川涼山]阿里譜　纂修者不詳　2007 年四川民族出版社排印本　合冊　彝漢雙文

　　始祖米則。支祖阿里,米則第十世孫。後裔散居四川省涼山州西昌市、寧南縣、普格縣(拖木溝)、昭覺縣(縣城、地坡、四開)等地。譜載七支世系。

　　本譜載於《中國彝族譜牒選編・四川卷》第二冊

[四川涼山]阿諾譜　纂修者不詳　2007 年四川

民族出版社排印本　合册　彝漢雙文

始祖米則。支祖阿里(阿諾),米則第九世孫。後裔散居四川省涼山州西昌市(巴汝、格胡、西溪)、寧南縣(縣城、跑馬)、普格縣(縣城、沙沙)、布拖縣(吉迪納達、布拖結羅)、金陽縣(熱新)、喜德縣(東河)、昭覺縣(縣城),及攀枝花市鹽邊縣等地。譜載十七支世系。

本譜載於《中國彝族譜牒選編·四川卷》第二册

[四川涼山]博金譜　纂修者不詳　2007年四川民族出版社排印本　合册　彝漢雙文

始祖米則。支祖報金(博金),米則第十五世孫。後裔散居四川省涼山州寧南縣(縣城、六鐵)、普格縣(火羅)、金陽縣(報金)等地。譜載十二支世系。

本譜載於《中國彝族譜牒選編·四川卷》第二册

[四川涼山]孫子譜　纂修者不詳　2007年四川民族出版社排印本　合册　彝漢雙文

始祖米則。支祖孫子,米則第十世孫。後裔散居四川省涼山州吉體沙哈等地。譜載義子二十二代世系。

本譜載於《中國彝族譜牒選編·四川卷》第二册

[四川涼山]説惹譜　纂修者不詳　2007年四川民族出版社排印本　合册　彝漢雙文

始祖米則。支祖説惹,米則第十六世孫。後裔散居四川省涼山州昭覺縣(覺甘)、喜德縣(紅莫)、冕寧縣(曹古、達亞子)、越西縣(巴橋、爾覺、貢莫、拉普、羅木曲、馬拖、乃托、普雄、曲可地、沙目村、四甘普、瓦里覺、中普雄)、甘洛縣、美姑縣(爾基列烏、哥扎瓦西、青結、瓦西),及樂山市馬邊縣、雅安市漢源縣(河南)等地。譜載三十七支世系。

本譜載於《中國彝族譜牒選編·四川卷》第二册

[四川涼山]阿嘎譜　纂修者不詳　2007年四川民族出版社排印本　合册　彝漢雙文

始祖米則。支祖阿嘎,米則第十四世孫。後裔散居四川省涼山州西昌市、金陽縣(洛覺、南瓦、四甘普、依撒克伍、爾沽)等地。譜載八支世系。

本譜載於《中國彝族譜牒選編·四川卷》第二册

[四川涼山]阿自譜　纂修者不詳　2007年四川民族出版社排印本　合册　彝漢雙文

始祖米則。支祖阿自,米則第九世孫。後裔散居四川省涼山州普格縣(特洛)、布拖縣(拖覺)、金陽縣(莫合)、昭覺縣(波西、合覺、吳則庫)、喜德縣(東河)、冕寧縣(洛依勒古丁)等地。譜載十八支世系。

本譜載於《中國彝族譜牒選編·四川卷》第二册

[四川涼山]阿庫譜　纂修者不詳　2007年四川民族出版社排印本　合册　彝漢雙文

始祖米則。支祖阿庫,米則第九世孫。後裔散居四川省涼山州寧南縣(跑馬)、金陽縣(爾覺、木里特兹)、昭覺縣(縣城、特克、則普)、喜德縣(李子)、越西縣(上普雄、下普雄)等地。譜載二十一支世系。

本譜載於《中國彝族譜牒選編·四川卷》第二册

[四川涼山]阿胡譜　纂修者不詳　2007年四川民族出版社排印本　合册　彝漢雙文

始祖米則。後裔散居四川省涼山州冕寧縣(會寧)、喜德縣(博洛、者洛)等地。譜載三支世系。

本譜載於《中國彝族譜牒選編·四川卷》第二册

[四川涼山]諾惹七子譜源　纂修者不詳　2007年四川民族出版社排印本　合册　彝漢雙文

始祖古合(古侯)。支祖諾惹(吉德),古合第三十一世孫,生七子。譜載一支三十二代世系。

本譜載於《中國彝族譜牒選編·四川卷》第

二册

[四川凉山]阿約譜　纂修者不詳　2007 年四川民族出版社排印本　合册　彝漢雙文

始祖諾惹。支祖阿約,諾惹三子。後裔散居四川省涼山州冕寧縣(瀘沽)、越西縣(拉普、洛木、中普雄)等地。譜載十九支世系。

本譜載於《中國彝族譜牒選編·四川卷》第二册

[四川凉山]阿窄譜　纂修者不詳　2007 年四川民族出版社排印本　合册　彝漢雙文

始祖諾惹。支祖阿則(阿窄),諾惹第四世孫。後裔散居四川省涼山州昭覺縣(補約、勇洛、竹阿覺)、越西縣(爾青、拉普)等地。譜載十一支世系。

本譜載於《中國彝族譜牒選編·四川卷》第二册

[四川凉山]阿則譜　纂修者不詳　2007 年四川民族出版社排印本　合册　彝漢雙文

始祖諾惹。支祖阿則,諾惹第六世孫。後裔散居四川省涼山州鹽源縣、越西縣等地。譜載十三支世系。

本譜載於《中國彝族譜牒選編·四川卷》第二册

[四川凉山]格布譜　纂修者不詳　2007 年四川民族出版社排印本　合册　彝漢雙文

始祖諾惹。後裔散居四川省涼山州西昌市(巴汝、西溪)、德昌縣、喜德縣(米市、西河)、等地。譜載十五支世系。

本譜載於《中國彝族譜牒選編·四川卷》第二册

[四川凉山]牛基麻卡譜　纂修者不詳　2007 年四川民族出版社排印本　合册　彝漢雙文

始祖諾惹。支祖柳基(牛基麻卡),諾惹第六子。後裔散居四川省涼山州西昌市、昭覺縣(縣城、補約、持布洛、瓦曲、則普、竹核)、冕寧縣(沙

壩)、越西縣(拉白),及雲南省等地。譜載四十六支世系。

本譜載於《中國彝族譜牒選編·四川卷》第二册

[四川凉山]阿都麻卡譜　纂修者不詳　2007 年四川民族出版社排印本　合册　彝漢雙文

始祖迪俄。阿惹(吉迪、諾惹),迪俄第十四世孫。支祖阿都,諾惹第七子。後裔散居四川省涼山州西昌市(城區、蒿地)、鹽源縣(白烏、團結)、喜德縣(東河、米市、團員)、越西縣(德吉、俄爾者合、合覺、拉吉、普雄、瓦里、瓦里覺、瓦里來伍、下普雄)、美姑縣(巴普、改故、拉嘎)、雷波縣(哈曲、山田、西寧)、木里縣(犛牛坪),樂山市峨邊縣、馬邊縣(革洛),及雲南省等地。譜載一百十四支世系。

本譜載於《中國彝族譜牒選編·四川卷》第二册

[四川凉山]熱夫譜　纂修者不詳　2007 年四川民族出版社排印本　合册　彝漢雙文

始祖迪俄。支祖熱夫,迪俄第十五世孫。後裔散居四川省涼山州越西縣(保安)、甘洛縣(寥坪海棠、則拉),及雅安市石棉縣(雷蒙、窮勒蒙)等地。譜載十三支世系。

本譜載於《中國彝族譜牒選編·四川卷》第二册

[四川凉山]蘇科三子譜源　纂修者不詳　2007 年四川民族出版社排印本　合册　彝漢雙文

始祖古侯。支祖蘇科,古侯第二十三世孫。譜載一支二十四代世系。

本譜載於《中國彝族譜牒選編·四川卷》第二册

[四川凉山]阿卓譜　纂修者不詳　2007 年四川民族出版社排印本　合册　彝漢雙文

始祖古侯。支祖蘇科,古侯第二十三世孫。後裔散居四川省涼山州美姑縣(縣城、巴普、哈都羅、莫依、基依斯機、基意馬夥、基依額指、夥果、基意

古兹、古兹、如諾保烏)、雷波縣(瓦崗、莫依),及成都市等地。譜載三十二支世系。

本譜載於《中國彝族譜牒選編‧四川卷》第二冊

[四川涼山]爾自譜　纂修者不詳　2007年四川民族出版社排印本　合冊　彝漢雙文

始祖蘇科。支祖爾自,蘇科第十一世孫。後裔散居四川省涼山州美姑縣、雷波縣(谷堆)等地。譜載七支世系。

本譜載於《中國彝族譜牒選編‧四川卷》第二冊

[四川涼山]烏期譜　纂修者不詳　2007年四川民族出版社排印本　合冊　彝漢雙文

始祖蘇科。支祖偉期(烏期),蘇科第十世孫。後裔散居四川省涼山州美姑縣(基偉甲古)、雷波縣(縣城、曲依將古)等地。譜載七支世系。

本譜載於《中國彝族譜牒選編‧四川卷》第二冊

[四川涼山]格爾譜　纂修者不詳　2007年四川民族出版社排印本　合冊　彝漢雙文

始祖蘇科。支祖格盧(格爾),蘇科第五世孫。後裔散居四川省涼山州西昌市、雷波縣(保斯、保斯特克、俄則各俄、克爾保包烏、克爾山、麻卡哈諾、帕哈)等地。譜載二十一支世系。

本譜載於《中國彝族譜牒選編‧四川卷》第二冊

[四川涼山]皆說譜　纂修者不詳　2007年四川民族出版社排印本　合冊　彝漢雙文

始祖蘇科。支祖階說(皆說),蘇科第十四世孫。後裔散居四川省涼山州美姑縣(陳孜、根俄哈羅、吉自拉木、那則羅)、雷波縣(根地爾諾、坎哈羅、坎薩勒呷),及樂山市馬邊縣等地。譜載十三支世系。

本譜載於《中國彝族譜牒選編‧四川卷》第二冊

[四川涼山]牛苦譜　纂修者不詳　2007年四川民族出版社排印本　合冊　彝漢雙文

始祖蘇科。支祖略枯(牛苦),蘇科第十一世孫。後裔散居四川省涼山州西昌市、冕寧縣(窩堡)、美姑縣(打姑爾苦、根扎瓦席、基意依色、吉夥唐期、拉巴、羅作甲古、特期)、雷波縣(吉子拉木)等地。譜載十六支世系。

本譜載於《中國彝族譜牒選編‧四川卷》第二冊

[四川涼山]吉蘇譜　纂修者不詳　2007年四川民族出版社排印本　合冊　彝漢雙文

始祖蘇科。支祖階暑(吉蘇),蘇科第十二世孫。後裔居四川省涼山州如夥保烏。譜載一支二十三代世系。

本譜載於《中國彝族譜牒選編‧四川卷》第二冊

[四川涼山]吉古譜　纂修者不詳　2007年四川民族出版社排印本　合冊　彝漢雙文

始祖蘇科。支祖吉古,蘇科第九世孫。後裔散居四川省涼山州美姑縣(則俄局羅、吉子拉木)、雷波縣(瓦崗、根地民擬姑)等地。譜載四支世系。

本譜載於《中國彝族譜牒選編‧四川卷》第二冊

[四川涼山]阿約譜　纂修者不詳　2007年四川民族出版社排印本　合冊　彝漢雙文

始祖蘇科。支祖阿約,蘇科第十世孫。後裔居四川省涼山州木合馬律曲。譜載一支二十五代世系。

本譜載於《中國彝族譜牒選編‧四川卷》第二冊

[四川涼山]阿石譜　纂修者不詳　2007年四川民族出版社排印本　合冊　彝漢雙文

始祖蘇科。支祖阿石,蘇科第十二世孫。後裔散居四川省涼山州西昌市、美姑縣(依色呷地、則俄久羅)、雷波縣(俄比、哈拉暑補、史爾克吉、雙河、斯爾、瓦呷、西寧)等地。譜載二十支世系。

本譜載於《中國彝族譜牒選編·四川卷》第二册

[四川涼山]夥惹譜　纂修者不詳　2007 年四川民族出版社排印本　合册　彝漢雙文

始祖央古。支祖夥惹,央古第十八世裔孫。屬央古四子源譜支系。僅有世系。共二支後裔,散居四川省涼山州冕寧縣(夥衆)及成都市等地。

本譜載於《中國彝族譜牒選編·四川卷》第三册

[四川涼山]勒伍譜　纂修者不詳　2007 年四川民族出版社排印本　合册　彝漢雙文

始祖古侯。夥俄,古侯子。支祖勒伍,夥俄第三十一世。僅有世系。共六支後裔,散居四川省涼山州美姑縣(巴普)、雷波縣(莫次果、馬勁子、帕哈、史羅瓦喜、史羅)等地。

本譜載於《中國彝族譜牒選編·四川卷》第三册

[四川涼山]爾惹譜　纂修者不詳　2007 年四川民族出版社排印本　合册　彝漢雙文

始祖蘇科,古侯第二十四世孫,夥俄第二十三世孫。支祖爾惹,蘇科第八世裔孫。僅有世系。共三支後裔,散居四川省涼山州斯吉吉烏、木莫燈阿莫、爾吉呷比等地。

本譜載於《中國彝族譜牒選編·四川卷》第三册

[四川涼山]阿體譜　纂修者不詳　2007 年四川民族出版社排印本　合册　彝漢雙文

始祖蘇科。支祖阿體,蘇科第九世孫。僅有世系。共十四支後裔,散居四川省涼山州金陽縣(拿耳甲古)、美姑縣(特西(喜)、西甘薩、保羅哈幾)、雷波縣(爛坎子、光合)等地。

本譜載於《中國彝族譜牒選編·四川卷》第三册

[四川涼山]俄兹五子譜源　纂修者不詳　2007

年四川民族出版社排印本　合册　彝漢雙文

始祖古侯。俄兹,古侯第三十一世孫。僅有世系,記載古侯至吉兹共三十二代。

本譜載於《中國彝族譜牒選編·四川卷》第三册

[四川涼山]阿蘇譜　纂修者不詳　2007 年四川民族出版社排印本　合册　彝漢雙文

始祖蘇科,俄兹爲其八世孫。支祖阿蘇,蘇科第十二世孫,俄兹四世孫。僅有世系。共九十二支後裔,散居四川省涼山州西昌市(四合鄉)、鹽源縣(縣城、烏木、平川)、布拖縣、昭覺縣(庫莫依、庫莫)、喜德縣(縣城、米市鎮、地莫、光明鎮、北山鄉、賀波洛鄉)、冕寧縣(彝海鄉、兹莫階祖、巴姑、兹莫階、銀海鄉、楊喜爾、瀘古鎮、且瓦勒鄉)、越西縣(縣城、申果莊、特孜普、四嘎普、竹阿覺、坡夥拉達、果莫鄉、羅羅平、乃拖、中普雄、當普、衣諾、古二)、甘洛縣、美姑縣(依色瓦里姑、羅作),攀枝花市鹽邊縣(莫羅),及雲南省寧蒗縣(金民、優寧坪)等地。

本譜載於《中國彝族譜牒選編·四川卷》第三册

[四川涼山]曲木譜　纂修者不詳　2007 年四川民族出版社排印本　合册　彝漢雙文

始祖蘇科。僅有世系。共二十二支後裔,散居四川省涼山州喜德縣(依洛)、冕寧縣(楊西爾、諾依保地哈、熱里鄉)、越西縣(大花鄉、書古鄉),樂山市馬邊縣,雅安市石棉縣,及四川省成都市等地。

本譜載於《中國彝族譜牒選編·四川卷》第三册

[四川涼山]覺畢譜　纂修者不詳　2007 年四川民族出版社排印本　合册　彝漢雙文

始祖蘇科。支祖久畢(覺畢),蘇科第十一世孫。僅有世系。共一百二十一支後裔,散居四川省涼山州西昌市(開元鄉、開元嘎爾丁、巴汝鄉、北山、四合鄉)、鹽源縣(關頂、白烏鄉、依階洛各)、普格縣、金陽縣(縣城、蘇尼、癡羅公、馬夥乃伍、四米乃來)、昭覺縣(古曲、比爾拉達、久洛)、冕寧縣(沙壩、楊喜爾、瀘姑、癩阿補)、喜德縣(縣城、李子鄉、李子、拉克鄉、博洛鄉、東河鄉瓦爾、呷哈乃拖、米市、享吉乃)、越西縣(縣城、樂青地、拉普鄉、白果、拉普、書古鄉、洛木拉達、德吉、德基、下普雄)、美姑縣(優夥乃拖、都爾乃烏、薩呷階古、西甘薩、巴古鄉)、雷波縣(吉子博斯、曲都乃加、且莫、簸箕、田壩、上田壩、期莫覺果),及四川省成都市、雲南省寧蒗縣等地。

　　本譜載於《中國彝族譜牒選編·四川卷》第三冊

[四川涼山]阿爾譜　纂修者不詳　2007 年四川民族出版社排印本　合冊　彝漢雙文

　　始祖蘇科。支祖阿爾,蘇科第十六世孫。僅有世系。共二十三支後裔,散居四川省涼山州西昌市、喜德縣(縣城、拉克鄉、沙馬拉達鄉)、冕寧縣(鐵廠鄉)、越西縣(祖莫色木、阿爾木、乃拖、貢莫鄉、布吉羅、布吉、查查莫、梅花〔阿爾姓氏〕)等地。

　　本譜載於《中國彝族譜牒選編·四川卷》第三冊

[四川涼山]莫色譜　纂修者不詳　2007 年四川民族出版社排印本　合冊　彝漢雙文

　　始祖俄茲下各支世系。僅有世系。共二十七支後裔,散居四川省涼山州西昌市(特羅)、金陽縣(縣城、坡則、諾俄拉夥)、喜德縣(炭山、博洛、兩河口、博洛鄉)、甘洛縣(嘎日鄉、呷熱鄉)等地。

　　本譜載於《中國彝族譜牒選編·四川卷》第三冊

[四川涼山]布爾譜　纂修者不詳　2007 年四川民族出版社排印本　合冊　彝漢雙文

　　始祖俄茲。支祖布爾,俄茲第七世孫。僅有世系。共十七支後裔,散居四川省涼山州金陽縣(癩洛果、絲窩、南瓦、特普、階你拖、斯席牛克、甲依、木巴爾)、昭覺縣(縣城)、越西縣等地。

　　本譜載於《中國彝族譜牒選編·四川卷》第三冊

[四川涼山]吉補譜　纂修者不詳　2007 年四川民族出版社排印本　合冊　彝漢雙文

　　始祖俄茲支下世系。僅有世系。共十支後裔,散居四川省涼山州西昌市(開元鄉)、德昌縣(樂躍)、金陽縣(大俄拉達)、昭覺縣(南壩鄉)、喜德縣(東河鄉)等地。

　　本譜載於《中國彝族譜牒選編·四川卷》第三冊

[四川涼山]孫布譜　纂修者不詳　2007 年四川民族出版社排印本　合冊　彝漢雙文

　　始祖俄茲。支祖省布(孫布),俄茲第六世孫。僅有世系。共十支後裔,散居四川省涼山州西昌市、布拖縣(祖吉所席)、昭覺縣(久洛、阿牛洛祖)、喜德縣(紅莫)、越西縣(貢莫、上普雄)等地。

　　本譜載於《中國彝族譜牒選編·四川卷》第三冊

[四川涼山]阿列譜　纂修者不詳　2007 年四川民族出版社排印本　合冊　彝漢雙文

　　始祖俄茲。僅有世系。共二十八支後裔,散居四川省涼山州金陽縣(特茲、基覺特吉、階你拖、牛科扎、斯起牛克、木博、南薩、呷漢羅、陽基覺、南瓦)、昭覺縣(普詩爾祖)、甘洛縣、雷波縣,及樂山市峨邊縣、馬邊縣等地。

　　本譜載於《中國彝族譜牒選編·四川卷》第三冊

[四川涼山]阿車譜　纂修者不詳　2007 年四川民族出版社排印本　合冊　彝漢雙文

　　始祖俄茲。支祖阿陳(阿車),俄茲第五世孫。僅有世系。共四支後裔,散居四川省涼山州鹽源縣、金陽縣、喜德縣(米市、木古地莫)等地。

　　本譜載於《中國彝族譜牒選編·四川卷》第三冊

[四川涼山]瓦補譜　纂修者不詳　2007 年四川民族出版社排印本　合冊　彝漢雙文

　　始祖俄茲。支祖吉起(瓦補),俄茲第五世孫。僅有世系。共七支後裔,散居四川省涼山州昭覺縣(縣城、城北)、喜德縣(額尼)等地。

本譜載於《中國彝族譜牒選編·四川卷》第三册

[四川涼山]那吉三子源譜 纂修者不詳 2007年四川民族出版社排印本 合册 彝漢雙文

始祖古侯。支祖那階(那吉),古侯第五世孫。僅有世系,記載古侯至阿古共七代。

本譜載於《中國彝族譜牒選編·四川卷》第三册

[四川涼山]那吉譜 纂修者不詳 2007年四川民族出版社排印本 合册 彝漢雙文

始祖古侯。支祖那階(那吉),古侯第五世孫。僅有世系。共十三支後裔,散居四川省涼山州西昌市、布拖縣(羅姑)、金陽縣(縣城、階你拼尼、那階爾覺、保尼、波洛、馬尼、那階格克、階尼田烏),及美國等地。

本譜載於《中國彝族譜牒選編·四川卷》第三册

[四川涼山]吉爾譜 纂修者不詳 2007年四川民族出版社排印本 合册 彝漢雙文

始祖阿尼,古侯十二世孫。支祖吉爾,阿尼子。僅有世系。共十三支後裔,散居四川省涼山州布拖縣(布莫)、昭覺縣(合古、好谷、解放溝)、美姑縣等地。

本譜載於《中國彝族譜牒選編·四川卷》第三册

[四川涼山]吉牛譜 纂修者不詳 2007年四川民族出版社排印本 合册 彝漢雙文

始祖那階(那吉)。支祖吉牛,那階第三世孫。僅有世系。共十九支後裔,散居四川省涼山州普格縣(德育)、布拖縣(特覺、南建階伍)、金陽縣(保尼、波洛、馬里、曲果)等地。

本譜載於《中國彝族譜牒選編·四川卷》第三册

[四川涼山]夥品譜 纂修者不詳 2007年四川

民族出版社排印本 合册 彝漢雙文

先祖古侯。始祖地俄。支祖夥品,地俄第三十二世孫。僅有世系。共二支後裔,散居四川省涼山州昭覺縣(央麽組)、喜德縣(冕山)等地。

本譜載於《中國彝族譜牒選編·四川卷》第三册

[四川涼山]聯古七子譜源 纂修者不詳 2007年四川民族出版社排印本 合册 彝漢雙文

始祖曲涅。聯古,曲涅第四十七世孫。僅有世系,記載曲涅至普色共四十八代。

本譜載於《中國彝族譜牒選編·四川卷》第三册

[四川涼山]呢呢譜 纂修者不詳 2007年四川民族出版社排印本 合册 彝漢雙文

先祖曲涅。始祖聯古,曲涅第四十七世孫。支祖尼尼(呢呢),聯古第九世孫。僅有世系。共二十三支後裔,散居四川省涼山州昭覺縣(好谷)、冕寧縣、甘洛縣,及成都市等地。

本譜載於《中國彝族譜牒選編·四川卷》第三册

[四川涼山]安加譜 纂修者不詳 2007年四川民族出版社排印本 合册 彝漢雙文

始祖聯古。支祖安加,聯古第九世孫。僅有世系。共二支後裔,散居四川省涼山州冕寧縣(紅洛)、貴州省烏蒙山區等地。

本譜載於《中國彝族譜牒選編·四川卷》第三册

[四川涼山]吉自譜 纂修者不詳 2007年四川民族出版社排印本 合册 彝漢雙文

始祖吉木,爲聯古八世祖。支祖吉子(吉自),吉木第十二世孫。僅有世系。共二十二支後裔,散居四川省涼山州昭覺縣、越西縣(德吉、瓦里覺)、甘洛縣(斯史)、雷波縣(縣城、西寧沙沱、西寧、長河合、爾枝博伍、五官、莫依巴兹)等地。

本譜載於《中國彝族譜牒選編·四川卷》第三册

[四川涼山]摩色譜　纂修者不詳　2007 年四川民族出版社排印本　合冊　彝漢雙文

始祖聯古。支祖摩色,聯古第三世孫。僅有世系。共十八支後裔,散居四川省涼山州西昌市(巴汝合普、大興)、鹽源縣、德昌縣(堅果、格夫、高毅平祖洛覺譜)、昭覺縣(竹核、博嘎乃加)、喜德縣(則約),及攀枝花市鹽邊縣(洛社、薩鎮、哈斯果則)等地。

本譜載於《中國彝族譜牒選編・四川卷》第三冊

[四川涼山]馬海譜　纂修者不詳　2007 年四川民族出版社排印本　合冊　彝漢雙文

始祖聯古。支祖馬海,聯古第五世孫。僅有世系。共十一支後裔,散居四川省涼山州金陽縣(馬海合普、摩合、木尼布覺、拉瓦)、昭覺縣(覺洛、石約)、甘洛縣(田壩、木尼布覺)等地。

本譜載於《中國彝族譜牒選編・四川卷》第三冊

[四川涼山]則依譜　纂修者不詳　2007 年四川民族出版社排印本　合冊　彝漢雙文

始祖聯古。屬聯古七子譜源支系。僅有世系。共十六支後裔,散居四川省涼山州金陽縣(則木巴拉、則木、柳兹、曲堯果則、洛次、馬依洛史、典石、曲堯、勒兹、薩里拉達),及攀枝花市鹽邊縣等地。

本譜載於《中國彝族譜牒選編・四川卷》第三冊

[四川涼山]惹依譜　纂修者不詳　2007 年四川民族出版社排印本　合冊　彝漢雙文

始祖聯古。僅有世系。共二支後裔,散居四川省涼山州昭覺縣(縣城)、冕寧縣(比爾)等地。

本譜載於《中國彝族譜牒選編・四川卷》第三冊

[四川涼山]果基譜　纂修者不詳　2007 年四川民族出版社排印本　合冊　彝漢雙文

始祖聯古。僅有世系。共一百五十六支後裔,散居四川省涼山州西昌市、金陽縣、昭覺縣(縣

城)、喜德縣、冕寧縣(比爾、特俄、特俄薩古、特合、特俄瓦勒、蘇批、曹沽、瀘沽)、越西縣(縣城、蘇姑、普雄、斯基、馬拖、中所、吉伍、爾賽、瓦毅坡、新鄉、南箐、伍額)、甘洛縣(縣城、扎拉伍、新爾壩、則拉),雅安市石棉縣(策洛、約合、吉子馬里、扎伍),及四川省成都市、北京市、雲南省香格里拉縣等地。

本譜載於《中國彝族譜牒選編・四川卷》第三冊

[四川涼山]莫洛譜　纂修者不詳　2007 年四川民族出版社排印本　合冊　彝漢雙文

始祖聯古。支祖莫洛,聯古第十三世孫。僅有世系。共五十九支後裔,散居四川省涼山州喜德縣(博洛)、冕寧縣、越西縣(縣城、果莫查、伍恩、乃托、普雄、貢莫、南箐、書古、西山、馬拖、果木、窩爾、格夥、井伍、瓦兹乃伍、吉伍、瓦巖)、甘洛縣(縣城),及雅安市石棉縣等地。

本譜載於《中國彝族譜牒選編・四川卷》第三冊

[四川涼山]曲木譜　纂修者不詳　2007 年四川民族出版社排印本　合冊　彝漢雙文

始祖聯古。僅有世系。共二百十四支後裔,散居四川省涼山州西昌市、鹽源縣、喜德縣(縣城、兩河口、則木、博洛、尼波)、冕寧縣(縣城、森榮、彝海旁、彝海、達毅乃拖、達毅)、越西縣(縣城、南箐、乃托、馬濤、爾生、馬拖、拉吉、普雄、中所、依洛、依洛拉達、吉伍、申普、哦爾、瓦子、申果莊、洛木、古爾、博吉莫、貢莫、樂青地、察察莫、蘇姑、日達、哈布、瓦普、爾賽、洛洛、持伍、特西)、雷波縣(八寨、西寧、桂花、爾薩)、甘洛縣(阿爾),雅安市石棉縣(縣城、洛科),及雲南省大理市(曹江)等地。

本譜載於《中國彝族譜牒選編・四川卷》第三冊

[四川涼山]吉作譜　纂修者不詳　2007 年四川民族出版社排印本　合冊　彝漢雙文

始祖聯古。支祖吉作,聯古第十四世孫。僅有

世系。共十二支後裔,散居四川省涼山州甘洛縣(社夥乃托)、美姑縣(依洛拉達)、雷波縣(羅山溪、西寧、爛壩子),及樂山市馬邊縣等地。

本譜載於《中國彝族譜牒選編・四川卷》第三冊

[四川涼山]阿嘎譜　纂修者不詳　2007年四川民族出版社排印本　合冊　彝漢雙文

始祖聯古。支祖阿嘎,聯古第十四世孫。僅有世系。共二支後裔,散居四川省涼山州美姑縣(西嘎沙)、樂山市馬邊縣等地。

本譜載於《中國彝族譜牒選編・四川卷》第三冊

[四川涼山]木坡譜　纂修者不詳　2007年四川民族出版社排印本　合冊　彝漢雙文

始祖聯古。支祖所坡(木坡),聯古第十九世孫。僅有世系。共十一支後裔,散居四川省涼山州西昌市、昭覺縣(庫依)、越西縣(縣城、普雄)等地。

本譜載於《中國彝族譜牒選編・四川卷》第三冊

[四川涼山]倮伍譜　纂修者不詳　2007年四川民族出版社排印本　合冊　彝漢雙文

始祖聯古。僅有世系。共八十九支後裔,散居四川省涼山州冕寧縣(縣城、曹古、城鄉、博洛、約勒、哈哈、瓦布乃拖、阿都毅、察毅、拉基、惠安)、越西縣(馬伍、普雄〔姓俄乃〕)、木里縣,雅安市石棉縣,甘孜州九龍縣(西洛拉達、科科、木普拉達),及北京市、雲南省香格里拉縣等地。

本譜載於《中國彝族譜牒選編・四川卷》第三冊

[四川涼山]嘎馬譜　纂修者不詳　2007年四川民族出版社排印本　合冊　彝漢雙文

始祖聯古。支祖嘎馬,聯古第十三世孫。僅有世系。共十六支後裔,散居四川省涼山州西昌市、鹽源縣、喜德縣(則莫)、冕寧縣(城鄉、森榮、哈哈)、甘洛縣(木格覺、俄仁、勒俄)、木里縣(伍果

樸子),及雅安市石棉縣(安書沙迪)等地。

本譜載於《中國彝族譜牒選編・四川卷》第三冊

[四川涼山]祝爾譜　纂修者不詳　2007年四川民族出版社排印本　合冊　彝漢雙文

始祖聯古。支祖阿木(祝爾),聯古第八世孫。僅有世系。共二十九支後裔,散居四川省涼山州西昌市(打洛嘎基、磨盤、河西)、鹽源縣、喜德縣(光明、則莫)、冕寧縣(沙壩)、越西縣(書古、則伍)、木里縣等地。

本譜載於《中國彝族譜牒選編・四川卷》第三冊

[四川涼山]惹科譜　纂修者不詳　2007年四川民族出版社排印本　合冊　彝漢雙文

始祖聯古。支祖尼特(熱科),聯古第十四世孫。僅有世系。共二十五支後裔,散居四川省涼山州西昌市(四合)、鹽源縣(縣城)、金陽縣(品里)、昭覺縣(好谷、博洛)、喜德縣、冕寧縣(子莫加),甘孜州九龍縣(西洛拉達)及雲南省寧蒗縣、吉林省延邊市(白山)等地。

本譜載於《中國彝族譜牒選編・四川卷》第三冊

[四川涼山]俄詩譜　纂修者不詳　2007年四川民族出版社排印本　合冊　彝漢雙文

始祖聯古。支祖俄史(俄詩),聯古第十三世孫。僅有世系。共二十四支後裔,散居四川省涼山州冕寧縣(嘎伍、民伍、比爾、日俄、南馬、蘇高、森榮)、越西縣(瓦巖)及北京市等地。

本譜載於《中國彝族譜牒選編・四川卷》第三冊

[四川涼山]巴且譜　纂修者不詳　2007年四川民族出版社排印本　合冊　彝漢雙文

始祖聯古。支祖初品(巴且),聯古第十二世孫。僅有世系。共六十一支後裔,散居四川省涼山州西昌市、鹽源縣、昭覺縣(縣城、城西、比爾、角頂山、南坪、古曲、體合)、喜德縣(則莫、拉克、則

伍)、冕寧縣(比爾)、甘洛縣、越西縣(縣城),及四川省成都市等地。

本譜載於《中國彝族譜牒選編・四川卷》第三冊

[四川涼山]約起譜 纂修者不詳 2007年四川民族出版社排印本 合冊 彝漢雙文

始祖聯古。支祖約期(約起),聯古第二十世孫。僅有世系。共三十一支後裔,散居四川省涼山州美姑縣(巴普)、雷波縣(帕哈、帕哈拉達、拉巴果俄、木恩洛巴姑),樂山市俄邊縣、馬邊縣,及雲南省昭通市(古寨)等地。

本譜載於《中國彝族譜牒選編・四川卷》第三冊

[四川涼山]阿迪譜 纂修者不詳 2007年四川民族出版社排印本 合冊 彝漢雙文

始祖聯古。支祖阿迪,聯古第十二世孫。僅有世系。共一百十一支後裔,散居四川省涼山州西昌市、鹽源縣(鹽塘)、昭覺縣(縣城、比爾、庫依、博洛、庫莫、金曲、宜牧地、覺則普)、喜德縣(德城、賀波洛、兩河口、尼波、巴久、洛莫、光明、則莫、鐵口、四果、且拖、西河、向榮、依洛、莫久)、冕寧縣(阿古覺)、越西縣(普雄、甘普吉伍)、雷波縣、木里縣,甘孜州九龍縣(施洛),及雲南省寧蒗縣(縣城、沙張合、張合、初毅、沙張)等地。

本譜載於《中國彝族譜牒選編・四川卷》第三冊

[四川涼山]阿西譜 纂修者不詳 2007年四川民族出版社排印本 合冊 彝漢雙文

始祖聯古。支祖阿西,聯古第十二世孫。僅有世系。後裔散居四川省涼山州鹽源縣(鹽塘、白烏、平川)、德昌縣(阿月)、布拖縣(縣城)、昭覺縣(縣城、比爾、則洛、格伍、達覺乃科、叢洛、庫依、沖洛、特布洛、依庫洛、金曲、雷木地、保石、叢洛永樂、覺洛迪莫、則普、央摩組)、喜德縣(尼波、巴久、馬婁、果博、沙馬拉達、兩河口、聯合)、冕寧縣(沙壩)、越西縣(縣城、丁山、南箐、瓦巖、達突、爾次、羅洛、著土、四甘普、梅花、瓦曲、巴橋、德吉、新

民、申果莊、蘇古、申普、上普雄)、甘洛縣(縣城、斯覺、阿爾)、美姑縣(阿忠尼洛、阿黑洛覺、吉子拉木、哈古、特西、特西潘都、特西普、勒持拉達)、雷波縣(縣城、果豪、巴姑、古堆、羅山溪持、果豪、西寧羅山溪)、木里縣(縣城、合紹),樂山市馬邊縣(沙且)、峨邊縣(縣城),攀枝花市鹽邊縣(合民),及雲南省昆明市、寧蒗縣(乾海子)等地。

本譜載於《中國彝族譜牒選編・四川卷》第三冊

[四川涼山]瓦扎譜 纂修者不詳 2007年四川民族出版社排印本 合冊 彝漢雙文

始祖聯古。僅有世系。共二百三十支後裔,散居四川省涼山州西昌市(巴汝、大興、河西、大路嘎基、打爾嘎基)、鹽源縣(柏林黃草)、普格縣、昭覺縣(庫依、金曲、比爾、竹核、四開、加古、馬覺)、喜德縣(兩河口、尼波、且拖、紅莫、則伍、巴久、西河、小山)、冕寧縣(瓦迪、瓦古瓦迪、沙壩、汝果、汝果拉達、巴哈)、越西縣(吉博、板橋、中紹),攀枝花市,及雲南省寧蒗縣(沙張合)、永勝縣、麗江市等地。

本譜載於《中國彝族譜牒選編・四川卷》第三冊

[四川涼山]阿庫譜 纂修者不詳 2007年四川民族出版社排印本 合冊 彝漢雙文

始祖聯古。支祖阿庫,聯古第十世孫。僅有世系。共二十三支後裔,散居四川省涼山州鹽源縣、昭覺縣(金曲、木合乃伍、比爾、金曲)、喜德縣(伍爾、伍爾洛嘎、塔普)、攀枝花市鹽邊縣(俄丘),及雲南省寧蒗縣(拉尼、拉尼基幾、沙張合)等地。

本譜載於《中國彝族譜牒選編・四川卷》第三冊

[四川涼山]阿日譜 纂修者不詳 2007年四川民族出版社排印本 合冊 彝漢雙文

始祖聯古。支祖阿日,聯古第八世孫。僅有世系。共三支後裔,散居四川省涼山州冕寧縣、雷波縣,及甘孜州九龍縣等地。

本譜載於《中國彝族譜牒選編・四川卷》第

三册

[四川涼山]羅洪譜　纂修者不詳　2007 年四川
民族出版社排印本　合册　彝漢雙文

　　始祖聯古。僅有世系。共三百九十八支後裔,
散居四川省涼山州西昌市(大興、河西、達爾嘎基、
格惹拉達、斯果、汝乃伍、西溪、四合、北山、巴汝、
巴汝合普)、鹽源縣(阿薩拉達、達合、巴達、車木
阿洛西、平川、木薩拉達、阿薩、白烏、大曹、覺果、
大壩、範果)、德昌縣(瓦牛)、金陽縣(縣城)、昭覺
縣(縣城、庫莫)、冕寧縣(縣城、伍威覺莫、吉則拉
巴海、伍能木伍、伍能、伍能張扎、伍能木烏、伍能
覺莫、阿古覺、阿度依、斯布爾、爾特、果哈兹、瓦布
乃拖、沙壩、拉枝、阿持比爾、比南山營、比爾、嘎
伍、後絶)、喜德縣(賀坡洛、尼波、嘎哈覺莫、瓦期
洛、博洛、阿坡洛、木古地莫、東河、紅莫、西河、依
乃拉達、魯基、居吉博、兩河口、拉克拉達)、甘洛
縣、木里縣(李子平)、雅安市石棉縣,甘孜州九龍
縣,四川省成都市,北京市,及雲南省昆明市、米易
縣、寧蒗縣、香格里拉縣等地。

　　本譜載於《中國彝族譜牒選編·四川卷》第
三册

[四川涼山]瓦惹譜　纂修者不詳　2007 年四川
民族出版社排印本　合册　彝漢雙文

　　始祖聯古。支祖瓦惹,聯古第六世孫。僅有世
系。共三十五支後裔,散居四川省涼山州西昌市
(磨盤、馬安、巴汝、格惹、白馬、馬考、民勝)、鹽源
縣(平川、金河),及攀枝花市鹽邊縣(果次)等地。

　　本譜載於《中國彝族譜牒選編·四川卷》第
三册

[四川涼山]碩果譜　纂修者不詳　2007 年四川
民族出版社排印本　合册　彝漢雙文

　　始祖聯古。僅有世系。共十九支後裔,散居四
川省涼山州西昌市(巴汝、格惹、比馬)、鹽源縣
(平川)、普格縣(薩拉宜)、冕寧縣、木里縣等地。

　　本譜載於《中國彝族譜牒選編·四川卷》第
三册

[四川涼山]諾都譜　纂修者不詳　2007 年四川
民族出版社排印本　合册　彝漢雙文

　　始祖聯古。僅有世系。共七支後裔,散居四川
省涼山州西昌市、鹽源縣等地。

　　本譜載於《中國彝族譜牒選編·四川卷》第
三册

[四川涼山]俄爾譜　纂修者不詳　2007 年四川
民族出版社排印本　合册　彝漢雙文

　　始祖聯古。支祖俄爾,聯古第五世孫。僅有世
系。共七支後裔,散居四川省涼山州鹽源縣(平
川、花紅)、德昌縣、喜德縣(爾説)、冕寧縣(比爾)
等地。

　　本譜載於《中國彝族譜牒選編·四川卷》第
三册

[四川涼山]阿巴譜　纂修者不詳　2007 年四川
民族出版社排印本　合册　彝漢雙文

　　始祖聯古。支祖阿巴,聯古第十四世孫。僅有
世系。共十二支後裔,散居四川省涼山州西昌市
(太和、馬科、白馬)、德昌縣(阿月、俄爾洛諾覺)、
冕寧縣(響水)等地。

　　本譜載於《中國彝族譜牒選編·四川卷》第
三册

[四川涼山]加巴譜　纂修者不詳　2007 年四川
民族出版社排印本　合册　彝漢雙文

　　始祖聯古。僅有世系。共四支後裔,散居四川
省涼山州鹽源縣(縣城、巴站)、德昌縣,及雲南省
寧拉等地。

　　本譜載於《中國彝族譜牒選編·四川卷》第
三册

[四川涼山]達久譜　纂修者不詳　2007 年四川
民族出版社排印本　合册　彝漢雙文

　　始祖聯古。僅有世系。共四支後裔,散居四川
省涼山州西昌市、冕寧縣(書批)等地。

　　本譜載於《中國彝族譜牒選編·四川卷》第
三册

[四川涼山]洛木譜　纂修者不詳　2007年四川民族出版社排印本　合冊　彝漢雙文

始祖聯古。僅有世系。共一百九十九支後裔，散居四川省涼山州西昌市(磨盤、巴日曲、巴汝、開元、民勝、大興、黃聯鎮、馬鞍、火車站旁、四合)、鹽源縣(水關、松高、的古合普、嘎布地、梅雨、棉椏、且所、羅洛瓦托、羅瓦托、博乃瓦、黃草坪、放西、大林)、德昌縣(馬海乃伍、鐵爐)、昭覺縣(縣城、四開、好谷、斯候、博洛、三崗、庫莫、解放溝、三呷、尼地)、喜德縣(縣城、北山、馬果加伍、額尼、鐵爐、昌東河、革尼、東河、阿洛、馬果乃伍、北山、幻果乃伍、米市)、冕寧縣(彝海旁)、木里縣,攀枝花市米易縣(普咸)、鹽邊縣、及雲南省永善縣、寧蒗縣(永寧、巴爾、嘎圖惹)、香格里拉縣(嘎哈子)等地。

本譜載於《中國彝族譜牒選編·四川卷》第三冊

[四川涼山]吉各譜　纂修者不詳　2007年四川民族出版社排印本　合冊　彝漢雙文

始祖聯古。支祖吉各,聯古第十世孫。僅有世系。共四十二支後裔,散居四川省涼山州西昌市、鹽源縣(羅洛伍、羅洛瓦托、達村巴、達、博大、碧基、北基、青石紅、平川、左所、柏林)、木里縣(後所、合哨、麥地)等地。

本譜載於《中國彝族譜牒選編·四川卷》第三冊

[四川涼山]阿牛譜　纂修者不詳　2007年四川民族出版社排印本　合冊　彝漢雙文

始祖聯古。支祖阿牛,聯古第十世孫。僅有世系。共六十八支後裔,散居四川省涼山州西昌市(開元)、鹽源縣(松高、衛城、松果、大河、巴巴依地、大林、白烏、樹河)、德昌縣(銅廠、鐵爐、大六槽、木潘格則、小高、銀廠溝)、普格縣(依地阿莫、紅莫依達)、昭覺縣(大壩、四開、地莫、博洛、城北、尼地)、喜德縣(兩河口鎮、額尼、博洛、魯基、李子、北山)、冕寧縣(瓦古覺、河里、森榮)、甘洛縣(吉米鎮、普昌鎮)、木里縣,樂山市峨邊縣(西寧鎮),及雲南省香格里拉縣、大理市白州等地。

本譜載於《中國彝族譜牒選編·四川卷》第三冊

[四川涼山]加寨譜　纂修者不詳　2007年四川民族出版社排印本　合冊　彝漢雙文

始祖聯古。僅有世系。共六十四支後裔,散居四川省涼山州西昌市(開元、四合、里約乃堅、大興)、鹽源縣(白烏、松、紅花、桃子、豪合、馬安、松高、唱合拉達、平川)、德昌縣(木帕格則、小高)、普格縣、昭覺縣(尼地、庫莫、好谷、博洛)、喜德縣(縣城、額尼、熱柯、東河)、冕寧縣(森榮)、越西縣(木恩、革庫、嘎合、瓦巖)、甘洛縣、木里縣(俄覺),雅安市石棉縣(俄覺拉達、西勒、吉作拉達),甘孜州瀘定縣(約撒坪)、九龍縣(木曲拉達),及雲南省寧蒗縣(所坪)、香格里拉縣等地。

本譜載於《中國彝族譜牒選編·四川卷》第三冊

[四川涼山]孫子譜　纂修者不詳　2007年四川民族出版社排印本　合冊　彝漢雙文

始祖聯古。支祖南爾(孫子),聯古第十一世孫。僅有世系。共六十六支後裔,散居四川省涼山州西昌市(民勝、磨盤、四合)、鹽源縣(民央、白烏、右所、左所)、德昌縣(小高、且沙、樂躍、銀鹿、木坡格則、前山)、普格縣(輝隆、依地阿莫)、昭覺縣(庫莫、好谷)、喜德縣(縣城、瓦哈、巴久、宜爾、北山、拉克、阿洛、額尼)、越西縣(南箐、大花)、甘洛縣(烏史大橋、烏斯),及雲南省寧蒗縣(巴拉)、香格里拉縣等地。

本譜載於《中國彝族譜牒選編·四川卷》第三冊

[四川涼山]吉米譜　纂修者不詳　2007年四川民族出版社排印本　合冊　彝漢雙文

始祖聯古。支祖吉米,聯古第十二世孫。僅有世系。共十支後裔,散居四川省涼山州西昌市(開元)、喜德縣(賀波洛、巴久、則莫)、冕寧縣(河里)等地。

本譜載於《中國彝族譜牒選編·四川卷》第三冊

[四川涼山] 孫吞譜　纂修者不詳　2007 年四川民族出版社排印本　合册　彝漢雙文

始祖聯古。支祖孫吞,聯古第十二世孫。僅有世系。共四十四支後裔,散居四川省涼山州西昌市(洛古坡、民勝、四合、黃聯)、鹽源縣(博大)、德昌縣(銀鹿、樂躍、茨達)、喜德縣(縣城、洛哈、西河、瓦哈)、冕寧縣(槽古、寧遠、森榮、大橋、彝海)、甘洛縣(海棠),攀枝花市(仁河),及甘孜州九龍縣(縣城)等地。

本譜載於《中國彝族譜牒選編・四川卷》第三册

[四川涼山] 爾古譜　纂修者不詳　2007 年四川民族出版社排印本　合册　彝漢雙文

始祖聯古。支祖爾古,聯古第十三世孫。僅有世系。共六十四支後裔,散居四川省涼山州西昌市(民勝、大箐)、鹽源縣(白烏、柏林、博大)、德昌縣(銅廠、木帕格則、銀鹿、伍宜、五一、新月、阿月、茨達、蔡家溝、王所、巴隊、木坡格則)、會理縣(小慶、龍橋)、普格縣(阿木、橋窩鎮、文坪、甘天地)、昭覺縣(縣城、南坪、庫莫、普持、普詩、森榮、博洛)、喜德縣(米市鎮、北山)、冕寧縣、越西縣(南箐),及雲南省寧蒗縣(合慶)等地。

本譜載於《中國彝族譜牒選編・四川卷》第三册

[四川涼山] 絲布譜　纂修者不詳　2007 年四川民族出版社排印本　合册　彝漢雙文

始祖聯古。支祖絲布,聯古第十二世孫。僅有世系。共四十五支後裔,散居四川省涼山州西昌市(四合、民勝、馬鞍、堅牛嘎加、經久、西溪、阿七)、德昌縣(木坡格則、樂躍、小高、前山)、普格縣(洛馬史加、特補、德育、月伍)、布拖縣(采洛、洛布久經乃、阿吉伍經乃嘎拖、合經)、昭覺縣(庫莫、拉青、三河)、喜德縣(林場、拉克、依洛)、冕寧縣(森榮)、越西縣(南箐)等地。

本譜載於《中國彝族譜牒選編・四川卷》第三册

[四川涼山] 吉茲譜　纂修者不詳　2007 年四川民族出版社排印本　合册　彝漢雙文

始祖吉古,聯古第十世孫。支祖吉子(吉茲),吉古第三世裔孫。僅有世系。共三十五支後裔,散居四川省涼山州西昌市(磨盤、民勝)、鹽源縣(大林)、德昌縣(木帕格則、樂躍)、昭覺縣(三崗)、喜德縣(東河、瓦哈、額尼、洛哈、則約、波振、光明鎮、拉克、且拖)、冕寧縣(洛瓦)、木里縣(嘎伍),及雲南省麗江市等地。

本譜載於《中國彝族譜牒選編・四川卷》第三册

[四川涼山] 飛日譜　纂修者不詳　2007 年四川民族出版社排印本　合册　彝漢雙文

始祖阿海。支祖飛日,阿海第四世孫。僅有世系。共十二支後裔,散居四川省涼山州昭覺縣(博洛)、喜德縣(賀波洛)、木里縣(唐央),及甘孜州九龍縣(哈巴、子爾)等地。

本譜載於《中國彝族譜牒選編・四川卷》第三册

[四川涼山] 勒格譜　纂修者不詳　2007 年四川民族出版社排印本　合册　彝漢雙文

始祖聯古。支祖勒格,聯古第十二世孫。僅有世系。共九支後裔,散居四川省涼山州德昌縣(瓦牛拉達)、普格縣(大槽、西洛、祝聯、樂五、洛烏)等地。

本譜載於《中國彝族譜牒選編・四川卷》第三册

[四川涼山] 吉木譜　纂修者不詳　2007 年四川民族出版社排印本　合册　彝漢雙文

始祖聯古。支祖吉木,聯古第十三世裔孫。僅有世系。共一百零九支後裔,散居四川省涼山州西昌市(溪經、馬鞍、西溪、黃聯)、鹽源縣(艾所、元寶、坪川鎮、大河)、德昌縣(大六、大洛、瓦算、大山、木則格帕、巴洞)、普格縣(德育、瓦洛、曲約、祝聯、紅毛依達、雨水、木嘎、特補)、布拖縣(俄里坪、俄來批、生布地、采乃、烏科、合井、策洛、俄青、衣某、米撒、牛角灣、羅加坪、偉只洛)、昭覺縣(美甘、龍恩、四開、吉恩拉達)、冕寧縣(森榮、聯合),攀枝花市米易縣(瓦古瓦迪、聯合、李家坪子、馬洛曲木飛洛)、鹽邊縣(合民、艾科、果坪),及雲南省寧蒗縣等地。

本譜載於《中國彝族譜牒選編·四川卷》第三冊

[四川涼山]拉基譜　纂修者不詳　2007 年四川民族出版社排印本　合冊　彝漢雙文

始祖聯古。支祖拉爾(拉基),聯古第十一世孫。僅有世系。共五十七支後裔,散居四川省涼山州鹽源縣(民勝、坪川鎮)、德昌縣(木則格帕)、寧南縣(聯合)、普格縣(馬洪、大坪、采乃)、喜德縣(洛洛)、冕寧縣(窩堡、大橋、曹古)、越西縣(新民、吉伍拉達、馬拖、大瑞、博莫、貢莫),雅安市石棉縣(里子坪、産農、查衆、安色、嘎俄),甘孜州九龍縣(縣城),及雲南省寧蒗縣(洛格)、香格里拉縣等地。

本譜載於《中國彝族譜牒選編·四川卷》第三冊

[四川涼山]雷所譜　纂修者不詳　2007 年四川民族出版社排印本　合冊　彝漢雙文

始祖聯古。僅有世系。共二十五支後裔,散居四川省涼山州西昌市(開元、琅環)、德昌縣(洛約)、普格縣(采乃、特補)、布拖縣(羅家坪、包穀坪)、昭覺縣(縣城、灑拉地坡、地坡、碗廠、普詩),及攀枝花市鹽邊縣(瓦史伍)等地。

本譜載於《中國彝族譜牒選編·四川卷》第三冊

[四川涼山]勒布譜　纂修者不詳　2007 年四川民族出版社排印本　合冊　彝漢雙文

始祖聯古。支祖勒布,聯古第十四世孫。僅有世系。共三十一支後裔,散居四川省涼山州西昌市、甘洛縣(海棠鎮、勝利),及樂山市(金口河區、尼合石、市尼瓦鐵)、峨邊縣(司合區艾、次足、達博鎮、金艾)等地。

本譜載於《中國彝族譜牒選編·四川卷》第三冊

[四川涼山]博史譜　纂修者不詳　2007 年四川民族出版社排印本　合冊　彝漢雙文

始祖聯古。支祖博史,聯古第十三世孫。僅有世系。共二十四支後裔,散居四川省涼山州西昌市(西溪)、普格縣(縣城、洛甘馬合策乃、哈力洛)、布拖縣(縣城、火烈、基只、峨青、木爾、尼布、烏科、四且)、金陽縣(青松)、越西縣(縣城、城郊、城關鎮、城北鎮)、甘洛縣等地。

本譜載於《中國彝族譜牒選編·四川卷》第三冊

[四川涼山]爾洛譜　纂修者不詳　2007 年四川民族出版社排印本　合冊　彝漢雙文

始祖聯古。支祖爾洛,聯古第十四世孫。僅有世系。共九支後裔,散居四川省涼山州西昌市(開元)、鹽源縣(白烏、核桃、大河)、寧南縣(陳張俄)、木里縣(民所)等。

本譜載於《中國彝族譜牒選編·四川卷》第三冊

[四川涼山]吉古譜　纂修者不詳　2007 年四川民族出版社排印本　合冊　彝漢雙文

始祖聯古。支祖吉古,聯古第九世孫。僅有世系。共四百七十九支後裔,散居四川省涼山州西昌市(四伙、北山)、鹽源縣(縣城、平川)、德昌縣、昭覺縣(縣城、布約、色迪、竹核、嘎乃拖)、喜德縣(縣城、李子、洛樂武、東河、樂武、博洛)、冕寧縣(縣城、鐵廠)、越西縣(史木覺、坡合拉達、瓦曲)、甘洛縣、美姑縣(乃柱庫)、雷波縣(一車),攀枝花市鹽邊縣,雅安市石棉縣,及雲南寧蒗縣(伙爾、合持、布夥、西布、永寧、潘馬、馬坡、張夥、宜潘、邢川、劍川、寧寧、夥持)、劍川縣等地。

本譜載於《中國彝族譜牒選編·四川卷》第三冊

[四川涼山]加日譜　纂修者不詳　2007 年四川民族出版社排印本　合冊　彝漢雙文

始祖吉古,聯古第九世孫。支祖加日,吉古子。僅有世系。共四十九支後裔,散居四川省涼山州西昌市(薩合、巴汝)、鹽源縣、昭覺縣、喜德縣、冕寧縣、甘洛縣、美姑縣、雷波縣,及雲南省寧蒗縣(寧木、曹約、張合、潘馬)等地。

本譜載於《中國彝族譜牒選編·四川卷》第三册

[四川涼山]吉則七子譜源　纂修者不詳　2007年四川民族出版社排印本　合册　彝漢雙文

始祖曲涅。吉則,曲涅第四十五世孫。僅有世系,記載自曲涅至吉拉共四十七代。

本譜載於《中國彝族譜牒選編·四川卷》第三册

[四川涼山]吉則吉資譜　纂修者不詳　2007年四川民族出版社排印本　合册　彝漢雙文

始祖吉則,曲涅第四十五世孫。支祖吉資,吉則子。僅有世系。共十四支後裔,散居四川省涼山州鹽源縣(棉椏)、寧南縣(樂門)、普格縣(西坡)、布拖縣(交際河、拖覺)、金陽縣(山江),及雲南省寧蒗縣(日布飛迪)等地。

本譜載於《中國彝族譜牒選編·四川卷》第三册

[四川涼山]吉則斯普譜　纂修者不詳　2007年四川民族出版社排印本　合册　彝漢雙文

始祖吉則。支祖斯普,吉則子。僅有世系。共五十五支後裔,散居四川省涼山州鹽源縣(棉椏)、金陽縣(阿布洛哈)、昭覺縣(縣城)、甘洛縣(里坪)、木里縣(大壩),及印度等地。

本譜載於《中國彝族譜牒選編·四川卷》第三册

[四川涼山]吉則尼恩譜　纂修者不詳　2007年四川民族出版社排印本　合册　彝漢雙文

始祖吉則。支祖尼恩,吉則子。僅有世系。共十支後裔,散居四川省涼山州鹽源縣(田灣)、普格縣(夾鐵)、昭覺縣(縣城、南坪)、甘洛縣(若洛)等地。

本譜載於《中國彝族譜牒選編·四川卷》第三册

[四川涼山]吉則尼恩日琵譜　纂修者不詳　2007年四川民族出版社排印本　合册　彝漢雙文

始祖吉則。尼恩,吉則子。支祖日品(日琵),吉則第六世孫。僅有世系。共二十七支後裔,散居四川省涼山州西昌市、鹽源縣(梅子坪)、德昌縣(銀鹿)、普格縣(威洛)、布拖縣(九都)、昭覺縣(灑拉地坡、三崗、比爾)、喜德縣(米市、合平),攀枝花市鹽邊縣(桐子林),及雲南省寧蒗縣(西界、戰河)等地。

本譜載於《中國彝族譜牒選編·四川卷》第三册

[四川涼山]吉則尼恩日品麻卡譜　纂修者不詳　2007年四川民族出版社排印本　合册　彝漢雙文

始祖吉則。尼恩,吉則子。支祖日品,吉則第六世孫。麻卡(馬卡),吉則第七世孫。僅有世系。共三百零六支後裔,散居四川省涼山州西昌市(大興、磨盤、四合、柳爾乃加)、鹽源縣(縣城、碧基、白約、大林、香房、柏林、田灣、平川、梅雨、鹽井、白馬、白烏、衛城、巴折、黃草、左所)、德昌縣(各巴、樂躍、瓦尼、達俄)、寧南縣(跑馬)、普格縣(大坪、夾鐵、甘天地、馬依拉達、馬洪、特樂、色久)、布拖縣(縣城、九都、依史)、昭覺縣(縣城、金曲拉達、庫依、解放溝、四開、城北、比爾、瓦加、慶恒、地莫、三崗、約洛、柳且、庫依、金曲、馬果、普詩、地坡)、喜德縣(縣城、李子、各巴、莫迪、兩河口、東河、紅莫、米市、北山、熱柯依達、博洛、尼波、洛哈、瓦哈)、冕寧縣(縣城、鐵廠)、越西縣(貢莫、樂青地、普雄、特西、馬拖、達拖都、曲可地、瓦巖),攀枝花市米易縣(瓦尼)、鹽邊縣(洛社、寶石、瓦史),雅安市石棉縣(竹莫),成都市及雲南省寧蒗縣(西營盤、西毅盤、西一、戰河、鹽坡、毅潘)等地。

本譜載於《中國彝族譜牒選編·四川卷》第三册

[四川涼山]吉依譜　纂修者不詳　2007年四川民族出版社排印本　合册　彝漢雙文

始祖吉則。支祖吉依,吉則子。僅有世系。共四十一支後裔,散居四川省涼山州西昌市、鹽源縣

（白馬、博達、察白、大林、前所）、德昌縣（鐵爐）、普格縣（安哈、夾鐵）、木里縣等地。

本譜載於《中國彝族譜牒選編·四川卷》第三冊

[四川涼山]皆洛譜　纂修者不詳　2007年四川民族出版社排印本　合冊　彝漢雙文

始祖吉則。支祖加洛（皆洛），吉則第六世裔孫。僅有世系。共五十一支後裔，散居四川省涼山州西昌市（四合、巴汝、北站、柳依合金）、普格縣（安哈）、布拖縣（拉達、依赤）、昭覺縣（四開、地坡）、喜德縣（米市、紅莫、拉克）、越西縣（樂青地、河東）等地。

本譜載於《中國彝族譜牒選編·四川卷》第三冊

[四川涼山]阿嘎譜　纂修者不詳　2007年四川民族出版社排印本　合冊　彝漢雙文

始祖吉則。支祖比史（阿嘎），吉則子。僅有世系。共一百七十一支後裔，散居四川省涼山州西昌市（北山、河西、大興、禮州、大箐）、鹽源縣（梅子、乃覺、大河）、德昌縣、會理縣（黃柏）、普格縣（阿米）、昭覺縣（縣城、馬則馬伍、好谷、樹坪、城北、地坡、新城鎮、拉青、普詩、乃拖、依洛、阿嘎洛、慶恒、日哈、竹核、都克、四開、解放溝、比爾）、喜德縣（和平、北山、兩河口、各巴、紅莫、洛哈、東河、魯基、博洛）、冕寧縣（比爾、瓦伍、瓦乃）、越西縣，及雲南省寧蒗縣等地。

本譜載於《中國彝族譜牒選編·四川卷》第三冊

[四川涼山]爾恩三子譜源　纂修者不詳　2007年四川民族出版社排印本　合冊　彝漢雙文

先祖邱尼（曲涅）。爾恩，邱尼第四十九世孫。僅有世系，記載自邱尼至阿爾共五十代。

本譜載於《中國彝族譜牒選編·四川卷》第三冊

[四川涼山]爾恩譜　纂修者不詳　2007年四川民族出版社排印本　合冊　彝漢雙文

始祖邱尼（曲涅）。吉木，邱尼第四十世孫。支祖爾恩，吉木第四世裔孫。僅有世系。共五十六支後裔，散居四川省涼山州西昌市、鹽源縣（衛城）、德昌縣（次迪吉古、達洛、大山）、普格縣（安哈、牛合、特布拉達、特洛）、布拖縣（色莫）、金陽縣（丙底洛）、昭覺縣（縣城、地坡、解放溝、拉青、勒木馬依、灑拉地坡）、雷波縣（摩合乃伍、莫紅、普馬、瓦崗、一車、依吉、則合），及攀枝花市鹽邊縣（洛社）等地。

本譜載於《中國彝族譜牒選編·四川卷》第三冊

[四川涼山]阿車譜　纂修者不詳　2007年四川民族出版社排印本　合冊　彝漢雙文

始祖吉木。僅有世系。共十二支後裔，散居四川省涼山州昭覺縣（好古）、金陽縣（瓦拖）、美姑縣（拉馬、麻加洛約）、雷波縣（簸箕、平子、上田壩）等地。

本譜載於《中國彝族譜牒選編·四川卷》第三冊

[四川涼山]蘇威譜　纂修者不詳　2007年四川民族出版社排印本　合冊　彝漢雙文

始祖吉木。僅有世系。共八支後裔，散居四川省涼山州德昌縣（大山、毅平）、攀枝花市米易縣（尼合）等地。

本譜載於《中國彝族譜牒選編·四川卷》第三冊

[四川涼山]博尼譜　纂修者不詳　2007年四川民族出版社排印本　合冊　彝漢雙文

始祖吉木。僅有世系。共三支後裔，散居四川省涼山州普格縣、昭覺縣（牛洛依達），及攀枝花市米易縣（縣城）等地。

本譜載於《中國彝族譜牒選編·四川卷》第三冊

[四川涼山]吉比譜　纂修者不詳　2007年四川民族出版社排印本　合冊　彝漢雙文

始祖吉木。支祖吉布（吉比），吉木第十三世孫。僅有世系。共十一世後裔,散居四川省涼山州金陽縣(阿尼合洛、合洛)、美姑縣(布子乃拖)、雷波縣(黃琅、明覺加古、四合哈曲),及樂山市馬邊縣等地。

本譜載於《中國彝族譜牒選編・四川卷》第三冊

[四川涼山]吉庫譜　纂修者不詳　2007 年四川民族出版社排印本　合冊　彝漢雙文

始祖吉木。僅有世系。共六支後裔,散居四川省涼山州西昌市、昭覺縣(古里、好古、依洛伍)、金陽縣(布開俄覺、古曲)等地。

本譜載於《中國彝族譜牒選編・四川卷》第三冊

[四川涼山]加巴譜　纂修者不詳　2007 年四川民族出版社排印本　合冊　彝漢雙文

始祖阿爾,吉木第七世孫。僅有世系。共二支後裔,散居四川省涼山州鹽源縣(大河)、喜德縣(依加)等地。

本譜載於《中國彝族譜牒選編・四川卷》第三冊

[四川涼山]曲莫譜　纂修者不詳　2007 年四川民族出版社排印本　合冊　彝漢雙文

始祖爾恩。僅有世系。共四支後裔,散居四川省涼山州鹽源縣、德昌縣等地。

本譜載於《中國彝族譜牒選編・四川卷》第三冊

[四川涼山]阿子五子譜源　纂修者不詳　2007年四川民族出版社排印本　合冊　彝漢雙文

先祖曲涅。阿子,曲涅第五十世孫。僅有世系,記載曲涅至阿子共五十代。

本譜載於《中國彝族譜牒選編・四川卷》第三冊

[四川涼山]阿子譜　纂修者不詳　2007 年四川民族出版社排印本　合冊　彝漢雙文

始祖吉木,曲涅第四十世孫。支祖阿子,吉木第

十一世孫。僅有世系。共十八支後裔,散居四川省涼山州美姑縣(巴普、吉曲沙能、期爾木嘎洛)、雷波縣(桂花、咪姑、莫紅、坪頭、蘇果瓦拖、五官、元寶山)等地。

本譜載於《中國彝族譜牒選編・四川卷》第三冊

[四川涼山]古爾曲比譜　纂修者不詳　2007 年四川民族出版社排印本　合冊　彝漢雙文

始祖吉木。僅有世系。共五十四支後裔,散居四川省涼山州西昌市、金陽縣(爾覺西、馬子洛、依洛覺)、昭覺縣(縣城、哈嘎、好古、則普)、喜德縣(深溝)、越西縣(縣城、達土爾、爾覺、洛木、洛木拉達、申普、四甘普、社普、依洛)、甘洛縣(依伍)、美姑縣(尼珍洛、布通拉達、達古乃克、俄曲古、爾合、格俄哈洛、哈姑央達、拉古央達、尼珍策好、瓦洛、依子阿莫、兹木潘古)、雷波縣(四合哈曲),及成都市、樂山市馬邊縣等地。

本譜載於《中國彝族譜牒選編・四川卷》第三冊

[四川涼山]沙馬譜　纂修者不詳　2007 年四川民族出版社排印本　合冊　彝漢雙文

始祖阿子。僅有世系。共四支後裔,散居四川省涼山州越西縣(申普)、甘洛縣(尼平)、美姑縣(峨曲古)等地。

本譜載於《中國彝族譜牒選編・四川卷》第三冊

[四川涼山]阿若譜　纂修者不詳　2007 年四川民族出版社排印本　合冊　彝漢雙文

始祖阿子。僅有世系。共三十九支後裔,散居四川省涼山州昭覺縣(合洛)、金陽縣(阿勒拉瓦、阿尼合、布開俄覺、布開古迪、達洛瓦拖、爾合瓦拖、古曲、庫依洛伍、洛木拉達、馬乃洛克、馬子洛、木尼博尼、四嘎普)、雷波縣(民覺)等地。

本譜載於《中國彝族譜牒選編・四川卷》第三冊

[四川涼山]洛莫譜　纂修者不詳　2007 年四川

民族出版社排印本　合冊　彝漢雙文

　　始祖吉木。支祖洛莫,吉木第十五世孫。僅有世系。共九支後裔,散居四川省涼山州美姑縣(柳洪、瓦莫)、雷波縣等地。

　　本譜載於《中國彝族譜牒選編·四川卷》第三冊

[四川涼山]吉牛譜　纂修者不詳　2007 年四川民族出版社排印本　合冊　彝漢雙文

　　始祖吉木。支祖吉柳(吉牛),吉木第二十五世孫。僅有世系。共三支後裔,散居四川省涼山州美姑縣(格扎瓦西)、雷波縣(曲依)等地。

　　本譜載於《中國彝族譜牒選編·四川卷》第三冊

[四川涼山]俄加譜　纂修者不詳　2007 年四川民族出版社排印本　合冊　彝漢雙文

　　始祖爾恩,子阿子。支祖俄加,阿子第五世孫。僅有世系。共五支後裔,散居四川省涼山州金陽縣(丙底洛)、雷波縣(莫紅),及樂山市馬邊縣等地。

　　本譜載於《中國彝族譜牒選編·四川卷》第三冊

[四川涼山]布莫譜　纂修者不詳　2007 年四川民族出版社排印本　合冊　彝漢雙文

　　始祖阿子。支祖布莫,阿子第九世孫。僅有世系。共五支後裔,散居四川省涼山州昭覺縣(阿土巴古)、美姑縣(阿合果、馬加蘇俄)等地。

　　本譜載於《中國彝族譜牒選編·四川卷》第三冊

[四川涼山]阿都譜　纂修者不詳　2007 年四川民族出版社排印本　合冊　彝漢雙文

　　始祖阿子。支祖阿都,阿子第十一世孫。僅有世系。共九十五支後裔,散居四川省涼山州鹽源縣、普格縣(阿寧瓦洛、安哈、洛庫)、金陽縣(阿都洛覺、達洛瓦拖、俄庫覺、格則爾洛、披子乃拖、瓦洛青哈、瓦曲拖、約木乃拖)、昭覺縣(哈嘎、好古、拉哈依伍、木合乃伍)、喜德縣(巴久、東河、紅莫、

拉克、尼波)、冕寧縣(河里、森榮、瓦乃、乃伍)、越西縣(縣城、坡合拉達)、甘洛縣(阿爾、阿嘎、合且普、沙牛)、美姑縣(阿舉克皮、達洛、格迪、吉比俄覺、吉布格俄、吉布果俄、吉子瓦拖、所洛乃伍、所洛斯普、洛哈、麻吉好嘎、木覺乃拖、木茲博伍、披子洛張、平門、撒披乃拖、斯嘎普、瓦洛、西嘎沙、央民古、依加瓦科、依洛拉達)、雷波縣(哈曲、卡哈洛、克覺、瓦崗)等地。

　　本譜載於《中國彝族譜牒選編·四川卷》第三冊

[四川涼山]吉柳譜　纂修者不詳　2007 年四川民族出版社排印本　合冊　彝漢雙文

　　始祖吉木。僅有世系。共十七支後裔,散居四川省涼山州金陽縣(南瓦)、昭覺縣(柳庫洛、拖覺拉達)、越西縣(南箐)、美姑縣(阿都洛、博斯、滇布乃伍、嘎科加古、勒木壩子、柳洛依洛、特約木合)、雷波縣(瓦崗、阿都洛)等地。

　　本譜載於《中國彝族譜牒選編·四川卷》第三冊

[四川涼山]普古譜　纂修者不詳　2007 年四川民族出版社排印本　合冊　彝漢雙文

　　始祖阿子。支祖普古,阿子第十三世孫。僅有世系。共三支後裔,散居四川省涼山州昭覺縣、喜德縣(尼波)、雷波縣(瓦崗)等地。

　　本譜載於《中國彝族譜牒選編·四川卷》第三冊

[四川涼山]布約譜　纂修者不詳　2007 年四川民族出版社排印本　合冊　彝漢雙文

　　始祖吉木。支祖布約,吉木第十二世孫。僅有世系。共四支後裔,散居四川省涼山州金陽縣、美姑縣(布子舉社)、雷波縣(西寧)等地。

　　本譜載於《中國彝族譜牒選編·四川卷》第三冊

[四川涼山]莫尼譜　纂修者不詳　2007 年四川民族出版社排印本　合冊　彝漢雙文

　　始祖吉木。支祖莫尼,吉木第十四世孫。僅有

世系。共二十三支後裔,散居四川省涼山州昭覺縣(拉哈依嘎、拉哈、馬果)、美姑縣(阿都洛、阿舉卡皮、布子舉社、布子乃拖、吉子博斯、覺博洛、勒洛依達、柳爾、柳爾依達、曲瓦拖、依生嘎伍、依子阿莫)、雷波縣(吉子博斯、曲依)等地。

本譜載於《中國彝族譜牒選編·四川卷》第三冊

[四川涼山]加拉譜　纂修者不詳　2007 年四川民族出版社排印本　合冊　彝漢雙文

始祖阿子。支祖加拉,阿子第十七世孫。僅有世系。共七支後裔,散居四川省涼山州昭覺縣(合洛)、美姑縣(阿技克哈、吉子博斯、柳洪、麻加蘇俄、特西)、雷波縣(史吉央達)等地。

本譜載於《中國彝族譜牒選編·四川卷》第三冊

[四川涼山]爾期譜　纂修者不詳　2007 年四川民族出版社排印本　合冊　彝漢雙文

始祖阿子。支祖爾期,阿子第十四世孫。僅有世系。共六支後裔,散居四川省涼山州美姑縣(比俄覺、瓦勒乃伍)、雷波縣(羅山溪、西寧)等地。

本譜載於《中國彝族譜牒選編·四川卷》第三冊

[四川涼山]拉布譜　纂修者不詳　2007 年四川民族出版社排印本　合冊　彝漢雙文

始祖吉木。支祖拉比(拉布),吉木第二十四世孫。僅有世系。共八支後裔,散居四川省涼山州昭覺縣(比爾)、喜德縣、越西縣(瓦巖)等地。

本譜載於《中國彝族譜牒選編·四川卷》第三冊

[四川涼山]央古四子譜源　纂修者不詳　2007 年四川民族出版社排印本　合冊　彝漢雙文

始祖曲涅。央古,曲涅第四十七世孫。僅有世系,記載曲涅至茲古共四十八代。

本譜載於《中國彝族譜牒選編·四川卷》第三冊

[四川涼山]阿則沙馬譜　纂修者不詳　2007 年四川民族出版社排印本　合冊　彝漢雙文

始祖央古,曲涅第四十七世孫。僅有世系。共十六支後裔,散居四川省涼山州西昌市、金陽縣(某夥果伍)、昭覺縣(縣城、博西、古里、夥洛、覺洛)、美姑縣(柳夥)等地。

本譜載於《中國彝族譜牒選編·四川卷》第三冊

[四川涼山]沙馬曲比譜　纂修者不詳　2007 年四川民族出版社排印本　合冊　彝漢雙文

始祖央古。支祖甲甲(曲比),央古第三世孫。僅有世系。共一千三百九十七支後裔,散居四川省涼山州西昌市(市區、大箐、東河、海南、開元、禮州、洛古、馬安、磨盤、四合、天元、西溪)、鹽源縣(阿色、巴烏、北基、白烏、達合、大合、古曲、梅雨、明央、平川、日瓦聯舉、楊拖、元寶)、德昌縣(巴棟、樂躍、次大、柳飛、洛覺、麻栗、前山、且沙、小果、則嘎、卓央)、普格縣(德育、典堯、哈力洛、洛烏、莫合、寧安、拖木溝、烏洛、伍道箐、西洛)、布拖縣(縣城、井、九都、勞洛、洛安、木爾嘎伍、木果、乃哈勒科、沙洛、特覺、烏科、烏依、伍子洛、衣某、依莫)、金陽縣(縣城、甲瓦蘇茲、阿雷古普、阿洛博、巴拖、丙底、博洛、布覺、布莫爾加、策洛、德溪、燈廠、俄爾鐵、爾覺、嘎尼、古曲、谷德、果乃、合克、合口、吉爾、吉舉哈曲、加尼、克尼、洛覺、洛伍開、馬日都、馬拖、某合乃伍、木尼古洛、木蘇、木則地莫、南瓦、派來、日都、色洛、所子、塔薩、桃坪、天臺、依聯舉、則果)、昭覺縣(縣城、阿察拉達、比爾、波洛、博洛、補約、布約、城北、達洛、地莫、俄爾、爾古、嘎董爾古、古里、古曲、光明、好谷、合洛、河覺、河西、吉恩拉達、吉古拉達、加古、叁崗、角頂山、解放溝、金曲、覺嘎、覺甘、覺洛、庫莫、爛壩、柳且、羅安、洛俄乃嘎、洛格、洛黨、南壩、南坪、普詩、且莫、慶黑、慶恒、日哈、三崗、色底、生迪、石油、史約、四開、塘且、特布洛、烏坡、央古爾枝、央莫組、依洛舉、永洛、則普、支爾莫、竹核)、喜德縣(縣城、阿洛、北山、博洛、東河、額尼、光明、果博、哈哈、合坡洛、賀波洛、亨洛、亨里洛、紅莫、樂躍、李子、兩河口、魯基、洛爾、洛哈、洛莫、米市、冕山、尼坡、且拖、深溝、蘇庫、桃源、依達、依洛、則莫、衆洛）、冕寧縣（縣城、阿西洛、博俄、曹古、城關、城鄉、城廟、嘎俄日惹、高巴、哈哈洛、哈漢、合里、河里、加初、加烏、解曹、里莊、洛瓦、南俄、南山營、惹依體、森榮、森約、沙壩、蘇批、鐵廠鄉、瓦布乃拖、瓦乃、衛星發射基地、彝海、張木）越西縣（縣城、白果、板橋、寶石、保安鄉、博安、博西、車覺、初可地、初庫迪、大花、大瑞、大蘇、德吉、迪沙、丁山、俄洛、爾覺、嘎普、貢莫、合覺、河東、解里、拉白、拉比、拉基、拉普、拉仁、魯覺、魯衆、洛木拉達、馬拖、乃策、乃洛、乃慶、乃拖、南箐、坡合、坡合洛、普雄、曲可地、日枝、沙普、申果莊、書古、司覺、斯吉、四嘎普、四果、蘇姑、特史、特史、碩史、特西、瓦艾、瓦吉莫、瓦里覺、瓦尼地、瓦曲、瓦巖、西山、新民鄉、新鄉、依洛、依洛迪、依莫嘎古、中所、竹阿覺、拉基）甘洛縣（縣城、阿爾、阿嘎、阿魯、阿子依覺、博洛、布布、嘎棟、嘎仁、嘎日、嘎伍、基日、拉莫、里克、里子、柳古、洛艾合、馬安、普昌、塞達、色達、石海、史海、斯覺、蘇雄、田壩、巖潤、玉田、則科、則拉、竹阿覺）、美姑縣（縣城、阿舉、阿舉博伍、巴古、巴普、博伍、持茲拉達、大橋、典補、典布、俄曲、爾吃、爾合、爾覺、爾曲乃伍、拉古依達、爾枝乃伍、古曲、哈古、哈洛、哈莫、合博、合克特薩、合莫、黃布乃伍、夥古、加古、加谷、加覺特洛、甲谷、甲瓦蘇茲、覺洛、柳洪、洛莫、莫勒乃伍、莫能乃伍、乃嘎、乃拖、乃柱庫、寧合、牛洪、前進、且吉、曲古、薩布、薩飛、薩庫、社爾莫、申爾、碩洛乃伍、斯且、蘇覺、拖博、拖木、瓦古、瓦覺拉達、西甘薩、新橋、依嘎、依洛拉達、竹庫）、雷波縣（縣城、巴姑、巴古、博基、博洛、長河、持馬持、達坪子、大茲坪、丁家坪、爾薩、爾薩持、嘎哈、高花薩坡、果豪、哈博乃伍、哈邱、哈曲、亨舉乃加、吉里、吉子拉木、卡哈洛、拉木、雷池、柳克拉達、柳洛子加、馬頸子、馬子覺、莫紅、莫克乃加、莫毅、莫毅爾格、南爾伍木、能持、能莫、能莫乃伍、寧次洛、帕咆、坪頭、箐口、惹科、薩俄都、薩毅、山棱崗、上田壩、松樹、蘇柱乃、瓦崗、瓦曲、汶水、西寧、依生乃拖、依土科、政則、柱古）、木里縣（東河、合所、夥所、明迪、尼迪、沙科、唐央、博果、張合），成都市（鐵路局），樂山市峨邊縣（縣城、合庫）、馬邊縣（縣城、察茲、大楊茲、格舉依、金艾、

曲黃、友合），宜賓市（彭山），攀枝花市鹽邊縣（楊平），雅安市（吉果、油金）、石棉縣（燦洛、洛察），甘孜州九龍縣（縣城、棟龍、俄爾、薩央、子爾），及雲南省寧蒗縣（縣城、察且、村則阿吉、達白、達西、打米迪、大興、爾普、嘎合、合橋、黃崗、拉舉、拉科、薩站河、收叢巴、蘇平、友果、約洛、戰河、張合、莫果坪、昭洛合）等地。

本譜載於《中國彝族譜牒選編·四川卷》第三冊

[四川涼山]**牛夥譜**　纂修者不詳　2007年四川民族出版社排印本　合冊　彝漢雙文

始祖央古。支祖四夥（牛夥），央古第十七世孫。僅有世系。共三十五支後裔，散居四川省涼山州冕寧縣（嘎俄、嘎俄日惹、後山）、越西縣（縣城、城郊、果莫、東郊、河東、拉普、樂青地、雷烏、洛羅、馬拖、伍里、依洛、中所）、甘洛縣（博洛、嘎日、甘孜瀘定、斯覺），及甘孜州九龍縣（縣城、薩央）等地。

本譜載於《中國彝族譜牒選編·四川卷》第三冊

[四川涼山]**拉依譜**　纂修者不詳　2007年四川民族出版社排印本　合冊　彝漢雙文

始祖央古。支祖拉依，央古第二十二世孫。僅有世系。共十一支後裔，散居四川省涼山州越西縣（迪伍、丁山、爾覺）、甘洛縣（拉莫）等地。

本譜載於《中國彝族譜牒選編·四川卷》第三冊

[四川涼山]**皆則譜**　纂修者不詳　2007年四川民族出版社排印本　合冊　彝漢雙文

始祖央古。支祖皆則，央古第十八世孫。僅有世系。共七十四支後裔，散居四川省涼山州西昌市（巴汝、白馬、大橋、舉莫、開源、乃央）、鹽源縣（白基、白烏、博期、平川、鹽塘）、普格縣（色洛）、喜德縣（且拖、則莫）、冕寧縣（比爾）、越西縣（拉普、樂期地、乃拖）、甘洛縣（阿爾、嘎日）、木里縣、甘孜州九龍縣（縣城、夥龍、加卡、龍布、薩央），及雲南省寧蒗縣（縣城、大北頂、大理、革馬、劍川、潘

馬平、山寧、史普薩、西布夥)、香格里拉縣等地。

本譜載於《中國彝族譜牒選編·四川卷》第三冊

[四川涼山]蘇嘎譜　纂修者不詳　2007年四川民族出版社排印本　合冊　彝漢雙文

始祖央古。支祖加果(蘇嘎),央古第十五世孫。僅有世系。共三支後裔,居四川省涼山州布拖縣(縣城、聯布)、雷波縣(安覺)等地。

本譜載於《中國彝族譜牒選編·四川卷》第三冊

[四川涼山]吉孜譜　纂修者不詳　2007年四川民族出版社排印本　合冊　彝漢雙文

始祖央古。支祖吉孜,央古第二十二世孫。僅有世系。共十二支後裔,散居四川省涼山州喜德縣(縣城、賀波洛、紅莫、拉打)、冕寧縣(河里、里莊)、木里縣(後所、拖央),及甘孜州九龍縣等地。

本譜載於《中國彝族譜牒選編·四川卷》第三冊

[四川涼山]阿約譜　纂修者不詳　2007年四川民族出版社排印本　合冊　彝漢雙文

始祖央古。支祖阿約,央古第十九世孫。僅有世系。共三百一十一支後裔,散居四川省涼山州西昌市(禮州、西溪)、鹽源縣(縣城、鹽塘、卓尼)、德昌縣(馬嘎)、普格縣(縣城、木嘎、慶平、永安)、布拖縣(縣城、木伍拉打、特子金乃、烏科、西科)、金陽縣(桃坪)、昭覺縣(縣城、比爾、博洛、迪莫、光明、果民、九洛、庫莫、庫依、薩瓦、宜牧地、永樂)、喜德縣(縣城、巴久、博洛、賀波洛、紅莫、回賀波洛、吉博、拉克、樂武、里子、兩河口、魯基、冕山、木枝嘎伍、尼波、且拖、沙馬拉達、拖都、依洛、則莫)、冕寧縣(縣城、樂武夥批、瀘古、南山營、森榮、拖烏、伍爾則、彝海)、越西縣(縣城、保石、大河、大花、大屯、爾覺、爾色、果爾、拉白、樂青、馬拖、梅花、民花、南箐、申普、蘇姑、特西、瓦普、伍里、西山、西鄉、新民、新鄉、依洛)、甘洛縣(城關鎮、嘎日、啓明、塞打、石海、蘇雄、團結、巖潤、玉田)、美姑縣(策夥、夥博、卡乃)、雷波縣(哈普)、

木里縣,樂山市峨邊縣(金艾)、馬邊縣,攀枝花市(楊邊),甘孜州九龍縣,及雲南省寧蒗縣(縣城、打洛博、莫加、寧基、寧平、張伙、坡山、薩嘎夥、石果、蘇則、天曲、瓦安、瓦拖、新楊坡、楊俄柱)等地。

本譜載於《中國彝族譜牒選編·四川卷》第三冊

[四川涼山]格布譜　纂修者不詳　2007年四川民族出版社排印本　合冊　彝漢雙文

始祖央古。支祖司布(格布),央古第十九世孫。僅有世系。共十二支後裔,散居四川省涼山州西昌市、鹽源縣(縣城、白烏)、冕寧縣(拉窩)等地。

本譜載於《中國彝族譜牒選編·四川卷》第三冊

[四川涼山]吉巴譜　纂修者不詳　2007年四川民族出版社排印本　合冊　彝漢雙文

始祖央古。支祖伍真(吉巴),央古第二十二世孫。僅有世系。共十五支後裔,散居四川省涼山州鹽源縣(縣城、瀘沽湖、毛牛山、棉椏、其水)、攀枝花市鹽邊縣(俄橋、俄橋加),及雲南省寧蒗縣(西坡、張合)等地。

本譜載於《中國彝族譜牒選編·四川卷》第三冊

[四川涼山]莫色譜　纂修者不詳　2007年四川民族出版社排印本　合冊　彝漢雙文

始祖央古。支祖哈爾(莫色),央古第二十三世孫。僅有世系。共十一支後裔,散居四川省涼山州鹽源縣(阿薩、巴折、金河、莫政、平川)、德昌縣(且山),及雲南省寧蒗縣(體合)等地。

本譜載於《中國彝族譜牒選編·四川卷》第三冊

[四川涼山]阿爾譜　纂修者不詳　2007年四川民族出版社排印本　合冊　彝漢雙文

始祖央古。支祖阿爾,央古第二十五世孫。僅有世系。共八支後裔,散居四川省涼山州昭覺縣(縣城、博洛)喜德縣(巴久、且拖、炭山)、冕寧縣

（伍威）等地。

本譜載於《中國彝族譜牒選編·四川卷》第三冊

[四川涼山]爾惹譜 纂修者不詳 2007 年四川民族出版社排印本 合冊 彝漢雙文

始祖央古。支祖爾惹,央古第二十一世孫。僅有世系。共五支後裔,散居四川省涼山州美姑縣（縣城、峨曲、爾普拉達）、雷波縣（毅洛洛、卓古）等地。

本譜載於《中國彝族譜牒選編·四川卷》第三冊

[四川涼山]阿史譜 纂修者不詳 2007 年四川民族出版社排印本 合冊 彝漢雙文

始祖古蘇,吉覺第七世孫。支祖阿史,吉覺第九世孫。屬吉覺三子源譜支系。僅有世系,記載自古蘇始的一總支,及十世瓦則下的兩支和十一世阿基下的兩支。

本譜載於《中國彝族譜牒選編·四川卷》第四冊

[四川涼山]階基譜 纂修者不詳 2007 年四川民族出版社排印本 合冊 彝漢雙文

始祖莫俄。支祖堅枝（階基）,莫俄裔孫。僅有世系。共三支後裔,散居四川省樂山市峨邊縣及甘孜州九龍縣等地。

本譜載於《中國彝族譜牒選編·四川卷》第四冊

[四川涼山]吉格譜 纂修者不詳 2007 年四川民族出版社排印本 合冊 彝漢雙文

始祖央古。支祖吉格,央古第十九世孫。僅有世系。共四十支後裔,散居四川省涼山州西昌市（開源、民勝、響水）、鹽源縣（昭子）、布拖縣（地洛）、喜德縣（米市、特洛）、冕寧縣（縣城、曹古、城關、東寧、洛果、衛星放射基地、先鋒）、越西縣（縣城、貢莫、河東、乃其地、南吉洛、南箐、依洛）、甘洛縣（阿子依覺）,成都市,及雅安市石棉縣（里子）等地。

本譜載於《中國彝族譜牒選編·四川卷》第四冊

[四川涼山]吉乃譜 纂修者不詳 2007 年四川民族出版社排印本 合冊 彝漢雙文

始祖央古。支祖吉乃,央古第十八世孫。僅有世系。共五十二支後裔,散居四川省涼山州西昌市、鹽源縣（楊塘）、金陽縣（古曲）、昭覺縣（縣城、持科博西、慶黑、生迪、烏坡、堯洛）、喜德縣（賀坡洛、則莫）、冕寧縣（大橋）、越西縣（保安、達部、大花、爾賽、果爾、樂青地、梅花、依洛、中所）、甘洛縣（博洛、嘎日、嘎伍、拉莫）、雷波縣,及雲南省寧蒗縣（初毅）等地。

本譜載於《中國彝族譜牒選編·四川卷》第四冊

[四川涼山]俄爾譜 纂修者不詳 2007 年四川民族出版社排印本 合冊 彝漢雙文

始祖央古。支祖吉克（俄爾）,央古第十七世孫。共十四支後裔,散居四川省涼山州昭覺縣（縣城）、越西縣（普雄、瓦吉莫、瓦曲、依洛、竹阿覺）、美姑縣（爾合）等地。

本譜載於《中國彝族譜牒選編·四川卷》第四冊

[四川涼山]加覺譜 纂修者不詳 2007 年四川民族出版社排印本 合冊 彝漢雙文

始祖央古。加覺,央古第十七世孫。僅有世系。共七支後裔,散居四川省涼山州冕寧縣（曹古、城鄉、鐵廠）、越西縣、美姑縣（巴普）、雷波縣（爾薩、哈曲）等地。

本譜載於《中國彝族譜牒選編·四川卷》第四冊

[四川涼山]吉勒譜 纂修者不詳 2007 年四川民族出版社排印本 合冊 彝漢雙文

始祖央古。支祖吉勒,央古第十七世孫。僅有世系。共六十六支後裔,散居四川省涼山州西昌市（大橋）、鹽源縣（白烏、博達、迪乃古、棉椏、烏伍）、昭覺縣（吉古拉達）、喜德縣（紅莫、李子、則莫)、冕寧縣(阿都毅、曹古、曹科、大橋、河里、麥地、森榮、瓦布乃拖、伍雷迪兹)、越西縣(拉吉)、甘洛縣(色達、斯覺),雅安市石棉縣(達尼特),及雲南省寧蒗縣(縣城)等地。

本譜載於《中國彝族譜牒選編・四川卷》第四册

[四川涼山]**勒普譜**　纂修者不詳　2007年四川民族出版社排印本　合册　彝漢雙文

始祖央古。支祖能普(勒普),央古第十七世孫。僅有世系。共四十一支後裔,散居四川省涼山州昭覺縣(比爾)、冕寧縣(比爾、河里、後山、麥地、森榮、拖烏、張俄)、甘洛縣(古伍)、美姑縣(爾花)、雷波縣(爾薩西、洛木、撒布子拖、薩布、薩布乃拖、司爾、依生乃拖)、樂山市馬邊縣(大院子),及雲南省寧蒗縣(華班)等地。

本譜載於《中國彝族譜牒選編・四川卷》第四册

[四川涼山]**俄史譜**　纂修者不詳　2007年四川民族出版社排印本　合册　彝漢雙文

始祖央古。僅有世系。共九支後裔,散居四川省涼山州冕寧縣(縣城、比爾、河里、後山)、喜德縣(兩河口、則莫)等地。

本譜載於《中國彝族譜牒選編・四川卷》第四册

[四川涼山]**木爾譜**　纂修者不詳　2007年四川民族出版社排印本　合册　彝漢雙文

始祖央古。支祖花果(木爾),央古第十九世孫。僅有世系。共五支後裔,散居四川省涼山州金陽縣(縣城、博加乃伍、南瓦、則馬依洛)、金沙江對岸等地。

本譜載於《中國彝族譜牒選編・四川卷》第四册

[四川涼山]**雷石譜**　纂修者不詳　2007年四川民族出版社排印本　合册　彝漢雙文

始祖央古。支祖爾惹(勒石),央古第十六世孫。僅有世系。共三十九支後裔,散居四川省涼山州金陽縣(某合乃伍)、昭覺縣(縣城、嘎棟、古里、拉依木、且莫、色迪、四開)、越西縣(爾覺、河東、普雄、曲可地)、美姑縣(博俄合、博伍、雷木瓦里、瓦洛)、雷波縣(卡哈洛、上田壩),及雲南省寧蒗縣(山寧、友雷平)等地。

本譜載於《中國彝族譜牒選編・四川卷》第四册

[四川涼山]**阿雷譜**　纂修者不詳　2007年四川民族出版社排印本　合册　彝漢雙文

始祖央古。支祖阿柳(阿雷),央古第十四世孫。僅有世系。共五十二支後裔,散居四川省涼山州普格縣(洛烏溝、莫嘎)、布拖縣(布爾)、金陽縣(阿雷乃伍、巴古、策俄果、爾果巴、谷德、果則博俄、吉爾、加乃、加尼色加、柳普、木尼木胡、南加、南劍達博、南坡、南瓦、南伍爾、四民加乃、依尼拉達)、昭覺縣(地莫、地莫洛覺地合、體覺拉達)、喜德縣(博洛),及雲南省寧蒗縣(洛鐵、起洛)等地。

本譜載於《中國彝族譜牒選編・四川卷》第四册

[四川涼山]**阿爾譜**　纂修者不詳　2007年四川民族出版社排印本　合册　彝漢雙文

始祖央古。僅有世系。共五支後裔,散居四川省涼山州美姑縣(三步乃拖)、雷波縣(洛木爾),及樂山市馬邊縣(打約兹、爾果)等地。

本譜載於《中國彝族譜牒選編・四川卷》第四册

[四川涼山]**吉木譜**　纂修者不詳　2007年四川民族出版社排印本　合册　彝漢雙文

始祖央古。支祖吉木,央古第十五世孫。僅有世系。共二百六十五支後裔,散居四川省涼山州西昌市(阿嘎洛、阿七、安哈、安寧河旁、巴汝、大橋、大箐、基作、經久、開元、司覺拉達、西溪、響水)、鹽源縣(縣城、瓜別、果北、其迪、雄俄)、德昌縣(良鹿、柳依合基、洛洛、馬安、木枝、乃加、且紅、王所、伍博、毅爾、銀鹿、毅洛、裕洛)、普格縣(縣城、阿寧洛、德育、典約、夾鐵、馬乃合、特爾、特布拉達、拖木溝、瓦洛、文坪、五道箐)、布拖縣(則洛）、金陽縣（某合）、昭覺縣（縣城、阿漢拉達、比爾、博洛、城北、城西、大壩、地坡、古里、吉木拉達、解放、解放溝、拉青、薩嘎、四開）、喜德縣（縣城、巴久、光明、賀波洛、米市、尼波、新民）、冕寧縣（大橋、格莫、哈漢、洛瓦、沙壩、鐵洛、衛星發射基地）、越西縣（縣城、馬拖、南箐、普雄洛、書古、斯基、書古、蘇古、瓦普莫、伍里、新鄉、依洛）、美姑縣（巴普、拉馬、牛牛壩、友木合）、雷波縣（所合、所其加古、西寧）、木里縣，成都市，攀枝花市鹽邊縣，甘孜州九龍縣（縣城、薩果、灣壩），及雲南省寧蒗縣（大溝、基茲、馬薩、馬薩平、潘馬、石央、楊廠、友拉坪、張合、竹沙）等地。

本譜載於《中國彝族譜牒選編・四川卷》第四冊

[四川涼山]阿烏譜　纂修者不詳　2007 年四川民族出版社排印本　合冊　彝漢雙文

始祖央古。支祖阿烏，央古第十四世孫。僅有世系。共十七支後裔，散居四川省涼山州金陽縣（洛覺、色其）、越西縣（阿沙洛）、美姑縣（瓦欽雷伍）、雷波縣（縣城、谷堆、山棱崗）等地。

本譜載於《中國彝族譜牒選編・四川卷》第四冊

[四川涼山]吉生譜　纂修者不詳　2007 年四川民族出版社排印本　合冊　彝漢雙文

始祖央古。支祖吉色（吉生），央古第十八世孫。僅有世系。共二十四支後裔，散居四川省涼山州普格縣（德育、特爾果、天臺）、布拖縣（拖覺）、金陽縣（持卓祖、馬合、派來、絲窩、所祖、天臺）、昭覺縣（覺洛、爛壩、烏坡）、美姑縣（加覺特洛）、雷波縣（縣城），及雲南省寧蒗縣（西楊坡）等地。

本譜載於《中國彝族譜牒選編・四川卷》第四冊

[四川涼山]阿合譜　纂修者不詳　2007 年四川民族出版社排印本　合冊　彝漢雙文

始祖央古。支祖阿合（三能），央古第十九世孫。僅有世系。共二十支後裔，散居四川省涼山

州西昌市（開元）、昭覺縣（縣城、城北、爾古、覺洛、竹核）、金陽縣（老寨子），及雲南省寧蒗縣（白迪、大卡、革馬、黃崗、三張合、山寧合、石米卡）等地。

本譜載於《中國彝族譜牒選編・四川卷》第四冊

[四川涼山]比乃譜　纂修者不詳　2007 年四川民族出版社排印本　合冊　彝漢雙文

始祖央古。支祖比乃，央古第八世孫。僅有世系。共二十一支後裔，散居四川省涼山州西昌市、甘洛縣（縣城、阿爾、柳巴、柳古、普昌），及樂山市馬邊縣等地。

本譜載於《中國彝族譜牒選編・四川卷》第四冊

[四川涼山]俄比譜　纂修者不詳　2007 年四川民族出版社排印本　合冊　彝漢雙文

始祖央古。僅有世系。共一百七十六支後裔，居四川省涼山州西昌市（大橋、巴汝）、金陽縣（阿雷洛博、蘇洛博、博基、布史加古、基覺、洛覺、南瓦、南瓦加古、派來、三洛、瓦子果乃）、昭覺縣（縣城、阿都乃加、阿都乃堅、阿曲、阿土乃基、持科博西、齒可波西、爾覺、爾普拉達、古里、哈嘎、哈甘、合嘎、覺洛、石油、體覺拉達）、喜德縣（縣城）、越西縣（大花）、美姑縣（城茲、吉曲馬乃、吉宜爾普）、雷波縣（縣城、俄覺、雷池、咪姑、冕寧、莫宜洛洛、南加古、熱科、山棱崗、瓦崗、一車、依金），攀枝花市鹽邊縣，及北京市等地。

本譜載於《中國彝族譜牒選編・四川卷》第四冊

[四川涼山]阿古譜　纂修者不詳　2007 年四川民族出版社排印本　合冊　彝漢雙文

始祖央古。支祖阿古，央古第十五世孫。僅有世系。共三十支後裔，散居四川省涼山州昭覺縣（且莫、支爾摩）、美姑縣（博俄尼合、拉木阿覺、洛莫、洛莫依達、依嘎），及雲南省等地。

本譜載於《中國彝族譜牒選編・四川卷》第四冊

[四川涼山]洛恩譜　纂修者不詳　2007 年四川民族出版社排印本　合冊　彝漢雙文

始祖央古。支祖洛恩,央古第十八世孫。僅有世系。共九支後裔,散居四川省涼山州昭覺縣(特布洛)、雷波縣(大坪子、斯古、四明果、依吉)等地。

本譜載於《中國彝族譜牒選編・四川卷》第四冊

[四川涼山]阿豪譜　纂修者不詳　2007 年四川民族出版社排印本　合冊　彝漢雙文

始祖央古。支祖阿花(阿豪),央古第十二世孫。僅有世系。共二十一支後裔,散居四川省涼山州西昌市、美姑縣(其拖)、雷波縣(縣城、吉普、爛壩子、雷池、馬頸子、莫紅、史果乃、瓦崗、西寧、衆古)等地。

本譜載於《中國彝族譜牒選編・四川卷》第四冊

[四川涼山]爾枝譜　纂修者不詳　2007 年四川民族出版社排印本　合冊　彝漢雙文

始祖央古。支祖爾枝,央古第十四世孫。僅有世系。共三支後裔,散居四川省涼山州冕寧縣(沙壩)、昭覺縣(永洛)等地。

本譜載於《中國彝族譜牒選編・四川卷》第四冊

[四川涼山]牛庫譜　纂修者不詳　2007 年四川民族出版社排印本　合冊　彝漢雙文

始祖央古。支祖吉都(柳庫),央古第十九世孫。僅有世系。共六支後裔,散居四川省涼山州冕寧縣(沙壩)、昭覺縣(木嘎拉達、特布洛、永樂)、雷波縣(瓦崗)等地。

本譜載於《中國彝族譜牒選編・四川卷》第四冊

[四川涼山]社惹譜　纂修者不詳　2007 年四川民族出版社排印本　合冊　彝漢雙文

始祖央古。支祖社惹,央古第十六世孫。僅有世系。共十一支後裔,散居四川省涼山州昭覺縣

(哈甘、庫依)、美姑縣(覺洛、惹胡塔古)、冕寧縣(阿都宜),及樂山市馬邊縣等地。

本譜載於《中國彝族譜牒選編・四川卷》第四冊

[四川涼山]俄柱譜　纂修者不詳　2007 年四川民族出版社排印本　合冊　彝漢雙文

始祖央古。僅有世系。共四支後裔,散居四川省涼山州美姑縣(基伍、柳洛依伍)、雷波縣等地。

本譜載於《中國彝族譜牒選編・四川卷》第四冊

[四川涼山]勒伍譜　纂修者不詳　2007 年四川民族出版社排印本　合冊　彝漢雙文

始祖央古。支祖能伍(勒伍),央古第十二世孫。僅有世系。共九十二支後裔,散居四川省涼山州西昌市、鹽源縣(辣子、南辣子、巫木)、金陽縣(洛覺、史布、天臺)、昭覺縣(縣城、俄爾、合洛、解放溝、覺洛、拉依木、石油、竹核)、喜德縣(縣城、拉克、樂伍、尼波、其拖)、越西縣(縣城、爾賽、梅花、依洛)、甘洛縣(縣城、城關、爾覺阿莫、兩河、廖坪、勝利、玉田)、美姑縣(候播乃拖、馬合覺)、雷波縣(瓦崗),雅安市石棉縣(柱莫),及雲南省寧蒗縣(大興、黃坪、尼基、三張合、瓦拖、永郎)等地。

本譜載於《中國彝族譜牒選編・四川卷》第四冊

[四川涼山]皮特阿加譜　纂修者不詳　2007 年四川民族出版社排印本　合冊　彝漢雙文

始祖央古。支祖阿加,央古第十六世孫。僅有世系。共一百六十三支後裔,散居四川省涼山州西昌市、鹽源縣(縣城、阿薩、巴折、白果、白烏、達夥、大曹、俄社、右所)、布拖縣(洛安、合井、木爾嘎伍、特木里)、金陽縣(阿畢洛比、布莫洛加、典基、谷德、夥克、夥克特薩、基覺、吉持果乃)、昭覺縣(比爾、城北、小海子)、喜德縣(縣城、額尼、哈洛、吉博、洛果、依洛、依尼洛)、冕寧縣(曹沽、城關、城鄉、哈土、加槽、鐵莫、瓦乃)、越西縣(縣城、大花、大瑞、大屯、果爾、拉基、馬拖、乃拖、乃依策、

南箐、坡夥洛、普雄、司果、蘇姑、瓦吉莫、烏色曲、
伍里、西山、楊坡、依莫嘎古、竹阿覺)、美姑縣(古
曲、特伍、拖博)、雷波縣(巴古、俄碩、爾洛、高豪、
南洛、元寶、鎮地)、雅安市石棉縣(察洛、村洛)、
甘孜州九龍縣(爾覺)、及雲南省寧蒗縣(縣城、塔
爾、竹山)等地。

本譜載於《中國彝族譜牒選編·四川卷》第
四冊

[四川涼山]吉木譜　纂修者不詳　2007 年四川
民族出版社排印本　合冊　彝漢雙文

始祖央古。支祖吉木,央古第十四世孫。僅有
世系。共九支後裔,散居四川省涼山州布拖縣(縣
城、策哈)、昭覺縣(縣城、比爾〔昭覺比爾現姓阿
西〕、洛恩、塔青)、美姑縣(馬夥覺)等地。

本譜載於《中國彝族譜牒選編·四川卷》第
四冊

[四川涼山]加俄譜　纂修者不詳　2007 年四川
民族出版社排印本　合冊　彝漢雙文

始祖央古。支祖加俄,央古第十六世孫。僅有
世系。共兩支後裔,散居四川省涼山州金陽縣(丙
底)、昭覺縣(城北)等地。

本譜載於《中國彝族譜牒選編·四川卷》第
四冊

[四川涼山]馬吉譜　纂修者不詳　2007 年四川
民族出版社排印本　合冊　彝漢雙文

始祖央古。支祖馬加(馬吉),央古第十六世
孫。僅有世系。共六十二支後裔,散居四川省涼
山州西昌市(達爾嘎基)、金陽縣(南瓦伍烏、普
地、四嘎茲、特城)、昭覺縣(阿土瓦崗、夥洛)、喜
德縣(東河、賀波洛、洛哈、米市、沙馬拉達、瓦洛、
西河、依子洛)、越西縣(大花、大屯、河東、拉普、
特西、新民)、美姑縣(持西、甲古、木茲)、雷波縣
(古子、哈嘎、豪嘎、上田壩、拖城夥果),成都市,
攀枝花市鹽邊縣(瓦洛),及雲南省寧蒗縣(跑馬、
石普薩)等地。

本譜載於《中國彝族譜牒選編·四川卷》第
四冊

[四川涼山]諾布譜　纂修者不詳　2007 年四川
民族出版社排印本　合冊　彝漢雙文

始祖央古。僅有世系。共一百四十一支後裔,
散居四川省涼山州西昌市(城區、大橋、四夥〔四
合〕)、鹽源縣(縣城、巴折、明央)、德昌縣(爾昌、
拖洛、拖青)、布拖縣(阿犛瓦史、能策、特木里、拖
覺、則洛)、寧南縣(西基)、普格縣(安哈、大拖、德
育、夥莫、夾鐵、黎安、伍洛、則莫)、金陽縣(縣城、
安普、達古洛、爾且、合史、吉莫、覺哈、馬加格、木
府、木胡、派來、桃坪、特木博夥、瓦薩拉柱、伍果
洛、鄉茲)、昭覺縣(縣城、比爾、庫依、且莫、四開、
竹核)、喜德縣(拉克、李子)、冕寧縣(合里、里莊、
明央、森榮、鐵廠、伍威)、美姑縣(馬夥覺)、雷波
縣(安覺、布犛、俄覺、金察、司古、蘇柱乃伍、柱
古)、木里縣,攀枝花市鹽邊縣,雅安市石棉縣(李
子),及雲南省寧蒗縣(博都、博木、跑馬、石嘎、竹
山)等地。

本譜載於《中國彝族譜牒選編·四川卷》第
四冊

[四川涼山]阿茲譜　纂修者不詳　2007 年四川
民族出版社排印本　合冊　彝漢雙文

始祖央古。支祖阿茲,央古第十八世孫。僅有
世系。共十五支後裔,散居四川省涼山州普格縣
(縣城、德育、夾鐵、伍道箐)、布拖縣(拖覺)、昭覺
縣(爛壩、瓦廠、地坡)等地。

本譜載於《中國彝族譜牒選編·四川卷》第
四冊

[四川涼山]阿土譜　纂修者不詳　2007 年四川
民族出版社排印本　合冊　彝漢雙文

始祖央古。支祖阿土,央古第三世孫。僅有世
系。共三十三支後裔,散居四川省涼山州西昌市
(河西)、普格縣、雷波縣(縣城、阿土巴古、巴古、
長河、格迪爾洛、克覺、乃俄、瓦崗、元寶、元寶山)
等地。

本譜載於《中國彝族譜牒選編·四川卷》第
四冊

[四川涼山]石一譜　纂修者不詳　2007 年四川

民族出版社排印本　合册　彝漢雙文

始祖央古。僅有世系。共三百八十八支後裔，散居四川省涼山州西昌市（城區、民勝鄉、巴汝區、洛依馬爾塔、乃楊鄉、蕎地鄉、四合鄉、四合鄉伍格塔、響水鄉、銀廠、裕隆鄉）、鹽源縣（縣城、巴折鄉、白靈鄉、白烏鄉、覺嘎西、黃曹、能木覺枝、平川鎮、水關鄉、瓦都西、巫木鄉、約海、枝巴古、中所白基、竹阿覺、左所）、德昌縣（大六槽鄉、樂躍鄉、巴洞鄉、次達鄉、德州鎮、小高鄉、光明）、會理縣、普格縣（縣城、西洛、特洛、拖木溝、永安鄉）、布拖縣（縣城、拖覺、四且、特曲吉嘎加、拖覺衣某基只）、金陽縣（縣城、阿雷南瓦、阿雷測加、阿雷沙洛、布哈拉達、博西鄉、豪棟哈、波洛瓦拖、爾棟、達古、迪史、木恩洛、迪史瓦洛、俄日、木尼博洛、嘎雷、豪嘎普、海曲、海曲洛、基果能加、吉尼伍木洛、吉迪蘇巴、吉西乃科、加測果、加洛鄉、甲依鄉、解溝、木古天嘎、木里安普、木尼巴聯、南瓦、南瓦尼博合克、派來、派來拉達、普覺拉達、斯米加乃、天臺、瓦伍、阿舉洛比、爾達、依基格則）、昭覺縣（縣城、比爾、比爾拉達、波洛夥濤次、波洛鄉、博洛鄉、布約鄉、城北鄉、地坡克爾、地坡鄉、地莫鄉、俄爾、俄爾覺、俄爾覺覺拉特科、爾洛持合、格烏、古里、海策乃加、金曲、覺洛、馬果、紅星鄉木特、解放溝、金曲拉達、庫莫鄉、柳恩、柳且年果洛古、熱洛、日哈鄉、色低、薩嘎拉達、薩瓦爾古、四開合覺、四開鄉、蘇古鄉、特覺拉達、依地阿木、依子、竹核）、喜德縣（巴久鄉、北山鄉、布果、東河、光明鎮、光明鎮沙洛、紅莫乃烏、紅莫鄉、樂躍鎮、李子鄉、兩河口、魯基鄉、魯基中壩、洛果鎮、馬果乃烏、米市、青拖鄉、熱柯鄉、西河鄉、沙馬拉達鄉、依洛鄉、中壩）、冕寧縣（縣城、巴哈拉達、大橋、河里鄉、後山鄉、瀘沽、麥地鄉、寧依、沙壩鎮、山遼洛、特俄、特合洛、瓦爾、伍能、伍能覺莫、伍能薩地、伍能張扎、彝海、張扎）、越西縣（德吉、申果莊、瓦曲覺、瓦巖鄉、大花鄉、合山、沙步、社普、斯覺巴嘎、瓦尼覺、站哈鄉、中所、竹阿覺）、甘洛縣（阿嘎鄉）、美姑縣（縣城、博基、策嘎瓦拖、候播乃拖鄉、甘古鄉、加覺色克、加古瓦洛、拉古依達、雷木瓦伍、洛布策嘎、莫尼秀、爾其鄉、爾史俄庫）、雷波縣（縣城、一車吉、阿寧平門、阿忠尼次洛、高豪、高花、拉巴子、沙拖趙、

西寧、瓦嘎）、木里縣（縣城、巴加、博瓦、二區、後所、拉馬阿鐵、聯博、寧峨），成都市，甘孜州九龍縣（史洛拉達、迪莫明），樂山市俄邊縣（哈曲鄉、加實依達、伍懸嘎、達堡鄉、漢嘎曲、金艾、金巖帥、莫合達嘎嘎基、木加村、乃烏鄉、斯合鄉、五渡鄉、西合曲、新林鄉、楊河鄉、醫院）、馬邊縣（縣城、金岩），攀枝花市鹽邊縣（柳坡覺），及雲南省昆明市、麗江市、寧蒗縣、香格里拉縣等地。

本譜載於《中國彝族譜牒選編・四川卷》第四册

[四川涼山]阿嘎譜　纂修者不詳　2007 年四川民族出版社排印本　合册　彝漢雙文

始祖合俄，央古第十一世孫。支祖阿嘎，合俄第六世孫。僅有世系。共四支後裔，散居四川省涼山州金陽縣（特兹、波洛鄉）、昭覺縣（竹核）等地。

本譜載於《中國彝族譜牒選編・四川卷》第四册

[四川涼山]加巴譜　纂修者不詳　2007 年四川民族出版社排印本　合册　彝漢雙文

始祖合俄，央古第十一世孫。支祖加巴，合俄第八世孫。僅有世系。共兩支後裔，散居四川省涼山州普格縣（永安鄉）、昭覺縣（四開）等地。

本譜載於《中國彝族譜牒選編・四川卷》第四册

[四川涼山]克期譜　纂修者不詳　2007 年四川民族出版社排印本　合册　彝漢雙文

始祖合俄，央古第十一世孫。支祖克期，合俄第六世孫。僅有世系。共二十六支後裔，散居四川省涼山州金陽縣（波洛瓦格、波洛鄉、木里博洛、石河、瓦洛）、昭覺縣（阿忠蘇米、古里、嘎朵爾古、革五、麻覺乃拖、且莫、惹柳加伍、四開鄉、竹核木子博伍）、美姑縣（青哈、瓦洛、甲谷）、雷波縣（西寧、瓦崗一車鄉）等地。

本譜載於《中國彝族譜牒選編・四川卷》第四册

[四川涼山]則譜　纂修者不詳　2007 年四川民

族出版社排印本　合冊　彝漢雙文

始祖合俄,央古第十一世孫。僅有世系。共五支後裔,散居四川省涼山州布拖縣(四棵鄉)、昭覺縣(四開、四開果洛、四開合覺、四開尼嘎普)等地。

本譜載於《中國彝族譜牒選編・四川卷》第四冊

[四川涼山]斯四譜　纂修者不詳　2007 年四川民族出版社排印本　合冊　彝漢雙文

始祖合俄,央古第十一世孫。支祖斯四,合俄第十世孫。僅有世系。共十二支後裔,散居四川省涼山州金陽縣(策西乃科、爾都拉達、克持拉達、薩洛依達)、昭覺縣(拉依木)、美姑縣、雷波縣(高花)等地。

本譜載於《中國彝族譜牒選編・四川卷》第四冊

[四川涼山]吉海譜　纂修者不詳　2007 年四川民族出版社排印本　合冊　彝漢雙文

始祖合俄,央古第十一世孫。支祖吉海,合俄第四世孫。僅有世系。共二十七支後裔,散居四川省涼山州西昌市(四合鄉)、德昌縣(德州鎮)、金陽縣(安普、木里鐵山、向嶺鄉依里覺)、昭覺縣(比爾、東洛、金曲拉達)、喜德縣(巴久鄉、博洛鄉、博吉鎮、波洛鄉、東河鄉、李子鄉)、越西縣(申果莊)、美姑縣(樂躍鄉、柳洪、柳洪薩迪、麻樂躍)、雷波縣(卡哈洛、元寶)等地。

本譜載於《中國彝族譜牒選編・四川卷》第四冊

[四川涼山]諾古譜　纂修者不詳　2007 年四川民族出版社排印本　合冊　彝漢雙文

始祖合俄,央古第十一世孫。支祖洛古(諾古),合俄第六世孫。僅有世系。共七十二支後裔,散居四川省涼山州西昌市、鹽源縣(寧海)、金陽縣(嘎棟、南加胡茲、派來拉達)、昭覺縣(竹核、竹核雷莫哈)、喜德縣(諾古、賀波洛)、越西縣(拉普、申果莊、下普雄、社普、依洛、瓦曲、中普雄、竹阿覺)、甘洛縣(古基俄、石基俄日、新市壩)、雷波

縣(體覺、體古),樂山市峨邊縣(金巖鄉)、馬邊縣,及攀枝花市鹽邊縣(布惹)等地。

本譜載於《中國彝族譜牒選編・四川卷》第四冊

[四川涼山]吉色譜　纂修者不詳　2007 年四川民族出版社排印本　合冊　彝漢雙文

始祖合俄,央古第十一世孫。支祖吉色,合俄第七世孫。僅有世系。共十五支後裔,散居四川省涼山州金陽縣(友合博伍)、昭覺縣(古里、色低、木子博巫)、越西縣(博史加覺)、雷波縣(木瓦烏、爾薩持),及雲南省香格里拉縣等地。

本譜載於《中國彝族譜牒選編・四川卷》第四冊

[四川涼山]體依譜　纂修者不詳　2007 年四川民族出版社排印本　合冊　彝漢雙文

始祖央古。僅有世系。共二十支後裔,散居四川省涼山州金陽縣(阿雷俄覺、若洛博伍、若洛博伍特木嘎哈、色色洛)、美姑縣(縣城)、雷波縣(阿雷俄覺、巴哈、瓦嘎),及西南民族大學等地。

本譜載於《中國彝族譜牒選編・四川卷》第四冊

[四川涼山]曲莫譜　纂修者不詳　2007 年四川民族出版社排印本　合冊　彝漢雙文

始祖合俄,央古第十一世孫。僅有世系。共九支後裔,散居四川省涼山州西昌市、金陽縣(阿城尼次洛、博古薩、洛覺依果、馬薩平、友木覺枝、真木書西)、昭覺縣、雷波縣(縣城)等地。

本譜載於《中國彝族譜牒選編・四川卷》第四冊

[四川涼山]吉都譜　纂修者不詳　2007 年四川民族出版社排印本　合冊　彝漢雙文

始祖合俄,央古第十一世孫。僅有世系。共十八支後裔,散居四川省涼山州西昌市(興勝鄉)、金陽縣(縣城)、昭覺縣(縣城、地莫、熱洛拉達、四開鄉、古里、色迪)、美姑縣(博俄尼合)、雷波縣(高豪、木恩洛、瓦古、西寧合山),及樂山市馬邊

縣(乃烏鄉)等地。

本譜載於《中國彝族譜牒選編·四川卷》第四册

[四川涼山]特覺譜　纂修者不詳　2007年四川民族出版社排印本　合册　彝漢雙文

始祖普莫。僅有世系。共二十三支後裔,散居四川省涼山州普格縣(布吉子洛莫、木青策測乃、特覺拉達、西洛拉達)、布拖縣(聯布、委只洛、衣莫、衣莫柳名乃烏)、金陽縣、昭覺縣(普詩嘎拖、大壩鄉、乃拖覺莫、四開迪洛阿爾、四開地莫、四開柳恩依達、瓦廠鄉、衣拖覺莫〔昭覺乃拖覺莫〕)等地。

本譜載於《中國彝族譜牒選編·四川卷》第四册

[四川涼山]吉覺三子源譜源　纂修者不詳　2007年四川民族出版社排印本　合册　彝漢雙文

始祖邱尼。支祖吉覺(階覺),邱尼第四十六世孫。僅有世系,記載自邱尼至友里共四十七代。

本譜載於《中國彝族譜牒選編·四川卷》第四册

[四川涼山]阿枝吉覺譜　纂修者不詳　2007年四川民族出版社排印本　合册　彝漢雙文

始祖吉覺。支祖阿枝,吉覺第十一世孫。僅有世系。共二十一支後裔,散居四川省涼山州鹽源縣、昭覺縣(麻吉所窩)、美姑縣(阿犖博伍、博伍、柳洪、洛莫、薩嘎、子威)、雷波縣(馬頸子、莫紅),及攀枝花市鹽邊縣等地。

本譜載於《中國彝族譜牒選編·四川卷》第四册

[四川涼山]吉覺譜　纂修者不詳　2007年四川民族出版社排印本　合册　彝漢雙文

始祖吉覺。僅有世系。共六十七支後裔,散居四川省涼山州西昌市、金陽縣(對坪)、昭覺縣(縣城、持阿木、古爾、古里、好谷、龍恩、且莫、日哈、蘇博、特布洛、茲能、子能)、喜德縣(縣城)、冕寧縣

(城廂)、越西縣(白果、拉基、四嘎普、瓦曲)、甘洛縣(阿甘)、美姑縣(車子、俄庫、爾馬乃伍、爾曲乃伍、甘古、金依斯、柳洪、乃拖、普迪、紹諾加伍、書洛、斯俄洛、依生瓦尼、子威)、雷波縣(爛壩子、坪頭),樂山市峨邊縣、馬邊縣(達約子),攀枝花市鹽邊縣,及雲南省昭通市永善縣等地。

本譜載於《中國彝族譜牒選編·四川卷》第四册

[四川涼山]吉所譜　纂修者不詳　2007年四川民族出版社排印本　合册　彝漢雙文

始祖吉覺。支祖吉所,吉覺第十五世孫。僅有世系。共二十三支後裔,散居四川省涼山州越西縣(諾古)、甘洛縣(縣城、阿日、布布、德吉乃拖、尼雷蘇、色依日達)、美姑縣(炳途、格木乃拖、蘇洛),及樂山市峨邊縣、馬邊縣等地。

本譜載於《中國彝族譜牒選編·四川卷》第四册

[四川涼山]吉合譜　纂修者不詳　2007年四川民族出版社排印本　合册　彝漢雙文

始祖吉爾,邱尼第四十四世孫。支祖吉合,吉爾第十四世孫。僅有世系。共四十七支後裔,散居四川省涼山州西昌市、昭覺縣(古里)、越西縣(普雄)、美姑縣(布子西、城茲、典補、乃覺、期哈、塔覺)、雷波縣(縣城、八寨、帕哈)、樂山市馬邊縣,及湖北省等地。

本譜載於《中國彝族譜牒選編·四川卷》第四册

[四川涼山]阿余譜　纂修者不詳　2007年四川民族出版社排印本　合册　彝漢雙文

始祖吉覺。支祖阿余,吉覺第十世孫。僅有世系。共八十六支後裔,散居四川省涼山州西昌市(巴沙)、鹽源縣(德石、棉椏)、金陽縣(古曲、日爾、依東、依覺)、昭覺縣(縣城、嘎朵爾古、古爾、古里、古普、卡日洛、且莫、日哈)、喜德縣(縣城、光明、兩河口)、冕寧縣(森榮、沙壩)、美姑縣(巴普、博伍、博伍庫、布子西、典補、合洛、合洛加古、龍門、乃嘎、尼合、斯明洛、斯噢洛、塔箐、瓦庫、伍

阿果、竹庫)、雷波縣(縣城、長河、格地爾古、谷堆、哈曲、莫紅、坪頭、沙坪子、山棱崗),及雲南省寧蒗縣(西川)等地。

本譜載於《中國彝族譜牒選編·四川卷》第四冊

[四川涼山]四茲譜　纂修者不詳　2007年四川民族出版社排印本　合冊　彝漢雙文

始祖吉覺。支祖司茲(四茲),吉覺第十四世孫。僅有世系。共二十八支後裔,散居四川省涼山州美姑縣(策嘎、合姑洛、基毅俄枝、拉古依達、魯品、書普乃伍、茲木潘古)、雷波縣(縣城、噢古、上田壩、瓦崗、五官、拉咪),及樂山市馬邊縣等地。

本譜載於《中國彝族譜牒選編·四川卷》第四冊

[四川涼山]惹果譜　纂修者不詳　2007年四川民族出版社排印本　合冊　彝漢雙文

始祖吉覺。支祖惹格(惹果),吉覺第十四世孫。僅有世系。共二支後裔,散居四川省涼山州美姑縣(子威)、雷波縣(莫毅瓦史)等地。

本譜載於《中國彝族譜牒選編·四川卷》第四冊

[四川涼山]吉約譜　纂修者不詳　2007年四川民族出版社排印本　合冊　彝漢雙文

始祖吉覺。支祖吉約,吉覺第十三世孫。僅有世系。共八支後裔,散居四川省涼山州美姑縣(吉曲、柳洛依伍、乃拖、依開覺)、雷波縣(長河、山棱崗)等地。

本譜載於《中國彝族譜牒選編·四川卷》第四冊

[四川涼山]吉卡譜　纂修者不詳　2007年四川民族出版社排印本　合冊　彝漢雙文

始祖吉覺。支祖吉卡,吉覺後世裔孫。僅有世系。共十支後裔,散居四川省涼山州美姑縣(柳洪、子威)、雷波縣(卡哈洛、馬頸子、帕哈、上田壩、五官),及樂山市峨邊縣等地。

本譜載於《中國彝族譜牒選編·四川卷》第

四冊

[四川涼山]吉耕譜　纂修者不詳　2007年四川民族出版社排印本　合冊　彝漢雙文

始祖吉覺。僅有世系。共四十支後裔,散居四川省涼山州昭覺縣(且莫)、越西縣(中所)、甘洛縣(普城)、美姑縣(博伍、基毅俄枝、普箐甲谷、如茲、薩甘、紹諾、寨哈乃伍)、雷波縣(巴哈、谷堆、夥色、基俄枝、卡哈洛、爛壩子、馬頸子、莫合南伍、上田壩、史吉依達、瓦木覺、西寧、高豪),及樂山市馬邊縣(基古沙、沙且)等地。

本譜載於《中國彝族譜牒選編·四川卷》第四冊

[四川涼山]阿育譜　纂修者不詳　2007年四川民族出版社排印本　合冊　彝漢雙文

始祖吉覺。支祖阿育,吉覺第十一世孫。僅有世系。共十七支後裔,散居四川省涼山州冕寧縣(森榮)、越西縣(上普雄)、甘洛縣(阿爾)、美姑縣(巴普、城子、典補、合姑洛、柳洪)、雷波縣(嘎哈木諾、曲依、西寧),及樂山市峨邊縣、馬邊縣等地。

本譜載於《中國彝族譜牒選編·四川卷》第四冊

[四川涼山]約其譜　纂修者不詳　2007年四川民族出版社排印本　合冊　彝漢雙文

始祖吉覺。支祖約期(約其),吉覺第十世孫。僅有世系。共二十八支後裔,散居四川省涼山州金陽縣(尼古)、昭覺縣(瓦崗)、甘洛縣(柳古)、越西縣(上普雄)、美姑縣(博俄尼合、爾其、古覺、吉覺爾其、吉覺色克、尼尼瓦西、色克、紹諾、紹諾古覺、紹諾依覺、生克、特博覺、則哈、子威)、雷波縣等地。

本譜載於《中國彝族譜牒選編·四川卷》第四冊

[四川涼山]羅韓譜　纂修者不詳　2007年四川民族出版社排印本　合冊　彝漢雙文

始祖吉覺。支祖羅韓,吉覺第十二世孫。僅有世系。共二十一支後裔,散居四川省涼山州美姑縣(布子乃覺、爾普拉達、基毅馬哈)、雷波縣(八寨、五官)等地。

本譜載於《中國彝族譜牒選編·四川卷》第四册

[四川涼山]且薩譜　纂修者不詳　2007 年四川民族出版社排印本　合册　彝漢雙文

始祖蒙烏,邱尼第二十九世孫。支祖青薩(阿子),蒙烏第二十八世孫。僅有世系。共四十八支後裔,散居四川省涼山州西昌市(城區、北山、四合)、鹽源縣、寧南縣、普格縣(阿尼洛、阿寧洛、蘇洛拉達、小興場)、布拖縣(沙洛)、昭覺縣(縣城、城北、持合、持合南烏、達洛、爾合惹、好古、吉恩拉達、拉哈依烏、洛恩、木合南烏、南坪、沙洛、伍子)、喜德縣(光明、則伍)、越西縣(白果)、美姑縣(瓦洛),成都市,樂山市峨邊縣(紅毛南烏),甘孜州九龍縣,及雲南省等地。

本譜載於《中國彝族譜牒選編·四川卷》第四册

[四川涼山]阿吉譜　纂修者不詳　2007 年四川民族出版社排印本　合册　彝漢雙文

始祖吉覺。支祖阿吉,吉覺第十六世孫。僅有世系。共三十五支後裔,散居四川省涼山州西昌城、布拖縣(縣城、基只、金補、金乃、衣某、依莫、則洛)、金陽縣(阿布洛哈、南瓦、派來、體里)、昭覺縣(縣城、光明、好谷、舉體洛古、四開、體覺拉達)、甘洛縣等地。

本譜載於《中國彝族譜牒選編·四川卷》第四册

[四川涼山]依日譜　纂修者不詳　2007 年四川民族出版社排印本　合册　彝漢雙文

始祖吉覺。支祖依日,吉覺第十一世孫。僅有世系。共二十支後裔,散居四川省涼山州西昌城、美姑縣(莫紅、青哈、乃久覺)、雷波縣(策瓦拖、子子乃拖)等地。

本譜載於《中國彝族譜牒選編·四川卷》第四册

[四川涼山]莫俄九子譜源　纂修者不詳　2007 年四川民族出版社排印本　合册　彝漢雙文

始祖曲涅。支祖莫俄,曲涅第五十二世孫。僅有世系,記載曲涅至俄尼共五十三代。

本譜載於《中國彝族譜牒選編·四川卷》第四册

[四川涼山]俄里譜　纂修者不詳　2007 年四川民族出版社排印本　合册　彝漢雙文

始祖曲涅。支祖俄里,莫俄子。僅有世系。共二十一支後裔,散居四川省涼山州西昌市、鹽源縣(香房)、喜德縣(兩河口、魯基)、冕寧縣(洛依加伍)、甘洛縣、美姑縣(拉馬、乃合加古、瓦科加古)、越西縣(申果莊),及樂山市峨邊縣等地。

本譜載於《中國彝族譜牒選編·四川卷》第四册

[四川涼山]馬海譜　纂修者不詳　2007 年四川民族出版社排印本　合册　彝漢雙文

始祖吉木,曲涅第四十世孫。支祖馬海,吉木第十六世孫。僅有世系。共二十五支後裔,散居四川省涼山州昭覺縣(央摩祖)、喜德縣(南巴、沙馬拉達)、冕寧縣(森榮、央迪)、越西縣(貢莫、樂青地、上普雄、申普、四甘普、瓦曲覺),樂山市峨邊縣,成都市,及雲南省昭通市(洛曲)等地。

本譜載於《中國彝族譜牒選編·四川卷》第四册

[四川涼山]洛巴譜　纂修者不詳　2007 年四川民族出版社排印本　合册　彝漢雙文

始祖莫俄。支祖洛巴,莫俄第五世孫。僅有世系。共二十九支後裔,散居四川省涼山州普格縣(西洛)、布拖縣、喜德縣(洛哈)、冕寧縣(城廂、哈哈、後山、巨龍、瀘古、木曲拉達)、越西縣(縣城、爾覺、申果、四甘普)、樂山市峨邊縣,雅安市石棉縣(基子),及甘孜州九龍縣(木初拉達、雄金)等地。

本譜載於《中國彝族譜牒選編·四川卷》第四册

[四川涼山]吉熱譜　纂修者不詳　2007 年四川民族出版社排印本　合冊　彝漢雙文

始祖莫俄。支祖吉熱,莫俄第三世孫。僅有世系。共二十六支後裔,散居四川省涼山州西昌市、鹽源縣、喜德縣(博洛、兩河口)、冕寧縣、昭覺縣(覺洛瓦伍)、越西縣(爾覺、瓦普)等地。

本譜載於《中國彝族譜牒選編・四川卷》第四冊

[四川涼山]友生譜　纂修者不詳　2007 年四川民族出版社排印本　合冊　彝漢雙文

始祖吉木。支祖友生,吉木第十六世孫。僅有世系。共二十三支後裔,散居四川省涼山州昭覺縣(城北、爾古、覺洛)、美姑縣(阿格馬洛、阿舉博伍、拉古依達、柳合、特迪阿莫、特西博益、則主、子威)、雷波縣(千成貫、曲依、西寧)等地。

本譜載於《中國彝族譜牒選編・四川卷》第四冊

[四川涼山]加拉譜　纂修者不詳　2007 年四川民族出版社排印本　合冊　彝漢雙文

始祖莫俄。支祖堅拉(加拉),莫俄第三世孫。僅有世系。共六支後裔,散居四川省涼山州喜德縣(縣城、紅莫、洛哈)、越西縣(四甘普)、美姑縣(柳洪)等地。

本譜載於《中國彝族譜牒選編・四川卷》第四冊

[四川涼山]吉乃譜　纂修者不詳　2007 年四川民族出版社排印本　合冊　彝漢雙文

始祖吉木。支祖加乃(吉乃),吉木第十四世孫。僅有世系。共二百零二支後裔,散居四川省涼山州西昌市、越西縣(縣城、白果、白沙河、爾次、爾格、爾古、馬烏、乃托、乃拖、普雄、上普雄、下普雄、烏伍)、甘洛縣(阿范、白沙河、爾古、爾覺、爾覺河、嘎日、好古、吉明、減巫、勒爾古、普城、日阿嘎、石海、斯覺、田壩、瓦莫迪史、瓦木迪、瓦木地史)、美姑縣(阿枝卡哈、策哈果、爾布乃伍、蔣吉阿尼古布、蔣覺古布、金央豪嘎、柳洪、柱古哈拉)、雷波縣(縣城、達平子、大坪子、馬頸子、莫紅、帕

哈、千成貫、元寶山)等地。

本譜載於《中國彝族譜牒選編・四川卷》第四冊

[四川涼山]阿博譜　纂修者不詳　2007 年四川民族出版社排印本　合冊　彝漢雙文

始祖莫俄。支祖阿博,莫俄第七世孫。僅有世系。共四支後裔,散居四川省涼山州美姑縣(格扎瓦西、拉古依達)、樂山市馬邊縣(曲畢)等地。

本譜載於《中國彝族譜牒選編・四川卷》第四冊

[四川涼山]讓拉譜　纂修者不詳　2007 年四川民族出版社排印本　合冊　彝漢雙文

始祖莫俄。支祖讓拉,莫俄第六世孫。僅有世系。共二十三支後裔,散居四川省涼山州喜德縣(小山)、冕寧縣、越西縣(古爾、申果莊)、甘洛縣等地。

本譜載於《中國彝族譜牒選編・四川卷》第四冊

[四川涼山]洛金譜　纂修者不詳　2007 年四川民族出版社排印本　合冊　彝漢雙文

始祖莫俄。支祖洛金,莫俄第八世孫。僅有世系。共八支後裔,散居四川省涼山州越西縣(德吉、河東、上普雄)、甘洛縣(岩潤)、美姑縣(阿比乃拖、約樂),及樂山市馬邊縣(姓讓拉)等地。

本譜載於《中國彝族譜牒選編・四川卷》第四冊

[四川涼山]社木譜　纂修者不詳　2007 年四川民族出版社排印本　合冊　彝漢雙文

始祖莫俄。支祖社木,莫俄第三世孫。僅有世系。共十三支後裔,散居四川省涼山州喜德縣(小山)、越西縣(書古)、昭覺縣(布約、達覺夥普、日哈、四開、竹核)、甘洛縣、美姑縣(蔣古)、雷波縣等地。

本譜載於《中國彝族譜牒選編・四川卷》第四冊

[四川涼山]漢嘎譜　纂修者不詳　2007 年四川民族出版社排印本　合册　彝漢雙文

始祖莫俄。支祖漢嘎,莫俄第三世孫。僅有世系。共二十四支後裔,散居四川省涼山州昭覺縣(縣城、迪覺、迪覺博伍、爾古、石約、塔莫、特布洛、竹核)、美姑縣(里者拉達、里者洛)、雷波縣(箐口)等地。

本譜載於《中國彝族譜牒選編·四川卷》第四册

[四川涼山]吉左譜　纂修者不詳　2007 年四川民族出版社排印本　合册　彝漢雙文

始祖莫俄。支祖吉左,莫俄第十二世孫。僅有世系。共八支後裔,散居四川省涼山州西昌市(城區)、越西縣(四甘普、新民)等地。

本譜載於《中國彝族譜牒選編·四川卷》第四册

[四川涼山]吉史譜　纂修者不詳　2007 年四川民族出版社排印本　合册　彝漢雙文

始祖莫俄。支祖吉史,莫俄第六世孫。僅有世系。共兩支後裔,散居四川省涼山州越西縣(德吉)等地。

本譜載於《中國彝族譜牒選編·四川卷》第四册

[四川涼山]阿扎譜　纂修者不詳　2007 年四川民族出版社排印本　合册　彝漢雙文

始祖莫俄。支祖阿扎,莫俄第十四世孫。僅有世系。共十五支後裔,散居四川省涼山州西昌市、甘洛縣,及甘孜州九龍縣等地。

本譜載於《中國彝族譜牒選編·四川卷》第四册

[四川涼山]勒則譜　纂修者不詳　2007 年四川民族出版社排印本　合册　彝漢雙文

始祖莫俄。支祖勒則,莫俄第四世孫。僅有世系。共五十五支後裔,散居四川省涼山州昭覺縣(乃嘎)、冕寧縣(特俄)、越西縣(保石、爾賽、古爾、哈莫、洛合、依吉)、美姑縣(爾曲乃伍、哈洛、覺都乃伍、勒木瓦俄、里惹策俄、馬拖、斯古依達、瓦庫、新橋)、雷波縣(縣城、大坪子、黄琅、莫毅、莫毅史考、坪頭、箐口、上田壩、史吉博俄、五官、中山)等地。

本譜載於《中國彝族譜牒選編·四川卷》第四册

[四川涼山]孫子譜　纂修者不詳　2007 年四川民族出版社排印本　合册　彝漢雙文

始祖莫俄。支祖斯子(孫子),莫俄第十二世孫。僅有世系。共二十二支後裔,散居四川省涼山州西昌城、普格縣(縣城)、越西縣(縣城、板橋、大瑞、拉普、馬拖、瓦曲)等地。

本譜載於《中國彝族譜牒選編·四川卷》第四册

[四川涼山]格坡譜　纂修者不詳　2007 年四川民族出版社排印本　合册　彝漢雙文

始祖莫俄。支祖革坡(格坡),莫俄裔孫。僅有世系。共九支後裔,散居四川省涼山州甘洛縣(普昌)、越西縣(阿嘎土、大瑞、吉烏、洛廠、馬拖、斯木合、依洛)等地。

本譜載於《中國彝族譜牒選編·四川卷》第四册

[四川涼山]依勒譜　纂修者不詳　2007 年四川民族出版社排印本　合册　彝漢雙文

始祖莫俄。支祖依勒,莫俄第十世孫。僅有世系。共九十五支後裔,散居四川省涼山州喜德縣(縣城、拉克、冕山)、冕寧縣(瓦乃拉達、新鐵村)、越西縣(爾賽、樂青地、樂青地站普乃拖、樂青地四合博柱、勒合乃巴、坡合、普雄、瓦普、瓦普莫、爾黑蔣古、依洛、依莫蔣子、張普),及甘孜州瀘定縣等地。

本譜載於《中國彝族譜牒選編·四川卷》第四册

[四川涼山]阿哲譜　纂修者不詳　2007 年四川民族出版社排印本　合册　彝漢雙文

始祖莫俄。支祖阿則(阿哲),莫俄第十二世孫。僅有世系。共二十支後裔,散居四川省涼山州西昌市(民勝、特洛)、甘洛縣(阿寨、古烏)、越西縣(縣城)等地。

本譜載於《中國彝族譜牒選編·四川卷》第四册

[四川涼山]說惹譜　纂修者不詳　2007 年四川民族出版社排印本　合册　彝漢雙文

始祖莫俄。支祖碩惹(說惹),莫俄第十四世孫。僅有世系。共七支後裔,散居四川省涼山州越西縣(乃拖、五里)、甘洛縣(普昌、塞達)、美姑縣(蘇洛)等地。

本譜載於《中國彝族譜牒選編·四川卷》第四册

[四川涼山]約莫譜　纂修者不詳　2007 年四川民族出版社排印本　合册　彝漢雙文

始祖莫俄。支祖友莫(約莫),莫俄第六世孫。僅有世系。共四支後裔,散居四川省涼山州西昌市(鐵洛局)、冕寧縣(宏模)、越西縣(貢莫)等地。

本譜載於《中國彝族譜牒選編·四川卷》第四册

[四川涼山]阿子譜　纂修者不詳　2007 年四川民族出版社排印本　合册　彝漢雙文

始祖莫俄。支祖阿子,莫俄第七世孫。僅有世系。共三支後裔,散居四川省涼山州西昌市、昭覺縣(木佛乃伍)等地。

本譜載於《中國彝族譜牒選編·四川卷》第四册

[四川涼山]阿則譜　纂修者不詳　2007 年四川民族出版社排印本　合册　彝漢雙文

始祖莫俄。僅有世系。記載莫俄總支,及比省、魯金、魯組下的支系。

本譜載於《中國彝族譜牒選編·四川卷》第四册

[四川涼山]阿比譜　纂修者不詳　2007 年四川民族出版社排印本　合册　彝漢雙文

始祖嘎卓,吉木第十二世孫。支祖阿比,嘎卓第九世孫。僅有世系。共九支後裔,散居四川省涼山州越西縣(覺爾、仁爾)、美姑縣(阿子寧哈、城兹、爾布乃烏、斯古毅達、趙俄拉達)等地。

本譜載於《中國彝族譜牒選編·四川卷》第四册

[四川涼山]勒格譜　纂修者不詳　2007 年四川民族出版社排印本　合册　彝漢雙文

始祖吉木。支祖勒格,吉木第十四世孫。僅有世系。共四十七支後裔,散居四川省涼山州西昌市、昭覺縣(縣城、迪覺合普、格烏、古里、古曲、洛莫、且莫、特布洛、特南洛、依步覺)、越西縣(申果莊)、甘洛縣、美姑縣(吉覺古布、甲谷、蔣覺古布、金毅漢嘎、樂約、里者拉達、柳洪、麻皆蘇合、特西、瓦候、依金拉達)、雷波縣(縣城、哈拉、帕哈、箐口、瓦崗),及成都市等地。

本譜載於《中國彝族譜牒選編·四川卷》第四册

[四川涼山]爾基九子譜源　纂修者不詳　2007 年四川民族出版社排印本　合册　彝漢雙文

始祖曲涅。支祖爾基,曲涅第五十三世孫。僅有世系,記載自曲涅至阿迪共五十四代。

本譜載於《中國彝族譜牒選編·四川卷》第四册

[四川涼山]爾基譜　纂修者不詳　2007 年四川民族出版社排印本　合册　彝漢雙文

始祖嘎卓。支祖爾基,嘎卓第四世孫。僅有世系。共二百十六支後裔,散居四川省涼山州西昌市(巴汝、大橋、格惹拉達、爾洛格胡、乃合)、鹽源縣(阿薩、達曹、德石、迪史、黃菜、黃草、拉尼基、衛城、烏木、烏特、伍持、伍木合、鄉範、鹽塘、右所)、會理縣(乃伍)、金陽縣(布久、布覺、達卓、木尼布覺、依達)、喜德縣(巴久、北山、賀波洛、李子、聯合、兩河口、洛古、米市)、昭覺縣(縣城、比爾、城北、古里、好谷、金曲、久洛、覺洛、拉達、拉依木、柳庫爾、木合乃伍、色地、特布洛、則普、竹核)、冕寧縣(曹古、察毅、森榮)、越西縣(白果、羅洛、博史、爾色、魯洛、洛伍、乃犖、坡合、社普、申果、司果、塔子普、特西、西鄉)、甘洛縣(社體、團結、玉田)、美姑縣(縣城、博伍、布子洛張、城兹、典布乃伍、恩爾博西、格俄哈洛、哈姑、合博、合博乃拖、基伍加古、克生史拖、拉古依達、里尼博伍、柳合、柳克而嘎、洛作、乃拖、拖堅、瓦古、瓦庫乃嘎)、雷波縣(巴古、巴其加古、博基、達瓦坪、爾嘎、格古乃拖、柳則、莫宜、莫毅覺果、山棱崗、司拉巴、蘇久基、瓦崗、瓦批西、西寧、西寧果豪)、木里縣、樂山市峨邊縣(洛合)、馬邊縣(南瓦)，攀枝花市鹽邊縣，及雲南省寧蒗縣(华格)等地。

本譜載於《中國彝族譜牒選編·四川卷》第四冊

[四川涼山]達則譜　纂修者不詳　2007 年四川民族出版社排印本　合冊　彝漢雙文

始祖爾基。支祖達則，爾基第四世孫。僅有世系。共十二支後裔，散居四川省涼山州越西縣(卓圖)、甘洛縣(阿嘎)、美姑縣(巴普、金策嘎、柳合巴普、子子俄普)、雷波縣(博基、俄比吉合、莫蘇合、伍某央達)，及成都市等地。

本譜載於《中國彝族譜牒選編·四川卷》第四冊

[四川涼山]阿爾譜　纂修者不詳　2007 年四川民族出版社排印本　合冊　彝漢雙文

始祖爾基。支祖阿爾，爾基第八世孫。僅有世系。共三十一支後裔，散居四川省涼山州昭覺縣(木坡拉達、慶恒、特布洛)、美姑縣(賓土、久都乃伍、薩庫、薩庫爾久、瓦合、依金、依金拉達)、雷波縣(乃加)，眉山市(彭山加湖)，及樂山市馬邊縣(木兹巴、木子巴、瓦合)等地。

本譜載於《中國彝族譜牒選編·四川卷》第四冊

[四川涼山]加拉譜　纂修者不詳　2007 年四川民族出版社排印本　合冊　彝漢雙文

始祖爾基。支祖加拉，爾基第七世孫。僅有世系。共十六支後裔，散居四川省涼山州美姑縣(縣城、拉古、哈古、則哈)、雷波縣(曲依)等地。

本譜載於《中國彝族譜牒選編·四川卷》第四冊

[四川涼山]馬海譜　纂修者不詳　2007 年四川民族出版社排印本　合冊　彝漢雙文

始祖爾基。僅有世系。共二十支後裔，散居四川省涼山州鹽源縣、昭覺縣(爾古、竹核)、喜德縣(兩河口)、金陽縣(達開)、雷波縣(則合)，及攀枝花市鹽邊縣(久古)等地。

本譜載於《中國彝族譜牒選編·四川卷》第四冊

[四川涼山]吉生譜　纂修者不詳　2007 年四川民族出版社排印本　合冊　彝漢雙文

始祖爾基。支祖吉色(吉生)，爾基第六世孫。僅有世系。共十三支後裔，散居四川省涼山州昭覺縣(布約、慶恒、則普、竹核)、美姑縣(乃拖)、越西縣(白果、乃犖、乃拖、青拖、瓦曲久)、雷波縣(莫紅)，及樂山市馬邊縣等地。

本譜載於《中國彝族譜牒選編·四川卷》第四冊

[四川涼山]阿尼譜　纂修者不詳　2007 年四川民族出版社排印本　合冊　彝漢雙文

始祖爾基。支祖阿尼，爾基第十世孫。僅有世系。後裔散居四川省涼山州西昌市(宜察)、喜德縣(依子洛)、美姑縣(城木典補、城兹、城兹爾拖、某色洛洛、坪頭、新橋)、雷波縣(巴步洛、西寧)等地。

本譜載於《中國彝族譜牒選編·四川卷》第四冊

[四川涼山]阿布譜　纂修者不詳　2007 年四川民族出版社排印本　合冊　彝漢雙文

始祖爾基。支祖阿布，爾基第六世孫。僅有世系。共六支後裔，散居四川省涼山州美姑縣(俄久洛)、雷波縣(拉咪)，及樂山市馬邊縣(蘇壩〔姓莫科〕)等地。

本譜載於《中國彝族譜牒選編·四川卷》第四冊

[四川涼山]社爾譜　纂修者不詳　2007 年四川民族出版社排印本　合冊　彝漢雙文

始祖爾基。支祖社爾,爾基第七世孫。僅有世系。共二十六支後裔,散居四川省涼山州西昌市、美姑縣(阿邱洛、爾合、爾普拉達、基伍加古、農作、瓦曲)、雷波縣(爾嘎薩、果爾科、伍官),及樂山市峨邊縣等地。

本譜載於《中國彝族譜牒選編·四川卷》第四冊

[四川涼山]馬沙譜　纂修者不詳　2007 年四川民族出版社排印本　合冊　彝漢雙文

始祖爾基。支祖馬沙,爾基第五世孫。僅有世系。共三十三支後裔,散居四川省涼山州西昌市、美姑縣(爾克嘎伍、紅洪溪、洪溪、南豪甲古、薩飛、瓦西、依嘎、則主)越西縣(俄木乃科、依洛、依洛迪巴)、雷波縣(縣城、布史、布史甲古、地莫加古、西寧),及宜賓市屏山縣等地。

本譜載於《中國彝族譜牒選編·四川卷》第四冊

[四川涼山]里者譜　纂修者不詳　2007 年四川民族出版社排印本　合冊　彝漢雙文

始祖吉木,曲涅第四十世孫。支祖里者,吉木第十五世孫。僅有世系。共十七支後裔,散居四川省涼山州鹽源縣(南子)、金陽縣(阿豪瓦久)、昭覺縣(縣城、阿土久、比爾、庫依、竹核)、喜德縣(博洛)、美姑縣(里扎洛)、木里縣,雅安市鹽邊縣(史瓦),及雲南省麗江市等地。

本譜載於《中國彝族譜牒選編·四川卷》第四冊

[四川涼山]曲莫譜　纂修者不詳　2007 年四川民族出版社排印本　合冊　彝漢雙文

始祖吉爾,曲涅第五十一世孫。支祖曲莫(曲木),吉爾第四世孫。僅有世系。共兩支後裔,散居四川省涼山州越西縣(瓦曲久)、美姑縣(合博)等地。

本譜載於《中國彝族譜牒選編·四川卷》第四冊

[四川涼山]阿子九子譜源　纂修者不詳　2007 年四川民族出版社排印本　合冊　彝漢雙文

始祖吉木。支祖阿子,爾基第十三世孫。僅有世系,記載吉木至加朵十四世。

本譜載於《中國彝族譜牒選編·四川卷》第四冊

[四川涼山]皆朵譜　纂修者不詳　2007 年四川民族出版社排印本　合冊　彝漢雙文

始祖吉木。支祖加多(皆朵),吉木第十四世孫。僅有世系。共五十四支後裔,散居四川省涼山州西昌市(河西)、鹽源縣(白烏)、昭覺縣(竹核)、喜德縣(嘎哈久、兩河口、尼坡、且拖、桃源)、冕寧縣(麥地、普洛、沙壩)、越西縣(縣城、拉白、普雄)、甘洛縣(拉莫)、美姑縣(典補、典補乃伍、年年拉達、峨曲古、基伍甲古、吉久海馬、加久色克、柳普莫、尼尼拉達、尼年拉達、青基、依迪阿莫、依洛拉達、依洛且莫)、雷波縣(阿久司伍、策哈果),及樂山市峨邊縣、馬邊縣(夥史達)等地。

本譜載於《中國彝族譜牒選編·四川卷》第四冊

[四川涼山]皆央譜　纂修者不詳　2007 年四川民族出版社排印本　合冊　彝漢雙文

始祖阿子。支祖皆央,阿子子。僅有世系。共十五支後裔,散居四川省涼山州雷波縣(拉巴、羅山溪、曲依、西寧、西寧嘎古、西寧合平),及樂山市峨邊縣、馬邊縣(木乃合、約洛持)等地。

本譜載於《中國彝族譜牒選編·四川卷》第四冊

[四川涼山]阿石譜　纂修者不詳　2007 年四川民族出版社排印本　合冊　彝漢雙文

始祖阿子。支祖阿石,阿子子。僅有世系。共三支後裔,散居四川省涼山州寧南縣(果加、海子)、布拖縣等地。

本譜載於《中國彝族譜牒選編·四川卷》第四冊

[四川涼山]吉俄譜　纂修者不詳　2007 年四川

民族出版社排印本　合册　彝漢雙文

始祖阿子。支祖吉俄，阿子第六世孫。僅有世系。共十三支後裔，散居四川省涼山州普格縣（色洛）、昭覺縣（比爾、金曲、木合策洛）、喜德縣、越西縣（坡合、蘇姑）等地。

本譜載於《中國彝族譜牒選編·四川卷》第四册

［四川涼山］尼惹譜　纂修者不詳　2007 年四川民族出版社排印本　合册　彝漢雙文

始祖阿子。支祖尼惹，吉木第五世孫。僅有世系。共六支後裔，散居四川省涼山州寧南縣（果加）、昭覺縣（金曲、久洛），及雲南省寧蒗縣（海子、啓洛果）等地。

本譜載於《中國彝族譜牒選編·四川卷》第四册

［四川涼山］馬比譜　纂修者不詳　2007 年四川民族出版社排印本　合册　彝漢雙文

始祖阿子。支祖潘青（馬比），阿子子。僅有世系。共二十七支後裔，散居四川省涼山州西昌市、鹽源縣（紅花、明子平、水關、衛城）、普格縣（安哈、色洛）、昭覺縣（解放溝、柳且、普詩、塔普果則）、越西縣（瓦普、瓦普莫）、雷波縣（天哈久），攀枝花市鹽邊縣（俄橋），及雲南省寧蒗縣等地。

本譜載於《中國彝族譜牒選編·四川卷》第四册

［四川涼山］阿爾譜　纂修者不詳　2007 年四川民族出版社排印本　合册　彝漢雙文

始祖阿子。支祖阿爾，阿子第四世孫。僅有世系。共十八支後裔，散居四川省涼山州甘洛縣（馬拉哈、普城〔普昌〕）、雷波縣（伍官、西寧），及樂山市峨邊縣、馬邊縣等地。

本譜載於《中國彝族譜牒選編·四川卷》第四册

［四川涼山］阿諾譜　纂修者不詳　2007 年四川民族出版社排印本　合册　彝漢雙文

始祖阿子。支祖阿洛（阿諾），阿子子。僅有世

系。共五支後裔，散居四川省涼山州昭覺縣（城西、久洛）、越西縣（乃拖）等地。

本譜載於《中國彝族譜牒選編·四川卷》第四册

［四川涼山］木惹譜　纂修者不詳　2007 年四川民族出版社排印本　合册　彝漢雙文

始祖嘎卓。支祖木惹，阿子子。僅有世系。共七支後裔，散居四川省涼山州西昌市、鹽源縣（平川）、德昌縣、會理縣（馬達合克）、喜德縣（紅莫、李子）等地。

本譜載於《中國彝族譜牒選編·四川卷》第四册

［四川涼山］依乃三子譜源　纂修者不詳　2007 年四川民族出版社排印本　合册　彝漢雙文

始祖邱尼。支祖依乃，邱尼第五十三世孫。僅有世系，記載邱尼至比兹共五十四代。

本譜載於《中國彝族譜牒選編·四川卷》第四册

［四川涼山］阿爾譜　纂修者不詳　2007 年四川民族出版社排印本　合册　彝漢雙文

始祖依乃。僅有世系。共一百二十八支後裔，散居四川省涼山州西昌市（經久）、昭覺縣（阿爾巴古、補約、古里、日哈、特布洛）、冕寧縣（瀘沽、森榮）、越西縣（乃拖、普雄、申果莊、申普、瓦里覺、瓦巖、伍恩）、甘洛縣（縣城、嘎日、加俄、拉莫、斯足）、美姑縣（策嘎、車兹、持生哈加、典補、俄普、爾曲南伍、爾史俄庫、嘎瓦、蓋古、甘古、候播乃拖、候古莫、甲谷、拉馬、里者洛、莫尼博伍、乃拖、尼尼瓦西、青莫覺、薩比、薩飛、史俄庫、瓦古、瓦候、瓦庫、瓦庫拉達、新橋、依甘）、雷波縣（黃琅、上田壩），樂山市峨邊縣，雅安市（漢源）、石棉縣（竹莫），甘孜州九龍縣（科鬥），及雲南省迪慶州等地。

本譜載於《中國彝族譜牒選編·四川卷》第四册

［四川涼山］俄其譜　纂修者不詳　2007 年四川

民族出版社排印本　合册　彝漢雙文

始祖依乃。僅有世系。共四十六支後裔,散居四川省涼山州昭覺縣(哈嘎)、甘洛縣、美姑縣(阿漢洛覺、布子乃拖、車兹、達古、果海乃拖、金毅斯枝、金毅特西、覺洛、克覺阿莫、拉馬柳洛依伍、洛祖、農作、普莫木覺、薩子博、碩洛、碩洛乃拖、碩洛乃伍、西鄉、依金乃拖、依洛拉達)、雷波縣(黃琅、吉子博斯),及西藏薩嘎縣(果覺、覺果、乃拖)等地。

本譜載於《中國彝族譜牒選編·四川卷》第四册

[四川涼山]曲比譜　纂修者不詳　2007年四川民族出版社排印本　合册　彝漢雙文

始祖依乃。支祖曲比,依乃第五世孫。僅有世系。共七十二支後裔,散居四川省涼山州西昌市(四合)、昭覺縣(覺甘)、越西縣(特西)、甘洛縣、美姑縣(巴普、達古城、達古、俄普、俄其加古、爾庫、爾普、爾作、合古洛、黃角洛、基伍加古、吉葉特西、甲谷、金毅都博、金毅木格覺、克覺阿莫、乃拖、沙洛、碩洛、塔青、特青覺、特西、瓦兹乃拖、依生)、雷波縣(縣城、邊蘇覺、長河、山棱崗、合枝)等地。

本譜載於《中國彝族譜牒選編·四川卷》第四册

[四川涼山]布子譜　纂修者不詳　2007年四川民族出版社排印本　合册　彝漢雙文

始祖依乃。支祖布子,依乃第四世孫。僅有世系。共十三支後裔,散居四川省涼山州美姑縣(車兹、乃拖、其覺古基、依達、依吉)、雷波縣(基日博)等地。

本譜載於《中國彝族譜牒選編·四川卷》第四册

[四川涼山]子局譜　纂修者不詳　2007年四川民族出版社排印本　合册　彝漢雙文

始祖依乃。支祖自局(子局),依乃第九世孫。僅有世系。共二十一支後裔,散居四川省涼山州越西縣(阿嘎土、申普、四嘎普)、美姑縣(斯呷普爾)、甘洛縣(拉莫、斯覺、田壩)等地。

本譜載於《中國彝族譜牒選編·四川卷》第四册

[四川涼山]吉曲譜　纂修者不詳　2007年四川民族出版社排印本　合册　彝漢雙文

始祖依乃。支祖比普(吉曲),依乃第六世孫。僅有世系。共四十一支後裔,散居四川省涼山州美姑縣(城兹、城兹拉達、吉博洛、吉曲依青、吉曲瓦拖、吉曲瓦乃、莫尼車兹、薩合依達、薩勒、沙沙果俄、鄉邱)、雷波縣(巴哈拉達)等地。

本譜載於《中國彝族譜牒選編·四川卷》第四册

[四川涼山]爾克譜　纂修者不詳　2007年四川民族出版社排印本　合册　彝漢雙文

始祖依乃。支祖爾克,依乃第十三世孫。僅有世系。共十一支後裔,散居四川省涼山州越西縣(洛木拉達)、甘洛縣(乃嘎),及樂山市峨邊縣、馬邊縣等地。

本譜載於《中國彝族譜牒選編·四川卷》第四册

[四川涼山]吉格譜　纂修者不詳　2007年四川民族出版社排印本　合册　彝漢雙文

始祖依乃。支祖格吉(吉格),依乃第十四世孫。僅有世系。共十三支後裔,散居四川省涼山州甘洛縣(基日博、吉米鎮、吉木、普昌、社亨、斯覺、斯覺拉達)、樂山市峨邊縣(莫平)等地。

本譜載於《中國彝族譜牒選編·四川卷》第四册

[四川涼山]莫授譜　纂修者不詳　2007年四川民族出版社排印本　合册　彝漢雙文

始祖依乃。支祖比木(莫授),依乃第四世孫。僅有世系。共二十七支後裔,散居四川省涼山州普格縣(烏洛)、甘洛縣(斯覺)、美姑縣(巴古、農作、薩布乃拖、薩甘、蘇博乃拖、瓦里溝、新橋、依布乃拖、依迪阿莫、依洛、依洛拉達)、雷波縣(小溝)等地。

本譜載於《中國彝族譜牒選編·四川卷》第

四册

[四川涼山]吉恩譜　纂修者不詳　2007 年四川民族出版社排印本　合冊　彝漢雙文

始祖依乃。支祖漢加(吉恩),依乃第十一世孫。僅有世系。共十一支後裔,散居四川省涼山州金陽縣(南瓦)、昭覺縣(吉恩拉達、柳冕乃伍、塔普果則),及雅安市鹽邊縣(果合、合博、寧海)等地。

本譜載於《中國彝族譜牒選編·四川卷》第四冊

[四川涼山]瓦期譜　纂修者不詳　2007 年四川民族出版社排印本　合冊　彝漢雙文

始祖依乃。僅有世系。共七支後裔,散居四川省涼山州金陽縣(加尼格尼)、昭覺縣(城北、吉恩拉達、沙洛)等地。

本譜載於《中國彝族譜牒選編·四川卷》第四冊

[四川涼山]俄傑譜　纂修者不詳　2007 年四川民族出版社排印本　合冊　彝漢雙文

始祖依乃。支祖阿米(噢傑),依乃第十八世孫。僅有世系。共三十支後裔,散居四川省涼山州德昌縣(樂躍)、布拖縣(乃哈乃科)、昭覺縣(縣城、持合、吉恩拉者克、覺洛、庫依、拉達、柳冕乃伍、洛恩、薩布洛嘎、薩青、塔普果則),及雲南省等地。

本譜載於《中國彝族譜牒選編·四川卷》第四冊

[四川涼山]説革譜　纂修者不詳　2007 年四川民族出版社排印本　合冊　彝漢雙文

始祖依乃。僅有世系。共二十六支後裔,散居四川省涼山州布拖縣(尼古依、沙洛)、昭覺縣(補約、布且、吉恩加乃、拉達、柳冕乃伍、洛合乃嘎、木合乃伍)、冕寧縣(沙壩)、越西縣(縣城、俄爾、貢莫、樂青地、南箐、瓦吉莫)等地。

本譜載於《中國彝族譜牒選編·四川卷》第四冊

[四川涼山]吉克譜　纂修者不詳　2007 年四川民族出版社排印本　合冊　彝漢雙文

始祖日乃(依乃)。支祖吉克,依乃第十二世孫。僅有世系。共三百二十支後裔,散居四川省涼山州西昌市(城區、安哈乃伍、巴汝、禮州、民勝、四合、特洛、洛古、瓦爾、西溪)、鹽源縣(縣城、阿薩、白烏、大合、嘎爾覺、豪合、卡拉巴、平川、壽加平)、德昌縣、寧南縣(縣城、西伍)、普格縣(色洛、斯伍、委洛、伍洛)、布拖縣(縣城、洛安、木爾博伍、拖覺)、喜德縣(縣城、東河、光明、紅莫、金河、李子、兩河口、魯基、冕山、比土覺、尼波、坡合、依洛)、金陽縣(某合乃伍、四明乃兹、土迪薩)、昭覺縣(縣城、比爾、布約、地莫、爾古、格伍、古里、哈嘎、拉達、拉土拉達、拉依木、某哈、青且、色底、石約、史覺、斯嘎普、特布洛、依哈、支爾莫、竹核)、冕寧縣(達果、哈邯、哈漢、哈土洛、紅洛、瀘沽、木爾覺、森榮、鐵廠)、越西縣(縣城、德吉、果莫、吉子、拉白、拉基、羅洛、乃拖、坡合、普雄、曲可地、瓦曲、瓦子依伍、依洛)、甘洛縣(縣城、阿爾、阿嘎、布爾若洛、海棠、吉米、雷地木、乃批、斯覺、田壩、委洛)、美姑縣(縣城、布爾拉達、嘎古、合博乃拖、加覺比爾、加覺漢馬、甲谷、九克、覺洛、拉馬、拉木阿覺、里央洛、柳合、南策拉達、碩洛、碩洛寨主、蘇洛、特博、特洛、特西、特西乃拖、瓦洛、依嘎、依哈、則覺、真嘎洛)、雷波縣(縣城、長河、達平、嘎哈洛、谷堆、果豪、哈洛、卡哈洛、爛壩子、坪頭、曲依、曲英、山棱崗、上田壩、瓦崗、西寧、西寧石廠、堯寶山、子瓦)、木里縣,成都市,樂山市峨邊縣(依達)、馬邊縣(大堯兹、大院子、拉達),攀枝花市鹽邊縣、米易縣(黃爾),雅安市石棉縣(縣城、李子、竹莫),甘孜州九龍縣,宜賓市(卓曲),及雲南省寧蒗縣、香格里拉縣等地。

本譜載於《中國彝族譜牒選編·四川卷》第四冊

[四川涼山]阿忠譜　纂修者不詳　2007 年四川民族出版社排印本　合冊　彝漢雙文

始祖依勒(依乃)。僅有世系。共三支後裔,散居四川省涼山州昭覺縣(縣城)、越西縣(縣城)等地。

本譜載於《中國彝族譜牒選編・四川卷》第四册

[四川涼山]加央譜　纂修者不詳　2007 年四川民族出版社排印本　合册　彝漢雙文

始祖依勒(依乃)。支祖加央,依乃第十五世孫。僅有世系。共三支後裔,散居四川省涼山州昭覺縣(古里)、美姑縣(博伍、達柱乃拖)等地。

本譜載於《中國彝族譜牒選編・四川卷》第四册

[四川涼山]青基譜　纂修者不詳　2007 年四川民族出版社排印本　合册　彝漢雙文

始祖依勒(依乃)。支祖青支(青基),依乃第十四世孫。僅有世系。共十一支後裔,散居四川省涼山州美姑縣(典伍、果洛拉達、九口、柳合)、雷波縣(大坪子),及樂山市馬邊縣(阿柳合)等地。

本譜載於《中國彝族譜牒選編・四川卷》第四册

[四川涼山]爾日譜　纂修者不詳　2007 年四川民族出版社排印本　合册　彝漢雙文

始祖依勒(依乃)。僅有世系。共四支後裔,散居四川省涼山州金陽縣、美姑縣(布拖拉達、持色木、峨普)等地。

本譜載於《中國彝族譜牒選編・四川卷》第四册

[四川涼山]瓦庫譜　纂修者不詳　2007 年四川民族出版社排印本　合册　彝漢雙文

始祖依勒(依乃)。僅有世系。共七支後裔,散居四川省涼山州金陽縣(地洛)、昭覺縣(依哈)、美姑縣(典布乃伍、斯書、瓦古、瓦庫爾科)等地。

本譜載於《中國彝族譜牒選編・四川卷》第四册

[四川涼山]西則二子譜源　纂修者不詳　2007 年四川民族出版社排印本　合册　彝漢雙文

始祖曲涅。吉木,曲涅第三十九世孫。支祖些者(西則),曲涅第四十四世孫。僅有世系,記載曲涅至阿寧共四十五代。

本譜載於《中國彝族譜牒選編・四川卷》第四册

[四川涼山]西則譜　纂修者不詳　2007 年四川民族出版社排印本　合册　彝漢雙文

始祖吉木。支祖西則,吉木第六世孫。僅有世系。共十六支後裔,散居四川省涼山州喜德縣(拉克)、甘洛縣(後絶、田壩)、越西縣(巴橋、洛洛、新民、中所),成都市,及攀枝花市鹽邊縣等地。

本譜載於《中國彝族譜牒選編・四川卷》第四册

[四川涼山]阿勒譜　纂修者不詳　2007 年四川民族出版社排印本　合册　彝漢雙文

始祖西則。支祖阿勒,西則第八世孫。僅有世系。共五支後裔,散居四川省涼山州普格縣、喜德縣(縣城、拉克、則約)等地。

本譜載於《中國彝族譜牒選編・四川卷》第四册

[四川涼山]阿爾譜　纂修者不詳　2007 年四川民族出版社排印本　合册　彝漢雙文

始祖西則。支祖阿爾,西則第十二世孫。僅有世系。共五支後裔,散居四川省涼山州美姑縣(長兹、典布)、雷波縣(牛洪)等地。

本譜載於《中國彝族譜牒選編・四川卷》第四册

[四川涼山]爾惹譜　纂修者不詳　2007 年四川民族出版社排印本　合册　彝漢雙文

始祖西則。支祖爾惹,西則第十世孫。僅有世系。共十二支後裔,散居四川省涼山州喜德縣(拉克、魯支)、美姑縣(能布吉莫),及樂山市峨邊縣等地。

本譜載於《中國彝族譜牒選編・四川卷》第四册

[四川涼山]吉爾譜　纂修者不詳　2007 年四川民族出版社排印本　合册　彝漢雙文

始祖吉木,西則爲其四世孫。吉爾,西則第六世孫。僅有世系。共三支後裔,居四川省涼山州喜德縣(拉克、魯支)、冕寧縣(李莊)等地。

本譜載於《中國彝族譜牒選編・四川卷》第四册

[四川涼山]歐爾三子譜源　纂修者不詳　2007年四川民族出版社排印本　合册　彝漢雙文

始祖邱寧(曲涅)。支祖歐爾,邱寧第六十世孫。僅有世系,記載邱寧至史合共六十一代。

本譜載於《中國彝族譜牒選編・四川卷》第四册

[四川涼山]巴莫譜　纂修者不詳　2007年四川民族出版社排印本　合册　彝漢雙文

始祖歐爾。支祖巴莫,歐爾第五世孫。僅有世系。共六十六支後裔,散居四川省涼山州西昌市(西昌城、西寧)、喜德縣(里子、洛果)、冕寧縣(瀘沽、塔子、鐵莫、瓦乃、瓦乃卡達)、越西縣(巴莫、布吉洛、爾馬迪、爾賽、爾生、果莫、洛洛覺、乃昭、坡合、特史烏、特子、鐵迪、瓦吉莫、伍恩、新民)、美姑縣(巴普),樂山市馬邊縣,雅安市石棉縣(基子),及甘孜州九龍縣(木川、史洛)等地。

本譜載於《中國彝族譜牒選編・四川卷》第四册

[四川涼山]嘎覺譜　纂修者不詳　2007年四川民族出版社排印本　合册　彝漢雙文

始祖吉史,歐爾第三世孫。支祖吉尼(嘎覺),吉史第六世孫。僅有世系。共二十六支後裔,散居四川省涼山州西昌市(北山、里布惹、民勝、尼布)、鹽源縣(巴折)、德昌縣、喜德縣(紅莫、李子、魯基、依洛)、冕寧縣(沙壩)等地。

本譜載於《中國彝族譜牒選編・四川卷》第四册

[四川涼山]阿基譜　纂修者不詳　2007年四川民族出版社排印本　合册　彝漢雙文

始祖吉史,歐爾第三世孫。支祖阿枝(阿基),吉史子。僅有世系。共四支後裔,散居四川省涼山州昭覺縣(拉依木)、甘孜州九龍縣等地。

本譜載於《中國彝族譜牒選編・四川卷》第四册

[四川涼山]階階譜　纂修者不詳　2007年四川民族出版社排印本　合册　彝漢雙文

始祖吉史,歐爾第三世孫。支祖階階,吉史子。僅有世系。共三十支後裔,散居四川省涼山州昭覺縣(慶恒、竹核)、越西縣(古爾、合棟)、美姑縣(巴普、合古莫、夥嘎、九毅、所洛乃伍、依洛拉達)、雷波縣(策哈果、拉咪、帕哈、坪頭、西寧),樂山市峨邊縣,及雅安市石棉縣(李子)等地。

本譜載於《中國彝族譜牒選編・四川卷》第四册

[四川涼山]吉依譜　纂修者不詳　2007年四川民族出版社排印本　合册　彝漢雙文

始祖吉史,歐爾第三世孫。支祖吉依,吉史第五世孫。僅有世系。共二十一支後裔,散居四川省涼山州昭覺縣(特布洛)、喜德縣(魯基)、美姑縣(邊土、庫莫、瓦合、瓦西、依金拉達),及樂山市馬邊縣(縣城、達俄塔、簡平、三河口、斯佛山、瓦曲俄)等地。

本譜載於《中國彝族譜牒選編・四川卷》第四册

[四川涼山]阿額譜　纂修者不詳　2007年四川民族出版社排印本　合册　彝漢雙文

始祖吉史,歐爾第三世孫。支祖阿革(阿額),吉史第四世孫。僅有世系。共四十世支後裔,散居四川省涼山州昭覺縣(覺洛)、越西縣(拉普)、甘洛縣(柳古)、美姑縣(巴普、采紅、城兹、迪布乃伍、爾曲乃伍、姑則、合古莫、候播、候播乃拖、候古莫、覺嘎乃拖、洛莫、乃拖、瓦候)、雷波縣(羅山溪、曲依),及樂山市峨邊縣(哈曲)、馬邊縣等地。

本譜載於《中國彝族譜牒選編・四川卷》第四册

[四川涼山]莫説譜　纂修者不詳　2007年四川民族出版社排印本　合册　彝漢雙文

始祖吉史,歐爾第三世孫。僅有世系。共五支後裔,散居四川省涼山州昭覺縣(阿馬乃克、慶恒)、美姑縣(薩飛、瓦古)等地。

本譜載於《中國彝族譜牒選編‧四川卷》第四冊

[四川涼山]友惹譜 纂修者不詳 2007 年四川民族出版社排印本 合冊 彝漢雙文

始祖吉史,歐爾第三世孫。支祖友惹,吉史子。僅有世系。共十一支後裔,散居四川省涼山州冕寧縣(友爾)、越西縣(南箐、瓦毅坡)、甘洛縣(阿張克迪)、雷波縣(上田壩)等地。

本譜載於《中國彝族譜牒選編‧四川卷》第四冊

[四川涼山]皆拉譜 纂修者不詳 2007 年四川民族出版社排印本 合冊 彝漢雙文

始祖吉史,歐爾第三世孫。支祖加拉(皆拉),吉史第三世孫。僅有世系。共三十三支後裔,散居四川省涼山州美姑縣(薩基、所噢、依金拉達)、雷波縣(西寧),及樂山市峨邊縣、馬邊縣(縣城、巴毅、嘎胡、嘎胡巴、噢馬、薩胡、薩基、瓦夥、烏色曲古、主茲)等地。

本譜載於《中國彝族譜牒選編‧四川卷》第四冊

[四川涼山]吉克譜 纂修者不詳 2007 年四川民族出版社排印本 合冊 彝漢雙文

始祖吉史,歐爾第三世孫。支祖吉克,吉史子。僅有世系。共四十一支後裔,散居四川省涼山州鹽源縣(比伍)、冕寧縣(曹古、特合洛、沙壩、沙曲木)、昭覺縣(乃拖)、越西縣(坡合、特史、特史烏、瓦曲、依洛)、甘洛縣(吉米)、雅安市石棉縣(天瓦),及甘孜州瀘定縣(新民)、九龍縣等地。

本譜載於《中國彝族譜牒選編‧四川卷》第四冊

[四川涼山]皆瓦譜 纂修者不詳 2007 年四川民族出版社排印本 合冊 彝漢雙文

始祖吉史,歐爾第三世孫。支祖加瓦(皆瓦),吉史第三世孫。僅有世系。共三十七支後裔,散居四川省涼山州西昌市、昭覺縣(爾曲乃伍、則普)、喜德縣(爾伍、兩河口、且拖)、冕寧縣、越西縣(博史、達土爾、魯洛、馬拖、坡合、社普、書古、伍恩、依洛)等地。

本譜載於《中國彝族譜牒選編‧四川卷》第四冊

[四川涼山]克惹譜 纂修者不詳 2007 年四川民族出版社排印本 合冊 彝漢雙文

始祖吉木。支祖克惹,吉木第二十八世孫。僅有世系。共十四支後裔,居四川省涼山州冕寧縣(聯合)、越西縣(白果、達土、坡合)、甘洛縣(嘎仁)、美姑縣(巴普、洛莫、依洛拉達、早高、早高央達)、雷波縣(上田壩)等地。

本譜載於《中國彝族譜牒選編‧四川卷》第四冊

[四川涼山]俄爾譜 纂修者不詳 2007 年四川民族出版社排印本 合冊 彝漢雙文

始祖吉史。支祖噢爾(俄爾),吉史第三世孫。僅有世系。共十三支後裔,散居四川省涼山州冕寧縣(曹沽、後山)、越西縣(格莫城、璐璐、瓦巖)、美姑縣(布通特青、城茲、典補、早戈依達)、雷波縣(上田壩)等地。

本譜載於《中國彝族譜牒選編‧四川卷》第四冊

[四川涼山]曲木譜 纂修者不詳 2007 年四川民族出版社排印本 合冊 彝漢雙文

始祖吉木。僅有世系。共九十支後裔,散居四川省涼山州西昌市(期洛)、昭覺縣(縣城)、喜德縣(北山、尼波、且拖、則木)、冕寧縣(城鄉、伍能、伍能棟、伍能扎扎、伍威、約爾乃哈)、越西縣(縣城、博吉洛爾、達圖、大花、頂山、爾覺、爾賽、吉爾嘎拖、拉普、勒祖、洛木拉達、南箐、坡合、四嘎普、特西、瓦普莫、烏恩、依洛)、甘洛縣(嘎棟、勒木地)、美姑縣(巴普、布曲友洛、爾布克枝、候播乃拖、里者洛、洛察、馬漢覺、尼尼瓦古、瓦史果拖、瓦通)、樂山市峨邊縣、攀枝花市鹽邊縣(瓦洛),雅安市石棉縣,及甘孜州九龍縣等地。

本譜載於《中國彝族譜牒選編·四川卷》第四冊

[四川涼山] 阿茹譜　纂修者不詳　2007 年四川民族出版社排印本　合冊　彝漢雙文

始祖吉史。支祖阿茹,吉史子。僅有世系。共四十四支後裔,散居四川省涼山州昭覺縣(拉依木、色迪)、越西縣(都嘎、爾覺、拉普、生果莊、西鄉)、美姑縣(候播、候播乃拖、品嘎、坪頭、書洛、依呷)、雷波縣(黄琅、卡哈洛、羅山溪、坪頭、西寧),及樂山市馬邊縣等地。

本譜載於《中國彝族譜牒選編·四川卷》第四冊

[四川涼山] 蘇舉譜　纂修者不詳　2007 年四川民族出版社排印本　合冊　彝漢雙文

始祖吉史。僅有世系。共七支後裔,散居四川省涼山州冕寧縣(大橋)、甘孜州九龍縣(大合邊、木曲拉達)等地。

本譜載於《中國彝族譜牒選編·四川卷》第四冊

[四川涼山] 阿羅譜　纂修者不詳　2007 年四川民族出版社排印本　合冊　彝漢雙文

始祖吉史。支祖阿洛(阿羅),吉史裔孫。僅有世系。共四支後裔,散居四川省涼山州越西縣(梅花、明梅)、木里縣,及甘孜州九龍縣等地。

本譜載於《中國彝族譜牒選編·四川卷》第四冊

[四川涼山] 布日譜　纂修者不詳　2007 年四川民族出版社排印本　合冊　彝漢雙文

始祖吉史。支祖布日,吉史第三世孫。僅有世系。共六支後裔,散居四川省涼山州冕寧縣(後山)、木里縣(保波),及雅安市石棉縣、甘孜州九龍縣等地。

本譜載於《中國彝族譜牒選編·四川卷》第四冊

[四川涼山] 木苦譜　纂修者不詳　2007 年四川民族出版社排印本　合冊　彝漢雙文

始祖吉木。支祖木庫(木苦),吉木第二十七世孫。僅有世系。共二十七支後裔,散居四川省涼山州西昌市、冕寧縣(城鄉、拖烏)、越西縣(爾寧、魯洛、馬拖、南箐、寧鄉、新民、依洛),及雅安市石棉縣、甘孜州九龍縣等地。

本譜載於《中國彝族譜牒選編·四川卷》第四冊

[四川涼山] 阿里譜　纂修者不詳　2007 年四川民族出版社排印本　合冊　彝漢雙文

始祖吉木。支祖阿里,吉木第三十九世孫。僅有世系。共三十五支後裔,散居四川省涼山州西昌市、冕寧縣(曹古)、越西縣(阿嘎圖、達土、河東、拉普、乃拖、南箐、四嘎普、依山拉達)、甘洛縣(嘎日),及雅安市石棉縣等地。

本譜載於《中國彝族譜牒選編·四川卷》第四冊

[四川涼山] 吉里八子譜源　纂修者不詳　2007 年四川民族出版社排印本　合冊　彝漢雙文

始祖木伍,曲涅第二十九世孫。支祖吉里,木伍第七世孫。僅有世系,記載木伍至爾果共八代。

本譜載於《中國彝族譜牒選編·四川卷》第四冊

[四川涼山] 吉里譜　纂修者不詳　2007 年四川民族出版社排印本　合冊　彝漢雙文

始祖木伍,曲涅第二十九世孫。支祖吉里,木伍第七世孫。僅有世系。共八十五支後裔,散居四川省涼山州西昌市(四合)、鹽源縣(棉椏)、昭覺縣(縣城、比爾、古里拉達、特布洛、央摩租)、喜德縣(博洛、堵四、紅莫、里子、西鄉)、冕寧縣(大橋、瀘沽)、越西縣(縣城、阿米德吉、處可地、大花、德吉、古二、古普、史克、瓦里覺、新鄉、竹阿覺)、美姑縣(阿舉博烏、巴嗒洛、典乃伍、乃拖)、甘洛縣(吉米拉達〔吉米拉〕、吉木、塞達、斯覺)、雷波縣(達莫城、大坪子、卡哈洛、莫合、莫紅、上田壩、史洛瓦西、蘇柱開俄、山棱崗、瓦崗)、樂山市馬邊縣(誠

兹、額乃、曲覃、蘇巴)，及甘孜州九龍縣(伍拖)
等地。

本譜載於《中國彝族譜牒選編‧四川卷》第
四册

[四川涼山]阿爾譜　纂修者不詳　2007 年四川
民族出版社排印本　合册　彝漢雙文

始祖吉里。僅有世系。共十七支後裔，散居四
川省涼山州西昌城、喜德縣(聯合)、雷波縣(縣
城、大坪子、上田壩)，成都市，及雲南省大理市、永
善縣(縣城、務基)等地。

本譜載於《中國彝族譜牒選編‧四川卷》第
四册

[四川涼山]阿嘎譜　纂修者不詳　2007 年四川
民族出版社排印本　合册　彝漢雙文

始祖吉里。支祖阿嘎，吉里第八世孫。僅有世
系。共十三支後裔，散居四川省涼山州甘洛縣(建
史、沙岱、田壩、新市壩)、雅安市石棉縣(縣城、寧
米、于寧)，及成都市等地。

本譜載於《中國彝族譜牒選編‧四川卷》第
四册

[四川涼山]惹吉譜　纂修者不詳　2007 年四川
民族出版社排印本　合册　彝漢雙文

始祖吉里。支祖惹吉，吉里第十六世孫。僅有
世系。共七十七支後裔，散居四川省涼山州西昌
市(四合)、昭覺縣(縣城、達洛、且俄拉達、日哈、
特布洛、烏城)、喜德縣(兩河口、則莫)、冕寧縣
(阿其比爾)、越西縣(馬果合普、申果莊、楊城、竹
阿覺)、美姑縣(布畢拉達、爾合、爾青阿覺、果恩
乃伍、洪洪溪、候播乃拖、拉木阿覺、洛俄依嘎、乃
合加古、乃拖、尼合庫、普青、普青覺、沙洛、蘇洛、
瓦候洛俄、五官、依洛拉達、子威)、甘洛縣(兹木
德吉)、雷波縣(爾布乃伍、馬頸子、莫紅、牛洛、千
萬貫、山棱崗、上田壩、五官鄉、依木拉達)，樂山市
峨邊縣(瓦加伍伍)，及雲南省等地。

本譜載於《中國彝族譜牒選編‧四川卷》第
四册

[四川涼山]約則譜　纂修者不詳　2007 年四川
民族出版社排印本　合册　彝漢雙文

始祖吉里。支祖約則，吉里第十二世孫。僅有
世系。共二十二支後裔，散居四川省涼山州西昌
市(安哈博伍)、昭覺縣(達洛、合扎、加古、拉達)、
喜德縣(河東、紅莫、且拖)、冕寧縣(機作拉)、越
西縣(保安、馬拖、申果、書古)、美姑縣(依洛拉
達)、雷波縣(所合)等地。

本譜載於《中國彝族譜牒選編‧四川卷》第
四册

[四川涼山]薩古譜　纂修者不詳　2007 年四川
民族出版社排印本　合册　彝漢雙文

始祖吉里。僅有世系。共三十一支後裔，散居
四川省涼山州西昌市(四合)、昭覺縣(縣城、爾
古、竹核)、美姑縣(爾布乃俄、特西乃拖、瓦庫城、
依洛拉達、兹兹俄普)、雷波縣(達平、大坪子、嘎
哈青生、洛果依曲、上田壩、元寶山)，及樂山市馬
邊縣(大院子)等地。

本譜載於《中國彝族譜牒選編‧四川卷》第
四册

[四川涼山]吉麼譜　纂修者不詳　2007 年四川
民族出版社排印本　合册　彝漢雙文

始祖吉里。支祖吉某(吉麼)，吉里第十九世
孫。僅有世系。共十五支後裔，散居四川省涼山
州西昌市(大箐、四合)、德昌縣、普格縣(安哈、烏
合特)、昭覺縣(拉青)、越西縣(俄爾)、美姑縣(紹
洛加伍)、雷波縣(合果博伍)等地。

本譜載於《中國彝族譜牒選編‧四川卷》第
四册

[四川涼山]紹子譜　纂修者不詳　2007 年四川
民族出版社排印本　合册　彝漢雙文

始祖吉里。支祖紹子，吉里第二十世孫。僅有
世系。共九支後裔，散居四川省涼山州美姑縣(典
補乃伍、莫紅乃伍、莫紅)、雷波縣(瓦崗、莫紅)、
及樂山市馬邊縣等地。

本譜載於《中國彝族譜牒選編‧四川卷》第
四册

[四川涼山]果賓譜　纂修者不詳　2007 年四川民族出版社排印本　合册　彝漢雙文

始祖吉里。支祖果賓,吉里第十一世孫。僅有世系。共四支後裔,散居四川省涼山州美姑縣(典補)、甘洛縣(雷覺〔姓吉木〕)等地。

本譜載於《中國彝族譜牒選編·四川卷》第四册

[四川涼山]吉依譜　纂修者不詳　2007 年四川民族出版社排印本　合册　彝漢雙文

始祖吉里。支祖吉依,吉里第十八世孫。僅有世系。共三十三支後裔,散居四川省涼山州普格縣(嘎布)、喜德縣(兩河口)、冕寧縣(城鄉)、越西縣(寶古、寶石、俄洛、古山、拉基、魯羅、瓦普、依洛)、美姑縣(覺洛〔蘇洛〕、覺洛巴俄、木坡洛、牛克拖木、坡洛)、甘洛縣(斯覺)、雷波縣(川覺依曲、合枝、馬頸子、羊河),及樂山市馬邊縣(鄉且)等地。

本譜載於《中國彝族譜牒選編·四川卷》第四册

[四川涼山]俄作譜　纂修者不詳　2007 年四川民族出版社排印本　合册　彝漢雙文

始祖吉里。支祖俄作,吉里第二十世孫。僅有世系。共十四支後裔,散居四川省涼山州冕寧縣(大橋)、越西縣(縣城、阿嘎土、河東、洛木、乃拖、四甘普、特古、鐵西)、甘洛縣(布爾若洛)、雷波縣(爾布乃伍),及甘孜州九龍縣等地。

本譜載於《中國彝族譜牒選編·四川卷》第四册

[四川涼山]吉張譜　纂修者不詳　2007 年四川民族出版社排印本　合册　彝漢雙文

始祖吉里。支祖吉張,吉里第十三世孫。僅有世系。共七支後裔,散居四川省涼山州越西縣(申普、斯果木洛、依洛)、美姑縣(達洛),及樂山市馬邊縣等地。

本譜載於《中國彝族譜牒選編·四川卷》第四册

[四川涼山]吉牛譜　纂修者不詳　2007 年四川民族出版社排印本　合册　彝漢雙文

始祖吉里。支祖吉牛,吉里第十八世孫。僅有世系。共二十六支後裔,散居四川省涼山州昭覺縣(爾古、日哈、薩嘎)、冕寧縣(南山)、越西縣(瓦曲覺、依洛)、美姑縣(布古瓦拖、合達洛、農作、特吉阿莫、依策嘎拖、依洛拉達、依生卡俄)、雷波縣(長河、哈布、千萬貫、山棱崗、史普),及樂山市馬邊縣等地。

本譜載於《中國彝族譜牒選編·四川卷》第四册

[四川涼山]吉古譜　纂修者不詳　2007 年四川民族出版社排印本　合册　彝漢雙文

始祖吉里。支祖吉古,吉里第二十三世孫。僅有世系。共三支後裔,散居四川省涼山州美姑縣(城茲洛、姑依洛拉達)、雷波縣(山棱崗)等地。

本譜載於《中國彝族譜牒選編·四川卷》第四册

[四川涼山]俄木譜　纂修者不詳　2007 年四川民族出版社排印本　合册　彝漢雙文

始祖吉里。支祖俄木,吉里第十一世孫。僅有世系。共三十三支後裔,散居四川省涼山州甘洛縣(寧爾覺)、美姑縣(阿邱洛、俄其加古、海其拉達、加覺生克、金毅爾合、孜孜俄普)、雷波縣(縣城、長河、嘎哈棟乃、基日博胡、卡哈洛、拉咪、馬頸子、莫毅木木、千萬貫、山棱崗、四達博西、瓦崗、枝青加古),及樂山市馬邊縣等地。

本譜載於《中國彝族譜牒選編·四川卷》第四册

[四川涼山]木惹譜　纂修者不詳　2007 年四川民族出版社排印本　合册　彝漢雙文

始祖吉里。支祖木惹,吉里第十四世孫。僅有世系。共三十九支後裔,散居四川省涼山州西昌市(四合)、布拖縣(覺薩)、昭覺縣(拉達、特布洛)、喜德縣(紅莫、李子、聯合)、越西縣(拉熱、魯洛、申普、依洛)、美姑縣(阿茲、博庫、陳茲爾哈、陳茲馬婁、合博、里者拉達、依木拉達、則俄覺洛)、甘洛縣(縣城、布布、普昌、普日)、雷波縣(簸箕、長河、合舉社、山棱崗),樂山市馬邊縣(大院子、先且),及甘孜州九龍縣等地。

本譜載於《中國彝族譜牒選編·四川卷》第四冊

[四川涼山]加冕譜　纂修者不詳　2007 年四川民族出版社排印本　合冊　彝漢雙文

始祖吉里。支祖加冕,吉里第十一世孫。僅有世系。共七支後裔,散居四川省涼山州美姑縣(夥阿覺、薩庫城、薩庫爾覺)、甘洛縣(雷覺〔姓吉木〕),及樂山市馬邊縣等地。

本譜載於《中國彝族譜牒選編·四川卷》第四冊

[四川涼山]阿枝譜　纂修者不詳　2007 年四川民族出版社排印本　合冊　彝漢雙文

始祖吉里。支祖阿支(阿枝),吉里第十四世孫。僅有世系。共十六支後裔,散居四川省涼山州越西縣(古爾、古二、古普、拉普、洛木拉達、瓦里覺)、美姑縣(阿尼木、策洛)等地。

本譜載於《中國彝族譜牒選編·四川卷》第四冊

[四川涼山]惹爾譜　纂修者不詳　2007 年四川民族出版社排印本　合冊　彝漢雙文

始祖吉里。支祖惹爾,吉里第十世孫。僅有世系。共四支後裔,散居四川省涼山州越西縣(拉吉、瓦里覺)、美姑縣(書洛)等地。

本譜載於《中國彝族譜牒選編·四川卷》第四冊

[四川涼山]吉莫譜　纂修者不詳　2007 年四川民族出版社排印本　合冊　彝漢雙文

始祖吉里。支祖吉莫,吉里第十一世孫。僅有世系。共三十三支後裔,散居四川省涼山州昭覺縣(城北)、越西縣(縣城、板橋、俄爾乃拖、爾覺、拉白、馬拖、寧枝、其烏、書古、西山、新民),及雅安市石棉縣(夥洛、李子)等地。

本譜載於《中國彝族譜牒選編·四川卷》第四冊

四冊

[四川涼山]俄古譜　纂修者不詳　2007 年四川民族出版社排印本　合冊　彝漢雙文

始祖吉里。支祖俄古,吉里第八世孫。僅有世系。共四十支後裔,散居四川省涼山州昭覺縣(永樂)、喜德縣(賀坡洛、紅莫、且拖)、越西縣(縣城、達圖、乃拖、南沙、諾古、申普)、美姑縣(格恩、青莫)、甘洛縣(東曲雷伍、色達、斯覺)、雷波縣(縣城、博策、長河、爾博、爛壩子、羅山溪、莫紅、尼合洛、其加山、西寧、西寧後山),及樂山市馬邊縣(曲舉)等地。

本譜載於《中國彝族譜牒選編·四川卷》第四冊

[四川涼山]利利譜　纂修者不詳　2007 年四川民族出版社排印本　合冊　彝漢雙文

始祖吉里。支祖利利,吉里第十四世孫。僅有世系。共八十三支後裔,散居四川省涼山州西昌城、昭覺縣(特布洛)、越西縣(縣城、寶石、革庫、吉伍、申普、烏恩、西山)、甘洛縣(縣城、包烏史、包烏史大橋、爾曲乃伍、拉莫、雷迪、斯覺、斯覺拉莫爾庫、永樂)、美姑縣(巴普、候播乃拖、吉曲達爾、吉曲瓦濤、前進、青莫、紹且覺)、雷波縣(阿子古曲、博策、長河、莫紅、南壩子、千萬貫、西寧達果、西寧里家坪、溪洛渡),及攀枝花市鹽邊縣等地。

本譜載於《中國彝族譜牒選編·四川卷》第四冊

[四川涼山]吉皮譜　纂修者不詳　2007 年四川民族出版社排印本　合冊　彝漢雙文

始祖吉里。支祖吉皮,吉里第十六世孫。僅有世系。共七十三支後裔,散居四川省涼山州西昌市(沙壩)、冕寧縣(沖果覺、嘎俄)、越西縣(爾覺、拉白、拉普、洛木、洛木拉達、牛洛、普雄、四嘎普、新民、依吉、中普雄)、甘洛縣(阿子覺、嘎日、普昌、前進、且爾、社合、斯覺)等地。

本譜載於《中國彝族譜牒選編·四川卷》第四冊

[四川涼山]**羅額譜**　纂修者不詳　2007 年四川民族出版社排印本　合冊　彝漢雙文

始祖吉里。支祖羅額,吉里第十九世孫。僅有世系。共九支後裔,散居四川省涼山州西昌市、雷波縣(縣城、黃琅、山棱崗、長河),及雲南省等地。

本譜載於《中國彝族譜牒選編・四川卷》第四册

[四川涼山]**格依譜**　纂修者不詳　2007 年四川民族出版社排印本　合冊　彝漢雙文

始祖吉里。支祖格依,吉里第十七世孫。僅有世系。共九支後裔,散居四川省涼山州越西縣(大花、南菁、特西)、甘孜州九龍縣等地。

本譜載於《中國彝族譜牒選編・四川卷》第四册

[四川涼山]**薩特譜**　纂修者不詳　2007 年四川民族出版社排印本　合冊　彝漢雙文

始祖吉里。支祖薩特,吉里第二十一世孫。僅有世系。共六支後裔,散居四川省涼山州喜德縣、雷波縣(帕哈、山棱崗、瓦薩木爾)等地。

本譜載於《中國彝族譜牒選編・四川卷》第四册

[四川涼山]**阿支譜**　纂修者不詳　2007 年四川民族出版社排印本　合冊　彝漢雙文

始祖吉里。支祖阿支,吉里第十五世孫。僅有世系。共八支後裔,散居四川省涼山州美姑縣(莫土洛熱、乃口瓦古、牛洛依伍、拉木阿覺)、雷波縣(哈拉、馬頸子)等地。

本譜載於《中國彝族譜牒選編・四川卷》第四册

[四川涼山]**吉里馬譜**　纂修者不詳　2007 年四川民族出版社排印本　合冊　彝漢雙文

始祖吉里。僅有世系。共八支後裔,散居四川省涼山州越西縣(拉古、乃且、申果莊)、美姑縣(格恩乃伍、書洛覺、書洛特且)、雷波縣(西寧),及樂山市馬邊縣等地。

本譜載於《中國彝族譜牒選編・四川卷》第

四册

[四川涼山]**吉布譜**　纂修者不詳　2007 年四川民族出版社排印本　合冊　彝漢雙文

始祖吉里。支祖吉布,吉里第十九世孫。僅有世系。共十支後裔,散居四川省涼山州喜德縣(且拖)、越西縣(阿嘎圖、爾色、南菁、南子、申果莊、四嘎普)、雷波縣(則俄覺洛)等地。

本譜載於《中國彝族譜牒選編・四川卷》第四册

[四川涼山]**俄衆譜**　纂修者不詳　2007 年四川民族出版社排印本　合冊　彝漢雙文

始祖吉里。支祖俄衆,吉里子。僅有世系。共十支後裔,散居四川省涼山州昭覺縣、冕寧縣、越西縣(革庫拉達)、甘洛縣(吉米)、雷波縣(縣城),及樂山市馬邊縣等地。

本譜載於《中國彝族譜牒選編・四川卷》第四册

[四川涼山]**阿約譜**　纂修者不詳　2007 年四川民族出版社排印本　合冊　彝漢雙文

始祖吉里。支祖阿優(阿約),吉里第九世孫。僅有世系。共二十五支後裔,散居四川省涼山州越西縣(乃拖、竹阿覺)、美姑縣(典補、俄其加古、洪溪、且莫、依洛且莫)、雷波縣(馬頸子、瓦崗)等地。

本譜載於《中國彝族譜牒選編・四川卷》第四册

[四川涼山]**普依譜**　纂修者不詳　2007 年四川民族出版社排印本　合冊　彝漢雙文

始祖吉里。支祖普日(普依),吉里第十四世孫。僅有世系。共六支後裔,散居四川省涼山州美姑縣、雷波縣(爾博、莫毅、莫毅瓦曲、瓦曲)等地。

本譜載於《中國彝族譜牒選編・四川卷》第四册

[四川涼山]**潘乃譜**　纂修者不詳　2007 年四川

民族出版社排印本　合冊　彝漢雙文

始祖吉里。支祖潘乃,吉里第十八世孫。僅有世系。共十三支後裔,散居四川省涼山州美姑縣(布子洛站、布子乃拖、布子乃伍)、雷波縣(長河、吉子博、吉子博司、拉巴古木、馬頸子、拉米)等地。

本譜載於《中國彝族譜牒選編・四川卷》第四冊

[四川涼山]**伍枝譜**　纂修者不詳　2007年四川民族出版社排印本　合冊　彝漢雙文

始祖吉里。支祖伍支(伍枝),吉里第九世孫。僅有世系。共五支後裔,散居四川省涼山州甘洛縣、雷波縣(尼合洛、帕哈)等地。

本譜載於《中國彝族譜牒選編・四川卷》第四冊

[四川涼山]**吉合譜**　纂修者不詳　2007年四川民族出版社排印本　合冊　彝漢雙文

始祖吉里。支祖吉合,吉里第八世孫。僅有世系。共十五支後裔,散居四川省涼山州喜德縣(西河)、越西縣(拉吉、拉普、乃其地、瓦里、瓦尼覺、瓦曲)、美姑縣(書洛)等地。

本譜載於《中國彝族譜牒選編・四川卷》第四冊

[四川涼山]**阿海譜**　纂修者不詳　2007年四川民族出版社排印本　合冊　彝漢雙文

始祖吉里。支祖阿海,吉里第九世孫。僅有世系。共三十三支後裔,散居四川省涼山州昭覺縣(合洛加古)、冕寧縣(瀘古)、越西縣(拉吉、拉普、申果莊)、甘洛縣(縣城、德吉、嘎日、蓋古、平覺、普山、斯覺)、美姑縣(巴普、格木書箐、哈洛、合博乃拖、候播、書洛、書洛覺、瓦果覺莫、依加拉達、躍樂),及雲南省等地。

本譜載於《中國彝族譜牒選編・四川卷》第四冊

[四川涼山]**吉博譜**　纂修者不詳　2007年四川民族出版社排印本　合冊　彝漢雙文

始祖吉里。支祖吉博,吉里第十五世孫。僅有世系。共八支後裔,散居四川省涼山州美姑縣、雷波縣(馬頸子)等地。

本譜載於《中國彝族譜牒選編・四川卷》第四冊

[四川涼山]**吉日譜**　纂修者不詳　2007年四川民族出版社排印本　合冊　彝漢雙文

始祖吉里。支祖吉日,吉里第十世孫。僅有世系。共二十一支後裔,散居四川省涼山州美姑縣(牛洪、牛洪巴普、薩河依達)、雷波縣(卡哈洛、拉爾加古、馬頸子)等地。

本譜載於《中國彝族譜牒選編・四川卷》第四冊

[四川涼山]**阿伍譜**　纂修者不詳　2007年四川民族出版社排印本　合冊　彝漢雙文

始祖吉里。僅有世系。共三支後裔,散居四川省涼山州冕寧縣(大橋)、喜德縣(賀坡洛、聯合)等地。

本譜載於《中國彝族譜牒選編・四川卷》第四冊

[四川涼山]**阿蘇譜**　纂修者不詳　2007年四川民族出版社排印本　合冊　彝漢雙文

始祖吉里。支祖阿蘇,吉里第十七世孫。僅有世系。共三支後裔,散居四川省涼山州美姑縣、雷波縣等地。

本譜載於《中國彝族譜牒選編・四川卷》第四冊

[四川涼山]**吉木譜**　纂修者不詳　2007年四川民族出版社排印本　合冊　彝漢雙文

始祖吉里。支祖吉木,吉里第十七世孫。僅有世系。共十四支後裔,散居四川省涼山州冕寧縣(瀘沽)、美姑縣(布子乃拖〔布子魯拖〕、哈莫、吉毅俄智、乃拖)、雷波縣(馬頸子、通城)等地。

本譜載於《中國彝族譜牒選編・四川卷》第四冊

[四川涼山]**牛里譜**　纂修者不詳　2007年四川

民族出版社排印本　合冊　彝漢雙文

　　始祖吉里。支祖牛里,吉里第八世孫。僅有世系。共四支後裔,散居四川省涼山州越西縣(書古)、美姑縣(薩古、茲木潘古),及樂山市馬邊縣等地。

　　本譜載於《中國彝族譜牒選編·四川卷》第四冊

[四川涼山]麻卡譜　纂修者不詳　2007 年四川民族出版社排印本　合冊　彝漢雙文

　　始祖吉里。支祖馬格(麻卡),吉里第八世孫。僅有世系。共八支後裔,散居四川省涼山州越西縣(古爾、洛木拉達)、美姑縣(乃策),及樂山市馬邊縣等地。

　　本譜載於《中國彝族譜牒選編·四川卷》第四冊

[四川涼山]吉吉譜　纂修者不詳　2007 年四川民族出版社排印本　合冊　彝漢雙文

　　始祖吉里。支祖加加(吉吉),吉里第十六世孫。僅有世系。共兩支後裔,散居四川省涼山州越西縣、雷波縣(莫毅)等地。

　　本譜載於《中國彝族譜牒選編·四川卷》第四冊

[四川涼山]克惹譜　纂修者不詳　2007 年四川民族出版社排印本　合冊　彝漢雙文

　　始祖吉里。支祖克惹,吉里第十九世孫。僅有世系。共七支後裔,散居四川省涼山州冕寧縣(南山)、越西縣(河東、拉普、四嘎普、新民)等地。

　　本譜載於《中國彝族譜牒選編·四川卷》第四冊

[四川涼山]吉古譜　纂修者不詳　2007 年四川民族出版社排印本　合冊　彝漢雙文

　　始祖吉里。支祖吉古,吉里第十二世孫。僅有世系。共十支後裔,散居四川省涼山州喜德縣(吉博、兩河口、西河、則洛)、雷波縣(八寨、上田壩)等地。

　　本譜載於《中國彝族譜牒選編·四川卷》第

四冊

[四川涼山]惹夫譜　纂修者不詳　2007 年四川民族出版社排印本　合冊　彝漢雙文

　　始祖吉里。僅有世系。共三支後裔,散居四川省涼山州甘洛縣(布林書諾)、美姑縣(威海洛)等地。

　　本譜載於《中國彝族譜牒選編·四川卷》第四冊

[四川涼山]俄乃譜　纂修者不詳　2007 年四川民族出版社排印本　合冊　彝漢雙文

　　始祖吉里。支祖俄乃,吉里第九世孫。僅有世系。後裔散居四川省涼山州越西縣(乃拖)、甘洛縣(吉米、斯覺)等地。

　　本譜載於《中國彝族譜牒選編·四川卷》第四冊

[四川涼山]吉史譜　纂修者不詳　2007 年四川民族出版社排印本　合冊　彝漢雙文

　　始祖吉里。支祖吉史,吉里第十八世孫。僅有世系。共八支後裔,散居四川省涼山州喜德縣(賀坡洛)、越西縣(爾曲乃伍)、美姑縣(候播乃拖、候播瓦支、瓦支)、雷波縣(西寧),及樂山市峨邊縣等地。

　　本譜載於《中國彝族譜牒選編·四川卷》第四冊

[四川涼山]吉爾譜　纂修者不詳　2007 年四川民族出版社排印本　合冊　彝漢雙文

　　始祖吉里。支祖加爾(吉爾),吉里第八世孫。僅有世系。共十三支後裔,散居四川省涼山州越西縣(斯木洛、依諾)、甘洛縣(吉米)、美姑縣(達洛、吉毅豪嘎、威海洛)、雷波縣(大坪子、上田壩),及樂山市峨邊縣(新民)等地。

　　本譜載於《中國彝族譜牒選編·四川卷》第四冊

[四川涼山]阿額譜　纂修者不詳　2007 年四川民族出版社排印本　合冊　彝漢雙文

始祖吉里。支祖阿邱(阿額),吉里第四世孫。僅有世系。共七支後裔,散居四川省涼山州美姑縣(吉曲達爾、書箐)、雷波縣(乃加)等地。

本譜載於《中國彝族譜牒選編·四川卷》第四册

[四川涼山] **木次譜**　纂修者不詳　2007 年四川民族出版社排印本　合册　彝漢雙文

始祖吉里。支祖木次,吉里第九世孫。僅有世系。共五支後裔,散居四川省涼山州甘洛縣、美姑縣(爾布乃俄、某合南烏),及甘孜州九龍縣等地。

本譜載於《中國彝族譜牒選編·四川卷》第四册

[四川涼山] **吉約譜**　纂修者不詳　2007 年四川民族出版社排印本　合册　彝漢雙文

始祖吉里。支祖吉約,吉里第十世孫。僅有世系。共九支後裔,散居四川省涼山州金陽縣(特兹)、甘洛縣(乃克)、美姑縣(乃拖覺、薩布乃拖、薩嘎、薩嘎加古、薩嘎伍能、特西潘都)、雷波縣(馬頸子)等地。

本譜載於《中國彝族譜牒選編·四川卷》第四册

[四川涼山] **社啓譜**　纂修者不詳　2007 年四川民族出版社排印本　合册　彝漢雙文

始祖吉里。支祖社啓,吉里第十世孫。僅有世系。共六支後裔,散居四川省涼山州美姑縣(天喜)、雷波縣(山棱崗)等地。

本譜載於《中國彝族譜牒選編·四川卷》第四册

[四川涼山] **俄正譜**　纂修者不詳　2007 年四川民族出版社排印本　合册　彝漢雙文

始祖莫俄。僅有世系。共二支後裔,散居四川省涼山州昭覺縣(拉馬)、樂山市馬邊縣等地。

本譜載於《中國彝族譜牒選編·四川卷》第四册

[四川涼山] **阿支譜**　纂修者不詳　2007 年四川

民族出版社排印本　合册　彝漢雙文

始祖莫俄。支祖阿枝(阿支),莫俄第十三世孫。僅有世系。共三支後裔,散居四川省涼山州冕寧縣(特合洛博)、雅安市石棉縣(吉爾依曲)等地。

本譜載於《中國彝族譜牒選編·四川卷》第四册

[四川涼山] **説曲譜**　纂修者不詳　2007 年四川民族出版社排印本　合册　彝漢雙文

始祖莫俄。支祖説曲,莫俄子。僅有世系。共四支後裔,散居四川省涼山州喜德縣(李子)、雷波縣(巴古、莫毅瓦里洛、上田壩)等地。

本譜載於《中國彝族譜牒選編·四川卷》第四册

[四川涼山] **惹列譜**　纂修者不詳　2007 年四川民族出版社排印本　合册　彝漢雙文

始祖聯古。屬聯古七子譜源支系。僅有世系。共四支後裔,散居四川省涼山州會理縣、冕寧縣等地。

本譜載於《中國彝族譜牒選編·四川卷》第三册

[四川西昌] **哈拉譜**　纂修者不詳　2007 年四川民族出版社排印本　合册　彝漢雙文

先祖地俄,古侯第十八世孫。始祖木古,地俄第十一世孫。支祖哈拉,木古第十一世孫。後裔居四川省西昌市。譜載一支四十一代世系。

本譜載於《中國彝族譜牒選編·四川卷》第一册

[四川西昌] **夥社譜**　纂修者不詳　2007 年四川民族出版社排印本　合册　彝漢雙文

始祖木烏。木烏孫烏馬。後裔居四川省西昌市(馬鞍)。譜載四支世系。

本譜載於《中國彝族譜牒選編·四川卷》第一册

[四川西昌] **阿支譜**　纂修者不詳　2007 年四川

民族出版社排印本　合冊　彝漢雙文

始祖阿莫。支祖阿枝（阿支），阿莫第十一世孫。後裔居四川省涼山州西昌市（安哈）。譜載一支二十六代世系。

本譜載於《中國彝族譜牒選編·四川卷》第二冊

[四川西昌]諾都譜　纂修者不詳　2007 年四川民族出版社排印本　合冊　彝漢雙文

始祖阿莫。支祖洛都（諾都），阿莫第十世孫。後裔居四川省西昌市（大箐）。譜載一支二十代世系。

本譜載於《中國彝族譜牒選編·四川卷》第二冊

[四川西昌]吉石譜　纂修者不詳　2007 年四川民族出版社排印本　合冊　彝漢雙文

始祖能助。後裔散居四川省涼山州西昌市（北山）等地。譜載一支二十代世系。

本譜載於《中國彝族譜牒選編·四川卷》第二冊

[四川西昌]阿薩譜　纂修者不詳　2007 年四川民族出版社排印本　合冊　彝漢雙文

始祖米則。支祖阿薩，米則第二十二世孫。後裔居四川省涼山州西昌市。譜載一支二十八代世系。

本譜載於《中國彝族譜牒選編·四川卷》第二冊

[四川西昌]惹子譜　纂修者不詳　2007 年四川民族出版社排印本　合冊　彝漢雙文

始祖聯古。屬聯古七子譜源支系。僅有世系，記載自聯古至木乃共二十六代。後裔居四川省涼山州西昌市。

本譜載於《中國彝族譜牒選編·四川卷》第三冊

[四川西昌]莫色譜　纂修者不詳　2007 年四川民族出版社排印本　合冊　彝漢雙文

始祖聯古。支祖莫色，聯古第十世孫。僅有世系。共兩支後裔，居四川省涼山州西昌市（民勝）。

本譜載於《中國彝族譜牒選編·四川卷》第三冊

[四川西昌]約莫譜　纂修者不詳　2007 年四川民族出版社排印本　合冊　彝漢雙文

始祖聯古。支祖約莫，聯古第五世孫。僅有世系，記載自聯古至體博共二十一代。後裔居四川省涼山州西昌市。

本譜載於《中國彝族譜牒選編·四川卷》第三冊

[四川西昌]吉胡譜　纂修者不詳　2007 年四川民族出版社排印本　合冊　彝漢雙文

始祖海乃，聯古第九世孫。支祖吉夫（吉胡），海乃第四世孫。僅有世系。後裔散居四川省涼山州西昌市（響水、四合）、攀枝花市鹽邊縣等地。

本譜載於《中國彝族譜牒選編·四川卷》第三冊

[四川西昌]阿哲沙馬譜　纂修者不詳　2007 年四川民族出版社排印本　合冊　彝漢雙文

始祖央古。支祖舉木。屬央古四子譜源支系。僅有世系，記載自舉木至格薩共九十七代。居四川省涼山州西昌市。

本譜載於《中國彝族譜牒選編·四川卷》第三冊

[四川西昌]吉史譜　纂修者不詳　2007 年四川民族出版社排印本　合冊　彝漢雙文

始祖吉古，聯古第九世孫。支祖吉史，吉古子。僅有世系。共三支後裔，散居四川省涼山州西昌市（巴汝）。

本譜載於《中國彝族譜牒選編·四川卷》第三冊

[四川西昌]諾合譜　纂修者不詳　2007 年四川民族出版社排印本　合冊　彝漢雙文

始祖央古。支祖洛合（諾合），央古第十八世孫。屬央古四子譜源支系。僅有世系，記載央古至基熱共二十八代。後裔居四川省涼山州西昌市。

本譜載於《中國彝族譜牒選編·四川卷》第四冊

[四川西昌]寧惹譜　纂修者不詳　2007 年四川民族出版社排印本　合冊　彝漢雙文

始祖阿子。支祖寧惹，阿子子。僅有世系，記載阿子至史坡共十八代。後裔居四川省涼山州西昌市。

本譜載於《中國彝族譜牒選編·四川卷》第四冊

[四川西昌]日木譜　纂修者不詳　2007 年四川民族出版社排印本　合冊　彝漢雙文

始祖吉木。支祖日木，阿子第三世孫。屬阿子九子譜源支系。僅有世系。共四支後裔，散居四川省涼山州西昌市（開源、響水）等地。

本譜載於《中國彝族譜牒選編·四川卷》第四冊

[四川鹽源]吉爾譜　纂修者不詳　2007 年四川民族出版社排印本　合冊　彝漢雙文

始祖尼乃。後裔居四川省涼山州鹽源縣（林海）。譜載一支十四代世系。

本譜載於《中國彝族譜牒選編·四川卷》第一冊

[四川鹽源]阿期譜　纂修者不詳　2007 年四川民族出版社排印本　合冊　彝漢雙文

始祖比格，烏馬第七世孫。支祖阿此（阿期），烏馬第十五世孫。後裔居四川省涼山州鹽源縣（海棠）。譜載三支世系。

本譜載於《中國彝族譜牒選編·四川卷》第一冊

[四川鹽源]且基譜　纂修者不詳　2007 年四川民族出版社排印本　合冊　彝漢雙文

始祖比格，烏馬第七世孫。後裔散居四川省涼山州鹽源縣（海棠、紅者）等地。譜載二支世系。

本譜載於《中國彝族譜牒選編·四川卷》第一冊

[四川鹽源]博史譜　纂修者不詳　2007 年四川民族出版社排印本　合冊　彝漢雙文

始祖木烏。木烏孫烏馬。支祖博史，烏馬第二十五世孫。後裔居四川省鹽源縣（平川）。譜載二支世系。

本譜載於《中國彝族譜牒選編·四川卷》第一冊

[四川鹽源]惹依譜　纂修者不詳　2007 年四川民族出版社排印本　合冊　彝漢雙文

始祖木烏。木烏孫烏馬。後裔散居四川省涼山州鹽源縣（夥者）、鹽邊縣等地。譜載五支世系。

本譜載於《中國彝族譜牒選編·四川卷》第一冊

[四川鹽源]吉日譜　纂修者不詳　2007 年四川民族出版社排印本　合冊　彝漢雙文

始祖依格。後裔居四川省涼山州鹽源縣（白烏）。譜載六支世系。

本譜載於《中國彝族譜牒選編·四川卷》第一冊

[四川鹽源]馬布譜　纂修者不詳　2007 年四川民族出版社排印本　合冊　彝漢雙文

始祖阿莫。支祖馬布，阿莫第八世孫。後裔居四川省涼山州鹽源縣（桃子）。譜載一支二十四代世系。

本譜載於《中國彝族譜牒選編·四川卷》第二冊

[四川鹽源]拉沙譜　纂修者不詳　2007 年四川民族出版社排印本　合冊　彝漢雙文

先祖古侯。始祖阿你。支祖果格（拉沙），阿你（阿尼）第七世孫。屬那吉三子譜源支系。僅有世系。共三支後裔，散居四川省涼山州鹽源縣（縣城、暗克)等地。

本譜載於《中國彝族譜牒選編·四川卷》第三册

[四川德昌]布支譜　纂修者不詳　2007 年四川民族出版社排印本　合册　彝漢雙文

始祖阿莫。支祖布子(布支),阿莫第十四世孫。後裔居四川省涼山州德昌縣(麻栗)。譜載一支二十八代世系。

本譜載於《中國彝族譜牒選編·四川卷》第二册

[四川德昌]吉兹譜　纂修者不詳　2007 年四川民族出版社排印本　合册　彝漢雙文

始祖俄兹。支祖吉兹,俄兹子。僅有世系,記載俄兹至拉哈共十九代。後裔居四川省涼山州德昌縣。

本譜載於《中國彝族譜牒選編·四川卷》第三册

[四川德昌]蘇威譜　纂修者不詳　2007 年四川民族出版社排印本　合册　彝漢雙文

始祖依乃。僅有世系。共四支後裔,散居四川省涼山州德昌縣(洛俄)等地。

本譜載於《中國彝族譜牒選編·四川卷》第四册

[四川德昌]洛惹譜　纂修者不詳　2007 年四川民族出版社排印本　合册　彝漢雙文

始祖吉木。僅有世系。共七支後裔,散居四川省涼山州德昌縣。

本譜載於《中國彝族譜牒選編·四川卷》第三册

[四川會理]吉勒譜　纂修者不詳　2007 年四川民族出版社排印本　合册　彝漢雙文

始祖俄木。支祖吉里(吉勒),俄木裔孫。後裔居四川省涼山州會理縣(里抵所坡)。譜載一支世系。

本譜載於《中國彝族譜牒選編·四川卷》第

一册

[四川會理]吉扭譜　纂修者不詳　2007 年四川民族出版社排印本　合册　彝漢雙文

始祖木烏。木烏孫烏馬。支祖吉扭,烏馬第七世孫。後裔居四川省涼山州會理縣。譜載一支二十代世系。

本譜載於《中國彝族譜牒選編·四川卷》第一册

[四川寧南]史基譜　纂修者不詳　2007 年四川民族出版社排印本　合册　彝漢雙文

始祖木烏。木烏孫烏馬。後裔散居四川省涼山州寧南縣(海子、六鐵)等地。譜載二支世系。

本譜載於《中國彝族譜牒選編·四川卷》第一册

[四川寧南]曲木譜　纂修者不詳　2007 年四川民族出版社排印本　合册　彝漢雙文

始祖木烏。木烏孫烏馬。支祖阿眯(曲木)。後裔居四川省涼山州寧南縣(跑馬)。譜載一支世系。

本譜載於《中國彝族譜牒選編·四川卷》第一册

[四川寧南]尼覺譜　纂修者不詳　2007 年四川民族出版社排印本　合册　彝漢雙文

始祖阿莫。後裔散居四川省涼山州寧南縣(跑馬)等地。譜載一支二十二代世系。

本譜載於《中國彝族譜牒選編·四川卷》第二册

[四川寧南]吉薩譜　纂修者不詳　2007 年四川民族出版社排印本　合册　彝漢雙文

始祖阿子。支祖吉薩,阿子裔孫。僅有世系,記載阿子至俄邱的世系。後裔居四川省涼山州寧南縣(跑馬)。

本譜載於《中國彝族譜牒選編·四川卷》第四册

[四川普格]生補譜　纂修者不詳　2007 年四川民族出版社排印本　合册　彝漢雙文

始祖俄木。後裔居四川省涼山州普格縣(西洛)。譜載一支十四代世系。

本譜載於《中國彝族譜牒選編·四川卷》第一册

[四川普格]則譜　纂修者不詳　2007 年四川民族出版社排印本　合册　彝漢雙文

始祖依格。支祖吉省(則),依格第十世孫。後裔居四川省涼山州普格縣(委洛)。譜載一支二十二代世系。

本譜載於《中國彝族譜牒選編·四川卷》第一册

[四川普格]阿古譜　纂修者不詳　2007 年四川民族出版社排印本　合册　彝漢雙文

始祖阿莫。支祖阿古,阿莫第十世孫。後裔居四川省涼山州普格縣(文坪)。譜載二支世系。

本譜載於《中國彝族譜牒選編·四川卷》第二册

[四川普格]德布譜　纂修者不詳　2007 年四川民族出版社排印本　合册　彝漢雙文

始祖阿莫。後裔居四川省涼山州普格縣(西洛、小興地)。譜載三支世系。

本譜載於《中國彝族譜牒選編·四川卷》第二册

[四川普格]吉史譜　纂修者不詳　2007 年四川民族出版社排印本　合册　彝漢雙文

始祖米則。支祖吉史,米則第十世孫。後裔居四川省涼山州普格縣(夥果階古)。譜載一支三十一代世系。

本譜載於《中國彝族譜牒選編·四川卷》第二册

[四川普格]吉溜譜　纂修者不詳　2007 年四川民族出版社排印本　合册　彝漢雙文

先祖古侯。支祖吉溜,古侯第四十三世孫。屬

那吉三子譜源支系。僅有世系。共兩支後裔,居四川省涼山州普格縣。

本譜載於《中國彝族譜牒選編·四川卷》第三册

[四川普格]阿吉譜　纂修者不詳　2007 年四川民族出版社排印本　合册　彝漢雙文

始祖央古。屬央古四子譜源支系。僅有世系。共二十支後裔,散居四川省涼山州普格縣(大坪、吉柳、吉柳恩達)等地。

本譜載於《中國彝族譜牒選編·四川卷》第四册

[四川布拖]連夫譜　纂修者不詳　2007 年四川民族出版社排印本　合册　彝漢雙文

始祖俄木。支祖攬夫(連夫),俄木第十六世孫。後裔散居四川省涼山州布拖縣(特木勒、木什、夥連、農行、特鎮、拖覺)等地。譜載九支世系。

本譜載於《中國彝族譜牒選編·四川卷》第一册

[四川布拖]皆沙譜　纂修者不詳　2007 年四川民族出版社排印本　合册　彝漢雙文

始祖俄木。支祖繭沙(皆沙)。後裔居四川省涼山州布拖縣。譜載一支世系。

本譜載於《中國彝族譜牒選編·四川卷》第一册

[四川布拖]格吳譜　纂修者不詳　2007 年四川民族出版社排印本　合册　彝漢雙文

始祖俄木。後裔居四川省涼山州布拖縣(木烏拉達)。譜載九支世系。

本譜載於《中國彝族譜牒選編·四川卷》第一册

[四川布拖]且散譜　纂修者不詳　2007 年四川民族出版社排印本　合册　彝漢雙文

始祖俄木。支祖期散(且散),俄木第七世孫。後裔散居四川省涼山州布拖縣(拖覺、特木里)等地。譜載四支世系。

本譜載於《中國彝族譜牒選編 · 四川卷》第
一册

[四川布拖]勒期譜 纂修者不詳 2007 年四川
民族出版社排印本 合册 彝漢雙文
始祖史勒。支祖勒期。後裔居四川省涼山州布
拖縣(耶抵)。譜載世三支系。
本譜載於《中國彝族譜牒選編 · 四川卷》第
一册

[四川布拖]勒兹譜 纂修者不詳 2007 年四川
民族出版社排印本 合册 彝漢雙文
始祖史勒。支祖倫兹(勒兹)。後裔居四川省
涼山州布拖縣(地洛拉達)等地。譜載二支世系。
本譜載於《中國彝族譜牒選編 · 四川卷》第
一册

[四川布拖]尼畢譜 纂修者不詳 2007 年四川
民族出版社排印本 合册 彝漢雙文
始祖史勒。支祖尼畢,史勒第七世孫。後裔居
四川省涼山州布拖縣(縣城)。譜載一支二十代
世系。
本譜載於《中國彝族譜牒選編 · 四川卷》第
一册

[四川布拖]吉涼譜 纂修者不詳 2007 年四川
民族出版社排印本 合册 彝漢雙文
始祖阿莫。支祖吉涼。後裔散居四川省涼山州
布拖縣(縣城、石咀、所嘎、拖覺)等地。譜載九支
世系。
本譜載於《中國彝族譜牒選編 · 四川卷》第
二册

[四川布拖]阿布譜 纂修者不詳 2007 年四川
民族出版社排印本 合册 彝漢雙文
始祖破能。後裔居四川省涼山州布拖縣。譜載
一支二十七代世系。
本譜載於《中國彝族譜牒選編 · 四川卷》第
二册

[四川布拖]拉組譜 纂修者不詳 2007 年四川
民族出版社排印本 合册 彝漢雙文
始祖破能。支祖拉組。後裔居四川省涼山州布
拖縣(眯散)等地。譜載二支世系。
本譜載於《中國彝族譜牒選編 · 四川卷》第
二册

[四川布拖]果哩譜 纂修者不詳 2007 年四川
民族出版社排印本 合册 彝漢雙文
始祖地卧。破合,地卧第十九世孫。支祖果哩,
破合第八世孫。後裔居四川省涼山州布拖縣(縣
城)。譜載二支世系。
本譜載於《中國彝族譜牒選編 · 四川卷》第
二册

[四川布拖]吉夥譜 纂修者不詳 2007 年四川
民族出版社排印本 合册 彝漢雙文
始祖迪俄。破合,迪俄第十八世孫。支祖布捏
(吉夥),破合第六世孫。後裔居四川省涼山州布
拖縣。譜載一支三十七代世系。
本譜載於《中國彝族譜牒選編 · 四川卷》第
二册

[四川布拖]阿勒譜 纂修者不詳 2007 年四川
民族出版社排印本 合册 彝漢雙文
始祖米則。支祖阿勒,米則第十五世孫。後裔
散居四川省涼山州布拖縣(補爾、地洛、吉土、龍
潭、羅家坪、木額九來、拖覺)等地。譜載七支
世系。
本譜載於《中國彝族譜牒選編 · 四川卷》第
二册

[四川布拖]莫生譜 纂修者不詳 2007 年四川
民族出版社排印本 合册 彝漢雙文
先祖古侯。支祖莫社(莫生),古侯第五十七世
孫。屬那吉三子譜源支系。僅有世系,記載古侯
至羅日共七十二代。後裔居四川省涼山州布
拖縣。
本譜載於《中國彝族譜牒選編 · 四川卷》第
三册

[四川布拖]吉玻譜　纂修者不詳　2007 年四川民族出版社排印本　合册　彝漢雙文

始祖吉木。屬爾恩三子譜源支系。僅有世系。共七支後裔,散居四川省涼山州布拖縣(拖覺、則柱洛)等地。

本譜載於《中國彝族譜牒選編・四川卷》第三册

[四川布拖]哈馬譜　纂修者不詳　2007 年四川民族出版社排印本　合册　彝漢雙文

始祖央古。支祖哈馬,央古第十六世孫。屬央古四子譜源支系。僅有世系。共兩支後裔,散居四川省涼山州布拖縣(縣城、布林)等地。

本譜載於《中國彝族譜牒選編・四川卷》第四册

[四川布拖]拉海譜　纂修者不詳　2007 年四川民族出版社排印本　合册　彝漢雙文

始祖普莫。屬央古四子譜源支系。支祖拉海,普莫第八世裔孫。僅有世系,記載普莫至阿柳共九代。後裔居四川省涼山州布拖縣。

本譜載於《中國彝族譜牒選編・四川卷》第四册

[四川布拖]初布譜　纂修者不詳　2007 年四川民族出版社排印本　合册　彝漢雙文

始祖普莫。支祖初布,普莫第九世孫。屬央古四子譜源支系。僅有世系。共十支後裔,居四川省涼山州布拖縣(委只洛)。

本譜載於《中國彝族譜牒選編・四川卷》第四册

[四川布拖]阿布譜　纂修者不詳　2007 年四川民族出版社排印本　合册　彝漢雙文

始祖拉海。支祖阿布,拉海子。屬央古四子譜源支系。僅有世系。共九支後裔,散居四川省涼山州布拖縣(縣城、采洛鄉、九都鄉、木里依達、特木里、烏科、衣莫)等地。

本譜載於《中國彝族譜牒選編・四川卷》第四册

[四川布拖]依乃譜　纂修者不詳　2007 年四川民族出版社排印本　合册　彝漢雙文

始祖普莫。屬央古四子譜源支系。僅有世系。共七支後裔,散居四川省涼山州布拖縣(縣城、洛克、衣莫巴拉格)等地。

本譜載於《中國彝族譜牒選編・四川卷》第四册

[四川金陽]曲木譜　纂修者不詳　2007 年四川民族出版社排印本　合册　彝漢雙文

始祖俄木。支祖曲木,俄木第十五世孫。後裔散居四川省涼山州金陽縣(莫紅、瓦勒乃烏)、雲南省等地。譜載八支世系。

本譜載於《中國彝族譜牒選編・四川卷》第一册

[四川金陽]帕查譜　纂修者不詳　2007 年四川民族出版社排印本　合册　彝漢雙文

始祖俄木。支祖帕查,俄木第八世孫。後裔居四川省涼山州金陽縣。譜載一支九代世系。

本譜載於《中國彝族譜牒選編・四川卷》第一册

[四川金陽]吉地譜　纂修者不詳　2007 年四川民族出版社排印本　合册　彝漢雙文

先祖古侯。始祖俄木。支祖吉地。後裔居四川省涼山州金陽縣。譜載一支世系。

本譜載於《中國彝族譜牒選編・四川卷》第一册

[四川金陽]德莫譜　纂修者不詳　2007 年四川民族出版社排印本　合册　彝漢雙文

始祖木烏。木烏孫烏馬。後裔居四川省涼山州金陽縣。譜載一支三十二代世系。

本譜載於《中國彝族譜牒選編・四川卷》第一册

[四川金陽]斯格譜　纂修者不詳　2007 年四川民族出版社排印本　合册　彝漢雙文

始祖依格。支祖斯格,依格第八世孫。後裔居四川省涼山州金陽縣(縣城)。譜載一支十九代世系。

本譜載於《中國彝族譜牒選編·四川卷》第一册

[四川金陽]馬波譜　纂修者不詳　2007 年四川民族出版社排印本　合册　彝漢雙文

始祖依格。支祖馬波,依格第十世孫。後裔散居四川省涼山州金陽縣(南瓦、木里尼古)等地。譜載二支世系。

本譜載於《中國彝族譜牒選編·四川卷》第一册

[四川金陽]祖租譜　纂修者不詳　2007 年四川民族出版社排印本　合册　彝漢雙文

始祖破能。支祖巨組(祖租),破能第十世孫。後裔居四川省涼山州金陽縣(把機)。譜一支二十一代載世系。

本譜載於《中國彝族譜牒選編·四川卷》第二册

[四川金陽]阿夥譜　纂修者不詳　2007 年四川民族出版社排印本　合册　彝漢雙文

始祖破能。後裔居四川省涼山州金陽縣(依達)。譜載一支三十代世系。

本譜載於《中國彝族譜牒選編·四川卷》第二册

[四川金陽]吉耿譜　纂修者不詳　2007 年四川民族出版社排印本　合册　彝漢雙文

始祖能助。支祖吉耿,能助第十一世孫。後裔散居四川省涼山州金陽縣(高峰、斯孔地、木各、保山、阿中夥洛、夥洛、谷曲、尼古)、樂山市馬邊縣等地。譜載十支世系。

本譜載於《中國彝族譜牒選編·四川卷》第二册

[四川金陽]吉里譜　纂修者不詳　2007 年四川民族出版社排印本　合册　彝漢雙文

始祖米則。支祖吉里,米則第十三世孫。後裔

散居四川省涼山州金陽縣等地。譜載二支世系。

本譜載於《中國彝族譜牒選編·四川卷》第二册

[四川金陽]木坡譜　纂修者不詳　2007 年四川民族出版社排印本　合册　彝漢雙文

始祖吉木。支祖木坡,吉木後人。屬爾恩三子譜源支系。僅有世系。共九支後裔,散居四川省涼山州金陽縣(谷德、木里尼爾)等地。

本譜載於《中國彝族譜牒選編·四川卷》第三册

[四川金陽]爾古譜　纂修者不詳　2007 年四川民族出版社排印本　合册　彝漢雙文

始祖聯古。支祖耳姑(爾古),聯古第十一世孫。屬聯古七子譜源支系。僅有世系。共十一支後裔,散居四川省涼山州金陽縣(木尼鄉伍、木子地莫、依然子洛、覺嘎西、馬則洛、伍能古、阿米加古、達開)等地。

本譜載於《中國彝族譜牒選編·四川卷》第三册

[四川金陽]阿巴譜　纂修者不詳　2007 年四川民族出版社排印本　合册　彝漢雙文

始祖阿爾。支祖阿巴,阿爾後裔,屬爾恩三子譜源支系。僅有世系,記載爾胡之後四支的情況。後裔居四川省涼山州金陽縣(熱柯)。

本譜載於《中國彝族譜牒選編·四川卷》第三册

[四川金陽]約老譜　纂修者不詳　2007 年四川民族出版社排印本　合册　彝漢雙文

始祖央古。支祖約老,央古第十九世孫。屬央古四子譜源支系。僅有世系。共四支後裔,散居四川省涼山州金陽縣(高峰)等地。

本譜載於《中國彝族譜牒選編·四川卷》第四册

[四川金陽]布色譜　纂修者不詳　2007 年四川民族出版社排印本　合册　彝漢雙文

始祖央古。支祖布生（布色），央古第四世孫。屬央古四子譜源支系。僅有世系，記載自央古至古博共二十代。後裔居四川省涼山州金陽縣。

　　本譜載於《中國彝族譜牒選編・四川卷》第四冊

[四川金陽]得莫譜　纂修者不詳　2007 年四川民族出版社排印本　合冊　彝漢雙文

　　始祖莫俄。僅有世系，記載自莫俄至史體共二十八代。後裔居四川省涼山州金陽縣。

　　本譜載於《中國彝族譜牒選編・四川卷》第四冊

[四川昭覺]阿而譜　纂修者不詳　2007 年四川民族出版社排印本　合冊　彝漢雙文

　　始祖俄木。支祖阿而，俄木第十四世孫。後裔居四川省涼山州昭覺縣（波什）。譜載三支世系。

　　本譜載於《中國彝族譜牒選編・四川卷》第一冊

[四川昭覺]吉畢譜　纂修者不詳　2007 年四川民族出版社排印本　合冊　彝漢雙文

　　始祖俄木。支祖吉別（吉畢），俄木第十五世孫。後裔居四川省涼山州昭覺縣（縣城）。譜載一支二十三代世系。

　　本譜載於《中國彝族譜牒選編・四川卷》第一冊

[四川昭覺]爾古譜　纂修者不詳　2007 年四川民族出版社排印本　合冊　彝漢雙文

　　始祖俄木。支祖爾古，俄木第九世孫。後裔居四川省涼山州昭覺縣（四開）。譜載一支十六代世系。

　　本譜載於《中國彝族譜牒選編・四川卷》第一冊

[四川昭覺]皆威譜　纂修者不詳　2007 年四川民族出版社排印本　合冊　彝漢雙文

　　始祖尼乃。支祖皆威，尼乃第七世孫。後裔居四川省涼山州昭覺縣（俫組）。譜載二支世系。

　　本譜載於《中國彝族譜牒選編・四川卷》第一冊

[四川昭覺]布格譜　纂修者不詳　2007 年四川民族出版社排印本　合冊　彝漢雙文

　　始祖木古。支祖阿皆，木古第十五世孫。後裔居四川省涼山州昭覺縣（縣城）。譜載一支二十九代世系。

　　本譜載於《中國彝族譜牒選編・四川卷》第一冊

[四川昭覺]比嘎譜　纂修者不詳　2007 年四川民族出版社排印本　合冊　彝漢雙文

　　始祖比格（比嘎），烏馬第七世孫。後裔居四川省涼山州昭覺縣（龍恩）。譜載一支二十八代世系。

　　本譜載於《中國彝族譜牒選編・四川卷》第一冊

[四川昭覺]説爾譜　纂修者不詳　2007 年四川民族出版社排印本　合冊　彝漢雙文

　　始祖木古。木烏孫烏馬。支祖説而（説爾），烏馬第十九世孫。後裔居四川省涼山州昭覺縣（達洛）。譜載二支世系。

　　本譜載於《中國彝族譜牒選編・四川卷》第一冊

[四川昭覺]足爾譜　纂修者不詳　2007 年四川民族出版社排印本　合冊　彝漢雙文

　　始祖依格。支祖足爾，依格第十三世孫。後裔居四川省涼山州昭覺縣（柳且）。譜載一支二十二代世系。

　　本譜載於《中國彝族譜牒選編・四川卷》第一冊

[四川昭覺]吉局譜　纂修者不詳　2007 年四川民族出版社排印本　合冊　彝漢雙文

　　始祖依格。支祖吉局，依格第七世孫。後裔散居四川省涼山州昭覺縣（縣城、期莫、四開）等地。譜載六支世系。

本譜載於《中國彝族譜牒選編·四川卷》第一冊

[四川昭覺]吉車譜　纂修者不詳　2007年四川民族出版社排印本　合冊　彝漢雙文

始祖阿莫。支祖吉車,阿莫第十二世孫。後裔散居四川省涼山州昭覺縣(比爾、地坡、合古)等地。譜載三支世系。

本譜載於《中國彝族譜牒選編·四川卷》第二冊

[四川昭覺]吉爾譜　纂修者不詳　2007年四川民族出版社排印本　合冊　彝漢雙文

始祖阿莫。支祖吉勒(吉爾),阿莫第七世孫。後裔散居四川省涼山州昭覺縣(地莫、日哈)等地。譜載二支世系。

本譜載於《中國彝族譜牒選編·四川卷》第二冊

[四川昭覺]皆覺譜　纂修者不詳　2007年四川民族出版社排印本　合冊　彝漢雙文

始祖破能。後裔居四川省涼山州昭覺縣。譜載二支世系。

本譜載於《中國彝族譜牒選編·四川卷》第二冊

[四川昭覺]莫科譜　纂修者不詳　2007年四川民族出版社排印本　合冊　彝漢雙文

始祖能助。後裔居四川省涼山州昭覺縣(爾古)。譜載二支世系。

本譜載於《中國彝族譜牒選編·四川卷》第二冊

[四川昭覺]吉伍譜　纂修者不詳　2007年四川民族出版社排印本　合冊　彝漢雙文

始祖破合。支祖結伍,破合第十七世孫。後裔居四川省涼山州昭覺縣(普詩)。譜載二支世系。

本譜載於《中國彝族譜牒選編·四川卷》第二冊

[四川昭覺]阿苦譜　纂修者不詳　2007年四川民族出版社排印本　合冊　彝漢雙文

始祖米則。後裔散居四川省涼山州昭覺縣(竹核、木合乃伍、布約)等地。譜載四支世系。

本譜載於《中國彝族譜牒選編·四川卷》第二冊

[四川昭覺]皆夥譜　纂修者不詳　2007年四川民族出版社排印本　合冊　彝漢雙文

始祖米則。支祖階夥(皆夥),米則第十六世孫。後裔居四川省涼山州昭覺縣(好古)。譜載一支二十八代世系。

本譜載於《中國彝族譜牒選編·四川卷》第二冊

[四川昭覺]夥什譜　纂修者不詳　2007年四川民族出版社排印本　合冊　彝漢雙文

始祖米則。後裔居四川省涼山州昭覺縣(木合)。譜載一支二十四代世系。

本譜載於《中國彝族譜牒選編·四川卷》第二冊

[四川昭覺]特覺譜　纂修者不詳　2007年四川民族出版社排印本　合冊　彝漢雙文

始祖古侯。眯者(米則),古侯第四十六世孫。後裔散居四川省涼山州昭覺縣(熱牛繭馬、波喜)等地。譜載二支世系。

本譜載於《中國彝族譜牒選編·四川卷》第二冊

[四川昭覺]阿子恩莫譜　纂修者不詳　2007年四川民族出版社排印本　合冊　彝漢雙文

先祖古侯。支祖阿子(阿字)、恩莫,分別爲古侯第四十六、四十七世孫。屬那吉三子譜源支系。僅有世系,記載自古侯至恩莫共四十七代。後裔居四川省涼山州昭覺縣(斯已魯古地)。

本譜載於《中國彝族譜牒選編·四川卷》第三冊

[四川昭覺]阿色譜　纂修者不詳　2007年四川

民族出版社排印本　合册　彝漢雙文

先祖古侯。始祖木烏。支祖阿色,木烏第七世孫。屬那吉三子譜源支系。僅有世系,記載木烏至友苦共十七代。後裔居四川省涼山州昭覺縣(充洛)。

本譜載於《中國彝族譜牒選編‧四川卷》第三册

[四川昭覺]冷普譜　纂修者不詳　2007年四川民族出版社排印本　合册　彝漢雙文

先祖古侯,始祖吉民。支祖冷普,吉民第七世孫。屬那吉三子譜源支系。僅有世系,記載自吉民至史打十五代。後裔居四川省涼山州昭覺縣(特布洛)。

本譜載於《中國彝族譜牒選編‧四川卷》第三册

[四川昭覺]賈布譜　纂修者不詳　2007年四川民族出版社排印本　合册　彝漢雙文

始祖吉木。屬爾恩三子譜源支系。僅有世系。共兩支後裔,居四川省涼山州昭覺縣(古里)。

本譜載於《中國彝族譜牒選編‧四川卷》第三册

[四川昭覺]曲所譜　纂修者不詳　2007年四川民族出版社排印本　合册　彝漢雙文

始祖央古。屬央古四子譜源支系。僅有世系,記載自央古至依嘎共三十一代。後裔居四川省涼山州昭覺縣(石油)。

本譜載於《中國彝族譜牒選編‧四川卷》第四册

[四川昭覺]曲莫譜　纂修者不詳　2007年四川民族出版社排印本　合册　彝漢雙文

始祖央古。支祖阿扎(曲莫),央古第十九世孫。屬央古四子譜源支系。僅有世系。共三支後裔,居四川省涼山州昭覺縣(竹核)。

本譜載於《中國彝族譜牒選編‧四川卷》第四册

[四川昭覺]合批譜　纂修者不詳　2007年四川民族出版社排印本　合册　彝漢雙文

始祖爾基。支祖友薩(合批),爾基第七世孫。僅有世系。共三支後裔,散居四川省涼山州昭覺縣(縣城、博西、特久拉達〔姓乃阿〕)等地。

本譜載於《中國彝族譜牒選編‧四川卷》第四册

[四川昭覺]地莫譜　纂修者不詳　2007年四川民族出版社排印本　合册　彝漢雙文

始祖阿子。支祖迪莫(地莫),阿子第三世孫。僅有世系,記載阿子至克惹共十九代。後裔居四川省涼山州昭覺縣(久洛)。

本譜載於《中國彝族譜牒選編‧四川卷》第四册

[四川昭覺]石占譜　纂修者不詳　2007年四川民族出版社排印本　合册　彝漢雙文

始祖吉史。支祖阿木(石占),吉史子。僅有世系。共十九支後裔,散居四川省涼山州昭覺縣(慶恒、特布洛)等地。

本譜載於《中國彝族譜牒選編‧四川卷》第四册

[四川昭覺]爾合譜　纂修者不詳　2007年四川民族出版社排印本　合册　彝漢雙文

始祖依乃。支祖爾合,依乃第十五世孫。僅有世系。共兩支後裔,居四川省涼山州昭覺縣(覺嘎)。

本譜載於《中國彝族譜牒選編‧四川卷》第四册

[四川昭覺]阿熱譜　纂修者不詳　2007年四川民族出版社排印本　合册　彝漢雙文

始祖依乃。支祖阿熱,依乃第十四世孫。僅有世系,記載依乃至達果共二十六代。後裔居四川省涼山州昭覺縣(洛俄地莫)。

本譜載於《中國彝族譜牒選編‧四川卷》第四册

[四川喜德]阿達譜　纂修者不詳　2007 年四川民族出版社排印本　合册　彝漢雙文

始祖俄木。支祖阿達,俄木第十五世孫。後裔散居四川省涼山州喜德縣(魯基、且拖)等地。譜載三支世系。

本譜載於《中國彝族譜牒選編·四川卷》第一册

[四川喜德]曲木譜　纂修者不詳　2007 年四川民族出版社排印本　合册　彝漢雙文

始祖俄木。後裔居四川省涼山州喜德縣(尼波)。譜載一支二十三支世系。

本譜載於《中國彝族譜牒選編·四川卷》第一册

[四川喜德]阿涼譜　纂修者不詳　2007 年四川民族出版社排印本　合册　彝漢雙文

始祖木古。後裔居四川省涼山州喜德縣(尼波)。譜載二支世系。

本譜載於《中國彝族譜牒選編·四川卷》第一册

[四川喜德]沙馬譜　纂修者不詳　2007 年四川民族出版社排印本　合册　彝漢雙文

始祖木烏。木烏孫烏馬。支祖沙馬,烏馬第二十一世系。後裔居四川省涼山州喜德縣(樂武)。譜載一支三十二代世系。

本譜載於《中國彝族譜牒選編·四川卷》第一册

[四川喜德]阿苦譜　纂修者不詳　2007 年四川民族出版社排印本　合册　彝漢雙文

始祖依格。支祖阿苦,依格第十三世孫。後裔居四川省涼山州喜德縣(兩河口)。譜載一支三十一代世系。

本譜載於《中國彝族譜牒選編·四川卷》第一册

[四川喜德]烏吉譜　纂修者不詳　2007 年四川民族出版社排印本　合册　彝漢雙文

始祖俄木。支祖烏吉,俄木第二十世孫。後裔居四川省涼山州喜德縣(東河)。譜載三支世系。

本譜載於《中國彝族譜牒選編·四川卷》第一册

[四川喜德]吉布譜　纂修者不詳　2007 年四川民族出版社排印本　合册　彝漢雙文

始祖依格。支祖吉補(吉布),依格第七世孫。後裔散居四川省涼山州喜德縣(米市、洛哈)等地。譜載四支世系。

本譜載於《中國彝族譜牒選編·四川卷》第一册

[四川喜德]巴且譜　纂修者不詳　2007 年四川民族出版社排印本　合册　彝漢雙文

始祖能助。後裔散居四川省涼山州喜德縣(北山)等地。譜載一支二十三代世系。

本譜載於《中國彝族譜牒選編·四川卷》第二册

[四川喜德]古爾譜　纂修者不詳　2007 年四川民族出版社排印本　合册　彝漢雙文

始祖能助。支祖古魯(古爾),能助第十二世孫。後裔居四川省涼山州喜德縣(縣城)。譜載一支二十四支世系。

本譜載於《中國彝族譜牒選編·四川卷》第二册

[四川喜德]吉涼譜　纂修者不詳　2007 年四川民族出版社排印本　合册　彝漢雙文

始祖米則。後裔居四川省涼山州喜德縣(東河)。譜載一支二十二代世系。

本譜載於《中國彝族譜牒選編·四川卷》第二册

[四川喜德]吉爾譜　纂修者不詳　2007 年四川民族出版社排印本　合册　彝漢雙文

始祖爾基。僅有世系,記載自爾基至久爾共十七世。後裔居四川省涼山州喜德縣(且托)。

本譜載於《中國彝族譜牒選編·四川卷》第

四册

[四川喜德]莫生譜　纂修者不詳　2007 年四川民族出版社排印本　合册　彝漢雙文

　　始祖央古。屬央古四子譜源支系。僅有世系。共兩支後裔,散居四川省涼山州喜德縣(縣城、魯枝)等地。

　　本譜載於《中國彝族譜牒選編・四川卷》第四册

[四川喜德]莫布譜　纂修者不詳　2007 年四川民族出版社排印本　合册　彝漢雙文

　　始祖吉里。支祖莫布,吉里第十六世孫。僅有世系,記載吉里至木嘎共二十四代。後裔居四川省涼山州喜德縣(合平)。

　　本譜載於《中國彝族譜牒選編・四川卷》第四册

[四川冕寧]古瓦譜　纂修者不詳　2007 年四川民族出版社排印本　合册　彝漢雙文

　　始祖俄木。支祖古瓦,俄木第十四世孫。後裔居四川省涼山州冕寧縣(沙壩)。譜載五支世系。

　　本譜載於《中國彝族譜牒選編・四川卷》第一册

[四川冕寧]艾甲譜　纂修者不詳　2007 年四川民族出版社排印本　合册　彝漢雙文

　　先祖古侯。始祖俄木。支祖提加(艾甲),俄木第七世孫。後裔居四川省涼山州冕寧縣。譜載三支世系。

　　本譜載於《中國彝族譜牒選編・四川卷》第一册

[四川冕寧]阿子譜　纂修者不詳　2007 年四川民族出版社排印本　合册　彝漢雙文

　　始祖俄木。支祖阿字(阿子),俄木第七世孫。後裔居四川省涼山州冕寧縣。譜載一支十九代世系。

　　本譜載於《中國彝族譜牒選編・四川卷》第一册

[四川冕寧]所曲譜　纂修者不詳　2007 年四川民族出版社排印本　合册　彝漢雙文

　　始祖史勒。支祖所曲,史勒第三十世孫。後裔居四川省涼山州冕寧縣。譜載五支世系。

　　本譜載於《中國彝族譜牒選編・四川卷》第一册

[四川冕寧]拉詩譜　纂修者不詳　2007 年四川民族出版社排印本　合册　彝漢雙文

　　始祖木烏。後裔居四川省涼山州冕寧縣(大橋)。譜載一支二十二代世系。

　　本譜載於《中國彝族譜牒選編・四川卷》第一册

[四川冕寧]倮果譜　纂修者不詳　2007 年四川民族出版社排印本　合册　彝漢雙文

　　始祖木烏。木烏孫烏馬。後裔居四川省涼山州冕寧縣(鐵廠)。譜載二支世系。

　　本譜載於《中國彝族譜牒選編・四川卷》第一册

[四川冕寧]阿米譜　纂修者不詳　2007 年四川民族出版社排印本　合册　彝漢雙文

　　始祖依格。支祖阿眯(阿米),依格第十二世孫。後裔居四川省涼山州冕寧縣(縣城)。譜載一支二十三代世系。

　　本譜載於《中國彝族譜牒選編・四川卷》第一册

[四川冕寧]吉色譜　纂修者不詳　2007 年四川民族出版社排印本　合册　彝漢雙文

　　始祖依格。支祖吉色,依格第十世孫。後裔居四川省涼山州冕寧縣(澤遠)。譜載一支二十三代世系。

　　本譜載於《中國彝族譜牒選編・四川卷》第一册

[四川冕寧]依依譜　纂修者不詳　2007 年四川民族出版社排印本　合册　彝漢雙文

　　始祖拉俄。支祖以布(依依),拉俄第十二世

孫。後裔居四川省涼山州冕寧縣（哈哈）。譜載
一支十九代世系。

本譜載於《中國彝族譜牒選編·四川卷》第
一册

[四川冕寧] 阿勒譜　纂修者不詳　2007 年四川
民族出版社排印本　合册　彝漢雙文

始祖拉俄。支祖爾解（阿勒）。後裔居四川省
涼山州冕寧縣（馬所）。譜載一支世系。

本譜載於《中國彝族譜牒選編·四川卷》第
二册

[四川冕寧] 波所譜　纂修者不詳　2007 年四川
民族出版社排印本　合册　彝漢雙文

始祖阿莫。支祖博收（波所），阿莫第九世孫。
後裔居四川省涼山州冕寧縣（縣城）。譜載一支
十七代世系。

本譜載於《中國彝族譜牒選編·四川卷》第
二册

[四川冕寧] 沙日譜　纂修者不詳　2007 年四川
民族出版社排印本　合册　彝漢雙文

始祖阿莫。後裔居四川省涼山州冕寧縣（曹
古）。譜載一支十八代世系。

本譜載於《中國彝族譜牒選編·四川卷》第
二册

[四川冕寧] 吉約譜　纂修者不詳　2007 年四川
民族出版社排印本　合册　彝漢雙文

始祖阿莫。後裔居四川省涼山州冕寧縣（書
尼）。譜載一支十六代世系。

本譜載於《中國彝族譜牒選編·四川卷》第
二册

[四川冕寧] 列茲譜　纂修者不詳　2007 年四川
民族出版社排印本　合册　彝漢雙文

始祖破能。支祖連字（列茲），破能第十世孫。
後裔散居四川省涼山州冕寧縣（馬倮、木洛）等
地。譜載四支世系。

本譜載於《中國彝族譜牒選編·四川卷》第

二册

[四川冕寧] 助依譜　纂修者不詳　2007 年四川
民族出版社排印本　合册　彝漢雙文

始祖破能。支祖足依（助依），破能第六世孫。
後裔居四川省涼山州冕寧縣。譜載二支世系。

本譜載於《中國彝族譜牒選編·四川卷》第
二册

[四川冕寧] 牛洛譜　纂修者不詳　2007 年四川
民族出版社排印本　合册　彝漢雙文

始祖米則。支祖柳洛（牛洛），米則第五世孫。
後裔散居四川省涼山州冕寧縣（阿古覺、回龍）等
地。譜載三支世系。

本譜載於《中國彝族譜牒選編·四川卷》第
二册

[四川冕寧] 比爾譜　纂修者不詳　2007 年四川
民族出版社排印本　合册　彝漢雙文

始祖聯古。屬聯古七子譜源支系。僅有世系。
共四支後裔,散居四川省涼山州冕寧縣（比爾）
等地。

本譜載於《中國彝族譜牒選編·四川卷》第
三册

[四川冕寧] 能格譜　纂修者不詳　2007 年四川
民族出版社排印本　合册　彝漢雙文

先祖古侯。支祖能格,古侯第三十四世孫。屬
那吉三子譜源支系。僅有世系,記載古侯至修友
共六十代。後裔居四川省涼山州冕寧縣（河里）。

本譜載於《中國彝族譜牒選編·四川卷》第
三册

[四川冕寧] 吉額譜　纂修者不詳　2007 年四川
民族出版社排印本　合册　彝漢雙文

始祖阿子。屬爾恩三子譜源支系。僅有世系。
共十二支後裔,散居四川省涼山州冕寧縣（森榮）
等地。

本譜載於《中國彝族譜牒選編·四川卷》第
三册

[四川冕寧]阿則譜　纂修者不詳　2007 年四川民族出版社排印本　合册　彝漢雙文

始祖莫俄。支祖阿則,莫俄第九世孫。僅有世系,記載自莫俄至爾嘎共二十一代。後裔散居四川省涼山州冕寧縣(瀘沽)等地。

本譜載於《中國彝族譜牒選編·四川卷》第四册

[四川冕寧]阿夥譜　纂修者不詳　2007 年四川民族出版社排印本　合册　彝漢雙文

始祖莫俄。僅有世系。共兩支後裔,居四川省涼山州冕寧縣(城厢)。

本譜載於《中國彝族譜牒選編·四川卷》第四册

[四川越西]吉皮譜　纂修者不詳　2007 年四川民族出版社排印本　合册　彝漢雙文

始祖俄木。支祖吉皮,俄木第十七世孫。後裔散居四川省越西縣(縣城、吳恩)等地。譜載三支世系。

本譜載於《中國彝族譜牒選編·四川卷》第一册

[四川越西]阿爾譜　纂修者不詳　2007 年四川民族出版社排印本　合册　彝漢雙文

始祖俄木。後裔散居四川省越西縣(四甘普、德吉、普雄、下普雄、拉普)等地。譜載六支世系。

本譜載於《中國彝族譜牒選編·四川卷》第一册

[四川越西]阿果譜　纂修者不詳　2007 年四川民族出版社排印本　合册　彝漢雙文

始祖俄木。支祖阿果,俄木第十世孫。後裔散居四川省涼山州越西縣(德吉、瓦巖、馬拖)等地。譜載三支世系。

本譜載於《中國彝族譜牒選編·四川卷》第一册

[四川越西]魯果譜　纂修者不詳　2007 年四川民族出版社排印本　合册　彝漢雙文

始祖俄木。支祖魯果,俄木第十五世孫。後裔居四川省涼山州越西縣(馬拖)。譜載二支世系。

本譜載於《中國彝族譜牒選編·四川卷》第一册

[四川越西]阿余譜　纂修者不詳　2007 年四川民族出版社排印本　合册　彝漢雙文

始祖俄木。支祖阿玉(阿余),俄木第十八世孫。後裔居四川省涼山州越西縣(新民)。譜載一支二十九代世系。

本譜載於《中國彝族譜牒選編·四川卷》第一册

[四川越西]目日譜　纂修者不詳　2007 年四川民族出版社排印本　合册　彝漢雙文

始祖俄木。支祖目日,俄木第十一世孫。後裔居四川省涼山州越西縣(乃拖)。譜載一支二十六代世系。

本譜載於《中國彝族譜牒選編·四川卷》第一册

[四川越西]夥惹譜　纂修者不詳　2007 年四川民族出版社排印本　合册　彝漢雙文

始祖尼乃。後裔居四川省涼山州越西縣(普雄)。譜載一支十七代世系。

本譜載於《中國彝族譜牒選編·四川卷》第一册

[四川越西]阿格譜　纂修者不詳　2007 年四川民族出版社排印本　合册　彝漢雙文

始祖尼乃。後裔散居四川省涼山州越西縣(下普雄、拉普)等地。譜載二支世系。

本譜載於《中國彝族譜牒選編·四川卷》第一册

[四川越西]吉格譜　纂修者不詳　2007 年四川民族出版社排印本　合册　彝漢雙文

始祖木烏。木烏孫烏馬。後裔居四川省涼山州越西縣(爾賽)。譜載一支三十代世系。

本譜載於《中國彝族譜牒選編·四川卷》第

一册

[四川越西]阿扎譜　纂修者不詳　2007 年四川民族出版社排印本　合册　彝漢雙文

　　始祖木烏。木烏孫烏馬。支祖阿扎,烏馬第二十世孫。後裔散居四川省涼山州越西縣(縣城、北果)、石棉縣(安順)等地。譜載五支世系。

　　本譜載於《中國彝族譜牒選編·四川卷》第一册

[四川越西]吉彼譜　纂修者不詳　2007 年四川民族出版社排印本　合册　彝漢雙文

　　始祖木烏。木烏孫烏馬。支祖吉品(吉彼),烏馬第八世孫。後裔散居四川省涼山州越西縣(縣城、普雄)等地。譜載四支世系。

　　本譜載於《中國彝族譜牒選編·四川卷》第一册

[四川越西]吉吧譜　纂修者不詳　2007 年四川民族出版社排印本　合册　彝漢雙文

　　始祖木烏。木烏孫烏馬。支祖吉把(吉吧),烏馬第十九世孫。後裔散居四川省涼山州越西縣(板橋、白果、拉普、爾覺)等地。譜載四支世系。

　　本譜載於《中國彝族譜牒選編·四川卷》第一册

[四川越西]吉祖譜　纂修者不詳　2007 年四川民族出版社排印本　合册　彝漢雙文

　　始祖依格。支祖吉組(吉祖),依格第十二世孫。後裔居四川省涼山州越西縣(拉普)。譜載二支世系。

　　本譜載於《中國彝族譜牒選編·四川卷》第一册

[四川越西]俄坡譜　纂修者不詳　2007 年四川民族出版社排印本　合册　彝漢雙文

　　始祖依格。支祖俄坡,依格第十八世孫。後裔散居四川省涼山州越西縣(縣城、保安、乃拖)等地。譜載九支世系。

　　本譜載於《中國彝族譜牒選編·四川卷》第

一册

[四川越西]阿爾譜　纂修者不詳　2007 年四川民族出版社排印本　合册　彝漢雙文

　　始祖依格。支祖阿耳(阿爾),依格第十三世孫。後裔居四川省涼山州越西縣(瓦巖)。譜載六支世系。

　　本譜載於《中國彝族譜牒選編·四川卷》第一册

[四川越西]阿良譜　纂修者不詳　2007 年四川民族出版社排印本　合册　彝漢雙文

　　始祖拉俄。支祖阿良,拉俄第十六世孫。後裔散居四川省涼山州越西縣(瓦曲覺、竹阿覺)等地。譜載三支世系。

　　本譜載於《中國彝族譜牒選編·四川卷》第一册

[四川越西]海克譜　纂修者不詳　2007 年四川民族出版社排印本　合册　彝漢雙文

　　始祖拉俄。支祖海克,拉俄第十世孫。後裔居四川省涼山州越西縣(斯基)。譜載一支二十四支世系。

　　本譜載於《中國彝族譜牒選編·四川卷》第一册

[四川越西]吉者譜　纂修者不詳　2007 年四川民族出版社排印本　合册　彝漢雙文

　　始祖拉俄。後裔居四川省涼山州越西縣(拉普)。譜載一支十九代世系。

　　本譜載於《中國彝族譜牒選編·四川卷》第二册

[四川越西]吉火譜　纂修者不詳　2007 年四川民族出版社排印本　合册　彝漢雙文

　　始祖阿莫。支祖吉火,阿莫第十二世孫。後裔散居四川省涼山州越西縣(縣城、大屯、拉普、特西、鐵西、下普雄、新民)等地。譜載十一支世系。

　　本譜載於《中國彝族譜牒選編·四川卷》第二册

[四川越西]惹虎譜 纂修者不詳 2007 年四川民族出版社排印本 合冊 彝漢雙文

始祖阿莫。支祖惹虎,阿莫第十一世孫。後裔散居四川省涼山州越西縣(馬拖)等地。譜載二支世系。

本譜載於《中國彝族譜牒選編‧四川卷》第二冊

[四川越西]吉兹譜 纂修者不詳 2007 年四川民族出版社排印本 合冊 彝漢雙文

始祖阿莫。支祖吉兹,阿莫第九世孫。後裔居四川省涼山州越西縣(貢莫)。譜載二支世系。

本譜載於《中國彝族譜牒選編‧四川卷》第二冊

[四川越西]吉坡譜 纂修者不詳 2007 年四川民族出版社排印本 合冊 彝漢雙文

始祖阿莫。支祖吉坡,阿莫第十一世孫。後裔散居四川省涼山州越西縣(達洛、河東、拉白、拉普、四甘普、特西、瓦巖)等地。譜載十支世系。

本譜載於《中國彝族譜牒選編‧四川卷》第二冊

[四川越西]阿果譜 纂修者不詳 2007 年四川民族出版社排印本 合冊 彝漢雙文

始祖阿莫。支祖阿果,阿莫第七世孫。後裔散居四川省涼山州越西縣(德吉、馬拖、日階、上普雄)等地。譜載四支世系。

本譜載於《中國彝族譜牒選編‧四川卷》第二冊

[四川越西]意諾譜 纂修者不詳 2007 年四川民族出版社排印本 合冊 彝漢雙文

始祖阿莫。支祖依諾(意諾),阿莫第十二世孫。後裔散居四川省涼山州越西縣(瓦巖、西山)等地。譜載二支世系。

本譜載於《中國彝族譜牒選編‧四川卷》第二冊

[四川越西]洛俄譜 纂修者不詳 2007 年四川民族出版社排印本 合冊 彝漢雙文

始祖破能。後裔居四川省涼山州越西縣。譜載一支二十一代世系。

本譜載於《中國彝族譜牒選編‧四川卷》第二冊

[四川越西]倫格譜 纂修者不詳 2007 年四川民族出版社排印本 合冊 彝漢雙文

始祖破能。後裔居四川省涼山州越西縣。譜載一支十七代世系。

本譜載於《中國彝族譜牒選編‧四川卷》第二冊

[四川越西]里特譜 纂修者不詳 2007 年四川民族出版社排印本 合冊 彝漢雙文

始祖破能。支祖里特,破能第二十五世孫。後裔散居四川省涼山州越西縣(阿呷土、河東、乃托、弄倮、散呷、伸普、呷樹莫)等地。譜載十二支世系。

本譜載於《中國彝族譜牒選編‧四川卷》第二冊

[四川越西]吉伍譜 纂修者不詳 2007 年四川民族出版社排印本 合冊 彝漢雙文

始祖能助。支祖吉伍,能助第十一世孫。後裔散居四川省涼山州越西縣(夥社木、普雄、曲可地)等地。譜載六支世系。

本譜載於《中國彝族譜牒選編‧四川卷》第二冊

[四川越西]布爾譜 纂修者不詳 2007 年四川民族出版社排印本 合冊 彝漢雙文

始祖能助。支祖布爾,能助第十四世孫。後裔散居四川省涼山州越西縣(爾覺、普雄、特什、瓦吉莫)等地。譜載八支世系。

本譜載於《中國彝族譜牒選編‧四川卷》第二冊

[四川越西]耿吉譜 纂修者不詳 2007 年四川民族出版社排印本 合冊 彝漢雙文

始祖能助。後裔散居四川省涼山州越西縣(保石、補吉、普雄)等地。譜載八支世系。

本譜載於《中國彝族譜牒選編‧四川卷》第二册

[四川越西]阿約譜　纂修者不詳　2007 年四川民族出版社排印本　合册　彝漢雙文

始祖能助。支祖阿約,能助第七世孫。後裔居四川省涼山州越西縣(吉武)。譜載一支二十一代世系。

本譜載於《中國彝族譜牒選編‧四川卷》

[四川越西]破合三子譜源　纂修者不詳　2007 年四川民族出版社排印本　合册　彝漢雙文

始祖古侯。始祖米意(易),古侯第二十八世孫。破合爲第三十四世孫。後裔居涼山州越西縣(普雄)。譜載一支三十五代世系。

本譜載於《中國彝族譜牒選編‧四川卷》第二册

[四川越西]洛俄譜　纂修者不詳　2007 年四川民族出版社排印本　合册　彝漢雙文

始祖破合。支祖洛俄,破合第七世孫。後裔居四川省涼山州越西縣(河東)。譜載一支二十一代世系。

本譜載於《中國彝族譜牒選編‧四川卷》第二册

[四川越西]莫麽譜　纂修者不詳　2007 年四川民族出版社排印本　合册　彝漢雙文

始祖米則。支祖莫摩(莫麽),米則第十九世孫。後裔散居四川省涼山州越西縣(斯幹普)等地。譜載一支三十代世系。

本譜載於《中國彝族譜牒選編‧四川卷》第二册

[四川越西]爾祖譜　纂修者不詳　2007 年四川民族出版社排印本　合册　彝漢雙文

始祖迪俄,古侯第十八世孫。吉迪(諾惹),迪俄第十四世孫。支祖爾祖,諾惹長子。後裔散居

四川省涼山州越西縣(拉白、俸俸、洛果、瓦曲)等地。譜載三十三支世系。

本譜載於《中國彝族譜牒選編‧四川卷》第二册

[四川越西]阿克譜　纂修者不詳　2007 年四川民族出版社排印本　合册　彝漢雙文

始祖諾惹。支祖阿克,諾惹次子。後裔散居四川省涼山州越西縣(瓦曲)等地。譜載五支世系。

本譜載於《中國彝族譜牒選編‧四川卷》第二册

[四川越西]曲莫譜　纂修者不詳　2007 年四川民族出版社排印本　合册　彝漢雙文

始祖諾惹。支祖邱莫(曲莫),諾惹第七世孫。後裔居四川省涼山州越西縣(保安)。譜載一支十五代世系。

本譜載於《中國彝族譜牒選編‧四川卷》第二册

[四川越西]子爾譜　纂修者不詳　2007 年四川民族出版社排印本　合册　彝漢雙文

始祖莫俄。支祖子爾,莫俄第五世孫。僅有世系。共兩支後裔,散居四川省涼山州越西縣(德吉、申普)等地。

本譜載於《中國彝族譜牒選編‧四川卷》第四册

[四川越西]依克譜　纂修者不詳　2007 年四川民族出版社排印本　合册　彝漢雙文

始祖莫俄。支祖依克,莫俄第十一世孫。僅有世系,記載自莫俄至木依共二十一代。後裔散居四川省涼山州越西縣(白果)等地。

本譜載於《中國彝族譜牒選編‧四川卷》第四册

[四川越西]曲木譜　纂修者不詳　2007 年四川民族出版社排印本　合册　彝漢雙文

始祖莫俄。支祖曲莫(曲木),莫俄第三世孫。僅有世系。共五支後裔,散居四川省涼山州越西

縣(白果、德吉)等地。

本譜載於《中國彝族譜牒選編‧四川卷》第四冊

[四川越西]莫科譜　纂修者不詳　2007 年四川民族出版社排印本　合冊　彝漢雙文

始祖聯古。支祖模科(莫科)，聯古第九世孫。屬聯古七子譜源支系。僅有世系，記載聯古至曲依共二十五代。後裔居四川省涼山州越西縣。

本譜載於《中國彝族譜牒選編‧四川卷》第三冊

[四川越西]俄乃譜　纂修者不詳　2007 年四川民族出版社排印本　合冊　彝漢雙文

始祖聯古。支祖俄乃，聯古第十三世孫。屬聯古七子譜源支系。僅有世系，記載自聯古至木嘎二十四代。後裔居四川省涼山州越西縣(拉普)。

本譜載於《中國彝族譜牒選編‧四川卷》第三冊

[四川越西]曲木譜　纂修者不詳　2007 年四川民族出版社排印本　合冊　彝漢雙文

始祖莫俄。支祖曲莫(曲木)，莫俄第三世孫。僅有世系。共五支後裔，散居四川省涼山州越西縣(白果、德吉)等地。

本譜載於《中國彝族譜牒選編‧四川卷》第四冊

[四川越西]惹虎譜　纂修者不詳　2007 年四川民族出版社排印本　合冊　彝漢雙文

始祖莫俄。僅有世系，記載自莫俄至伍合共二十代。後裔居四川省涼山州越西縣(瓦海)。

本譜載於《中國彝族譜牒選編‧四川卷》第四冊

[四川越西]摩摩譜　纂修者不詳　2007 年四川民族出版社排印本　合冊　彝漢雙文

始祖阿子。僅有世系。共兩支後裔，散居四川省涼山州越西縣(巴橋、拉普)等地。

本譜載於《中國彝族譜牒選編‧四川卷》第

四冊

[四川越西]木迪譜　纂修者不詳　2007 年四川民族出版社排印本　合冊　彝漢雙文

始祖西則。支祖木迪，西則第三世孫。僅有世系。共三支後裔，散居四川省涼山州越西縣(乃策、鐵廠)等地。

本譜載於《中國彝族譜牒選編‧四川卷》第四冊

[四川越西]海惹譜　纂修者不詳　2007 年四川民族出版社排印本　合冊　彝漢雙文

始祖吉史，歐爾第三世孫。支祖海惹，吉史第三世孫。僅有世系，記載吉史至布都共十七代。後裔居四川省涼山州越西縣(塔子普)。

本譜載於《中國彝族譜牒選編‧四川卷》第四冊

[四川越西]吉尼譜　纂修者不詳　2007 年四川民族出版社排印本　合冊　彝漢雙文

始祖吉木。吉史，吉木第二十三世孫。支祖吉尼，吉史子。僅有世系。共七支後裔，散居四川省涼山州越西縣(大花、大瑞、爾賽)等地。

本譜載於《中國彝族譜牒選編‧四川卷》第四冊

[四川越西]吉莫譜　纂修者不詳　2007 年四川民族出版社排印本　合冊　彝漢雙文

始祖依乃。支祖吉莫，依乃第五世孫。僅有世系。共三支後裔，散居四川省涼山州越西縣(爾色、馬伍、瓦普)等地。

本譜載於《中國彝族譜牒選編‧四川卷》第四冊

[四川越西]者博譜　纂修者不詳　2007 年四川民族出版社排印本　合冊　彝漢雙文

始祖吉里。支祖則博(者博)，吉里第十七世孫。僅有世系。共四支後裔，散居四川省涼山州越西縣(縣城、梅花、瓦里覺)等地。

本譜載於《中國彝族譜牒選編‧四川卷》第

四册

[四川越西]爾子譜　纂修者不詳　2007 年四川民族出版社排印本　合册　彝漢雙文

始祖吉里。支祖爾子,吉里第十五世孫。僅有世系。共四支後裔,散居四川省涼山州越西縣(縣城、初科、德吉)等地。

本譜載於《中國彝族譜牒選編·四川卷》第四册

[四川越西]吉克譜　纂修者不詳　2007 年四川民族出版社排印本　合册　彝漢雙文

始祖吉里。支祖吉開,吉里裔孫。僅有世系。共兩支後裔,散居四川省涼山州越西縣(巴橋)等地。

本譜載於《中國彝族譜牒選編·四川卷》第四册

[四川甘洛]阿吃譜　纂修者不詳　2007 年四川民族出版社排印本　合册　彝漢雙文

始祖俄木。支祖阿齒(阿吃),俄木第十九世孫。後裔散居四川省涼山州甘洛縣(前進、城關、田壩)等地。譜載八支世系。

本譜載於《中國彝族譜牒選編·四川卷》第一册

[四川甘洛]洛俄譜　纂修者不詳　2007 年四川民族出版社排印本　合册　彝漢雙文

始祖俄木。支祖洛俄,俄木第六世孫。後裔散居四川省涼山州甘洛縣(勝利、田壩)等地。譜載二十九支世系。

本譜載於《中國彝族譜牒選編·四川卷》第一册

[四川甘洛]絲彼譜　纂修者不詳　2007 年四川民族出版社排印本　合册　彝漢雙文

先祖古侯。始祖俄木。支祖絲彼,俄木第二十四世孫。後裔居四川省涼山州甘洛縣。譜載二支世系。

本譜載於《中國彝族譜牒選編·四川卷》第

一册

[四川甘洛]克惹譜　纂修者不詳　2007 年四川民族出版社排印本　合册　彝漢雙文

始祖俄木。支祖克熱(克惹),俄木第十世孫。後裔居四川省涼山州甘洛縣(呷烏)。譜載一支二十一代世系。

本譜載於《中國彝族譜牒選編·四川卷》第一册

[四川甘洛]格爾譜　纂修者不詳　2007 年四川民族出版社排印本　合册　彝漢雙文

始祖阿莫。後裔散居四川省涼山州甘洛縣(吉米、吉米拉達、尼勒蜀、史合)等地。譜載七支世系。

本譜載於《中國彝族譜牒選編·四川卷》第二册

[四川甘洛]普鐵譜　纂修者不詳　2007 年四川民族出版社排印本　合册　彝漢雙文

始祖嘎爾。支祖樸鐵(普鐵),嘎爾長子。後裔散居四川省涼山州甘洛縣(縣城、大橋、烏斯)等地。譜載十三支世系。

本譜載於《中國彝族譜牒選編·四川卷》第二册

[四川甘洛]吉組譜　纂修者不詳　2007 年四川民族出版社排印本　合册　彝漢雙文

始祖嘎爾。樸鐵(普鐵),嘎爾長子。支祖吉租(吉組),樸鐵第十一世孫。後裔散居四川省涼山州甘洛縣(阿嘎)等地。譜載六支世系。

本譜載於《中國彝族譜牒選編·四川卷》第二册

[四川甘洛]伸色曲木譜　纂修者不詳　2007 年四川民族出版社排印本　合册　彝漢雙文

始祖木烏,樸鐵(普鐵)裔孫。支祖伸色,樸鐵第四世孫。後裔散居四川省涼山州甘洛縣(烏古)等地。譜載四支世系。

本譜載於《中國彝族譜牒選編·四川卷》第

二册

[四川甘洛]沙甘譜　纂修者不詳　2007 年四川民族出版社排印本　合册　彝漢雙文

始祖地俄。米意爲地俄第十三世孫。裔孫支祖沙甘(沙嘎),地俄第三十世孫,米意第十八世孫。後裔散居四川省涼山州甘洛縣(馬子、啓明、田壩、團結、新市壩、玉田)等地。譜載三十四支世系。

本譜載於《中國彝族譜牒選編‧四川卷》第二册

[四川甘洛]布拉譜　纂修者不詳　2007 年四川民族出版社排印本　合册　彝漢雙文

始祖米賚(米則)。支祖布拉,米則第二十三世孫。後裔散居四川省涼山州甘洛縣(阿爾、勝利)等地。譜載十支世系。

本譜載於《中國彝族譜牒選編‧四川卷》第二册

[四川甘洛]馬吉譜　纂修者不詳　2007 年四川民族出版社排印本　合册　彝漢雙文

先祖古侯。始祖木烏。支祖瑪姬,木烏第八世孫。屬那吉三子譜源支系。僅有世系。共七支後裔,散居四川省涼山州甘洛縣(期莫、洛莫拉打、古幾、斯覺)等地。

本譜載於《中國彝族譜牒選編‧四川卷》第三册

[四川甘洛]吉地譜　纂修者不詳　2007 年四川民族出版社排印本　合册　彝漢雙文

先祖古侯。支祖吉地,古侯第十二世孫。屬那吉三子譜源支系。僅有世系。共六支後裔,散居四川省涼山州甘洛縣(馬子)等地。

本譜載於《中國彝族譜牒選編‧四川卷》第三册

[四川甘洛]加馬譜　纂修者不詳　2007 年四川民族出版社排印本　合册　彝漢雙文

始祖吉木。支祖加馬,吉木第二十一世孫。屬爾恩三子譜源支系。僅有世系。共八支後裔,散居四川省涼山州甘洛縣(阿爾、阿嘎、波波、吉木)等地。

本譜載於《中國彝族譜牒選編‧四川卷》第三册

[四川甘洛]威爾譜　纂修者不詳　2007 年四川民族出版社排印本　合册　彝漢雙文

始祖阿子。支祖伍爾(威爾),阿子第十七世孫。僅有世系。共三支後裔,居四川省涼山州甘洛縣(前進)。

本譜載於《中國彝族譜牒選編‧四川卷》第三册

[四川甘洛]勒布譜　纂修者不詳　2007 年四川民族出版社排印本　合册　彝漢雙文

始祖莫俄。支祖勒布,莫俄裔孫。僅有世系。共兩支後裔,散居四川省涼山州甘洛縣(毅生)等地。

本譜載於《中國彝族譜牒選編‧四川卷》第四册

[四川甘洛]覺洛譜　纂修者不詳　2007 年四川民族出版社排印本　合册　彝漢雙文

始祖莫俄。支祖覺洛,莫俄裔孫。僅有世系,記載自莫俄至史坡共二十一代。後裔居四川省涼山州甘洛縣(斯布覺)。

本譜載於《中國彝族譜牒選編‧四川卷》第四册

[四川甘洛]莫仁譜　纂修者不詳　2007 年四川民族出版社排印本　合册　彝漢雙文

始祖依乃。支祖莫仁,依乃第五世孫。僅有世系。共五支後裔,散居四川省涼山州甘洛縣(前進)等地。

本譜載於《中國彝族譜牒選編‧四川卷》第四册

[四川甘洛]尼地譜　纂修者不詳　2007 年四川民族出版社排印本　合册　彝漢雙文

始祖吉木。僅有世系,記載吉木至熱布共三十三代。後裔居四川省涼山州甘洛縣(勒迪木)。

本譜載於《中國彝族譜牒選編·四川卷》第四冊

[四川甘洛]卡南譜　纂修者不詳　2007 年四川民族出版社排印本　合冊　彝漢雙文

始祖吉里。支祖卡南,吉里第十三世孫。僅有世系。共兩支後裔,散居四川省涼山州甘洛縣(勝利、玉田)等地。

本譜載於《中國彝族譜牒選編·四川卷》第四冊

[四川美姑]莫吉譜　纂修者不詳　2007 年四川民族出版社排印本　合冊　彝漢雙文

始祖依格。支祖莫吉,依格第八世孫。後裔居四川省涼山州美姑縣(農作)。譜載二支世系。

本譜載於《中國彝族譜牒選編·四川卷》第一冊

[四川美姑]石渣譜　纂修者不詳　2007 年四川民族出版社排印本　合冊　彝漢雙文

始祖依格。後裔散居四川省涼山州美姑縣(莫合、德久)等地。譜載四支世系。

本譜載於《中國彝族譜牒選編·四川卷》第一冊

[四川美姑]説古譜　纂修者不詳　2007 年四川民族出版社排印本　合冊　彝漢雙文

始祖拉俄。支祖説古,拉俄第十一世孫。後裔散居四川省涼山州美姑縣(糾洛瓦拖、扭克洛呷、依果洛)等地。譜載四支世系。

本譜載於《中國彝族譜牒選編·四川卷》第一冊

[四川美姑]阿爾譜　纂修者不詳　2007 年四川民族出版社排印本　合冊　彝漢雙文

始祖拉俄。支祖阿爾,拉俄第十二世孫。後裔居四川省涼山州美姑縣(柳洪)。譜載一支二十一代世系。

本譜載於《中國彝族譜牒選編·四川卷》第一冊

[四川美姑]阿爾譜　纂修者不詳　2007 年四川民族出版社排印本　合冊　彝漢雙文

始祖阿莫。支祖阿爾,阿莫第十二世孫。後裔居四川省涼山州美姑縣(典補)。譜載三支世系。

本譜載於《中國彝族譜牒選編·四川卷》第二冊

[四川美姑]依史譜　纂修者不詳　2007 年四川民族出版社排印本　合冊　彝漢雙文

始祖破能。支祖依史,破能第七世孫。後裔居四川省涼山州美姑縣(惹夫塔古)。譜載三支世系。

本譜載於《中國彝族譜牒選編·四川卷》第二冊

[四川美姑]俄也譜　纂修者不詳　2007 年四川民族出版社排印本　合冊　彝漢雙文

始祖破能。支祖俄也,破能第十一世孫。後裔散居四川省涼山州美姑縣(哈洛、日出果俄、三苦)、樂山市峨邊縣等地。譜載九支世系。

本譜載於《中國彝族譜牒選編·四川卷》第二冊

[四川美姑]吉俄譜　纂修者不詳　2007 年四川民族出版社排印本　合冊　彝漢雙文

始祖能助。支祖吉俄,能助第十一世孫。後裔居四川省涼山州美姑縣(拉古也打)。譜載一支二十二代世系。

本譜載於《中國彝族譜牒選編·四川卷》第二冊

[四川美姑]阿布譜　纂修者不詳　2007 年四川民族出版社排印本　合冊　彝漢雙文

始祖能助。支祖阿補(阿布),能助第七世孫。後裔居四川省涼山州美姑縣(繭絞特波洛)。譜載一支世系。

本譜載於《中國彝族譜牒選編·四川卷》第二冊

[四川美姑]勒格譜　纂修者不詳　2007 年四川民族出版社排印本　合冊　彝漢雙文

始祖嘎爾。樸鐵(普鐵),嘎爾長子。支祖勒格,樸鐵(普鐵)第十四世孫。後裔居四川省涼山州美姑縣(夥嘎)。三支。

本譜載於《中國彝族譜牒選編·四川卷》第二冊

[四川美姑]阿支譜　纂修者不詳　2007 年四川民族出版社排印本　合冊　彝漢雙文

始祖嘎爾。樸鐵(普鐵),嘎爾長子。支祖阿指(阿支),樸鐵(普鐵)第十五世孫。後裔散居四川省涼山州美姑縣(甲谷、洛品甲谷、納達依達)等地。譜載六支世系。

本譜載於《中國彝族譜牒選編·四川卷》第二冊

[四川美姑]皆拉譜　纂修者不詳　2007 年四川民族出版社排印本　合冊　彝漢雙文

始祖嘎爾。樸鐵(普鐵),嘎爾長子。支祖階拉(皆拉),樸鐵(普鐵)第十七世孫。後裔居四川省涼山州美姑縣。譜載七支世系。

本譜載於《中國彝族譜牒選編·四川卷》第二冊

[四川美姑]爾體譜　纂修者不詳　2007 年四川民族出版社排印本　合冊　彝漢雙文

始祖米易。破合,米易第八世孫。支祖爾體,破合第十六世孫。後裔居四川省涼山州美姑縣(巴普)。譜載一支三十二代世系。

本譜載於《中國彝族譜牒選編·四川卷》第二冊

[四川美姑]慶地譜　纂修者不詳　2007 年四川民族出版社排印本　合冊　彝漢雙文

始祖蘇科。支祖且地(慶地),蘇科第十二世孫。後裔散居四川省涼山州美姑縣(拉古意達、依色克拖、俄比)等地。譜載四支世系。

本譜載於《中國彝族譜牒選編·四川卷》第二冊

[四川美姑]阿薩譜　纂修者不詳　2007 年四川民族出版社排印本　合冊　彝漢雙文

始祖阿子。支祖阿沙(阿薩),阿子第十四世孫。屬爾恩三子譜源支系。僅有世系。共三支後裔,散居四川省涼山州美姑縣(尼則洛、央則策豪)等地。

本譜載於《中國彝族譜牒選編·四川卷》第三冊

[四川美姑]阿爾譜　纂修者不詳　2007 年四川民族出版社排印本　合冊　彝漢雙文

始祖阿子。支祖阿爾。僅有世系。共兩支後裔,散居四川省涼山州美姑縣(西甘薩)等地。

本譜載於《中國彝族譜牒選編·四川卷》第三冊

[四川美姑]吉木譜　纂修者不詳　2007 年四川民族出版社排印本　合冊　彝漢雙文

始祖爾基。支祖吉木,爾基第八世孫。僅有世系。共七支後裔,散居四川省涼山州美姑縣(哈莫乃拖、哈莫拖伍、柳克洛嘎、馬青、四嘎普爾)等地。

本譜載於《中國彝族譜牒選編·四川卷》第四冊

[四川美姑]阿自譜　纂修者不詳　2007 年四川民族出版社排印本　合冊　彝漢雙文

始祖依乃。支祖阿自,依乃第十世孫。僅有世系,記載依乃至達達共二十二代。後裔居四川省涼山州美姑縣(青莫沉覺)。

本譜載於《中國彝族譜牒選編·四川卷》第四冊

[四川美姑]爾古譜　纂修者不詳　2007 年四川民族出版社排印本　合冊　彝漢雙文

始祖吉里。支祖爾古,吉里第十四世孫。僅有世系,記載吉里至達坡共二十一代。後裔居四川省涼山州美姑縣(拉古央達)。

本譜載於《中國彝族譜牒選編·四川卷》第四冊

[四川美姑]加拉譜　纂修者不詳　2007 年四川民族出版社排印本　合冊　彝漢雙文

　　始祖依勒(依乃)。支祖加拉,依乃第十五世孫。僅有世系。共四支後裔,散居四川省涼山州美姑縣(解覺爾持、碩洛乃伍、碩洛依舉)等地。

　　本譜載於《中國彝族譜牒選編·四川卷》第四冊

[四川美姑]阿約譜　纂修者不詳　2007 年四川民族出版社排印本　合冊　彝漢雙文

　　始祖依勒(依乃)。支祖阿約,依乃第十四世孫。僅有世系,記載依勒(依乃)至木加共二十二代。後裔居四川省涼山州美姑縣(解覺果洛)。

　　本譜載於《中國彝族譜牒選編·四川卷》第四冊

[四川美姑]加兹譜　纂修者不詳　2007 年四川民族出版社排印本　合冊　彝漢雙文

　　始祖依乃。支祖加兹,依乃第十二世孫。僅有世系。共兩支後裔,散居四川省涼山州美姑縣(持木、克覺阿莫)等地。

　　本譜載於《中國彝族譜牒選編·四川卷》第四冊

[四川美姑]吉爾譜　纂修者不詳　2007 年四川民族出版社排印本　合冊　彝漢雙文

　　始祖阿子。支祖吉爾,阿子第十四世孫。僅有世系。共三支後裔,散居四川省涼山州美姑縣(縣城、乃合庫、布子伍、乃拖)等地。

　　本譜載於《中國彝族譜牒選編·四川卷》第三冊

[四川雷波]沙姑譜　纂修者不詳　2007 年四川民族出版社排印本　合冊　彝漢雙文

　　始祖俄木。後裔居四川省涼山州雷波縣。譜載二支世系。

　　本譜載於《中國彝族譜牒選編·四川卷》第一冊

[四川雷波]吉坡譜　纂修者不詳　2007 年四川

民族出版社排印本　合冊　彝漢雙文

　　始祖俄木。後裔居四川省涼山州雷波縣(莫紅)。譜載三支世系。

　　本譜載於《中國彝族譜牒選編·四川卷》第一冊

[四川雷波]體依譜　纂修者不詳　2007 年四川民族出版社排印本　合冊　彝漢雙文

　　始祖俄木。支祖體以(體依),俄木第七世孫。後裔散居四川省涼山州雷波縣(史普乃拖、木曲瓦西)等地。譜載三支世系。

　　本譜載於《中國彝族譜牒選編·四川卷》第一冊

[四川雷波]阿支譜　纂修者不詳　2007 年四川民族出版社排印本　合冊　彝漢雙文

　　始祖木古。支祖沙馬。後裔居四川省涼山州雷波縣(千萬貫)。譜載一支二十八代世系。

　　本譜載於《中國彝族譜牒選編·四川卷》第一冊

[四川雷波]賈瓦譜　纂修者不詳　2007 年四川民族出版社排印本　合冊　彝漢雙文

　　始祖比格。烏馬七世孫。後裔居四川省涼山州雷波縣(元寶山)。譜載一支世系。

　　本譜載於《中國彝族譜牒選編·四川卷》第一冊

[四川雷波]斯主譜　纂修者不詳　2007 年四川民族出版社排印本　合冊　彝漢雙文

　　始祖木烏。木烏孫烏馬。支祖斯朱(斯主),烏馬第十三世孫。後裔居四川省涼山州雷波縣(處覺)。譜載一支三十二代世系。

　　本譜載於《中國彝族譜牒選編·四川卷》第一冊

[四川雷波]阿爾譜　纂修者不詳　2007 年四川民族出版社排印本　合冊　彝漢雙文

　　始祖拉俄。支祖阿爾,拉俄第七世孫。後裔居四川省涼山州雷波縣(特車夥果)。譜載二支世系。

本譜載於《中國彝族譜牒選編·四川卷》第一冊

[四川雷波]吉畢譜　纂修者不詳　2007年四川民族出版社排印本　合冊　彝漢雙文

始祖阿莫。支祖吉畢,阿莫第十二世孫。後裔居四川省涼山州雷波縣(縣城)。譜載一支二十代世系。

本譜載於《中國彝族譜牒選編·四川卷》第二冊

[四川雷波]吉果譜　纂修者不詳　2007年四川民族出版社排印本　合冊　彝漢雙文

始祖阿莫。支祖吉果,阿莫第十四世孫。後裔散居四川省涼山州雷波縣(保基、三河)、樂山市馬邊縣等地。譜載六支世系。

本譜載於《中國彝族譜牒選編·四川卷》第二冊

[四川雷波]吉爾譜　纂修者不詳　2007年四川民族出版社排印本　合冊　彝漢雙文

始祖阿莫。支祖吉爾,阿莫第十二世孫。後裔居四川省涼山州雷波縣(山棱崗)。譜載一支十八代世系。

本譜載於《中國彝族譜牒選編·四川卷》第二冊

[四川雷波]吉格譜　纂修者不詳　2007年四川民族出版社排印本　合冊　彝漢雙文

始祖阿莫。支祖吉格,阿莫第十世孫。後裔散居四川省涼山州雷波縣(黃琅、克覺鄉)等地。譜載六支世系。

本譜載於《中國彝族譜牒選編·四川卷》第二冊

[四川雷波]海克譜　纂修者不詳　2007年四川民族出版社排印本　合冊　彝漢雙文

始祖阿莫。支祖納爾(海克),阿莫第十一世孫。後裔居四川省涼山州雷波縣(元寶山)。譜

載一支十八代世系。

本譜載於《中國彝族譜牒選編·四川卷》第二冊

[四川雷波]皆扎譜　纂修者不詳　2007年四川民族出版社排印本　合冊　彝漢雙文

始祖阿莫。後裔散居四川省涼山州雷波縣(元寶、約保)等地。譜載五支世系。

本譜載於《中國彝族譜牒選編·四川卷》第二冊

[四川雷波]黑克譜　纂修者不詳　2007年四川民族出版社排印本　合冊　彝漢雙文

始祖能助。支祖古則(黑克),能助第五世孫。後裔散居四川省涼山州雷波縣(四米攻果)等地。譜載四支世系。

本譜載於《中國彝族譜牒選編·四川卷》第二冊

[四川雷波]繭爾譜　纂修者不詳　2007年四川民族出版社排印本　合冊　彝漢雙文

始祖能助。支祖繭耳(繭爾),能助第十一世孫。後裔散居四川省涼山州雷波縣(莫紅)等地。譜載四支世系。

本譜載於《中國彝族譜牒選編·四川卷》第二冊

[四川雷波]木地譜　纂修者不詳　2007年四川民族出版社排印本　合冊　彝漢雙文

始祖阿開。諾惹,阿開第五世孫。支祖木迪,諾惹孫。後裔居四川省涼山州雷波縣(西寧)。譜載十支世系。

本譜載於《中國彝族譜牒選編·四川卷》第二冊

[四川雷波]洛巴譜　纂修者不詳　2007年四川民族出版社排印本　合冊　彝漢雙文

始祖吉木。支祖洛巴,吉木第十三世孫。屬爾恩三子譜源支系。僅有世系。共兩支後裔,散居四川省涼山州雷波縣(大坪子)等地。

本譜載於《中國彝族譜牒選編·四川卷》第三冊

[四川雷波]阿等譜 纂修者不詳 2007 年四川民族出版社排印本 合冊 彝漢雙文

始祖木烏,古侯二十四世孫。支祖吉等(阿等),木烏第十四世孫。屬那吉三子譜源支系。僅有世系,記載自木烏至以虎共二十六代。後裔居四川省涼山州雷波縣(八寨)。

本譜載於《中國彝族譜牒選編·四川卷》第三冊

[四川雷波]依比譜 纂修者不詳 2007 年四川民族出版社排印本 合冊 彝漢雙文

始祖阿子。僅有世系。共兩支後裔,散居四川省涼山州雷波縣(上田壩)。

本譜載於《中國彝族譜牒選編·四川卷》第三冊

[四川雷波]吉説譜 纂修者不詳 2007 年四川民族出版社排印本 合冊 彝漢雙文

始祖吉覺。僅有世系。共兩支後裔,居四川省涼山州雷波縣。

本譜載於《中國彝族譜牒選編·四川卷》第四冊

[四川雷波]慶比譜 纂修者不詳 2007 年四川民族出版社排印本 合冊 彝漢雙文

始祖吉覺。支祖慶比,吉覺第十五世孫。僅有世系。共兩支後裔,散居四川省涼山州雷波縣(麻甲所哈、瓦崗)等地。

本譜載於《中國彝族譜牒選編·四川卷》第四冊

[四川雷波]曲木譜 纂修者不詳 2007 年四川民族出版社排印本 合冊 彝漢雙文

古侯祖蘇科派下支譜。僅有世系,記載麻比至惹達共二十代。後裔居四川省涼山州雷波縣。

本譜載於《中國彝族譜牒選編·四川卷》第三冊

[四川雷波]俄作譜 纂修者不詳 2007 年四川民族出版社排印本 合冊 彝漢雙文

始祖莫俄。支祖俄衆(俄作),莫俄第八世孫。僅有世系。共兩支後裔,居四川省涼山州雷波縣(克覺)。

本譜載於《中國彝族譜牒選編·四川卷》第四冊

[四川雷波]階祖譜 纂修者不詳 2007 年四川民族出版社排印本 合冊 彝漢雙文

始祖莫俄。僅有世系,記載自莫俄至史基共二十三代。後裔居四川省涼山州雷波縣(瓦崗)。

本譜載於《中國彝族譜牒選編·四川卷》第四冊

[四川雷波]吉明譜 纂修者不詳 2007 年四川民族出版社排印本 合冊 彝漢雙文

始祖爾基。支祖加明(吉明),爾基第八世孫。僅有世系。共兩支後裔,散居四川省涼山州雷波縣(縣城)。

本譜載於《中國彝族譜牒選編·四川卷》第四冊

[四川雷波]堅古譜 纂修者不詳 2007 年四川民族出版社排印本 合冊 彝漢雙文

始祖吉里。支祖堅古,吉里裔孫。僅有世系,記載吉里至拉鐵之間的世系,中有缺失。後裔居四川省涼山州雷波縣。

本譜載於《中國彝族譜牒選編·四川卷》第四冊

[四川雷波]俄柱譜 纂修者不詳 2007 年四川民族出版社排印本 合冊 彝漢雙文

始祖依勒(依乃)。支祖比普(吉曲),依乃第六世孫。僅有世系。共兩支後裔,居四川省涼山州雷波縣(西寧)。

本譜載於《中國彝族譜牒選編·四川卷》第四冊

[四川雷波]阿卡譜 纂修者不詳 2007 年四川

民族出版社排印本　合册　彝漢雙文

始祖吉里。支祖阿卡,吉里第十六世孫。僅有世系,記載吉里至拉達共二十七支後裔,居四川省涼山州雷波縣(莫紅)。

本譜載於《中國彝族譜牒選編‧四川卷》第四册

[四川雷波]吉卡譜　纂修者不詳　2007 年四川民族出版社排印本　合册　彝漢雙文

始祖吉里。支祖吉卡,吉里裔孫。僅有世系。共四支後裔,居四川省涼山州雷波縣。

本譜載於《中國彝族譜牒選編‧四川卷》第四册

[四川]各俄譜　纂修者不詳　2007 年四川民族出版社排印本　合册　彝漢雙文

先祖古侯。始祖布不。僅有世系。共兩支後裔,散居四川省嘎日補烏、讓夫嘎仁等地。

本譜載於《中國彝族譜牒選編‧四川卷》第三册

[四川]爾比譜　纂修者不詳　2007 年四川民族出版社排印本　合册　彝漢雙文

始祖阿子。支祖爾比,阿子第四世裔孫。僅有世系,記載阿子至友真共十七代。後裔居四川省史洛加古。

本譜載於《中國彝族譜牒選編‧四川卷》第四册

[四川]尼古譜　纂修者不詳　2007 年四川民族出版社排印本　合册　彝漢雙文

始祖吉覺。支祖尼古,吉覺第十七世孫。僅有世系,記載自吉覺至加沙共十九代。後裔居四川省尼聯平山。

本譜載於《中國彝族譜牒選編‧四川卷》第四册

[四川]吉底譜　纂修者不詳　2007 年四川民族出版社排印本　合册　彝漢雙文

始祖莫俄。僅有世系。共兩支後裔,散居四川

省吉瓦乃拖、依子乃伍等地。

本譜載於《中國彝族譜牒選編‧四川卷》第四册

[貴州]執法者宗譜不分卷　纂修者不詳　舊抄本　一册

彝族畢摩論史典籍。本書原爲安邦治國而作,敘述借鑒恒投、實勾(什勺)、尼能、米靡(慕靡)、舉偶等不同時期所形成的祖、摩、布(君、臣、畢摩)三位一體的政權體制來製定六祖後期的政權體制。同時記載了六祖各支大宗、旁宗譜系,後人對取得祖、摩、布地位的先祖依輩分追贈"沽、維、布、奢、婁、博、濯、斯"等諡號的情況,並强調和肯定了祖宗崇拜在古代彝族政權建設中的地位和作用。

貴州省畢節地區彝文翻譯組

本條目據《中國少數民族古籍總目提要‧貴州彝族卷(畢節地區)》著録

[貴州]氏族源流不分卷　纂修者不詳　貴州省赫章縣楊國光畢摩世家傳承舊抄本　一册

彝族敘史文獻。敘述彝族一百多個君長列國的氏族源流及姻親與統屬關係,記載各統治家族的父子連名譜、母系族譜、分佈地域、活動中心等。

貴州省赫章縣民族古籍辦

本條目據《中國少數民族古籍總目提要‧貴州彝族卷(畢節地區)》著録

[貴州]長子三十代譜不分卷　纂修者不詳　舊抄本　一册

本譜爲六祖第四支系侯氏長子的三十代父子連名譜系,記述每一代部族艱苦創業、開拓地盤、發展生產並與鄰里和睦相處之事。

貴州省威寧縣龍場鎮羅明海

本條目據《中國少數民族古籍總目提要‧貴州彝族卷(畢節地區)》著録

[貴州]水西傳不分卷　纂修者不詳　舊抄本　一册

彝族歷史文獻。本書先敘述了六祖前的三十二

代譜牒,從實道哎、哎恒恒、恒恒希慕,再到希慕遮;然後記六祖各部的四百多代父子連名譜牒和分佈情況,及各部的姻親關係;最後敘述十二"勾則"的分佈地域、名號、支系溯源等,重點敘述慕俄勾家在水西地區經營一千四百餘年的情況。

貴州省畢節地區彝文翻譯組

本條目據《中國少數民族古籍總目提要·貴州彝族卷(畢節地區)》著錄

[貴州畢節]且蘭考二卷　余若泉纂修　民國抄本　一冊

此爲余若泉根據彝文竹簡譯成漢字後,按編年體,經考證後所撰的彝族系譜(部落家族史)。譜分上、下兩卷,卷上載民國三年(1914)畢節周培藝所撰寫的且蘭考序、且蘭舊事考,卷下載且蘭舊事考、且蘭歷代建置考、歷代世系考、且蘭歷代建置總表,附錄土司儀禮論、藝文等。世系記至七十三世。

本條目據1998年第4期《文獻》載孫昊著《貴州民間珍藏家譜提要》一文著錄

[貴州黔西]水西安氏族譜不分卷　纂修者不詳　清光緒間抄本　一冊　書名自擬　彝漢雙文

原姓爲水西德實氏,元泰定間賜名帖木兒,明賜姓安氏。始祖孟赾。始遷祖濟火,又名主色。是譜載水西地區安氏家族一百三十餘代世系事迹。譜錄舊譜序跋、重修譜序、安氏各支分衍圖、墓誌、祠堂對聯、當地文人墨客題詞等有關安氏歷史之資料。

中央民族大學圖書館

[貴州黔西]水西安氏族譜不分卷　纂修者不詳　2003年北京圖書館出版社據清光緒間抄本影印合冊　書名自擬　彝漢雙文

參見前條。

本譜載於《北京圖書館藏家譜叢刊·民族卷》第四十八冊

[貴州黔西]楊氏譜系不分卷　纂修者不詳　民國抄本　一冊

此譜爲民國間楊氏後裔據彝文用漢文抄錄,譜後附有"夷字釋略"。譜載源流世系、烏蒙世系(彝漢雙文)、各家支世次、奠文、糾紛照判書、民國四年(1915)《楊芳枝任土目襲職稿》、《水西安文煥公配補塊氏老安人節孝序》等。世系記至七十三世。

貴州省黔西縣楊氏後裔

本條目據1998年第4期《文獻》載孫昊著《貴州民間珍藏家譜提要》一文著錄

[貴州大方]陳氏族譜不分卷　(清)陳永昌纂修　清道光二十三年(1843)抄本　一冊

陳氏家族由滇東北遷入水西地區,水西君主賞識其祖含章卓公"有文武經緯才,隆以厚幣,聘來大方,封之逢水",其家族"世受烏沙宣慰宜穀補慕之職"。譜載是族遷水西之後發展史。

貴州省大方縣百納區曾底鄉陳氏後裔

本條目據華林撰《西南彝族歷史檔案》著錄

[貴州大方]黃氏族譜不分卷　黃思永、黃崇行纂修　抄本　一冊

此譜包括黃思永纂修《世系考》和黃崇行纂修《義夷解》,内錄黃氏家族"其先巴南與水西二國兵爭不息"至"西主即額聘我始祖歸輔水西",以及"吳賊假道,併吞水西,主遷居定郡"的歷史。

貴州省大方縣百納區曾底鄉黃氏後裔

本條目據華林撰《西南彝族歷史檔案》著錄

[貴州赫章]確匹恒索　纂修者不詳　稿本　一冊　彝文

此譜主載彝族遠祖希弭遮以後的一些家支譜系,共一百四十三個支系,包括恒支系二十二個家支、布支系二十四個家支、默支系三十九個家支等各支系的世系源流以及大宗和分宗譜系等。是譜可謂載錄西南古代彝族發展分宗歷史之譜系總匯。

貴州省赫章縣媽姑鎮海子村彝族畢摩陳執中

本條目據華林撰《西南彝族歷史檔案》著錄

[貴州關嶺]通雍余氏宗譜一卷　余若泉纂修

民國二十三年(1934)貴陽文通書局鉛印本　一
冊　書名據版心題

　　本族最老祖先爲穆阿卧,原爲奢姓。始祖德赫
輝,宋代人。始遷祖化龍,明代人。

　　貴州省圖書館

[貴州畢節]六祖富貴根不分卷　纂修者不詳
舊抄本　一冊

　　本書爲記錄彝族譜牒、神話等的書籍,由四部分
組成。《敘十二勾》敘述彝族"烏"、"白"十二大部
出處與分佈。《六祖富貴根》爲主體,記錄從篤慕
開始至清康熙三年(1664)彝族分支系烏撒部六
十九代譜系,對每代的聯姻、遷徙、戰爭、祭祖、分
支、分支去向等作全面記錄。《賽特阿育》敘述賽
特阿育幼年喪失父母,賣身爲奴葬父母,得天君之
女諾尼相助而得富貴。最後部分爲烏撒、阿哲等
部三則姻親走訪故事。

　　貴州省畢節地區彝文翻譯組

　　本條目據《中國少數民族古籍總目提要·貴州
彝族卷(畢節地區)》著錄

[貴州畢節]六祖富貴根不分卷　纂修者不詳
舊抄本　一冊

　　本書記錄從慕靡氏撮珠篤至烏撒君長安重聖的
七十五代父子連名譜,並以此爲綫索,敘述六祖第
五支系布氏的起源,克博、隴鄧兩大支系的分支及
繁衍。最後一部分記錄兹摩阿紀即烏撒折怒王能
征善戰、開疆拓土的傳奇故事。

　　貴州省赫章縣雙坪鄉大石村三家寨李國榮

　　本條目據《中國少數民族古籍總目提要·貴州
彝族卷(畢節地區)》著錄

[貴州畢節]六祖源流不分卷　纂修者不詳　舊
抄本　一冊

　　本書敘述天地傳說,如第一至七層天地的開闢、
山的形成、土地產生傳說、獨腳野人及其母其弟兄
傳說。記錄慕靡氏自希慕遮至篤慕的三十一世母
祖譜、慕靡氏三十一代父子連名譜與事迹概略,以
及武、乍、糯、侯、布、默分支分佈,烏撒譜系,阿哲
(水西)譜系,武洛撮請尼(恒)阿德製訂祭祖典章

禮儀等。

　　貴州省大方縣奢香博物館

　　本條目據《中國少數民族古籍總目提要·貴州
彝族卷(畢節地區)》著錄

[貴州赫章]六祖立國不分卷　纂修者不詳　舊
抄本　一冊

　　本書敘述彝族天子篤慕王將武、乍、糯、侯、布、
默分封爲天南國、地北國、中央國,介紹"六祖"各
君長國的分佈地域、父子連名譜系的傳承、姻親關
係等。

　　貴州省赫章縣民族古籍辦

　　本條目據《中國少數民族古籍總目提要·貴州
彝族卷(畢節地區)》著錄

[貴州赫章]畢余畢德不分卷　纂修者不詳　舊
抄本　一冊

　　本書敘述畢余與畢德的著名代表篤勒愁汝和撮
矮阿穎各五十代父子連名譜,並記錄兩大聖人爲
人類進入文明開啓教化之事。

　　貴州省赫章縣民族古籍辦

　　本條目據《中國少數民族古籍總目提要·貴州
彝族卷(畢節地區)》著錄

[貴州赫章]色吞阿育氏源流不分卷　纂修者不
詳　舊抄本　一冊

　　彝族敘史文獻,爲五言長詩,敘述色吞阿育氏的
源流族譜和分佈地域,對色吞阿育身體力行、倡導
與實踐孝道作了詳細記述。

　　貴州省赫章縣民族古籍辦

　　本條目據《中國少數民族古籍總目提要·貴州
彝族卷(畢節地區)》著錄

[貴州威寧]尼能根源不分卷　纂修者不詳　貴
州省威寧雪山鎮侯布惹若畢摩家十九世紀抄本
一冊

　　本書爲生活在能沽與尼偉(今四川)的彝族先
民尼能氏的八組八十餘代父子連名譜,其中上下
連通者爲三十一代。介紹尼能部族的君臣、畢摩、
工匠、武士、民眾的社會分工,以及爲崇拜偶像而

進行的雕塑偶像等情形。

貴州省畢節地區彝文翻譯組

本條目據《中國少數民族古籍總目提要·貴州彝族卷（畢節地區）》著録

[貴州威寧]紀兜根源不分卷　纂修者不詳　貴州省威寧縣雪山鎮侯布惹若畢摩家十九世紀抄本　一冊

本書爲魯、斯、迷、塞、哎、采、姆、懇、哲、尼、赤、恒、額、漏、鄂、楚等十六個古老氏族的七至十代不等連名譜，並載有日月魯朵與諸神關係之神話。

貴州省畢節地區彝文翻譯組。

本條目據《中國少數民族古籍總目提要·貴州彝族卷（畢節地區）》著録

[貴州威寧]烏蒙譜不分卷　纂修者不詳　舊抄本　一冊

本書爲彝族侯支系烏蒙部從慕雅卧至祖遮祖斯七十六代父子連名譜。侯支系先分三大支，三大支中的一支又分爲九支，稱九德額。德額之德額羅者始居德歹濮卧（昭通），世長烏蒙，傳五十八代。

貴州省威寧縣民族宗教事務局李麼寧

本條目據《中國少數民族古籍總目提要·貴州彝族卷（畢節地區）》著録

[貴州威寧]烏撒宗譜不分卷　纂修者不詳　舊抄本　一冊

本書爲烏撒部四十七代君長世襲父子連名譜。介紹二十四蘇保（頭目）中十餘個宗親蘇保在其中的先後分支，並記録三至五代不等父子連名譜，有阿尼、舉雨、蘇能、那洛等家支的簡要介紹。

貴州省威寧縣龍場鎮阿迪布尤如

本條目據《中國少數民族古籍總目提要·貴州彝族卷（畢節地區）》著録

[貴州威寧]烏撒源流不分卷　纂修者不詳　舊抄本　一冊

本書爲烏撒部源流全族譜書。記録前世從希慕遮傳篤慕三十一代到六祖分支，再到慕克克。後

世從慕克克到魯勺（安重幹）的六十八代中，除祭祖、聯姻、交戰、遷徙外，還重點記録每代的分支與去向，連夭折童子、被降等級、犯規定條例被殺者等都一一詳細記録。

貴州省威寧縣迆那鎮禄宗德

本條目據《中國少數民族古籍總目提要·貴州彝族卷（畢節地區）》著録

[貴州威寧]烏撒譜系不分卷　纂修者不詳　舊抄本　一冊

本書記録烏撒部，自篤慕傳至德阿姆爲二十二代，阿姆再傳二代至默遮烏撒（俄索），仍活動在雲南宣威市一帶。烏撒之孫依孟德渡牛欄江入黔，分別活動於貴州威寧西涼山、抱都、夸都、草海一帶，至阿博時人居鹽倉。至宋元時興盛，佔據威寧赫章及水城、畢節、納雍部分地方，有世襲君長四十五代。

貴州省威寧縣龍場鎮阿迪

本條目據《中國少數民族古籍總目提要·貴州彝族卷（畢節地區）》著録

[貴州威寧]烏撒譜系不分卷　纂修者不詳　清舊抄本　一冊

爲烏撒全族譜書，所記上至魏晉，下至清康熙三年（1664）。從布支系進入今貴州地的烏撒第二十六代始，記録烏撒部四十一代譜系。有每代的祭祖、姻親、戰爭，每代的分支及其去向。

貴州省畢節地區彝文翻譯組

本條目據《中國少數民族古籍總目提要·貴州彝族卷（畢節地區）》著録

[貴州羅甸]羅甸安氏譜不分卷　（清）安秉直等纂修　清光緒十六年（1890）抄本　一冊

譜載序言、世系。此譜記載了羅甸安氏家族之興衰歷史，是研究古代水西彝族政治、經濟、文化狀況的史料。

本條目據華林撰《西南彝族歷史檔案》著録

[雲南]待萊分支書　纂修者不詳　2009年雲南民族出版社排印本　合冊　彝漢雙文

始祖朵吐木姑慕阿克。待萊氏族是彝族"六祖"中的第五支慕阿克第七代孫阿德布後裔。德布、德施兩個强大氏族在彝族歷史上佔有重要地位,他們開疆拓土,建功立業。德布氏分佈雲貴,尤以雲南禄勸、武定較集中,至今尚有以待萊命名的村子存撒營盤鎮等,一些鄉鎮彝村尚有待萊氏族後裔和譜牒。譜載源流、世系等。是族曾於清雍正八年(1730)抄寫族譜,原譜係彝文。

本譜載於《中國彝族譜牒選編・雲南卷》上册

[雲南]池普納氏族轄地及敍譜書不分卷　纂修者不詳　清道光十年(1830)抄本　一册　彝文

池普納氏族屬於彝族"六祖"第六支默布德布氏族的亞氏族。譜載池普納氏族歷史上因遷徙曾經居住過的發塊、納默、乍基、谷支、萬德、格黑鋪八處地名以及四十五代祖先名,還記載了該氏族歷史上先後舉行二十次祭祖大典時迎取福禄水的地名。

雲南省社會科學院楚雄彝族文化研究所

[雲南]左氏祠碑　2008年排印本　清光緒二十六年(1900)碑文　五塊

諸碑係居於南澗縣莫縈村、白達村、密底老村、小苴密村、必臘村、沙落村、亦古臘村及景東等地左氏所建,碑文載居於南澗、景東、巍山等縣左氏世系。五塊碑文內容:第一塊碑爲《左氏源流碑》,碑高六十二釐米,寬四十二釐米,共二十行,楷書;第二塊碑爲《左氏歷代宗親遠近高曾祖考妣之靈位》,碑高六十四釐米,寬三十八釐米,記一世祖齊公子至第二十一世祖;第三塊碑爲《左世宗族世系譜總圖》,碑高六十二釐米,寬二十九釐米,記一世祖政子至第十三世,左大勳撰;第四塊碑爲《謹按世譜歷有明箋遷移兹土者碑》,碑高六十二釐米,寬二十九釐米,記一世祖左之恭至第十三世祖;第五塊碑爲《謹按世譜歷有明箋遷移兹土者碑》,碑高六十四釐米,寬四十二釐米,記十三世祖至十六世祖。

本碑載於《南澗縣世居民族譜牒集》(一)

[雲南]施氏宗譜書　纂修者不詳　2009年雲南

民族出版社排印本　合册　彝漢雙文

始祖慕阿克、奔寶竜、阿普德、細朵朵、細德依、扎阿朵、阿武保。譜載源流、世系等。是族曾於清咸豐十年(1860)抄寫族譜,原譜係彝文。

本譜載於《中國彝族譜牒選編・雲南卷》上册

[雲南]段氏族譜　(清)段鵬瑞纂修　鋼筆寫本　一册

入滇始祖儉魏,唐代人。後裔分啓六支。譜記自唐德宗貞元六年(790)至明洪武十五年(1382)間世系。

中央民族大學圖書館

[雲南]段氏族譜　(清)段鵬瑞纂修　2003年北京圖書館出版社據鋼筆寫本影印　合册

參見前條。

本譜載於《北京圖書館藏家譜叢刊・民族卷》第四十八册

[雲南]德施德布譜牒不分卷　纂修者不詳　民國武定縣插甸楊映發抄本　一册　彝文

彝族"六祖"中的布部又稱爲德布氏族,默部也稱爲德施氏族,德布、德施氏族各自發展,形成了諸多的亞氏族。譜載德施氏族屬下的阿麻、本姆、阿俄迪德等二十四個亞氏族名稱,以及德布氏族屬下的阿教、迪阿奢、保矣魯等十二個亞氏族名稱。

雲南省社會科學院楚雄彝族文化研究所

[雲南]普登氏族譜牒不分卷　纂修者不詳　抄本　一册　彝文

譜載古代彝族"六祖"之第五祖即布部始祖慕阿克之後裔。其譜系爲慕阿克等共七十四代。普登氏族歷史上從第十二代祖阿呷魯齊(期)以來共舉行過二十九次祭祖盛典,本譜對此也有所記述。

雲南省社會科學院楚雄彝族文化研究所

[雲南]勒尼本賽氏族譜牒不分卷　纂修者不詳　抄本　一册　彝文

譜載該宗族歷代共祭奠超度祖先三十三代,取福禄水(舉行祭祖盛典)二十次。又載該宗族基本爲父子連名譜系共四十一代祖先名。

雲南省社會科學院楚雄彝族文化研究所

[雲南]杞彩順宗譜　杞紹興宗譜　張興癸宗譜
夏正寅纂修　2003 年北京圖書館出版社據《歷史研究》1954 年第 2 期本影印　合冊　彝漢雙文

彝族父子聯名譜,上溯發端於南詔開國君主細諾羅(細細邏),下限截止於改用漢姓前一代。始遷祖杞彩順、杞紹興、張興癸,清代人。三人爲南詔統治者蒙氏時形成的三個部落的首領,皆爲清代咸豐、同治間反滿的彝族領袖。杞彩順一支傳至結武一代而流爲平民,自此以下各代遷徙到現今的彌渡縣的五臺山,後又遷入姚安縣與鎮南縣的交界處英武關,再經楚雄縣屬六詔山區普卡村而入哀牢山。杞紹興一支由杞彩順一支分析,從英武關向南遷至鎮南縣的瓦黑井村,再遷至彌渡縣的五臺山,再向西遷哀牢山。張興癸一支從蒙化遷徙到南澗,再至哀牢山。譜載世系。

本譜載於《北京圖書館藏家譜叢刊·民族卷》第四十八冊

[雲南]杞彩順宗譜　夏正寅纂修　2007 年雲南民族出版社排印本　合冊

參見前條。

本譜載於《中國彝族譜牒選編·楚雄分卷》

[雲南]杞彩順宗譜　夏正寅纂修　2009 年雲南民族出版社排印本　合冊　彝漢雙文

參見前條。

本譜載於《中國彝族譜牒選編·雲南卷》上冊

[雲南]杞紹興宗譜　夏正寅纂修　2007 年雲南民族出版社排印本　合冊

參見前條。

本譜載於《中國彝族譜牒選編·楚雄分卷》

[雲南]杞紹興宗譜　夏正寅纂修　2009 年雲南民族出版社排印本　合冊　彝漢雙文

參見前條。

本譜載於《中國彝族譜牒選編·雲南卷》上冊

[雲南]張興癸宗譜　夏正寅纂修　2007 年雲南民族出版社排印本　合冊

參見前條。

本譜載於《中國彝族譜牒選編·楚雄分卷》

[雲南]張興癸宗譜　夏正寅纂修　2009 年雲南民族出版社排印本　合冊　彝漢雙文

參見前條。

本譜載於《中國彝族譜牒選編·雲南卷》上冊

[雲南]南詔王室蒙氏世系　纂修者不詳　2007 年雲南民族出版社排印本　合冊

記録了蒙氏自細奴邏至舜化貞的十四代世系。

本譜載於《中國彝族譜牒選編·楚雄分卷》

[雲南][蒙氏]南詔王室譜系第一　纂修者不詳　2009 年雲南民族出版社排印本　合冊

南詔蒙氏源流,據清康熙間《蒙化府志》載:"蒙舍詔古哀牢國人(即今永昌,本名安樂,訛云哀牢),其先有驃苴低者,子低牟苴。捕魚於江,溺死。婦沙壹往尋之。坐沉木,感而有孕,生九子,後沉木化爲龍。……惟五子牟苴篤賢而黠,生十三子,五賢七聖。傳三十六代,至蒙伽,蒙姓始此。"始祖舍龍(舍傍),王蒙氏,父子以名相屬,自舍龍以來有譜次可考。傳第十四代至舜化貞。譜載世系。

本譜載於《中國彝族譜牒選編·雲南卷》上冊

[雲南][蒙氏]南詔王族譜系第二　纂修者不詳　2009 年雲南民族出版社排印本　合冊　彝漢雙文

參見前條。始祖舍傍(舍龍),傳四十二世至癡無名。譜載世系。

本譜載於《中國彝族譜牒選編·雲南卷》上冊

[雲南][蒙氏]南詔王族譜系第三　纂修者不詳　2009 年雲南民族出版社排印本　合冊　彝漢

雙文

　　參見前條。始祖舍傍(舍龍)。傳五十世至起成文。譜載世系。

　　本譜載於《中國彝族譜牒選編‧雲南卷》上册

[雲南][蒙氏]南詔王族譜系第四　纂修者不詳　2009年雲南民族出版社排印本　合册　彝漢雙文

　　參見前條。始祖奢傍。傳四十世至杞紹興。譜載世系。

　　本譜載於《中國彝族譜牒選編‧雲南卷》上册

[雲南]阿底譜　纂修者不詳　2009年雲南民族出版社排印本　合册　彝漢雙文

　　始祖米額額、阿博阿底。該族改爲漢姓的有三十多個,如羅、李、陳、王、安等。分佈於貴州省畢節,四川省涼山州,雲南省昭通、曲靖等地區。譜載源流、世系等。

　　本譜載於《中國彝族譜牒選編‧雲南卷》上册

[雲南]阿魯譜　纂修者不詳　2009年雲南民族出版社排印本　合册　彝漢雙文

　　始祖慕後烏。本譜隸於《景火惹所譜》之下。景火世有三子,故稱"景火惹所",爲家支名。其中阿魯日普七子後裔稱姓"阿魯"。景火惹所是彝族"六祖"之第四祖慕(後)烏六代孫侯(又稱古侯)氏族蘇柯(三子)亞氏族下的小氏族。此譜是寧蒗彝族自治縣新營盤鄉盧堡生(彝名阿魯魯生)、雲南省盧國祥(彝名阿魯兹布)、寧蒗彝族自治縣戰河鄉盧成忠(彝名阿魯偉哈)和麗江市羅學軍(彝名阿魯拾根)四家的父子連名單綫譜系,分別爲五十五代、五十六代、五十五代和五十五代。該支居昆明市、寧蒗縣(大興鎮、戰河鄉)及麗江古城。

　　本譜載於《中國彝族譜牒選編‧雲南卷》下册

[雲南]金博譜　纂修者不詳　2009年雲南民族出版社排印本　合册　彝漢雙文

　　始祖慕後烏。本譜隸於《拉夥惹什譜》之下。拉夥惹什,家支名。金博,人名演化爲姓氏,拉夥

惹什的分支。七子後裔多稱姓"金博"。此譜是李仲華(彝名金博佐偉)和雲南省社會科學院王文優(彝名金博旺夥)兩家的父子連名單綫譜系,分別爲五十一代和五十代。居麗江古城與寧蒗縣大興鎮。

　　本譜載於《中國彝族譜牒選編‧雲南卷》下册

[雲南]阿克譜　纂修者不詳　2009年雲南民族出版社排印本　合册　彝漢雙文

　　始祖慕後烏。本譜隸於《拉夥惹什譜》之下。拉夥惹什,家支名。阿克,人名演化爲姓氏。阿克三子後裔稱姓"阿克"。此譜是雲南省昆明市公安局楊澤海(彝名阿克爾諾)、雲南省寧蒗縣楊永前(彝名阿克比爾)和吉春(彝名阿克石根)三家的父子連名單綫譜系,分別爲五十二代、五十一代和四十九代。居昆明城與寧蒗縣大興鎮。

　　本譜載於《中國彝族譜牒選編‧雲南卷》下册

[雲南]依夥譜　纂修者不詳　2009年雲南民族出版社排印本　合册　彝漢雙文

　　始祖慕後烏。本譜隸於《彭勒惹恩譜》之下。彭勒惹恩,家支名。依夥,人名演化爲姓氏,彭勒惹恩的分支。布谷依夥後裔多稱姓"依夥",是畢摩世家。此譜是寧蒗縣大興鎮白牛廠村依夥克夥、寧蒗縣馬志才(彝名依夥魯諾)和麗江市依夥葉帆三家的父子連名單綫譜系,分別爲五十六代、五十五代和五十四代。居寧蒗縣白牛廠、大興鎮及麗江古城。

　　本譜載於《中國彝族譜牒選編‧雲南卷》下册

[雲南]丁俄譜　纂修者不詳　2009年雲南民族出版社排印本　合册　彝漢雙文

　　始祖慕後烏。本譜隸於《勒足惹所譜》之下。勒足惹所,家支名。丁俄,簡稱"丁"或"丁惹",沿用丁俄亞氏族的"丁俄"二字爲姓氏,勒足惹所的分支。此譜是寧蒗縣劉海林(彝名丁惹立所)和劉國新(彝名丁惹迪史)兩家的父子連名單綫譜系,均爲五十二代。居寧蒗縣大興鎮與麗江古城。

　　本譜載於《中國彝族譜牒選編‧雲南卷》下册

[雲南]丁俄吉米譜　纂修者不詳　2009 年雲南民族出版社排印本　合册　彝漢雙文

　　始祖慕後烏。本譜隸於《勒足惹所譜》之下。勒足惹所，家支名。吉米，人名演化爲姓氏，勒足惹所的分支。與其他家支的“吉米”相區別，又稱姓“丁俄吉米”。此譜是寧蒗彝族紅橋鄉吉米賈都、麗江市蘇新泉（彝名吉米龍佳）和毛興鴻（彝名吉米年布）三家的父子連名單綫譜系，分別爲五十五代、五十二代和五十三代。居寧蒗縣紅橋鄉與麗江古城。

　　本譜載於《中國彝族譜牒選編·雲南卷》下册

[雲南]狄丁譜　纂修者不詳　2009 年雲南民族出版社排印本　合册　彝漢雙文

　　始祖慕後烏。本譜隸於《奧洱惹爾譜》之下。奧洱惹爾，家支名。狄丁，畢摩世家。此譜是狄丁古火、寧蒗縣胡正勇（彝名狄丁烈佳）和華坪縣狄丁夫哈三家的父子連名單綫譜系，分別爲五十一代、五十四代和五十二代。居昆明市、寧蒗縣大興鎮及華坪縣城。

　　本譜載於《中國彝族譜牒選編·雲南卷》下册

[雲南]沙則邱莫譜　纂修者不詳　2009 年雲南民族出版社排印本　合册　彝漢雙文

　　始祖慕後烏。本譜隸於《阿武惹所譜》之下。阿武惹所，家支名。邱莫，以從事職業爲姓氏，又稱姓“沙則邱莫”，阿武惹所的分支。此譜是寧蒗彝族自治縣紅橋鄉邱莫茲秋、寧蒗縣邱文泉（邱莫長生）和麗江市邱忠泉（邱莫茲拉）三家的父子連名單綫譜系，分別爲四十三代、四十一代和四十一代。居寧蒗縣紅橋鄉、寧蒗縣城及麗江古城。

　　本譜載於《中國彝族譜牒選編·雲南卷》下册

[雲南]勒爾譜　纂修者不詳　2009 年雲南民族出版社排印本　合册　彝漢雙文

　　始祖慕後烏。本譜隸於《阿武惹所譜》之下。阿武惹所，家支名。勒爾，人名演化爲姓氏，阿武惹所的分支。此譜是寧蒗彝族自治縣西布河鄉李文華（彝名勒爾補日）、勒爾依達、李學先（彝名勒爾補哈）、李學忠（彝名勒爾年嘎）、麗江市李文紅（彝名勒爾扁淦）五家的父子連名單綫譜系，分別爲四十六代、四十六代、四十七代、四十六代和四十六代。居寧蒗縣西布河鄉、大興鎮和麗江古城。

　　本譜載於《中國彝族譜牒選編·雲南卷》下册

[雲南]海萊譜　纂修者不詳　2009 年雲南民族出版社排印本　合册　彝漢雙文

　　始祖慕後烏。本譜隸於《阿武惹所譜》之下。阿武惹所，家支名。海萊，人名演化爲姓氏，阿武惹所的分支。此譜是鹽源縣平川鐵礦保衛科阿擧拉爾和寧蒗彝族自治縣戰河鄉海萊國家兩家的父子連名單綫譜系，均爲四十四代。居鹽源縣黃草鎮與寧蒗縣戰河鄉。

　　本譜載於《中國彝族譜牒選編·雲南卷》下册

[雲南]薩布阿魯譜　纂修者不詳　2009 年雲南民族出版社排印本　合册　彝漢雙文

　　始祖慕後烏。本譜隸於《黎木惹所譜》之下。黎木惹所，家支名。阿魯，人名演化爲姓氏，黎木諾所的分支，爲了與（依庚）阿魯和（布岳）阿魯相區別，又稱（薩布）阿魯。此譜是麗江市盧銀富（彝名阿魯體哈）和寧蒗彝族自治縣戰河鄉萬馬場村阿魯念布兩家的父子連名單綫譜系，分別爲五十五代、五十一代。居麗江古城與寧蒗縣萬馬場。

　　本譜載於《中國彝族譜牒選編·雲南卷》下册

[雲南]沙馬譜　纂修者不詳　2009 年雲南民族出版社排印本　合册　彝漢雙文

　　始祖慕齊齊。本譜隸於《海斯惹所譜》之下。海斯惹所，家支名。沙馬，以祖先的族號和推擧的爵位爲姓氏，沙馬茲莫的後裔，海斯惹所的分支，畢摩世家。此五（條）譜是玉龍納西族自治縣白沙鄉沙馬彝良、寧蒗縣沙永明（彝名沙馬茲布）、雲南省社會科學院沙永前（沙馬拉布）和寧蒗縣沙興朝（彝名沙馬伲生）四家的父子連名單綫譜系，分別爲七十六代、七十五代、七十五代和七十四代。居玉龍山下與寧蒗縣大興鎮。

　　本譜載於《中國彝族譜牒選編·雲南卷》下册

[雲南]賈則譜　纂修者不詳　2009年雲南民族出版社排印本　合册　彝漢雙文

始祖慕齊齊。本譜隸於《海斯惹所譜》之下。海斯惹所,家支名。賈則,人名演化爲姓氏,海斯惹所的後裔,昂亨七子的分支,畢摩世家。此譜是玉龍納西族自治縣白沙鄉賈則爾諾、寧蒗縣何長春(彝名賈則景火)和洪繼偉(彝名賈則補日)三家的父子連名單綫譜系,分別爲七十代、七十一代和六十九代,居玉龍縣白沙鄉、寧蒗縣大興鎮及麗江古城。

本譜載於《中國彝族譜牒選編·雲南卷》下册

[雲南]吉勒譜　纂修者不詳　2009年雲南民族出版社排印本　合册　彝漢雙文

始祖慕齊齊。本譜隸於《海斯惹所譜》之下。海斯惹所,家支名。吉勒,人名演化爲姓氏,海斯惹所的後裔,昂足三子的分支。此譜是棉羊佳務吉勒依伍家的父子連名單綫譜系,共六十六代,居棉羊佳烏。

本譜載於《中國彝族譜牒選編·雲南卷》下册

[雲南]金省譜　纂修者不詳　2009年雲南民族出版社排印本　合册　彝漢雙文

始祖慕齊齊。本譜隸於《海斯惹所譜》之下。海斯惹所,家支名。金省,人名演化爲姓氏,海斯惹所的後裔,昂足三子的分支,畢摩世家。此譜是昭覺縣土比布都和麗江市沙阿立(彝名金省體史)兩家的父子連名單綫譜系,分別爲七十五代和七十二代。居昭覺縣城與麗江古城。

本譜載於《中國彝族譜牒選編·雲南卷》下册

[雲南]拉沙譜　纂修者不詳　2009年雲南民族出版社排印本　合册　彝漢雙文

始祖慕齊齊。本譜隸於《海斯惹所譜》之下。海斯惹所,家支名。拉沙,經考證,海斯惹所的後裔,金省七子的分支。此譜是寧蒗彝族自治縣翠玉鄉二坪村拉沙魯布和雲南省社會科學院鄭成軍(拉沙魯諾)兩家的父子連名單綫譜系,分別爲七十三代和七十一代。居寧蒗縣翠玉鄉與昆明市。

本譜載於《中國彝族譜牒選編·雲南卷》下册

[雲南]沙馬石一譜(一)　纂修者不詳　2009年雲南民族出版社排印本　合册　彝漢雙文

始祖慕齊齊。本譜隸於《沙馬石一譜》之下。沙馬石一,家支名,人名演化爲姓氏,即取慕齊齊三十八代孫昂黎沙馬的"沙馬"二字和四十八代孫土野石一的"石一"二字爲姓氏,沙馬(兹莫)的後裔,火火惹什的分支。此譜是寧蒗彝族自治縣沙運華(彝名沙馬邊富)和玉龍納西族自治縣沙學勤(彝名沙馬爾布)兩家的父子連名單綫譜系,分別爲七十二代和七十三代。居寧蒗縣大興鎮與玉龍縣拉市鄉。

本譜載於《中國彝族譜牒選編·雲南卷》下册

[雲南]沙馬石一譜(二)　纂修者不詳　2009年雲南民族出版社排印本　合册　彝漢雙文

始祖慕齊齊。本譜隸於《沙馬石一譜》之下。沙馬石一,家支名。沙馬石一,人名演化爲姓氏,沙馬(兹莫)的後裔。此譜是寧蒗縣沙振國(彝名沙馬偉木)、劍川縣石野萬國、沙文仲(彝名沙馬比古)和沙樹强等四家的父子連名單綫譜系,分別爲七十四代、七十三代、七十三代和六十九代。居昆明市與寧蒗縣大興鎮、劍川縣及蘭坪縣。

本譜載於《中國彝族譜牒選編·雲南卷》下册

[雲南]沙馬石一譜(三)　纂修者不詳　2009年雲南民族出版社排印本　合册　彝漢雙文

始祖慕齊齊。本譜隸於《沙馬石一譜》之下。沙馬石一,家支名。沙馬石一,人名演化爲姓氏,沙馬(兹莫)的後裔。此譜是鹽邊縣永興鎮沙馬拉農、雲南省馬立三(彝名沙馬萬扎、尊名沙馬烏鴻)和鹽邊縣溫泉鄉沙馬日哈三家的父子連名單綫譜系,分別爲七十一代、六十九代和七十代。居昆明市與鹽邊縣永興鎮、溫泉鄉。

本譜載於《中國彝族譜牒選編·雲南卷》下册

[雲南]邱莫譜　纂修者不詳　2009年雲南民族出版社排印本　合册　彝漢雙文

始祖慕齊齊。本譜隸於《沙扎惹所譜》之下。沙扎惹所,家支名。邱莫,所承擔的職業爲姓氏,沙扎惹所的分支,其中狄寶恩達四子後裔統稱"邱莫"。此譜是永勝縣羊坪鄉邱莫魯古和雲南省邱忠文(彝名邱莫正弘)兩家的父子連名單綫譜系,均爲七十五代。居昆明市與永勝縣羊坪鄉。

本譜載於《中國彝族譜牒選編·雲南卷》下册

[雲南]拉馬譜　纂修者不詳　2009 年雲南民族出版社排印本　合册　彝漢雙文

始祖慕齊齊。本譜隸於《昂牟惹古譜》之下。昂牟惹古,家支名。拉馬,人名演化爲姓氏,昂牟惹古的分支。此譜是寧蒗彝族自治縣馬明彥(拉馬爾拉)和馬爲民(彝名拉馬廣漢)兩家的父子連名單綫譜系,分別爲六十九代和六十八代。居寧蒗縣大興鎮與麗江古城。

本譜載於《中國彝族譜牒選編·雲南卷》下册

[雲南]拉馬依夥譜　纂修者不詳　2009 年雲南民族出版社排印本　合册　彝漢雙文

始祖慕齊齊。本譜隸於《昂牟惹古譜》之下。昂牟惹古,家支名。依夥又稱拉馬依夥,昂牟惹古的後裔,拉馬四子的分支。此譜是寧蒗縣李光榮(彝名依夥發國)、李正榮(彝名依夥魯史)、李寶慶(彝名依夥公家)和麗江市李長命(彝名依夥長命)四家的父子連名單綫譜系,分別爲六十七代、六十八代、七十一代和七十代。居寧蒗縣大興鎮與麗江古城。

本譜載於《中國彝族譜牒選編·雲南卷》下册

[雲南]賈薩譜　纂修者不詳　2009 年雲南民族出版社排印本　合册　彝漢雙文

始祖慕齊齊。本譜隸於《賈薩惹爾譜》之下。賈薩惹爾,家支名。奧篤(賈薩)四子後裔均姓"賈薩"。此譜是麗江市政協楊文彬、寧蒗彝族自治縣新營盤鄉蘑菇坪賈薩補功、跑馬坪鄉賈薩科哈和麗江市楊成輝(彝名賈薩四金)四家的父子連名譜系,分別爲六十三代、六十二代、五十九代和六十二代。居麗江古城與寧蒗縣新營盤鄉、跑馬坪鄉、大興鎮。

本譜載於《中國彝族譜牒選編·雲南卷》下册

[雲南]阿説譜　纂修者不詳　2009 年雲南民族出版社排印本　合册　彝漢雙文

始祖慕齊齊。本譜隸於《永生惹什譜》之下。永生惹什,家支名。阿説,取慕齊齊四十一代孫依地阿説"阿説"二字爲姓,乃庚惹什的後裔,永生七子的分支。此譜是寧蒗彝族自治縣阿説古哈(又名阿説務幾)、迪慶州毛建忠(彝名阿説爾達)和寧蒗彝族自治縣西川鄉大柏地村阿説克野三家的父子連名單綫譜系,分別爲六十四代、六十二代和六十四代。居寧蒗縣大興鎮、大柏地與香格里拉縣。

本譜載於《中國彝族譜牒選編·雲南卷》下册

[雲南]吉夥譜　纂修者不詳　2009 年雲南民族出版社排印本　合册　彝漢雙文

始祖慕齊齊。本譜隸於《金古惹什譜》之下。金古惹什,家支名。吉夥,人名演化爲姓氏,金古惹什的分支。此譜是寧蒗彝族自治縣楊光銀(彝名吉夥光銀)、楊文明(彝名吉夥拾萬)、麗江市吉夥龍佳三家的父子連名單綫譜系,分別爲六十三代、六十五代、六十一代。居麗江古城與寧蒗縣大興鎮。

本譜載於《中國彝族譜牒選編·雲南卷》下册

[雲南]布岳譜　纂修者不詳　2009 年雲南民族出版社排印本　合册　彝漢雙文

始祖慕齊齊。本譜隸於《肯母惹涅譜》之下。肯母惹涅,家支名,肯母生二子,故稱肯母惹涅。布岳,地名爲姓氏,肯母惹涅的分支。肯母惹涅曾居斯母布岳(今昭覺縣布岳鄉),遷居寧蒗後,取斯母布岳的"布岳"二字爲姓。布岳家名人衆多,其中最具影響力的有華甲韋丁、余海清(彝名布岳萬尼)、余子秋(彝名布岳子秋)。此三譜系反映了這三位人物及其後裔的分佈狀况,分別爲六十八代、六十六代、六十五代。居寧蒗縣大屋基、永勝縣羊坪鄉及麗江古城。

本譜載於《中國彝族譜牒選編·雲南卷》下册

[雲南]嘉日譜　纂修者不詳　2009 年雲南民族出版社排印本　合册　彝漢雙文

始祖慕齊齊。本譜隸於《金古惹什譜》之下。

金古惹什,家支名。嘉日,人名演化爲姓氏,金古惹什的分支。此譜是雲南大學楊洪林(彝名嘉日日哈)、寧蒗楊學才(彝名嘉日木剛)、章思孝(彝名嘉日拉火)和楊成(彝名嘉日土夥)四家的父子連名單綫譜系,分別爲六十四代、六十四代、六十三代、六十二代。居昆明市、麗江古城及寧蒗縣大興鎮、四川鄉。

　　本譜載於《中國彝族譜牒選編·雲南卷》下册

[雲南]沈特譜　纂修者不詳　2009 年雲南民族出版社排印本　合册　彝漢雙文

　　始祖慕齊齊。本譜隸於《井古惹夫譜》之下。井古惹夫,家支名。沈特,人名演化爲姓氏,井古惹夫的分支。此譜是麗江沈各各(彝名沈特澤哈)、雲南省沈光鑫(彝名沈特爾都)和寧蒗彝族自治縣戰河鄉清水河村沈特克古三家的父子連名單綫譜系,分別七十代、六十八代、六十九代。居昆明市、麗江古城及寧蒗縣戰河鄉。

　　本譜載於《中國彝族譜牒選編·雲南卷》下册

[雲南]阿西譜　纂修者不詳　2009 年雲南民族出版社排印本　合册　彝漢雙文

　　始祖慕齊齊。本譜隸於《阿西惹涅譜》之下。阿西惹涅,家支名。阿西,人名演化爲姓氏,奧足惹恩的分支。此譜是昭通市永善縣陳永發(彝名阿西爾哈)、雲南民族大學肖建華(彝名阿西孟華)、寧蒗彝族自治縣肖國梁(彝名阿西拉法)、和肖文傑(彝名阿西古萬)、肖澤楠(彝名阿西野部)四家的父子連名單綫譜系,分別爲六十八代、六十八代、六十八代、六十九代。居昆明市與寧蒗縣大興鎮。

　　本譜載於《中國彝族譜牒選編·雲南卷》下册

[雲南]羅洪譜　纂修者不詳　2009 年雲南民族出版社排印本　合册　彝漢雙文

　　始祖慕齊齊。本譜隸於《昂母惹古譜》之下。昂母惹古,家支名。羅洪,地名爲姓氏,昂母惹古曾居住羅洪甲谷(今昭覺縣境)而得此姓,昂母九子後裔均姓“羅洪”。此譜是寧蒗彝族自治縣胡子布(彝名羅洪子布)、胡應明(彝名羅洪拉布)、

胡光榮(彝名羅洪雙偉)三家的父子連名單綫譜系。分別爲六十四代、六十三代、六十五代。居昆明市與寧蒗縣城。

　　本譜載於《中國彝族譜牒選編·雲南卷》下册

[雲南]金克譜　纂修者不詳　2009 年雲南民族出版社排印本　合册　彝漢雙文

　　始祖慕齊齊。本譜隸於《金克惹什譜》之下。金克惹什,家支名。金克,人名演化爲姓氏,金克七子後裔稱姓“金克”,是畢摩世家。此譜是麗江陳建寧(彝名金克兹布)、寧蒗縣金克魯史、雲南省陳新華(彝名金克野生)、麗江陳國光(彝名金克日龍)四家的父子連名單綫譜系,分別爲七十八代、七十七代、七十八代、八十代。居昆明市、麗江古城及寧蒗縣大興鎮。

　　本譜載於《中國彝族譜牒選編·雲南卷》下册

[雲南]馬海爾基譜　纂修者不詳　2009 年雲南民族出版社排印本　合册　彝漢雙文

　　始祖慕齊齊。本譜隸於《舉爾惹古譜》之下。舉爾惹古,家支名。馬海爾基,本姓“爾基”,舉爾惹古的後裔,爾基九子的分支。此譜是北京市馬新明(彝名爾基龍佳)、寧蒗彝族自治縣戰河鄉馬新文(彝名爾基理佳)、寧蒗縣馬振華(彝名爾基克古)、華坪縣永興鄉(安比里)爾基魯使和寧蒗縣大興鎮馬雲宏(彝名爾基古火)等五家的父子連名單綫譜系,分別爲六十四代、六十三代、六十三代、六十二代、六十四代。現居雲南寧蒗大興鎮、華坪縣水興鄉及北京市。

　　本譜載於《中國彝族譜牒選編·雲南卷》下册

[雲南]摸生譜　纂修者不詳　2009 年雲南民族出版社排印本　合册　彝漢雙文

　　始祖慕齊齊。本譜隸於《景則惹什譜》之下。景則惹什,家支名。摸生,景則惹什後裔。此譜是寧蒗毛勝華(彝名摸生龍金)、麗江市毛志良(彝名摸生布淦)和寧蒗毛正德(彝名摸生嚷火)三家的父子連名單綫譜系。居麗江古城與寧蒗縣大興鎮。

　　本譜載於《中國彝族譜牒選編·雲南卷》下册

[雲南]千薩譜　纂修者不詳　2009年雲南民族出版社排印本　合冊　彝漢雙文

始祖慕齊齊。本譜隸於《昂自惹古譜》之下。昂自惹古，家支名。千薩，人名演化爲姓氏，谷書惹涅的後裔，昂自惹古的分支。此譜是迪慶藏族自治州維西縣千薩色達、寧蒗彝族自治縣爛泥箐鄉武裝部昂自偉史、雲南省王新華（彝名千薩尼祖）和寧蒗縣杜興忠（彝名千薩拉布）四家的父子連名單綫譜系，分別爲六十五代、六十八代、六十六代、六十三代。居昆明市、維西縣境及寧蒗縣大興鎮。

本譜載於《中國彝族譜牒選編·雲南卷》下冊

[雲南]金烏祭奠祖先名單　纂修者不詳　2007年雲南民族出版社排印本　合冊　彝漢雙文

這份家譜的原文未寫明是何氏何家的家譜，但從獻書者的姓氏和位址分析，可能是禄勸縣雲龍鄉金烏村委東康村乍氏楊家的家譜。乍氏屬彝族六祖中的第二祖。記録歷次祭祖情況。

本譜載於《中國彝族譜牒選編·楚雄分卷》

[雲南]德布納樓地轄書觀　德布納樓氏轄域譜　村上方畢克畢摩　2007年雲南民族出版社排印本　合冊　彝漢雙文

譜撰於明隆慶年間。始祖慕阿克。譜内記録了該家族的遷徙和世系。

本譜載於《中國彝族譜牒選編·楚雄分卷》

[雲南昆明]阿蘇譜　纂修者不詳　2009年雲南民族出版社排印本　合冊　彝漢雙文

始祖慕後烏。本譜隸於《阿蘇惹亨譜》之下。阿蘇惹亨，家支名。阿蘇，人名演化爲姓氏，阿蘇惹亨的分支。此譜是雲南省蘇學文（彝名阿蘇則布）和阿蘇土達（又名阿蘇大嶺，尊名阿蘇務國）兩家的父子連名單綫譜系，分別爲五十二代、五十一代。居昆明市。

本譜載於《中國彝族譜牒選編·雲南卷》下冊

[雲南昆明]依庚阿魯譜　纂修者不詳　2009年雲南民族出版社排印本　合冊　彝漢雙文

始祖慕後烏。本譜隸於《依庚惹夫譜》之下。依庚惹夫，家支名。阿魯，人名演化爲姓氏，依庚惹夫的分支。此譜是雲南省盧永才（阿魯蜀租）家的父子連名單綫譜系，共五十二代。居昆明市。

本譜載於《中國彝族譜牒選編·雲南卷》下冊

[雲南昆明]曲比譜　纂修者不詳　2009年雲南民族出版社排印本　合冊　彝漢雙文

始祖慕齊齊。本譜隸於《海斯惹所譜》之下。海斯惹所，家支名。曲比，以職業爲姓氏，極基海斯之後裔，簡稱“沙馬”或“曲比”，統稱“沙馬曲比”，畢摩世家。此譜是麗江市曲比伲生（又名沙馬五達）和沙萬祥（彝名曲比拉布）兩家的父子連名單綫譜系，均爲七十一代。居昆明市。

本譜載於《中國彝族譜牒選編·雲南卷》下冊

[雲南昆明]嘉覺譜　纂修者不詳　2009年雲南民族出版社排印本　合冊　彝漢雙文

始祖慕齊齊。本譜隸於《谷書惹涅譜》之下。谷書惹涅，家支名。嘉覺，借用兄長芒極嘉覺的“嘉覺”二字爲姓氏，谷書惹涅的後裔，昂永四子的分支。此譜是麗江市嘉覺阿三家的父子連名單綫譜系，共六十六代。居昆明市。

本譜載於《中國彝族譜牒選編·雲南卷》下冊

[雲南勸禄]羅婺氏連名譜　（清）羅莫奔畢摩覺者纂修　2009年雲南民族出版社排印本　合冊　彝漢雙文

始祖堵阿青。譜載世系。世系從堵阿青至篤阿慕代數和父子連名譜與詔㷆氏連名譜相同，共九十七代。從慕克克至阿德魯基有六十八代，共一百六十五代。該族聚居禄勸縣撒營盤鎮。羅莫奔，村名，在禄勸縣撒營盤鎮；覺者，畢摩名。是族曾於清乾隆二十年（1755）抄寫族譜，原譜係彝文。

本譜載於《中國彝族譜牒選編·雲南卷》上冊

[雲南禄勸]益博六祖史不分卷　（清）久者纂修　清乾隆三十四年（1769）寫本　三十四頁　彝文　書名自擬

本書從左往右行序,不斷句,首尾殘。族居雲南省禄勸縣皎西鄉很踏卡村。

國家圖書館

[雲南禄勸]益博六祖史不分卷　(清)科烏纂修　清道光二十七年(1847)寫本　二十二頁　彝文

本書從左往右行序,斷句,完好。族居雲南省禄勸縣中屏鄉昔南辦事處巴洪村。

國家圖書館

[雲南禄勸]高奢氏族敘譜不分卷　(清)阿沙纂修　清咸豐四年(1854)寫本　五頁　彝文

本書從左往右行序,不斷句,完好。族居雲南省禄勸縣撒營盤鎮貴能、高康村。

國家圖書館

[雲南禄勸]敘述宗譜不分卷　(清)沙額纂修　清光緒十二年(1886)寫本　八頁　彝文

本書從左往右行序,斷句,完好。族居雲南省禄勸縣雙化鄉坎鄧村。

國家圖書館

[雲南禄勸]敘宗支系譜不分卷　(清)沙額纂修　清光緒十二年(1886)寫本　二頁　彝文

譜載神座插枝圖。本書從左往右行序,斷句,完好。族居雲南省禄勸縣雙化鄉坎鄧村。

國家圖書館

[雲南禄勸]敘述宗譜不分卷　(清)阿羅纂修　清寫本　十二頁　彝文

本書從左往右行序,不斷句,完好。族居雲南省禄勸縣雲龍鄉動康村。

國家圖書館

[雲南禄勸]德勒氏族史不分卷　纂修者不詳　清抄本　一頁　彝文

本書從左往右行序,斷句,完好。族居雲南省禄勸縣中屏鄉昔南辦事處巴洪村。

國家圖書館

[雲南禄勸]德勒氏連名譜不分卷　張和東等整理　1992年稿本　彝文

始祖堵阿青。德勒氏是彝族六祖之第五祖慕阿克六代孫阿德布後裔德布氏族分衍的亞氏族。譜載堵阿青至篤阿慕共九十七代彝族父子連名譜系,後又續至一百零九代。

雲南省禄勸縣民宗局彝文古籍研究室

[雲南禄勸]德勒氏連名譜　張和東等整理　2009年雲南民族出版社據1992年稿本排印　合册　彝漢雙文

參見前條。

本譜載於《中國彝族譜牒選編・雲南卷》上册

[雲南禄勸]德勒氏譜敘書　德勒氏敘譜書　張和東編撰　2007年雲南民族出版社排印本　合册　彝漢雙文

參見前條。

本譜載於《中國彝族譜牒選編・楚雄分卷》

[雲南禄勸]德勒地轄譜敘　德勒轄域敘譜　纂修者不詳　2007年雲南民族出版社排印本　合册　彝漢雙文

德勒氏族是彝族六祖中的第五支慕阿克第八代德布後裔。德布、德施兩個强大氏族在彝族歷史上佔有重要的地位。本書收集的是流傳於禄勸皎西、雙化的德勒敘譜書。原譜分別抄寫於清雍正八年(1730)十月十七日和乾隆七年(1742)臘月二十七日,爲較完整的譜牒。

本譜載於《中國彝族譜牒選編・楚雄分卷》

[雲南禄勸]德勒氏祖先名是　德勒氏祖先名單　纂修者不詳　2007年雲南民族出版社排印本　合册　彝漢雙文

德勒氏屬彝族六祖中的布部,是慕阿克的後裔。居住在禄勸縣團街、雲龍、撒營盤、雙化、皎西與武定萬德、發窩一帶,以張姓居多。譜內記錄了德勒氏祖先名單。

本譜載於《中國彝族譜牒選編・楚雄分卷》

[雲南禄勸]德勒氏祖先祭名是説　德勒氏祭奠祖先名單　纂修者不詳　2007 年雲南民族出版社排印本　合册　彝漢雙文

德勒氏(楚雄)屬彝族六祖中的布部。分佈在禄勸縣的團街、雲龍、撒營盤、雙化、湯郎等鄉鎮和武定萬德一帶地區,有張姓、錢姓、金姓等。以張姓居多。譜内録祭奠祖先名單。

本譜載於《中國彝族譜牒選編·楚雄分卷》

[雲南禄勸]德勒阿祖置　德勒宗祖姙　纂修者不詳　2007 年雲南民族出版社排印本　合册　彝漢雙文

德勒宗,指彝族篤慕五子慕阿克七代孫德布分支出來的宗族。本譜收録該宗支的世系、祭祖等内容。

本譜載於《中國彝族譜牒選編·楚雄分卷》

[雲南禄勸]罵拉德烏基阿伍氏族譜不分卷　纂修者不詳　抄本　一册　彝文

始祖慕阿齊。該氏族的譜系爲"祖先强宗色崗(地名)慕阿齊,峨高哩浪(地名)齊阿洪,策勒峨崗(地名)德阿施,自阿濤同勒哩洪(地名)阿基賢裔耕"。此譜還記載了該氏族長房、次房、幼房歷代受祭超度祖先事迹。

雲南省社會科學院楚雄彝族文化研究所

[雲南禄勸]拷老法窩乍敍譜書不分卷　纂修者不詳　抄本　一册　彝文

譜載彝族乍氏族中現居住於禄勸縣馬鹿塘鄉拷老發窩村的阿囉比德亞氏族(漢姓爲楊)譜系。始祖爲古代彝族六祖之第二祖即乍氏族(部落)始祖慕阿枯。此譜還記載了阿囉比德亞氏族(漢姓爲楊)歷史上舉行的九次祭祖盛典。

雲南省社會科學院楚雄彝族文化研究所

[雲南禄勸]覺擺氏族譜牒不分卷　纂修者不詳　抄本　一册　彝文

覺擺氏族係彝族六祖之第五祖慕阿克後裔德布氏族的亞氏族。覺擺原爲人名,後演變爲氏族名。譜載居住於雲南禄勸縣湯郎鄉彝族覺擺氏(漢姓

金)長、次、幼三房。長房的譜牒爲:祖先奪土姆姑(地名)慕阿克,勒弄(地名)昭羅,德刀(地名)德阿布,濤尼鄧鐵(地名)糯且保,自糯且保始分支。

雲南省社會科學院楚雄彝族文化研究所

[雲南禄勸]覺擺地轄述書是　覺擺氏族轄域譜　纂修者不詳　2007 年雲南民族出版社排印本　合册　彝漢雙文

參見前條。内録歷次祭祖汲福水。

本譜載於《中國彝族譜牒選編·楚雄分卷》

[雲南禄勸]覺擺譜敍書是　覺擺氏敍譜書　纂修者不詳　2007 年雲南民族出版社排印本　合册　彝漢雙文

參見前條。是譜記載了父子聯名四十七代世系。族居萬補姑村(今雲南省禄勸縣雙化鄉境)、黑探康村(今雲南省禄勸縣茇西鄉長麥地村)、罵拉(今雲南省禄勸縣茂山鄉利山村委會,又叫狗街子)、志都柯村(今雲南省禄勸縣茂山鄉利山境)、卓幹村(今雲南省禄勸縣團街鄉卓幹村)及康賽村(今雲南省禄勸湯郎鄉境)等地。

本譜載於《中國彝族譜牒選編·楚雄分卷》

[雲南勸禄]覺擺氏敍譜書　纂修者不詳　2009 年雲南民族出版社排印本　合册　彝漢雙文

參見前條。

本譜載於《中國彝族譜牒選編·雲南卷》上册

[雲南禄勸]那擁保矣魯氏族譜牒不分卷　纂修者不詳　抄本　一册　彝文

譜載居住於禄勸縣茂山鄉那擁村的彝族阿保矣魯氏即李姓宗族的譜系:"祖先奪土姆姑(地名)慕阿克,慕克勒唄(地名)昭羅莫,德刀(地名)德阿布,濤尼鄧鐵(地名)糯且保,堵德問妞(地名)阿保矣魯,發進(地名)洪松,矣堂(地名)唄堵多。"還記載了該族歷代受祭超度的二十四代譜系。

雲南省社會科學院楚雄彝族文化研究所

[雲南禄勸]鋪歹阿勒氏族敍譜書不分卷　纂修者不詳　秋衛抄本　一册　彝文

譜載居住於雲南省禄勸縣團街鄉招貴村的彝族阿勒氏族譜系。該宗族的譜系是“祖先奪土姆姑慕阿枯,勒唄昭羅莫,羅莫德刀德阿布,根兹羅婺刀,策勒俄崗阿勒裔阿勒裔”。還記載了該宗族長房受祭超度的歷代祖妣。

雲南省社會科學院楚雄彝族文化研究所

[雲南勸禄]乍氏連名譜不分卷　纂修者不詳　民國抄本　後半部分有殘缺　一册　彝文

始祖堵阿青。譜載世系。世系從堵阿青至篤阿慕代數和父子連名譜與德布氏即詔㮡等連名譜相同,共九十七代。從慕阿枯至理益楊金已有九十九代,共一百九十六代。加之後裔共記録乍名譜一百九十九代。居住在禄勸、武定等縣的彝族乍氏家族與德布、德施一樣,是堵阿青後裔,到篤阿慕時才分支。乍氏彝族一般都姓楊,屬彝族六祖分支的第二支慕阿枯後裔。分支後乍氏彝族曾居東川、會澤等地,後遷徙至禄勸縣團街鄉馬初村委會的考老村,再由考老搬至雲龍鄉本長村委會的法基村。此譜原由禄勸縣雲龍鄉錢玉坤畢摩收藏,後被禄勸縣民宗局彝文古籍室保存。

禄勸縣民宗局彝文古籍研究室

[雲南勸禄]乍氏連名譜　纂修者不詳　2009年雲南民族出版社據民國抄本排印　合册　彝漢雙文

參見前條。

本譜載於《中國彝族譜牒選編·雲南卷》上册

[雲南禄勸]乍氏地轄書　乍氏地轄譜　纂修者不詳　2007年雲南民族出版社排印本　合册　彝漢雙文

乍氏爲氏族稱謂,是彝族歷史上六部中的乍部的後裔。慕阿枯爲人名,彝族始祖篤慕六子的二子,是乍部、乍氏的始祖。本譜記録了自慕阿枯到厦宗夫婦的世系。

本譜載於《中國彝族譜牒選編·楚雄分卷》

[雲南禄勸]康保乍氏族遷徙書不分卷　纂修者不詳　抄本　一册　彝文

譜載居住於雲南省禄勸縣雲龍鄉康保村的彝族乍氏族(漢姓楊)祖先的遷徙史:“祖先爲紀奪世所(地名)乍斗(氏族名)慕阿枯,慕克羅牛(地名)乍阿毛,曲同紀奪(地名)遷,昭阿紀奪(地名)乍濤尼,遲提納(人名)子裔。經過峨西阿(地名),慶阿納茅(地名)居,更德刀德(地名)地方,遷到尼西阿(地名),栗樹取聖水,超度阿達祖妣,遷到西分濤慶,住了十五年。”

雲南省社會科學院楚雄彝族文化研究所

[雲南禄勸]乍氏地轄書是　乍氏族轄域譜　纂修者不詳　2007年雲南民族出版社排印本　合册　彝漢雙文

彝族六祖中二房慕雅枯的後裔,即乍部族譜,分佈在禄勸縣茂山、團街、雲龍鄉四個村。内録自始祖慕阿枯至阿常夫婦的世系。

本譜載於《中國彝族譜牒選編·楚雄分卷》

[雲南禄勸]康保乍的是　康保乍祖名　纂修者不詳　2007年雲南民族出版社排印本　合册　彝漢雙文

康保乍氏,自稱是彝族篤慕六子中的二子後裔,屬乍部。此譜系祖先名單里没有父子連名,而只用四字句的彝語記録下來後改漢姓爲陽,與楊姓有别,看來乍氏的一些部落很早就不用父子連名的方式起名,另有多處出現後輩與前輩同名,這種情況在其他譜牒里也有,並非筆誤。據分析,可能因兩種情況而導致同名:一種是隔幾代後記不清祖先的名而取重;另一種是崇敬某個祖先而取同名。譜載世系。

本譜載於《中國彝族譜牒選編·楚雄分卷》

[雲南禄勸]康保乍氏譜系　纂修者不詳　2009年雲南民族出版社排印本　合册　彝漢雙文

參見前條。

本譜載於《中國彝族譜牒選編·雲南卷》上册

[雲南禄勸]那擁多茅乍氏族祖妣名册不分卷　纂修者不詳　綿紙抄本　一册　彝文

譜載居住於雲南省祿勸縣茂山鄉那擁村的乍氏族(楊姓宗族)長房、次房、幼房三房受祭超度的歷代祖姚名,共記録了長房祖姚三十三對夫婦、次房祖姚七十對夫婦、幼房祖姚三十五對夫婦。

雲南省社會科學院楚雄彝族文化研究所

[雲南祿勸][乍氏]祖先多少代系記憶册不分卷
纂修者不詳　抄本　一册　彝文

譜載居住於雲南省祿勸縣雲龍鄉的彝族乍氏族(楊姓宗族)長房、次房、幼房受祭超度的祖先名册,長房祖先爲强榮等共五十八對夫婦(只記男性名),次房祖先爲麻秋等共八十二對夫婦(只記男性名),幼房祖先爲阿哩等共八十九對夫婦(只記男性名)。

雲南省社會科學院楚雄彝族文化研究所

[雲南祿勸]那擁志都乍氏族祖姚記憶册不分卷
纂修者不詳　抄本　一册　彝文

譜載居住於雲南省祿勸縣茂山鄉那擁村的彝族乍氏族(楊姓宗族)長房、次房、幼房歷代受祭超度的祖姚名册,長房祖姚爲阿掃等共八十對夫婦,次房祖姚爲色額等共八十七對夫婦,幼房祖姚爲阿宗等五十七對夫婦。書末注明那擁志都乍氏族的畢摩爲那擁戛林科村的張林家。

雲南省社會科學院楚雄彝族文化研究所

[雲南祿勸]德方乍氏祖先名册不分卷　纂修者不詳　抄本　一册　彝文

譜載居住於雲南省祿勸縣德方村彝族乍氏族(漢姓爲楊)長房、次房歷代受祭超度的祖姚名册,長房祖姚爲夫書等夫婦共三十一代,次房祖姚爲麻念夫婦共三十二代。

雲南省社會科學院楚雄彝族文化研究所

[雲南祿勸]高奢撒尼氏連名譜不分卷　纂修者不詳　抄本　記事至民國三年(1914)　一册　彝文

始祖堵阿青。譜載世系。世系從堵阿青至篤阿慕代數和父子連名譜與德布氏即詔麥等連名譜相同,共九十七代。從慕齊齊至阿耐羅碧有七十六代,共一百七十三代。高奢撒尼氏族,亦稱高升顏。屬彝族六組分支後於的第六支慕齊齊後裔。古時主要居住在滇池周邊的晉寧、昆明西山地區,後有一支遷入祿勸縣境,現在該族主要居住在祿勸撒營盤壩子。其父子連名譜記到民國三年(1914)的最後一次祭祖盛典,已有一百七十三代。後分成七支,大支(老大)住貴能村,二支住卡基村,三次住奥猛卡村,四支住掃美子期村,五支住鋪子嘎村,六支和七支住本額清村。至二十世紀末約有一百八十多户,八百餘人,在撒營盤壩子中屬人口較多的氏族。這份連名譜是祿勸縣古籍辦李成智居住在祿勸皎西鄉杉樂村時收集到的,原件現存祿勸縣古籍辦。

雲南省祿勸縣古籍辦

[雲南祿勸]高奢撒尼氏連名譜　纂修者不詳　2009年雲南民族出版社據抄本排印　記事至民國三年(1914)　合册　彝漢雙文

參見前條。

本譜載於《中國彝族譜牒選編·雲南卷》上册

[雲南祿勸]詔麥氏連名譜不分卷　纂修者不詳　1961年抄本　一册　彝文

始祖堵阿青。譜載世系。世系從堵阿青至蒙苴眉共六十五代,從苴眉契(希慕遮)至篤阿慕(阿普篤慕)共三十二代,即從堵阿青至篤阿慕九十七代。從篤阿慕(阿普篤慕)的第五子慕克克(亦稱慕阿克)至光緒七年(1881)的説阿保共二百十代,後末作齋和尚在世的後裔又有六代,合計二百十六代。詔麥氏族後改爲張姓。

雲南省祿勸縣湯朗鄉豐過村委會團卑村張如東

[雲南祿勸]詔麥氏連名譜　纂修者不詳　2009年雲南民族出版社據1961年抄本排印　合册　彝漢雙文

參見前條。

本譜載於《中國彝族譜牒選編·雲南卷》上册

[雲南祿勸]麻拉基阿伍氏族譜系不分卷　纂修者不詳　抄本　一册　彝文

譜載居住於雲南省禄勸縣茂山鄉麻拉村的彝族基阿伍氏族(朱姓宗族)三房受祭超度歷代祖妣的事迹。朱姓宗族三房共同祖三十一對夫婦,長房祖十八對夫婦,次房祖十九對夫婦,幼房祖十六對夫婦。

雲南省社會科學院楚雄彝族文化研究所

[雲南禄勸]矣善張氏祖先記憶册不分卷　纂修者不詳　抄本　一册　彝文

譜載居住於雲南省禄勸縣皎西鄉彝族張氏受祭超度歷代祖先名册,也記録了與該張氏同一宗族、居住於禄勸縣茂山鄉那攤村一部分成員的歷代祖先。居住於皎西鄉張氏的歷代祖先爲阿蛙等四十五對夫婦,居住於茂山鄉那攤村的張氏的歷代祖先爲進牛等十六對夫婦。

雲南省社會科學院楚雄彝族文化研究所

[雲南禄勸]那攤康惕氏族祖妣記憶册不分卷　張力纂修　稿本　一册　彝文

譜載居住於雲南省禄勸縣茂山鄉那攤村康惕氏族(張姓宗族)幼房歷代受祭超度祖妣名册,其祖妣爲阿哩等共六十一對夫婦。

雲南省社會科學院楚雄彝族文化研究所

[雲南禄勸]阿丹氏連名譜　纂修者不詳　2009年雲南民族出版社排印本　合册　彝漢雙文

始祖堵阿青。譜載世系。世系從堵阿青至篤阿慕代數和父子連名譜與詔㷮氏連名譜相同,共九十七代。從慕克克至咆帕阿丹代數和父子連名譜與阿冷氏連名譜相同,共三十七代。阿丹羅茅從咆帕阿丹分出後至都有南補已有二十九代,共一百六十三代,後末作齋和尚在世的後裔又有六代,合計一百六十九代,與羅婓氏與阿冷氏代數接近。此譜原由禄勸縣雲龍鄉新山村委會卡問村楊清苴畢摩家收藏,後被禄勸縣民宗局彝文古籍室徵集保管。阿丹氏約在距今八百年左右與阿冷氏族中分支出來。前後共做了二十多代畢摩。故多以畢字起名,可稱得上是畢摩世家。今主要居住在禄勸雲龍鄉境内的法基、普康康、宗德、柔佛巴魯、以資、金烏以及武定萬德、己衣、田心等鄉。

本譜載於《中國彝族譜牒選編·雲南卷》上册

[雲南禄勸]蜂氏譜敍書　蜂氏敍譜書　纂修者不詳　2007年雲南民族出版社排印本　合册　彝漢雙文

蜂氏,氏族名,禄勸縣雲龍鄉金烏村委會多康村錢姓自稱蜂氏族屬彝族六祖中慕齊齊的後裔,即茅(默)部德施氏。族裔居卡保村,在禄勸縣雲龍鄉境,雲龍修水庫後,遷昆明大板橋雲橋村定居。譜内記述祭奠各代祖先的世系。

本譜載於《中國彝族譜牒選編·楚雄分卷》

[雲南禄勸]蜂氏敍譜書　纂修者不詳　2009年雲南民族出版社排印本　合册　彝漢雙文

參見前條。

本譜載於《中國彝族譜牒選編·雲南卷》上册

[雲南禄勸]蜂氏地轄書　蜂氏轄域譜　纂修者不詳　2007年雲南民族出版社排印本　合册　彝漢雙文

參見前條。禄勸縣雲龍新村能敍牒且善書之大畢摩東正,抄於民國二十五年(1936)十二月初二日。蜂氏係古代族名號。彝族習俗喜取漢姓,蜂氏族大多取姓爲"錢"或"王"。譜内記録了蜂氏源流、曾居地、遷徙以及歷次祭祖汲福禄水等,祭奠各代祖先的世系,一世慕阿齊到三十六世維助郭的世系。

本譜載於《中國彝族譜牒選編·楚雄分卷》

[雲南禄勸]蜂氏德施地轄點的是　蜂氏德施轄域敍譜書　纂修者不詳　2007年雲南民族出版社排印本　合册　彝漢雙文

參見前條。譜内記録了蜂氏先祖,以及歷次祭祖汲福禄水等。

本譜載於《中國彝族譜牒選編·楚雄分卷》

[雲南禄勸]矣善波猛氏域轄書　矣善波猛氏轄域譜　纂修者不詳　2007年雲南民族出版社排印本　合册　彝漢雙文

禄勸彝族苗族自治縣皎西鄉永善村委會波猛氏

族的敍譜書。波猛氏屬於彝族六祖中慕阿齊後裔，即默部德施氏。本譜內容比較詳細，介紹了該家族在民國十八年（1929）做的一場祭典（也是祿勸縣歷史上最後一次）的具體情況。

本譜載於《中國彝族譜牒選編·楚雄分卷》

[雲南祿勸]祭奠祖先名單　摁驕畢摩纂修　2007 年雲南民族出版社排印本　合册　彝漢雙文

這份没有寫出何地、何氏、何家的家譜，獻書人是祿勸縣雲龍鄉金烏村委會人，具體是何氏不得而知。此家譜中後輩與先輩同名，爲家譜中常見之事，不是筆誤。

本譜載於《中國彝族譜牒選編·楚雄分卷》

[雲南祿勸]鋪熬家譜敍書是　鋪熬家的敍譜書　纂修者不詳　2007 年雲南民族出版社排印本　合册　彝漢雙文

臣吐古昭丕氏鋪熬家的尋源敍譜、父子連名書，光緒七年（1881）蛇年祭典時所敍之譜。臣吐古昭丕氏，即祿勸縣臣吐古村昭丕氏族，屬彝族始祖篤慕六子中的第五房慕克克的後裔，即布部德布氏。先祖是棟吐木站慕阿克。

本譜載於《中國彝族譜牒選編·楚雄分卷》

[雲南祿勸]祿勸縣湯郎馬巡檢司土巡檢金氏譜系　纂修者不詳　2007 年雲南民族出版社排印本　合册　彝族漢文

湯郎馬爲今祿勸縣湯郎鄉，明代爲武定鳳氏土知府所轄的“祿勸二十七馬”之一。始祖金有儀在康熙年間改土歸流後仍授土司。譜內記録自金有儀至金洪照八代的譜系。

本譜載於《中國彝族譜牒選編·楚雄分卷》

[雲南沾益]沾益州土知府安氏譜系　纂修者不詳　2009 年雲南民族出版社排印本　合册

始祖阿哥，係元時曲靖宣慰使，明洪武十四年（1381）歸附，仍充宣慰使兼管沾益州事。沾益州，元至元十三年（1276）以磨彌部改置，州境包括今雲南宣威及沾益縣，州治爲今宣威縣城。明

天啓三年（1623）移治今沾益縣城。譜載十九代世系。

本譜載於《中國彝族譜牒選編·雲南卷》上册

[雲南富源]平彝縣土縣丞海氏譜系　纂修者不詳　2009 年雲南民族出版社排印本　合册

始祖祿寧，明初人，曲靖軍民府前越州已故土官知州阿資男。平彝縣即今雲南富源縣。土縣丞海氏，治所在平彝縣竹園村。譜載十五代世系。

本譜載於《中國彝族譜牒選編·雲南卷》上册

[雲南富源]亦佐縣土縣丞沙氏譜系　纂修者不詳　2009 年雲南民族出版社排印本　合册

始祖存，明初人。亦佐縣即今雲南富源縣。土縣丞沙氏，治所在縣東。譜載八代世系。

本譜載於《中國彝族譜牒選編·雲南卷》上册

[雲南羅平]羅雄州土知州者氏譜系　纂修者不詳　2009 年雲南民族出版社排印本　合册

始祖普葺，羅雄州土官，明洪武十五年（1382）歸附，十六年（1383）總兵官定用前職。羅雄州，元至元十三年（1276）置，州治在今雲南羅平縣東北。明萬曆十五年（1587）改名爲羅平州，移治今羅平縣城。譜載十一代世系。

本譜載於《中國彝族譜牒選編·雲南卷》上册

[雲南師宗]師宗州土同知瓏氏譜系　纂修者不詳　2009 年雲南民族出版社排印本　合册

始祖阿的，土官，承襲父職。明洪武十五年（1382）歸附，十六年（1383）開設衙門。二十一年（1388）赴京朝覲，除本州同知。師宗州，元至元二十七年（1290）以師宗州改署，州治即今雲南省師宗縣城，清乾隆三十五年（1770）降爲縣。譜載十一代世系。

本譜載於《中國彝族譜牒選編·雲南卷》上册

[雲南會澤]東川軍民府土知府禄氏譜系　纂修者不詳　2009 年雲南民族出版社排印本　合册

始祖姑勝古，明初人。東川府，明洪武十四年（1381）以東川路改名，府治即今雲南會澤縣城。

譜載十九代世系。

　　本譜載於《中國彝族譜牒選編·雲南卷》上冊

　　[雲南通海]雷地譜　纂修者不詳　2009 年雲南民族出版社排印本　合冊　彝漢雙文

　　始祖木烏。木烏孫烏馬。支祖雷地,烏馬次子。後裔居雲南省通海縣。譜載一支四十四代世系。

　　本譜載於《中國彝族譜牒選編·四川卷》第一冊

　　[雲南華寧]寧州土知州祿氏譜系　纂修者不詳　2009 年雲南民族出版社排印本　合冊

　　始祖普提,明初人。寧州,元至元十年(1273)以寧部改置,治所即今雲南華寧縣城。譜載十六代世系。

　　本譜載於《中國彝族譜牒選編·雲南卷》上冊

　　[雲南峨山]嶍峨縣土知縣祿氏譜系　纂修者不詳　2009 年雲南民族出版社排印本　合冊

　　始祖佑房,明初人。嶍峨縣,元至元二十六年(1289)降嶍峨州置,縣治在今雲南峨山彝族自治縣西北。明遷治今峨山彝族自治縣城。譜載十二代世系。

　　本譜載於《中國彝族譜牒選編·雲南卷》上冊

　　[雲南新平]尼租譜系不分卷　纂修者不詳　清光緒二十年(1894)抄本　一冊　記事至 1956 年　彝文

　　此係滇南彝文連名譜牒,爲雲南新平"白勒"(黑頭翁鳥)氏族之譜牒,全書以五言句爲主,共七百餘行。譜流傳於雲南哀牢山一帶。"白勒"氏族居住於尼租,後來分別居於費達、老方寨等地,於清朝中葉改姓爲方氏。是譜記載彝族洪荒前三十代到聶托聶紅至清光緒二十年(1894)的父子連名譜。共記載了一百零二代。此譜對彝族祖先的起源、六祖分支歷史、祖宗的遷徙路綫、改漢姓及該支彝族在歷史發展過程中生產、生活及祭祖祭譜情況都有詳細記載。

　　雲南省新平縣平甸鄉昌沅村公所尼租村方德學

　　[雲南新平]尼租(方氏、白勒氏)譜系不分卷　纂修者不詳　1989 年雲南民族出版社排印本　一冊　記事至 1956 年

　　本譜載於《玉溪地區彝文古籍譯叢》第一輯

　　[雲南新平]尼租譜系　纂修者不詳　2009 年雲南民族出版社據清光緒二十年(1894)抄本排印　合冊　記事至 1956 年　彝漢雙文

　　參見前條。

　　本譜載於《中國彝族譜牒選編·雲南卷》上冊

　　[雲南新平]邱氏家譜不分卷　纂修者不詳　抄本　一冊　記事至 2007 年　彝漢雙文

　　譜載魚都簸村邱氏這一支系遷徙的過程和祖先埋葬的地點。據史料記載,雲南石屏縣、新平縣、元江縣、峨山縣、雙柏縣的邱氏爲同一祖先,明代洪武中葉從江西遷至雲南。此後,之聖公、之賢公、之金公、阿科公、本仲公、本高公、學仲公分居於石屏、新平、元江、峨山、雙柏。其中,之賢公居住於新平平甸鄉,無後,邱龍公將鼎臣公從石屏接來立嗣。魚都簸村邱氏即爲鼎臣公之後。這一支邱氏後來離開平甸鄉,最後輾轉到了魚都簸村。此譜大部分用彝文撰寫,其中有小部分係用漢文撰寫。譜書材質爲綢緞,每頁均爲正方形,單面書寫,共一百六十頁。

　　雲南省新平縣魚都簸村

　　[雲南昭通]烏蒙譜　纂修者不詳　2009 年雲南民族出版社排印本　合冊　彝漢雙文

　　始祖杜阿迤、舉足濮勻、阿務迫默。烏蒙,即烏蒙部,南詔三十七部之一,又是著名的烏蠻七大部之一。其政治中心在今雲南省昭通市。此譜爲其君長譜,由德余魯分支。烏蒙若干後代傳至杜阿迤。譜載世系、源流等。

　　本譜載於《中國彝族譜牒選編·雲南卷》上冊

　　[雲南昭通][侯氏]諾倫譜　纂修者不詳　2009 年雲南民族出版社排印本　合冊　彝漢雙文

　　諾倫,係侯氏的一個分支,烏蒙氏又由此分出。始祖默遮阿曲、額歹素魯、洛烏蒙、吉額恩歹、阿勾

阿務。洛烏蒙，即侯氏烏蒙部（南詔三十七部一，中心在昭通），其祖由德余魯分支，爲魯之第三子，烏蒙氏係出於此。譜載世系。

本譜載於《中國彝族譜牒選編·雲南卷》上册

[雲南昭通]烏蒙軍民府土知府禄氏譜系　纂修者不詳　2009 年雲南民族出版社排印本　合册

始祖實哲（女），係本府知府亦得曾祖母。烏蒙府，明洪武十五年（1382）以烏蒙路改置，府治即今雲南昭通市城。譜載十代世系。

本譜載於《中國彝族譜牒選編·雲南卷》上册

[雲南昭通]昭通市普洱鎮烏蒙羅氏家譜　纂修者不詳　2009 年雲南民族出版社排印本　合册

始祖羅杓。譜載二十一代世系。

本譜載於《中國彝族譜牒選編·雲南卷》上册

[雲南昭通]吉狄譜　纂修者不詳　2009 年雲南民族出版社排印本　合册　彝漢雙文

始祖慕後烏。本譜隸於《彭勒惹恩譜》之下。彭勒惹恩，家支名。屬彝族六祖之第四祖慕（後）烏的六代孫侯（又稱古侯）氏族丁俄（九子）亞氏族彭勒母（五子）小氏族。吉狄，姓氏名，是彭勒惹恩的分支。此譜系爲盧漢（彝名吉狄）家的父子連名單綫譜系，至盧漢之子有四十九代（其後裔住在國外，不詳）。盧漢之祖父阿則雙補，原居布拖縣特木里鎮，十九世紀中葉遷居昭通炎山，又取漢名朝選。

本譜載於《中國彝族譜牒選編·雲南卷》下册

[雲南昭通]那階譜　纂修者不詳　2009 年雲南民族出版社排印本　合册　彝漢雙文

始祖慕後烏。本譜隸於《阿乃惹所譜》之下。阿乃惹什，家支名。此譜是龍雲（彝名那階魯蘇）家的父子連名單綫譜系，共六十七代。龍雲之父那階萬特，原籍四川省金陽縣派來鄉，後遷雲南昭通炎山。

本譜載於《中國彝族譜牒選編·雲南卷》下册

[雲南鹽津]羅氏家譜不分卷　纂修者不詳　據

明抄本抄　一册

始祖星（字杓），北宋熙寧七年（1074）自江西從征討夷而來，因立有戰功被封爲烏蒙王。譜共記二十世六十一人。二世守誠於明景泰四年（1453）首修家譜，裔孫於明正德六年（1511）、嘉靖二十八年（1549）又續修。此譜係收藏者羅緝熙七十年前之重抄本，全書共一百一十八頁。

雲南省鹽津縣普洱鎮夷都村羅緝熙

本條目據華林撰《西南彝族歷史檔案》、黃民初撰《世傳鹽津"烏蒙王家譜"——"羅氏家譜"初探》（載於《雲南民族學院學報》1992 年第 3 期）著録

[雲南永善]檜溪阿興土千户安氏譜系　纂修者不詳　2009 年雲南民族出版社排印本　合册

始祖永長，阿興土人。清康熙三十四年（1695）授土千户，給印信，駐防松溪。檜溪阿興土千户，治所即今雲南永善縣東北松溪鎮。譜載七代世系。

本譜載於《中國彝族譜牒選編·雲南卷》上册

[雲南鎮雄]芒部軍民府土知府隴氏譜系　纂修者不詳　2009 年雲南民族出版社排印本　合册

始祖發紹，係本府已故土官安慈弟，明洪武十五年（1382）總兵官立嗣，十六年（1383）四月實授知府，明洪武十七年（1384）置芒部軍民府。後明嘉靖五年（1526）改爲鎮雄軍民府，設流官知府，四年後仍復土府。清雍正五年（1727）改土府爲鎮雄直隸州，設流官。今雲南鎮雄縣西南有芒部故城，即舊路、府、州駐地。譜載十八代世系。

本譜載於《中國彝族譜牒選編·雲南卷》上册

[雲南鎮雄][妥氏]芒布譜　纂修者不詳　2009 年雲南民族出版社排印本　合册　彝漢雙文

始祖姆阿施、阿魯阿黎、阿武阿巴、隴迁隴菊，源自巴底妥太（今威寧縣城北一帶）。譜載世系。

本譜載於《中國彝族譜牒選編·雲南卷》上册

[雲南鎮雄]芒部野登譜系　纂修者不詳　2009 年雲南民族出版社排印本　合册

野登隴氏係芒部土府嫡系、德施部後裔、默部慕齊齊子孫。始祖希慕遮,至今已傳一百二十七代。譜載世系。

本譜載於《中國彝族譜牒選編·雲南卷》上册

[雲南彝良]德余卓譜　纂修者不詳　2009年雲南民族出版社排印本　合册　彝漢雙文

德余卓,侯氏的一支,分佈在雲南省彝良、威信縣一帶,其中心在葛昆附近。始祖洛阿列、阿古阿德、舉尼阿祖、阿登額鄂,住葛昆谷姆。葛昆谷姆,位於雲南省彝良縣境内,此地應是唐宋時烏蠻七部之一的夔山部的活動中心。譜載源流、世系等。

本譜載於《中國彝族譜牒選編·雲南卷》上册

[雲南麗江]沙馬曲比譜　纂修者不詳　2009年雲南民族出版社排印本　合册　彝漢雙文

始祖慕齊齊。本譜隸於《海斯惹所譜》之下。海斯惹所,家支名。沙馬曲比,沙馬和曲比兩個姓氏的合稱,海斯惹所的後裔,畢摩世家。此譜是麗江市沙文才(彝名沙馬時三)和寧蒗縣沙文明(彝名沙馬時千)兩家的父子連名單綫譜系,均爲六十九代。居麗江古城。

本譜載於《中國彝族譜牒選編·雲南卷》下册

[雲南麗江]景熱譜　纂修者不詳　2009年雲南民族出版社排印本　合册　彝漢雙文

始祖慕齊齊。本譜隸於《舉爾惹古譜》之下。舉爾惹古,家支名。景熱,人名演化爲姓氏,舉爾惹古的後裔,木俄九子的分支。此譜是寧蒗彝族自治縣馬志龍(彝名景熱日農)家的父子連名單綫譜系,共六十一代。居麗江古城。

本譜載於《中國彝族譜牒選編·雲南卷》下册

[雲南永勝]阿古譜　纂修者不詳　2009年雲南民族出版社排印本　合册　彝漢雙文

始祖慕齊齊。本譜隸於《海斯惹所譜》之下。海斯惹所,家支名。阿古,人名演化爲姓氏,海斯惹所的後裔,沙馬翁比的分支,畢摩世家。此譜是永勝縣羊坪鄉阿古永坡家的父子連名單綫譜系,共六十五代。居永勝縣羊坪鄉。

本譜載於《中國彝族譜牒選編·雲南卷》下册

[雲南永勝]景你拉馬譜　纂修者不詳　2009年雲南民族出版社排印本　合册　彝漢雙文

始祖慕齊齊。本譜隸於《景你惹亨譜》之下。景你惹亨,家支名。拉馬,人名演化爲姓氏,"喇嘛"的變音,景你惹亨的分支。此譜是永勝縣羊坪鄉拉馬解哈家的父子連名單綫譜系,共六十九代。居永勝縣羊坪鄉。

本譜載於《中國彝族譜牒選編·雲南卷》下册

[雲南永勝]蘭氏族譜不分卷　纂修者不詳　抄本　一册

譜稱該族屬他留人,係彝族的一個支系,主要分佈於雲南省永勝縣六德彝族傈僳族鄉境内。他留人都稱其家譜、族譜記載説其祖先都來自湖廣長沙或江西吉安府。《蘭氏族譜》對蘭氏的祖籍來源有記載:"經考證,蘭氏族先祖原籍湖廣府,江西吉安府人氏。自明初洪武調衛,隨從征南將領傅有德入雲南永北府,後約於明正德十五年(1520)遷流東郊陽茂紅山角半壁曹斯邑,今六德鄉玉水營盤村即他留城堡。"

雲南省永勝縣六德彝族傈僳族鄉蘭紹吉

本條目據《雲南師範大學學報》(哲學社會科學版)2006年11月第3卷第6期黃彩文著《雲南永勝他留人的檔案史料及其價值》一文著録

[雲南永勝]谷爾譜　纂修者不詳　2009年雲南民族出版社排印本　合册　彝漢雙文

始祖慕齊齊。本譜隸於《古兹惹什譜》之下。古兹惹什,家支名。谷爾,姓氏名,古兹惹什的分支,畢摩世家。此譜是永勝縣羊坪鄉谷爾宮比家的父子連名單綫譜系,共六十三代。居永勝縣羊坪鄉。

本譜載於《中國彝族譜牒選編·雲南卷》下册

[雲南華坪]沙馬昂庫譜　纂修者不詳　2009年雲南民族出版社排印本　合册　彝漢雙文

始祖慕後烏。本譜隸於《那恩惹所譜》之下。那恩惹所,家支名。昂庫,人名演化爲姓氏,那恩惹所的分支。此譜是華坪縣興泉鎮沙馬克古家的父子連名單綫譜系,共四十三代。居華坪縣興泉鎮。

本譜載於《中國彝族譜牒選編·雲南卷》下册

[雲南華坪] 比特譜　纂修者不詳　2009 年雲南民族出版社排印本　合册　彝漢雙文

始祖慕齊齊。本譜隸於《海斯惹所譜》之下。海斯惹所,家支名。比特,本姓阿賈,海斯惹所的後裔,沙馬冷伍的分支。此譜是華坪縣永興鄉比特阿雙家的父子連名單綫譜系,共六十九代。居華坪縣永興鄉。

本譜載於《中國彝族譜牒選編·雲南卷》下册

[雲南玉龍] 馬海波譜　纂修者不詳　2009 年雲南民族出版社排印本　合册　彝漢雙文

始祖慕齊齊。本譜隸於《舉爾惹古譜》之下。舉爾惹古,家支名。馬海波,舉爾惹古的後裔,木俄九子的分支。此譜是玉龍納西族自治縣馬建國(彝名波惹克達)家的父子連名單綫譜系,共六十二代。居玉龍縣城。

本譜載於《中國彝族譜牒選編·雲南卷》下册

[雲南寧蒗] 賈則惹恩茨　沙永前主編　2010 年排印本　一册

始祖賈則,本姓“沙馬”或“土比”,生五子,是爲彝族望族,後裔以“賈則”爲姓,是爲彝族六祖之一“海斯惹所”家族分支。是譜詳細介紹了“賈則”的緣由,共載賈則惹恩茨後裔七十四代。

雲南省寧蒗彝族自治縣圖書館

[雲南寧蒗] 金古忍石家譜　金古五斤主編 2004 年排印本　一册

金古與忍石爲兩個家族,在明中期共一個祖先。是譜爲金古忍石後裔譜系資料之彙集。

雲南省寧蒗彝族自治縣圖書館

[雲南寧蒗] 阿卓譜　纂修者不詳　2009 年雲南民族出版社排印本　合册　彝漢雙文

始祖慕後烏。本譜隸於《景火惹所譜》之下。景火惹所,家支名。阿卓,人名演化爲姓氏,與(布岳)阿魯同屬一個家支。此譜爲寧蒗彝族自治縣羅發佳(彝名阿卓發佳)和羅斌(彝名阿卓務林)兩家的父子連名單綫譜系,均爲五十二代。居寧蒗縣大興鎮。

本譜載於《中國彝族譜牒選編·雲南卷》下册

[雲南寧蒗] 阿蘇吉米譜　纂修者不詳　2009 年雲南民族出版社排印本　合册　彝漢雙文

始祖慕後烏。本譜隸於《阿蘇惹亨譜》之下。阿蘇惹亨,家支名。吉米,人名演化爲姓氏,昂蕭惹亨(阿蘇惹亨)的分支。與其他家支的“吉米”姓氏相區別。此譜是寧蒗彝族自治縣西布河鄉石格拉村吉米爾淦和寧蒗縣的蘇海榮(彝名吉米偉木)兩家的父子連名單綫譜系,分別爲五十四代、五十一代。居寧蒗縣石格拉與大興鎮。

本譜載於《中國彝族譜牒選編·雲南卷》下册

[雲南寧蒗] 賈多譜　纂修者不詳　2009 年雲南民族出版社排印本　合册　彝漢雙文

始祖慕後烏。本譜隸於《阿子惹古譜》之下。阿子惹古,家支名,阿子惹古家支,是歷史上著名的畢摩黎武阿則之後裔,與馬(黑彝)同宗。賈多,人名演化爲姓氏,賈多有四子,四子後裔均稱姓“賈多”。此譜是寧蒗縣王志榮(彝名賈多魯火)家的父子連名單綫譜系,共五十一代。居寧蒗縣大興鎮。

本譜載於《中國彝族譜牒選編·雲南卷》下册

[雲南寧蒗] 賈批譜　纂修者不詳　2009 年雲南民族出版社排印本　合册　彝漢雙文

始祖慕後烏。本譜隸於《阿子惹古譜》之下。阿子惹古,家支名。賈批,阿子惹古的後裔,畢摩世家。此譜是寧蒗彝族自治縣跑馬坪鄉賈批古夥家的父子連名單綫譜系,共五十二代。居寧蒗縣跑馬坪鄉。

本譜載於《中國彝族譜牒選編·雲南卷》下册

[雲南寧蒗] 潘景譜　纂修者不詳　2009 年雲南民族出版社排印本　合册　彝漢雙文

始祖慕後烏。本譜隸於《阿子惹古譜》之下。阿子惹古,家支名。潘景,人名演化爲姓氏,阿子惹古的分支,畢摩世家。此譜是寧蒗彝族自治縣戰河鄉潘景依布家的父子連名單綫譜系,共五十一代。居寧蒗縣戰河鄉。

本譜載於《中國彝族譜牒選編·雲南卷》下册

[雲南寧蒗]潘則譜 纂修者不詳 2009年雲南民族出版社排印本 合册 彝漢雙文

始祖慕後烏。本譜隸於《阿子惹古譜》之下。阿子惹古,家支名。潘則,人名演化爲姓氏,"潘則"是"潘景"的變音,阿子惹古的後裔,畢摩世家。此譜是寧蒗彝族自治縣西布河鄉石格拉村潘則念達家的父子連名單綫譜系,共五十代。居寧蒗縣石格拉。

本譜載於《中國彝族譜牒選編·雲南卷》下册

[雲南寧蒗]阿妞譜 纂修者不詳 2009年雲南民族出版社排印本 合册 彝漢雙文

始祖慕後烏。本譜隸於《拉夥惹什譜》之下。拉夥惹什,家支名。阿妞,人名演化爲姓氏,拉夥惹什的分支。昂都阿妞有七個兒子,七子後裔多稱姓"阿妞"。此譜爲寧蒗彝族自治縣跑馬坪鄉阿妞魯史家的父子連名單綫譜系,共四十九代。居寧蒗縣跑馬坪鄉。

本譜載於《中國彝族譜牒選編·雲南卷》下册

[雲南寧蒗]歐丁譜 纂修者不詳 2009年雲南民族出版社排印本 合册 彝漢雙文

始祖慕後烏。本譜隸於《拉夥惹什譜》之下。拉夥惹什,家支名。歐丁,又名景輔。歐丁或景輔是拉夥惹什的分支。此譜爲寧蒗彝族自治縣新營盤鄉歐丁依母家的父子連名單綫譜系,共四十九代。居寧蒗縣新營盤鄉。

本譜載於《中國彝族譜牒選編·雲南卷》下册

[雲南寧蒗]賈達譜 纂修者不詳 2009年雲南民族出版社排印本 合册 彝漢雙文

始祖慕後烏。本譜隸於《拉夥惹什譜》之下。拉夥惹什,家支名。賈達,拉夥惹什的後裔,金博

七子的分支。此譜是寧蒗彝族自治縣西布河鄉石格拉村賈達左所和新營盤鄉高林(彝名賈達爾古)二家的父子連名單綫譜系。分別爲五十代和四十九代。居寧蒗縣(石格拉、新營盤鄉)。

本譜載於《中國彝族譜牒選編·雲南卷》下册

[雲南寧蒗]博坡譜 纂修者不詳 2009年雲南民族出版社排印本 合册 彝漢雙文

始祖慕後烏。本譜隸於《拉夥惹什譜》之下。拉夥惹什,家支名。博坡,人名演化爲姓氏,拉夥惹什的後裔,賈達的分支。此譜是寧蒗彝族自治縣大興鎮博坡大諾家的父子連名單綫譜系,共五十三代。居寧蒗縣大興鎮。

本譜載於《中國彝族譜牒選編·雲南卷》下册

[雲南寧蒗]阿果譜 纂修者不詳 2009年雲南民族出版社排印本 合册 彝漢雙文

始祖慕後烏。本譜隸於《拉夥惹什譜》之下。拉夥惹什,家支名。阿果,人名演化爲姓氏,拉夥惹什的分支。庚爭奧基有四個兒子,即奧基阿克支稱姓"阿克"或阿果。此譜是寧蒗彝族自治縣大興鎮新營盤鄉阿果克古家的父子連名單綫譜系,共五十代。居寧蒗縣新營盤鄉。

本譜載於《中國彝族譜牒選編·雲南卷》下册

[雲南寧蒗]吉勒譜 纂修者不詳 2009年雲南民族出版社排印本 合册 彝漢雙文

始祖慕後烏。本譜隸於《拉夥惹什譜》之下。拉夥惹什,家支名。吉勒,人名演化爲姓氏,拉夥惹什的後裔,阿克分支。此譜是寧蒗彝族自治縣大興鎮吉勒雙偉家的父子連名單綫譜系,共五十二代。居寧蒗縣大興鎮。

本譜載於《中國彝族譜牒選編·雲南卷》下册

[雲南寧蒗]翁古譜 纂修者不詳 2009年雲南民族出版社排印本 合册 彝漢雙文

始祖慕後烏。本譜隸於《拉夥惹什譜》之下。拉夥惹什,家支名。翁古,人名演化爲姓氏,拉夥惹什的分支。此譜是寧蒗縣戰河鄉伍恒星(彝名翁古古千)家的父子連名單綫譜系,共四十八代。

居寧蒗縣大興鎮。

本譜載於《中國彝族譜牒選編·雲南卷》下册

[雲南寧蒗]赫井譜　纂修者不詳　2009年雲南民族出版社排印本　合册　彝漢雙文

始祖慕後烏。本譜隸於《拉夥惹什譜》之下。拉夥惹什，家支名。赫井，人名演化爲姓氏，拉夥惹什的分支。阿米赫井後裔稱姓"赫井"。此譜是寧蒗彝族自治縣爛泥箐鄉赫井阿各家的父子連名單綫譜系，共四十六代。居寧蒗縣爛泥箐鄉。

本譜載於《中國彝族譜牒選編·雲南卷》下册

[雲南寧蒗]賈巴譜　纂修者不詳　2009年雲南民族出版社排印本　合册　彝漢雙文

始祖慕後烏。本譜隸於《耳顧惹所譜》之下。耳顧惹所，家支名。賈巴，人名演化爲姓氏，耳顧惹所的分支。此譜是寧蒗彝族自治縣永寧坪鄉昔臘坪村賈巴永都家的父子連名單綫譜系，共五十六代。居寧蒗縣永寧坪鄉。

本譜載於《中國彝族譜牒選編·雲南卷》下册

[雲南寧蒗]赫比譜　纂修者不詳　2009年雲南民族出版社排印本　合册　彝漢雙文

始祖慕後烏。本譜隸於《那子惹夫譜》之下。那子惹夫，家支名。彝族六祖之第四祖慕（後）烏的六代孫侯（又稱古侯）氏族丁俄（九子）亞氏族昂母（四子）小氏族。拉支昂母有四子，其中昂母史體支稱"赫比"。此譜爲寧蒗縣委楊永林（彝名赫比永林）和翠玉鄉二坪村赫比兹古家的父子連名單綫譜系，分別爲五十七代和五十六代。居寧蒗縣大興鎮與翠玉鄉。

本譜載於《中國彝族譜牒選編·雲南卷》下册

[雲南寧蒗]阿林譜　纂修者不詳　2009年雲南民族出版社排印本　合册　彝漢雙文

始祖慕後烏。本譜隸於《彭勒惹恩譜》之下。彭勒惹恩，家支名。阿林，人名演化爲姓氏，"阿林"，是"阿乃"之變音，彭勒惹恩的後裔，依夥的分支。此譜是寧蒗彝族自治縣爛泥箐鄉阿林日夥家的父子連名單綫譜系，共五十二代。居寧蒗縣爛泥箐鄉。

本譜載於《中國彝族譜牒選編·雲南卷》下册

[雲南寧蒗]金魯譜　纂修者不詳　2009年雲南民族出版社排印本　合册　彝漢雙文

始祖慕後烏。本譜隸於《彭勒惹恩譜》之下。彭勒惹恩，家支名。金魯，人名演化爲姓氏，彭勒惹恩的後裔，依夥的分支。此譜是寧蒗彝族自治縣戰河鄉金魯兹布家的父子連名單綫譜系，共五十六代。居寧蒗縣戰河鄉。

本譜載於《中國彝族譜牒選編·雲南卷》下册

[雲南寧蒗]依里譜　纂修者不詳　2009年雲南民族出版社排印本　合册　彝漢雙文

始祖慕後烏。本譜隸於《彭勒惹恩譜》之下。彭勒惹恩，家支名。依里，姓氏名，彭勒惹恩的分支。此兩條譜是寧蒗縣依里務基和寧蒗彝族自治縣爛泥箐鄉依里拉木兩家的父子連名單綫譜系，分別爲五十三代和五十七代。居寧蒗縣大興鎮與爛泥箐鄉。

本譜載於《中國彝族譜牒選編·雲南卷》下册

[雲南寧蒗]賈古譜　纂修者不詳　2009年雲南民族出版社排印本　合册　彝漢雙文

始祖慕後烏。本譜隸於《賈古惹什譜》之下。賈古惹什，既是家支名，又是姓氏名。賈古惹什是彝族六祖之第四祖慕（後）烏的六代孫侯（又稱古侯）氏族丁俄（九子）亞氏族下的彭勒（五子）小氏族。此譜是寧蒗縣李國清（彝名賈古爾布）家的父子連名單綫譜系，共六十五代。居寧蒗縣大興鎮。

本譜載於《中國彝族譜牒選編·雲南卷》下册

[雲南寧蒗]牡潘譜　纂修者不詳　2009年雲南民族出版社排印本　合册　彝漢雙文

始祖慕後烏。本譜隸於《賈古惹什譜》之下。賈古惹什，既是家支名，又是姓氏名。牡潘，有的譯"烏抛"，賈古惹什的分支。此譜是寧蒗彝族自治縣新營盤鄉牡潘常寶家的父子連名單綫譜系，共五十八代。居寧蒗縣新營盤鄉。

本譜載於《中國彝族譜牒選編·雲南卷》下册

[雲南寧蒗]布典譜 纂修者不詳 2009年雲南民族出版社排印本 合册 彝漢雙文

始祖慕後烏。本譜隸於《勒足惹所譜》之下。勒足惹所,家支名。勒足惹所是彝族六祖之第四祖慕(後)烏的六代孫侯(又稱古侯)氏族丁俄(九子)亞氏族下的勒足(三子)小氏族,屬彝族歷史上著名畢摩乍比阿依的後裔。布典,人名演化爲姓氏,勒足惹所的分支。此譜是寧蒗縣楊根生(彝名布典偉史)和寧蒗彝族自治縣跑馬坪鄉布典里佳兩家的父子連名單綫譜系,分別爲五十四代和五十二代。居寧蒗縣大興鎮與跑馬坪鄉。

本譜載於《中國彝族譜牒選編·雲南卷》下册

[雲南寧蒗]丁俄沙馬譜 纂修者不詳 2009年雲南民族出版社排印本 合册 彝漢雙文

始祖慕後烏。本譜隸於《勒足惹所譜》之下。勒足惹所,家支名。沙馬,姓氏名,勒足惹所的分支。此譜是寧蒗彝族自治縣永寧坪鄉沙馬萬林家的父子連名單綫譜系,共五十三代。居寧蒗縣永寧坪鄉。

本譜載於《中國彝族譜牒選編·雲南卷》下册

[雲南寧蒗]烏蒙譜 纂修者不詳 2009年雲南民族出版社排印本 合册 彝漢雙文

始祖慕後烏。本譜隸於《烏蒙惹古譜》之下。烏蒙惹古,家支名。烏蒙,人名演化爲姓氏,烏蒙惹古的分支。此譜是寧蒗彝族自治縣爛泥箐鄉水草壩完小烏蒙依火家的父子連名單綫譜系,共四十三代。居寧蒗縣水草壩。

本譜載於《中國彝族譜牒選編·雲南卷》下册

[雲南寧蒗]阿品譜 纂修者不詳 2009年雲南民族出版社排印本 合册 彝漢雙文

始祖慕後烏。本譜隸於《烏蒙惹古譜》之下。烏蒙惹古,家支名。阿品,人名演化爲姓氏,烏蒙惹古的分支。此譜是寧蒗彝族自治縣永寧坪鄉昔臘坪村阿品填哈和戰河九村阿品布岳二家的父子連名單綫譜系,分別爲四十四代和四十一代。居

寧蒗縣昔臘坪與戰河鄉。

本譜載於《中國彝族譜牒選編·雲南卷》下册

[雲南寧蒗]昂火譜 纂修者不詳 2009年雲南民族出版社排印本 合册 彝漢雙文

始祖慕後烏。本譜隸於《烏蒙惹古譜》之下。烏蒙惹古,家支名。昂火,人名演化爲姓氏,烏蒙惹古的分支。此譜是寧蒗彝族自治縣西布河鄉昂火王佳家的父子連名單綫譜系,共四十四代。居寧蒗縣西布河鄉。

本譜載於《中國彝族譜牒選編·雲南卷》下册

[雲南寧蒗]洱顧譜 纂修者不詳 2009年雲南民族出版社排印本 合册 彝漢雙文

始祖慕後烏。本譜隸於《那恩惹所譜》之下。那恩惹所,家支名。洱顧,有"工匠"之義,以職業爲姓氏,那恩惹所的分支。爲與其他家支的"洱顧"姓氏相區別,又稱姓"濮母洱顧"。此譜是寧蒗彝族自治縣家翠玉鄉二坪村洱顧魯夥家的父子連名單綫譜系,共四十二代。居寧蒗縣翠玉鄉。

本譜載於《中國彝族譜牒選編·雲南卷》下册

[雲南寧蒗]雙郭譜 纂修者不詳 2009年雲南民族出版社排印本 合册 彝漢雙文

始祖慕後烏。本譜隸於《阿武惹所譜》之下。阿武惹所,家支名。雙郭,阿武惹所的分支。與沙則邱莫、勒爾等姓氏同宗。此譜是寧蒗縣雙郭莫體家的父子連名單綫譜系,共四十二代。居寧蒗縣大興鎮。

本譜載於《中國彝族譜牒選編·雲南卷》下册

[雲南寧蒗]諾都阿魯譜 纂修者不詳 2009年雲南民族出版社排印本 合册 彝漢雙文

始祖慕後烏。本譜隸於《昂牟惹所譜》之下。昂牟惹所,家支名。阿魯,人名演化爲姓氏,昂牟惹所的分支。昂牟惹都支稱姓"阿魯",又與(布岳)阿魯和(薩布)阿魯相區別,又稱姓"諾都阿魯"。此譜是羅正剛(彝名阿魯邊哈)、寧蒗彝族自治縣蟬戰河鄉木耳坪村阿魯念布和盧志發(彝名阿魯子哈)三家的父子連名單綫譜系,分別爲五

十三代、五十三代和五十二代。居寧蒗縣大興鎮與戰河鄉。

本譜載於《中國彝族譜牒選編·雲南卷》下册

[雲南寧蒗] 諾兒譜　纂修者不詳　2009 年雲南民族出版社排印本　合册　彝漢雙文

始祖慕後烏。本譜隸於《昂牟惹所譜》之下。昂牟惹所,家支名。諾兒,人名演化爲姓氏,昂牟惹所的分支。此譜是寧蒗彝族自治縣新營盤鄉諾兒壯木家的父子連名單綫譜系,共五十一代。居寧蒗縣新營盤鄉。

本譜載於《中國彝族譜牒選編·雲南卷》下册

[雲南寧蒗] 阿布譜　纂修者不詳　2009 年雲南民族出版社排印本　合册　彝漢雙文

始祖慕後烏。本譜隸於《黎木惹所譜》之下。黎木惹所,家支名。阿布,人名演化爲姓氏,黎木惹所的分支。此譜是寧蒗彝族自治縣寧利鄉張春華(彝名阿布五斤)家的父子連名單綫譜系,共四十九代。居寧蒗縣大興鎮。

本譜載於《中國彝族譜牒選編·雲南卷》下册

[雲南寧蒗] 格啓譜　纂修者不詳　2009 年雲南民族出版社排印本　合册　彝漢雙文

始祖慕後烏。本譜隸於《牡古惹古譜》之下。牡古惹古,家支名。格啓,人名演化爲姓氏,牡古惹古的分支。此譜是寧蒗彝族自治縣新營盤鄉麥杆河村格啓奧足家的父子連名單綫譜系,共五十二代。居寧蒗縣麥杆河。

本譜載於《中國彝族譜牒選編·雲南卷》下册

[雲南寧蒗] 阿牡譜　纂修者不詳　2009 年雲南民族出版社排印本　合册　彝漢雙文

始祖慕後烏。本譜隸於《牡古惹古譜》之下。牡古惹古,家支名。阿牡,人名演化爲姓氏,牡古惹古的後裔,諾扁七子的分支。此譜是寧蒗彝族自治縣紅橋鄉金子溝村阿牡右所家的父子連名單綫譜系,共四十七代。居寧蒗縣金子溝。

本譜載於《中國彝族譜牒選編·雲南卷》下册

[雲南寧蒗] 黎史譜　纂修者不詳　2009 年雲南民族出版社排印本　合册　彝漢雙文

始祖慕齊齊。本譜隸於《涅景惹所譜》之下。涅景惹所,家支名。涅景惹所是彝族六祖之第六祖慕齊齊方世孫曲(因是部落酋長又稱曲涅)氏族昊咪(九子)亞氏族下的沙馬(三子)小氏族。黎史,人名演化爲姓氏,沙馬(兹莫)的分支。此譜是寧蒗彝族自治縣黎繼明(彝名黎史依母)家的父子連名單綫譜系,共六十六代。居寧蒗縣大興鎮。

本譜載於《中國彝族譜牒選編·雲南卷》下册

[雲南寧蒗] 涅景譜　纂修者不詳　2009 年雲南民族出版社排印本　合册　彝漢雙文

始祖慕齊齊。本譜隸於《涅景惹所譜》之下。涅景惹所,家支名。涅景,人名演化爲姓氏,與黎史同屬一個家支。此譜是寧蒗彝族自治縣紅橋鄉涅景爾哈家的父子連名單綫譜系,共六十二代。居寧蒗縣紅橋鄉。

本譜載於《中國彝族譜牒選編·雲南卷》下册

[雲南寧蒗] 景領譜　纂修者不詳　2009 年雲南民族出版社排印本　合册　彝漢雙文

始祖慕齊齊。本譜隸於《海斯惹所譜》之下。海斯惹所,家支名。景領,人名演化爲姓氏,海斯惹所的後裔,昂亨七子的分支。此譜是寧蒗彝族自治縣蟬戰河鄉景領總管和寧蒗縣劉正光(彝名景領帆長)兩家的父子連名單綫譜系,分別爲七十四代和七十三代。居寧蒗縣戰河鄉與大興鎮。

本譜載於《中國彝族譜牒選編·雲南卷》下册

[雲南寧蒗] 昂岳譜　纂修者不詳　2009 年雲南民族出版社排印本　合册　彝漢雙文

始祖慕齊齊。本譜隸於《海斯惹所譜》之下。海斯惹所,家支名。昂岳,人名演化爲姓氏,海斯惹所的後裔,昂亨七子的分支,畢摩世家。此譜是寧蒗彝族自治縣永寧坪鄉沙雲峰(彝名昂岳依坡)家的父子連名單綫譜系,共七十六代。居寧蒗縣永寧坪鄉。

本譜載於《中國彝族譜牒選編·雲南卷》下册

[雲南寧蒗]賈海譜　纂修者不詳　2009 年雲南民族出版社排印本　合冊　彝漢雙文

　　始祖慕齊齊。本譜隸於《海斯惹所譜》之下。海斯惹所,家支名。賈海,海斯惹所的後裔,昂亨七子的分支,畢摩世家。此譜是寧蒗彝族自治縣西川鄉沙力村沙馬書哈(又名賈海書哈)家的父子連名單綫譜系,共七十代。居寧蒗縣西川鄉。

　　本譜載於《中國彝族譜牒選編·雲南卷》下冊

[雲南寧蒗]景母譜　纂修者不詳　2009 年雲南民族出版社排印本　合冊　彝漢雙文

　　始祖慕齊齊。本譜隸於《海斯惹所譜》之下。海斯惹所,家支名。景母,人名演化爲姓氏,海斯惹所的後裔,昂亨七子的分支,畢摩世家。此譜是寧蒗彝族自治縣西布興旺鄉李潮(彝名景母兹布)、蒗彝族自治縣西布河鄉李郁光(彝名景母爾布)和李慶賢(彝名景母長野)三家的父子連名單綫譜系,分別爲七十二代、七十三代和七十二代。居寧蒗縣大興鎮與大理古城。

　　本譜載於《中國彝族譜牒選編·雲南卷》下冊

[雲南寧蒗]博史譜　纂修者不詳　2009 年雲南民族出版社排印本　合冊　彝漢雙文

　　始祖慕齊齊。本譜隸於《海斯惹所譜》之下。海斯惹所,家支名。博史,地名爲姓氏,海斯惹所的後裔,昂足三子的分支。慕齊齊六十六代孫利都比祖世曾居住鹽邊波生萬伍,遷居寧蒗後,隱姓沙馬或曲比,稱姓“博史”。此譜是寧蒗彝族自治縣金棉鄉博史古哈家的父子連名單綫譜系,共七十代。居寧蒗縣金棉鄉。

　　本譜載於《中國彝族譜牒選編·雲南卷》下冊

[雲南寧蒗]景赫譜　纂修者不詳　2009 年雲南民族出版社排印本　合冊　彝漢雙文

　　始祖慕齊齊。本譜隸於《海斯惹所譜》之下。海斯惹所,家支名。景赫,人名演化爲姓氏,海斯惹所的後裔,昂足三子的分支。此譜是寧蒗彝族自治縣戰河鄉清水河村景赫糾都家的父子連名單綫譜系,共七十一代。居寧蒗縣戰河鄉。

　　本譜載於《中國彝族譜牒選編·雲南卷》下冊

[雲南寧蒗]邱惹譜　纂修者不詳　2009 年雲南民族出版社排印本　合冊　彝漢雙文

　　始祖慕齊齊。本譜隸於《海斯惹所譜》之下。海斯惹所,家支名。邱惹,海斯惹所的後裔,昂足三子的分支,畢摩世家。此譜是寧蒗彝族自治縣西川鄉沙偉都(又名邱惹偉都)和雲南省社會科學院沙史富(又名邱惹史富)兩家的父子連名單綫譜系,分別爲七十三代和七十二代。居寧蒗縣大興鎮與西川鄉。

　　本譜載於《中國彝族譜牒選編·雲南卷》下冊

[雲南寧蒗]竹爾譜　纂修者不詳　2009 年雲南民族出版社排印本　合冊　彝漢雙文

　　始祖慕齊齊。本譜隸於《海斯惹所譜》之下。海斯惹所,家支名。竹爾,海斯惹所的後裔,金省七子的分支。此譜是寧蒗彝族自治縣大興林工站竹爾伲生和寧蒗彝族自治縣戰河鄉祝生(彝名竹爾牛生)兩家的父子連名單綫譜系,分別爲七十一代和七十二代。居寧蒗大興鎮與戰河鄉。

　　本譜載於《中國彝族譜牒選編·雲南卷》下冊

[雲南寧蒗]諾布譜　纂修者不詳　2009 年雲南民族出版社排印本　合冊　彝漢雙文

　　始祖慕齊齊。本譜隸於《海斯惹所譜》之下。海斯惹所,家支名。諾布,海斯惹所的分支。慕齊齊五十九代孫阿洛克惹生六子,六子後裔稱姓“諾布”或“沙馬諾布”,畢摩世家。此譜是寧蒗彝族自治縣西布河鄉石格拉村沙寧紅(彝名諾布拉史)和寧蒗彝族自治縣沙正華(彝名諾布牛生)兩家的父子連名單綫譜系,分別爲七十一代和七十三代。居寧蒗縣石格拉與大興鎮。

　　本譜載於《中國彝族譜牒選編·雲南卷》下冊

[雲南寧蒗]昂鍾譜　纂修者不詳　2009 年雲南民族出版社排印本　合冊　彝漢雙文

　　始祖慕齊齊。本譜隸於《海斯惹所譜》之下。海斯惹所,家支名。昂鍾,人名演化爲姓氏,海斯惹所的後裔,冷伍二子的分支。此譜是寧蒗彝族自治縣跑馬坪鄉昂鍾紫紅家的父子連名單綫譜系,共六十六代。居寧蒗縣跑馬坪鄉。

本譜載於《中國彝族譜牒選編·雲南卷》下册

[雲南寧蒗]冷伍譜　纂修者不詳　2009年雲南民族出版社排印本　合册　彝漢雙文

始祖慕齊齊。本譜隸於《海斯惹所譜》之下。海斯惹所，家支名。冷伍，人名演化爲姓氏，海斯惹所的後裔，冷伍二子的分支，畢摩世家。此譜是寧蒗彝族自治縣爛泥箐鄉冷伍體日家的父子連名單綫譜系，共六十七代。居寧蒗縣爛泥箐鄉。

本譜載於《中國彝族譜牒選編·雲南卷》下册

[雲南寧蒗]阿賈譜　纂修者不詳　2009年雲南民族出版社排印本　合册　彝漢雙文

始祖慕齊齊。本譜隸於《海斯惹所譜》之下。海斯惹所，家支名。阿賈，人名演化爲姓氏，海斯惹所的後裔，沙馬冷伍的分支。此譜是寧蒗彝族自治縣江橋鄉阿賈布千家的父子連名單綫譜系，共六十八代。居寧蒗縣江橋鄉。

本譜載於《中國彝族譜牒選編·雲南卷》下册

[雲南寧蒗]昂涅譜　纂修者不詳　2009年雲南民族出版社排印本　合册　彝漢雙文

始祖慕齊齊。本譜隸於《首母惹古譜》之下。首母惹古，家支名。昂涅，人名演化爲姓氏，首母惹古的分支。此譜是寧蒗彝族自治縣劉十富（彝名昂尼十富）家的父子連名單綫譜系，共七十三代。居寧蒗縣大興鎮。

本譜載於《中國彝族譜牒選編·雲南卷》下册

[雲南寧蒗]昂熱譜　纂修者不詳　2009年雲南民族出版社排印本　合册　彝漢雙文

始祖慕齊齊。本譜隸於《首母惹古譜》之下。首母惹古，家支名。昂熱，人名演化爲姓氏，首母惹古的分支。此譜是寧蒗彝族自治縣新營盤鄉昂熱古都家的父子連名單綫譜系，共六十九代。居寧蒗縣新營盤鄉。

本譜載於《中國彝族譜牒選編·雲南卷》下册

[雲南寧蒗]吉亨譜　纂修者不詳　2009年雲南民族出版社排印本　合册　彝漢雙文

始祖慕齊齊。本譜隸於《沙馬石一譜》之下。沙馬石一，家支名。吉亨，人名演化爲姓氏，沙馬（兹莫）的後裔，火火惹什的分支，吉亨生三個兒子，三子後裔稱姓"吉亨"。此譜是寧蒗彝族自治縣楊文學（彝名吉亨依母）和寧蒗彝族自治縣楊文權（彝名吉亨常生）兩家的父子連名單綫譜系，均爲七十二代。居寧蒗縣大興鎮。

本譜載於《中國彝族譜牒選編·雲南卷》下册

[雲南寧蒗]亨萊譜　纂修者不詳　2009年雲南民族出版社排印本　合册　彝漢雙文

始祖慕齊齊。本譜隸於《昂牟惹古譜》之下。昂牟惹古，家支名。此譜是寧蒗彝族自治縣人民武裝部趙優良（彝名亨萊魯子）和麗江市何光明（彝名亨賴爾猛）兩家的父子連名單綫譜系，均爲六十六代。居寧蒗縣大興鎮。

本譜載於《中國彝族譜牒選編·雲南卷》下册

[雲南寧蒗]阿詩譜　纂修者不詳　2009年雲南民族出版社排印本　合册　彝漢雙文

始祖慕齊齊。本譜隸於《昂牟惹古譜》之下。昂牟惹古，家支名。阿詩，人名演化爲姓氏，吉詩的昵稱，昂牟惹古的後裔，拉馬四子分支。此譜是寧蒗彝族自治縣何明武（彝名阿詩基都）家的父子連名單綫譜系，共六十九代。居寧蒗縣大興鎮。

本譜載於《中國彝族譜牒選編·雲南卷》下册

[雲南寧蒗]拉馬邱牟譜　纂修者不詳　2009年雲南民族出版社排印本　合册　彝漢雙文

始祖慕齊齊。本譜隸於《昂牟惹古譜》之下。昂牟惹古，家支名。邱牟，以所從事的職業爲姓氏，昂牟惹古的後裔，拉馬四子分支。爲了與其他家支的"邱牟"姓氏相區别，又稱姓"拉馬邱牟"。此譜是寧蒗彝族自治縣邱米生（彝名邱牟倪生）家的父子連名單綫譜系，共七十代。居寧蒗縣大興鎮。

本譜載於《中國彝族譜牒選編·雲南卷》下册

[雲南寧蒗]折譜　纂修者不詳　2009年雲南民族出版社排印本　合册　彝漢雙文

始祖慕齊齊。本譜隸於《昂牟惹古譜》之下。昂牟惹古,家支名。折,昂牟惹古的後裔,拉馬四子分支。此譜是寧蒗彝族自治縣新營盤鄉麥杆河村折日哈家的父子連名單綫譜系,共七十一代。居寧蒗縣新營盤鄉。

本譜載於《中國彝族譜牒選編‧雲南卷》下册

［雲南寧蒗］折譜　纂修者不詳　2009 年雲南民族出版社排印本　合册　彝漢雙文

始祖慕齊齊。本譜隸於《昂牟惹古譜》之下。昂牟惹古,家支名。折,昂牟惹古的後裔,拉馬四子分支。此譜是寧蒗彝族自治縣西布河鄉中心校折克哈和寧蒗彝族自治縣楊文高(折武金)兩家的父子連名單綫譜系,均爲七十二代。居寧蒗縣西布河鄉與大興鎮。

本譜載於《中國彝族譜牒選編‧雲南卷》下册

［雲南寧蒗］吉自譜　纂修者不詳　2009 年雲南民族出版社排印本　合册　彝漢雙文

始祖慕齊齊。本譜隸於《昂牟惹古譜》之下。昂牟惹古,家支名。吉自,人名演化爲姓氏,昂牟惹古的分支。此譜是寧蒗彝族自治縣大興鎮黃板坪村吉自萬立和寧蒗彝族自治縣楊萬林(彝名吉自萬林)兩家的父子連名單綫譜系,分別爲七十代和六十八代。居寧蒗縣大興鎮。

本譜載於《中國彝族譜牒選編‧雲南卷》下册

［雲南寧蒗］嘉琶譜　纂修者不詳　2009 年雲南民族出版社排印本　合册　彝漢雙文

始祖慕齊齊。本譜隸於《昂牟惹古譜》之下。昂牟惹古,家支名。嘉琶,人名演化爲姓氏,昂牟惹古的分支。此譜是寧蒗彝族自治縣李文學(彝名嘉琶兹哈)家的父子連名單綫譜系,共六十四代。居寧蒗縣大興鎮。

本譜載於《中國彝族譜牒選編‧雲南卷》下册

［雲南寧蒗］景你譜　纂修者不詳　2009 年雲南民族出版社排印本　合册　彝漢雙文

始祖慕齊齊。本譜隸於《景你惹亨譜》之下。景你惹亨,家支名。景你,人名演化爲姓氏,景你惹亨的分支。此譜是寧蒗彝族自治縣大興鎮羊窩子村景你拉哈家的父子連名單綫譜系,共七十二代。居寧蒗縣大興鎮。

本譜載於《中國彝族譜牒選編‧雲南卷》下册

［雲南寧蒗］景你雙郭譜　纂修者不詳　2009 年雲南民族出版社排印本　合册　彝漢雙文

始祖慕齊齊。本譜隸於《景你惹亨譜》之下。景你惹亨,家支名。雙郭,景你惹亨的分支。此譜是雙郭十景家的父子連名單綫譜系,共七十五代。居寧蒗縣大興鎮。

本譜載於《中國彝族譜牒選編‧雲南卷》下册

［雲南寧蒗］布庚譜　纂修者不詳　2009 年雲南民族出版社排印本　合册　彝漢雙文

始祖慕齊齊。本譜隸於《宫補惹古譜》之下。宫補惹古,家支名。布庚,人名演化爲姓氏,宫補惹古的分支。此譜是寧蒗縣楊永林(彝名布耿永林)和楊繼明(彝名布耿拉莫)兩家的父子連名單綫譜系,均爲七十五代。居寧蒗縣大興鎮。

本譜載於《中國彝族譜牒選編‧雲南卷》下册

［雲南寧蒗］景恩譜　纂修者不詳　2009 年雲南民族出版社排印本　合册　彝漢雙文

始祖慕齊齊。本譜隸於《宫補惹古譜》之下。宫補惹古,家支名。景恩,宫補惹古的後裔,勒格七子的分支。此譜是寧蒗彝族自治縣李新文(彝名景恩拉史)家的父子連名單綫譜系,共七十四代。居寧蒗縣大興鎮。

本譜載於《中國彝族譜牒選編‧雲南卷》下册

［雲南寧蒗］昂爾譜　纂修者不詳　2009 年雲南民族出版社排印本　合册　彝漢雙文

始祖慕齊齊。本譜隸於《昂爾惹什譜》之下。昂爾惹什,家支名,是彝族六祖至第六祖慕齊齊六代孫曲(因是部落酋長又稱曲涅)氏族昊咪(九子)亞氏族下的昂爾(七子)小氏族。昂爾,人名演化爲姓氏,昂爾惹什的分支。此譜是寧蒗彝族自治縣西布河鄉老江河村昂爾依坡家的父子連名單綫譜系,共五十九代。居寧蒗縣西布河鄉。

本譜載於《中國彝族譜牒選編·雲南卷》下冊

[雲南寧蒗]昂必譜　纂修者不詳　2009年雲南民族出版社排印本　合冊　彝漢雙文

始祖慕齊齊。本譜隸於《昂爾惹什譜》之下。昂爾惹什，家支名。昂必，人名演化爲姓氏，昂爾惹什的分支。此譜是寧蒗縣楊新民（彝名昂爾茲坡）家的父子連名單綫譜系，共五十九代。居寧蒗縣大興鎮。

本譜載於《中國彝族譜牒選編·雲南卷》下冊

[雲南寧蒗]摸生譜　纂修者不詳　2009年雲南民族出版社排印本　合冊　彝漢雙文

始祖慕齊齊。本譜隸於《伍者惹所譜》之下。伍者惹所，家支名。摸生，姓氏名，伍者惹所的分支。此譜是寧蒗彝族自治縣寧利鄉長坪村毛文忠（彝名摸生魯史）家的父子連名單綫譜系，共六十二代。居寧蒗縣大興鎮。

本譜載於《中國彝族譜牒選編·雲南卷》下冊

[雲南寧蒗]吉巴譜　纂修者不詳　2009年雲南民族出版社排印本　合冊　彝漢雙文

始祖慕齊齊。本譜隸於《伍者惹所譜》之下。伍者惹所，家支名。吉巴，伍者惹所的分支。此譜是寧蒗彝族自治縣爛泥箐鄉萬桃村吉巴子哈家的父子連名單綫譜系，共六十代。居寧蒗縣萬桃。

本譜載於《中國彝族譜牒選編·雲南卷》下冊

[雲南寧蒗]木冷譜　纂修者不詳　2009年雲南民族出版社排印本　合冊　彝漢雙文

始祖慕齊齊。本譜隸於《木冷惹所譜》之下。木冷惹所，家支名。木冷，人名演化爲姓氏，木冷惹所的分支。此譜是寧蒗彝族自治縣戰河鄉木耳坪村木冷茲古家的父子連名單綫譜系，共六十九代。居寧蒗縣木耳坪。

本譜載於《中國彝族譜牒選編·雲南卷》下冊

[雲南寧蒗]金古譜　纂修者不詳　2009年雲南民族出版社排印本　合冊　彝漢雙文

始祖慕齊齊。本譜隸於《金古惹什譜》之下。

金古惹什，家支名。金古，人名演化爲姓氏，金古惹什的分支。此譜是寧蒗彝族自治縣楊文春（彝名金古茲古）、金古五斤、新强（彝名金古日都）、麗江市楊佳布（彝名金古佳布）、楊明武（彝名金古母史）和楊五家的父子連名單綫譜系，分別爲六十三代、六十三代、六十二代、六十三代、六十二代。居寧蒗縣大興鎮與麗江古城。

本譜載於《中國彝族譜牒選編·雲南卷》下冊

[雲南寧蒗]阿布譜　纂修者不詳　2009年雲南民族出版社排印本　合冊　彝漢雙文

始祖慕齊齊。本譜隸於《阿野惹涅譜》之下。阿野惹涅，家支名。阿布，姓氏名，阿野惹涅的分支。此譜是寧蒗彝族自治縣跑馬坪鄉阿布國嘉家的父子連名單綫譜系，共六十八代。居寧蒗縣跑馬坪鄉。

本譜載於《中國彝族譜牒選編·雲南卷》下冊

[雲南寧蒗]熱孔譜　纂修者不詳　2009年雲南民族出版社排印本　合冊　彝漢雙文

始祖慕齊齊。本譜隸於《阿野惹涅譜》之下。阿野惹涅，家支名。熱孔，地名爲姓氏，阿野惹涅的分支，雲南小涼山五大黑彝之一。阿野永車支遷居熱孔拉達（今昭覺縣城），此姓氏由此而得。此譜是寧蒗彝族自治縣熱孔阿魯惹家的父子連名單綫譜系，共六十八代。居寧蒗縣犛牛坪。

本譜載於《中國彝族譜牒選編·雲南卷》下冊

[雲南寧蒗]倮母譜　纂修者不詳　2009年雲南民族出版社排印本　合冊　彝漢雙文

始祖慕齊齊。本譜隸於《昂亨惹爾譜》之下。昂亨惹爾，家支名，雲南小涼山五大黑彝之一。倮母，人名演化爲姓氏。此譜是寧蒗彝族自治縣倮母體都（又名倮母雙偉）家的父子連名單綫譜系，共六十九代。居寧蒗縣石佛山。

本譜載於《中國彝族譜牒選編·雲南卷》下冊

[雲南寧蒗]阿紐譜　纂修者不詳　2009年雲南民族出版社排印本　合冊　彝漢雙文

始祖慕齊齊。本譜隸於《井古惹夫譜》之下。

井古惹夫,家支名。阿紐,人名演化爲姓氏,井古惹夫的分支。此譜是寧蒗彝族自治縣沈新華(彝名阿紐兹布)家的父子連名單綫譜系,共六十九代。居寧蒗縣大興鎮。

本譜載於《中國彝族譜牒選編·雲南卷》下册

[雲南寧蒗]井古斯兹譜 纂修者不詳 2009 年雲南民族出版社排印本 合册 彝漢雙文

始祖慕齊齊。本譜隸於《井古惹夫譜》之下。井古惹夫,家支名。斯兹,姓氏名,井古惹夫的分支。此譜是寧蒗彝族自治縣紅橋鄉斯兹達木家的父子連名單綫譜系,共六十六代。居寧蒗縣紅橋鄉。

本譜載於《中國彝族譜牒選編·雲南卷》下册

[雲南寧蒗]萬張譜 纂修者不詳 2009 年雲南民族出版社排印本 合册 彝漢雙文

始祖慕齊齊。本譜隸於《奧足惹恩譜》之下。奧足惹恩,家支名。萬張,地名爲姓氏,奧足前妻所生三子的後裔稱姓“萬張”。此譜是寧蒗彝族自治縣萬張阿各家的連名單綫譜系,共六十八代。居寧蒗縣爛泥箐鄉。

本譜載於《中國彝族譜牒選編·雲南卷》下册

[雲南寧蒗]阿丁譜 纂修者不詳 2009 年雲南民族出版社排印本 合册 彝漢雙文

始祖慕齊齊。本譜隸於《阿丁惹恩譜》之下。阿丁惹恩,家支名。阿丁,人名演化爲姓氏,奧足惹恩的分支。此譜是寧蒗彝族自治縣翠玉鄉二坪村阿丁兹古家的父子連名單綫譜系,共七十代。居寧蒗縣翠玉鄉。

本譜載於《中國彝族譜牒選編·雲南卷》下册

[雲南寧蒗]阿苦譜 纂修者不詳 2009 年雲南民族出版社排印本 合册 彝漢雙文

始祖慕齊齊。本譜隸於《阿篤惹涅譜》之下。阿篤惹涅,家支名。阿苦,姓氏名,阿篤惹涅的分支。其中,阿篤昂足支稱姓“萬張”,阿篤昂迪支稱姓“阿苦”。此譜是寧蒗彝族李學紅(彝名阿苦嘎補)和麗江市張衛國(彝名阿苦景史)兩家的父

子連名單綫譜系。分別爲六十八代和六十九代。居寧蒗縣大興鎮與麗江古城。

本譜載於《中國彝族譜牒選編·雲南卷》下册

[雲南寧蒗]景烏譜 纂修者不詳 2009 年雲南民族出版社排印本 合册 彝漢雙文

始祖慕齊齊。本譜隸於《布薩惹恩譜》之下。布薩惹恩,家支名。景烏,人名演化爲姓氏,布薩惹恩的分支。此譜是寧蒗彝族自治縣戰河鄉清水河村景烏都哈家的父子連名單綫譜系,共六十五代。居寧蒗縣戰河鄉。

本譜載於《中國彝族譜牒選編·雲南卷》下册

[雲南寧蒗]沙甘譜 纂修者不詳 2009 年雲南民族出版社排印本 合册 彝漢雙文

始祖慕齊齊。本譜隸於《舉爾惹古譜》之下。舉爾惹古,家支名。沙甘,人名演化爲姓氏,舉爾惹古的分支。此譜是寧蒗彝族自治縣大興鎮沙甘萬哈家的父子連名單綫譜系,共六十代。居寧蒗縣大興鎮。

本譜載於《中國彝族譜牒選編·雲南卷》下册

[雲南寧蒗]馬海譜 纂修者不詳 2009 年雲南民族出版社排印本 合册 彝漢雙文

始祖慕齊齊。本譜隸於《舉爾惹古譜》之下。舉爾惹古,家支名。馬海,舉爾惹古的分支。此譜是寧蒗縣馬成(彝名馬海魯夥)家的父子連名單綫譜系,共六十二代。居寧蒗縣大興鎮。

本譜載於《中國彝族譜牒選編·雲南卷》下册

[雲南寧蒗]拉野譜 纂修者不詳 2009 年雲南民族出版社排印本 合册 彝漢雙文

始祖慕齊齊。本譜隸於《舉爾惹古譜》之下。舉爾惹古,家支名。拉野,人名演化爲姓氏,舉爾惹古的後裔,爾基惹古的分支。此譜是寧蒗彝族自治縣寧利鄉長坪拉野阿都和拉野哈都兩家的父子連名單綫譜系,分別爲六十一代和六十代。居寧蒗縣寧利鄉。

本譜載於《中國彝族譜牒選編·雲南卷》下册

[雲南寧蒗]爾遏譜　纂修者不詳　2009 年雲南民族出版社排印本　合册　彝漢雙文

始祖慕齊齊。本譜隸於《舉爾惹古譜》之下。舉爾惹古，家支名。爾遏，人名演化爲姓氏，舉爾惹古的後裔，木俄九子的分支。此譜是寧蒗縣彝族李新華（彝名爾遏爾哈）家的父子連名單綫譜系，共六十六代。居寧蒗大興鎮。

本譜載於《中國彝族譜牒選編·雲南卷》下册

[雲南寧蒗]嘉拉譜　纂修者不詳　2009 年雲南民族出版社排印本　合册　彝漢雙文

始祖慕齊齊。本譜隸於《舉爾惹古譜》之下。舉爾惹古，家支名。嘉拉，人名演化爲姓氏，舉爾惹古的後裔，木俄九子的分支。此譜是寧蒗彝族自治縣戰河鄉清水河村嘉拉里佳和寧蒗彝族自治縣嘉拉爾偉（彝名嘉拉務恰）兩家的父子連名單綫譜系，分別爲六十五代和六十一代。居寧蒗縣戰河鄉與大興鎮。

本譜載於《中國彝族譜牒選編·雲南卷》下册

[雲南寧蒗]那真譜　纂修者不詳　2009 年雲南民族出版社排印本　合册　彝漢雙文

始祖慕齊齊。本譜隸於《舉爾惹古譜》之下。舉爾惹古，家支名。那真，人名演化爲姓氏，舉爾惹古的分支。此譜是寧蒗縣劉國祥（彝名那真魯古）和寧蒗馬澤軍（彝名那真哈坡）兩家的父子連名單綫譜系，均爲六十二代。居寧蒗縣大興鎮與新營盤鄉。

本譜載於《中國彝族譜牒選編·雲南卷》下册

[雲南寧蒗]昂永譜　纂修者不詳　2009 年雲南民族出版社排印本　合册　彝漢雙文

始祖慕齊齊。本譜隸於《谷書惹涅譜》之下。谷書惹涅，家支名。昂永，人名演化爲姓氏，谷書惹涅的分支。此譜是寧蒗縣余貴祥（彝名昂永日哈）家的父子連名單綫譜系，共六十三代。居寧蒗縣大興鎮。

本譜載於《中國彝族譜牒選編·雲南卷》下册

[雲南寧蒗]昂自譜　纂修者不詳　2009 年雲南

民族出版社排印本　合册　彝漢雙文

始祖慕齊齊。本譜隸於《谷書惹涅譜》之下。谷書惹涅，家支名。昂自，人名演化爲姓氏，谷書惹涅的後裔，昂自惹古的分支。此譜是寧蒗彝族自治縣戰河鄉萬馬場村昂自古哈家的父子連名單綫譜系，共六十六代。居寧蒗縣萬馬場。

本譜載於《中國彝族譜牒選編·雲南卷》下册

[雲南寧蒗]阿杜譜　纂修者不詳　2009 年雲南民族出版社排印本　合册　彝漢雙文

始祖慕齊齊。本譜隸於《谷書惹涅譜》之下。谷書惹涅，家支名。阿杜，谷書惹涅的後裔，昂自惹古的分支。此譜是寧蒗彝族自治縣翠玉鄉三岔河村杜阿夥（彝名阿杜日火）家的父子連名單綫譜系，共六十六代。居寧蒗縣翠玉鄉。

本譜載於《中國彝族譜牒選編·雲南卷》下册

[雲南寧蒗]阿淦譜　纂修者不詳　2009 年雲南民族出版社排印本　合册　彝漢雙文

始祖慕齊齊。本譜隸於《景則惹什譜》之下。景則惹什，家支名。阿淦，居住地爲姓氏，景別惹什的分支，與摸生同宗。其譜系有斷代現象。此譜是寧蒗彝族自治縣翠玉鄉阿淦偉哈家的父子連名單綫譜系。居寧蒗縣翠玉鄉。

本譜載於《中國彝族譜牒選編·雲南卷》下册

[雲南景東]板橋驛土驛丞雲氏譜系　纂修者不詳　2009 年雲南民族出版社排印本　合册

始祖阿賽，土官，景東鄉人，明初充俄羅哨頭目。板橋驛丞，駐地在今雲南景東縣城北。譜載十三代世系。

本譜載於《中國彝族譜牒選編·雲南卷》上册

[雲南江城]江城縣楊氏譜　纂修者不詳　2009 年雲南民族出版社排印本　合册　彝漢雙文

此譜係篤慕九子分出的長支後裔。譜載世系、源流等。

本譜載於《中國彝族譜牒選編·雲南卷》上册

[雲南香格里拉]喳畢譜　纂修者不詳　2007 年

四川民族出版社排印本　合冊

始祖木烏。木烏孫烏馬。支祖棐邊（喳畢），烏馬裔孫。後裔居雲南省香格里拉縣。譜載一支世系。

本譜載於《中國彝族譜牒選編・四川卷》第一冊

[雲南香格里拉]甲康家　纂修者不詳　2009年雲南民族出版社排印本　合冊　彝漢雙文

始祖慕齊齊。本譜隸於《古兹惹什譜》之下。古兹惹什，家支名。甲康，姓氏名，與古兹惹什同宗。此譜是香格里拉縣甲康合達家的父子連名單綫譜系，共六十三代。居香格里拉縣。

本譜載於《中國彝族譜牒選編・雲南卷》下冊

[雲南香格里拉]爾基譜　纂修者不詳　2009年雲南民族出版社排印本　合冊　彝漢雙文

始祖慕齊齊。本譜隸於《舉爾惹古譜》之下。舉爾惹古，家支名。爾基，人名演化爲姓氏，舉爾惹古的分支。此譜是迪慶藏族自治州香格里拉縣爾基魯夥家的父子連名單綫譜系，共六十三代。居香格里拉縣境。

本譜載於《中國彝族譜牒選編・雲南卷》下冊

[雲南維西]嘉斯譜　纂修者不詳　2009年雲南民族出版社排印本　合冊　彝漢雙文

始祖慕齊齊。本譜隸於《永生惹什譜》之下。永生惹什，家支名。嘉斯，姓氏名，與阿說同宗。此譜是迪慶藏族自治州維西縣嘉斯古哈家的父子連名單綫譜系，共五十九代。居維西縣境。

本譜載於《中國彝族譜牒選編・雲南卷》下冊

[雲南大理]蒙化左氏譜系不分卷　（清）左熙俊等纂修　清乾隆五十八年（1793）抄本　一冊

始祖政子（字淇溪，行兆三），本安福橋十四代，元泰定間選補大理曲靖宣慰司都事。二世天興，任蒙化州同。三世青羅，任順寧府同知。四世禾，任蒙化州知州。五世伽，均捷南征，升蒙化知府。譜分六個部分。第一部分爲序，第二部分爲譜辨、譜規、人物，第三部分爲各朝皇帝或朝廷給蒙化左

氏的誥軸，第四部分爲左氏受姓源流，第五部分爲世系譜總圖，第六部分爲左氏祠堂規制、儀節、世翰。

雲南省巍山縣永建區西山鄉雞頭村左世瑛

[雲南大理]蒙化左氏譜系　（清）左熙俊等纂修　2009年雲南民族出版社據清乾隆五十八年（1793）抄本排印　合冊

參見前條。

本譜載於《中國彝族譜牒選編・雲南卷》上冊

[雲南大理]蒙化左氏家譜不分卷　纂修者不詳　刻本　一冊

參見前條。

雲南省大理市圖書館

[雲南大理]定西嶺巡檢土司巡檢李氏譜系　纂修者不詳　2009年雲南民族出版社排印本　合冊

始祖青宇，大理府趙州寧遠鄉人，前任彌只防千户。明洪武十七年（1384）歸附，總兵官擬充定西嶺土官巡檢，本年實授。定西嶺巡檢司，治所即雲南大理縣東南紅巖至鳳儀間之定西嶺。譜載十五代世系。

本譜載於《中國彝族譜牒選編・雲南卷》上冊

[雲南大理]什勺根譜不分卷　纂修者不詳　貴州省威寧縣雷山鎮侯布惹畢摩家十九世紀抄本　一冊

本譜爲在點吐、點蒼（今雲南大理）一帶活動的彝族先民什勺氏的十三祖八十余代父子連名記譜。其中上下可連通者三十餘代，什默采一支還可下續至南詔蒙氏末代後。介紹什勺部族的社會分工，君、臣、畢摩、工匠、武士、民衆各等級所從事的雕塑偶像活動，記錄什勺氏崇龍的神話等。

貴州省畢節地區彝文翻譯組

本條目據《中國少數民族古籍總目提要・貴州彝族卷（畢節地區）》著錄

[雲南大理]什勺氏譜不分卷　纂修者不詳　舊

抄本 一册

本譜爲什勹氏什默采一支的十二代父子連名譜,記載什勹氏在點蒼山麓的繁衍生息,以及與德補、陀尼、武乍等各部關係。南詔蒙氏由什勹氏的什默采一支所繁衍。

貴州省威寧縣龍場鎮阿迪布尤

本條目據《中國少數民族古籍總目提要·貴州彝族卷(畢節地區)》著録

[雲南彌渡]**李文學家譜世系** 纂修者不詳 2009年雲南民族出版社排印本 合册

一世祖字阿成,拉羅擺夷人,祖籍小里自麽村人,後遷舍巍山縣苴地村,再遷居彌渡縣瓦盧村,爲潘氏莊主佃户。二世祖文學(又名正學,小名潤寶),阿成長子。譜後附《李文學傳》、《愛樂山域夷變紀略》。譜載八代世系。

本譜載於《中國彝族譜牒選編·雲南卷》上册

[雲南鶴慶]**觀音山驛土驛丞郭氏譜系** 纂修者不詳 2009年雲南民族出版社排印本 合册

始祖生,本府民,明洪武十五年(1382)歸附,差辦本驛事務。十六年(1383)總兵官擬充前職,十七年(1384)實授。觀音山驛,驛在今雲南鶴慶縣西。譜載十四代世系。

本譜載於《中國彝族譜牒選編·雲南卷》上册

[雲南鶴慶]**觀音山巡檢司土巡檢王氏譜系** 纂修者不詳 2009年雲南民族出版社排印本 合册

始祖友德,本府民,明洪武十五年(1382)歸附,十六年(1383)總官札擬前職,十七年(1384)實授。觀音山巡檢司,治所在今雲南鶴慶縣西。譜載十代世系。

本譜載於《中國彝族譜牒選編·雲南卷》上册

[雲南漾濞]**蒙氏家譜不分卷** 纂修者不詳 民國三十五年(1946)稿本 一册

譜載始祖文論至十二世文林共約三百六十年間蒙姓彝族的家世源流和配偶子女情况。

雲南省漾濞縣龍潭區底册村彝族蒙正和

本條目據華林撰《西南彝族歷史檔案》著録

[雲南南澗]**記録自氏宗譜不分卷** 自萬國等纂修 民國十二年(1923)抄本 一册

始祖公行,原籍江西撫州府昭川縣,後遷居四川成都,明洪武間入滇省。始遷祖秉卅,明崇禎二年(1629)移居雲南南澗。譜載世系源流和遷徙發展情况。

雲南省南澗彝族自治縣寶華區無量鄉莫索大村李春陽

本條目據華林撰《西南彝族歷史檔案》著録

[雲南南澗]**自氏家譜不分卷** 自然通纂修 抄本 一册 記事至清初

譜稱該族乃開國楚王之後。諸葛亮七擒孟獲,自氏祖隨即至雲南省垣,再遷居河西石嘴山,與師姓通婚。始祖太,生有三子,長子適至緬甸入籍,現爲胡蘆王是也。次子遷移彌渡落籍,三子現在河西。後裔移居密祉。又越數代,更鄒姓者有之,更白姓者有之。未更者,又遷居定邊縣苊仁木。譜載世系,對先祖遷徙發展歷史考據尤爲詳細。

雲南省南澗彝族自治縣樂秋區苊木大村黃學先

[雲南南澗]**自氏家譜** 自然通纂修 2008年據抄本排印 合册 記事至清初

參見前條。

本譜載於《南澗縣世居民族譜牒集》(一)

[雲南南澗]**阿土司譜牒** 鄧承禮纂修 2008年排印本 合册

此譜記第一代土司官阿魯,記至清末最後一任土司官阿繼先。

本譜載於《南澗縣世居民族譜牒集》(一)

[雲南南澗]**查氏家譜不分卷** 纂修者不詳 抄本 一册

始遷祖萬川、萬登、萬映,原籍四川平定府,貿易爲商,落業於滇省蒙化(今屬南澗、巍山一帶)西邊丫口村。此譜記事至查氏二十二世祖。對瞭解蒙化彝族地區部分漢人的彝化和當地彝族生產生活有一定參考價值。

雲南省南澗彝族自治縣碧溪區松林鄉樂吾俱村查恩惠

本條目據華林撰《西南彝族歷史檔案》著錄

[雲南南澗]樂秋鄉米家禄皇氏家譜不分卷
1950年抄本　一册

此譜於1950年編寫,1991年11月被發現。始祖舉。世系記至十三世。譜載宗祠、家規、世系。

雲南省南澗彝族自治縣樂秋鄉米家禄村公所問禄中村皇其仁

[雲南南澗]樂秋鄉米家禄皇氏家譜　2009年據1950年抄本排印　合册

參見前條。

本譜載於《南澗縣世居民族譜牒集》(二)

[雲南南澗]羅氏家譜不分卷　(清)羅遷珍纂修
清嘉慶間抄本　一册

始遷祖友信,自江西洪都遷居雲南蒙化(今屬南澗、巍山一帶)。後裔亦有移居景東者。世系記載至清乾隆二十年(1755)。譜載世系源流、明洪武二十三年(1390)至清嘉慶九年(1804)家族成員主要事迹及婚配子女情況、先祖喪葬習俗、歷代祖塋及各支第人丁。

雲南省南澗彝族自治縣新民區營盤鄉木家灣雞街子村

本條目據華林撰《西南彝族歷史檔案》著錄

[雲南南澗]無量山鎮大比舍羅氏家譜　纂修者不詳　2009年排印本　合册

譜分上古篇、現代篇兩部分。上古篇爲茶聯芳、查雲政、王焕峰、楊文恭搜集。始祖連彭,世系記至十一世。現代篇爲羅老庚後代敘述編寫。始遷祖老庚,自景東縣安定鄉大古德村委會秀水塘村落遷居南澗縣無量山鎮小古德村委會大比舍上村。

本譜載於《南澗縣世居民族譜牒集》(二)

[雲南巍山]墨氏家譜不分卷　纂修者不詳　清

光緒二年(1876)稿本　一頁

是族自麗江府遷居蒙化府。對研究巍山蕨菜坪、墨家營等墨姓由納西族融合爲彝族有一定歷史價值。此譜共計二百五十八字。

雲南省巍山縣永安鄉蕨菜坪墨榮

本條目據華林撰《西南彝族歷史檔案》著錄

[雲南楚雄]烏蒙惹古譜　烏蒙邱木譜　纂修者不詳　2009年雲南民族出版社排印本　合册彝漢雙文

始祖慕後烏。邱木,烏蒙惹古的分支。此譜系是雲南省社科院邱木約質家的父子連名單綫譜系,共四十六代。居楚雄市。

本譜載於《中國彝族譜牒選編·雲南卷》下册

[雲南楚雄]西邑小阿常地轄的譜　小西邑阿常氏轄域譜　纂修者不詳　2007年雲南民族出版社排印本　合册　彝漢雙文

始祖慕阿克,源出朵吐木姑。記錄阿常氏發源、先祖、遷徙情況,以及歷次祭祖汲福禄水、世系等。

本譜載於《中國彝族譜牒選編·楚雄分卷》

[雲南楚雄]小西邑阿常氏敘譜書　纂修者不詳　2009年雲南民族出版社排印本　合册　彝漢雙文

參見前條。譜載源流、世系等。

本譜載於《中國彝族譜牒選編·雲南卷》上册

[雲南楚雄]阿高氏德地轄書　阿高氏德轄域譜　纂修者不詳　2007年雲南民族出版社排印本合册　彝漢雙文

記錄阿高氏的祖先遷徙、生活、通婚、祭祖汲福禄水、譜系等內容。

本譜載於《中國彝族譜牒選編·楚雄分卷》

[雲南楚雄]高睞氏譜敘書　高睞氏敘譜書　纂修者不詳　2007年雲南民族出版社排印本　合册　彝漢雙文

記錄高睞氏歷次祭祖及世系。

本譜載於《中國彝族譜牒選編·楚雄分卷》

[雲南楚雄] 楚雄縣土縣丞楊氏譜系　纂修者不詳　2007 年雲南民族出版社排印本　合冊

始祖益，明洪武十五年（1382）以元威楚路廣通縣主簿身份歸附明朝，後屢有升職，多次征麓川有功，升授楚雄西安土縣丞（正八品）。傳襲至明末清初，裔孫春盛歸附清朝，扔授楚雄縣土縣丞世職。道光六年（1826）熙承襲，此後無載。譜載十二代世系。

本譜載於《中國彝族譜牒選編・楚雄分卷》

[雲南楚雄] 楚雄縣土縣丞楊氏譜系　纂修者不詳　2009 年雲南民族出版社排印本　合冊

參見前條。

本譜載於《中國彝族譜牒選編・雲南卷》上冊

[雲南楚雄] 楚雄縣土主簿普氏譜系　纂修者不詳　2007 年雲南民族出版社排印本　合冊　彝漢雙文

阿星，爲自稱“羅羅”的彝族，原任地方火頭，歸附明朝後，於洪武十七年（1384）赴京朝覲，授楚雄府通判。傳至景泰四年（1453），已故主簿普濟之妻設貴承襲夫職。譜內記載了自阿星至設貴八代世系。

本譜載於《中國彝族譜牒選編・楚雄分卷》

[雲南楚雄] 楚雄市樹苴鄉依齊嫫魯氏譜系　纂修者不詳　2007 年雲南民族出版社排印本　合冊

始祖阿皮瑪羅。楚雄市樹苴鄉九街村委依齊嫫魯氏，是哀牢山腹地魯姓彝族的一個分支，自稱羅羅濮，爲先祖“阿皮瑪羅”的子孫。魯氏先祖原居四川省西北窩巴地區，在窩巴歷二十代後南遷到“苦俄奔摩切”（在今昆明滇池地區）。在滇池地區又過了三十二代，因戰亂，依齊嫫魯氏第五十二代祖魯波圖畢摩，攜妻帶兒，從滇池地區出發，途經安寧、祿豐、楚雄、南華，來到“者乃奢切”（今南華縣沙橋鎮附近）定居。四代後，於清道光十四年（1834），魯波圖的曾孫魯文相又帶著族人向西遷移，經老場河、石寇山、峨趄場到南華縣英武鄉的“唄扎蛾滅”（今南華縣五街鄉畢掌菁大村一帶）。

在此生活了數十年，又因兵災匪患，魯文相帶著族人徙往今楚雄市樹苴鄉的“拜羅札”（今楚雄市樹苴鄉布札山一帶）。魯文明之子魯金貴死後，其兄妹分家自立，妹魯小玉留在拜羅禮（今布札村），兄魯石保遷距布札村二公里外的依齊嫫安家。譜載六十一代世系。

本譜載於《中國彝族譜牒選編・楚雄分卷》

[雲南楚雄] 楚雄市樹苴鄉依齊嫫村魯氏譜系　纂修者不詳　2009 年雲南民族出版社排印本　合冊

參見前條。

本譜載於《中國彝族譜牒選編・雲南卷》上冊

[雲南楚雄] 楚雄市樹苴鄉依齊嫫魯氏世傳畢摩譜系　纂修者不詳　2007 年雲南民族出版社排印本　合冊

相傳楚雄市樹苴鄉依齊嫫魯氏第四十九代祖嘎郅逍生育二子，嘎郅逍將其長子嗯呢噴送到一名畢摩手下學畢摩祭禮。後嗯呢噴成爲當地有名的大畢摩。由此魯氏世代傳襲至今。本譜記錄了自嗯呢噴至魯世藩十二代譜系。

本譜載於《中國彝族譜牒選編・楚雄分卷》

[雲南楚雄] 唄譜敘者是　畢摩敘譜書　纂修者不詳　2007 年雲南民族出版社排印本　合冊　彝漢雙文

畢摩敘譜書：畢摩從事重大祭祀，需祭誦其承傳譜系，意在祭請歷代畢摩祖神到場，一則增強畢摩神力，二則保佑其順利完成祭祀程式。古代彝族六祖分支後各支亦即各氏族（部）畢摩均有自己的譜系。此譜系爲六祖慕阿齊後裔默氏族（部）的畢摩譜系。

本譜載於《中國彝族譜牒選編・楚雄分卷》

[雲南楚雄] 羅婆兹耄譜敘書　羅婆君長敘譜書　纂修者不詳　2007 年雲南民族出版社排印本　合冊　彝漢雙文

根祖羅婆，人名，後演變爲彝族羅婆部名號，以及彝族支系羅武人的稱謂。記錄宋代至清乾隆二十年（1755）的該支家族人物譜系。

本譜載於《中國彝族譜牒選編·楚雄分卷》

[雲南楚雄]楚雄縣土知府高氏譜系　纂修者不詳　2007 年雲南民族出版社排印本　合冊

明代楚雄府轄南安、鎮南二州及楚雄、廣通、定遠、碙嘉五縣。楚雄土知府高氏與姚安高氏同源，傳至高泰明，其譜系相同。高泰明長子高明順在姚安襲父職，次子高明量受封於威楚（今楚雄），是爲楚雄高氏之一世祖。至明宣德五年（1430），高政長女高冬梅襲土知府職，至正統元年（1436）病故，地方官奏以高氏絕嗣，遂改設流官。譜内記錄了自高升泰至高冬梅之間的十一代世系。

本譜載於《中國彝族譜牒選編·楚雄分卷》

[雲南楚雄]楚雄縣土知府高氏譜系　纂修者不詳　2009 年雲南民族出版社排印本　合冊

參見前條。

本譜載於《中國彝族譜牒選編·雲南卷》上册

[雲南雙柏]龍額方氏譜系不分卷　（清）李全盛之父纂修　清道光三十年（1850）抄本　一册　彝文

本譜是雙柏縣安龍堡鄉村民方開態保存的一部彝文譜系。是族後來改漢姓方氏。譜内記錄了龍額方氏先祖歷史、婚姻、遷徙、世系及祭祖取福水等。譜載源流、世系等。

雲南省雙柏縣安龍堡鄉村方開態

[雲南雙柏]龍額方氏譜系　纂修者不詳　2007 年雲南民族出版社排印本　合册　彝漢雙文

參見前條。

本譜載於《中國彝族譜牒選編·楚雄分卷》

[雲南雙柏]龍額方氏譜系　（清）李全盛之父纂修　2009 年雲南民族出版社據清道光三十年（1850）抄本排印　合册　彝漢雙文

參見前條。

本譜載於《中國彝族譜牒選編·雲南卷》上册

[雲南雙柏]慕武施譜　纂修者不詳　2007 年雲南民族出版社排印本　合册　彝漢雙文

彝族古代慕武部落連名譜牒。這支部落後來改爲漢姓施氏。本譜主要記錄下莫且法這一支的譜系。原譜最初用彝文書寫，由雙柏縣大麥地鎮下莫且法村施氏家族收藏。

本譜載於《中國彝族譜牒選編·楚雄分卷》

[雲南雙柏]慕武施氏譜系　纂修者不詳　2009 年雲南民族出版社排印本　合册　彝漢雙文

參見前條。

本譜載於《中國彝族譜牒選編·雲南卷》上册

[雲南雙柏]施氏家譜不分卷　纂修者不詳　抄本　一册　彝文

此譜爲彝族南部方言施氏譜牒，記載了施氏遠祖史、施阿魯的基本情況，重點記載了施阿魯的二兒子遷往雙柏大麥地以後的譜系。

雲南省雙柏縣大麥地鄉下莫法村

[雲南雙柏]施氏家譜不分卷　纂修者不詳　抄本　一册　彝文

此譜爲彝族南部方言施氏譜牒，記載了施氏遠祖史，重點記錄了遠祖施阿魯從雲南省峨山縣遷入雙柏縣境内以後的分支情況。

雲南省雙柏縣安龍堡鄉説全村

[雲南雙柏]施氏家譜不分卷　纂修者不詳　抄本　一册　彝文

此譜爲彝族南部方言施氏譜牒，記載了施氏遠祖史以及施阿魯遷到雲南雙柏縣後的發展情況，還記錄了施阿魯的小兒子留在雙柏縣安龍堡鄉説全村後的譜系。

雲南省雙柏縣安龍堡鄉説全村

[雲南雙柏]施氏家譜不分卷　纂修者不詳　抄本　一册　彝文

此譜爲彝族南部方言施氏譜牒，記載了施氏遠祖史，還記錄了施阿魯的大兒子遷到雲南省雙柏縣安龍堡鄉後的譜系。

雲南省雙柏縣安龍堡鄉它宜龍村

［雲南雙柏］施氏家譜不分卷　纂修者不詳　抄本　一册　彝文

此譜爲彝族南部方言施氏譜牒,記載了施氏遠祖史、施阿魯遷入雲南雙柏縣後的基本情況,録有施阿魯的三個兒子分家後的譜系,内容包括大兒子遷往雙柏縣安龍堡村,二兒子遷往雙柏縣大麥地,三兒子留在雙柏縣安龍堡鄉説全村。

雲南省雙柏縣安龍堡鄉説全村

［雲南雙柏］阿補普譜系　（清）李得耐纂修　2007年雲南民族出版社排印本　合册　彝漢雙文

"阿補"又稱"矣補安",爲彝語音譯,是一種水生植物,俗稱細芽菜,爲該支信奉的圖騰物。譜内共記録了九十多代,及遷徙、生死等内容。此譜由李得耐主筆修纂,清道光六年（1826）十一月二十一日族人複抄收藏。舊譜現藏於雲南省雙柏縣安龍堡鄉塔鋪村普德才。

本譜載於《中國彝族譜牒選編·楚雄分卷》

［雲南雙柏］阿補普氏譜系　（清）李得耐纂修　2009年雲南民族出版社排印本　合册　彝漢雙文

參見前條。

本譜載於《中國彝族譜牒選編·雲南卷》上册

［雲南雙柏］杞姓家譜　纂修者不詳　2007年雲南民族出版社排印本　合册　彝漢雙文

始祖慕阿克,居吐吐姆古（即朵吐木姑）。該文獻是雙柏縣法脿鎮者柯哨村委會彝族羅婺人現存的家譜。者柯哨尼蘇濮現存三個較大的家族,曾三次更姓。原姓"張",再改"杞",後改"李"姓。三支人現已改爲姓"李"。譜内記録祖源、各支祖先。此家譜在喪葬祭祀、祭祖、火把節祭典時都需祭誦。

本譜載於《中國彝族譜牒選編·楚雄分卷》

［雲南雙柏］杞氏家譜　纂修者不詳　2009年雲南民族出版社排印本　合册　彝漢雙文

參見前條。

本譜載於《中國彝族譜牒選編·雲南卷》上册

［雲南雙柏］南安州土判官李氏譜系　纂修者不詳　2007年雲南民族出版社排印本　合册

南安州,元至正十一年（1351）置,民國十四年（1925）改稱雙柏縣。李花通,定遠縣（今牟定）彝族。明洪武十七年（1384）授黑鹽井巡檢土官巡檢職務,後調任琅鹽井巡檢,永樂六年（1408）卒。其子李保襲職,宣德年間,李保調南安州事,宣德八年（1433）正式就任南安州土判官,子孫世襲。然自成化二十年（1484）李柯承襲到天啓年間李緒襲職的百餘年内,承襲情況不詳,李緒之後亦不見記載。譜内記録五代譜系。

本譜載於《中國彝族譜牒選編·楚雄分卷》

［雲南牟定］定遠縣土主簿李氏譜系　纂修者不詳　2007年雲南民族出版社排印本　合册

定遠即今牟定。元代置定遠縣,民國三年（1914）改稱牟定縣。元代以自稱"撒摩徙"的彝族酋長爲定遠縣土官縣丞,承襲土縣丞位的李禄九於洪武十五年（1382）歸附明朝,仍授楚雄定遠縣土縣丞職務。李禄九死,其子李苴改授土主簿職,子孫世襲,然在李爵至李文的嘉靖到天啓近八十年間承襲情況不詳。其末代土主簿李本善爲道光間人。譜内記録十七代譜系。

本譜載於《中國彝族譜牒選編·楚雄分卷》

［雲南牟定］定遠縣土主簿李氏譜系　纂修者不詳　2009年雲南民族出版社排印本　合册

參見前條。

本譜載於《中國彝族譜牒選編·雲南卷》上册

［雲南牟定］牟定縣戌街鄉伏龍基新村畢氏譜系　纂修者不詳　2007年雲南民族出版社排印本　合册

畢氏爲楚雄州境世居民,祖籍姚安陽派（今姚安官屯）。新村畢氏上、下兩支,上支畢氏最早由陽派遷移今牟定縣蟠貓鄉阿橄欖樹,清初遷至戌街鄉伏龍基村委會新村。上支畢氏又分爲畢得名、畢得壽兩支。譜內記錄了自畢位元撥至畢林俊十二代與畢位撥至畢林男的十二代譜系兩支,及下支自畢才至畢紹彪的畢氏譜系。

本譜載於《中國彝族譜牒選編·楚雄分卷》

[雲南牟定]牟定縣戊街鄉伏龍基村新村畢氏譜系　纂修者不詳　2009年雲南民族出版社排印本　合冊

參見前條。

本譜載於《中國彝族譜牒選編·雲南卷》上册

[雲南南華]鎮南州土判官陳氏譜系　纂修者不詳　2007年雲南民族出版社排印本　合冊

鎮南州現爲南華縣。陳氏彝族土判官衙門在今南華一街保馬夸。始祖均祥明洪武十六年(1383)以元威楚府土官高政下屬把事的身份歸附,授楚雄府鎮南州土判官職,子孫世襲。十八世陳宜坤其弟陳宜泰子陳詩襲土判官職。譜內錄自均祥至佐詔共二十代世系。

本譜載於《中國彝族譜牒選編·楚雄分卷》

[雲南南華]鎮南州土判官陳氏譜系　纂修者不詳　2009年雲南民族出版社排印本　合冊

參見前條。

本譜載於《中國彝族譜牒選編·雲南卷》上册

[雲南南華]鎮南州阿雄關巡檢司土巡檢者氏譜系　纂修者不詳　2007年雲南民族出版社排印本　合冊

明清時期的阿雄關巡檢司在今南華縣馬街鎮。始祖者白,明洪武十六年(1383),授爲阿雄關巡檢司土官巡檢,子孫世襲。本譜記錄了自者白至者吉承就譜系,間有斷續。

本譜載於《中國彝族譜牒選編·楚雄分卷》

[雲南南華]鎮南州阿雄關巡檢司土巡檢者氏譜系　纂修者不詳　2009年雲南民族出版社排印本　合冊

參見前條。

本譜載於《中國彝族譜牒選編·雲南卷》上册

[雲南南華]南華縣馬街鎮秀水塘村杞氏譜系　纂修者不詳　2007年雲南民族出版社排印本　合冊

南華縣馬街鎮秀水塘村杞氏家族自稱爲羅羅濮,祖籍大理州巍山縣,始祖奢傍,孫爲南詔王細奴邏,第三十代搬遷至楚雄市三街河頭普關(今楚雄市三街鎮普嘎村委會所在地母稀姑),第三十四代順三街河下移定居到北底、黃草地(今楚雄市八角鎮),第四十代杞老三始遷秀水塘。杞老三有一子一女,傳至杞小夏,有三子即杞彩旺、杞彩順、杞彩雲。杞彩順和杞彩旺未婚無子,今杞氏家族是杞彩雲的後代。據《哀牢夷雄列傳》記載,杞氏宗族在杞必彩之前的四十代均爲父子連名譜。譜記譜系。

本譜載於《中國彝族譜牒選編·楚雄分卷》

[雲南南華]南華縣馬街鎮秀水塘村杞氏譜系　纂修者不詳　2009年雲南民族出版社排印本　合冊

參見前條。

本譜載於《中國彝族譜牒選編·雲南卷》上册

[雲南南華]南華縣五街鎮雙波郎王氏譜系　纂修者不詳　2007年雲南民族出版社排印本　合冊

雙波郎王氏祖先原居定遠縣巴圖魯(今牟定縣青龍鄉豐村委會巴堵路)。先祖在其經商時路過雙波郎而定居。始祖老五。內錄自王老五至王志十五代譜系。

本譜載於《中國彝族譜牒選編·楚雄分卷》

[雲南南華]南華縣五街鎮雙波郎王氏譜系　纂修者不詳　2009年雲南民族出版社排印本　合冊

參見前條。

本譜載於《中國彝族譜牒選編·雲南卷》上册

[雲南南華]南華縣沙橋鎮大瓦黑井村魯氏譜系　纂修者不詳　2007年雲南民族出版社排印本

合冊

　　大瓦黑井村魯氏係自稱"羅羅"的彝族,其祖先原住大理州祥雲縣普棚力必甸,後遷居折苴麽,又徙至大武嚕。始遷祖兆清,始自大武嚕遷居大瓦黑井村。内録自魯兆清至魯永鵬十代譜系。

　　本譜載於《中國彝族譜牒選編·楚雄分卷》

[雲南南華] 南華縣沙橋鎮大瓦黑井村魯氏譜系　纂修者不詳　2009 年雲南民族出版社排印本　合冊

　　參見前條。

　　本譜載於《中國彝族譜牒選編·雲南卷》上册

[雲南南華] 南華縣五街鎮迤黑他村李氏譜系　纂修者不詳　2007 年雲南民族出版社排印本　合冊

　　李氏最早居住楚雄市三家塘,李自然和李果然約在明萬曆年間遷至楚雄市紫溪鎮母掌埡口村。李果然有三子一女,女叫楊招娣,招江西籍貨郎王吉安入贅,改名李富定。楊招娣、李富定的第十四代李如貴和當地一女子出逃至南華縣五街鎮迤黑地定居,即是迤黑地李氏的始遷祖。譜内記李如貴至李楚雲十二代譜系。

　　本譜載於《中國彝族譜牒選編·楚雄分卷》

[雲南姚安] 姚安府土同知高氏譜系　纂修者不詳　2007 年雲南民族出版社排印本　合冊

　　此譜系據《姚郡世守高氏源流總派圖》譯出。姚郡泛指明代的姚安府,轄姚州(今姚安縣)、大姚縣(1924 年將大姚縣所屬的苴卻行政區改永仁縣)和白鹽井課提舉司。始祖高定,蜀漢時期曵人,因參與領導南中各民族的反蜀漢戰爭,被諸葛亮率領的蜀軍鎮壓。據《姚郡世守高氏源流總派圖》所記,姚郡高氏自高定之後,有七代人"莫可考",到第九世高子進"仕唐,封蒙大將軍",第五十四世高厚德於清雍正七年(1729)被革職除姚安府土同知職。譜内記録了自高子進至高厚德之間四十六代的連續世系。

　　本譜載於《中國彝族譜牒選編·楚雄分卷》

[雲南姚安] 姚安府土同知高氏譜系　纂修者不詳　2009 年雲南民族出版社排印本　合冊

　　參見前條。

　　本譜載於《中國彝族譜牒選編·雲南卷》上册

[雲南姚安] 姚州土同知高氏譜系　纂修者不詳　2007 年雲南民族出版社排印本　合冊

　　參見前條。姚州屬姚安府所轄,轄區包括今姚安縣和祥雲縣的普珊彝族鄉。姚州土同知高氏與姚安府土同知高氏同源,一世祖爲高定。傳至三十一世高均明生二子,次子高明義(高義)爲姚州土同知的"一世祖"。譜内記録了自高子進至高復興五十四代世系。

　　本譜載於《中國彝族譜牒選編·楚雄分卷》

[雲南姚安] 姚州土同知高氏譜系　纂修者不詳　2009 年雲南民族出版社排印本　合冊

　　參見前條。

　　本譜載於《中國彝族譜牒選編·雲南卷》上册

[雲南姚安] 姚安縣前場鎮鑼鍋塘村羅氏譜系　纂修者不詳　2007 年雲南民族出版社排印本　合冊

　　羅氏祖先於清乾隆年間自元謀縣新華鄉爛巴鋪遷姚安縣前場鎮鑼鍋塘村定居。先祖羅馬德生有六子一女,於清乾隆四十年(1775)分家,沿襲至今爲一族四房。内録長房、二房譜系。

　　本譜載於《中國彝族譜牒選編·楚雄分卷》

[雲南姚安] 姚安縣前場鎮鑼鍋塘村羅氏譜系　纂修者不詳　2009 年雲南民族出版社排印本　合冊

　　參見前條。

　　本譜載於《中國彝族譜牒選編·雲南卷》上册

[雲南姚安] 姚安縣大龍口鄉麂子村王氏譜系　纂修者不詳　2007 年雲南民族出版社排印本　合冊

　　王氏鼻祖王祖成住姚州普棚(今祥雲縣),後與姚安縣大龍口鄉麂子村彝族周姓女子結婚而定居。婚後生三子,從而形成王氏三大宗支,分佈定居在麂子、大麥地、月姑地、岔河、雞苴麥、撒麽箐、獨耳箐、者麥家、嶺崗家、硝井、雷響田等地。内録王氏三大宗支譜系,並有字輩。王氏的字輩排列爲:祖、保、福、雙、丕(登)、有、國、正、德、天、文(周)、朝(開)、必(昌、家、學)、興、(應、世、慶、春)、紹、人(仁)、義、禮、志(智)、信、品、立、上(善)、爲(惟)、本、秀、積、道、忠、珍(貞)、普、勤、書、升、華、宗、高、大、樹、星(新),可排列四十代。

本譜載於《中國彝族譜牒選編·楚雄分卷》

[雲南姚安] 姚安縣大龍口鄉麂子寸王氏譜系
纂修者不詳　2009 年雲南民族出版社排印本
合册

參見前條。

本譜載於《中國彝族譜牒選編·雲南卷》上册

[雲南大姚] 大姚縣龍街鄉魯口場村起氏譜系
纂修者不詳　2007 年雲南民族出版社排印本
合册

始祖臘寶,祖籍大姚縣龍街鄉石關、魯口場,後遷外可奈參家村洋那美弱臘坡居住創業,不久又遷回倉屯魯口場,居住三代後又遷至牟定縣大古阿,數代後再次遷回魯口場定居至今。内録起氏字輩及自起臘寶至起睿英十七代譜系。起氏的字輩排列是:臘、明、寶、進、果、騰、月(開)、高(天)、文、國、名、中、正、雲、開、世,十六代還祖歸宗。

本譜載於《中國彝族譜牒選編·楚雄分卷》

[雲南大姚] 大姚縣龍街鄉魯口場村起氏譜系
纂修者不詳　2009 年雲南民族出版社排印本
合册

參見前條。

本譜載於《中國彝族譜牒選編·雲南卷》上册

[雲南大姚] 大姚縣龍街鄉石關村起氏譜系　纂修者不詳　2007 年雲南民族出版社排印本
合册

起氏爲土著人氏,原居大姚縣龍街鄉石關村紅豆樹,後遷居高山頭老瓜地,明嘉靖年間遷回紅豆

樹村。内録起氏字輩及自起氏高祖至起開聰十四代譜系。

本譜載於《中國彝族譜牒選編·楚雄分卷》

[雲南大姚] 大姚縣龍街鄉塔底村河底張氏譜系
纂修者不詳　2007 年雲南民族出版社排印本
合册

張氏爲大姚縣土著,世居龍街鄉塔底村。内録自張世論至張爽十二代譜系。

本譜載於《中國彝族譜牒選編·楚雄分卷》

[雲南大姚] 大姚縣龍街鄉塔底村河底張氏譜系
纂修者不詳　2009 年雲南民族出版社排印本
合册

參見前條。

本譜載於《中國彝族譜牒選編·雲南卷》上册

[雲南大姚] 大姚縣白鶴橫山箐鄒氏譜系　纂修者不詳　2007 年雲南民族出版社排印本　合册

鄒氏祖先原住在雲南省牟定縣老虎箐,後遷至大姚縣涼橋木瓜,最後搬遷到大姚縣白鶴橫山箐居住。記自涼橋木瓜始遷祖鄒寅華至鄒尚書十二代譜系。

本譜載於《中國彝族譜牒選編·楚雄分卷》

[雲南大姚] 大姚縣白鶴橫山箐鄒氏譜系　纂修者不詳　2009 年雲南民族出版社排印本　合册

參見前條。

本譜載於《中國彝族譜牒選編·雲南卷》上册

[雲南永仁] 永仁縣永定鎮雲龍村楊氏譜系　纂修者不詳　2009 年雲南民族出版社排印本
合册

始祖鼎。其先祖於清朝中期遷居元謀縣苴林天子山河壩村,後一支遷往今攀枝花市大麥地,一支遷往永仁縣雲龍,一支留在原地。在雲龍居住兩代後,又遷往武定江北鎮阿拉益(今元謀縣姜驛鄉),因匪患房屋被燒,數十年後又遷回雲龍。譜載十二代世系。

本譜載於《中國彝族譜牒選編·雲南卷》上册

[雲南永仁]永仁縣永定鎮雲龍村楊氏譜系　纂修者不詳　2007 年雲南民族出版社排印本合册

據楊益懷回憶，其先祖於清朝中期遷元謀縣苴林天子山河壩村(此地現還有楊氏居住)，一支遷往永仁縣雲龍(最早雲龍名野豬塘)，在雲龍居住兩代後又遷往武定江北鎮阿拉益(今元謀縣姜驛鄉)，數十年後又遷回雲龍。記録自楊鼎至楊文武十二代譜系。

本譜載於《中國彝族譜牒選編·楚雄分卷》

[雲南永仁]永仁縣永興鄉馬頸子吉木氏族譜系　纂修者不詳　2007 年雲南民族出版社排印本合册

涼山彝族吉木家支，家支名稱是"吉木務尺"，"吉木務尺"與四川涼山州的"沙馬曲比"家支同屬一個家支。永仁縣的吉木家支，是從四川涼山州昭覺縣搬遷到四川省攀枝花市及雲南省永仁縣。其中入住永仁縣吉木家支，在當地居住僅有五六代。記録自次得木烏得至日支羅霄四十三代譜系。

本譜載於《中國彝族譜牒選編·楚雄分卷》

[雲南永仁]永仁縣馬頸子吉木氏族譜系　纂修者不詳　2009 年雲南民族出版社排印本　合册
參見前條。

本譜載於《中國彝族譜牒選編·雲南卷》上册

[雲南永仁]永仁縣維的鄉維的村尹氏譜系　纂修者不詳　2007 年雲南民族出版社排印本合册

尹氏原籍四川省攀枝花市大龍潭鄉，後遷至今雲南省永仁縣維的鄉維的村，自稱俚濮。據尹丕忠講，俚濮過去无姓名，取漢名是近一兩百年之事，故彝名的譜系難以追溯。記録自尹明富顏至尹泰(時)十代譜系。

本譜載於《中國彝族譜牒選編·楚雄分卷》

[雲南永仁]永仁縣維的村尹氏譜系　纂修者不詳　2009 年雲南民族出版社排印本　合册

參見前條。

本譜載於《中國彝族譜牒選編·雲南卷》上册

[雲南永仁]永仁縣猛虎鄉格租村平地殷氏譜系　纂修者不詳　2007 年雲南民族出版社排印本合册

殷氏原居於永仁縣猛虎鄉格租俄刀鐵(現猛虎鄉格租大村)，居住數代後因乾旱遷往四川省會理縣鐵匠村，又因瘟疫從四川搬回雲南，落腳猛虎鄉格租小平地。殷氏譜系從始祖至第七代已失傳。譜系爲第八代至十五代。

本譜載於《中國彝族譜牒選編·楚雄分卷》

[雲南永仁]永仁縣永興鄉馬頸子曲木氏族譜系　纂修者不詳　2007 年雲南民族出版社排印本合册

曲木氏族是涼山彝族曲涅部落後裔。永仁縣曲木氏族之族人，是從四川涼山州越西縣、冕寧縣等地遷到攀枝花市中壩鄉、雲南永仁縣永興鄉等地。内録氏族系譜、母系系譜、母系王朝、父系系譜、合系譜、永仁曲木氏族系譜。

本譜載於《中國彝族譜牒選編·楚雄分卷》

[雲南元謀]世布氏族譜牒不分卷　纂修者不詳　抄本　一册　彝文

始遷祖努羅同。該氏族譜系爲：阿期木且一代，且普莫二代，普汶昭三代，昭羅汶四代，羅莫奢五代，奢阿德六代，德阿基七代，補鐵圖八代，鐵圖努九代，努羅同十代。努羅同十代時，從四川渡過金沙江，遷到雲南省元謀縣江邊鄉阿卓卡莫一帶。此譜還記載該氏族祭奠超度阿多、阿浪等歷代祖先之事。

雲南省社會科學院楚雄彝族文化研究所

[雲南元謀]武定勒品甸土巡捕李氏譜系　纂修者不詳　2007 年雲南民族出版社排印本　合册

勒品甸今屬元謀縣羊角鎮。始祖孟勒，明宣德間因功授土官巡捕，官職傳襲至李國均。譜内記録了自李孟勒至李亞森十九代譜系。

本譜載於《中國彝族譜牒選編·楚雄分卷》

[雲南元謀]武定勒品甸土巡捕李氏譜系　纂修
者不詳　2009 年雲南民族出版社排印本　合册
　參見前條。
　　本譜載於《中國彝族譜牒選編·雲南卷》上册

[雲南元謀]元謀縣物茂鄉灣堡村起氏譜系　纂
修者不詳　2007 年雲南民族出版社排印本
合册
　　起氏系屬自稱"俚濮"的彝族,爲灣堡村大姓。
據起氏新修家譜記載,起氏原居雲南省武定府馬
尾山(今丫姑),後定居元謀縣灣堡村。因定居灣
堡村後第六代以前的祖先譜系無法追溯,譜系記
載從第六代起大本至起春明計十二代。
　　本譜載於《中國彝族譜牒選編·楚雄分卷》

[雲南武定]益博六祖史不分卷　(清)禤思瑪尼
纂修　清康熙四十九年(1710)寫本　七十頁
彝文
　　本書從左往右行序,不斷句,完好。族居雲南省
武定縣萬德鄉萬德村。
　　國家圖書館

[雲南武定]益博六祖史不分卷　纂修者不詳
清乾隆三十二年(1767)寫本　六十三頁　彝文
　　本書從左往右行序,斷句。首稍殘。
　　國家圖書館

[雲南武定]益博六祖史不分卷　纂修者不詳
清乾隆五十八年(1793)寫本　三十六頁　彝文
　　本書從左往右行序,斷句,首三頁稍殘,尾殘。
　　國家圖書館

[雲南武定]益博六祖史不分卷　(清)克清慶纂
修　清嘉慶五年(1800)寫本　四十頁　彝文
書名自擬
　　本書從左往右行序,斷句,完好。首殘。
　　國家圖書館

[雲南武定]益博六祖史不分卷　纂修者不詳
清道光十二年(1832)寫本　十七頁　彝文

　　本書從右往左行序,斷句,尾殘。
　　國家圖書館

[雲南武定]益博六祖史不分卷　(清)者根纂修
清寫本　六頁　彝文
　　本書從右往左行序,斷句,首二頁有損,是譜僅
存前部分。
　　國家圖書館

[雲南武定]益博六祖史不分卷　纂修者不詳
清抄本　四十七頁　彝文
　　本書從左往右行序,斷句,完好。
　　國家圖書館

[雲南武定]益博六祖史不分卷　纂修者不詳
清抄本　四十四頁　彝文
　　本書從左往右行序,不斷句,首有殘。
　　國家圖書館

[雲南武定]益博六祖史　不分卷　纂修者不詳
清抄本　四十二頁　彝文　書名自擬
　　本書從左往右行序,斷句,首尾殘。
　　國家圖書館

[雲南武定]益博六祖史不分卷　纂修者不詳
清抄本　三十八頁　彝文　書名自擬
　　本書從右往左行序,不斷句,首尾殘。
　　國家圖書館

[雲南武定]益博六祖史不分卷　纂修者不詳
清抄本　三十四頁　彝文　書名自擬
　　本書從左往右行序,斷句,首稍殘缺,尾不全。
　　國家圖書館

[雲南武定]益博六祖史不分卷　纂修者不詳
清抄本　二十四頁　彝文　書名自擬
　　本書從左往右行序,斷句,首尾殘。
　　國家圖書館

[雲南武定]益博六祖史不分卷　纂修者不詳

清抄本　二十四頁　彝文　書名自擬
　　本書從左往右行序,斷句,首尾殘。
　　國家圖書館

[雲南武定]益博六祖史不分卷　纂修者不詳
清抄本　二十頁　彝文　書名自擬
　　本書從右往左行序,斷句,尾缺。
　　國家圖書館

[雲南武定]益博六祖史不分卷　纂修者不詳
清抄本　十七頁　彝文　書名自擬
　　本書從左往右行序,斷句,完好。是譜僅存篤慕之前之史料。
　　國家圖書館

[雲南武定]益博六祖史不分卷　纂修者不詳
清抄本　十六頁　彝文　書名自擬
　　本書從左往右行序,不斷句,首尾殘。
　　國家圖書館

[雲南武定]益博六祖史不分卷　纂修者不詳
清抄本　十頁　彝文　書名自擬
　　本書從左往右行序,斷句,完好。内容不全,僅有前一部分。
　　國家圖書館

[雲南武定]益博六祖史不分卷　纂修者不詳
清抄本　八頁　彝文　書名自擬
　　本書從左往右行序,斷句,首殘,譜僅存篤慕之前之史料。
　　國家圖書館

[雲南武定]宗支祭祖敘譜不分卷　(清)沙高纂修　清乾隆十年(1745)寫本　十四頁　彝文
　　本書從左往右行序,不斷句,完好。
　　國家圖書館

[雲南武定]宗支祭祖敘譜不分卷　纂修者不詳
清抄本　二十六頁　彝文
　　本書從左往右行序,斷句,完好。

國家圖書館

[雲南武定]宗支祭祖敘譜不分卷　纂修者不詳
清抄本　十四頁　彝文
　　本書從右往左行序,斷句,首殘。
　　國家圖書館

[雲南武定]唄耄世系不分卷　(清)沙高纂修
清乾隆十一年(1746)寫本　五頁　彝文
　　本書從左往右行序,不斷句,完好。
　　國家圖書館

[雲南武定]唄耄世系不分卷　(清)阿嫘纂修
清乾隆十二年(1747)寫本　二頁　彝文
　　本書從左往右行序,不斷句,每頁均有殘。
　　國家圖書館

[雲南武定]唄耄世系不分卷　(清)沙潔纂修
清咸豐元年(1861)寫本　四頁　彝文
　　本書從左往右行序,斷句,完好。
　　國家圖書館

[雲南武定]唄耄世系不分卷　(清)唄羅纂修
清寫本　七頁　彝文
　　本書從右往左行序,斷句,完好。
　　國家圖書館

[雲南武定]唄耄世系不分卷　纂修者不詳　清抄本　七頁　彝文
　　本書從右往左行序,斷句,末幾頁有殘。
　　國家圖書館

[雲南武定]追溯唄耄起源附兼敘唄耄系譜不分卷　纂修者不詳　清抄本　五頁　彝文
　　本書從左往右行序,斷句,完好。
　　國家圖書館

[雲南武定]唄耄世系不分卷　纂修者不詳　清抄本　二頁　彝文
　　本書從右往左行序,斷句,完好。

國家圖書館

[雲南武定]唄耄世系不分卷　纂修者不詳　清
抄本　二頁　彝文
　　本書從左往右行序,不斷句,完好。
　　國家圖書館

[雲南武定]高奢氏族敘譜不分卷　纂修者不詳
清乾隆四十七年(1782)寫本　二頁　彝文
　　本書從左往右行序,不斷句,完好。
　　國家圖書館

[雲南武定]六祖經緯史不分卷　(清)詩高嬌纂
修　清嘉慶十九年(1814)寫本　八十四頁　彝文
　　本書從右往左行序,斷句,完好。卷末有十二生
肖圖。
　　國家圖書館

[雲南武定]德氏六祖史不分卷　纂修者不詳
清抄本　一百四十四頁　彝文
　　本書從右往左行序,斷句,末幾頁稍殘。
　　國家圖書館

[雲南武定]古氏族原始不分卷　(清)阿立纂修
清嘉慶二十一年(1816)寫本　九頁　彝文
　　本書從左往右行序,不斷句,完好。
　　國家圖書館

[雲南武定]古氏族原始不分卷　纂修者不詳
清抄本　七頁　彝文
　　本書從右往左行序,完好。
　　國家圖書館

[雲南武定]傅家譜系不分卷　纂修者不詳　清
同治八年(1869)寫本　十六頁　彝文
　　是譜係雲南省武定縣萬德鄉萬德村彝族那氏土
司漢文檔案史料。
　　國家圖書館

[雲南武定]羅婆姻親史不分卷　纂修者不詳

清光緒十五年(1889)寫本　八頁　彝文
　　本書從右往左行序,不斷句,完好。
　　國家圖書館

[雲南武定]阿教氏族史不分卷　纂修者不詳
清光緒間寫本　九頁　彝文
　　是爲萬德鄉萬德村氏族史。
　　國家圖書館

[雲南武定]尼糯氏族史不分卷　(清)阿定纂修
清寫本　二十九頁　彝文
　　本書從左往右行序,斷句,首殘。
　　國家圖書館

[雲南武定]尼糯氏族史不分卷　纂修者不詳
清抄本　三十一頁　彝文
　　本書從右往左行序,不斷句,完好。
　　國家圖書館

[雲南武定]尼糯氏族史不分卷　纂修者不詳
清抄本　三十頁　彝文　書名自擬
　　本書從右往左行序,斷句,首尾殘。
　　國家圖書館

[雲南武定]尼糯氏族史不分卷　纂修者不詳
民國九年(1920)寫本　三十六頁　彝文
　　本書從右往左行序,斷句,完好。
　　國家圖書館

[雲南武定]敘述宗譜不分卷　纂修者不詳　清
抄本　八頁　彝文
　　本書從右往左行序,斷句,尾三頁殘損嚴重。
　　國家圖書館

[雲南武定]敘述宗譜不分卷　纂修者不詳　清
抄本　四頁　彝文
　　本書從左往右行序,不斷句,完好。
　　國家圖書館

[雲南武定]追溯宗源不分卷　纂修者不詳　清

抄本　三頁　彝文

　　本書從左往右行序,不斷句,完好。

　　國家圖書館

[雲南武定]老烏國島氏族譜不分卷　纂修者不詳　清抄本　一頁　彝文

　　本書從左往右行序,不斷句,尾殘。

　　國家圖書館

[雲南武定]阿冷氏連名譜不分卷　纂修者不詳　清抄本　一册　彝文

　　始祖堵阿青。從堵阿青至篤阿慕代數和父子連名譜與詔燹氏連名譜相同,共九十七代。從慕克克至那麻那俄共有五十五代,共一百五十二代。阿冷氏連名譜,是武定慕連衙門那氏譜牒,由楚雄彝族自治州民族事務委員會楊鳳江先生徵集。這份譜牒應寫於清嘉慶五年(1800)左右,距今約二百年。譜載世系。

　　楚雄彝族自治州民族事務委員會楊鳳江

[雲南武定]阿冷氏連名譜　纂修者不詳　2009年雲南民族出版社據清抄本排印　合册　彝漢雙文

　　參見前條。

　　本譜載於《中國彝族譜牒選編·雲南卷》上册

[雲南武定]蜂氏族遷徙史不分卷　纂修者不詳　民國二十五年(1936)東正育抄本　一册　彝文

　　此書記錄彝族蜂氏族(漢姓錢)的源出及遷徙的一些情況:"祖先强宗賽更(地名)慕阿齊,峨考哩浪(地名)齊阿洪,林能俄更(地名)德阿施,自阿濤通(地名)奢烏姆耕種,分支路三條,分支仍屬同祖宗;諾矣奢叢分支路三條,濤普洪松(地名),布多和節(地名),起初問牛(地名),老烏根多(蜂)裔。"此譜還記載了勒乃對水、濤普對水、錫散對水等該氏族歷史上曾先後舉行的二十次祭祖盛典,以及每次祭奠所超度的祖先名單。

　　雲南省社會科學院楚雄彝族文化研究所

[雲南武定]蜂氏族譜牒不分卷　纂修者不詳

民國二十五年(1936)東正育抄本　一册　彝文

　　譜載彝族蜂氏(漢姓錢)譜系爲"祖先强宗賽更(地名)慕阿齊"共三十七代祖先名。

　　雲南省武定縣大西邑村彝族錢姓

[雲南武定]蜂氏分支書　纂修者不詳　2009年雲南民族出版社據民國二十五年(1936)大畢摩東正抄本　合册　彝漢雙文

　　始祖强宗色更慕阿齊。蜂氏,古氏族名。彝族習俗喜取漢姓,蜂氏大多改姓爲"錢"或"王"。此譜係禄勸縣雲龍村大畢摩東正,於民國二十五年(1936)十二月初二日,應武定西邑覺嘎四兄弟之邀而抄。譜載源流、世系等。

　　本譜載於《中國彝族譜牒選編·雲南卷》上册

[雲南武定]羅婺家譜　羅婺譜系　纂修者不詳　2007年雲南民族出版社排印本　合册　彝漢雙文

　　羅婺,有譯作"羅武"、"羅仟"、"羅吴"等,原爲人名,後演變爲部落名即羅婺部;又演变爲地名羅婺甸(今雲南省武定縣城所在地,"武定"一名由"羅婺甸"省略"羅"字、"婺"改"武"、"甸"改"定"而成);演變爲彝族支系稱謂即彝族羅武人。這里指氏族即羅婺氏。羅婺部宋時在西南"雄冠三十七部",其部酋於明弘治三年(1490)因功受封賜姓鳳,習稱鳳氏土司。此譜牒係武定縣萬德氏那氏土司家譜。那氏自謂爲羅婺部酋鳳氏土司後裔。故此譜爲《羅婺譜系》。但據此譜牒,世系有多處不能銜接,因此那氏是否爲羅婺部酋直系後裔有待研究。此譜不僅爲父子連名世系,更是以先祖母系家族譜系爲主,是一份罕見的家譜與姻親史組合在一起的歷史資料。譜載世系、源流、聯姻等。

　　本譜載於《中國彝族譜牒選編·楚雄分卷》

[雲南武定]羅婺姻宗書　纂修者不詳　2009年雲南民族出版社排印本　合册　彝漢雙文

　　參見前條。

　　本譜載於《中國彝族譜牒選編·雲南卷》上册

[雲南武定]德布地轄譜　德布轄域譜　纂修者不詳　2007 年雲南民族出版社排印本　合冊　彝漢雙文

　　德布氏族居域轄域之譜,祖慕阿克源朵吐姆姑,一世慕克克。德布,係人名和氏族名,爲六祖分支中的第五支,爲慕阿克(布部)的後裔。德布氏主政時,疆域遼闊,人丁興旺,勢力顯赫,分佈於今黔西北、滇東北、滇東南一帶。此譜書族人住居采崍放卓(今武定縣環州鄉境)。曾有環州李氏土司在此地轄三百八十餘年至新中國成立止。該地彝族聚居,今彝族人口上千。記錄了自阿枯夫婦至勝串夫婦六十四代世系。

　　本譜載於《中國彝族譜牒選編·楚雄分卷》

[雲南武定]德布分支書　纂修者不詳　2009 年雲南民族出版社排印本　合冊　彝漢雙文

　　參見前條。

　　本譜載於《中國彝族譜牒選編·雲南卷》上冊

[雲南武定]武定羅婺部彝族鳳氏土官譜系　纂修者不詳　2007 年雲南民族出版社排印本　合冊

　　羅婺部轄區元代爲今武定、元謀、祿勸三縣,兼仁德(今尋甸)、於矢(今貴州普安)二部;明代爲武定軍民府,轄和曲州(民國初改爲武定縣)、祿勸州和元謀、南甸、石舊、易龍四縣。羅婺爲武定羅彝族遠祖名,其後才作部名。此譜記載自羅婺至鳳阿克之間的譜系。

　　本譜載於《中國彝族譜牒選編·楚雄分卷》

[雲南武定]武定羅婺部鳳氏土官譜系　纂修者不詳　2009 年雲南民族出版社排印本　合冊

　　參見前條。

　　本譜載於《中國彝族譜牒選編·雲南卷》上冊

[雲南武定]武定慕連鄉土舍那氏譜系　纂修者不詳　2007 年雲南民族出版社排印本　合冊

　　慕連土司境爲今武定縣的萬德、己衣、發窩、田心四鄉,曾一度轄領石臘它鄉大部。慕連那氏與武定土知府鳳氏同宗。始祖德洪(字普及),姓那氏。是族於宋世爲羅婺部長,元改授武定路長,明改授武定知府,賜姓鳳。嘉靖間,族人有事,株連停襲。萬曆間,公元曾祖以功授和曲千馬掌管司,易姓那。譜錄那天寵至那安和清十三代譜系。

　　本譜載於《中國彝族譜牒選編·楚雄分卷》

[雲南武定]武定慕連鄉土舍那氏譜系　纂修者不詳　2009 年雲南民族出版社排印本　合冊

　　參見前條。

　　本譜載於《中國彝族譜牒選編·雲南卷》上冊

[雲南武定]武定環州甸土舍李氏譜系　纂修者不詳　2007 年雲南民族出版社排印本　合冊

　　始祖安納。先世爲尋甸土府(時屬四川)安氏族人。明嘉靖四十四年(1566)安納從征武定鳳繼祖有功,授環州土甸土舍,傳三世改姓李。末代土司李鴻纘。環州李氏土司轄區爲今武定縣環州鄉全部、石臘它(今屬高橋鎮)鄉大部、東坡鄉一部、白路鄉一部以及今元謀縣姜驛、江邊、涼山三鄉的全部和黃瓜園鎮的一部。譜內收錄自安納至李鴻纘十七代譜系。

　　本譜載於《中國彝族譜牒選編·楚雄分卷》

[雲南武定]武定環州甸土舍李氏譜系　纂修者不詳　2009 年雲南民族出版社排印本　合冊

　　參見前條。

　　本譜載於《中國彝族譜牒選編·雲南卷》上冊

[雲南武定]武定那氏譜系不分卷　(清)那振興纂修　清道光元年(1821)抄本一冊

　　譜系由家世源流、功勳業績、任職襲替三個部分構成。此外,還有一份清同治八年(1869)不具著者姓名的《傳家實績承先啓後賦》,以詩賦的形式描述了武定那氏彝族先祖羅婺部長阿而到鳳氏土司、那氏土目等歷代家族宗姓源流、祖先重要事迹及配偶子嗣情況。西南彝族地區以詩賦形式記述宗譜尚不多見。是譜原藏於那氏土司官署,民國三十二年(1943)國立北平圖書館將原那氏土司檔案從那氏後裔那安和卿之手購獲,譜系隨之轉藏於該處。

國家圖書館

本條目據華林撰《西南彝族歷史檔案》著錄

[雲南武定]昂土德登氏族祖姓名册不分卷　纂修者不詳　抄本　一册　彝文

譜載居住於雲南省武定縣插甸鄉昂土村彝族德登氏族(李姓宗族)受祭超度的歷代祖姓名,包括宗族長房十二對夫婦,次房二十四對夫婦,幼房三十二對夫婦。

雲南省社會科學院楚雄彝族文化研究所

[雲南武定]老木壩勒氏族敘譜書不分卷　纂修者不詳　1949年張興手抄本　一册　彝文

譜載現居住於雲南武定縣插甸鄉老木壩村彝族阿勒氏族(漢姓爲鳳)的譜系。該氏族係古代彝族六祖之第五祖布氏族始祖慕阿克後裔,譜系爲慕阿克、克普莫、普莫超、昭羅莫、羅莫德布、糯且保、君長羅娑等。同時此譜還記載了該氏族歷史上舉行過十三次祭祖盛典,超度了二十九代祖先。

雲南省社會科學院楚雄彝族文化研究所

[雲南武定][鳳氏]同宗三房祖姓名册不分卷　纂修者不詳　抄本　一册　彝文

譜載居住於雲南省武定縣萬德的鳳姓彝族受祭超度的歷代祖先名,分別記錄了長房、次房、幼房三房祖先名單,同時也記錄了各房成員分佈的地點。其中長房受祭超度的祖先共一百二十對夫婦,次房受祭超度的祖先共一百六十八對夫婦,幼房受祭超度的祖先共一百三十四對夫婦。此譜每句彝文都用漢文記彝音。

雲南省社會科學院楚雄彝族文化研究所

[雲南武定]阿勒地轄書　阿勒轄域譜　纂修者不詳　2007年雲南民族出版社排印本　合册　彝漢雙文

張曼畢摩於民國三十年(1941)七月二十日抄寫。阿勒氏族:彝族六祖之第五祖慕阿克後裔德布氏的亞氏族。阿勒,原爲人名,後演變爲氏族名號。譜内記述祖先曾居地和遷徙情況,以及歷次祭祖汲福禄水等,但大多比較簡略。

本譜載於《中國彝族譜牒選編·楚雄分卷》

[雲南武定]赤普納譜敘者是　赤普納氏族譜系　纂修者不詳　2007年雲南民族出版社排印本　合册　彝漢雙文

赤普納氏族,爲彝族六祖之第五祖慕阿克後裔,屬於彝族德布氏族的亞氏族之一。主要分佈在現今雲南省武定縣發窩鄉、萬德鄉、田心鄉等地。取漢姓多取"李"姓。譜内記載該支祖先遷徙、祭祖汲福水、世系等情況。舊譜爲武定縣發窩鄉昂莫丹(中村)彝族李氏收藏。

本譜載於《中國彝族譜牒選編·楚雄分卷》

[雲南武定]乍族譜敘書　乍氏敘譜書　纂修者不詳　2007年雲南民族出版社排印本　合册　彝漢雙文

居住在雲南武定縣高橋鎮尼嘎古彝族村的乍氏後裔,自稱"納蘇",又稱"乍頗",漢姓爲"楊氏"。根據家譜記載,該村楊姓家族源於篤慕之子乍氏族祖慕阿克,其世系記録了自先祖慕阿克到阿分夫婦爲止共五十四代世系。

本譜載於《中國彝族譜牒選編·楚雄分卷》

[雲南武定]矣景普德譜敘書　矣景普德敘譜書　纂修者不詳　2007年雲南民族出版社排印本　合册　彝漢雙文

矣景普德,原爲人名,後爲氏族名稱。該氏族漢姓多取"朱"或"張"。該譜牒原件係武定縣發窩鄉大西邑村彝族朱氏家族所藏,後部分已殘缺,僅留有二十九代譜系。

本譜載於《中國彝族譜牒選編·楚雄分卷》

[雲南禄豐]羅部乍氏族祖先名册不分卷　纂修者不詳　抄本　一册　彝文

此譜封面用漢字題爲"羅次楊家家譜",記録了居住於雲南省禄豐縣仁興鎮的羅次彝族乍氏歷代受祭超度祖姓共一百一十八對夫婦,其中有五對受祭超度祖姓注明是"後來的"。

雲南省社會科學院楚雄彝族文化研究所

[雲南禄豐]廣通縣回蹬關巡檢司土巡檢楊氏譜系　纂修者不詳　2007年雲南民族出版社排印本　合册

回蹬關在今禄豐縣廣通鎮西境。一世保,明洪武十六年(1383)擬行楚雄府土官把事,後授楚雄府廣通縣回蹬關(今禄豐縣廣通鎮西境)巡檢司土官巡檢,子孫世襲,然自嘉靖九年(1530)楊遇春襲職到天啓年間楊光寵襲職情況不詳。末代土巡檢楊應貴在道光年間襲職。譜内記録了十八代譜系。

本譜載於《中國彝族譜牒選編·楚雄分卷》

[雲南禄豐]廣通縣回蹬關巡檢司土巡檢楊氏譜系　纂修者不詳　2009年雲南民族出版社排印本　合册

參見前條。

本譜載於《中國彝族譜牒選編·雲南卷》上册

[雲南禄豐]廣通縣沙矣舊巡檢司土巡檢蘇氏譜系　纂修者不詳　2007年雲南民族出版社排印本　合册

始祖誠,元末爲黑鹽井灶長,明洪武十五年(1382)運鹽到昆明歸附明朝,授沙矣舊土官巡檢。沙矣舊在今禄豐縣舍資鎮東南境。其後二百餘年傳襲世系不詳,至天啓年間(1621—1627)蘇什得襲職。末代土巡檢蘇延齡在道光二十二年(1842)襲職。記録連續譜系九代。

本譜載於《中國彝族譜牒選編·楚雄分卷》

[雲南禄豐]廣通縣沙矣舊巡檢司土巡檢蘇氏譜系　纂修者不詳　2009年雲南民族出版社排印本　合册

參見前條。

本譜載於《中國彝族譜牒選編·雲南卷》上册

[雲南禄豐]羅次縣煉象關巡檢司土巡檢李氏譜系　纂修者不詳　2007年雲南民族出版社排印本　合册

煉象關在今禄豐縣金山鎮東境,原屬羅次縣,1958年隨羅次縣併入禄豐。一世李阿白係羅次縣彝族,元末任煉象關防千户,明洪武十六年(1383)授羅次縣煉象關土官巡檢。末代土官李宗幹於道光二十三年(1843)襲職。譜系間有缺漏。

本譜載於《中國彝族譜牒選編·楚雄分卷》

[雲南禄豐]羅次縣煉象關巡檢司土巡檢李氏譜系　纂修者不詳　2009年雲南民族出版社排印本　合册

參見前條。

本譜載於《中國彝族譜牒選編·雲南卷》上册

[雲南禄豐]禄豐縣南平關巡檢司土巡檢李氏　纂修者不詳　2007年雲南民族出版社排印本　合册

南平關在今禄豐縣金山鎮南平山。始祖李喜怒在元代"以土人爲官",其子李矣於洪武十六年(1383)授禄豐縣南平關巡檢司土官巡撿,末代土官李世美於道光七年(1827)襲職。譜内記録了自李喜怒到李世美十六代譜系。

本譜載於《中國彝族譜牒選編·楚雄分卷》

[雲南禄豐]禄豐縣南平關巡檢司土巡檢李氏譜系　纂修者不詳　2009年雲南民族出版社排印本　合册

參見前條。

本譜載於《中國彝族譜牒選編·雲南卷》上册

[雲南禄豐]更來者迹裔是　更來人裔譜系　纂修者不詳　2007年雲南民族出版社排印本　合册　彝漢雙文

更來,地名,現爲雲南省禄豐縣興鎮岔河村。更來人,這裏指更來(岔河)村彝族。譜内記録了彝族氏族成員共同舉行祭祖盛典,祭奠未升天的祖先靈魂升天成爲祖先神化的祭禮,及世系名單。

本譜載於《中國彝族譜牒選編·楚雄分卷》

[雲南禄豐]更來人氏譜系　纂修者不詳　2009年雲南民族出版社排印本合册　彝漢雙文

參見前條。

本譜載於《中國彝族譜牒選編·雲南卷》上册

[雲南石屏]石屏縣李氏家譜　纂修者不詳
2009 年雲南民族出版社排印本　合册　彝漢
雙文

　　始祖郳寶易、都普篤、歐刀道、阿武部。譜載源
流、世系。此譜又附《李氏祖妣名録》、《李氏哈莫
甸村祖妣名録》、《李氏郭能期水井上村祖妣名
録》、《李氏松平莫村祖妣名録》、《李氏阿井德村
祖妣名録》五部祖妣名録。舊譜藏於石屏縣龍武
鎮柏木租村李氏處。

　　本譜載於《中國彝族譜牒選編·雲南卷》上册

[雲南開遠]阿迷州土知州普氏譜系　纂修者不
詳　2009 年雲南民族出版社排印本　合册

　　始祖寧和,其後裔相繼承襲阿迷州萬户土官,明
洪武十六年(1383)赴京朝覲,授阿迷州知州。阿
迷州,州治即今雲南開遠縣城。譜載十一代世系。

　　本譜載於《中國彝族譜牒選編·雲南卷》上册

[雲南蒙自]蒙自縣土知縣禄氏譜系　纂修者不
詳　2009 年雲南民族出版社排印本　合册

　　始祖慶,明初人。蒙自縣,元至元十三年(1276)
升目則城置,治在今雲南蒙自縣西北,明嘉靖中移
治今蒙自縣。譜載十一代世系。

　　本譜載於《中國彝族譜牒選編·雲南卷》上册

[雲南建水]納樓茶甸長官司土副長官普氏譜系
纂修者不詳　2009 年雲南民族出版社排印本
合册

　　始祖少,其先自唐至元爲蠻酋,明洪武十一年
(1378)金朝興定雲南,土酋普少賫歷代印符納款,
授長官司副長官。納樓茶甸長官司,明洪武十五
年(1382)置,治所即今雲南建水縣南官廳。譜載
十六代世系。

　　本譜載於《中國彝族譜牒選編·雲南卷》上册

[雲南石屏]石屏縣邱氏家譜不分卷　纂修者不
詳　清乾隆五十七年(1792)抄本　一册　彝文

始祖郳寶易、一世都普篤、歐刀通、阿武部。譜
載源流、世系。此譜又附《邱氏祖妣名録》。

雲南省石屏縣龍武鄉腳白畝村委會邱氏

[雲南石屏]石屏縣邱氏家譜　纂修者不詳　2009
年雲南民族出版社據清乾隆五十七年(1792)抄本
排印　合册　彝漢雙文

　　參見前條。

　　本譜載於《中國彝族譜牒選編·雲南卷》上册

[雲南石屏]石屏縣羅氏家譜　纂修者不詳　2009
年雲南民族出版社排印本　合册　彝漢雙文

　　彝文譜牒。始祖郳寶易、一世都普篤、歐刀通、
阿武部。譜載源流、世系。此譜又附《羅氏祖妣名
録》、《竜黑村祖妣名録》、《撰譜畢摩手迹》(清道
光二十八年抄)。舊譜藏於石屏縣哨衝鎮竜黑村
羅氏處。

　　本譜載於《中國彝族譜牒選編·雲南卷》上册

[雲南紅河]敘祖譜不分卷　纂修者不詳　清抄
本　九十頁　彝文

　　本書從左往右行序,斷句,完好。

　　國家圖書館

[雲南紅河]敘祖譜不分卷　纂修者不詳　清抄
本　十四頁　彝文

　　本書從右往左行序,斷句,完好。

　　國家圖書館

[雲南紅河]裴妥梅妮(祖神源流)不分卷　纂修
者不詳　清抄本　六十六頁　彝文

　　本書從左往右行序,斷句,完好。

　　國家圖書館

[雲南紅河]君王世系不分卷　纂修者不詳　清
抄本　彝文

　　本書從左往右行序,不斷句,完好。

　　國家圖書館

白　族

[湖南]澧源熊氏續修族譜八卷　熊圭如纂修
民國十八年(1929)刻本　封面及封底殘缺　譜
序殘缺數字

此爲湖南桑植、大庸(今張家界)、永順三地合
修譜。始遷祖安國、安世、安楚,明洪武二年
(1369)自江西豐城古樹橋馬家崗遷楚。安國居慈
利羊角山,洪武五年(1372)又遷桑植幡杆坪麻臘
崗。至五世翼龍(一名禮龍,行一),分居桑植熊
家坪官溪盞,後裔分居桑、永兩縣;飛龍(一名應
龍,行二),分居永順桃溪尖山,爲今張家界後坪、
杉樹坪衆族後裔之祖;雲龍(行三),分居永定縣。
譜載凡例、歷代譜序、合譜派序、考妣墓碑圖、二十
餘代世系表等。字派:再明文國尚英,良相世正
朝廷,隆恩寵錫昌達,遐邇遠鎮乾坤,忠孝常嘉賢
士,金階時傳芳聲,榮耀光宗宏振,盛開詩禮元勳,
學業丕啓清泰,詞華宜紹前人,山川鍾其靈秀,佐
理先卜台星。

湖南省桑植縣教育局熊德鵬

本條目據《中國少數民族古籍總目提要·白族
卷》著録

[湖南]續修澧源宗支熊家山邊支譜一卷　熊廷
振纂修　2000年油印本　一冊

先祖同上。譜載序列、世系。

湖南圖書館

[湖南]熊氏家譜　熊廷振主修　2004年排印本
一冊

先祖同上。譜載分譜明細一覽圖、派別、後裔發
展情況、世系。

湖南圖書館

[湖南]熊氏家譜　熊澤民等纂修　2007年排印
本　一冊

先祖同上。譜載文獻資料、源流、支系圖譜、名
仕總録。

湖南圖書館

[湖南桑植]谷氏族譜三十二卷　谷得路等纂修
民國七年(1918)刻本

本譜輯録桑植白族谷氏二十五代族事。譜分
表、記、圖、録四體。表載族衆姓名、職銜、配氏所
出及生卒葬;記載世德、先訓、藝文,記述氏族人
文、風尚、倫理;圖載丘隴圖,形其祖塋風水;録即
附録,載氏族重大史實。

湖南省桑植縣馬合口白族鄉新橋村谷臣龍

本條目據《中國少數民族古籍總目提要·白族
卷》著録

[湖南桑植]鍾氏族譜不分卷　(清)鍾良性纂修
清光緒二十八年(1902)刻本　四冊　殘

始祖千一,自滇輾轉徙楚。譜載譜序、派序、服
制、源流、祖訓、登雲録、名賢録、經文寶誥等十四
部分。

湖南省桑植縣洪家關白族鄉海龍村鍾碧生

本條目據《中國少數民族古籍總目提要·白族
卷》著録

[湖南桑植]鍾氏六修族譜二十四卷　鍾澤善纂
修　民國三十七年(1948)潁川堂木活字本　存二
十五冊

始遷祖尚(字殿元),原籍江西南昌府豐城縣,
明洪武二年(1369)任慈利縣知事,解組後居桑植
麥地坪。長子覺性居澧北鍾家山,次子友河居澧
西白塘堰。性房四世又分寶、珠、珍、琥、旺、慶、曙
七房,河房四世又分瑄、明二房。字派(自二十世
始):大吉廣生,預兆禎祥。丕振先德,世澤延長。
英雄繼起,用佐安邦。觀光上國,孝友文章。譜存

五服圖、鍾氏源流、序、傳、家規、世次。

　　湖南圖書館

[湖南常德]武陵谷姓白族志　谷忠誠主修
2001 年膠印本　二冊　書名據封面題

　　宋元之際,蒙古南侵,元將兀良合臺自雲南大理
國率一支由白尼族組成的"寸白軍",出雲南,道
廣西,攻湖南,南宋景定二年(1261)因戰事平息,
寸白軍於鄂州解散。伍中將領谷均萬、谷均千、谷
均百及王朋凱、鍾千一、熊再時等無法回滇,遂留
居湘西大庸、桑植一帶,均千卜居澧州,均百落籍
鼎城。字派:均正景,永子文,萬政勝,大明興,再
加良,相順啓,得從伏,志忠臣,祥和美,羽才伯,九
栩作,汝首登,承靈祐,揚休烈,延顯融,樹豐澤,遺
教施,昭若存,佑吾疆,蔭繁榮,保持盈,謙道光,超
百代,並芬芳,源雲理,耀楚天,宗三雄,偉功建,達
俊秀,貴博彥,振華宇,勇向前,求卓越,高科攀,創
輝煌,逾兆年。譜載散居圖、聚落分佈圖、序、世
系表。

　　湖南圖書館

[貴州盤縣]貴州盤縣段氏家譜　段廷陽等纂修
2009 年雲南民族出版社據 1993 年修本影印
合冊

　　始祖平章、平進、平錫、平皇兄弟四人,於明洪武
間自南京應天府竹園村奉調滇黔。平章居黔地盤
縣,生光清、光海、光潮三子。該族於 1984 年元月
經貴州六盤水市盤縣特區人民政府批準"返本歸
源爲白族"。

　　本譜載於《大理叢書·族譜篇》第四卷

[雲南宜良]重修宜良段氏家譜不分卷　段克昌
等纂修　民國二十八年(1939)鉛印本　一冊

　　宜良段氏,本大理國王段氏後裔,明初因遭沐
英、傅友德等鎮壓,十一世總管明之子堅,出逃大
理,遷徙至宜良文赤江(南盤江)外,後隱於大渡
口村。譜載一至二十代輩份排名詩、各村段氏宗
支世系表、二十一至四十代取名用字、人物(人物
傳、人物簡介、人物表)、資料選、碑記、詩詞匾額楹
聯選、附録等。有嚴紹曾、段克昌等序。

　　雲南省宜良縣段昌俊

　　本條目據《中國少數民族古籍總目提要·白族
卷》著録

[雲南宜良]重修宜良段氏家譜　段克昌等纂修
1991 年雲南人民出版社據民國二十八年(1939)
鉛印本排印　合冊

　　參見前條。此爲節録本。

　　本譜載於《白族社會歷史調查(四)》

[雲南宜良]重修宜良段氏家譜　段克昌等纂修
2009 年雲南民族出版社據民國二十八年(1939)
鉛印本影印　合冊

　　參見前條。

　　本譜載於《大理叢書·族譜篇》第四卷

[雲南師宗]石洞張氏族譜　張春芳纂修　1999
年排印本　一冊　書名據封面題

　　始祖玉,明洪武指揮僉事。始遷祖海,明成化雲
南布政司左參政。張氏家族自明末清初時已分爲
兩個主要支系。一支到師宗龍慶黑爾壯族聚居
地,經過幾代繁衍,已成爲當地少數民族,族別爲
壯族(當地稱黑沙人)。另一支仍爲漢族。譜載
世系。

　　雲南省師宗縣圖書館

**[雲南鳳慶]鳳慶縣營盤鎮大田村楊輝林宗世家
譜**　楊會澤纂修　2005 年排印本　一冊

　　始祖輝林,籍大理府太和縣(今大理市)。始遷
祖三世植定、玉秀等人,清道光間遷居順寧府錫臘
鄉(今鳳慶縣營盤鎮)大田村。譜載譜序、世系。

　　雲南省大理州圖書館

**[雲南瀘水]洛本卓區西木當村的木氏族九如家
族世系表**　纂修者不詳　版本不詳　書名自擬
記事至二十世紀六十年代

　　碧江縣,今歸屬瀘水縣。此爲白族分支勒墨人
家譜。譜載六十代世系:牙木亞—母基司—摩塔
益—舒波—九如—拉决—臘巴、臘厄—俄尼、俄
若—恒東、恒利、米利、肖赫、俄者—拉桑、者桑、者

布、臘道、里草、巴草、塔基扒、塔普扒、決惹恒、寡
糾—塔堯、西堯、那旺、阿斯、機子、米底、括吉、括
色、根子、益基俄、凱爲、衣爲—巴基、喬子、喬基、
勒墨基、勒墨子、別登、別士、士枝、惹馬基、自益、
伯采、奎尼、羅舍、戞吉登、光吉登、西馬登、鄧益
合、戞益翁、戞基東—何羅子、何羅峨、何羅翁、何
羅同、肯基登、怒扒登、益基登、夸其益、戞基益、告
金子、告金翁、普吉夏、瓜吉波、古斯波、戞益登、努
吉登、瓜斯登、恒益戞、學益登、學益戞、學益若、拉
巴登、拉基登、翁吉益、戞吉鄧、魯世寬、山世寬、光
吉寬、沙吉寬、亞三益、友花益、波士主—戞扒波、
戞巴登、戞扒翁、陸扒翁、克三益、索吉夏、友思俄、
友思波、撒翁波、友翁波、何世益、三登乍、者俄印、
者俄思、決翁者、決翁撒、決翁舍、波斯益、夸夏益、
以撒夏、戞撒翁、戞翁子、坡四才、帕登子、布舒才、
果基益、何基益、魯司夏、司基寬、何四夏、何三東、
約四多、米撒翁、朱三益、坡烏顔、鄧烏顔—花撒
翁、普魯益、益大者、克司者、春萬枝、夸威子、刷撒
翁、刷撒益、波四東、四東者、波三東、普東者、克東
者、鄭三益、局三益、局登者、局登益、克三益、戞伯
東、牙爲子、齊萬子、竹瓦吉、竹吉吉、花塔生—外
才基、克爲沙、三塔局、局夥者。

　　本條目據 1997 年第 5 期《雲南社會科學》載顔
曉雲、陸家瑞撰《白族姓名文化探微》一文著録

[雲南瀘水]碧江縣托托村虎氏臘修家譜　纂修
者不詳　版本不詳　書名自擬　記事至 1956 年
　　碧江縣,今歸屬瀘水縣。此爲白族分支勒墨人
家譜。譜載十七代世系:國蒲—臘津—嬰江容—
花育蒲—臘介蒲—臘修—臘仁、臘馬—成吉蒲、成
恒蒲、高己蒲、庫儀蒲、抱幼蒲、臘羅蒲—翁蒲、翁
仁—成別扒、海主扒—來阿恒、來阿仁—溺阿恒—
海子、臘蒲—扁寬、扁待—堂阿甫、堂埃、頭買子、
頭翁介、關紀普—恒扒翁—×××—哥普介、栽
普介。

　　本條目據 1997 年第 5 期《雲南社會科學》載顔
曉雲、陸家瑞撰《白族姓名文化探微》一文著録

[雲南瀘水]碧江縣金滿雞氏族家譜　纂修者不
詳　版本不詳　書名自擬　記事至二十世紀六十
年代
　　此爲白族分支勒墨人家譜。譜載十二代世系:
介侯—摩幹蒲—幹山蒲、凍則蒲、金沖蒲、念沖蒲、
怒則蒲—臘沖、臘汪—普米蒲—阿托蒲—尼子
蒲—念道蒲—科雞蒲—哈祖賽蒲—雞波乍蒲—左
子蒲。

　　本條目據 1997 年第 5 期《雲南社會科學》載顔
曉雲、陸家瑞撰《白族姓名文化探微》一文著録

[雲南瀘水]魯龐栽家譜　纂修者不詳　1987 年
雲南人民出版社排印本　合册
　　始祖和國蒲。始遷祖五世臘雄,約於明末自蘭
坪縣古木邑遷居而來。譜載一世和國蒲至十二世
魯龐栽世系。魯龐栽,民國十一年(1922)出生。
　　本譜載於《白族社會歷史調查(二)》

[雲南瀘水]謝以冬家譜　纂修者不詳　1987 年
雲南人民出版社排印本　合册
　　始遷祖和耀、慈耀,約於明嘉靖、萬曆間遷居怒
江瀘水。謝以冬爲第十二世。譜載至十三世。
　　本譜載於《白族社會歷史調查(二)》

[雲南大理]大理喜洲尹氏族譜不分卷　（清）尹
紹忠纂修　民國增修清道光二十九年(1849)寫本
一册
　　尹氏係大理喜洲白族大姓。始遷祖成,原籍南
京應天府,從漢相諸葛至滇。譜載世系(以明後期
至民國年間爲主)、誥敕碑文、墓誌、仕宦録、忠
烈録。
　　雲南省大理市喜洲尹氏家族
　　本條目據《中國少數民族古籍總目提要·白族
卷》著録

[雲南大理]葉榆范周二氏族譜敘譜例十二條不
分卷　（清）周宗麟纂修　民國十八年(1929)重
印清光緒十九年(1893)修本　三頁
　　是族本姓范,七世繼周而沿周姓。譜内載有白
族家規《譜例十二條》,主述族譜編寫過程及編寫
族譜之要義,述范、周二氏更替之緣由、族譜體例
及立嗣、祭祀、家風、嫡庶等族規。

雲南省圖書館　雲南省大理市圖書館

［雲南大理］太和段氏族譜不分卷　（清）段景山纂修　清道光十三年（1833）抄本　一冊　蝴蝶裝　譜又名段氏十五世續譜

是爲西洱河蠻段氏家譜。該家族係當地名家貴族，獲要職於南詔，治於大理國，任雲南總管於元王朝。始祖連勝，居大理喜洲蛾碌哨，生子嵩。嵩生三子，因水患始遷閤洞塝。卷首有續譜序。

雲南省大理州圖書館

［雲南大理］太和段氏族譜四卷　（明）段德賢纂修　（清）段臣甫等續修　據清光緒二十三年（1897）續修明正德十三年（1518）抄本複印　二冊

先祖同上。卷一譜圖，卷二譜傳，卷三譜訓，卷四譜記（朝廷恩榮並相贈詩文及行狀、墓誌、挽聯等）。

雲南省大理州圖書館　雲南省大理州博物館

［雲南大理］太和段氏續譜合編不分卷　（清）段步青等纂修　據清光緒二十三年（1897）抄本複印　一冊

先祖同上。譜載八世祖性學、心學、崇學三公之後，餘皆略之。卷首有段步青、段忠、段節高續修譜序三篇。

雲南省大理州圖書館　雲南省大理州博物館

［雲南大理］閤洞塝段氏族譜三卷　（清）段步青等纂修　據清光緒二十三年（1897）抄本複印　一冊

先祖同上。譜內所記家族世系包含出遷別邑者、出嗣他姓者及撫他姓子者。卷首有增修段氏附譜序五篇，後附《段氏祖遺蓮花山與嚴姓控告碑文》。

雲南省大理州圖書館　雲南省大理州博物館

［雲南大理］段氏家譜不分卷　段克瑞纂修　抄本

先祖同上。譜載一世段連勝至二十一世段五堂世系。

雲南省大理市閤洞塝村段克瑞

本條目據《白族社會歷史調查（四）》著錄

［雲南大理］段氏家譜　段克瑞纂修　1991年雲南人民出版社據抄本摘錄排印　合冊

參見前條。

本譜載於《白族社會歷史調查（四）》

［雲南大理］滇楡龍關段氏族譜不分卷　（清）段天培纂修　（清）段文端續修　民國十六年（1927）據清康熙三十九年（1700）修嘉慶八年（1803）續修本抄　一冊

譜稱該族段氏爲宋代大理國王、元代總管之裔。一世祖改姓黃，名文。二至十五世姓段，十六世至十九世因入贅吳家又改姓吳。譜載龍關段氏始祖黃文及以下世系，包括支脈系簡歷表、祖塋墓地圖、墓銘、譜序、附錄。此書係十八世後裔吳棠徵捐獻給大理州圖書館。

雲南省大理州圖書館

［雲南大理］大理市金星村華氏家譜　華金聲纂修　1998年打印本　一冊

始遷祖璽，武陵郡（今湖南常德）人，明洪武十六年（1383），明太祖召征南部隊回京師，沐英留守雲南，璽受命巡滇平滇總鎮，亦被留滇垣，遂遷居大理下關金星村。民國二十六年（1937）合族建祠於金星河畔。譜載華將軍祠門面圖、華將軍祠殿宇圖、華將軍聖容、華將軍祠碑記、華將軍祠楹聯、華氏世系表、華氏祖宗單。

雲南省大理州圖書館

［雲南大理］蒙化高氏家譜不分卷　（清）高鳳翼纂修　清嘉慶十四年（1809）刻本　一冊

是族本姓李，後易姓爲高，自江西贛州而來。世系自始祖排至十六世孫，歷經四百餘年。譜載序、譜辨、譜例、譜規、簪纓人物圖、世系、祠堂、祭禮、祭田、丁差、墳塋、壽記、墓誌、格言等條目。

雲南省大理州圖書館

[雲南大理]喜洲翔龍村重修張氏族譜不分卷
(清)張其烈等纂修   清光緒二十二年(1896)抄本   一冊

張氏爲白族大姓之一,世居蒼洱之濱。始祖建成,原籍江南鳳陽府,元代官滇之通海路橋州知州,再居太和之喜洲,後爲南詔羅晟、晟羅皮時相國。譜記張氏二十一世系並附扼要説明。是族初修譜於明朝十一世張桂誠。

雲南省大理市喜洲鎮翔龍村張氏家族

本條目據《中國少數民族古籍總目提要·白族卷》著録

[雲南大理]喜洲翔龍村張氏族譜   張錫禄等纂修   2002年排印本   一冊

先祖同上。

雲南省大理州圖書館

[雲南大理]世德堂張氏族譜三卷   纂修者不詳
民國世德堂張昶抄本

始祖忠,原名段保,世爲大理將軍,元泰定、天曆間屢建軍功。元元統元年(1333)詔遷都統,賞黄衣金虎,並賜姓名張忠。譜載祖訓十誡、世德堂自箴、十宜等。

雲南省大理市喜洲鎮張德齡

本條目據《中國少數民族古籍總目提要·白族卷》著録

[雲南大理]董氏族譜   纂修者不詳   清光緒十八年(1892年)碑文   四塊

始祖伽羅。此譜以碑文形式記載,碑文共四塊,皆大理石刻,每塊高、寬各九十四釐米,直行楷書。由伽羅四十二世(閣族)孫重立。董氏爲白族大姓,自南詔至明清,或世襲佛教密僧,或爲官宦,或爲富商大賈。這些碑文較完整記載自唐伽羅以來的四十二代世系。第一塊碑記第一至第二十三世祖,第三十至三十五世祖;第二塊碑記第二十三至三十六世祖;第三塊碑記第三十八至第四十二世祖共一百二十名;1991年族人又續修了一次族譜到四十三代,亦刻於大理石碑,是爲第四塊碑。該族自唐南詔晚期起便信仰佛教密宗,世代有族人

襲密宗僧人阿吒力之職,長達七百五十年,歷大理國、元、明三個時代,是大理白族典型的密宗世家。從這些碑文中可知董氏源流及與佛教密宗的淵源,是研究大理白旗佛教密宗的重要資料。

雲南省大理州鳳儀區北湯天村董氏祠堂

本條目據段金録、張錫禄主編《大理歷代名碑》(雲南民族出版社2000年版)著録

[雲南大理]北湯天董氏世系表   纂修者不詳
1991年雲南人民出版社據清光緒十八年(1892年)碑文排印   合册

參見前條。

本譜載於《白族社會歷史調查(四)》

[雲南大理]大理史城董氏族譜十三卷首一卷
董維邦等纂修   民國十一年(1922)馬市口開明書局石印本   十一冊   書名據版心等處題   四修本

始遷祖成,原籍金陵,唐末流落至滇,仕南詔爲布變,後裔先後轉徙劍川、景東、雲龍、洱源、雲縣等地。卷首序、凡例、綱目,卷一祖訓、祖像、遺書、原始譜,卷二世圖,卷三至五世次譜,卷六祠墓圖,卷七至十一藝文,卷十二題名、取名,卷十三雜誌。該譜爲現存白族大姓家史中規模較大、内容豐富、保存較完整的一部。董仁初修族譜於明嘉靖六年(1527)。

中央民族大學   哈爾濱師範大學   上海圖書館
雲南省圖書館   雲南省大理市喜洲鎮董汝舟   雲南省大理市下關文化館董浩川

[雲南大理]大理史城董氏族譜十三卷首一卷
董維邦等纂修   據民國十一年(1922)馬市口開明書局石印本複印   十一冊   書名據版心等處題四修本

參見前條。

雲南省大理州博物館

[雲南大理]史城楊氏族譜七卷   (清)楊純珍纂修   清光緒三十二年(1906)寫本   一冊   存卷一、五

楊氏爲大理喜洲巨族,因譜牒殘缺,現僅存世次

考略、後昆名派、宏圭山祖塋圖、祖墓古碑録存、江渡甸祖塋圖等,並明、清代墓誌數篇。

雲南省大理市喜洲鎮大界巷楊家

本條目據《中國少數民族古籍總目提要·白族卷》著録

[雲南大理]大理喜洲中和邑楊氏族譜不分卷 楊傑等纂修 民國二十年(1931)石印本 一册

楊姓爲大理白族大姓。家族來歷有兩説:其一來自南京應天府上元縣柳樹灣,明初從沐公征雲南,以功授千户,遂家於大理太和;其二世居太和,始祖因有寵於僰王蒙氏(指南詔王蒙氏)而仕宦於蒙氏政權,世代爲貴族名家。

雲南省大理市喜洲鎮中和邑楊氏家族

本條目據《中國少數民族古籍總目提要·白族卷》著録

[雲南大理]大理喜洲中和邑楊氏族譜不分卷 楊傑等纂修 1991年雲南人民出版社據民國二十年(1931)石印本排印 合册

參見前條。譜摘録部分世系。

本譜載於《白族社會歷史調查(四)》

[雲南大理]雲南省大理市喜洲楊氏家譜 楊定康、楊應康纂修 2000年鉛印本 一册 書名據封面題

鼻祖生名,爲南詔威成王盛羅皮時代人,任南詔布燮(即清平官)之職。始祖燦,白族,生名後裔,明崇禎間移居大理喜洲新城南。始遷祖仁,燦四世孫,析居染衣巷。染衣巷別有楊詔一支,亦稱是生名後裔。此爲詔、燦二族合譜。譜載世系譜説、世次譜説、家世拾遺、祖塋譜説、人物志、風俗志、藝文志等。

北京大學圖書館 上海圖書館 雲南省大理州圖書館

[雲南大理]喜洲城東村染衣巷楊氏族譜 趙汝龍纂修 2003年排印本 一册

始祖連,曾任元代大理段氏主事。此譜録楊氏族譜世系志、楊氏族譜系次志、題名録、楊氏族譜墓譜志、楊氏存文録及考釋、雜録等。

雲南省大理州圖書館

[雲南大理]城南趙氏族譜不分卷 趙雅和、趙協和纂修 民國三年(1914)抄本 一册

是爲大理喜洲城南趙氏族譜。始祖勝。世系記至二十四世,皆翔實有序。譜分譜圖、譜傳兩大部分。譜圖詳列始祖勝至二十四世世次人名;譜傳録自明至民國該族祖塋及墓誌。

雲南省大理市喜洲城南村趙氏家族

本條目據《中國少數民族古籍總目提要·白族卷》著録

[雲南大理]趙氏族譜六卷 趙輔仁纂修 民國九年(1920)抄本

是族居住大理喜洲積善邑等地。卷一載序言七篇、凡例、綸音、世系等,卷二碑刻,卷三行狀、墓誌,卷四藝文,卷五遺稿,卷六各支世系分圖、仕宦録。

雲南省昆明市趙氏後裔

本條目據《中國少數民族古籍總目提要·白族卷》著録

[雲南大理]趙氏族譜六卷 趙輔仁纂修 據民國九年(1920)抄本複印

參見前條。

雲南省大理州圖書館 雲南省大理州博物館

[雲南大理]大理古塔橋趙氏族譜不分卷 趙德政纂修 趙瑞金等續修 1992年續修民國十四年(1925)抄本 一册 據七修本續修

此爲大理古塔橋村趙氏族譜。是族於元末明初分三大支系,其一爲元末趙忠世系,另兩支爲明初颺、旻支系。家族自始祖起共傳有二十一世,歷經六百三十餘年。

雲南省大理州圖書館

[雲南大理]龍關趙氏族譜不分卷 (清)趙汝濂纂修 (清)趙登瀛增修 舊抄本 一册

趙姓係大理洱海地區白族大姓。始祖鐸㐲,南

詔清平官。該族前十一世皆行父子連名制習俗，至十二世祖始廢。該族譜初撰於明代，後有續修。譜內載有明天順、成化及清咸豐等時期多篇譜序。

　　雲南省博物館

　　本條目據《中國少數民族古籍總目提要・白族卷》、

[雲南大理]龍關趙氏族譜　（清）趙汝濂纂修（清）趙登瀛增修　1991年雲南人民出版社據舊抄本排印　合冊

　　參見前條。

　　本譜載於《白族社會歷史調查（四）》

[雲南大理]龍關趙氏族譜　（清）趙汝濂纂修（清）趙登瀛增修　2009年雲南民族出版社據舊抄本影印　合冊

　　參見前條。

　　本譜載於《大理叢書・族譜篇》第四卷

[雲南大理]喜洲趙氏族譜六卷　趙汝龍纂修　民國抄本　六冊　五修本

　　始祖鐸羅。此次修譜，補入了原族譜脱漏的六世，由原譜世系總圖、世系分支圖中二十二世更正爲二十八世，增補了市户（染衣巷）一支和海東挖色街趙憲魁一支世系圖，並補入了原譜未收録的明清時代趙氏古碑、古碑存文四通和趙氏白文碑一通，以及民國以來族人所撰的碑刻、祭文、著述和相關照片。譜初修於唐，清同治七年（1868）由三十世孫趙禧昌重修。

　　雲南省大理州圖書館

[雲南大理]喜洲趙氏族譜　趙汝龍纂修　1991年雲南人民出版社據民國抄本排印　合冊　五修本

　　參見前條。此爲節録本。

　　本譜載於《白族社會歷史調查（四）》

[雲南大理]玉几島趙氏族譜　趙克恭纂修　2003年排印本　一冊

　　始祖趙應妹，招夫李五月，生子趙應樂。後分爲

兩個支系。譜載村名、趙姓源流、演變、祭祖。

　　雲南省大理州圖書館

[雲南大理]周城村趙氏族譜　纂修者不詳　2010年排印本　一冊

　　趙姓係南詔大理國時期西洱河蠻大姓之後裔。始祖丈天。此書是用家史、家族史來記載家譜，載有周城村趙氏譜系表（係民國初期由趙紹奎和趙如圭從祖墳墓碑上抄録而來）、先祖趙穆郎崗傳、清末到民國軼事與新中國紀事。

　　雲南省大理州圖書館

[雲南大理]大理閤氏宗譜六卷　纂修者不詳　民國二十七年（1938）稿本　一冊

　　大理閤氏係出山西太原郡。始遷祖魁梧，明季仕滇，遂於葉榆縣（今大理）。卷一總譜世系，卷二事略、傳，卷三墓誌、墓表，卷四像贊、圖贊，卷五哀挽章，卷六挽聯。其中卷二至三録陳榮昌、袁嘉穀、李根源、周鍾嶽等人所撰傳略、墓誌。

　　雲南省大理州圖書館

[雲南祥雲]祥雲張氏家譜　張朝經纂修　2009年雲南民族出版社據民國二十二年（1933）抄本影印　合冊

　　是族先祖隨軍從征大理，落籍喜洲，後遷祥雲縣沙龍鄉花園村。譜載張氏家傳序、分爨親支始祖至今序、稱謂、張氏世系譜、祭祖文、外親之祖、全家樂。

　　本譜載於《大理叢書・族譜篇》第三卷

[雲南祥雲]祥雲大波那張氏沿革碑　纂修者不詳　1991年雲南人民出版社據碑文排印　合冊

　　此碑高一百十二釐米，寬五十二釐米。楷書。始祖善。碑載族源。

　　本譜載於《白族社會歷史調查（四）》

[雲南祥雲]祥雲楊氏家譜　楊俊廷纂修　抄本一冊

　　始祖般若，居江南句容縣。始遷祖十世天晟，唐代節度使，自江南遷居雲南。譜稱該族乃大義寧

國(爲唐宋之際南詔國與大理國之間的三個短暫政權之一)國王楊幹貞之裔。幹貞生五子：和、奴、俊、惠、均，今啓五大支。譜載世系表。

雲南省祥雲縣米甸鎮清澗美村楊富貴

本條目據《中國少數民族古籍總目提要·白族卷》著録

[雲南祥雲]祥雲楊氏家譜　楊俊廷纂修　1991年雲南人民出版社據抄本排印　合册

參見前條。譜摘録原譜之源流(未録世系)。

本譜載於《白族社會歷史調查(四)》

[雲南賓川]賓川排營李復乙世系　李慶遠纂修　2010年排印本　一册

始祖復乙，明洪武十四年(1381)任征南總管，授敕封金吾將軍。譜載排營李復乙宗系及一至十九世宗圖。

雲南省大理州圖書館

[雲南彌渡]鄧元善家譜　纂修者不詳　2009年雲南民族出版社據抄本影印　合册

始祖俊、傑兄弟，明萬曆十一年(1583)隨江西豐城族長子龍將軍到雲南，留居雲南祥雲縣。後俊遷居彌渡縣前街。俊、傑兩支族人傳十餘世，宗支繁衍，分佈於祥雲、彌渡、賓川等地。本譜爲裔孫元善下支譜。譜載世系。

本譜載於《大理叢書·族譜篇》第一卷

[雲南雲龍]雲龍石門段氏族譜不分卷　(清)段如山纂修　據清光緒二十二年(1896)抄本複印　一册

是族於明洪武十五年(1382)奉敕分七支自大理喜洲遷出，長支世遷雲龍，次支寶遷昆明，三支紱遷安寧州，四支義遷陝西雁門關，五支順遷劍川州，六支仁遷鄧川州，七支明遷騰越。譜內又附"楊門履歷"，係段氏子騰霄入贅楊氏開第，名楊在明，後在明之次重孫楊聯裔歸宗姓段，居白漢登。楊氏始祖祥，居劍川州。始遷祖信，祥五世孫，明正統七年(1442)遷居雲龍大井。譜內附載嵌名詩一首及對聯二副，以傳子孫作認祖依憑。

雲南省大理州圖書館

本條目據《中國少數民族古籍總目提要·白族卷》著録

[雲南雲龍]雲龍諾鄧段氏家譜不分卷　纂修者不詳　2009年雲南民族出版社據民國二十九年(1940)抄本影印　合册

譜載段氏爲大理國段氏之後，明初被朝廷分遷於各地。始遷祖世、寶，遷居雲龍，世居諾鄧，寶居舊州，爲明初所設雲龍土知州。譜載段氏家譜序、滇省段氏世系。

本譜載於《大理叢書·族譜篇》第四卷

[雲南雲龍]董氏家乘一卷　董欽纂修　民國二十三年(1934)抄本　一册

譜內較詳細地記載了董坊捐資修建功果橋的事迹。

本條目據2000年第3期《中央民族大學學報(哲學社會科學版)》載楊藝撰《現存白族譜牒檔案述評》一文著録

[雲南雲龍]雲龍石門董氏家譜不分卷　董材纂修　2002年排印本　一册

始祖成，唐貞觀間由金陵入滇，仕南詔蒙氏清平官，後裔於明萬曆年間移居雲龍州石門井。譜內彙集第十七世至三十世共十四代譜系。該族曾於明嘉靖六年(1527)、清咸豐五年(1855)、清光緒十年(1884)、民國二十二年(1933)修譜。

雲南省大理州圖書館

[雲南雲龍]雲龍楊氏家譜不分卷　楊潤蘭、楊德卿纂修　民國三十五年(1946)石印本　一册

是族先世自南京應天府上元縣大石板小橋頭柳樹灣第五家遷居大理太和縣宏圭鄉(今雲南喜洲)市上里第七甲下甲首。始遷祖世春，明嘉靖間仕雲龍五井提舉司，遂家石門井。本譜對本支情況記敘翔實。

雲南省大理州圖書館

本條目據《中國少數民族古籍總目提要·白族

卷》著録

[雲南雲龍][楊氏]雲龍石門同族家譜　合族纂
修　2012年排印本　一册

　　是族先世居於山西大同,後遷弘農府(今河南靈
寶)。始祖勝,明洪武十四年(1381)傅友德、沐英
統率大軍征雲南,勝在軍中服役,洪武二十年
(1387)前後在太和縣喜洲安家落户。始遷祖六世
一誠,由喜洲始遷雲龍雒馬井。譜分三章,章一譜
牒世系,章二先祖傳略,章三祖墓詩聯。

　　雲南省大理州圖書館

[雲南雲龍]雲龍天耳井解氏家譜不分卷　解家
珍纂修　2009年雲南民族出版社據民國二十七
年(1938)抄本影印　合册

　　譜稱是族爲清平西王吴三桂之親故,清康熙二
十一年(1682)吴三桂叛清失敗後,解氏避難於雲
龍關里,後又遷居天耳井。天耳井係明代雲龍縣
八個産鹽的村鎮之一。譜載譜系。

　　本譜載於《大理叢書·族譜篇》第五卷

[雲南洱源]洱源王氏家譜不分卷　王瀛纂修
民國八年(1919)王光庭抄本　一册

　　始祖王藥師生,稱爲十九世祖,原籍江南江寧府
上元縣口衣坊,明洪武十五年(1382)授世襲鄧川
州土官吏目,遂家鄧川州(今洱源)玉泉鄉新生
里。譜內世系記至清咸豐六年(1856)回民起義,
族裔王莘遇害,其子王振昌不再襲職止,共計四百
七十四年歷史。清代著名白族學者王崧出於此
族,譜對其生卒年月、仕宦經歷及著作等記載較爲
翔實。

　　雲南省洱源縣文化館

　　本條目據《中國少數民族古籍總目提要·白族
卷》著録

[雲南洱源]洱源王氏家譜不分卷　王瀛纂修
1991年雲南人民出版社據民國八年(1919)王光
庭抄本排印　合册

　　參見前條。

　　本譜載於《白族社會歷史調查(四)》

[雲南洱源]李氏譜源不分卷　李時彦等纂修
民國二十三年(1934)抄本　二册

　　是譜係洱源縣鳳羽鎮莊上鄉蘭林村白族李氏家
譜。譜由民國二十二年(1933)李時彦修《蘭林譜
本》及李克齋修《李氏譜源》兩部分合成。敘述李
氏之源及世系傳承情況,並作考證。

　　雲南省大理州圖書館　雲南省洱源縣圖書館
雲南省洱源縣鳳羽莊上鄉蘭林村李長

[雲南洱源]洱源李氏族譜不分卷　纂修者不詳
稿本　一册

　　雲南省大理州圖書館

[雲南洱源]洱源阿氏族譜　纂修者不詳　稿本
六册

　　雲南省大理州圖書館

[雲南洱源]洱源馬氏族譜　馬榮柱纂修　1996
年排印本　一册

　　始遷祖合牟,明嘉靖三十年(1551)任浪穹縣
(今洱源縣)主簿,卸任後即率全家三代從城內遷
回城北大果村。譜載雲南洱源白族馬氏氏族繁
衍表。

　　本譜載於《雲南洱源白族馬氏文史資料彙編》

[雲南劍川]車姓家譜不分卷　(清)車佑周纂修
清光緒二十一年(1896)抄本　一册

　　始祖原籍江西撫州府金溪縣第十七都王坊村,
後以太醫身份隨沐英到雲南劍川。譜載世系、傳
記。其中譜內立有明嘉靖年間進士車文宗、清康
熙年間舉人車朝輔等人傳記。

　　雲南省劍川縣甸南鄉發達河車氏族人

　　本條目據2000年第3期《中央民族大學學報
(哲學社會科學版)》載楊藝撰《現存白族譜牒檔
案述評》一文著録

[雲南劍川]劍川段氏家譜不分卷　(清)段緝纂
修　清道光四年(1824)抄本　一册

　　此譜世次分兩部分。前部分爲明以前的世次,
後部分係劍川段土千户世系。始遷祖順,明洪武

十六年（1383），潁川侯傅友德、平西侯沐英平雲南，置郡縣，設流官，擢順爲劍川義督土千户。傳至清道光四年（1824）有十八代。此譜記載明以後劍川段氏資料。

　　雲南省劍川縣金華鎮段家巷白族段學高

　　本條目據《中國少數民族古籍總目提要·白族卷》著録

[雲南劍川] 劍川段氏家譜　（清）段緝纂修
1991 年雲南人民出版社據清道光四年（1824）抄本排印　合册

　　參見前條。

　　本譜載於《白族社會歷史調查（四）》

[雲南劍川] 劍川段氏家譜　（清）段緝纂修
2009 年雲南民族出版社據清道光四年（1824）抄本影印　合册

　　參見前條。

　　本譜載於《大理叢書·族譜篇》第四卷

[雲南劍川] 劍川段氏家譜　纂修者不詳　稿本八册

　　先祖同上。

　　雲南省大理州圖書館

[雲南劍川] 劍川龍門邑世襲土官施氏殘碑
1991 年雲南人民出版社據原碑文排印　合册

　　此碑今存劍川龍門邑施某家，已斷爲兩截。前截長三十七釐米，寬三十九釐米；後截長三十九釐米，寬與前截同。今碑殘存約四十行。楷書。因係殘碑，年代闕如，約爲明末清初之際。始祖寶，元世襲土官。碑録一至三世履歷。

　　本碑文載於《白族社會歷史調查（四）》

[雲南劍川] 陳氏族譜　纂修者不詳　抄本一册

　　譜載陳氏十八代宗親名諱及科第功名業績，並録陳徽言、陳重等文人著述目次。

　　雲南省劍川縣金華鎮西門陳氏族人

　　本條目據 2000 年第 3 期《中央民族大學學報

（哲學社會科學版）》載楊藝撰《現存白族譜牒檔案述評》一文著録

[雲南劍川] 張氏族譜不分卷　（清）張現纂修
清道光間增補雍正間抄本　一册

　　譜載古族譜序、重録中科山張氏古墳碑記、古塚碑記、張氏族宗譜短引、合族家譜總綱、張氏宗譜分支目次、分支世系等。

　　雲南省劍川縣甸南鄉張氏族人

　　本條目據 2000 年第 3 期《中央民族大學學報（哲學社會科學版）》載楊藝撰《現存白族譜牒檔案述評》一文著録

[雲南劍川] 劍川陸軍中將楊公竹君墓表　趙豐纂修　2009 年雲南民族出版社據 2003 年抄本影印　合册

　　譜載有劍川縣長參議長署維西縣長張嘉樂撰《楊中將竹君家傳》、《陸軍中將楊公竹君墓表》（益謙，字竹君，白族，縣北鄉營頭村人）、《家聯》。

　　本譜載於《大理叢書·族譜篇》第三卷

[雲南劍川] 劍川趙土司宗譜不分卷　（清）趙珍纂修　清抄本　一册　蝴蝶裝

　　此爲劍川世襲土官千户趙氏宗譜。始祖三，宋敕授寸白軍百户侯。始遷祖六世祖保，歸順明朝，於明洪武十六年（1383）討伐楊龍之叛有功，陞爲千户侯、武略將軍，世襲劍川州分州土官之職，其後裔一直承襲至十八世。譜載各世世系、名諱、職銜及簡歷行述。又列該族在永昌（今雲南保山）、鶴慶、趙州、永北（今雲南永勝）等地十餘支支脈情況。

　　雲南省劍川縣趙氏後裔

　　本條目據《中國少數民族古籍總目提要·白族卷》著録

[雲南劍川] 劍川趙土司宗譜不分卷　（清）趙珍纂修　1991 年雲南人民出版社據清抄本排印合册

　　參見前條。此譜節録序、敕命、一至十八世世系。

本譜載於《白族社會歷史調查（四）》

[雲南劍川]趙氏宗譜不分卷　纂修者不詳　清雍正間稿本　一册　蝴蝶裝

始遷祖咸倡，明初遭罪自南京應天府鳳陽縣大花村遷居而來。譜載序、敕命、世系、八世祖趙海後分支、六世祖至十八世祖身世業績、十九世祖至三十五世祖名諱等六部分。

本條目據《白族社會歷史調查（四）》著録

[雲南劍川]劍川縣南門街忠義巷蘇氏家譜　纂修者不詳　2009年雲南民族出版社據1986年排印本影印　合册

始祖必登，江蘇上元人，明末崇禎時宦遊滇南，因愛劍川山水，遂於蚰龍山麓建廬定居。譜載前言、家族世系、現有家族成員。

本譜載於《大理叢書·族譜篇》第三卷

[雲南鶴慶]鶴慶高氏族譜不分卷　（明）高溫纂修　明天順五年（1461）抄本　一册　有增補　譜原名《高氏歷代履歷宗譜》

始祖光，漢武帝時人。三十三世惠直，元代仕鶴慶都總管同知。其後世襲鶴慶土官，有三十代人沿用父子連名制。譜載南平王高駢詩八句、高氏歷代履歷。

雲南省鶴慶縣城郊鄉高榴芳

本條目據《中國少數民族古籍總目提要·白族卷》、《中國少數民族古籍集解》、《大理叢書·族譜篇》第五卷、《白族社會歷史調查（四）》著録

[雲南鶴慶]鶴慶高氏族譜不分卷　（明）高溫纂修　2009年雲南民族出版社據明天順五年（1461）抄本影印　合册　有增補　譜原名《高氏歷代履歷宗譜》

參見前條。

本譜載於《大理叢書·族譜篇》第五卷

[雲南鶴慶]鶴慶高土司譜略不分卷　（清）高雲翹纂修　清刻本　一册　書名據書衣題　記事至清康熙間

先祖同上。

雲南省大理州圖書館　山西省社會科學院家譜資料研究中心　美國猶他家譜學會

[雲南鶴慶]鶴慶高氏歷代履歷宗譜不分卷　鶴慶土千户纂修　抄本

先祖同上。是譜有明天順五年（1461）高溫本，後又有增益，重修者爲鶴慶土千户。白族高氏爲大理國後期（後理國）的實際統治家族，鶴慶高氏自元代後世代爲當地土官。譜載明清時所撰序言、世系。其中世系主要記述鶴慶土官白族高氏之世系，上溯漢代高光、大理國相國高昇泰，下逮元代鶴慶高氏土官至中華人民共和國成立前後止，計五十八代。譜載高氏歷代履歷、高氏源流序、高氏世系。

雲南省鶴慶縣城郊鄉高榴芳

[雲南鶴慶]鶴慶高氏歷代履歷宗譜　鶴慶土千户纂修　1991年雲南人民出版社據抄本排印　合册

參見前條。

本譜載於《白族社會歷史調查（四）》

[雲南鶴慶]鶴慶張家登張氏族譜不分卷　張懷初纂修　2009年雲南民族出版社據民國十六年（1927）抄本影印　合册

據譜載，周時天竺國阿育王第三子名至德者，與兩同懷兄，隨父至滇。當阿育王返國，其三子俱留滇。至德生子低蒙苴，而低蒙苴生九子，其第八子名蒙苴頌，即白子國王也。歷數傳至仁果，以漢武帝元狩元年（前122）册封爲雲南王。由此有世代可稽，故以仁果爲始祖。譜載譜序、圖考譜、世系譜、支派譜、族居譜、塋墓、附載、譜跋。

本譜載於《大理叢書·族譜篇》第三卷

[雲南鶴慶]鶴慶張氏家譜不分卷　張國清纂修　民國抄本　一册

始祖驃苴低。後裔張樂進求係南詔國大將軍，爲白族歷史上著名人物，該譜記述其後裔情況尤

詳。世系記至八十五世張國清,爲現存白族家譜歷史最長者。譜載圖考、世系附墓誌、支派、族居、塋墓、附載。

　　雲南省大理州圖書館　雲南省鶴慶縣張國清

　　本條目據《中國少數民族古籍總目提要·白族卷》著録

[雲南鶴慶]鶴慶張氏家譜不分卷　張國清纂修　據民國抄本複印　一册

　　參見前條。

　　雲南省大理州博物館

　　本條目據《中國少數民族古籍總目提要·白族卷》著録

[雲南鶴慶]鶴慶張氏家譜　張國清纂修　1991年雲南人民出版社據民國抄本排印　合册

　　參見前條。此爲節録本。

　　本譜載於《白族社會歷史調查(四)》

[雲南鶴慶]鶴慶董氏家譜　董維成等纂修　清光緒二十一年(1895)碑文　一塊

　　始祖伽羅。此爲石碑,刻於清光緒二十一年(1895),原立於鶴慶縣太平村董氏宗祠,後移至鶴慶縣文化館内。碑刻内容爲第一至第十九代董氏世系。

　　雲南省鶴慶縣文化館

[雲南鶴慶]鶴慶縣松桂鎮寶窩村下登趙楊二姓宗族譜　趙椿纂修　2004年排印本　一册

　　是爲趙、楊二氏合譜。趙氏始祖善政,楊氏始祖守業。善政原爲劍川肯賧(今上蘭)人,因饑荒逃至洱源。裔孫尚禮,元至正間因商於鶴慶,並立廟祀善政於鶴慶甸北青玄洞。明洪武十六年(1383),征南將軍傅友德平定佛光寨,在鶴慶松桂上下波羅莊屯田設軍民居,尚禮遂爲軍民屯百户長。趙氏族譜和楊氏族譜於二十世紀九十年代分别由趙中慶和楊以述、楊子應、楊松茂初修,後因兩本族譜存在支派長幼不分、祖先張冠李戴等現象,於是由趙椿重修。

　　雲南省大理州圖書館

[雲南姚安]姚安高氏族譜　纂修者不詳　抄本　一册

　　此譜記述了高氏始祖翔至五十四世厚德之世系、族屬、事迹、官職及高氏歷代土官管轄姚安軍民府之屬地疆界。譜頁接縫和各系名録都鈐蓋有一邊是漢字篆文一邊是滿文的印章。

　　雲南省姚安縣光録舊城海西莊高周興

[雲南姚安]姚安高氏族譜　纂修者不詳　2009年雲南民族出版社據抄本影印　合册

　　參見前條。

　　本譜載於《大理叢書·族譜篇》第五卷

[雲南姚安]姚郡世守高氏宗譜　高雲龍纂修　2009年雲南民族出版社據民國二十二年(1933)雲南省教育會排印本影印　合册

　　此譜取自高雲龍編《滇録》卷八所載《姚郡世守高氏源流總派圖》,該書主載大理段氏、高氏事迹。一世祖定,原籍江西吉安府廬陵縣井岡鄉人,移居南滇,時諸葛亮南征,封爲益州太守。其後流於吳越之間,隱名者七世。復居滇者稱九世子進,遞傳至十六世武範,當唐武德、貞觀年間。自後父子聯名,傳至二十九世岳侯高智昇,初仕段氏爲大布燮,封善闡侯,後其子昇泰廢段氏自立爲帝,號大中國,二年死,還位於段氏。此譜記三十九世均明,爲姚安路總管;四十世明壽、四十一世壽保,仕明爲姚安府知府。此譜所載高氏任姚安路總管以後歷代事迹較詳。該族分於八府(姚府、威楚、謀統、永昌、騰衝、建昌、會川及鄯闡)等處,世襲鎮守,遷從洱海地區居民(白族)於各地,維護統治政權。故雲南土官多記高氏統治家族事迹,而姚安所傳譜牒,爲較完備之本。

　　本譜載於《大理叢書·族譜篇》第五卷

[雲南巍山]巍山李氏族譜不分卷　李應祥纂修　民國二十五年(1936)抄本　一册

　　始遷祖瀛,明末清初遷居蒙化直隸廳(今屬巍山縣)。譜載家族主要人物概況、世系表、祖塋、祭文、祭儀、墓誌銘等。

雲南省巍山縣永建鎮李德備

[雲南巍山]巍山李氏族譜不分卷　李應祥纂修
2009 年雲南民族出版社據民國二十五年（1936）

抄本影印　合册
　參見前條。
　本譜載於《大理叢書・族譜篇》第三卷